Bayreuth, 30. Juni 2024

PHILIPP PROCHOTA

Das Finanzamt und die Verfahren

Sehr geehrter Herr Professor Wolff,

herzlichen Dank für die Übernahme des Vorsitzes der Prüfungskommission.

Ihnen viel Freude an dieser Arbeit.

Philipp Prochota

Beiträge zum Wirtschaftsstrafrecht

Herausgegeben von
Nikolaus Bosch und Nina Nestler

Band 8

Das Finanzamt und die Verfahren

Zur Bindung der Finanzbehörde
an den Grundsatz des nemo tenetur se ipsum accusare
– Zugleich ein Beitrag zur Systematisierung
abgabenrechtlicher Mitwirkungspflichten –

Von

Philipp Prochota

Duncker & Humblot · Berlin

Die Rechts- und Wirtschaftswissenschaftliche Fakultät der Universität Bayreuth
hat diese Arbeit im Jahre 2023 als Dissertation angenommen.

Bibliografische Information der Deutschen Nationalbibliothek

Die Deutsche Nationalbibliothek verzeichnet diese Publikation in
der Deutschen Nationalbibliografie; detaillierte bibliografische Daten
sind im Internet über http://dnb.d-nb.de abrufbar.

Alle Rechte vorbehalten
© 2024 Duncker & Humblot GmbH, Berlin
Satz: 3w+p GmbH, Rimpar
Druck: CPI books GmbH, Leck
Printed in Germany

ISSN 2700-189X (Print) / 2700-1903 (Online)
ISBN 978-3-428-19142-0 (Print)
ISBN 978-3-428-59142-8 (E-Book)

Gedruckt auf alterungsbeständigem (säurefreiem) Papier
entsprechend ISO 9706 ♾

Internet: http://www.duncker-humblot.de

Meinen Eltern

„Die wirkliche Entdeckungsreise besteht nicht darin,
neue Landschaften zu erforschen, sondern darin,
altes mit neuen Augen zu sehen!"

– Marcel Proust

Vorwort

Die vorliegende Arbeit wurde im Wintersemester 2022/2023 von der Rechts- und Wirtschaftswissenschaftlichen Fakultät der Universität Bayreuth als Dissertation angenommen. Sie entstand während meiner Zeit als Wissenschaftlicher Mitarbeiter am Lehrstuhl für Straf- und Strafprozessrecht, Wirtschaftsstrafrecht und internationales Strafrecht (Strafrecht III) von *Professor Dr. Nina Nestler* und berücksichtigt Schrifttum sowie Rechtsprechung bis zum Abgabezeitpunkt im Dezember 2022.

Herzlicher Dank gilt in allererster Linie und in besonderem Maße meiner akademischen Lehrerin, Frau *Professor Dr. Nina Nestler*. Sie war es, die mir schon früh in meiner juristischen Laufbahn akademisches Vertrauen schenkte, mir während meines Studiums das notwendige Handwerkszeug zum Umgang auch mit schwierigen juristischen Problemstellungen zeigte und so den Weg zu jener vorliegenden Abhandlung ebnete, die sie sodann durch – bisweilen kritischen, in jedem Fall aber höchst wertvollen – Diskurs bei gleichzeitig größtmöglicher akademischer Freiheit zu befruchten wusste. Ihre grenzenlose Zuversicht in meine juristischen Fähigkeiten wird mir für mein weiteres Wirken in freudiger Erinnerung bleiben. Herrn *Professor Dr. Heinrich Amadeus Wolff*, Richter des Bundesverfassungsgerichts möchte ich für die Übernahme des Prüfungsvorsitzes sowie Herrn *Professor Dr. Nikolaus Bosch* für die Aufnahme meiner Dissertation in die vorliegende Schriftenreihe ebenso meinen Dank aussprechen.

Dank schulde ich überdies Herrn *Professor Dr. André Meyer, LL.M.* nicht nur für die ausnehmend zügige Erstellung des Zweitgutachtens, sondern auch für die intensive Betreuung aus steuerrechtlicher Warte. Sein stets kluger Rat und seine immerzu ermunternden Worte trugen maßgeblich dazu bei, so manchen gedanklichen Knoten auf Dauer zu zerschlagen. An dieser Stelle sei auch meiner Kollegin Frau *Dr. Theresa Bächer*, meinem Kollegen Herrn *Adrian Schiffner* sowie unserer Sekretärin, Frau *Katja Helmrich*, besonderer Dank ausgesprochen. Ihnen allen verdanke ich ein überaus warmherziges Arbeitsumfeld, das anfängliche Kollegenschaften zu guten Freundschaften reifen ließ. Zudem möchte ich den Frauen *Jenny Büttner*, *Stefanie Krome* und *Nathalie Lauterbach*, den Herren *Johannes Herb*, *Johannes Lerzer*, *Dr. Michael Putz*, *Tizian Scharl*, *Lucas Topinka* und *Tim Zindulka* sowie im Besonderen Frau *Eva Schlembach* danken, die mich, als meine guten Freunde, zuweilen juristisch, zuweilen emotional, stets begleiten und unterstützen.

Schließlich möchte ich meiner Familie, namentlich meinen Eltern *Katrin* und *Christoph Prochota*, sowie meiner lieben Freundin *Alicia Braun* für ihre immerwährende Unterstützung meinen ganz herzlichen Dank aussprechen. Ihnen sei diese Abhandlung gewidmet.

Bayreuth, im Winter 2023 *Philipp Prochota*

Inhaltsübersicht

Teil 1

Einleitende Vorrede   23

Teil 2

Das Finanzamt und die Verfahren   28

A. Aufgaben und Struktur des Finanzamts 28
    I. Die Struktur der Finanzverwaltung, ein Überblick 28
    II. Aufgaben des Finanzamts 30

B. Das Finanzamt als janusköpfige Behörde 31
    I. Das Finanzamt zwischen Besteuerungs- und Strafverfolgungsbehörde 32
    II. Die Steuerfahndung 41
    III. Die Außenprüfung 50
    IV. Resümee 61

C. Zuständigkeitskollisionen und Lösungsgrundsätze 62
    I. Die objektive Zuständigkeitskollision: das Verhältnis der Verfahren zueinander   62
    II. Die subjektive Zuständigkeitskollision 65
    III. Zwischenergebnis und zeitliche Dimension der Selbstbelastungsgefahr 68

D. Ergebnis 69

Teil 3

Die Mitwirkungspflichten im Besteuerungsverfahren   70

A. Der Untersuchungsgrundsatz und die Kooperationsmaxime als Leitdirektiven steuerrechtlicher Mitwirkung 70
    I. Der Rechtsstaat als Grund steuerrechtlicher Mitwirkung 70
    II. Die Maximen des Besteuerungsverfahrens 78
    III. Zwischenergebnis 87

B. Die steuerrechtlichen Mitwirkungspflichten 88
    I. Die Mitwirkungsaufträge der Abgabenordnung 89
    II. Nemo tenetur-unabhängige Begrenzung der Mitwirkungspflichten 125

III. Die Rechtsfolgen des Verstoßes gegen Mitwirkungspflichten 131

Teil 4

Der Grundsatz des „nemo tenetur se ipsum accusare" 167

A. Von der historischen Entwicklung des Privilegs 167
  I. Die Ansätze der Selbstbelastungsfreiheit im talmudischen und kanonischen Recht 168
  II. Die Entwicklungen im englischen Common Law und deren Rezeption in den USA 171
  III. Die Entwicklung in Deutschland 174
  IV. Zur Relativität genetischer Erkenntnisse 181
B. Der Gewährleistungsgehalt des nemo tenetur-Grundsatzes 183
  I. Die normative Grundlage des nemo tenetur-Prinzips 183
  II. Die objektive Schutzdimension 226
  III. Die subjektive Schutzdimension 245
  IV. Die temporale Schutzdimension 251
  V. Zwischenresümee 252
C. Die Eingriffskomponente: vom „Zwang" zur Selbstbelastung 254
  I. Der Zwangsbegriff des Grundsatzes 254
  II. Exkurs: Die Hinweis-, Aufklärungs- und Belehrungspflichten als Teil der nemo tenetur-Garantie? 261
D. Nemo tenetur und die Absolutheit 264
E. Der nemo tenetur-Satz im Besteuerungsverfahren? 270
  I. Von der Anwendbarkeit auch im Ordnungsrecht 270
  II. Von der Ausstrahlungswirkung auf „Nichtstrafverfahren" 273
F. Fazit 288

Teil 5

Nemo tenetur und die steuerstrafrechtliche Vortat 292

A. Von der Reichweite des Kollisionsverhältnisses 292
  I. Der Gang der Untersuchung 292
  II. Die Friktionsbestimmung 293
B. Die positivrechtlichen Schutzmechanismen der Abgabenordnung 317
  I. Der Schutz der Mitwirkungsverweigerungsrechte der §§ 101 ff. AO 318
  II. Ausreichender Schutz durch das Steuergeheimnis gemäß § 30 AO? 319
  III. Ausreichender Schutz durch die Möglichkeit des Strafausschlusses? 327
  IV. § 393 AO als designierte Lösung des Konflikts 343
  V. Die Folge: positivrechtliche Schutzlücken! 354

C. Zur Herstellung von Verfassungskonformität 355
  I. Von der Pluralität des vertretenen Meinungsspektrums: die denkbaren Lösungen 355
  II. Die Direktiven der Lösungsfindung 358
  III. Zur Würdigung ausgewählter Lösungsansätze 366
  IV. Der Bundesgerichtshof auf dem richtigen Weg: zur Kombination von Zwangsausschluss und Verfahrensabschottung 375
  V. Fazit: das System zum Schutz bei steuerstrafrechtlicher Vortat 398

Teil 6

Nemo tenetur und die allgemeindeliktische Vortat   400

A. Die positivrechtlichen Schutzmechanismen der Abgabenordnung 401
  I. Ausreichender Schutz durch das Steuergeheimnis des § 30 AO? 401
  II. Ausreichender Schutz durch die Möglichkeit des Strafausschlusses? 412
  III. § 393 AO als designierte Lösung des Konflikts 414
  IV. Das Ergebnis: positivrechtliche Schutzlücken 431
B. Zur Herstellung von Verfassungskonformität 432
  I. Die Tücken des zwingenden öffentlichen Interesses; von der Verfassungswidrigkeit des § 393 Abs. 2 S. 2 AO 433
  II. Zur Realisierung der Selbstbelastungsfreiheit im Kontext der allgemeindeliktsoffenbarenden Selbstanzeige 436
C. Fazit: das System zum Schutz bei allgemeindeliktischer Vortat 441

Teil 7

Schlussbetrachtungen   442

A. Vom Sinn und Unsinn der eigenen Methode: kritische Evaluation der Kategorisierung des steuerlichen Mitwirkungssystems 442
B. Die wesentlichen Thesen 445

Literaturverzeichnis 457

Stichwortverzeichnis 504

Inhaltsverzeichnis

Teil 1

Einleitende Vorrede   23

Teil 2

Das Finanzamt und die Verfahren   28

A. Aufgaben und Struktur des Finanzamts 28
   I. Die Struktur der Finanzverwaltung, ein Überblick 28
   II. Aufgaben des Finanzamts 30
B. Das Finanzamt als jansuköpfige Behörde 31
   I. Das Finanzamt zwischen Besteuerungs- und Strafverfolgungsbehörde 32
      1. Das Finanzamt im Besteuerungsverfahren 32
      2. Das Finanzamt im (Steuer-)Strafverfahren 34
      3. Ausgangspunkt der Kollisionsproblematik: die Verfahrenskonkordanz 37
         a) Die Illusion der theoretischen Verfahrenstrennung 37
         b) Die sachliche Gemeinsamkeitsdimension 37
         c) Die persönliche Gemeinsamkeitsdimension 40
   II. Die Steuerfahndung 41
      1. Zweck und Problem 41
      2. Die Aufgaben der Steuerfahndung 41
         a) Der originäre Aufgabenbereich 42
         b) Der derivative Aufgabenbereich 47
         c) Die Doppelrelevanz der Steuerfahndung 47
      3. Die Befugnisse der Steuerfahndung 47
      4. Zwischenergebnis 50
   III. Die Außenprüfung 50
      1. Zwecksetzung 50
      2. Voraussetzungen, Gang der Außenprüfung und Mischfälle 51
      3. Die Befugnisse der Außenprüfung 53
      4. Die Doppelrelevanz 54
         a) Das Verhältnis der Außenprüfung zur Steuerfahndung 55
         b) Die Überleitung der Außenprüfung in das Strafverfahren 56

c) Der strafrechtliche Vorbehalt, § 201 Abs. 2 AO 59
5. Zwischenergebnis 61
IV. Resümee 61
C. Zuständigkeitskollisionen und Lösungsgrundsätze 62
 I. Die objektive Zuständigkeitskollision: das Verhältnis der Verfahren zueinander 62
  1. § 393 Abs. 1 S. 1 AO: der Verfahrensgleichlauf und die Kollisionsprinzipien 62
  2. Die Direktiven der Steuerfahndung 64
 II. Die subjektive Zuständigkeitskollision 65
  1. Das Verhältnis von Finanzamt und Staatsanwaltschaft 66
  2. Die kompetenzielle Gemengelage als Grundlage struktureller Befangenheit 66
 III. Zwischenergebnis und zeitliche Dimension der Selbstbelastungsgefahr 68
D. Ergebnis 69

Teil 3

Die Mitwirkungspflichten im Besteuerungsverfahren   70

A. Der Untersuchungsgrundsatz und die Kooperationsmaxime als Leitdirektiven steuerrechtlicher Mitwirkung 70
 I. Der Rechtsstaat als Grund steuerrechtlicher Mitwirkung 70
  1. Der formale Rechtsstaat 72
  2. Der materielle Rechtsstaat 74
 II. Die Maximen des Besteuerungsverfahrens 78
  1. Der Untersuchungsgrundsatz 79
  2. Die Kooperationsmaxime 79
  3. Das Verhältnis von Untersuchungsgrundsatz und Kooperationsmaxime 82
   a) Erfüllung der Mitwirkungspflicht 84
   b) Missachtung der Kooperation 86
 III. Zwischenergebnis 87
B. Die steuerrechtlichen Mitwirkungspflichten 88
 I. Die Mitwirkungsaufträge der Abgabenordnung 89
  1. Die allgemeinen Vorschriften der §§ 88, 90 Abs. 1 AO 90
  2. Die Anzeigepflichten der §§ 137 ff. AO 91
  3. Die Aufzeichnungs- und Buchführungspflichten der §§ 140 ff. AO 94
  4. Die Abgabe von Steuererklärungen gemäß §§ 149 ff. AO 97
  5. Das Auskunftsverlangen nach § 93 AO 103
  6. Die Vorlage von Urkunden nach § 97 AO 104
  7. Die Inaugenscheinnahme gemäß §§ 98 ff. AO 105
  8. Modifikation der Mitwirkungspflichten in besonderen Verwaltungsverfahren 107
   a) Außenprüfung 107

	b) Steuerfahndung 113
	9. Die Mitwirkungspflichten Dritter 114
	10. Die Systematisierung der Mitwirkungspflichten als Grundlage der weiteren Untersuchung: eine Kategorienfindung 117
II.	Nemo tenetur-unabhängige Begrenzung der Mitwirkungspflichten 125
	1. Die geschriebenen Mitwirkungsverweigerungsrechte, §§ 101 ff. AO 125
	2. Der Rechtsstaat als Grenze steuerrechtlicher Mitwirkung: das Verhältnismäßigkeitsprinzip als ungeschriebene Schranke des Mitwirkungsverlangens ... 126
	3. Das Steuergeheimnis des § 30 AO als verfahrensrechtliches Mitwirkungsverweigerungsrechtsäquivalent des Beteiligten 129
III.	Die Rechtsfolgen des Verstoßes gegen Mitwirkungspflichten 131
	1. Die Zwangsmittel der §§ 328 ff. AO 131
	2. Die Schätzung von Besteuerungsgrundlagen nach § 162 AO 133
	a) Die Voraussetzungen des Instituts 134
	b) Die Rechtsfolgen der Schätzung 136
	c) Die zu schätzenden Besteuerungsgrundlagen 137
	d) Zum Bedürfnis nach einer teleologischen Reduktion 142
	3. Die weiteren positivrechtliche Rechtsfolgen der Mitwirkungspflichtverletzung 144
	a) Steuerliche Nebenleistungen: Verzögerungsgeld und Verspätungszuschlag 144
	b) Steuerverfehlungen 146
	aa) Steuerstraftat: Die Steuerhinterziehung nach § 370 AO 147
	bb) Steuerordnungswidrigkeiten: die leichtfertige Steuerverkürzung nach § 378 AO und die Steuergefährdungen der §§ 379 ff. AO 152
	cc) § 130 OWiG als Steuerordnungswidrigkeit im weiteren Sinne 153
	c) Die Frage der Verbandsverantwortlichkeit für Steuerverfehlungen 154
	4. Die Beweislastentscheidung im Falle des non liquet 158
	a) Die subjektive Beweislast 158
	b) Die objektive Beweislast 160
	aa) Der Begriff und Anwendungsbereich des Instituts 160
	bb) Die Verteilung der objektiven Beweislast im Besteuerungsverfahren 162
	5. Zwischenergebnis 165

Teil 4

Der Grundsatz des „nemo tenetur se ipsum accusare"   167

A.	Von der historischen Entwicklung des Privilegs 167
	I. Die Ansätze der Selbstbelastungsfreiheit im talmudischen und kanonischen Recht 168
	II. Die Entwicklungen im englischen Common Law und deren Rezeption in den USA 171
	III. Die Entwicklung in Deutschland 174
	IV. Zur Relativität genetischer Erkenntnisse 181

B. Der Gewährleistungsgehalt des nemo tenetur-Grundsatzes 183
   I. Die normative Grundlage des nemo tenetur-Prinzips 183
      1. Zur Verortung auf supranationaler Ebene 184
      2. Zur Verortung auf Verfassungsebene 190
         a) Die Freiheit der Person, Art. 2 Abs. 2 S. 2 GG 190
         b) Die Freiheit des Gewissens, Art. 4 Abs. 1 GG 193
         c) Die Verfahrensgarantie auf rechtliches Gehör, Art. 103 Abs. 1, 104 Abs. 3 S. 1 GG 196
         d) Die Menschenwürdegarantie als Einfallstor psychischer Unzumutbarkeit 198
            aa) Von den Tücken des Art. 1 Abs. 1 GG als sedes materiae 199
            bb) Von den Tücken der Unzumutbarkeitsthese 201
         e) Das allgemeine Persönlichkeitsrecht, Art. 1 Abs. 1 i. V. m. Art. 2 Abs. 1 GG 205
         f) Der nemo tenetur-Grundsatz als Justizgrundrecht: Plädoyer für ein prozessuales Verständnis 211
            aa) Der genetische Konnex zwischen der nemo tenetur-Idee und der Stellung des Beschuldigten als Prozesssubjekt 211
            bb) Der nemo tenetur-Satz als Schutz prozessualer Autonomie 214
            cc) Von der konstitutionellen Verankerung des Privilegs 215
            dd) Die Anschlussfrage: Interferenzen mit anderen rechtsstaatsorientierten Subprinzipien? 220
         g) Zwischenergebnis 225
   II. Die objektive Schutzdimension 226
      1. Von der Legitimation einer allgemeinen Mitwirkungsfreiheit: die Verbalitätsthese im Fokus der Betrachtung 227
      2. Auf der Suche nach dem relevanten Abgrenzungskriterium 232
         a) Das Aktiv-Passiv-Dogma als nur unzureichend grobes Raster 232
         b) Die weiteren Konkretisierungsversuche 238
      3. Die absolute Grenzziehung durch die Begehung neuerlichen Unrechts 244
   III. Die subjektive Schutzdimension 245
   IV. Die temporale Schutzdimension 251
   V. Zwischenresümee 252
C. Die Eingriffskomponente: vom „Zwang" zur Selbstbelastung 254
   I. Der Zwangsbegriff des Grundsatzes 254
   II. Exkurs: Die Hinweis-, Aufklärungs- und Belehrungspflichten als Teil der nemo tenetur-Garantie? 261
D. Nemo tenetur und die Absolutheit 264
E. Der nemo tenetur-Satz im Besteuerungsverfahren? 270
   I. Von der Anwendbarkeit auch im Ordnungsrecht 270
   II. Von der Ausstrahlungswirkung auf „Nichtstrafverfahren" 273
      1. Die Begründung der Ausstrahlungswirkung: vom Bedürfnis nach Umgehungsschutz 273

2. Die konsequente Verortung der Ausstrahlungswirkung 275
3. Die Voraussetzungen der Ausstrahlungswirkung 278
   a) Der Anwendungsbereich: die faktische Gefahr der Aushöhlung des nemo tenetur-Satzes 278
   b) Der neuralgische Punkt: die Finalität des Zwangsbegriffs 278
   c) Zur hiesigen Beachtlichkeit faktischer Zwänge 280
   d) Zur Bereichsausnahme bei präventionskonnotierten Mitwirkungspflichten zur Selbstüberwachung 283
F. Fazit 288

Teil 5
Nemo tenetur und die steuerstrafrechtliche Vortat 292

A. Von der Reichweite des Kollisionsverhältnisses 292
   I. Der Gang der Untersuchung 292
   II. Die Friktionsbestimmung... 293
      1. Die Wertneutralität des Steuerrechts als letzter Baustein der Kollision 293
      2. Der nemo tenetur-Satz im Besteuerungsverfahren – das Steuerrecht als Bereich der Ausstrahlungswirkung 296
      3. Die Primärebene: vom Pflichtbegriff als strukturellem Konfliktgrund 297
         a) Zum spezifischen Konfliktpotential der Erklärungspflichten, ... 298
         b) ... der Aufzeichnungspflichten 299
         c) ... sowie der Nichterklärungspflichten 301
      4. Die Sekundärebene: hoheitliche Reaktionsmechanismen versus nemo tenetur-Grundsatz 304
         a) Die physische Kooperationserzwingung 305
         b) Die inkriminierende Wirkung neuerlicher Steuerverfehlungen bei Pflichtverletzung 306
         c) Die Schätzung von Besteuerungsgrundlagen im Kreuzfeuer der Selbstbelastungsfreiheit – eine Grenzziehung 306
         d) Die steuerlichen Nebenleistungen 312
         e) Die Beweislastentscheidung im Falle des non liquet 313
      5. Zwischenergebnis zur Friktionsreichweite bei steuerstrafrechtlicher Vortat .. 315
B. Die positivrechtlichen Schutzmechanismen der Abgabenordnung 317
   I. Der Schutz der Mitwirkungsverweigerungsrechte der §§ 101 ff. AO 318
   II. Ausreichender Schutz durch das Steuergeheimnis gemäß § 30 AO? 319
      1. Die schützende Idee 319
      2. Die Offenbarungsbefugnisse des § 30 AO 320

III. Ausreichender Schutz durch die Möglichkeit des Strafausschlusses? 327
  1. Die strafbefreiende Selbstanzeige des § 371 AO 327
    a) Der Tatbestand der Selbstanzeige 329
    b) Zum Ausmaß der Konfliktbewältigung – eine Bewertung 332
  2. Das Absehen von der Strafverfolgung gemäß § 398a AO 338
  3. Zwischenfazit 342
IV. § 393 AO als designierte Lösung des Konflikts 343
  1. Vom Inhalt und der Systematik der Norm 343
  2. Die objektiven Defizite des § 393 Abs. 1 AO 346
    a) Die Ausgangsfrage: Kompetenz zur Konfliktbewältigung? 346
    b) Das erste Problem: der nicht hinreichende Zwangsmittelausschluss 348
    c) Das zweite Problem: die mittelbare Selbstbezichtigung 348
    d) Zur Erstreckung des Zwangsmittelverbots auch auf allgemeindeliktische Vortaten 352
V. Die Folge: positivrechtliche Schutzlücken! 354
C. Zur Herstellung von Verfassungskonformität 355
  I. Von der Pluralität des vertretenen Meinungsspektrums: die denkbaren Lösungen 355
  II. Die Direktiven der Lösungsfindung 358
    1. Der Ausgangspunkt: die Einschätzungsprärogative des Gesetzgebers 358
    2. Planwidrige Regelungslücken und wo sie zu finden sind 361
    3. Die konkretisierenden Leitlinien 365
  III. Zur Würdigung ausgewählter Lösungsansätze 366
    1. Zum Ausschluss der Pflichtenstellung (des Zwangs) durch Modifikation des Steuerrechts 367
      a) Gruppe 1: die Mitwirkungsverweigerungsrechte 367
      b) Gruppe 2: die Strafbefreiungslösungen 369
    2. Zum Ausschluss des Informationsflusses zwischen den Verfahren 373
    3. Zwischenfazit 375
  IV. Der Bundesgerichtshof auf dem richtigen Weg: zur Kombination von Zwangsausschluss und Verfahrensabschottung 375
    1. Das System des Bundesgerichtshofs 376
    2. Zur Konkretisierung und Erweiterung der Dogmatik im eigenen System 378
      a) Von der Berechtigung der (höchstrichterlichen) Differenzierung 378
      b) Die Behandlung der Friktionslage bei identischem Untersuchungsgegenstand im Sinne prozessualer Tateinheit 380
      c) Die Behandlung der Friktionslage bei divergierendem Untersuchungsgegenstand im Sinne prozessualer Tatmehrheit 382
        aa) Das Verwertungsverbot nach Gemeinschuldner-Grundsätzen 383
        bb) Das Verwertungsverbot hiesiger Diktion 384
        cc) Die Reichweite des Verbots 387
          (1) Die Fernwirkungsfrage 388

(2) Die Frühwirkungsfrage 392
(3) Die Grenzen des Verbots: von hypothetischen Ermittlungsverläufen und der Widerspruchslösung 394
3. Zur Unzulänglichkeit hiergegen gerichteter Kritik 395
V. Fazit: das System zum Schutz bei steuerstrafrechtlicher Vortat 398

Teil 6

Nemo tenetur und die allgemeindeliktische Vortat   400

A. Die positivrechtlichen Schutzmechanismen der Abgabenordnung 401
   I. Ausreichender Schutz durch das Steuergeheimnis des § 30 AO? 401
      1. Die Offenbarungsnorm des § 30 Abs. 4 Nr. 2 AO 403
      2. Die Offenbarungsnorm des § 30 Abs. 4 Nr. 4 AO 404
      3. Die Offenbarungsnorm des § 30 Abs. 4 Nr. 5 AO 407
      4. Zwischenergebnis 412
   II. Ausreichender Schutz durch die Möglichkeit des Strafausschlusses? 412
   III. § 393 AO als designierte Lösung des Konflikts 414
      1. Vom Inhalt und der Systematik der Norm 415
      2. Die Unschärfen des Bekanntwerdens in einem Strafverfahren 417
         a) Die Tücken des Strafverfahrensbegriffs 417
         b) Vom Bekanntwerden „in" einem Strafverfahren 422
      3. Die Unschärfen des Bekanntwerdens aus den Steuerakten 424
      4. Die Rechtsfolge: Ein Verwertungsverbot 426
      5. Die Ausnahme des § 393 Abs. 2 S. 2 AO 430
   IV. Das Ergebnis: positivrechtliche Schutzlücken 431
B. Zur Herstellung von Verfassungskonformität 432
   I. Die Tücken des zwingenden öffentlichen Interesses; von der Verfassungswidrigkeit des § 393 Abs. 2 S. 2 AO 433
   II. Zur Realisierung der Selbstbelastungsfreiheit im Kontext der allgemeindeliktsoffenbarenden Selbstanzeige 436
C. Fazit: das System zum Schutz bei allgemeindeliktischer Vortat 441

Teil 7

Schlussbetrachtungen   442

A. Vom Sinn und Unsinn der eigenen Methode: kritische Evaluation der Kategorisierung des steuerlichen Mitwirkungssystems 442
B. Die wesentlichen Thesen 445

Literaturverzeichnis 457

Stichwortverzeichnis 504

Teil 1

Einleitende Vorrede

25. Juni 2019, München, Deutschland: Es ist noch ruhig am Platzl, als die Haute Cuisine der Landeshauptstadt einen tiefen Eingriff in ihre informatorische Selbstbestimmungssphäre erleidet. Bereits am frühen Morgen betreten Beamte der Steuerfahndung und der Staatsanwaltschaft die Geschäftsräume zweier Lokale der Münchner Nobelgastronomie, sichten Unterlagen, beschlagnahmen Dokumente. Es geht um den Verdacht der Steuerhinterziehung in nicht unerheblichem Ausmaß und, so wird die Zeit noch zeigen, den systematischen Einsatz von Computersoftware zur zielgerichteten Verschleierung von Hinterziehungshandlungen.

Erst tags darauf werden die Verfolgungsbehörden die Durchsuchungen bestätigen. Zwar wolle man sich, so die aufklärende Oberstaatsanwältin, aus rechtlichen Gründen zum Anlass der Maßnahmen nicht äußern[1], der Verdacht, dass eine bereits im Jahre 2017 vorausgegangene Betriebsprüfung, die ihrerseits schon Ungereimtheiten in der Buchführung ebenjener Etablissements offenbarte, die später Gegenstand der unmittelbaren Aufklärungsarbeit der Finanzverwaltung sein sollten[2], den Quell der darauffolgenden repressiven Ermittlungen bildet, wird sich jedoch hartnäckig halten.

„[S]ehr eng und sehr offen [werde man] mit den Behörden zusammenarbeiten", wird der später Beschuldigte, ein Traunsteiner Sternekoch, unmittelbar im Anschluss an den Eingriff beteuern, „um alle Vorwürfe zu entkräften", so heißt es.[3] Als Andrea Wagner, Vorsitzende Richterin der Wirtschafsstrafkammer des Landgerichts München I, am 29.10.2022 das Urteil in der Strafsache verkündet, straft sie ihn jedoch lügend. Ausgerechnet in jenem Saal 134 des Münchner Justizpalastes, in dem schon so mancher Sportfunktionär vor dem Fiskus Buße tun musste, verweist sie auf die besonders hohe kriminelle Energie des Angeklagten bei gleichzeitig nur mäßiger Reue. Sich eigens Computerprogramme zur Verdeckung des Tatverhaltens schreiben zu lassen, sei gewiss kein gewöhnliches Gastronomievergehen, sondern zeuge von einer rechtsfeindlichen Gesinnung gesteigerter Intensität. Zwar müsse neben dem hohen Alter des Täters auch das von diesem abgelegte Geständnis strafmildernde Berücksichtigung finden, in allen Teilen vollständig sei letzteres jedoch nicht gewesen und im Übrigen verdiene auch das Nachtatverhalten des nunmehr zur Überzeugung des Gerichts festgestellt Rechtsbrüchigen Kritik, habe dieser im An-

---

[1] *Kotteder*, SZ v. 27.6.2019.
[2] Siehe nur *Simöl/Spitzkowski*, RTL-News v. 14.10.2022.
[3] *Kotteder*, SZ v. 27.6.2019.

schluss an sein Fehlverhalten doch nahezu keinerlei Schadenswiedergutmachung betrieben. „Deswegen war unseres Erachtens in der Gesamtschau nichts anderes möglich, als eine Haftstrafe auszusprechen."[4]

Aber wie passt das zusammen: Zusammenarbeit und Strafverfahren? Wer auch nur ein Wenig für US-amerikanische Kriminalstreifen übrig hat, wird sich bei diesem Begriffspaar reizwortartig an jenen markanten Ausspruch erinnert fühlen, der stereotypisch auf die finale Auseinandersetzung zwischen dem rechtschaffenden Protagonisten und seinem frevelhaften Widersacher folgt: „Sie haben das Recht, zu schweigen. Alles, was Sie sagen, kann und wird vor Gericht gegen Sie verwendet werden", knurrt der im Regelfall mit Dienstmarke, Sonnenbrille und Handfeuerwaffe behangene Hauptcharakter da immer angestrengt vor sich hin, während er dem für das Publikum überraschenden Übeltäter die Handschellen anlegt; auf individuelle Hilfe vom gescheiterten Schurken mag also selbst das ansonsten so abgebrühte Hollywood nicht hoffen.

Zugegeben: An dieser Stelle ist es freilich müßig, die Existenz einer solchen Weigerungsposition künstlich zu verbergen, um sie im Laufe der Untersuchung als Lösung aller Probleme feierlich zu entdecken. Selbstredend wird es dem Adressatenkreis der vorliegenden Abhandlung bekannt sein, dass auch das deutsche Rechtsdenken einen Grundsatz kennt, der den strafrechtlich Verfahrensunterworfenen davor bewahren möchte, zu selbstbelastendem Verhalten gezwungen zu werden respektive zu seiner eigenen strafrelevanten Überführung beizutragen. Will auch die vorliegende Arbeit an diesem Postulat der prinzipiellen Existenz des damit umschriebenen Grundsatzes des nemo tenetur se ipsum accusare nicht rütteln, wird abseits dieser noch so einhelligen Klarsicht der Nebel jedoch rasch dichter.

So ist schon nicht ganz klar, was diese so behauptete Selbstbelastungsfreiheit überhaupt soll und was sie im Einzelnen schützend umfasst. Noch diffuser werden dann Fragen nach der vorzugswürdigen Rechtsgrundlage, der dogmatischen Einordnung oder dem Verhältnis eines solchen Privilegs zu den individualschützen Rechtspositionen Dritter respektive den prozessualen Belangen des Staates. Erweitert man diese bereits im unmittelbar strafprozeduralen Kontext bestehenden Indifferenzen sodann auch noch um die Dimension der Konkurrenz bzw. Vereinbarkeit mit den (jenen des Strafprozesses teils diametral zuwiderlaufenden) Verfahrensgrundsätzen nichtrepressiver Rechtsbereiche, eröffnet sich ein dogmatisches Spannungsfeld, das in gleichem Maße umstritten wie ungeklärt ist.

Gerade auf diesem kontroversen Terrain befindet sich jedoch unser Koch aus dem obigen Beispiel: Auch er sieht sich in den verschiedenen Stadien seiner Besteuerungsodyssee nicht nur verschiedenen Akteuren der Finanzverwaltung ausgesetzt, sondern auch einem subjektiven Zwiespalt. Treten ihm mit den Beamten des Finanzamts, der Betriebsprüfung und der Steuerfahndung nämlich gleich mehrere

---

[4] Siehe etwa *Schmidt/Schalck*, t-online v. 27.10.2022 sowie https://www.spiegel.de/wirtschaft/alfons-schuhbeck-starkoch-zu-drei-haft-verurteilt-a-a1409905-b36d-41eb-97c6-df41ef1cf1c7 (Stand: 6.12.2022).

Hoheitsträger gegenüber, die, obgleich zum Teil explizit mit repressiven Aufgaben betraut, allesamt die Befugnis innehaben, von ihm in mehr oder weniger ausgeprägtem Maße individuelle Eigenleistung zur jeweils prozessgegenständlichen Sachverhaltsermittlung zu fordern, wird er selbst wohl am besten wissen, dass eine solch hoheitlich-wunschgemäß erschöpfende Unterrichtung des Fiskus auch immerzu die Gefahr bergen wird, solche Umstände zu offenbaren, die das eigene deliktische Fehlverhalten enthüllen. Baut sich das Steuerrecht damit, und so viel sei an diesem Ort bereits verraten, strukturell um den Leitgedanken der Informationsakquise mittels individueller Kooperation des Verfahrensunterworfenen, lässt das Gesetz die zu dieser Forderung Berechtigten dabei aber schrittweise auch immer näher an die Entdeckung des steuerlichen Fehlverhaltens treten und kennt es mit der noch näher zu beleuchtenden Steuerfahndung schließlich sogar ein Institut, dessen zielgerichtete Aufgabe es gar ist, allen voran Steuerverfehlungen zu Repressionszwecken zu erforschen, liegt das für den Einzelnen mit diesem System verbundene Spannungsverhältnis förmlich auf der Hand:

Je mehr er nach der Vorstellung der Steuergesetze auch strafverfahrensrelevante Informationen preisgeben muss, je stärker die Rechtsordnung die Prozessziele des Besteuerungsverfahrens also in den Vordergrund treten lässt, desto weniger können die Anliegen des Strafverfahrens kehrseitig Beachtung finden. Je umfassender ein auch repressiv handelnde Akteure kennendes Steuerrecht den Einzelnen zur individuellen Verfahrensförderung anhält und dabei auch selbstinkriminierende Umstände umfasst, desto mehr gerät eine Rechtsposition, die eine, wie auch immer zu konturierende, strafrechtliche Selbstbelastungsfreiheit garantieren möchte, zwingend unter Beschuss.

Die genauen Leitlinien hier zu finden, ist gewiss nicht leicht; der Zugang zu Gewährleistungsgehalt und Wirkweise des nemo tenetur-Satzes erscheint diffus und vielschichtig. Nun sag', wie hast du's mit dem Steuerrecht, will man ihn gar am liebsten fragen und damit den Finger geradewegs in jene Wunde legen, die die Steuer(straf)rechtswissenschaft in bemerkenswerter Regelmäßigkeit plagt[5]; ganz so überzeichnend geht es jedoch nicht.

Wer auf diesem unwegsamen Gelände brauchbare Antworten finden möchte, muss die richtigen Fragen stellen. Erweist sich der Pfad zur Selbstbelastungsfreiheit an der Verfahrensgrenze von Besteuerungs- und Strafsachen hierbei indes nicht als nennenswert trittfester als jener zum nemo tenetur-Grundsatz selbst, bedarf auch die vorliegende Untersuchung einer, die nachfolgenden Gedanken ordnenden, eigenen Methode. Hier ist es gerade der Eindruck der eingangs geschilderten Fallgestaltung, der die Abhandlung dazu verleitet, sich eines recht formaljuristischen Lösungswegs zu bedienen. Just die ebenda zutage tretende binnenbehördliche Abschichtung in ein latent über dem gesamten Szenario thronendes Finanzamt, das als zentrale Besteuerungsbehörde zuvörderst durch turnusmäßige Steuererklärungen, verschiedene Buchführungs- und Aufzeichnungsaufträge oder aber auch nur schlichte Vorlage-

---

[5] Siehe nur sogleich Teil 2 B. I. 3. a), Fn. 48.

pflichten immerzu mit individueller Informationsleistung gefüttert wird, eine Betriebsprüfung, die im November 2017 steuerliche Überprüfungsmaßnahmen unmittelbar vor Ort vornimmt und eine Steuerfahndung, die rund zwei Jahre später mitsamt den Beamten der Staatsanwaltschaft einen nach außen hin ganz ähnlichen Erforschungsauftrag, nunmehr eben zu Repressionszwecken, übernimmt, sei dabei zum Anlass genommen, sich auch dem Friktionsverhältnis zwischen den Mitwirkungsaufträgen des Steuerrechts und dem Grundsatz des nemo tenetur se ipsum accusare aus dieser institutionell-prozeduralen Warte zu nähern.

Diese drei Abteilungen der Finanzverwaltung markieren dabei aber zugleich auch den personellen Rahmen des hiesigen Forschungsvorhabens. Sie stehen pars pro toto für den übrigen Machtapparat des Fiskus. Zwar bleiben damit insbesondere die Einheiten der Steuernachschau und der Zollbehörden in toto außer Betracht, die nachfolgenden Ausführungen gelten jedoch für jene Akteure, soweit im Aufgaben- und Befugniskreis mit den ausdrücklich beleuchteten übereinstimmend, analog.

Auch will sich die nachstehende Untersuchung lediglich auf die Mitwirkungspflichten der Abgabenordnung konzentrieren. Kann eine umfassendere Analyse sämtlicher Mitwirkungspflichten des gesamten Steuerrechts von der vorliegenden Arbeit schon aus Platzgründen gar nicht geleistet werden, ist eine ebensolche Extension der Forschungsfrage bei Tageslicht aber auch gar nicht vonnöten. Als gleichsam steuerliches Grundgesetz enthält die Abgabenordnung vielmehr bereits selbst einen repräsentativen Ausschnitt des steuerlich geforderten Kooperationsumfangs, der es letzten Endes ermöglicht, die an diesen Mitwirkungsaufträgen entwickelten Grundsätze im Anschluss auf die Pflichtenkreise anderweitiger (Einzel-)Steuergesetze zu übertragen.

Damit steht der Fahrplan für die nunmehr anstehende Reise an den Schmelztiegel von Besteuerungs-, Strafverfahrens- und Verfassungsfragen aber auch schon fest:

Im sich unmittelbar den hiesigen Ausführungen anschließenden Teil 2 wird sich zunächst knapp mit den einschlägigen Zuständigkeitsbereichen der Finanzbehörde auseinanderzusetzen sein. Beleuchtet werden hier insbesondere die einschlägigen Aufgaben- und Befugnisvorschriften des Finanzamts als Besteuerungsbehörde, der Außenprüfung und der Steuerfahndung, begleitet von steuerlichen Grundlagenerwägungen zum prinzipiellen Verhältnis von Besteuerungs- und korrelierenden Strafverfahren.

Auf der Basis dieser Erkenntnisse kann sich sodann Teil 3 den steuerlichen Mitwirkungspflichten des Einzelnen widmen. Nähere Betrachtung bedürfen in diesem Rahmen allen voran der normative Stellenwert sowie die positivrechtliche Ausgestaltung des steuerlichen Kooperationssystems samt jenen hoheitlichen Reaktionsmechanismen, die die Abgabenordnung für den Fall der individuell-defizitären Verfahrensförderung vorsieht; alles zum Zweck der endlichen Suche nach arbeitserleichternder Systematisierung des abgabenrechtlichen Mitwirkungsprogramms.

Teil 4 steht hiernach ganz im Dienste der verfassungsrechtlichen Grundlagen des nemo tenetur-Satzes. Fragen wie jene nach der dogmatischen Einordnung, der normativen Grundlage, dem konkreten Gewährleistungsinhalt und der Absolutheit des verbürgten Privilegs treten hier auf den Plan, bevor kritisch zu evaluieren sein wird, ob und inwieweit diese so zu findenden Grundsätze auch im Metier des Besteuerungsverfahrens Geltung beanspruchen.

Den Teilen 5 und 6 bleibt damit lediglich ein arbeitsbeschließender Konsolidierungsauftrag. Die in Teil 4 erforschten Leitlinien des nemo tenetur-Gedankens werden in diesen beiden Kapiteln peu à peu mit dem steuerlichen Vorverständnis der Teile 2 und 3 verwoben, um aus dieser verknüpfenden Gesamtbetrachtung heraus schließlich beurteilen zu können, ob und, wenn ja, wo ein steuerliches Rechtssystem, das sich in weiten Teilen der individuellen Mitwirkung des Verfahrensunterworfenen bedient, mit dem Grundsatz des nemo tenetur se ipsum accusare konfligiert, und ob und, wenn ja, wie diesen Friktionen effektiv Abhilfe geschaffen werden kann.

Teil 2

Das Finanzamt und die Verfahren

Um die Frage der strafrechtlichen Selbstbelastungsgefahr durch steuerrechtliche Mitwirkung einer geeigneten Lösung zuführen zu können, muss vorab das Spannungsverhältnis hinreichend lokalisiert werden. Zum Einstieg seien daher die im Folgenden relevanten Protagonisten des Besteuerungs- und Steuerstrafverfahrens beleuchtet: das Finanzamt, die Steuerfahndung und die Außenprüfung. Ziel der Ausführungen ist dabei vor allem eine Umgrenzungs- und Systematisierungsleistung: Um das Bearbeitungsfeld der hiesigen Abhandlung abzustecken, sollen Antworten auf die Fragen gefunden werden, ob und inwieweit die funktionellen Teile der Finanzbehörde in einem potentiellen Konfliktverhältnis mit dem nemo tenetur-Grundsatz stehen und in welchen steuerlichen Verfahrensstadien die Gefahr einer strafrechtlichen Selbstbelastung akut wird, müssten doch gefahrentbehrende Abschnitte wie Institutionen einer weitergehenden Untersuchung gar nicht erst zugeführt werden.

A. Aufgaben und Struktur des Finanzamts

I. Die Struktur der Finanzverwaltung, ein Überblick

Soll der Aufbau der Finanzverwaltung nicht weiter Thema dieser Arbeit sein, sei gleichwohl das Finanzamt im Steuerverwaltungsgebilde[6] überblicksartig verortet: Sich dem Druck der alliierten Besatzungsmächte beugend, sieht das Grundgesetz in Art. 108 GG, im Gegensatz zu Weimarer Zeiten[7], keine unitarische, sondern eine stark föderal geprägte Finanzverwaltung vor. Bei Analyse des Verwaltungsaufbaus ergibt sich sodann eine zweistrangige[8] dreistufige[9] Struktur, bestehend aus einem

---

[6] Die Begriffe der Finanz- und der Steuerverwaltung werden in dieser Arbeit synonym verwendet.

[7] Verfassungsrechtlich flankiert durch Art. 8 und Art. 83 Abs. 1 WRV zentralisierte die Erzbergersche Finanzreform 1919/1920 die Finanzverwaltung und unterstellte sie unmittelbar dem Reich; hierzu ausführlich *Hidien*, Finanzausgleich, S. 232 ff. und *Senger*, Finanzverwaltung, S. 33 ff.; ferner *BMF*, Die Erzbergersche Finanzreform, S. 31 ff.; *Kirchhof*, in: von Mangoldt/Klein/Starck, GG, Art. 108, Rn. 2 und *Seer*, in: Bonner Kommentar, Art. 108, Rn. 6.

[8] Die kommunale Steuerverwaltung bleibt hier aufgrund der überblicksartigen Darstellung außer Betracht.

Strang auf Bundes- und einem auf Landesebene mit jeweils hierarchisch organisierten Subgliederungen.[9]

Der Bundesstrang besteht dabei aus Bundesfinanzbehörden[11] und übt gemäß Art. 108 Abs. 1 S. 1 GG die Verwaltungshoheit über Zölle, Finanzmonopole und bundesgesetzlich geregelte Verbrauchsteuern aus.[12] § 1 FVG bestimmt in Ausfüllung der Art. 108 Abs. 1 S. 1 und S. 2 GG den Begriff der Bundesfinanzbehörden und definiert enumerativ das Bundesministerium der Finanzen (BMF) als oberste, das Bundeszentralamt für Steuern und die Generalzolldirektionen als Bundesober- und die Hauptzollämter einschließlich ihrer Dienststellen (Zollämter) und die Zollfahndungsämter als örtliche Behörden.

Der Landesstrang hat gemäß Art. 108 Abs. 2 S. 1 GG die Verwaltungshoheit über die übrigen Steuern teils in eigener Verantwortung, teils im Auftrag des Bundes (Absatz 3)[13] inne und besteht aus Landesfinanzbehörden, welche § 2 Abs. 1 FVG näher beschreibt. Der Norm zufolge bekleidet die für die Finanzverwaltung zuständige oberste Landesbehörde die Stellung der obersten Behörde[14]; die Oberfinanzdirektionen sind als Mittelbehörden eingerichtet. Auf hierarchisch unterster Stufe finden sich die hier relevanten 535[15] Finanzämter als örtliche Behörden.

---

[9] Art. 108 Abs. 1 S. 3 und Abs. 2 S. 3 GG zufolge ist ein dreistufiger Behördenaufbau nicht mehr zwingend. Bund oder Länder können gemäß § 2a Abs. 1 FVG durch Rechtsverordnung auf Mittelbehörden verzichten. Die Landesfinanzverwaltungen haben von dieser Möglichkeit in erheblichem Maße Gebrauch gemacht, sodass momentan in nur noch acht Bundesländern Mittelbehörden eingerichtet sind, siehe *BMF*, Die Steuerverwaltung, S. 14. Im Bereich der Bundesfinanzverwaltung existiert als Bundesoberbehörde die Generalzolldirektion (GZD), welche die einstigen fünf Bundesfinanzdirektionen (BFD) seit 1.1.2016 ersetzt, §§ 1 Nr. 2, 5a FVG; hierzu *Seer*, in: Tipke/Lang, Rn. 21.33 f.; ferner *Seer*, in: Bonner Kommentar, Art. 108, Rn. 76.

[10] Zum Ganzen siehe nur die Erläuterungen in *Heintzen*, in: von Münch/Kunig, GG, Art. 108, Rn. 8 ff.; *Schwarz*, in: Dürig/Herzog/Scholz, GG, Art. 108, Rn. 25 ff. und *Siekmann*, in: Sachs, GG, Art. 108, Rn. 26 ff. Insbesondere zur Hierarchiestruktur und zu Weisungsrechten *Seer*, in: Tipke/Lang, Rn. 21.35 ff. m. w. N.

[11] Den Begriff der Finanzbehörden definiert § 6 Abs. 2 AO.

[12] Zur Steuerverwaltungskompetenz des Bundes und zum Aufbau der Bundesfinanzverwaltung umfassend *Heintzen*, in: von Münch/Kunig, GG, Art. 108, Rn. 8 ff. und *Heun/Thiele*, in: Dreier, GG, Art. 108, Rn. 12 ff.

[13] Zur Aufteilung der Verwaltungskompetenzen der Länder siehe nur *Schwarz*, in: Dürig/Herzog/Scholz, GG, Art. 108, Rn. 40 f., 42 f. sowie die Übersicht bei *Krumm*, in: Tipke/Kruse, § 17 FVG, Rn. 2.

[14] Diese Aufgaben nimmt, je nach landesrechtlicher Strukturierung, das Landesfinanzministerium, der Landesfinanzminister oder Finanzsenator wahr, Übersicht bei *BMF*, Die Steuerverwaltung, S. 13.

[15] *BMF*, Die Steuerverwaltung, S. 14.

II. Aufgaben des Finanzamts

Fragt sich also, welches konkrete Tätigkeitsfeld ein solches Finanzamt übernimmt. Das Bundesministerium der Finanzen sieht die Aufgaben der Finanzverwaltung zuvörderst in der vollständigen, richtigen und umgehenden Erhebung von Steuern[16] und schreibt dem Finanzamt dabei die Rolle der Verwaltung für dem Bund zufließende Besitz- und Verkehrsteuern, Ländersteuern und bestimmte Gemeindesteuern zu.[17] Damit stellt das Bundesministerium indes lediglich auf einen Teilbereich der den Finanzbehörden zufließenden Aufgabenstellungen ab. Ungleich lohnender, da umfassender, scheint somit ein Blick in die einschlägigen Zuständigkeitsregelungen des Finanzverwaltungsgesetzes und der Abgabenordnung.

In sachlicher Hinsicht regelt § 17 Abs. 2 FVG i. V. m. § 16 AO das besteuerungsrechtliche Tätigkeitsfeld der Finanzämter. Nach dessen Satz 1 sind diese zuständig für die Verwaltung der Steuern mit Ausnahme der Kraftfahrzeugsteuer, der sonstigen auf motorisierte Verkehrsmittel bezogenen Verkehrsteuern, der Zölle und der bundesgesetzlich geregelten Verbrauchsteuern (§ 12 FVG), soweit die Verwaltung nicht aufgrund des Art. 108 Abs. 4 S. 1 GG den Bundesfinanzbehörden oder aufgrund des Art. 108 Abs. 4 S. 2 GG den Gemeinden (Gemeindeverbänden) übertragen worden ist. Kurzum trifft die örtlich zuständigen[18] Finanzämter die Aufgabe der Verwaltung jener Steuern, deren Verwaltung nicht den Bundesfinanzbehörden oder den Gemeinden obliegt[19], wobei der Begriff der Verwaltung in hiesigem Kontext als jegliche im Zusammenhang mit der Besteuerung anfallende Tätigkeit von der Ermittlung der Besteuerungsgrundlagen bis zur Beitreibung der fälligen Summe verstanden werden muss, soweit diese nicht den Oberfinanzdirektionen oder der obersten Finanzbehörde der Länder zugewiesen ist.[20] Erscheint diese Erkenntnis noch deckungsgleich mit der umrissartigen Aufgabendefinition des Bundesministeriums der Finanzen, findet sich schon in den Sätzen 2 und 3 die Erweiterung um einen übertragenen Zuständigkeitsbereich, welchen die Landesregierungen durch Rechtsverordnung bestimmen können.[21]

---

[16] *BMF*, Die Steuerverwaltung, S. 10; daneben sollen der Finanzverwaltung die Aufgaben zukommen, die Steuerpflichtigen höflich, fair und kompetent zu behandeln, das vorhandene Personal und die vorhandenen Sachmittel optimal einzusetzen und die allgemeinen Arbeitsbedingungen zur Zufriedenheit der Beschäftigten zu gestalten.

[17] *BMF*, Die Steuerverwaltung, S. 15.

[18] Die örtliche Zuständigkeit bestimmt sich hier nach den §§ 17–29 AO.

[19] *Schmieszek*, in: Hübschmann/Hepp/Spitaler, § 17 FVG, Rn. 17; *Schwarz*, in: Schwarz/Pahlke, § 17 FVG, Rn. 4.

[20] *Krumm*, in: Tipke/Kruse, § 17 FVG, Rn. 2; *Schmieszek*, in: Hübschmann/Hepp/Spitaler, § 17 FVG, Rn. 20 m. w. N.; *Schwarz*, in: Schwarz/Pahlke, § 17 FVG, Rn. 4; vgl. aber auch BFH v. 6.2.1973 – VII R 62/70, BStBl. II 1973, 515.

[21] Dieser übertragene Aufgabenbereich, der vornehmlich der Zentralisierung von Aufgaben dient, soll hier nicht weiter thematisiert werden, hierzu umfassend *Schmieszek*, in: Hübschmann/Hepp/Spitaler, § 17 FVG, Rn. 22, 23 ff.; *Schwarz*, in: Schwarz/Pahlke, § 17 FVG, Rn. 6 ff.

Parallel hierzu eröffnen §§ 386, 387 Abs. 1 AO den örtlich zuständigen[22] Finanzämtern den noch zu konkretisierenden Aufgabenbereich der steuerstrafrechtlichen Ermittlungen bei Verdacht einer Steuerstraftat. Funktionell nimmt dieses Tätigkeitsfeld eine idealiter gesonderte Bußgeld-[23] und Strafsachenstelle (BuStra oder StraBu) wahr.[24]

Letztlich werden die örtlichen Finanzbehörden auch im Grenzbereich von Besteuerungs- und Steuerstrafverfahren tätig. Noch näher zu erläutern, aber hier schon erwähnt seien insoweit die den Finanzbehörden gemäß § 208 Abs. 1 und 2 AO zukommenden Aufgaben der Steuerfahndung und gemäß § 195 S. 1 AO jene der Außenprüfung, welche, wie noch zu zeigen sein wird, überwiegend Sachverhaltsermittlungstätigkeiten betreffen.

Zu resümieren ist also, dass dem Finanzamt im Bereich der Besteuerung eine nahezu umfassende Allzuständigkeit zuteilwird und ihm sowohl im Besteuerungs- als auch im Strafverfahren sowie im Grenzbereich dazwischen qua Gesetz eine bedeutende Rolle als Ermittlungsbehörde zukommt. Welche konkreten Befugnisse aus diesen Aufgabenbereichen fließen und inwieweit hieraus ein Spannungsverhältnis mit dem Grundsatz der Selbstbelastungsfreiheit resultiert, soll das Thema des nächsten Abschnitts sein.

B. Das Finanzamt als janusköpfige Behörde

Zur Darstellung des Konfliktverhältnisses der Institutionen und Verfahren zueinander ist es erforderlich, den exakten Tätigkeitsbereich der jeweiligen Stellen in den verschiedenen Verfahrensstadien festzulegen, wird dieses aus der grundsätzlichen Aufgabenzuweisung doch noch nicht deutlich. Besonderes Augenmerk ist dabei auf die Befugnissystematik zu legen.

---

[22] Die örtliche Zuständigkeit bestimmt sich hier nach § 388 AO.

[23] In steuerlichen Bußgeldsachen ist das Finanzamt ferner generell und exklusiv zuständige Bußgeldbehörde, § 409 S. 1 AO, § 36 Abs. 1 Nr. 1 OWiG. Die verfahrensrechtliche Dimension des Bußgeldverfahrens bleibt vorliegend außer Betracht.

[24] Die funktionale Gliederung der Finanzämter ist nicht bundeseinheitlich geregelt, daher unterschiedlich. Nicht an jedem Finanzamt findet sich eine gesonderte Bußgeld- und Strafsachenstelle. Vielmehr kann es einerseits vorkommen, dass Finanzbeamte, insbesondere in kleineren Finanzämtern, sowohl mit Besteuerungs- als auch Straf- und Bußgeldverfahren betraut sind; andererseits ist es zweckmäßige Praxis, die Bußgeld- und Strafsachenangelegenheiten mehrerer Finanzämter bei einer Stelle eines gesonderten Finanzamts zu bündeln, sodass dieses Finanzamt zu großen Teilen oder gar ausschließlich Bußgeld- und Strafsachen behandelt; zu Rechten und Pflichten dieser Stellen siehe *Schaaf*, AO-StB 2011, 317 ff.; *Tormöhlen*, AO-StB 2013, 316 ff. In Berlin, Nordrhein-Westfalen, Niedersachsen und Hamburg werden die StraBu-Stellen sogar mit der Steuerfahndungsstelle institutionell verbunden, siehe dazu umfassend *Cassone*, Steuerstrafverfolgung; kritisch indes *Hentschel*, NJW 2006, 2300; *Kaligin*, Stbg 2010, 127 f. und *Streck/Spatscheck/Talaska*, Die Steuerfahndung, Rn. 35.

I. Das Finanzamt
zwischen Besteuerungs- und Strafverfolgungsbehörde

1. Das Finanzamt im Besteuerungsverfahren

Der Kernbereich der finanzbehördlichen Tätigkeit findet sich im Besteuerungsverfahren. Mit Blick auf das Ziel dieses Abschnitts, eine zeitliche und institutionelle Systematisierung der Selbstbelastungsgefahr vorzunehmen, sei kurz auf die Abschnitte dieses Verfahrens[25] eingegangen und die Stellung des Finanzamts hier umrissen.

Schon terminologisch zeigt sich der Begriff des Besteuerungsverfahrens als unsauber und konkretisierungsbedürftig. Als Oberbegriff umschreibt er die Gesamtheit der zu einer Besteuerung führenden Verwaltungsverfahren des Ermittlungs- (§§ 85 ff. AO), Festsetzungs- (§§ 155 ff., 179 ff. AO), Erhebungs- (§§ 218 ff. AO) und Vollstreckungsverfahrens (§§ 249 ff. AO).[26] Diese stehen zwar im Grundsatz eigenständig neben-, jedoch nicht beziehungslos zueinander: So setzt die Steuererhebung die Steuerfestsetzung[27] und die Vollstreckung die Steuererhebung[28] voraus; insoweit zeigt sich ein gestuftes Verwaltungsverfahren.

Vorliegend besonders relevant erscheint dabei das Ermittlungsverfahren. Dessen Position im Besteuerungsverfahren lässt sich nicht eindeutig verorten, findet sich die Notwendigkeit von Sachverhaltsermittlungen doch auf allen Ebenen des Verwaltungsverfahrens. Der zeitliche Aspekt gestaltet sich uneinheitlich. Beispielsweise wird einerseits in einem von Selbstregulierung geprägten Steuerfestsetzungsverfahren ein Ermittlungsverfahren erst im Anschluss an eine Festsetzung zur Verifikation des Steuerbescheides angestrengt werden. Andererseits gilt dies jedoch gerade nicht für die Ermittlung unbekannter Steuerfälle oder für eine finanzbehördliche Schätzung der Besteuerungsgrundlagen bei Ausbleiben einer Steuererklärung; hier muss ein Ermittlungsverfahren ex ante stattfinden. Die die Sachverhaltsermittlung betreffenden Normen finden sich daher, vor die Klammer gezogen, im allgemeinen Teil der Verfahrensvorschriften, insbesondere in §§ 85–117 AO. Der Gesetzessystematik wie der praktischen Notwendigkeit geschuldet, gelten sie für alle Verfahrensstadien des Besteuerungsverfahrens, insbesondere auch für das Erhebungs- und Vollstreckungsverfahren.[29]

---

[25] Weiterführend siehe *Drüen* FR 2011, 101 ff.; *Schick*, StuW 1992, 197 ff.; *Seer*, StuW 2003, 40 ff.; *Seer*, StbJb. 2004/2005, S. 53 ff.; *Seer*, FR 2012, 1000 ff.

[26] Daneben treten einzelfallabhängig eigenständige Verwaltungsverfahren wie das Korrekturverfahren (§§ 130 f., 172 ff. AO), das außergerichtliche Rechtsbehelfsverfahren (§§ 347 ff. AO) oder die, noch näher zu beleuchtenden, Steueraufsichts- (§§ 193 ff. AO) oder Steuerstraf- und Bußgeldverfahren (§§ 385 ff. AO).

[27] § 218 Abs. 1 AO.

[28] In Form eines Leistungsgebotes, § 254 Abs. 1 AO.

[29] So *Seer*, in: Tipke/Lang, Rn. 21.151 unter Rekurs auf BFH v. 30.3.1989 – VII R 89/88, BStBl. II 1989, 537 und *Kruse*, Lehrbuch des Steuerrechts, S. 322.

B. Das Finanzamt als janusköpfige Behörde

Das Finanzamt ist im Rahmen des Besteuerungsverfahrens gemäß § 17 Abs. 2 FVG nahezu allzuständig. Man müsste daher meinen, zur Bewältigung dieser Aufgabe käme der Behörde, gestaffelt nach dem jeweiligen Verfahrensabschnitt, eine Fülle an weitreichenden Befugnissen zugute. Für den Bereich der Abgabenordnung gilt dies nur bedingt: Das Gros der Normen, welche das Finanzamt dem Einzelnen gegenüber zum Eingriff berechtigen, findet sich im Regelungskomplex rund um das Ermittlungsverfahren[30] und wird von den noch zu thematisierenden Mitwirkungspflichten des Steuerpflichtigen[31] gemäß §§ 90 ff. AO dominiert. Im Fall der Zuwiderhandlung des Pflichtigen können darüber hinaus Besteuerungsgrundlagen geschätzt (§ 162 Abs. 1 S. 1 AO) und gegebenenfalls Verzögerungsgelder (§ 146 Abs. 2c AO) oder Verspätungszuschläge (§ 152 AO) verhängt werden. Sodann finden sich erst wieder im Rahmen des Vollstreckungsverfahrens selbstbelastungsrelevante Befugnisse der Finanzbehörde. Da das abgabenrechtliche Vollstreckungsverfahren im Gegensatz zu anderen Verfahrensordnungen von der Finanzbehörde selbst geleitet wird (sog. Selbstexekution, § 249 Abs. 1 S. 3 AO)[32], kann das Finanzamt selbst wegen einer Geldforderung in das bewegliche Vermögen eines Schuldners vollstrecken (dazu §§ 285–308 AO), Forderungen bzw. andere Vermögensrechte pfänden oder einziehen (dazu §§ 309–321 AO), zu Lasten einer Liegenschaft eine Sicherungshypothek eintragen lassen, die Zwangsverwaltung/-versteigerung anordnen (§ 322 Abs. 1 S. 2 AO, §§ 866, 867, 869 ZPO i. V. m. dem ZVG) oder die Eröffnung des Insolvenzverfahrens beantragen (§§ 251 Abs. 2 und 3 AO, § 13 InsO).[33] Mit Blick auf die Vollstreckung von Mitwirkungspflichten und damit für die vorliegende Problemstellung in besonderem Maße interessant erscheinen aber die behördlichen Befugnisse bei der Vollstreckung wegen anderer Leistungen als Geldforderungen. Hier nennt § 328 Abs. 1 S. 1 AO die Vollstreckungsmittel der Verhängung eines Zwangsgeldes, der Ersatzvornahme und des Einsatzes von unmittelbarem Zwang.[34]

Die abgabenrechtliche Befugnissystematik des Finanzamts gliedert sich daher wie folgt: Die strukturelle Zurückhaltung der Abgabenordnung in Bezug auf Eingriffe ist einerseits Ausfluss der gesetzessystematischen Stellung der Befugnisse und des Ermittlungsverfahrens. Andererseits ist sie Ausprägung der auf Selbstregulie-

---

[30] Freilich darf dabei nicht übersehen werden, dass den Befugnissen des Ermittlungsverfahrens schon aufgrund deren Geltung in allen Verfahrensabschnitten ein weiter Anwendungsbereich zukommt.

[31] Hierzu ausführlich Teil 3 B. I.

[32] Zur Zuständigkeitsverteilung im Vollstreckungsverfahren siehe nur *Schütze*, in: BeckOK-AO, § 249, Rn. 32 ff.

[33] Die Vollstreckung wegen Geldforderungen ist für den Untersuchungsgegenstand der Abhandlung von lediglich untergeordneter Bedeutung und soll nicht weiter beleuchtet werden. Weiterführend zum Ganzen siehe instruktiv, wenn auch in Teilen veraltet *App*, JuS 1987, 203 ff.; *Seer*, in: Tipke/Lang, Rn. 21.371 ff. m. w. N.

[34] Zum Ganzen siehe *Seer*, in: Tipke/Lang, Rn. 21.376 ff. m. w. N.

rung beruhenden Konzeption der Verfahrensordnung[35]; idealiter soll der Steuerpflichtige sich zunächst selbst erklären, bevor die Finanzbehörde erst bei Bedarf hoheitlich eingreifend tätig wird.

2. Das Finanzamt im (Steuer-)Strafverfahren

Kommt der Steuerehrliche mit dem Finanzamt lediglich im Rahmen des Besteuerungsverfahrens in Berührung, sieht sich der Steuerunehrliche diesem gegebenenfalls noch anderweitig ausgesetzt. Umrissartig beleuchtet seien die Stadien des (Steuer-)Strafverfahrens und die Funktion der Finanzbehörde in ebenjenem.

Das allgemeindeliktische[36] Strafverfahren gliedert sich in die zwei Hauptteile des Erkenntnis- (2. bis 6. Buch der Strafprozessordnung) und des Vollstreckungsverfahrens (7. Buch der Strafprozessordnung). Den Einschnitt bildet die Rechtskraft.[37] Letzterer Verfahrensabschnitt bleibt hiesig mangels Relevanz außer Betracht, ist doch das Finanzamt keine Strafvollstreckungsbehörde im Sinne des § 451 Abs. 1 StPO. Das demgegenüber interessierende Erkenntnisverfahren lässt sich, der insoweit chronologischen Struktur der Strafprozessordnung folgend, weiter in das von der Staatsanwaltschaft geführte Vor- oder Ermittlungsverfahren (§§ 151–197 StPO) und die der gerichtlichen Zuständigkeit obliegenden Abschnitte des Zwischen- (§§ 199–211 StPO), Haupt- (§§ 213–275 StPO) und gegebenenfalls Rechtsmittelverfahrens (§§ 296–358 StPO) untergliedern.

Gelten diese Ausführungen der Sache nach grundsätzlich auch für das Steuerstrafverfahren, existieren jedoch mit Blick auf das Ermittlungsverfahren in personeller Hinsicht signifikante Unterschiede. Ist die Staatsanwaltschaft im allgemeinen Strafverfahren noch ausschließliche Herrin des Ermittlungsverfahrens (§§ 152 Abs. 2, 160, 161 StPO), wird diese Monopolstellung im Steuerstrafverfahren durch § 386 AO erheblich aufgebrochen[38], wobei jene Norm in den Absätzen 1 und 2 zwischen einer unselbstständigen und einer selbstständigen Ermittlungskompetenz der Finanzbehörde unterscheidet. Deren Stellung im Bereich der unselbständigen Kompetenz präzisiert sodann § 402 Abs. 1 AO, wonach ihr hier lediglich eine, mit jener der Polizei im allgemeinen Strafverfahren vergleichbare, die Staatsanwaltschaft unterstützende weisungsgebundene Funktion eingeräumt wird.[39] Die Staatsanwaltschaft bleibt in diesem Kontext auch im Rahmen des Steuerstrafverfahrens

---

[35] Näheres zur Kooperationsmaxime in Teil 3 A. II. 2.

[36] Terminologisch soll in dieser Arbeit das Steuerstrafverfahren als besonderes Strafverfahren dem allgemeindeliktischen solchen gegenübergestellt werden.

[37] So *Roxin/Schünemann*, Strafverfahrensrecht, § 4, Rn. 2.

[38] Zum Verhältnis von Staatsanwaltschaft und Finanzbehörde siehe Teil 2 C. II. 1.

[39] Die Finanzbehörde fungiert insoweit als Hilfsorgan der Staatsanwaltschaft.

genuine Herrin des Ermittlungsverfahrens.[40] Eine vermeintliche Durchbrechung dieses Grundsatzes findet erst durch § 386 Abs. 2 AO statt. Hier wird aus Gründen der Verfahrensökonomie[41] das Finanzamt zur Ermittlungsbehörde und damit als strafverfolgungszuständig erklärt. Das Ermittlungsverfahren wird von den Bußgeld- und Strafsachenstellen selbstständig und gegenüber der Staatsanwaltschaft weisungsfrei[42] betrieben, sodass die Finanzbehörde insoweit den Platz der Staatsanwaltschaft einnimmt.[43] Den sachlichen Anwendungsbereich dieser selbstständigen Ermittlungsbefugnis eröffnet § 386 Abs. 2 AO, wenn die Tat entweder nach Nummer 1 ausschließlich[44] eine Steuerstraftat im Sinne des § 369 Abs. 1 AO darstellt oder nach Nummer 2 zugleich andere Strafgesetze verletzt und deren Verletzung Kirchensteuern oder andere öffentlich-rechtliche Abgaben betrifft, die an Besteuerungsgrundlagen, Steuermessbeträge oder Steuerbeträge anknüpfen. Über den Wortsinn hinaus ist die BuStra aber auch im Falle von Taten, die einer Steuerstraftat gleichgestellt sind, zur selbstständigen Ermittlung befugt.[45] Hierunter fallen insbesondere Vorschriften, welche §§ 385 ff. AO für entsprechend anwendbar erklären[46],

---

[40] So ausdrücklich noch *Schaefer*, in: BeckOK-AO[15], § 386, Rn. 1; zur Stellung der Staatsanwaltschaft im Rahmen der selbstständigen Ermittlungskompetenz näher Teil 2 C. II. 1.

[41] So BT-Drs. IV/2476, 16 f.

[42] Siehe nur BGH v. 30.4.2009 – 1 StR 90/09, NStZ 2009, 514; BFH v. 25.1.1972 – VII R 109/68, BStBl. II 1972, 287; OLG Stuttgart v. 4.2.1991 – 3 Ws 21/91, wistra 1991, 190; weitere Nachweise bei *Peters/Bertrand*, in: Kohlmann, § 386, Rn. 25, Fn. 4; gegen ein selbstständiges steuerstrafrechtliches Ermittlungsverfahren der Finanzbehörden *Gössel*, in: FS-Geppert, S. 143 ff.

[43] So ausdrücklich *Schaefer*, in: BeckOK-AO, § 386, Rn. 1; zustimmend *Sediqi*, wistra 2017, 260.

[44] Dieses Ausschließlichkeitskriterium ist eng auszulegen: AStBV (St) 2022 Nr. 21 Abs. 1 verpflichtet die Finanzbehörde den Vorgang der Staatsanwaltschaft vorzulegen, sofern in einer einheitlichen Tat Steuer- und allgemeine Straftaten zusammenfallen. In diesem Fall entfällt die selbstständige Ermittlungskompetenz des Finanzamts und es greift § 386 Abs. 1 AO, ausführlich *Sediqi*, wistra 2017, 260 f. Richtigerweise ist mit *Peters/Bertrand*, in: Kohlmann, § 386 AO, Rn. 68 eine einheitliche Tat von Steuer- und Allgemeinstraftat zu bejahen, wenn die jeweiligen Tathandlungen so miteinander verknüpft sind, dass ihre getrennte Verfolgung und Aburteilung in getrennten Verfahren einen einheitlichen Lebensvorgang unnatürlich aufspalten würden. Maßgeblich sind damit die Grundsätze des prozessualen Tatbegriffs im Sinne des § 264 StPO; so auch AStBV (St) 2022 Nr. 17 Abs. 2 unter Rekurs auf BGH v. 4.6.1970 – 4 StR 80/70, BGHSt 23, 270. Näher dazu *Peters/Bertrand*, in: Kohlmann, § 386 AO, Rn. 68 f. und 89 ff. mit umfassenden Nachweisen. Instruktiv zu diesem Problemkreis, auch unter dem Aspekt der Ermittlungskompetenz des Finanzamts bezüglich der allgemeindeliktischen Straftat, *Sediqi*, wistra 2017, 260 f.

[45] *Peters*, in: Kohlmann/*Bertrand*, § 386 AO, Rn. 55 und *Seer*, in: Tipke/Lang, Rn. 24.2 bezeichnen diesen Deliktskreis als sog. „Analogtaten".

[46] Siehe dazu die beispielhafte Aufzählung in AStBV (St) 2022 Nr. 19; solche Vorschriften finden sich insbesondere mit Blick auf Straftaten betreffend das Subventionsrecht, vgl. § 96 Abs. 7 S. 2 EStG, § 8 Abs. 2 S. 2 WoPG 1996; § 14 Abs. 3 S. 2 5. VermBG; § 15 Abs. 2 EigZulG; § 15 InvZulG 2010; siehe ferner *Hilgers-Klautzsch*, in: Kohlmann, § 385, Rn. 14 ff., 86 und *Peters/Bertrand*, in: Kohlmann, § 386 AO, Rn. 55, 83.

und sog. Vorspiegelungstaten[47] nach § 385 Abs. 2 AO. Außerhalb dieser Grenzen, wenn die Tat also nicht ausschließlich eine Steuerstraftat darstellt, oder, sobald gegen den Beschuldigten ein Haft- oder Unterbringungsbefehl zu erlassen ist (§ 386 Abs. 3 AO), bleibt nur Raum für § 386 Abs. 1 AO, jedenfalls aber die Staatsanwaltschaft allein die zuständige Ermittlungsbehörde.[48]

Die einschlägigen Befugnisse offenbaren sich dabei als Konterpart der Stellung im Strafverfahren. Werden die Finanzbeamten im Rahmen der unselbstständigen Ermittlungskompetenz als Hilfsbeamte der Staatsanwaltschaft tätig, sind sie nach § 402 Abs. 1 AO mit jenen Befugnissen, die den Behörden des Polizeidienstes nach der Strafprozessordnung zustehen und einer Notbefugnis nach § 399 Abs. 2 S. 2 AO ausgestattet. Agiert das Finanzamt dagegen selbstständig staatsanwaltschaftersetzend, ergeben sich nach § 386 Abs. 2 AO die damit verbundenen Handlungsbefugnisse aus § 399 Abs. 1 AO und §§ 400, 401 AO, sodass der Behörde die staatsanwaltschaftlichen Befugnisse des Strafverfahrens zukommen.

In struktureller Hinsicht unterscheidet sich der Befugniskatalog der Strafprozessordnung dabei maßgeblich von jenem der Abgabenordnung, obgleich die Ausgangssituation prima facie identisch erscheint: Sowohl im Besteuerungs- als auch im Strafverfahren ist der mit der Aufgabe betraute Hoheitsträger auf Informationsgewinnung angewiesen. Baut die Abgabenordnung zu diesem Zweck aber im Wesentlichen auf die Eigenverantwortung des Steuerpflichtigen, weist die Strafprozessordnung der befugten Behörde weitreichende Eingriffsrechte zu.[49] Die Stoßrichtung der Strafprozessordnung liegt daher auf der hoheitlichen Erkenntnisgewinnung durch nahezu ausschließlich hoheitliche Sachverhaltsaufklärung, wohingegen die Abgabenordnung auf Erkenntnisgewinn durch Eigenverantwortung setzt. Dieses Ergebnis verwundert nicht, trägt doch die divergierende Befugnissystematik der Geltung des Grundsatzes der Selbstbelastungsfreiheit primär im Strafverfahren Rechnung. Letztlich bleibt daher festzuhalten, dass die unterschiedliche Konzeption der Befugnisse der Abgaben- und Strafprozessordnung konsequenter Ausfluss der unterschiedlichen verfahrensprinzipiellen Konzeption der Verfahrensordnungen selbst ist.

---

[47] So *Peters/Bertrand*, in: Kohlmann, § 386 AO, Rn. 59 f.

[48] Ausführlich zur Zuständigkeitsverteilung zwischen Finanzamt und Staatsanwaltschaft in Steuerstrafsachen siehe nur *Hilgers-Klautzsch*, in: Kohlmann, § 385, Rn. 65 ff.

[49] Zum Verhältnis der Befugnisse aus Abgaben- und Strafprozessordnung, insbesondere mit Blick auf § 393 AO, Teil 2 C. I. 1. Zur Kooperationsmaximierung des Steuerrechts siehe sogleich Teil 3 A. II. 2.

3. Ausgangspunkt der Kollisionsproblematik: die Verfahrenskonkordanz

a) Die Illusion der theoretischen Verfahrenstrennung

Das Gesetz versucht diesen Verfahrensgegensatz in fast schon törichter Einfachheit zu lösen. Gemäß § 393 Abs. 1 S. 1 AO richten sich die „Rechte und Pflichten der Steuerpflichtigen und der Finanzbehörde im Besteuerungsverfahren und im Strafverfahren [...] nach den für das jeweilige Verfahren geltenden Vorschriften." Zwar ist das Ziel des Gesetzes, eine einfach zu handhabende Kollisionsnorm[50] zwischen straf- und steuerrechtlichem Ermittlungsverfahren zu schaffen, durchaus edel, insbesondere vor dem Hintergrund der rechtsstaatlichen Vorgabe, Normen so bestimmt zu halten, dass dem Bürger die Möglichkeit gegeben wird, die Folgen seines Handelns vorherzusehen und so sein Verhalten danach ausrichten und auf die Rechtsnorm einstellen zu können.[51] Die legislative Lösung, beide Verfahren strikt voneinander zu isolieren, hierdurch nur den jeweils eigenen Verfahrensgrundsätzen zu unterwerfen[52] und so etwaige Kollisionsprobleme schon ex ante ausschließen zu wollen, scheint jedoch unzureichend.

So zeigt schon die umfangreiche Literatur zum Verhältnis von Besteuerungs- und Strafverfahren[53], dass sich ebendieses so unproblematisch wie propagiert nicht gestaltet. Ganz im Gegenteil stehen die Verfahren in einer weitreichenden wechselseitigen Einwirkungsbeziehung, die maßgeblich durch deren Gemeinsamkeiten vorgezeichnet wird, wobei sich diese partielle Verfahrenskonkordanz in eine objektive und eine subjektive Dimension gliedert.

b) Die sachliche Gemeinsamkeitsdimension

Die sachliche Dimension der Verfahrensüberschneidung findet sich im Ermittlungsverfahren. In diesem Stadium bestreben die jeweilig zuständigen Behörden die Sachverhaltsermittlung durch Informationsgewinnung. Zwar ermitteln die Strafverfolgungs- und die Besteuerungsbehörde grundsätzlich verschiedene Sachver-

---

[50] Nach der gesetzgeberischen Intention soll § 393 Abs. 1 S. 1 AO das Verhältnis von Besteuerungs- und Steuerstrafverfahren sowie die verfahrensrechtliche Subjektstellung des Betroffenen regeln, vgl. BT-Drs. V/1812, 32; BT-Drs. 7/4292, 46; *Besson*, Steuergeheimnis, S. 101 m.w.N.; *Hilgers-Klautzsch*, in: Kohlmann, § 393, Rn. 1 ff.; *Rüster*, Der Steuerpflichtige, S. 34.

[51] Ständige Rechtsprechung des BVerfG seit BVerfG v. 7.7.1971 – 1 BvR 775/66, BVerfGE 31, 264; siehe nur die Nachweise in BVerfG v. 9.4.2003 – 1 BvL 1/01, BVerfGE 108, 75. Zuletzt BVerfG v. 3.3.2004 – 1 BvF 3/92, BVerfGE 110, 53 f. Ausdrücklich *Grzeszick*, in: Dürig/Herzog/Scholz, GG, Art. 20 VII, Rn. 58 mit umfassenden Nachweisen; zustimmend *Schulze-Fielitz*, in: Dreier, GG, Art. 20 (Rechtsstaat), Rn. 129.

[52] *Teske*, wistra 1988, 207 m.w.N.; *Tormöhlen*, in: Hübschmann/Hepp/Spitaler, § 393, Rn. 32.

[53] Siehe nur den Umfang der Literaturhinweise bei *Salditt*, DStJG 38, S. 280, Fn. 7.

halte, die zu ermittelnden Informationen überschneiden sich jedoch. Die Schnittmenge liegt im Begriff der Besteuerungsgrundlage.[54] Nach dem Wortsinn des § 199 Abs. 1 AO sind dies jedenfalls alle „tatsächlichen und rechtlichen Verhältnisse, die für die Steuerpflicht und für die Bemessung der Steuer maßgebend sind", mithin die sachlichen (Steuerobjekt) und persönlichen (Steuersubjekt) Steuerfestsetzungsvoraussetzungen.[55]

Dass die Ermittlung der Besteuerungsgrundlagen für die Festsetzung der Steuer im Rahmen des Besteuerungsverfahrens unabdingbare Voraussetzung ist, bedarf keiner weiteren Erläuterung.[56] Demgegenüber kurz dargestellt sei deren Relevanz im Strafverfahren.[57]

Den Ausgangspunkt bildet mit § 370 Abs. 1 AO eine Norm, welche die zur Strafbarkeit führenden Voraussetzungen nur zum Teil selbst erschöpfend definiert. Neben dem im Tatbestand aufgeführten Verhalten bedarf es des Eintritts eines tatbestandlichen Erfolges[58] in Form einer Steuerverkürzung oder der Erlangung nicht gerechtfertigter Steuervorteile für sich oder einen anderen. Steuern sind dabei gemäß § 370 Abs. 4 S. 1 AO namentlich dann verkürzt, wenn sie nicht, nicht in voller Höhe oder nicht rechtzeitig festgesetzt werden; Steuervorteile und Steuervergütungen sind nach § 370 Abs. 4 S. 2 AO nicht gerechtfertigt erlangt, soweit sie zu Unrecht gewährt oder belassen werden.[59] Für beide Erfolgsvarianten bedarf es also aufgrund der notwendigen Feststellung des staatlichen Steueranspruchs gemäß §§ 37 Abs. 1, 38 AO der Ermittlung der Besteuerungsgrundlagen. Ob § 370 Abs. 1 AO insoweit als echte Blankettvorschrift[60] oder normativer Tatbestand[61] erscheint, bedarf vorliegend keiner Entscheidung.[62]

---

[54] *Hilgers-Klautzsch*, in: Kohlmann, § 393, Rn. 15; *Kohlmann*, in: FS-Tipke, S. 494; *Schaefer*, Steuerstrafverfahren, S. 9; *Schleifer*, wistra 1986, 250 f.; *Teske*, wistra 1988, 209.

[55] So *Wagner*, in: BeckOK-AO, § 179, Rn. 16; in der Sache zustimmend auch *Brandis*, in: Tipke/Kruse, § 179, Rn. 1; zu weiteren Definitionsansätzen des uneinheitlich verwendeten Begriffs der Besteuerungsgrundlage siehe nur die Ausführungen bei *Söhn*, in: Hübschmann/Hepp/Spitaler, § 179, Rn. 11 f. sowie ferner Teil 3 B. III. 2. c).

[56] Dazu *Martens*, StuW 1993, 338 ff.

[57] Siehe auch umfassend *Hellmann*, Neben-Strafverfahrensrecht, S. 199 ff. m. w. N.

[58] Dem Wortlaut folgend stellt § 370 Abs. 1 AO richtigerweise ein Erfolgsdelikt dar. Zustimmend *Schuster*, Bezugsnormen, S. 185; *Blesinger*, wistra 2009, 295; *Göggerle*, BB 1982, 1856; *Krumm*, in: Tipke/Kruse, § 370, Rn. 5 m. w. N. Die Gegenansicht, die in der Steuerhinterziehung ein reines Tätigkeitsdelikt sieht, fußt auf der mit Blick auf die notwendige Unterscheidung von Schutzgut und Tatobjekt nicht zutreffenden Prämisse, dass es sich bei abstrakten Gefährdungsdelikten, die gerade keinen Gefahrerfolg voraussetzen, um reine Tätigkeitsdelikte handle, so *Buse*, UR 2010, 328 m. w. N.

[59] Zum Ganzen *Joecks*, in: Joecks/Jäger/Randt, § 370, Rn. 32 ff.; *Krumm*, in: Tipke/Kruse, § 370, Rn. 76 ff.

[60] Mit BGH v. 8.1.1965 – 2 StR 49/64, BGHSt 20, 180 f. und *Wulf*, wistra 2001, 44 sind Blankette als Tatbestände zu verstehen, die das verbotene Verhalten nicht oder nicht vollständig selbst umschreiben, sondern die pönalisierte Verhaltensnorm nur in Zusammenschau mit der in Bezug genommenen Norm vollständig erkennen lassen. Als Blankett einordnend BVerfG v. 16.6.2011 – 2 BvR 542/09, UR 2011, 778; BVerfG v. 15.10.1990 – 2 BvR 385/87,

Abseits der materiellen Strafvorschrift sieht *Schaefer* zutreffend in der Bedeutung der Besteuerungsgrundlagen für das Strafverfahren aber auch eine prozessuale Komponente. So ist das Ausmaß des durch die strafbare Handlung verursachten Schadens ein im Rahmen der Strafzumessung zu berücksichtigender Faktor.[63] Ferner findet sich der Topos der Besteuerungsgrundlage im Kontext sowohl der Anklageschrift und des Strafbefehls als auch des Strafurteils wegen Steuerhinterziehung. Dem Bestimmtheitsgebot des § 200 Abs. 1 S. 1 StPO zufolge muss die Anklage den Gegenstand des Strafverfahrens in persönlicher, sachlicher und rechtlicher Hinsicht eingrenzen (sog. Informations- und Umgrenzungsfunktion).[64] In einer Anklage wegen Steuerhinterziehung müssen daher jedenfalls die tatsächlichen Grundlagen des Steueranspruchs sowie der Zeitraum und die Höhe der hinterzogenen Steuer umschrieben werden.[65] Letztlich müssen die Ausführungen eines Strafurteils erkennen lassen, welches steuerlich relevante Verhalten hinsichtlich welcher Steuerart und welches Besteuerungszeitraums zu einer Steuerverkürzung geführt hat.[66]

Damit steht fest: Der steuerrechtliche Begriff der Besteuerungsgrundlage hat erheblichen Einfluss auch auf das Steuerstrafverfahren. Sowohl die Strafverfolgungs- als auch die Besteuerungsbehörde haben den steuerlichen Sachverhalt um-

---

wistra 1991, 175; BVerfG v. 8.5.1974 – 2 BvR 636/72, BVerfGE 37, 208; BGH v. 17.3.2009 – 1 StR 627/08, BGHSt 53, 229; BGH v. 19.4.2007 – 5 StR 549/06, wistra 2007, 347; BGH v. 28.1.1987 – 3 StR 373/86, BGHSt 34, 282; BGH v. 16.5.1984 – 2 StR 525/83, wistra 1984, 181; BFH v. 24.5.2000 – II R 25/99, wistra 2001, 27; *Peters*, in: Hübschmann/Hepp/Spitaler, § 370, Rn. 42 m.w.N.; *Ulsamer/Müller*, wistra 1998, 3. Zur Unterscheidung zwischen echtem und unechtem Blankett siehe BGH v. 9.3.1954 – 3 StR 12/54, BGHSt 6, 40 f.

[61] So u.a. *Gaede*, Der Steuerbetrug, S. 458 ff.; *Hellmann*, DStJG 38, S. 59 ff. und *Juchem*, wistra 2014, 302 ff. jeweils unter Darlegung des Streitstands; *Schuster*, Bezugsnormen, S. 188 m.w.N.; *Weidemann*, wistra 2006, 133. Siehe auch die Nachweise bei *Kuhlen*, DStJG 38, S. 124, Fn. 42, der diese Auffassung in der Literatur als „fast einhellig" bezeichnet. Differenzierend *Schmitz*, JURA 2003, 600 f.; *Wulf*, wistra 2001, 44.

[62] Siehe dagegen zum Merkmal der Pflichtwidrigkeit Teil 3 B. III. 3. b) aa).

[63] So *Schaefer*, Steuerstrafverfahren, S. 10 unter Rekurs auf *Bilsdorfer*, NJW 1999, 1680. Bemerkenswert ist jedoch, dass *Schaefer* hierbei nicht näher konkretisierend auf § 46 Abs. 2 StGB abstellt. Sofern damit die Abwägungsanordnung des § 46 Abs. 2 S. 1 StGB gemeint ist, erscheint dies jedenfalls unpräzise, ist der Umfang des Schadens und damit der Umfang des Erfolgsunwerts doch mit *Maier*, in: MüKo-StGB, § 46, Rn. 31 ff. schon als ein Element des Schuldbegriffs des § 46 Abs. 1 StGB zu verstehen. Sofern mit dem Verweis auf die „Auswirkungen der Tat" im Sinne des § 46 Abs. 2 S. 2 StGB Bezug genommen werden soll, ist dies vor dem Hintergrund des Doppelverwertungsverbotes aus § 46 Abs. 3 StGB unzutreffend, siehe ausdrücklich *Miebach/Maier*, in: MüKo-StGB, § 46, Rn. 245.

[64] BGH v. 5.1.1995 – 3 StR 448/94, BGHSt, 40, 391 f.; BayObLG v. 29.1.1991 – Reg. 4 St 9/91, wistra 1991, 195; *Stuckenberg*, in: Löwe/Rosenberg, § 200, Rn. 3 ff. m.w.N.

[65] OLG Düsseldorf v. 30.10.1990 – 5 Ss 203/90-31/90 III, NStZ 1991, 100; *Hellmann*, Neben-Strafverfahrensrecht, S. 199 m.w.N. Gleiches gilt gemäß § 409 Abs. 1 S. 1 StPO für den Strafbefehl.

[66] So ausdrücklich *Bilsdorfer*, NJW 1999, 1684; in der Sache zustimmend *Hellmann*, Neben-Strafverfahrensrecht, S. 199 f. m.w.N.

fassend aufzuklären.[67] Dabei sind beide Ermittlungsbehörden jedoch an unterschiedliche, weit divergierende Verfahrensprinzipien gebunden, obgleich sie sich dieselben Fragen stellen müssen. Vor diesem Hintergrund ist es zu weiten Teilen die sachliche Schlüsselrolle der Besteuerungsgrundlage in beiden Verfahren, welche die grundsätzliche Idee der Verfahrenstrennung gemäß § 393 Abs. 1 S. 1 AO so realitätsfremd wirken und den Steuerpflichtigen bei steuerlicher Informationspreisgabe durch Mitwirkung auch immer potentiell strafrechtlich relevante Aspekte offenbaren lässt.

c) Die persönliche Gemeinsamkeitsdimension

Die subjektive Komponente der Verfahrenskonkordanz fußt auf obig[68] gewonnener Erkenntnis, dass die Finanzbehörde sowohl gemäß § 17 Abs. 2 FVG i. V. m. § 16 AO im Gewande der Besteuerungs- als auch gemäß §§ 386, 387 Abs. 1 AO in jenem der Steuerstrafverfolgungsbehörde auftreten kann. Dieser institutionellen Doppelzuständigkeit verleiht § 387 Abs. 1 AO einen besonderen subjektiven Einschlag, indem die für die Verwaltung der Steuer zuständige Behörde auch in Bezug auf die steuerstrafrechtlichen Ermittlungen für sachlich zuständig erklärt wird.[69] Kurzum wird nun das Finanzamt, welches sich bis dato im Wesentlichen mit dem Besteuerungssachverhalt eines Steuerpflichtigen beschäftigt hat, auch dazu berufen, die steuerstrafrechtlichen Ermittlungen zu Lasten eines Beschuldigten zu führen. Die so entstehende behördliche Verfahrensidentität kann sich im Extremfall sogar in Bezug auf einzelne Finanz- oder Ermittlungsbeamte zu einer personellen Verfahrenskonkordanz verdichten, sodass dieselbe Ermittlungsperson sowohl im Besteuerungs- als auch im Steuerstrafverfahren tätig wird.[70] Die Verknüpfung von Steuerfestsetzungs- und Strafverfolgungsbehörde leuchtet daher zwar aus verfahrensökonomischer Perspektive ein, führt jedoch zu einer äußerst problematischen Zwitterstellung der Finanzbehörde.[71]

Letztlich bleibt damit das krude Ergebnis, dass de lege lata eine einzelne Ermittlungsperson, jedenfalls aber eine einzelne Finanzbehörde, dieselbe Information der Besteuerungsgrundlage für zwei nach der Vorstellung des Gesetzgebers strikt zu trennende Verfahren auf Grundlage verschiedener Verfahrensordnungen mit unterschiedlichen Befugnissen und teils diametral auseinanderfallenden Verfahrensprinzipien ermitteln soll. Eine solch unübersichtliche Gemengelage aus Aufgaben und Befugnissen ruft unweigerlich Kollisions- und Verstoßproblematiken auf den

---

[67] *Tormöhlen*, in: Hübschmann/Hepp/Spitaler, § 393, Rn. 9.

[68] Siehe Teil 2 B. I. 1. und 2.

[69] Erläuternd *Bülte*, in: Hübschmann/Hepp/Spitaler, § 387, Rn. 4 ff.; *Hilgers-Klautzsch*, in: Kohlmann, § 387, Rn. 6 ff.

[70] So auch *Schaefer*, Steuerstrafverfahren, S. 12 und *Teske*, wistra 1988, 207; mit Blick auf die Ermittlungspersonen der Außenprüfung und der Steuerfahndung siehe *Schleifer*, wistra 1986, 251.

[71] So ausdrücklich auch *Blesinger*, wistra 1994, 50.

Plan. Besonders anfällig für Verstöße sind dabei die schon bestimmungsgemäß im Grenzbereich der beiden Verfahren agierenden besonderen finanzbehördlichen Prüfdienste der Steuerfahndung und der Außenprüfung. Ebendiese seien nachfolgend vorgestellt.

II. Die Steuerfahndung

1. Zweck und Problem

Steuerfahndung ist Steuereintreibung und Steuerstrafverfolgung unter massivem Einsatz der hoheitlichen Möglichkeiten des Staates.[72] Hier vereinen sich Fiskal- und Strafzwecke und treten dem Bürger, der im Verdacht steht, dem Staat Steuern vorenthalten zu haben, in besonderer Schwere gegenüber. Der Steuerliche Außenprüfdienst[73] wird damit qua Zwecksetzung sowohl im Besteuerungs- als auch im Strafverfahren tätig und steht so im Verdacht, besonderes selbstbelastungsrelevantes Gefährdungspotential für den ihm gegenüberstehenden Einzelnen zu bergen. Art und Umfang dieser Individualgefährdung sollen nachstehend untersucht werden.

2. Die Aufgaben der Steuerfahndung

Im Ausgangspunkt trägt die Steuerfahndung (SteuFa)[74] als Teil der Landesfinanzbehörden[75] den originären finanzamtlichen Aufgabenkomplex und ist hierdurch insbesondere auch dazu berufen, nach den Vorgaben des § 85 AO für eine gesetz- und gleichmäßige Besteuerung Sorge zu tragen.[76] Darüber hinaus wird ihr Kompetenzkatalog von § 208 AO unter Differenzierung zwischen originären und derivativen Aufgaben besonders geregelt.[77]

---

[72] So *Streck/Spatscheck/Talaska*, Die Steuerfahndung, Rn. 1.

[73] So die interne Bezeichnung der mit der Aufgabe betrauten Dienststellen bevor sie in den 1930er Jahren durch den Terminus der Steuerfahndung ersetzt wurde, welcher seit der Abgabenordnung 1977 auch gesetzlich verwendet wird, siehe *Herrmann*, DStJG 38, S. 252; zur Historie der Steuerfahndung auch *Seer*, in: Tipke/Kruse, § 208, Rn. 1.

[74] Aufgrund der Themenstellung betreffend das Finanzamt bleibt die Zollfahndung hiesig außer Betracht.

[75] Die Behördeneigenschaft der Steuerfahndung wird überwiegend unter Verweis auf den eindeutigen Wortsinn des § 208 Abs. 1 S. 2 AO und die Gesetzesbegründung (BT-Drs. V/1812, 36) abgelehnt, siehe nur *Seer*, in: Tipke/Kruse, § 208, Rn. 4 und die umfangreichen Nachweise bei *Tormöhlen*, in: Hübschmann/Hepp/Spitaler, § 208, Rn. 28, Fn. 3, der jedoch selbst in Rn. 27 die Behördeneigenschaft annimmt; zum Aufbau siehe nur *Streck/Spatscheck/Talaska*, Die Steuerfahndung, Rn. 33 ff.

[76] *Seer*, in: Tipke/Kruse, § 208, Rn. 14; ausdrücklich auch *Schaefer*, Steuerstrafverfahren, S. 14.

[77] *Mösbauer*, StB 2003, 216.

a) Der originäre Aufgabenbereich

Die originären Aufgaben der Fahndungsstellen listet § 208 Abs. 1 S. 1 AO enumerativ auf. Der Norm zufolge sind deren Dienststellen zuständig für die Erforschung von Steuerstraftaten und Steuerordnungswidrigkeiten (Nummer 1), die Ermittlung der Besteuerungsgrundlagen in den in Nummer 1 bezeichneten Fällen (Nummer 2) sowie die Aufdeckung und Ermittlung unbekannter Steuerfälle (Nummer 3). Dem fahndungsdienstlichen Aufgabenschwerpunkt auf erstgenannter Zuweisung und der hiesigen Stellung der Fahndungsbeamten[78] geschuldet, firmiert die Steuerfahndung auch unter den Begriffen der „Steuerpolizei" oder der „Kriminalpolizei in Steuersachen".[79]

Voraussetzungen für die Aufgabeneröffnung gemäß § 208 Abs. 1 S. 1 Nr. 1 AO, mithin für das Handeln im Steuerstrafverfahren, sind das Bestehen eines Anfangsverdachts[80] einer Steuerstraftat und die Einleitung eines Strafverfahrens. In Bezug auf letzteres Erfordernis gilt das Legalitätsprinzip gemäß § 385 Abs. 1 AO, §§ 152 Abs. 2, 160 Abs. 1 StPO, sodass die Finanzbehörde bzw. die Staatsanwaltschaft von Amts wegen zur Strafverfahrenseinleitung verpflichtet ist, wenn sie Tatsachen erfährt, die den Verdacht einer Steuerstraftat rechtfertigen.

Darüber hinaus positiviert § 208 Abs. 1 S. 1 Nr. 2 AO die Aufgabe, Besteuerungsgrundlagen in den Fällen der Nummer 1 zu ermitteln und betrifft damit, im Gegensatz zu Nummer 1, nicht das Straf-, sondern das Besteuerungsverfahren.[81] Obgleich diese Zuweisung neben jener der Ermittlung von Steuerstraftaten ein zentrales Aufgabenfeld der Dienststelle bildet, erscheint deren Verhältnis zueinander umstritten, wobei sich ebendieser Disput im Wesentlichen um die Frage der Eigenständigkeit der Nummer 2 neben der Nummer 1 dreht:[82]

Klar ist dabei zunächst, dass aufgrund des zwischen dem Besteuerungs- und Steuerstrafverfahren möglichen Informationsaustauschs[83] die seitens der Steuer-

---

[78] Hierzu sogleich Teil 2 B. II. 3.

[79] *Seer*, in: Tipke/Kruse, § 208, Rn. 17; *Seer*, in: Tipke/Lang, Rn. 21.254.

[80] Zu den Kriterien des Anfangsverdachts siehe nur Teil 4 B. III., Fn. 440.

[81] So ausdrücklich *Seer*, in: Tipke/Kruse, § 208, Rn. 15 m.w.N.; *Seer*, in: Tipke/Lang, Rn. 21.253. Von der Konzeption der Teilung des § 208 Abs. 1 AO in einen steuerstrafrechtlichen (Nummer 1) und steuerrechtlichen Teil (Nummern 2 und 3) geht auch die finanzgerichtliche Judikatur aus, siehe BFH v. 6.2.2001 – VII B 277/00, BStBl. II 2001, 308 f.; BFH v. 4.9.2000 – I B 17/00, BStBl. II 2000, 650; BFH v. 25.7.2000 – VII B 28/99, BStBl. II 2000, 646; BFH v. 19.8.1998 – XI R 37/97, BStBl. II 1999, 9; BFH v. 16.12.1997 – VII B 45/97, BStBl. II 1998, 234; BFH v. 29.10.1986 – I B 28/86, BStBl. II 1987, 441; BFH v. 2.12.1976 – IV R 2/76, BStBl. II 1977, 320.

[82] Siehe dazu die Nachweise und Ausführungen bei *Seer*, in: Tipke/Kruse, § 208, Rn. 23 f. und *Tormöhlen*, in: Hübschmann/Hepp/Spitaler, § 208, Rn. 99. Zum in diesem Kontext ebenfalls geführten Disput der rechtsstaatlichen Rechtmäßigkeit der Aufgabenzuweisungen siehe sogleich Teil 2 C. II. 2.

[83] § 30 Abs. 4 AO regelt den wechselseitigen Informationsfluss nicht ausdrücklich, setzt ihn aber jedenfalls voraus, vgl. *Streck/Spatscheck/Talaska*, Die Steuerfahndung, Rn. 30; aus-

B. Das Finanzamt als janusköpfige Behörde

fahndung für das Strafverfahren ermittelten Besteuerungsgrundlagen prinzipiell auch für das Besteuerungsverfahren geeignet sind.[84] Die Frage der Verwertbarkeit im steuerlichen Verfahren ist eine hiervon zu unterscheidende, die an dieser Stelle noch keiner Klärung bedarf.

In Anbetracht der dargelegten Steuerrechtsakzessorietät insbesondere des § 370 Abs. 1 AO ist sodann zu erkennen, dass die Steuerfahndung im Rahmen ihrer Aufgabenzuweisung nach § 208 Abs. 1 S. 1 Nr. 1 AO auch Besteuerungsgrundlagen feststellen dürfen muss[85]; das hiesige Merkmal des Erforschens also die Ermittlung steuerlicher Sachverhalte zur Erforschung der Steuerstraftat umfasst. Eines gesonderten Rekurses auf Nummer 2 bedarf es insoweit nicht.[86] Die aufgeworfene Problematik um die Eigenständigkeit der Norm gipfelt daher bei Tageslicht in der nur undifferenzierten Wendung des § 208 Abs. 1 Nr. 2 AO der „in Nummer 1 bezeichneten Fälle", die die Frage aufwirft, wie Nummer 1-akzessorisch Nummer 2 wirklich ist.

Eine Auffassung vertritt unter Rekurs auf die Gesetzesbegründung[87] eine vollumfängliche Dependenz und sieht daher in der Steuerfahndung eine reine Strafverfolgungsbehörde mit rein strafprozessualen Befugnissen. Nummer 2 wäre somit

---

drücklich *Tormöhlen*, in: Hübschmann/Hepp/Spitaler, § 208, Rn. 101 mit Verweis auf *Tormöhlen*, in: Gosch, § 30, Rn. 86 m.w.N.

[84] So bezeichnet es *Tormöhlen*, in: Hübschmann/Hepp/Spitaler, § 208, Rn. 97 entgegen der Vorkommentierung als „h.M.", dass die Steuerfahndung Besteuerungsgrundlagen, soweit ein Straf- bzw. Bußgeldverfahren durchgeführt wird, auch für das Besteuerungsverfahren zu ermitteln hat und konstatiert in Rn. 100, dass Erkenntnisse der Fahndungsstellen gleichsam als „Abfallprodukte" in das Besteuerungsverfahren Eingang finden; zustimmend insoweit BFH v. 9.3.2010 – VIII R 56/07, BFH/NV 2010, 1777; BFH v. 15.6.2001 – VII B 11/00, BStBl. II 2001, 628; BFH v. 16.12.1997 – VII B 45/97, BStBl. II 1998, 232 f.; BFH v. 29.10.1986 – I B 28/86, BStBl. II 1987, 441; *Maurer*, in: Wannemacher & Partner, Rn. 3108; *Randt*, in: Joecks/Jäger/Randt, § 404, Rn. 30; *Rüsken*, in: Klein, § 208, Rn. 3; *Seer*, in: Tipke/Kruse, § 208, Rn. 23. Über die Literatur hinaus findet dies auch in der Praxis und der Finanzverwaltung Anerkennung, wenn sie von einem durch die Steuerfahndung erzielten „steuerlichen Mehrergebnis" spricht, so ausdrücklich *Tormöhlen*, in: Hübschmann/Hepp/Spitaler, § 208, Rn. 97.

[85] Dies erkennt auch der Gesetzgeber an, wenn er in der Gesetzesbegründung davon ausgeht, dass „die Frage, ob und inwieweit eine Steuerstraftat oder Steuerordnungswidrigkeit vorliegt, regelmäßig mit der Feststellung steuerlicher Nachforderungen einhergeht", so BT-Drs. 7/4292, 36. Siehe auch BFH v. 16.12.1997 – VII B 45/97, BStBl. II 1998, 233; BFH v. 20.4.1983 – VII R 2/82, BStBl. II 1983, 483, wo das Gericht davon ausgeht, dass die Ermittlung der Besteuerungsgrundlagen unmittelbar zur Erforschung der Steuerhinterziehung gehöre und nicht abtrennbarer Teil sei; BFH v. 23.12.1980 – VIII R 92/79, BStBl. II 1981, 350 und BFH v. 2.12.1976 – IV R 2/76, BStBl. II 1977, 320.

[86] Von diesem Verständnis gehen auch *Seer*, in: Tipke/Kruse, § 208, Rn. 23; *Seer*, in: Tipke/Lang, Rn. 21.254 und *Tormöhlen*, in: Hübschmann/Hepp/Spitaler, § 208, Rn. 85 aus, insbesondere, wenn sie § 208 Abs. 1 S. 1 Nr. 2 AO eine eigenständige Bedeutung vor allem bei bestehenden Strafverfolgungshindernissen zuschreiben. Siehe auch BFH v. 15.6.2001 – VII B 11/00, BStBl. II 2001, 628; BFH v. 16.12.1997 – VII B 45/97, BStBl. II 1998, 232 f.

[87] Die Ansicht beruft sich auf BT-Drs. 7/4292, 36 (siehe Teil 2 B. II. 2. a), Fn. 80), wonach die Ermittlung der Steuerstraftat mit der Feststellung der steuerlichen Nachforderung „einhergeht", so *Talaska*, Mitwirkungspflichten, S. 118.

eine nur deklaratorische Bekräftigung der schon in Nummer 1 formulierten Aufgabe.[88]

So bestechend diese Ansicht, in der Steuerfahndung eine lediglich repressiv handelnde Institution zu sehen, in ihrer Einfachheit sein mag und so nobel das Ziel einer leicht handhabbaren Verfahrenszuordnung auch ist, der Ansatz sieht sich erheblicher Kritik ausgesetzt. Zunächst fällt nämlich auf, dass jene Vertreter dieser Meinung den Begriff der Besteuerungsgrundlagen in Nummer 2 § 208 AO-autonom konsequenterweise im Sinne „nur strafrechtlich relevanter Besteuerungsgrundlagen einer konkret verfolgten und verfolgbaren Steuerstraftat" auslegen müssten. Dann würde die Norm aber nur etwas im Grunde Selbstverständliches regeln[89] und wäre schlicht gegenstandslos.[90] Dieses Ergebnis scheint aus systematischer Warte sinnwidrig, hätte der Gesetzgeber doch auf eine gesonderte Anordnung verzichten können, hätte er damit die bloße Bekräftigung der Nummer 1 bezwecken wollen und die Steuerfahndung lediglich mit der Erforschung des Sachverhalts im Rahmen des Strafverfahrens betraut gesehen. Dies wird auch normhistorisch untermauert: Ironischerweise aus derselben Passage, auf welche sich die Vertreter der Gegenansicht stützen, geht hervor, dass der Gesetzgeber die Zuweisung der Nummer 2 als „weitere"[91] Aufgabe der Steuerfahndung sieht. Er begreift also die Kompetenzen aus Nummer 1 und Nummer 2 nicht als identisch und bringt diesen Willen ferner in §§ 208 Abs. 1 S. 1 Nr. 3, Abs. 1 S. 2 und 3, Abs. 2 Nr. 1 und in § 171 Abs. 5 AO zum Ausdruck.[92] Letztlich ist auch eine organisatorische Trennung von Besteuerungs- und Steuerstrafverfahren nicht schon deshalb nötig, weil eine Doppelzuständigkeit konzeptionell unzulässig erscheint.[93] Für die Gefährdung des Bürgers ist nämlich nicht entscheidend, dass Besteuerungsgrundlagen überhaupt hoheitlich für verschiedene Zwecke ermittelt werden; das besondere Gefahrenpotential fußt vielmehr auf den Fragen, welchen Eingriffen sich der Einzelne ausgesetzt sieht, mithin darauf, welche Befugnisse hierzu verwendet werden und in welchem Verhältnis Besteue-

---

[88] *Hamacher*, DStZ 1987, 227 unter Darlegung der Rechtsprechung des BFH; *Hellmann*, Neben-Strafverfahrensrecht, S. 201 ff., 324; *Schick*, JZ 1982, 130.

[89] So aber noch ausdrücklich BFH v. 20.4.1983 – VII R 2/82, BStBl. II 1983, 482. Vgl. auch BFH v. 16.12.1997 – VII B 45/97, BStBl. II 1998, 232 f. und schon BFH v. 23.12.1980 – VIII R 92/79, BStBl. II 1981, 351.

[90] So auch *Hamacher*, DStZ 1983, 494 f.; *Koenig*, in: Koenig, § 208, Rn. 10.

[91] BT-Drs. 7/4292, 36 (siehe Teil 2 B. II. 2. a), Fn. 80).

[92] Vgl. *Hartmann*, Verwertungsverbote, S. 63; *Streck*, DStJG 6, S. 246; ausdrücklich *Talaska*, Mitwirkungspflichten, S. 118 unter gleichwohl zweifelhaftem Rekurs auf FG Kassel v. 8.11.1996 – 4 V 3735/96, wistra 1997, 120. Im Ergebnis zustimmend *Hamacher*, DStZ 1983, 494.

[93] So konstatiert schon *Reiß*, Besteuerungsverfahren, S. 251 f., 254 in seiner Habilitationsschrift zutreffend mit Verweis auf den Polizeidienst, dass Doppelzuständigkeiten zur Verfolgung allgemeiner Verwaltungszwecke und bei der Strafverfolgung auch außerhalb des Bereichs der Steuerverwaltung bekannt sind. Gleichwohl noch nicht beantwortet ist damit, ob diese Doppelzuständigkeit zwischen Steuerstrafverfahren und Besteuerungsverfahren unproblematisch ist, dazu Teil 2 C. II. 2.

rungs- und Strafverfahren zueinander stehen, kurzum auf Problemstellungen, die § 208 Abs. 1 S. 1 AO jedenfalls nicht auf Aufgabenzuweisungsebene regelt.[94]

Damit ist mit dem Bundesfinanzhof[95], der Finanzverwaltung[96] und Teilen der Literatur[97] richtigerweise davon auszugehen, dass die Aufgabeneröffnung der Steuerfahndung zur Ermittlung der Besteuerungsgrundlagen nicht davon abhängt, dass gleichzeitig ein Steuerstrafverfahren durchgeführt wird und § 208 Abs. 1 S. 1 Nr. 2 AO dort eigenständige Bedeutung erheischt, wo Besteuerungsgrundlagen fernab des Strafverfahrens ermittelt werden, also eine Strafverfolgung nicht oder nicht mehr stattfinden kann, eine Ermittlungskompetenz folgend aus Nummer 1 somit ausgeschlossen, gleichwohl eine Aufgabenzuweisung an die Steuerfahndung aus Gründen der Verfahrensökonomie geboten[98] erscheint. Dementsprechend erfährt § 208 Abs. 1 S. 1 Nr. 2 AO für das Besteuerungsverfahren dort selbstständige Relevanz, wo Strafverfolgungsverjährung oder der persönliche Strafaufhebungsgrund der Selbstanzeige eingetreten ist, das Verfahren nach §§ 153 ff. StPO eingestellt wurde oder ein anderes Verfahrenshindernis besteht.[99]

Zuletzt enthält § 208 Abs. 1 S. 1 Nr. 3 AO eine Maßnahme der allgemeinen Steueraufsicht.[100] Als Ausfluss des allgemeinen Steuersicherungsauftrags gemäß § 85 S. 2 AO ermöglicht die Vorschrift Fahndungsmaßnahmen auch ohne den Anfangsverdacht einer Steuerstraftat oder -ordnungswidrigkeit; erforderlich ist lediglich ein hinreichender Anlass.[101] Die Aufklärung unbekannter Steuerfälle (sog.

---

[94] So *Talaska*, Mitwirkungspflichten, S. 118, der im Ergebnis jedoch eine vermittelnde Ansicht vertritt und die Ermittlung der Besteuerungsgrundlagen faktisch an das Strafverfahren knüpft.

[95] BFH v. 12.1.2010 – VIII B 159/08, BFH/NV 2010, 599; vgl. BFH v. 3.12.2008 – VIII B 54/07, ZSteu 2009, R-247 im Fall des Todes des Steuerpflichtigen; BFH v. 29.1.2002 – VIII B 91/01, BFH/NV 2002, 755; BFH v. 15.6.2001 – VII B 11/00, BStBl. II 2001, 628; BFH v. 16.12.1997 – VII B 45/97, BStBl. II 1998, 233.

[96] Siehe nur AStBV (St) 2022 Nr. 122 Abs. 1 S. 2.

[97] *Herrmann*, DStJG 38, S. 254 f.; *Noack*, wistra 1997, 175 f.; *Rüsken*, in: Klein, § 208, Rn. 35; *Tormöhlen*, wistra 1993, 176; *Tormöhlen*, in: Hübschmann/Hepp/Spitaler, § 208, Rn. 101 bezeichnet dies sogar als herrschende Ansicht in der Literatur. Zustimmend auch *Seer*, in: Tipke/Kruse, § 208, Rn. 24 mit umfangreichen Nachweisen, der ferner auf semantische Indifferenzen in den Tatbegriffen des Besteuerungs- und Strafverfahrens hinweist und hieraus schon einen eigenen Bedeutungsgehalt von § 208 Abs. 1 S. 1 Nr. 2 AO folgert.

[98] Diese Aufgabe der Steuerfahndung zuzuweisen, hat damit bei Tageslicht einen verfahrensökonomischen Hintergrund, siehe *Schick*, JZ 1982, 129 f.

[99] So ausdrücklich *Seer*, in: Tipke/Lang, Rn. 21.255 m. w. N.; auch *Seer*, in: Tipke/Kruse, § 208, Rn. 24, der zu Recht auf die unterschiedliche Beweislastverteilung im Steuerstraf- und Besteuerungsverfahren und die fehlende Präjudizwirkung eines steuerstrafrechtlichen Freispruchs für das Besteuerungsverfahren hinweist.

[100] So BFH v. 29.10.1986 – VII R 82/85, BStBl. II 1988, 361; FG Kassel v. 8.11.1996 – 4 V 3735/96, wistra 1997, 120; *Herrmann*, DStJG 38, S. 255 f.; *Matthes*, in: Kohlmann, § 404 AO, Rn. 81; *Seer*, in: Tipke/Lang, Rn. 21.257; ausführlich *Wendeborn*, Steuerfahndung, S. 75 ff.

[101] Siehe hierzu *Hoyer/Scharenberg*, in: Gosch, § 208, Rn. 33; umfassend *Seer*, in: Tipke/Kruse, § 208, Rn. 30 f. m. w. N.; *Wenzel*, Das Verhältnis, S. 149 f.

Vorfeldermittlung[102]) ist bereits zulässig, wenn aufgrund bestimmter Anhaltspunkte unter Berücksichtigung der allgemeinen oder auf einem bestimmten Gebiet bestehenden Erfahrung der Finanzbehörden die Vermutung (meint: die gesteigerte Möglichkeit[103]) besteht, dass ein Steuertatbestand verwirklicht worden ist.[104] Rasterfahndungen und Ermittlungen ins Blaue hinein verbieten sich dagegen aufgrund des Verstoßes gegen das Übermaßverbot.[105] Der Ausgang der Vorfeldermittlungen ist dabei freilich offen. Kommt die Fahndungsstelle aber zu dem Ergebnis eines steuerstrafrechtlichen Anfangsverdachts, ist nach § 385 Abs. 1 AO, §§ 152 Abs. 2, 160 Abs. 1 StPO ein Steuerstrafverfahren einzuleiten und alle weiteren Maßnahmen sind Ausdruck der Strafverfolgungskompetenz nach § 208 Abs. 1 S. 1 Nr. 1 AO. Über diese klare zeitliche Einteilung hinaus ist aber auch hier das Verhältnis zu § 208 Abs. 1 S. 1 Nr. 1 AO umstritten. So wird abermals die Eigenständigkeit des Anwendungsbereichs zum Teil mit dem Hinweis bezweifelt, die Kompetenz zur Ermittlung unbekannter Steuerfälle sei eine rein dem Strafverfahren zuzuordnende[106], welche inhaltlich zur Gänze in Nummer 1 aufgehe.[107] Bei Tageslicht greift aber auch in diesem Kontext obiges Argument legislativer Intention. Hätte der Gesetzgeber den Geltungsbereich des § 208 Abs. 1 S. 1 Nr. 3 AO mit jenem der Nummer 1 identisch gesehen, hätte es der eigenständigen Normierung in Nummer 3 nicht bedurft.[108] § 208 Abs. 1 S. 1 Nr. 3 AO ist damit richtigerweise, wie auch Nummer 2, selbstständig relevant und dem Besteuerungsverfahren zuzuordnen.[109]

---

[102] Zu den hiervon abzugrenzenden, das Strafverfahren betreffenden Vorermittlungen siehe *Herrmann*, DStJG 38, S. 256 f. und *Seer*, in: Tipke/Kruse, § 208, Rn. 30 m.w.N. Ausführlich auch *Wenzel*, Das Verhältnis, S. 153 f.

[103] Die allgemeine Lebenserfahrung, dass Steuern nicht selten verkürzt werden, reicht nach BFH v. 16.1.2009 – VII R 25/08, BStBl. II 2009, 585 f. nicht aus. Vielmehr muss die Steuerfahndung eine „erhöhte" Wahrscheinlichkeit unbekannte Steuerfälle zu entdecken darlegen.

[104] BFH v. 12.5.2016 – II R 17/14, BStBl. II 2016, 825; BFH v. 16.5.2013 – II R 15/12, BStBl. II 2014, 230; BFH v. 5.10.2006 – VII R 63/05, BStBl. II 2007, 156 f.; BFH v. 16.7.2002 – IX R 62/99, BStBl. II 2003, 82; BFH v. 21.3.2002 – VII B 152/01, BStBl. II 2002, 498; BFH v. 24.3.1987 – VII R 30/86, BStBl. II 1987, 484; BFH v. 29.10.1986 – VII R 82/85, BStBl. II 1988, 361; *Steinberg*, DStR 2008, 1720.

[105] So BFH v. 12.5.2016 – II R 17/14, BStBl. II 2016, 825; siehe ferner die umfassenden Nachweise bei *Seer*, in: Tipke/Kruse, § 208, Rn. 30 und *Tormöhlen*, in: Hübschmann/Hepp/Spitaler, § 208, Rn. 128.

[106] *Hellmann*, Neben-Strafverfahrensrecht, S. 276; *Herdemerten*, DStR 2008, 140; *Rüping*, DStR 2002, 2021; *Schick*, JZ 1982, 131 f.

[107] *Hellmann*, Neben-Strafverfahrensrecht, S. 245 ff., 256, 271 ff., 276 hält die Norm daher für überflüssig.

[108] So auch *Seer*, in: Tipke/Kruse, § 208, Rn. 26, der mit dem Verweis auf Rn. 15 ebenfalls auf die in Bezug auf Nummer 2 angeführten historischen Argumente verweist.

[109] Vgl. BFH v. 29.10.1986 – VII R 82/85, BStBl. II 1988, 361. So auch *Herrmann*, DStJG 38, S. 255; *Hoyer/Scharenberg*, in: Gosch, § 208, Rn. 38; *Seer*, in: Tipke/Kruse, § 208, Rn. 15, 26.

B. Das Finanzamt als janusköpfige Behörde

b) Der derivative Aufgabenbereich

§ 208 Abs. 2 AO regelt im Gegensatz hierzu einen Kompetenzbereich, in dessen Rahmen die Fahndungsstellen nur auf Ersuchen oder Delegation der zuständigen Finanzbehörde hin tätig werden.[110] Die mit der Steuerfahndung betrauten Dienststellen der Landesfinanzbehörden sind normgemäß zuständig für steuerliche Ermittlungen einschließlich der Außenprüfung auf Ersuchen der zuständigen Finanzbehörde (Nummer 1) und für die ihnen sonst im Rahmen der Zuständigkeit der Finanzbehörden übertragenen Aufgaben (Nummer 2).[111] Hierdurch wird klargestellt, dass die Steuerfahndung auch unabhängig und losgelöst von der Einleitung eines Steuerstrafverfahrens im fiskalischen Ermittlungsverfahren tätig werden kann.[112]

c) Die Doppelrelevanz der Steuerfahndung

Es bleibt die Erkenntnis, dass die Steuerfahndung echte Kompetenzen sowohl im Besteuerungs- als auch Strafverfahren innehat und sich somit in einem Grenzbereich bewegt. Insoweit kann sie als historisch gewachsene klassische Institution mit Doppelfunktion[113] betrachtet werden. Ebendiese mit *Schick*[114] oder *Hellmann*[115] dadurch zu eliminieren, den Fahndungsstellen eine bloß strafverfahrensrechtliche Stellung zuzuerkennen, ist aus systematischer wie normhistorischer Warte nicht geboten.[116] Vielmehr wird es Aufgabe der folgenden Arbeit sein, das verfahrensrechtliche Trennungsgebot zum Schutz des Einzelnen mittels Gesetzesauslegung bestmöglich zu verwirklichen.[117]

3. Die Befugnisse der Steuerfahndung

§ 208 Abs. 1 S. 2 und 3 AO regeln die Befugnisse der Steuerfahndung. Gleich der im Rahmen des Finanzamts aufgezeigten Systematik stellen auch hier die einschlägigen Machtmittel das notwendige Korrelat zur jeweiligen Aufgabenzuweisung

---

[110] *Mösbauer*, StB 2003, 216; *Mösbauer*, DStZ 1986, 342 f.

[111] Auf Aufgabenebene ergeben sich im Verhältnis zur delegierenden/ersuchenden Finanzbehörde keine Besonderheiten für die Steuerfahndung, sodass eine tiefergehende Analyse dieses Kompetenzbereiches nicht geboten erscheint. Weiterführend siehe nur *Herrmann*, DStJG 38, S. 257 f.

[112] So *Schaefer*, Steuerstrafverfahren, S. 15 unter Rekurs auf *Maurer*, in: Wannemacher & Partner, Rn. 3114 ff.

[113] *Streck/Spatscheck/Talaska*, Die Steuerfahndung, Rn. 2.

[114] *Schick*, JZ 1982, 127.

[115] *Hellmann*, Neben-Strafverfahrensrecht, S. 197 ff., 236 ff.; für eine institutionelle Trennung auch *Jesse*, DB 2013, 1814.

[116] Siehe nur *Seer*, in: Tipke/Kruse, § 208, Rn. 15 m.w.N.

[117] So auch *Seer*, in: Tipke/Kruse, § 208, Rn. 15; *Streck/Spatscheck/Talaska*, Die Steuerfahndung, Rn. 14, 22 ff. *Hellmann*, Neben-Strafverfahrensrecht, S. 236 sieht darin die „Quadratur des Kreises".

dar. Hierauf fußt zunächst die Einsicht, dass die Fahndungsstelle im Rahmen ihrer strafprozessualen Aufgabe auf die Befugnisse der Strafprozessordnung sowie bei Erfüllung der steuerrechtlichen Aufgaben auf jene der Abgabenordnung zurückgreifen können muss.

Agieren die Beamten der Steuerfahndung im strafprozessualen Sinne, bekleiden sie gemäß §§ 404, 399 Abs. 2 S. 2 AO die Stellung als Ermittlungsbeamte der Staatsanwaltschaft.[118] Die ihnen zukommenden Eingriffsermächtigungen regeln §§ 208 Abs. 1 S. 2 Hs. 1, 404 AO[119], welche den Fahndungsstellen die Befugnisse der Strafprozessordnung gewähren, soweit diese der Polizei oder Hilfsbeamten der Staatsanwaltschaft dort eingeräumt sind.[120] Die daneben gemäß § 208 Abs. 1 S. 2 Hs. 2 AO vermeintlich einschlägigen finanzbehördlichen Machtmittel[121] werden von §§ 404, 399 Abs. 2 S. 2 AO als leges speciales verdrängt.[122]

Nimmt die Steuerfahndung dagegen ihren steuerlichen Aufgabenbereich wahr, verbietet sich ein Berufen auf strafprozessuale Befugnisse[123] und es verbleiben ihr jene in §§ 85 ff. AO beschriebene Eingriffsermächtigungen aus dem Besteuerungsverfahren, die auch den übrigen Finanzämtern zur Erfüllung der Aufgaben aus § 85 AO zur Verfügung stehen[124], modifiziert um die Grundsätze des § 208 Abs. 1

---

[118] *Hadamitzky/Senge*, in: Erbs/Kohlhaas, § 404 AO, Rn. 10; *Herrmann*, DStJG 38, S. 261; *Streck/Spatscheck/Talaska*, Die Steuerfahndung, Rn. 17.

[119] Dass § 208 Abs. 1 S. 2 AO nur auf § 404 S. 2 AO und nicht auf dessen Satz 1 verweist, ist dabei wohl ein Redaktionsversehen, jedenfalls unschädlich, siehe nur *Hellmann*, S. 206 f.; *Mösbauer*, StB 2003, 216; *Mösbauer*, DStZ 1986, 343; vgl. auch *Seer*, in: Tipke/Kruse, § 404, Rn. 3.

[120] Siehe umfassend die Auflistung der Befugnisse der Fahndungsstellen bei *Herrmann*, DStJG 38, S. 261 f.

[121] Diese Befugniszuweisung ist gleichsam disputbehaftet. So geht *Küster*, BB 1980, 1373; *Küster*, DStJG 6, S. 263 f. mit Verweis auf LG München v. 30.6.1981 – 28 Qs 9/81; LG Hamburg v. 17.3.1981 – 38 Qs 3/81 zu Unrecht davon aus, dass der Steuerfahndung auch die Ermittlungsbefugnisse der Bußgeld- und Strafsachenstellen, mithin staatsanwaltschaftliche Befugnisse zukämen. Dagegen zu Recht *Hadamitzky/Senge*, in: Erbs/Kohlhaas, § 404 AO, Rn. 4; *Henneberg*, BB 1976, 1558; *Jäger*, in: Klein, § 404, Rn. 10; *Mösbauer*, StB 2003, 216; *Seer*, in: Tipke/Kruse, § 404, Rn. 6.

[122] *Mösbauer*, StB 2003, 217; *Mösbauer*, DStZ 1986, 344; im Ergebnis zustimmend auch *Seer*, in: Tipke/Kruse, § 208, Rn. 25, 51, 71; § 404, Rn. 8, der jedoch dieser Derogationsregel den Stellenwert eines eigenen „Gebot[s] der verfahrensrechtlichen Trennung der Befugnisse" zuweist und *Tormöhlen*, in: Hübschmann/Hepp/Spitaler, § 208, Rn. 146a.

[123] Dagegen *Schaefer*, Steuerstrafverfahren, S. 17 m.w.N., der es als „ganz überwiegende Ansicht" bezeichnet, dass auch im Rahmen von § 208 Abs. 1 S. 1 Nr. 2 AO die Steuerfahndung sowohl auf strafprozessuale als auch auf steuerrechtliche Ermittlungsbefugnisse zurückgreifen kann. Hiergegen spricht jedoch schon der besteuerungsrechtliche Charakter der Aufgabenzuweisung. Diese mit strafprozessualen Befugnissen aufzuladen, erscheint sinnwidrig.

[124] *Seer*, in: Tipke/Kruse, § 208, Rn. 25, 51; *Tormöhlen*, in: Hübschmann/Hepp/Spitaler, § 208, Rn. 146a. Siehe ferner die Auflistung der Befugnisse der Fahndungsstellen bei *Herrmann*, DStJG 38, S. 259 f.

S. 3 AO.[125] Vorbehaltlich eines etwaig bestehenden Zwangsmittelverbots gemäß § 393 Abs. 1 AO ist die Steuerfahndung hier gemäß §§ 328 ff. AO auch zur zwangsweisen Durchsetzung ihrer Rechte befugt.

Die Machtmittel der Fahndungsstellen im Rahmen der Aufgaben nach Absatz 2 richten sich nach jenen der ersuchenden Finanzbehörde.[126] Insbesondere kommen ihr damit bei Erfüllung des § 208 Abs. 2 Nr. 1 AO die steuerrechtlichen Befugnisse der Außenprüfung zu.

Damit lässt sich festhalten: Die Dienststellen der Steuerfahndung haben in § 208 Abs. 1 S. 1 Nr. 1 AO eine echte steuerstrafrechtliche Aufgabe, die sie gemäß §§ 208 Abs. 1 S. 2, 404, 399 Abs. 2 S. 2 AO mit strafprozessualen Machtmitteln bewältigen können. Außerhalb dieses Bereichs (§§ 208 Abs. 1 S. 1 Nr. 2, 3 AO) wird ihnen eine genuin steuerrechtliche Aufgabe zuteil, die sie ausschließlich mittels steuerrechtlicher Befugnisse, aus eigenem (§ 208 Abs. 1 S. 2 Hs. 2) oder übergegangenem Recht (§ 208 Abs. 2 AO), bewältigen.[127] Hieraus folgt, dass den Fahndungsstellen für die Ermittlung von Besteuerungsgrundlagen im Rahmen der Ermittlung von Steuerstraftaten lediglich strafprozessuale Befugnisse an die Hand gegeben werden, ganz gleich, ob diese Informationen sodann in das Straf- oder das Besteuerungsverfahren einfließen. Dagegen kann die Ermittlung von Besteuerungsgrundlagen im Besteuerungsverfahren nur unter Zuhilfenahme abgabenrechtlicher Machtmittel erfolgen. Dieses Ergebnis privilegiert auch den vermeintlich Steuerunehrlichen nicht[128], ist es der Finanzbehörde doch unbenommen, zeitgleich zur strafprozessualen Fahndungstätigkeit steuerrechtliche Ermittlungen mit Mitteln des Besteuerungsverfahrens anzustrengen.

Über dieses klare Schwarz-Weiß, welches gleichsam dem Trennungsgebot des § 393 Abs. 1 AO Rechnung trägt, hinaus entsteht aber bei paralleler Eröffnung verschiedener Aufgabenzuweisungen ein für den Einzelnen problemträchtiger Graubereich. Hier droht eine Kumulation strafprozessualer und besteuerungsrechtlicher Befugnisse in den Händen der Steuerfahndung. Dies wird vor allem in Bezug auf die Gefährdungssituation des Bürgers in Verjährungskonstellationen relevant, klaffen doch die Zeiträume der Strafverfolgungs- und Festsetzungsverjährung auseinander. Dem Bürger droht damit ein Konflikt. Hinsichtlich eines strafrechtlich verjährten Zeitraums ist er, wie noch zu zeigen sein wird, aufgrund der Restriktion auf abgabenrechtliche Befugnisse steuerlich voll mitwirkungspflichtig und hat strafrechtlich kein Recht, zu schweigen. Dennoch besteht eine strafrechtliche

---

[125] Ausführlich Teil 3 B. I. 8. b).
[126] *Koenig*, in: Koenig, § 208, Rn. 40.
[127] Vgl. BFH v. 4.10.2006 – VIII R 53/04, BStBl. II 2007, 231; *Koenig*, in: Koenig, § 208, Rn. 29 f.; *Rüsken*, in: Klein, § 208, Rn. 45; *Seer*, in: Tipke/Kruse, § 208, Rn. 25, 51; *Tormöhlen*, in: Hübschmann/Hepp/Spitaler, § 208, Rn. 146a; anders wohl noch BFH v. 20.4.1983 – VII R 2/82, BStBl. II 1983, 483.
[128] So aber *Schaefer*, Steuerstrafverfahren, S. 19 unter Rekurs auf *Benkendorff*, ZfZ 1977, 107.

Selbstbelastungsgefahr, da die für die strafrechtlich verjährten Zeiträume offenbarten Tatsachen mittelbar Aufschluss über noch nicht verjährte Zeiträume geben könnten und so die hier anwendbaren, gleichwohl mit Blick auf Mitwirkungspflichten restriktiveren, strafprozessualen Befugnisse faktisch ausgehöhlt werden.

Ferner ist, wie noch aufzuzeigen sein wird, die parallele Anordnung von Außenprüfung und Steuerfahndungstätigkeit gemäß § 208 Abs. 1 S. 1 Nr. 1 AO zulässig. Der zuständigen Finanzbehörde ist es dabei unbenommen, diese Aufgabe aus verfahrensökonomischen Gesichtspunkten nach § 208 Abs. 2 Nr. 1 AO den ohnehin schon beim Steuerpflichtigen tätigen Fahndungsstellen zu übertragen, sodass der Steuerfahndung in dieser Konstellation eine echte Doppelfunktion auf Aufgaben- und Befugnisebene zukommt.

Ausdrücklich keine Doppelfunktionalitätsproblematik ist es jedoch, wenn die Steuerfahndung im Rahmen der Vorermittlungen gemäß § 208 Abs. 1 S. 1 Nr. 3 AO einen Anfangsverdacht feststellt, ein Strafverfahren jedoch nicht einleitet. Als reiner Verstoß gegen das strafprozessuale Legalitätsprinzip bemisst sich dieser Fehler nach den allgemeinen Grundsätzen bei fehlerhafter Beweiserhebung.[129]

4. Zwischenergebnis

Zu resümieren ist daher, dass der Steuerfahndung eine doppelrelevante Stellung nicht nur auf Aufgaben-, sondern auch auf Befugnisebene zukommen kann, welche mitunter in eine besondere Machtkonzentration mündet. Vor dem Hintergrund des hiesigen Verständnisses des Verhältnisses von § 208 Abs. 1 S. 1 Nr. 1 und Nr. 2 AO wird jedoch deutlich, dass zwar vereinzelt eine noch aufzulösende selbstbelastungsrelevante Gefahrsituation für das fahndungsamtliche Gegenüber besteht[130], gleichwohl diese aus dogmatischer Sicht aber die Ausnahme darstellt. Das Gefährdungspotential für den Einzelnen ist mit Blick auf die Doppelfunktionalität zwar in quantitativer Hinsicht limitiert, dafür im Falle des Vorliegens qualitativ schwerwiegend.

III. Die Außenprüfung

1. Zwecksetzung

Steuerverwaltung ist Verifikationsverwaltung.[131] Ohne kritische Prüfung der Angaben des Steuerpflichtigen scheint ein auf Selbsterklärung und Selbstregulierung

---

[129] Weiterführend dazu siehe nur die Ausführungen und Nachweise in Teil 5 C. IV. 2. c) cc), insbesondere aber Fn. 383.

[130] Dagegen im Grundsatz schon *Herrmann*, DStJG 38, S. 261 f.

[131] So *Drüen*, DStJG 38, S. 222; *Drüen*, Die Zukunft des Steuerverfahrens, S. 8 f.; siehe aber auch Teil 3 A. II. 3. a).

beruhendes Besteuerungskonzept qua evidenter Missbrauchsmöglichkeiten nicht haltbar. Diese Verifikationsfrage kann sich die Finanzbehörde freilich in den eigenen vier Wänden stellen, ungleich lohnender scheint aber ein Besuch beim Erklärenden. Die Möglichkeit hierzu bietet die Außenprüfung als besonderes sachaufklärendes Verwaltungsverfahren zur Nachprüfung steuerlicher Angaben beim Steuerpflichtigen. Als Ausfluss des von § 85 AO an die Finanzbehörden gerichteten Auftrags, Steuern gesetz- und gleichmäßig festzusetzen, bezweckt das Institut vornehmlich Steuergerechtigkeit durch gerechte Vollziehung der Steuergesetze[132] und offenbart sich daher als besonderes dem Besteuerungsverfahren angehöriges Instrument. Daneben besitzt sie aufgrund des durch die punktuelle Nachprüfung gesetzten Offenbarungsrisikos in Bezug auf die Falschangabe von Besteuerungsgrundlagen eine präventive, gleichsam prophylaktische Dimension.[133] Der zunehmende Trend[134], Ergebnisse steuerlicher Außenprüfungen zum Anlass für eine steuerstrafrechtliche Verfolgung zu nehmen oder die Verfahren parallel anzuordnen, bietet Anlass zur Frage, ob neben der Steuerfahndung nicht auch die Außenprüfung ein für den Einzelnen potentiell strafrechtliche Selbstbelastungsgefahr bergendes Institut darstellt, insbesondere aufgrund einer jedenfalls faktisch bestehenden Doppelfunktionalität.

2. Voraussetzungen, Gang der Außenprüfung und Mischfälle

Der Normkomplex betreffend die Außenprüfung findet sich im vierten Abschnitt des vierten Teils der Abgabenordnung. § 193 AO regelt die Zulässigkeit des Verwaltungsverfahrens und differenziert dabei überwiegend nach der einkünftebegründenden Tätigkeit des Steuerpflichtigen. Danach bedarf die Außenprüfung bei Gewerbetreibenden, Land- und Forstwirten und Freiberuflern (sog. Betriebsprüfung)[135] aufgrund der unwiderlegbaren Vermutung der Prüfungsbedürftigkeit[136] keiner weiteren Voraussetzung.[137] Seit dem Veranlagungszeitraum 2010 gilt dasselbe

---

[132] BFH v. 2.10.1991 – X R 89/89, BStBl. II 1992, 221; *Drüen*, StuW 2007, 113; *Seer*, in: Tipke/Lang, Rn. 21.225; ausführlich *Streck/Kamps*, Die Außenprüfung, Rn. 15 ff.

[133] BFH v. 2.9.1988 – III R 280/84, BStBl. II 1989, 6; *Drüen*, DStJG 38, S. 246; *Hannig*, in: BeckOK-AO, § 193, Rn. 5.

[134] Siehe nur die Nachweise bei *Drüen*, DStJG 38, S. 220.

[135] Der Terminus der Betriebsprüfung wird mitunter synonym zu jenem der Außenprüfung verwendet. Tatsächlich ist die Außenprüfung jedoch der Oberbegriff und die Betriebsprüfung umschreibt lediglich eine Teilmenge der Außenprüfungen; kritisch zur unsauberen Terminologie auch *Drüen*, DStJG 38, S. 222, Fn. 19 und *Mösbauer*, Steuerliche Außenprüfung, S. 4.

[136] *Schallmoser*, in: Hübschmann/Hepp/Spitaler, § 193, Rn. 42; *Seer*, in: Tipke/Kruse, § 193, Rn. 8, 18; *Seer*, in: Tipke/Lang, Rn. 21.225.

[137] BFH v. 14.4.2020 – VI R 32/17, BB 2020, 1832; BFH v. 15.6.2016 – III R 8/15, BStBl. II 2017, 27; BFH v. 16.12.2014 – VIII R 52/12, BFHE 250, 4; BFH v. 28.9.2011 – VII R 8/09, BStBl. II 2012, 396; BFH v. 2.9.1988 – III R 280/84, BStBl. II 1989, 5; BFH v. 13.3.1987 – III R 236/83, BStBl. II 1987, 665 m.w.N.; *Seer*, in: Tipke/Kruse, § 193, Rn. 8; *Seer*, in: Tipke/Lang, Rn. 21.227.

für Steuerpflichtige, welche die Voraussetzungen des § 147a AO erfüllen. Darüber hinaus ist die Außenprüfung zulässig bei Steuerentrichtungspflichtigen nach § 193 Abs. 2 Nr. 1 AO, bei Zweckmäßigkeit aufgrund der Ungeeignetheit einer Prüfung an Amtsstelle nach § 193 Abs. 2 Nr. 2 AO und bei unzureichender Mitwirkung des Steuerpflichtigen, § 193 Abs. 2 Nr. 3 AO. Allen Voraussetzungen gemein ist, dass § 193 AO keine gebundene Pflicht zur Prüfung statuiert, sondern den Finanzbehörden ein weites Entschließungsermessen zuspricht. Ebendiese Ermessensausübung konkretisiert sich formell in der schriftlichen oder elektronischen Prüfungsanordnung gemäß § 196 AO. Dem betroffenen Steuerpflichtigen wird hierin der sachliche Umfang der Außenprüfung offenbart, der sich gemäß § 194 Abs. 1 S. 2 AO auf eine oder mehrere Steuerarten, einen oder mehrere Besteuerungszeiträume oder aber auch nur bestimmte Sachverhalte aus bestimmten Steuerabschnitten erstrecken kann. Der Verfahrenszwecksetzung der umfassenden nachgehenden Prüfung steuerlicher Angaben[138] als Ausfluss des finanzbehördlichen Steuersicherungsauftrages würde freilich nur eine durchgehende flächendeckende Außenprüfung aller Steuersubjekte bestmöglich gerecht. Gleichwohl ist ein solches Vorhaben weder aus verifikationsprinzipieller Warte geboten[139] noch ob fehlender personeller Kapazitäten realisierbar. Vielmehr bedarf es einer Auswahlentscheidung, welche die Finanzbehörden durch das ihnen insoweit eingeräumte Ermessen treffen.[140] Es liegt daher im Auswahlermessen der Behörde, bei welchen von mehreren Steuerpflichtigen für welche Zeiträume und welche Steuerarten sie eine Außenprüfung anordnet[141], wobei sich die Finanzverwaltung selbst diesen Spielraum durch eine norminterpretierende und ermessensleitende Verwaltungsanweisung in Form der Betriebsprüfungsordnung (BpO) begrenzt.[142]

Auf die Anordnung folgt die Prüfung.[143] Diese geschieht nicht grenzenlos, vielmehr wird der Prüfungsumfang durch die Prüfungsanordnung determiniert. Dies muss auch gelten, wenn bei Steuerpflichtigen im Sinne des § 193 Abs. 1 AO neben

---

[138] *Drüen*, DStJG 38, S. 222; *Kamps*, in: Streck/Mack/Schwedhelm, Rn. 3.4; *Rüsken*, DStJG 31, S. 245.

[139] Siehe Teil 3 A. II. 2.

[140] BT-Drs. VI/1982, 161.

[141] Vgl. BVerfG v. 15.5.1963 – 2 BvR 106/63, BVerfGE 16, 128; BFH v. 14.4.2020 – VI R 32/17, BB 2020, 1831; BFH v. 28.9.2011 – VIII R 8/09, BStBl. II 2012, 396; BFH v. 2.10.1991 – X R 89/89, BStBl. II 1992, 221 m.w.N.; *Seer*, in: Tipke/Lang, Rn. 21.230. Zu den Grenzen des Auswahlermessens BFH v. 28.9.2011 – VIII R 8/09, BStBl. II 2012, 396f.; BFH v. 2.10.1991 – X R 89/89, BStBl. II 1992, 221 f.; *Hannig*, in: BeckOK-AO, § 193, Rn. 137 f. und *Werth*, DStZ 2013, 417 f.

[142] Die Betriebsprüfungsordnung ist als nach Art. 108 Abs. 7 GG von der Bundesregierung mit Zustimmung des Bundesrates erlassene allgemeine Verwaltungsanweisung normhierarchisch unterhalb des förmlichen Bundesgesetzes angesiedelt. Sie kann daher im Verhältnis zur Abgabenordnung für den Einzelnen keine weitergehenden Pflichten begründen, *Drüen*, DStJG 38, S. 234; *Nieland*, AO-StB 2009, 331; *Schallmoser*, in: Hübschmann/Hepp/Spitaler, vor §§ 193–203, Rn. 80. Zum normativen Charakter der Betriebsprüfungsordnung ferner *Seer*, in: Bonner Kommentar, Art. 108, Rn. 190.

[143] Zum Ablauf der Außenprüfung siehe nur instruktiv *Seer*, in: Tipke/Lang, Rn. 21.241 ff.

B. Das Finanzamt als janusköpfige Behörde   53

die aufgeführten Gewinneinkünfte Überschusseinkünfte treten (sog. Mischfälle). Soweit es sich nicht um Vorgänge oder Zustände handelt, die mit der betrieblichen Tätigkeit zusammenhängen, darf sich die Anordnung nach § 193 Abs. 1 AO entgegen der finanzgerichtlichen Rechtsprechung[144] schon deshalb nicht auf andere Einkünfte beziehen, da dies weder vom Wortsinn noch vom Telos der Norm umfasst ist. So kann sich die obig dargelegte Vermutung der Prüfungsbedürftigkeit der Einkünfte, auch nach dem gesetzgeberischen Willen[145], lediglich auf die ausdrücklich positivierten Einkunftsarten beziehen.[146] Um grob gleichheitswidrige Ergebnisse zu vermeiden und so dem Grundsatz der Gleichmäßigkeit der Besteuerung Rechnung zu tragen, ist § 193 Abs. 1 AO verfassungsorientiert restriktiv auszulegen.[147] Andere als in § 193 Abs. 1 AO genannte Verhältnisse sind damit nur unter den Voraussetzungen des § 193 Abs. 2 AO der Außenprüfung zugänglich.

Die Prüfung schließt mit einer Schlussbesprechung über das Ergebnis gemäß § 201 Abs. 1 S. 1 AO und einem schriftlichen Prüfungsbericht entsprechend den Anforderungen des § 202 Abs. 1 AO. Über letzteren finden die Außenprüfungsergebnisse, wenn auch nur unverbindlich, ihren Weg zur Veranlagungsstelle, mithin in das Besteuerungsverfahren.

3. Die Befugnisse der Außenprüfung

Als eigens eingerichtetes Prüfungsfinanzamt oder als Untereinheit des Veranlagungsfinanzamts[148] müssen der Außenprüfung grundsätzlich die finanzbehördlichen Machtmittel des Besteuerungsverfahrens zustehen, §§ 85 ff. AO. Gleichwohl sind diese Einzelermittlungsbefugnisse, soweit die besondere Situation einer Außen-

---

[144] BFH v. 14.4.2020 – VI R 32/17, BB 2020, 1832; BFH v. 28.11.1985 – IV R 323/84, BStBl. II 1986, 439; BFH v. 1.8.1984 – I R 138/80, BStBl. II 1985, 351; BFH v. 5.11.1981 – IV R 179/79, BStBl. II 1982, 210; zustimmend *Schallmoser*, in: Hübschmann/Hepp/Spitaler, § 193, Rn. 58; § 194, Rn. 21; *Schmidt*, DStR 1989, 669 ff.

[145] Dieser geht in BT-Drs. VI/1982, 161 davon aus, eine genaue Überprüfung der Steuererklärung sei bei diesen Steuerpflichtigen „durchweg nur an Hand der vom Steuerpflichtigen geführten Bücher und Aufzeichnungen möglich." Gerade dies trifft aber auf die hiesig in Frage stehenden Überschusseinkünfte nicht zu.

[146] So auch *Seer*, in: Tipke/Kruse, § 193, Rn. 10, wenn er konstatiert: „Wer etwa meint, bei Gewerbetreibenden und Freiberuflern verstehe sich die Prüfungsbedürftigkeit z. B. der privaten Zins- und Mieteinkünfte von selbst, bei Privatvermögen, Pensionären, Beamten, Angestellten oder Arbeitern hingegen sei es nötig, im Einzelfall eine besondere Aufklärungsbedürftigkeit in Bezug auf solche Einkünfte darzutun, geht wohl wesentlich an den wirklichen Verhältnissen vorbei."

[147] Zustimmend *Gosch*, in: Gosch, § 194, Rn. 40; *Seer*, DStR 1987, 178 ff.; *Seer*, in: Tipke/Kruse, § 193, Rn. 10.

[148] Zur Organisation der Außenprüfung siehe nur *Streck/Kamps*, Die Außenprüfung, Rn. 41 ff.

prüfung vorliegt[149],durch die leges speciales der §§ 193 ff. AO derogiert.[150] Die Befugnisse in diesem Verfahren werden von den noch ausführlich zu beleuchtenden Mitwirkungspflichten des Steuerpflichtigen gemäß § 200 AO dominiert, die sich im Fall der digitalen Außenprüfung in besonderem Maße erweitern, § 147 Abs. 6 AO.[151] Die Legitimation zur Durchführung der Außenprüfung selbst fließt aus der auf § 196 AO fußenden Prüfungsanordnung, welche insoweit eine korrelierende Duldungspflicht aufseiten des Betroffenen begründet.[152] Diese deckt in ihrer Reichweite die typischen vom Prüfer gegenüber dem Steuerpflichtigen vorgenommenen Prüfungshandlungen[153], insbesondere also die Einsichtnahme in die und die Prüfung der zur Feststellung vermeintlich besteuerungserheblicher Sachverhalte erforderlichen Aufzeichnungen, Bücher, Geschäftspapiere und anderen Urkunden (vgl. § 200 Abs. 1 S. 1, 2 AO). Ferner sind Beamte der Außenprüfung berechtigt, Grundstücke und Betriebsräume zu betreten und zu besichtigen (§ 200 Abs. 3 S. 2 AO).

4. Die Doppelrelevanz

Die Außenprüfung bewegt sich aufgrund ihrer der Steuererklärung zeitlich nachgelagerten Prüfung der Besteuerungsgrundlagen in einem Feld, welches strafprozessualen Ermittlungen prima facie ähnlich erscheint. Ein Tätigkeitsbereich an der Schnittstelle von Besteuerungs- und Steuerstrafverfahren liegt daher nicht fern. Deutlich wird hieraus aber, dass der Außenprüfung diese Grenzgängereigenschaft, im Gegensatz zur Steuerfahndung, nicht schon qua Gesetz mitgegeben, sondern rein faktischer Natur ist. Zu suchen ist eine etwaig bestehende Doppelfunktionalität des Instituts also nicht in den Normen der Abgabenordnung, sondern im tatsächlichen Tätigkeitsfeld des Verwaltungsverfahrens. Ob des besonderen Bezugs zum Strafverfahren und der daraus potentiell resultierenden besonderen Gefährdungssituation für den Steuerpflichtigen wird die Problematik der Doppelrelevanz vorwiegend unter den Gesichtspunkten der Überleitung der Außenprüfung in das Strafverfahren und des strafrechtlichen Vorbehalts gemäß § 201 Abs. 2 AO diskutiert:

---

[149] Die Abgrenzung von echter Außenprüfung und betriebsnaher Einzelermittlung des Außenprüfers kann für die vorliegende Arbeit ausreichend verallgemeinernd über das Erscheinungsbild der Maßnahme nach dem objektiven Empfängerhorizont vorgenommen werden. Vertiefend siehe nur *Buse*, AO-StB 2012, 51 ff. m. w. N.

[150] So auch *Schallmoser*, in: Hübschmann/Hepp/Spitaler, vor §§ 193–203, Rn. 72 ff.; *Talaska*, Mitwirkungspflichten, S. 109. Ausnahmen hiervon im Rahmen des § 200 AO werden im Kontext der Mitwirkungspflichten behandelt.

[151] Siehe Teil 3 B. I. 8. a).

[152] BFH v. 13.10.2005 – IV R 55/04, BStBl. II 2006, 406; BFH v. 17.7.1985 – I R 214/82, BStBl. II 1986, 22; *Buse*, AO-StB 2008, 138 f.; *Seer*, in: Tipke/Kruse, § 196, Rn. 1.

[153] So ausdrücklich *Seer*, in: Tipke/Lang, Rn. 21.243.

a) Das Verhältnis der Außenprüfung zur Steuerfahndung

Vorgelagert interessant zeigt sich jedoch das Verhältnis von Außenprüfung und Steuerfahndung. Hätte nämlich die Außenprüfung die Kompetenz, auch steuerstrafrechtlich relevante Sachverhalte zu erforschen, kämen ihr echte Tätigkeitsfelder sowohl im Besteuerungs- als auch im Strafverfahren, mithin Doppelfunktion und eine der Steuerfahndung vergleichbare, den Grundsatz der Selbstbelastungsfreiheit gefährdende Stellung zu. Eine solche Ermittlungskompetenz wird von der finanzgerichtlichen Rechtsprechung[154], der Finanzverwaltung[155] und Teilen der Literatur[156] bejaht, wobei sich jene Vertreter im Wesentlichen auf die auch steuerrechtliche Relevanz des strafrechtlichen Sachverhalts in § 169 Abs. 2 S. 2 AO und § 173 Abs. 2 AO sowie auf die Aufgabenzuweisung der strafrechtlichen Sachverhaltsaufklärung an die Finanzbehörde in Gänze stützen.[157] Hieraus folge, dass es den Finanzbehörden im Wege einer Zweckmäßigkeitsentscheidung offenstehe, den strafrechtlichen Sachverhalt entweder mit Mitteln der Außenprüfung oder mit solchen der Steuerfahndung aufzuklären.[158] Dieser Ansicht kann nicht gefolgt werden. Dies muss schon deswegen gelten, da der Maßstab der Zweckrichtigkeit nur einer Opportunitätsentscheidung zwischen ziel- und strukturgleichen Verfahren zugrunde liegen kann[159], eine solche Ziel- und Strukturkonkordanz zwischen Steuerfahndung und Außenprüfungen sich aber weder dem Zweck der Verwaltungsverfahren noch den betreffenden Normkomplexen entnehmen lässt. Die Außenprüfung hat, im Gegensatz zur Steuerfahndung, gerade nicht den legislativen Auftrag, Steuerverfehlungen, wie Steuerstraftaten und -ordnungswidrigkeiten, zu erforschen, mithin stellen §§ 193 ff. AO keine Strafverfahrensvorschriften dar[160]; ein Einwand, der überdies auch umfassende Geltung beansprucht, lässt man das Kriterium der Zweckmäßigkeit außer

---

[154] BFH v. 14.4.2020 – VI R 32/17, BB 2020, 1832; BFH v. 15.6.2016 – III R 8/15, BStBl. II 2017, 27; BFH v. 29.12.2010 – IV B 46/09, BFH/NV 2011, 635; BFH v. 13.1.2010 – X B 113/09, BFH/NV 2010, 600; BFH v. 4.10.2006 – VIII R 53/04, BStBl. II 2007, 231; BFH v. 27.5.2005 – VII B 38/04, BFH/NV 2005, 1497; BFH v. 19.8.1998 – XI R 37/97, BStBl. II 1999, 9; BFH v. 14.7.1989 – III R 34/88, BFH/NV 1990, 348; BFH v. 20.1.1988 – I B 5/87, BFH/NV 1988, 549; BFH v. 4.11.1987 – II R 102/85, BStBl. II 1988, 114; BFH v. 30.9.1987 – IV B 177/86, BFH/NV 1988, 416; in diese Richtung auch BFH v. 23.7.1985 – VIII R 48/85, BStBl. II 1986, 435.

[155] AEAO zu § 193, Nr. 2.

[156] *Gosch*, in: Gosch, § 193, Rn. 7.4; *Intemann*, in: Koenig, § 193, Rn. 28; *Klos/Weyand*, StBp. 1989, 160, die allerdings auf S. 161 die Feststellung des subjektiven Tatbestands ausnehmen; *Offerhaus*, StBp. 1988, 46; *Maetz*, in: Klein, § 193, Rn. 23; *Schallmoser*, in: Hübschmann/Hepp/Spitaler, vor §§ 193–203, Rn. 206; *Tormöhlen*, in: Hübschmann/Hepp/Spitaler, § 393, Rn. 68 f.; *Wagner*, StBp. 1986, 91; *Zacharias/Rinnewitz/Wiesbaum*, DStZ 1988, 613 ff.

[157] Siehe instruktiv nur *Tormöhlen*, in: Hübschmann/Hepp/Spitaler, § 393, Rn. 69.

[158] So ausdrücklich BFH v. 4.11.1987 – II R 102/85, BStBl. II 1988, 114. Siehe aus der Literatur nur *Rüsken*, DStJG 31, S. 245 f. und *Tormöhlen*, in: Hübschmann/Hepp/Spitaler, § 393, Rn. 68 f. m.w.N.

[159] *Drüen*, DStJG 38, S. 232; *Drüen*, in: Tipke/Kruse, § 393, Rn. 30.

[160] *Seer*, in: Tipke/Kruse, § 193, Rn. 6.

Betracht. Eine Außenprüfungsanordnung zum Zweck der Erforschung von oder Ermittlung in Strafverfahren stünde dem Telos des Verwaltungsverfahrens diametral entgegen. Daher darf die prüfungslegitimierende Anordnung aus § 196 AO die Erforschung von Straftaten und Ordnungswidrigkeiten gerade nicht umfassen[161], nicht zuletzt auch, da §§ 193 ff. AO eine § 208 Abs. 1 Nr. 1 AO vergleichbare Regelung nicht enthalten. Mangels Legitimation bleibt eine solche Außenprüfung daher unzulässig.[162] Ein doppelrelevantes Handeln fließt hieraus nicht. Vielmehr sind die Beamten der Steuerfahndung und der Außenprüfung gehalten, parallel in dem jeweils ihnen obliegenden Verfahren zu operieren, stehen doch die beiden Institute insoweit mangels Zweckkollision in keinem Ausschließlichkeitsverhältnis.[163]

b) Die Überleitung der Außenprüfung in das Strafverfahren

Der zweite Problemfall gründet sodann auf einem emotionalen Konflikt des Prüfungsbeamten. Aufgrund der umfassenden steuerlichen Nachschau ist es fast schon vorgezeichnet, dass der Außenprüfer im Rahmen seiner Prüfungsarbeit früher oder später auf strafrechtlich relevante Ungereimtheiten stößt. Zwar ist der Außenprüfungsbeamte kein Organ der Strafrechtspflege, gleichwohl ist auch er als Teil der gemäß § 386 Abs. 1 AO für die Strafverfolgung zuständigen Finanzbehörde nach § 385 Abs. 1 AO dem Legalitätsprinzip unterworfen. Dort, wo er einen klaren Anfangsverdacht einer Steuerstraftat entdeckt, muss von Amts wegen ein Strafverfahren eingeleitet werden.[164]

Unterhalb der Anfangsverdachtsschwelle wird der Sachverhalt ungleich problematischer: Der Prüfer sieht sich einem Zwiespalt ausgesetzt. In rechtlicher Hinsicht findet er sich zwischen einer Strafandrohung wegen Strafvereitelung im

---

[161] Vgl. auch *Seer*, in: Tipke/Kruse, § 193, Rn. 6.

[162] Im Ergebnis zustimmend *Frotscher*, in: Schwarz/Pahlke, vor §§ 193–203, Rn. 22; § 193, Rn. 20 f.; *Hellmann*, Neben-Strafverfahrensrecht, S. 361 ff.; *Leineweber*, DStR 1985, 308 f.; *Sauer*, DStZ 1988, 342 f.; *Sauer*, StBp. 1985, 9 f.; *Seer*, in: Tipke/Kruse, vor §§ 193–203, Rn. 27; § 193, Rn. 6.

[163] Die Anordnung einer Außenprüfung ist dabei auch zulässig, wenn der Verdacht einer Steuerstraftat oder Steuerordnungswidrigkeit schon besteht, *Seer*, in: Tipke/Lang, Rn. 21.231 m.w.N. Zwischen Steuerstrafverfahren und Außenprüfung besteht insoweit kein Exklusivitätsverhältnis, insbesondere besteht keine ausschließliche Ermittlungskompetenz der Steuerfahndung. Vielmehr trägt ein arbeitsteiliges Vorgehen, in welchem die Außenprüfung den steuerrechtserheblichen und die Steuerfahndung den strafrechtlich relevanten Sachverhalt ermittelt, dem Trennungsgebot des § 393 Abs. 1 S. 1 AO umfassend Rechnung.

[164] Ob mit BFH v. 14.7.1989 – III R 34/88, BFH/NV 1990, 348; BFH v. 4.11.1987 – II R 102/85, BStBl. II 1988, 114; *Buse*, DB 2011, 1942 die Einleitung selbst durch die Außenprüfung erfolgt oder diese mit *Seer*, in: Tipke/Kruse, vor §§ 193–203, Rn. 29 lediglich die Strafsachenstelle des zuständigen Finanzamts unterrichtet und ebendiese sodann das Verfahren einleitet, ist dabei für hiesige Arbeit unbeachtlich.

Amt nach § 258a StGB[165] bei verspäteter Einleitung des Strafverfahrens einerseits und einer solchen wegen Verfolgung Unschuldiger nach § 344 StGB bzw. falscher Verdächtigung gemäß § 164 StGB bei verfrühter solcher andererseits wieder. In emotionaler Hinsicht muss er in Kauf nehmen, dass ab dem Zeitpunkt der Strafverfahrenseinleitung die für den Steuerpflichtigen rechtlichen wie tatsächlichen Folgen des Strafverfahrens unweigerlich eine potentiell unnötige Abkühlung des Prüfungsklimas verursachen, die gegebenenfalls das Prüfungsergebnis selbst nachhaltig in Gefahr bringt.[166] Leitet er dagegen das Strafverfahren zu spät ein, riskiert er die Verwertbarkeit ermittelter Besteuerungsgrundlagen. Dieses subjektive Konfliktverhältnis wird ferner vom Umstand potentiell strafrechtlicher Reserve des Außenprüfers befeuert, ist er doch von Ausbildungs wegen kein geborener Steuerstrafrechtsexperte.[167] Er kann also die Frage des Vorliegens eines Anfangsverdachts mitunter gar nicht zureichend beurteilen, besitzt aber gleichsam ein hohes Interesse am Erfolg des von ihm durchgeführten Verwaltungsverfahrens.[168] Der durch die Gemengelage einwirkende allseitige Druck führt zur Verunsicherung aufseiten des Prüfers.[169] Ob diese sodann in eine bewusste oder unbewusste verfrühte oder verzögerte Strafverfahrenseinleitung mündet, hängt allein vom Zufall ab. Es droht damit eine Verschleppung des Strafverfahrens, mithin eine Umgehung der Beschuldigtenrechte des Geprüften.

§ 10 Abs. 1 BpO möchte dieses Spannungsfeld entschärfen. Nach dessen Satz 1 sind Außenprüfer gehalten, das Verfahren auszusetzen und der Strafsachenstelle des zuständigen Finanzamts vorzulegen, sollte sich ein Anfangsverdacht im Sinne des § 152 Abs. 2 StPO offenbaren. Deckt sich diese Handlungsanweisung noch mit obig gefundenem Ergebnis der Bindung an das Legalitätsprinzip, postuliert Satz 2 die Vorlagepflicht jedoch auch, wenn lediglich die Möglichkeit besteht, dass ein Strafverfahren durchgeführt werden muss. Steht diese Vorschrift aufgrund ihres weitschweifigen Wortlauts und der damit einhergehenden Rechtsunsicherheit viel-

---

[165] *Braun*, DStZ 2001, 321; *Talaska*, Mitwirkungspflichten, S. 113. Zur systematischen Kritik an der Weite dieser Strafandrohung und den korrelierenden Lösungsvorschlägen siehe *Drüen*, DStJG 38, S. 238 ff.; *Seer*, in: Tipke/Kruse, vor §§ 193–203, Rn. 29.

[166] So auch *Talaska*, Mitwirkungspflichten, S. 113, der unter Rekurs auf *Blesinger*, wistra 1994, 49; *Henneberg*, BB 1988, 2182; *Klug*, Rechtmäßigkeit, S. 68; *Rüster*, Der Steuerpflichtige, S. 134 f., 142 f. die zutreffende Erkenntnis zieht, dass der Außenprüfer hierdurch tendenziell strafrechtliche Erwägungen hintanstellen wird, um den Erfolg der Außenprüfung nicht zu gefährden.

[167] *Buse*, AO-StB 2008, 53; *Drüen*, DStJG 38, S. 233; *Seer*, in: Tipke/Kruse, vor §§ 193–203, Rn. 29.

[168] *Drüen*, DStJG 38, S. 233. Zum seit jeher bestehenden Interessenkonflikt des Außenprüfers schon *Glade*, StbJb. 1978/1979, S. 545 f.; *Schreiber*, in: Wannemacher & Partner, Rn. 3431; *Streck*, BB 1980, 1538.

[169] *Drüen*, DStJG 38, S. 234, 238; ausdrücklich *Randt*, in: FS-Schaumburg, S. 1257; *Seer*, in: Tipke/Kruse, vor §§ 193–203, Rn. 29.

fach in der Kritik[170], ist sie für die Frage der Doppelrelevanz der Außenprüfung von lediglich untergeordneter Bedeutung. Gleich den Ausführungen zur Steuerfahndung[171] ist eine verspätete oder unterlassene Einleitung des Strafverfahrens als reiner Verstoß gegen das Legalitätsprinzip kein Ausdruck einer der Außenprüfung zukommenden normativen Doppelfunktion. Auch die der Vorlage vorgehende „Ermittlung" des Anfangsverdachts vermag eine solche nicht zu begründen.[172] Freilich wird der Außenprüfer hier faktisch in einem grundsätzlich der Strafverfolgungsbehörde vorbehaltenen Metier tätig, gleichwohl nimmt er in diesem Kontext lediglich seinen steuerrechtlichen Aufgabenkomplex wahr. Stößt er bei dieser Gelegenheit auf einen potentiell strafrechtlich relevanten Sachverhalt, kann dies noch nicht Ausdruck ureigener Strafverfolgungskompetenz sein.

In diesem Zusammenhang diskussionswürdig erscheinen ferner die nachfolgenden Sätze 3 und 4, welche eine Unterbrechung der Außenprüfung vorschreiben und die Fortsetzung erst gestatten, wenn dem Steuerpflichtigen die Einleitung des Strafverfahrens mitgeteilt und er hinreichend belehrt worden ist. Hierdurch soll für den Betroffenen Rechtssicherheit durch Klarheit geschaffen werden, indem er davon ausgehen können soll, dass der Außenprüfer den Verdacht einer Steuerstraftat frühestens hegt, wenn er Maßnahmen nach § 10 Abs. 1 BpO ergreift und ihm die Einleitung eines steuerstrafrechtlichen Ermittlungsverfahrens bekanntgibt.[173] Demnach ließe sich eine Doppelrelevanz allenfalls in der Art der Ermittlungstätigkeit nach Wiederaufnahme der Außenprüfung begründen. Echte Doppelfunktion würde der Außenprüfung dort zukommen, wo sie infolge der Einleitung des Steuerstrafverfahrens auch den strafrechtlich relevanten Sachverhalt aufklärt.[174] Eine solche strafrechtliche Ermittlungskompetenz der Außenprüfung ist jedoch mit obiger Argumentation abzulehnen und es bleibt das Ergebnis, dass sich eine Doppelrelevanz der Außenprüfung auch hier nicht ausmachen lässt.

---

[170] Durch gleich lautende Erlasse der obersten Finanzbehörden der Länder zu Anwendungsfragen zu § 10 Abs. 1 BpO v. 31.8.2009, BStBl. I 2009, 829f. wurde versucht, diese Unsicherheiten zu beseitigen. Zur dennoch anhaltenden Kritik siehe *Drüen*, DStJG 38, S. 234; *Seer*, in: Tipke/Kruse, vor §§ 193–203, Rn. 28.

[171] Teil 2 B. II. 3.

[172] So aber offenbar BFH v. 16.12.1997 – VII B 45/97, BStBl. II 1998, 234 und *Talaska*, Mitwirkungspflichten, S. 111.

[173] *Seer*, in: Tipke/Kruse, vor §§ 193–203, Rn. 27a; vgl. *Schreiber*, in: Wannemacher & Partner, Rn. 3433, 3438; *Streck*, BB 1980, 1540.

[174] So ausdrücklich *Schaefer*, Steuerstrafverfahren, S. 26 unter Rekurs auf BFH v. 19.8.1998 – XI R 37/97, BStBl. II 1999, 9; BFH v. 8.3.1988 – VIII R 229/84, BFH/NV 1988, 552; BFH v. 4.11.1987 – II R 102/85, BStBl. II 1988, 114; BFH v. 23.7.1985 – VIII R 48/85, BStBl. II 1986, 434f.; *Zacharias/Rinnewitz/Wiesbaum*, DStZ 1988, 614.

c) Der strafrechtliche Vorbehalt, § 201 Abs. 2 AO

Die von § 10 Abs. 1 BpO statuierten Pflichten verlieren in der Praxis zunehmend an Bedeutung.[175] Freilich hat der Außenprüfer ein natürliches Interesse an umfassender und zügiger Ermittlung der von der Außenprüfung umfassten Besteuerungsgrundlagen sowie an zeitnaher Beendigung des Verwaltungsverfahrens. Da er hierfür aber auf die umfassende Mitwirkung des Steuerpflichtigen angewiesen ist, diese jedoch nach Eröffnung des Strafverfahrens von § 393 Abs. 1 AO erheblich eingeschränkt wird, wird er tendenziell nach Möglichkeiten suchen, die Strafverfahrenseinleitung verzögern zu können.[176] Ein probates Mittel hierfür bietet der strafrechtliche Vorbehalt gemäß § 201 Abs. 2 AO. Besteht die Möglichkeit, dass aufgrund der Prüfungsfeststellungen ein Straf- oder Bußgeldverfahren durchgeführt werden muss, soll[177] der Steuerpflichtige darauf hingewiesen werden, dass die straf- oder bußgeldrechtliche Würdigung einem besonderen Verfahren vorbehalten bleibt. Dieser sog. Rotbericht enthält dabei Angaben zu festgestellten Tatsachen, die für eine straf- oder bußgeldrechtliche Prüfung des Falles durch die Strafsachen- oder Bußgeldstelle von Bedeutung sein können, und die Einschätzung des Außenprüfers zum Verhalten des Steuerpflichtigen während der Prüfung.[178] Zum Zwecke der steuerstrafrechtlichen Rechtsbewertung wird er an die Strafsachenstelle des zuständigen Finanzamts gesandt, welche in der Regel ein Steuerstrafverfahren gegen den Steuerpflichtigen einleitet.[179]

So zustimmungswürdig die Ratio, den Geprüften vorzuwarnen, wenn am Ende des Außenprüfungsverfahrens die Möglichkeit einer Steuerstraftat besteht[180], auch erscheint, das Institut verdient Kritik. Die Achillesferse bildet der Zeitpunkt des Vorbehalts. Spätestens nach Abschluss der Prüfung hat der Außenprüfer den Vermerk über straf- und bußgeldrechtliche Feststellungen zu fertigen.[181] Wird er erst am Schluss der Außenprüfung angebracht und das Strafverfahren sodann seitens der Strafsachenstelle eröffnet, kommt diese Einleitung für den Steuerpflichtigen überraschend, hat er doch anlässlich seiner einvernehmlich abgeschlossenen Außenprüfung damit nicht gerechnet. Dem Außenprüfer wird hierdurch zumindest faktisch ermöglicht, seine strafrechtlichen Bedenken zu Gunsten der Prüfungstätigkeit beiseite zu schieben und diese der Strafsachenstelle gegenüber erst nach Abschluss des

---

[175] So ausdrücklich *Schaefer*, Steuerstrafverfahren, S. 22.

[176] So auch *Henneberg*, BB 1988, 2182; *Schreiber*, in: Wannemacher & Partner, Rn. 3431.

[177] Aufgrund der Bedeutung der Information für die rechtliche Situation des Steuerpflichtigen muss ein Hinweis in der Regel ergehen, es sei denn ein Strafverfahren erscheint nur mit geringster Wahrscheinlichkeit möglich, *Schallmoser*, in: Hübschmann/Hepp/Spitaler, § 201, Rn. 72; *Seer*, in: Tipke/Kruse, § 201, Rn. 18.

[178] *Drüen*, DStJG 38, S. 236; *Wenzig*, Außenprüfung Betriebsprüfung, S. 803. Zu Einzelheiten siehe *Hütt*, AO-StB 2004, 321 ff.

[179] *Bilsdorfer*, StBp. 2002, 25; *Henneberg*, BB 1988, 2182 f.; *Schaefer*, Steuerstrafverfahren, S. 22 f.

[180] *Schallmoser*, in: Hübschmann/Hepp/Spitaler, § 201, Rn. 73.

[181] *Drüen*, DStJG 38, S. 236 m.w.N.

Prüfungsverfahrens zu äußern.[182] Der Vorbehalt steht also unter Generalverdacht, ein Einfallstor für strafrechtliche Ermittlungen unter dem Deckmantel der Außenprüfung zu bieten und so eine kategorisch verspätete Strafverfahrenseinleitung zu ermöglichen.[183] Hierauf fußen Diskussionen um die Voraussetzungen des Instituts[184] gleichermaßen wie Streite bezüglich dessen inhaltlicher Rechtfertigung und Reformbedürftigkeit[185]; bei Tageslicht jedoch allesamt Debatten, die für die Zwecke der hier aufgeworfenen Problematik der Doppelfunktionalität nicht interessieren. Allein relevant scheint insoweit nämlich, dass sich in systematischer Hinsicht die Anweisungen des § 10 Abs. 1 BpO und des § 201 Abs. 2 AO idealiter ergänzen. Nur dort, wo der Außenprüfer die Möglichkeit eines potentiell strafrechtlich relevanten Verhaltens erkennt, die Schwelle der Vorlagepflicht des § 10 Abs. 1 BpO aber noch nicht überschritten ist, findet sich der eigene Anwendungsbereich des strafrechtlichen Vorbehalts.[186] Zieht sich der Außenprüfer hier ohne Strafverfahrenseinleitung auf das Anbringen eines Vorbehalts am Ende der Prüfung zurück, kommt er dem Informationsauftrag legitim in seiner Eigenschaft als Besteuerungsorgan nach. Ignoriert er dagegen trotz strafrechtsrelevanter Bedenken die Vorlagepflicht und versieht den Prüfungsbericht erst ex post mit einem pauschalen Hinweis nach § 201 Abs. 2 AO, wird er zwar abermals in einem Feld tätig, in welchem ein Steuerstrafverfahren schon längst hätte eingeleitet oder aber die Strafsachenstelle zumindest hätte unterrichtet werden müssen. Hieraus eine echte Doppelfunktion der Außenprüfung zu schlussfolgern, wäre jedoch verfehlt. Gleich den Ausführungen zur Steuerfahndung ist die Nichteinleitung des Strafverfahrens als reiner Verstoß gegen das Legalitätsprinzip zu werten. Erkennt der Außenprüfer die Möglichkeit, dass aufgrund der Prüfungsfeststellungen ein Straf- oder Bußgeldverfahren durchgeführt werden muss, unterrichtet er aber die Strafsachenstelle bei gleichzeitiger Fortsetzung der Außenprüfung unter vollumfänglicher Mitwirkung des Steuerpflichtigen nicht, wird er hierdurch nicht zu einem Organ der Strafrechtspflege; vielmehr bleibt er ein, jetzt rechtswidrig handelnder, Außenprüfer.

---

[182] *Hellmann*, Neben-Strafverfahrensrecht, S. 370; *Henneberg*, BB 1988, 2183; *Talaska*, Mitwirkungspflichten, S. 114.

[183] *Henneberg*, BB 1988, 2183; *Talaska*, Mitwirkungspflichten, S. 114; *Wenzel*, Das Verhältnis, S. 164.

[184] Die problematische Voraussetzung ist hier das Merkmal der Möglichkeit, verwendet doch auch § 10 Abs. 1 BpO ebendiesen Begriff. Zur daraus resultierenden Abgrenzungsschwierigkeit siehe nur *Schaefer*, Steuerstrafverfahren, S. 23 f. m. w. N.

[185] *Bilsdorfer*, StBp. 2002, 25 f.; *Rüster*, Der Steuerpflichtige, S. 144 f.; *Talaska*, Mitwirkungspflichten, S. 114.

[186] *Drüen*, DStJG 38, S. 236; *Seer*, in: Tipke/Kruse, § 201, Rn. 18; *Wenzig*, Außenprüfung Betriebsprüfung, S. 793.

5. Zwischenergebnis

Nach hier vertretener Auffassung nimmt die Außenprüfung damit eine lediglich besteuerungsrechtliche Rolle ein und kann sich daher sowohl auf Aufgaben- als auch auf Befugnisebene allein auf das Steuerrecht stützen. Eine strafverfahrensrechtliche Kompetenz kommt ihr in ihrer Ermittlungstätigkeit weder qua Gesetz noch kraft des Sachzusammenhangs zu, weshalb eine doppelfunktionale Stellung ausscheidet. Die für den Steuerpflichtigen bestehende besondere Gefährdungslage gründet hier also nicht auf einem potentiell dysfunktionalen Einsatz wesensverschiedener Befugnisse, sondern auf der bewussten oder unbewussten Verletzung des Legalitätsprinzips aufseiten des Prüfers und der damit einhergehenden Umgehung bestehender Beschuldigtenrechte. Zwar sieht sich der Steuerpflichtige damit auch hier im Ergebnis der Gefahr ausgesetzt, durch eine rechtswidrig verspätete Strafverfahrenseinleitung steuerrechtlich überobligatorisch sachverhaltsaufklärend mitzuwirken und so den strafrechtlichen Anfangsverdacht, jedenfalls aber strafprozessual relevante Informationen, selbst zu liefern; eine normative Doppelrelevanz der Außenprüfung fließt hieraus jedoch nicht.

IV. Resümee

Dem Finanzamt kommen im Besteuerungs- wie im Steuerstrafverfahren umfassende Aufgaben auf Ebene der Sachverhaltsermittlung zu. Die jeweils einschlägigen Befugnisse stellen sich dabei ausnahmslos als Korrelat der jeweiligen Aufgabenzuweisung dar. Obgleich de lege lata das Besteuerungs- und Steuerstrafverfahren nach § 393 Abs. 1 S. 1 AO strikt voneinander zu trennen und den jeweils eigenen Prinzipien unterworfen sein sollen, überschneiden sich beide Verfahren in erheblichem Maße. In objektiver Hinsicht gründet diese Konkordanz auf dem beidseitig relevanten Begriff der Besteuerungsgrundlage, in subjektiver Hinsicht auf der Zuständigkeitskonzentration auf Ebene des Finanzamts. Besonders brisant wird diese Überschneidung dort, wo der Einzelne sich doppelrelevant handelnden Hoheitsträgern ausgesetzt sieht. Eine solche Rolle übernimmt nach hier vertretener Auffassung lediglich die Steuerfahndung. Diese sieht sich in dogmatischen Ausnahmekonstellationen sowohl mit Aufgaben des Besteuerungs- als auch mit solchen des Strafverfahrens, mithin mit beidseitigen Befugnissen ausgestattet, was für das fahndungsdienstliche Gegenüber die sogleich zu diskutierende Gefahr dysfunktionaler Befugnisausübung birgt. Das Institut der Außenprüfung ist dagegen ein genuin steuerrechtliches Verfahren mit ebensolchen Befugnissen und ohne Doppelfunktion. Gleichwohl bedeutet dies nicht, dass hierdurch das prüfungsdienstliche Gegenüber vor Gefahren umfassend gefeit ist, eröffnet doch die undurchsichtige Vorlagepflicht des § 10 Abs. 1 BpO, gepaart mit der Möglichkeit des strafrechtlichen Vorbehalts nach § 201 Abs. 2 AO, der Außenprüfung dem Legalitätsprinzip zuwiderlaufende und damit die Beschuldigtenrechte konterkarierende Handlungsoptionen.

Hieraus folgt die Erkenntnis, dass der Steuerpflichte eine unmittelbare oder mittelbare Selbstbelastung nicht schon bei Kooperation mit bestimmten Hoheitsträgern institutionell ausschließen kann. Vielmehr steht das Finanzamt in Gänze potentiell auf dem nemo tenetur-Grundsatz antagonistischer Seite.

C. Zuständigkeitskollisionen und Lösungsgrundsätze

Bei der vorstehend aufgezeigten Gemengelage aus Aufgabenzuweisungen den verfahrensrechtlichen Überblick zu behalten, erscheint nicht nur für den den Verfahren ausgesetzten Steuerpflichtigen herausfordernd. Umso sinnvoller scheint an dieser Stelle ein kurzer Abriss betreffend die Stellung der Verfahren zueinander unter besonderer Berücksichtigung etwaig herauszuarbeitender Direktiven im Falle von Zuständigkeits- oder Verfahrenskollisionen als Fundament für nachfolgende Ausführungen. Gleichzeitig soll das Verhältnis der verschiedenen Verfahrensstadien strukturiert und in einen zeitlichen Kontext zur Selbstbelastungsgefahr gerückt werden. Die Kollisionsproblematiken lassen sich dabei abermals in einen objektiven und einen subjektiven Teil kategorisieren.

I. Die objektive Zuständigkeitskollision: das Verhältnis der Verfahren zueinander

Die objektive Dimension der Gemengelage umschreibt nach hiesigem Verständnis das von § 393 Abs. 1 AO dominierte Verhältnis von Besteuerungs- und Steuerstrafverfahren zueinander im Fall paralleler Eröffnung.

1. § 393 Abs. 1 S. 1 AO: der Verfahrensgleichlauf und die Kollisionsprinzipien

§ 393 Abs. 1 AO wird dabei kontrovers diskutiert. Nach Ansicht des Gesetzgebers stellt dessen Satz 1 die Schlüsselnorm für das Verhältnis zwischen Besteuerungs- und Strafverfahren sowie für die verfahrensrechtliche Stellung des Betroffenen (als Steuerpflichtiger und Beschuldigter) dar.[187] Dass das hierin statuierte Gebot der strikten Verfahrenstrennung praktisch in erheblichem Maße torpediert wird, wurde hinreichend aufgezeigt. Der Regelungsgehalt des § 393 Abs. 1 S. 1 AO geht jedoch deutlich darüber hinaus:

---

[187] Siehe BT-Drs. 7/4292, 46 und BT-Drs. V/1812, 32.

C. Zuständigkeitskollisionen und Lösungsgrundsätze

Neben der schon dem Wortsinn[188] zu entnehmenden Feststellung, dass beide Verfahren unabhängig und selbstständig nebeneinander stehen (*Prinzip der Selbstständigkeit der Verfahren*), räumt § 393 Abs. 1 S. 1 AO keinem der beiden eine vorrangige Stellung ein (*Prinzip der Gleichrangigkeit der Verfahren*).[189] Diese konzeptionell gleichrangige Verfahrenstrennung wird auch in § 369 Abs. 1 AO deutlich, wenn der Staatsanwaltschaft oder dem Gericht lediglich die Möglichkeit eingeräumt wird, das Strafverfahren bis zum Abschluss des Besteuerungsverfahrens auszusetzen. Hieraus folgt, dass der Strafrichter grundsätzlich nicht an das Ergebnis des Besteuerungsverfahrens oder, selbst im Falle der Bestandskraft, an Entscheidungen der Finanzbehörden gebunden ist; ihm kommt vielmehr eine autonome Vorfragenkompetenz zu.[190]

Trägt dieses gleichrangige Nebeneinander dazu bei, die grundverschiedenen Strukturprinzipien der Verfahren nach der Abgaben- und Strafprozessordnung bestmöglich zu wahren, ist es für den Steuerpflichtigen gleichwohl dort wertlos, wo er über den Verfahrensverlauf im Unklaren gelassen wird. Konkretisiert auf die hier interessierenden Mitwirkungspflichten ist eine umfassende Mitwirkungsverweigerung seitens des Einzelnen nur dort denkbar, wo er um deren Möglichkeit weiß. Verknüpft mit der rechtsstaatlichen Vorgabe, dass staatliches Handeln für den Betroffenen jederzeit vorhersehbar und berechenbar sein muss, ist dem Einzelnen jederzeit bewusst zu machen, in welchem Verfahren er sich gerade befindet, in welcher Rolle der ihm gegenüberstehende Hoheitsträger agiert und welche Rechte und Pflichten hiermit einhergehen.[191] Die Amtsträger sind gehalten, dem Verfahrensunterworfenen gleichsam „mit offenem Visier"[192] entgegenzutreten und damit dem

---

[188] Gegen einen Regelungsgehalt der Norm wendet sich *Streck*, DStJG 6, S. 233 ff. Nach dessen Auffassung ergebe „sich die Geltung beider Verfahrensregelungen aus ihnen selbst", weshalb § 393 Abs. 1 S. 1 AO als „nichtssagend", mithin inhaltslos erscheine. Das Verhältnis von Besteuerungs- und Steuerstrafverfahren werde lediglich durch die Sätze 2 bis 4 geregelt. Ob das Prinzip der Selbstständigkeit der Verfahren, als Teilbereich des Regelungsgehalts des § 393 Abs. 1 S. 1 AO, überpositiv determiniert ist, bedarf vorliegend keiner Entscheidung, ist es doch für die Geltung des Prinzips irrelevant, ob § 393 insoweit deklaratorischer oder konstitutiver Natur ist. Ein umfassender Rekurs auf die „Natur der Sache" überzeugt gleichwohl nicht. Zutreffend konstatiert *Besson*, Steuergeheimnis, S. 102, dass *Streck* in diesem Kontext die Antwort schuldig bleibt, worin die Natur der beiden Verfahrensarten überhaupt besteht, dabei aber mit der „Natur" einen Topos verwendet, der in seiner Weite ohne nähere Konkretisierung schlicht nicht greifbar bleibt, vgl. *Welzel*, Naturrecht und materiale Gerechtigkeit, S. 16 f. Schlagend gegen die behauptete Inhaltsleere spricht sodann jedoch letztlich, dass § 393 Abs. 1 S. 1 AO bei gebotener systematisch-teleologischer Auslegung über die bloße Anordnung der reinen Verfahrenstrennung hinaus den nachfolgend aufzuzeigenden Regelungscharakter aufweist. Jedenfalls insoweit ist die Norm weder inhaltslos noch nichtssagend, kurzum mitnichten obsolet.

[189] BFH v. 14.4.2020 – VI R 32/17, BB 2020, 1832; BFH v. 23.1.2002 – XI R 10, 11/01, BStBl. II 2002, 329; *Drüen*, in: Tipke/Kruse, § 393, Rn. 19 m.w.N.

[190] BVerfG v. 15.4.1986 – 2 BvR 405/85, NJW 1985, 1950 m.w.N.; *Blesinger*, wistra 1991, 243; *Drüen*, in: Tipke/Kruse, § 393, Rn. 22.

[191] *Seer*, StB 1987, 129; *Streck*, DStJG 6, S. 237 f.

[192] So *Streck*, DStJG 6, S. 237.

theoretischen Konstrukt der Verfahrenstrennung praktische Geltung zu verleihen (*Prinzip der Klarheit des Verfahrens*).

Auch fließt aus § 393 Abs. 1 S. 1 AO mittelbar ein Verbot dysfunktionaler Befugnisausübung. Sollen Straf- und Besteuerungsverfahren allein den jeweils eigenen Verfahrensordnungen und Prinzipien unterworfen werden, dürfen strafrechtsrelevante Ermittlungen nicht mit Befugnissen des Besteuerungsverfahrens und umgekehrt vorgenommen werden. Dem Hoheitsträger ist es verboten, das Gebot der Verfahrenstrennung aus reinen Zweckmäßigkeitserwägungen zu durchbrechen, selbst, wenn er Aufgaben und Befugnisse aus beiden Verfahren in sich vereint. Gleichwohl bedeutet dies keinen umfassenden Ausschluss der Möglichkeit des Verfahrenswechsels: Da nur der willkürliche Wechsel zur überraschenden Torpedierung von Verteidigungs- und Rechtspositionen des Bürgers unterbunden werden soll, muss die Behörde lediglich das eingeschlagene Verfahren mit gewisser Kontinuität verfolgen und darf einen Verfahrenswechsel nur aufgrund einer pflichtgemäßen Ermessensentscheidung vornehmen (*Prinzip der Stetigkeit des Verfahrens*).[193]

Zuletzt fließt aus § 393 Abs. 1 S. 1 AO, dass die Vorschriften des Steuer- und des Strafrechts so auszulegen sind, dass sie jeweils für sich betrachtet voll zur Geltung kommen und nicht etwa den Zwecken eines anderen Verfahrens geopfert werden (*Prinzip der optimalen Zweckverwirklichung*), sowie, dass ebendiese Direktive und jene der Gleichrangigkeit der Verfahren als Regeln anzusehen sind, die nur ausnahmsweise durchbrochen werden dürfen (*Regel-Ausnahme Prinzip*)[194].

2. Die Direktiven der Steuerfahndung

Die vorstehend aufgezeigten Prinzipien beanspruchen auch für die Steuerfahndung vollumfängliche Geltung.[195] Der dargestellten Doppelrelevanz geschuldet, variiert jedoch der Stellenwert einzelner Direktiven, was insbesondere aus der für den Steuerpflichtigen bestehenden Konfliktsituation rührt: Werden potentiell doppelfunktional handelnde Beamte der Steuerfahndung bei ihm tätig, kann er gegebenenfalls nicht unterscheiden, in welcher Eigenschaft der vor ihm stehende Amtsträger gerade handelt.[196] Ein Leerlaufen oder Umgehen, jedenfalls aber eine Gefährdung der jeweiligen Verfahrensgrundsätze wäre die Folge, weshalb der

---

[193] *Streck*, DStJG 6, S. 237; vgl. zuvor bereits *Streck*, BB 1980, 1537 sowie überdies *Drüen*, in: Tipke/Kruse, § 393, Rn. 24.

[194] So auch *Teske*, wistra 1988, 208 m. w. N. Dem Regel-Ausnahme-Verhältnis zustimmend ferner *Rüster*, Der Steuerpflichtige, S. 33.

[195] Die Grundsätze der Stetigkeit und Klarheit des Verfahrens werden sogar überwiegend in diesem Kontext diskutiert, siehe nur *Herrmann*, DStJG 38, S. 266 ff.

[196] *Tormöhlen*, in: Hübschmann/Hepp/Spitaler, § 208, Rn. 60 umschreibt diesen Konflikt bildhaft: Die Steuerpflichtigen „wissen nicht, ob sie sich im Einzelfall dem Wolf im Schafspelz (also dem steuerlichen Prüfer, der im konkreten Fall strafrechtlich ermittelt) oder dem Schaf im Wolfspelz (also dem Fahnder, der steuerrechtlich ermittelt), gegenübersehen."

Einzelne im Tätigkeitsbereich der Fahndungsdienste in besonderem Maße auf Verfahrensklarheit und Aufklärung angewiesen ist. Kommt die Fahndungsstelle diesem Gebot der Offenlegung nicht ausreichend nach und stellt sich die Frage der Verfahrenszuordnung des indifferenten Verhaltens, führt die Steuerfahndung im Zweifel, entsprechend ihrem Aufgabenschwerpunkt, so lange ihre genuin strafrechtliche Ermittlungstätigkeit aus, bis sie ausdrücklich oder konkludent etwas Gegenteiliges erklärt.[197]

Besonderer Berücksichtigung bedarf im vorliegenden Kontext ferner das Prinzip der Stetigkeit des Verfahrens. Zwar wurde durch das hiesige Verständnis der Befugnissystematik des § 208 Abs. 1 AO die Gefahr dysfunktionaler Befugnisausübung schon erheblich eingedämmt, jedoch darf auch dort, wo nach hier vertretener Auffassung eine echte Aufgaben- und Befugniskumulation aufseiten des Fahndungsbeamten eintritt, ebendieser die ihm obliegenden Verfahren, mithin die damit verbundenen Machtmittel, nicht beliebig im Stile einer Meistbegünstigung einsetzen. Die Steuerfahndung ist gehalten, die jeweiligen Verfahren und die damit verbundenen Befugnisse zweckrichtig zu verwenden.[198]

II. Die subjektive Zuständigkeitskollision

Die subjektive Dimension der Zuständigkeitskonflikte umschreibt die Problematik personeller Mehrfachzuständigkeiten. Diese stellen sich im mitwirkungspflichtrelevanten Kontext sowohl interbehördlich im Verhältnis der Finanzbehörde zur Staatsanwaltschaft als auch intrabehördlich im Verhältnis verschiedener Untereinheiten des Finanzamts zueinander. Wurde insoweit das innerbehördliche Verhältnis von Steuerfahndung und Außenprüfung schon vorstehend hinreichend dargestellt[199], bleibt der Untersuchung nunmehr dieserorts lediglich die Behandlung erstgenannter Problemstellung.

---

[197] *Randt*, in: Joecks/Jäger/Randt, § 404, Rn. 120; *Schleifer*, wistra 1986, 252; *Seer*, StB 1987, 129; *Seer*, in: Tipke/Kruse, § 208, Rn. 71; *Streck*, DStJG 6, S. 247; *Streck/Spatscheck/Talaska*, Die Steuerfahndung, Rn. 29; *Tormöhlen*, in: Hübschmann/Hepp/Spitaler, § 208, Rn. 55; *Wenzel*, Das Verhältnis, S. 20; dagegen *Schaefer*, Steuerstrafverfahren, S. 10 m.w.N., der jedoch diesen Zweifelsfall mit der prinzipiellen Bindung der Fahndungsstellen an das Legalitätsprinzip vermengt.
[198] *Herrmann*, DStJG 38, S. 267f.; *Jakob*, StuW 1971, 306f.; *Matthes*, wistra 2008, 15 m.w.N.; *Reiß*, Besteuerungsverfahren, S. 253; *Rüping*, DStZ 1980, 180; *Seer*, in: Tipke/Kruse, § 208, Rn. 71.
[199] Siehe Teil 2 B. III. 4. a).

1. Das Verhältnis von Finanzamt und Staatsanwaltschaft

Wird die Finanzbehörde repressiv strafrechtspflegend tätig[200], setzt sie sich in ein kompetenzielles Spannungsverhältnis zur Staatsanwaltschaft.[201] Beseitigt dies im Rahmen der unselbstständigen Ermittlungsbefugnis gemäß § 386 Abs. 1 AO nicht deren Funktion als Herrin des Ermittlungsverfahrens[202], sei die Frage der Positionierung der Staatsanwaltschaft auch im Rahmen der selbstständigen Ermittlungsbefugnis aufgeworfen. Diese wird, jedenfalls mittelbar, durch § 386 Abs. 4 AO beantwortet. Hiernach kann die Finanzbehörde die Strafsache jederzeit an die Staatsanwaltschaft abgeben, Satz 1. Spiegelbildlich kann die Staatsanwaltschaft gemäß Satz 2 die Strafsache jederzeit an sich ziehen. Dieses Evokationsrecht sichert der Staatsanwaltschaft auch im Rahmen der autonomen finanzbehördlichen Ermittlungszuständigkeit die faktische Letztentscheidungskompetenz, mithin ihre Stellung als Herrin des Verfahrens.[203] Macht sie davon Gebrauch, darf sie den ermittelnden Finanzbeamten gemäß § 152 Abs. 1 GVG Weisungen erteilen, die sodann gemäß § 161 Abs. 1 S. 2 StPO dieselben Rechte wie die Behörden und Beamten des Polizeidienstes haben.[204]

2. Die kompetenzielle Gemengelage als Grundlage struktureller Befangenheit

Dass das Finanzamt – insbesondere aber die Steuerfahndung – mehrere Aufgabenbereiche in sich vereint, ist gleichwohl auch auf verfassungs- und verfahrensrechtlicher Ebene problematisch. Im Grundsatz umfasst es die staatliche Organisationsgewalt, Behörden einzurichten und ihnen Aufgaben zuzuweisen; Grenzen können sich dabei allerdings aus übergeordneten rechtsstaatlichen Grundsätzen ergeben.[205] Eine solche besteht im Verbot der Übertragung miteinander unvereinbarer Aufgaben an die gleiche Behörde, wobei Unvereinbarkeit dort vorliegen soll, wo die Aufgaben in ihrer Zielsetzung und/oder in der Ausgestaltung der zu ihrer Wahrnehmung zur Verfügung stehenden Mittel so unterschiedlich sind, dass ihre gleichzeitige Wahrnehmung es zweifelhaft erscheinen lassen muss, dass die Behörde hinsichtlich der verschiedenen Aufgaben ihrem gesetzlichen Auftrag ordnungsgemäß nachkommen wird.[206] Ließe man sich auf die Prämisse ein, dass eine Funk-

---

[200] Im steuerrechtlichen Aufgabenbereich besteht ein solches Kollisionsproblem freilich nicht.

[201] Zur spezifischen Stellung der Finanzbehörde im Strafverfahren siehe oben Teil 2 B. I. 2.

[202] Siehe nur Teil 2 B. I. 2. mit Fn. 35.

[203] BGH v. 30.4.2009 – 1 StR 90/09, BStBl. II 2010, 836; *Eisenberg*, in: FS-Geppert, S. 82; *Muhler*, in: Müller-Gugenberger, Rn. 15.14; *Seer*, in: Tipke/Kruse, § 386, Rn. 2, 25 m.w.N.

[204] So *Eisenberg*, in: FS-Geppert, S. 82.

[205] *Tormöhlen*, in: Hübschmann/Hepp/Spitaler, § 208, Rn. 54.

[206] So ausdrücklich *Tormöhlen*, in: Hübschmann/Hepp/Spitaler, § 208, Rn. 55; *Wenzel*, Das Verhältnis, S. 20 f. unter Rekurs auf die Vorkommentierung.

tionenhäufung immer objektivitätskonterkarierende Wirkung habe[207], sei die These erlaubt, die Zuweisung von Besteuerungs- und Steuerstrafverfahren zum Verantwortungsbereich einer Behörde oder gar eines Amtswalters stelle, ob der grundverschiedenen Zielsetzungen der Verfahren, eine unzulässige Verbindung unvereinbarer Aufgaben dar.

Wird diese Aufgabenkonzentration aus genuin verfassungsrechtlicher Perspektive als im Ergebnis zu Recht unbedenklich beurteilt[208], so könnte sie doch auf verwaltungsprozessualer Ebene zu einem Verfahrensausschluss wegen Befangenheit gemäß § 83 Abs. 1 AO für all jene steuerlichen Amtswalter führen, die auch im Steuerstrafverfahren tätig sind oder waren.[209] Spiegelbildlich wären alle im Besteuerungsverfahren tätigen Hoheitsträger strafprozessual befangen, mithin ausgeschlossen. Hiermit wäre auch die selbstbelastungsrelevante Problematik undurchsichtigen Verhaltens einzelner Amtsträger elegant umgangen, müsste sich der Hoheitsträger doch schon ex ante unter gleichzeitiger Inkaufnahme, für das jeweils andere Verfahren ab diesem Zeitpunkt „verbrannt" zu sein, entscheiden, in welchem er tätig werden möchte. Dies hätte eine strenge personelle Trennung zwischen Steuerstraf- und Besteuerungsverfahren zur Folge, die das Risiko einer strafrechtlichen Selbstbelastung durch Mitwirkung gegenüber der Besteuerungsbehörde erheblich reduzierte.

Gegen die Annahme einer solchen systembedingten Voreingenommenheit bestehen jedoch einschneidende Bedenken. Zwar werden an das Institut der Besorgnis der Befangenheit aus § 83 Abs. 1 AO keine allzu strengen Anforderungen gestellt, denn sie besteht bereits, wenn aufgrund objektiv feststellbarer, individueller, konkreter und einen bestimmten Amtsträger betreffender Tatsachen die subjektiv vernünftigerweise mögliche Besorgnis besteht, ein Amtsträger werde in einem bestimmten steuerlichen Verwaltungsverfahren bei der Vornahme/Entgegennahme von Verfahrenshandlungen nicht unparteiisch, unvoreingenommen und sachgemäß tätig sein.[210] Die Norm ist jedoch schon ihrem Wortsinn zufolge lediglich für die Ablehnung nur einzelner Finanzbeamter und nicht ganzer Untereinheiten des Finanzamts konzipiert, woraus sich auch das Erfordernis eines konkreten Misstrauens seitens des Verfahrensunterworfenen gegenüber einem bestimmten Amtsträger er-

---

[207] *Dagtoglou*, in: FG-Forsthoff, S. 88; *Wenzel*, Das Verhältnis, S. 21.

[208] So *Peters/Bertrand*, in: Kohlmann, § 386 AO, Rn. 20 unter Verweis auf die Ausführungen des BVerfG v. 5.5.1994 – 2 BvL 52/92, wistra 1994, 263, das den Normenkontrollantrag zu §§ 386 Abs. 2, 399 Abs. 1, 400 AO des AG Braunschweig v. 4.5.1992 – 9 Cs 400 Js 46909/91, wistra 1992, 234 ff. als unzulässig verwarf und BVerfG v. 14.3.1996 – 2 BvL 19/94, wistra 1996, 225 mit Anmerkung *Bilsdorfer*.

[209] So *Schick*, JZ 1982, 128.

[210] AEAO zu § 83, Nr. 1; BFH v. 19.1.2005 – VII B 61/04, BFH/NV 2005, 922; FG Berlin-Brandenburg v. 10.9.2008 – 12 K 460/05, EFG 2009, 51 f.; FG Hamburg v. 24.4.2003 – V 26/02, EFG 2003, 1416; FG Sachsen-Anhalt v. 29.10.1997 – I 107/96, EFG 1998, 335 f.; *Brandis*, in: Tipke/Kruse, § 83, Rn. 2; *Dumke*, in: Schwarz/Pahlke, § 83, Rn. 5; *Hahlweg*, in: Koenig, § 83, Rn. 7; *Wernsmann*, in: Hübschmann/Hepp/Spitaler, § 83, Rn. 15.

klärt.[211] Einer Erstreckung auf ganze Subgruppierungen der Finanzbehörde widersprechen ferner die hierdurch faktisch gegenstandslos werdende Doppelfunktion der Steuerfahndung gemäß § 208 AO sowie die damit einhergehende Torpedierung des gesetzgeberischen Willens.[212] Schlagend gegen eine strukturelle Befangenheit ganzer Behördenteile spricht sodann zuletzt das hiermit ausgesprochene staatliche Misstrauen, das einem generellen Voreingenommenheitsvorwurf zugrunde liegt: Doppelzuständigkeiten finden sich auch in anderen Teilen der Rechtsordnung.[213] Hier wird von den betroffenen Amtswaltern erwartet, zwischen den verschiedenen ihnen obliegenden Verfahren unterscheiden und beide Aufgabenbereiche vorbehaltlos wahrzunehmen zu können. Spräche man also dem Finanzamt und den Stellen der Steuerfahndung Aufgaben sowohl im Besteuerungs- als auch im Strafverfahren zu, unterstellte man den handelnden Beamten aber im gleichen Atemzug die Unfähigkeit zur kognitiven Verfahrenstrennung, führte sich die Aufgabenzuweisung selbst ad absurdum. Ganz im Gegenteil muss von den tatsächlich doppelrelevant agierenden Stellen und Beamten des Finanzamts die Fähigkeit der Verfahrensdifferenzierung erwartet werden können, weshalb allein aus ihrer prinzipiellen Doppelkompetenz noch kein Befangenheitsgrund im Sinne des § 83 Abs. 1 AO folgt.

Freilich muss dieses Ergebnis auch für primär strafprozessual handelnde Hoheitsträger gelten, die gleichsam im Besteuerungsverfahren tätig sind oder waren.[214]

III. Zwischenergebnis und zeitliche Dimension der Selbstbelastungsgefahr

Mit Blick auf die Gefahr strafrechtlicher Selbstbelastung durch steuerrechtliche Mitwirkung sind im Ausgangspunkt das Besteuerungsverfahren, das Steuerstrafverfahren und das allgemeindeliktische Strafverfahren zu unterscheiden sowie prozessual strikt voneinander zu trennen. Die Abschichtung von Besteuerungs- und allgemeindeliktischem Strafverfahren bedarf dabei keiner weiteren Erläuterung. Jene zwischen Steuerstraf- und Besteuerungsverfahren fußt auf § 393 Abs. 1 S. 1 AO. Beide Strafverfahren sind gleichwohl, ob der nicht ausgeschlossenen mitwirkungsbedingten Aufdeckung strafrechtlich relevanter Informationen, faktisch eng

---

[211] Zum Erfordernis BFH v. 19.1.2005 – VII B 61/04, BFH/NV 2005, 922; *Brandis*, in: Tipke/Kruse, § 83, Rn. 2; *Rätke*, in: Klein, § 83, Rn. 4; *Wernsmann*, in: Hübschmann/Hepp/Spitaler, § 83, Rn. 15.

[212] So auch *Wenzel*, Das Verhältnis, S. 22.

[213] Siehe nur den ähnlichen Konflikt bei der Erklärung der Gemeinde zur Ortspolizeibehörde gemäß Art. 6 BayLStVG. Eine ähnliche Situation findet sich auch an anderer Stelle des Strafverfahrens, wenn der Richter über die Eröffnung des Hauptverfahrens entscheidet (§ 201 StPO) bzw. wenn der Ermittlungsrichter, der über die Untersuchungshaft entscheidet, (zufällig) auch Richter der Hauptsache ist.

[214] So im Ergebnis auch *Wenzel*, Das Verhältnis, S. 22. Ausführungen zum Verfahren bei Befangenheit von Staatsanwälten oder Hilfspersonen der Staatsanwaltschaft erübrigen sich damit.

mit dem Besteuerungsverfahren verwoben, weshalb institutionell eine strafrechtliche Selbstbelastung bei keinem der ermittelnden Hoheitsträger kategorisch ausgeschlossen werden kann. Auch in chronologischer Hinsicht ist eine Kategorisierung potentiell mit dem nemo tenetur-Grundsatz konfligierender Selbstbelastungsgefahren aufgrund der mannigfaltig gelagerten Belastungskonstellationen nicht greifbar. Vielmehr erscheint eine nemo tenetur-widrige Selbstbelastung prinzipiell überall dort denkbar, wo vom Steuerpflichtigen Mitwirkung in jedweder Form gefordert wird. Aufgrund der systematischen Stellung der §§ 90 ff. AO im alle anderen Verfahrensabschnitte überlagernden Ermittlungsverfahren und deren Geltung auch in besonderen Prüfkonstellationen, wie der Steuerfahndung oder der Außenprüfung, erfährt dieses enge Korrelat von strafrechtlicher Selbstbelastung und steuerlicher Mitwirkung besondere Breite. Mangels echter Differenzierungswirkung scheint daher ein über die bloße Erkenntnis des Korrelationsverhältnisses von Mitwirkung und Selbstbelastung hinausgehender Rekurs auf die Abschnitte des Straf- oder Besteuerungsverfahrens für die Bestimmung der zeitlichen Dimension der Selbstbelastungsgefahr ungeeignet und nicht zielführend.

Ein letzter Anhaltspunkt für eine zeitliche Unterscheidung ließe sich unter der Prämisse finden, dass der Grundsatz der Selbstbelastungsfreiheit schwerpunktmäßig ein Beschuldigtenrecht darstelle. Greift das nemo tenetur-Prinzip zu Gunsten des Steuerpflichtigen nach dessen Eintritt in die Beschuldigtenstellung vollumfänglich, ist dessen vorgelagerte Reichweite noch näher zu beleuchten. Nicht ausgeschlossen scheinen hier divergierende Ergebnisse bezüglich der Verletzung des Grundsatzes der Selbstbelastungsfreiheit je nach Zeitpunkt der Mitwirkung; eine solche etwaige Diskrepanz bleibt indes noch zu ergründen.

D. Ergebnis

Vor dem Hintergrund der vorstehenden Ausführungen beantwortet sich sodann schließlich auch die eingangs gestellte Forschungsfrage: Keine der hier beleuchteten, am Besteuerungsverfahren beteiligten Institutionen ist schon qua Verfahrensstellung vor einem Konflikt mit dem nemo tenetur-Grundsatz gefeit. Die zeitliche Dimension der mitwirkungsbedingten strafrechtlichen Selbstbelastungsgefahr erschöpft sich im Korrelationsverhältnis von Mitwirkungspflicht und Selbstbelastung, wobei sich der chronologische Aspekt der Mitwirkungspflichten wiederum, ob der indifferenten Stellung des Ermittlungsverfahrens im Besteuerungsverfahren, als uneinheitlich zeigt. In den Grenzen des einleitend gezogenen personalen Rahmens müssen der weiteren Untersuchung damit die steuerrechtlichen Mitwirkungspflichten in Gänze zu Gunsten jeglicher am Besteuerungsverfahren beteiligter Hoheitsträger unterzogen werden.

Teil 3

Die Mitwirkungspflichten im Besteuerungsverfahren

Dem Vorstehenden folgend, werden nun die steuerrechtlichen Mitwirkungspflichten näher beleuchtet. Ziel dieses Abschnitts ist abermals eine arbeitserleichternde Systematisierung. Bei Betrachtung der abgabenrechtlichen Pflichten sind zunächst Grund und Grenzen der Notwendigkeit der Mitwirkung des Einzelnen auszuloten. Darüber hinaus scheint klärungsbedürftig, ob nicht abhandlungsökonomisch verschiedene Mitwirkungspflichten unter einen gemeinsamen Obertopos gefasst werden können, mithin einer Kategorisierung zugänglich sind. Letztlich sei das Reaktionssystem der Abgabenordnung auf individuelle Mitwirkungspflichtverletzungen aufgezeigt.

A. Der Untersuchungsgrundsatz und die Kooperationsmaxime als Leitdirektiven steuerrechtlicher Mitwirkung

I. Der Rechtsstaat als Grund steuerrechtlicher Mitwirkung

Der Steuerstaat ist Rechtsstaat.[1] Die für den letzteren konstitutiven Merkmale können in wenigen Worten nur schwerlich umrissen werden[2] und würden den mitwirkungspflichtrelevanten Rahmen der Ausführungen sprengen.[3] Als Ausgangspunkt soll daher an dieser Stelle die Erkenntnis genügen, dass Steuern im Rechtsstaat nicht willkürlich erhoben werden dürfen, sondern Art. 1 Abs. 3 GG i. V. m. Art. 20 Abs. 3 GG vielmehr jede staatliche Gewalt der rechtsstaatlichen Ordnung des Grundgesetzes, insbesondere den Grundrechten unterwirft. Der hierin zum Ausdruck

---

[1] Zum wechselseitigen Korrelationsverhältnis zwischen Rechtsstaat und Steuerstaat siehe instruktiv *Tipke*, Steuerrechtsordnung I, S. 105 ff. mit umfassenden Nachweisen.

[2] So auch *Hartz*, StbJb. 1958/1959, S. 35: „Man kann schwer mit wenigen Worten sagen, was zu einem Rechtsstaat gehört. Nicht schwer ist es aber, Kriterien dafür aufzuzeigen, was der Rechtsstaat nicht sein kann."

[3] Eine umfassende Darlegung der Verbürgungen des Rechtsstaatsprinzips ist in der für die hiesige Arbeit gebotenen Kürze weder umsetzbar noch erforderlich. Es wird sich daher auf die für die Begründung und Begrenzung von Mitwirkungspflichten relevanten Ausflüsse konzentriert. Zum Rechtsstaatsprinzip im Ganzen siehe ausführlich *Grzeszick*, in: Dürig/Herzog/Scholz, GG, Art. 20 VII, Rn. 1 ff.; *Sachs*, in: Sachs, GG, Art. 20, Rn. 74 ff.; *Schmidt-Aßmann*, in: HStR II, § 26.

kommende verfassungsrechtlich geforderte Rechtsstaat[4] erschöpft sich dabei nicht in einer monistischen Aussage; er ist vielschichtig, dynamisch und als grundlegendes Verfassungsprinzip teils normkonzipierend, teils normkonkretisierend; kurzum, in seiner Abstraktheit für hiesige Zwecke nicht greifbar. Als konstitutionelle Grundentscheidung ist er in erster Linie nicht etwas positiviert Vorzufindendes, sondern etwas, was positiviert werden muss, um handhabbar zu sein. Das Grundgesetz selbst nennt dabei den Rechtsstaat nur an wenigen Stellen ausdrücklich[5] und zieht sich weit überwiegend auf einen einzelnen Vorschriften stillschweigend zuerkannten Rechtsstaatsgehalt zurück. Diese vermeintliche Inhaltsleere, die im Übrigen jeder Abstraktheit anheimfällt, ist es, die das Prinzip so prädestiniert für generalisierende Überzeichnungen wirken lässt. Tatsächlich wird es hierdurch lediglich zu einem induktiv zu erforschenden Gebilde. Durch Spezialvorschriften und Subprinzipien wird es praktikabel, obgleich sich der Gehalt nicht in der summarischen Verklammerung ebenjener Ausflüsse erschöpft.[6] Nur die Kombination der Summe aus Spezialnormen und Subprinzipien mit dem Gehalt als abstraktem Leitprinzip verhilft dem Rechtsstaatsprinzip zu der intendierten Bedeutung.[7]

---

[4] Die normative Verortung des Rechtsstaatsprinzips wird uneinheitlich beurteilt. Die Vorschläge reichen von Art. 20 Abs. 1 GG (*Schmidt-Aßmann*, in: HStR II, § 26, Rn. 3, der m.w.N. darüber hinaus Art. 28 Abs. 1 GG anführt) über Art. 20 Abs. 2 GG (BVerfG v. 25.7.1979 – 2 BvR 878/74, BVerfGE 52, 143), Art. 20 Abs. 3 GG (BVerfG v. 17.7.2003 – 2 BvL 1/99, BVerfGE 108, 234 f.; BVerfG v. 25.7.1979 – 2 BvR 878/74, BVerfGE 52, 143) und Art. 28 Abs. 1 GG (BVerfG v. 17.7.2003 – 2 BvL 1/99, BVerfGE 108, 234 f.) bis hin zu einer „Gesamtkonzeption des Grundgesetzes" (BVerfG v. 21.6.1977 – 1 BvL 14/76, BVerfGE 45, 246). Sinnvollerweise ist das Rechtsstaatsprinzip unter Rekurs auf die normhistorische Intention des parlamentarischen Rates mit *Grzeszick*, in: Dürig/Herzog/Scholz, GG, Art. 20 VII, Rn. 33; *Sachs*, in: Sachs, GG, Art. 20, Rn. 75 f.; *Schmidt-Aßmann*, in: HStR II, § 26, Rn. 3, 16; *Schulze-Fielitz*, in: Dreier, GG, Art. 20 (Rechtsstaat), Rn. 40, jeweils m.w.N. jedenfalls auch in Art. 20 GG zu verorten. Damit nimmt das Rechtsstaatsprinzip an der Garantie des Art. 79 Abs. 3 GG teil. Eine weitergehende Untersuchung ist für hier verfolgte Zwecke nicht erforderlich.

[5] Art. 28 Abs. 1 S. 1 GG und Art. 23 Abs. 1 S. 1 GG.

[6] Mit der Frage, ob das Rechtsstaatsprinzip ein rein summarisches Prinzip darstellt oder auch integrale Bedeutung hat, haben sich allen voran *Kunig*, Das Rechtsstaatsprinzip und *Sobota*, Das Prinzip Rechtsstaat auseinandergesetzt. Ersterer kommt auf S. 463 zum Ergebnis, dass jeder Konflikt mit sachnäheren Normen gelöst werden kann und ein Rekurs auf das übergeordnete Prinzip zwingend eine unzulässige Verallgemeinerung der Antwort darstelle. Dagegen ist mit *Grzeszick*, in: Dürig/Herzog/Scholz, GG, Art. 20 VII, Rn. 44 m.w.N.; *Schmidt-Aßmann*, in: HStR II, § 26, Rn. 8; *Schulze-Fielitz*, in: Dreier, GG, Art. 20 (Rechtsstaat), Rn. 45 zutreffend davon auszugehen, dass neben diese – zweifelsohne summarische – Dimension des Rechtsstaatsprinzips auch eine integrale insoweit tritt, als damit ein übergeordnetes System an Rechtsstaatlichkeit ausgedrückt werden soll, das auf Regelungslücken und Wertungswidersprüche untersucht werden soll. „Der Rückgriff auf das Prinzip dient [insoweit] der Erschließung funktionaler Einsichten."

[7] *Grzeszick*, in: Dürig/Herzog/Scholz, GG, Art. 20 VII, Rn. 45; *Schmidt-Aßmann*, in: HStR II, § 26, Rn. 9 unterscheiden hiernach unter Rekurs auf *Pieroth*, Rückwirkung und Übergangsrecht, S. 235 ff. zwischen zwei Schichten des Rechtsstaatsprinzips: Zum einen hat es deklaratorische Bedeutung dort, wo spezielle Gewährleistungen bestehen, zum anderen

Vor diesem Hintergrund scheint für die vorliegende Problemstellung eine Einteilung des Rechtsstaatsbegriffs in eine formale und eine materielle Dimension sinnvoll. Obgleich ihr dogmatisch kein eigenständiger Gehalt zukommt[8], verklammern diese beiden begrifflich orientierten Kategorien mitwirkungspflichtrelevante Subprinzipien des Rechtsstaatsprinzips und ebnen so steuerrechtsspezifisch mittelbar den Weg zur Mitwirkungsverpflichtung des Einzelnen.

1. Der formale Rechtsstaat

Der formale Rechtsstaatsbegriff umschreibt die Anerkennung der Grundsätze der Gewaltenteilung, der Gesetzmäßigkeit der Verwaltung und der Justiz, des Rechtsschutzes gegen Akte öffentlicher Gewalt durch unabhängige Gerichte und der Staatshaftung.[9] Inhaltliche Vorgaben an das staatliche Handeln enthält dieser – von der Verfassungsrechtslehre bis in das Weimarer Reich tradierte – Rechtsstaatsbegriff nicht; er erschöpft sich vielmehr im prozeduralen Rechts- und Vertrauensschutz zu Gunsten des Einzelnen. Das staatliche und das gesellschaftliche Leben seien zuvörderst durch die typischen Formelemente des Rechts (Verfahren, Entscheidungskompetenzen, gesetzliche Entscheidungsvorgaben) zu ordnen[10] und der Staatsgewalt sei vor allem durch verfahrens- und organisationsrechtliche Vorkehrungen zum Schutz des Bürgers sowie zur Gewährung von Rechtssicherheit Einhalt zu gebieten.[11]

Für das Steuerrecht münden diese Desiderate, von welchen im vorliegenden Kontext allein die Gesetzesbindung der Verwaltung[12] interessiert, mit *Tipke* in mannigfaltige Einzelverbürgungen[13]. Der zur Gesetzesherrschaft verpflichtende

---

konstitutive dort, wo es um den Ausdruck gerade des Allgemeinen und des Systematischen geht.

[8] So ausdrücklich *Schmidt-Aßmann*, in: HStR II, § 26, Rn. 17; instruktiv auch *Schulze-Fielitz*, in: Dreier, GG, Art. 20 (Rechtsstaat), Rn. 48. Gegen diese Einteilung *Sobota*, Das Prinzip Rechtsstaat, S. 457 ff.

[9] *Benda*, in: HdbVerfR, § 17, Rn. 1 f.; *Grzeszick*, in: Dürig/Herzog/Scholz, GG, Art. 20 VII, Rn. 36; *Huber*, in: Rechtsstaatlichkeit und Sozialstaatlichkeit, S. 593; *Schmidt-Aßmann*, in: HStR II, § 26, Rn. 18; *Schulze-Fielitz*, in: Dreier, GG, Art. 20 (Rechtsstaat), Rn. 46.

[10] So *Schmidt-Aßmann*, in: HStR II, § 26, Rn. 18.

[11] *Grzeszick*, in: Dürig/Herzog/Scholz, GG, Art. 20 VII, Rn. 36.

[12] Zur Herleitung der Gesetzesbindung aus dem Rechtsstaatsprinzip siehe nur grundlegend BVerfG v. 24.1.1962 – 1 BvR 232/60, BVerfGE 13, 328. So auch *Hey*, in: Tipke/Lang, Rn. 3.93; *Schulze-Fielitz*, in: Dreier, GG, Art. 20 (Rechtsstaat), Rn. 92, 105 m.w.N.; *Seer*, in: Tipke/Kruse, § 85, Rn. 7; *Wernsmann*, in: Hübschmann/Hepp/Spitaler, § 85, Rn. 31.

[13] Grundlegend zur Bedeutung formaler Rechtsstaatlichkeit im Steuerrecht *Tipke*, Steuerrechtsordnung I, S. 105 ff. Auf S. 113 f. untergliedert *Tipke* dann das Prinzip formaler Rechtsstaatlichkeit in das Rechtssicherheitsprinzip und das prinzipielle formelle Übermaßverbot. Dem Rechtssicherheitsprinzip unterfallen wiederum das Prinzip der Gesetzmäßigkeit der Besteuerung, das Prinzip der steuerrechtlichen Gesetzesbestimmtheit, das prinzipielle steuerrechtliche Rückwirkungsverbot, das (nicht anzuerkennende) prinzipielle Lückenaus-

Leitauftrag an die Exekutive verwirklicht sich steuerspezifisch im Prinzip der Gesetzesmäßigkeit der Besteuerung, mithin im steuerrechtlichen Legalitätsprinzip.[14] Ebendieses teilt sich wiederum unter anderem[15] in die Subgruppierungen des Vorrangs und Vorbehalts des Gesetzes.

Der Vorbehalt des Gesetzes[16] bringt dabei zum Ausdruck, dass die Auferlegung von Steuerlasten dem Gesetz vorbehalten ist. Die Steuerfestsetzung setzt die Erfüllung eines gesetzlichen Tatbestands voraus, an den das Gesetz die Rechtsfolge einer Steuer knüpft (Tatbestandsmäßigkeit der Besteuerung). Steuerpflichtige und Steuerbeamte sind damit gleichermaßen der Herrschaft eines abschließenden Normensystems unterworfen.[17] Ohne gesetzliche Grundlage darf nicht besteuert werden. Insofern lebt das Steuerrecht aus dem „Diktum des Gesetzgebers"[18].

Der Vorrang des Gesetzes bezeichnet dagegen das Verbot des inhaltlichen Widerspruchs zwischen Einzelakt und Gesetz.[19] Die Steuerverwaltung hat mit der Maßgabe zu handeln, dass sich die von ihr erlassenen Verwaltungsakte in den Grenzen der zugrundeliegenden Normen halten.

Aus dieser Normunterwerfung folgt für die Gesetzesmäßigkeit des Verwaltungshandelns zweierlei: Zunächst ist die Finanzverwaltung selbstredend an die legislativen Grundlagen der Besteuerung gebunden. Die Besteuerung ist nur zulässig, wo und wie es das Gesetz ausdrücklich zulässt. Abweichungen hiervon,

---

füllungs- und Analogieverbot und das Prinzip des Schutzes des Vertrauens der Bürger in behördliches Handeln.

[14] Vgl. bereits BVerfG v. 12.2.1969 – 1 BvR 687/62, BVerfGE 25, 228; ferner *Isensee*, in: FS-Flume II, S. 133; sogar als herrschende Meinung bezeichnend *Wernsmann*, in: Hübschmann/Hepp/Spitaler, § 85, Rn. 32; anders nur *Hoffmann-Riem*, StuW 1972, 131 f. Neben dieser rechtsstaatlichen Dimension hat das Legalitätsprinzip auch eine demokratische solche, sodass es bei Tageslicht sowohl auf dem Rechtsstaats- als auch auf dem Demokratieprinzip wurzelt; siehe dazu nur *Ossenbühl*, in: HStR V, § 101, Rn. 42 sowie *Tipke*, Steuerrechtsordnung I, S. 120 ff.

[15] Zu den steuerrechtsrelevanten Verbürgungen des Gesetzmäßigkeitsprinzips umfassend und instruktiv *Hey*, in: Tipke/Lang, Rn. 3.233 ff. m.w.N.

[16] Allgemein verlangt der grundgesetzlich nicht ausdrücklich genannte Grundsatz des Vorbehalts des Gesetzes, dass bestimmte oder alle Maßnahmen des Staates einer parlamentsgesetzlichen Grundlage bedürfen mit der Folge, dass Verwaltungsmaßnahmen ohne die erforderliche gesetzliche Ermächtigung rechtswidrig sind; so *Schulze-Fielitz*, in: Dreier, GG, Art. 20 (Rechtsstaat), Rn. 105 m.w.N.

[17] *Hey*, in: Tipke/Lang, Rn. 3.230 f.; *Tipke*, Steuerrechtsordnung I, S. 120, der auf S. 128 f. semantische Kritik am Begriff der Tatbestandsmäßigkeit der Besteuerung übt.

[18] BVerfG v. 24.1.1962 – 1 BvR 232/60, BVerfGE 13, 328 im Anschluss an *Bühler/Strickrodt*, Steuerrecht I, S. 658.

[19] Der Vorrang des Gesetzes wird damit zur Kollisionsregel. Alle untergesetzlichen Normen und Rechtsakte dürfen dem parlamentarischen Gesetz nicht widersprechen, BVerfG v. 28.10.1975 – 2 BvR 883/73, BVerfGE 40, 247; BVerfG v. 6.5.1958 – 2 BvL 37/56, BVerfGE 8, 169 f.; *Kotzur*, in: von Münch/Kunig, GG, Art. 20, Rn. 153; *Ossenbühl*, in: HStR V, § 101, Rn. 2; *Sachs*, in: Sachs, GG, Art. 20, Rn. 112; *Schulze-Fielitz*, in: Dreier, GG, Art. 20 (Rechtsstaat), Rn. 92.

beispielsweise durch die Erhebung einer erdachten Steuer, sind strikt abzulehnen (Abweichungsverbot).[20] Daneben konstatiert *Ossenbühl* zutreffend: „Der Gesetzesvollzug steht nicht zur Disposition der Verwaltung. Vielmehr besteht eine Ausführungspflicht. Die Verwaltung muss alles dafür tun, um den Willen des Gesetzgebers in die Wirklichkeit umzusetzen."[21] Die Steuerbehörden sind damit nicht nur berechtigt, sondern auch verpflichtet, die gesetzlich geschuldeten Steuern festzusetzen und zu erheben, soweit keine Ausnahmeermächtigungen bestehen. Das Gesetz ist nicht nur Schranke, sondern ebenso Antrieb des Verwaltungshandelns (Anwendungsgebot).[22] Formell rechtsstaatswidrig ist daher neben der Besteuerung außerhalb des Gesetzes auch die Nichtbesteuerung trotz gesetzlicher Anordnung.[23]

2. Der materielle Rechtsstaat

Erschöpfte sich der Rechtsstaatsbegriff in seiner formellen Dimension, folgte hieraus inhaltsblinder Positivismus. Die Juristerei beschränkte sich auf die bloße Entwicklung und Anwendung von Rechtstechniken und die dem Parlament mit der reflexionslosen Anerkennung des gesetzten Rechts als gerechte Wertentscheidung zuteilwerdende Macht erschiene, ob des offensichtlichen Missbrauchspotentials, grenzenlos.[24] Das Grundgesetz der Bundesrepublik Deutschland fügt daher zu den übernommenen formalen Rechtsstaatselementen wesentliche materielle solche hinzu. Der materielle Rechtsstaat definiert sich dabei über die inhaltliche Ausrich-

---

[20] *Grzeszick*, in: Dürig/Herzog/Scholz, GG, Art. 20 VI, Rn. 73; *Gusy*, JuS 1983, 181; *Ossenbühl*, in: HStR V, § 101, Rn. 6 ff.; *Schulze-Fielitz*, in: Dreier, GG, Art. 20 (Rechtsstaat), Rn. 92; *Tipke*, Steuerrechtsordnung I, S. 128 ff., 131.

[21] *Ossenbühl*, in: HStR V, § 101, Rn. 5.

[22] Siehe BVerfG v. 16.3.1971 – 1 BvR 52/66, BVerfGE 30, 332; BVerfG v. 12.2.1969 – 1 BvR 687/62, BVerfGE 25, 228; ferner BVerfG v. 9.3.2004 – 2 BvL 17/02, BVerfGE 110, 112 f. und BVerfG v. 27.6.1991 – 2 BvR 1493/89, BVerfGE 84, 271; *Birk*, StuW 1989, 213; auch bereits *Bühler*, Lehrbuch des Steuerrechts I, S. 70 f.; *Detterbeck*, JURA 2002, 235; *Hey*, in: Tipke/Lang, Rn. 3.238; *Isensee*, in: FS-Flume II, S. 133; ausführlich aufbereitend *Hahn*, Gesetzmäßigkeit, S. 69 ff. mit umfassenden Nachweisen; *Seer*, FR 1997, 554; *Seer*, in: Tipke/Kruse, § 85, Rn. 8; *Tipke*, Steuerrechtsordnung I, S. 131 m.w.N.; *Wernsmann*, in: Hübschmann/Hepp/Spitaler, § 85, Rn. 32.

[23] *Birk*, StuW 1989, 213.

[24] Zuweilen wird insoweit auf die nationalsozialistische Deformierung des Rechtsstaats rekurriert, welche die Gefahren der Abhandenheit materieller Gewährleistungen freigelegt haben soll. So jedenfalls die „Wehrlosigkeits- oder Positivismusthese" unter anderem *Weinkauffs*, Militäropposition, S. 13 oder *Radbruchs*, SJZ 1946, 107: „Der Positivismus hat in der Tat mit seiner Überzeugung ‚Gesetz ist Gesetz' den deutschen Juristenstand wehrlos gemacht gegen Gesetze willkürlichen und verbrecherischen Inhalts". Gegen die Ursächlichkeit des Positivismus für den Erfolg des Nationalsozialismus lesenswert und mit guten Gründen *Foljanty*, Recht oder Gesetz, S. 19 ff.

A. Der Untersuchungsgrundsatz und die Kooperationsmaxime

tung an eine höhere Normordnung, insbesondere durch Verfassungsbindung und die Normierung von Grund- und Menschenrechten.[25]

Hieraus offenbart sich auch das Verhältnis von formalem und materiellem Rechtstaatsbegriff: Die Termini sind weniger Antinomien als unterschiedliche wechselwirkende Akzentuierungen derselben ordnenden und individualschützenden Idee. Der materielle Rechtsstaat baut auf dem Konstrukt des formellen auf und erweitert dieses um das Streben nach Gerechtigkeit. Bei Tageslicht ist er damit nicht das Gegenteil des formellen Rechtsstaates, sondern ein formale und materielle Elemente in sich vereinigender Staat.[26]

Für das Steuerrecht bedeutet diese Materialisierung die zwangsweise Auseinandersetzung mit Gerechtigkeitserwägungen. Hier geht es weniger um das rechtstechnische „Ob" der Besteuerung, als um das inhaltliche „Wie". Die Themen der Rechtfertigung[27] und der Gerechtigkeit von Steuern treten in den Vordergrund und lassen die Steuerrechtswissenschaft insoweit zur Steuergerechtigkeitswissenschaft werden.[28] Inhaltlich ausgefüllt wird dieses Gerechtigkeitsziel dabei vornehmlich[29] aus der Warte des Art. 3 Abs. 1 GG[30] und des hierauf fußenden[31] Gedankens mög-

---

[25] *Böckenförde*, in: FS-Arndt, S. 72; *Grzeszick*, in: Dürig/Herzog/Scholz, GG, Art. 20 VII, Rn. 37; *Schulze-Fielitz*, in: Dreier, GG, Art. 20 (Rechtsstaat), Rn. 47; *Schmidt-Aßmann*, in: HStR II, § 26, Rn. 19.

[26] So *Schmidt-Aßmann*, in: HStR II, § 26, Rn. 19.

[27] Siehe hierzu nur *Tipkes* Steuerrechtfertigungstheorie in *Tipke*, Steuerrechtsordnung I, S. 228 ff. und *Vogel*, DER STAAT 1986, 481 ff.

[28] Hierzu eindringlich *Vogel*, DStZ 1975, 409 ff. Grundlegend zu Grenzen und Relativität von Steuergerechtigkeit *Birk*, StuW 2011, 354 ff.

[29] Daneben gilt das Prinzip der Besteuerung nach individueller Leistungsfähigkeit als tradiertes Fundamentalprinzip steuerlicher Lastengleichheit, so *Hey*, in: Tipke/Lang, Rn. 3.40. Die Idee der Herstellung von Steuergerechtigkeit durch Steuergleichheit hielt schon *Smith*, Wealth of Nations, Book V, Chapter II, Part II, S. 825 in seiner ersten Steuermaxime fest: „The subjects of every state ought to contribute towards the support of the government, as nearly as possible, in proportion to their respective abilities. [...] In the observation or neglect of this maxim consists, what is called the equality or inequality of taxation." Betreffend Art. 134 WRV grundlegend *Hensel*, VJSchrStFr 1930, 441 ff. Umfassend zum Leistungsfähigkeitsprinzip siehe *Birk*, Leistungsfähigkeitsprinzip sowie *Meyer*, Steuerliches Leistungsfähigkeitsprinzip, S. 103 ff., 152 ff.

[30] BVerfG v. 29.3.2017 – 2 BvL 6/11, BStBl. II 2017, 1094; BVerfG v. 7.7.2010 – 2 BvL 14/02, BVerfGE 127, 27 f.; BVerfG v. 7.11.2006 – 1 BvL 10/02, BVerfGE 117, 30; BVerfG v. 10.3.1998 – 1 BvR 178/97, BVerfGE 97, 346; BVerfG v. 22.2.1984 – 1 BvL 10/80, BVerfGE 66, 223; BVerfG v. 23.11.1976 – 1 BvR 150/75, BVerfGE 43, 118 f.; BVerfG v. 3.7.1973 – 1 BvR 368/65, BVerfGE 35, 335; BVerfG v. 17.1.1957 – 1 BvL 4/54, BVerfGE 6, 70 f.; *Hey*, in: Tipke/Lang, Rn. 3.110; *Seer*, in: Tipke/Kruse, § 85, Rn. 10; *Tipke*, Steuerrechtsordnung I, S. 282 ff., 298 ff.; *Wernsmann*, in: Hübschmann/Hepp/Spitaler, § 85, Rn. 35. Zum Binnenverhältnis von Leistungsfähigkeitsprinzip und Gleichheitssatz weiterführend insbesondere *Meyer*, Steuerliches Leistungsfähigkeitsprinzip, S. 113 ff.

[31] BVerfG v. 20.12.1966 – 1 BvR 320/57, BVerfGE 21, 27; so ausdrücklich BVerfG v. 3.7.1973 – 1 BvR 368/65, BVerfGE 35, 335; BVerfG v. 10.3.1998 – 1 BvR 178/97, BVerfGE 97, 346.

lichst gleichmäßiger Besteuerung. Der allgemeine Gleichheitssatz verbürgt in hiesigem Kontext zweierlei:

Zunächst bindet er über Art. 1 Abs. 3 GG i. V. m. Art. 20 Abs. 3 GG die Gesetzgebung und zwingt diese bei der Konzeption von Steuerrechtsnormen den Gleichheitssatz als übergeordnetes Gleichheitsgebot zu beachten (Rechtssetzungsgleichheit).[32] Nach ständiger verfassungsgerichtlicher Rechtsprechung[33] muss sie bei steter Orientierung am Gerechtigkeitsgedanken wesentlich Gleiches gleich, wesentlich Ungleiches seiner Eigenheit entsprechend verschieden behandeln. Den für die Feststellung von Gleich- oder Ungleichbehandlung erforderlichen Vergleichsmaßstab bildet die tatsächliche Belastungswirkung der einzelnen Steuernorm.[34] Der legislative Gestaltungsspielraum wird durch diese grundrechtliche Rückkopplung nicht über Gebühr untergraben, wirkt die Forderung nach Rechtssetzungsgleichheit doch auf zwei Bindungsebenen: Auf erster Stufe fordert sie bei der Beantwortung steuerrechtlicher Grundlagenfragen (beispielsweise bei der Auswahl des Steuergegenstandes oder der Bestimmung des Steuersatzes) lediglich ein am Gleichheitssatz orientiertes sachgerechtes[35] Verdikt. Erst zweitstufig unterliegen alle der sachgerechten Belastungsentscheidung nachgelagerten Folgeentscheidungen dem (strengeren) Vorbehalt der Folgerichtigkeit.[36]

---

[32] Siehe insbesondere BVerfG v. 27.6.1991 – 2 BvR 1493/89, BVerfGE 84, 268 ff. m. w. N. und darauf aufbauend BVerfG v. 9.3.2004 – 2 BvL 17/02, BVerfGE 110, 112 ff. Ferner BFH v. 18.1.2012 – II R 49/10, BStBl. II 2012, 171 f.; *Hey*, in: Tipke/Lang, Rn. 3.110, 3.116 ff.; *Seer*, in: Tipke/Kruse, § 85, Rn. 10; *Wernsmann*, in: Hübschmann/Hepp/Spitaler, § 85, Rn. 35.

[33] Grundlegend BVerfG v. 17.12.1953 – 1 BvR 147/52, BVerfGE 3, 135; zuvor aber schon BVerfG v. 23.10.1951 – 2 BvG 1/51, BVerfGE 1, 52. Ferner BVerfG v. 29.3.2017 – 2 BvL 6/11, BStBl. II 2017, 1094; BVerfG v. 7.5.2013 – 2 BvR 909/06, BVerfGE 133, 407; BVerfG v. 12.10.2010 – 1 BvL 12/07, BVerfGE 127, 244; BVerfG v. 7.11.2006 – 1 BvL 10/02, BVerfGE 117, 30; BVerfG v. 16.3.2005 – 2 BvL 7/00, BVerfGE 112, 279; BVerfG v. 8.6.2004 – 2 BvL 5/00, BVerfGE 110, 431; BVerfG v. 15.7.1998 – 1 BvR 1554/89, BVerfGE 98, 385; BVerfG v. 24.3.1976 – 2 BvR 804/75, BVerfGE 42, 72; BVerfG v. 14.4.1959 – 1 BvL 23/57, BVerfGE 9, 244.

[34] BVerfG v. 17.12.2014 – 1 BvL 21/12, BVerfGE 138, 181 m. w. N.; BVerfG v. 9.3.2004 – 2 BvL 17/02, BVerfGE 110, 112; BVerfG v. 27.6.1991 – 2 BvR 1493/89, BVerfGE 84, 268 ff.; vgl. auch BVerfG v. 10.4.1997 – 2 BvL 77/92, BVerfGE 96, 6 f.; *Hey*, in: Tipke/Lang, Rn. 3.117; *Pezzer*, StuW 2007, 101 m. w. N.

[35] Grundlegend BVerfG v. 22.6.1995 – 2 BvL 37/91, BVerfGE 93, 136 im Anschluss an BVerfG v. 27.6.1991 – 2 BvR 1493/89, BVerfGE 84, 271 und BVerfG v. 7.5.1968 – 1 BvR 420/64, BVerfGE 23, 256. Vgl. BVerfG v. 17.12.2014 – 1 BvL 21/12, BVerfGE 138, 181; BVerfG v. 15.1.2008 – 1 BvL 2/04, BVerfGE 120, 29; BVerfG v. 7.11.2006 – 1 BvL 10/02, BVerfGE 117, 30; BVerfG v. 4.12.2002 – 2 BvR 400/98, BVerfGE 107, 47; BVerfG v. 22.6.1995 – 2 BvR 552/91, BVerfGE 93, 172.

[36] Das BVerfG restringiert den Gestaltungsspielraum des Gesetzgebers durch die beiden Leitlinien des Leistungsfähigkeitsprinzips und des Folgerichtigkeitgebots; grundlegend dazu BVerfG v. 6.3.2002 – 2 BvL 17/99, BVerfGE 105, 125 f. Siehe darüber hinaus BVerfG v. 14.6.2016 – 2 BvR 290/10, BStBl. II 2016, 805; BVerfG v. 18.7.2012 – 1 BvL 16/11, BVerfGE 132, 189; BVerfG v. 7.7.2010 – 2 BvL 14/02, BVerfGE 127, 27 f.; BVerfG v. 9.12.2008 – 2 BvL 1/07, BVerfGE 122, 230 f.; BVerfG v. 15.1.2008 – 1 BvL 2/04, BVerfGE 120, 29; BVerfG v. 7.11.2006 – 1 BvL 10/02, BVerfGE 117, 30; BVerfG v. 21.6.2006 – 2 BvL 2/99, BVerfGE

Daneben haftet Art. 3 Abs. 1 GG auch eine Exekutivkomponente an. Schon dem Wortsinn nach fordert die Norm Gleichheit vor dem Gesetz und appelliert insoweit an die Rechtsanwendung. Dies ist auch notwendig: Soll nämlich das propagierte Ziel tatsächlicher Belastungsgleichheit erreicht werden, genügt es nicht, dass das papierene materielle Recht dem Gleichheitssatz entspricht; hinzukommen muss, dass gleich hohe Steueransprüche auch in gleicher Höhe fest- und durchgesetzt werden.[37] Die Finanzbehörden und -gerichte sind also in erster Linie gehalten, Steuerrechtsnormen gleichheitskonform anzuwenden und zu vollziehen (Rechtsanwendungsgleichheit).[38] Hier wirken formal und materiell rechtsstaatliche Elemente symbiotisch: Steuergerechtigkeit kann nur dort erreicht werden, wo das gleichheitssatzkonforme Gesetz gleichmäßig angewendet werden muss und angewendet wird.

Deutlich wird hierdurch aber ebenso, dass sich die Forderung nach Gleichmäßigkeit in der Rechtsanwendung nicht nur in exekutivbindenden Direktiven für die Handhabung materieller Steuerrechtsvorschriften erschöpft. Als Reflex enthält sie auch einen konzeptionellen Optimierungsauftrag an den Gesetzgeber in Bezug auf die systematische Ausgestaltung des Steuerrechts. Sollen die formellen wie materiellen Elemente der Rechtsanwendungsgleichheit effektiv verwirklicht werden, muss ein gleichmäßiger Steuervollzug schon qua Gesetz vorgesehen sein. Das materielle Steuergesetz muss daher in ein normatives Umfeld eingebettet werden, welches die Gleichheit der Belastung auch hinsichtlich des tatsächlichen Erfolges prinzipiell gewährleistet.[39] Es muss die Gewähr seiner regelmäßigen Durchsetzbarkeit so weit wie möglich in sich selbst tragen.[40] Mit Art. 3 Abs. 1 GG unvereinbar sind damit Normen, die das Ziel der Gleichheit im Belastungserfolg schon prinzipiell

---

116, 180; BVerfG v. 8.6.2004 – 2 BvL 5/00, BVerfGE 110, 433; BVerfG v. 4.12.2002 – 2 BvR 400/98, BVerfGE 107, 47. Zum Folgerichtigkeitsgebot siehe *Englisch*, in: FS-Lang, S. 167 ff.; *Kirchhof*, in: HStR VIII, § 181, Rn. 209 ff.; *Leisner-Egensperger*, DÖV 2013, 533 ff.; *Mellinghoff*, Ubg 2012, 369 ff.; *Schön*, StuW 2013, 295 ff.; *Schwarz*, in: FS-Isensee, S. 949 ff.; *Tipke*, StuW 2007, 201 ff.
Zunehmend nähren sich jedoch Zweifel an der fortwährenden Konstanz dieser judikativen Leitlinie. Insbesondere unter Rekurs auf BVerfG v. 6.6.2018 – 1 BvL 7/14, BVerfGE 149, 126 ff. wird der Rechtsprechung das Folgerichtigkeitsgebot zuweilen sogar das endgültige „Aus" attestiert (so ausdrücklich *Kischel*, in: BeckOK-GG, Art. 3, Rn. 156; unter Verweis auf andere Judikate aber auch *Hey*, FR 2020, 579). Für eine Beibehaltung dieser differenzierenden Rechtsprechung jedoch gleichermaßen zutreffend wie mit guten Gründen etwa *Döring/Garz*, FR 2021, 837 f. sowie *Drüen*, Ubg 2020, 245 ff.
[37] So *Seer*, in: Tipke/Kruse, § 85, Rn. 15.
[38] Grundlegend BVerfG v. 27.6.1991 – 2 BvR 1493/89, BVerfGE 84, 268 ff. m.w.N.; BVerfG v. 9.3.2004 – 2 BvL 17/02, BVerfGE 110, 112 ff.; BFH v. 18.2.1997 – VIII R 33/95; BStBl. II 1997, 508; ferner BFH v. 18.1.2012 – II R 49/10, BStBl. II 2012, 171 f. Zum Gebot der Rechtsanwendungsgleichheit siehe nur umfassend *Eckhoff*, Rechtsanwendungsgleichheit im Steuerrecht, passim und *Pezzer*, StuW 2007, 101 ff.
[39] BVerfG v. 27.6.1991 – 2 BvR 1493/89, BVerfGE 84, 271.
[40] BVerfG v. 27.6.1991 – 2 BvR 1493/89, BVerfGE 84, 271.

ausschließen.⁴¹ Kurzum: Zwar ist einerseits ein Gesetz immer nur so gut wie sein Vollzug⁴², andererseits ist der Vollzug aber immer nur so gut, wie es das Gesetz zulässt.

Als Zwischenergebnis bleibt damit die Erkenntnis der grundgesetzlich determinierten Bindung des Finanzamts einerseits an das geschriebene Recht, andererseits an die Forderung gleichheitskonformer Rechtsanwendung. § 85 S. 1 AO positiviert diese Aufträge, indem er die Finanzbehörden dazu auffordert, Steuern nach Maßgabe der Gesetze gleichmäßig festzusetzen und zu erheben. Die Norm ist damit nicht nur programmatischer Leitauftrag an die Finanzbehörden, sondern auch einfachrechtliches Kondensat verfassungsrechtlicher Verbürgungen.

II. Die Maximen des Besteuerungsverfahrens

Die verfassungsrechtliche Bindung der Finanzverwaltung erschöpft sich gleichwohl nicht in den vorstehenden Erwägungen. Neben den dargestellten Grundsätzen folgt aus dem Eingriffsverwaltungscharakter des Steuerverfahrensrechts⁴³ die zwingende Berücksichtigung der Freiheitsgrundrechte des Steuerpflichtigen.⁴⁴ § 85 S. 1 AO wird damit zur Gleitformel. Als einfachgesetzlicher Optimierungsauftrag fordert die Norm, dass sich der steuerrechtliche Gesetzesvollzug in einem Abwägungsdreieck, bestehend aus den Elementen der Gesetzmäßigkeit der Besteuerung, der Gleichmäßigkeit ebenjener und den Freiheitsgrundrechten des Einzelnen, bewegt und diese Komponenten möglichst schonend zum Ausgleich bringt.⁴⁵ Die grundgesetzlichen Vorgaben beheimaten dabei eine Fülle von Subprinzipien⁴⁶, deren umfassende Darstellung an dieser Stelle nicht geboten erscheint. Zurückgezogen werden soll sich vielmehr auf die beiden – die

---

[41] BVerfG v. 27.6.1991 – 2 BvR 1493/89, BVerfGE 84, 272 f. Dieser prinzipielle Ausschluss kann auch aus der Widersprüchlichkeit verschiedener Normbefehle resultieren. So stellt das BVerfG im zweiten Leitsatz seiner Spekulationssteuerentscheidung v. 9.3.2004 – 2 BvL 17/02, BVerfGE 110, 94 fest: „Verfassungsrechtlich verboten ist der Widerspruch zwischen dem normativen Befehl der materiell pflichtbegründenden Steuernorm und der nicht auf Durchsetzung angelegten Erhebungsregel. Zur Gleichheitswidrigkeit führt nicht ohne weiteres die empirische Ineffizienz von Rechtsnormen, wohl aber das normative Defizit des widersprüchlich auf Ineffektivität angelegten Rechts."

[42] Vgl. *Isensee*, StuW 1994, 8.

[43] *Kruse*, Lehrbuch des Steuerrechts, S. 18; *Kube*, Finanzgewalt, S. 124; *Ossenbühl/Cornils*, Staatshaftungsrecht, S. 29.

[44] Zum Prinzip freiheitsschonender Besteuerung siehe sogleich Teil 3 B. II. 2.

[45] So das Ergebnis von *Seer*, Verständigungen im Steuerverfahren, S. 295 ff. Zustimmend *Hey*, in: Tipke/Lang, Rn. 3.239 m.w.N.; *Seer*, DStJG 31, S. 13 f.; *Seer*, StuW 2015, 318 f.; *Seer*, in: Tipke/Lang, Rn. 21.2.

[46] Siehe dazu nur instruktiv *Seer*, in: Tipke/Lang, Rn. 21.1 ff. Auf für hiesige Ausführungen relevante Grundsätze wird zu gegebener Zeit einzugehen sein.

mitwirkungsrelevante steuerliche Sachverhaltsermittlung dominierenden – Maximen der Untersuchungs- und Kooperationsmaxime.

1. Der Untersuchungsgrundsatz

Das rechtsstaatliche Anwendungsgebot verlangt von den Finanzbehörden die grundsätzliche Anwendung und Durchsetzung des Steuerrechts. Eingedenk der aufgezeigten Notwendigkeit der Klärung von Tatsachenfragen, die der Festsetzung und Erhebung von Steuern vorausgeht, verwundert es nicht, dass § 88 Abs. 1 S. 1 AO zuvörderst den Finanzbehörden eine dahingehende Ermittlungspflicht zuweist. Der Norm zufolge obliegt es ihnen, den Sachverhalt von Amts wegen zu untersuchen (Amtsermittlungs- oder Untersuchungsgrundsatz)[47] und diesen gemäß § 88 Abs. 1 S. 2 AO zu Gunsten wie zu Lasten des Steuerpflichtigen aufzuklären (materielles Wahrheits-, Objektivitäts- und Neutralitätsprinzip)[48]. Art und Umfang der Ermittlungen bestimmen die Behörden nach den Umständen des Einzelfalls sowie nach den Grundsätzen der Gleichmäßigkeit, der Gesetzmäßigkeit und der Verhältnismäßigkeit[49]; an das Vorbringen und an die Beweisanträge der Beteiligten sind sie nicht gebunden, § 88 Abs. 2 S. 1 AO. Ergänzend regelt § 92 S. 1 AO die Möglichkeit der Finanzbehörde, sich jener Beweismittel zu bedienen, die sie nach pflichtgemäßem Ermessen zur Ermittlung des Sachverhalts für erforderlich hält. Letztlich erweist sich der Untersuchungsgrundsatz damit als vornehmlich negatives Prinzip[50], lässt die bloße Negation der alleinigen Besteuerungsabhängigkeit vom Beteiligtenvortrag doch im Übrigen offen, wie die zur Amtsermittlung verpflichtete Behörde die ihr unbekannten Tatsachen in Erfahrung bringen soll.

2. Die Kooperationsmaxime

Beließe man es bei diesem Ergebnis hoheitlicher Alleinverantwortung, flösse hieraus ein nicht aufzulösender Zielkonflikt: Steuerverwaltung ist Massenverwaltung, weshalb angesichts der jährlich wiederkehrenden unüberschaubaren Anzahl aufzuklärender Steuersachverhalte die Forderung nach lückenloser hoheitlicher

---

[47] Siehe dazu nur die umfassende Kommentarliteratur zu § 88 AO. Zur verfassungsrechtlichen Fundierung des Untersuchungsgrundsatzes *Kobor*, Kooperative Amtsermittlung, S. 55 ff. sowie *Spilker*, Behördliche Amtsermittlung, S. 51 ff.

[48] Hierzu BFH v. 15.10.1976 – VI R 32/76, BStBl. II 1976, 768; *Puhl*, DStR 1991, 1142 f.; *Roser*, in: Gosch, § 88, Rn. 6.1; *Seer*, in: Tipke/Kruse, § 88, Rn. 10; umfassend *Drüen*, in: Hübschmann/Hepp/Spitaler, § 88, Rn. 13, 58 ff., 126 ff., 129.

[49] Die hiermit angesprochene Trias ist gleichsam Ausfluss des vorstehend dargestellten Abwägungsdreiecks, in dessen Grenzen die Finanzbehörden ihr in § 86 S. 1 AO ausgedrücktes Verfahrensermessen ausüben können, so ausdrücklich *Seer*, in: Tipke/Lang, Rn. 21.3 und bereits *Seer*, StuW 2015, 318 f.; *Seer*, Verständigungen im Steuerverfahren, S. 296 ff.

[50] *Pestalozza*, in: FS-Boorberg, S. 186; *Seer*, in: Tipke/Lang, Rn. 21.170; *Seer*, SteuerStud 2010, 371. Zustimmend *Krüger*, DStZ 2017, 761.

Sachaufklärung schnell auf den limitierenden Faktor begrenzter Verwaltungsressourcen träfe. Die Finanzbehörden wären schlichtweg nicht imstande, Steuerfälle flächendeckend mit gebotener Genauigkeit von Amts wegen zu untersuchen.[51] Gerade bei periodisch wiederkehrenden Verwaltungsverfahren widerstrebte das Ziel größtmöglicher Gesetzesmäßigkeit durch Informationsbeschaffung im Einzelfall jenem größtmöglicher Gesetzesmäßigkeit im Gesamtvollzug.[52] Das Resultat dieses ressourcenbedingten Spannungsverhältnisses wäre eine faktische Limitierung entweder der Prüfungsdichte oder der Prüfungsintensität; entweder genössen nur einzelne Steuerpflichtige eine überaus gesetzestreue – da informationsträchtige – Besteuerung oder aber alle erlitten eine nur überaus oberflächliche solche. In beiden Fällen würde weder das Ziel der Gesetzesmäßigkeit noch jenes der Gleichmäßigkeit der Besteuerung erreicht.

Eine allein den Finanzbehörden obliegende Sachaufklärungspflicht entspräche daher aufgrund begrenzter Ressourcen und damit zwingend einhergehender Überforderung des Verwaltungsapparats weder rechtsstaatlichen Grundsätzen noch solchen der Gleichheit. Hieraus fließt zweierlei:

Zum einen eröffnet sich vor diesem Hintergrund die konzeptionelle Grundentscheidung der Abgabenordnung, das Besteuerungsverfahren als kooperativ arbeitsteiligen Prozess zwischen Steuerpflichtigen und Finanzbehörden auszugestalten.[53] Dies leuchtet ein: So steht den limitierten Verwaltungskapazitäten der auf Tatsachenebene signifikante Informationsüberschuss des zu veranlagenden Einzelnen gegenüber, kennt er selbst doch seine finanziellen Verhältnisse am besten. Sich dieses Informationsgefälle zum Zwecke der Sachverhaltsermittlung zunutze zu machen, scheint aus behördlicher Warte nicht nur sinnvoll, sondern auch notwendig.[54] § 90 Abs. 1 S. 1 AO verpflichtet daher die „Beteiligten [...] zur Mitwirkung bei der Ermittlung des Sachverhalts." Die Norm positiviert so die der Abgabenordnung zugrundeliegende, den rechtsstaatlichen Grundsätzen der gesetzes- und gleichmäßigen Besteuerung entspringende und eine Besteuerung nach individueller Leis-

---

[51] *Birk*, StuW 2004, 277; *Birk/Desens/Tappe*, Steuerrecht, Rn. 50; *Drüen*, FR 2011, 104; *Eckhoff*, Rechtsanwendungsgleichheit im Steuerrecht, S. 453; *Jakob*, Abgabenordnung, Rn. 167; *Seer*, in: Tipke/Kruse, § 88, Rn. 3 f. m. w. N.

[52] So auch *Seer*, in: Tipke/Lang, Rn. 21.6.

[53] Steuervollzug ist damit keine allein staatliche Aufgabe, so auch *Drüen*, FR 2011, 104. Näher *Drüen*, DStJG 31, S. 168 ff.; zustimmend *Seer*, in: Tipke/Kruse, § 88, Rn. 3 f.

[54] So auch *Reiß*, Besteuerungsverfahren, S. 19 ff. Gleichwohl sei damit die Mitwirkung des Steuerpflichtigen nicht als Notbehelf anerkannt, sondern als Folge der materiellen Grundwertungen Steuerrechts, so auch *Drüen*, Die Zukunft des Steuerverfahrens, S. 18. Letztlich streiten hierfür auch steuerpsychologische Erwägungen: Durch den Übergang von konfrontativer zu kooperativer Steuerverwaltung wird durch Schaffung von Verfahrenstransparenz und gegenseitigem Vertrauen der Steuerwiderstand gesenkt, dazu grundlegend *Braithwaite*, Taxing Democracy, S. 15 ff.

tungsfähigkeit sichernde[55] Kooperationsmaxime.[56] Ausfluss ebenjener sind die hiesig relevanten einzelnen Mitwirkungspflichten gemäß §§ 90ff.; 200; 208 AO.

Zum anderen offenbart sich neben dieser institutionellen Feststellung, dass die Mitwirkung des Einzelnen für eine rechtsstaatskonforme Besteuerung prinzipiell erforderlich ist, auch eine inhaltliche Erkenntnis: Selbst die umfassendste Mitwirkung des Beteiligten hülfe den Finanzbehörden wenig, wenn die deklarierten Informationen abermals einer umfassenden Nachprüfung unterzogen werden müssten. Auch so führte ineffiziente Verfahrensgestaltung zu struktureller Verwaltungsüberlastung. Wirkt daher der Pflichtige hinreichend mit und werden keine Anhaltspunkte dafür ersichtlich, dass die von ihm erklärten Tatsachen[57] unrichtig oder unvollständig sind, muss die Verwaltung grundsätzlich auf die Richtigkeit der Angaben vertrauen dürfen. Insoweit besteht grundsätzlich kein Anlass für weitere Ermittlungen und der Beteiligte genießt einen auf der Kooperationsmaxime fußenden, freiheitsschonenden Vertrauensvorschuss.[58]

Gleichwohl wirkt der Kooperationsgrundsatz nicht ausschließlich zu Lasten des Einzelnen. Kooperation ist schon begriffslogisch keine Einbahnstraße. So korreliert

---

[55] *Birk*, StuW 2004, 277; *Drüen*, FR 2011, 104; *Drüen*, DStJG 31, S. 171 f.; *Drüen*, Die Zukunft des Steuerverfahrens, S. 18; *Seer*, Selbstveranlagung, S. 12; *Seer*, in: Tipke/Kruse, § 88, Rn. 4 gehen dabei sogar von einem Interdependenzverhältnis aus. „Je mehr das Steuergesetz die Erfassung individueller wirtschaftlicher Leistungsfähigkeit erstrebt, umso mehr bedarf sein Vollzug der Kooperation von Fin[anzbehörde] und [Steuerpflichtigem], weil die Fin[anzbehörden] regelmäßig außerstande sind, den gesetzlich zutreffenden Steueranspruch allein zu ermitteln und durchzusetzen."

[56] *Crezelius*, IStR 2002, 440; *Drüen*, FR 2011, 104 f.; *Eckhoff*, Rechtsanwendungsgleichheit im Steuerrecht, S. 456; *Schmidt-Liebig*, NWB 2004, 3216 f.; *Seer*, DStJG 31, S. 15; *Seer*, in: Tipke/Lang, Rn. 21.4; *Seer*, in: Tipke/Kruse, § 88, Rn. 3; § 90, Rn. 1; *Seer*, Selbstveranlagung, S. 12 f. Dagegen *Müller-Franken*, Maßvolles Verwalten, S. 166 ff., 236: „mitwirkungsoffenes Verwalten"; *Söhn*, in: Hübschmann/Hepp/Spitaler[Vorkomm.], § 88, Rn. 94, der lediglich ein „Kooperationsverhältnis" annimmt; kritisch hiergegen jetzt indes *Drüen*, in: Hübschmann/Hepp/Spitaler, § 88, Rn. 80 ff., der sich in den Rn. 85 f. insoweit für eine „kontrollierte" bzw. „regulierte Selbstregulierung" ausspricht.

[57] Zum dahinterstehenden Deklarationsprinzip *Frizen*, Deklarationsprinzip, passim.

[58] So ständige Rechtsprechung nach u.a. BFH v. 25.1.2017 – I R 70/15, BStBl. II 2017, 782; BFH v. 28.6.2006 – XI R 58/05, BStBl. II 2006, 836; BFH v. 7.7.2004 – XI R 10/03, BStBl. II 2004, 912. AEAO zu § 88 AO, Nr. 6 m.w.N.; *Drüen*, FR 2011, 106; *Osterloh*, Gesetzesbindung, S. 296 spricht von einer „Zuverlässigkeitsvermutung" zu Gunsten des Erklärenden; *Seer*, in: Tipke/Lang, Rn. 21.5, 21.205 mit dem zutreffenden Hinweis, dass dieser verallgemeinerungsfähige Rechtsgedanke auch hinter der Norm des § 158 AO steht. Zur Ableitung und Entwicklung siehe ausführlich *Frizen*, Deklarationsprinzip, S. 216 ff. Freilich darf sich der rechtsstaatliche Gesetzesvollzug nicht in der Gewährung von Vertrauensvorschuss erschöpfen, will man das Gesetzmäßigkeitsprinzip nicht einseitig opfern. Soll eine gesetz- und gleichmäßige Besteuerung strukturell gesichert werden, bedarf es auch in einem Rechtsstaat der Kontrolle. Deshalb ist das vertrauensvorschießende Deklarationsprinzip durch ein funktionierendes strukturelles Verifikationsprinzip zu ergänzen, so eindringlich BVerfG v. 27.6.1991 – 2 BvR 1493/89, BVerfGE 84, 271, 273 f. und darauf aufbauend BVerfG v. 9.3.2004 – 2 BvL 17/02, BVerfGE 110, 113; *Drüen*, FR 2011, 106 m.w.N.; *Drüen*, Die Zukunft des Steuerverfahrens, S. 18 ff., 20; ausdrücklich auch *Seer*, in: Tipke/Lang, Rn. 21.7.

die aufseiten des Beteiligten begründete Mitwirkungspflicht mit einer behördlichen Unterstützungsverpflichtung zu dessen Gunsten. Die Finanzverwaltung hat ihm bei der Pflichterfüllung sowie bei der Durchsetzung von Rechten und Ansprüchen zur Seite zu stehen.[59]

3. Das Verhältnis von Untersuchungsgrundsatz und Kooperationsmaxime

Die bloße Bestandsaufnahme der Koexistenz von Untersuchungs- und Kooperationsgrundsatz enthält sich noch jeder Aussage über deren umstrittenes[60] Verhältnis zueinander. Entscheidende Bedeutung erlangt der Disput aber im Fall unzureichender Kooperation des Beteiligten. Lässt dieser die Finanzverwaltung über Tatsachen aus seiner Sphäre im Dunkeln, stellt sich die Frage, wie sich das verwaltungsseitige Informationsdefizit auf den hoheitlichen Ermittlungsumfang auswirkt. Konkreter fragt sich, ob und inwieweit die Finanzbehörde solche Tatsachen weiterhin erforschen muss oder unter Rekurs auf die Zuständigkeit des Beteiligten bei faktischer Aufklärungsmöglichkeit unaufgeklärt lassen darf. Die Antwort hierauf liegt in der Frage verborgen, ob der Kooperations- den Untersuchungsgrundsatz tatsächlich begrenzt oder der Steuerpflichtige lediglich als primäres Beweismittel der Finanzverwaltung dient.

Eine Ansicht[61] beantwortet dies streng positivistisch. Allein die Finanzverwaltung sei als Hoheitsträger verfassungsrechtlich zur Sachverhaltsermittlung berufen und trage daher die Alleinverantwortung hierfür. Weder aus den normierten Mitwirkungspflichten noch aus §§ 88, 90 AO ergebe sich eine originäre Zuständigkeit des Gewaltunterworfenen für die Sachverhaltsaufklärung. Der Abgabenordnung könne daher keine rechtliche Mitverantwortung des Steuerpflichtigen entnommen werden, weshalb dieser die Finanzbehörden durch die Kooperation lediglich als Erforschungsgehilfe[62] in deren amtlicher Ermittlungstätigkeit unterstütze.[63]

---

[59] *Seer*, in: Tipke/Lang, Rn. 21.4; zur Herleitung dieses Leistungsrechts siehe nur *Spilker*, Behördliche Amtsermittlung, S. 16, 152 ff. Ferner zum individualschützenden Recht auf Verfahrensteilhabe durch Mitwirkung *Seer*, DStJG 31, S. 15; *Seer*, in: Tipke/Lang, Rn. 21.171, jeweils m.w.N.

[60] Siehe nur so im Wortlaut *Söhn*, in: Hübschmann/Hepp/Spitaler[Vorkomm.], § 88, Rn. 92.

[61] *Kobor*, Kooperative Amtsermittlung, S. 127 f.; *Müller-Franken*, Maßvolles Verwalten, S. 166 ff.; *Söhn*, in: Hübschmann/Hepp/Spitaler[Vorkomm.], § 88, Rn. 94; *Teske*, Die Abgrenzung, S. 45. Im Ergebnis auch *Drüen*, in: Hübschmann/Hepp/Spitaler, § 88, Rn. 85 ff., wenn dieser mit seinem Konzept der „regulierten Selbstregulierung" den Verantwortungskreis des Steuerpflichtigen „bereits aufgrund seiner Andersartigkeit" von jenem der Finanzverwaltung unterscheidet und so einen individuellen Begriff der „Steuervollzugsverantwortung sui generis" erschafft, der den immerwährend hoheitlichen Charakter des Steuerverwaltungsverfahren nicht beseitigt.

[62] *Puhl*, DStR 1991, 1142; so auch *Söhn*, in: Hübschmann/Hepp/Spitaler[Vorkomm.], § 88, Rn. 94 m.w.N.

A. Der Untersuchungsgrundsatz und die Kooperationsmaxime 83

Eine andere Auffassung steht dem diametral entgegen: Im Besteuerungsverfahren stehe die Mitwirkungspflicht grundsätzlich gleichrangig neben[64] dem Untersuchungsgrundsatz. Angesichts der aufgezeigten Mitwirkungsdependenz der Besteuerung müsse die Sachverhaltsermittlung im Wege der Arbeitsteilung[65] erfolgen, um eine Gefährdung der Durchsetzung des Steueranspruchs zu verhindern. Die Kooperation sei daher das Gegenstück[66] bzw. Korrelat[67] der finanzbehördlichen Ermittlungspflicht, weshalb mangelnde Kooperation des Einzelnen den behördlichen Ermittlungsauftrag in der Regel begrenze.

Letztlich vertritt die insbesondere von *Seer* geprägte[68] vermittelnde Ansicht eine differenzierte These. Auf Basis der obig dargelegten Kooperationsmaxime weist sie dem Steuerpflichtigen eine sphärenorientierte Mitverantwortung für die Sachaufklärung zu.[69] Finanzverwaltung und Beteiligte bilden grundsätzlich eine Verantwortungsgemeinschaft, wobei die Letztverantwortung bei der Finanzbehörde als Treuhänderin des Gemeinwohlinteresses liege.[70] Schon § 162 Abs. 2 AO zeige, dass auch der Steuergesetzgeber von einer sphärenorientierten Verantwortungsverteilung bei der Beibringung von Sachverhaltsinformationen ausgehe.[71] Der Beteiligte müsse damit mehr als ein bloßes Beweismittel gegen sich selbst sein.

Das Ergebnis erstgenannter Ansicht kann schon im Grundsatz nicht überzeugen, müssen doch jene Vertreter bereits die Prämisse eines strukturell auf Aufgabenteilung angelegten Besteuerungsverfahrens verneinen. So wird der Verantwortungsbegriff streng juristisch als Korrelat des Kompetenzbegriffs interpretiert. Nur wer die Kompetenz zur Sachverhaltsermittlung habe, könne auch in diesem Sinne „verant-

---

[63] *Söhn*, in: Hübschmann/Hepp/Spitaler[Vorkomm.], § 88, Rn. 94; *Puhl*, DStR 1991, 1142; *Reiß*, Besteuerungsverfahren, S. 17 f.; *Wittmann*, StuW 1987, 43 f.

[64] So *Wenzig*, DStZ 1986, 379.

[65] In diese Richtung BFH v. 15.2.1989 – X R 16/86, BStBl. II 1989, 464; *Hahlweg*, in: Koenig, § 88, Rn. 9, 31; *Hartmann*, Verwertungsverbote, S. 105; *Isensee*, Die typisierende Verwaltung, S. 103 f.; *Rätke*, in: Klein, § 88, Rn. 45; § 90, Rn. 1; *Rüster*, Der Steuerpflichtige, S. 7; *Weber*, Mitwirkungspflichten, S. 116 f.

[66] BFH v. 17.1.1956 – I 242/54 U, BStBl. III 1956, 68.

[67] BFH v. 20.2.1979 – VII R 16/78, BStBl. II 1979, 272.

[68] Ausführlich *Seer*, Verständigungen im Steuerverfahren, S. 175 ff.

[69] Grundlegend BFH v. 15.2.1989 – X R 16/86, BStBl. II 1989, 464. Vgl. BFH v. 29.11.2017 – X R 34/15, BFH/NV 2018, 626 f.; BFH v. 23.11.2011 – II R 33/10, BStBl. II 2012, 475; BFH v. 25.8.2009 – I R 88, 89/07, BStBl. II 2016, 441. *Roser*, in: Gosch, § 90, Rn. 4; *Seer*, in: Tipke/Kruse, § 88, Rn. 3; § 90, Rn. 1; *Seer*, in: Tipke/Lang, Rn. 21.171; *Volquardsen*, in: Schwarz/Pahlke, § 90, Rn. 6 f.

[70] *Seer*, in: Tipke/Kruse, § 88, Rn. 3; § 90, Rn. 1; *Seer*, in: Tipke/Lang, Rn. 21.170 m. w. N. Auch *Spilker*, Behördliche Amtsermittlung, S. 341, die aber eine Mitverantwortung des Einzelnen ablehnt.

[71] BFH v. 15.2.1989 – X R 16/86, BStBl. II 1989, 464; *Crezelius*, IStR 2002, 440; *Seer*, in: Tipke/Kruse, § 88, Rn. 3; *Talaska*, Mitwirkungspflichten, S. 63 f.

wortlich" sein.[72] Steht diese Grundentscheidung schon begrifflich auf tönernen Füßen, verliert sie spätestens in Anbetracht der weitreichenden Selbstveranlagungsverfahren ihre Legitimation. Mehr als zwei Drittel aller Steuern werden bereits heute in der Bundesrepublik Deutschland im Wege der Selbstveranlagung erhoben.[73] Seit dem 1.1.2017 eröffnet § 155 Abs. 4 AO die Möglichkeit, allein auf den Angaben der Steuerpflichtigen basierende vollautomatische Steuerbescheide zu erlassen. Soll die Besteuerung daher schon nach der Konzeption der Abgabenordnung im Wesentlichen durch die Steuerpflichtigen selbst bewirkt werden, überzeugt ein harter Rekurs auf die Amtsermittlung als allein dominierendes Strukturprinzip nicht.[74]

Die Thesen der beiden letztgenannten Meinungen unterscheiden sich, je nach Vertreter, nur in Nuancen und offenbaren damit das Problem der Debatte: Oft divergieren die inhaltlichen Erkenntnisse der Ansichten nur graduell; gestritten wird vielmehr um Begrifflichkeiten.[75] Der vornehmlich semantische Disput um die Anerkennung der schillernden, wenngleich inhaltlich nur undifferenzierten Begriffe der „Maxime" und „Verantwortung" verstellt dabei den Blick auf das für vorliegende Ausführungen Wesentliche:

Sinnvollerweise wird zur Annäherung an das Problem gedanklich zu unterscheiden sein. Voneinander getrennt werden müssen Konstellationen, in welchen der Mitwirkungsverpflichtete seinem Auftrag pflichtgemäß nachkommt, und solche, in welchen er sich einer Kooperation zumindest partiell verweigert.

a) Erfüllung der Mitwirkungspflicht

Den Ausgangspunkt bildet in jedem Fall die umfassende Amtsermittlungspflicht des Untersuchungsgrundsatzes. Die Finanzbehörden sind gehalten, alle im Einzelfall relevanten, tatsächlich zugänglichen (erreichbaren), zulässigen und tauglichen (geeigneten) Erkenntnismittel zur Sachverhaltsaufklärung heranzuziehen.[76] Die Mitwirkung des Beteiligten gemäß § 90 AO dient – wie die Beweismittel des § 92 AO – der Aufklärung des Sachverhalts von Amts wegen; sie ist ein Mittel dazu.[77] Kommt der Verpflichtete seinem Mitwirkungsauftrag pflichtgemäß nach, ist demnach zu fragen, ob sich die hoheitliche Ermittlungsverpflichtung, unter Rekurs auf

---

[72] So *Söhn*, in: Hübschmann/Hepp/Spitaler^Vorkomm., § 88, Rn. 94 mit Verweis auf *Müller-Franken*, Maßvolles Verwalten, S. 191 ff. m. w. N.

[73] So ausdrücklich *Seer*, in: Tipke/Kruse, § 88, Rn. 4; siehe auch § 90, Rn. 1.

[74] So auch *Seer*, in: Tipke/Kruse, § 88, Rn. 4; § 90, Rn. 1.

[75] So scheinen die aus verschiedenen Lagern stammenden Termini: „Kooperationsverhältnis" (*Söhn*, in: Hübschmann/Hepp/Spitaler^Vorkomm., § 88, Rn. 94), „gemeinsame Verantwortung" (BFH v. 15.2.1989 – X R 16/86, BStBl. II 1989, 464) und „Kooperationsmaxime" (*Seer*, in: Tipke/Kruse, § 88, Rn. 4; Nachweise ferner in Teil 3 A. II. 2., Fn. 56) der Sache nach nicht allzu weit auseinander zu liegen.

[76] Vgl. BFH v. 21.1.1976 – I R 234/73, BStBl. II 1976, 515; *Drüen*, in: Hübschmann/Hepp/Spitaler, § 88, Rn. 126, 134 ff.

[77] Ausdrücklich *Seer*, in: Tipke/Kruse, § 88, Rn. 3.

A. Der Untersuchungsgrundsatz und die Kooperationsmaxime   85

den Vertrauensvorschussgedanken, allein in der Berücksichtigung der mitwirkungsbedingt erlangten Informationen erschöpft. Hiergegen sprechen aber schlagend die tendenziell anderen – ja, sogar zur Finanzverwaltung entgegensetzen – Zwecke, die der Mitwirkende bei Erfüllung seiner Kooperationspflicht verfolgt.[78] Diese begründen die Gefahr, dass der Steuerpflichtige im Rahmen seiner Mitwirkung den Finanzbehörden gegenüber unvollständige oder unwahre Angaben macht. Zum Schutz der Gesetzesmäßigkeit der Besteuerung negiert daher der überwiegend negative Charakter des Untersuchungsgrundsatzes gerade die hoheitliche materielle Bindung an das Vorbringen der Beteiligten.[79] Ganz im Gegenteil sind die Behörden sogar gehalten, sich ein eigenes Bild des steuerrelevanten Sachverhalts zu machen.[80] Dazu müssen sie jederzeit zur stichprobenmäßigen Kontrolle berechtigt und verpflichtet[81] bleiben und gegebenenfalls in eine intensivere Fallprüfung eintreten können.[82] Mindestens aber beinhaltet ein Steuerrechtsvollzug unter Einbeziehung des Steuerpflichtigen in die Rechtsanwendung eine strukturelle Verifikation seiner Angaben[83], weshalb eine automatische Beschränkung der Untersuchungsmaxime bei erfolgter Mitwirkung im Grundsatz[84] ausscheiden muss. Soweit die Kooperation des Einzelnen reicht, überlagert sie also die Amtsermittlungspflicht und wandelt

---

[78] *Eckhoff*, Rechtsanwendungsgleichheit im Steuerrecht, S. 322; *Jansen*, Das Steuerverfahren, S. 54.

[79] Vgl. auch § 88 Abs. 2 S. 1 Hs. 2 AO.

[80] *Jansen*, Das Steuerverfahren, S. 30 f.; 54 bezeichnet dies als positive Komponente des Untersuchungsgrundsatzes.

[81] *Jansen*, Das Steuerverfahren, S. 55; auch *Seer*, DStJG 31, S. 16.

[82] *Jansen*, Das Steuerverfahren, S. 55; *Seer*, in: Tipke/Lang, Rn. 21.7. Der genaue Prüfungsumfang ist dabei in das mit *Hill*, NVwZ 1985, 453 sog. „Verfahrensermessen" der Finanzverwaltung gestellt.

[83] Mit dem Topos der strukturellen Verifikation sei lediglich zum Ausdruck gebracht, dass nicht jeder Einzelfall umfassender Verifikation bedarf, sondern diese nur strukturell gesichert sein muss, siehe nur Teil 3 A. II. 2., Fn. 58.

[84] Ausnahmen von diesem Grundsatz werden zu Recht dort diskutiert, wo die Anforderungen an die Mitwirkung des Einzelnen außerordentlich hoch sind. Allen voran stehen hier bestimmte Beweis- und Nachweisaufträge des Einzelnen, die nach *Seer*, in: Tipke/Kruse, § 96 FGO, Rn. 82: „den Untersuchungsgrundsatz ausnahmsweise durchbrechen". Scheint eine dezidierte Auseinandersetzung mit Blick auf das Ziel dieser Arbeit weder erforderlich noch geboten, ist dennoch mit *Jansen*, Das Steuerverfahren, S. 56 zunächst davon auszugehen, dass die Topoi Beweismaß und Untersuchungsgrundsatz unmittelbar nichts miteinander zu tun haben. Auch bei Nachweisaufträgen muss die Finanzbehörde grundsätzlich zur Verifikation der Angaben gehalten sein. Setzt das Gesetz die Hürden an den Nachweis gleichwohl so hoch, dass die reine Erbringung des Nachweises schon ein hinreichendes Beweismaß für die nachzuweisende Tatsache vermittelt, besteht insofern weder hoheitliches Verifikationspotential noch -bedürfnis, mithin entfällt auch die Verifikationspflicht als Mindeststandard des Untersuchungsgrundsatzes. Letztlich determinieren sich hier Beweismaß und Untersuchungsgrundsatz partiell gegenseitig, siehe auch *Jansen*, Das Steuerverfahren, S. 55 f.

Ferner kommen, hier nicht weiter interessierende, Durchbrechungen des Untersuchungsgrundsatzes durch Präjudizienbindung in Betracht. Dazu umfassend *Jansen*, Das Steuerverfahren, S. 57 ff.

ebendiese in eine strukturelle Verifikationspflicht.[85] In jedem Fall trägt die Finanzbehörde weiterhin die Letztverantwortung für die Sachaufklärung.[86]

b) Missachtung der Kooperation

Kommt der Mitwirkungsverpflichtete dem behördlichen oder gesetzlichen Kooperationsgesuch dagegen nicht nach, ändert sich zwar der Sachverhalt, nicht aber die dogmatische Behandlung. Zwar scheidet der Beteiligte insoweit als Sachaufklärungsmittel aus; dies darf gleichwohl abermals nicht zu einer Reduktion der hoheitlichen Untersuchungspflicht führen, wären doch nur wechselseitige Missbrauchsmöglichkeiten[87] und die Gefährdung der Gesetzmäßigkeit der Besteuerung die Folge. Vielmehr muss insoweit der Untersuchungsgrundsatz dogmatisch vollumfänglich wiederaufleben und die Behörde verpflichtet sein, auf andere Erkenntnismittel zurückzugreifen.[88] Die Untersuchungspflicht der Finanzbehörde endet damit nicht allgemein dort, wo die Mitwirkungspflicht des Einzelnen beginnt[89], und ein übergeordneter Automatismus, der die hoheitliche Ermittlungspflicht im Falle der Nichtkooperation des Einzelnen begrenzt oder auch nur mindert[90], ist abzulehnen.[91] Mittelbar wird diese These auch von § 93 Abs. 1 S. 3 AO getragen: Danach sollen andere Personen als die Beteiligten erst zur Auskunft angehalten werden, wenn die Sachverhaltsaufklärung durch die Beteiligten nicht zum Ziel führt oder keinen Erfolg verspricht. Im Umkehrschluss enthält die Norm damit den Rechts-

---

[85] In diese Richtung auch *Drüen*, FR 2011, 106.

[86] *Seer*, in: Tipke/Kruse, § 88, Rn. 3; § 90, Rn. 1, jeweils m.w.N.

[87] Einerseits könnte sich der Steuerpflichtige durch fehlende Kooperation in eine für ihn potentiell vorteilhafte Schätzung flüchten. Andererseits stünde der Finanzbehörde der Weg des vorschnellen Entzugs aus der bestehenden Untersuchungspflicht aufgrund jeder (auch nur unbedeutenden) Missachtung der Kooperation offen.

[88] Vgl. BFH v. 20.5.1969 – II 25/61, BStBl. II 1969, 552 f.; *Volquardsen*, in: Schwarz/Pahlke, § 88, Rn. 20.

[89] Zum sog. Anfang-Ende-Satz des Bundesverwaltungsgerichts aus dem Jahre 1959 (BVerwG v. 8.7.1959 – IV C 250/57, NJW 1959, 2134) etwa *Spilker*, Behördliche Amtsermittlung, S. 292 ff.

[90] So aber zuweilen die finanzgerichtliche Rechtsprechung zu § 76 Abs. 1 FGO, etwa BFH v. 17.12.2008 – III R 62/06, BFH/NV 2009, 748 f.; BFH v. 28.6.2006 – V B 199/05, BFH/NV 2006, 2098 f. m.w.N.; BFH v. 28.11.2003 – III B 7/03, BFH/NV 2004, 645, 647; BFH v. 29.4.1999 – VII B 253/98, BFH/NV 1999, 1482; insbesondere unter Inbezugnahme des Finanzamts BFH v. 15.2.1989 – X R 16/86, BStBl. II 1989, 464. Aus praktischer Warte zustimmend *Krüger*, DStZ 2017, 762 und, wenngleich differenzierter, *Urban*, NWB 2017, 1659, 1661 f. m.w.N.

[91] So auch *Gombert*, Die Schätzung, S. 44 ff., 48; *Seer*, in: Tipke/Lang, Rn. 21.4; *Söhn*, in: Hübschmann/Hepp/Spitaler$^{\text{Vorkomm.}}$, § 88, Rn. 99; *Spilker*, Behördliche Amtsermittlung, S. 298 ff.; *Talaska*, Mitwirkungspflichten, S. 65; im Ergebnis auch *Drüen*, in: Hübschmann/Hepp/Spitaler, § 88, Rn. 88. Diese prinzipielle Ermittlungspflicht sagt gleichwohl nichts über das anzulegende Beweismaß aus, dazu näher Teil 3 B. III. 2. b). Insbesondere zur diskutierten allgemeinen Beweismaßreduktion bei Mitwirkungsverweigerung siehe Teil 3 B. III. 2. c), Fn. 406.

gedanken, dass die Finanzbehörde die Besteuerungsgrundlagen notfalls auch unter Rekurs auf sachfernere Beweismittel zu ermitteln hat.[92] Diese Ausweichverpflichtung reicht freilich nicht uferlos: Die Grenze bilden Zumutbarkeitserwägungen, sodass die Finanzverwaltung zur Konsultation sachfernerer Erkenntnismittel nur gehalten ist, soweit geeignete solche noch vorliegen und ihre Beschaffung weder unverhältnismäßig[93] noch unzumutbar noch unmöglich ist.[94] Nicht verkannt werden darf aber, dass zwischen defizitärer Kooperation und hoheitlicher Nichtermittlungsmöglichkeit im Falle höchstpersönlicher Sachverhaltsinformationen aus der Sphäre des Steuerpflichtigen ein faktischer[95] Konnex besteht. Ist der Mitwirkungsverpflichtete der Einzige, der die Information preisgeben kann, und tut er dies nicht, bleibt der Finanzverwaltung eben kein anderes – folglich auch kein sachferneres – Beweismittel. Ob diese konnexitätsgeschuldete faktische Machtstellung des Einzelnen letztlich als sphärenorientierte Mitverantwortung firmieren soll oder nicht, erscheint zumindest für den vorliegenden Kontext wohl allein als Geschmacksfrage.

Somit sind die Begriffe Untersuchungs- und Kooperationsmaxime nicht als Gegensätze zu verstehen. Vielmehr überlagert und modifiziert die Kooperationsmaxime den Untersuchungsgrundsatz, sofern und soweit der Beteiligte hinreichend kooperiert; sie stellt somit ein integrales Prinzip des Untersuchungsgrundsatzes dar.[96] Soweit die Kooperationsbereitschaft des Einzelnen aber fehlt, lebt der Amtsermittlungsgrundsatz bis zur Zumutbarkeitsgrenze wieder auf.

III. Zwischenergebnis

Für den Fortgang der Untersuchung bleibt damit festzuhalten: Zur Begründung steuerrechtlicher Mitwirkungspflichten erscheinen allen voran die verfassungsrechtlichen Vorgaben des Rechtsstaatsprinzips und des allgemeinen Gleichheitssatzes ausschlaggebend. Dabei haben die verschiedenen norminhärenten formellen

---

[92] In diese Richtung auch schon *Talaska*, Mitwirkungspflichten, S. 65.

[93] Für eine solche Verhältnismäßigkeitskorrektur insbesondere *Volquardsen*, in: Schwarz/Pahlke, § 88, Rn. 20 m.w.N.; dagegen *Spilker*, Behördliche Amtsermittlung, S. 298 ff. m.w.N.

[94] BFH v. 2.9.2016 – IX B 66/16, BFH/NV 2017, 52 f.; BFH v. 21.1.1976 – I R 234/73, BStBl. II 1976, 515; ferner BFH v. 20.5.1969 – II 25/61, BStBl. II 1969, 553; *Drüen*, in: Hübschmann/Hepp/Spitaler, § 88, Rn. 126, 142 f.; *Seer*, in: Tipke/Kruse, § 88, Rn. 3 m.w.N.; *Söhn*, in: Hübschmann/Hepp/Spitaler[Vorkomm.], § 88, Rn. 99; *Wittmann*, StuW 1987, 45.

[95] Eine, für hiesige Zwecke nicht weiter relevante, rechtliche Wechselwirkungsbeziehung zwischen Mitwirkungsverweigerung und Untersuchungsgrundsatz in dem Sinne, dass die Mitwirkungsverweigerung zwingend zum Erlöschen der Amtsermittlungspflicht führt, kommt dort in Betracht, wo die Mitwirkung als materielle Voraussetzung einer – den Steuerpflichtigen im Regelfall begünstigenden – Steuernorm ausgestaltet ist. Dazu umfassend *Jansen*, Das Steuerverfahren, S. 51 ff. m.w.N.

[96] So auch *Kobor*, Kooperative Amtsermittlung, S. 91 ff.; *Seer*, in: Tipke/Kruse, § 88, Rn. 3.

wie materiellen Verbürgungen stark divergierende Fernwirkungen für das Steuerrecht. Die im Wesentlichen formalen Prinzipien des Vorrangs und des Vorbehalts des Gesetzes führen in ihren Ausprägungen des Anwendungsge- und Abweichungsverbots zur Forderung nach Amtsermittlung. Sie münden daher in das – dem Untersuchungsgrundsatz zugrundeliegende – Legalitätsprinzip.

Dagegen enthält das vornehmlich materielle Gebot der Gleichmäßigkeit der Besteuerung den konstitutionellen Leitauftrag tatsächlicher Belastungsgleichheit. Zu dessen Realisierung von Amts wegen ist die Finanzverwaltung aber schon angesichts der unüberschaubaren Fallzahl und der nur begrenzten Verwaltungsressourcen nicht im Stande. Dieses strukturelle Spannungsverhältnis verdeutlicht die hoheitliche Kooperationsangewiesenheit und mündet so unmittelbar in das Desiderat der Kooperationsmaxime, deren Ausformungen die einzelnen Mitwirkungspflichten sind. Ebendiese fußen demnach mittelbar auf dem Gebot gleichmäßiger Besteuerung und tragen zur Sicherung einer gleichheitskonformen solchen bei.

Kontraintuitiv bilden aber der Untersuchungs- und der Kooperationsrundsatz keine Gegensätze. Vielmehr bleibt die Amtsermittlungsmaxime das dominierende Prinzip des Besteuerungsverfahrens. Nur soweit die Kooperationsbereitschaft des Einzelnen reicht, überlagert und modifiziert die Kooperationsmaxime die hoheitliche Ermittlungspflicht und wandelt sie zu einer Verifikationspflicht als Mindeststandard. Im Übrigen bleibt der Untersuchungsrundsatz unangetastet oder lebt nach Mitwirkungsverweigerung bis zur Grenze der Zumutbarkeit wieder auf.

B. Die steuerrechtlichen Mitwirkungspflichten

Nach der überblicksartigen Klärung verfassungsrechtlicher Grundlagenfragen gilt es nun, die einzelnen Mitwirkungspflichten der Abgabenordnung näher zu untersuchen. Freilich kann und soll eine enzyklopädische Aufarbeitung aller Streitigkeiten jeglicher Mitwirkungsaufträge nicht Aufgabe des folgenden Abschnitts sein; vielmehr dienen die nachstehenden Ausführungen allein dem selbst gesetzten Zwischenziel, einer sinnvollen Pflichtgruppierung und -kategorisierung näherzukommen. Hierfür interessieren allein die dogmatischen Grundstrukturen der einzelnen Mitwirkungspflichten. Im Folgenden sollen daher zunächst die abgabenrechtlichen Mitwirkungsaufträge in gebotener Kürze tatbestandlich umrissen werden, bevor mit der Strukturierung und Kategorisierung begonnen wird.

Vorstehend definitionsbedürftig, da für nachstehende Ausführungen grundlegend, erscheint der hier relevante Pflichtbegriff. Nicht jeder dem Einzelnen aufgegebene Mitwirkungswunsch der Abgabenordnung kann in den Kreis der Pflichten im technischen Sinne erhoben werden, prägend für den Pflichtentopos ist vielmehr gerade die prinzipielle hoheitliche Möglichkeit, den gesetzlichen Mitwirkungsauftrag im Falle der Nichtbefolgung oder gar Zuwiderhandlung zwangsweise durchzusetzen. Grundsätzlich entfallen der nachfolgenden Untersuchung damit insbe-

B. Die steuerrechtlichen Mitwirkungspflichten

sondere Vorschriften, die dem Betroffenen ein Verhalten abverlangen, welches zwar nicht erzwungen werden kann, an dessen Ausbleiben aber nachteilige Folgen geknüpft werden (sog. Obliegenheiten). Sie seien nur beleuchtet, soweit für den Fortgang der Abhandlung zwingend erforderlich.[97]

I. Die Mitwirkungsaufträge der Abgabenordnung

Die Abgabenordnung beinhaltet über das Gesetz verteilt eine Fülle von Mitwirkungsaufträgen. Zwar ist das Institut der Mitwirkung des Verfahrensunterworfenen kein Alleinstellungsmerkmal des Steuerverfahrensrechts; auch das allgemeine Verwaltungsverfahrensrecht sieht in § 26 Abs. 2 S. 1 und 2 VwVfG vor, dass die Beteiligten insbesondere durch die Angabe der ihnen bekannten Tatsachen und Beweismittel bei der Ermittlung des Sachverhalts mitwirken. Abgabenrechtsbesonders ist aber der Umfang der Kooperationsverpflichtung, denn die steuerrechtliche solche reicht gleich in mehrfacher Hinsicht deutlich über den Anwendungsbereich des § 26 Abs. 2 VwVfG hinaus: Zunächst verlagern die steuerrechtlichen Mitwirkungspflichten den Zeitraum potentiell hoheitlicher Kooperationsverlangen erheblich nach vorn. So sind die Pflichtigen neben dem verfahrensrechtlichen Normalfall der Mitwirkung im Zeitraum während des Besteuerungsverfahrens auch schon in der frühen Periode vor der Einleitung desselben zur Kooperation gehalten. Darüber hinaus erschöpfen sich diverse Mitwirkungsaufträge, insbesondere die der Steuerklärung und -anmeldung, nicht in der Forderung bloßer Sachverhaltsaufklärung, sondern erlegen dem Einzelnen in mehr oder weniger begrenztem Maße auch Grundfragen der Rechtsanwendung auf.

Die Konkretisierung abgabenrechtlicher Mitwirkungsverlangen im Einzelfall erfolgt entweder schon originär durch Gesetz[98] oder derivativ durch hoheitliche Aufforderung[99]. Im letzteren Fall stellt die Anrufung des Pflichtigen einen im Ermessen der Finanzbehörden stehenden Verwaltungsakt dar, der aufgrund des Rechtseingriffs betreffend die Beteiligten im Sinne des § 78 AO oder andere Personen[100] dem Vorbehalt des Gesetzes unterliegt und insoweit einer tauglichen Ermächtigungsgrundlage bedarf. Ferner muss der Einzelakt gemäß § 119 AO hinreichend bestimmt und im Sinne des § 121 AO ausreichend begründet sein.

---

[97] Bspw. § 159 Abs. 1 S. 1 AO oder § 160 Abs. 1 S. 1 AO bleiben damit außer Betracht, siehe umfassend *Lindenthal*, Mitwirkungspflichten, S. 145 ff.; *Oellerich*, in: Gosch, § 160, Rn. 1 m.w.N. Dagegen zu ausgewählten Obliegenheiten im Kontext steuerlicher Buchführungs- und Aufzeichnungspflichten Teil 3 B. I. 3. und der Steuererklärungspflicht Teil 3 B. I. 4.

[98] So bspw. bei §§ 137 ff.; 140 ff.; 149 ff. AO.

[99] So bspw. bei §§ 93; 95; 96; 97; 99; 100 AO.

[100] Dazu unten Teil 3 B. I. 9. Zum Verhältnis der Inanspruchnahme Beteiligter und Dritter ferner Teil 3 B. II. 2.

1. Die allgemeinen Vorschriften der §§ 88, 90 Abs. 1 AO

Die allgemeinen Vorschriften der §§ 88, 90 Abs. 1 AO erweisen sich dabei als nur unzureichende Rechtsgrundlagen für solche Eingriffe:

So scheidet § 88 AO schon normkonzeptionell aus, weist er den Finanzbehörden doch lediglich die Aufgabe der Sachaufklärung zu, ohne die zu deren Erfüllung vorgesehenen Mittel näher zu bezeichnen.[101]

Auch das steuerrechtliche Pendant zu § 26 Abs. 2 VwVfG, § 90 Abs. 1 AO, enthält keine konkreten Mitwirkungspflichten des Einzelnen, obgleich es die Beteiligten vermeintlich expressis verbis zur aktiven[102] Mitwirkung am Besteuerungsverfahren anhält, indem sie insbesondere die für die Besteuerung erheblichen Tatsachen vollständig und wahrheitsgemäß offenlegen und die ihnen bekannten Beweismittel angeben sollen.[103] Erscheint dies mit Blick auf den Wortsinn noch überraschend[104], sprechen gleichwohl teleologische Erwägungen schlagend hierfür: So bezweckt § 90 Abs. 1 AO lediglich eine deklaratorische Konsolidierung der in den folgenden Einzelvorschriften enthaltenen mitwirkungsorientierten Rechtsgedanken zu einem allgemeinen Grundsatz.[105] § 90 Abs. 1 AO vermag daher eine eigenständige Kooperationsverpflichtung nicht konstitutiv zu begründen und ein konkretes Mitwirkungsgesuch der Finanzverwaltung nicht zu tragen.[106] Positiv gewendet besteht eine konkretisierte oder konkretisierbare Mitwirkungspflicht des Einzelnen folglich nur, sofern und soweit eine spezielle Rechtsgrundlage dies anordnet.[107] Gestützt wird dieses Ergebnis ferner durch die systematische Stellung der Norm, erscheint § 90 Abs. 1 AO doch schon innersystematisch neben den – tat-

---

[101] *Seer*, in: Tipke/Lang, Rn. 21.170.

[102] So *Seer*, in: Tipke/Kruse, § 90, Rn. 3 unter Verweis auf BFH v. 25.8.2009 – I R 88, 89/07, BStBl. II 2016, 441.

[103] Eine entsprechende Pflicht für das finanzgerichtliche Verfahren findet sich in § 76 Abs. 1 S. 3 FGO.

[104] Zugegebenermaßen erweckt insbesondere § 90 Abs. 1 S. 2 AO dem Wortsinn nach den Eindruck, infolge der geforderten Offenlegung besteuerungserheblicher Tatsachen und Angabe bekannter Beweismittel eine Art Auskunftsverpflichtung zu postulieren, so auch *Jansen*, Das Steuerverfahren, S. 38.

[105] Ausdrücklich *Seer*, in: Tipke/Kruse, § 90, Rn. 3.

[106] So *Söhn*, in: Hübschmann/Hepp/Spitaler, § 90, Rn. 15 mit umfassenden Nachweisen. Dagegen *Schmidt*, Die Problematik der objektiven Beweislast, S. 144 f. Ihm zufolge soll § 90 Abs. 1 AO aus normhistorischen Gründen unter Verweis auf § 171 AO a. F. eine Nachweispflicht des Einzelnen beinhalten. Zutreffend dagegen ein Hinweis auf die Relativität der historischen Auslegung bei übereistimmend diametral entgegenstehenden Resultaten der übrigen canones *Jansen*, Das Steuerverfahren, S. 38, Fn. 99.

[107] BFH v. 11.10.1989 – I R 101/87, BStBl. II 1990, 282; *Seer*, in: Tipke/Kruse, § 90, Rn. 3 m. w. N.; *Söhn*, in: Hübschmann/Hepp/Spitaler, § 90, Rn. 15; *Volquardsen*, in: Schwarz/Pahlke, § 90, Rn. 12.

B. Die steuerrechtlichen Mitwirkungspflichten

sächliche Mitwirkungsaufträge enthaltenden – Absätzen 2 und 3 als generalisierende Basisvorschrift.[108]

2. Die Anzeigepflichten der §§ 137 ff. AO

Die in chronologischer Hinsicht ersten tauglichen Rechtsgrundlagen für einen mitwirkungsrelevanten Eingriff finden sich in den §§ 137 ff. AO. Die Ratio der Vorschriften ist einfach erklärt: Eine umfassend gleichmäßige Besteuerung erfordert, dass nach Möglichkeit alle potentiell Steuerpflichtigen von den Steuerverwaltungsbehörden erfasst werden.[109] Erfolgt diese Erfassung für natürliche Personen durch eine melderegisterbasiert zugewiesene Steueridentifikationsnummer nach den §§ 139a f. AO[110], besteht ein solcher Automatismus für nicht natürliche Personen nicht.[111] In Konkretisierung des schon beleuchteten § 90 Abs. 1 AO und des noch zu beleuchtenden § 93 AO[112] postulieren daher die §§ 137 ff. AO verschiedene Anzeigepflichten[113] nicht natürlicher Personen gegenüber den zuständigen Behörden.[114]

§ 137 Abs. 1 AO verlangt zunächst, dass Steuerpflichtige, die nicht natürliche Personen sind, dem nach § 20 AO zuständigen Finanzamt und den für die Erhebung der Realsteuern zuständigen Gemeinden die Umstände anzeigen, die für die steuerliche Erfassung von Bedeutung sind. Mittelbar umgrenzt die Norm damit den Adressatenkreis der Mitwirkungspflicht. Zum einen stellt der Verweis auf § 20 AO klar, dass mit den dem Finanzamt gegenüber meldepflichtigen „nicht natürlichen Personen" nur Körperschaften, Personenvereinigungen und Vermögensmassen[115] gemeint sind, die einer Besteuerung nach dem Einkommen und dem Vermögen unterliegen können. Zum anderen eröffnet der Rekurs auf die für die Erhebung der

---

[108] So ausdrücklich wie zutreffend *Jansen*, Das Steuerverfahren, S. 38.

[109] *Brandis*, in: Tipke/Kruse, vor §§ 134–139d, Rn. 1; *Seer*, in: Tipke/Lang, Rn. 21.175.

[110] Siehe dazu nur *Brandis*, in: Tipke/Kruse, § 139a, Rn. 1 ff. m.w.N.

[111] Neben dieser zeitlich vorgelagerten Präventionsfunktion bei erstmaliger Anzeige kann den §§ 137 ff. AO aber auch eine Aktualisierungsfunktion zuteilwerden, siehe *Brandis*, in: Tipke/Kruse, § 137, Rn. 1 und *Schallmoser*, in: Hübschmann/Hepp/Spitaler, § 137, Rn. 4.

[112] *Brandis*, in: Tipke/Kruse, § 137, Rn. 1; *Schallmoser*, in: Hübschmann/Hepp/Spitaler, § 137, Rn. 3; *Schmieszek*, in: Gosch, § 137, Rn. 6.

[113] Die Termini der Anzeige-, Melde-, Mitteilungs- und Offenlegungspflicht sind mit *Brandis*, in: Tipke/Kruse, vor §§ 134–139d, Rn. 1 synonym zu verstehen.

[114] Die daneben früher in §§ 134–136 AO reglementierte Personenstands- und Betriebsaufnahme wurde mangels praktischer Relevanz und aufgrund verfassungsrechtlicher Bedenken durch Art. 1 Nr. 21 des Gesetzes zur Modernisierung des Besteuerungsverfahrens v. 18.7. 2016, BGBl. I 2016, 1687 mit Wirkung zum 1.1.2017 aufgehoben. Dazu auch BFH v. 21.4.2016 – II B 4/16, BStBl. II 2016, 580.

[115] Damit sind Personengesellschaften mangels Körperschaft- und Vermögensteuerpflicht nicht nach § 137 Abs. 1 AO mitteilungspflichtig, *Brandis*, in: Tipke/Kruse, § 137, Rn. 2; *Haselmann*, in: Koenig, § 137, Rn. 2; *Schallmoser*, in: Hübschmann/Hepp/Spitaler, § 137, Rn. 5; *Schmieszek*, in: Gosch, § 137, Rn. 8; *Kämper*, in: Schwarz/Pahlke, § 137, Rn. 5.

Realsteuern zuständigen Gemeinden die Erkenntnis, dass daneben[116] nicht natürliche Personen[117], die im Sinne des § 3 Abs. 2 AO realsteuerpflichtig sein können, der Gemeinde oder dem Finanzamt[118] anzeigepflichtig sind. Den geforderten Mitteilungsinhalt definiert § 137 Abs. 1 AO nur unzureichend. Die dem Wortsinn nach („insbesondere") nicht abschließende Aufzählung der zur Identifikation der Pflichtigen erforderlichen und damit für die steuerliche Erfassung bedeutenden Daten lässt den genauen Umfang der anzuzeigenden Informationen offen.[119] Letztlich erscheint eine tiefergehende Analyse[120] aufgrund der an dieser Stelle nur strukturorientierten Untersuchung indes nicht geboten.

Auch die rein nationale Sachverhalte betreffenden Anzeigepflichten des § 138 Abs. 1 und Abs. 1b AO intendieren zuvörderst die Sicherung der Gleichmäßigkeit der Besteuerung durch vollständige Erfassung potentieller Steuerpflichtiger.[121] § 138 Abs. 1 AO verpflichtet daher jene, die einen Betrieb der Land- und Forstwirtschaft, einen gewerblichen Betrieb oder eine Betriebstätte eröffnen (Satz 1), verlegen oder aufgeben (Satz 4), ebendies nach amtlich vorgeschriebenem Vordruck entweder der Gemeinde, in der der Betrieb oder die Betriebstätte eröffnet wird (Satz 1), oder im Fall von Satz 2 dem nach § 22 Abs. 2 AO zuständigen Finanzamt mitzuteilen. Ferner hat, wer eine freiberufliche Tätigkeit aufnimmt, verlegt oder aufgibt, dies dem nach § 19 AO zuständigen Finanzamt gemäß Satz 3 respektive Satz 4 anzuzeigen.[122] Darüber hinaus erweitert der mit Wirkung zum 1.1.2020 neu gefasste[123] § 138 Abs. 1b AO das Spektrum der zu meldenden Informationen. Sofern Steuerpflichtige gemäß Absatz 1 Satz 1 bis 3 verpflichtet sind, eine Betriebseröffnung oder Auf-

---

[116] *Brandis*, in: Tipke/Kruse, § 137, Rn. 3 mit Verweis auf eine potentiell doppelte Anzeigepflicht; *Schallmoser*, in: Hübschmann/Hepp/Spitaler, § 137, Rn. 5; *Schmieszek*, in: Gosch, § 137, Rn. 9.

[117] Insoweit kommen auch Personengesellschaften als potentiell zur Anzeige Verpflichtete in Betracht, siehe nur *Brandis*, in: Tipke/Kruse, § 137, Rn. 2; *Schallmoser*, in: Hübschmann/Hepp/Spitaler, § 137, Rn. 5; *Schmieszek*, in: Gosch, § 137, Rn. 9.

[118] Eine Anzeige dem Finanzamt gegenüber kommt dort in Betracht, wo ebendiese auch mit der Verwaltung der Realsteuern betraut sind, so *Brandis*, in: Tipke/Kruse, § 137, Rn. 2; *Haselmann*, in: Koenig, § 137, Rn. 3; *Kämper*, in: Schwarz/Pahlke, § 137, Rn. 7; *Schallmoser*, in: Hübschmann/Hepp/Spitaler, § 137, Rn. 6; *Schmieszek*, in: Gosch, § 137, Rn. 9.

[119] Insoweit werden unter anderem von *Brandis*, in: Tipke/Kruse, § 137, Rn. 3 m.w.N. unter Rekurs auf BVerfG v. 15.12.1983 – 1 BvR 209/83, BVerfGE 65, 44 Bedenken mit Blick auf das Erfordernis der Normklarheit angemeldet.

[120] Näher hierzu *Brandis*, in: Tipke/Kruse, § 137, Rn. 3; *Haselmann*, in: Koenig, § 137, Rn. 4; *Kämper*, in: Schwarz/Pahlke, § 137, Rn. 8; *Schallmoser*, in: Hübschmann/Hepp/Spitaler, § 137, Rn. 8; *Schmieszek*, in: Gosch, § 137, Rn. 10.

[121] So ausdrücklich *Brandis*, in: Tipke/Kruse, § 138, Rn. 1 f.

[122] Zum Inhalt der jeweiligen Anzeigen siehe *Brandis*, in: Tipke/Kruse, § 138, Rn. 1a und *Schallmoser*, in: Hübschmann/Hepp/Spitaler, § 138, Rn. 15 ff.

[123] Neufassung durch Art. 3 Nr. 1 lit. a) des dritten Gesetzes zur Entlastung insbesondere der mittelständischen Wirtschaft von Bürokratie (Drittes Bürokratieentlastungsgesetz) v. 22.11.2019, BGBl. I 2019, 1747 f.

nahme einer freiberuflichen Tätigkeit mitzuteilen, haben sie[124] dem dort bezeichneten Finanzamt zusätzlich[125] weitere Auskünfte über die für die Besteuerung erheblichen rechtlichen und tatsächlichen Verhältnisse[126] nach amtlich vorgeschriebenem Datensatz über die amtlich bestimmte Schnittstelle (Satz 2)[127] zu erteilen.

Sodann statuiert § 139 Abs. 1 AO (neben einer hier nicht interessierenden steueraufsichtssichernden[128], bundeseinheitlich geregelte besondere Verbrauchsteuern betreffenden Anzeigeverpflichtung in Satz 1) in Satz 2 die Pflicht, dem zuständigen Finanzamt die Eröffnung eines Betriebs zu melden, bei welchem besondere[129] Verkehrsteuern anfallen. Dabei fordert die Norm schon semantisch einen unternehmensspezifischen Bezug der genannten Steuern, sodass pflichtbegründend nur solche wirken, die mit dem Gegenstand unternehmerischer Tätigkeit unmittelbar verknüpft sind.[130] Können sie dagegen sowohl bei einem Unternehmer als auch bei einem Nichtunternehmer anfallen, fehlt die geforderte Spezifität.

Resümierend stellen sich die Anzeigepflichten der §§ 137 ff. AO als bei Vorliegen des vornehmlich betriebsbezogenen Tatbestands ipso iure eintretende aktive Vorstellungspflichten gegenüber einem besonderen Hoheitsträger dar, die dem Unterworfenen lediglich die tatsachenorientierte Sachverhaltsanzeige auftragen, um die Finanzverwaltung insoweit in die Lage zu versetzen, einen gegebenenfalls prüfungsbedürftigen Sachverhalt bei Bedarf näher zu erforschen. Aufgrund der direkten Informationspreisgabe an die Finanzbehörden entfalten sie für den Pflichtigen eine Art unmittelbare Außenwirkung.

---

[124] Die Vorgängerregelung sah lediglich eine Ermächtigung zum Erlass einer Rechtsverordnung, die eine Pflicht des Unternehmers zur ergänzenden Auskunftserteilung begründen konnte.

[125] *Brandis*, in: Tipke/Kruse, § 138, Rn. 4; *Rätke*, in: Klein, § 138, Rn. 6; *Schallmoser*, in: Hübschmann/Hepp/Spitaler, § 138, Rn. 30.

[126] Dazu im Kontext zu § 93 Abs. 1 AO siehe sogleich Teil 3 B. I. 5.

[127] Nach legislativer Intention stellt die Regelung einen „wichtigen Baustein des Gesamtkonzepts zur Modernisierung des Besteuerungsverfahrens" dar, indem sie den betroffenen Unternehmern ermöglichen soll, ihre steuerlichen Pflichten elektronisch und mithin „schnell, kostensparend und sicher" zu erfüllen, so BT-Drs. 16/10188, 30. Neben dieser „Vereinfachung des Besteuerungsverfahrens" bezweckt die Regelung auch den zeitnäheren Einsatz eines behördlichen EDV-Risikomanagements, mithin mittelbar die präventive Bekämpfung von Umsatzsteuerbetrug, BT-Drs. 16/10188, 30. Zur Dispensoption siehe Satz 3.

[128] *Brandis*, in: Tipke/Kruse, § 139, Rn. 1; *Schallmoser*, in: Hübschmann/Hepp/Spitaler, § 139, Rn. 4; *Wöhner*, in: Schwarz/Pahlke, § 139, Rn. 2. Die Anzeige ist daher dem Hauptzollamt als der gemäß § 16 AO i. V. m. §§ 12 Abs. 2, 17 Abs. 2 FVG sachlich zuständigen Finanzbehörde gegenüber abzugeben.

[129] Damit scheidet die Umsatzsteuer als allgemeine Verkehrsteuer aus, so *Brandis*, in: Tipke/Kruse, § 139, Rn. 3; *Schallmoser*, in: Hübschmann/Hepp/Spitaler, § 139, Rn. 13.

[130] *Brandis*, in: Tipke/Kruse, § 139, Rn. 3; *Haselmann*, in: Koenig, § 139, Rn. 6; *Schallmoser*, in: Hübschmann/Hepp/Spitaler, § 139, Rn. 11; *Schoenfeld*, in: Gosch, § 139, Rn. 13.

3. Die Aufzeichnungs- und Buchführungspflichten der §§ 140 ff. AO

Eine zum Teil ähnliche Stoßrichtung lässt sich den Aufträgen der §§ 140 ff. AO[131] entnehmen. Beinhaltet § 90 Abs. 1 AO weder bestimmte Aufzeichnungs- noch Aufbewahrungspflichten, konkretisieren die §§ 140 ff. AO zunächst ebendiese Generalklausel (Konkretisierungsfunktion)[132]. Der Verpflichtete soll dabei zum einen in die Lage versetzt werden, seine übrigen Mitwirkungspflichten, insbesondere die Steuererklärung nach §§ 149, 150 AO, anhand ordnungsmäßiger Aufzeichnungen (§§ 145 f. AO) zutreffend und zuverlässig erstellen zu können; insoweit entfalten die Vorschriften eine präventive Schutzdimension.[133] Zum anderen soll es der Finanzverwaltung, gleichsam repressiv, ermöglicht werden, infolge der Bereithaltungs- und Aufbewahrungsaufträge der §§ 147 f. AO steuerlich relevante Sachverhalte bei Bedarf nachzuprüfen.[134] Daneben folgt schon aus dem höchstpersönlichen Charakter der aufzuzeichnenden Informationen und den damit einhergehenden hoheitlichen Erforschungsdefiziten eine Aufklärungs(erleichterungs)funktion.[135] Letztlich kommt den Pflichten auch insoweit Beweisfunktion[136] zu, als bei der Erstellung von Büchern und Aufzeichnungen zugleich Beweismittel erzeugt werden, die der Steuerpflichtige nach § 90 Abs. 1 S. 2 Alt. 2 AO anzugeben hat. Dagegen bezwecken die §§ 140 ff. AO keine Pflichtenkonzentration.[137] So enthalten die Abgabenordnung sowie verschiedene Einzelsteuergesetze weitere Aufzeichnungspflichten zu speziellen Zwecken und mit speziellen Inhalten. Diese Aufträge wirken, sofern ihr Geltungsbereich nicht gesetzlich beschränkt ist oder eine solche Beschränkung aus der Natur der Sache folgt, unmittelbar auch für andere Steuergesetze, selbst wenn sie der derivativen Verpflichtung aus § 140 AO nicht unterfallen.[138]

Der dem Unterabschnitt vorstehende § 140 AO hält in eleganter Schlichtheit diejenigen, die nach anderen als den Steuergesetzen besteuerungsrelevante Bücher und Aufzeichnungen zu führen haben, dazu an, diese Verpflichtungen auch für die Besteuerung zu erfüllen. Enorme Praxisrelevanz erlangt diese derivative Buchfüh-

---

[131] Zur Aufzeichnungspflicht gemeinnütziger Körperschaften gemäß § 63 Abs. 3 AO siehe nur umfassend *Musil*, in: Hübschmann/Hepp/Spitaler, § 63, Rn. 13 ff. m. w. N.

[132] BFH v. 23.12.1980 – VII R 91/79, BStBl. II 1981, 394; *Drüen*, in: Tipke/Kruse, vor §§ 140–148, Rn. 5; *Märtens*, in: Gosch, vor §§ 140–148, Rn. 5.

[133] So *Drüen*, in: Tipke/Kruse, vor §§ 140–148, Rn. 3, 5 mit Verweis auf die Zustimmung in FG Berlin-Brandenburg v. 14.8.2007 – 8 V 8133/07, EFG 2008, 189.

[134] So *Drüen*, in: Tipke/Kruse, vor §§ 140–148, Rn. 3.

[135] *Drüen*, in: Tipke/Kruse, vor §§ 140–148, Rn. 6; *Märtens*, in: Gosch, vor §§ 140–148, Rn. 5.

[136] *Drüen*, in: Tipke/Kruse, vor §§ 140–148, Rn. 5 f.; *Märtens*, in: Gosch, vor §§ 140–148, Rn. 5.

[137] So ausdrücklich und zutreffend *Drüen*, in: Tipke/Kruse, vor §§ 140–148, Rn. 7.

[138] So BFH v. 16.2.2006 – X B 57/05, BFH/NV 2006, 940; BFH v. 26.2.2004 – XI R 25/02, BStBl. II 2004, 600; BFH v. 2.3.1982 – VIII R 225/80, BStBl. II 1984, 507; FG Münster v. 25.2.2020 – 5 K 2066/18 U, BB 2020, 998.

B. Die steuerrechtlichen Mitwirkungspflichten

rungspflicht vor allem durch die Transformation handelsrechtlicher[139] Buchführungsaufträge nach §§ 238 ff. HGB in das Besteuerungsverfahren. Subsidiär[140] hierzu statuiert § 141 AO eine originär steuerrechtliche Buchführungspflicht. Gewerbliche Unternehmer sowie Land- und Forstwirte müssen gemäß Absatz 1 Satz 1 im Falle hoheitlicher Aufforderung nach Feststellung[141] des Überschreitens bestimmter Schwellenwerte betreffend den Umsatz, die wirtschaftliche Nutzfläche oder den Gewinn Bücher führen und Abschlüsse machen respektive nach § 142 S. 1 AO ein Anbauverzeichnis anlegen. Scheiden §§ 140, 141 AO tatbestandlich aus, bleibt der gewerbliche Unternehmer letztlich trotzdem zumindest zur Aufzeichnung des Warenein- und -ausgangs nach § 143 Abs. 1 AO bzw. § 144 Abs. 1 AO und im letzteren Fall[142] zur Belegerteilung nach § 144 Abs. 4 S. 1 AO verpflichtet.[143]

Der bis dato ausschließliche Rekurs auf Gewerbetreibende offenbart, dass Freiberufler und Erzielende von Überschusseinkünften im Grundsatz von der abgabenordnungsrechtlichen[144] Buchführungs- und Aufzeichnungspflicht befreit sind. Hiervon macht § 147a Abs. 1 S. 1 AO bei Überschreiten des Schwellenwerts von 500.000 €[145] im Kalenderjahr an positiven Einkünften eine Ausnahme, indem diesen

---

[139] Zu weiteren zu transformierenden Buchführungs- und Aufzeichnungspflichten siehe die umfangreiche Aufzählung bei *Drüen*, in: Tipke/Kruse, § 140, Rn. 11 ff. Insbesondere zu außersteuerrechtlichen solchen siehe die beispielhafte Aufzählung im Einführungserlass zur AO 1977, BStBl. I 1976, 600 ff. und die umfassende Auflistung bei *Drüen*, in: Tipke/Kruse, § 140, Rn. 14.

[140] Siehe § 141 Abs. 1 S. 1 AO a. E.; BT-Drs. VI/1982, 124 zu § 86 AO a. F.; BFH v. 15.10.2015 – I B 93/15, BStBl. II 2016, 68; BFH v. 4.5.1999 – VIII B 111/98, BFH/NV 1999, 1444; AEAO zu § 141 AO, Nr. 1; *Märtens*, in: Gosch, § 141, Rn. 9. Gleichwohl stehen die beiden Aufzeichnungspflichten konzeptionell gleichrangig nebeneinander, *Drüen*, in: Tipke/Kruse, vor §§ 140–148, Rn. 8; *Nöcker*, AO-StB 2016, 325.

[141] Die behördliche Aufforderung ist dabei ein, die Aufzeichnungspflicht konstitutiv auslösender, echter Steuerverwaltungsakt (siehe nur BFH v. 23.6.1983 – IV R 3/82, BStBl. II 1983, 768 f.; BFH v. 2.12.1982 – IV R 8/82, BStBl. II 1983, 255 f.; *Drüen*, in: Tipke/Kruse, § 141, Rn. 43 f.; *Görke*, in: Hübschmann/Hepp/Spitaler, § 141, Rn. 51; *Märtens*, in: Gosch, § 141, Rn. 36 m. w. N.); die insoweit vorgelagerte Feststellung der Grenzwertüberschreitung mangels normativer Regelungswirkung nach zutreffender Auffassung dagegen bloßer Realakt (wie hier *Dißars*, in: Schwarz/Pahlke, § 141, Rn. 34 f.; *Görke*, in: Hübschmann/Hepp/Spitaler, § 141, Rn. 46 ff.; *Märtens*, in: Gosch, § 141, Rn. 34 m. w. N.; kritisch auch *Drüen*, in: Tipke/Kruse, § 141, Rn. 24a; dagegen und für eine Verwaltungsaktqualität etwa BFH v. 23.6.1983 – IV R 3/82, BStBl. II 1983, 769; AEAO zu § 141 AO, Nr. 2 sowie *Rätke*, in: Klein, § 141, Rn. 11).

[142] Siehe aber auch § 141 Abs. 5 AO.

[143] Freilich bleiben darüber hinaus die besonderen Aufzeichnungspflichten besonderer Steuergesetze (bspw. § 22 UstG, siehe BFH v. 8.8.2019 – X B 117/18, BFH/NV 2019, 1220; BFH v. 12.12.2017 – VIII R 5/14, BFH/NV 2018, 604 m. w. N.) nach den Grundsätzen des Teil 3 B. I. 3. mit Fn. 138 unberührt.

[144] Unberührt bleiben freilich Aufzeichnungspflichten nach Spezialvorschriften, siehe Teil 3 B. I. 3., Fn. 138.

[145] *Seer*, in: Tipke/Lang, Rn. 21.179 hält diesen Schwellenwert für willkürlich gegriffen und spricht sich für eine allgemeine Aufbewahrungspflicht einkunftsrelevanter Unterlagen aus.

Steuerpflichtigen die Anfertigung von Aufzeichnungen über die zugrundeliegenden Einnahmen und Werbungskosten aufgetragen werden.

§§ 145, 146 und 146a AO beinhalten sodann weit überwiegend nicht isoliert vollstreckbare[146] allgemeine Anforderungen an und Ordnungsvorschriften für die Buchführung. § 145 Abs. 1 S. 1 AO zufolge muss diese so beschaffen sein, dass sie einem sachverständigen Dritten innerhalb angemessener Zeit einen Überblick über die Geschäftsvorfälle und über die Lage des Unternehmens vermitteln kann. § 146 Abs. 1 S. 1 AO sieht dazu grundsätzliche Einzelaufzeichnungen vor, die inhaltlich vollständig, richtig, zeitgerecht und geordnet vorzunehmen sind. Bedient sich der Buchführungspflichtige dazu nicht ad hoc einsehbarer Medien, ist er der Pflicht des § 147 Abs. 5 AO gemäß für die Lesbarmachung verantwortlich, indem er auf seine Kosten aktiv die erforderlichen Hilfsmittel zur Verfügung zu stellen oder auf Verlangen der Finanzbehörde die Unterlagen unverzüglich ganz oder teilweise auszudrucken oder ohne Hilfsmittel lesbare Reproduktionen beizubringen hat.

Gibt § 146a AO der amtlichen Überschrift nach noch vor, reine Ordnungsvorschrift zu sein, enthält die Norm mehrere Aufträge an den Steuerpflichtigen, der sich zur Buchführung eines elektronischen Aufzeichnungssystems bedient. Neben technischen Anforderungen an das System in Absatz 1 werden ferner in Absatz 2 Satz 1 eine Belegausgabepflicht gegenüber dem am Geschäftsvorfall Beteiligten und in Absatz 4 eine Anzeigepflicht nach amtlich vorgeschriebenem Vordruck dem gemäß §§ 18 ff. AO zuständigen Finanzamt gegenüber angeordnet.

Gleichwohl erschienen auch die umfassendsten Aufzeichnungspflichten wertlos, wären sie im Falle hoheitlicher Kontrolle (ungeachtet der Form) nicht mehr vorhanden, weshalb §§ 140 ff. AO eine Reihe besonderer Aufbewahrungsobliegenheiten[147] postulieren: § 146a Abs. 1 S. 4 AO zufolge hat der Steuerpflichtige die digitalen Aufzeichnungen auf dem Speichermedium zu sichern und für Nachschauen sowie Außenprüfungen durch elektronische Aufbewahrung verfügbar zu halten. § 147 Abs. 3 AO ordnet für Bücher, Aufzeichnungen und andere beweiserhebliche Unterlagen im Sinne von Absatz 1 einen Aufbewahrungsauftrag von zehn bzw. sechs Jahren an. Das Aufbewahrungspendant zur Aufzeichnungspflicht des § 147a Abs. 1 S. 1 AO findet sich in ebendieser Vorschrift und statuiert eine sechsjährige Aufbewahrungsfrist.

Es bleibt damit das Ergebnis, dass die §§ 140 ff. AO zur Erreichung ihrer präventiv wie repressiv gelagerten Zielsetzungen einer ausgeklügelten Systematik folgen. Zunächst verdeutlicht schon die den Steuererklärungsvorschriften (§§ 149 ff. AO) vorgelagerte Stellung, dass den Normen betreffend die Buchführung chrono-

---

[146] So zutreffend *Dißars*, in: Schwarz/Pahlke, § 146, Rn. 2; *Drüen*, in: Tipke/Kruse, vor §§ 140–148, Rn. 22; § 146, Rn. 2; *Haselmann*, in: Koenig, § 146, Rn. 54; anders *Görke*, in: Hübschmann/Hepp/Spitaler, vor §§ 140–148, Rn. 22; *Märtens*, in: Gosch, § 146, Rn. 104.

[147] Eine isolierte zwangsweise Durchsetzung der Aufbewahrungsaufträge scheidet aufgrund deren Charakter als Ordnungsvorschriften aus, siehe *Drüen*, in: Tipke/Kruse, vor §§ 140–148, Rn. 22 und ausdrücklich § 147, Rn. 63.

B. Die steuerrechtlichen Mitwirkungspflichten   97

logisch vorgehend sachaufklärende, mithin dienende Funktion zukommen soll.[148] Binnensystematisch lassen sich die §§ 140–148 AO verallgemeinernd in drei Teile gliedern: die Aufzeichnungspflichten (§§ 140–144 AO)[149], die Ordnungsvorschriften (§§ 145–146a AO) und die Aufbewahrungsaufträge (§§ 147, 147a Abs. 1 S. 1 AO). Dabei geht das Gesetz zum einen vom Allgemeinen (§§ 140f. AO) zum Besonderen (§§ 142 ff. AO), zum anderen folgt es der Chronologie und normiert zunächst den Anfall der Unterlagen (§§ 140–144 AO), sodann ihre Ordnung (§§ 145, 146, 146a AO) und zuletzt[150] die Aufbewahrung (§§ 147, 147a Abs. 1 S. 1 AO).[151]

Erkennbar wird hierdurch auch, dass obgleich die Unterabschnittsüberschrift „Führung von Büchern und Aufzeichnungen" noch vermuten lässt, dass hiesig ausschließlich zur Aufzeichnung und Buchführung verpflichtet wird, sich die Vorschriften vielmehr als Konglomerat verschiedenster Mitwirkungsaufträge erweisen. Dabei haben die ipso iure entstehenden Aufzeichnungsverpflichtungen keinen unmittelbaren Bezug zur Finanzverwaltung. Außenwirkung entfalten diese erst durch die nachgelagerte, noch zu behandelnde Vorlage an oder Einsichtnahme durch die Finanzbehörde. Ähnliches gilt für die Belegausgabepflichten, welche zwar eine Ausgabe nur dem Geschäftspartner gegenüber anordnen, gleichwohl durch die hoheitliche Einsichtnahme in die Belege mittelbar Außenwirkung entfalten können. Anders ausgestaltet ist dagegen die von § 146a Abs. 4 AO statuierte, qua Gesetz bestehende Anzeigepflicht. Diese ist zwar formal direkt dem Hoheitsträger gegenüber abzugeben, hat aber materiell lediglich buchführungsunterstützende bzw. -ermöglichende Funktion.

4. Die Abgabe von Steuererklärungen gemäß §§ 149 ff. AO

Unter den steuerlichen Mitwirkungspflichten nimmt jene zur Abgabe von Steuererklärungen und -anmeldungen nach §§ 149f. AO den wohl prominentesten Platz ein. Beansprucht gerade das Veranlagungsbesteuerungsverfahren die Erhebung umfassender höchstpersönlicher Informationen, scheint abseits des Quellensteuerverfahrens eine Besteuerung ohne Selbstdeklaration des Pflichtigen ineffizient und nicht zielführend.[152] Ist die Steuererklärung dabei häufig alleinige Basis der Steu-

---

[148] In diese Richtung auch *Drüen*, in: Tipke/Kruse, vor §§ 140–148, Rn. 3, 5.

[149] Nicht dieser Systematik folgend, mithin systemfremd verortet, erscheint die Pflicht des § 147a Abs. 1 S. 1 AO.

[150] Diese systematische Ausgestaltung lässt sich mit Blick auf die spätere Kontrolle durch die Außenprüfung und die diese betreffenden Anordnungen in § 200 Abs. 1 AO sogar noch weiter erkennen.

[151] So *Drüen*, Ubg 2009, 552; *Drüen*, in: Tipke/Kruse, vor §§ 140–148, Rn. 3.

[152] Weitergehend als „nicht denkbar" bezeichnend *Seer*, in: Tipke/Kruse, vor §§ 149–153, Rn. 1. Siehe auch schon die obigen Ausführungen des Teil 3 A. II. 2.

erfestsetzung, ohne selbst Voraussetzung für ebendiese zu sein[153], verwundert angesichts des herausragenden Stellenwerts, den die Abgabenordnung der Erklärung damit zumisst, die doch recht karge Regelungsdichte der §§ 149 ff. AO. So umgrenzt das Gesetz noch nicht einmal den subjektiven Personenkreis der Pflichtigen, sondern zieht sich insoweit lediglich in § 149 Abs. 1 S. 1 AO auf die Übernahme einzelsteuergesetzlicher Pflichtanordnungen[154] in den eigenen Geltungsbereich und die nach § 149 Abs. 1 S. 2 AO bestehende Möglichkeit der gezielten Inanspruchnahme durch die Finanzbehörde zurück. Auch hinsichtlich des Erklärungsinhalts hält sich § 150 AO bedeckt. Gemäß dessen Absatz 1 Satz 1 ist die Steuererklärung nach amtlich vorgeschriebenem Vordruck[155] abzugeben; idealiter stellt also die Finanzverwaltung die relevanten Fragen, die der Erklärungspflichtige sodann unter Beifügung der nach den Steuergesetzen vorzulegenden Unterlagen (§ 150 Abs. 4 S. 1 AO) wahrheitsgemäß[156] nach bestem Wissen und Gewissen (§ 150 Abs. 2 AO)

---

[153] *Heuermann*, in: Hübschmann/Hepp/Spitaler, vor §§ 149–153, Rn. 2; *Seer*, in: Tipke/Kruse, vor §§ 149–153, Rn. 1 f.

[154] Etwa § 181 Abs. 2 AO; § 25 Abs. 3 EStG (§ 56 EStDV); § 31 KStG; § 18 Abs. 1, Abs. 3 UStG; §§ 14a, 35c Nr. 1e GewStG (§ 25 GewStDV); § 31 ErbStG; § 18 Abs. 3 AStG; § 28 BewG. Siehe ferner die Auflistung bei *Heuermann*, in: Hübschmann/Hepp/Spitaler, § 149, Rn. 4.

[155] Die papierene Steuererklärung scheint mit Blick auf die von § 150 Abs. 1 S. 1 AO postulierte Subsidiarität überkommen. Dem technischen Wandel hin zum E-Government folgt auch die Digitalisierung der Besteuerung mittels elektronischer Steuererklärung. Ferner zur Technologisierung des Besteuerungsverfahrens *Seer*, in: Tipke/Lang, Rn. 21.183 ff. mit umfassenden Nachweisen.

[156] Uneinheitlich wird der Bezugspunkt des freilich nicht gesondert erzwingbaren Wahrheitsauftrags beurteilt. Während *Seer*, in: Tipke/Kruse, § 150, Rn. 44 als relevanten Bezugspunkt nur Tatsachen, d. h. Wissenserklärungen, anführt, deutet *Heuermann*, in: Hübschmann/Hepp/Spitaler, vor §§ 149–153, Rn. 6; § 150, Rn. 17 ff. den Wahrheitsappell auch als Aufforderung zur korrekten Gesetzesinterpretation. Letztgenannter Ansicht kann nicht gefolgt werden. Schon semantisch kann eine vertretene Rechtsauffassung allenfalls richtig oder falsch sein, niemals aber wahr oder unwahr. Auch das von *Heuermann* vorgebrachte Argument, dass ein universell eingesetzter Vordruck niemals eine reine Tatsachenabfrage darstellen könne, sondern immer einer der Angabe von steuerrelevanten Informationen vorgelagerten rechtlichen Bewertung bedürfe, verfängt nicht. Freilich kann nicht übersehen werden, dass die finanzbehördlichen Vordrucke letztlich nur die Steuergesetze in handhabbare Fragen umformulieren, sodass der jeweils Erklärende auch den normativen Gehalt des Steuerrechts umreißen muss, um inhaltlich zutreffende Tatsachenangaben machen zu können. Der Angabe von Tatsachen geht damit zwingend eine rechtliche Einordnung voraus. Dies darf aber nicht zu einer vom Wortsinn nicht mehr umfassten Überstrapazierung der Norm führen, zumal sich aus auch systematischer Sicht die §§ 90 Abs. 1 S. 1, 95 Abs. 1 S. 1 und 370 Abs. 1 Nr. 1, 2 AO ausdrücklich nur auf „Tatsachen" beziehen (dagegen *Heuermann*, in: Hübschmann/Hepp/Spitaler, § 150, Rn. 17, der einen systematischen Vergleich zu § 90 Abs. 1 S. 2 AO ablehnt und einen solchen zu § 153 Abs. 1 S. 1 Nr. 1 AO bevorzugt). Letztlich scheitert die Ansicht auch an der Abhandenheit einer geschriebenen oder ungeschriebenen Vorschrift, die den Steuerpflichtigen dazu anhält, höchstrichterlicher Rechtsprechung und den Steuerrichtlinien der Finanzverwaltung zu folgen. Der Steuerpflichtige darf also eine von der hoheitlichen Meinung abweichende Ansicht vertreten, sodass sich eine „zutreffende" Gesetzesinterpretation nicht erkennen lässt. Die äußere Grenze bilden mit der höchstrichterlichen Rechtsprechung (BGH v. 23.2.2000 – 5 StR 570/99, wistra 2000, 219; BGH v. 10.11.1999 – 5 StR 221/99, wistra 2000,

B. Die steuerrechtlichen Mitwirkungspflichten   99

fristgerecht (§§ 149 Abs. 2 ff. AO)[157] beantwortet. Lässt die Abgabenordnung damit den genauen Fragenkatalog des Vordrucks noch offen, gestaltet sie die Steuererklärung dennoch strukturell als erschöpfendes Nachforschungsinstrument aus, durch welches ein ganzheitlich umfassendes Programm an steuerlich relevanten Informationen erfragt werden soll.[158] Konnotiert man diese weitreichende Auskunftsverpflichtung dabei für den Steuerpflichtigen prima facie ausnahmslos mit Nachteilen, darf dies nicht den Blick darauf verstellen, dass ihm die Erklärungspflicht auch die Möglichkeit zur aktiven Verfahrensteilhabe bietet.[159] Neben der bloßen – freilich für ihn zuweilen auch vorteilhaften – Sachverhaltsdarlegung wird er in die Lage versetzt, schon früh im Besteuerungsverfahren verfahrensrechtliche[160] oder unmittelbar materiell wirkende Anträge[161] zu stellen.

In diesem Kontext bemerkenswert erscheint das Institut der Steueranmeldung. Ordnen die Steuergesetze[162] dieses an, wird der Erklärungspflichtige dazu angehalten, über den ordnungsmäßigen Inhalt der Steuererklärung hinaus auch seine eigene Steuerlast selbst zu berechnen, § 150 Abs. 1 S. 3 AO.[163] Der Steuerpflichtige übernimmt damit nicht nur finanzamtliche Tätigkeiten des Ermittlungs-, sondern auch solche des Festsetzungsverfahrens.[164] Eine nähere Differenzierung zwischen Steuererklärung und -anmeldung ist dennoch für hiesige Zwecke nicht angezeigt, begründet doch die schlichte Selbstberechnung keine besondere Gefahr mit Blick auf den Grundsatz der Selbstbelastungsfreiheit.

Letztlich behandelt die Abgabenordnung in den §§ 149 ff. AO auch den Fall der Falsch- oder Nichtdeklaration. Das Regelungsbedürfnis solcher Konstellationen ergibt sich schon vor dem Hintergrund der aufgezeigten Komplexität des Steuerrechts und der damit verbundenen Fehleranfälligkeit der Antworten auf unüber-

---

139 f.; BGH v. 19.12.1990 – 3 StR 90/90, BGHSt 37, 284 f.; BFH v. 22.11.2018 – V R 65/17, DStR 2019, 270) Informationen, die aus dem Empfängerhorizont der Finanzbehörde, der in Verwaltungsvorschriften und den im Bundessteuerblatt II von der Verwaltung zu beachtenden Präjudizien nach außen hin erkennbar wird, entscheidungserheblich sind. Ansonsten würde der Finanzbehörde faktisch die Möglichkeit genommen, die eigene, als richtig (gesetzmäßig) angesehene, Rechtsansicht bei der Steuerfestsetzung zu vertreten. Im Ergebnis wie hier *Dißars*, in: Schwarz/Pahlke, § 150, Rn. 20; *Seer*, in: Tipke/Kruse, § 150, Rn. 44 ff.

[157] Zur Steuererklärungsfrist instruktiv *Seer*, in: Tipke/Lang, Rn. 21.186 m. w. N.

[158] *Heuermann*, in: Hübschmann/Hepp/Spitaler, vor §§ 149–153, Rn. 5; *Seer*, in: Tipke/Kruse, vor §§ 149–153, Rn. 3, 5.

[159] *Heuermann*, in: Hübschmann/Hepp/Spitaler, vor §§ 149–153, Rn. 12 m. w. N.; *Seer*, in: Tipke/Kruse, vor §§ 149–153, Rn. 3.

[160] Bspw. §§ 32d Abs. 4; 46 Abs. 2 Nr. 8; 50 Abs. 2 S. 2 Nr. 4 lit. b) EStG.

[161] Bspw. §§ 33 Abs. 1; 33a; 33b; 34 Abs. 3 EStG oder die Ausübung steuerlicher Wahlrechte nach z. B. §§ 7 Abs. 2, Abs. 4; 7g; 26 Abs. 2 S. 1 EStG; §§ 9; 19 Abs. 2 UStG.

[162] So z. B. §§ 41a Abs. 1; § 45a Abs. 1 EStG; § 18 Abs. 1 S. 1, Abs. 3 S. 1 UStG; § 31 Abs. 7 ErbStG; § 8 Abs. 1 Nr. 1 VersStG.

[163] Dazu grundlegend *Martens*, StuW 1971, 317 ff.; *Seer*, in: Tipke/Lang, Rn. 21.187 m. w. N.

[164] So ausdrücklich *Carl/Klos*, JuS 1996, 406; *Seer*, StuW 2003, 45.

sichtliche Erklärungsvordrucke, insbesondere von steuerrechtlichen Laien. Erkennt der Steuerpflichtige nachträglich, aber noch vor Ablauf der Festsetzungsfrist, dass eine von ihm oder für ihn abgegebene, für die Besteuerung erhebliche Erklärung[165] unrichtig oder unvollständig ist und es dadurch zu einer Verkürzung von Steuern kommen kann oder bereits gekommen ist, verpflichtet ihn § 153 Abs. 1 S. 1 Nr. 1 AO aufgrund seines vorangegangenen Tuns dazu, seiner fortbestehenden Wahrheits- und Vollständigkeitspflicht nachzukommen, dies unverzüglich anzuzeigen und die erforderliche Richtigstellung vorzunehmen. Hierdurch soll die Finanzbehörde Kenntnis von Besteuerungsgrundlagen erlangen, die ihr bislang noch nicht bekannt waren[166], sodass die Pflicht des § 153 AO mittelbar das Ziel der Gesetzmäßigkeit der Besteuerung verfolgt.[167]

Das Merkmal des nachträglichen Erkennens bereitet indes Probleme. Zunächst noch unstreitig postuliert schon die Formulierung, dass nur ein tatsächliches Erkennen Tatbestandsrelevanz besitzt, folglich ein bloßes Erkennenmüssen oder gar nur Erkennenkönnen zur Pflichtbegründung ausscheidet.[168] Subjektiv muss der Normadressat dafür beide Teile des § 153 Abs. 1 S. 1 Nr. 1 AO umreißen, mithin sowohl die Unvollkommenheit seiner Angaben als auch die potentielle oder faktische Steuerverkürzung. „Erkennen" im Sinne der Norm meint daher das (positive) Wissen um die Unrichtigkeit oder Unvollständigkeit der Erklärung sowie die Erkenntnis, dass es dadurch zu einer Verkürzung von Steuern kommen kann oder bereits gekommen ist.[169]

Leuchtet dies noch weitgehend ein, erscheint der Topos jedoch dort problembehaftet, wo er verdeutlicht, dass eine Berichtigungspflicht nicht bestehen kann, sofern und soweit der Steuerpflichtige bereits bei Abgabe der Erklärung um deren Unrichtigkeit oder Unvollständigkeit wusste. Ein nachträgliches Erkennen scheidet insoweit schon sinnlogisch aus. Dies muss jedenfalls bei bewusster und gewollter, mithin vorsätzlicher Abgabe von defizitären Erklärungen gelten, sodass im Grundsatz eine hier ex post getätigte Berichtigung allenfalls als Selbstanzeige im Sinne des § 371 AO[170] gewertet werden kann. Hiervon macht der Bundesgerichtshof eine fragwürdige Ausnahme, wenn er auch im Fall des dolus eventualis eine Be-

---

[165] Entgegen der systematischen Stellung der Norm beschränkt sich die Berichtigungspflicht nicht auf die Steuererklärung, vgl. BFH v. 30.1.2002 – II R 52/99, BFH/NV 2002, 918. Wie hier *Heuermann*, in: Hübschmann/Hepp/Spitaler, § 153, Rn. 2, 7; *Rätke*, in: Klein, § 153, Rn. 2; *Schindler*, in: Gosch, § 153, Rn. 14; *Seer*, in: Tipke/Kruse, § 153, Rn. 10. Dagegen insbesondere *Dißars*, in: Schwarz/Pahlke, § 153, Rn. 20 und *Haselmann*, in: Koenig, § 153, Rn. 7 mit guten Gründen und weiteren Nachweisen.

[166] BGH v. 17.3.2009 – 1 StR 479/08, BGHSt 53, 217; *Heuermann*, in: Hübschmann/Hepp/Spitaler, § 153, Rn. 14; *Seer*, in: Tipke/Kruse, § 153, Rn. 1.

[167] So BGH v. 17.3.2009 – 1 StR 479/08, BGHSt 53, 217 und *Seer*, in: Tipke/Kruse, § 153, Rn. 1.

[168] So auch AEAO zu § 153 AO, Nr. 2.4.

[169] So AEAO zu § 153 AO, Nr. 2.4.

[170] Zur strafbefreienden Selbstanzeige näher Teil 5 B. III. 1.

richtigungspflicht statuiert.[171] Demnach gebiete es schon der Wortsinn der Norm, die Berichtigungspflicht auch auf die Fälle bedingt vorsätzlicher Falschdeklarationen zu erstrecken, nehme der Täter doch die Unrichtigkeit oder Unvollständigkeit im Zeitpunkt der Erklärung nur billigend in Kauf, sodass er später seinen Fauxpas noch nachträglich (dann sicher) erkennen könne. Ferner konstatiert insbesondere *Heuermann*[172], dass § 153 AO eine steuerverwaltungsrechtliche Vorschrift sei, mit welcher Steuerverkürzungen verhindert werden sollten. Aus der Sicht der Finanzbehörde sei es demnach gleichgültig, ob die Unrichtigkeit oder Unvollständigkeit auf vorsätzliches oder fahrlässiges Handeln zurückzuführen sei. Mache der Erklärende (bedingt) vorsätzlich unrichtige oder unvollständige Angaben, habe er seine Erklärungspflicht eben noch nicht erfüllt, sodass er zur Korrektur insbesondere von Steuererklärungen schon aus § 150 AO verpflichtet sei.

Die prinzipiell steuerverfahrensrechtliche Plausibilität dieser Argumentation drängt dabei jedoch die steuerstrafrechtlich höchst problematischen Fernwirkungen dieser Lesart aus dem Fokus der Betrachtung. Ohne der Arbeit allzu weit vorgreifen zu wollen, sei an dieser Stelle bereits bemerkt, dass die damit begründete Strafbarkeit nach § 370 Abs. 1 Nr. 2 i.V.m. § 153 Abs. 1 AO zwangsläufig in ein nicht unproblematisches Spannungsverhältnis zu der konstitutionellen Garantie der Selbstbelastungsfreiheit tritt. Diesem muss der Bundesgerichtshof mit dem Hinweis auf die strafbefreiende Selbstanzeige nach § 371 AO[173] und damit auf ein Institut begegnen, das in der reformierten Fassung wohl nur defizitären Schutz[174] vor verfassungswidriger Eigenbezichtigung bietet. Soweit § 371 AO tatbestandlich ausscheidet, müssen Befürworter der Einbeziehung zur Gewährleistung verfassungskonformer Ergebnisse unter Rekurs auf den Gemeinschuldnerbeschluss[175] des Bundesverfassungsgerichts ungeschriebene Beweisverwertungs- oder Beweisverwendungsverbote anstrengen[176].

Sinnvollerweise sollte daher die Konstellation eventualvorsätzlicher Falschdeklaration vom Tatbestand des § 153 Abs. 1 Nr. 1 AO ausgenommen werden. Es ist schlicht nicht ersichtlich, weshalb der Täter, der schon bei aktiver Tatbegehung wissentlich oder gar absichtlich Steuern verkürzt, strafrechtlich insgesamt bessergestellt werden sollte als jener, der nur mit Eventualvorsatz handelt, widerspricht dies doch der prinzipiellen Gleichwertigkeit aller Vorsatzformen.[177] Aus strafrechtlicher Warte schlagend, streitet hierfür ferner ein systematischer Vergleich: Nach der

---

[171] BGH v. 17.3.2009 – 1 StR 479/08, BGHSt 53, 216 ff.; ebenso AEAO zu § 153 AO, Nr. 2.2; zustimmend ferner etwa *Heuermann*, in: Hübschmann/Hepp/Spitaler, § 153, Rn. 12; *Rätke*, in: Klein, § 153, Rn. 8 und *Schindler*, in: Gosch, § 153, Rn. 25.

[172] *Heuermann*, in: Hübschmann/Hepp/Spitaler, § 153, Rn. 12.

[173] BGH v. 17.3.2009 – 1 StR 479/08, BGHSt 53, 218.

[174] Siehe dazu insbesondere Teil 5 B. III. 1. b).

[175] BVerfG v. 13.1.1981 – 1 BvR 116/77, BVerfGE 56, 37 ff.; weiterführend dazu Teil 5 C. IV. 2. c) aa).

[176] BGH v. 17.3.2009 – 1 StR 479/08, BGHSt 53, 218 f.

[177] *Bülte*, BB 2010, 612 f.; *Seer*, in: Tipke/Kruse, § 153, Rn. 21.

Idealvorstellung ersterer Ansicht verwirklicht der bedingt vorsätzlich falscherklärende und in der Folge nicht berichtigende Täter zwei Straftatbestände, namentlich § 370 Abs. 1 Nr. 1 AO durch die primäre und § 370 Abs. 1 Nr. 2 i. V. m. § 153 Abs. 1 AO durch die sekundäre Handlung. Plakativ gewendet soll der Täter sowohl für die defizitäre Ursprungserklärung als auch für das Unterlassen der Beseitigung des aus der ersten Tat resultierenden Schadens bestraft werden. Dient die Nichtberichtigung in diesem Szenario vornehmlich der Vorteilssicherung zu eigenen Gunsten, erheischt § 370 Abs. 1 Nr. 2 AO hier eine Struktur, die den Anschlussdelikten des Kernstrafrechts nicht unähnlich erscheint. Vor diesem Hintergrund erschließt sich der seitens der anderen Ansicht erhobene Vorwurf des gegenüber dem Ausgangsdelikt des § 370 Abs. 1 Nr. 1 AO erhöhten Unrechts nicht, gleicht die Situation doch einer von § 257 StGB nicht umfassten, mithin straflosen Selbstbegünstigung.[178] Ganz im Gegenteil muss der Gedanke der Straflosigkeit im Rahmen des § 370 Abs. 1 Nr. 2 i. V. m. § 153 AO erst recht Geltung beanspruchen, wären von der Straflosigkeit des § 257 Abs. 1 StGB doch sogar aktive Sicherungshandlungen umfasst[179], wohingegen der Täter der vermeintlich wiederholten Steuerhinterziehung durch Nichtberichtigung lediglich passiv bleibt.

Hieraus erklärt sich sodann auch das Binnenverhältnis von § 153 und § 371 AO. Da im Falle vorsätzlicher Steuerhinterziehung eine Berichtigungspflicht, unabhängig von der jeweiligen Vorsatzart, ausscheidet und gleichzeitig im Falle einer irrtümlichen Falscherklärung ein Selbstanzeigebedürfnis mangels des verwirklichten § 370 Abs. 1 AO nicht besteht, befinden sich § 153 und § 371 AO in einem strengen Exklusivitätsverhältnis.[180]

Im Übrigen ist § 153 Abs. 2 AO zufolge der Steuerpflichtige auch zur Berichtigung gehalten, wenn die Voraussetzungen für eine Steuerbefreiung, Steuerermäßigung oder sonstige Steuervergünstigung nachträglich ganz oder teilweise wegfallen oder er gemäß Absatz 3 Waren, für die eine Steuervergünstigung unter einer Bedingung gewährt worden ist, in einer Weise verwenden will, die der Bedingung nicht entspricht.

Strukturell gestalten §§ 149 ff. AO die Steuererklärungspflichten daher in den hier relevanten Kategorien als überwiegend qua Gesetz bestehende umfassende aktive Erklärungspflichten aus. Der Verfahrensunterworfene wird dabei nicht nur mit bloßen Sachverhaltsdarstellungs-, sondern mitunter auch mit materiellen Rechtsanwendungsfragen betraut, wobei letztere im Fall der Steueranmeldung in besonderem Maße akut werden. Gesichert wird die Ordnungsmäßigkeit der Angaben durch die abermals ipso iure bestehende aktive Berichtigungspflicht des § 153 AO. Aufgrund der zwingenden Erklärungsabgabe den jeweils zuständigen Finanzbehörden

---

[178] So auch *Krug/Skoupil*, NZWiSt 2015, 456 unter Rekurs auf *Bülte*, BB 2010, 612; *Seer*, in: Tipke/Kruse, § 153, Rn. 21; ausführlich *Witte*, Steuerhinterziehung, S. 74 ff.

[179] Vgl. *Cramer*, in: MüKo-StGB, § 257, Rn. 9, 15 und *Hecker*, in: Schönke/Schröder, § 257, Rn. 11 f.

[180] *Dißars*, in: Schwarz/Pahlke, § 153, Rn. 28; *Seer*, in: Tipke/Kruse, § 153, Rn. 21.

gegenüber entfalten sowohl die Ursprungserklärungs- als auch die Berichtigungspflicht unmittelbare Außenwirkung.

5. Das Auskunftsverlangen nach § 93 AO

Eine der Steuererklärungspflicht ähnliche Stoßrichtung weist die (allgemeine) Auskunftsverpflichtung nach § 93 AO auf. In Konkretisierung des allgemeinen Mitwirkungsauftrags des § 90 Abs. 1 S. 1 AO[181] und zum Schutz der Gleichmäßigkeit der Besteuerung räumt § 93 Abs. 1 S. 1 AO den Finanzbehörden die Möglichkeit ein, einen Beteiligten um die Erteilung der zur Feststellung eines für die Besteuerung erheblichen Sachverhalts erforderlichen Auskünfte anzurufen, sofern der Auskunftspflichtige nicht selbst freiwillig Angaben macht.[182] Konzeptionell wirkt diese Verpflichtung nicht qua Gesetz, vielmehr geht der unfreiwilligen Auskunftserteilung ein finanzbehördliches Auskunftsersuchen voraus (vgl. Absatz 2 Satz 1), welches als Verwaltungsakt grundsätzlich keinem Formzwang unterliegt[183], auf Wunsch des Adressaten jedoch gemäß Absatz 2 Satz 2 schriftlich erteilt werden muss. Der Erklärungspflichtige muss aus dem hoheitlichen Gesuch erkennen können, bezüglich welcher Steuersache er welche Auskünfte zu geben hat.[184] In seiner Erklärung ist der Verfahrensunterworfene sodann prinzipiell frei, ob er die Auskunft schriftlich, elektronisch, mündlich[185] oder fernmündlich erteilt, § 93 Abs. 4 S. 1 AO; gleichwohl kann ihn die Behörde dazu anhalten, nach § 93 Abs. 4 S. 2 AO Schriftform zu wahren bzw. subsidiär die Auskunft zur Niederschrift an Amtsstelle gemäß Absatz 5 zu tätigen.[186] Inhaltlich ist der Erklärende zur Wahrheit[187] (§ 93 Abs. 3 S. 1 AO) und in begrenztem Maße zur Informationsbeschaffung[188] (§ 93 Abs. 3 S. 2 AO) angehalten. Zum Schutz der Auskunftswahrheit kann die Finanz-

---

[181] *Haselmann*, in: Koenig, § 93, Rn. 4; *Roser*, in: Gosch, § 93, Rn. 2; *Seer*, in: Tipke/Kruse, § 93, Rn. 1.

[182] Ein Auskunftsverlangen nach § 93 Abs. 1 AO scheidet damit nicht aus, wenn der Auskunftsverpflichtete eine Steuererklärung abgibt. Vielmehr wirken beide Pflichten insoweit symbiotisch, als eine Auskunft nach § 93 AO Unklarheiten in der Selbstdeklaration der Steuererklärung beseitigen kann.

[183] *Haselmann*, in: Koenig, § 93, Rn. 13; *Rätke*, in: Klein, § 93, Rn. 46; *Seer*, in: Tipke/Kruse, § 93, Rn. 22.

[184] *Roser*, in: Gosch, § 93, Rn. 28; vgl. auch *Schuster*, in: Hübschmann/Hepp/Spitaler, § 93, Rn. 32 f.

[185] Auf die durch Absatz 6 gewährte Möglichkeit der Niederschrift der mündlichen Auskunft an Amtsstelle sei hier hingewiesen.

[186] Siehe zum Ganzen *Roser*, in: Gosch, § 93, Rn. 39 ff.; *Schuster*, in: Hübschmann/Hepp/Spitaler, § 93, Rn. 41 ff.; *Seer*, in: Tipke/Kruse, § 93, Rn. 26.

[187] Die Wahrheitspflicht entspricht dabei jener gemäß § 150 Abs. 2 AO für Steuererklärungen, so *Rätke*, in: Klein, § 93, Rn. 47. Siehe auch erläuternd *Roser*, in: Gosch, § 93, Rn. 38; *Schuster*, in: Hübschmann/Hepp/Spitaler, § 93, Rn. 51 und *Seer*, in: Tipke/Kruse, § 93, Rn. 30.

[188] Siehe dazu nur *Schuster*, in: Hübschmann/Hepp/Spitaler, § 93, Rn. 52 ff. und *Seer*, in: Tipke/Kruse, § 93, Rn. 30.

behörde den Beteiligten als ultima ratio auffordern, die Richtigkeit der behaupteten Tatsachen nach § 95 AO an Eides statt zu versichern.

6. Die Vorlage von Urkunden nach § 97 AO

Zur Ermittlung steuererheblicher Sachverhalte kann die Finanzbehörde ferner Beteiligte dazu auffordern, Bücher, Aufzeichnungen, Geschäftspapiere und andere Urkunden[189] zur Einsicht und Prüfung vorzulegen, § 97 Abs. 1 S. 1 AO. Schon der Wortsinn („auf Verlangen") offenbart, dass der Urkundenvorlage konzeptionell ein korrelierendes hoheitliches Gesuch vorsteht, welches gleich den Ausführungen zu § 93 AO dem Betroffenen hinreichend[190] Aufschluss über den Umfang[191] seiner Vorlageverpflichtung geben muss.Inhaltlich verpflichtet § 97 Abs. 1 S. 1 AO sodann zur aktiven Vorlage der (Original-[192])Urkunden unmittelbar an die Finanzverwaltung. Diese erfolgt in lokaler Hinsicht primär an Amtsstelle und bei Ungeeignetheit der Urkunden für eine solche subsidiär[193] durch Einsichtnahme beim Vorlagepflichtigen, § 93 Abs. 2 S. 1 AO. Erstrecken sich die hoheitliche Einsicht und Prüfung über einen längeren Zeitraum, umfasst die Vorlageverpflichtung auch das zeitweise Überlassen der Unterlagen an die Finanzbehörden.[194] Letztlich werden in der Verwaltungspraxis häufig die Befugnisse aus § 97 AO und § 93 AO[195], ob der

---

[189] Der Topos der Urkunde umfasst mit *Seer*, in: Tipke/Kruse, § 97, Rn. 2 unter Verweis auf BFH v. 16.5.2013 – II R 15/12, BStBl. II 2014, 228 alle in einem Schriftstück verkörperten oder auf Daten- und Bildträgern festgehaltenen Gedankenerklärungen, die allgemein oder für Eingeweihte verständlich sind, den Urheber erkennen lassen und zum Beweis einer rechtlich erheblichen Tatsache geeignet sind. Zustimmend *Rätke*, in: Klein, § 97, Rn. 8; *Schmitz*, in: Schwarz/Pahlke, § 97, Rn. 4.

[190] Mit BFH v. 30.3.2011 – I R 75/10, wistra 2011, 357; BFH v. 8.8.2006 – VII R 29/05, BStBl. II 2007, 81 muss die Behörde die vorzulegenden Urkunden so konkret und eindeutig benennen, dass sich die geforderte Tätigkeit des Vorlageverpflichteten auf rein mechanische Hilfstätigkeiten beschränkt. Wird vom Adressaten darüber hinaus eine intellektuelle Leistung gefordert, handelt es sich um ein kombiniertes Auskunfts- und Vorlageersuchen.

[191] Der Betroffene muss auch hier erkennen können, wer welche Urkunde wo für welches Besteuerungsverfahren vorlegen soll, so *Seer*, in: Tipke/Kruse, § 97, Rn. 14. Siehe auch § 97 Abs. 1 S. 2 AO.

[192] Vorzulegen ist aufgrund ihres höheren Beweiswerts grundsätzlich die Originalurkunde, BFH v. 10.9.2003 – X B 132/02, BFH/NV 2004, 495. Gleichwohl steht es im Ermessen der Behörde, sich im Einzelfall auch mit einer (beglaubigten) Abschrift oder Fotokopie zu begnügen, Hessisches FG v. 16.9.1982 – X 74/82, EFG 1983, 217; *Roser*, in: Gosch, § 97, Rn. 18; *Schuster*, in: Hübschmann/Hepp/Spitaler, § 97, Rn. 9; *Seer*, in: Tipke/Kruse, § 97, Rn. 2.

[193] Unbenommen bleibt es dem Urkundeninhaber nach § 93 Abs. 2 S. 1 AO freilich, sich mit der verfrühten Einsichtnahme bei ihm einverstanden zu erklären.

[194] *Schuster*, in: Hübschmann/Hepp/Spitaler, § 97, Rn. 51; *Seer*, in: Tipke/Kruse, § 97, Rn. 14.

[195] Historisch gesehen bereitete das Binnenverhältnis von § 93 und § 97 AO Probleme. Die in § 97 Abs. 2 S. 1 AO a.F. statuierte Subsidiaritätsklausel führte zu entschädigungsrechtlichen Friktionen. Diesem Disput wurde zum 30.6.2013 durch Art. 11 Nr. 10 lit. b) des Ge-

B. Die steuerrechtlichen Mitwirkungspflichten 105

strukturellen Ähnlichkeit und der gleichartigen Zwecksetzung der beiden Pflichten, zu einem kombinierten Auskunfts- und Vorlageersuchen zulässigerweise[196] verbunden.

7. Die Inaugenscheinnahme gemäß §§ 98 ff. AO

Erklärt der Steuerpflichtige einen von Faktizität geprägten Sachverhalt, erscheint eine unmittelbare Kontrolle der Angaben durch persönliche Überzeugung des Hoheitsträgers als das sachangemessene Mittel finanzbehördlicher Verifikation. Die Ausführungsvorschrift zu § 92 Nr. 4 AO[197] eröffnet daher der Finanzverwaltung die Möglichkeit, bestimmte Objekte in Augenschein zu nehmen, um sich von der Richtigkeit der fraglichen Behauptungen durch eigene gegenständliche Wahrnehmung zu überzeugen.[198] Der Amtsträger sammelt dabei neben visuellen Impressionen auch akustische, sensorische oder taktile Eindrücke, mithin erfasst der Augenschein jede Art sinnlicher Wahrnehmung.[199] Im Unterschied zum Auskunftsverlangen des § 93 AO oder der Urkundenvorlage des § 97 AO übermittelt die Inaugenscheinnahme keinen gedanklichen Inhalt, vielmehr bildet der Amtsträger sein Tatsachenurteil auf Basis seiner Wahrnehmungen selbst.[200] Analog zu den vorstehenden Ausführungen geht auch der Inaugenscheinnahme nach § 98 Abs. 1 AO ein hoheitliches Ersuchen mit Verwaltungsaktcharakter voraus.[201] Die anschließende Augenscheinsdurchführung, die der Betroffene[202] jedenfalls aus der Verbindung des § 90 Abs. 1 mit den § 98 ff. AO zu dulden hat[203], ist sodann mangels eigenständiger Regelungswirkung bloßer Realakt. Die Inaugenscheinnahme kann offen oder ver-

---

setzes zur Umsetzung der Amtshilferichtlinie sowie zur Änderung steuerlicher Vorschriften (Amtshilferichtlinie-Umsetzungsgesetz – AmtshilfeRLUmsG) v. 26. 6. 2013, BGBl. I 2013, 1834 die Brisanz genommen, proklamiert die Abgabenordnung doch seither durch die ersatzlose Streichung der Nachranganordnung ein gleichrangiges Nebeneinander.

[196] Siehe nur *Seer*, in: Tipke/Kruse, § 93, Rn. 6; § 97, Rn. 7 m. w. N.

[197] *Haselmann*, in: Koenig, § 98, Rn. 1; *Schuster*, in: Hübschmann/Hepp/Spitaler, § 98, Rn. 3; *Seer*, in: Tipke/Kruse, § 98, Rn. 1.

[198] So ausdrücklich *Schuster*, in: Hübschmann/Hepp/Spitaler, § 98, Rn. 4.

[199] *Haselmann*, in: Koenig, § 98, Rn. 2; *Rätke*, in: Klein, § 98, Rn. 1; *Seer*, in: Tipke/Kruse, § 98, Rn. 1.

[200] *Schuster*, in: Hübschmann/Hepp/Spitaler, § 98, Rn. 4; vgl. auch *Haselmann*, in: Koenig, § 98, Rn. 2.

[201] *Roser*, in: Gosch, § 98, Rn. 5; *Schuster*, in: Hübschmann/Hepp/Spitaler, § 98, Rn. 8; *Seer*, in: Tipke/Kruse, § 98, Rn. 6.

[202] Zum Begriff des Betroffenen siehe nur *Schuster*, in: Hübschmann/Hepp/Spitaler, § 98, Rn. 11 und *Seer*, in: Tipke/Kruse, § 98, Rn. 6.

[203] *Schmitz*, in: Schwarz/Pahlke, § 98, Rn. 8; vgl. *Schuster*, in: Hübschmann/Hepp/Spitaler, § 98, Rn. 3.

deckt²⁰⁴ erfolgen; in jedem Fall ist das Ergebnis gemäß § 98 Abs. 1 AO aktenkundig zu machen.

§ 99 AO ergänzt sodann ebendiese Befugnis und gestattet es den von der Finanzbehörde mit der Einnahme des Augenscheins betrauten Amtsträgern in Absatz 1 Satz 1, nach Anordnung²⁰⁵ Grundstücke, Räume, Schiffe, umschlossene Betriebsvorrichtungen und ähnliche Einrichtungen²⁰⁶ während der üblichen Geschäfts- und Arbeitszeit zu betreten, soweit dies erforderlich ist, um im Besteuerungsinteresse Feststellungen zu treffen. Zur Wahrung der individuellen Teilnahmemöglichkeit an der Maßnahme, mithin zum Schutz subjektiver Rechte²⁰⁷, sollen die Betroffenen nach § 99 Abs. 2 S. 2 angemessene Zeit vorher benachrichtigt werden. Letztlich ist das Betreten von Wohnräumen gegen den Willen des Inhabers aufgrund des von Art. 13 Abs. 1 GG grundrechtlich verbürgten besonderen Schutzes der Wohnung nur zur Verhütung dringender Gefahren für die öffentliche Sicherheit und Ordnung zulässig, Absatz 1 Satz 3.²⁰⁸ Strukturell fordert die Norm also vom Adressaten abermals lediglich passive Duldung der hoheitlichen unmittelbar bei ihm stattfindenden Maßnahme.

Bemerkenswert scheint zuletzt die Pflicht des § 100 AO. Obgleich ein Sonderfall der Inaugenscheinnahme²⁰⁹, verlangt die Norm vom Adressaten gerade die aktive Vorlage von Wertsachen (Geld, Wertpapiere, Kostbarkeiten) auf Verlangen der Finanzbehörde²¹⁰, soweit dies erforderlich ist, um im Besteuerungsinteresse Feststellungen über ihre Beschaffenheit und ihren Wert zu treffen. Dient die Verpflichtung damit vornehmlich der Wertermittlung der vorgelegten Gegenstände²¹¹, umfasst sie

---

[204] Heimliche oder verdeckte Inaugenscheinnahmen stehen dabei unter einem besonderen Erforderlichkeitsvorbehalt. Da sich die Finanzbehörde hier nicht öffentlich zugängliche Informationen verschafft, sondern gerade über ihren Charakter als Hoheitsträger hinwegtäuscht, darf ein solcher Augenschein nur zulässig sein, wenn die begründete Wahrscheinlichkeit besteht, dass bei einem offenen Augenschein das wahrheitsgemäße Ergebnis der Sachverhaltsermittlung nachhaltig gefährdet sei. Wie hier *Roser*, in: Gosch, § 98, Rn. 4; *Seer*, in: Tipke/Kruse, § 98, Rn. 4; wohl auch *Binnewies/Bertrand*, AO-StB 2016, 165 f., 167.

[205] *Roser*, in: Gosch, § 99, Rn. 16; *Schuster*, in: Hübschmann/Hepp/Spitaler, § 99, Rn. 28.

[206] Zu den Gegenständen des Betretungsrechts *Schuster*, in: Hübschmann/Hepp/Spitaler, § 99, Rn. 4 ff. und *Seer*, in: Tipke/Kruse, § 99, Rn. 3.

[207] *Anders*, DStR 2012, 1782; *Haselmann*, in: Koenig, § 99, Rn. 11; *Rätke*, in: Klein, § 99, Rn. 6; *Seer*, in: Tipke/Kruse, § 99, Rn. 12.

[208] Zum daraus resultierenden unterschiedlichen Schutzniveau betreffend Betriebs- und Wohnräume siehe nur *Seer*, in: Tipke/Kruse, § 99, Rn. 5 ff. und ferner *Schuster*, in: Hübschmann/Hepp/Spitaler, § 99, Rn. 18 ff.

[209] *Roser*, in: Gosch, § 100, Rn. 1; *Schuster*, in: Hübschmann/Hepp/Spitaler, § 100, Rn. 2.

[210] Dieses Vorlageersuchen ist freilich abermals ein Verwaltungsakt mit allen Konsequenzen hinsichtlich der Bestimmtheit und Begründung, siehe nur *Schuster*, in: Hübschmann/Hepp/Spitaler, § 100, Rn. 23.

[211] So *Seer*, in: Tipke/Kruse, § 100, Rn. 5.

im Bedarfsfall auch die zeitweise Überlassung der Sachen an die Finanzverwaltung.[212]

8. Modifikation der Mitwirkungspflichten in besonderen Verwaltungsverfahren

Auch in den besonderen Verwaltungsverfahren der Außenprüfung und Steuerfahndung sieht die Abgabenordnung besteuerungsrelevante Mitwirkung des Verfahrensunterworfenen vor.

a) Außenprüfung

Für den Bereich der Außenprüfung postuliert § 200 Abs. 1 S. 1 AO, dass der Steuerpflichtige bei der Feststellung der Sachverhalte, die für die Besteuerung erheblich sein können, mitzuwirken hat. Bemerkenswert scheint hier die verwendete Regelungstechnik. Gibt § 200 Abs. 1 S. 1 AO dem Wortsinn nach noch vor, die Mitwirkungspflichten des Außenprüfungsunterworfenen konstitutiv zu begründen, wiederholt die Norm aus teleologischer Sicht lediglich den schon in § 90 Abs. 1 S. 1 AO positivierten Rechtsgedanken der allgemeinen Mitwirkungsverpflichtung des Beteiligten.[213] Gelten die allgemeinen Regeln der §§ 85 ff. AO jedoch, vorbehaltlich etwaig derogierender Spezialregelungen, systematisch ohnehin stadiumsübergreifend für das gesamte Besteuerungsverfahren, mithin auch für besondere Verwaltungsverfahren[214], erweist sich die Norm insoweit als nur deklaratorisches lex specialis. Teilt § 200 Abs. 1 S. 1 AO damit das dogmatische Schicksal des § 90 Abs. 1 S. 1 AO, steht hiermit auch fest, dass aus erstgenannter Regelung per se noch keine konkrete Mitwirkungspflicht des Einzelnen fließen kann[215], vielmehr bedarf es auch hier einer spezialgesetzlichen Rechtsgrundlage, welche es der Finanzverwaltung gestattet, gerade das gewünschte Verhalten vom Einzelnen zu fordern. Potentiell taugliche solche finden sich dabei in allen Befugnissen im Aufgabenbereich der Außenprüfung[216], insbesondere also in jenen des § 200 AO und ergänzend der §§ 90 ff. AO. Vor diesem Hintergrund verwundert auch die nur regelbeispielartige

---

[212] *Schmitz*, in: Schwarz/Pahlke, § 100, Rn. 11; *Schuster*, in: Hübschmann/Hepp/Spitaler, § 100, Rn. 23; *Seer*, in: Tipke/Kruse, § 100, Rn. 5.

[213] *Intemann*, in: Koenig, § 200, Rn. 6; *Schallmoser*, in: Hübschmann/Hepp/Spitaler, § 200, Rn. 10; *Seer*, in: Tipke/Kruse, § 200, Rn. 1.

[214] *Schallmoser*, in: Hübschmann/Hepp/Spitaler, vor §§ 193–203, Rn. 72; § 200, Rn. 10; *Seer*, in: Tipke/Kruse, § 200, Rn. 1. Zur verwendeten Systematik des vor die Klammer Ziehens siehe oben Teil 2 B. I. 1.

[215] Auch die der Außenprüfung zugrundeliegende Prüfungsanordnung begründet über die bloße Pflicht zur Verfahrensduldung hinaus keine eigenständige Mitwirkungsverpflichtung, so auch *Gosch*, StBp. 1999, 163; *Seer*, in: Tipke/Kruse, § 200, Rn. 6.

[216] Siehe dazu oben Teil 2 B. III. 3. Somit scheiden jene des Steuerstrafverfahrens aus, ist dies doch nicht Aufgabe der Außenprüfung.

Aufzählung in § 200 Abs. 1 S. 2 AO nicht, kann der Außenprüfer doch prinzipiell auf das gesamte Konglomerat der Mitwirkungspflichten des „allgemeinen Teils" zurückgreifen. Konstitutive Bedeutung erlangt § 200 AO damit lediglich dort, wo er als derogierende Spezialvorschrift die allgemeinen Mitwirkungspflichten überlagert, modifiziert oder ergänzt. Überzeichnend kann die Außenprüfung damit Individualmitwirkung in folgendem Umfang fordern:

§ 200 Abs. 1 S. 2 Alt. 1 AO zufolge trifft den Steuerpflichtigen zunächst eine außenprüfungsrelevante Auskunftspflicht. Prinzipiell gelten insoweit die Grundsätze des § 93 AO, § 200 Abs. 1 S. 4 AO schließt jedoch das Erfordernis der Schriftlichkeit des Auskunftsersuchens nach § 93 Abs. 2 S. 2 aus, sodass es dem Prüfenden überlassen bleibt, zwischen einem schriftlichen und einem mündlichen Auskunftsgesuch[217] zu wählen.

Ferner ist der Betroffene gemäß § 200 Abs. 1 S. 2 Alt. 2 AO zur Vorlage besteuerungsrelevanter Aufzeichnungen, Bücher, Geschäftspapiere und anderer Urkunden zur Einsicht und Prüfung verpflichtet. Auch hier bedeutet die Vorlageverpflichtung kein Selbstbedienungsrecht des Außenprüfers, vielmehr meint sie das aktive Heraussuchen und Präsentieren[218] vornehmlich der Originalurkunde[219] durch den Steuerpflichtigen am Ort der Außenprüfung[220]. Insbesondere aufgrund des auch elektronische Datenträger erfassenden Urkundenbegriffs[221] erheischt diese Pflicht als potentiell punktuelle Ergänzung der noch zu beleuchtenden digitalen Außenprüfung besondere Relevanz, zumal der Umfang des Vorlageauftrags auf Gesuch des Prüfenden nicht von einer korrespondierenden Aufzeichnungs- oder Aufbewahrungspflicht aufseiten des Einzelnen abhängt.[222]

---

[217] Zum Verwaltungsaktcharakter der Mitwirkungsverlangen des Außenprüfers *Drüen*, StbJb. 2006/2007, S. 294 f.; *Frotscher*, in: Schwarz/Pahlke, § 200, Rn. 17 f.; *Maetz*, in: Klein, § 200, Rn. 11; *Seer*, in: Tipke/Kruse, § 200, Rn. 6 m. w. N.

[218] *Maetz*, in: Klein, § 200, Rn. 8; *Seer*, in: Tipke/Kruse, § 200, Rn. 14.

[219] Zur Anfertigung von Kopien siehe nur *Intemann*, in: Koenig, § 200, Rn. 20.

[220] So *Seer*, in: Tipke/Kruse, § 200, Rn. 14 umfassend Rn. 34 ff.

[221] Siehe zum Urkundenbegriff nur Teil 3 B. I. 6., Fn. 189.

[222] So aber mit Blick auf § 147 AO insbesondere BFH v. 26.9.2007 – I B 53, 54/07, BStBl. II 2008, 417; ferner BFH v. 16.12.2014 – X R 42/13, BStBl. II 2015, 520; BFH v. 24.6.2009 – VIII R 80/06, BStBl. II 2010, 454. Umfassend dargelegt von *Drüen*, StbJb. 2006/2007, S. 284 ff. m. w. N. Dagegen weist *Schallmoser*, in: Hübschmann/Hepp/Spitaler, § 200, Rn. 48 zutreffend darauf hin, dass nach dem Sinn und Zweck der Außenprüfung die für ebendiese einzig relevante Steuererheblichkeit der Unterlagen nicht von einer Aufzeichnungspflicht abhängen kann. Ferner führt *Seer*, in: Tipke/Kruse, § 200, Rn. 9 den Vergleich zur strukturell gleichartigen Norm des § 97 Abs. 1 S. 1 AO, die gleichsam keine solche Dependenz kennt, und den von erstgenannter Auffassung heraufbeschworenen gleichheitswidrigen Zustand mit Blick auf Außenprüfungen bei Überschusseinkunftserwerbenden in Rn. 11 an. Letztlich ist damit mit BFH v. 13.2.1968 – GrS 5/67, BStBl. II 1968, 367; *Frotscher*, in: Schwarz/Pahlke, § 200, Rn. 3; wohl auch *Intemann*, in: Koenig, § 200, Rn. 17; *Schallmoser*, in: Hübschmann/Hepp/Spitaler, § 200, Rn. 48; *Seer*, in: Tipke/Kruse, § 200, Rn. 9; *Wiethölter*, StBp. 2001, 331 eine Aufzeichnungs-/Aufbewahrungspflichtakzessorietät abzulehnen.

Ist die Erforschung steuerrechtlicher Individualsachverhalte beim Betroffenen gerade Kernbereich der Außenprüfungstätigkeit, gestattet es § 200 Abs. 3 S. 2 AO den Prüfern folgerichtig, Grundstücke und Betriebsräume auf Anordnung zur sinnlichen Wahrnehmung der betrieblichen Umstände und Feststellung steuerrelevanter Sachverhalte zu betreten und zu besichtigen.[223] Die neben dem Betretungsrecht stehende „Betriebsbesichtigung", wie § 200 Abs. 3 S. 3 AO sie nennt, ähnelt dabei strukturell der Inaugenscheinnahme gemäß §§ 98, 99 Abs. 1 S. 1 AO[224] und umfasst in örtlicher Hinsicht ausweislich des Wortsinns alle Grundstücke und betrieblich genutzten Räumlichkeiten ungeachtet der Eigentumslage, mithin alle Teile des Betriebs[225]. Negativ grenzt die Norm damit den prüfungsrelevanten Lokalkreis dahingehend ein, dass privater Wohnraum des Betroffenen – nicht aber private Grundstücke[226] – für den Außenprüfer mangels einer § 99 Abs. 1 S. 3 AO entsprechenden Anordnung gegen den Willen des Inhabers ausnahmslos unzugänglich bleibt.[227] Den Betriebsinhaber trifft also eine vornehmlich auf den Betrieb beschränkte, mit dem hoheitlichen Betretungs- bzw. Besichtigungsrecht korrelierende passive Duldungspflicht; zumindest zu der Besichtigung soll er jedoch nach § 200 Abs. 3 S. 3 AO hinzugezogen werden.

Darüber hinaus hat der Prüfungsunterworfene gemäß § 200 Abs. 1 S. 2 Alt. 3 AO die zum Verständnis der vorgelegten Urkunden[228] erforderlichen Erläuterungen qua Gesetz aktiv zu geben. Der Urkundeninhalt ist dabei so zu erläutern, dass dessen Wesensgehalt für die Besteuerung vom Prüfer voll erkannt werden kann.[229] Hierzu gehören insbesondere die Lesbarmachung der Unterlagen, mindestens aber die Zurverfügungstellung hierzu etwaig erforderlicher Hilfsmittel oder die Aufhebung interner Verschlüsselungen entsprechend den Grundsätzen des § 147 Abs. 5 AO.[230]

---

[223] Zum sachlichen Umfang des Besichtigungsrechts, insbesondere zur Zulässigkeit von Fotografien, *Seer*, in: Tipke/Kruse, § 200, Rn. 24.
[224] Gleichwohl sind die Institute zu unterscheiden. Im Gegensatz zur Inaugenscheinnahme dient die Betriebsbesichtigung des § 200 Abs. 3 S. 2 AO nur der allgemeinen Information und ist kein Beweismittel, so *Frotscher*, in: Schwarz/Pahlke, § 200, Rn. 36; *Schallmoser*, in: Hübschmann/Hepp/Spitaler, vor §§ 193–203, Rn. 74.
[225] So ausdrücklich *Seer*, in: Tipke/Kruse, § 200, Rn. 23.
[226] *Schallmoser*, in: Hübschmann/Hepp/Spitaler, § 200, Rn. 105; *Seer*, in: Tipke/Kruse, § 200, Rn. 23.
[227] *Intemann*, in: Koenig, § 200, Rn. 59; *Hendricks*, in: Gosch, § 200, Rn. 51.
[228] Die Erläuterungspflicht gilt über den Wortsinn hinaus nicht nur für Aufzeichnungen, sondern für jede Art von vorzulegender Urkunde. Wie hier *Schallmoser*, in: Hübschmann/Hepp/Spitaler, § 200, Rn. 60; *Seer*, in: Tipke/Kruse, § 200, Rn. 15; *Intemann*, in: Koenig, § 200, Rn. 24. Dagegen *Maetz*, in: Klein, § 200, Rn. 15, der insoweit auf die allgemeine Mitwirkungsverpflichtung des § 200 Abs. 1 S. 1 AO rekurrieren möchte.
[229] *Hendricks*, in: Gosch, § 200, Rn. 16.
[230] So *Schallmoser*, in: Hübschmann/Hepp/Spitaler, § 200, Rn. 60. Siehe ferner die Aufzählung der Erläuterungshandlungen bei *Hendricks*, in: Gosch, § 200, Rn. 16.

Über die bloße Erläuterung hinaus ist der Steuerpflichtige zu einer weitergehenden Hilfeleistung nicht verpflichtet.[231]

Einen solchen weitergehenden Beistandsauftrag enthält dagegen § 200 Abs. 1 S. 2 Alt. 4 AO. Neben der aktiven Pflicht zur Herstellung der Lesbarkeit aufgezeichneter Unterlagen gemäß § 147 Abs. 5 AO hat der Steuerpflichtige die Finanzbehörde bei Ausübung ihrer Befugnisse nach § 147 Abs. 6 AO zu unterstützen. Er muss die der Verwaltung dort eingeräumten Zugriffsrechte also nicht nur passiv dulden, sondern hat ebendiese gleichsam aktiv zu fördern. Binnensystematisch bemisst sich der Beistandsumfang im Rahmen des § 200 Abs. 1 S. 2 Alt. 4 AO nach den zu unterstützenden behördlichen Zugriffsmöglichkeiten des § 147 Abs. 6 AO. Ebendiese bedürfen insbesondere angesichts ihres praktisch stetig zunehmend hohen Stellenwerts und der potentiell besonderen Grundrechtsrelevanz des Instituts der „digitalen Außenprüfung" besonderer Beachtung:

Die Möglichkeit des hoheitlichen Datenzugriffs in §§ 147 Abs. 6 S. 1, 2 AO hat die Erkenntnismöglichkeiten, die Erkenntnistiefe und vor allem die Erkenntnisgeschwindigkeit deutlich zu Gunsten der Außenprüfung verschoben.[232] War die zutreffende Ermittlung steuerlicher Sachverhalte lange Zeit eine von Papierbergen dominierte Sisyphusarbeit, ist die Außenprüfung seit 2002[233] potentieller Nutznießer digitaler Ermittlungsmöglichkeiten. Freilich nur im Rahmen der Prüfungsanordnung[234] und bei Vorliegen eines digitalen Prüfbedürfnisses[235] kann der Außenprüfer auf die vom gemäß §§ 140 ff. AO Buchführungs- oder Aufzeichnungspflichtigen[236] pflichtgemäß erstellten Daten in verschiedener Form zugreifen.

Die mildeste Zugriffsform sieht § 147 Abs. 6 S. 1 AO vor. Dieser sog. Nur-Leseoder Z1-Zugriff ermächtigt den Hoheitsträger nach Anordnung lediglich zur Einsicht in die gespeicherten Daten und zur Nutzung nur[237] des Datenverarbeitungssystems des Verfahrensunterworfenen zur Prüfung dieser Unterlagen. Die Finanzverwaltung bedient sich hier der schon vorhandenen Hard- und Software des Steuerpflichtigen und partizipiert so an dem individuell erarbeiteten Datenbestand und dem insoweit freiwillig etablierten Datenverarbeitungssystem mitsamt dessen Kontrollmöglich-

---

[231] So *Hendricks*, in: Gosch, § 200, Rn. 16 und *Seer*, in: Tipke/Kruse, § 200, Rn. 15.

[232] So *Drüen*, DStJG 38, S. 228.

[233] Eingeführt durch Art. 7 Nr. 2 lit. c) des Gesetzes zur Senkung der Steuersätze und zur Reform der Unternehmensbesteuerung (Steuersenkungsgesetz – StSenkG) v. 23.10.2000, BGBl. I 2000, 1460. Zum zeitlichen Anwendungsbereich der Vorschrift siehe nur *Drüen*, in: Tipke/Kruse, § 147, Rn. 75.

[234] *BMF*, BStBl. I 2014, 1464; *Seer*, in: FS-Streck, S. 412; *Drüen*, in: Tipke/Kruse, § 147, Rn. 71.

[235] *Bellinger*, StBp. 2011, 307 ff.; *Drüen*, in: Tipke/Kruse, § 147, Rn. 69, 71.

[236] Schon aufgrund seiner systematischen Stellung in § 147 AO ist § 147 Abs. 6 AO insoweit akzessorisch.

[237] *BMF*, BStBl. I 2014, 1465; *Burchert*, INF 2001, 231; *Tormöhlen*, AO-StB 2014, 244.

B. Die steuerrechtlichen Mitwirkungspflichten

keiten.[238] Inhaltlich umfasst der Zugriff nur das bloße Lesen, Filtern und Sortieren der Daten[239] unmittelbar beim Betroffenen.

Nahezu identisch ausgestaltet ist der sog. mittelbare Daten- oder Z2-Zugriff gemäß § 147 Abs. 6 S. 2 Alt. 1 AO. Hiernach kann der Außenprüfer verlangen, dass die beim Betroffenen befindlichen Daten von diesem nach hoheitlichen Vorgaben maschinell ausgewertet werden. In diesem Szenario bedient sich die Finanzverwaltung gerade nicht unmittelbar selbst der Datenverarbeitungssysteme des Einzelnen, sondern lässt ebendiesen selbst bzw. dessen hierfür zuständiges Personal den Datenstamm nach hinreichend bestimmten Kriterien[240] auswerten. Damit erweist sich der Z2-Zugriff strukturell als ein lediglich durch den Unterworfenen selbst ausgeführter hoheitlicher Z1-Zugriff, der mittelbare Datenzugriff mithin als bloße Modifikation der Nur-Lese-Variante.[241]

Die Rechtsgrundlage für den schärfsten Eingriff enthält § 147 Abs. 6 S. 2 Alt. 2 AO. Der sog. Datenträger- oder Z3-Zugriff ermöglicht es der Außenprüfung, die aktive Zurverfügungstellung der gespeicherten Unterlagen und Aufzeichnungen auf einem maschinell verwertbaren Datenträger zur eigenverantwortlichen Auswertung beim Betroffenen oder an Amtsstelle[242] zu fordern. Im Gegensatz zu den Normen des Z1- und Z2-Zugriffs, welche nur zur behördlichen Datendurchsicht ermächtigen, wird die Finanzverwaltung hiesig in die Lage versetzt, einen Datenexport zu verlangen und den herausgegebenen Datenstamm, insbesondere durch softwaregestützte Prüfungsverfahren, in Eigenregie umfassend zu durchleuchten. Hieraus resultiert zum einen zwar maximales hoheitliches Erkenntnispotential bei gleichzeitig minimaler Beeinträchtigung der Arbeitsabläufe des zu prüfenden Betriebs, zum anderen aber auch eine besondere Gefährdungslage für den Betroffenen, begibt er sich doch, jedenfalls zeitweise, seiner ausschließlichen Datenverwendungshoheit. Die zeitliche Dimension des Eingriffs folgt dabei dem vorstehenden individuellen Rationalisierungs-[243] und Optimierungsgedanken, sodass der Zugriff nur soweit und solange zulässig sein kann, als er Besteuerungsrelevanz besitzt.[244] Spätestens ab dem

---

[238] So auch *Drüen*, StuW 2003, 213 f. und *Drüen*, StuW 2003, 369.

[239] *Drüen*, in: Tipke/Kruse, § 147, Rn. 78 m.w.N.

[240] *Burchert*, INF 2001, 232; *Drüen*, in: Tipke/Kruse, § 147, Rn. 79.

[241] *Drüen*, in: Tipke/Kruse, § 147, Rn. 79.

[242] So BFH v. 16.12.2014 – VIII R 52/12, DStR 2015, 1922 unter systematischem Verweis u.a. auf § 200 Abs. 2 AO; dazu *Ochs/Wargowske*, DStR 2015, 2689 ff.; wie hier wohl auch *Mues*, in: Gosch, § 147, Rn. 33. Positivistisch restriktiver *Drüen*, in: Tipke/Kruse, § 147, Rn. 80a f. m.w.N., der die Überlassung des Datenträgers außerhalb der Räume des Steuerpflichtigen oder seines Beraters als nicht geschuldet ansieht. Deutlich weiter unter Rekurs auf die Praxisferne der BFH-Auffassung *Rätke*, in: Klein, § 147, Rn. 75 m.w.N.

[243] So *Drüen*, in: Tipke/Kruse, § 147, Rn. 80. Ob dem Datenträgerzugriff darüber hinaus überindividuelle Bedeutung zukommt, erscheint zweifelhaft, bedarf aber vorliegend keiner Entscheidung. Dagegen *Drüen*, in: Tipke/Kruse, § 147, Rn. 81 und wohl auch BMF, BStBl. I 2014, 1465; dafür *Schüßler*, Der Datenzugriff, S. 172 f., jeweils m.w.N.

[244] Vgl. BFH v. 16.12.2014 – VIII R 52/12, DStR 2015, 1922.

bestandskräftigen Abschluss des Besteuerungsverfahrens sind die zur Verfügung gestellten Datenträger wieder herauszugeben und die verbleibenden Daten zu löschen.[245]

Zuletzt bereitet die Berichtigungspflicht des § 153 Abs. 1 Nr. 1 AO im Rahmen des Außenprüfverfahrens vor dem Hintergrund ihrer Ratio Probleme. Bedarf es zur Pflichtbegründung tatbestandlich der tatsächlichen Kenntnis sowohl der Tatsachengrundlage als auch der Unrichtigkeit der Erklärung als auch der Folge einer tatsächlichen oder potentiellen Steuerverkürzung[246], kann sich der Erkenntnisprozess aufseiten des Steuerpflichtigen gerade in komplexeren Sachverhalten über geraume Zeit hinziehen. Wird der Betroffene in der Zwischenzeit einer Außenprüfung unterzogen und erkennt der Hoheitsträger das Erklärungsdefizit, fragt sich, ob gleichsam eine Pflicht zur Berichtigung der Erklärungen ent- bzw. fortbesteht.

Prinzipiell verschließt sich § 153 Abs. 1 Nr. 1 AO einer nur mittelbaren Kenntniserlangung nicht.[247] Dass aber gerade durch die Finanzverwaltung gemitteltes Wissen zur Pflichtbegründung nicht ausreichen kann, ergibt sich aus teleologischen Erwägungen: Soll § 153 Abs. 1 Nr. 1 AO nämlich vornehmlich die zutreffende behördliche Sachaufklärung sicherstellen, um so mittelbar die Gesetzmäßigkeit der Besteuerung zu schützen[248], besteht, sobald die Verwaltung anderweitig Kenntnis von der Erklärungsunrichtigkeit erlangt, kein valides hoheitliches Deklarationsinteresse mehr. Eine fortbestehende aktive (strafbewehrte) Erklärungspflicht zwänge den Steuerpflichtigen lediglich zur Deklaration von Umständen, die der Finanzverwaltung ohnehin schon bekannt wären[249], förderte aber das Ziel optimierter Sachverhaltsaufklärung erkennbar nicht mehr. Eine entsprechende Berichtigungspflicht wäre schlichtweg sinnlos, führte lediglich zu einer Flut von Berichtigungserklärungen in Außenprüfverfahren und ließe letztlich die Berichtigungspflicht hiesig zur bloßen Förmelei verkommen.[250] Folglich widerstreitet der Kreis der vom Wortsinn erfassten Konstellationen den teleologischen Erwägungen, sodass § 153 Abs. 1 Nr. 1 AO im Rahmen der Außenprüfung insoweit einer teleologischen Reduktion bedarf.[251] Dies bedeutet gleichwohl nicht, dass der Beginn einer Außen-

---

[245] Gleichwohl besteht ein abgabenordnungsspezifisch positivrechtlicher Anspruch auf Löschung nicht, vgl. *Tormöhlen*, AO-StB 2014, 245. Ob insoweit mit *Jochum*, Mitwirkungspflichten, S. 210 auf datenschutzrechtliche oder mit *Schmittmann*, ZD 2012, 19 auf verfassungsunmittelbare Löschungsansprüche rekurriert werden sollte, interessiert vorliegend nicht.

[246] Siehe oben Teil 3 B. I. 4.

[247] In diese Richtung auch *Heuermann*, in: Hübschmann/Hepp/Spitaler, § 153, Rn. 13c.

[248] Siehe oben Teil 3 B. I. 4.

[249] So aber insbesondere *Rätke*, in: Klein, § 153, Rn. 21 unter Rekurs auf BFH v. 23.7.2013 – VIII R 32/11, BStBl. II 2016, 503.

[250] So *Drüen*, DStJG 38, S. 242 f.

[251] So wohl auch AEAO zu § 153 AO, Nr. 3. Wie hier *Drüen*, DStJG 38, S. 242 f.; *Heuermann*, in: Hübschmann/Hepp/Spitaler, § 153, Rn. 13c; *Krug/Skoupil*, NZWiSt 2015, 457; *Schindler*, in: Gosch, § 153, Rn. 22; *Seer*, in: Tipke/Kruse, § 153, Rn. 16. Dagegen *Dißars*, in: Schwarz/Pahlke, § 153, Rn. 32; *Müller*, DStZ 2005, 29; *Rätke*, in: Klein, § 153, Rn. 21.

prüfung das Entstehen der Berichtigungspflicht allgemein suspendiert, vielmehr muss der Kenntnisstand der Finanzverwaltung die Reichweite der Berichtigungspflicht in Außenprüfverfahren begrenzen. Letztlich müssen diese Grundsätze sowohl für das Entstehen als auch für den Fortbestand der Berichtigungspflicht gelten. Es kann keinen Unterschied machen, ob der Außenprüfer die Unrichtigkeit der Erklärung sogleich umfassend erkennt, die Berichtigungspflicht also gar nicht erst entsteht, oder er zunächst den Steuerpflichtigen, etwa durch klärende Rückfragen während der Prüfung, zum pflichtbegründenden Erkennen veranlasst, dieser Handlungsauftrag sodann aber durch umfassende Sachverhaltsaufklärung wieder erlischt.[252]

b) Steuerfahndung

Die kompetenzielle Gemengelage erweitert die Frage nach den Modifikationen mitwirkungsrelevanter Machtmittel der Steuerfahndung um zwei vorgelagerte Weichenstellungen: Erststufig fließt aus dem dargelegten[253] Korrelationsverhältnis zwischen Aufgabe und Befugnis zunächst wiederholt die Erkenntnis, dass die Fahndungsstelle bei Wahrnehmung steuerstrafrechtlicher Aufgaben nur auf steuerstrafrechtliche Befugnisse sowie bei Erfüllung der steuerrechtlichen Aufgaben lediglich auf steuerrechtliche Befugnisse zurückgreifen darf. Interessieren die im Wesentlichen strafprozessualen Ermächtigungsgrundlagen der §§ 208 Abs. 1 S. 2 Hs. 1, 404 AO an dieser Stelle nicht[254], wird aus steuerrechtlicher Warte zweistufig hier abermals die Frage nach dem einschlägigen Aufgabenbereich der Steuerfahndung akut.

Agiert diese im derivativen Kompetenzbereich des § 208 Abs. 2 AO, richten sich deren Befugnisse nach jenen der ersuchenden Behörde.[255] Für die Mitwirkungsrelevanz gelten sodann die vorstehenden Ausführungen, insbesondere mit Blick auf § 208 Abs. 2 Nr. 1 AO jene betreffend die Außenprüfung.

Im originären steuerlichen Aufgabenbereich folgen die einschlägigen Eingriffsermächtigungen des § 208 Abs. 1 S. 2 Hs. 2 und S. 3 AO der im Rahmen der Außenprüfung aufgezeigten Systematik. So kann auch der Steuerfahnder grundsätzlich auf den gesamten Fundus steuerrechtlicher Mitwirkungsaufträge der §§ 90 ff. AO zurückgreifen, soweit § 208 Abs. 1 S. 3 AO als lex specialis nichts anderes vorschreibt. Insbesondere § 208 Abs. 1 S. 3 Hs. 1 AO modifiziert dabei die allgemeinen Vorschriften, indem die Norm das Eskalationsprinzip des § 93 Abs. 1 S. 3 AO außer Kraft setzt und § 93 Abs. 2 S. 2 AO sowie § 97 Abs. 2 AO für unanwendbar erklärt.

---

[252] So im Ergebnis auch *Drüen*, DStJG 38, S. 242 f.
[253] Teil 2 B. I. 1. und 2.
[254] Siehe dazu Teil 2 B. II. 3.
[255] *Koenig*, in: Koenig, § 208, Rn. 40.

Zur Sicherung des Fahndungserfolgs[256] kann der Hoheitsträger daher ohne schriftliches Ersuchen um Auskunft nach § 93 Abs. 1 S. 1 AO bitten und muss sich dabei nicht einmal zunächst an die Beteiligten halten. Auch die Urkundenvorlage an Amtsstelle oder die Einsicht direkt beim Betroffenen hängt nicht mehr vom Erfordernis des individuellen Einverständnisses ab. Im Übrigen gelten obige Ausführungen.

Bemerkenswert scheint ferner die Befugniserweiterung des § 208 Abs. 1 S. 3 Hs. 2 AO. Danach gelten ausgewählte Regelungen der Außenprüfung zu Gunsten der Steuerfahndung sinngemäß, selbst wenn diese nicht im derivativen Aufgabenbereich agiert. Hier führt der Fahndungsbeamte gerade keine Außenprüfung durch[257], weshalb er auch nicht an entsprechende Erfordernisse, wie Prüfungsanordnungen oder Schlussbesprechungen, gebunden ist.[258] Trotzdem gestattet es ihm die Abgabenordnung, sich der Mitwirkungsaufträge der §§ 200 Abs. 1 S. 1 und 2, Abs. 2, Abs. 3 S. 2 AO zu bedienen und damit vom Fahndungsunterworfenen insbesondere aktive Erläuterung der vorzulegenden Urkunden, Unterstützung beim Datenzugriff gemäß § 147 Abs. 6[259] und passive Duldung des Betretens und Besichtigens der Grundstücke und Betriebsräume zu fordern.[260] Auch insoweit sei auf vorstehende Erläuterungen verwiesen.

9. Die Mitwirkungspflichten Dritter

Neben den Beteiligten im Sinne des § 78 AO sind nach der Konzeption der Abgabenordnung auch andere Personen in begrenztem Maße potentielle Adressaten steuerrechtlicher Mitwirkungsaufträge. Freilich nur bei Vorliegen einer entsprechenden Rechtsgrundlage erlaubt es das Gesetz damit, dass auch am konkret interessierenden Besteuerungsverfahren nicht beteiligte Dritte[261] sachverhaltsaufklärend in Anspruch genommen werden können. Nachstehend seien daher die de lege lata bestehenden Mitwirkungspflichten Dritter im Besteuerungsverfahren kurz skizziert, wobei, sofern nachstehend nichts Anderes erläutert, hinsichtlich deren Inhalt, Struktur und Umfang die Ausführungen zur Mitwirkung der Beteiligten sinngemäß gelten.

---

[256] Siehe nur BT-Drs. 7/4292, 36: „Der [Finanz-]Ausschuß hält diese Einschränkungen für erforderlich, weil anderenfalls im Hinblick auf den möglichen straf- oder bußgeldrechtlichen Bezug der Erfolg der Ermittlungen gefährdet werden könnte."

[257] *Seer*, in: Tipke/Kruse, § 208, Rn. 52 und ausdrücklich Rn. 57.

[258] BFH v. 9.3.1999 – VIII R 19/97, BFH/NV 1999, 1187; BFH v. 11.12.1997 – V R 56/94, BStBl. II 1998, 370; *Rüsken*, in: Klein, § 208, Rn. 48; *Seer*, in: Tipke/Kruse, § 208, Rn. 52.

[259] Vgl. *Hoyer/Scharenberg*, in: Gosch, § 208, Rn. 50.

[260] Weiterführend siehe die konsolidierte Aufzählung der Befugnisse und Modifikationen der Steuerfahndung bei *Tormöhlen*, in: Hübschmann/Hepp/Spitaler, § 208, Rn. 146a ff.

[261] Zum Verhältnis der Mitwirkung des Beteiligten und jener des Dritten Teil 3 B. II. 2.

B. Die steuerrechtlichen Mitwirkungspflichten 115

Zunächst gestattet es § 93 Abs. 1 S. 1 AO der Finanzbehörde, auch andere Personen um die Erteilung der zur Feststellung eines[262] für die Besteuerung erheblichen Sachverhalts erforderlichen Auskünfte anzurufen. Den Dritten trifft ebenfalls insoweit eine aktive Auskunftsverpflichtung, flankiert durch eine umfassende Wahrheits- (§ 93 Abs. 3 S. 1 AO) und begrenzte Informationsbeschaffungsobliegenheit (§ 93 Abs. 3 S. 2 AO). Ähnlich der Versicherung an Eides statt betreffend die Auskunftspflicht des Beteiligten ist der Finanzverwaltung auch hier mit der Möglichkeit, das zuständige Finanzgericht gemäß § 94 Abs. 1 S. 1 AO um die eidliche Vernehmung des Dritten zu ersuchen, ein die Auskunftswahrheit sicherndes[263] Druckmittel als ultima ratio[264] eingeräumt.

Hat oder verspricht ein solches Auskunftsverlangen beim Beteiligten oder beim Dritten keinen Erfolg (§ 93 Abs. 7 S. 2 Hs. 2)[265] oder erklärt sich der Steuerpflichtige damit einverstanden, kommt ein automatisierter Abruf von Kontoinformationen[266] gemäß § 93b Abs. 2 AO i. V. m. § 93 Abs. 7 AO in Betracht. Unter den Voraussetzungen insbesondere[267] des § 93 Abs. 7 S. 1 AO kann das Finanzamt vom Bundeszentralamt für Steuern den Zugriff auf den Datenstamm relevanter Kreditinstitute und die Übermittlung näher bezeichneter besteuerungserheblicher Kontoinformationen[268] des Steuerpflichtigen verlangen, § 93b Abs. 2 S. 1 AO, wobei die erlangten Informationen gemäß § 150 Abs. 7 S. 2 AO grundsätzlich als Angaben des Steuer-

---

[262] Am Rande bemerkt sei an dieser Stelle die Befugnis zur Einholung sog. Sammelauskunftsersuchen. Als in Gesetz gegossene Rechtsprechung positiviert § 93 Abs. 1a AO die schon zuvor richterlich gebilligte (siehe nur BFH v. 21.3.2002 – VII B 152/01, BStBl. II 2002, 500) finanzbehördliche Praxis, an andere Personen als die Beteiligten Auskunftsersuchen über eine ihr noch unbekannte Anzahl von Sachverhalten mit dem Grunde nach bestimmbaren, ihr noch nicht bekannten Personen zu stellen, wenn ein hinreichender Anlass für die Ermittlungen besteht und andere zumutbare Maßnahmen zur Sachverhaltsaufklärung keinen Erfolg versprechen. Das Kriterium des hinreichenden Anlasses grenzt dabei zulässige Vorfeldermittlungen von unzulässigen Aufklärungen „ins Blaue hinein" ab, dazu auch oben Teil 2 B. II. 2. a). Zum Ganzen *Roser*, in: Gosch, § 93, Rn. 22.1 ff.; *Seer*, in: Tipke/Kruse, § 93, Rn. 34 ff.; *Schuster*, in: Hübschmann/Hepp/Spitaler, § 93, Rn. 102 ff.

[263] *Roser*, in: Gosch, § 94, Rn. 2; *Seer*, in: Tipke/Kruse, § 94, Rn. 1.

[264] *Roser*, in: Gosch, § 94, Rn. 2; *Seer*, in: Tipke/Kruse, § 94, Rn. 5; *Schmitz*, in: Schwarz/Pahlke, § 94, Rn. 17.

[265] Diese Subsidiaritätsanordnung stuft das Abrufverfahren ab, dazu *Schuster*, in: Hübschmann/Hepp/Spitaler, § 93, Rn. 118. Mit Blick auf die vom Abruf nicht umfassten, aber anschließend relevanten Informationen der Kontenbewegungen und -stände sowie das hier abermals vorrangige Auskunftsersuchen beim Beteiligten vor dem Kreditinstitut, erscheint das Verfahren sogar doppelt subsidiär und ineffizient, so auch *Seer*, in: Tipke/Kruse, § 93, Rn. 46.

[266] Zur Verfassungsmäßigkeit des Instituts umfassend *Seer*, in: Tipke/Kruse, § 93, Rn. 40 ff. m. w. N.

[267] Weitere Verfahrensvoraussetzungen enthalten §§ 93 Abs. 9 und 10 AO.

[268] Erfasst werden über die Verweisung des § 93b Abs. 1 AO auf § 24c Abs. 1 KWG und § 93b Abs. 1a S. 1 AO nur sog. „Kontenstammdaten". Allein die Finanzbehörden können vom Bundeszentralamt für Steuern darüber hinaus die Übermittlung bestimmter Identifikationsnummern nach § 93b Abs. 2 S. 2 AO fordern. Zum Ganzen *Schuster*, in: Hübschmann/Hepp/Spitaler, § 93, Rn. 113 f.

pflichtigen selbst gelten, soweit dieser nicht abweichende Angaben macht. Die Verfügbarkeit entsprechender Daten garantiert eine korrespondierende, qua § 93b Abs. 1 AO i. V. m. § 24c Abs. 1 KWG und § 93b Abs. 1a AO bestehende, aktive Datenerhebungs- und Vorratsverpflichtung zu Lasten der Kreditinstitute[269] und das Gebot der Kontenwahrheit aus § 154 Abs. 1 AO[270]. Fungiert das Bundeszentralamt in dieser Konstellation verfahrenstechnisch lediglich als Hilfsbehörde ohne eigenes Ermessen[271], mithin nur als technisches Instrument[272] der Finanzbehörde zum Zugriff auf die Kontodaten, und offenbart sich der Datenabruf selbst als bloßer Realakt[273], fließen gleichwohl aus § 93b Abs. 2 AO i. V. m. § 93 Abs. 7 AO selbst mangels insoweit denkbarer und notwendiger zwangsweiser Durchsetzung der Maßnahmen keine Pflichten im hier interessierenden Sinne.[274]

Fehlt der Finanzbehörde Sachkunde, kann sie unter den Voraussetzungen des § 96 AO Sachverständige hinzuziehen, die auf das behördliche Gesuch hin zur aktiven Gutachtenerstellung verpflichtet sind.

Daneben unterliegen auch Nichtbeteiligte sowohl der aktiven Urkundenvorlagepflicht des § 97 Abs. 1 S. 1 AO als auch der Pflicht zur passiven Duldung von Inaugenscheinnahmen nach § 98 Abs. 1 AO bzw. des damit verbundenen Betretens von Grundstücken und Räumen gemäß § 99 Abs. 1 S. 1 AO. § 100 Abs. 1 AO zufolge können Dritte zur Vorlage von Wertsachen angehalten werden.

Auch diese Mitwirkungspflichten erfahren in den besonderen Verfahren der Außenprüfung und Steuerfahndung graduelle Ausweitungen respektive Modifika-

---

[269] *Roser*, in: Gosch, § 93b, Rn. 5 ff.; *Schuster*, in: Hübschmann/Hepp/Spitaler, § 93b, Rn. 4 ff.

[270] § 154 AO enthält wiederum selbst die angestrebte Kontenwahrheit sichernde Verhaltensaufträge. So statuiert dessen Absatz 1 zunächst ein den Kunden betreffendes Verbot der Identitätstäuschung. Korrelierend sind Kreditinstitute gemäß Absatz 2 Satz 1 verpflichtet, sich ex ante Gewissheit über die Person und Anschrift jedes Verfügungsberechtigten und jedes wirtschaftlich Berechtigten im Sinne des Geldwäschegesetzes zu verschaffen (Nummer 1) und die entsprechenden Angaben in geeigneter Form, bei Konten auf dem Konto, festzuhalten (Nummer 2), sog. Legitimationsprüfungspflicht. § 154 Abs. 2a S. 1 AO zufolge sind darüber hinaus die einschlägigen Identifikationsnummern nach § 139b AO und etwaig erteilte Wirtschafts-Identifikationsnummern nach § 139c AO zu erheben und aufzuzeichnen bzw. in den Grenzen des § 154 Abs. 2b S. 1 AO beim Bundeszentralamt für Steuern zu erfragen. Letztlich ist nach § 154 Abs. 2c S. 1 AO auch der Fall der nicht hinreichenden Kooperation des Vertragspartners auf dem Konto festzuhalten. Zum Ganzen kursorisch *Seer*, in: Tipke/Lang, Rn. 21.199 f. m. w. N.

[271] *Seer*, in: Tipke/Kruse, § 93b, Rn. 6. Auch hinsichtlich der Zugriffsvoraussetzungen führt es nur eine Plausibilitätskontrolle durch, AEAO zu § 93 AO, Rn. 2.4; *Roser*, in: Gosch, § 93, Rn. 50; die Letztverantwortung für die Zulässigkeit liegt – § 93b Abs. 3 AO zufolge – bei der Finanzbehörde.

[272] So *Seer*, in: Tipke/Kruse, § 93b, Rn. 6 m. w. N.

[273] *Schuster*, in: Hübschmann/Hepp/Spitaler, § 93, Rn. 135; *Seer*, in: Tipke/Kruse, § 93, Rn. 55; *Volquardsen*, in: Schwarz/Pahlke, § 93, Rn. 74, jeweils m. w. N.

[274] Dagegen wohl *Seer*, SteuerStud 2010, 372.

tionen[275]: So erlaubt es § 200 Abs. 1 S. 3 AO dem Außenprüfer, auch andere Betriebsangehörige[276] subsidiär[277] um aktive Auskunft zu ersuchen[278], und § 147 Abs. 6 S. 3 AO erweitert die Datenerhebungsmöglichkeiten der digitalen Außenprüfung um die Befugnis zum Zugriff auch bei Dritten, sofern der Prüfungsunterworfene sein Datenverarbeitungssystem bei diesen etabliert. Betreffend die Steuerfahndung bleibt klarstellend auf § 93 Abs. 7 S. 1 Nr. 4b AO hinzuweisen, der einen automatisierten Abruf von Kontoinformationen auch im Falle genuin steuerrechtlicher Tätigkeit der Fahndungsbeamten zur Aufdeckung und Ermittlung unbekannter Steuerfälle nach § 208 Abs. 1 S. 1 Nr. 3 AO ermöglicht.

10. Die Systematisierung der Mitwirkungspflichten als Grundlage der weiteren Untersuchung: eine Kategorienfindung

Die vorstehenden Erläuterungen legen den Blick auf einen breit gefächerten Fundus potentieller Kategorisierungsmöglichkeiten frei. Evident vorzugswürdige oder zu vernachlässigende Unterteilungen drängen sich hierbei nicht auf; so beansprucht beispielsweise eine mit Blick auf das noch zu diskutierende Aktiv-Passiv-Dogma[279] angestrengte Unterscheidung zwischen aktiver und passiver Mitwirkung auf den ersten Blick dieselbe Daseinsberechtigung wie etwa eine nach dem Zeitpunkt des abverlangten Verhaltens. Dieser Diskussionsabhängigkeit ist es zu verdanken, dass die Systematisierung steuerrechtlicher Mitwirkungsaufträge schon verschiedentlich Gegenstand jenes wissenschaftlichen Diskurses war, der an dieser Stelle den Ausgangspunkt der Untersuchung darstellen soll:

Schaefer etwa unterscheidet in seiner Abhandlung zwischen Erklärungspflichten einerseits sowie Buchführungs- und Aufzeichnungspflichten andererseits.[280] Als Grund hierfür führt er die divergierende Konzeption der beiden Auftragstypen betreffend die hoheitliche Informationserlangung an. So müsse der Erklärungs-

---

[275] Zu Mitwirkungspflichten Dritter bei Außenprüfungen im Ganzen *Balmes*, AO-StB 2003, 349 ff.
[276] Eine formelle Arbeitnehmereigenschaft wird hier nicht vorausgesetzt. Nach *Schallmoser*, in: Hübschmann/Hepp/Spitaler, § 200, Rn. 25 ist Betriebsangehöriger jeder, bei dem aufgrund seiner Stellung im Betrieb ein für die Außenprüfung potentiell sachdienlicher Kenntnisstand zu erwarten ist, zustimmend *Hendricks*, in: Gosch, § 200, Rn. 13; weiter dagegen *Seer*, in: Tipke/Kruse, § 200, Rn. 18, der „jede andere Verbindung mit dem Betrieb" als ausreichend ansieht.
[277] *Hendricks*, in: Gosch, § 200, Rn. 13; *Maetz*, in: Klein, § 200, Rn. 18.
[278] Nur insoweit ist § 200 Abs. 1 S. 3 AO derogierendes lex specialis zu § 93 Abs. 1 S. 1 AO. Eine weitergehende Sperrwirkung entfaltet die Norm gleichwohl nicht, *Schallmoser*, in: Hübschmann/Hepp/Spitaler, § 200, Rn. 25; *Seer*, in: Tipke/Kruse, § 200, Rn. 21. Damit bleibt es dem Außenprüfer unbenommen, gegen nichtbetriebsangehörige Dritte Auskunftsersuchen auf Grundlage und unter den Voraussetzungen des § 93 AO zu richten; § 200 Abs. 1 S. 4 AO suspendiert dabei § 93 Abs. 2 S. 2 AO.
[279] Siehe insbesondere dazu Teil 4 B. II. 2. a).
[280] *Schaefer*, Steuerstrafverfahren, S. 243 ff.

pflichtige steuerrelevante Informationen der Finanzbehörde direkt präsentieren, wohingegen die Buchführungs- und Aufzeichnungspflichten solche Unterlagen zunächst ausschließlich beim Verpflichteten beließen und die Verwaltung hierdurch auf nachgelagerte Hilfsmittel zur Sachverhaltsermittlung verwiesen.[281] *Schaefer* differenziert damit nach hiesiger Terminologie zwischen Erklärungspflichten mit unmittelbarer Außenwirkung und Buchführungs- und Aufzeichnungspflichten mit mittelbarer solcher.

Jansen[282] hingegen gliedert die steuerlichen Mitwirkungspflichten in Auskunfts-, Aufzeichnungs- und Nachweispflichten, letztere teilt er wiederum in allgemeine und besondere. Damit folgt er im Grundsatz, freilich unter Diskussion und gradueller Abweichung in Inhalt und Terminologie, der schon von *Nierhaus*[283] vertretenen Systematik. Verallgemeinernd stellen Auskunftspflichten nach dieser Auffassung alle Aufträge dar, die vom Adressaten aktive Sachverhaltsdarlegung durch Angabe vorhandener und ihm bekannter Tatsachen verlangen. Aufzeichnungspflichten sind dagegen all jene, die eine aktive Sachverhaltsaufklärung durch die Herstellung von Urkunden, Büchern oder sonstigen Unterlagen fordern und damit gerade auf die Beschaffung und Perpetuierung noch unbekannter Informationen Bezug nehmen. Nachweispflichten verpflichten den Adressaten letztlich zum Nachweis rechtserheblicher Tatsachen entweder durch jedes (dann allgemeine Nachweispflicht) oder ausschließlich durch näher bezeichnete (dann besondere Nachweispflicht) Beweismittel.

Feingliedriger und näher an der Unterteilung der Abgabenordnung kategorisiert *Lindenthal* auf den ersten Seiten seiner Monographie.[284] Für ihn hat die Systematisierung mehrere Aspekte, könnten Mitwirkungspflichten im Steuerrecht doch sowohl nach der geforderten Tätigkeit als auch nach ihrer Wirkung unterschieden werden. Aus dem tätigkeitsorientierten Ansatz flössen dabei die Gruppierungen der Melde- und Anzeigepflichten, der Buchführungs- und Aufzeichnungspflichten, der Auskunfts- und Vorlagepflichten, der Erklärungspflichten, der Gestattungs- bzw. Duldungspflichten und der Nachweispflichten. Nach ihrer Wirkung ließen sie sich in unmittelbare Mitwirkungspflichten, also solche, die kraft Gesetzes zu befolgen sind,

---

[281] *Schaefer*, Steuerstrafverfahren, S. 243: „Zwar ist allein in der Aufzeichnungspflicht solcher Vorgänge noch kein Konflikt mit dem Nemo-Te-netur-Grundsatz [sic!] zu erkennen. Diese Bewertung ändert sich aber dann, soweit der Steuerpflichtige im Besteuerungsverfahren gem. § 90 Abs. 1 S. 2 AO und im Rahmen einer Außenprüfung gem. § 200 Abs. 1 AO verpflichtet ist, die von dem Besteuerungs- bzw. Prüfungszeitraum umfassten Bücher herauszugeben [...]."

[282] *Jansen*, Das Steuerverfahren, S. 39 ff.

[283] *Nierhaus*, Beweismaß und Beweislast, S. 294 ff. trifft auf S. 296 eine auf den Folgeseiten näher dargelegte Gliederung bestehend aus Auskunftspflichten, allgemeinen und besonderen Nachweispflichten, Duldungspflichten und (für die vorliegende Untersuchung irrelevanten) Ermittlungspflichten.

[284] *Lindenthal*, Mitwirkungspflichten, S. 3 f.

B. Die steuerrechtlichen Mitwirkungspflichten

und mittelbare Mitwirkungspflichten, also solche, die erst nach Aufforderung durch die Finanzbehörde zu erfüllen sind, einteilen.

Den wohl differenziertesten Weg beschreitet *Wolff* in seiner Dissertationsschrift. Bei Analyse der Mitwirkungspflichten des Verwaltungsrechts erarbeitet er insgesamt neun verschiedene Kategorien[285], die er bei Bedarf jeweils, insbesondere im Rahmen der Meldepflichten, mit Subgruppierungen versieht. Inzidenter trennt der Autor ferner nach dem Rechtsgrund der Mitwirkung ex lege oder aus konkretisierender Verwaltungsaufforderung. Dabei sind schon ob der umfassenderen Forschungsfrage *Wolffs* nicht alle Kategorien für die vorliegende Betrachtung von Relevanz; hiesig interessieren lediglich: die dort bezeichnete Auskunftspflicht als Pflicht zur Preisgabe rein geistiger Informationen auf Verlangen der Verwaltung und damit als „Grundpflicht der Mitwirkungspflichten"[286], die Vorlagepflicht als Auskunftsauftrag bei schriftlich niedergelegten Informationen, die Pflicht zur Eigenüberwachung als Forderung nach Herstellung besteuerungserheblicher Unterlagen durch Installation und Aufzeichnung eigener Überwachungs- und Kontrollmaßnahmen[287], die Meldepflichten als unverzügliche Informationspreisgabeverpflichtung qua Gesetz sowie die Duldungspflichten.

Schon die Breite des aufgezeigten Meinungsspektrums des hier nur auszugsweise skizzierten Diskurses lässt die Tiefe der Verworfenheit erahnen. Ungeachtet eines dezidierten Für und Wider betreffend einzelne Systematisierungsansätze bleibt als Kondensat die Erkenntnis, dass schon aufgrund der zumeist arbeitserleichternden und strukturgebenden Funktion der Kategorisierungsleistungen bereits die durch die Forschungsfrage vorgezeichnete verschieden akzentuierte Prämissenbildung in ein gänzlich unterschiedliches Kategorisierungsergebnis mündet. Ebendiese Themendependenz erklärt und rechtfertigt die teils diametral entgegenstehenden Ansätze gleichermaßen, offenbart aber auch, dass keine der vorgenommenen Gruppierungen einen Anspruch auf Ausschließlichkeit erheben kann. Dieses Korrelationsverhältnis zwischen Frage und System wirkt dabei nicht nur im Bereich grundsätzlich verschiedener Forschungsfragen, sondern auch innerhalb eines einheitlichen Abhandlungsgegenstandes. Umso bemerkenswerter erscheint es daher, dass sich die etablierten Kategorisierungsansätze übergreifend zuweilen ausschließlich, jedenfalls aber weit überwiegend einer Strukturierung nach dem Inhalt des geforderten Verhaltens zuwenden. Mag dies freilich, auch mit Blick auf einen etwaigen Konflikt mit dem Grundsatz der Selbstbelastungsfreiheit, als vornehmlich wichtig erscheinen, dürfen dennoch die übrigen Eigenschaften steuerrechtlicher Mitwirkungsaufträge

---

[285] *Wolff*, Selbstbelastung und Verfahrenstrennung, S. 147 ff. führt folgende Pflichtgruppen an: Die Auskunftspflicht, die Vorlagepflichten, die Pflicht zur Eigenüberwachung, die Meldepflichten, die Erscheinungspflichten, die Kennzeichnungspflichten, die Ausweispflichten, die Pflichten zur Bereitstellung eines Betriebsbeauftragten und die Duldungspflichten.

[286] So *Wolff*, Selbstbelastung und Verfahrenstrennung, S. 147.

[287] *Wolff*, Selbstbelastung und Verfahrenstrennung, S. 164, Fn. 304 zählt hierzu die Pflicht zur Führung von Büchern und Aufzeichnungen und die Regeln über die Abgabe von Steuererklärungen.

nicht übergangen oder allenfalls inzident gewürdigt werden. Ganz im Gegenteil erheischt diese Strukturmerkmale dort Relevanz, wo sich der Blickwinkel auf den Forschungsgegenstand graduell ändert. So können beispielsweise bei der Untersuchung des Konflikts mit dem Prinzip nemo tenetur andere Mitwirkungscharakteristika und damit andere Kategorien relevant werden als bei Beantwortung von Fragen etwa nach den Rechtsfolgen eines potentiellen Verstoßes oder gar nach Verhinderungsmöglichkeiten ex ante. Eine eindimensionale Antwort auf eine mehrdimensionale Fragestellung scheint daher nicht zielführend.

Für den Bereich der vorliegenden Arbeit bedarf es also einer dynamischen Kategorisierung, die je nach zu beleuchtendem Aspekt eine variierende Akzentuierung erfährt. Als Basis für die nachfolgende Untersuchung sollen daher folgende Unterscheidungen getroffen werden:

Die erste Unterteilung muss unter temporären Gesichtspunkten erfolgen. Zwar verbleiben an dieser Stelle sowohl die zeitliche Dimension der Schutzwirkung des nemo tenetur-Grundsatzes als auch jene potentieller Kompensationsvorschriften noch ungeklärt, jedoch erscheint der Gedanke, eine besteuerungsrelevante Mitwirkung vor bzw. nach der Einleitung eines konkreten Besteuerungsverfahrens könne zu divergierenden Forschungsergebnissen führen, nicht kategorisch ausgeschlossen. Jedenfalls aber ist, insbesondere mit Blick auf einen noch zu beleuchtenden[288] selbstbelastungsrelevanten Konnex zwischen Beschuldigtenstellung und Gewährleistungsgehalt, eine Differenzierung steuerrechtlicher Mitwirkung vor respektive nach Einleitung eines Strafverfahrens gegen den Mitwirkenden geboten.

Der zweite Strukturierungsansatz greift jenen Gedanken auf, der einleitend als originäre bzw. derivative Konkretisierung der Mitwirkungspflicht umschrieben wurde, den *Lindenthal* als (un-)mittelbare Mitwirkungspflicht versteht oder *Wolff* bei seiner Trennung nach dem Rechtsgrund anführt. In der Sache meinen alle das Gleiche: Steuerrechtliche Mitwirkung wird entweder schon vom Gesetz selbst gefordert[289] oder erst durch eine konkretisierende Aufforderung der Finanzbehörde in Form eines Verwaltungsakts[290] akut.[291] Insbesondere das im letzteren Fall hinter dem

---

[288] Siehe Teil 4 B. III.

[289] So bei §§ 93b Abs. 1 i. V. m. 24c Abs. 1 KWG i. V. m. 93b Abs. 1a S. 1; 137 Abs. 1; 138 Abs. 1 S. 1; 138 Abs. 1 S. 3; 138 Abs. 1 S. 4; 138 Abs. 1b; 139 Abs. 1 S. 2; 140 (beachte aber Teil 3 B. I. 10., Fn. 291); 142 S. 1; 143 Abs. 1; 144 Abs. 1; 144 Abs. 4 S. 1; 146a Abs. 2 S. 1; 146a Abs. 4 S. 1; 147 Abs. 5 Hs. 1; 147a Abs. 1 S. 1; 149 Abs. 1 S. 1; 153 Abs. 1 S. 1; 153 Abs. 2; 153 Abs. 3; 154 Abs. 2 S. 1; 154 Abs. 2a S. 1; 154 Abs. 2b S. 1; 154 Abs. 2c S. 1; 200 Abs. 1 S. 2 Alt. 3; 200 Abs. 1 S. 2 Alt. 4 AO.

[290] So bei §§ 93 Abs. 1 S. 1; 96 Abs. 1 S. 1; 97 Abs. 1 S. 1; 98 Abs. 1; 99 Abs. 1 S. 1; 100 Abs. 1 S. 1; 141 Abs. 1 S. 1; 147 Abs. 5 Hs. 2; 147 Abs. 6 S. 1; 147 Abs. 6 S. 2 Alt. 1; 147 Abs. 6 S. 2 Alt. 2; 147 Abs. 6 S. 3; 149 Abs. 1 S. 2; 200 Abs. 1 S. 2 Alt. 1; 200 Abs. 1 S. 2 Alt. 2; 200 Abs. 3 S. 2; 200 Abs. 1 S. 3 AO.

[291] Die §§ 140 ff. AO bergen dabei einen für die vorliegende Untersuchung nicht weiter interessierenden Grenzbereich, entstehen steuerrechtliche Buchführungspflichten aufgrund der Abhängigkeit des § 140 AO von außerabgabenrechtlichen solchen doch nicht ausschließ-

B. Die steuerrechtlichen Mitwirkungspflichten

Einzelakt stehende hoheitliche Ermessen in Entschließung und Auswahl macht diese Unterteilung gerade für die Beurteilung der Rechtsfolgen eines Verstoßes gegen den Grundsatz der Selbstbelastungsfreiheit und Möglichkeiten zur Konfliktprävention interessant.

Drittens fordert der vorliegende Forschungsgegenstand eine Systematisierung nach dem Pflichtadressaten. Wie aufgezeigt, enthält die Abgabenordnung eine Fülle von Mitwirkungsaufträgen, die sich teils nur an den Steuerpflichtigen bzw. den verfahrensunterworfenen Beteiligten[292], teils ausschließlich an nichtbeteiligte Dritte[293], teils aber auch an beide Akteure[294] richten. Eine verfassungswidrige Selbstbelastung scheint dabei schon semantisch unmittelbar nur beim Mitwirkenden in eigener Sache möglich. Wird also ein Dritter in fremder Sache sachverhaltsaufklärend tätig, gipfelt die hier getroffene Unterscheidung in der Erkenntnis einer allenfalls denkbaren mittelbaren Selbstbelastung und damit in einer Konstellation, die insbesondere auf Ebene des Gewährleistungsumfangs des nemo tenetur-Prinzips noch zu diskutieren sein wird.

Zuletzt kann sich auch die vorliegende Abhandlung nicht dem Zwang entwinden, eine Kategorienbildung nach dem geforderten Verhalten anzustrengen. Die Schwierigkeit eines solchen Unterfangens besteht mit Blick auf den selbst proklamierten arbeitserleichternden Zweck der Kategorisierung insbesondere in der hinreichenden Verallgemeinerung bei gleichzeitig angemessener Würdigung der besonderen Strukturmerkmale einzelner Mitwirkungsaufträge. Auszugehen ist dabei von der Prämisse der Pflichtenäquivalenz. Für die vorliegende Untersuchung müssen alle Mitwirkungspflichten als strukturell gleichwertig zu behandeln sein, gänzlich ungeachtet, ob die Abgabenordnung dem jeweiligen Gebot nach ihrer Intention genuine Sachaufklärungs- oder nur supportive Funktion[295] zuschreibt. Für die Feststellung eines Konflikts mit dem Prinzip der Selbstbelastungsfreiheit

---

lich unmittelbar durch Gesetz, sondern auch zu einem erheblichen Maß durch Eigeninitiative des Betroffenen.

[292] §§ 137 Abs. 1; 138 Abs. 1 S. 1; 138 Abs. 1 S. 3; 138 Abs. 1 S. 4; 138 Abs. 1b; 139 Abs. 1 S. 2; 140; 141 Abs. 1 S. 1; 142 S. 1; 143 Abs. 1; 144 Abs. 1; 144 Abs. 4 S. 1; 146a Abs. 2 S. 1; 146a Abs. 4 S. 1; 147 Abs. 5 Hs. 1; 147 Abs. 5 Hs. 2; 147 Abs. 6 S. 1; 147 Abs. 6 S. 2 Alt. 1; 147 Abs. 6 S. 2 Alt. 2; 147a Abs. 1 S. 1; 149 Abs. 1 S. 1; 149 Abs. 1 S. 2; 153 Abs. 1 S. 1; 153 Abs. 2; 153 Abs. 3; 200 Abs. 1 S. 2 Alt. 1; 200 Abs. 1 S. 2 Alt. 2; 200 Abs. 1 S. 2 Alt. 3; 200 Abs. 1 S. 2 Alt. 4; 200 Abs. 3 S. 2 AO.

[293] §§ 93b Abs. 1 i.V.m. 24c Abs. 1 KWG i.V.m. 93b Abs. 1a S. 1; 96 Abs. 1 S. 1; 147 Abs. 6 S. 3; 154 Abs. 2 S. 1; 154 Abs. 2a S. 1; 154 Abs. 2b S. 1; 154 Abs. 2c S. 1; 200 Abs. 1 S. 3 AO.

[294] §§ 93 Abs. 1 S. 1; 97 Abs. 1 S. 1; 98 Abs. 1; 99 Abs. 1 S. 1; 100 Abs. 1 S. 1 AO.

[295] Die damit für diese Untersuchung nicht weiter förderliche Abgrenzung zwischen genuin sachaufklärenden Haupt- und lediglich unterstützenden Hilfspflichten muss dabei teleologischen Erwägungen folgen. So sind Hauptpflichten als letztinstanzliche Mitwirkungsaufträge zur besteuerungsrelevanten Sachverhaltsermittlung konzipiert, wohingegen Hilfspflichten nur hauptpflichtsichernde und -unterstützende Funktion zukommt. Siehe auch Teil 3 B. I. 10., Fn. 304.

oder gar eines Verstoßes gegen dieses kann es nämlich nicht darauf ankommen, welchen faktischen Stellenwert das Gesetz dem jeweiligen Handlungsauftrag im Gefüge der Mitwirkungspflichten beimisst. Entscheidend muss allein die dogmatische (Un-)Vereinbarkeit mit den noch zu erarbeitenden Grundsätzen der Gewährleistung sein.

Aus der strukturellen Analyse der vorstehend dargelegten steuerrechtlichen Mitwirkungspflichten kristallisieren sich zwei für die weitere Untersuchung potentiell hilfreiche übergeordnete Strukturmerkmale heraus. Zunächst lassen sich die Mitwirkungsaufträge der Abgabenordnung in zwei stark verallgemeinernde Lager aufteilen: solche, die vom Verpflichteten ein wissensvermittelndes Verhalten mit Erklärungswert fordern, und solche, die eben nicht. Dieser Umstand sei im Folgenden als gesetzliche Forderung nach einem kommunikatorischem Verhalten bezeichnet und als erstes systematisierungsrelevantes Charakteristikum anerkannt. Die zweite übergreifende Abgrenzung erfolgt über das bereits hinreichend erläuterte Kriterium der unmittelbaren und mittelbaren Außenwirkung. Letztlich mündet dieses System in drei Pflichtkategorien, die jeweils bei Bedarf mittels Subkategorisierung handhabbar gehalten werden und so als Fundament der folgenden Arbeit dienen:

Die nach hiesigem Verständnis erste Pflichtengruppe umschreibt die Erklärungspflichten. Hierunter seien in erster Linie alle steuerlichen Mitwirkungsaufträge gefasst, die vom Betroffenen Kommunikation unmittelbar mit der Finanzverwaltung verlangen. Erschiene ein so weitschweifig definierter Pflichtenkreis aber schon aufgrund der Einbeziehung jeglicher Interaktion mit dem Hoheitsträger, mithin auch in das Besteuerungsverfahren nicht per se fördernden Nebensächlichkeiten, als noch zu generalisierend, offenbart sich ein Restriktionsbedürfnis. Ebendiese Eingrenzung muss dabei über den Inhalt des Erklärten erfolgen. Steuerrechtliche Erklärungspflichten im hier verstandenen Sinne müssen das konkret relevante Besteuerungsverfahren schon durch den Inhalt der vermittelten Information unmittelbar fördern können. Eine solche unmittelbare Verfahrensrelevanz wird dabei insbesondere Informationen zuteil, die selbst steuererhebliche Sachverhalte offenlegen, mithin selbst potentielle Besteuerungsrelevanz besitzen. Jedenfalls aus dem Kreis der Erklärungspflichten ausgeschlossen sind damit Verhalten, die es dem Hoheitsträger lediglich ermöglichen, selbst nach unmittelbar verfahrensrelevanten Informationen zu forschen. Kurzum ist steuerrechtliche Erklärungspflicht für den Fortgang dieser Abhandlung jede Forderung nach unmittelbar besteuerungserheblich-kommunikatorischem Verhalten direkt gegenüber der Finanzverwaltung. Hierzu zählen sowohl die Gruppen der Melde- bzw. Anzeige-[296], Auskunfts-[297] und Vorlagepflichten[298], die

---

[296] §§ 137 Abs. 1; 138 Abs. 1 S. 1; 138 Abs. 1 S. 3; 138 Abs. 1 S. 4; 138 Abs. 1b; 139 Abs. 1 S. 2 AO.

[297] §§ 93 Abs. 1 S. 1; 200 Abs. 1 S. 2 Alt. 1; 200 Abs. 1 S. 3 AO.

[298] §§ 97 Abs. 1 S. 1; 200 Abs. 1 S. 2 Alt. 2 AO. Ferner seien hierzu die vorlageähnlichen Pflichten aus §§ 147 Abs. 5 Hs. 2; 147 Abs. 6 S. 2 Alt. 2; 147 Abs. 6 S. 3 AO gezählt.

B. Die steuerrechtlichen Mitwirkungspflichten

Pflicht zur Erstellung eines Sachverständigengutachtens nach § 96 Abs. 1 S. 1 AO als auch die Pflicht zur Selbstdeklaration.[299]

Als zweiten Pflichtenkreis verstehen sich vorliegend die Aufzeichnungspflichten. Zwar ist auch für diese das legislative Verlangen nach unmittelbar verfahrensrelevantem Verhalten insbesondere durch den Auftrag zur Perpetuierung wohl steuererheblicher Sachverhalte charakteristisch, jedoch erfolgt die Mitwirkung des Unterworfenen hier nicht direkt dem Hoheitsträger gegenüber.[300] Primär ausgestaltet als vornehmlich das Innenverhältnis betreffende Verhaltensforderungen, postulieren die Aufzeichnungspflichten fast schon Pflichten „gegen sich selbst" mit allenfalls mittelbarer Außenwirkung, meist flankiert durch Aufbewahrungs- und Vorhalteaufträge[301].

Zuletzt seien die Nichterklärungspflichten anerkannt. Konzeptionell mit Auffangfunktion ausgestattet, unterfallen dieser Kategorie Pflichten, welche durch das Raster der vorstehenden Systematisierung fallen. Damit zählen hierzu primär all jene Aufträge, die dem Einzelnen schon kein kommunikatorisches Verhalten abverlangen. In erster Linie erfasst dies abgabenrechtliche Duldungspflichten[302], fordert das Gesetz vom Adressaten dort doch lediglich ein schlicht passives Ergehenlassen der hoheitlichen Maßnahme. Auf den ersten Blick kontraintuitiv, unterfällt dieser Einordnung aber auch die Vorlageverpflichtung des § 100 AO, welcher aufgrund ihrer teleologischen und systematischen Nähe zur Inaugenscheinnahme kein gedanklicher Erklärungswert zugeschrieben werden kann. Ferner seien als Nichterklärungspflichten auch solche Verhaltensgebote verstanden, die vom Adressaten zwar ein aktives, gegebenenfalls sogar kommunikatorisches Verhalten auch gegenüber der Finanzverwaltung fordern, der übermittelten Information jedoch keine unmittelbare Verfahrensrelevanz zuschreiben. Dies muss insbesondere für die abgabenrechtlichen Supportivpflichten gelten, mithin für Normen, die eine tätliche Unterstützungspflicht zu Gunsten des Hoheitsträgers durch Instruktion, Darreichung von Hilfsmitteln oder andere Beistandsleistungen postulieren[303], aber auch für die einzelne Mitwirkungsaufträge lediglich materiell flankierenden Pflichten, sofern sie sinnvoll von

---

[299] §§ 149 Abs. 1 S. 1; 149 Abs. 1 S. 2; 153 Abs. 1 S. 1; 153 Abs. 2; 153 Abs. 3 AO. Die Steuererklärungspflicht des § 149 Abs. 1 S. 1 AO wird im Fortgang der Untersuchung stets gesondert und dem Ausführungsabschnitt vorstehend behandelt. Diese Differenzierung hat ausschließlich arbeitserleichternde Funktion und stellt den Grundsatz der Pflichtenäquivalenz nicht in Frage.

[300] §§ 140; 141 Abs. 1 S. 1; 142 S. 1; 143 Abs. 1; 144 Abs. 1; 144 Abs. 4 S. 1; 146a Abs. 2 S. 1; 147a Abs. 1 S. 1; 154 Abs. 2 S. 1; 154 Abs. 2a S. 1; 154 Abs. 2b S. 1; 154 Abs. 2c S. 1 AO.

[301] Zur Einordnung solcher unterstützenden Aufträge siehe Teil 3 B. I. 10., Fn. 304.

[302] Siehe exemplarisch jene resultierend aus der Außenprüfungsanordnung oder §§ 98 Abs. 1; 99 Abs. 1 S. 1; 147 Abs. 6 S. 1; wohl aufgrund der strukturellen Gleichwertigkeit mit der vorstehenden Norm auch §§ 147 Abs. 6 S. 2 Alt. 1; 200 Abs. 3 S. 2 AO.

[303] §§ 147 Abs. 5 Hs. 1; 200 Abs. 1 S. 2 Alt. 3; 200 Abs. 1 S. 2 Alt. 4 AO.

dem zu unterstützenden Verhaltensauftrag trennbar sind und den Kategorien der Erklärungs- und Aufzeichnungspflichten nicht unterfallen.[304]

Resümierend bleibt daher folgendes Strukturmodell:

Die Systematisierung der Mitwirkungspflichten der Abgabenordnung für die vorliegende Forschungsfrage kann keine statische sein, sondern muss dynamisch erfolgen. Die damit hiesig angestrengte mehrdimensionale Kategorisierung wird dabei von vier Obertopoi dominiert: der Einteilung nach dem Zeitpunkt der Mitwirkung, dem Rechtsgrund, dem Adressaten und dem geforderten Verhalten.

Die erstgenannte Abgrenzung differenziert zwischen der Vornahme des relevanten Verhaltens vor oder nach Einleitung des Besteuerungsverfahrens bzw. vor oder nach Einleitung eines Strafverfahrens gegen den Mitwirkenden.

Die Kategorienbildung nach dem Rechtsgrund der Mitwirkung fragt danach, ob der potentiell selbstbelastende Verhaltensauftrag unmittelbar aus dem Gesetz oder erst aus einem Verlangen der Verwaltung fließt.

Die Unterteilung nach dem Pflichtadressaten trennt zwischen der Verpflichtung Beteiligter und derjenigen Nichtbeteiligter.

Die Systematisierung nach dem geforderten Verhalten folgt wiederum der vorstehend erarbeiteten Dreiteilung: Gestaltet sich dieses als direkt der Finanzverwaltung gegenüber wissensvermittelnd kommunikatorisch und erweist sich die dargereichte Information als potentiell unmittelbar verfahrensrelevant, handelt es sich um eine Erklärungspflicht. Subkategorisch unterfallen diesem Pflichtenkreis die Melde- und Anzeige-, Auskunfts- und Vorlagepflichten, die Pflicht zur Erstellung eines

---

[304] §§ 93b Abs. 1 i. V. m. 24c Abs. 1 KWG i. V. m. 93b Abs. 1a S. 1; 146a Abs. 4 S. 1 AO.

Vor diesem Hintergrund wird auch die Binnensystematik lediglich dienender Hilfsaufträge deutlich: Sofern und soweit supportive Kooperationsanordnungen nicht sinnvoll von der zu bekräftigenden Mitwirkungspflicht (Hauptpflicht) getrennt werden können, ohne diese also keinen sinnvollen Anwendungsbereich für sich beanspruchen, die Forderungen mithin untrennbar miteinander verknüpft sind (unselbständige Hilfsaufträge), begründet gerade dies meist die Negation isolierter Vollstreckung, mithin deren Obliegenheitscharakter. Eingedenk dieser unauflösbaren Akzessorietät wird die Hilfsobliegenheit hier aber zum integralen Bestandteil der Hauptpflicht und teilt in diesem Fall so zumindest faktisch das dogmatische Schicksal ebenjener als Teil derselben. Unselbstständige Hilfsaufträge finden sich dabei dort, wo das von der Hauptpflicht geforderte Verhalten konkretisierend oder gar qualifizierend ausgestaltet wird, bspw. in §§ 93 Abs. 3 S. 1; 93 Abs. 3 S. 2; 146 Abs. 1 S. 1; 146a Abs. 1 S. 1; 150 Abs. 2 AO. Sind unterstützende Kooperationsanweisungen dagegen sinnvoll vom Hauptmitwirkungsauftrag unterscheidbar, normieren sie also einen eigenständigen, von jenem der Hauptpflicht unabhängigen Verhaltensauftrag (selbstständige Hilfsaufträge), gelten andere Grundsätze: Entsprechend ihres eigenständigen Charakters bedürfen sie einer gesonderten Betrachtung nach hiesigen Kriterien. Erweisen sie sich (anders als etwa die Aufbewahrungsobliegenheiten der §§ 146a Abs. 1 S. 4; 147 Abs. 1; 147a Abs. 1 S. 1 AO) als echte Pflichten, können sie prinzipiell Erklärungs- oder Aufzeichnungspflichten darstellen (siehe bspw. § 146a Abs. 2 S. 1 AO); weit überwiegend unterfallen sie jedoch aufgrund ihrer allenfalls mittelbaren Verfahrensrelevanz der Gruppe der Nichterklärungspflichten im hier vertretenen Sinne (siehe den dieser Fn. vorstehenden und jenen in Teil 3 B. I. 10., Fn. 303 angeführten Pflichtenfundus).

Sachverständigengutachtens und jene zur Selbstdeklaration. Wird dagegen die vermeintlich unmittelbar verfahrensrelevante Information nicht direkt dem Hoheitsträger gegenüber kundgetan, sondern verbleibt sie perpetuiert (vorerst) im Machtbereich des Mitwirkenden, ist auf eine Aufzeichnungspflicht zu erkennen, wie vornehmlich im Fall steuerrechtlicher Aufzeichnungs- und Buchführungspflichten. Lassen sich Mitwirkungsaufträge schließlich mangels kommunikatorischen Verhaltens oder hinreichender Verfahrensrelevanz der Information keinem der beiden vorstehenden Ansätze zuordnen, unterfallen sie der Gruppe der Nichterklärungspflichten. Dies gilt subgliedernd insbesondere für abgabenrechtliche Duldungspflichten, tätliche Supportivpflichten und materiell nur unterstützende, gleichwohl selbstständige Mitwirkungsaufträge, sofern sie keine Erklärungs- oder Aufzeichnungspflicht darstellen.

II. Nemo tenetur-unabhängige Begrenzung der Mitwirkungspflichten

Mitwirkungspflichten sind freilich nicht grenzenlos. Auch ungeachtet einer besonderen, noch zu diskutierenden Beschränkung im Bereich verfassungswidriger Selbstbelastung restringiert die Abgabenordnung die eigenen Verhaltensaufträge verschiedentlich. Für die vorliegende Untersuchung interessant ist dies insbesondere unter dem Blickwinkel der Reichweite der Mitwirkung, erscheint ein Konflikt mit dem nemo tenetur-Prinzip doch dort schon im Keim erstickt, wo das Gesetz ein entsprechendes Verhalten gar nicht fordert.

1. Die geschriebenen Mitwirkungsverweigerungsrechte, §§ 101 ff. AO

Die naheliegende Option, den Verpflichteten ein Recht zur Verweigerung der geforderten Mitwirkung einzuräumen, zieht das Gesetz in den §§ 101 ff. AO. So können zunächst nichtbeteiligte Angehörige des Verfahrensunterworfenen gemäß § 101 Abs. 1 S. 1 AO die Auskunft, nach Absatz 2 Satz 1 die Beeidigung und in Verbindung mit § 104 Abs. 1 S. 1 AO auch die Erstattung eines Gutachtens und die Vorlage von Urkunden oder Wertsachen verweigern. Gleiches gilt gemäß § 102 Abs. 1 AO für bestimmte Berufsgeheimnisträger betreffend in dieser Eigenschaft erlangte Informationen, sofern die Vertrauensperson nicht von der Verpflichtung zur Verschwiegenheit nach Absatz 3 Satz 1 entbunden wurde, die geheimnisgeschützten Daten nicht bereits offenkundig sind[305] oder diese nicht in neutralisierter Form herausgegeben werden sollen[306]. § 103 S. 1 AO zufolge stehen diese Rechte ferner Dritten zu, die sich selbst oder einen ihrer Angehörigen durch die Mitwirkung der

---

[305] BFH v. 28.10.2009 – VIII R 78/05, BStBl. II 2010, 459 f.
[306] BFH v. 28.10.2009 – VIII R 78/05, BStBl. II 2010, 460; *Becherer*, IStR 2010, 557; *Seer*, in: Tipke/Kruse, § 102, Rn. 14; § 104, Rn. 3; *Seer*, in: Tipke/Lang, Rn. 21.196.

Gefahr aussetzen würden, wegen einer Straftat oder einer Ordnungswidrigkeit verfolgt zu werden. Zuletzt normiert § 106 AO ein behördliches Auskunfts- und Vorlageverweigerungsrecht bei Beeinträchtigung erheblicher Staatswohlinteressen.

Der abschließende Charakter[307] des Normkomplexes offenbart dabei zweierlei: Erstens wird deutlich, dass außerhalb einer etwaigen Stellung als Berufsgeheimnisträger im Sinne des § 102 Abs. 1 AO[308] dem am Besteuerungsverfahren Beteiligten kein eigenes Mitwirkungsverweigerungsrecht zukommt. Zweitens gibt sich hierdurch die Gleichgültigkeit der Abgabenordnung in Bezug auf besondere Geheimnisvorschriften zu erkennen: Die zur Mitwirkung Verpflichteten können sich der Finanzbehörde gegenüber insbesondere nicht auf etwaige Bank-, Geschäfts- oder Betriebsgeheimnisse berufen[309]; Behörden oder sonstige öffentliche Stellen ihre Verschwiegenheitsverpflichtung der Finanzverwaltung gemäß § 105 Abs. 1 AO grundsätzlich nicht entgegenhalten.

2. Der Rechtsstaat als Grenze steuerrechtlicher Mitwirkung: das Verhältnismäßigkeitsprinzip als ungeschriebene Schranke des Mitwirkungsverlangens

Das Steuerverfahrensrecht dient nicht nur der Verwirklichung des materiellen Steuerrechts, sondern hat als rechtsstaatliches Verfahren zugleich die grundrechtliche Freiheitssphäre des Einzelnen zu schützen.[310] Eingedenk der potentiell tiefgreifenden Belastung, die mit der exekutiven Aufforderung zur Sachaufklärung an den Einzelnen einhergehen kann, fragt sich, wo die Finanzverwaltung bei Auswahl und Einsatz der verschiedenen Sachaufklärungsmittel prinzipiellen Beschränkungen unterworfen ist. Eine solche findet sich in den freiheitsgrundrechtlichen Schranken-Schranken. Als unweigerlicher Eingriff jedenfalls in die allgemeine Handlungsfreiheit des Verfahrensunterworfenen muss sich der jeweilige Mitwirkungsauftrag an dem Verhältnismäßigkeitsgrundsatz, mithin dem daraus fließenden Übermaßverbot messen lassen.[311] Das der Finanzbehörde grundsätzlich zuteilwerdende weitreichende Ermessen findet seine Grenze im freiheitsgrundrechtlichen Verhältnismäßigkeitsprinzip.[312] Es gilt das Prinzip freiheitsschonender Besteuerung.[313] Mündete

---

[307] Seer, in: Tipke/Lang, Rn. 21.198.

[308] Zur Mitwirkungspflicht eines Steuerberaters in eigenen Steuerangelegenheiten vgl. FG Münster v. 6.11.2008 – 3 K 194/05 VSt, EFG 2009, 806 ff.

[309] So Seer, in: Tipke/Lang, Rn. 21.195; plakativer noch Rn. 21.198: „Die AO kennt kein Bankgeheimnis."

[310] So ausdrücklich Seer, in: Tipke/Lang, Rn. 21.8 m.w.N.

[311] Seer, in: Tipke/Kruse, § 92, Rn. 6. Siehe aber zur prinzipiellen Relativität des freiheitsrechtlichen Übermaßverbotes gegenüber dem Steuereingriff Hey, in: Tipke/Lang, Rn. 3.182 f.

[312] Dagegen als ungeschriebene Tatbestandsmerkmale verstehend Helsper, in: Koch/Scholtz, § 92, Rn. 3. Offengelassen u. a. von BFH v. 22.2.2000 – VII R 73/98, BStBl. II 2000, 369 und BFH v. 24.10.1989 – VII R 1/87, BStBl. II 1990, 200 f., jeweils m.w.N.

B. Die steuerrechtlichen Mitwirkungspflichten

diese Erkenntnis lange Zeit in das überzeichnende höchstrichterliche Postulat legitimer Mitwirkungsverpflichtung des Einzelnen bis zur Grenze des Zumutbaren[314], ergibt sich bei Tageslicht jedoch ein differenzierteres Bild: Streng den Anforderungen des Verhältnismäßigkeitsprinzips folgend, muss das Mitwirkungsverlangen geeignet, möglich, erforderlich, verhältnismäßig und zumutbar sein.

Die erststufige Geeignetheitsprüfung als gröbstes Verhältnismäßigkeitsraster verlangt eine zumindest marginale Förderlichkeit der Maßnahme für den der Norm zugedachten Erfolg.[315] Das damit begründete Zweckbindungsverhältnis zwischen Einzelakt und Normtelos legt dabei offen, dass sich ein insoweit zulässiger Hoheitsakt lediglich in den Grenzen des Gesetzeszwecks bewegen kann.[316] Mitwirkungsspezifisch hat sich also ein zulässiges Mitwirkungsverlangen stets am Telos der Ermächtigungsgrundlage zu orientieren, mithin der Sachaufklärung dienlich zu sein. Inhaltlich darf das geforderte Verhalten daher nur auf die Offenlegung allein potentiell steuererheblicher Umstände gerichtet sein, wohingegen die Erforschung evident verfahrensirrelevanter Informationen strikt unterbleiben muss.[317]

Darüber hinaus muss der Auftrag für den Verpflichteten möglich bzw. erfüllbar sein. Der Mitwirkende muss also objektiv wie subjektiv imstande sein, den Verhaltensauftrag zu vollziehen.[318]

Ferner muss der in Frage stehende Einzelakt der Erforderlichkeitsprüfung standhalten. Ebendiese setzt sich aus der Feststellung eines (weiterhin) bestehenden Aufklärungsbedürfnisses[319] und der Frage nach der mildestmöglichen Beeinträchtigung des Betroffenen zur angestrebten Zweckerreichung zusammen.[320] Insbesondere aus der Warte des letzteren Aspekts erklären sich Vorschriften wie §§ 93 Abs. 1 S. 1, S. 3 AO oder § 95 Abs. 1 S. 2 AO, obgleich der Erforderlichkeitsgrundsatz auch ohne spezialgesetzliche Anordnung übergreifend gilt. Dieser Aspekt variierender Belastungswirkungen führt sodann zu einer individuellen einzelfallabhängigen

---

[313] *Seer*, in: Tipke/Lang, Rn. 21.8.
[314] Siehe nur BFH v.12.7.1974 – III R 116/72, BStBl. II 1975, 27; BFH v. 13.7.1962 – VI 100/61 U, BStBl. III 1962, 429; BFH v. 12.7.1962 – IV 124/58 U, BStBl. III 1962, 523 und die Nachweise bei *Söhn*, in: Hübschmann/Hepp/Spitaler, § 90, Rn. 72.
[315] *Roser*, in: Gosch, § 90, Rn. 22; *Seer*, in: Tipke/Kruse, § 92, Rn. 7; *Söhn*, in: Hübschmann/Hepp/Spitaler, § 90, Rn. 75.
[316] Ebendiese Überlegung stellt wohl auch *Wolff*, Selbstbelastung und Verfahrenstrennung, S. 152, 163, 168 an, wenn er verschiedene Mitwirkungspflichten durch den Zweck der Verfahrensgesetze beschränkt.
[317] *Hey*, in: Tipke/Lang, Rn. 3.181; *Söhn*, in: Hübschmann/Hepp/Spitaler, § 90, Rn. 75 f.
[318] Vgl. RFH v. 13.5.1931 – III A 494/31, RStBl. 1931, 370; RFH v. 22.11.1922 – VI A 204/22, RFHE 11, 64; umfassend *Söhn*, in: Hübschmann/Hepp/Spitaler, § 90, Rn. 80 ff. m.w.N. und Beispielen.
[319] BVerwG v. 25.10.1968 – V C 055/64, BVerwGE 30, 316; vgl. auch BFH v. 17.12.1963 – VII 182/60 U, BStBl. III 1964, 89; *Haselmann*, in: Koenig, § 92, Rn. 3; *Söhn*, in: Hübschmann/Hepp/Spitaler, § 90, Rn. 85.
[320] *Hey*, in: Tipke/Lang, Rn. 3.181; *Seer*, in: Tipke/Kruse, § 92, Rn. 7.

Mitwirkungspflichtabstufung. Prinzipiell[321] sind dabei Beteiligte vor Dritten in Anspruch zu nehmen, Auskünfte vor Urkunden zu verlangen, sofern die Urkundenvorlage bei gleichem Erkenntniswert für den Vorlagepflichtigen deutlich einschneidender wirkt[322] und die Institute der Beeidigung bzw. der Versicherung an Eides statt subsidiär.[323]

Die sich anschließende Prüfung der Verhältnismäßigkeit im engeren Sinne[324] setzt sodann ebendiese individuelle Belastungswirkung in Relation zu dem durch den Mitteleinsatz behördlich erhofften Mehrwert. Dabei darf das staatlicherseits eingesetzte, geeignete und erforderliche Mittel nicht erkennbar außer Verhältnis zu dem zu erreichenden Zweck stehen.[325] Kurzum muss das Mitwirkungsverlangen zur konkreten Sachverhaltserforschung angemessen sein, was insbesondere dann ausscheidet, wenn der persönliche Einsatz und/oder der zeitliche, personelle, sachliche und finanzielle Aufwand, der für einen Beteiligten mit der Erfüllung einer Mitwirkungspflicht verbunden ist, in einem erkennbaren Missverhältnis zu dem durch diese Aufklärungshilfe zu erwartenden wahrheitsgemäßen steuerlichen (Mehr-)Ergebnis stehen.[326]

Interessant scheint zuletzt die Frage nach der Zumutbarkeit des geforderten Verhaltens. Nicht einheitlich als eigenständiges Prüfungskriterium verstanden[327], ist doch die Notwendigkeit einer irgendwie gearteten Zumutbarkeitskontrolle als rechtsstaatliche Pflichtenbegrenzung[328] gemeiner Konsens.[329] Sinnvollerweise ist

---

[321] Siehe auch die von *Lindenthal*, Mitwirkungspflichten, S. 40 entwickelte Beweismittelreihenfolge. Darüber hinaus konstatiert *Roser*, in: Gosch, § 90, Rn. 21, dass es an der Notwendigkeit (lies: Erforderlichkeit) der Mitwirkung fehle, wenn eine Tatsachenbeschaffung auf amtlichem Wege leichter erscheint. Dem ist im Grundsatz zuzustimmen, klarstellend dazu jedoch Folgendes: Angesichts des höchstpersönlichen Charakters der im Besteuerungsverfahren zu erforschenden Informationen wird häufig gerade die hoheitliche Sachaufklärung den Betroffenen in seiner Freiheitssphäre stärker tangieren als ein schlicht mitwirkendes kooperatives Verhalten. Strukturell kommt den Mitwirkungspflichten daher auch eine freiheitssichernde Dimension zu.

[322] In allen anderen Fällen sind das Auskunfts- und das Urkundenvorlagegesuch nach Streichung der Subsidiaritätsklausel des § 97 Abs. 2 S. 1 AO als gleichwertig anzusehen. Dazu ausführlich *Seer*, in: Tipke/Kruse, § 97, Rn. 10 ff.

[323] In diese Richtung auch *Seer*, in: Tipke/Kruse, § 97, Rn. 11.

[324] Auch Proportionalitäts- oder Angemessenheitsprüfung.

[325] *Seer*, in: Tipke/Kruse, § 92, Rn. 7; *Söhn*, in: Hübschmann/Hepp/Spitaler, § 90, Rn. 92.

[326] *Söhn*, in: Hübschmann/Hepp/Spitaler, § 90, Rn. 92 mit Beispielen unter Verweis auf BFH v. 17.1.1956 – I 242/54 U, BStBl. III 1956, 68; RFH v. 1.2.1934 – VI A 82/34, RStBl. 1934, 219.

[327] Zuweilen wird die Zumutbarkeit als Teil der Verhältnismäßigkeit i. e. S. angesehen, so bei *Hahlweg*, in: Koenig, § 92, Rn. 6; *Hey*, in: Tipke/Lang, Rn. 3.181; *Seer*, in: Tipke/Kruse, § 92, Rn. 10.

[328] Die Grundlage des Instituts ist dabei unklar, interessiert aber im vorliegenden Kontext nicht, dazu umfassend *Lücke*, Die (Un-)Zumutbarkeit als allgemeine Grenze, S. 53 ff., 87 ff.

[329] Siehe nur die Nachweise in Teil 3 B. II. 2., Fn. 314.

diese Pflichtenschranke dabei mit *Söhn*[330] als rein subjektbezogene (= adressatenbezogene) Wertungsentscheidung zu verstehen, die allein der Feststellung dient, ob eine objektiv und subjektiv mögliche Pflichterfüllung vom Verpflichteten auch erwartet werden kann. Hierbei sind ausschließlich Gründe in der Person des Mitwirkungspflichtigen oder aus dessen Sphäre zu berücksichtigen; und die Frage zu beantworten, ob ebendiese persönlichen Umstände ihm ein pflichtgemäßes Handeln im Einzelfall außergewöhnlich erschweren. Anders als die Verhältnismäßigkeitsprüfung entbehrt die Zumutbarkeitsfrage dabei einer Verhältnisbetrachtung und wendet sich einer bloßen Bewertung pflichtverhindernder subjektiver Umstände zu. Gerade dieser einseitige und extrem subjektivierte Blickwinkel ist es sodann auch, der die Zumutbarkeitsprüfung von den vorgenannten – zuweilen objektiv aufgeladenen – Schritten der Verhältnismäßigkeitsprüfung unterscheidet und so eine eigenständige Beachtung daneben legitimiert.

3. Das Steuergeheimnis des § 30 AO als verfahrensrechtliches Mitwirkungsverweigerungsrechtsäquivalent des Beteiligten

Steht nach den vorstehenden Erwägungen die Unverweigerbarkeit der Mitwirkung für den Beteiligten fest, sieht sich dieser in der misslichen Lage, der Finanzbehörde steuererhebliche, gegebenenfalls sogar höchstpersönliche Informationen widerspruchslos darlegen zu müssen. Dürfte der Verwaltungsapparat nun unbegrenzt über die erlangten Daten verfügen, berge dies in jeglicher Hinsicht erhebliches Schädigungspotential für den Mitwirkenden. Die hieraus folgenden wachsenden Ressentiments gegen die Verpflichtung per se mündeten sodann in Umgehungsversuche, mindestens aber in defizitäre oder sogar unrichtige Informationspreisgaben. Um dies zu verhindern, begrenzen die Vorschriften betreffend das Steuergeheimnis[331] die Verfügungsmacht der Finanzbehörde über die erlangten Erkenntnisse.[332] Das Steuergeheimnis erweist sich damit als doppelfunktionales Institut: Einerseits ist es das individualschützende Korrelat der Mitwirkungspflichten; je mehr der Einzelne zur Mitwirkung angehalten wird und sich nicht aktiv dagegen wehren kann, desto sicherer müssen seine Daten bei der erforschenden Finanzbehörde sein.[333] Andererseits hat das Steuergeheimnis aber auch eine universalschützende

---

[330] *Söhn*, in: Hübschmann/Hepp/Spitaler, § 90, Rn. 96 ff. In der Sache wohl auch *Seer*, in: Tipke/Kruse, § 92, Rn. 10.

[331] Zur historischen Entwicklung lesenswert *Besson*, Steuergeheimnis, S. 5 ff.

[332] Zur grundrechtsrelevanten Dimension des Steuergeheimnisses BVerfG v. 17.7.1984 – 2 BvE 11/83, BVerfGE 67, 142; *Besson*, Steuergeheimnis, S. 8 ff.; *Drüen*, in: Tipke/Kruse, § 30, Rn. 6 f. m. w. N.

[333] BVerfG v. 9.3.2004 – 2 BvL 17/02, BVerfGE 110, 113; BVerfG v. 27.6.1991 – 2 BvR 1493/89, BVerfGE 84, 280 f.; BVerfG v. 17.7.1984 – 2 BvE 11/83, BVerfGE 67, 139 f., 143. BFH v. 16.5.2013 – II R 15/12, BStBl. II 2014, 228; BFH v. 25.10.1973 – VII R 113/69, BStBl. II 1974, 176. BVerwG v. 29.4.1968 – VIII C 61.64, BStBl. II 1969, 306. Anschaulich

Dimension, denn nur, wenn es der Mitwirkende für sicher genug hält, seine Informationen via Mitwirkung offenzulegen, ohne dass ihm dadurch spürbare Nachteile widerfahren, wird er umfassend und inhaltlich richtig mitwirken. Nur so kann das Ziel zutreffender und damit gleichmäßiger Besteuerung erreicht werden, welches das Steuergeheimnis überindividuell verfolgt.[334] Die umfassende Schutzgewährleistung wird dabei normsystematisch durch ein Regel-Ausnahme-System erreicht. § 30 Abs. 1 AO postuliert dafür den Grundsatz des von allen Amtsträgern zu wahrenden Steuergeheimnisses als qualifiziertes Amtsgeheimnis[335], das nur in den speziellen Ausnahmekonstellationen der Absätze 4, 5 und 6 durchbrochen werden kann und gegen den Fall der Zuwiderhandlung durch die Strafbarkeitsandrohung des § 355 StGB[336] abgesichert ist.

Die bloße Erkenntnis der prinzipiellen Geltung des Steuergeheimnisses beantwortet aber noch nicht die Frage nach dessen Schutzumfang. Inhaltlich dominiert wird dieser durch den konsolidierenden Topos der „geschützten Daten"[337], der sowohl personenbezogene Daten[338] eines anderen[339] als auch fremde Betriebs- oder Geschäftsgeheimnisse[340] erfasst, sofern sie dem Geheimnisunterworfenen in einem

---

Ossenbühl, in: FS-Selmer, S. 866 f.; *Tormöhlen*, in: Gosch, § 30, Rn. 4. Gerade diese Dynamik betonend auch *Besson*, Steuergeheimnis, S. 7.

[334] Vgl. BVerfG v. 6.5.2008 – 2 BvR 336/07, NJW 2008, 3491; BVerfG v. 17.7.1984 – 2 BvE 11/83, BVerfGE 67, 140; BFH v. 8.2.1994 VII R 88/92, BStBl. II 1994, 554. Ausführlich *Drüen*, in: Tipke/Kruse, § 30, Rn. 10; *Groeber/Webel*, wistra 2022, 11; *Pätz*, in: Koenig, § 30, Rn. 1; *Rüsken*, in: Klein, § 30, Rn. 7; *Tormöhlen*, in: Gosch, § 30, Rn. 5. Nach *Rüster*, Der Steuerpflichtige, S. 63 dient das Steuergeheimnis daher dem Erhalt guter Steuermoral.

[335] *Kruse*, StuW 1968, 265; zustimmend *Drüen*, in: Tipke/Kruse, § 30, Rn. 4 m.w.N. Kritisch *Tipke*, Steuerrechtsordnung I, S. 208 f.

[336] Neben den strafrechtlichen Folgen treffen den zuwider Handelnden gegebenenfalls disziplinarrechtliche Konsequenzen und eine Melde- und Benachrichtigungspflicht gemäß Art. 33, 34 DSGVO. Ferner stehen dem Verletzten staatshaftungsrechtliche Ausgleichsansprüche zu. Zum Ganzen umfassend *Drüen*, in: Tipke/Kruse, § 30, Rn. 147 ff.

[337] Eingeführt im Zuge der Neufassung des § 30 Abs. 2 AO durch Art. 17 Nr. 8 lit. a) des Gesetzes zur Änderung des Bundesversorgungsgesetzes und anderer Vorschriften v. 17.7. 2017, BGBl. I 2017, 2548 f.

[338] Der Legaldefinition des Art. 4 Nr. 1 DSGVO, an welcher sich die Neufassung des § 30 Abs. 2 AO orientiert (zur datenschutzrechtlichen Überlagerung des Steuergeheimnisses *Myßen/Kraus*, DB 2017, 1866 f.), folgend, sind personenbezogene Daten zusammenfassend alle Merkmale, die eine Person von ihrer Umwelt abheben und zum Individuum machen. Auf die Relevanz für die Besteuerung kommt es nicht an, BT-Drs. 18/12611, 81; AEAO zu § 30 AO, Nr. 1.1.

[339] Anderer ist jeder, der nicht Amtsträger ist oder einem Amtsträger gleichsteht, *Drüen*, in: Tipke/Kruse, § 30, Rn. 14; *Pätz*, in: Koenig, § 30, Rn. 46; zustimmend *Schuhmann*, wistra 1996, 18.

[340] Betriebs- und Geschäftsgeheimnis ist jede Tatsache des betrieblichen oder geschäftlichen Lebens, die nur einem eng begrenzten Personenkreis bekannt und anderen Personen nicht ohne weiteres zugänglich ist. Fremd ist ein solches für alle Personen, die das Geheimnis nicht kennen, die das Geheimnis nach dem Willen des Inhabers wahren oder von der Kenntnis

B. Die steuerrechtlichen Mitwirkungspflichten

besonderen Verfahren[341] bekannt geworden sind. Amtsträgern im Sinne des § 7 AO und nach § 30 Abs. 3 AO Geheimnisverpflichteten ist es dabei untersagt, die bekannt gewordenen Daten unbefugt zu offenbaren[342], zu verwerten[343] oder auch nur automatisch abzurufen[344]. Bezeichnetes Unbefugtheitsmerkmal schlägt hier die Brücke zum zulässigen geheimnisrelevanten Umgang mit Informationen. Das faktische Bedürfnis nach Möglichkeiten der befugten Datenverwertung fließt dabei aus praktischen wie teleologischen Erwägungen, würde ein ausnahmslos gewährleistetes Steuergeheimnis doch auch und vor allem den behördlichen Datenaustausch unterbinden, damit dem Mitwirkenden nachhaltiges Missbrauchspotential eröffnen und so letztlich das selbst proklamierte Ziel der Realisierung gesetzes- und gleichmäßiger Besteuerung konterkarieren. Daher eröffnet § 30 AO selbst in den Absätzen 4, 5 und 6 Möglichkeiten der Durchbrechung des Steuergeheimnisses. Diese Ausnahmetatbestände werden an später Stelle in thematisch passenderem Kontext noch zu beleuchten sein.[345]

III. Die Rechtsfolgen des Verstoßes gegen Mitwirkungspflichten

Wird dem Kooperationsauftrag nicht oder nicht ausreichend nachgekommen, bleibt dies freilich nicht folgenlos. Die Abgabenordnung selbst sieht für den Fall defizitärer Mitwirkung des Verpflichteten verschiedene Reaktionsmechanismen vor.

1. Die Zwangsmittel der §§ 328 ff. AO

So kann das geforderte Verhalten zwangsweise durchgesetzt werden. Nach dem schon erläuterten Grundsatz der Selbstexekution ist die Finanzbehörde selbst für die

---

ausgeschlossen sein sollen, *Drüen*, in: Tipke/Kruse, § 30, Rn. 26, 28; *Kordt*, in: Schwarz/Pahlke, § 30, Rn. 36; *Tormöhlen*, in: Gosch, § 30, Rn. 69.

[341] Dazu ausführlich *Drüen*, in: Tipke/Kruse, § 30, Rn. 31 ff. Für die vorliegende Untersuchung wird allen voran das Besteuerungsverfahren als Verwaltungsverfahren im Sinne des § 30 Abs. 2 Nr. 1 lit. a) Var. 1 AO relevant sein.

[342] Eine Offenbarung liegt in jedem ausdrücklichen oder konkludenten Verhalten, aufgrund dessen einem Dritten nach § 30 Abs. 2 AO geschützte Daten bekannt werden oder bekannt werden können, AEAO zu § 30 AO, Nr. 3.2; *Kordt*, in: Schwarz/Pahlke, § 30, Rn. 56; *Rüsken*, in: Klein, § 30, Rn. 59.

[343] Verwertung ist jede Verwendung in der Absicht, aus der Nutzung der geschützten Daten für sich oder andere Vorteile ziehen zu wollen, BT-Drs. 18/12611, 80; AEAO zu § 30 AO, Nr. 3.6; *Kordt*, in: Schwarz/Pahlke, § 30, Rn. 63. Der Verwertungszweck ist dabei unbeachtlich und muss insbesondere nicht wirtschaftlich motiviert sein, so aber u. a. *Perron/Hecker*, in: Schönke/Schröder, § 355, Rn. 15; überzeugend unter Rekurs auf die Gesetzesbegründung dagegen *Drüen*, in: Tipke/Kruse, § 30, Rn. 54 m. w. N.

[344] Der Abruf ist jede Art des Zugriffs auf die gespeicherten Daten zum Zweck der Kenntnisnahme, der Weitergabe oder auch der Vernichtung, *Drüen*, in: Tipke/Kruse, § 30, Rn. 55.

[345] Siehe insbesondere Teil 5 B. II. 2. sowie Teil 6 A. I. 1., 2. und 3.

Vollstreckung des sie unterstützenden Aufklärungsbeitrags zuständig.[346] Erweist sich die sachverhaltsaufklärende Mitwirkung dabei nicht als zu vollstreckende Geldforderung, findet sich der einschlägige Normkomplex in den §§ 328 ff. AO. Dem dem Unterabschnitt vorstehenden § 328 Abs. 1 S. 1 AO zufolge kann ein Verwaltungsakt, der auf Vornahme einer Handlung oder auf Duldung oder Unterlassung gerichtet ist, mit Zwangsmitteln durchgesetzt werden, wobei als potentielle solche normgemäß abschließend[347] die Verhängung von Zwangsgeld, die Ersatzvornahme und die Anwendung unmittelbaren Zwangs in Betracht kommen.

Das Zwangsgeld ist ein in die Zukunft gerichtetes Beugemittel[348] zur Durchsetzung vertretbarer und unvertretbarer Handlungen, bei Erzwingung eines Duldens oder Unterlassens ein in die Zukunft gerichtetes Abschreckungsmittel.[349] Das einzelne Zwangsgeld darf 25.000 € nicht überschreiten, § 329 AO, kann aber bis zur Erzwingung der Leistung wiederholt werden.[350] Bei Uneinbringlichkeit des Zwangsgeldes kann das Amtsgericht auf Antrag der Finanzbehörde nach § 334 AO Ersatzzwangshaft bis zu zwei Wochen anordnen.

Im Gegensatz hierzu ermöglicht das Institut der Ersatzvornahme lediglich die Durchsetzung vertretbarer Handlungen. Diese sind nach der Legaldefinition des § 330 AO Handlungen[351], deren Vornahme durch einen anderen möglich ist, mithin solche, die nicht vom Verpflichteten selbst vorgenommen werden müssen und auch von einem anderen rechtlich vorgenommen werden dürfen und können.[352] Inhaltlich besteht die Ersatzvornahme in der Vornahme der Handlung durch einen anderen[353], der von der Vollstreckungsbehörde beauftragt wird.

---

[346] Teil 2 B. I. 1.

[347] *Hohrmann*, in: Hübschmann/Hepp/Spitaler, vor §§ 328–336, Rn. 15, 30; § 328, Rn. 28; *Hohmann*, in: Gosch, § 328, Rn. 47.

[348] Wie allen Zwangsmitteln des § 328 Abs. 1 S. 1 AO kommt auch dem Zwangsgeld als bloßem Beugemittel kein Straf- oder Geldbußcharakter zu, siehe BFH v. 11.9.1996 – VII B 176/94, BFH/NV 1997, 167; BFH v. 29.4.1980 – VII R 4/79, BStBl. II 1981, 111; *Drüen*, in: Tipke/Kruse, § 328, Rn. 27; *Hohrmann*, in: Hübschmann/Hepp/Spitaler, vor §§ 328–336, Rn. 29; § 328, Rn. 9; *Seer*, in: Tipke/Lang, Rn. 21.376; *Werth*, in: Klein, § 328, Rn. 9.

[349] So ausdrücklich *Drüen*, in: Tipke/Kruse, § 329, Rn. 1.

[350] Vgl. BFH v. 9.5.1967 – VII 238/64, BStBl. III 1967, 402; *Drüen*, in: Tipke/Kruse, § 328, Rn. 30; § 329, Rn. 9; *Hohrmann*, in: Hübschmann/Hepp/Spitaler, § 329, Rn. 3; *Seer*, in: Tipke/Lang, Rn. 21.377.

[351] Durch diese Wendung macht schon das Gesetz selbst deutlich, dass die schlichte Duldung als höchstpersönliches, mithin immer unvertretbares Verhalten vom Kreis der Ersatzvornahme ausgeschlossen ist, siehe *Drüen*, in: Tipke/Kruse, § 330, Rn. 2; *Horn*, in: Schwarz/Pahlke, § 330, Rn. 2; *Hohmann*, in: Gosch, § 330, Rn. 4.

[352] So *Seer*, in: Tipke/Lang, Rn. 21.378.

[353] Damit scheidet eine behördenunmittelbare Vornahme als Ersatzvornahme aus. Vielmehr unterfällt eine solche Selbstvornahme der Anwendung unmittelbaren Zwangs, näher hierzu *Drüen*, in: Tipke/Kruse, § 330, Rn. 3; *Hohrmann*, in: Hübschmann/Hepp/Spitaler, § 330, Rn. 7 f.

B. Die steuerrechtlichen Mitwirkungspflichten

Zuletzt kommt die Anwendung unmittelbaren Zwangs in Betracht. Führt Zwangsgeld oder Ersatzvornahme nicht zum Ziel oder sind sie untunlich, kann die Finanzbehörde den Pflichtigen zur Handlung, Duldung oder Unterlassung zwingen oder die Handlung selbst vornehmen, § 331 AO. Unmittelbarer Zwang kommt insbesondere zur Durchsetzung unvertretbarer Handlungen in Betracht.[354] Er besteht in der Einwirkung auf Personen oder Sachen durch körperliche Gewalt, mit Hilfsmitteln körperlicher Gewalt oder durch Waffen.[355] Ferner rechnet § 331 AO dem unmittelbaren Zwang auch die Selbstvornahme durch die Behörde zu.

Verfahrenstechnisch müssen die Beugemittel zunächst unter Fristsetzung angedroht werden, § 332 Abs. 1 AO, wobei die Androhung mit dem durchzusetzenden Verwaltungsakt verbunden werden kann, § 332 Abs. 2 AO. Die Festsetzung ist sodann finanzbehördliche Ermessensentscheidung, bei welcher ebendiese schon aufgrund des nachhaltigen Grundrechtseingriffs an den Verhältnismäßigkeitsgrundsatz[356] gebunden ist. Die Anordnung unmittelbaren Zwangs darf nach dem Wortsinn des § 331 AO nur ultima ratio sein. Das Zwangsverfahren endet, sobald die Verpflichtung nach Festsetzung des Zwangsmittels erfüllt wird, § 335 AO.

2. Die Schätzung von Besteuerungsgrundlagen nach § 162 AO

Neben[357] der Option der Zwangsvollstreckung steht es der Finanzbehörde offen, Besteuerungsgrundlagen im Fall defizitärer Mitwirkung zu schätzen. Die Schätzung gemäß § 162 AO ist kein Zwangsmittel[358]; sie ist vielmehr ein Verwaltungsverfahren, um Besteuerungsgrundlagen mit Hilfe von Wahrscheinlichkeitsüberlegungen zu ermitteln, wenn eine sichere Feststellung – trotz Bemühens um Aufklärung – nicht möglich oder nicht zumutbar ist.[359] Die dahinterstehende Idee ist einleuchtend: Kann

---

[354] So *Seer*, in: Tipke/Lang, Rn. 21.379; Beispiele ferner bei *Drüen*, in: Tipke/Kruse, § 331, Rn. 3.

[355] § 2 Abs. 1 UZwG; näher bei *Drüen*, in: Tipke/Kruse, § 331, Rn. 2 und *Hohrmann*, in: Hübschmann/Hepp/Spitaler, § 331, Rn. 3 ff.

[356] Siehe dazu auch § 328 Abs. 2 AO, der nachdrücklich die Kriterien der Erforderlichkeit (Satz 1) und Verhältnismäßigkeit betont (Satz 2); ausführlich *Hohmann*, in: Gosch, § 328, Rn. 73 ff.

[357] BFH v. 11.8.1992 – VII R 90/91, BFH/NV 1993, 347; BFH v. 12.1.1966 – I 269/63, BStBl. III 1966, 231; BFH v. 23.10.1958 – IV 203/57 U, BStBl. III 1959, 11; *Gercke*, in: Koenig, § 162, Rn. 29; *Oellerich*, in: Gosch, § 162, Rn. 65; *Seer*, in: Tipke/Lang, Rn. 21.376; *Seer*, in: Tipke/Kruse, § 162, Rn. 13; dagegen *Rößler*, DStZ 1988, 199 f.; *Rüsken*, in: Klein, § 162, Rn. 20.

[358] BFH v. 19.10.2005 – X B 88/05, BFH/NV 2006, 16; *Gercke*, in: Koenig, § 162, Rn. 29; *Oellerich*, in: Gosch, § 162, Rn. 66; *Peters*, wistra 2019, 218; *Seer*, in: Tipke/Kruse, § 162, Rn. 13.

[359] BFH v. 19.2.1987 – IV R 143/84, BStBl. II 1987, 413; BFH v. 12.6.1986 – V R 75/78, BStBl. II 1986, 723; BFH v. 18.12.1984 – VIII R 195/82, BStBl. II 1986, 228 f. m.w.N.; *Gercke*, in: Koenig, § 162, Rn. 1; *Seer*, in: Tipke/Kruse, § 162, Rn. 29.

ein Sachverhalt faktisch nicht hinreichend[360] ermittelt werden, liegt es aber mit überwiegender Wahrscheinlichkeit nahe, dass ebendieser besteuerungserhebliche Informationen beinhaltet, führte dessen gänzliche Nichtberücksichtigung sehenden Auges zu unzutreffenden Ergebnissen. Einem solchen binären Verfahren aus umfassender Berücksichtigung des Sachverhalts bei hinreichender Ermittlung und umfassender Nichtberücksichtigung desselben unter dieser Schwelle will die Schätzung als realitätsannähernde Wahrscheinlichkeitsbetrachtung entgegensteuern. Durch den Ansatz möglichst wirklichkeitsnaher Besteuerungsgrundlagen soll die zu tragende Steuerlast möglichst zutreffend abgebildet werden. Das Institut dient damit dem Desiderat der Realisierung umfassend gesetz- und gleichmäßiger Besteuerung[361], wobei die materielle Bindung an diesen Leitauftrag wiederum inhaltliche Vorgaben an das Schätzungsverfahren selbst beinhaltet. So muss dieses final zu einem möglichst zutreffenden Besteuerungsergebnis führen[362], was in der Terminologie ständiger höchstrichterlicher Finanzrechtsprechung in das Ziel des Ansatzes derjenigen Besteuerungsgrundlagen mündet, die die größtmögliche Wahrscheinlichkeit der Richtigkeit für sich haben[363], die der Wirklichkeit also am nächsten kommen dürften.[364]

Ergänzt wird diese Zielbestimmung erstrebter Wahrheit durch das Verbot der Prämierung einer Mitwirkungsverweigerung.[365] Kurzum darf derjenige, der selbst die zutreffende Ermittlung der Besteuerungsgrundlagen unterbindet, nicht noch für seine Pflichtverletzung belohnt werden, indem er gegenüber denjenigen, die ihre steuerlichen Pflichten ordnungsgemäß erfüllen, einen Vorteil erzielt.[366]

a) Die Voraussetzungen des Instituts

§ 162 Abs. 1 S. 1 AO umreißt den tatbestandlichen Anwendungsbereich der Schätzung. Schon aus dem Wortsinn der Norm fließen dabei zwei grundsätzliche Erkenntnisse: Zum einen ist jedenfalls die Schätzung nach Absatz 1 Satz 1[367] der finanzbehördlichen Sachverhaltsermittlung subsidiär. Der Ansatz von Besteuerungsgrundlagen nach Wahrscheinlichkeitserwägungen darf erst nach Ausschöpfen

---

[360] Damit sei die Frage nach dem erforderlichen Regelbeweismaß aufgeworfen, siehe dazu sogleich Teil 3 B. III. 2. b).

[361] So ausdrücklich auch *Gercke*, in: Koenig, § 162, Rn. 1; *Oellerich*, in: Gosch, § 162, Rn. 6; *Seer*, in: Tipke/Kruse, § 162, Rn. 1.

[362] *Seer*, in: Tipke/Kruse, § 162, Rn. 29; vgl. aber auch *Peters*, wistra 2019, 220.

[363] BFH v. 18.8.1960 – IV 299/58 U, BStBl. III 1960, 452.

[364] BFH v. 19.1.1993 – VIII R 128/84, BStBl. II 1993, 597; BFH v. 31.8.1967 – V 241/64, BStBl. III 1967, 687.

[365] So benannt von *Seer*, in: Tipke/Kruse, § 162, Rn. 6, 44; vgl. auch *Rüsken*, in: Klein, § 162, Rn. 4 und *Seer*, in: Tipke/Lang, Rn. 21.208.

[366] BFH v. 21.9.2016 – V R 50/15, BFHE 255, 221; BFH v. 9.3.1967 – IV 184/63, BStBl. III 1967, 350; vgl. auch BFH v. 1.10.1992 – IV R 34/90, BStBl. II 1993, 260.

[367] Zu Absatz 2 siehe sogleich.

der hoheitlich möglichen und zumutbaren Sachaufklärungsmittel erfolgen.[368] Zum anderen räumt das Gesetz der Behörde rechtsfolgenseitig kein Schätzungsermessen ein; liegen die Voraussetzungen vor, so „hat sie zu schätzen".[369] Der sich anschließende Satz 2 stellt ferner klar, dass das Schätzungsverfahren zu Gunsten wie zu Lasten des Steuerpflichtigen erfolgen muss. Das ergibt Sinn, soll das Institut den tatsächlichen Sachverhalt doch möglichst realitätsnah abbilden.

Für die hiesige Betrachtung in besonderem Maße relevant ist § 162 Abs. 2 AO[370]. Die Norm erweitert den Anwendungsbereich der Schätzungsbefugnis um die Situation der Verletzung näher konkretisierter[371], nicht aber abschließend aufgezählter[372] Mitwirkungspflichten. Uneinigkeit besteht darüber, ob das Gesetz die Schätzung auch in den Konstellationen des Absatzes 2 als streng subsidiär ausgestaltet wissen will oder die Abgabenordnung das Verfahren im Fall der Mitwirkungspflichtverletzung als primäre Reaktion anordnet. Im Kern dreht sich dieser Disput um das binnensystematische Verhältnis der Absätze 1 und 2 zueinander:

Eine Ansicht deutet den Passus „insbesondere dann" als gesetzgeberische Präzisierung der in Absatz 1 angeführten Nichtaufklärbarkeit. Lägen die Voraussetzungen des Absatzes 2 vor, gelte dies automatisch und ohne Rücksicht auf anderweitige Aufklärungsmöglichkeiten als ein Fall nicht ermittelbarer Besteuerungsgrundlagen mit der Rechtsfolge zwingender Schätzung. § 162 Abs. 2 AO erschiene damit als eigenständige Norm, welche die Schätzung als unvermeidbare Folge der Mitwirkungspflichtverletzung anordne.[373]

Dieser Auffassung kann indes nicht gefolgt werden. So scheint schon das angeführte Wortsinnargument nicht zwingend, kann doch die „insbesondere Formulierung" des Absatzes 2 Satz 1 auch als schlichtes Indiz für ein an Absatz 1 anknüpfendes Regelbeispiel gedeutet werden.[374] Schlagend gegen die zwingende Schätzungsfolge sprechen sodann teleologische Erwägungen: Wie bereits untersucht[375], endet die Ermittlungspflicht der Behörde nicht automatisch im Zeitpunkt

---

[368] BFH v. 13.7.2010 – V B 121/09, BFH/NV 2010, 2015; *Rüsken*, in: Klein, § 162, Rn. 20; *Seer*, in: Tipke/Kruse, § 162, Rn. 30; *Seer*, in: Tipke/Lang, Rn. 21.207.

[369] Zum Ausschluss der Schätzung durch Schätzungsverbote siehe *Seer*, in: Tipke/Kruse, § 162, Rn. 90 f.

[370] Die übrigen Absätze des § 162 bleiben an dieser Stelle mangels Relevanz außer Betracht.

[371] Umfassend dazu *Oellerich*, in: Gosch, § 162, Rn. 205 ff. und *Seer*, in: Tipke/Kruse, § 162, Rn. 33 ff.

[372] *Oellerich*, in: Gosch, § 162, Rn. 200; *Rüsken*, in: Klein, § 162, Rn. 21; *Seer*, in: Tipke/Kruse, § 162, Rn. 32.

[373] So BFH v. 23.10.1992 – VI R 62/88, BStBl. II 1993, 118; BFH v. 14.8.1991 – X R 86/88, BStBl. II 1992, 131; siehe ferner die Nachweise bei *Lindenthal*, Mitwirkungspflichten, S. 197, dort Fn. 880.

[374] So *Frotscher*, in: Schwarz/Pahlke, § 162, Rn. 17; *Oellerich*, in: Gosch, § 162, Rn. 200.

[375] Siehe die Ausführungen zum Verhältnis der Kooperationsmaxime zum Untersuchungsgrundsatz im Fall der Mitwirkungsverweigerung, Teil 3 A. II. 3. b).

individueller Mitwirkungsverweigerung, vielmehr bleibt die Finanzverwaltung auch hier an den umfassenden Untersuchungsgrundsatz gebunden und zur Sachverhaltsermittlung bis zur Möglichkeits-/Zumutbarkeitsgrenze verpflichtet. Gestützt wird dieses Ergebnis durch die legislativen Erwägungen der Gesetzesbegründung, welchen zufolge Absatz 2 nur „einige wichtige Schätzungsfälle auf[zählt]", während erst „[g]eschätzt wird, wenn eine sichere Feststellung trotz aller entsprechender Bemühungen nicht möglich ist."[376]

Demnach ist Absatz 2 systematisch als Unterfall des Absatzes 1 zu verstehen.[377] Beide Vorschriften sind gemeinsam und wie folgt zu lesen: „Zu schätzen sind die Besteuerungsgrundlagen insbesondere dann, wenn sie deshalb nicht ermittelt werden können, weil der Steuerpflichtige seine Mitwirkungspflichten verletzt hat."[378]

b) Die Rechtsfolgen der Schätzung

Liegen die Voraussetzungen vor, ordnet § 162 Abs. 1 S. 1 AO eine punktuelle[379] gesetzliche Reduktion des Beweismaßes an.[380] Vom Prinzip der vollen Wahrheitsüberzeugung als Regelbeweismaß[381] wird zu Gunsten einer Entscheidung nach größtmöglicher Wahrscheinlichkeit[382] abgewichen, sodass die Finanzbehörde den besteuerungserheblichen Sachverhalt nicht mehr mit einer an Sicherheit grenzenden Wahrscheinlichkeit feststellen muss. Die untere Grenze der Unsicherheitsbetrach-

---

[376] BT-Drs. VI/1982, 147 zu § 143 a.F.

[377] So auch *Gercke*, in: Koenig, § 162, Rn. 52; *Seer*, in: Tipke/Kruse, § 162, Rn. 32; *Trzaskalik*, in: Hübschmann/Hepp/Spitaler, § 162, Rn. 21.

[378] So ausdrücklich *Seer*, in: Tipke/Lang, Rn. 21.208; differenzierter, aber im Ergebnis gleich *Seer*, in: Tipke/Kruse, § 162, Rn. 32; zustimmend *Gercke*, in: Koenig, § 162, Rn. 52.

[379] § 162 Abs. 1 S. 1 AO enthält gerade keine allgemeine Beweismaßreduzierung, ausführlich *Seer*, in: Tipke/Kruse, § 162, Rn. 3. Zur dahinterstehenden Lehre der annähernden Wahrheit grundlegend *Brockmann*, Lebenserfahrungssätze, S. 44 ff. Siehe ferner Teil 3 B. III. 2. c), Fn. 406.

[380] BFH v. 13.10.2003 – IV B 85/02, BStBl. II 2004, 26 m.w.N.; *Gercke*, in: Koenig, § 162, Rn. 1; *Oellerich*, in: Gosch, § 162, Rn. 1, 111; *Peters*, wistra 2019, 218; *Seer*, in: Tipke/Lang, Rn. 21.207 mit umfassenden Nachweisen.
Ob diese Beweismaßreduktion dabei auf dem Gedanken sphärenorientierter Mitverantwortung (so *Seer*, in: Tipke/Kruse, § 88, Rn. 3; § 162, Rn. 4f.; *Seer*, in: Tipke/Lang, Rn. 21.207 ff.) fußt oder dem des Verbots der Benachteiligung des pflichtgemäß Mitwirkenden (so *Söhn*, in: Hübschmann/Hepp/Spitaler[Vorkomm.], § 88, Rn. 230 ff. m.w.N.), interessiert an dieser Stelle nicht.

[381] Siehe hierzu nur instruktiv *Seer*, in: Tipke/Kruse, § 88, Rn. 41 und *Seer*, in: Tipke/Lang, Rn. 21.204 mit Nachweisen und kritischer Stellungnahme.

[382] Vgl. BFH v. 13.10.2003 – IV B 85/02, BStBl. II 2004, 26; BFH v. 14.8.1991 – X R 86/88, BStBl. II 1992, 131; *Gercke*, in: Koenig, § 162, Rn. 1; *Oellerich*, in: Gosch, § 162, Rn. 1; *Seer*, in: Tipke/Lang, Rn. 21.207. Dagegen fordert *Weber-Grellet*, StuW 1981, 56 das Abstellen auf eine überwiegende Wahrscheinlichkeit; *Ritter*, FR 1985, 38 sogar nur auf den wahrscheinlichen bzw. möglichen Sachverhalt.

tung wird dabei durch die unzulässige Besteuerung auf bloßen Verdacht[383] gezogen, die obere solche durch das Verbot von Straf- oder Mondschätzungen[384] zu Lasten des Steuerpflichtigen. Verbleibt der Finanzbehörde innerhalb dieser Vorgaben eine Bandbreite möglicher Wertansätze (sog. Schätzungsrahmen), ist es, jedenfalls im hier interessierenden Fall der Verletzung von Mitwirkungspflichten, bis zur Willkürgrenze[385] nicht ermessensfehlerhaft, wenn sich der Hoheitsträger bei steuererhöhenden Besteuerungsgrundlagen an der oberen, bei steuermindernden Besteuerungsgrundlagen an der unteren Rahmengrenze ausrichtet, muss es ein Steuerpflichtiger, welcher Veranlassung zur Schätzung gibt, im Interesse der Gleichmäßigkeit der Besteuerung doch vielmehr hinnehmen, dass die im Wesen jeder Schätzung liegende Unsicherheit oder Fehlertoleranz zuweilen gegen ihn ausschlägt.[386] Ein ähnlicher Gedanke liegt ferner den, zumindest nach ständiger finanzgerichtlicher Rechtsprechung zulässigen[387], (Un-)Sicherheitszuschlägen zugrunde. Gerade im Fall besonders gravierender Pflichtverletzungen des Einzelnen liegt der Verdacht nahe, dass das aufgedeckte Defizit kein Einzelfall ist und der Steuerpflichtige so versucht, sich durch mangelnde Kooperation Vorteile zu verschaffen.[388] Um auch hier eine möglichst realitätsnahe Abbildung des Sachverhalts zu ermöglichen und so eine Prämierung des unzureichend Mitwirkenden zu vermeiden, können diese weiteren Verfehlungen typisierend in Zuschlägen berücksichtigt werden.

c) Die zu schätzenden Besteuerungsgrundlagen

Obgleich Zentralbegriff der Abgabenordnung, ist der Bedeutungsgehalt der rechtsfolgenseitig angeordneten Schätzung von „Besteuerungsgrundlagen" in diesem Kontext unklar. Der sich am Terminus entflammende Disput thematisiert im

---

[383] *Gercke*, in: Koenig, § 162, Rn. 1; *Seer*, in: Tipke/Kruse, § 162, Rn. 3; *Seer*, in: Tipke/Lang, Rn. 21.207.

[384] BFH v. 20.10.2005 – IV B 65/04, BFH/NV 2006, 240 f.; BFH v. 20.12.2000 – I R 50/00, BStBl. II 2001, 382 f. m.w.N.; *von Wedelstädt*, AO-StB 2002, 277.

[385] BFH v. 20.12.2000 – I R 50/00, BStBl. II 2001, 382 f.; BFH v. 1.10.1992 – IV R 34/90, BStBl. II 1993, 260; *Seer*, in: Tipke/Kruse, § 162, Rn. 44.

[386] BFH v. 29.3.2001 – IV R 67/99, BStBl. II 2001, 485; BFH v. 20.12.2000 – I R 50/00, BStBl. II 2001, 382 f. m.w.N.; Nachweise aus der untergerichtlichen Finanzrechtsprechung ferner bei *Seer*, in: Tipke/Kruse, § 162, Rn. 44.

[387] BFH v. 5.12.2007 – X B 4/07, BFH/NV 2008, 588; BFH v. 1.12.1998 – III B 78/97, BFH/NV 1999, 741; BFH v. 26.10.1994 – X R 114/92, BFH/NV 1995, 375; BFH v. 1.10.1992 – IV R 34/90, BStBl. II 1993, 260; FG Nürnberg v. 28.3.2013 – 4 K 26/11, juris; FG München v. 4.7.2008 – 7 V 1196/08, DStRE 2009, 521. Zustimmend, aber begriffskritisch *Gombert*, Die Schätzung, S. 92 ff.; die Zulässigkeit ferner bejahend *Oellerich*, in: Gosch, § 162, Rn. 147 ff. m.w.N.; *Rüsken*, in: Klein, § 162, Rn. 5; *Seer*, in: Tipke/Kruse, § 162, Rn. 45. Umfassend zum Institut des Sicherheitszuschlags auch *Brinkmann*, StBp. 2014, 29 ff. und *Brinkmann*, StBp. 2014, 69 ff.

[388] BFH v. 29.3.2001 – IV R 67/99, BStBl. II 2001, 485; BFH v. 20.12.2000 – I R 50/00, BStBl. II 2001, 382; BFH v. 1.10.1992 – IV R 34/90, BStBl. II 1993, 260.

Wesentlichen die Reichweite des Begriffs, mithin die Frage der Einbeziehung nur quantitativer Berechnungswerte oder auch zugrundeliegender Sachverhalte.

Verbreitet[389] wird Letzteres verneint, sei die Schätzung doch schon terminologisch[390] eine nur quantitative Bezifferung nicht ermittelbarer Besteuerungsgrundlagen. Der dahinterstehende Sachverhalt (sog. Grundsachverhalt) sei die bloße Verfahrensgrundlage, nicht dessen Gegenstand, und damit umfassend zu ermitteln bzw. festzustellen. Zu unterscheiden sei daher zwischen einer zulässigen Schätzung der Berechnungswerte (Schätzung der Höhe nach) und einer unzulässigen Schätzung des Sachverhalts (Schätzung dem Grunde nach).

Gegen diese Dogmatik wendet sich die Komplementärmeinung[391] und anerkennt auch die Möglichkeit sachverhaltsbezogener Wahrscheinlichkeitsentscheidungen. Hierfür streite der gesetzgeberische Wille, wollte dieser die Schätzung doch als ultima ratio der Feststellung von Besteuerungsgrundlagen „dem Grunde und der Höhe nach"[392] ausgestaltet wissen.

Vermittelnd dazwischen tritt *Seers*[393] Ansatz einer dynamischen Grundsachverhaltsschätzung. § 162 Abs. 1 S. 1 AO sei ihm zufolge Ausdruck einer sphärenorientierten Beweisrisikoverteilung. Die Zulässigkeit der – generalisierend für den Einzelnen nachteiligen – Sachverhaltsschätzung sei demnach am Grund des Sachaufklärungsdefizits zu messen. Liege dieser außerhalb der vom Steuerpflichtigen beherrschten Sphäre, schlösse dies die Schätzung eines Grundsachverhalts aus und es bliebe nur die Beweislastentscheidung zu seinen Gunsten. Liege die Ursache der tatbestandlichen Nichtaufklärung dagegen innerhalb der vom Steuerpflichtigen beherrschten und zu verantwortenden Sphäre und könne dieser durch das Finanzamt nicht abgeholfen werden, spreche nichts gegen die Feststellung auch des Grundsachverhalts mit dem Beweismaß größtmöglicher Wahrscheinlichkeit.

---

[389] BFH v. 19.1.2017 – III R 28/14, BStBl. II 2017, 744; BFH v. 10.2.2015 – V B 87/14, BFH/NV 2015, 663; BFH v. 20.7.2010 – X B 70/10, BFH/NV 2010, 2009; BFH v. 6.11.1986 – VI R 135/85, BStBl. II 1987, 190 f. Offen gelassen von BFH v. 22.6.2006 – IV R 56/04, BStBl. II 2006, 843. Besson, Steuergeheimnis, S. 110 f.; *Birk/Desens/Tappe*, Steuerrecht, Rn. 487; *Frotscher*, in: Schwarz/Pahlke, § 162, Rn. 13; *Hartmann/Cortrie*, WPg 1981, 170 f.; *Hey*, Beweislast und Vermutungen, S. 53 f.; *Jakob*, Abgabenordnung, Rn. 189; *Söhn*, in: Hübschmann/Hepp/Spitaler[Vorkomm.], § 88, Rn. 227; *Trzaskalik*, in: Hübschmann/Hepp/Spitaler, § 162, Rn. 11 ff.; *Weber-Grellet*, StuW 1981, 56. Siehe ferner die umfassende Literaturzusammenstellung bei *Lindenthal*, Mitwirkungspflichten, S. 198, Fn. 885.

[390] Zur, nach hiesiger Auffassung nur wenig erkenntnisreichen, grammatischen Auslegung der Vorschrift *Lindenthal*, Mitwirkungspflichten, S. 199 f.

[391] *Gombert*, Die Schätzung, S. 61 ff., 67, 96; *Lindenthal*, Mitwirkungspflichten, S. 199 ff. m. w. N.; *Müller*, AO-StB 2004, 158; *Rüsken*, in: Klein, § 162, Rn. 9; *von Wedelstädt*, AO-StB 2008, 245; *von Wedelstädt*, AO-StB 2002, 278; *von Wedelstädt*, in: Kühn/von Wedelstädt, § 162, Rn. 12. Im Ergebnis auch schon *Teske*, Die Abgrenzung, S. 59 f.

[392] BT-Drs. VI/1982, 147 zu § 143 a. F.

[393] Dazu ausführlich *Seer*, in: Tipke/Kruse, § 162, Rn. 20; zustimmend *Drüen*, in: Hübschmann/Hepp/Spitaler, § 88, Rn. 222 ff.; *Gercke*, in: Koenig, § 162, Rn. 33; *Oellerich*, in: Gosch, § 162, Rn. 102.

B. Die steuerrechtlichen Mitwirkungspflichten   139

Sinnvoll scheint es dabei, sich dem bezeichneten Problem in einem Dreischritt zu nähern:

Hierbei sei zunächst konstatiert, dass ein Rekurs auf die in hiesigem Kontext verbreitet angesprochene Legaldefinition in § 199 Abs. 1 AO aus systematischen Gründen nur bedingt hilfreich erscheint. So ist die Norm schon aufgrund ihres Standorts im Ausgangspunkt als auf die Außenprüfung zugeschnittene Sondervorschrift einzuordnen[394], was ferner durch die Abgabenordnung selbst gestützt wird, wenn sie den Topos der Besteuerungsgrundlagen an verschiedenen Stellen[395] mit stets graduell divergierendem Bedeutungsgehalt verwendet[396]. Eine unreflektierte Definitionsübernahme kann folglich die Lösung nicht sein, vielmehr muss das Merkmal auch hier gesondert bestimmt werden. Dieser schätzungsautonom ausgelegte Besteuerungsgrundlagenbegriff kann sich dabei mit jenem des § 199 Abs. 1 AO decken, zwingend ist dies jedoch nicht.

Ist dem Definitionsproblem damit noch keine Abhilfe geschaffen, bleibt zweitschrittig die Grundfrage zu klären, ob die schätzungsrelevanten Besteuerungsgrundlagen nur reine Tatsachenfeststellungen oder auch rechtliche Bewertungen umfassen. Nach hier vertretener Ansicht entscheidend ist hierbei, dass im Rahmen des Verfahrens eine strenge Unterscheidung zwischen der Schätzung zugrundeliegenden Sachverhaltsfragen und nachgelagerten rechtlichen Schlussfolgerungen nur schwerlich möglich erscheint. Vielmehr sind Tatsachen und Bewertungen oft so eng miteinander verquickt, dass der schätzende Hoheitsträger beim Ansatz eines bestimmten Schätzungswertes nicht nur Entscheidungen in faktischer Hinsicht trifft, sondern zwingend auch nachgelagerte steuerjuristische Rechtsanwendungsfragen übergeht.[397] Soll die Schätzung daher in solchen Konstellationen gerade idealiter Ergebnisse sowohl der Sachverhaltsermittlung als auch der Rechtsanwendung in sich vereinen, kann das Merkmal der Besteuerungsgrundlagen hier nicht nur auf die reine Tatsachenerfassung beschränkt sein, sondern muss insoweit darüber hinausgehen.[398]

---

[394] *Lindenthal*, Mitwirkungspflichten, S. 199; *Müller-Franken*, Maßvolles Verwalten, S. 323; *Weber-Grellet*, StuW 1981, 55; in diese Richtung auch *Schallmoser*, in: Hübschmann/Hepp/Spitaler, § 199, Rn. 10. Partiell zustimmend *Frotscher*, in: Schwarz/Pahlke, § 199, Rn. 2a unter Erweiterung des Anwendungsbereichs nur um § 157 Abs. 2 AO.

[395] Bspw. in §§ 31 Abs. 1 S. 1; 157 Abs. 2; 162 Abs. 1 S. 1, Abs. 5; 163 Abs. 1 S. 1, S. 2; 179 Abs. 1; 180 Abs. 1 S. 1 Nr. 2 lit. a); 201 Abs. 1 S. 1; 202 Abs. 1 S. 2, S. 3; 203 Abs. 1 S. 2; 208 Abs. 1 S. 1 Nr. 2 AO.

[396] *Besson*, Steuergeheimnis, S. 110; *Frotscher*, in: Schwarz/Pahlke, § 199, Rn. 2a; *Schallmoser*, in: Hübschmann/Hepp/Spitaler, § 199, Rn. 10; dagegen im Grundsatz *Seer*, in: Tipke/Kruse, § 199, Rn. 3: „auf durchaus brauchbare Weise definiert".

[397] Ausführlich *Seer*, Verständigungen im Steuerverfahren, S. 17, 209; *Seer*, in: Tipke/Kruse, § 162, Rn. 19.

[398] So auch *Osterloh*, Gesetzesbindung, S. 242 f.; *Seer*, in: Tipke/Kruse, § 162, Rn. 19; *von Wedelstädt*, in: Kühn/von Wedelstädt, § 162, Rn. 12. Vgl. ferner *Gercke*, in: Koenig, § 162, Rn. 33.
Dagegen wenden sich *Oellerich*, in: Gosch, § 162, Rn. 101 und *Rüsken*, in: Klein, § 162, Rn. 10 mit dem validen Argument, dass materielle Steuerrechtsfragen keiner annäherungs-

Zuletzt ist in einem dritten Schritt der Finger in die Wunde zu legen und nach der Zulässigkeit von Grundsachverhaltsschätzungen zu fragen.[399] Entscheidungsleitend sind hierbei abermals telelogische Erwägungen. Wie dargelegt, wird das Schätzungsverfahren dominiert von dem Streben nach möglichst realitätsnaher Wahrheitsabbildung und dem Verbot der Prämierung des Nachlässigen. Bei Tageslicht streiten beide Grundpfeiler für eine Einbeziehung der Schätzung von Besteuerungsgrundlagen auch dem Grunde nach.

So kann zum einen der Zielbestimmung umfassender Wahrheitsabbildung besser Rechnung getragen werden: Komplementärgröße des Beweismaßes ist die Beweislast.[400] Je höher die Hürden des Regelbeweismaßes, desto quantitativ ausufernder die Beweislastentscheidungen unter diesem Niveau. Führt man sich vor diesem Hintergrund vor Augen, dass die Alternative bei Negation der Grundsachverhaltsschätzung regelmäßig den verfahrensleitenden Hoheitsträger zu Alles-oder-nichts-Beweislastentscheidungen zwingende non liquet-Situationen sind, kann hier eine Einbeziehung von Wahrscheinlichkeiten der erstrebten Annäherung an den tatsächlichen Sachverhalt besser gerecht werden.[401] Zwar kann auch eine solche Wahrscheinlichkeitsbetrachtung die rechtsfolgenseitig binäre Entscheidung freilich nicht unterbinden; an irgendeinem Punkt des Besteuerungsverfahrens muss sich die Behörde nun mal entscheiden, ob ihrer Auffassung zufolge ein bestimmter Grundsachverhalt vorliegt – oder eben nicht. Gerade dieses Votum möchte die Schätzung der Verwaltung aber auch nicht nehmen, sie will es vereinfachen. So ist es gerade nicht Ergebnis und Aussage der Schätzung dem Grunde nach, dass ein bestimmter Grundsachverhalt qualitativ nur „ein bisschen" vorliegt. Es soll der Finanzverwaltung hierdurch lediglich offenstehen, auch einen nach Sachaufklärung überwiegend wahrscheinlich bestehenden Sachverhalt steuerrechtlicher Berücksichtigung zuzuführen, kann doch auch ein unter der Schwelle der vollen Wahrheitsüberzeugung feststehender solcher faktisch zutreffend sein. Ebendieses feiner nuancierte Spektrum unterhalb des Regelbeweismaßes ermöglicht es der Behörde damit, sich fle-

---

weisen Antwort im Schätzungswege zugänglich seien. Gleichwohl muss auch diese Ansicht dem faktischen Umstand weitgehender Untrennbarkeit Rechnung tragen, wenn sie die Abschälung der Rechts- von den Tatsachenfragen „soweit möglich" fordert. Letztlich gestattet es aber auch hiesig vertretene Auffassung der Finanzbehörde nicht, geltendes Recht sehenden Auges außer Acht zu lassen oder nur ungenau anzuwenden. Vielmehr unterliegt der Hoheitsträger auch bei der „Schätzung" rechtlicher Bewertungen der Bindung an rechtsstaatliche Prinzipien und hat so der Steuerrechtsordnung zu ihm bestmöglicher Geltung zu verhelfen. Siehe sogleich Teil 3 B. III. 2. c), Fn. 402.

[399] Hierzu umfassend *Lindenthal*, Mitwirkungspflichten, S. 198 ff. m. w. N.

[400] So auch *Seer*, in: Tipke/Kruse, § 162, Rn. 1.

[401] Wie hier *Oellerich*, in: Gosch, § 162, Rn. 102. Dagegen schon im Grundsatz *Rüsken*, in: Klein, § 162, Rn. 9b, der zur Ermittlung des wahrscheinlichsten Ergebnisses einen zu voller Gewissheit festgestellten hinreichend konturierten Grundsachverhalt fordert.

xibler an die tatsächlichen Verhältnisse „heranzuschätzen", und trägt so seinen Teil zu einer gesetzes- und gleichmäßigen Besteuerung bei.[402]

Zum anderen werden durch die Anerkennung auch der Grundsachverhaltsschätzung krude Ergebnisse vermieden. So sieht sich die ablehnende Auffassung dem Vorwurf ausgesetzt, denjenigen besserzustellen, der es schafft, nicht nur seine quantitativen Informationen zu verbergen, sondern sogar den zugrundeliegenden Sachverhalt. Der in besonderem Maße Vertuschende würde den Grundprinzipien der Schätzung zuwider bevorzugt.[403]

Hiergegen spricht auch nicht die wiederholt kundgetane[404] Befürchtung, unzulässigen Schätzungen ins Blaue hinein Tür und Tor zu öffnen, findet sich die entkräftende Stellschraube doch im Ausmaß der angestellten Wahrscheinlichkeitsbetrachtung. Enthält § 162 Abs. 1 S. 1 AO schon keine allgemeine Beweismaßreduktion, wird zunächst ohnehin nur dort geschätzt, wo Tatsachen auch nach Ausschöpfen aller zumutbaren Aufklärungsmöglichkeiten faktisch nicht zum Regelbeweismaß ermittelt werden können. Im Rahmen dieses subsidiären Verfahrens ist die Finanzbehörde aber eben gerade nicht frei von allen Zwängen, sondern unterliegt weiterhin der Bindung an steuerrechtliche Beweismaßgrundsätze – nun eben vermindert auf das Maß größtmöglicher Wahrscheinlichkeit. Eine solche wird der Hoheitsträger dem zu schätzenden Grundsachverhalt aber wohl nur schwerlich plausibel attestieren können, soweit sein Erkenntnisstand hinreichende Anhaltspunkte für dessen Vorliegen entbehrt. Positiv gewendet kann, darf und wird eine Schätzung dem Grunde nach ohne tatsächliche Anhaltspunkte, die das Bestehen des Grundsachverhalts zumindest vermuten bzw. darauf schließen lassen, nicht stattfinden. Das Risiko einer Besteuerung ins Blaue hinein ist also aus dogmatischer Sicht gering.

Im Ergebnis ist die Schätzung auch des Grundsachverhalts daher nach hiesiger Auffassung als zulässig einzustufen; und Raum für eine sphärenorientiert differenzierende Ansicht bleibt nicht. Abschließend bleibt der Hinweis, dass auch die restriktivere, nur die Schätzung der Höhe nach anerkennende Ansicht entweder über

---

[402] In diesem Sinne auch *Lindenthal*, Mitwirkungspflichten, S. 202, wenn er unter Rekurs auf *Seer*, Verständigungen im Steuerverfahren, S. 186 zutreffend konstatiert: „Eine Tatsachenfeststellung aufgrund größtmöglicher Wahrscheinlichkeit der Richtigkeit lockert nicht den strikten Vollzug der materiellen Steuergesetze, sondern führt im Gegenteil gerade zu deren größtmöglicher Verwirklichung. Die Gesetzmäßigkeit der Besteuerung verlangt kein Beweismaß der vollen Überzeugung, sondern sie kann durch ein geringeres Beweismaß ebenso und u. U. sogar besser erfüllt sein."

[403] Zugegebenermaßen kann dieses Argument auch gegen die hiesig vertretene Ansicht ins Feld geführt werden, wird doch hierdurch der sogar Wahrscheinlichkeitsvertuschende bevorzugt. Letztlich muss das Verbot der Prämierung des Nachlässigen aber angesichts des immer denkbaren „noch mehr Vertuschenden" weniger als starre Prohibition denn als Optimierungsauftrag verstanden werden. Diesem Verständnis wird hier Rechnung getragen. Vgl. auch das Fallbeispiel bei *Gombert*, Die Schätzung, S. 123.

[404] Siehe nur *Müller-Franken*, Maßvolles Verwalten, S. 325 f. m. w. N. und *Osterloh*, Gesetzesbindung, S. 250.

die Grundsätze der Beweisvereitelung entsprechend § 444 ZPO i. V. m. § 155 S. 1 FGO[405] oder über eine analoge Anwendung des § 162 Abs. 2 AO[406] über weite Strecken zu ähnlichen Ergebnissen[407] gelangt.

d) Zum Bedürfnis nach einer teleologischen Reduktion

Zuletzt sei sich der Frage der Notwendigkeit einer teleologischen Reduktion des § 162 Abs. 1 S. 1 AO gewidmet. Zieht das Verbot der Prämierung des Nachlässigen Kreise bis in den Anwendungsbereich des Schätzungsverfahrens hinein, mündet dieser Gedanke der Nichtschlechterstellung des ordnungsgemäß Mitwirkenden in eine Debatte um die Notwendigkeit einer Begrenzung der Reichweite des Instituts. Bezwecktes Ergebnis dieser Überlegungen ist es, den Nachlässigen nicht in den Genuss eines potentiell vorteilhaften Schätzungsverfahrens kommen zu lassen, sondern diesen stattdessen auf für ihn wohl nachteilige Beweislastentscheidungen zu verweisen. Gleichwohl besteht schon über den angestrebten Reduktionsumfang Uneinigkeit: So sei einer Ansicht zufolge das Schätzungsverfahren nur zu eröffnen, wenn der Steuerpflichtige das Sachaufklärungsdefizit durch Verletzung einer Mitwirkungspflicht verursacht habe[408], wohingegen andere auf das Innehaben der Nachweislast für den nicht aufklärbaren Umstand aufseiten des Verfahrensunterworfenen abstellen.[409]

---

[405] *Birkenfeld*, Beweis und Beweiswürdigung im Steuerrecht, S. 130 f.; *Müller-Franken*, Maßvolles Verwalten, S. 326 f.; vgl. auch *von Wedelstädt*, AO-StB 2002, 278.

[406] Insbesondere der BFH leitet hieraus eine allgemeine Reduktion des Beweismaßes im Falle der Mitwirkungspflichtverletzung ab. Komme der Einzelne seiner Mitwirkungsverpflichtung nicht hinreichend nach, mindere sich in gleichem Maße das erforderliche Beweismaß, BFH v. 9.6.2005 – IX R 75/03, BFH/NV 2005, 1766 f.; BFH v. 18.12.2002 – I R 92/01, BFHE 201, 452; BFH v. 17.10.2001 – I R 103/00, BFH/NV 2002, 137; BFH v. 16.12.1992 – X R 77/91, BFH/NV 1993, 549; BFH v. 14.8.1991 – X R 86/88, BStBl. II 1992, 131; BFH v. 15.2.1989 – X R 16/86, BStBl. II 1989, 464. Zustimmend *Becker*, StBp. 2002, 169; *Krüger*, DStZ 2017, 762, 767 f.; *Söhn*, in: Hübschmann/Hepp/Spitaler$^{\text{Vorkomm.}}$, § 88, Rn. 231 ff., 235 m. w. N.; *Wassermeyer*, DB 2003, 1535. Die Finanzbehörde könne sich in diesem Fall mit einem geringeren Grad an Überzeugung begnügen und von dem Sachverhalt ausgehen, für den die größte Wahrscheinlichkeit spreche, BFH v. 18.12.2002 – I R 92/01, BFHE 201, 452; BFH v. 11.2.1993 – V R 128/89, BFH/NV 1994, 110 m. w. N. Gegen eine solche allgemeine Beweismaßreduzierung im Wege rechtsanaloger Anwendung des § 162 Abs. 2 AO spricht jedoch schon formell, dass die Norm nach hier vertretener Auffassung schlicht nicht defizitär ausgestaltet ist. Eine planwidrige Regelungslücke als Voraussetzung der Analogienbildung kann daher nicht ausgemacht werden, selbstkritisch insoweit auch schon *Söhn*, in: Hübschmann/Hepp/Spitaler$^{\text{Vorkomm.}}$, § 88, Rn. 235. Materiell konterkarierte eine solche allgemeine Beweismaßreduktion die zur Reichweite des Untersuchungsgrundsatzes bei Missachtung der Kooperation in Teil 3 A. II. 3. b) erarbeiteten Gedanken.

[407] So auch *Seer*, in: Tipke/Kruse, § 162, Rn. 20 und *von Wedelstädt*, AO-StB 2002, 278; dagegen *Rüsken*, in: Klein, § 162, Rn. 9a. Dezidiert Friktionen aufzeigend *Lindenthal*, Mitwirkungspflichten, S. 203 f.

[408] *Weber-Grellet*, StuW 1981, 56.

[409] *Reinisch*, BB 1963, 1112.

Abermals vermittelnd dazwischen tritt *Seer*[410] mit seinem Verständnis des § 162 Abs. 1 S. 1 AO als Norm gewordene sphärenorientierte Beweisrisikoverteilung. Er unterscheidet kategorisch zwischen dem Verantwortungsbereich, aus welchem das Sachaufklärungsdefizit rührt, einerseits und der Wirkung der betreffenden Norm bzw. der damit einhergehenden normbegünstigungstheoretischen Beweislast andererseits und entwickelt aus diesen beiden Parametern eine differenzierte Reduktionsdogmatik: Wirke der Einzelne ordnungsgemäß mit, läge im Fall der Nichtaufklärbarkeit des Sachverhalts das Defizit zwingend im Verantwortungsbereich der Behörde. Aufgrund der damit verbundenen Schutzwürdigkeit des Steuerpflichtigen seien zwar für ihn positive steueraufhebende oder -entlastende Besteuerungsgrundlagen finanzbehördlich zu schätzen; ein Ansatz steuerhöhender oder -begründender Umstände nach Wahrscheinlichkeitsgesichtspunkten verbiete sich dagegen und es habe eine Beweislastentscheidung zu Lasten der Behörde zu ergehen. Verletze der Einzelne aber seine Mitwirkungsverpflichtungen, trage er selbst die Verantwortung für die Ursache der faktischen Unaufklärbarkeit. Mangels insoweit honorierbarer Position unterlägen steuererhöhende und -begründende Umstände zu seinen Lasten zwingend dem Anwendungsbereich des § 162 Abs. 1 S. 1 AO, steueraufhebende oder -entlastende solche dagegen nicht. Insoweit sei die Norm teleologisch zu reduzieren, ein Schätzungsverfahren nicht einzuleiten und eine für den Einzelnen nachteilige Beweislastentscheidung zu treffen.[411]

So emotional gerecht die aus *Seers* sphärentheoretischer Ansicht fließenden Ergebnisse und so ausdifferenziert das aufgezeigte System der Belohnung des ordnungsgemäß Mitwirkenden und der Bestrafung des pflichtwidrig Handelnden auch erscheinen mögen, ein zwingendes Bedürfnis nach einer Reduktion des § 162 Abs. 1 S. 1 AO lässt sich nicht erkennen. Des Streites Kern ist im Wesentlichen ein sich auftuender Zielkonflikt zwischen einer möglichst wahrheitsabbildenden Schätzung aller in Betracht kommenden Besteuerungsgrundlagen und dem Verbot der Prämierung des Nachlässigen; je umfassender die praktizierte Schätzung, desto höher zwar die Wahrscheinlichkeit der realitätsnahen Abbildung des Sachverhalts, desto größer aber andererseits auch die Gefahr der Begünstigung des Nichtbegünstigenswerten. Lösen die aufgezeigten Reduktionsbefürworter ebendieses Spannungsverhältnis zu Gunsten des Verbots auf, entscheidet sich das Gesetz gleichwohl anders. Indem § 162 Abs. 1 S. 2 AO als Ausfluss des Untersuchungsgrundsatzes ungeachtet einer vorgelagerten Pflichterfüllung oder -verletzung des Steuerpflichtigen und ohne Differenzierung nach für diesen positiven oder negativen Besteuerungsgrundlagen „alle Umstände" berücksichtigen will, „die für die Schätzung von Bedeutung sind", stuft die Abgabenordnung selbst das Ziel erstrebter Wahrheitsfindung zur Erreichung materiell zutreffender Besteuerungsergebnisse als vorrangig ein. Auf dieser Basis bleibt sodann kein Raum für eine teleologische

---

[410] *Seer*, Verständigungen im Steuerverfahren, S. 193 f.; *Seer*, in: Tipke/Kruse, § 162, Rn. 5 f.
[411] In diese Richtung auch *Osterloh*, Gesetzesbindung, S. 235 ff., 244 ff.

Reduktion[412], trägt doch diese mitwirkungsorientiert statische Einengung des Anwendungsbereichs zu Lasten entweder der Behörde oder des Steuerpflichtigen diesem Streben schlichtweg nicht hinreichend Rechnung. Ganz im Gegenteil tritt eine im Fall der ordnungsgemäßen Mitwirkung des Einzelnen stets zum Nachteil der Verwaltung ausfallende Beweislastentscheidung zwangsläufig früher oder später genauso in Konflikt mit dem Grundsatz der Gesetzesmäßigkeit der Besteuerung wie eine unbesehene Entscheidung zu Lasten des Steuerpflichtigen bei unzureichender Kooperation.[413] Hierdurch erheischte das Schätzungsinstitut eine diesem redaktionell nicht zugedachte Art Sanktionsfunktion, ist die idealtypische Antwort der Abgabenordnung auf die unzureichende Mitwirkung doch schon das verminderte Beweismaß des Schätzungsverfahrens selbst. Vorzugswürdig ist es daher, den Anwendungsbereich des § 162 Abs. 1 S. 1 AO zum Schutze der schätzungsverfahrensrechtlichen Grundprinzipien unberührt zu lassen.

Resümierend offenbart sich die abgabenrechtliche Schätzung von Besteuerungsgrundlagen als tatbestandlich umfassend subsidiäres Verfahren, welches rechtsfolgenseitig sowohl Tatsachen wie Rechtsfragen als auch quantitative Berechnungswerte und steuerliche Grundsachverhalte umfasst. Dieser enormen Anwendungsreichweite steht jedoch ein umfassender, das propagierte Ziel erstrebter Wahrheit sichernder Vollzugsauftrag gegenüber, das Institut ausnahmslos zu Gunsten wie zu Lasten des Einzelnen anzustrengen.

3. Die weiteren positivrechtliche Rechtsfolgen der Mitwirkungspflichtverletzung

Der Fundus an Reaktionsmechanismen der Abgabenordnung für den Fall nicht hinreichender Mitwirkung erschöpft sich jedoch nicht in Zwang und Schätzung. Über das Gesetz verteilt finden sich vielmehr weitere hoheitliche Antworten auf individuelle Kooperationsdefizite. Interessieren im Kontext der vorliegenden Untersuchung nicht alle davon, werden im Nachfolgenden die relevanten Normen kursorisch thematisiert, wobei kognitiv an gebotener Stelle zwischen Konstellationen aktiver Zuwiderhandlung und jenen schlichter Mitwirkungsunterlassung zu differenzieren sein wird.

a) Steuerliche Nebenleistungen: Verzögerungsgeld und Verspätungszuschlag

Die erste Rechtsfolgengruppierung trifft den Adressaten in monetärer Hinsicht. Mancherorts sieht das Gesetz die Möglichkeit vor, den Nachlässigen zu einer Reihe

---

[412] So im Ergebnis auch *Lindenthal*, Mitwirkungspflichten, S. 206, der diese Erkenntnis ferner aus dem hier nicht näher zu thematisierenden § 93 Abs. 3 AO zieht.

[413] *Gombert*, Die Schätzung, S. 127 f.

B. Die steuerrechtlichen Mitwirkungspflichten

jeweils mit der zu erfüllenden Kooperationsverpflichtung korrelierender[414] steuerlicher Nebenleistungen anzuhalten.

So kann die Finanzbehörde nach pflichtgemäßem Ermessen bei Verstoß gegen die Pflichten zur Einräumung des Datenzugriffs nach § 147 Abs. 6 AO, zur Erteilung von Auskünften oder zur Vorlage angeforderter Unterlagen im Sinne des § 200 Abs. 1 AO im Rahmen einer Außenprüfung nach hinreichender Fristsetzung[415] ein Verzögerungsgeld[416] von 2.500 € bis 250.000 € verhängen, § 146 Abs. 2c AO. Ebendieses offenbart sich dabei dogmatisch als Druckmittel eigener Art[417], welches nach gesetzgeberischer Intention sowohl präventiv[418] Pflichtverletzungen ex ante unterbinden als auch ex post sanktionieren[419] soll, mithin sowohl Beuge-[420] als auch Sanktionsfunktion aufweist.

---

[414] Dieses Abhängigkeitsverhältnis limitiert den Umfang der hiesig einer Untersuchung zu unterziehenden Nebenleistungen. So fällt der Steuerzuschlag im Sinne des § 162 Abs. 4 AO aus dem Raster der Betrachtung, ist ebendieser doch eng mit dem hier nicht interessierenden Mitwirkungsauftrag aus § 93 Abs. 3 AO verknüpft. Ferner werden aufgrund ihrer Stellung im Erhebungsverfahren die Vorschriften betreffend die Verzinsung nach §§ 233 ff. AO und den Säumniszuschlag gemäß § 240 AO nur an relevanter Stelle im gebotenen Maße erörtert.

[415] Schon tatbestandlich besteht Uneinigkeit über die Reichweite des Verzögerungsgelds. So fragt sich, ob jene die Außenprüfung betreffenden Tatbestandsmodalitäten für jedes Prüfungsverfahren gelten sollen oder nur für solche, die in unmittelbarem Zusammenhang mit einer unterlassenen Rückverlagerung der elektronischen Buchführung, der Mitteilungspflicht nach § 146 Abs. 2b S. 4 AO oder einer unautorisierten Verlagerung der elektronischen Buchführung in einen Drittstaat stehen. Mit dem Wortsinn der Norm und dem historischen Willen des Gesetzgebers (BT-Drs. 16/10189, 81), nach welchem „[u]m eine Ungleichbehandlung von Steuerpflichtigen, die ihre Bücher und sonstigen Aufzeichnungen im Ausland führen, gegenüber solchen Steuerpflichtigen, die dies im Inland tun, zu vermeiden, [...] für diese Personen die Anwendung des Verzögerungsgeldes im Falle der Verletzung von Mitwirkungspflichten gleichermaßen [gilt].", muss erstgenannter Auffassung gefolgt und einer weiten Auslegung des Tatbestandes zugestimmt werden. Wie hier BFH v. 16.6.2011 – IV B 120/10, BStBl. II 2011, 856 f.; *Dißars*, in: Schwarz/Pahlke, § 146, Rn. 45; *Görke*, in: Hübschmann/Hepp/Spitaler, § 146, Rn. 91; *Haselmann*, in: Koenig, § 146, Rn. 37; *Rätke*, in: Klein, § 146, Rn. 70; *Schraut/Stumpf*, BB 2014, 2911. Anders insbesondere *Drüen*, Ubg 2009, 550 f.; *Drüen*, in: Tipke/Kruse, § 146, Rn. 50 ff. m. w. N.

[416] Dieses Verzögerungsgeld steht dabei in Systematik und Telos im Kreuzfeuer der Literatur. Zu geübter Kritik und ungeklärten Rechtsfragen *Dißars*, NWB 2012, 796 ff.; *Drüen*, Ubg 2011, 83 ff.; *Schraut/Stumpf*, BB 2014, 2910 ff. Siehe ferner die Literaturzusammenstellung bei *Drüen*, in: Tipke/Kruse, § 146, vor Rn. 48.

[417] So *Geißler*, NWB 2009, 4077; zustimmend *Görke*, in: Hübschmann/Hepp/Spitaler, § 146, Rn. 83.

[418] Gemäß BT-Drs. 16/10189, 81 soll das Verzögerungsgeld „den Steuerpflichtigen insbesondere zur zeitnahen Mitwirkung anhalten".

[419] BFH v. 26.6.2014 – IV R 17/14, BFH/NV 2014, 1508 f.; BFH v. 24.4.2014 – IV R 25/11, BStBl. II 2014, 823; BFH v. 28.8.2012 – I R 10/12, BStBl. II 2013, 269; *Görke*, in: Hübschmann/Hepp/Spitaler, § 146, Rn. 83.

[420] Gerade diese Beugefunktion erschwert eine Abgrenzung zum Zwangsgeld nach §§ 328 Abs. 1 S. 1, 329 AO. Die fehlende Implementierung in das restliche Reaktionssystem der Abgabenordnung unterstreicht dabei nur die Systemwidrigkeit der Vorschrift; u. a. daher

Ferner trifft den nicht ordnungsgemäß entsprechend den §§ 149 ff. AO Steuererklärenden nach den Voraussetzungen[421] und in den Grenzen des § 152 AO ein Verspätungszuschlag, dessen Höhe sich nach den Vorgaben der §§ 152 Abs. 5, Abs. 6 S. 2, Abs. 7 AO bemisst, welcher § 152 Abs. 10 AO zufolge jedoch einen Betrag von 25.000 € nicht übersteigen darf. Ist die Festsetzung steuerlicher Nebenleistung dabei prinzipiell reine Ermessensentscheidung des jeweiligen Festsetzungsfinanzamts, entscheidet sich § 152 Abs. 2 AO gleichwohl insbesondere bei jährlich wiederkehrenden Veranlagungssteuern für den Weg eines obligatorischen Verspätungszuschlags.[422] In Kombination mit der mit Wirkung zum 18.12.2019[423] eingeführten Verfahrensöffnung zu Gunsten ausschließlich automationsgestützter Festsetzungen in § 152 Abs. 11 S. 2 AO begegnet das Gesetz so der Impraktikabilität einer unüberschaubaren Fülle einzelfallbezogener Ermessensentscheidungen und dämmt damit die Gefahr zufälliger, letztlich gleichheitswidriger Rechtsanwendung ein.[424] Dogmatisch versteht sich auch der Verspätungszuschlag als Druckmittel sui generis mit präventivem und repressivem Charakter, das der Sicherung eines ordnungsgemäßen Veranlagungsverfahrens dient.[425]

b) Steuerverfehlungen

Den Oberbegriff der Steuerverfehlungen[426] teilt die Abgabenordnung in Steuerstraftaten (§ 369 Abs. 1 AO) und Steuerordnungswidrigkeiten (§ 377 Abs. 1 AO). Ist

---

normkritisch *Dißars*, NWB 2012, 800 f.; *Dißars*, Stbg 2010, 250 f.; *Dißars*, in: Schwarz/Pahlke, § 146, Rn. 52a; *Ravenstein*, BB 2008, 2228.

[421] Zu den Voraussetzungen siehe instruktiv, wenn auch in Teilen veraltet *Deutschländer*, AO-StB 2014, 27 ff.; aktuell *Giels*, NWB 2021, 210 ff. und *Zaumseil*, BB 2019, 861 ff.; näher *Rätke*, in: Klein, § 152, Rn. 14 ff.

[422] Die systematische Ausnahme wird damit zum faktischen Regelfall, so auch *Heuel/Harink*, AO-StB 2017, 116.

[423] Angefügt durch Art. 21 Nr. 12 des Gesetzes zur weiteren steuerlichen Förderung der Elektromobilität und zur Änderung weiterer steuerlicher Vorschriften v. 12.12.2019, BGBl. I 2019, 2481.

[424] So *Seer*, in: Tipke/Lang, Rn. 21.188. Zuvor schon ermessensentscheidungskritisch *Seer*, DStJG 31, S. 33 f.; *Seer*, StuW 2003, 56 f. So auch *Heuel/Harink*, AO-StB 2017, 116.

[425] So BT-Drs. VI/1982, 129; BFH v. 6.11.2012 – VIII R 19/09, BFH/NV 2013, 504; BFH v. 23.9.2009 – XI R 56/07, BFH/NV 2010, 14; BFH v. 26.6.2002 – IV R 63/00, BStBl. II 2002, 680; BFH v. 10.10.2001 – XI R 41/00, BStBl. II 2002, 124 f.; BFH v. 19.6.2001 – X R 83/98, BStBl. II 2001, 619; BFH v. 11.6.1997 – X R 14/95, BStBl. II 1997, 644 f.; *Deutschländer*, AO-StB 2014, 27 f.; *Rätke*, in: Klein, § 152, Rn. 5; *Seer*, in: Tipke/Kruse, § 152, Rn. 1 f.

[426] Daneben scheiden allgemeindeliktische Konsequenzen keineswegs strukturell aus, können doch steuerrechtswidrige Handlungen freilich auch kernstrafrechtliche Relevanz besitzen. So sind bspw. im Fall der Fälschung von besteuerungserheblichen Unterlagen die Urkundendelikte der §§ 267 ff. StGB oder bei Verfehlungen im Zusammenhang mit §§ 94, 95 AO die Aussagedelikte der §§ 154, 156 StGB prädestiniert für potentielle Doppelstrafbarkeiten. Die Reichweite dieser Delikte hängt gleichwohl von Fragen materiell strafrechtlicher Natur ab, die in der hypothetischen Breite der Ausführungen nicht Gegenstand dieser Arbeit

die dezidierte Analyse des Risikos, sich aufgrund defizitärer Kooperation einen solchen Steuerfehltritt zu leisten, erst Thema späterer Ausführungen, seien die relevanten Tatbestände zum Zweck der Eingrenzung des Untersuchungsgegenstands nachstehend knapp beleuchtet.

aa) Steuerstraftat: Die Steuerhinterziehung nach § 370 AO

Von den in § 369 Abs. 1 AO enumerativ abschließend aufgezählten Steuerstraftaten der §§ 370 ff. AO hat im mitwirkungsrelevanten Kontext allein die Steuerhinterziehung gemäß § 370 Abs. 1 AO[427] Bedeutung. Norminhärent fällt sodann mangels hier relevanter Steuerzeichen und Steuerstempler die Tatvariante der Nummer 3 aus dem Fokus der Betrachtung und es verbleiben mit Nummer 1 und Nummer 2 zwei Begehungsformen, die sich durch eine diametral entgegenstehend ausgestaltete Systematik auszeichnen. Stellt Nummer 1 das Machen unrichtiger oder unvollständiger Angaben über steuerlich erhebliche Tatsachen gegenüber den Finanz- oder anderen Behörden unter Strafe[428], sanktioniert die Norm als Jedermann- und Begehungsdelikt idealiter einen täuschungsähnlichen aktiven Verstoß gegen steuerliche Wahrheits- respektive Vollständigkeitsgebote. Dagegen pönalisiert Nummer 2 das pflichtwidrige schlichte In-Unkenntnis-Lassen der Finanzbehörde über steuerlich erhebliche Tatsachen[429] und offenbart sich so dogmatisch als echtes Unterlassungsdelikt[430], welches infolge des postulierten Pflichtwidrigkeitserfordernisses den Kreis tauglicher Täter beschränkt, mithin als Sonderdelikt. Setzt die

---

sein können. Selbiges muss für eventuelle nebenstrafrechtliche Konsequenzen, etwa nach §§ 331 ff. HGB, gelten.

[427] Instruktiv *Seer*, SteuerStud 2016, 35 ff. m. w. N. Zum geschützten Rechtsgut umfassend *Peters*, in: Hübschmann/Hepp/Spitaler, § 370, Rn. 27 ff. Zum Streit um die weitere dogmatische Einordnung siehe Teil 2 B. I. 3. b) mit Fn. 55 f.

[428] Weiterführend *Krumm*, in: Tipke/Kruse, § 370, Rn. 37 ff. und ausführlich *Schmitz/Wulf*, in: MüKo-StGB, § 370 AO, Rn. 224 ff.

[429] Umfassend dazu *Joecks*, in: Joecks/Jäger/Randt, § 370, Rn. 230; *Schmitz/Wulf*, in: MüKo-StGB, § 370 AO, Rn. 301 ff.
Problematisch scheint hierbei die binnensystematische Abgrenzung von Nummer 1 und Nummer 2, kann eine nicht vollständige Erklärung besteuerungserheblicher Tatsachen doch auch immer als partielles in-Unkenntnis-Lassen der Behörde gedeutet werden. Mit *Krumm*, in: Tipke/Kruse, § 370, Rn. 38 gilt es sich dabei auf die allgemeinstrafrechtliche Grundsatzdogmatik zu besinnen und nach deren Maßstäben eine wertende Gesamtbetrachtung vorzunehmen, die unter Einbeziehung des sozialen Handlungssinns und des eingesetzten Energieaufwands nach dem Schwerpunkt der strafrechtlichen Vorwerfbarkeit fragt; so auch BGH v. 4.9.2014 – 4 StR 473/13, NJW 2015, 100 m. w. N.; zur Abgrenzung *Rengier*, Strafrecht AT, § 48, Rn. 9 ff. m. w. N.

[430] So auch BGH v. 1.2.2007 – 5 StR 372/06, wistra 2007, 226; BGH v. 22.5.2003 – 5 StR 520/02, NJW 2003, 2924; *Jäger*, in: Klein, § 370, Rn. 60a; *Krumm*, in: Tipke/Kruse, § 370, Rn. 63. Dagegen als unechtes Unterlassungsdelikt einordnend etwa *Seer*, in: Tipke/Lang, Rn. 23.26. Siehe auch die Darstellung des Streitstandes bei *Peters*, in: Hübschmann/Hepp/Spitaler, § 370, Rn. 137, der zutreffend dessen fehlende praktische Relevanz anmerkt; zustimmend *Schmitz/Wulf*, in: MüKo-StGB, § 370 AO, Rn. 23.

Vorschrift hiermit als besondere Anforderung an den Hinterziehenden eine Pflicht zur Vornahme eines bestimmten steuerlichen Aufklärungsverhaltens voraus, schlägt sie so die Brücke zu den zuvor als Erklärungspflichten[431] erkannten Verhaltensaufträgen. Der ebendiese Mitwirkung pflichtwidrig Unterlassende verhält sich damit prinzipiell tatbestandsgemäß im Sinne des § 370 Abs. 1 Nr. 2 AO, was wiederum in die Erkenntnis mündet, dass zwischen den steuerlichen Erklärungspflichten und der Tathandlung des § 370 Abs. 1 Nr. 2 AO ein unmittelbares Konnexitätsverhältnis besteht[432], während ein solches zwischen den abgabenrechtlichen Kooperationsaufträgen und der Tathandlung nach Nummer 1 nur erkennbar wird, soweit sich die Pflichtverletzung in einer Falsch- oder Minusangabe manifestiert.

Objektiv tatbestandsmäßig handelt jedoch nur, wer hierdurch kausal und zurechenbar[433] unter Berücksichtigung des Kompensationsverbots des § 370 Abs. 4 S. 3

---

[431] Umstritten ist dabei, ob zur Pflichtbegründung für § 370 Abs. 1 Nr. 2 AO neben den gesetzlich normierten Handlungsaufträgen auch allgemeine Garantenerwägungen aus § 13 Abs. 1 StGB ausreichen. Der BGH erachtete im Urteil v. 9.4.2013 – 1 StR 586/12, BGHSt 58, 227 einen solchen Rekurs auf allgemeine Garantenpflichten zumindest für möglich, fügt dieser Erkenntnis jedoch einschränkend hinzu, dass ebendiese „nur eine untergeordnete Rolle spielten". Gleichwohl ist einer solchen extensiven Auslegung des § 370 Abs. 1 Nr. 2 AO i.V.m. § 13 Abs. 1 AO aus systematischer Warte zu widersprechen. Mit der dezidierten Unterscheidung zwischen aktiver Begehungs- und Unterlassungsvariante in § 370 Abs. 1 Nr. 1 und Nr. 2 AO bringt die Norm deutlich zum Ausdruck, welche Fälle des Unterlassens der Gesetzgeber als steuerhinterziehungsrelevant mit Strafe bedroht sehen wollte (vgl. BT Drs. VI/1982, 193 f.; so auch *Schmitz/Wulf*, in: MüKo-StGB, § 370 AO, Rn. 358 m.w.N. und *Seer*, SteuerStud 2016, 37). Sollte intendierter Täter daher nur sein, wer selbst zur Darlegung steuerlich erheblicher Tatsachen besonders verpflichtet ist (so auch noch der Bundesgerichtshof in BGH v. 23.8.2017 – 1 StR 33/17, wistra 2018, 81; BGH v. 9.4.2013 – 1 StR 586/12, BGHSt 58, 227; BGH v. 24.10.2002 – 5 StR 600/01, BGHSt 48, 58), lässt dieser abschließende Charakter des § 370 Abs. 1 Nr. 2 AO schlicht keinen Raum für die Anwendung der Grundsätze aus § 13 StGB (so dann zutreffend *Seer*, SteuerStud 2016, 37; in dieser Richtung und im Ergebnis zustimmend auch *Gaede*, Der Steuerbetrug, S. 742 ff.). Um diese Erkenntnis sodann nicht gleichsam „durch die Hintertür" zu konterkarieren, muss § 370 Abs. 1 Nr. 2 AO ferner Sperrwirkung für die Anwendung des § 13 StGB auch im Rahmen des § 370 Abs. 1 Nr. 1 AO zuerkannt werden (so auch *Schmitz/Wulf*, in: MüKo-StGB, § 370 AO, Rn. 358 und *Seer*, SteuerStud 2016, 37 unter Verweis auf *Ransiek*, in: Kohlmann, § 370, Rn. 225).

[432] So auch *Schmitz/Wulf*, in: MüKo-StGB, § 370 AO, Rn. 302. Siehe ferner die Leitentscheidung BGH v. 9.4.2013 – 1 StR 586/12, BGHSt 58, 227 und im Anschluss hieran BGH v. 23.8.2017 – 1 StR 33/17, wistra 2018, 81; BGH v. 23.8.2017 – 1 StR 173/17, wistra 2018, 131; BGH v. 10.8.2017 – 1 StR 573/16, wistra 2018, 42.

[433] Zu den Erfordernissen im Allgemeinen *Krumm*, in: Tipke/Kruse, § 370, Rn. 117 ff.
Als problematisch erweisen sich in diesem Kontext Konstellationen, in welchen die Finanzbehörde schon ohne die zureichende Mitwirkung des Einzelnen umfassende Sachverhaltskenntnis hat. Kooperiert der Steuerpflichtige sodann nicht oder nur defizitär, wird die Frage virulent, ob die Unkenntnis der Behörde Tatbestandsvoraussetzung des § 370 Abs. 1 AO ist.
Ist dies im Rahmen des § 370 Abs. 1 Nr. 2 AO angesichts des vermeintlich klaren Wortsinns noch weitgehend unbestritten (siehe aber sogleich), ließ der Bundesgerichtshof die Frage für die Begehungsvariante lange Zeit unbeantwortet. In BGH v. 19.10.1999 – 5 StR 178/99, wistra 2000, 64 konstatierte er erstmals, dass eine tatbestandsausschließende hoheitliche

B. Die steuerrechtlichen Mitwirkungspflichten

AO[434] Steuern verkürzt oder für sich oder einen anderen nicht gerechtfertigte Steuervorteile erlangt. Gemäß § 370 Abs. 4 S. 1 AO sind Steuern namentlich dann verkürzt, wenn sie nicht, nicht in voller Höhe oder nicht rechtzeitig festgesetzt werden. Steuervorteile sind nach dessen Satz 2 nicht gerechtfertigt erlangt, soweit sie zu Unrecht gewährt oder belassen werden.[435]

Kenntnis nur denkbar sei, wenn der für die Veranlagung zuständige Beamte positive Kenntnis aller für die Ermittlung der Besteuerungsgrundlagen notwendigen Tatsachen habe und diese Kenntnis durch ihm verfügbare Beweismittel im Sinne des § 90 AO untermauert werde. Mit den Entscheidungen BGH v. 15.5.2018 – 1 StR 159/17, WM 2018, 2021; BGH v. 21.11.2012 – 1 StR 391/12, wistra 2013, 108 und BGH v. 14.12.2010 – 1 StR 275/10, NJW 2011, 1300 f. änderte das Gericht jedoch diese Leitlinie und spricht sich nunmehr gegen einen solchen Tatbestandsausschluss aus. Hierfür spreche vor allem eine systematische Betrachtung der Norm, stelle eine Steuerhinterziehung unter Mitwirkung von Finanzbeamten doch einen schweren Fall im Sinne des Absatzes 3 dar, was die prinzipielle Tatbestandsmäßigkeit des Verhaltens impliziere.

Zuzustimmen ist dieser Jurisdiktion gleichwohl nicht. So führt die Negation eines Tatbestandsausschlusses in § 370 Abs. 1 Nr. 1 AO zu wertungsmäßigen Widersprüchen: Für die Strafwürdigkeit des Verhaltens ist es irrelevant, ob der Steuerpflichtige falsche, defizitäre oder gar keine Erklärungen abgibt. Geht man sodann von der zutreffenden Prämisse aus, dass § 370 Abs. 1 Nr. 2 AO eine behördliche Unkenntnis tatbestandlich fordert und negierte man dies für die Begehungsvariante, wäre es für einen Steuerpflichtigen, dessen steuerlicher Sachverhalt der Behörde umfassend bekannt ist, rechtsfolgenorientiert sinnvoller, sich durch schlichtes Untätigbleiben in § 370 Abs. 1 Nr. 2 AO zu flüchten und diese Alternative sodann am fehlenden Unkenntniserfordernis scheitern zu lassen. Die Strafbarkeit würde damit in die Hände des Täters gelegt und gleicher Unwert ungleich behandelt. Dass hierfür ein Tatbestandsausschluss konstitutiv in § 370 Abs. 1 Nr. 1 AO hineingelesen werden muss, ist jedoch zweifelhaft, verstellt dieser Diskurs doch den Blick auf dogmatische Grundpfeiler. Setzt die Festsetzungsbehörde nämlich trotz umfassender Kenntnis des steuerlichen Sachverhalts eine nicht zutreffende Steuer fest, verwirklicht sich in der Steuerverkürzung nicht mehr das vom Täter gesetzte Erklärungs-/Nichterklärungsrisiko. Auch ohne konstruierten Tatbestandsausschluss kann die Tat dem Täter schon nicht objektiv zugerechnet werden, nicht überzeugend daher BGH v. 21.11.2012 – 1 StR 391/12, wistra 2013, 108. Vor diesem Hintergrund verfangen auch die Meinungen des LG Aurich v. 8.11.2017 – 12 Ns 310 Js 8712/15 (158/15), wistra 2018, 181 f. mit kritischer Anmerkung *Webel* und *Roth*, NZWiSt 2017, 308 ff. nicht, welche die höchstrichterliche Rechtsprechung zum Anlass nehmen, auch § 370 Abs. 1 Nr. 2 AO um das Erfordernis der Unkenntnis zu erleichtern, so im Ergebnis auch OLG Köln v. 31.1.2017 – III-1 RVs 253/16, wistra 2017, 363 ff. Im Ergebnis sind die beiden Tatalternativen der Nummer 1 und Nummer 2 einheitlich auszulegen und der objektive Tatbestand entfällt bei ausreichendem Kenntnisstand des relevanten Finanzamts. Wie hier *Joecks*, in: Joecks/Jäger/Randt, § 370, Rn. 279 f.; *Peters*, in: Hübschmann/Hepp/Spitaler, § 370, Rn. 132; *Schmitz/Wulf*, in: MüKo-StGB, § 370 AO, Rn. 277; *Steinberg*, wistra 2012, 48 f. m.w.N. Anders *Jäger*, in: Klein, § 370, Rn. 42; *Ransiek*, in: Kohlmann, § 370, Rn. 585 ff. Zum Ganzen lesenswert *Steinberg*, wistra 2012, 45 ff. Zu den hiervon abzutrennenden Diskursen um den erforderlichen Kenntnisgrad und um innerbehördliche Wissenszurechnung ausführlich *Schmitz/Wulf*, in: MüKo-StGB, § 370 AO, Rn. 281.

[434] Hierzu umfassend *Peters*, in: Hübschmann/Hepp/Spitaler, § 370, Rn. 369 ff.; *Krumm*, in: Tipke/Kruse, § 370, Rn. 108 ff.

[435] Zum Taterfolg ausführlich *Schmitz/Wulf*, in: MüKo-StGB, § 370 AO, Rn. 80 ff.; *Joecks*, in: Joecks/Jäger/Randt, § 370, Rn. 32 ff.

150   Teil 3: Die Mitwirkungspflichten im Besteuerungsverfahren

In subjektiver Hinsicht erfordert die Steuerhinterziehung gemäß § 369 Abs. 2 AO i. V. m. § 15 StGB Vorsatz, wofür nach allgemeiner Dogmatik dolus eventualis genügt[436]; eine überschießende Innentendenz im Sinne besonderer Absichten kennt das Delikt nicht. Kann und soll die dezidierte Auseinandersetzung mit der subjektiven Tatseite, einschließlich der ausdifferenzierten Irrtumslehre, nicht Gegenstand dieser Ausführungen sein[437], gilt es gleichwohl, punktuell mitwirkungsrelevante Fragen zu klären.

Als Spiegelbild des objektiven Tatbestands verlangt der Vorsatz der Steuerhinterziehung neben dem Tathandlungsvorsatz das Wissen, dass hierdurch ein Steueranspruch beeinträchtigt wird[438] und dadurch Steuern zu niedrig oder verspätet festgesetzt bzw. verspätet beigetrieben werden oder ein nicht gerechtfertigter Steuervorteil erlangt wird. Im Rahmen der Unterlassungsvariante wirft genannter Tathandlungsvorsatz aufgrund des Merkmals der Pflichtwidrigkeit Probleme auf. Beinhaltet ein unübersichtliches Steuerrecht oft unübersichtliche Mitwirkungsauf-

---

[436] Ständige Rechtsprechung des Bundesgerichtshofs, vgl. BGH. v. 11.2.2020 – 1 StR 119/19, NStZ 2020, 488; ausdrücklich BGH v. 8.9.2011 – 1 StR 38/11, NStZ 2012, 161; *Seer*, in: Tipke/Lang, Rn. 23.43.

[437] Ausführlich bei *Peters*, in: Hübschmann/Hepp/Spitaler, § 370, Rn. 425 ff.; lesenswert auch *Radtke*, in: GS-Joecks, S. 543 ff.

[438] Zur von *Welzel*, NJW 1953, 486 f. begründeten Steueranspruchslehre weiterführend *Krumm*, in: Tipke/Kruse, § 370, Rn. 125 ff. und *Kuhlen*, DStJG 38, S. 117 ff.; *Roger*, StraFo 2016, 497 ff. Zur hiergegen vorgebrachten Kritik *Jäger*, in: Klein, § 370, Rn. 173. Auch der Bundesgerichtshof selbst ließ zwischenzeitlich offen, ob er letztere aufgreift und von der bisherig vertretenen Steueranspruchslehre abrückt. So äußerte er im Rahmen eines obiter dictum in BGH v. 8.9.2011 – 1 StR 38/11, NStZ 2012, 161 erstmals Zweifel an der bisherigen Rechtsprechung. Hiervon distanziert sich das Gericht jedoch ausdrücklich in BGH v. 24.1.2018 – 1 StR 331/17, NStZ-RR 2018, 182 und bestätigt diese neue alte Leitlinie in BGH v. 24.9.2019 – 1 StR 346/18, NJW 2019, 3533; BGH v. 10.1.2019 – 1 StR 347/18, wistra 2019, 375.
Letztlich sind die inhaltlichen Voraussetzungen an den Steueranspruchsvorsatz unterhalb der Schwelle des sicheren Wissens undurchsichtig. So stellte bspw. der BGH in seiner Entscheidung v. 8.9.2011 – 1 StR 38/11, NStZ 2012, 161 Gedanken zu Nachforschungs- und Erkundigungspflichten des Einzelnen an, wonach sich jeder Steuerpflichtige über diejenigen steuerlichen Pflichten unterrichten müsse, die ihn im Rahmen seines Lebenskreises treffen. Dies gelte in besonderem Maße in Bezug auf solche steuerrechtlichen Pflichten, die aus der Ausübung eines Gewerbes oder einer freiberuflichen Tätigkeit erwachsen. Bei einem Kaufmann sein deshalb jedenfalls bei Rechtsgeschäften, die zu seiner kaufmännischen Tätigkeit gehören, höhere Anforderungen an die Erkundigungspflichten zu stellen als bei anderen Steuerpflichtigen. In Zweifelsfällen hätte er von sachkundiger Seite Rat einzuholen. Werde diesem Auftrag nicht nachgekommen, spreche dies für Gleichgültigkeit gegenüber der Beeinträchtigung des Steueranspruchs, mithin für das Vorliegen von dolus eventualis. Ungeachtet einer Beurteilung der inhaltlichen Richtigkeit dieser Grundsätze (dazu die Besprechungen bei *Adick*, ZWH 2012, 155 f. und *Beyer*, AO-StB 2011, 323 ff.) bleibt bemerkenswert, dass derselbe Senat drei Jahre später in BGH v. 17.12.2014 – 1 StR 324/14, wistra 2015, 194 ebendiese Voraussetzungen ins Gegenteil verkehrt und zur Begründung der Leichtfertigkeit des § 378 Abs. 1 S. 1 AO heranzieht. Diese häufig marginalen Inkonsistenzen höchstrichterlicher Vorsatzjurisdiktion lassen die Grenzen zwischen § 370 Abs. 1 AO und § 378 Abs. 1 S. 1 AO als in der Praxis oft fließend erscheinen.

B. Die steuerrechtlichen Mitwirkungspflichten

träge, ist nicht jedem Steuerpflichtigen das Maß an ihm aufgetragener Kooperation ad hoc klar. Daher bleibt zwar dem Grunde nach unbestritten, dass der Hinterziehende einen irgendwie gearteten Pflichtwidrigkeitsvorsatz aufweisen muss, dessen genauer Inhalt erscheint jedoch streitbehaftet. Im Kern dreht sich dieser Disput um die Frage, ob als Bezugspunkt des Vorsatzes schon das Wissen um die pflichtbegründenden Umstände genügt[439] oder der Täter jedenfalls eventualvorsätzliche Pflichtenkenntnis[440] haben muss. Richtigerweise muss diese Entscheidung von systematischen und normkonzeptionellen Erwägungen geleitet werden. Dem Blankettcharakter des Pflichtwidrigkeitsmerkmals[441] folgend, muss der Steuerpflichtige lediglich um die pflichtbegründenden Umstände wissen.[442] Verkennt er nachgelagert den daraus folgenden Kooperationsauftrag, unterliegt er daher keinem Tatumstandsirrtum gemäß § 16 StGB, sondern einem auf Vorsatzebene unbeachtlichen Rechtsirrtum, mithin einem am Maßstab der Unvermeidbarkeit zu messenden Verbotsirrtum nach § 17 S. 1 StGB. Unvermeidbar im Sinne des § 17 S. 2 StGB ist dieser, wenn der Täter trotz der ihm nach den Umständen des Falles, seiner Persönlichkeit sowie seines Lebens- und Berufskreises zuzumutenden Anspannung des Gewissens die Einsicht in das Unrechtmäßige seines Handelns nicht zu gewinnen vermochte. Das setzt voraus, dass er alle geistigen Erkenntniskräfte eingesetzt und etwa aufkommende Zweifel durch Nachdenken oder erforderlichenfalls durch Einholung von Rat beseitigt hat.[443]

Gemäß § 370 Abs. 1 AO ist die Steuerhinterziehung mit Geldstrafe oder Freiheitsstrafe bis zu fünf Jahren bedroht; liegt ein besonders schwerer Fall im Sinne des § 370 Abs. 3 S. 1 AO vor, erhöht sich dieses Strafmaß auf Freiheitsstrafe von sechs Monaten bis zu zehn Jahren. Neben der Kriminalstrafe treffen den Hinterziehenden eine nach §§ 233 S. 1, 235, 238 AO zu bemessende Zinsschuld auf die hinterzogene Steuer und ein Säumniszuschlag gemäß § 240 AO.

---

[439] So *Jäger*, in: Klein, § 370, Rn. 179; *Joecks*, in: Joecks/Jäger/Randt, § 369, Rn. 102; § 370, Rn. 504; *Ransiek*, in: Kohlmann, § 370, Rn. 668; *Schmitz/Wulf*, in: MüKo-StGB, § 370 AO, Rn. 399.

[440] So allen voran *Hoyer*, in: Gosch, § 370, Rn. 170; *Krumm*, in: Tipke/Kruse, § 370, Rn. 129 und *Peters*, in: Hübschmann/Hepp/Spitaler, § 370, Rn. 457 f. Auch *Thomas*, NStZ 1987, 263 f.

[441] Siehe dazu nur *Bachmann*, Vorsatz und Rechtsirrtum, S. 194 f.; *Schmitz/Wulf*, in: MüKo-StGB, § 370 AO, Rn. 399 m.w.N.

[442] *Schmitz/Wulf*, in: MüKo-StGB, § 370 AO, Rn. 399.

[443] Grundlegend BGH v. 18.3.1952 – GSSt 2/51, BGHSt 2, 201. So ausdrücklich BGH v. 15.12.1999 – 2 StR 365/99, NStZ 2000, 309 unter Rekurs auf BGH v. 27.1.1966 – KRB 2/65, BGHSt 21, 20 m.w.N. Umfassend *Joecks/Kulhanek*, in: MüKo-StGB, § 17, Rn. 39 ff. und *Rengier*, Strafrecht AT, § 31, Rn. 17 ff.
Auch in diesem Kontext können sodann die in Teil 3 B. III. 3. b) aa), Fn. 438 gefundenen höchstrichterlichen Gedanken zu Nachforschungs- und Erkundigungspflichten des Einzelnen fruchtbar gemacht werden.

bb) Steuerordnungswidrigkeiten: die leichtfertige Steuerverkürzung nach § 378 AO und die Steuergefährdungen der §§ 379 ff. AO

Auch die von § 377 Abs. 1 AO umrissenen Steuerordnungswidrigkeiten der §§ 378 ff. AO sind für die Zwecke dieser Arbeit nicht ausnahmslos relevant, vielmehr determiniert die jeweils denkbare Mitwirkungsverfehlung des Einzelnen den Kreis der beachtlichen Normen. Hieraus ergibt sich folgendes Bild:

Scheitert die Steuerhinterziehung am Vorsatz des Täters, fällt der Blick auf den Tatbestand der leichtfertigen Steuerverkürzung, § 378 Abs. 1 S. 1 AO. Entspricht deren objektive Tatseite schon aufgrund der normsystematischen Inbezugnahme des § 370 Abs. 1 AO prinzipiell jener der Steuerhinterziehung, beschränkt die Ordnungswidrigkeitsvorschrift gleichwohl den tauglichen Täterkreis auf Steuerpflichtige und Personen, die deren Angelegenheiten wahrnehmen[444]. In subjektiver Hinsicht stehen die beiden Normen sodann aufgrund des Gegensatzes von Vorsatz und Leichtfertigkeit als besonders gravierende Form der Fahrlässigkeit in einem strengen Exklusivitätsverhältnis. Leichtfertig handelt, wer die Sorgfalt außer Acht lässt, zu der er nach den besonderen Umständen des Falles und seinen persönlichen Fähigkeiten und Kenntnissen verpflichtet und imstande ist, und dem sich danach aufdrängen muss, dass er dadurch Steuern verkürzt.[445]

Subsidiär dahinter[446] treten die Steuergefährdungen der §§ 379–382 AO. Stellt der Einzelne vorsätzlich oder leichtfertig in tatsächlicher Hinsicht unrichtige Belege[447] aus, riskiert er eine Ordnungswidrigkeit gemäß § 379 Abs. 1 S. 1 Nr. 1 AO, wenn er es dadurch ermöglicht, Steuern zu verkürzen oder nicht gerechtfertigte Steuervorteile zu erlangen. Dasselbe gilt für denjenigen, der entgegen seinen insbesondere aus §§ 140 ff. AO fließenden Pflichten buchungs- oder aufzeichnungs-

---

[444] Siehe zur weiten Interpretation dieses Passus nur *Seer*, in: Tipke/Lang, Rn. 23.91 m. w. N.

[445] So jeweils BGH v. 17.12.2014 – 1 StR 324/14, wistra 2015, 194; BGH v. 8.9.2011 – 1 StR 38/11, NStZ 2012, 161; BFH v. 24.7.2014 – V R 44/13, BStBl. II 2014, 956; BFH v. 17.11.2011 – IV R 2/09, BFH/NV 2012, 1312; BFH v. 24.4.1996 – II R 73/93, BFH/NV 1996, 732. Umfassend *Krumm*, in: Tipke/Kruse, § 378, Rn. 13 ff.
Auch hier treffen den Steuerpflichtigen Nachforschungs- und Erkundigungspflichten nach den in Teil 3 B. III. 3. b) aa), Fn. 438 erörterten Grundsätzen. Hierzu *Schwartz*, PStR 2014, 156 ff.; ferner *Beckmann*, in: Gosch, § 378, Rn. 19 m. w. N.

[446] Die Subsidiarität gegenüber § 370 Abs. 1 AO folgt aus § 21 OWiG, jene gegenüber § 378 Abs. S. 1 AO aus den Anordnungen der §§ 379 Abs. 4, 5, 6, 7; 380 Abs. 2; 381 Abs. 2; 382 Abs. 3 AO.

[447] § 379 Abs. 1 S. 1 Nr. 1 AO ist dabei insbesondere aufgrund der Weite des Belegbegriffs relevant. Hierunter fallen alle den Aussteller erkennen lassenden Schriftstücke, die aufgrund ihres Inhalts dazu geeignet und bestimmt sind, eine steuerlich erhebliche Tatsache zu beweisen, *Bülte*, in: Hübschmann/Hepp/Spitaler, § 379, Rn. 22; *Seer*, in: Tipke/Lang, Rn. 23.103; *Stark*, in: Gosch, § 379, Rn. 11 m. w. N. Demnach zählen hierzu insbesondere auch Buchführungsbelege und solche im Sinne der §§ 144 Abs. 4 S. 1; 146a Abs. 2 S. 1 AO, wobei schon ausweislich des Wortsinns das bloße pflichtwidrige Unterlassen der Belegausgabe noch nicht tatbestandsmäßig ist.

pflichtige Geschäftsvorfälle oder Betriebsvorgänge nicht oder in tatsächlicher Hinsicht unrichtig aufzeichnet oder aufzeichnen lässt, verbucht oder verbuchen lässt (Nummer 3) oder gegen die Aufträge der §§ 146a Abs. 1 S. 1 und S. 2 AO verstößt (Nummer 4, Nummer 5). Noch pflichtenspezifischer wird sodann § 379 Abs. 2 AO, indem die Norm vorsätzliche oder leichtfertige Verletzungen der Pflichten zur Aufzeichnung des Warenausgangs gemäß § 144 Abs. 1 oder Abs. 2 S. 1 jeweils i. V. m. Abs. 5 AO (Nummer 1a) und der Gebote der Kontenwahrheit nach § 154 Abs. 1 bis 2c AO (Nummer 2) mit Geldbuße bedroht.

cc) § 130 OWiG als Steuerordnungswidrigkeit im weiteren Sinne

Unternehmenspraktisch bedeutsam ist zuletzt der Auffangtatbestand[448] des § 130 Abs. 1 S. 1 AO. Die arbeitsteilige, dezentralisierte Prägung des modernen Wirtschaftsverkehrs führt zuweilen dazu, dass steuerrechtliche Kooperationsaufträge in Betrieben und Unternehmen nicht durch den jeweiligen Verpflichteten selbst wahrgenommen werden. Hier fallen Mitwirkungsverantwortung und Mitwirkungshandlung personell auseinander.[449] Zwar bedarf es schon angesichts des evidenten Missbrauchspotentials keiner weiteren Erläuterung, dass sich der originäre Pflichtenadressat durch reine Delegation seiner Kooperationsverantwortung nicht begeben können darf, normsystematisch bleiben jedoch in Randbereichen Friktionen. So stellen mitwirkungsrelevante Steuerverfehlungen weitgehend besondere Kooperationsanforderungen an den Täterkreis. Weist der unmittelbar Ausführende ebendiese Merkmale auch unter Berücksichtigung des § 9 OWiG aber nicht auf, könnte weder dieser – mangels hinreichender Täterqualität – noch der Verantwortliche – mangels ausgeführter Tathandlung – für etwaige Verstöße belangt werden. Dass der Betriebs- oder Unternehmensinhaber diese wechselseitigen Vorteile in sich kumuliert und so die personelle Divergenz zwischen Verantwortlichem und Handelndem zu seinen Gunsten ausnutzt, verhindert § 130 Abs. 1 S. 1 OWiG. Unterlässt der Inhaber eines Betriebes oder Unternehmens[450] oder der diesem nach § 9 OWiG Gleichgestellte vorsätzlich oder fahrlässig die Aufsichtsmaßnahmen, die erforderlich sind, um in dem Betrieb oder Unternehmen Zuwiderhandlungen gegen Pflichten zu verhindern, die den Inhaber treffen und deren Verletzung mit Strafe oder Geldbuße bedroht ist, handelt er ordnungswidrig, wenn eine solche Zuwiderhandlung begangen wird, die durch gehörige Aufsicht verhindert oder wesentlich erschwert worden wäre. Statuiert wird also eine subsidiäre[451] Bußgeldandrohung zu

---

[448] Siehe nur *Rogall*, in: KK-OWiG, § 130, Rn. 124 und terminologiekritisch *Rogall*, ZStW 1986, 620.

[449] *Schünemann*, wistra 1982, 42; zustimmend *Rogall*, ZStW 1986, 576. Ferner *Beck*, in: BeckOK-OWiG, § 130, Rn. 6; *Rogall*, in: KK-OWiG, § 130, Rn. 4 m. w. N.

[450] Hierzu *Beck*, in: BeckOK-OWiG, § 130, Rn. 26 ff.; *Rogall*, in: KK-OWiG, § 130, Rn. 23 ff.

[451] Soweit der Betriebsinhaber an der Zuwiderhandlung selbst beteiligt ist, scheidet § 130 Abs. 1 S. 1 AO aus, OLG Düsseldorf v. 25.7.1989 – 5 Ss (OWi) 263/89 – (OWi) 106/89 I,

Lasten des Inhabers für den Fall verletzter Aufsichtspflichten. Fällt hierunter auch die Überwachung der straf- und bußgeldbewehrten steuerrechtlichen Pflichten, erweist sich die Norm damit als Steuerordnungswidrigkeit im weiteren Sinne.[452]

c) Die Frage der Verbandsverantwortlichkeit für Steuerverfehlungen

Wurden bis dato lediglich Individualverfehlungen untersucht, seien nun Verbände in den Fokus der Betrachtung gerückt. Treten diese trotz faktischer Handlungsunfähigkeit dogmatisch als taugliche Adressaten abgabenrechtlicher Mitwirkungsaufträge auf, fließt hieraus die Frage des Umfangs der delinquenten Folgen einer Pflichtverletzung auf Verbandsebene. In diesem Zusammenhang erfährt der Grundsatz societas delinquere non potest zwei hier interessierende Einschränkungen: eine de lege lata, eine de lege ferenda.

Die bisher vornehmlich für Unternehmenssanktionen konsultierte Vorschrift des § 30 Abs. 1 OWiG komplettiert zusammen mit § 9 und § 130 OWiG die Wirtschaftskriminalität bekämpfende Troika des Ordnungswidrigkeitenrechts.[453] Hat ein näher bezeichnetes Mitglied der Verbandsführungs- bzw. Verbandsleitungsebene[454] eine Straftat oder Ordnungswidrigkeit begangen, durch die Pflichten, welche die juristische Person oder die Personenvereinigung treffen, verletzt worden sind oder die juristische Person oder die Personenvereinigung bereichert worden ist oder werden sollte (sog. Anlass- oder Bezugstat), kann gegen den Verband selbst eine nach Absatz 2 zu bemessende Geldbuße festgesetzt werden. Noch verhältnismäßig klar gestalten sich dabei Fälle, in welchen der Verband Adressat steuerrechtlicher Kooperationspflichten ist, gegen die ein Führungsmitglied, welches diese Pflichtenstellung nach den Grundsätzen des § 9 OWiG einnimmt, unmittelbar selbst tatbestandsrelevant verstößt. Hier ermöglicht § 30 Abs. 1 OWiG eine Zurechnung[455] der Pflichtwidrigkeit von der Leitungs- auf die Verbandsebene, sodass auch letzterer aus der Steuerverfehlung i. V. m. § 30 Abs. 1 OWiG bebußt wird.

Darüber hinaus muss das Gesetz über Ordnungswidrigkeiten aber auch hier der Faktizität wirtschaftlicher Dezentralisierung Rechnung tragen. Bliebe es bei vorstehenden Grundsätzen, schiede eine Bußgeldandrohung aus, soweit das pflichtwidrige Verhalten nicht von einem Repräsentanten im Sinne des § 30 Abs. 1 OWiG begangen würde. Stellt man hierzu aber das tatsächliche Ausmaß kompetenzorientierter Arbeitsteilung und damit verbundener Aufgabendelegation weg von lei-

---

wistra 1989, 359; *Beck*, in: BeckOK-OWiG, § 130, Rn. 106; *Rogall*, ZStW 1986, 620. Umfassend *Rogall*, in: KK-OWiG, § 130, Rn. 124 f.

[452] So ausdrücklich *Seer*, in: Tipke/Lang, Rn. 23.123.

[453] Dazu lesenswert und instruktiv, wenn auch in Teilen veraltet *Többens*, NStZ 1999, 7 f.

[454] Zur sachlichen Reichweite des Täterkreises der Bezugstat ausführlich *Meyberg*, in: BeckOK-OWiG, § 30, Rn. 47 ff. und *Rogall*, in: KK-OWiG, § 30, Rn. 61 ff.

[455] So *Krenberger/Krumm*, in: Krenberger/Krumm-OWiG, § 30, Rn. 5; *Meyberg*, in: BeckOK-OWiG, § 30, Rn. 17, 17.2.; *Ransiek*, NZWiSt 2012, 48. Dagegen *Rogall*, in: KK-OWiG, § 30, Rn. 2 f., 8 ff.

B. Die steuerrechtlichen Mitwirkungspflichten

tenden Entscheidungsträgern hin zu spezialisierten untergeordneten Organisationsstufen in Kontrast, verblieben ausferndes Missbrauchspotential und eklatante Ahndungsdefizite. Zur Schließung ebendieser Lücken wird abermals § 130 Abs. 1 OWiG relevant. Ist das Leitungsmitglied selbst Inhaber des Betriebs oder Unternehmens oder wird es diesem über § 9 OWiG gleichgestellt, trifft es eine Aufsichtspflicht nach obigen Grundätzen. Verstößt es hiergegen in tatbestandsmäßiger Weise, kann § 130 Abs. 1 OWiG selbst wiederum Anlasstat des § 30 Abs. 1 OWiG sein[456], sodass de facto die Rechtsfolge der Unternehmensbebußung auch bei strafbaren oder ordnungswidrigen Pflichtverstößen anderer Mitglieder als jenen der Führungsriege eintritt. Insoweit stellt die Aufsichtspflicht des § 130 Abs. 1 OWiG das notwendige Bindeglied zwischen Mitwirkungspflichtverletzung und Unternehmenssanktion dar.

Dieses System sah sich jedoch wiederholt[457] rechtspolitisch wachsendem Druck ausgesetzt. So wurde ihm vorgeworfen, das der Verfolgungsbehörde durch § 47 Abs. 1 S. 1 OWiG eingeräumte Verfolgungsermessen führe in verfahrensrechtlicher Hinsicht zu einer standortabhängig unterschiedlichen, mithin unzureichenden Ahndungspraxis.[458] Materiell sei ferner, abgesehen von der defizitären Einbeziehung sanktionswürdiger Auslandssachverhalte[459], zuvörderst die starre Bußgeldobergrenze des § 30 Abs. 2 OWiG von zehn bzw. fünf Millionen Euro untauglich, insbesondere wirtschaftsstarke und ertragskräftige Unternehmen von Verbandstaten abzuhalten.[460] Diskutierte Lösungsansätze[461] reichten dabei vom Extrem nur gradueller Ausweitung und Anpassung des Ordnungswidrigkeitenrechts[462] bis hin zum Ruf nach der Einführung eines eigenständigen Unternehmensstrafrechts[463]. Mit dem Entwurf eines Gesetzes zur Stärkung und Integrität der Wirtschaft[464] geht der Ge-

---

[456] *Krenberger/Krumm*, in: Krenberger/Krumm-OWiG, § 30, Rn. 5, 9; ausführlich unter Darlegung und Bewertung verbleibender Sanktionslücken *Rogall*, in: KK-OWiG, § 30, Rn. 92.

[457] Siehe nur den knappen historischen Abriss über die unendliche Geschichte der Diskussion um die Einführung eines Unternehmensstrafrechts bei *Talaska/Görlich*, Stbg 2020, 406.

[458] So die Gesetzesbegründung BT-Drs. 19/23568, 45, 49; dazu *Hoven/Wimmer/Schwarz/Schumann*, NZWiSt 2014, 209 und *Kubiciel*, NZWiSt 2016, 179. Siehe insbesondere auch die empirische Aufarbeitung bei *Henssler/Hoven/Kubiciel/Weigend*, NZWiSt 2018, 5 f. (Kölner Entwurf eines Verbandssanktionengesetzes).

[459] So BT-Drs. 19/23568, 45, 48, 50, 67.

[460] So BT-Drs. 19/23568, 45, 48 f., 74.

[461] Zusammenfassend BT-Drs. 19/23568, 48.

[462] So insbesondere der Gesetzgebungsvorschlag des Bundesverbands der Unternehmensjuristen für eine Änderung der §§ 30, 130 OWiG.

[463] So etwa der Entwurf eines Gesetzes zur Einführung der strafrechtlichen Verantwortlichkeit von Unternehmen und sonstigen Verbänden des Landes Nordrhein-Westfalen.

[464] Zugrunde gelegt wird die zur Beschlussfassung in den Bundestag eingebrachte Fassung v. 21.10.2020, BT-Drs. 19/23568. Vorausgegangene Grunddrucksache war insoweit BR-Drs. 440/20 v. 7.8.2020.

setzgeber einen selbst propagierten Mittelweg. Artikel 1 des Mantelgesetzes enthält ein neben die bestehenden Regelungen tretendes[465] Gesetz zur Sanktionierung verbandsbezogener Straftaten (Verbandssanktionengesetz – VerSanG). Dieses antwortet auf das Problem divergierender Rechtsanwendung mit der Anerkennung des Legalitätsprinzips bei Verbandstaten gemäß § 24 Abs. 1 VerSanG-E i. V. m. § 152 Abs. 2 StPO[466], flankiert durch oppurtunitätsprinzipielle Einstellungsgründe in den §§ 35 ff. VerSanG-E; auf jenes zu seichter Verbandssanktion mit sogleich zu thematisierenden dynamischen Sanktionsobergrenzen in §§ 9 Abs. 1, 2 VerSanG-E.

Die Kernelemente der Neuregelung bilden neben dem Novum der Verbandsverantwortlichkeit im Sinne des § 3 VerSanG-E die ausdrücklich an § 30 Abs. 1 OWiG angelehnten[467] Begriffe des Verbands, der Leitungsperson und der Verbandstat in § 2 Abs. 1 VerSanG-E. Entspricht der dort in Nummer 2 definierte Kreis der Leitungspersonen dabei noch im Wesentlichen den Grundsätzen des bußgeldrelevanten Pendants, weicht das Verbandssanktionengesetz im Unterschied hierzu bei Präzisierung des Verbandsbegriffs marginal vom Vorbild ab, wenn es diesen gemäß § 2 Abs. 1 Nr. 1 i. V. m. § 1 VerSanG-E auf juristische Personen des öffentlichen oder privaten Rechts, nicht rechtsfähige Vereine und rechtsfähige Personengesellschaften beschränkt, deren Zweck auf einen wirtschaftlichen Geschäftsbetrieb gerichtet ist, und damit im Umkehrschluss alle nicht wirtschaftlich agierenden Zusammenschlüsse weiterhin ausschließlich den allgemeinen Regeln des Ordnungswidrigkeitenrechts unterwirft.[468]

Der sanktionsbegründende Tatbestand der Verbandverbandsverantwortlichkeit findet sich sodann in § 3 VerSanG-E. Dessen Absatz 1 Nummer 1 zufolge ist dieser zunächst gegeben, wenn jemand als Leitungsperson dieses Verbandes eine Verbandstat begangen hat. Den Topos der Verbandstat definiert § 2 Abs. 1 Nr. 3 VerSanG-E als Straftaten, durch die Pflichten, die den Verband treffen, verletzt worden sind oder durch die der Verband bereichert worden ist oder werden sollte, sodass im

---

[465] Siehe zur Implementierung in das OWiG Art. 9, zur solchen in die Abgabenordnung Art. 10 des Entwurfs BT-Drs. 19/23568. Zu Auswirkungen auf steuerlich relevante Sachverhalte und das Steuerverfahrensrecht *Cappel/Duttiné*, DStR 2020, 1688 ff. und *Talaska/Görlich*, Stbg 2020, 412 ff. Konkurrenzrechtlichen Fragestellungen widmet sich sodann insbesondere *Waßmer*, NZWiSt 2021, 41 ff.

[466] Kritisch aufgrund zu erwartender Überlastung des Verfolgungsapparats *Knauer*, NStZ 2020, 443 unter Verweis auf die Stellungnahme Nr. 7/20 des Deutschen Richterbundes. In diese Richtung auch die Stellungnahme des Bundesrates, wenn sie in BT-Drs. 19/23568, 134 anmerkt, dass „unnötigerweise Ressourcen der Strafverfolgungsbehörden gebunden" werden und daher eine Abänderung der §§ 35, 37 VerSanG-E für notwendig befindet, in BT-Drs. 19/23568, 134 ff.

[467] BT-Drs. 19/23568, 50, 63 ff.

[468] So auch BT-Drs. 19/23568, 45, 63 mit der Begründung, dass die Fortgeltung des Ordnungswidrigkeitenrechts ihre Rechtfertigung darin finde, dass die gewinnorientierte Betätigung in einem von Konkurrenz geprägten Markt mit erhöhten Risiken der Begehung von Straftaten durch Leitungspersonen und Mitarbeiter einhergehe. Dies begründe einen stärkeren Bedarf für den Einsatz von Verbandssanktionen zur Prävention als bei Verbänden, die – jedenfalls mit ihrem Hauptzweck – nicht am Markt tätig seien.

B. Die steuerrechtlichen Mitwirkungspflichten

hier interessierenden Bereich der Steuerverfehlungen nur Steuerstraftaten im Sinne des § 369 AO in Betracht kommen. Scheidet damit insbesondere ein Rekurs auf die Aufsichtspflichtverletzung des § 130 OWiG aus, baut sich das Verbandssanktionengesetz ebendiese Pflicht in § 3 Abs. 1 Nr. 2 VerSanG-E kurzerhand selbst[469], wenn es postuliert, dass die Rechtsfolge der Verbandssanktion auch eintreten soll, wenn jemand sonst in Wahrnehmung der Angelegenheiten des Verbandes eine Verbandstat begangen hat und Leitungspersonen des Verbandes die Straftat durch angemessene Vorkehrungen zur Vermeidung von Verbandstaten, wie insbesondere Organisation, Auswahl, Anleitung und Aufsicht, hätten verhindern oder wesentlich erschweren können.

Den Numerus clausus potentiell rechtsfolgenseitiger Verbandssanktionen enthält der Katalog des § 8 VerSanG-E. Auf die Deklaration als Strafe wird hier bewusst verzichtet, sollen die angeordneten Sanktionen doch bloße Rechtsfolgen sui generis bei Verfehlungen bestimmter Personen im Verband sein.[470] Im Fokus der Betrachtung steht hierbei die Verbandsgeldsanktion des § 9 VerSanG-E. In Abhängigkeit von der wirtschaftlichen Leistungsfähigkeit des Unternehmens unterscheidet die Norm zwischen einem starren Geldsanktionsrahmen in Absatz 1 und einem dynamischen in Absatz 2. Kommt, soweit der weltweite Konzernumsatz der letzten drei Jahre durchschnittlich unter 100 Millionen Euro per annum beträgt, eine Geldsanktion von höchstens zehn bzw. fünf Millionen Euro in Betracht, erhöht sich der potentielle Sanktionsrahmen über dieser Umsatzschwelle in bedenklichem Maße[471] auf zehn bzw. fünf Prozent des durchschnittlichen Jahresumsatzes. Diesem ausgesprochen scharfen Mittel gegenüber stehen sodann für den Fall aus Unwertgesichtspunkten fehlender Erforderlichkeit[472] der Geldsanktion die weniger einschneidenden Möglichkeiten der Verwarnung mit Verbandsgeldsanktionsvorbehalt nach § 10 VerSanG-E sowie des Vorbehalts eines Teils der Verbandsgeldsanktion nach § 11 VerSanG-E. §§ 12, 13 VerSanG-E eröffnen darüber hinaus die Option der Verbindung der Sanktion mit Auflagen und Weisungen. Bei einer großen Anzahl der Geschädigten kann als Nebenfolge ferner die öffentliche Bekanntmachung der Verur-

---

[469] Nicht verwunderlich ist es daher, dass BT-Drs. 19/23568, 68 f. immer wieder auf die zu § 130 OWiG entwickelten Grundsätze Bezug nimmt.

[470] BT-Drs. 19/23568, 50 selbst bezeichnet die „Verbandssanktion als eigenständige Sanktionsart". Plakativ dagegen indes *Waßmer*, NZWiSt 2021, 44: „Dazu nur so viel: Dies ist ein ‚Etikettenschwindel'."

[471] Problematisch ist die Regelung auf zwei Ebenen: Zum einen unterwirft die weitschweifig gewählte Referenzgröße des weltweiten Konzernumsatzes nicht nur multinational tätige finanzstärkste Wirtschaftsunternehmen der umsatzabhängigen Geldsanktion, siehe das Beispiel bei *Knauer*, NStZ 2020, 444. Zum anderen kann eine Sanktion i. H. v. 5 % bzw. 10 % des durchschnittlichen Jahresumsatzes gerade bei Unternehmen mit geringen Gewinnmargen existenzgefährdende Wirkung haben. Eindringlich und mit Nachdruck dagegen daher *Knauer*, NStZ 2020, 443 f. Kritisch auch *Cappel/Duttiné*, DStR 2020, 1687; *Waßmer*, NZWiSt 2021, 43 ff. Zur im Übrigen vorgebrachten Kritik siehe den Überblick bei *Voges/Perchermeier*, GWR 2021, 98.

[472] BT-Drs. 19/23568, 51.

teilung des Verbandes angeordnet werden, § 14 VerSanG-E, die in diesem Fall neben die ohnehin erfolgende Eintragung in das nach §§ 54 ff. VerSanG-E zu implementierende Verbandssanktionenregister tritt.

4. Die Beweislastentscheidung im Falle des non liquet

Im Problemkreis der steuerlichen Sachverhaltsermittlung fällt der Blick zuletzt auf die Grundsätze der Beweislast. Die geläufige Unterscheidung zwischen subjektiver[473] und objektiver[474] solcher ist dabei Ausfluss der Präzisierungsbedürftigkeit eines Obertopos, der zwei voneinander zu unterscheidende Konstellationen in sich vereint. So betrachtet der Beweislastbegriff zum einen die Verfahrensbeteiligten in Summe und wirft (der Beweisführung vorgelagert) die Frage auf, welche Tatbestandsmerkmale von welchem Akteur bewiesen werden müssen. Zum anderen fokussiert er aber auch den relevanten Entscheidungsträger individuell und problematisiert (der Beweisführung nachgelagert), zu wessen Nachteil es ausschlägt, dass eine Tatsachenbehauptung endgültig unklar geblieben ist.[475]

a) Die subjektive Beweislast

Erstgenannte Situation betrifft die formelle Beweislast. Angelehnt an das zivilrechtliche Begriffsverständnis[476], umschreibt diese die den Parteien im Prozess er wachsende Notwendigkeit, zur Abwendung des Prozessverlustes alles zu beweisen, was streitig und zur Überzeugung des Gerichts vom Vorliegen der anspruchsbegründenden bzw. anspruchsvernichtenden Tatsachen erforderlich ist. Sie ist die einer Partei obliegende Last, zur Vermeidung des Prozessverlustes durch eigene Tätigkeit den Beweis einer streitigen Tatsache zu führen, und meint ein Parteiverhalten, das zwar nicht erzwungen werden kann, an dessen Ausbleiben sich aber als unabwendbare Folge unmittelbare Nachteile für diese Partei knüpfen.[477] Steuerverfahrensspezifisch wäre eine subjektive Beweislast damit die dem Steuerpflichtigen obliegende Last, zum Zweck begehrter Steuererleichterungen durch eigenes Tätigwerden den Beweis streitiger entscheidungserheblicher Tatsachen zu führen.[478]

---

[473] Auch formelle Beweislast oder Beweisführungslast.
[474] Auch materielle Beweislast oder Feststellungslast.
[475] So auch *Prütting*, in: MüKo-ZPO, § 286, Rn. 100.
[476] Siehe *Rosenberg*, Beweislast, S. 18 ff.
[477] *Drüen*, in: Hübschmann/Hepp/Spitaler, § 88, Rn. 335; *Osterloh*, Gesetzesbindung, S. 306 f.; *Prütting*, Gegenwartsprobleme, S. 24 f.; *Seer*, in: Tipke/Kruse, § 88, Rn. 44; § 96 FGO, Rn. 78; *Seer*, Verständigungen im Steuerverfahren, S. 177; *Lindenthal*, Mitwirkungspflichten, S. 209.
[478] So *Herter*, DB 1985, 1312; zustimmend *Lindenthal*, Mitwirkungspflichten, S. 209.

B. Die steuerrechtlichen Mitwirkungspflichten

Gleichwohl ist eine solche Beweisführungslast für das Steuerrecht, abseits expliziter Anordnungen durch das Gesetz[479], mit der gemeinhin vertretenen Ansicht[480] abzulehnen. Die Grundsätze formeller Beweislast können allein für der Verhandlungsmaxime unterliegende Verfahren Geltung beanspruchen[481], weshalb das dem Untersuchungsgrundsatz unterworfene Steuerverfahrensrecht eine subjektive Beweislast nicht kennt. Hiergegen spricht auch nicht die vorgebrachte rechtstatsächliche Kritik[482], gerade im Steuerrecht führe ein fehlender Individualnachweis bestimmter Behauptungen zumeist zum Rechtsnachteil. So wurde das faktische Konnexitätsverhältnis zwischen defizitärer Kooperation und endgültiger Nichtaufklärbarkeit des Sachverhalts aufgrund der Höchstpersönlichkeit der steuererheblichen Informationen bereits hinreichend dargelegt. Folgt auf diese Nichtaufklärbarkeit zumeist die Nichtgewährung des individuell erstrebten Steuervorteils, sind tatsächliche Konsequenzen für den Steuerpflichtigen, der die von ihm behaupteten Tatsachen nicht beweisen kann, nicht zu leugnen. Freilich wird er daher auch den Druck verspüren, lieber einen vom Recht nicht geforderten Beweis zu erbringen, als eine ihm ungünstige Entscheidung nach Grundsätzen der objektiven Beweislast zu riskieren.[483] Gerade diese Faktizität ist im hiesigen Kontext aber nicht nur Grund des Einwands, sondern auch dessen Grenze. So ist und bleibt das Abhängigkeitsverhältnis ein rein tatsächliches, wohingegen dogmatisch über dem steuerlichen Ermittlungsverfahren der Untersuchungsgrundsatz zu Gunsten wie zu Lasten des Steuerpflichtigen thront. Idealiter wird also der fehlende Beweis seitens des Ein-

---

[479] *Klein*, Beweislast, S. 5 ff.; *Lindenthal*, Mitwirkungspflichten, S. 211 m. w. N.; *Müller-Franken*, Maßvolles Verwalten, S. 321 f.; *Seer*, in: Tipke/Kruse, § 88, Rn. 44; *Volquardsen*, in: Schwarz/Pahlke, § 88, Rn. 30; *Weber-Grellet*, StuW 1981, 48. Dezidert zu solchen Ausnahmen durch spezielle „Beweisführungsvorschriften" *Drüen*, in: Hübschmann/Hepp/Spitaler, § 88, Rn. 341 ff.; *Krumm*, in: Tipke/Kruse, § 76 FGO, Rn. 46 und *Seer*, in: Tipke/Kruse, § 96 FGO, Rn. 82. *Urban*, NWB 2017, 1658 dagegen hält aufgrund der Vielzahl spezieller Beweisführungsvorschriften die grundsätzliche Erkenntnis fehlender subjektiver Beweislast für widerlegt und überholt.

[480] BFH v. 24.1.1963 – II 195/58 U, BStBl. III 1963, 213; *Drüen*, in: Hübschmann/Hepp/Spitaler, § 88, Rn. 337 ff.; *Lindenthal*, Mitwirkungspflichten, S. 209 f. m. w. N.; *Loschelder*, AO-StB 2003, 25; *Müller-Franken*, Maßvolles Verwalten, S. 320 f.; *Prütting*, Gegenwartsprobleme, S. 24 ff.; *Roser*, in: Gosch, § 88, Rn. 29; *Seer*, in: Tipke/Kruse, § 88, Rn. 44; § 96 FGO, Rn. 78; *Volquardsen*, in: Schwarz/Pahlke, § 88, Rn. 30; *Weber-Grellet*, StuW 1981, 48. Dagegen *Martens*, JuS 1978, 103; *Martens*, StuW 1981, 330 f.; *Martens*, Verwaltungsvorschriften, S. 73 f.; in diese Richtung auch *Martin*, BB 1986, 1028; wohl auch *Herter*, DB 1985, 1312.

[481] So ausdrücklich *Drüen*, in: Hübschmann/Hepp/Spitaler, § 88, Rn. 335, 337 und *Prütting*, in: MüKo-ZPO, § 286, Rn. 102. Zustimmend *Roser*, in: Gosch, § 88, Rn. 29; *Seer*, in: Tipke/Kruse, § 88, Rn. 44; § 96 FGO, Rn. 78.

[482] So allen voran *Musielak*, Grundlagen der Beweislast, S. 39, der die subjektive Beweislast auch als bloße „Vor-Wirkung der Feststellungslast" verstehen möchte daher und mit *Seeliger*, Beweislast, S. 43 auch den nachstehend erörterten, aus der objektiven Beweislastentscheidung fließenden, Druck zur individuellen Sachverhaltsaufklärung als zur Begründung einer beachtlichen Beweisbelastung ausreichend erachten muss.

[483] So *Meyer*, Beweislastprobleme, S. 14; zustimmend *Lindenthal*, Mitwirkungspflichten, S. 210.

zelnen durch die Verpflichtung der Behörde zur Sachaufklärung bis zur Möglichkeits-/Zumutbarkeitsgrenze aufgefangen und kompensiert[484], sodass der eintretende Rechtsnachteil von Gesetzes wegen nicht unabwendbare Folge des fehlenden Individualbeweises ist.[485] Daher vermag es der rein emotionale Druck beim Steuerpflichtigen nicht, eine subjektive Beweislast zu konstruieren, vielmehr bleibt er allenfalls faktische Vorwirkung der objektiven Beweislast[486], jedenfalls aber ohne rechtliche Bedeutung.[487] Vor diesem Hintergrund wird sodann ferner deutlich, dass auch die Mitwirkungspflichten des Steuerpflichtigen eine formelle Beweislast nicht statuieren[488], lässt doch auch ein Mitwirkungsdefizit den Untersuchungsgrundsatz nach hier vertretener Auffassung unangetastet.

b) Die objektive Beweislast

Im Unterschied hierzu widmet sich die objektive Beweislast der Frage der Behandlung von Konstellationen der Beweislosigkeit.

aa) Der Begriff und Anwendungsbereich des Instituts

Obgleich die Finanzbehörde zur Rechtsanwendung im Rahmen des Besteuerungsverfahrens auf umfassende Tatsachenkenntnis angewiesen ist, können weder die weitreichende Geltung des Untersuchungsgrundsatzes noch die verschiedentlichen Beweismaßreduktionen der Abgabenordnung Situationen nicht hinreichender Sachaufklärung ausnahmslos unterbinden.[489] Bleiben die tatsächlichen Feststellungen endgültig hinter dem geforderten Beweismaß zurück, erweist sich der Sachverhalt als für Verfahrenszwecke unaufgeklärt und das rechtsanwendende Organ sieht sich vor dem Dilemma, ohne verwertbare Tatsachengrundlage zur Klärung materieller Rechtsanwendungsfragen berufen zu sein. Trifft den Hoheitsträger hier eine Pflicht zur Sachentscheidung[490], kann er dieses Spannungsverhältnis nicht

---

[484] So auch *Müller-Franken*, Maßvolles Verwalten, S. 321.

[485] Klarsichtig *Lindenthal*, Mitwirkungspflichten, S. 210; *Schmidt*, Die Problematik der objektiven Beweislast, S. 183; *Seer*, in: Tipke/Kruse, § 96 FGO, Rn. 80; *Seer*, Verständigungen im Steuerverfahren, S. 177 f.

[486] So *Kupfer*, KÖSDI 1994, 10026.

[487] *Schmidt*, Die Problematik der objektiven Beweislast, S. 129, 179 ff.; *Osterloh*, Gesetzesbindung, S. 307; *Seer*, in: Tipke/Kruse, § 96 FGO, Rn. 81; *Seer*, Verständigungen im Steuerverfahren, S. 177, Fn. 271. Dagegen siehe Teil 3 B. III. 4. a), Fn. 482.

[488] Wie hier *Crezelius*, IStR 2002, 435; *Drüen*, in: Hübschmann/Hepp/Spitaler, § 88, Rn. 338; *Klein*, Beweislast, S. 6 f.; *Krüger*, DStZ 2017, 765; *Lindenthal*, Mitwirkungspflichten, S. 211; *Roser*, in: Gosch, § 88, Rn. 30; *Seer*, in: Tipke/Kruse, § 96 FGO, Rn. 80; *Volquardsen*, in: Schwarz/Pahlke, § 88, Rn. 30a; *Weber-Grellet*, StuW 1981, 48. Dagegen *Martens*, JuS 1978, 103; *Martens*, StuW 1981, 330; *Martens*, Verwaltungsvorschriften, S. 74.

[489] Weitere Situationen des non liquet bei *Urban*, NWB 2017, 1660 f.

[490] Wäre der Rechtsanwender befugt, Rechtsfragen bei unzureichender Tatsachenerforschung schlicht unbeantwortet zu lassen, bedürfte es eines Rückgriffs auf die Grundsätze der

einfach unbesehen lassen, vielmehr muss er aktiv verhindern, dass das non liquet in der Tatfrage in ein non liquet in der Rechtsfrage umschlägt.[491] Halt und Linie geben ihm dabei die Grundsätze der materiellen Beweislast, indem diese unklar gebliebene Sachverhalte mittels Fiktion[492] so behandeln, als wären sie bewiesen oder widerlegt worden und so mittelbar Antwort auf die Frage geben, zu wessen Lasten die Konsequenzen der Unaufgeklärtheit und Unaufklärbarkeit tatsächlicher Umstände ausschlagen. De facto regelt die objektive Beweislast damit nicht den Beweis selbst, sondern nur nachgelagert die Folgen der Beweislosigkeit entscheidungsrelevanter Tatsachen[493], wodurch sie sich bei näherer Betrachtung als besondere Form gesetzlicher Beweisrisikoverteilung erweist.[494]

---

objektiven Beweislast nicht. Gerade die Pflicht zur Sachentscheidung erweist sich damit als Ursprung der Problematik um die materielle Beweislast. Fließt ein solcher Entscheidungszwang für den Richter im finanzgerichtlichen Verfahren noch anerkanntermaßen aus rechtsstaatlichen Grundsätzen (siehe nur *Nierhaus*, Beweismaß und Beweislast, S. 35 f.; *Schmidt*, Die Problematik der objektiven Beweislast, S. 82 f. und *Seer*, in: Tipke/Kruse, § 96 FGO, Rn. 79), bezweifelt insbesondere *Schmidt*, Die Problematik der objektiven Beweislast, S. 101 ff., 124 ff., 337 ff. eine Verpflichtung der Finanzbehörde zur Sachentscheidung; im Ergebnis zustimmend auch *Seeliger*, Beweislast, S. 23: „Denn die Beweislast ist ein Problem der Rechtsanwendung, und zwar ausschließlich der *richterlichen* Rechtsanwendung." Dem ist richtigerweise zu widersprechen. So entgegnet *Müller-Franken*, Maßvolles Verwalten, S. 287 f. dieser Auffassung zutreffend, dass eine sachliche Nichtentscheidung der Finanzbehörde nur zu einem auf den Ausspruch der Erfolglosigkeit beschränkten Verfahrensergebnis führe und so einen dauerhaften Schwebezustand auf den Plan riefe, welcher das Verfahren nicht in hinreichend rechtsbefriedender, mithin rechtsstaatswidriger Weise abschlösse. Im Ergebnis wie hier *Drüen*, in: Hübschmann/Hepp/Spitaler, § 88, Rn. 332; *Hey*, Beweislast und Vermutungen, S. 23 f.; *Klein*, Beweislast, S. 16; *Lindenthal*, Mitwirkungspflichten, S. 212 f.; *Söhn*, in: Hübschmann/Hepp/Spitaler$^{\text{Vorkomm.}}$, § 88, Rn. 342. Umfassend zum vertretenen Meinungsspektrum unter kritischer Würdigung *Schmidt*, Die Problematik der objektiven Beweislast, S. 88 ff. Zur erforderlichen inhaltlichen Kongruenz der Beweislastgrundsätze im Besteuerungsverfahren und Steuerprozess *Hey*, Beweislast und Vermutungen, S. 23 f.; *Klein*, Beweislast, S. 16; *Lindenthal*, Mitwirkungspflichten, S. 212 f.; *Meyer*, Beweislastprobleme, S. 26 f.

[491] So ausdrücklich schon *Söhn*, in: Hübschmann/Hepp/Spitaler$^{\text{Vorkomm.}}$, § 88, Rn. 342 respektive jetzt *Drüen*, in: Hübschmann/Hepp/Spitaler, § 88, Rn. 332.

[492] *Musielak*, Grundlagen der Beweislast, S. 22; *Prütting*, Gegenwartsprobleme, S. 171; *Prütting*, in: MüKo-ZPO, § 286, Rn. 109; umfassend *Leipold*, Beweislastregeln, S. 64 ff. und speziell im steuerrechtlichen Kontext *Schmidt*, Die Problematik der objektiven Beweislast, S. 247 ff. Kritisch dagegen *Rosenberg*, Beweislast, S. 54. Zur Methodik der Rechtsanwendung bei Beweislosigkeit zusammenfassend *Prütting*, in: MüKo-ZPO, § 286, Rn. 107 ff. m.w.N.

[493] *Drüen*, in: Hübschmann/Hepp/Spitaler, § 88, Rn. 336; *Gottwald*, in: Rosenberg/Schwab/Gottwald, § 116, Rn. 2; *Seer*, in: Tipke/Kruse, § 96 FGO, Rn. 79; *Urban*, NWB 2017, 1658.

[494] So auch *Prütting*, in: MüKo-ZPO, § 286, Rn. 103 und *Seer* in: Tipke/Kruse, § 96 FGO, Rn. 79.

bb) Die Verteilung der objektiven Beweislast im Besteuerungsverfahren

Die Verteilung der materiellen Beweislast ist reichlich problembehaftet. Hinterlässt die einschlägige Jurisdiktion zuweilen ein unübersichtliches oder gar „verwirrendes Bild"[495], überzöge eine dezidierte Analyse[496] den Rahmen des hiesig Erforderlichen. Beschränkt werden soll sich daher an dieser Stelle auf grundlegende Gedanken zu einem Problemkreis, dessen Ursprung sich in der normkonzeptionellen Ausgestaltung des Steuerrechts findet: Hatte der historische Gesetzgeber bei der Ausformulierung des materiellen Steuerrechts Beweislastprobleme schlicht nicht vor Augen[497], kennt ebendieses seither keine ausdrückliche Vorschrift über die Verteilung der objektiven Beweislast.[498] In Zusammenschau mit dem rechtstatsächlichen Bedürfnis nach materiellen Beweislastentscheidungen[499] entspringt diesem normativen Defizit ein klärungsbedürftiges Spannungsverhältnis.

Als mittlerweile gesichert können hierbei zwei Prämissen ausgemacht werden: Erstens erwiesen sich starre Beweislastgrundsätze in dubio pro fisco oder in dubio contra fiscum[500] als untauglich, den differenzierten Wertungen des Steuerrechts hinreichend Rechnung zu tragen. Erforderlich ist ein feingliedrigerer Maßstab. Daher ist zweitens die Feststellungslast prinzipiell, in Anlehnung an zivilrechtliche Grundsätze, nach Regeln der Normbegünstigungstheorie[501] zu verteilen.[502] Diese gründet auf der Kernthese, dass alle Rechtssätze ihre Beweisregeln in sich selbst

---

[495] *Martens*, StuW 1981, 322.

[496] Hierzu ausführlich *Schmidt*, Die Problematik der objektiven Beweislast, passim.

[497] So ausdrücklich *Seer*, in: Tipke/Kruse, § 96 FGO, Rn. 83; gleichsinnig aber auch BFH v. 5.11.1970 – V R 71/67, BStBl. II 1971, 224 m.w.N. sowie *Martens*, StuW 1981, 330.

[498] BFH v. 23.5.1989 – X R 17/85, BStBl. II 1989, 881; BFH v. 7.7.1983 – VII R 43/80, BStBl. II 1983, 761; BFH v. 13.12.1978 – I R 39/78, BStBl. II 1979, 487; *Krüger*, DStZ 2017, 767; *Lindenthal*, Mitwirkungspflichten, S. 213; *Müller-Franken*, Maßvolles Verwalten, S. 277; *Seer*, in: Tipke/Kruse, § 96 FGO, Rn. 83.

[499] Dagegen messen *Hey*, Beweislast und Vermutungen, S. 23 und *Martens*, StuW 1981, 326 ff. Beweislastentscheidungen angesichts weitreichender Beweismaßreduktionen im Steuerrecht eine eher untergeordnete Bedeutung zu; so auch aus speziell finanzgerichtlicher Warte *Martin*, BB 1986, 1030. Dagegen schon im Grundsatz *Birkenfeld*, DStJG 9, S. 339.

[500] Siehe noch u.a. *Heuer*, DStZ 1950, 273; *Isensee*, Die typisierende Verwaltung, S. 121 f. m.w.N.; *Mattern*, DStZ 1958, 267. Dagegen siehe nur *Metzler*, in dubio pro fisco, passim.

[501] Grundlegend *Rosenberg*, Beweislast, S. 11 ff., 98 ff., 112 ff.

[502] *Birkenfeld*, Beweis und Beweiswürdigung im Steuerrecht, S. 145; *Birkenfeld*, DStJG 9, S. 338 f.; *Drüen*, in: Hübschmann/Hepp/Spitaler, § 88, Rn. 345, 349 ff.; *Hahlweg*, in: Koenig, § 88, Rn. 28; *Lindenthal*, Mitwirkungspflichten, S. 217 ff. m.w.N.; *Roser*, in: Gosch, § 88, Rn. 31; *Seer*, in: Tipke/Kruse, § 96 FGO, Rn. 83 m.w.N.; *Teske*, Die Abgrenzung, S. 56 f.; *Urban*, NWB 2017, 1662 f.
Hierzu bekannte sich auch der Bundesfinanzhof in BFH v. 5.11.1970 – V R 71/67, BStBl. II 1971, 224 und hält hieran seither fest, siehe u.a. BFH v. 12.7.2017 – VI R 42/15, BStBl. II 2018, 14; BFH v. 18.8.2016 – VI R 52/15, BFH/NV 2017, 152; BFH v. 12.7.2016 – II R 42/14, BStBl. II 2016, 869 f.; BFH v. 8.9.2010 – XI R 40/08, BStBl. II 2011, 664; BFH v. 20.3.1987 – III R 172/82, BStBl. II 1987, 680; BFH v. 13.12.1985 – III R 183/81, BStBl. II 1986, 441 f.; BFH v. 7.7.1983 – VII R 43/80, BStBl. II 1983, 761.

B. Die steuerrechtlichen Mitwirkungspflichten

tragen und diejenige Partei, deren Prozessbegehr ohne die Anwendung eines bestimmten Rechtssatzes keinen Erfolg haben kann, die Behauptungs- und Beweislast dafür trägt, dass Merkmale ebendieses Rechtssatzes im tatsächlichen Geschehen verwirklicht sind.[503] Kurzum muss jede Partei die Voraussetzungen der ihr günstigen Norm behaupten und beweisen.[504] Übertragen auf das Steuerrechtsverhältnis trägt damit der Steuergläubiger, vertreten durch die Finanzbehörde, die objektive Beweislast für steuerbegründende und -erhöhende Tatsachen, wohingegen der Steuerpflichtige die materielle Beweislast für Tatsachen, die Steuerbefreiungen bzw. -ermäßigungen begründen oder den Steueranspruch aufheben bzw. einschränken, innehat.[505]

Gleichwohl vermag es diese Beweislastgrundregel allein nicht, alle Fragen objektiver Beweislastverteilung adäquat zu beantworten. Gerade in Konstellationen defizitärer Individualkooperation liefe die Finanzbehörde regelmäßig Gefahr, steuerbegründende Tatsachen nicht beweisen zu können, hierdurch Beweislastentscheidungen zu Lasten des Fiskus zu bewirken und so in der Konsequenz den Nachlässigen prinzipienwidrig zu prämieren. Dies bleibt auch dem Bundesfinanzhof nicht verborgen, der sich zur Vermeidung von Friktionen daher wiederholt offenhält, die Frage der materiellen Beweislast „nur von Fall zu Fall unter Würdigung der einschlägigen Rechtsnormen und ihrer Zweckbestimmung [zu] beantworten."[506] In Ausfüllung dieser Leerformel werden zuweilen die Kriterien der Beweisnähe[507] und der Verantwortungs-[508] bzw. Einflusssphäre[509] des Beteiligten, eventuelle Mitwir-

---

[503] Vgl. *Rosenberg*, Beweislast, S. 12.

[504] *Rosenberg*, Beweislast, S. 98 f.

[505] Siehe die Nachweise in Teil 3 B. III. 4. b) bb), Fn. 502.
Ob ein Merkmal die Steuer im hiesigen Sinne erhöht oder beschränkt, kann dabei nicht unmittelbar dem Gesetzestext formal entnommen werden. Schon aufgrund des historisch überkommenen fehlenden semantischen Scharfsinns und der damit einhergehenden differierenden Verwendung positiver und negativer sprachlicher Operatoren bedarf diese Frage einer Betrachtung aus normativer Warte. Das relevante Merkmal ist daher fernab seiner grammatischen Ausgestaltung in seiner materiell-rechtlichen Bedeutung zu sehen und entsprechend seiner jeweiligen Wirkung entweder als steuererhöhend oder steuerbeschränkend zu qualifizieren. Wie hier unter Diskussion des Ansatzes *Lindenthal*, Mitwirkungspflichten, S. 217 ff.; zustimmend u. a. *Krüger*, DStZ 2017, 767; *Roser*, in: Gosch, § 88, Rn. 31 und *Seer*, in: Tipke/Kruse, § 96 FGO, Rn. 84; *Urban*, NWB 2017, 1662 f. („in Abhängigkeit vom jeweiligen Verfahrensziel").

[506] BFH v. 20.3.1987 – III R 172/82, BStBl. II 1987, 680; BFH v. 5.11.1970 – V R 71/67, BStBl. II 1971, 224.

[507] BFH v. 21.3.2002 – III R 42/00, BStBl. II 2002, 420; BFH v. 28.9.2000 – III R 43/97, BStBl. II 2001, 215; BFH v. 23.5.1989 – X R 17/85, BStBl. II 1989, 881; BFH v. 15.7.1986 – VII R 145/85, BStBl. II 1986, 857 f.; BFH v. 19.6. 1985 – I R 109/82, BFH/NV 1986, 250.

[508] BFH v. 9.6.2005 – IX R 75/03, BFH/NV 2005, 1766 f.; BFH v. 23.1. 2002 – XI R 55/00, BFH/NV 2002, 1010; BFH v. 5.10.1994 – I R 67/93, BStBl. II 1995, 97; BFH v. 9.7.1986 – I B 36/86, BStBl. II 1987, 489; BFH v. 7.7.1983 – VII R 43/80, BStBl. II 1983, 761.

[509] BFH v. 3.11.2005 – VIII B 12/05, BFH/NV 2006, 250; BFH v. 28.11.2003 – III B 7/03, BFH/NV 2004, 647 m. w. N.

kungspflichtverletzungen des Einzelnen[510] sowie verschiedene Erfahrungssätze[511] als beweislastrelevant eingestuft, um so im Ergebnis die negative Beweislastgrundregel im Einzelfall zu durchbrechen.

Der hierauf wurzelnde undurchsichtige Wald an Durchbrechungen der Grundregel verstellt dabei aber den Blick auf den Baum der Dogmatik. Gewiss darf die Verteilung der objektiven Beweislast nicht die Grundfeste des Steuerrechts konterkarieren, sodass dort, wo die Standardbetrachtung an ihre Grenzen stößt, Korrekturen denkbar sein müssen. Ausgehend vom Grundmodell der Beweislastverteilung nach normbegünstigungstheoretischer Methode ist die Zuweisung der Beweislast zurück zum Einzelnen aber die legitimationsbedürftige Ausnahme. Dem prinzipienwahrenden Charakter der Korrektur folgend, bedarf ebendiese Legitimation dabei zwingend der Verankerung im System des Steuerrechts, was freilich einen potentiellen Rekurs sowohl auf dessen Normen als auch auf dessen Grundwertungen in sich vereint.[512] Insoweit spricht prinzipiell nichts gegen eine Modifikation der Feststellungslast etwa nach Sphären- oder Pflichtwidrigkeitsgrundsätzen respektive teleologischen Erwägungen der einschlägigen Rechtsnorm. Bei aller Anerkennung dem Grunde nach darf jedoch der Ausnahmecharakter der Durchbrechung den Fokus der Betrachtung nie verlassen. Soll die Ausnahme nicht zur Regel werden, ist ihr Anwendungsbereich auf Konstellationen zu beschränken, in welchen die Anwendung der reinen Normbegünstigungstheorie zu systemwidrigen Ergebnissen führt. Die Korrektur darf gleichsam nur ultima ratio der ultima ratio sein. Ansichten, die dieses Regel-Ausnahme-Verhältnis schon konzeptionell in ihr Gegenteil verkehren, insbesondere aber auch der Meinung *Tenbrocks*, der für die Bestimmung der Beweislast allein auf die Mitwirkungspflichterfüllung des Steuerpflichtigen abstellen möchte[513], kann daher aus dogmatischer Sicht nicht gefolgt werden. Vielmehr muss nach hier vertretener Auffassung die objektive Beweislast prinzipiell nach den Grundsätzen der normativ aufgeladenen Normbegünstigungstheorie verteilt werden, die nur im Falle ihres Versagens um sachangemessene steuerrechtlich fundierte Kriterien zu modifizieren ist.

---

[510] BFH v. 3.11.2005 – VIII B 12/05, BFH/NV 2006, 250; BFH v. 9.6.2005 – IX R 75/03, BFH/NV 2005, 1766 f.; BFH v. 13.12.1985 – III R 183/81, BStBl. II 1986, 442; BFH v. 19.6. 1985 – I R 109/82, BFH/NV 1986, 250; BFH v. 7.7.1983 – VII R 43/80, BStBl. II 1983, 761.

[511] BFH v. 7.11.2001 – I R 14/01, BStBl. II 2002, 864; BFH v. 22.10.1986 – I R 128/83, BStBl. II 1987, 254; BFH v. 18.11.1980 – VIII R 194/78, BStBl. II 1981, 514.

[512] So auch *Seer*, in: Tipke/Kruse, § 96 FGO, Rn. 90, der die Legitimation seiner Ansicht auf die Sphärenverantwortlichkeit der Beteiligten stützt.

[513] Siehe *Tenbrock*, Beweislast, S. 85 ff., 119 ff., 122 ff. sowie insbesondere S. 28 f. und 132.

5. Zwischenergebnis

Zu den auf den Seiten 87 und 124 f. gefundenen Erkenntnissen gesellt sich daher folgendes Reaktionssystem der Abgabenordnung auf defizitäre Kooperation des Mitwirkungspflichtigen:

Zunächst sind echte Mitwirkungspflichten der zwangsweisen Durchsetzung zugänglich. Ist die geforderte Handlung hier nicht auf Geldzahlung gerichtet, findet sich der einschlägige Normenkomplex in den §§ 328 ff. AO, der als potentielle Zwangsmittel die Verhängung von Zwangsgeld (§ 329 AO), die Ersatzvornahme (§ 330 AO) und die Anwendung unmittelbaren Zwangs (§ 331 AO) umfasst.

Daneben kann die Finanzverwaltung auf das Institut der Schätzung nach § 162 Abs. 1 S. 1 AO zurückgreifen. Den hier propagierten Leitaufträgen erstrebter Wahrheitsfindung und des Verbots der Prämierung des Nachlässigen wird bei Nichtermittelbarkeit von Besteuerungsgrundlagen zum Regelbeweismaß durch das Mittel einer punktuellen Beweismaßreduktion auf das Maß größtmöglicher Wahrscheinlichkeit Rechnung getragen. § 162 Abs. 2 AO umschreibt dabei lediglich einen Unterfall des schätzungsrelevanten Anwendungsbereichs und ist in Zusammenschau mit § 162 Abs. 1 S. 1 AO zu lesen. Die Norm vermag es daher zum einen nicht, den hoheitlichen Untersuchungsauftrag zu begrenzen, weshalb auch bei defizitärer Kooperation auf eine strenge Subsidiarität hinter den Grundsatz behördlicher Sachverhaltsermittlung zu erkennen ist. Zum anderen ist sie nicht insoweit verallgemeinerungsfähig, als hierauf eine prinzipielle Beweismaßreduktion für den Fall individueller Mitwirkungspflichtverletzung gestützt werden könnte. Rechtsfolgenseitig schließt das Merkmal der zu schätzenden Besteuerungsgrundlagen nach hier favorisierter Lesart neben reinen Tatsachenfeststellungen auch Ergebnisse der Rechtsanwendung in sich ein. Dabei sind nicht nur quantitative Berechnungswerte der Höhe nach, sondern auch Grundsachverhalte dem schätzungsweisen Ansatz nach Wahrscheinlichkeitserwägungen zugänglich. Lässt sich zuletzt ein Bedürfnis nach einer teleologischen Reduktion des § 162 AO für Konstellationen unzureichender Mitwirkung nicht erkennen, steht der enormen Anwendungsreichweite des Instituts ein umfassender, das Ziel erstrebter Wahrheit sichernder Vollzugsauftrag gegenüber, das Verfahren ausnahmslos zu Gunsten wie zu Lasten des Einzelnen anzustrengen.

Abgesehen von den Fällen des § 152 Abs. 2 AO steht es außerdem im Ermessen der Behörde, gegen den nicht hinreichend Mitwirkenden die steuerlichen Nebenleistungen des Verzögerungsgelds gemäß § 146 Abs. 2c AO und des Verspätungszuschlags nach § 152 AO als Rechtsfolgen sui generis mit gleichsam präventivem und repressivem Charakter festzusetzen.

Manifestiert sich das mitwirkungsrelevante Fehlverhalten im Taterfolg einer Steuerverkürzung, macht sich der Einzelne bei hinreichender subjektiver Tatseite einer Steuerhinterziehung gemäß §§ 370 Abs. 1 Nr. 1 bzw. Nr. 2 AO strafbar. Scheitert der Tatbestand jedoch am Vorsatzerfordernis, bleibt ein Rekurs auf die Ordnungswidrigkeit der leichtfertigen Steuerverkürzung nach § 378 Abs. 1 S. 1 AO oder die ebendieser subsidiären Steuergefährdungen der §§ 379 Abs. 1 S. 1 Nr. 1, 3, 4, 5; 379 Abs. 2 Nr. 1a, Nr. 2 AO denkbar. Letztlich trägt der Auffangtatbestand des § 130 Abs. 1 S. 1 OWiG der weitgehend dezentralisierten Prägung des modernen Wirtschaftsverkehrs Rechnung, indem die Norm eine nachrangige Bußgeldandrohung zu Lasten des Unternehmens- oder Betriebsinhabers für den Fall verletzter Aufsichtspflichten statuiert, zu welchen auch die Überwachung der Einhaltung straf- und bußgeldbewehrter steuerrechtlicher Aufträge zählt.

Überindividuell wird bei der Frage nach den Rechtsfolgen verbandsorientierter Steuerverfehlungen der Status quo der Unternehmensbebußung nach dem Sanktionssystem der Troika aus §§ 9, 30, 130 OWiG für auf wirtschaftlichen Geschäftsbetrieb gerichtete Verbände durch das noch einzuführende System des Verbandssanktionengesetzes überlagert werden. Sieht dieses zur Sanktionsbegründung den Topos der Verbandsverantwortlichkeit in § 3 VerSanG-E als wesentlich an, finden sich die potentiellen Sanktionen in § 8 VerSanG-E, welcher abschließend die Verbandsgeldsanktion (§ 9 VerSanG-E), die Verwarnung mit Verbandsgeldsanktionsvorbehalt (§ 10 VerSanG-E) und den Vorbehalt eines Teils der Verbandsgeldsanktion (§ 11 VerSanG-E) als Rechtsfolgen eigener Art anführt.

Dem Problemkreis der steuerrechtlichen Beweislast ist sich zuletzt differenziert zu nähern. Beleuchtet die subjektive Beweislast das Problem, welche Tatbestandsmerkmale von welchem Akteur bewiesen werden müssen, ist zunächst zu konstatieren, dass eine solche abseits spezialgesetzlicher Beweisführungsregeln aufgrund des geltenden Untersuchungsgrundsatzes, auch bei Verstößen gegen Mitwirkungspflichten, nicht anzuerkennen ist. Demgegenüber beschäftigt sich die objektive Beweislast mit der Frage der Behandlung von Konstellationen der Beweislosigkeit und erweist sich so rechtstechnisch als besondere Form gesetzlicher Beweisrisikoverteilung und als ultima ratio. Verteilt werden muss die objektive Beweislast nach hier vertretener Auffassung prinzipiell nach den Grundsätzen der normativ aufgeladenen Normbegünstigungstheorie, die – nur im Falle ihres Versagens – um sachangemessene steuerrechtlich fundierte Kriterien zu modifizieren ist.

Teil 4

Der Grundsatz des „nemo tenetur se ipsum accusare"

Als zweiter Fundamentalbaustein der Untersuchung sei nun der Grundsatz des „nemo tenetur se ipsum accusare[1]" (wörtlich übersetzt: „niemand ist verpflichtet, sich selbst anzuklagen") in den Fokus der Betrachtung gerückt. Die ebendiesen sogleich näher beleuchtenden Ausführungen verstehen sich dabei abermals lediglich als notwendiger Zwischenschritt für den Fortgang der Arbeit, weshalb im Rahmen der folgenden Erwägungen insbesondere potentiell spezifisch mitwirkungsrelevante Aspekte des nemo tenetur-Grundsatzes akzentuiert werden sollen. Neben den Problemen der dogmatischen Ein- und der normativen Verortung des Prinzips sind daher, seiner jedenfalls grundrechtsähnlichen Ausgestaltung[2] folgend, allen voran die Fragen der Reichweite der verbürgten Gewährleistungen in objektiver wie subjektiver Hinsicht, der Eingriffsdogmatik sowie der Rechtfertigungsmöglichkeit im Falle denkbarer Schutzbereichsverkürzungen aufzuwerfen und einer Lösung zuzuführen. Hierbei darf das Ausmaß des aufgeworfenen Problemkreises den Blick auf bereits Erarbeitetes gleichwohl nicht verstellen. Verwoben mit den obig angestellten Gedanken[3] zur strikten Separation von (Steuer-)Straf- und Besteuerungsverfahren folgt die Struktur des hiesigen Abschnitts zur Wahrung der dargelegten Direktiven der Selbstständigkeit und Gleichwertigkeit der Verfahren einer gedanklichen Zweiteilung. Geriert sich dabei das Prinzip der Selbstbelastungsfreiheit prima facie als genuin strafrechtsorientiertes Konstrukt, seien die relevanten Erkenntnisse zunächst am nemo tenetur-Grundsatz im ausschließlich strafverfahrensrechtlichen Kontext erarbeitet, bevor sich der Frage der Übertagbarkeit ebendieser auch auf andere Verfahrensarten, insbesondere das Besteuerungsverfahren, gewidmet wird.

A. Von der historischen Entwicklung des Privilegs

Den Ausgangspunkt der Untersuchung soll jedoch eine historische Kontextualisierung bilden. Erscheinen Rückschlüsse von der Genese des Prinzips nemo tenetur

---

[1] Auch: „nemo tenetur se ipsum prodere". Die Termini Grundsatz und Prinzip seien im Folgenden überzeichnend synonym verstanden. Zum Prinzipiencharakter des nemo tenetur-Grundsatzes im Sinne *Alexy'scher* Theorie der Grundrechte siehe Teil 4 D.

[2] Vgl. *Wolff*, Selbstbelastung und Verfahrenstrennung, S. 30.

[3] Siehe insbesondere Teil 2 B. I. 3. a) sowie Teil 2 C. I. 1.

auf dessen Interpretation in seiner heutigen Form nicht kategorisch ausgeschlossen[4], sei den inhaltlichen Ausführungen zunächst ein knapper historischer Abriss vorangestellt. War die Entwicklung des Grundsatzes dabei wiederholt Gegenstand des wissenschaftlichen Diskurses, sei an dieser Stelle auf ebendiesen Literaturfundus[5] verwiesen und sich insoweit auf eine verkürzte Darstellung beschränkt. Im Anschluss hieran kritisch zu würdigen bleibt dagegen die Frage der Verwertbarkeit erlangter Erkenntnisse.

I. Die Ansätze der Selbstbelastungsfreiheit im talmudischen und kanonischen Recht

Die Idee der Freiheit von Zwang zur Selbstbezichtigung ist gewiss kein neuzeitliches Novum. Verbreitet[6] werden die ersten Ansätze dieses Leitgedankens bereits im jüdischen[7] Recht verortet, enthält doch schon der Talmud[8] den positivierten Ausspruch *Rabas:* „Jeder steht sich nahe und macht sich selbst nicht zum Frevler."[9] Dieses Postulat finde seinen Ursprung dabei wohl[10] im Fünften Buch Mose (Deu-

---

[4] Siehe aber sogleich Teil 4 A. IV.

[5] Siehe insbesondere *Levy,* Origins of the Fifth Amendment, passim und *Rogall,* Der Beschuldigte, S. 67 ff. Umfassend jüngst *Buchholz,* Der nemo tenetur-Grundsatz, S. 27 ff. Ferner u. a. *Böse,* GA 2002, 108 ff.; *Dingeldey,* JA 1984, 407 f.; *Kölbel,* Selbstbelastungsfreiheiten, S. 214 ff.; *Kraft,* Das nemo tenetur-Prinzip, S. 33 ff.; *Nothhelfer,* Selbstbezichtigungszwang, S. 3 ff.; *Reiß,* Besteuerungsverfahren, S. 145 ff.; *Reiter,* Steuererklärungspflicht, S. 27 ff.

[6] So insbesondere *Levy,* Origins of the Fifth Amendment, S. 433 ff.; *Reiter,* Steuererklärungspflicht, S. 27; *Rogall,* Der Beschuldigte, S. 67 ff.; *Wolff,* Selbstbelastung und Verfahrenstrennung, S. 21. Siehe jüngst auch *Wiechmann,* Nonverbale Verhaltensweisen, S. 143 f. und ferner die Nachweise bei *Buchholz,* Der nemo tenetur-Grundsatz, S. 28, Fn. 136.

[7] Zu frühzeitlichen Quellen des nemo tenetur-Grundsatzes im islamischen Rechtskreis *Buchholz,* Der nemo tenetur-Grundsatz, S. 28, Fn. 135 m. w. N.

[8] Der Talmud ist als Konglomerat jüdischer Religionsgesetze eine der bedeutendsten Religionsschriften des Judentums und die Grundlage des jüdischen Rechts. Er untergliedert sich in zwei Teile, namentlich die Niederschrift der sogenannten „mündlichen Lehre" (Mischna) einerseits und deren kommentarartiger Diskussion durch Rechtsgelehrte und Rechtsschulen (Gemara) andererseits. Bei der „mündlichen Lehre" handelt es sich dabei, dem jüdischen Glauben zufolge, um den Teil der Thora, der Moses am Berg Sinai durch Gott lediglich mündlich offenbart wurde.

[9] Talmud Synhedrin I Fol. 9 Col. b, abgedruckt bei: *Goldschmidt,* Der Babylonische Talmud VIII, S. 495.

[10] Der Zeitpunkt und die Umstände der Entstehung des Rechtssatzes können heute nicht mehr zweifelsfrei nachgezeichnet werden. Solch unsichere Rahmenbedingungen erschweren freilich die Suche nach dessen tatsächlichen Hintergründen erheblich. Neben der aufgezeigten Fundierung in Deuteronomium, Kapitel 17, Vers 6 und 7 finden sich auch an anderen Stellen des Pentateuchs Hinweise auf den propagierten Gedanken der Selbstbelastungsfreiheit: So wird mitunter auf Deuteronomium, Kapitel 24, Vers 16 verwiesen, wo es heißt: „Die Väter sollen nicht für die Kinder noch die Kinder für die Väter sterben, sondern ein jeglicher soll für seine Sünde sterben." Hieraus fließe eine umfassende Suspendierung der Zeugnispflicht gegen Angehörige, die sodann erst recht für das Zeugnis gegen sich selbst (Geständnis)

A. Von der historischen Entwicklung des Privilegs 169

teronomium), Kapitel 17, Vers 6, wo es heißt: „Auf zweier oder dreier Zeugen Mund soll sterben, wer des Todes wert ist, aber auf nur eines Zeugen Mund soll er nicht sterben."[11] Ließe sich insoweit das Zeugnis des Angeklagten zwar noch terminologisch zwanglos als tauglicher „Mund" verstehen, erhelle sich der Hintergrund der Annahme eines schon talmudischen nemo tenetur-Gedankens durch eine Zusammenschau des genannten Verses 6 mit dem sich anschließenden Vers 7. Diesem zufolge soll „[d]ie Hand der Zeugen [...] die erste sein, ihn zu töten". Seien also nach talmudischer Rechtskonzeption die den Verfahrensunterworfenen belastenden Zeugen jeweils auch dessen Scharfrichter gewesen, könne der geständige Angeklagte damit e contrario nicht gemeint sein[12], zumal das alte Testament selbst den Freitod als Frevel gegen Gott verbiete.[13] Diese Lesart des Dictums *Rabas* mündete sodann rechtstatsächlich in eine strafprozessual[14] ausnahmslose, umfassende und für den Einzelnen indisponible Zurückweisung seines Geständnisses, selbst bei Zusammentreffen mit *einem* weiteren Zeugen.[15] Gerade diese Zurückweisung offenbart dabei die Strukturverwandtschaft zum Gedanken der Selbstbelastungsfreiheit, wurde der Delinquent doch hierdurch an der Kundgabe eines verwertbaren Geständnisses gehindert, mithin so vor einer Eigenbezichtigung bewahrt.

Ein ähnlicher Leitgedanke war auch dem frühen kanonischen Recht nicht fremd. Schon die Kirchenrechtslehrer des 5. Jahrhunderts sprachen dem Angeklagten im zu

---

gelten müsse, vgl. Talmud Synhedrin III Fol. 27 Col. b, insbesondere Fn. 127 sowie Fol. 28 Col. a, abgedruckt bei: *Goldschmidt*, Der Babylonische Talmud VIII, S. 566; *Levy*, Origins of the Fifth Amendment, S. 437; *Rogall*, Der Beschuldigte, S. 68 f.
Ein anderer Begründungsansatz rekurriert auf die fehlende Verfügungsbefugnis des Einzelnen betreffend das eigene Leben. So sei aus Hesekiel, Kapitel 18, Vers 4 zu folgern, dass der Mensch allein Gott gehöre und insoweit über sein Leben nicht frei disponieren dürfe. Vielmehr verbiete die Heilige Schrift den Freitod, vgl. unter anderem Genesis, Kapitel 9, Vers 5: „Auch will ich eures Leibes Blut rächen", oder Deuteronomium Kapitel 4, Vers 15: „So bewahret nun eure Seelen wohl". Soweit auf die Selbstbezichtigung im Regelfall eine Verurteilung zum Tode folge, sei ein Geständnis gleichsam der erste und damit zwingend zu unterbindende Schritt zum Selbstmord, vgl. *Levy*, Origins of the Fifth Amendment, S. 439; *Rogall*, Der Beschuldigte, S. 69.

[11] Deuteronomium, Kapitel 19, Vers 15 erweitert diese Regel sodann auf alle Strafprozesse, vgl. Talmud Synhedrin I Fol. 9 Col. b, abgedruckt bei: *Goldschmidt*, Der Babylonische Talmud VIII, S. 494 f.; so *Rogall*, Der Beschuldigte, S. 67, Fn. 3.

[12] So ausdrücklich *Rogall*, Der Beschuldigte, S. 68; ferner *Buchholz*, Der nemo tenetur-Grundsatz, S. 29.

[13] Siehe Teil 4 A. I., Fn. 10.

[14] Zivilprozessual hatte die Einlassung der Partei dagegen überragenden Beweiswert, siehe nur *Mandelbaum*, AJCL 1956, 118, Fn. 25 und *Rogall*, Der Beschuldigte, S. 68 m. w. N. Ferner hatte das Geständnis auch ideellen Stellenwert als Reinigung der Seele vor Gott, vgl. Talmud Synhedrin VI Fol. 43 Col. b, abgedruckt bei: *Goldschmidt*, Der Babylonische Talmud VIII, S. 633; *Rogall*, Der Beschuldigte, S. 68.

[15] In heutiger Terminologie unterlag das Geständnis damit einem strafprozessualen Beweisverwertungsverbot, vgl. *Mandelbaum*, AJCL 1956, 118; so ausdrücklich *Rogall*, Der Beschuldigte, S. 68.

dieser Zeit noch akkusatorisch ausgestalteten Strafverfahren[16] eine vor Selbstbelastung schützende Rechtsposition zu. So wandte sich etwa *Aurelius Augustinus* strikt gegen die Anwendung der Folter[17] und allen voran *Johannes Chrysostomus* lehnte neben einer prozessualen Pflicht des Angeklagten zur Wahrheit sogar jegliche Form der Selbstanklage oder Selbstüberführung ab.[18] Insbesondere die Reichweite letztgenannter Verbürgung wandelte sich aber unter dem Einfluss *Thomas von Aquins*, der in seiner Schrift „Summa theologica" der These *Chrysostomus* in der Sache entgegentrat. Auf Basis der Annahme eines absoluten Lügenverbots sei der Beschuldigte nach Auffassung des *Thomas von Aquin* als Untergebener des Richters ebendiesem in den Grenzen des Anklagegegenstands umfassend zur „reinen Wahrheit" verpflichtet. Sei dagegen eine Tat weder Gegenstand der formellen Anklage noch jedenfalls gerüchteweise („per famam") bekannt, treffe den Delinquenten insoweit weder eine Wahrheits-, ja noch nicht einmal eine Aussageverpflichtung.[19] Aber auch dieses novellierte Verständnis der Selbstbelastungsfreiheit, welches in der Zwischenzeit zur vorherrschenden Doktrin des kanonischen Prozessrechts gereift war[20], sollte bald wieder verworfen werden. Gerierte sich nämlich der Gedanke der Verfahrensunterwerfung als in der Folge für das Kirchenrecht mehr und mehr prägend, löste der kanonische Inquisitionsprozess den akkusatorischen Verfahrensgang im Laufe des 13. Jahrhunderts peu à peu ab.[21] An die Stelle der accusatio trat nun sukzessive die inquisitio, die mit den althergebrachten Beweismitteln des Gottesurteils und des Reinigungseides brach, hierfür jedoch das Institut des Offizialeides statuierte, durch welchen der Beschuldigte beschwören musste, die Fragen des Inquirenten wahrheitsgemäß zu beantworten.[22] War dieser Eid de veritate dicenda dabei zum einen dem Verfahren gegen den Beschuldigten zeitlich vorgelagert und zum anderen inhaltlich nicht auf den Anklagegenstand beschränkt, konnte der Verfahrensunterworfene nur schwerlich bis gar nicht absehen, auf welche Fragen zu

---

[16] *Walder*, Die Vernehmung des Beschuldigten, S. 36; *Wiechmann*, Nonverbale Verhaltensweisen, S. 144; *Wolff*, Selbstbelastung und Verfahrenstrennung, S. 22.

[17] So *Rogall*, Der Beschuldigte, S. 70 unter Rekurs auf *Augustinus*, De civitate Dei, Lib. XIX, cap. 6.

[18] Siehe den Ausspruch *Chrysostomus* bei *von Aquin*, Summa Theologiae II, Quaest. LXIX, Art. 1 (S. 338) (zitiert nach wie abgedruckt bei *Rogall*, Der Beschuldigte, S. 70, Fn. 27); ferner *Rogall*, Der Beschuldigte, S. 70, Fn. 28 m. w. N.

[19] Mit *Wolff*, Selbstbelastung und Verfahrenstrennung, S. 22, Fn. 8 finden sich die entscheidenden Ausführungen bei *von Aquin*, summa theologica II-II, quaestio LXIX, Art. 1, Bd. 18, S. 246 ff. (zitiert nach wie abgedruckt bei *Wolff*, Selbstbelastung und Verfahrenstrennung, S. 22, Fn. 8). So auch *Buchholz*, Der nemo tenetur-Grundsatz, S. 45 und *Rogall*, Der Beschuldigte, S. 70 f. Im Ergebnis zustimmend *Nothhelfer*, Selbstbezichtigungszwang, S. 4; *Reiter*, Steuererklärungspflicht, S. 28; *Wiechmann*, Nonverbale Verhaltensweisen, S. 144.

[20] So *Rogall*, Der Beschuldigte, S. 70. Zustimmend *Nothhelfer*, Selbstbezichtigungszwang, S. 4; *Reiter*, Steuererklärungspflicht, S. 28.

[21] Näher hierzu *Rogall*, Der Beschuldigte, S. 71 und *Walder*, Die Vernehmung des Beschuldigten, S. 36 f.

[22] *Buchholz*, Der nemo tenetur-Grundsatz, S. 46; *Levy*, Origins of the Fifth Amendment, S. 23; *Rogall*, Der Beschuldigte, S. 72; *Wolff*, Selbstbelastung und Verfahrenstrennung, S. 23.

welchen Themen er wahrheitsgetreu zu antworten hatte.[23] Er sah sich daher dem schwurbedingten Trilemma ausgesetzt, sich entweder in Gemäßheit des Eides auch außerhalb des Anklagegegenstands selbst belasten zu müssen, sich bei Zuwiderhandlung gegen den Offizialeid dem Sakraldelikt des Meineides schuldig zu machen oder aber sich bei Verweigerung der Eidesleistung der Ketzerei zu bezichtigen.[24] Selbst das restriktivste Verständnis der Selbstbelastungsfreiheit des *Thomas von Aquin* blieb damit zu Zeiten der kanonischen Inquisition ohne ernsthaften Anwendungsbereich.

II. Die Entwicklungen im englischen Common Law und deren Rezeption in den USA

Ein beachtlicher Teil der einschlägigen rechtshistorischen Literatur[25] sieht das Prinzip nemo tenetur ferner im englischen Rechtskreis verwurzelt:

Vor den weltlichen Gerichten des Vereinigten Königreichs formte sich zu Beginn des 13. Jahrhunderts der durch die Versetzung in den Anklagestand durch die Anklagejury (Grand Jury), die Anklageschrift (Written Indictment) und die Aburteilung mit Hilfe der Urteilsjury (Petty Jury) geprägte Strafprozess des Common Law. War dessen Hauptverfahren dabei schon streng akkusatorisch ausgestaltet[26] und wurde Gewalt respektive Folter lediglich zur obligatorischen Verfahrensunterwerfung, nicht aber zur Geständniserzwingung eingesetzt[27], zeigt sich diese Prozessgestaltung als aus heutiger Warte recht fortschrittlich; ein den Einzelnen umfassend vor Selbstbelastung bewahrendes Recht sucht sich indessen hier noch vergebens[28]. Dieser weltlich moderne Verfahrensgang sah sich jedoch bald kanonischer Kon-

---

[23] *Böse*, GA 2002, 109; *Buchholz*, Der nemo tenetur-Grundsatz, S. 46; *Nothhelfer*, Selbstbezichtigungszwang, S. 4; *Rogall*, Der Beschuldigte, S. 72; *Wiechmann*, Nonverbale Verhaltensweisen, S. 145; *Wolff*, Selbstbelastung und Verfahrenstrennung, S. 23.

[24] Vgl. *Nothhelfer*, Selbstbezichtigungszwang, S. 4 und *Reiter*, Steuererklärungspflicht, S. 29.

[25] *Böse*, GA 2002, 108 ff.; *Eisenhardt*, nemo tenetur-Prinzip, S. 189; *Levy*, Origins of the Fifth Amendment, passim; *Nothhelfer*, Selbstbezichtigungszwang, S. 4 f.; *Reiter*, Steuererklärungspflicht, S. 29 ff.; *Rogall*, Der Beschuldigte, S. 72 ff.; *Salditt*, GA 1992, 52; *Wolff*, Selbstbelastung und Verfahrenstrennung, S. 23 f.

[26] Dazu ausführlich *von Gerlach*, Der Angeklagte, S. 10 ff.; *Levy*, Origins of the Fifth Amendment, S. 3 ff.; *Rogall*, Der Beschuldigte, S. 72. Das dem Hauptverfahren vorgeschaltete Vorverfahren wies dagegen noch inquisitorische Züge auf, siehe *Rogall*, Der Beschuldigte, S. 73; *Wolff*, Selbstbelastung und Verfahrenstrennung, S. 23.

[27] Der Angeklagte musste sich dem Verfahren insoweit unterwerfen, als er dem Juryverfahren zuzustimmen und sich im Sinne der Anklage für schuldig oder unschuldig zu bekennen hatte, vgl. *Buchholz*, Der nemo tenetur-Grundsatz, S. 36. Tat er dies nicht, wurde er mittels Gewalt hierzu gezwungen, zum Ganzen *Rogall*, Der Beschuldigte, S. 73 mit Verweis u. a. auf *Levy*, Origins of the Fifth Amendment, S. 326. Zustimmend *Wolff*, Selbstbelastung und Verfahrenstrennung, S. 23.

[28] So ausdrücklich *Rogall*, Der Beschuldigte, S. 73.

kurrenz ausgesetzt. Im Jahre 1236 und damit zu einer Zeit, in welcher die Jurisdiktionskompetenz der Kirchengerichte noch weitgehend auf klerikale Verfehlungen beschränkt war[29], installierte der päpstliche Legat Otho den Inquisitionsprozess samt Offizialeid im kanonischen Gerichtsverfahren.[30] Als ebenjene Spruchkörper ihre Zuständigkeitsansprüche jedoch zunehmend auf Kosten der weltlichen Gerichtsbarkeit ausweiteten[31], wuchsen mit steigendem Einfluss auch die Ressentiments gegen das dem Common Law fremde Institut des Eides de veritate dicenda bei Bevölkerung und Obrigkeit.[32] Von diesem Widerstand unbeeindruckt waren es dann nicht zuletzt die unbeständige Staatskirche des 15. und 16. Jahrhunderts sowie die hieraus fließende Häufung von Staatsschutz- und Häresieverfahren, die den anhaltenden Vormarsch des kirchlichen Inquisitionsverfahrens katalysierten.[33] Den andauernden Spannungen[34] zwischen Kirche und Parlament zum Trotz etablierte sich so ein zuständigkeitsorientierter Verfahrensdualismus, bestehend aus dem Common Law Strafprozess akkusatorischer Prägung vor den weltlichen Gerichten einerseits sowie dem kanonischen Inquisitionsverfahren samt Offizialeid vor den Kirchengerichten und den „Prerogative Courts"[35] andererseits.[36]

Jener Eid de veritate dicenda sollte sodann die iterative Entwicklung des nemo tenetur-Gedankens befeuern. Verweigerten seit 1532 verschiedene Eidespflichtige zunächst isoliert die Eidesleistung unter Berufung auf den Grundsatz „nemo tenetur prodere seipsum", erreichte der Weg der Anerkennung und schrittweisen Auswei-

---

[29] So *Reiter*, Steuererklärungspflicht, S. 30 unter Rekurs u.a. auf *Guradze*, in: FS-Loewenstein, S. 153.

[30] *Guradze*, in: FS-Loewenstein, S. 153; *Levy*, Origins of the Fifth Amendment, S. 46 ff.; *Nothhelfer*, Selbstbezichtigungszwang, S. 5; *Rogall*, Der Beschuldigte, S. 74 m.w.N.

[31] *Guradze*, in: FS-Loewenstein, S. 153; *Reiter*, Steuererklärungspflicht, S. 30; *Rogall*, Der Beschuldigte, S. 74.

[32] König Heinrich III. versuchte daher, die Inquisitionspraxis samt Offizialeid per Gesetz zu verbieten. Dieses Vorhaben scheiterte gleichwohl an der fehlenden Akzeptanz kirchlicher Würdenträger. Bischöfe wie Kirchengerichte erkannten das erlassene Verbot schlicht nicht an und prozessierten weiterhin inquisitorisch mittels Eides de veritate dicenda, *Guradze*, in: FS-Loewenstein, S. 153; *Levy*, Origins of the Fifth Amendment, S. 47; *Reiter*, Steuererklärungspflicht, S. 30, Fn. 32; *Rogall*, Der Beschuldigte, S. 74.

[33] Eingehend *Rogall*, Der Beschuldigte, S. 75 m.w.N. So auch *Nothhelfer*, Selbstbezichtigungszwang, S. 5 und *Reiter*, Steuererklärungspflicht, S. 30.

[34] Dazu ausführlich *Rogall*, Der Beschuldigte, S. 74 ff.

[35] Die sog. Prerogative Courts standen als faktische Sondergerichtshöfe für bestimme Deliktgruppen neben den Common Law Gerichten. So war der 1487 eingerichtete Court of Star Chamber mit der Verfolgung von Staatsschutzdelikten betraut, während vor dem Court of High Commission seit 1558 Ketzerei- und Häresiesachen verhandelt wurden. Gerierten sich diese Sondergerichte später zunehmend als politisches Machtinstrument, wurden im Jahre 1641 alle außerordentlichen Gerichte von König Karl I. und dem Parlament aufgelöst. Siehe hierzu nur *von Gerlach*, Der Angeklagte, S. 7 ff. und *Rogall*, Der Beschuldigte, S. 75 f., jeweils m.w.N.

[36] *Buchholz*, Der nemo tenetur-Grundsatz, S. 36; *Nothhelfer*, Selbstbezichtigungszwang, S. 5; *Rogall*, Der Beschuldigte, S. 76; *Schlauri*, Verbot des Selbstbelastungszwangs, S. 44; *Wolff*, Selbstbelastung und Verfahrenstrennung, S. 23.

A. Von der historischen Entwicklung des Privilegs

tung dieses Rechtsgrundsatzes seinen vorläufigen Höhepunkt in dem Postulat eines umfassenden Antwortverweigerungsrechts des Angeklagten auf ihn selbst betreffende Fragen in den Verfahren um *John Lilburne* Mitte des 17. Jahrhunderts.[37] Obgleich von den Befürwortern dabei mannigfaltig begründet, blieb die hinter der nunmehr garantierten Abwehrposition stehende Rechtsgrundlage stets undurchsichtig. Vertretene Fundierungsansätze reichten hierbei von Erwägungen zur Gedankens- und Gewissensfreiheit über ein naturrechtliches Prinzip der Selbsterhaltung und das Verbot des Schwörens im Neuen Testament bis hin zur späteren Berufung auf ein konstitutionelles Bürgerrecht der Magna Charta, welches eine Verurteilung nach dem hergebrachten Recht des Landes garantierte.[38] Solch dogmatische Indifferenzen hinderten den Grundsatz der Selbstbelastungsfreiheit aber ebenso wenig daran, zunehmend zur anerkannten Doktrin gerichtlicher Praxis zu erwachsen[39], wie dessen unklarer inhaltlicher Gewährleistungsumfang, der auch in der Folge noch stetigem Wandel unterlag. So wurde das Abwehrrecht zum Beispiel in objektiver Hinsicht zeitweise auch auf Konstellationen schändlicher oder unehrlicher Selbstbezichtigung ausgedehnt respektive in subjektiver Hinsicht 1679 erstmals auch Zeugen gewährt.[40] Jedenfalls in begrenztem Maße Rechtssicherheit brachte der im Jahre 1848 erlassene Indictable Offence Act, durch welchen Friedensrichter endlich verpflichtet wurden, den Angeklagten auf das Schweigerecht hinzuweisen.[41]

Die Genese des nemo tenetur-Prinzips im amerikanischen Rechtskreis beruht zuvörderst auf einer Rezeption des Common Law. Exportierten englische Rechtsgelehrte zu Beginn des 18. Jahrhunderts jenen Grundsatz gemeinrechtlicher Prägung in verschiedene Kolonien der Vereinigten Staaten von Amerika, mündete der hiermit in Gang gesetzte Übernahmeprozess letztlich in den fünften Zusatzartikel der amerikanischen Bundesverfassung[42], der in seiner neuzeitlichen Lesart Angeklagten wie Zeugen unter anderem ein umfassendes Schweigerecht, ein mit Fernwirkung

---

[37] Siehe dazu nur die umfassende Nachzeichnung bei *Rogall*, Der Beschuldigte, S. 76 ff. m. w. N.

[38] Siehe dazu die Ausführungen bei *Rogall*, Der Beschuldigte, S. 77 ff. Vgl. ferner *Nothhelfer*, Selbstbezichtigungszwang, S. 5 und *Wolff*, Selbstbelastung und Verfahrenstrennung, S. 23 f., insbesondere Fn. 18.

[39] Nach *Rogall*, Der Beschuldigte, S. 80 unter Verweis auf *Levy*, Origins of the Fifth Amendment, S. 313 gipfelte dieser Prozess in der umfassenden Anerkennung eines Aussagewahlrechts des Beschuldigten jedenfalls ab 1660. Siehe auch *Wolff*, Selbstbelastung und Verfahrenstrennung, S. 23 f.

[40] Siehe nur *Rogall*, Der Beschuldigte, S. 81 m. w. N.

[41] *Eser*, ZStW 1967, 588; *von Gerlach*, Der Angeklagte, S. 13 f.

[42] Zur historischen Entwicklung ausführlich *Guradze*, in: FS-Loewenstein, S. 156 ff.; *Levy*, Origins of the Fifth Amendment, passim; *Rogall*, Der Beschuldigte, S. 81 ff. Siehe ferner die Nachweise bei *Wolff*, Selbstbelastung und Verfahrenstrennung, S. 24, Fn. 22.

ausgestattetes Beweisverwertungsverbot sowie weitreichende Belehrungspflichten im Ermittlungs- wie Gerichtsverfahren garantiert.[43]

III. Die Entwicklung in Deutschland

Auch die Entwicklung des Grundsatzes der Selbstbelastungsfreiheit im deutschen[44] Rechtskreis beruht, wie sogleich aufzuzeigen sein wird, im Wesentlichen auf einer Rezeption ausländischen Rechts. Erweist sich dieser Prozess dabei schon eingedenk der Zersplitterung des Rechtssystems auf deutschem Boden bis zum Erlass der Reichsstrafprozessordnung 1877 keineswegs als geradlinig, seien im Folgenden dessen wesentliche Stationen knapp nachgezeichnet.

Das Inquisitionsverfahren des gemeinen deutschen Strafprozesses, welches sich ab dem 13. Jahrhundert in Anlehnung an das kanonische Prozessrecht formte[45] und seit dem Hochmittelalter[46] praktiziert wurde[47], war durch die umfassende Entrechtung des Beschuldigten gekennzeichnet. Der im Wesentlichen heimlich geführte Prozess wurde durch jenen Richter ex officio eingeleitet, der seine Urteile sodann nur nach Aktenlage auf Basis gesetzlich fixierter Beweisregeln fällte.[48] Im Rahmen der Sachverhaltsermittlung war der Einzelne seinem Inquirenten hier zur umfassenden Wahrheit respektive Mitwirkung bei der Wahrheitsfindung verpflichtet[49], wobei ebendieser Auftrag der staatstheoretischen Annahme entsprang, die staatliche Machtposition umfasse aufgrund dessen Pflicht zur Sachaufklärung und Verbrechensbestrafung die Befugnis, alle Beweismittel, einschließlich des Beschuldigten,

---

[43] *Nothhelfer*, Selbstbezichtigungszwang, S. 5 f., Fn. 17; *Reiter*, Steuererklärungspflicht, S. 32; *Rogall*, Der Beschuldigte, S. 86 f.

[44] Mit dem Topos „Deutschland" sei insoweit das Heilige Römische Reich bis 1806 gleichermaßen gemeint, wie jene danach auf deutschem Gebiet existente Partikularstaaten.

[45] Kursorisch aufgezeigt bei *Wiechmann*, Nonverbale Verhaltensweisen, S. 145 unter Rekurs auf *Ignor*, Geschichte des Strafprozesses, S. 17 und bei *Wolff*, Selbstbelastung und Verfahrenstrennung, S. 25. Siehe auch *Buchholz*, Der nemo tenetur-Grundsatz, S. 46 m. w. N.

[46] Das der Inquisition zeitlich vorgehende Strafverfahren germanischen Rechts war noch von privatrechtlicher Kontradiktion gekennzeichnet. Zwar unterlag der Beklagte hier keiner ausdrücklichen Aussageverpflichtung, zur effektiven Verteidigung musste er der Klage aber wortgetreu widersprechen, wurde Schweigen oder unzureichender Widerspruch doch als Geständnis gewertet. Nennenswerte Aspekte des nemo tenetur-Grundsatzes finden sich hier nicht, umfassend dazu *Buchholz*, Der nemo tenetur-Grundsatz, S. 41 ff. m. w. N.

[47] So ausdrücklich *Nothhelfer*, Selbstbezichtigungszwang, S. 6. Auf diesem inquisitorischen Verfahren basierte etwa die Constitutio Criminalis Bambergensis aus dem Jahre 1507, insbesondere aber auch die Constitutio Criminalis Carolina von 1532.

[48] Siehe dazu insbesondere *von Hippel*, Der deutsche Strafprozess, S. 33; *Schmidt*, NJW 1969, 1138 f.; *Schmidt*, Einführung in die Geschichte der deutschen Strafrechtspflege, S. 194 und die Ausführungen wie Nachweise bei *Rogall*, Der Beschuldigte, S. 87 f.

[49] *Rieß*, JA 1980, 293; *Rogall*, Der Beschuldigte, S. 88 m. w. N.; *Schreieder*, Die Stellung des Beschuldigten, S. 11; *Wessels*, JuS 1966, 170.

als „bloße[m] Objekt der Untersuchung"[50] zur Erreichung dieses Ziels zu nutzen[51], während andererseits der Täter seiner Persönlichkeitsrechte durch die Tat umfassend verlustig gehe[52]. Neben der obligatorischen Mitwirkung war es aber auch insbesondere die genannte formale Beweistheorie, die dem Inquisiten eine zentrale Prozessrolle einräumte. Konnte eine Verurteilung nach legislativer Ausgestaltung nur auf einen Zwei-Zeugen-Beweis oder ein Geständnis gestützt werden[53], wurden die meisten Taten aber freilich nicht vor den Augen zweier Beobachter begangen, avancierte die „confessio" schnell zur „regina probationum"[54], um deren Erlangung sich ein Großteil der Inquisitio drehte. Indes führte die Abhandenheit sowohl eines Geständnisses als auch zweier Zeugen nicht zwingend zu einem für den Verfahrensunterworfenen positiven Prozessausgang; vielmehr konnte unter bestimmten Voraussetzungen nunmehr zur peinlichen Befragung als begriffliche Umschreibung der Folter übergegangen werden. Zwar wurden schon zu Zeiten der Inquisition Versuche der normativen Regelung und inhaltlichen Begrenzung der Pein unternommen[55], anhaltende Gewaltexzesse führten jedoch ab dem 17. Jahrhundert zu jenem anschwellenden Widerstand gegen diese Art der Aussageerlangung, der letztlich in den Entfall der Folter, beginnend mit der Kabinettorder Friedrichs des Großen am 3.6.1740[56], mündete.[57] Jener auch von Ideen der Aufklärung beseelte Verzicht auf physische Gewalt verbesserte die Rechtsposition des Beschuldigten aber allenfalls marginal. So blieb der praktizierte Strafprozess weiterhin ein inquisitorischer, welcher durch die unveränderten Beweisregeln immer noch auf die Erlangung eines Geständnisses vom mitwirkungs- und wahrheitspflichtigen Beschuldigten gerichtet war. Auch erwies sich die Abschaffung der peinlichen Be-

---

[50] So etwa *Nothhelfer*, Selbstbezichtigungszwang, S. 6; *Reiter*, Steuererklärungspflicht, S. 33 und *Wessels*, JuS 1966, 170. Vgl. *Rieß*, JA 1980, 293; *Stree*, JZ 1966, 593. Nachweise ferner bei *Rogall*, Der Beschuldigte, S. 88. Ähnlich auch *Schmidt*, Einführung in die Geschichte der deutschen Strafrechtspflege, S. 194: Die Staatsgewalt sehe „im Untertanen nur ein unmündiges Objekt".

[51] *Kleinschrod*, ArchCrim 1802-4, S. 94 ff.; *Nothhelfer*, Selbstbezichtigungszwang, S. 6; *Rogall*, Der Beschuldigte, S. 93 m.w.N.; *Wolff*, Selbstbelastung und Verfahrenstrennung, S. 25.

[52] *Nothhelfer*, Selbstbezichtigungszwang, S. 6; *Kleinschrod*, ArchCrim 1802-4, S. 98; *Schreieder*, Die Stellung des Beschuldigten, S. 11; *Wolff*, Selbstbelastung und Verfahrenstrennung, S. 25.

[53] Vgl. etwa Art. 22 und 23 CCC. *Buchholz*, Der nemo tenetur-Grundsatz, S. 48; *von Hippel*, Deutsches Strafrecht I, S. 229; *Rüping/Jerouschek*, Grundriss der Strafrechtsgeschichte, Rn. 105; *Wolff*, Selbstbelastung und Verfahrenstrennung, S. 25.

[54] *Buchholz*, Der nemo tenetur-Grundsatz, S. 48; *von Hippel*, Der deutsche Strafprozess, S. 36; *Rogall*, Der Beschuldigte, S. 88 m.w.N.; *Walder*, Die Vernehmung des Beschuldigten, S. 40.

[55] Eingehend *Geppert*, JURA 2015, 152 f. Siehe auch *Wolff*, Selbstbelastung und Verfahrenstrennung, S. 25 und die Ausführungen bei *Buchholz*, Der nemo tenetur-Grundsatz, S. 48 f.

[56] Einzelheiten bei *Schmidt*, Einführung in die Geschichte der deutschen Strafrechtspflege, S. 269 ff.

[57] Näher *Buchholz*, Der nemo tenetur-Grundsatz, S. 48.

fragung zeitnah als Farce, traten an jene Lücke, welche die Folter gelassen hatte, mit den sog. Ungehorsams- und Lügenstrafen schnell „Tortursurrogate"[58], die den Einzelnen im Fall der Nicht- oder Falschaussage zur ordnungsgemäßen Mitwirkung anhalten sollten.[59] Letztlich bleibt damit die Erkenntnis, dass zu Zeiten der Inquisition, insbesondere aber vor 1740, schon aufgrund der zwangsbewehrten Wahrheitsverpflichtung des Beschuldigten ein nennenswertes Recht auf Freiheit von Zwang zur Selbstbelastung bereits konzeptionell ausgeschlossen war.[60]

Erste Anhaltspunkte einer Kehrtwende finden sich erst in der Reform des Strafprozesses im 19. Jahrhundert. Zwar zogen sich infolge des Wiener Kongresses die französischen Besatzungstruppen aus den preußischen Rheinprovinzen zurück, ihr bis dato praktiziertes Strafverfahren nach den Regeln des „Code d'Instruction Criminelle" von 1808 jedoch blieb.[61] Kam so der übrige Teil Deutschlands in den Genuss der Betrachtung eines modernen, ganz im Sinne der Erklärung der „Droits de l'Homme et du Citoyen" von 1789 individualrechtsschützenden Prozesses, entflammte an der zunehmend anerkannten Überlegenheit dieses Verfahrens[62] ein gesellschaftlicher wie wissenschaftlicher Diskurs. Es begann die, zeitnah auch unter Rezeption des englischen wie französischen Strafverfahrens geführte, kritische Reflexion des Inquisitionsprozesses; und so keimten in der ersten Hälfte des 19. Jahrhunderts erstmals Zweifel am zwangsbewehrten Recht des Staates auf Mitwirkung des Beschuldigten bzw. auf dessen wahrheitsgemäße Aussage auf.[63] Die Kritiker verwiesen hierfür unter anderem auf ein, den Gedanken der Aufklärung, mithin der Autonomiedefinition *Kants*, entliehenes, naturrechtliches Individualrecht auf Selbsterhaltung, welches gleichsam ein Recht auf freie Verteidigung umfasse und dem Inhaber weder durch den Gesellschaftsvertrag noch durch den Staat selbst entzogen werden könne.[64] Mit der hieraus zwingend fließenden Stellung des Verfahrensunterworfenen als Prozesssubjekt unvereinbar sei sodann die Erzwingung eines Geständnisses, werde der Betroffene doch hierdurch gerade zum Objekt des staatlichen Verfahrens degradiert.[65] Jene Denkweise zunehmend stärkerer Akzentuierung individueller Freiheitsrechte und deren Inkompatibilität mit dem Institut der Folter fiel sodann auch in einzelnen Partikularstaaten auf nährbaren Boden. So bezeichnet der Entwurf der Bayerischen Strafprozessordnung von 1831 das „Be-

---

[58] So *Köstlin*, Der Wendepunkt, S. 104. Zustimmend *Buchholz*, Der nemo tenetur-Grundsatz, S. 52; *Reiß*, Besteuerungsverfahren, S. 148 f.; *Rogall*, Der Beschuldigte, S. 90 f.

[59] *Buchholz*, Der nemo tenetur-Grundsatz, S. 52; *Nothhelfer*, Selbstbezichtigungszwang, S. 6; *Rogall*, Der Beschuldigte, S. 90 m. w. N.

[60] Jüngst auch umfassend dargelegt von *Buchholz*, Der nemo tenetur-Grundsatz, S. 41 ff.

[61] *von Hippel*, Der deutsche Strafprozess, S. 43; *Rogall*, Der Beschuldigte, S. 91.

[62] So ausdrücklich *Reiter*, Steuererklärungspflicht, S. 35. Vgl. auch *von Hippel*, Der deutsche Strafprozess, S. 43.

[63] Siehe *Hepp*, Anklageschaft, S. 127; *Rogall*, Der Beschuldigte, S. 95 m. w. N.

[64] *Nothhelfer*, Selbstbezichtigungszwang, S. 6; *Reiter*, Steuererklärungspflicht, S. 35. Vgl. auch *Rogall*, Der Beschuldigte, S. 93.

[65] So ausdrücklich *Reiter*, Steuererklärungspflicht, S. 35.

A. Von der historischen Entwicklung des Privilegs

wußtsein der Schuld" als „trauriges Eigentum des Schuldigen", das ihm, so wird man ergänzen müssen, nicht entrissen werden könne[66], und der Entwurf der Badischen[67] Strafprozessordnung von 1835 spricht davon, dass der Angeklagte im Fall des Schweigens lediglich „manche Verteidigungsgründe zu verlieren droht".

Neben dem Zwangselement sahen sich aber auch andere Charakteristika des Inquisitionsverfahrens dem Kreuzfeuer des politischen Liberalismus ausgesetzt. Die anhaltenden Eindrücke der französischen Revolution und das sich hierdurch allmählich wandelnde Staatsverständnis änderten auch den Blick auf das Strafverfahren. Strafrecht wurde nun weniger als Instrument zur Verwirklichung absolutistischer Staatsauffassungen angesehen, als als Rechtsmaterie zum Schutz des Gesellschaftsvertrages vor dem Straftäter sowie zur Sicherung individueller Freiheit vor dem Staat.[68] Die unter diesem neuartig subjektivierten Blickwinkel angestrengte Evaluation des Inquisitionsprozesses identifizierte sodann insbesondere die allmächtige Stellung des Richters als Ankläger, Verteidiger und Entscheidungsträger in Personalunion als reformbedürftig.[69] Wurden in der Folge Forderungen nach einem Anklageprozess stetig lauter[70], verwundert es nicht, dass der Inquisitionsprozess mit der Bürgerlichen Revolution von 1848 sein Ende fand. Art. X, § 179 der Paulskirchenverfassung vom 18.3.1849 stellt hierzu schlicht fest: „In Strafsachen gilt der Anklageprozeß." Weitere einzelstaatliche Umsetzungen des akkusatorischen Strafprozesses französischer Prägung sollten folgen – und so stand das Hauptverfahren des deutschen Strafprozesses fortan einheitlich unter den Maximen der Anklage, der Öffentlichkeit und der Mündlichkeit. Waren hierbei die Tragweite und nähere Ausgestaltung dieses nun positivierten Akkusationsverlangens noch ungeklärt[71], bestand gemeiner Konsens dagegen darin, dass der Beschuldigte mit der

---

[66] So auch *Köstlin*, Der Wendepunkt, S. 99 und *Rogall*, Der Beschuldigte, S. 94.

[67] Schon zuvor hob Baden durch Gesetz v. 15.12.1831 jegliches physische Zwang zur Wahrheitsermittlung auf, siehe Badisches Staats- und Regierungsblatt v. 15.12.1831, die Abschaffung der körperlichen Züchtigung betreffend (zitiert nach *Rogall*, Der Beschuldigte, S. 94, Fn. 65).

[68] So ausdrücklich *Buchholz*, Der nemo tenetur-Grundsatz, S. 53 f.

[69] *Bosch*, Aspekte des nemo-tenetur-Prinzips, S. 99 f.; *Reiter*, Steuererklärungspflicht, S. 35. Hierzu und zu den übrigen eruierten Defiziten des Inquisitionsverfahrens *Glaser*, Handbuch des Strafprozesses I, S. 162 ff.; *Rogall*, Der Beschuldigte, S. 92.

[70] Siehe nur exemplarisch *Zachariae*, Handbuch des deutschen Strafprocesses I, S. 43 f. und die konsolidierenden Ausführungen und Nachweise bei *Buchholz*, Der nemo tenetur-Grundsatz, S. 55. Vgl. auch *Rogall*, Der Beschuldigte, S. 92, 95.

[71] So sprach sich eine Ansicht für ein Anklageverfahren englischer Prägung aus. Die Akkusationsmaxime sei demnach um den Verhandlungsgrundsatz zu ergänzen und das Gericht lediglich mit der Aufgabe der Würdigung vorgebrachter Beweise zu betrauen. Hiergegen wandte sich die Konträrmeinung mit einer eher dem französischen Vorbild entliehenen Ausgestaltung des Grundsatzes, welche aus dem Topos des Anklageprozesses lediglich die bloße Anklageform las. Ersterer sei somit weniger mit dem Verhandlungs- denn dem Inquisitionsgrundsatz zu kombinieren und das Gericht daher nach formaler Anklageerhebung zur eigenständigen Sachverhaltsermittlung von Amts wegen berufen. Vgl. hierzu *Bosch*, Aspekte des nemo-tenetur-Prinzips, S. 99, Fn. 349 sowie *Herrmann*, Die Reform, S. 49 ff.

Abschaffung der Ungehorsams- und Lügenstrafen die physische Durchsetzung seiner jedenfalls sittlich fortbestehenden Wahrheitsverpflichtung mittels Gewalt zumindest von Rechts wegen nicht mehr zu befürchten hatte.[72] Obgleich bis dato noch nicht ausdrücklich über seine Rechtsposition zu unterrichten[73], war der erste Schritt in Richtung einer Selbstbelastungsfreiheit des Beschuldigten auf deutschem Boden damit getan.

Sollten in der Folgezeit positivrechtliche Kodifikationen der Idee nemo tenetur die Ausnahme[74] und auch deren Rechtsgrundlage weiterhin nebulös[75] bleiben, avancierte das Prinzip zur Zeit der Reichsjustizgesetze zum anerkannten Rechtsgrundsatz.[76] Freiheit von Zwang zur Aussagegewinnung wurde fortan als so selbstverständlich angesehen[77] und eine rechtliche Pflicht des Verfahrensunterworfenen zur Aussage so umfassend bezweifelt[78], dass es gar verwundern muss, dass sich der erste Entwurf der Reichsstrafprozessordnung einer Regelung betreffend die Aussagepflichten respektive Schweigerechte des Beschuldigten gänzlich enthielt. Jenes Defizit sollte im Gesetzgebungsverfahren indes schnell behoben werden. So wurde schon im Rahmen der ersten Lesung vorgebracht, „der [bestehende] Grundsatz ‚Nemo tenetur se accusare‘ [müsse] deutlich zum Ausdruck gebracht werden, [sei] ja auch der Zeuge berechtigt, aus Rücksichten der Pietät oder, um sich

---

[72] *Bosch*, Aspekte des nemo-tenetur-Prinzips, S. 99; *Dingeldey*, JA 1984, 408; *Nothhelfer*, Selbstbezichtigungszwang, S. 7; *Reiß*, Besteuerungsverfahren, S. 147; *Sundelin*, GS 1858, 412; *Rogall*, Der Beschuldigte, S. 97; *Wolff*, Selbstbelastung und Verfahrenstrennung, S. 27.

[73] Siehe nur *Wolff*, Selbstbelastung und Verfahrenstrennung, S. 27.

[74] So normiert etwa die Braunschweigische StPO vom 22.8.1849 in § 43: „In dem ersten Verhöre, welches mit dem Angeklagten in der Voruntersuchung angestellt wird, hat der Untersuchungsrichter demselben vor weiterer Verhandlung zu eröffnen, daß er zu keiner Antwort oder Erklärung auf die ihm vorzulegenden Fragen gehalten sei.", abgedruckt bei: *Hahn*, Materialien zu den Reichs-Justizgesetzen III, Abt. 1, S. 704. Jene Hinweispflicht war dabei vom Verdächtigen, dem Richter und dem Protokollführer zu unterzeichnen und für den Fall des Unterlassens mit einer Geldstrafe von zwei Reichsthalern bewehrt, siehe *Rogall*, Der Beschuldigte, S. 98.m.w.N.

[75] So wurde das Selbstinkriminierungsprivileg teilweise als Ausfluss des Anklagegrundsatzes (siehe hierzu nur die Ausführungen bei *Bosch*, Aspekte des nemo-tenetur-Prinzips, S. 100 sowie *Herrmann*, Die Reform, S. 60 f.) gesehen, teilweise in der Unschuldsvermutung (so etwa *Mittermaier*, Gesetzgebung, S. 287) verortet; vereinzelt wurde dem Prinzip zudem der Charakter eines materiell-staatsrechtlichen Satzes zuerkannt, vgl. *Schmidt*, NJW 1968, 1213; *Nothhelfer*, Selbstbezichtigungszwang, S. 7.

[76] So schon *Rogall*, Der Beschuldigte, S. 101 ff., 103. Zustimmend jüngst *Wiechmann*, Nonverbale Verhaltensweisen, S. 147.

[77] Siehe nur die ausdrückliche Betonung der Selbstverständlichkeit in den Motiven zu dem Entwurf einer Deutschen Strafprozeß-Ordnung, S. 93. So auch *Buchholz*, Der nemo tenetur-Grundsatz, S. 61 m.w.N.

[78] Siehe nur *Buchholz*, Der nemo tenetur-Grundsatz, S. 61 unter Rekurs auf *Wahlberg*, Kritik des Entwurfes einer Strafproceßordnung, S. 65.

A. Von der historischen Entwicklung des Privilegs

nicht selbst anklagen zu müssen, sich der Zeugenschaft zu entschlagen."[79] Habe diese Garantie damit erst recht für den Beschuldigten zu gelten[80] und sei ein umfassendes Aussageverbot zur Verbürgung ebendieser ungeeignet[81], sei die Reichsstrafprozessordnung um den – schließlich in § 136 Abs. 1 S. 2 RStPO (i. V. m. § 242 Abs. 3 RStPO) verankerten – Passus „Demnächst ist der Beschuldigte zu befragen, ob er etwas auf die Beschuldigung erwidern wolle." zu ergänzen.[82] Stand der nemo tenetur-Grundsatz damit verschiedenen Vorschriften der ersten gesamtdeutschen Strafprozessordnung von 1877 gedanklich Pate[83], blieb dessen positivierter Gewährleistungsumfang aber noch weit hinter dem einer umfassenden Selbstbelastungsfreiheit zurück. So konnotierte man das Problem strafrechtlicher Selbstbezichtigung lediglich mit Verpflichtungen zur Aussage und Wahrheit von Rechts wegen, von einer moralischen solchen konnte sich hingegen auch die Reichsstrafprozessordnung nicht lösen; im Gegenteil wurde sogar eingedenk dieses sittlichen Auftrags von der ausdrücklichen Normierung einer generellen Aussagefreiheit schon deshalb Abstand genommen, um nicht den Eindruck zu erwecken, das Gesetz kenne keine moralische Pflicht zur Wahrheit.[84] Aber auch innerhalb des anerkannten Schutzbereichs war die Inanspruchnahme des garantierten Schweigerechts ein für den Berechtigten recht unkomfortables Unterfangen. Wollte er sich nämlich auf sein Recht zur Aussageverweigerung berufen, war er gemäß § 55 S. 1 RStPO dazu gehalten, die jeweiligen Schweigegründe, mithin die eine Selbstbelastungsgefahr begründenden Umstände glaubhaft machen. Führte nicht selten dies schon zu einer faktischen Selbstbezichtigung[85], konnte in den übrigen Fällen das nunmehr erfolgreiche Schweigen des Angeklagten zu dessen Nachteil gewürdigt werden.[86] War der nemo tenetur-Grundsatz damit zur Zeit der Reichsstrafprozessordnung zwar schon als dem einfachen Recht übergeordnetes Rechtsprinzip anerkannt[87], blieb dessen

---

[79] So *Abg. Herz*, in: *Protokolle der Kommission (Erste Lesung)*, bei: *Hahn*, Materialien zu den Reichs-Justizgesetzen III, Abt. 1, S. 701. Siehe auch bereits *Rogall*, Der Beschuldigte, S. 101.

[80] *Wahlberg*, Kritik des Entwurfes einer Strafproceßordnung, S. 66.

[81] Siehe hierzu nur die Ausführungen bei *Buchholz*, Der nemo tenetur-Grundsatz, S. 59 f.

[82] Hierfür insbesondere die *Abg. Herz, Eysoldt und Klotz*, in: *Protokolle der Kommission (Erste Lesung)*, bei: *Hahn*, Materialien zu den Reichs-Justizgesetzen III, Abt. 1, S. 701. Siehe auch bereits *Rogall*, Der Beschuldigte, S. 101.

[83] So ausdrücklich *Rogall*, Der Beschuldigte, S. 102.

[84] So *Buchholz*, Der nemo tenetur-Grundsatz, S. 61 unter Rekurs u. a. auf die *Motive des Entwurfs*, bei: *Hahn*, Materialien zu den Reichs-Justizgesetzen III, Abt. 1, S. 139. Ferner *Reiter*, Steuererklärungspflicht, S. 36; *Wessels*, JuS 1966, 173 f.

[85] Zustimmend *Buchholz*, Der nemo tenetur-Grundsatz, S. 61.

[86] *Liepmann*, ZStW 1924, 669; *Wolff*, Selbstbelastung und Verfahrenstrennung, S. 27 f. Siehe auch die Nachweise bei *Buchholz*, Der nemo tenetur-Grundsatz, S. 61, Fn. 331.

[87] In diese Richtung auch *Reiß*, Besteuerungsverfahren, S. 146; *Roxin/Schünemann*, Strafverfahrensrecht, § 25, Rn. 1 und *Schneider*, Selbstbegünstigungsprinzip, S. 41. So auch jüngst *Wiechmann*, Nonverbale Verhaltensweisen, S. 148, der dem Prinzip nemo tenetur sodann in Zusammenschau mit der ständigen Judikatur des Reichsgerichts Verfassungsge-

Schutzdimension de lege lata noch weit hinter der propagierten Forderung, „daß der Beschuldigte nicht verpflichtet sei, seinerseits zur Feststellung der Wahrheit beizutragen"[88], zurück.

Diese noch inkonsistente Lesart sollte sodann bis weit in das 20. Jahrhundert Bestand haben. Überführte nach Ende des Zweiten Weltkriegs[89] das Gesetz zur Wiederherstellung der Rechtseinheit auf dem Gebiete der Gerichtsverfassung, der bürgerlichen Rechtspflege, des Strafverfahrens und des Kostenrechts vom 12.9.1950[90] § 136 Abs. 1 der Reichsstrafprozessordnung wortgetreu in den Rechtskreis der westlichen Besatzungszonen, blieben mit der übernommenen Rechtslage auch die aufgezeigten Friktionen. Unverändert wurde das durch eine richterliche Hinweispflicht abgesicherte Schweigerecht des Beschuldigten postwendend durch die unter Umständen indizielle Berücksichtigungsfähigkeit seiner Passivität, insbesondere aber seines Leugnens[91] konterkariert und dessen Rechtsposition somit nachhaltig entwertet. Besserung stellte sich erst unter dem ab den 1960er Jahren wiederaufflammenden Bewusstsein für den Grundsatz der Selbstbelastungsfreiheit ein, beginnend mit der Ausdehnung der umgehungsgefährdeten – da auf die richterliche Vernehmung beschränkten – Belehrungspflicht über das Schweigerecht auf Bedienstete der Staatsanwaltschaft und Polizei durch das Gesetz zur Änderung der Strafprozessordnung und des Gerichtsverfassungsgesetzes vom 19.12.1964.[92] Erschien von nun an der nemo tenetur-Grundsatz wieder vermehrt vor den Strafgerichten, nahm insbesondere die höchstrichterliche Judikatur zunehmend eine Schlüsselrolle bei dessen Konturierung ein, kondensierte ebenjene doch schrittweise in die Entwicklung einer Reihe die Aussageverweigerungsposition des Beschuldigten ergänzender Beweisverwertungsverbote im Rechtsfortbildungswege. Zunächst nur im Kontext indizieller Verwertung vollständigen Schweigens judiziert[93], statuierten die Richter in den Entscheidungen vom 14.5.1974 und vom 27.2.1992 solche auch für Verstöße gegen Belehrungsvorschriften im Haupt-[94] sowie im Er-

---

wohnheitsrechtsrang einräumt; kritisch hierzu wiederum *Rösinger*, Die Freiheit des Beschuldigten, S. 35 ff.

[88] So *Abg. Dr. Schwarze*, in: *Protokolle der Kommission (Erste Lesung)*, bei: *Hahn*, Materialien zu den Reichs-Justizgesetzen III, Abt. 1, S. 701 f. Siehe auch bereits *Rogall*, Der Beschuldigte, S. 102.

[89] Siehe zur Garantie der Selbstbelastungsfreiheit zu Zeiten des Nationalsozialismus ausführlich *Buchholz*, Der nemo tenetur-Grundsatz, S. 62 ff.

[90] Art. 3 Nr. 51 des Gesetzes zur Wiederherstellung der Rechtseinheit auf dem Gebiete der Gerichtsverfassung, der bürgerlichen Rechtspflege, des Strafverfahrens und des Kostenrechts v. 12.9.1950, BGBl. I 1950, 484 f.

[91] Vgl. BGH v. 30.8.1951 – 3 StR 494/51, BGHSt 1, 342; BGH v. 10.4.1951 – 1 StR 88/51, BGHSt 1, 106; BGH v. 5.4.1951 – 4 StR 113/50, BGHSt 1, 104 f. und *Buchholz*, Der nemo tenetur-Grundsatz, S. 66. Ferner *Wolff*, Selbstbelastung und Verfahrenstrennung, S. 28.

[92] Art. 4 Nr. 3 des Gesetzes zur Änderung der Strafprozessordnung und des Gerichtsverfassungsgesetzes (StPÄG) v. 19.12.1964, BGBl. I 1964, 1074.

[93] BGH v. 26.10.1965 – 5 StR 515/65, BGHSt 20, 282 f.

[94] BGH v. 14.5.1974 – 1 StR 366/73, BGHSt 25, 330 f.

mittlungsverfahren[95]. Postulierten in diesem Zusammenhang sowohl das Bundesverfassungsgericht[96] als auch der Bundesgerichtshof[97], dass der Grundsatz, dass niemand im Strafverfahren gegen sich selbst auszusagen braucht, der Verfahrensunterworfene mithin ein Schweigerecht innehat, zu den anerkannten Prinzipien des Strafprozesses gehöre, war hiermit der nemo tenetur-Grundsatz, nunmehr weit verstandener Lesart, zum anerkannten Prinzip des neuzeitlich-modernen Strafverfahrens gereift.[98]

IV. Zur Relativität genetischer Erkenntnisse

Die rechtshistorisch bemerkenswert feingliedrige Aufarbeitung der Entwicklung des nemo tenetur-Prinzips ist indes beileibe kein Selbstzweck. Der im Kreis einschlägiger Literatur Usus gewordene mehr oder minder ausführliche historische Abriss findet seinen Ursprung in der verbreiteten[99] Vorstellung, die gegenwärtige Ausgestaltung des Grundsatzes nur unter Rekurs auf dessen Genese zutreffend ausloten zu können. Muss hierbei die Relevanz jedenfalls des talmudischen nemo tenetur-Gedankens bezweifelt werden[100], sieht sich diese Idee aber auch im Übrigen einschneidenden Bedenken ausgesetzt:

So offenbart bereits die sogleich zu beleuchtende Breite des Diskurses um die normative Verortung und den Gewährleistungsumfang der Selbstbelastungsfreiheit die tiefe Verworfenheit hinsichtlich deren Grund und Grenzen. Verbleibt somit schon die Konturierung des nemo tenetur-Grundsatzes heutiger Lesart, mithin die zu findende Bezugsgröße, unklar, erscheint eine Suche nach dessen historischem Äquivalent als ausnehmend schwierig. Erhellt hierbei allein eine nähere Identifikation des Fahndungsgegenstandes, erweist sich die exakte genetische Verortung als notwendiges Korrelat individuell vertretener Ausgestaltung des Prinzips.[101] Die historische Ursprungsindifferenz zeigt sich damit nicht zuletzt als Ausfluss variierender nemo tenetur-Konzeptionen.

---

[95] BGH v. 27.2.1992 – 5 StR 190/91, BGHSt 38, 214.
[96] BVerfG v. 13.1.1981 – 1 BvR 116/77, BVerfGE 56, 43.
[97] BGH v. 27.2.1992 – 5 StR 190/91, BGHSt 38, 220; vgl. auch schon BGH v. 14.6.1960 – 1 StR 683/59, BGHSt 14, 364 f.
[98] Zustimmend *Buchholz*, Der nemo tenetur-Grundsatz, S. 66.
[99] Siehe exemplarisch *Böse*, GA 2002, 118 ff.; *Eser*, in: Beiheft zu ZStW 1974, S. 140; *Lorenz*, JZ 1992, 1006; *Reiß*, Besteuerungsverfahren, S. 146; *Reiter*, Steuererklärungspflicht, S. 37 f.; *Rieß*, GA 1981, 47; *Rogall*, Der Beschuldigte, S. 67; *Schneider*, Selbstbegünstigungsprinzip, S. 40 ff. und wohl auch *Verrel*, NStZ 1997, 416.
[100] Siehe nur *Rogall*, Der Beschuldigte, S. 77, Fn. 79. Wie hier auch *Bosch*, Aspekte des nemo-tenetur-Prinzips, S. 96 f., Fn. 337.
[101] In diese Richtung auch die an den Ausführungen *Rogalls* geübte Kritik bei *Buchholz*, Der nemo tenetur-Grundsatz, S. 66 mit dem Einwand, *Rogall*, Der Beschuldigte, S. 103 behaupte die „unangefochtene Geltung" eines Grundsatzes, dessen Inhalt bis dato noch nicht konkret umrissen wurde.

Aber auch eine hypothetisch einheitlich anerkannte Geburtsstunde „*des*" nemo tenetur-Grundsatzes besserte die Lage nicht merklich, schlösse sich hieran doch nur die Frage nach der fortwährenden Geltung ebenjener Konzeption zugrundeliegender Leitgedanken. Konnten nämlich die Väter der Selbstbelastungsfreiheit, ganz gleich, wo sie auch verortet seien, intendierte Protektionsmechanismen immer nur in zeitgenössischem Kontext entwickeln, scheint es nicht fernliegend, dass einem nemo tenetur-Grundsatz anderer Zeit trotz ähnlich bis gleich zugedachter Stoßrichtung gänzlich andere Charakteristika anheimfallen als jenem heutiger, rezipierter Lesart. Dass hierbei nicht zuletzt das vorherrschende Staatsverständnis maßgeblichen Einfluss auf die Prinzipiengestaltung besitzt, erkannte schon *Biener*[102], weitaus verwobener ist dessen konkrete Schutzdimension indes mit dem jeweils praktizierten Strafprozess[103]. Ausgehend von der Prämisse eines dem Satz zugedachten wirksamen Schutzes vor an dieser Stelle noch nicht näher konkretisierter Selbstbezichtigung in einem hoheitlichen Verfahren muss die Schutzposition des Einzelnen zwingend den erkannten hoheitlichen Bedrohungen entgegentreten. Wird hierbei ein systematisches Dahinter-Zurückbleiben alsbald mit nicht hinreichender Schutzeffektivität abgestraft, besteht Anlass zur überschießenden Gewährleistung von Abwehrrechten dagegen schon mangels Bedürfnisses freilich nicht. Sind daher die Bedeutung und Tragweite des nemo tenetur-Grundsatzes stets in Zusammenschau mit dem einschlägig geltenden Normprogramm und den zeitgenössischen Verfahrensmaximen zu würdigen, unterlagen letztere dabei aber steter Evolution, kann eine statische Interpretation der Selbstbelastungsfreiheit schon konzeptionell nicht überzeugen.[104] Im Gegenteil führte eine solche nur zu einer Versteinerung des Grundsatzes[105], der sodann in Anbetracht gewandelter Verfahrensbedrohungen im neuzeitlichen Strafprozess Gefahr liefe, den Einzelnen ratiowidrig nicht mehr hinreichend vor Selbstbezichtigung schützen zu können. Eingedenk dieser Strafverfahrensdynamik und der Abhandenheit eines Protektionsbedürfnisses vor (noch) nicht existenten Gefahren, erscheinen im Diskurs um die Reichweite des nemo tenetur-Grundsatzes allen voran Anwendungsbereichsrestriktionen unter Verweis auf historische Erwägungen bedenklich.[106]

Gleichwohl verkommen die vorstehenden genetischen Ausführungen damit nicht automatisch zur Makulatur. Auch soll die maßgebliche Bedeutung der Rechtstradition für das Verständnis der inhaltlichen Reichweite eines Rechtsgrundsatzes[107]

---

[102] *Biener*, Das englische Geschworenengericht II, S. 131. Ferner *Rogall*, Der Beschuldigte, S. 99 f. m. w. N.

[103] Vgl. nur die Ausführungen bei *Bosch*, Aspekte des nemo-tenetur-Prinzips, S. 98 ff.

[104] Zutreffend *Bosch*, Aspekte des nemo-tenetur-Prinzips, S. 98 und *Bosch*, JURA 1998, 241 f. Der Sache nach zustimmend auch *Buchholz*, Der nemo tenetur-Grundsatz, S. 67 m. w. N.; *Fezer*, NStZ 1996, 290; *Kölbel*, Selbstbelastungsfreiheiten, S. 259 f.

[105] So ausdrücklich *Bosch*, Aspekte des nemo-tenetur-Prinzips, S. 98.

[106] *Bosch*, Aspekte des nemo-tenetur-Prinzips, S. 97 f.

[107] Zustimmend *Buchholz*, Der nemo tenetur-Grundsatz, S. 67 unter zweifelhaftem Verweis auf BGH v. 13.5.1996 – GSSt 1/96, NJW 1996, 2943.

nicht kategorisch in Abrede gestellt werden. Vielmehr verstehen sich diese Worte als Mahnung zur kritischen Reflexion der Adaptionsnotwendigkeit historischer Erkenntnisse. Selbstredend können einzelne Aspekte der aufgezeigten Genese zur Beantwortung im Fortgang dieser Abhandlung gestellter Fragen hilfreich sein, so sie denn im Kontext der heutigen Rechtsordnung noch Geltung beanspruchen.[108] Ob und inwieweit dies für das Dargelegte gilt, wird jeweils an gebotener Stelle zu untersuchen sein.

B. Der Gewährleistungsgehalt des nemo tenetur-Grundsatzes

Jedenfalls unterstreichen jene Erwägungen, dass für den potentiellen Konflikt mit steuerrechtlichen Mitwirkungspflichten, mithin für den Fortgang der Abhandlung, allein Aspekte der Selbstbelastungsfreiheit aktueller Ausgestaltung interessieren. Kann das institutionelle Fortbestehen eines nemo tenetur-Grundsatzes dabei nicht ernsthaft in Frage gestellt werden, bleibt dem folgenden Abschnitt die Aufgabe, Grund und Grenzen dieses Prinzips näher zu konturieren. Hierfür sei sich eines methodischen Zweischritts bedient, welcher sich zunächst auf die Suche nach der normativen Grundlage des Selbstbelastungsschutzes begibt[109], bevor er, ausgehend von dieser Erkenntnis, ganz in positivistischer Manier dessen Reichweite auslotet.

I. Die normative Grundlage des nemo tenetur-Prinzips

Schon die erststufige Problematik der vorzugswürdigen normativen Verankerung erweist sich eigedenk der einschneidenden Fernwirkungen der Auswahl auf die Schutzbereichskonzeption, Eingriffsdogmatik und Rechtfertigungsmöglichkeiten

---

[108] So in der Sache auch *Buchholz*, Der nemo tenetur-Grundsatz, S. 68.

[109] Kritisch etwa *Verrel*, NStZ 1997, 364, welcher der Frage nach der Herleitung und grundrechtlichen Verortung des nemo tenetur-Grundsatzes „Überbetonung" attestiert; siehe auch *Verrel*, Selbstbelastungsfreiheit, S. 8. Ablehnend sodann *Rösinger*, Die Freiheit des Beschuldigten, S. 31 ff., 42, welcher zufolge eine solche Methode am strukturellen Makel kranke, dass „[d]as Ergebnis [...] weniger aus der Betrachtung der Verfassungsnormen *entwickelt*, als ihnen vielmehr *untergeschoben*" (S. 32) werde.
Freilich darf und soll dabei nicht verschwiegen werden, dass der Aufbau der Arbeit an dieser Stelle entgegen der grundsätzlich juristisch-deduktiven Arbeitsweise einen induktiven Einschlag erfährt. Gleichwohl soll aber in hiesigem Kontext sogar ein gänzlich induktives Vorgehen methodisch zulässig sein, siehe *Reiß*, Besteuerungsverfahren, S. 140 f.; *Schaefer*, Steuerstrafverfahren, S. 62; *Schneider*, Selbstbegünstigungsprinzip, S. 19 ff.; *Nothhelfer*, Selbstbezichtigungszwang, S. 18, 21 f., 44; *Verrel*, NStZ 1997, 364; *Verrel*, Selbstbelastungsfreiheit, S. 8; *Wolff*, Selbstbelastung und Verfahrenstrennung, S. 29. Kritisch *Torka*, Nachtatverhalten, S. 48 f. Ein deduktives Vorgehen sogar für strukturell ungeeignet hält etwa *Dannecker*, ZStW 2015, 383.

von Gewährleistungsverkürzungen als grundlegende Weichenstellungen für die inhaltliche Reichweite des Grundsatzes. Zeigt sich das hierzu vertretene Meinungsspektrum[110] dabei als unübersichtliches Dickicht verschiedenster Rechtsgrundlagen divergierend normhierarchischer Relevanz, kann und soll es die vorliegende Arbeit nicht leisten, sämtliche Ansätze en détail zu diskutieren. Zurückgezogen sei sich vielmehr auf die kritische – wenngleich zielorientierte – Reflexion eines repräsentativen Teils des Diskurses, wobei zwei Verortungskonzeptionen schon a limine entgegengetreten werden kann:

So scheidet eine rein überpositive Verortung[111] schon mangels institutioneller Anerkennung seitens des Verfassers aus; und auch die Idee einer lediglich einfachrechtlichen Verankerung[112] des nemo tenetur-Gedankens, beispielsweise in den Belehrungsvorschriften der §§ 55 Abs. 2, 115 Abs. 3 S. 1, 136 Abs. 1 S. 2, 243 Abs. 5 S. 1 StPO oder in § 55 Abs. 1 Alt. 1 StPO, überzeugt nicht. Letztere Negation fließt dabei schon aus der Erkenntnis, dass insbesondere die Norm des § 55 StPO[113] weit jünger ist, als der Gedanke des nemo tenetur existent[114], letztlich die Vorschriften der Strafprozessordnung den Grundsatz der Selbstbelastungsfreiheit also nur stillschweigend voraussetzen, diesen gleichwohl nicht zu konstituieren vermögen.[115]

1. Zur Verortung auf supranationaler Ebene

Eingehender zu beleuchten sind dagegen Ansätze, die den Grundsatz der Selbstbelastungsfreiheit supranational positiviert sehen. Erscheint auch hier der Fundus vorgeschlagener Rechtsgrundlagen breit gefächert[116], sei sich im hiesigen

---

[110] Siehe hierzu nur die umfangreichen Diskussionen etwa bei *Besson*, Steuergeheimnis, S. 74 ff.; *Bosch*, Aspekte des nemo-tenetur-Prinzips, S. 24 ff.; *Nothhelfer*, Selbstbezichtigungszwang, S. 9 ff.; *Reiter*, Steuererklärungspflicht, S. 68 ff.; *Röckl*, Das Steuerstrafrecht, S. 102 ff.; *Rogall*, Der Beschuldigte, S. 104 ff.; *Wiechmann*, Nonverbale Verhaltensweisen, S. 148 ff.

[111] Vgl. *Rogall*, Der Beschuldigte, S. 17.

[112] So aber *Leitmeier*, JR 2014, 375 f. sowie *Peters*, ZStW 1979, 123.

[113] Eingeführt durch Art. 3 Nr. 19 des Gesetzes zur Wiederherstellung der Rechtseinheit auf dem Gebiete der Gerichtsverfassung, der bürgerlichen Rechtspflege, des Strafverfahrens und des Kostenrechts v. 12.9.1950, BGBl. I 1950, 481.

[114] So ausdrücklich *Wiechmann*, Nonverbale Verhaltensweisen, S. 148 mit Fn. 230. Gleichsinnig *Nothhelfer*, Selbstbezichtigungszwang, S. 10; *Reiter*, Steuererklärungspflicht, S. 74 f.; *Rogall*, Der Beschuldigte, S. 104.

[115] BVerfG v. 22.10.1980 – 2 BvR 1172/79, BVerfGE 55, 150; BVerfG v. 8.10.1974 – 2 BvR 747/73, BVerfGE 38, 113; *Nothhelfer*, Selbstbezichtigungszwang, S. 9; *Radtke*, GA 2020, 472; *Rogall*, Der Beschuldigte, S. 104; *Schuhr*, in: MüKo-StPO, § 136, Rn. 25; *Wiechmann*, Nonverbale Verhaltensweisen, S. 148. Näher *Nothhelfer*, Selbstbezichtigungszwang, S. 9 f. und *Reiter*, Steuererklärungspflicht, S. 74 ff., jeweils m.w.N.

[116] Vorgeschlagen werden neben den im Folgenden diskutierten Art. 14 Abs. 3 lit. g) IPBPR und Art. 6 Abs. 1 S. 1 EMRK etwa Art. 11 Abs. 1 sowie Art. 29 Abs. 2 der Allge-

Kontext exemplarisch auf die Verortungen in Art. 14 Abs. 3 lit. g) IPBPR und Art. 6 Abs. 1 S. 1 EMRK beschränkt:

Art. 14 Abs. 3 lit. g) des Internationalen Pakts über staatsbürgerliche und politische Rechte aus dem Jahre 1966 erhebt das Recht des Angeklagten, nicht gezwungen zu werden, gegen sich selbst als Zeuge auszusagen oder sich schuldig zu bekennen, in den Kreis strafprozessualer Mindestgarantien, und positiviert so schon ausweislich des Wortsinns jedenfalls einen Teilbereich nemo tenetur-relevanter Verbürgungen. Bedarf der hier schwelende Konflikt um die Reichweite des Privilegs, mithin, ob sich ebenjenes in einer bloßen Freiheit der Aussage erschöpft[117], oder, wie insbesondere die Genese der Norm[118] vermuten ließe, eine generelle Selbstbelastungsfreiheit im Sinne umfassender Mitwirkungsfreiheit[119] garantiert, vor dem Hintergrund sogleich zu übender Strukturkritik dieserorts keiner Entscheidung, bleibt als relevante Bestandsaufnahme an dieser Stelle allein zu konstatieren, dass die Vorschrift, gleich welcher inhaltlichen Ausgestaltung, vermöge des Ratifizierungsgesetzes vom 15.11.1973[120] innerstaatliche Geltung erlangt.

Ungleich verborgener dagegen liegt der nemo tenetur-Grundsatz menschenrechtskonventioneller Prägung. Enthält sich die Europäische Menschenrechtskonvention einer Regelung der Selbstbezichtigungsproblematik expressis verbis, sieht insbesondere der Europäische Gerichtshof für Menschenrechte den vorzugswürdigen normativen Anknüpfungspunkt der Selbstbelastungsfreiheit in Art. 6 Abs. 1 S. 1 EMRK, wenn er in ständiger Judikatur die nemo tenetur-Garantie als integralen Bestandteil eines fair trial anerkennt.[121] Sollen thematische Verbindungslinien zwischen einem fairen Verfahren und dem Grundsatz der Selbstbelastungsfreiheit,

---

meinen Erklärung der Menschenrechte und Art. 55 Abs. 1 lit. a) und b) des Römischen Statuts des Internationalen Gerichtshofs der Vereinten Nationen, näher *Buchholz*, Der nemo tenetur-Grundsatz, S. 13 ff. Ein etwaig auf Art. 47 Abs. 2 der Charta der Grundrechte der Europäischen Union fußendes Selbstbelastungsprivileg bleibt eingedenk der fehlenden Strafkompetenz der Europäischen Union mangels Relevanz außer Betracht.

[117] So *Bosch*, Aspekte des nemo-tenetur-Prinzips, S. 26 und im Anschluss hieran *Wiechmann*, Nonverbale Verhaltensweisen, S. 149.

[118] Die redaktionell verantwortliche UN-Menschenrechtskommission wollte Art. 14 Abs. 3 lit. g) IPBPR nach dem Vorbild des fünften Verfassungszusatzes der US-Bundesverfassung als umfassende „prohibition against self-incrimination" ausgestaltet wissen, *Rogall*, Der Beschuldigte, S. 117 m.w.N.

[119] So etwa *Rogall*, Der Beschuldigte, S. 116 ff.; *Schuhr*, in: MüKo-StPO, vor §§ 133 ff., Rn. 75.

[120] Gesetz zu dem Internationalen Pakt vom 19. Dezember 1966 über bürgerliche und politische Rechte v. 15.11.1973, BGBl. II 1973, 1533 ff. Zur abzulehnenden Qualifikation des Art. 14 Abs. 3 lit. g) IPBPR als allgemeine Regel des Völkerrechtes im Sinne des Art. 25 GG siehe nur *Reiter*, Steuererklärungspflicht, S. 71 ff.

[121] Grundlegend EGMR v. 25.2.1993 – 10828/84, Série A n° 256-A – Funke/Frankreich. Siehe auch EGMR v. 30.6.2008 – 22978/05, HRRS 2008 Nr. 627, Rn. 95 – Gaefgen/Deutschland. So ausdrücklich ferner *Gehling*, ZIP 2018, 2010 und *Reinel*, „nemo tenetur"-Grundsatz, S. 222, jeweils m.w.N. sowie *Wiechmann*, Nonverbale Verhaltensweisen, S. 149. Gleichsinnig jüngst *Meyer*, NZWiSt 2022, 102 f.

mithin die Legitimität dieses Verortungsansatzes konzeptionell hier gar nicht in Abrede gestellt werden[122], kann eine dezidierte Auseinandersetzung mit dem hieraus fließenden konkreten Schutzumfang[123] gleichwohl abermals unterbleiben. Gelenkt sei der Fokus der Betrachtung nämlich vielmehr auf die Fernwirkung der dogmatischen Verortung in Art. 6 Abs. 1 S. 1 EMRK, in concreto dessen maßgeblich durch die vom EGMR angestellte prozedurale Gesamtbetrachtung[124] geprägte Verletzungsdogmatik. Jene folgt einem prüfungstechnischen Zweischritt, welcher sich zunächst der Frage der Verletzung eines benannten oder unbenannten individuellen Verteidigungsrechts zuwendet[125], bevor er die Fairness des Verfahrens erst zweistufig nach Art einer normativen Gesamtabwägung hinterfragt. Nur sofern sich in diesem Schritt die festgestellte Verletzung nach den Umständen des Einzelfalls in einer prozessualen Unfairness manifestiert, sich das Verfahren also als „in Gänze unfair" darstellt, ist das Recht auf ein faires Verfahren Straßburg'scher Lesart, mithin Art. 6 Abs. 1 S. 1 EMRK, berührt.[126]

Muss einer solch ausschließlich übereinzelstaatlichen Verankerung des nemo tenetur-Grundsatzes mit sogleich näher zu erörternder Zurückhaltung begegnet werden, bleibt zunächst der Hinweis, dass sich ebendiese Skepsis ausdrücklich nicht an einem normhierarchischen Defizit der dargelegten Rechtsgrundlagen nährt. Gleichwohl zieht eine verbreitete Auffassung[127] aus der Bestandsaufnahme des national lediglich qualifiziert einfachrechtlichen Ranges des Völker(vertrags)rechts den Schluss struktureller Unzulänglichkeit einer solchen Verbürgung gegenüber einem verfassungsrechtlichen, mithin höherrangigen nemo tenetur-Satz und negiert

---

[122] Näher zum Verhältnis des nemo tenetur-Grundsatzes zum Recht auf Verfahrensfairness aus rechtsstaatsprinzipieller Warte Teil 4 B. I. 2. f) dd). Zu den Divergenzen des menschenrechtlichen und rechtsstaatlichen Fairnessprinzips kursorisch *Doege*, nemo-tenetur-Grundsatz, S. 78 f. m. w. N.

[123] Siehe hierzu nur umfassend *Reinel*, „nemo tenetur"-Grundsatz, S. 222 ff., insbesondere S. 236 ff.

[124] Hierzu näher unter kritischer Reflektion *Reinel*, „nemo tenetur"-Grundsatz, S. 223 ff. und *Schuska*, Die Rechtsfolgen von Verstößen gegen Art. 6 EMRK, S. 45 ff., jeweils m. w. N.

[125] Wobei an dieser Stelle noch feststeht, dass ebendiese für sich genommen noch keinen unfairnessbegründenden, mithin Art. 6 Abs. 1 S. 1 EMRK verletzenden Charakter haben kann.
Nicht verschwiegen werden darf ferner, dass der EGMR diese dogmatisch recht trennscharfe Zweiteilung praktisch nicht immer in gebotener Klarheit umsetzt. So zieht er sich gerade im Bereich des nemo tenetur-Grundsatzes oftmals unmittelbar auf die wertende Gesamtbetrachtung zurück, siehe nur EGMR v. 30.6.2008 – 22978/05, HRRS 2008 Nr. 627, Rn. 95 f. – Gaefgen/Deutschland. So auch *Reinel*, „nemo tenetur"-Grundsatz, S. 224.

[126] *Reinel*, „nemo tenetur"-Grundsatz, S. 223 f.; *Schuska*, Die Rechtsfolgen von Verstößen gegen Art. 6 EMRK, S. 45 f.; *Wiechmann*, Nonverbale Verhaltensweisen, S. 149. Vgl. auch *Lohse/Jakobs*, in: KK-StPO, Art. 6 EMRK, Rn. 41.

[127] So etwa *Besson*, Steuergeheimnis, S. 74 f.; *Reiter*, Steuererklärungspflicht, S. 74 oder *Wiechmann*, Nonverbale Verhaltensweisen, S. 150. In diese Richtung wohl auch *Bosch*, Aspekte des nemo-tenetur-Prinzips, S. 27, wenn dieser den Einfluss der EMRK auf eine „gewisse Signalwirkung" beschränkt, da „die mit Hilfe der [E]MRK begründeten Ergebnisse […] sich ebenso unmittelbar aus dem Grundgesetz […] ableiten [lassen]."

so die Relevanz für den Fortgang der Untersuchung. Dabei wird indes übersehen, dass das Völkerrecht vermöge der Völkerrechtsfreundlichkeit des Grundgesetzes als Ausfluss der Präambel sowie der Art. 1 Abs. 2, Art. 9 Abs. 2, Art. 24–26, Art. 59 GG[128] durchaus in der Lage ist, Einfluss auf die Auslegung einzelner Grundrechte zu nehmen. Soll nämlich in den Grenzen innerstaatlicher Methodik[129] dem Völkerrecht zur Geltung verholfen werden und erstreckt das Bundesverfassungsgericht die hieraus fließende Pflicht zur völkerrechtskonformen Interpretation[130] auch auf jene grundgesetzlicher Leitprinzipien[131], scheint es nicht kategorisch ausgeschlossen, dass auch die Ausgestaltung eines verfassungsrechtlichen nemo tenetur-Grundsatzes mittelbar völkerrechtlich determiniert ist. Besonders deutlich wird dies an den Verbürgungen der EMRK. Kraft des grundgesetzlichen Bekenntnisses zu unverletzlichen und unveräußerlichen Menschenrechten in Art. 1 Abs. 2 GG genießen die subjektiven Rechtspositionen der Menschenrechtskonvention eine Art völkerrechtliche Sonderstellung, welche sie qua Zielkonkordanz neben die Grundrechte des Grundgesetzes treten und so ungeachtet ihres weiterhin einfachrechtlichen Charakters eine faktisch quasi-verfassungsrechtliche Parallelrechtsordnung etablieren lassen.[132] Aus diesem Blickwinkel wandelt sich das prinzipielle Subordinationsverhältnis zwischen Völkerrecht und Verfassung in ein quasi-gleichrangiges Kollisionsverhältnis, dessen Auflösung auf Konkurrenzebene zu suchen ist.[133] Hierbei wird eine etwaige Vorrangstellung der Verfassung durch Derogation der Konventionsnorm gesichert, wohingegen der Fall des Vorrangs der EMRK eine konventionsfreundliche Auslegung der einschlägigen Verfassungsnorm nach sich zieht.

Im Rahmen dieser Konkurrenzfrage stößt zunächst die prozedurale Gesamtbetrachtung des EGMR sauer auf. Zeitigt ein Verstoß erst nach wertender Gesamtabwägung Rechtsfolgen, entwertet dies die Rechtsposition des Einzelnen in zweierlei Hinsicht nachhaltig. So fließt aus jener Dogmatik zum einen ein weitreichender Handlungsspielraum des nationalen Gesetzgebers. Überspitzt formuliert könnte

---

[128] BVerfG v. 15.12.2015 – 2 BvL 1/12, BVerfGE 141, 26 f.; ausdrücklich *von Arnauld*, Völkerrecht, Rn. 521; *Herdegen*, Völkerrecht, § 22, Rn. 9 f.

[129] Zu den Grenzen völkerrechtsfreundlicher Auslegung und Anwendung des Rechts grundlegend BVerfG v. 14.10.2004 – 2 BvR 1481/04, BVerfGE 111, 307 ff. und konsolidierend BVerfG v. 4.5.2011 – 2 BvR 2333/08, BVerfGE 128, 371 ff. Instruktiv *von Arnauld*, Völkerrecht, Rn. 527. Siehe auch die Nachweise bei BVerfG v. 15.12.2015 – 2 BvL 1/12, BVerfGE 141, 28.

[130] BVerfG v. 15.12.2015 – 2 BvL 1/12, BVerfGE 141, 29 f.; BVerfG v. 26.10.2004 – 2 BvR 955/00, BVerfGE 112, 24 ff.; BVerfG v. 14.10.2004 – 2 BvR 1481/04, BVerfGE 111, 317 f.; BVerfG v. 26.3.1987 – 2 BvR 589/79, BVerfGE 74, 370; *von Arnauld*, Völkerrecht, Rn. 522 m.w.N.; *Herdegen*, Völkerrecht, § 22, Rn. 10.

[131] BVerfG v. 29.5.1990 – 2 BvR 254/88, BVerfGE 82, 120; BVerfG v. 26.3.1987 – 2 BvR 589/79, BVerfGE 74, 370; BVerfG v. 22.3.1983 – 2 BvR 475/78, BVerfGE 63, 370; *von Arnauld*, Völkerrecht, Rn. 522; vgl. auch *Herdegen*, Völkerrecht, § 22, Rn. 10 und BVerfG v. 15.12.2015 – 2 BvL 1/12, BVerfGE 141, 29 m.w.N.

[132] So ausdrücklich *von Arnauld*, Völkerrecht, Rn. 525.

[133] In diese Richtung auch *von Arnauld*, Völkerrecht, Rn. 525.

dieser die Garantien der Selbstbelastungsfreiheit einfachrechtlich sukzessive so lange zurückstutzen, als sich das Verfahren nicht normativ als in Gänze unfair gestaltet. Vermengt man diesen Aspekt mit der Erkenntnis, dass mit der Überantwortung einer solchen normativen Bewertung an den mit dem konkreten Verfahren betrauten Richter zum anderen ein nicht zu vernachlässigendes Maß an Rechtsunsicherheit einhergeht, eröffnet sich das Resultat jedenfalls begründeter Gefahr eines von Rechtsunsicherheit geprägten „*race to the bottom*", letztlich also eines erheblichen Missbrauchspotentials zu Lasten des zu Schützenden. Ist dies dabei freilich mittelbar Ausfluss des Charakters der EMRK als subjektivrechtlicher Mindeststandard, erscheint dennoch das innerstaatliche Verfassungsrecht, soweit jenes die erkannten Gefahren, etwa durch die Abhandenheit einer nachgelagerten Fairnessabwägung, zu unterbinden, dem Betroffenen also einen höheren Schutzstandard zu gewährleisten vermag, als dem Art. 6 Abs. 1 S. 1 EMRK schon qua gesteigerter Rechtssicherheit vorrangig. Entspricht dieser Ansatz mittelbar auch dem Anliegen der Konvention selbst, stets möglichst effektiven Menschenrechtsschutz zu verbürgen[134], wird schon vor diesem Hintergrund die normative Verortung des nemo tenetur-Prinzips in verfassungsrechtlicher Dimension sogleich eingehend zu erörtern sein.

Darüber hinaus erhellt diese argumentatio das den völkerrechtlichen Verortungskonzeptionen, auch jenseits des Art. 6 Abs. 1 S. 1 EMRK, anheimfallende Defizit.: Die national lediglich qualifiziert einfach-rechtliche Geltung des Völker(vertrags)rechts verwehrt es dem innerstaatlichen Gesetzgeber nicht, dessen Gewährleistungsgehalt durch zeitlich nachfolgende Normen zu konterkarieren.[135] Bewegt sich die Neuregelung nun außerhalb des mit dem Völkerrecht methodisch in Einklang zu Bringenden, stößt also der primäre Protektionsmechanismus der Pflicht zur völkerrechtskonformen Interpretation und Anwendung des Rechts an seine Grenzen, derogiert das einzelstaatliche lex posterior das völkerrechtliche lex priori.[136] Zwar steht ein solcher sog. „treaty override"[137] gerade im Kontext der EMRK auf sekundärer Schutzebene ferner unter dem Vorbehalt der Zulässigkeit der Verfassungsänderung[138], die gemeinsame Bruchstelle dieser Sicherungen findet sich aber in einer institutionell-prozeduralen Erwägung:

---

[134] Vgl. Art. 53 EMRK.

[135] *Ehlers*, JURA 2000, 373; *Kempen*, in: von Mangoldt/Klein/Starck, GG, Art. 59, Rn. 93 m. w. N.; *Pieper*, in: BeckOK-GG, Art. 59, Rn. 43; *Queck*, Die Geltung des nemo-tenetur-Grundsatzes, S. 108 f.

[136] So ausdrücklich etwa *Nettesheim*, in: Dürig/Herzog/Scholz, GG, Art. 59, Rn. 186 und *Queck*, Die Geltung des nemo-tenetur-Grundsatzes, S. 108. Siehe auch *Frau*, Der Gesetzgeber, S. 77 mit umfassenden Nachweisen.

[137] Der Begriff des Treaty Overriding bezeichnet ein innerstaatliches Handeln, das sich auf eine innerstaatliche Rechtsnorm stützt, dies indes gegen eine völkerrechtliche Verpflichtung verstößt, siehe *Pieper*, in: BeckOK-GG, Art. 59, Rn. 43. Umfassend hierzu *Frau*, Der Gesetzgeber, passim.

[138] *von Arnauld*, Völkerrecht, Rn. 525.

B. Der Gewährleistungsgehalt des nemo tenetur-Grundsatzes 189

Verfährt der nationale Gesetzgeber in völkerrechtswidriger Manier und wird einer ebensolchen Maßnahme auch durch innerstaatliche Gerichte nicht hinreichend Abhilfe geschaffen, muss sich das rechtsverletzende Völkerrechtssubjekt vielfach unmittelbar supranational judikativ verantworten. Divergieren diese kontrollinstanzlichen Aussprüche dabei in ihrer Bindungs- sowie Präjudizwirkung[139], leiden sie gleichsam sämtlich an einem strukturellen Umsetzungsmakel. So garantiert selbst ein zu Lasten des Einzelstaats ergehender Rechtsfolgenausspruch keine Anpassung der nationalen Rechtsordnung in der mit der Rüge intendierten Weise, obliegt es dem getadelten Staat doch lediglich, den völkerrechtswidrigen Zustand final zu beseitigen, wohingegen das „Wie" jener Konformitätsherstellung grundsätzlich dem Bereich nationalstaatlicher Souveränität verbleibt[140]; ein System, welches vor dem Hintergrund fehlender Gestaltungswirkung[141] bezeichneter Verdikte auf die innerstaatliche Geltung der Maßnahme besondere Drastik erfährt. Ist es somit konzeptionell nicht ausgeschlossen, dass eine völkerrechtswidrige Maßnahme dem Betroffenen gegenüber fortwirkende Geltung beansprucht, so sie denn nur anderweitig „hinreichend" kompensiert wird, offenbart sich ein problemträchtiges Spannungsverhältnis[142] zwischen erkannter Völkerrechtswidrigkeit und nationaler Ausgestaltung der Reaktion. Gerade dieser Graubereich ist dabei imstande, die nemo tenetur-Position des Einzelnen empfindlich zu entwerten.

Hieraus erhellt, dass ein völkerrechtlich verbürgtes nemo tenetur-Prinzip nicht geleugnet werden muss, um dessen Relevanz für die hiesige Untersuchung zu bezweifeln. Soweit nämlich im Folgenden ein verfassungsunmittelbarer nemo tenetur-Satz mit hinreichend umfassender Schutzbereichskontur sowie konkret vorge-

---

[139] Zur Präjudiz- sowie Bindungswirkung von Urteilen des EGMR siehe Art. 46 Abs. 1 EMRK sowie die Erläuterungen bei *von Arnauld*, Völkerrecht, Rn. 526 und 638 f.

[140] So geht es mit *von Arnauld*, Völkerrecht, Rn. 526 und in Diktion des BVerfG v. 4.5.2011 – 2 BvR 2333/08, BVerfGE 128, 371 nicht um die schematische Übernahme der Rechtsprechung des EGMR, sondern um eine möglichst schonende Einpassung „in das vorhandene, dogmatisch ausdifferenzierte nationale Rechtssystem". Siehe insbesondere auch BVerfG v. 15.12.2015 – 2 BvL 1/12, BVerfGE 141, 30; BVerfG v. 18.8.2013 – 2 BvR 1380/08, NJW 2013, 3715 f. sowie EGMR v. 30.6.2009 – 32772/02, ECHR 2009-IV, 95 f. – Verein gegen Tierfabriken Schweiz (VgT)/Schweiz Nr. 2. Vgl. ferner EGMR v. 6.7.2010 – 5980/07, NJW 2010, 3704 – Öcalan/Türkei; EGMR v. 8.4.2004 – 71503/01, ECHR 2004-II, 275 m. w. N. – Assanidzé/Georgien.

[141] Siehe exemplarisch BVerfG v. 18.8.2013 – 2 BvR 1380/08, NJW 2013, 3715 f. m. w. N.; BVerfG v. 14.10.2004 – 2 BvR 1481/04, BVerfGE 111, 320 f.; BVerfG v. 11.10.1985 – 2 BvR 336/85, NJW 1986, 1426. EGMR v. 30.6.2009 – 32772/02, ECHR 2009-IV, 88 – Verein gegen Tierfabriken Schweiz (VgT)/Schweiz Nr. 2; EGMR v. 22.9.1994 – 16737/90, Série A n° 297-B – Pelladoah/Niederlande; EGMR v. 20.9.1993 – 14647/89, Série A n° 261-C – Saidi/Frankreich.

[142] Man denke etwa an die unendliche Geschichte der prozessualen Folgen konventions- bzw. rechtsstaatswidriger Tatprovokation durch den Einsatz von Lockspitzeln, hierzu jüngst *Esser*, StV 2021, 383 ff., oder die zwischen dem EGMR und dem Bundesverfassungsgericht bestehende Meinungsdivergenz hinsichtlich der Reichweite des Persönlichkeitsrechts Prominenter im Fall von Caroline von Hannover, instruktiv aufgezeigt bei *von Arnauld*, Völkerrecht, Rn. 528 m. w. N.

zeichneter (insbesondere eine gesamtabwägende Unfairnessprüfung entbehrender) Rechtsfolgensystematik gefunden werden kann, schützt dieser den Einzelnen strukturell effektiver und rechtssicherer vor Eingriffen in den Grundsatz der Selbstbelastungsfreiheit und lässt so einen Rekurs auf das Völkerrecht als nicht notwendig erscheinen. Ob diese Vorrangstellung dabei auf einer normhierarchischen oder, wie insbesondere im Fall von Art. 6 Abs. 1 S. 1 EMRK, konkurrenztechnischen solchen gründet, ist für die Zwecke der vorliegenden Arbeit letztlich unerheblich.

Zu fragen bleibt daher nach der verfassungsrechtlichen Dimension des nemo tenetur-Grundsatzes.

2. Zur Verortung auf Verfassungsebene

Auch der Diskurs um die grundgesetzliche Verankerung des Prinzips nemo tenetur bietet einen bunten Strauß vorgeschlagener Rechtsgrundlagen.[143] Sei an dieser Stelle abermals betont, dass die Evaluation sämtlicher Ansätze nicht Aufgabe dieser Arbeit sein kann, beschränkt sich die Untersuchung nachstehend auf die Auseinandersetzung mit folgenden Meinungen:

a) Die Freiheit der Person, Art. 2 Abs. 2 S. 2 GG

In seinem Aufsatz aus dem Jahre 1966 bemerkt *Wessels* beiläufig, dass der nemo tenetur-Grundsatz „als ein subjektives Recht anzusehen ist und im weitesten Sinne im Grundrecht der persönlichen Freiheit (Art. 2 II 2 GG) wurzelt."[144] Erscheint in Anbetracht der Ausgestaltung des fünften Verfassungszusatzes der US-Bundesverfassung[145] eine jedenfalls syntaktische Verknüpfung zwischen Selbstinkriminierungsprivileg und persönlicher Freiheit im Sinne des Habeas Corpus-Grundsatzes nicht als konzeptionelles Novum, verdient dieser Ansatz nähere Betrachtung.

Hierbei offenbart sich aber schnell die dieser Konzeption zugrundeliegende ausnehmend extensive Interpretation des von Art. 2 Abs. 2 S. 2 GG verbürgten Schutzes, ließe sich eine solche Verortung doch nur sinnvoll vertreten, so man die Freiheit der Person als Grundlage umfassender „individueller Freiheit vom Staat"[146] verstünde. Hiergegen müssen indes nachhaltige Bedenken angemeldet werden. So riefe ein solch ausuferndes Verständnis des Schutzbereichs zunächst binnensystematisch nur weitreichende Überschneidungen mit jenem des Art. 2 Abs. 1 GG auf den Plan, letztlich also gerade jener Norm, welcher in Ausgestaltung der allgemeinen

---

[143] Siehe nur die Nachweise in Teil 4 B. I., Fn. 110.

[144] *Wessels*, JuS 1966, 171.

[145] So heißt es dort: „No person shall be […] compelled in any criminal case to be a witness against himself, nor be deprived of […] liberty […] without due process of law".

[146] So aber eine nunmehr veraltete Auffassung, siehe nur *Reiter*, Steuererklärungspflicht, S. 82 m. w. N. Näher sodann *Kunig/Kämmerer*, in: von Münch/Kunig, GG, Art. 2, Rn. 130 und *Rogall*, Der Beschuldigte, S. 126 m. w. N.

B. Der Gewährleistungsgehalt des nemo tenetur-Grundsatzes   191

Handlungsfreiheit die originäre Aufgabe zukommt, subsidiär umfassenden Schutz gegen staatliche Eingriffe zu gewährleisten.[147] Ist ebendiese Argumentation eingedenk der Nachrangigkeit des Art. 2 Abs. 1 GG mit *Di Fabio* zugegebenermaßen noch „kein sonderlich starkes Argument"[148], stützt jener den Schluss einer notwendigen Schutzbereichsbegrenzung überzeugend auf eine innensystematische Betrachtung des Art. 2 GG in Gänze, bei welcher sich dessen Absatz 2 Satz 2 nur bei begrenzender Auslegung sinnvoll in das die *physischen* Bedingungen menschlicher Existenz schützende Gesamtkonzept einpflegen ließe.[149] Wird dieses Ergebnis sodann auch von historischen Erwägungen[150] sowie einer systematischen Zusammenschau von Art. 2 Abs. 2 S. 2 GG und Art. 104 GG[151] unterstrichen, kann eine Interpretation des Art. 2 Abs. 2 S. 2 GG als omnipotentes Staatsabwehrrecht nicht überzeugen. Vielmehr muss sich die Freiheit der Person auf die körperliche Bewegungsfreiheit beschränken[152], mithin nur die Möglichkeit, jeden Ort aufzusuchen, um sich dort aufzuhalten und diesen wieder zu verlassen, umfassen.[153] Hat diese Schutzbereichsausgestaltung sodann ersichtlicherweise recht begrenzten Bezug zur Verbürgung einer spezifischen Selbstbezichtigungsfreiheit im Strafverfahren, könnte Art. 2 Abs. 2 S. 2 GG als taugliche Rechtsgrundlage schon hier ausgesondert werden.

---

[147] Nachdrücklich *Hanraths*, VR 1992, 244; *Rogall*, Der Beschuldigte, S. 126; ferner *Di Fabio*, in: Dürig/Herzog/Scholz, GG, Art. 2 Abs. 2 S. 2, Rn. 25 m.w.N.
In diesem Kontext bemerkenswert ist, dass sich die seitens von *Wessels*, JuS 1966, 171 in Fn. 15 angeführten Belege selbst nicht mit Art. 2 Abs. 2 S. 2 GG beschäftigen, sondern mit einem allgemeinen Freiheitsrecht im Sinne des Art. 2 Abs. 1 GG. Dies bemerkt auch *Nothhelfer*, Selbstbezichtigungszwang, S. 59 f. und bescheinigt *Wessels* daher ein „redaktionelles Versehen". Siehe auch hierzu *Rogall*, Der Beschuldigte, S. 126.

[148] *Di Fabio*, in: Dürig/Herzog/Scholz, GG, Art. 2 Abs. 2 S. 2, Rn. 25.

[149] *Di Fabio*, in: Dürig/Herzog/Scholz, GG, Art. 2 Abs. 2 S. 2, Rn. 25.

[150] So wollte der verfassungsgebende Gesetzgeber Art. 2 Abs. 2 S. 2 GG sowie Art. 104 Abs. 1 GG als deutsches Pendant zum schon in Art. 39 der Magna Charta Libertatum enthaltenen Habeas Corpus Grundsatz ausgestaltet, mithin von diesem nur die „persönliche Bewegungsfreiheit im engeren Sinne" geschützt wissen, siehe den Entwurf des Herrenchiemsee-Konvents, JöR 1951, 63. So auch *Reiter*, Steuererklärungspflicht, S. 82 f. m.w.N.; *Schulze-Fielitz*, in: Dreier, GG, Art. 2 Abs. 2, Rn. 3, 98; *Starck*, in: von Mangoldt/Klein/Starck, GG, Art. 2, Rn. 196.

[151] *Di Fabio*, in: Dürig/Herzog/Scholz, GG, Art. 2 Abs. 2 S. 2, Rn. 22; *Kunig/Kämmerer*, in: von Münch/Kunig, GG, Art. 2, Rn. 131, 134; *Reiter*, Steuererklärungspflicht, S. 82; *Rixen*, in: Sachs, GG, Art. 2, Rn. 228 f. m.w.N.; *Schulze-Fielitz*, in: Dreier, GG, Art. 2 Abs. 2, Rn. 98; *Starck*, in: von Mangoldt/Klein/Starck, GG, Art. 2, Rn. 196.

[152] BVerfG v. 15.5.2002 – 2 BvR 2292/00, BVerfGE 105, 247; BVerfG v. 14.5.1996 – 2 BvR 1516/93, BVerfGE 94, 198; *Di Fabio*, in: Dürig/Herzog/Scholz, GG, Art. 2 Abs. 2 S. 2, Rn. 22; *Jarass*, in: Jarass/Pieroth, GG, Art. 2, Rn. 130; *Kunig/Kämmerer*, in: von Münch/Kunig, GG, Art. 2, Rn. 130; *Rixen*, in: Sachs, GG, Art. 2, Rn. 229; *Schulze-Fielitz*, in: Dreier, GG, Art. 2 Abs. 2, Rn. 98; *Starck*, in: von Mangoldt/Klein/Starck, GG, Art. 2, Rn. 196.

[153] So etwa *Di Fabio*, in: Dürig/Herzog/Scholz, GG, Art. 2 Abs. 2 S. 2, Rn. 26; *Jarass*, in: Jarass/Pieroth, GG, Art. 2, Rn. 130; *Schulze-Fielitz*, in: Dreier, GG, Art. 2 Abs. 2, Rn. 99; enger, gleichwohl trotzdem bewegungsfreiheitsbezogen etwa *Kunig/Kämmerer*, in: von Münch/Kunig, GG, Art. 2, Rn. 131 f.

Einen interessanten Denkanstoß liefert überdies indes *Nothhelfer*. Auf Basis der vorbezeichneten Schutzbereichsdefinition konstatiert er, dass eine strafrechtliche Selbstbezichtigung einen Geschehensablauf in Gang setze, welcher eingedenk der auf die Strafverfahrensförderung meist folgenden Verurteilung im Falle der Freiheitsstrafe imstande sei, die körperliche Bewegungsfreiheit final einzuschränken. Besitze die inkriminierende Selbstbelastung damit potentiell mittelbar freiheitsbeeinträchtigende Relevanz, habe auch die Gestaltung des Verfahrens, in dessen Rahmen eine solche geschieht, diesem Umstand Rechnung tragen. Zur Absicherung der materiellen Gewährleistungen des Art. 2 Abs. 2 S. 2 GG verbürge die Norm damit stillschweigend eine vor Selbstbezichtigung schützende Verfahrensgarantie.[154]

Zutreffenderweise folgt aber auch *Nothhelfer* selbst dieser Argumentation im Ergebnis nicht. Neben dem Missfallen der dogmatischen Ausgestaltung der Selbstbelastungsfreiheit als „einem Grundrecht annexe Verfahrenskautel"[155] bemerkt er scharfsinnig die konzeptionelle Unzuträglichkeit des Ansatzes. So verhülfe eine solch prozedural orientierte Lesart dem nemo tenetur-Grundsatz lediglich soweit zur Geltung, als am Ende des Verfahrens tatsächlich ein potentieller Freiheitsentzug[156] stünde, wohingegen dem Unterworfenen eines allenfalls in eine Geldstrafe mündenden Verfahrens die Berufung auf ebendiese Rechtsposition e contrario verwehrt bliebe. Zwar genössen letztere Konstellationen noch einen durch Art. 2 Abs. 1 GG vermittelten rudimentären Schutz[157], der Grund für eine solche Ungleichbehandlung erschlösse sich vor dem Hintergrund des Kriminalstrafcharakters[158] sowohl der Freiheits- als auch der Geldstrafe gleichwohl nicht. Folglich kann der Verortung des nemo tenetur-Grundsatzes in Art. 2 Abs. 2 S. 2 GG nunmehr endgültig eine Absage erteilt werden.

---

[154] *Nothhelfer*, Selbstbezichtigungszwang, S. 60 f.

[155] *Nothhelfer*, Selbstbezichtigungszwang, S. 62.

[156] Mit *Reiter*, Steuererklärungspflicht, S. 84, Fn. 273 ist es hierbei auch unbeachtlich, ob der Freiheitsentzug unmittelbar auf dem Vollzug der ausgesprochenen Freiheitsstrafe selbst beruht, oder nur mittelbar auf jenem einer durch Uneinbringlichkeit der verhängten Geldstrafe begründeten Ersatzfreiheitsstrafe gemäß § 43 S. 1 StGB.

[157] *Nothhelfer*, Selbstbezichtigungszwang, S. 62.

[158] Ferner wollen sowohl *Nothhelfer*, Selbstbezichtigungszwang, S. 62 als auch *Reiter*, Steuererklärungspflicht, S. 84, Fn. 273 in Konstellationen der Verfolgungsverjährung im Sinne des § 78 Abs. 1 StGB Friktionen erkennen. Mangels zu erwartender Strafe könne der Verfahrensunterworfene hier nämlich zur Selbstbezichtigung angehalten werden, obgleich auch die mit dem Bekanntwerden der strafrechtlichen Verfehlung verbundenen gesellschaftliche Folgewirkungen imstande wären, strafäquivalentes Ausmaß anzunehmen. Ersichtlich gehen beide Autoren damit stillschweigend von der Prämisse aus, der nemo tenetur-Grundsatz schütze auch vor außerstrafrechtlichen Konsequenzen; eine Meinung, deren Zustimmungswürdigkeit noch zu beleuchten sein wird, siehe Teil 4 C. I., aber auch Teil 4 E. I. und II.

b) Die Freiheit des Gewissens, Art. 4 Abs. 1 GG

Gleichsam als Relikt vergangener Tage zeigt sich das Verständnis des nemo tenetur-Prinzips als Ausprägung der Gewissensfreiheit. Offenbaren sich in Anbetracht der Genese des Grundsatzes als Widerstandsinstrument gegen den kanonischen Offizialeid thematische Verbindungslinien zwischen Selbstinkriminierungsprivileg und Glaubens- wie Gewissensfreiheit[159], überrascht der zuvörderst durch *Hamel*, *Scholler* und *Zippelius* geprägte Ansatz[160] der Verortung in Art. 4 Abs. 1 GG eingangs wenig.

Gleichwohl besteht jener historische Konnex die Nagelprobe der Fortbestandsfrage nicht. War freilich zu Zeiten eines religiös wie weltanschaulich prädisponierten Staatsverständnisses jede Gewissensentscheidung zugleich Glaubensentscheidung[161], ist eine solch strenge Verflechtung von Religion und Gewissen mit der heutigen Religions- und Weltanschauungsneutralität des Staates nicht mehr vereinbar. Trotz fortwährender Abgrenzungsunschärfen wie Wechselwirkungen[162] folgt aus dieser Entkopplung ein säkularisierter Gewissensbegriff, der die Freiheit des Gewissens als eigenständiges Grundrecht neben die Glaubensfreiheit treten lässt.[163] Für einen Gewissensbeschluss konstitutiv ist dabei die ernste sittliche (moralische), an den Kategorien von „Gut" und „Böse" orientierte Entscheidung, die der Einzelne in einer bestimmten Lage als für sich bindend und unbedingt verpflichtend innerlich erfährt, sodass er gegen sie nicht ohne ernstliche Gewissensnot handeln könnte.[164]

---

[159] *Guradze*, in: FS-Loewenstein, S. 156; *Nothhelfer*, Selbstbezichtigungszwang, S. 55; *Rogall*, Der Beschuldigte, S. 127.

[160] So greifen nach *Hamel*, in: Die Grundrechte IV/1, S. 58, 85 Maßnahmen, welche die Entscheidungsfreiheit „darüber, was der Mensch aus seinem Innern mitteilen will, herabmindern oder umgehen" in das unantastbare forum internum der Gewissensfreiheit ein. *Scholler*, Die Freiheit des Gewissens, S. 146 ff., 150 zufolge soll es beim strafprozessualen Schutz der freien Willensbestimmung um die „Respektierung des Gewissens, ja um einen Appell an das Sittliche im Menschen" gehen und *Zippelius*, in: Bonner Kommentar$^{\text{Zweitbearb. 1966}}$, Art. 4, Rn. 40 (zitiert nach *Nothhelfer*, Selbstbezichtigungszwang, S. 55, Fn. 359) ordnet unter Konsolidierung der vorbezeichneten Arbeiten Inquisitionsmaßnahmen, welche den Beschuldigten beeinträchtigten, „sich nach eigenem Gewissen zur Aussage oder zur Aussageverweigerung zu entschließen" als mit der Gewissensfreiheit des Art. 4 Abs. 1 GG unvereinbar ein. Zum Ganzen ferner *Nothhelfer*, Selbstbezichtigungszwang, S. 54 f.; *Rogall*, Der Beschuldigte, S. 127.

[161] Ausdrücklich *Di Fabio*, in: Dürig/Herzog/Scholz, GG, Art. 4, Rn. 47 unter Rekurs auf *Böckenförde*, VVDStRL 28, S. 43 f.

[162] Hierzu *Bethge*, in: HStR VII, § 158, Rn. 35; *Di Fabio*, in: Dürig/Herzog/Scholz, GG, Art. 4, Rn. 49 f.; *Starck*, in: von Mangoldt/Klein/Starck, GG, Art. 4, Rn. 10, 13, 63.

[163] *Bethge*, in: HStR VII, § 158, Rn. 35; *Böckenförde*, VVDStRL 28, S. 50; *Di Fabio*, in: Dürig/Herzog/Scholz, GG, Art. 4, Rn. 48; *Morlok*, in: Dreier, GG, Art. 4, Rn. 57; *Starck*, in: von Mangoldt/Klein/Starck, GG, Art. 4, Rn. 63 m. w. N.

[164] Siehe nur grundlegend BVerfG v. 20.12.1960 – 1 BvL 21/60, BVerfGE 12, 55 und in Anschluss hieran etwa BVerfG v. 13.4.1978 – 2 BvF 1/77, BVerfGE 48, 173 f.; BVerwG v. 21.6.2005 – 2 WD 12/04, BVerwGE 127, 325 f. Überdies *Di Fabio*, in: Dürig/Herzog/Scholz, GG, Art. 4, Rn. 74; *Jarass*, in: Jarass/Pieroth, GG, Art. 4, Rn. 45; *Mager*, in: von Münch/

Zeichnet sich eine echte Gewissensentscheidung damit vornehmlich durch den im Ergebnis „kategorischen Befehlscharakter"[165] aus, statuiert diese Begriffsbestimmung zugleich das Verbot jedweder inhaltlichen Bewertung sowie Restriktion deren ethischer Prämissen. Ist der grundgesetzliche Gewissensbegriff damit in besonderem Maße von Offenheit und Neutralität den zum Beschluss führenden Kategorien gegenüber geprägt, insbesondere also nicht an eine bereits bestehende Wertordnung gleich welcher Couleur geknüpft[166], können die jenem zugrundeliegenden Maßstäbe freilich anerkannten religiösen oder weltanschaulichen Erwägungen entspringen, zwingend oder gar abschließend ist dies jedoch nicht.[167] Ganz im Gegenteil bedarf es zur sachlichen Schutzbereichseröffnung gerade keiner besonders nachvollziehbaren oder anerkennungswürdigen Motivation; das Recht darf es vielmehr schlichtweg nicht interessieren, woher der final als verpflichtend empfundene sittliche Standard rührt.[168] Vor diesem Hintergrund kann insbesondere die Ansicht *Fischers*, eine gesetzlich auferlegte Selbstbezichtigungspflicht sei ohne weiteres mit dem Grundrecht auf Gewissensfreiheit vereinbar, verlange das Gewissen doch gerade begangenes Unrecht einzugestehen[169], nicht überzeugen.

Fließt somit aus der Kombination der vorstehend dargelegten Indifferenz des Gewissensbegriffs mit dem Umfang der geschützten Gewährleistungen[170] und der Vorbehaltlosigkeit[171] auf Schrankenebene ein überaus hohes Schutzniveau einer ausnehmend weitschweifigen Verbürgung, darf diese enorme Grundrechtsreichweite gleichwohl nicht zu einer verfrühten Verankerung des nemo tenetur-Prinzips verleiten, mithin nicht den Blick auf die strukturellen Schwachpunkte hiesiger Verortungskonzeption verstellen:

Kunig, GG, Art. 4, Rn. 84; *Morlok*, in: Dreier, GG, Art. 4, Rn. 93; *Starck*, in: von Mangoldt/Klein/Starck, GG, Art. 4, Rn. 67.

[165] *Hamann/Lenz*, GG, Art. 4, Anm. B. 2.

[166] *Nothhelfer*, Selbstbezichtigungszwang, S. 56.

[167] So auch *Di Fabio*, in: Dürig/Herzog/Scholz, GG, Art. 4, Rn. 48.

[168] So *Starck*, in: von Mangoldt/Klein/Starck, GG, Art. 4, Rn. 63. Gleichsinnig *Di Fabio*, in: Dürig/Herzog/Scholz, GG, Art. 4, Rn. 72. Zustimmend *Nothhelfer*, Selbstbezichtigungszwang, S. 56.

[169] *Fischer*, Divergierende Selbstbelastungspflichten, S. 105.

[170] Vom sachlichen Schutzbereich der Gewissensfreiheit umfasst ist nicht nur das freie Bilden, Haben oder Nichthaben eines Gewissens (*forum internum*), sondern gerade auch die Freiheit, eine Gewissensentscheidung zu äußern oder zu verschweigen und gemäß seinem Gewissen zu handeln (*forum externum*), siehe BVerfG v. 2.5.2007 – 2 BvR 475/02, NVwZ-RR 2007, 505; BVerfG v. 30.6.1988 – 2 BvR 701/86, BVerfGE 78, 395; BVerwG v. 21.6.2005 – 2 WD 12/04, BVerwGE 127, 327; BVerwG v. 18.06.1997 – 6 C 5/96, BVerwGE 105, 77; *Di Fabio*, in: Dürig/Herzog/Scholz, GG, Art. 4, Rn. 74; *Jarass*, in: Jarass/Pieroth, GG, Art. 4, Rn. 46; *Kokott*, in: Sachs, GG, Art. 4, Rn. 103 f.; *Morlok*, in: Dreier, GG, Art. 4, Rn. 98 ff.; *Starck*, in: von Mangoldt/Klein/Starck, GG, Art. 4, Rn. 68. Zu hiergegen gerichteter Kritik und zum vertretenen Alternativmeinungsspektrum siehe nur *Mager*, in: von Münch/Kunig, GG, Art. 4, Rn. 86 ff.

[171] Wie hier *Mager*, in: von Münch/Kunig, GG, Art. 4, Rn. 107; *Jarass*, in: Jarass/Pieroth, GG, Art. 4, Rn. 50. Anders etwa *Reiter*, Steuererklärungspflicht, S. 86 ff.

B. Der Gewährleistungsgehalt des nemo tenetur-Grundsatzes

Geht man von der gesicherten Prämisse eines umfassenden Schweigerechts des Beschuldigten als Minimalgehalt der Rechtspositionen des nemo tenetur-Grundsatzes[172] aus, ließe sich dessen ausschließliche Verortung in Art. 4 Abs. 1 GG nur widerspruchsfrei vertreten, so man jedwedes Schweigen als echte Gewissensentscheidung verstünde.[173] Dass aber die Frage der Prozessförderung nicht zwingend eine solche des Gewissens sein muss, erhellt schon eine faktische Bestandsaufnahme: Selbstredend können Beschuldigte zuweilen eine – etwa von Reue getriebene – intrinsische Pflicht verspüren, an der Aufklärung der Straftat mitzuwirken; nicht weniger häufig wird die Auflösung des inneren Konflikts zwischen prozessualem Reden und Schweigen aber von pragmatisch-rationalen, mithin vernunftgeleiteten Erwägungen gelenkt. Steht hierbei das Schweigerecht dem rational wie irrational Schweigenden gleichermaßen zur Seite[174], kann ein Verständnis des nemo tenetur-Prinzips als spezifische Ausprägung der Gewissensfreiheit nicht überzeugen.

Daneben tritt ein prozedurales Bedenken. Will man den bezeichneten Schritt, jedes Schweigen induktiv als Gewissensbeschluss zu werten, nicht gehen, mithin lediglich echte Gewissensentscheidungen deduktiv dem Schutzbereich der Selbstbelastungsfreiheit unterstellen, böte sich eine gleichheitsproblematische Prozesssituation. Muss sich das Gesetz obigen Ausführungen zufolge einer inhaltlichen Bewertung der Entscheidungsprämissen strikt enthalten, bleibt als prozeduraler Anknüpfungspunkt der Verifikation nur die final egoimperative Wirkung der Entscheidung. Scheint aber gerade dieser Nachweis der Ernsthaftigkeit mit nachhaltigen Schwierigkeiten behaftet[175], bliebe das unbefriedigende Resultat der potentiellen Ungleichbehandlung zweier Schweigender, deren Grund in einem Umstand läge, dessen Beweis in strafprozessual hinreichender Weise nahezu unmöglich ist.[176]

Letztlich bleibt damit die Erkenntnis, dass der Schutzbereich der Gewissensfreiheit des Art. 4 Abs. 1 GG im Kontext eines selbstbelastungsrelevanten Verhaltens durchaus eröffnet sein kann, einer allumfassend hiesigen Verortung des nemo tenetur-Prinzips aber nachhaltige materielle wie prozessuale Argumente widersprechen.

---

[172] Hierzu ausführlich Teil 4 B. II.

[173] Vgl. *Rogall*, Der Beschuldigte, S. 129.

[174] Siehe nur *Bosch*, Aspekte des nemo-tenetur-Prinzips, S. 45 f.

[175] Hierzu *Di Fabio*, in: Dürig/Herzog/Scholz, GG, Art. 4, Rn. 74, 77 f. Ferner *Jarass*, in: Jarass/Pieroth, GG, Art. 4, Rn. 46 sowie *Nothhelfer*, Selbstbezichtigungszwang, S. 58.

[176] So *Reiter*, Steuererklärungspflicht, S. 88; gleichsinnig *Bosch*, Aspekte des nemo-tenetur-Prinzips, S. 46. Siehe auch *Di Fabio*, in: Dürig/Herzog/Scholz, GG, Art. 4, Rn. 74, der aufgrund dieses Umstands „erhebliche Zweifel an der Justiziabilität der Gewissensfreiheit" hegt und *Nothhelfer*, Selbstbezichtigungszwang, S. 58, der auf ebendiese Erkenntnis die Subsidiarität der Gewissensfreiheit stützt.

c) Die Verfahrensgarantie auf rechtliches Gehör, Art. 103 Abs. 1, 104 Abs. 3 S. 1 GG

Einen gänzlich anderen Weg, weg von den grundgesetzlichen Freiheitsgarantien, beschreitet, wer den nemo tenetur-Grundsatz im Justizgrundrecht auf rechtliches Gehör verankert sehen möchte.[177] So wurden vereinzelt Art. 103 Abs. 1 GG sowie Art. 104 Abs. 3 S. 1 GG zum Anlass genommen, um von der dort lediglich geschützten *„Chance"*, sich vor Gericht zu äußern[178], respektive von der letzterenfalls gewährten bloßen *„Gelegenheit"* zur Einwendungskundgabe[179] auf die Absenz einer erzwingbaren Einlassungspflicht[180], mithin auf jedenfalls einen Teilaspekt der Selbstbelastungsfreiheit, zu schließen. Gegen diese argumentatio müssen jedoch nachhaltige Bedenken angemeldet werden:

Neben dem freilich recht schwachen Argument der mangelnden positiven Anordnung einer solchen Rechtsposition expressis verbis[181] spricht zunächst die nur begrenzte Gewährleistungsreichweite gegen die benannte Verortung. Folgt aus der Beschränkung des Art. 103 Abs. 1 GG auf Konstellationen „vor Gericht" die Adressatenstellung nur des Richters, nicht aber der sonstigen Justiz- oder Administrativorgane[182], flösse aus der hiesigen Konzeption eine Schutzbereichsverkürzung des nemo tenetur-Grundsatzes allein auf das gerichtliche Verfahren.[183] Stünde dies zum einen im Widerspruch mit der Ausgestaltung des Schweigerechts de lege lata auch im Ermittlungsverfahren[184], leuchtet die Sinnwidrigkeit dieses Ergebnisses zum anderen auch vor dem Hintergrund des gleichwertigen Selbstgefährdungspotentials vor Polizei, Staatsanwaltschaft und Richter ein. Dies erkennt auch *Böse*, wenn er sich ebendieser Kritik mit der mit Blick auf § 261 StPO zweifelhaften[185] Argumentation der Prädisposition des Gerichtsverfahrens durch die Ergebnisse des

---

[177] *Bauer*, Die Aussage, S. 51; *Böse*, GA 2002, 118 ff.; *Böse*, Wirtschaftsaufsicht, S. 166 ff.; *Niese*, ZStW 1951, 219 ff. Vgl. auch *Castringius*, Schweigen und Leugnen, S. 21.

[178] *Bauer*, Die Aussage, S. 51.

[179] *Castringius*, Schweigen und Leugnen, S. 21; *Niese*, ZStW 1951, 219.

[180] *Böse*, GA 2002, 120 zufolge fließt aus Art. 103 Abs. 1 GG ferner ein Verbot der Statuierung einer solchen Pflicht. Hierfür rekurriert er auf teleologische Erwägungen, siehe sogleich Teil 4 B. I. 2. c), Fn. 186.

[181] So aber etwa *Besson*, Steuergeheimnis, S. 75. Zutreffend weist *Rogall*, Der Beschuldigte, S. 125 ferner darauf hin, dass beide Artikel im Gegenzug aber auch die positive Anordnung einer Aussagepflicht entbehren.

[182] So ausdrücklich *Nothhelfer*, Selbstbezichtigungszwang, S. 52. Gleichsinnig etwa *Degenhart*, in: Sachs, GG, Art. 103, Rn. 8; *Kment*, in: Jarass/Pieroth, GG, Art. 103, Rn. 6 sowie eingehend *Remmert*, in: Dürig/Herzog/Scholz, GG, Art. 103 Abs. 1, Rn. 52 ff., jeweils m. w. N. Zur abzulehnenden Erstreckung auf Staatsanwaltschaften siehe insbesondere BVerfG v. 14.10.1969 – 1 BvR 30/66, BVerfGE 27, 103.

[183] So auch die Kritik bei *Nothhelfer*, Selbstbezichtigungszwang, S. 52; *Reiter*, Steuererklärungspflicht, S. 93; *Röckl*, Das Steuerstrafrecht, S. 109 und *Wolff*, Selbstbelastung und Verfahrenstrennung, S. 32.

[184] § 163a Abs. 3 S. 2 i. V. m. § 136 Abs. 1 S. 2 StPO.

[185] Siehe nur *Reiter*, Steuererklärungspflicht, S. 93 f., Fn. 323.

B. Der Gewährleistungsgehalt des nemo tenetur-Grundsatzes   197

Ermittlungsverfahrens und der damit einhergehend notwendigen extensiven Auslegung des Art. 103 Abs. 1 GG auch auf vorgelagerte Verfahrensstadien erwehrt.[186]

Möchte man dieser induktiven Methode abermals keine Folge leisten, spricht allerdings auch eine nähere Betrachtung des Art. 103 Abs. 1 GG selbst gegen dessen Tauglichkeit als Rechtsgrundlage. Ausgangspunkt ist die durch eine Gewährleistungstrias gekennzeichnet sachliche Schutzbereichsebene der Verfahrensgarantie. Tritt hier neben das prozessuale Äußerungsrecht des Verfahrensunterworfenen sowohl ein ebendieses effektivierender individueller Informations- und Mittelungsanspruch über verfahrensrelevante Prozessvorgänge als auch eine gerichtliche Pflicht, die Äußerungen zur Kenntnis zu nehmen und zumindest in Erwägung zu ziehen[187], interessiert für die potentielle Verortung des nemo tenetur-Grundsatzes ersichtlich allenfalls die erste Komponente des bezeichneten Schutzdreiklangs aus Äußerung, Information und Berücksichtigung. Wird dem Beschuldigten ebendieses Recht aber verwehrt, kann oder darf er sich also prozessual nicht erklären, wird man schon semantisch wohl kaum von einem nemo tenetur-relevanten Zwang zur Selbstbelastung sprechen können.[188] Mittelbar erhellt hieraus auch die tatsächliche Indifferenz des Art. 103 Abs. 1 GG hinsichtlich eines Verbots der Statuierung einer Aussagepflicht, schließt doch die hiesig schlichte Gewährleistung eines Aussagerechts die Normierung einer Aussage- oder Mitwirkungspflicht an anderem Orte denklogisch nicht aus.[189]

Letztlich gesellt sich hierzu die Erkenntnis teleologischer Inkompatibilität zwischen der Garantie auf rechtliches Gehör und dem nemo tenetur-Prinzip. So kon-

---

[186] *Böse*, GA 2002, 121. Die dort vertretene extensive Auffassung der Reichweite des Art. 103 Abs. 1 GG erschließt sich vor dem Hintergrund der ebenda erarbeiteten teleologischen Basis. *Böse*, GA 2002, 118 ff. sieht in der Garantie auf rechtliches Gehör, im Unterschied zur hier vertretenen Lesart, nicht nur einen bloßen Gehörsanspruch des Verfahrensunterworfenen, sondern vielmehr ein umfassendes „Recht zur Selbstbehauptung im Prozess", auf welchem das „Recht des Beschuldigten [fuße], selbst über die Art und Weise seiner Verteidigung zu entscheiden". Möchte man Art. 103 Abs. 1 GG gleichsam so weit als umfassendes prozessuales Verteidigungsrecht interpretieren, scheint eine hiesige Verankerung des nemo tenetur-Grundsatzes zumindest konsequent. Ähnlich schon *Niese*, ZStW 1951, 220.

[187] Siehe etwa *Degenhart*, in: Sachs, GG, Art. 103, Rn. 11; *Nolte/Aust*, in: von Mangoldt/Klein/Starck, GG, Art. 103, Rn. 28 oder *Rüping*, in: Bonner Kommentar, Art. 103 Abs. 1, Rn. 76 mit jeweils umfassenden Nachweisen aus Literatur und Rechtsprechung, insbesondere aber *Remmert*, in: Dürig/Herzog/Scholz, GG, Art. 103 Abs. 1, Rn. 62 ff., die neben den in Rn. 63 ff. befindlichen umfassenden Ausführungen zu den Verbürgungen in Rn. 62 belegt, dass „[ü]ber diese ‚drei Verwirklichungsstufen' oder ‚drei Elemente' des Art. 103 Abs. 1 GG [...] kein Streit" besteht.

[188] Hierauf weißt auch *Nothhelfer*, Selbstbezichtigungszwang, S. 53 zutreffend hin, wenn er konstatiert, dass Können und Dürfen ihren begrifflichen Gegensatz jeweils „im Nicht-Können und Nicht-Dürfen, keineswegs aber im Müssen, wie die eingangs genannten Autoren zu meinen scheinen", finden. Zustimmend *Besson*, Steuergeheimnis, S. 76.

[189] So *Rogall*, Der Beschuldigte, S. 125; zustimmend *Nothhelfer*, Selbstbezichtigungszwang, S. 53, Fn. 349.

statiert das Bundesverfassungsgericht in einer frühen Entscheidung zu Art. 103 Abs. 1 GG:

„Die Aufgabe der Gerichte, über einen konkreten Lebenssachverhalt ein abschließendes Urteil zu fällen, ist in aller Regel ohne Anhörung der Beteiligten nicht zu lösen. Diese Anhörung ist daher zunächst Voraussetzung einer richtigen Entscheidung. Darüber hinaus fordert die Würde der Person, dass über ihr Recht nicht kurzerhand von Obrigkeits wegen verfügt wird; der einzelne soll nicht nur Objekt der richterlichen Entscheidung sein, sondern er soll vor einer Entscheidung, die seine Rechte betrifft, zu Wort kommen, um Einfluß auf das Verfahren und sein Ergebnis nehmen zu können."[190]

Soll es die Verfahrensgarantie dem Einzelnen damit ermöglichen, im eigenen wie im Verfahrensinteresse durch Wissenskundgabe und Rechtsauffassungsdarlegung Einfluss auf den Prozess und dessen Ergebnis zu nehmen[191] und so zu einer rationalen, gesetzesrichtigen und gerechten Entscheidung beizutragen[192], zielt der Grundsatz der Selbstbelastungsfreiheit gerade diametral entgegenstehend darauf, dem Berechtigten ein Refugium zu errichten, in welchem er dem staatlichen Verfahren bestimmte selbstinkriminierende Informationen legitimerweise vorenthalten darf.[193]

Folglich stehen das Justizgrundrecht auf rechtliches Gehör und der Grundsatz der Selbstbelastungsfreiheit nach hier vertretener Ansicht in einem sich ergänzenden Komplementärverhältnis. Hierbei entscheidet die noch zu erörternde Reichweite des nemo tenetur-Prinzips darüber, welche Angaben der Einzelne dem staatlichen Verfahren vorenthalten darf, inwieweit er also vor zwangsweiser Informationspreisgabe geschützt ist, wohingegen die Garantie des rechtlichen Gehörs, ebendieser Entscheidung nachgelagert, sicherstellt, dass Informationen, ungeachtet der freiwilligen oder zwangsweisen Preisgabe, prozessual auch tatsächlich gehört werden. Vor diesem Hintergrund kann Art. 103 Abs. 1 GG die vorzugswürdige Rechtsgrundlage des nemo tenetur-Grundsatzes nicht sein.

d) Die Menschenwürdegarantie als Einfallstor psychischer Unzumutbarkeit

Von einem beachtlichen Teil des einschlägigen Schrifttums[194] wird der Vorschlag unterbreitet, das Prinzip strafrechtlicher Selbstbezichtigungsfreiheit ausschließlich

---

[190] BVerfG v. 8.1.1959 – 1 BvR 396/55, BVerfGE 9, 95.

[191] Siehe nur BVerfG v. 30.4.2003 – 1 PBvU 1/02, BVerfGE 107, 409.

[192] *Remmert*, in: Dürig/Herzog/Scholz, GG, Art. 103 Abs. 1, Rn. 23. So auch *Nothhelfer*, Selbstbezichtigungszwang, S. 53 f.; *Rogall*, Der Beschuldigte, S. 125. Siehe ferner *Gusy*, JuS 1990, 714, der insoweit von der „Richtigkeitsfunktion" des rechtlichen Gehörs spricht.

[193] Wie hier etwa *Nothhelfer*, Selbstbezichtigungszwang, S. 53 f.; *Röckl*, Das Steuerstrafrecht, S. 109; *Rogall*, Der Beschuldigte, S. 125 und *Wolff*, Selbstbelastung und Verfahrenstrennung, S. 32 m.w.N. In diese Richtung auch *Besson*, Steuergeheimnis, S. 76 sowie *Reiter*, Steuererklärungspflicht, S. 94. Dagegen *Böse*, GA 2002, 121.

[194] So etwa *Benda*, in: HdbVerfR, § 6, Rn. 20; *Eser*, in: Beiheft zu ZStW 1974, S. 145; *Grünwald*, JZ 1981, 428; *Kunig/Kotzur*, in: von Münch/Kunig, GG, Art. 1, Rn. 53, Stichwort:

mit der grundgesetzlichen Menschenwürdegarantie des Art. 1 Abs. 1 GG zu konnotieren. Erweist sich jenes Grundrecht[195] dabei aber schon angesichts seines herausragenden Stellenwerts[196] bei gleichzeitig definitorisch weitreichender Schutzgegenstandsindifferenz als verfassungsrechtlicher Sonderfall, erscheinen, der inhaltlichen Auseinandersetzung mit den argumentativen Grundlagen jenes Meinungsstrangs vorgelagert, zunächst ausgewählte Fragestellungen auf Normebene klärungsbedürftig.

aa) Von den Tücken des Art. 1 Abs. 1 GG als sedes materiae

Die menschenfeindliche Ideologie des Nationalsozialismus vor Augen hat der Parlamentarische Rat an den Anfang der konstitutionellen Grundrechte ein Bekenntnis zur Menschenwürde gestellt. Abgesichert durch die Ewigkeitsgarantie des Art. 79 Abs. 3 GG wird damit ein Topos in den Kreis der Grundrechte erhoben, der in besonderem Maße von außerjuristischen Wertungen geprägt ist.[197] Nicht verwundern kann es daher, dass die Bezugnahme auf einen solch facettenreichen Begriff wie jenen der Würde seither nachhaltige Interpretationsschwierigkeiten auf den Plan ruft,

---

„Aussageverweigerung"; *Reiter*, Steuererklärungspflicht, S. 102 ff.; *Salditt*, GA 1992, 66; *Wiechmann*, Nonverbale Verhaltensweisen, S. 151 ff.; vgl. auch *Lammer*, Verdeckte Ermittlungen, S. 156. Siehe weiterführend die Nachweiszusammenstellungen bei *Doege*, nemo-tenetur-Grundsatz, S. 84, Fn. 479 sowie *Wolff*, Selbstbelastung und Verfahrenstrennung, S. 39, Fn. 133.

[195] Um die Grundrechtsqualität des Art. 1 Abs. 1 GG wird immer noch lebhaft gestritten. So wird neben einem überaus zweifelhaften formalen Argument (dem Wortsinn des Art. 1 Abs. 3 GG nach binden die „nachfolgenden" Grundrechte die Staatsgewalt, was Art. 1 Abs. 1 GG implizit ausschließe, so etwa *Röckl*, Das Steuerstrafrecht, S. 103) verschiedentlich geltend gemacht, die Menschenwürdegarantie würde inhaltlich entwertet, so man sie der üblichen Grundrechtsinterpretation unterwerfe. Vielmehr sei deren Charakter als oberstem Konstitutionswert auch dogmatisch Rechnung zu tragen und Art. 1 Abs. 1 GG als rein objektives Verfassungsprinzip mit Ausstrahlungswirkung auf die übrigen Grundrechte zu verstehen, siehe insbesondere *Böckenförde*, JZ 2003, 809 ff.; *Dreier*, in: Dreier, GG, Art. 1, Rn. 121 ff., 125; *Teifke*, Das Prinzip Menschenwürde, passim.
Scheint der erstgenannte Einwand dabei schon eingedenk der den Art. 1 ff. GG vorstehenden Überschrift „Grundrechte" nicht recht überzeugend, verfangen auch die vorgetragenen inhaltlichen Bedenken nicht. Mitnichten schließt eine objektive Rechtsdimension der Menschenwürdegarantie eine subjektive solche zwingend aus. Ganz im Gegenteil kann nur ein Zusammenwirken von objektivem Schutzgehalt und danebentretender subjektiver Individualverbürgung dem besonderen Stellenwert des Art. 1 Abs. 1 GG angemessene Wirkung verleihen, wie hier *Herdegen*, in: Dürig/Herzog/Scholz, GG, Art. 1 Abs. 1, Rn. 29; *Hufen*, Staatsrecht II, § 10, Rn. 12; *Jarass*, in: Jarass/Pieroth, GG, Art. 1, Rn. 3; *Kingreen/Poscher*, Grundrechte, Rn. 495; *Starck*, in: von Mangoldt/Klein/Starck, GG, Art. 1, Rn. 28 ff., jeweils m. w. N.

[196] BVerfG v. 16.1.1957 – 1 BvR 253/56, BVerfGE 6, 36 etwa zählt Art. 1 GG ausdrücklich „zu den tragenden Konstitutionsprinzipien".

[197] *Herdegen*, in: Dürig/Herzog/Scholz, GG, Art. 1 Abs. 1, Rn. 7; *Hufen*, Staatsrecht II, § 10, Rn. 1 spricht insoweit etwa von „grundrechtsgewordene[r] Ethik". Vgl. auch *Starck*, in: von Mangoldt/Klein/Starck, GG, Art. 1, Rn. 3.

beschritt die Frage nach dessen Wesen doch bereits zum Zeitpunkt der grundgesetzlichen Proklamation eine zweieinhalbtausendjährige geistesgeschichtliche Odyssee wahlweise theologischer, soziologischer, philosophischer sowie ethischer Prägung, deren variierende Ergebnisse bei konsequenter Fortführung in jeweils verschiedene juristische Deutungsmöglichkeiten mündeten. Stehen damit hinter jeder Aussage zur Menschenwürde Bibliotheken geisteswissenschaftlicher Literatur[198], scheint aber auch aus heutiger Perspektive ein rein historisch determiniertes Würdeverständnis nicht erstrebenswert. So knüpft die inhaltliche Vorstellung von Dignität doch gerade auch an den zeitgenössischen politischen, ökonomischen und kulturellen Zustand einer Gesellschaft an und muss so gleich deren Prämissen stetigem Wandel unterliegen.[199] Ganz im Geiste *Belings*, welchem zufolge sich „wohl noch Generationen den Kopf [darüber] zerbrechen" würden, „[w]as freilich Menschenwürde ist"[200], bleibt damit die vorerst ernüchternde Erkenntnis, dass der Schutzgegenstand des Art. 1 Abs. 1 GG einer grundrechtstypisch abstrakt-positiven Umschreibung nur bedingt zugänglich erscheint.

Dieser Befund darf gleichwohl nicht zu vorschneller Resignation verleiten. Ganz im Gegenteil bleibt zu erkennen, dass die Zwecke dieser Abhandlung eine dezidierte Auseinandersetzung mit dem hiesig vertretenen Meinungsspektrum gar nicht erfordern. So können zum einen jedenfalls die Wahrung menschlicher Subjektivität, insbesondere also die Achtung der körperlichen wie seelischen Identität und Integrität des Einzelnen sowie die Achtung seiner Individualität respektive der damit einhergehenden individuellen Selbstbestimmung als Kondensat mitgift-, leistungs- und anerkenntnistheoretischer Würdeerwägungen[201], mithin als gesicherte Teilaspekte der Menschenwürdegarantie ausgemacht werden.[202] Zum anderen kann, und dieser Weg sei im Folgenden vorrangig beschritten, das Defizit der Positivdefinition auf Schutzbereichsebene durch eine einzelfallbetrachtende Negativabgrenzung aus Eingriffswarte behoben werden. Hierbei behilft sich nicht zuletzt das Bundesverfassungsgericht[203] der maßgeblich durch *Dürig* geprägten[204] und den Ideen *Kant'*-

---

[198] Vgl. *Hufen*, Staatsrecht II, § 10, Rn. 1.

[199] So ausdrücklich *Kingreen/Poscher*, Grundrechte, Rn. 498.

[200] *Beling*, Beweisverbote, S. 37.

[201] Zu ebendiesen positiven Umschreibungsansätzen der Menschenwürde siehe nur *Herdegen*, in: Dürig/Herzog/Scholz, GG, Art. 1 Abs. 1, Rn. 34 m.w.N. sowie instruktiv *Hufen*, Staatsrecht II, § 10, Rn. 5 ff. und *Kingreen/Poscher*, Grundrechte, Rn. 499 ff.

[202] *Herdegen*, in: Dürig/Herzog/Scholz, GG, Art. 1 Abs. 1, Rn. 34; *Hufen*, Staatsrecht II, § 10, Rn. 14; *Kingreen/Poscher*, Grundrechte, Rn. 504.

[203] Etwa in BVerfG v. 17.1.2017 – 2 BvB 1/13, BVerfGE 144, 207; BVerfG v. 20.6.2012 – 2 BvR 1048/11, BVerfGE 131, 286 f.; BVerfG v. 8.11.2006 – 2 BvR 578/02, BVerfGE 117, 89; BVerfG v. 15.2.2006 – 1 BvR 357/05, BVerfGE 115, 153; BVerfG v. 5.2.2004 – 2 BvR 2029/01, BVerfGE 109, 149 f.; BVerfG v. 20.10.1992 – 1 BvR 698/89, BVerfGE 87, 228; BVerfG v. 24.4.1986 – 2 BvR 1146/85, BVerfGE 72, 116; BVerfG v. 17.1.1979 – 1 BvR 241/77, BVerfGE 50, 175; BVerfG v. 21.6.1977 – 1 BvL 14/76, BVerfGE 45, 228; BVerfG v. 9.6.1970 – 1 BvL 24/69, BVerfGE 28, 391; BVerfG v. 16.7.1969 – 1 BvL 19/63, BVerfGE 27, 6; BVerfG v. 8.1.1959 – 1 BvR 396/55, BVerfGE 9, 95.

scher Metaphysik der Sitten entliehenen Objektformel, welcher zufolge die Menschenwürde getroffen ist, „wenn der konkrete Mensch zum Objekt, zu einem bloßen Mittel, zur vertretbaren Größe herabgewürdigt wird."[205] Anders gewendet, widerspricht eine konkrete hoheitliche Behandlung damit der menschlichen Würde und tangiert so den Schutzbereich des Art. 1 Abs. 1 GG, wenn sie den Menschen zum bloßen Objekt des Staates degradiert, sie also dessen Subjektqualität grundsätzlich in Frage stellt.[206]

bb) Von den Tücken der Unzumutbarkeitsthese

Ebenjener Subjektqualität würde der Einzelne den Befürwortern des Unzumutbarkeitsansatzes[207] zufolge im Falle erzwungener Selbstbezichtigung beraubt. Ausgehend von der Prämisse eines – zuweilen naturrechtlich fundierten[208] – natürlichen Triebs zur Selbsterhaltung wird argumentiert, eine Mitwirkung an der eigenen Überführung widerspreche angesichts des im Strafverfahren zu besorgenden Verlusts gewichtiger Rechtsgüter, wie etwa Freiheit, Vermögen oder Ehre, gerade jenem natürlichen Drang zur Selbstbewahrung.[209] Ein hypothetisch hoheitlich durchsetzbarer Auftrag, „sich selbst ans Messer zu liefern", dränge den Einzelnen daher in eine subjektiv unüberwindbare Lage, müsse er doch nun zwischen der Begehung neuerlichen Unrechts qua Pflichtmissachtung respektive der Duldung damit einhergehender Zwangsmaßnahmen und der eigenbezichtigenden Strafver-

---

[204] Im Grunde geht der Ansatz aber wohl auf *Wintrich*, in: FS- Laforet, S. 235 f. zurück, siehe *Herdegen*, in: Dürig/Herzog/Scholz, GG, Art. 1 Abs. 1, Rn. 36.

[205] *Dürig*, in: Maunz/Dürig, GG$^{\text{Voraufl.}}$, Art. 1 Abs. 1, Rn. 28 (zitiert nach *Herdegen*, in: Dürig/Herzog/Scholz, GG, Art. 1 Abs. 1, Rn. 36).

[206] So trotz zuweilen abweichender Formulierung in der Sache auch BVerfG v. 20.6.2012 – 2 BvR 1048/11, BVerfGE 131, 286 f.; BVerfG v. 8.11.2006 – 2 BvR 578/02, BVerfGE 117, 89; BVerfG v. 15.2.2006 – 1 BvR 357/05, BVerfGE 115, 153; BVerfG v. 5.2.2004 – 2 BvR 2029/01, BVerfGE 109, 149 f.; BVerfG v. 20.10.1992 – 1 BvR 698/89, BVerfGE 87, 228; *Herdegen*, in: Dürig/Herzog/Scholz, GG, Art. 1 Abs. 1, Rn. 36; *Hufen*, Staatsrecht II, § 10, Rn. 30 f.; *Jarass*, in: Jarass/Pieroth, GG, Art. 1, Rn. 11; *Kingreen/Poscher*, Grundrechte, Rn. 509 ff.; *Kunig/Kotzur*, in: von Münch/Kunig, GG, Art. 1, Rn. 33 ff.; *Wolff*, Selbstbelastung und Verfahrenstrennung, S. 44.

[207] Zum Ganzen näher *Wiechmann*, Nonverbale Verhaltensweisen, S. 153 ff. m. w. N.

[208] *Heckel*, Das Informationsrecht, S. 227; *Lammer*, Verdeckte Ermittlungen, S. 156; *Röckl*, Das Steuerstrafrecht, S. 103 f.; *Rogall*, Der Beschuldigte, S. 145 f.; *Rüping*, JR 1974, 136. Näher *Buchholz*, Der nemo tenetur-Grundsatz, S. 100 ff. Ferner *Böse*, GA 2002, 104 m. w. N.
Dass solch naturrechtlich geprägte Ansätze eine innere Verbundenheit zu „reinen" Zumutbarkeitserwägungen aufweisen, mithin beide Konzeptionen an dieser Stelle gemeinsam behandelt werden können, erkennt zutreffend auch *Wiechmann*, Nonverbale Verhaltensweisen, S. 154 unter Rekurs auf *Bosch*, Aspekte des nemo-tenetur-Prinzips, S. 37.

[209] *Heckel*, Das Informationsrecht, S. 227; *Rogall*, Der Beschuldigte, S. 146; *Schmidt*, NJW 1969, 1139.

fahrensförderung entscheiden.²¹⁰ Gerade diese „grausame Wahl"²¹¹ zwischen eigenzerstörerischer Rechtstreue und selbstbewahrender Rechtsmissachtung könne vom Einzelnen aber nicht gefordert werden²¹²; und so degradiere ihn die heraufbeschworene Unzumutbarkeit²¹³ qua strukturell subjektiver Überforderung zum bloßen Strafverfahrensobjekt.

Stehen die Thesen des Unzumutbarkeitsansatzes, soweit auf einem naturrechtlichen Fundament erbaut, schon vor dem Hintergrund der hiesig überpositivem Recht gegenüber kritisch eingenommen Haltung auf tönernen Füßen²¹⁴, verfängt dessen argumentatio aber auch im Übrigen nicht.

So widerstrebt der Ansatz schon der Ausgestaltung des nemo tenetur-Grundsatzes de lege lata: Ginge man tatsächlich davon aus, dass jeder faktische Zutrag zur eigenen Überführung die Subjektstellung des Menschen in Frage stelle, hieße dies, den Verfahrensunterworfenen im Rahmen strafverfahrensorientierter Sachverhaltsermittlung schlicht außen vor lassen zu müssen. Dass ebendiese Konsequenz aber das Ziel möglichst zutreffender Tatsachenerforschung, mithin einen Grundpfeiler strafprozessualer Aufklärungstätigkeit, konterkarierte, bedarf keiner weiteren Erläuterung; und so lässt es das Gesetz auch in begrenztem Maße zu, selbst den Beschuldigten zum Adressaten sachverhaltsaufklärender Maßnahmen zu machen.²¹⁵ Wird ebenjener also im Strafverfahren schon idealiter oftmals und notwendig als „Objekt" behandelt sowie fremdbestimmt²¹⁶, hält die der Unzumutbarkeitsthese immanente ausufernde Interpretation der Objektformel schon der Kontextualisierung im nemo tenetur-relevanten Bereich nicht stand. Dies verwundert nicht, will letztere doch aus verfassungsrechtlicher Perspektive mitnichten jede Objekt- oder Adressatenstellung des Einzelnen ausschließen²¹⁷; vielmehr sollen mit ihrer Hilfe bei

---

²¹⁰ BVerfG v. 26.2.1997 – 1 BvR 2172/96, BVerfGE 95, 241; *Doege*, nemo-tenetur-Grundsatz, S. 86 m.w.N.; *Grünwald*, JZ 1981, 428; *Puppe*, GA 1978, 299.

²¹¹ *Wolff*, Selbstbelastung und Verfahrenstrennung, S. 40.

²¹² *Doege*, nemo-tenetur-Grundsatz, S. 86 erkennt mit *Puppe*, GA 1978, 298 und *Schneider*, Beweisverbote, S. 31 auf eine ethische Überforderung. *Wolff*, Selbstbelastung und Verfahrenstrennung, S. 40 spricht unter Rekurs auf *Heckel*, Das Informationsrecht, S. 227 und *Rogall*, Der Beschuldigte, S. 145 von einem „als anstößig empfunden[en]" und „unnatürlich[en]" Vorgehen.

²¹³ *Günther*, GA 1978, 194; *Rogall*, Der Beschuldigte, S. 145 f.; *Lammer*, Verdeckte Ermittlungen, S. 156; *Peres*, Beweisverbote, S. 120.

²¹⁴ Kritisch auch *Wiechmann*, Nonverbale Verhaltensweisen, S. 154, der ferner darauf hinweist, dass selbst im Falle der Anerkennung einer überpositiven Rechtsordnung Art. 1 Abs. 1 GG „nicht als ‚verfassungsrechtliche Einbruchsstelle' für naturrechtliche Vorstellungen anzusehen" wäre.

²¹⁵ So kann der Beschuldigte etwa zum Augenscheinsobjekt im Sinne des § 86 StPO in eigener Sache gemacht werden, siehe nur *Torka*, Nachtatverhalten, S. 57 m.w.N.

²¹⁶ So *Bosch*, Aspekte des nemo-tenetur-Prinzips, S. 39; *Niese*, ZStW 1951, 219; *Rogall*, Der Beschuldigte, S. 141. Treffend auch *Kühne*, Strafprozessuale Beweisverbote, S. 78 ff.

²¹⁷ Sogar noch weiter geht *Nothhelfer*, Selbstbezichtigungszwang, S. 72. Ausgehend von einer permanenten Objektstellung des Menschen unter den Bedingungen der daseinsvorsor-

prinzipieller Anerkennung der potentiellen Objektstellung des Menschen nur elementarste Angriffe auf dessen Subjektqualität ausgesondert werden.[218]

Will man aber auch an dieser Stelle der Induktion eine methodische Absage erteilen, darf dies nicht den Blick darauf verstellen, dass sich an ebenjene Erwägungen auch ein deduktives Bedenken knüpft. Aus der Warte des soeben dargelegten Charakters der Objektformelprüfung als konzeptionelle Elementarkontrolle sieht sich der Unzumutbarkeitsansatz dem Einwand eines nachhaltigen Begründungsdefizits insoweit ausgesetzt, als über weite Strecken lediglich auf das faktische Vorhandensein eines natürlichen Selbsterhaltungstriebs rekurriert und damit der Fokus auf den merklich problemärmeren Teil der Konzeption gelenkt wird. So leuchtet recht schnell ein[219], dass der Beschuldigte im Strafverfahren zwar heute nicht mehr um sein Leben fürchten muss, der Mensch jedoch als solcher naturgemäß nicht nur Lebensgefahren meidet, sondern instinktiv alles, was ihm unangenehm ist, letztlich also auch die negativen Konsequenzen seines Handelns.[220] Dass die Unannehmlichkeiten der Beteiligung am eigenen Strafverfahren somit den natürlichen Drang zur Selbsterhaltung tangieren, wird man nicht ernsthaft in Abrede stellen können. Dennoch vermag es, und das ist der entscheidende Punkt, selbst die unbestrittene Existenz eines anthropologischen Interesses für sich genommen noch nicht, Grund und Grenzen dessen rechtlicher Anerkennung zu legitimieren, geschweige denn zu konturieren.[221] Bleibt der Ansatz eine dahingehend nähere Erklärung sodann schuldig[222], scheint die Unzumutbarkeitsthese im Ergebnis nicht imstande, die eigens propagierte normative Schutzwürdigkeit des Selbsterhaltungstriebs, mithin gerade dessen herausragend elementaren Stellenwert als spezifischen Menschenwürdekonnex zu begründen.[223]

Aber selbst, so man sich auf die Prämisse der Schutzwürdigkeit des Selbsterhaltungsdranges einließe, bliebe ein strukturelles Defizit.: Dessen Ausgangspunkt findet sich in der scharfsinnigen Erkenntnis *Wiechmanns*, der den Finger in die Wunde legt, wenn er in diesem Kontext konstatiert: „(Un-)Zumutbarkeitserwä-

---

genden industriellen Massengesellschaft versteht er die Objektformel weniger als qualitatives Abgrenzungskriterium, denn als quantitative Gleitformel. Es komme demnach nicht darauf an, ob der Mensch zum staatlichen Objekt gemacht werde, sondern wieviel an Objektstellung ihm billigerweise zugemutet werden könne.

[218] Vgl. nur *Hufen*, Staatsrecht II, § 10, Rn. 31.

[219] *Torka*, Nachtatverhalten, S. 52 bezeichnet diesen Umstand daher in Anlehnung an *Niese*, ZStW 1951, 219 als „anthropologische Binsenweisheit".

[220] Siehe nur *Torka*, Nachtatverhalten, S. 54.

[221] So schon *Schneider*, Selbstbegünstigungsprinzip, S. 48; gleichsinnig dann auch *Doege*, nemo-tenetur-Grundsatz, S. 86.

[222] So ausdrücklich *Doege*, nemo-tenetur-Grundsatz, S. 86. Siehe aber *Böse*, GA 2002, 104 f.

[223] Wie hier *Doege*, nemo-tenetur-Grundsatz, S. 86 sowie *Schaefer*, Steuerstrafverfahren, S. 110 m. w. N.

gungen gerieren sich stets als Verhältnismäßigkeitserwägungen."[224] Möchte man die Funktion des nemo tenetur-Prinzips nun also allein in der Entbindung des Betroffenen von der Unzumutbarkeit der Pflicht zur Mitwirkung an der Beeinträchtigung eigener Rechtsgüter sehen, flösse hieraus ein ergebnisoffener und am Grad der psychischen Belastung des Gezwungenen orientierter[225] Abwägungsprozess, in dessen Rahmen die erforderliche Bewertung des einzustellenden Belastungsniveaus konsequenterweise der Schutzwürdigkeit des Selbsterhaltungstriebs *in toto* Rechnung tragen müsste. Anzuerkennen wären damit etwa auch die monetär wie sozial mitunter einschneidenden Fernwirkungen anderer Verfahrensarten[226], die gleichsam potentiell existenzgefährdenden Charakter annehmen können und somit dazu taugten, den Beteiligten in eine ähnlich subjektiv überfordernde Lage zu drängen, wie die Aussicht auf eine echte Kriminalstrafe. Erschließt sich hier ein ungleichbehandlungsrechtfertigendes Differenzierungskriterium nicht, verböte sich letztlich eine konzeptionelle Beschränkung auf strafverfahrensrechtliche Erwägungen – und so bliebe neben erheblicher Rechtsunsicherheit auch ein inhaltlich krudes Ergebnis: Zum einen stünde da nämlich die verfahrensübergreifende Geltung des nemo tenetur-Grundsatzes, dessen Verbürgungen insbesondere bei schweren wirtschaftlichen Individualfolgen greifen würden[227], wohingegen gerade in weiten Teilen des Ordnungswidrigkeitenrechts eine Privilegierung nachhaltig zu bezweifeln wäre.[228] Zum anderen mündete dieser Ansatz aber auch in eine strafrechtsintern gestaffelte Geltung der Selbstbezichtigungsfreiheit, orientiert an der Schärfe der jeweils drohenden Sanktion.[229] Erschiene ebenjenes Verdikt zu Gunsten einer *hinreichenden* Folgenschwere dabei jedoch stets als subjektive Wertentscheidung und genösse der je-

---

[224] *Wiechmann*, Nonverbale Verhaltensweisen, S. 154.

[225] Zutreffend erkannt von *Bosch*, Aspekte des nemo-tenetur-Prinzips, S. 33 sowie im Anschluss hieran *Wiechmann*, Nonverbale Verhaltensweisen, S. 154.

[226] Man denke etwa an die mit der Durchführung eines Verwaltungsverfahrens betreffend die Gewerbeuntersagung wegen Unzuverlässigkeit gemäß § 35 GewO verbundenen, womöglich existenzbedrohenden wirtschaftlichen Folgen sowie den nachhaltigen Reputationsverlust aufseiten des Gewerbeinhabers, vgl. *Böse*, GA 2002, 107 f. Ebendiese problematische Weite des Selbsterhaltungstriebs erkennt auch *Röckl*, Das Steuerstrafrecht, S. 104, der auf S. 105 indes trotzdem apodiktisch allein auf strafrechtliche Fernwirkungen abstellt.

[227] *Doege*, nemo-tenetur-Grundsatz, S. 87; *Möller*, JR 2005, 317. Vgl. auch *Bosch*, Aspekte des nemo-tenetur-Prinzips, S. 34; *von Freier*, ZStW 2010, 129; *Wolff*, Selbstbelastung und Verfahrenstrennung, S. 46 f.

[228] *Dietrich*, Die Bindung, S. 261; *Doege*, nemo-tenetur-Grundsatz, S. 87; *Günther*, GA 1978, 205; *Möller*, JR 2005, 317; *Stürner*, NJW 1981, 1759. Plakativ auch *Bosch*, Aspekte des nemo-tenetur-Prinzips, S. 33 f., der im Anschluss an das Beispiel bei *Günther*, GA 1978, 205 betont, dass „bei einem drohenden Bußgeld in Höhe von 20 DM wegen falschen Parkens kaum von einem ‚schweren inneren Konflikt' des Betroffenen die Rede sein" könne. Zur Anwendbarkeit des Grundsatzes der Selbstbelastungsfreiheit auch im Ordnungswidrigkeitenrecht Teil 4 E. I.

[229] Wie hier *Bosch*, Aspekte des nemo-tenetur-Prinzips, S. 33; *Doege*, nemo-tenetur-Grundsatz, S. 87 sowie *Queck*, Die Geltung des nemo-tenetur-Grundsatzes, S. 148. In diese Richtung auch *Böse*, GA 2002, 106 f. Kritisch unter Verweis auf das mit geringerem Tatvorwurf proportional abnehmende Tataufklärungsinteresse *Günther*, GA 1978, 202.

weilige Entscheidungsträger hierbei eine weitreichende Einschätzungsprärogative, trüge insbesondere letztgenannte Peripherie der Konzeption die permanente Gefahr der Entwertung der Abwehrposition in sich.[230]

Kann die Unzumutbarkeitsthese zuletzt auch die Privilegierung des – sich einer solchen inneren Konfliktsituation (wenn überhaupt) nur begrenzt ausgesetzt sehenden – Unschuldigen nicht schlüssig fundieren[231], bleibt die Erkenntnis, dass die selbsterhaltungstriebbedingte psychische Zwangslage zwar zuweilen faktisches Motiv einer unzureichenden strafprozessualen Kooperation sein kann, die normative Grundlage des nemo tenetur-Grundsatzes gleichwohl nicht zu bilden vermag.[232]

e) Das allgemeine Persönlichkeitsrecht, Art. 1 Abs. 1 i.V.m. Art. 2 Abs. 1 GG

Wird dessen normativer Ankerpunkt daher verbreitet in dem aus der Kombination von Art. 1 Abs. 1 und Art. 2 Abs. 1 GG gewonnenen allgemeinen Persönlichkeitsrecht gesehen, scheint schon mangels Argumentationskohärenz eine nähere Differenzierung verschiedener Submeinungsstränge erforderlich.

So spricht sich eine Auffassung[233] für eine unmittelbare Verortung im allgemeinen Persönlichkeitsrecht aus. Nimmt jener Ansatz hierbei jedoch als Folge entweder der Negation des subjektiven Grundrechtscharakters des Art. 1 Abs. 1 GG[234] oder aber einer ergebnisorientiert erstrebten, gezielt vom Menschenwürdeansatz abweichenden Schrankendogmatik[235] zur Begründung einer abwägungsfesten Rechtsposition gleichsam argumentativen Rekurs auf Selbsterhaltungs-[236] respektive Zumutbar-

---

[230] In diese Richtung auch *Bosch*, Aspekte des nemo-tenetur-Prinzips, S. 37.

[231] Die insoweit mögliche Begründung eines nur reflexartigen Schutzes (siehe hierzu, wenngleich im Ergebnis kritisch, *Ransiek*, Polizeivernehmung, S. 51 f.) befriedigt mit *Bosch*, Aspekte des nemo-tenetur-Prinzips, S. 35 nicht.

[232] So auch *Doege*, nemo-tenetur-Grundsatz, S. 87 sowie *Schaefer*, Steuerstrafverfahren, S. 113.

[233] BVerfG v. 26.2.1997 – 1 BvR 2172/96, BVerfGE 95, 241 m.w.N.; *Bährle*, Aussagefreiheit, S. 87 f.; *Duttge*, JZ 1996, 560; *Haas*, GA 1997, 370; *Mäder*, Betriebliche Offenbarungspflichten, S. 84; *Makrutzki*, Verdeckte Ermittlungen, S. 93; *Rogall*, Der Beschuldigte, S. 139 ff.; *Schaefer*, Steuerstrafverfahren, S. 79 ff., 113; *Schlüter*, Die Strafbarkeit, S. 102, 105 f.; *Schneider*, Beweisverbote, S. 29 ff.; *Schramm*, Die Verpflichtung, S. 49 f.; *Weßlau*, Vorfeldermittlungen, S. 211. In diese Richtung auch *Röckl*, Das Steuerstrafrecht, S. 102 ff., 105. Vgl. überdies *Lammer*, Verdeckte Ermittlungen, S. 156. Nachweise ferner bei *Doege*, nemo-tenetur-Grundsatz, S. 85, Fn. 480.

[234] So etwa *Schramm*, Die Verpflichtung, S. 49 oder *Röckl*, Das Steuerstrafrecht, S. 103.

[235] So soll eine Unterteilung in einen abwägungsfesten Kern- und einen abwägungsoffenen Peripheriebereich eine flexiblere Handhabung des nemo tenetur-Grundsatzes ermöglichen, näher *Doege*, nemo-tenetur-Grundsatz, S. 85; *Lagodny*, StV 1996, 171; *Makrutzki*, Verdeckte Ermittlungen, S. 93. Ferner *Wolff*, Selbstbelastung und Verfahrenstrennung, S. 41.

[236] *Schneider*, Beweisverbote, S. 31; vgl. auch *Röckl*, Das Steuerstrafrecht, S. 103 f.

keitserwägungen[237], wird hier weniger eine eigenständige Neukonzeption, denn ein auf den identischen Prämissen beruhender, divergierender dogmatischer Schluss geliefert. Unterscheiden sich die beiden Ansichten somit nur graduell und lediglich in der Methodik[238], erweist sich auch dieser Weg angesichts der gleichermaßen durchgreifenden obig vorgebrachten Einwände als Impasse.

Ungleich interessanter zeigen sich dagegen Ansätze, die für die Lokalisierung des Grundsatzes der Selbstbelastungsfreiheit die Subprinzipien des allgemeinen Persönlichkeitsrechts[239] zu Rate ziehen. So wird verschiedentlich vom Ausgangspunkt der persönlichkeitsrechtlichen Verbürgung des Rechts auf freie Selbstdarstellung zur Wahrung des sozialen Geltungsanspruchs und der Ehre[240] argumentiert, angesichts der Verifikation eines potentiell sozialschädigenden Handelns als Gegenstand des Strafverfahrens greife insbesondere die in diesem Kontext hoheitlich individualisierte Beschuldigung aufgrund des ihr anhaftenden öffentlichen Tadels in jene Ehrkomponente ein.[241] Schlage ebendies sodann auf die Mitwirkungsebene durch, tangierte auch eine hypothetische Selbstbezichtigungspflicht den sachlichen Schutzbereich des allgemeinen Persönlichkeitsrechts, zwänge sie den Einzelnen doch unter Ausschluss der freien Selbstdarstellungsentscheidung, ehrenrührige Tatsachen über sich kundzugeben.[242] So gewendet, sei das nemo tenetur-Prinzip Ausfluss des persönlichkeitsrechtsfundierten Selbstdarstellungsrechts.[243]

Hiergegen müssen allerdings Zweifel angemeldet werden. Ein die subjektive Selbstdarstellungs- oder Ehrposition verkürzender Charakter geriert sich keineswegs als Spezifikum zwangsweiser Selbstbezichtigung im Strafprozess, sondern fällt gleichsam dem weit überwiegenden Teil individualbezogener strafprozessualer

---

[237] Siehe nur *Rogall*, Der Beschuldigte, S. 148 sowie BVerfG v. 26.2.1997 – 1 BvR 2172/96, BVerfGE 95, 241 m.w.N.

[238] Zustimmend *Doege*, nemo-tenetur-Grundsatz, S. 86; *Mahlstedt*, Die verdeckte Befragung, S. 63; *Wolff*, Selbstbelastung und Verfahrenstrennung, S. 40 m.w.N.

[239] Umfassend dazu *Di Fabio*, in: Dürig/Herzog/Scholz, GG, Art. 2 Abs. 1, Rn. 147 ff. sowie *Kunig/Kämmerer*, in: von Münch/Kunig, GG, Art. 2, Rn. 58 ff. Instruktiv ferner *Kingreen/Poscher*, Grundrechte, Rn. 531 ff.

[240] Diesem Verständnis folgen auch *Böse*, GA 2002, 99; *Di Fabio*, in: Dürig/Herzog/Scholz, GG, Art. 2 Abs. 1, Rn. 169 und wohl *Kingreen/Poscher*, Grundrechte, Rn. 538 f. Anders, Selbstdarstellung und Ehrschutz als jeweils eigenständige Verbürgungen interpretierend, etwa *Hufen*, Staatsrecht II, § 11, Rn. 12 f., 14; *Kunig/Kämmerer*, in: von Münch/Kunig, GG, Art. 2, Rn. 68, 70 oder *Rixen*, in: Sachs, GG, Art. 2, Rn. 71, 74. Die Unterscheidung hat für die hiesige Betrachtung indes keine Relevanz.

[241] Vgl. *Lagodny*, Strafrecht vor den Schranken der Grundrechte, S. 122 f.

[242] Siehe nur *Böse*, GA 2002, 100.

[243] Siehe nur die Selbstdarstellungsperipherie der Konzeption *Peres'*, Beweisverbote, S. 121; den Ehrschutz nachdrücklich betonend *Lagodny*, StV 1996, 171 mit Fn. 54. Siehe ferner die Ausführungen und Nachweise bei *Böse*, GA 2002, 99 f. sowie *Bosch*, Aspekte des nemo-tenetur-Prinzips, S. 48 f.

Erforschungsmaßnahmen anheim[244]; ja mitunter sogar schon der gegen den Einzelnen gerichteten Strafverfahrenseröffnung per se. Ist damit eine potentielle Betroffenheit des allgemeinen Persönlichkeitsrechts in den hier diskutierten Ausformungen für den Fall erzwungener Eigenbelastung nicht zu leugnen, erscheint diese Erkenntnis für sich genommen gleichwohl noch nicht recht hilfreich. Sind solche Schutzbereichseingriffe nämlich einer am Verhältnismäßigkeitsgrundsatz orientierten Rechtfertigung prinzipiell zugänglich, bedarf es einer besonderen Begründung, warum gerade die Pflicht zur selbstinkriminierenden Mitwirkung am eigenen Strafverfahren die freie Selbstdarstellung respektive den Ehranspruch so nachhaltig beschneide, dass eine Abwägung zu Gunsten der effektiven Strafrechtspflege kategorisch ausscheiden, mithin hieraus zwingend die Anerkennung einer Verweigerungsposition fließen müsse.[245] Soweit hier auf das strukturelle schwerer-Wiegen eigener Aussagen im Verhältnis zu Maßnahmen Dritter verwiesen wird, da letztere einer leichteren Distanzierung zugänglich wären[246], überzeugt dies wenig, sind doch Fremdbezichtigungen nicht minder in der Lage, ein solch weitreichendes Ausmaß anzunehmen, dass sie den sozialen Geltungsanspruch des Einzelnen existenziell bedrohen. Mag man ebendiese induktive Erwägung indes schon der Methodik wegen nicht gelten lassen, so lenkt sie doch jedenfalls den Fokus auf die richtige Problematik: Auch eine selbstdarstellungsakzentuierende Verortungskonzeption versteht das nemo tenetur-Prinzip bei Tageslicht als schlichtes Abwägungsergebnis. Konnte ein materielles Kriterium für eine absolute Verbürgung aber nicht gefunden werden[247], verkäme dessen Schutzniveau auch hier zur Gleitformel, letztlich also zu einem normativen Bewertungsprozess, in dessen Rahmen abermals der Entscheidungsträger die Hoheit über die Schutzbereichsreichweite hätte. Erscheinen zuletzt auch Verfahren abseits des Strafprozesses imstande, zuweilen soziale Fernwirkungen sowie ehrenrührige Folgen zu entfalten[248], tritt neben die dargelegte latente Entwertungsgefahr das bekannte Erklärungsdefizit hinsichtlich des besonderen Strafrechtskonnexes. Im Ergebnis überzeugt die Konzeption daher nicht.

Von anderer Seite[249] wird daher vorgeschlagen, den Grundsatz der Selbstbelastungsfreiheit als besonderen Fall des informationellen Selbstbestimmungsrechts zu verstehen. Höchstrichterlich entwickelt am Sachverhalt der für das Jahr 1984 ge-

---

[244] So auch *Bosch*, Aspekte des nemo-tenetur-Prinzips, S. 48, der zutreffend in diesem Kontext die zwangsweise Blutentnahme gem. § 81a StPO anführt.
[245] Zustimmend *Böse*, GA 2002, 100.
[246] Siehe die von *Böse*, GA 2002, 100 widergegebene Argumentation mit Verweis unter anderem auf *Luhmann*, Grundrechte als Institution, S. 75 mit Fn. 59.
[247] *Böse*, GA 2002, 100.
[248] In diese Richtung auch schon *Böse*, GA 2002, 100 f.
[249] *Besson*, Steuergeheimnis, S. 81; *Di Fabio*, in: Dürig/Herzog/Scholz, GG, Art. 2 Abs. 1, Rn. 187; *Keller*, Rechtliche Grenzen, S. 131 ff.; *Mahlstedt*, Die verdeckte Befragung, S. 88; *Müssig*, GA 2004, 96; *Renzikowski*, JZ 1997, 714; *Wohlers/Albrecht*, in: SK-StPO, § 163a, Rn. 41. Differenzierend *Bosch*, Aspekte des nemo-tenetur-Prinzips, S. 49 ff.

planten allgemeinen Volkszählung[250], enthält ebendieses in seiner abwehrrechtlichen Dimension[251] die vor dem Hintergrund der besonderen persönlichkeitsrelevanten Gefahren hoheitlicher Datenverarbeitung erforderliche Individualbefugnis, „grundsätzlich selbst zu entscheiden, wann und innerhalb welcher Grenzen persönliche Lebenssachverhalte offenbart werden"[252]. Verbürgt das Recht im hier interessierenden Ausschnitt damit eine umfassende Abwehrposition gegen hoheitlich individualisierte Informationsverarbeitung[253], kommt es für die Zuordnung eines Datums zum sachlichen Schutzbereich prinzipiell nicht darauf an, in welchem Maße ebenjenes persönlichkeitsbildenden Charakter besitzt.[254] Ist die Informationstechnologie nämlich „unter den Bedingungen der modernen Datenverarbeitung"[255] mühelos imstande, auch vermeintlich „harmlose" Informationen rasch zu einem intimen Persönlichkeitsmosaik zusammenzusetzen[256], bleibt im Unterschied zum allgemeinen Persönlichkeitsrecht für eine Schutzniveaudifferenzierung nach sphärentheoretischen Grundsätzen[257] hiesig kein Raum; ein strukturell schutzunwürdiges „belangloses" Datum gibt es nicht.[258] Anerkennt man von diesem Standpunkt aus die Eingriffsqualität jedenfalls der hoheitlichen Erhebung, Speicherung, Verwendung und Weitergabe personenbezogener Daten[259], erscheint es als prima facie nachvollziehbarer Gedanke, in der Offenlegung strafrechtlicher Verfehlungen die Offenbarung eines persönlichen Lebenssachverhalts zu sehen, letztlich also jede

---

[250] BVerfG v. 15.12.1983 – 1 BvR 209/83, BVerfGE 65, 1 ff.

[251] In seiner Leistungsdimension gewährt das Recht auf informationelle Selbstbestimmung dem Einzelnen einen Anspruch auf Kenntnis über vorhandene personenbezogene Informationen, BVerfG v. 10.03.2008 – 1 BvR 2388/03, BVerfGE 120, 360 f.; *Hufen*, Staatsrecht II, § 12, Rn. 4. Zum daneben verbürgten Recht auf Nichtwissen umfassend *Di Fabio*, in: Dürig/Herzog/Scholz, GG, Art. 2 Abs. 1, Rn. 192 sowie *Kunig/Kämmerer*, in: von Münch/Kunig, GG, Art. 2, Rn. 80.

[252] Grundlegend BVerfG v. 15.12.1983 – 1 BvR 209/83, BVerfGE 65, 42.

[253] Mitnichten sind die Gewährleistungen auf den Bereich elektronischer Datenverarbeitung beschränkt, siehe nur BVerfG v. 9.3.1988 – 1 BvL 49/86, BVerfGE 78, 84; *Dreier*, in: Dreier, GG, Art. 2 Abs. 1, Rn. 79; *Kunig/Kämmerer*, in: von Münch/Kunig, GG, Art. 2, Rn. 75; *Rixen*, in: Sachs, GG, Art. 2, Rn. 73.

[254] *Bosch*, Aspekte des nemo-tenetur-Prinzips, S. 53; *Di Fabio*, in: Dürig/Herzog/Scholz, GG, Art. 2 Abs. 1, Rn. 174; *Hufen*, Staatsrecht II[8], § 12, Rn. 4; *Kingreen/Poscher*, Grundrechte, Rn. 539.

[255] BVerfG v. 15.12.1983 – 1 BvR 209/83, BVerfGE 65, 1, Leitsatz 1.

[256] So *Hufen*, Staatsrecht II[8], § 12, Rn. 4.

[257] Von einer allzu starr verstandenen strikten Trennung der verschiedenen Sphären hat sich das Bundesverfassungsgericht aber auch abseits des informationellen Selbstbestimmungsrechts mittlerweile verabschiedet, siehe nur die Nachweise und Erörterungen bei *Di Fabio*, in: Dürig/Herzog/Scholz, GG, Art. 2 Abs. 1, Rn. 161 sowie *Kunig/Kämmerer*, in: von Münch/Kunig, GG, Art. 2, Rn. 88.

[258] BVerfG v. 15.12.1983 – 1 BvR 209/83, BVerfGE 65, 45.

[259] Grundlegend BVerfG v. 15.12.1983 – 1 BvR 209/83, BVerfGE 65, 43. Näher *Di Fabio*, in: Dürig/Herzog/Scholz, GG, Art. 2 Abs. 1, Rn. 176; *Kunig/Kämmerer*, in: von Münch/Kunig, GG, Art. 2, Rn. 76, jeweils m.w.N.

B. Der Gewährleistungsgehalt des nemo tenetur-Grundsatzes   209

strafverfolgende Ermittlungstätigkeit als Erhebung und Verwendung nicht allgemein zugänglicher Daten zu verstehen.[260]

So schlüssig die vorgetragene argumentatio aber auch sei, auch dieser Ansatz ist nicht frei von Bedenken. So führt er zunächst aus induktiver Perspektive zu Friktionen. Stellt nämlich das heimliche Abfangen von Daten aus der Warte des informationellen Selbstbestimmungsrechts gerade den im Vergleich zum offen kommunizierten Zwang intensiveren Eingriff dar[261], bringt insbesondere die de lege lata prinzipielle Zulässigkeit verdeckter Ermittlungsmaßnahmen[262] bei gleichzeitig einhelliger Ablehnung[263] offen physischer Zwangsanwendung zur Erlangung eigenbezichtigender Informationen die Konzeption in Erklärungsnot.[264] Ferner hieße eine Verortung im Recht auf informationelle Selbstbestimmung demjenigen den Schutz vor zwangsweiser Selbstbelastung konsequent zu versagen, dessen inkriminierende Informationen bereits allgemein bekannt sind. Eingedenk des insoweit vermindert schutzwürdigen Geheimhaltungsinteresses[265] würde die zentrale Abwehrposition des nemo tenetur-Prinzips so an die tatsächliche Zufälligkeit ausreichender Informationspublizität geknüpft; ein Ergebnis, das schon aus Rechtssicherheitsgesichtspunkten wenig sinnvoll erscheint.

Vermögen die bezeichneten Einwände indes eine zwingende Zurückweisung der Konzeption noch nicht zu begründen, erhellen sie doch deren schlagendes Defizit: Die Konnotation der Selbstbelastungsfreiheit mit dem Recht auf informationelle Selbstbestimmung mündet in die Interpretation des nemo tenetur-Grundsatzes als Informationsbeherrschungsrecht.[266] Wird hierdurch mehr der Schutz der Information denn die Art der Erhebung akzentuiert[267], zeigt ein solches Verständnis, will man nicht mit der Dogmatik des Stammrechts brechen und damit die eigene verfas-

---

[260] So auch *Bosch*, Aspekte des nemo-tenetur-Prinzips, S. 50, 52 f. unter Verweis auf *Nothhelfer*, Selbstbezichtigungszwang, S. 82 ff.

[261] *Böse*, Wirtschaftsaufsicht, S. 133; *Doege*, nemo-tenetur-Grundsatz, S. 89; *Queck*, Die Geltung des nemo-tenetur-Grundsatzes, S. 164. Anders *Renzikowski*, JZ 1997, 714.

[262] Siehe nur insbesondere die in §§ 100a ff. StPO normierten heimlichen Überwachungsmaßnahmen.

[263] So der gemein konzedierte Mindestgehalt der Schutzverbürgungen des nemo tenetur-Grundsatzes, siehe an dieser Stelle pars pro toto *Rogall*, Der Beschuldigte, S. 17 f. sowie *Roxin/Schünemann*, Strafverfahrensrecht, § 25, Rn. 1. Zur hiesigen Auffassung der Konturierung des objektiven Gewährleistungsumfangs Teil 4 B. II.

[264] Klarsichtig *Bosch*, Aspekte des nemo-tenetur-Prinzips, S. 55.

[265] *Di Fabio*, in: Dürig/Herzog/Scholz, GG, Art. 2 Abs. 1, Rn. 176.

[266] Wie hier *Bosch*, Aspekte des nemo-tenetur-Prinzips, S. 49 ff.; *Doege*, nemo-tenetur-Grundsatz, S. 88; *Müssig*, GA 2004, 96. Siehe ausdrücklich die Terminologie bei *Amelung*, Informationsbeherrschungsrechte, S. 35; *Mahlstedt*, Die verdeckte Befragung, S. 88; *Müssig*, GA 1999, 126 f.; *Müssig*, GA 2004, 96; *Renzikowski*, JZ 1992, 714. In der Sache gleichsinnig *Reiß*, Besteuerungsverfahren, S. 177 ff., der diesen Ansatz aber auf S. 155 ff. auf rechtsstaatsprinzipielle Erwägungen stützt.

[267] In diese Richtung auch *Doege*, nemo-tenetur-Grundsatz, S. 88 f.

sungsrechtliche Verankerung ad absurdum führen[268], problemträchtige Fernwirkungen. So differenziert das informationelle Selbstbestimmungsrecht gerade nicht nach Schutzstufen des einzelnen Datums; eine Einteilung im Geiste sphärenorientierter Betrachtung gibt es angesichts der aufgezeigten sphärenübergreifenden Dimension moderner Informationstechnologie im Grundsatz nicht. Vor diesem Hintergrund prinzipieller Informationsgleichwertigkeit sieht sich die Ansicht dann aber am Scheideweg. So müsste an hiesiger Stelle entweder Farbe bekannt, konsequent jedes staatliche Informationsbeschaffungshandeln dem nemo tenetur-Satz unterworfen und der verbleibende Friktionsbereich sodann auf Rechtfertigungsebene gelöst werden – ein Ansatz, der im Ergebnis altbekannte Bedenken heraufbeschwört –; oder man fundierte näher, warum insbesondere strafrechtsrelevante Informationen außerordentlichen Schutz genössen. Gibt hierbei, allgemeiner Grundrechtsdogmatik folgend, die bloße Zuordnung eines Datums zum Schutzbereich freilich noch keinen Aufschluss über dessen qualitatives Schutzniveau, hilft auch die apodiktische Feststellung des Bundesverfassungsgerichts, es könne kein überwiegendes Allgemeininteresse an selbstinkriminierenden Daten geben[269], nicht recht weiter. Solche Ausnahmekonstellationen gesteigerter Informationsschutzwürdigkeit werden im vorliegenden Kontext zuvörderst unter dem Topos des Kernbereichs privater Lebensgestaltung[270] diskutiert, mithin einer Fallgruppe, die im Problemkreis strafrechtlicher Selbstbezichtigung schon aufgrund des gesteigerten Sozialbezugs der Information[271] realiter gar nicht greift, jedenfalls aber eine über den Einzelfall hinaus allgemeingültige Aussage nicht zulässt[272]. Letztlich führte eine so verstandene Selbstbelastungsfreiheit entweder zu einer, benannt defizitären, strukturellen Neuordnung des verbürgten Schutzgehalts oder ebnete ebendiesen konsequent in jenen des allgemeinen Persönlichkeitsrechts ein.[273]

Möchte man also nemo tenetur weder konzeptionell reformieren noch als nur terminologische Spezifik des Rechts auf informationelle Selbstbestimmung für einen umgrenzten Konstellationskreis verstehen, kann letzteres die normative Grundlage nicht sein.

---

[268] *Doege*, nemo-tenetur-Grundsatz, S. 88.

[269] BVerfG v. 15.12.1983 – 1 BvR 209/83, BVerfGE 65, 46.

[270] Siehe zum Intimsphärenschutz umfassend *Di Fabio*, in: Dürig/Herzog/Scholz, GG, Art. 2 Abs. 1, Rn. 158, 181 m. w. N. sowie instruktiv *Hufen*, Staatsrecht II, § 11, Rn. 5 ff.

[271] *Bosch*, Aspekte des nemo-tenetur-Prinzips, S. 62; *Kingreen/Poscher*, Grundrechte, Rn. 536. Ferner *Lesch*, GA 2000, 364 f.; *Queck*, Die Geltung des nemo-tenetur-Grundsatzes, S. 163; *Verrel*, Selbstbelastungsfreiheit, S. 261.

[272] Vgl. *Schlauri*, Verbot des Selbstbelastungszwangs, S. 80.

[273] Überzeugend *Doege*, nemo-tenetur-Grundsatz, S. 90.

f) Der nemo tenetur-Grundsatz als Justizgrundrecht: Plädoyer für ein prozessuales Verständnis

Als erstes Zwischenfazit bleibt damit die Erkenntnis, dass, soweit bis dato Versuche aufgezeigt wurden, den Grundsatz der Selbstbelastungsfreiheit an materielle Grundrechte[274] zu knüpfen, diesen mithin als materielles Abwehrrecht zu verstehen, keiner der vorgestellten Ansätze zu überzeugen vermochte. Augenfällig dagegen erscheint das wiederkehrende Kritikmuster[275], welches sich offenbart, so man den Blick nur auf die gehegten Bedenken richtet. Allen voran die im Kontext der Begründung selbst proklamierter besonderer Strafverfahrenskonnotation des Grundsatzes wiederholt erkannte Erklärungsnot erhellt hierbei auch das schlagende Strukturproblem: Materielle Grundrechte erschöpfen sich nicht in einer spezifisch strafgewaltbezogenen Gewährleistung; in ihrer klassisch-abwehrrechtlichen Dimension richten sie sich vielmehr umfassend gegen den hoheitlichen Eingriff als solchen. Im System jener Konzeptionen werden damit sowohl die Freiheit von Zwang zur Selbstbelastung auf sachlicher als auch der Beschuldigte auf persönlicher Schutzbereichsebene lediglich auch, höchstens insbesondere, niemals aber ausschließlich geschützt.[276] Kann es daher nicht verwundern, wenn die vorbezeichneten Ansichten auf ebenjenen Ebenen regelmäßig nach Erklärungen ringen, wäre es indes zu kurz gegriffen, dem Kreis materieller Grundrechte schon allein ob dieses Defizits kategorische Untauglichkeit für eine konstitutionelle Verortung zu attestieren. Sah sich jedoch darüber hinaus keiner der beleuchteten Ansätze imstande, das Strafrechtsspezifische am nemo tenetur-Satz überzeugend herauszustellen, muss die Mission einer materiellgrundrechtlichen Fundierung nach hiesiger Auffassung an dieser Stelle als gescheitert angesehen werden. Es sei daher im Folgenden der Versuch unternommen, sich der normativen Grundlage und – in der Konsequenz – dem Gewährleistungsgehalt des nemo tenetur-Grundsatzes aus anderer, prozessualer Warte zu nähern.

aa) Der genetische Konnex zwischen der nemo tenetur-Idee und der Stellung des Beschuldigten als Prozesssubjekt

Den Ausgangspunkt bildet dabei eine historische Erwägung. Stand der gemeine deutsche Strafprozess noch unter der Devise umfassender Entrechtung des Beschuldigten, prägte insbesondere die den Ideen des politischen Liberalismus des

---

[274] Der Topos der materiellen Grundrechte sei in diesem Kontext als terminologischer Gegenpol zu den spezifisch strafverfahrensbezogenen Verfassungsgewährleistungen etabliert, so auch *Dannecker*, ZStW 2015, 395 f.

[275] Neben den sogleich beleuchteten Einwand der nicht überzeugenden Begründung der sachlichen Begrenzung des Grundsatzes auf das Strafverfahren treten in diesem Kontext etwa die wiederholten Bedenken hinsichtlich der nicht hinreichenden Fundierung der selbst proklamierten Absolutheit des Schutzes respektive der – bei deren Negation mit einer Abwägungsdogmatik zwingend einhergehenden – Rechtsunsicherheit.

[276] Klarsichtig *Dannecker*, ZStW 2015, 395.

19. Jahrhunderts entliehene Forderung nach einem humaneren Strafverfahren die aufgezeigte[277] Abkehr vom Inquisitionsprozess. Katalysiert durch das anschwellende Bewusstsein für individuelle Freiheitsrechte bei gleichzeitig zunehmenden Ressentiments gegen die prozessuale Allmachtstellung des Staates, avancierte der Verfahrensunterworfene so von einem bloßen Untersuchungsobjekt, welchem als schlichtes Beweismittel eine vornehmlich physisch erzwingbare Wahrheitspflicht aufoktroyiert werden konnte, zu einem mit eigenen Rechtspositionen ausgestatteten Prozesssubjekt. Begreift der reformierte Strafprozess den Beschuldigten also seither als mündigen Verfahrensbeteiligten, vereinigen sich in dieser Rolle sowohl die Garantie fehlender ausnahmsloser Subordination unter die hoheitliche Zielsetzung der Wahrheitserforschung[278] als auch das Postulat hoheitlicher Respektierung der Subjektqualität insoweit, als die individuellen Interessen und Belange des Beschuldigten nunmehr anzuerkennen und zu achten sind, selbst wenn diese den staatlichen Zielbestimmungen zuwiderlaufen.[279] Schon eingedenk der Gefahr andernfalls drohender empfindlicher Entwertung dürfen sich die Verbürgungen jener Achtungsposition indes freilich nicht in einer bloßen Forderung nach obrigkeitlicher Kenntnisnahme erschöpfen. Die Interessen des Einzelnen zu respektieren, heißt vielmehr auch, ihm jene Befugnisse an die Hand zu reichen, die er benötigt, um ebendiesen wirksam prozessuale Geltung verschaffen zu können. Neben der strukturellen Akzeptanz der Belange des Beschuldigten erscheint damit letztlich auch die Einräumung einer effektiven Gestaltungsposition im eigenen Verfahren als zwingendes Konstitutionsmerkmal seiner strafprozessualen Subjektstellung.[280] Unterzieht man sodann auch jene letztgenannte Säule strafverfahrensorientierter Subjektivität einer näheren Untersuchung, offenbart sich abermals ein Voraussetzungsdualismus:

A priori keiner näheren Erläuterung bedarf es dabei, dass diese zum einen auf dem Fundament eines positiven Mitwirkungselements erbaut sein muss. Nur wenn der Einzelne über die prinzipielle Kompetenz verfügt, den Verfahrensverlauf respektive dessen Ergebnis durch eigenes Verhalten zu beeinflussen, ist er überhaupt imstande, eigene Interessen prozessual zu verfolgen.

Weitaus interessanter, da nemo tenetur-relevant, erscheint jedoch der Komplementärgedanke: Die soeben für die Subjektstellung als konstitutiv erkannte Mitwirkungsposition geriete zur strafprozessualen Farce, dürfte das Verfahren deren Inanspruchnahme vorschreiben respektive jedenfalls in praxi stets forcieren. Hätte der Einzelne hier nämlich keine Wahl zur Ausübung der Verfahrensförderung, verkäme die konzeptionell beschuldigtenschützende Gewährleistung individueller

---

[277] Siehe Teil 4 A. II. sowie III.

[278] Vgl. *Dallmeyer*, KritV 2000, 264; *Dannecker*, ZStW 2015, 390; *Doege*, nemo-tenetur-Grundsatz, S. 68 m.w.N.; *Weßlau*, ZStW 1998, 32, 34f.

[279] So *Doege*, nemo-tenetur-Grundsatz, S. 68 unter treffendem Rekurs u.a. auf *Dallmeyer*, KritV 2000, 264.

[280] So auch *Doege*, nemo-tenetur-Grundsatz, S. 68.

Verfahrenssteuerung zum echten Prozessförderungsauftrag. Drängte dies den Beschuldigten aber gerade in die Rolle eines dem Ziel staatlicher Wahrheitserforschung untergeordneten bloßen Instruments obrigkeitlicher Sachverhaltsermittlung, würde er seiner zugesicherten Subjektstellung umgehend wieder beraubt[281], woraus erhellt: Eine schlicht irgendwie geartete Mitwirkungsposition zur Begründung der Subjektqualität des Beteiligten kann das Ergebnis noch nicht sein.

Vielmehr wird man als gleichsam zweiten Baustein der Gestaltungsposition fordern müssen, den Beschuldigten in eine Lage zu versetzen, die es ihm ermöglicht, Mitwirkungsentscheidungen aus freien Stücken heraus treffen zu können. Nur sofern der Einzelne aus diesem Refugium heraus ungebunden und selbstbestimmt die Option prozessfördernder Kooperation wählt, kann dieser Entschluss als solcher eines mündigen Beteiligten des Verfahrens betrachtet werden. Setzt die Konstruktion einer solchen Entscheidungsfreiheit dabei schon denklogisch die Überlassung mindestens zweier anerkannt gleichwertiger Handlungsalternativen voraus, jedenfalls aber einer dafür wie einer dagegen[282] und unterscheidet letztlich gerade diese Wahlmöglichkeit das selbstbestimmte Subjekt vom fremdbestimmten Objekt[283], muss eine Rechtsordnung, die den Verfahrensbeteiligten als Subjekt verstehen möchte, diesem neben der positiven Option der Einflussnahme auch deren spiegelbildliches Pendant der Nichtvornahme zuerkennen.[284] Folglich zeigt sich die individuelle Verfahrensförderung des Beschuldigten nur dann als Ausdruck prozessualer Subjektqualität, wenn dieser gleichsam auch die Befugnis hätte, jene zu unterlassen.[285] Nur, sofern der Beschuldige zwischen rechtlich äquivalenter Mitwirkung und Nichtmitwirkung autonom entscheiden darf, wird er als Subjekt geachtet; nur wenn er die Möglichkeit zum Unterlassen hat, ist die Vornahme freiwillig.

Gerade hier setzen die Ideen des nemo tenetur-Satzes an. Unterbindet dieser als Schutz vor zwangsweiser Selbstbelastung insbesondere eine Selbstinkriminierungspflicht[286], garantiert er damit nicht zuletzt ebendiesen konstitutiven Nichtmitwirkungspart. Der Grundsatz schützt damit zuvörderst die Freiheit der erläuterten Wahlentscheidung, mithin die Subjektstellung des Beschuldigten per se, und zeichnet so ein ambivalentes Bild: So erscheint er zwar einerseits als normative

---

[281] Zustimmend *Schaefer*, Steuerstrafverfahren, S. 144 f.; vgl. auch *Müssig*, GA 1999, 127.

[282] Vgl. nur *Torka*, Nachtatverhalten, S. 56 f.: „Das Recht auf eine gewisse Handlung gewinnt erst durch die Möglichkeit, die Handlung zu unterlassen, seine Bedeutung."

[283] Ausdrücklich *Doege*, nemo-tenetur-Grundsatz, S. 69. So auch *Schaefer*, Steuerstrafverfahren, S. 144 f.

[284] Zutreffend *Doege*, nemo-tenetur-Grundsatz, S. 69. Spezieller betreffend das Verhältnis von Aussagefreiheit und Schweigerecht, der Sache nach aber gleichsinnig etwa *Eser*, ZStW 1967, 570 f.; *Kopf/Szalai*, NJ 2010, 364; *Kühl*, JuS 1986, 117; *Nickl*, Schweigen, S. 25 f.; *Schaefer*, Steuerstrafverfahren, S. 143 m. w. N.

[285] *Doege*, nemo-tenetur-Grundsatz, S. 69; *Kühl*, JuS 1986, 117; vgl. auch schon *Eser*, ZStW 1967, 570 f.

[286] Zur näheren Konturierung des objektiven Gewährleistungsinhalts siehe sogleich Teil 4 B. II.

Absicherung der strafprozessualen Subjektstellung des Beteiligten, anderseits aber eben auch nur als Ausfluss derselben[287]; jedenfalls aber, und das ist für die vorliegende Betrachtung entscheidend, als conditio sine qua non für die strafprozessuale Subjektstellung des Beschuldigten.[288]

bb) Der nemo tenetur-Satz als Schutz prozessualer Autonomie

Die vorbezeichneten Erwägungen richten den Fokus sodann zwar bereits auf den richtigen Aspekt, bei näherer Betrachtung erweist sich die obige Erkenntnis zwingend anzuerkennender Mitwirkungsnegation als Konstitutionsmerkmal der Subjektstellung jedoch nur als der Pudel, nicht aber als dessen Kern. Den Beschuldigten als Prozesssubjekt zu verstehen, kann nämlich nicht allein bedeuten, ihm in einem sehr umgrenzten Bereich die Wahl zwischen Vor- und Nichtvornahme der Verfahrensförderung zu überlassen; unter der Prämisse des umfassenden Achtungsanspruchs nach Art des reformierten Strafprozesses muss ihm gerade auch weitergehende prozedurale Eigenverantwortlichkeit zukommen. Dies fließt schon aus dem Umstand faktisch heterogener Beschuldigtenbelange: Beschränken sich diese freilich nicht auf den Dunstkreis mitwirkungsorientierter Prozessförderung, hat sich der reformierte Strafprozess nun aber qua Achtungspostulat gerade deren uneingeschränkter Respektierung verschrieben, wird der selbst proklamierten Maxime nur ausreichend Rechnung getragen, so dem Einzelnen die umfassend selbstbestimmte Interessenwahrnehmung im Kontext des Strafverfahrens garantiert wird. So muss der Beschuldigte etwa in der Entscheidung über prozessuale Vorfragen, wie der Bestimmung seines Prozessziels oder der Konzeption seiner Verteidigungsstrategie, in gleichem Maße ungebunden sein wie nachgelagert in jener über die Ausgestaltung seines Prozessverhaltens, insbesondere also das Ob und Wie seiner mitwirkungsrelevanten Verfahrensförderung. Kurzum muss er sein Prozessziel autonom bestimmen und im Anschluss hieran frei verfolgen dürfen.[289] So gesehen meint strafverfahrensrechtliche Subjektqualität also im engeren Sinne Autonomieschutz.

Gerade diese höhere Abstraktionsebene hat der nemo tenetur-Satz letztlich auch im Blick. Soweit dieser die Freiheit von staatlichem Zwang zur selbstbelastenden Verfahrensförderung gewährleistet, unterbindet er doch gerade Konstellationen, in welchen der Verfahrensunterworfene droht, qua Fremdbestimmung in seiner autonomen Entscheidung behindert und somit in seinem Subjektachtungsanspruch angegriffen zu werden. Wenn der Grundsatz also die Freiheit von Zwang zur Selbstbelastung schützt, ist damit zuvörderst die Position des Einzelnen gemeint, fernab

---

[287] So auch *Dannecker*, ZStW 2015, 390 m. w. N.; *Doege*, nemo-tenetur-Grundsatz, S. 68; *Pieth*, in: FS-Eser, S. 607; *Rüping*, JR 1974, 137. Vgl. ferner *Frister*, ZStW 1994, 319; *Weßlau*, ZStW 1998, 34 f.

[288] BGH v. 26.7.2007 – 3 StR 104/07, BGHSt 52, 17; *Bauer*, Die Aussage, S. 44; ausdrücklich *Doege*, nemo-tenetur-Grundsatz, S. 69. Vgl. ferner *von Freier*, ZStW 2010, 137 f.; *Nickl*, Schweigen, S. 25 f.; *Pieth*, in: FS-Eser, S. 607.

[289] Vgl. grundlegend *Böse*, GA 2002, 127.

staatlicher Zwangseinflüsse das eigene Prozessverhalten im Strafverfahren autonom zu bestimmen. Sichtbar wird aus dieser Warte sodann auch der teleologische Hintergrund des Selbstbelastungsprivilegs als Schutzinstrument zur Gewährleistung strafverfahrensrelevanter Autonomie.[290]

Klarstellend muss zuletzt aber der Eindruck unterbunden werden, der Topos dieser prozedural verstandenen Selbstbestimmtheit decke sich mit jenem umfassender Handlungsautonomie und meine konturlose Narrenfreiheit des Einzelnen. Selbstredend ist dieser gerade nicht dazu befugt, in Anbetracht eines Strafverfahrens zu tun und zu lassen, was er möchte.[291] So erhellt schon aus der genetischen Abkehr vom Inquisitionsprozess, dass die zu gewährende Subjektstellung eben nur eine solche *im* Strafverfahren meinen kann. Lässt sich ebenjenes ohne den Beschuldigten aber bis zu einem bestimmten Grad schlicht nicht etablieren, erscheinen insbesondere für den ordnungsgemäßen formalen Verfahrensablauf unerlässliche Anforderungen schon konzeptionell nicht in der Lage, die Autonomieposition prozeduraler Lesart und damit den nemo tenetur-Grundsatz einzuschränken. Sind dem Selbstbestimmungsanspruch im hiesigen Kontext also notwendige Grenzen gesetzt, wird der Inhalt dieser prozessual konnotierten Freiheitsposition nunmehr sogleich näher zu konturieren sein.

cc) Von der konstitutionellen Verankerung des Privilegs

Zunächst wird aus dem Vorgesagten aber die verfassungsrechtliche Lozierung deutlich: Anerkennt man das grundgesetzliche Menschenwürdepostulat zutreffend als normative Basis der strafprozessualen Subjektstellung des Beschuldigten[292] und

---

[290] So auch *Doege*, nemo-tenetur-Grundsatz, S. 99; *Rüping*, JR 1974, 139; ähnlich *Queck*, Die Geltung des nemo-tenetur-Grundsatzes, S. 181 ff.: „Verteidigungsfreiheit"; *Wolff*, Selbstbelastung und Verfahrenstrennung, S. 94: „Selbstständigkeit des Beschuldigten im Strafverfahren". Restriktiver dagegen etwa *Engländer*, ZIS 2008, 165; *Kasiske*, StV 2014, 425; *Kopf/Szalai*, NJ 2010, 364; *Pawlik*, GA 1998, 383 sowie *Schaefer*, Steuerstrafverfahren, S. 113 f., 139 f., die allein auf einen Schutz kommunikativer Autonomie erkennen. Mit *Doege*, nemo-tenetur-Grundsatz, S. 99, Fn. 592 wird hierdurch die Verbindung zur prozessualen Rolle des Beschuldigten indes nicht hinreichend akzentuiert, geht es doch nach hiesigem Verständnis weniger um die schlichte Gestaltung des Kommunikationsverhaltens als gerade um die des prozessualen Verteidigungsverhaltens. Siehe auch *Dannecker*, ZStW 2015, 391, der insoweit auf den Schutz einer „prozessualen kommunikativen Autonomie" rekurriert. Vgl. sodann auch *Böse*, GA 2002, 125 ff.: „Wahrung von Einflussmöglichkeiten in einem ergebnisoffenen Verfahren", sowie extensiver *Bosch*, Aspekte des nemo-tenetur-Prinzips, S. 121: „Sicherung der personalen Freiheit der Willensentschließung". Schon im Grundsatz dagegen *Buchholz*, Der nemo tenetur-Grundsatz, S. 115 ff. sowie besonders 128 ff.

[291] In diese Richtung schon *Queck*, Die Geltung des nemo-tenetur-Grundsatzes, S. 181 f. Vgl. auch *Doege*, nemo-tenetur-Grundsatz, S. 103 und insoweit noch zustimmend *Buchholz*, Der nemo tenetur-Grundsatz, S. 121.

[292] Vgl. etwa BVerfG v. 9.3.1983 – 2 BvR 315/83, BVerfGE 63, 337 m.w.N.; BVerfG v. 11.3.1975 – 2 BvR 135/75, BVerfGE 39, 168; BVerfG v. 8.1.1959 – 1 BvR 396/55, BVerfGE 9, 95. Ausdrücklich *Dannecker*, ZStW 2015, 383, Fn. 51; *Möstl*, in: HStR VIII, § 179, Rn. 18

wurde der Charakter des Selbstbezichtigungsprivilegs als konstitutiver Teil ebenletzterer soeben nachgewiesen, kann sich mangels anderweitig vorrangiger Rechtsgrundlagen der Erkenntnis des Art. 1 Abs. 1 GG als dessen normativ konstitutionellem Sitz nicht mehr verschlossen werden.[293] Mitnichten setzt sich die vorliegende Arbeit hierdurch dem Einwand der Inkonsequenz aus, begründen die bereits andernorts[294] gegen die Menschenwürde als sedes materiae ins Feld geführten nachhaltigen Bedenken doch allenfalls prima facie einen Widerspruch. So erscheint die Würdegarantie an dieser Stelle in einem anderen, prozessual verstandenen Gewand.[295] Bildet deren Konnex zum Einzelfall dabei freilich immer noch die bereits beleuchtete objektformelgeprägte Eingriffsdefinition, wirkt diese nach hiesiger Doktrin also in gänzlich anderem Kontext, spezifisch bezogen und begrenzt auf den Schutzgegenstand strafverfahrensrelevanter Eigenverantwortlichkeit. Gerade aus dieser Perspektive darf der Einzelne sodann unter dem Schutzschirm prozessual konnotierter Menschenwürde nicht zum Objekt des Strafverfahrens degradiert werden.

Ist somit auch erschlossen, dass sich jene Gewährleistung prozessualer Autonomie mittelbar als Teil der erarbeiteten prozeduralen Menschenwürde geriert, gibt dies den Blick auf die Reichweite des Freiheitstopos frei: So hängt dessen Präzisierung nach hiesiger Methode am Ergebnis der Analyse, wann der Einzelne unter den genannten Aspekten zum bloßen Objekt staatlichen Handelns verkommt. Dass diese Conclusio nicht schon im Fall jedweder Autonomiebeschränkung gezogen werden, eine allumfassend prozessuale Pflichtenfreistellung mithin das Ergebnis nicht sein kann, wurde bereits aufgezeigt.[296] Wird die individuelle Selbstbestimmungsposition im Strafverfahren also zwingend partiell untergraben, geht es bei Tageslicht weniger um das Ob der Freiheitsbeschränkung, als um die Frage, unter welchen besonderen Voraussetzungen die strafprozessuale Subjektqualität des Einzelnen in menschenwürdewidriger Weise tangiert wird.

Die zur Erforschung des hierfür maßgeblichen Abgrenzungskriteriums demnach angezeigte teleologische Betrachtung zeichnet sodann ein zugegebenermaßen vorerst kontraintuitives Bild:

Erscheint nämlich eine Betroffenheit des Anwendungsbereichs jener Selbstverantwortungsgarantie schon eingedenk deren Charakter als institutionellem Schutz der eigenverantwortlichen Prozessziel- und Prozessverhaltensbestimmung überall

---

sowie *Queck*, Die Geltung des nemo-tenetur-Grundsatzes, S. 181 f. m. w. N. Ausführlich dazu ferner *Velten*, Ermittlungsbehörden, S. 169 ff.

[293] So auch *Doege*, nemo-tenetur-Grundsatz, S. 92. Dagegen indes etwa *Queck*, Die Geltung des nemo-tenetur-Grundsatzes, S. 187 f., die zwar einen inhaltlichen „Menschenwürdebezug" nicht ausschließen will, sich einer entsprechenden verfassungsrechtlichen Verankerung jedoch verweigert.

[294] Teil 4 B. I. 2. d) aa).

[295] Vgl. insoweit auch *Doege*, nemo-tenetur-Grundsatz, S. 91 unter Rekurs auf *Queck*, Die Geltung des nemo-tenetur-Grundsatzes, S. 122 f., 187 f.

[296] Siehe Teil 4 B. I. 2. f) bb) mit Fn. 291.

dort ausgeschlossen, wo sich das Strafverfahren gänzlich abseits der Entscheidungsgewalt des Beschuldigten vollzieht, scheidet ein Angriff auf die verfahrensautonomieorientierte Subjektstellung des Einzelnen aus, soweit dessen Wille qua staatlicher Übermacht übergangen wird, er also außerstande ist, diesen entweder bereits zu bilden oder aber sich dementsprechend zu verhalten.[297] Bleibt der Beschuldigte daher, ungeachtet der potentiellen Verletzung anderweitiger Schutzvorschriften, insoweit jedenfalls von einer prozessautonomierelevanten Beeinträchtigung verschont, achtet das Verfahren dessen Subjektqualität zumindest im hier interessierenden Ausmaß, selbst wenn es diese weitgehend mit Hoheitsgewalt überlagert.

Kategorisch anders zeigen sich dagegen Konstellationen, in welchen das Verfahren die Handlungsalternativen des Prozessunterworfenen in solchem Maße verjüngt, dass von diesem de facto ausschließlich ein Willensentschluss gefordert wird, welcher den eigenen Belangen, in den weit überwiegenden Fällen also der gewählten Verteidigungsposition, widerstrebt. Allein eine solche Behandlung torpediert den Autonomiegedanken insofern, als sie den Willen des Einzelnen gegen ihn selbst einspannt[298], und führt so dessen Subjektstellung als Garantie prinzipiell freier Entscheidung im Verfahren ad absurdum. Nur hier büßt der Einzelne seine subjektbegründenden Charakteristika zu Gunsten der staatlichen Wahrheitserforschung ein und erscheint so als bloßes Objekt staatlichen Handelns; nur hier wird der individuelle Wille für verfahrenstechnische Belange instrumentalisiert.[299] Bedingt damit gerade jenes Instrumentalisierungsmoment die Negation der Subjektstellung[300], erhellt daraus auch, dass aus Sicht der Verfahrensautonomie diese besonders gelagerte Willensbeugung im Vergleich zum -ausschluss kein quantitativ anderes Beeinträchtigungslevel darstellt, sondern eine qualitativ eigene Kategorie; sie ist Aliud, kein Minus.[301] Leuchtet zuletzt ferner ein, dass ein unter Autonomienegation

---

[297] In diese Richtung schon *Doege*, nemo-tenetur-Grundsatz, S. 93 sowie S. 104, wenn er im Kontext der Differenzierung zwischen aktiven Mitwirkungs- und Duldungspflichten konstatiert, dass „der Wille des Beschuldigten nicht gebrochen, sondern gebeugt" werde. Kritisch, wenngleich nicht überzeugend *Buchholz*, Der nemo tenetur-Grundsatz, S. 285.

[298] *Keller*, Rechtliche Grenzen, S. 136; *Rüping*, JR 1974, 139; vgl. auch *Wolff*, Selbstbelastung und Verfahrenstrennung, S. 94 f.

[299] Zutreffend *Doege*, nemo-tenetur-Grundsatz, S. 93, 104; *Keller*, Rechtliche Grenzen, S. 136; *Rau*, Schweigen, S. 52; *Rogall*, in: SK-StPO, vor §§ 133 ff., Rn. 132; *Rüping*, JR 1974, 139. Nicht überzeugend dagegen *Buchholz*, Der nemo tenetur-Grundsatz, S. 285, der auch in dieser Situation angesichts der Option zur Entscheidung für die Pflichtwidrigkeit eine autonome Stellung anerkennen möchte. Dass die Wahl zu Gunsten der Pflicht- respektive Rechtswidrigkeit im Rechtsstaat nie eine valide Option sein kann, wird noch aufzuzeigen sein, siehe insbesondere Teil 4 C. I., aber auch die Ausführungen in Teil 4 B. II. 2. b).

[300] Vgl. BVerfG v. 15.10.2004 – 2 BvR 1316/04, wistra 2005, 176; *Doege*, nemo-tenetur-Grundsatz, S. 93; *Rau*, Schweigen, S. 39, 51 f.; *Rogall*, in: SK-StPO, vor §§ 133 ff., Rn. 132; *Weßlau*, ZStW 1998, 26.

[301] Der Sache nach gleichsinnig *Doege*, nemo-tenetur-Grundsatz, S. 104 m.w.N.; *von Freier*, ZStW 2010, 130; *Rüping*, JR 1974, 139. Ähnlich *Kasiske*, JuS 2014, 16. Vgl. auch *Frister*, ZStW 1994, 319.

erlangtes Datum für die strafprozessuale Rolle des Beschuldigten gleichwohl irrelevant wäre, so es keinen Einzug in den individuellen Prozess hielte[302], bedarf es zur Konstitution jenes Instrumentalisierungsmerkmals neben der zwangsweisen Informationserhebung auch einer zumindest mittelbaren Verwertung im eigenen Strafverfahren.[303]

Die nunmehr vorgefundenen Ergebnisse auf den Gewährleistungsgehalt des nemo tenetur-Grundsatzes zu übertragen, scheint im Anschluss hieran zwingend. Wurde das Selbstbelastungsprivileg als Ausfluss des grundgesetzlichen Menschenwürdepostulats nachgewiesen, kann der nemo tenetur-relevante Autonomieschutz nicht weiter reichen, als Art. 1 Abs. 1 GG diesen überhaupt verbürgt.[304] Letztlich garantiert damit auch der Grundsatz der Selbstbelastungsfreiheit prozessualen Autonomieschutz vor Instrumentalisierung des eigenen Willens.

Validiert und unterstrichen wird das soeben gefundene Instrumentalisierungsdogma, insbesondere aber die damit einhergehende Differenzierung zwischen Willensüberlagerung und -beugung, sodann auch aus anderer, überindividueller Perspektive. Federführend für diesen Gedankengang erscheinen hierbei zwei der Leitideen des reformierten Strafprozesses: der Schuldgrundsatz und die Unschuldsvermutung.

Erbaut sich das neuzeitliche Strafverfahren nicht zuletzt auf der Grundfeste des Schuldprinzips, müssen eine Verurteilung sowie eine Bestrafung des Beschuldigten ausbleiben, so dessen Schuld nicht zweifelsfrei bewiesen werden kann. Streitet hierbei aufseiten des Beschuldigten aber eine prinzipielle Vermutung seiner Unschuld, gereichen also etwaige Zweifel zwingend zum Nachteil der hoheitlichen Anklage, fließt aus dem Zusammenspiel der benannten Maximen jene strafprozessuale Beweislastverteilung zu Lasten des Staates, die final im formelhaften Grundsatz in dubio pro reo kondensiert. Deutlich wird damit die dem Strafverfahren im Hinblick auf seine Beteiligten vorschwebende dezidierte Verteilung der Rollen, in welcher der Beschuldigte im Kontext des Schuldnachweises[305] die Figur des staatlichen Gegenübers bekleidet, dessen Fehltritt ihm hoheitlich zu beweisen ist.[306]

---

[302] Gleichwohl kann eine solche Behandlung freilich anderweitige Grundrechte des Verfahrensunterworfenen unverhältnismäßig beschränken. Insbesondere dort, wo die Unverwertbarkeit so erlangter Informationen bereits im Zeitpunkt der Erhebung ex ante feststeht, erscheint die Erforschungsmaßnahme schon als zur Sachverhaltsaufklärung nicht geeignet, mithin der damit verbundene Grundrechtseingriff als unzulässig.

[303] So zutreffend herausgestellt von *Dannecker*, ZStW 2015, 397 f., der zwar augenscheinlich „stets (erst) die Verwertung, bzw. Verwertbarkeit der erzwungenen Aussage im Strafprozess" akzentuiert, bei Tageslicht damit aber freilich das Zusammenwirken der beiden Elemente zur Desavouierung der Subjektstellung meint.

[304] Anders aber *Dannecker*, ZStW 2015, 383, der ein solch deduktives Vorgehen im Kontext des nemo tenetur-Satzes für strukturell ungeeignet hält; siehe auch Teil 4 B., Fn. 109.

[305] Selbstredend darf in diesem Kontext nicht verkannt werden, dass die Strafverfolgungsbehörden gemäß § 160 Abs. 2 StPO auch die zur Entlastung dienenden Umstände zu ermitteln haben. Ebendies ändert an der prinzipiellen Beweislastverteilung gleichwohl nichts und zieht so den Geltungsanspruch der getroffenen Erkenntnis nicht in Zweifel.

Verwoben mit der nemo tenetur-Idee zeichnet diese Strukturerkenntnis sodann ein nunmehr einleuchtendes Bild: Indem der Grundsatz dem Einzelnen ein Refugium der Selbstbestimmung gewährt, in welchem er qua Wahlfreiheit immer die Möglichkeit hat, eine Prozesshandlung jedenfalls auch zu unterlassen, eröffnet er ihm die Option, auf die Grundstrukturen des neuzeitlichen Strafprozesses zu vertrauen. Aus einer zurückgezogenen Haltung heraus kann er somit etwa die Akkusationsmaxime, den Schuldgrundsatz, die Unschuldsvermutung sowie den Zweifelssatz für sich in Anspruch nehmen und überzeichnend „den Rechtsstaat für sich prozessieren lassen".[307] Unterstützt und effektuiert das Selbstbezichtigungsprivileg also zum einen etablierte Prozessmaximen des Strafverfahrens, sichert es zum anderen aber auch die diesem zugrundeliegende Aufgaben- und Rollenverteilung per se[308], erheischt den Grundsatz neben der menschenwürdeorientierten Individualschutzdimension auch eine überindividuelle, gleichsam objektivrechtliche Stoßrichtung[309], wobei diese beiden Verbürgungslinien im Binnenverhältnis freilich gleichrangig nebeneinanderstehen. Machte man nämlich an der Stelle prozedural konnotierter Menschenwürde Halt, würdigte man die Bedeutung und Tragweite des Grundsatzes nicht umfassend, wohingegen gleichzeitig auch eine rein prozessorientierte Telos- wie Verortungskonzeption[310] der aufgezeigt individuellen Konnotation des Grundsatzes nicht hinreichend Rechnung trüge. Ist ebenletztere überindividuelle Seite somit auch im Rahmen der normativen Verankerung durch eine Verknüpfung mit dem grundgesetzlichen Rechtsstaatsprinzip des Art. 20 Abs. 3 GG zu berücksichtigen[311], fließt

---

[306] *Reiß*, Besteuerungsverfahren, S. 177; *Weßlau*, ZStW 1998, 33; vgl. auch *von Freier*, ZStW 2010, 131 ff. sowie *Wolff*, Selbstbelastung und Verfahrenstrennung, S. 36. Zum Ganzen näher und m.w.N. *Dannecker*, ZStW 2015, 390 f.

[307] Vorsichtig in diese Richtung auch schon *Dallmeyer*, KritV 2000, 264 sowie *Weßlau*, ZStW 1998, 33.

[308] *Dannecker*, ZStW 2015, 391; *Doege*, nemo-tenetur-Grundsatz, S. 97; *Pieth*, in: FS-Eser, S. 607. Vgl. auch *Rau*, Schweigen, S. 54 f.; *Wolff*, Selbstbelastung und Verfahrenstrennung, S. 94.

[309] So auch *Bosch*, Aspekte des nemo-tenetur-Prinzips, S. 72; ausdrücklich sogar eine „objektivrechtliche Dimension" anerkennend *Doege*, nemo-tenetur-Grundsatz, S. 96.

[310] So aber etwa jüngst *Buchholz*, Der nemo tenetur-Grundsatz, S. 208 ff. sowie konsolidierend S. 251 ff.

[311] *Doege*, nemo-tenetur-Grundsatz, S. 96; *Rau*, Schweigen, S. 53 ff. Eine strukturell ganz ähnliche Konzeption favorisiert in jüngerer Vergangenheit auch das Bundesverfassungsgericht, stützt sich der nemo tenetur-Satz Karlsruher Lesart doch auf ein dualistisches Verortungssystem, bestehend aus einer Verankerung im allgemeinen Persönlichkeitsrecht einerseits und einer, Gedanken des EGMR stillschweigend rezipierenden (so ausdrücklich *Radtke*, GA 2020, 475), Anknüpfung an den rechtsstaatsprinzipiellen fair trial Grundsatz andererseits (siehe nur BVerfG v. 19.3.2013 – 2 BvR 2628/10, BVerfGE 133, 201, 236 f. m.w.N.). Nähert sich der EGMR dem Selbstbezichtigungsprivileg des Art. 6 EMRK dabei aber aus streng prozessualer Warte (siehe nur ausdrücklich *Dannecker*, ZStW 2015, 371 ff. sowie ferner obige Ausführungen in Teil 4 B. I. 1.), rekurriert ersichtlich mittelbar auch das BVerfG auf einen Dualismus sowohl individual- als auch prozessakzentuierender Prägung. Zum Ganzen eingehend und m.w.N. aus der Verfassungsrechtsprechung jüngst *Radtke*, GA 2020, 475 f. Zur Verortung im grundgesetzlichen fair trial Grundsatz nach hiesiger Konzeption sogleich Teil 4 B. I. 2. f) dd).

der hiesige Ansatz in die Erkenntnis der Art. 1 Abs. 1 i. V. m. Art. 20 Abs. 3 GG als zutreffende Rechtsgrundlage der Selbstbelastungsfreiheit. Hierbei akzentuiert die Verortung im Menschenwürdepostulat die individuelle Dimension des Privilegs, wohingegen jene im Rechtsstaatsprinzip die prozessorientierte solche betont.[312]

Konsequent fortgedacht mündet zuletzt auch diese erkannt überindividuelle Komponente des nemo tenetur-Satzes in den bereits skizzierten Differenzierungsansatz zwischen der Beugung und der Überlagerung des Willens, erscheint doch auch unter dem Aspekt intendierter Aufgabensicherung der Autonomieausschluss gerade als Ausprägung der ureigenen Rolle des Staates im Strafprozess, namentlich der hoheitlichen Erforschung des Sachverhalts zum Nachweis der Straftat. Allein eine instrumentalisierende Behandlung im obig dargelegten Sinne zieht den Beteiligten dagegen auf die Seite der Anklage, verwirrt damit das Grundgefüge des Strafverfahrens und greift so auch aus objektiv prozeduraler Perspektive in den nemo tenetur-Grundsatz ein.

dd) Die Anschlussfrage:
Interferenzen mit anderen rechtsstaatsorientierten Subprinzipien?

Das gefundene Ergebnis bedarf sodann weiterer Kontur. Angesichts der bereits aufgezeigten[313] Problematik der Deutungsoffenheit des Rechtsstaatsprinzips sowie des damit korrelierenden Bedürfnisses nach Aufladung und Konkretisierung durch Subprinzipien ruft die hier favorisierte, zumindest auch rechtsstaatsprinzipielle Verortungskonzeption unweigerlich Konkurrenzfragen auf den Plan. Im Folgenden zu beleuchten ist daher, ob sich bei näherer Betrachtung nicht eines der anerkannten Subprinzipien des Art. 20 Abs. 3 GG als die präzisere normative Grundlage des nemo tenetur-Grundsatzes erweist.

In diesem Kontext zuvörderst diskussionswürdig erscheint die der Sache nach bereits im Vorstehenden anklingende Nähe[314] zur rechtsstaatsfundierten[315] Un-

---

[312] Klarsichtig auch *Dannecker*, ZStW 2015, 378, der zutreffend darlegt, dass zwischen Menschenwürde und Rechtsstaatlichkeit keine Dichotomie besteht, wenn er konstatiert: „Die Fundierungslinien der Menschenwürde und der Rechtsstaatlichkeit stehen einander nicht gegenüber und dürfen nicht gegeneinander ausgespielt werden."

[313] Siehe nur Teil 3 A. I. mit insbesondere Fn. 2.

[314] Eine Nähebeziehung, zuweilen unter Rekurs auf Art. 6 Abs. 2 EMRK bzw. Art. 14 Abs. 2 IPBPR, dem Grunde nach gleichsam anerkennend etwa *Böse*, GA 2002, 124 f.; *Bosch*, Aspekte des nemo-tenetur-Prinzips, S. 93; *Doege*, nemo-tenetur-Grundsatz, S. 94 ff.; *Nothhelfer*, Selbstbezichtigungszwang, S. 39 f.; *Safferling/Hartwig*, ZIS 2009, 787; *Schlauri*, Verbot des Selbstbelastungszwangs, S. 99 f.; *Schlüter*, Die Strafbarkeit, S. 87; *Schneider*, Selbstbegünstigungsprinzip, S. 41; *Wolff*, Selbstbelastung und Verfahrenstrennung, S. 36. Siehe ferner die Nachweise bei *Doege*, nemo-tenetur-Grundsatz, S. 94, Fn. 555.

[315] BVerfG v. 19.3.2013 – 2 BvR 2628/10, BVerfGE 133, 202; BVerfG v. 19.12.2012 – 1 BvL 18/11, BVerfGE 133, 31; BVerfG v. 14.1.2004 – 2 BvR 564/95, BVerfGE 110, 22; BVerfG v. 29.5.1990 – 2 BvR 254/88, BVerfGE 82, 114; BVerfG v. 26.3.1987 – 2 BvR 589/79, BVerfGE 74, 370; vgl. auch schon BVerfG v. 15.12.1965 – 1 BvR 513/65, BVerfGE 19, 347.

schuldsvermutung. Wird deren Tauglichkeit als sedes materiae dabei verschiedentlich schon a limine aufgrund einer vermeintlich strukturellen Beziehungslosigkeit zwischen der Vermutung und dem nemo tenetur-Satz verneint[316], überzeugt dieser Gedankengang zwar im Ergebnis, nicht jedoch in der Begründung. Soweit sich das Strafverfahren nämlich de lege lata sowohl der Unschuldsvermutung als auch dem Selbstbezichtigungsprivileg verschreibt, stehen ebendiese beiden prozessualen Leitgedanken binnensystematisch mehr in einem symbiotischen Korrelationsverhältnis denn beziehungslos zueinander; eine Behauptung, die sich allem voran vor dem Hintergrund einer wechselseitig subtraktiven Betrachtung verifiziert: Eliminierte man die Unschuldsvermutung aus dem Strafprozess, würde die Schuld des Beschuldigten also gerade kehrseitig zu dessen Lasten (widerlegbar) präsumiert, zwänge dies den Betroffenen, sich zur Abwendung von Strafe positiv zu entlasten. Dass ein qua Selbstbelastungsfreiheit verbürgtes Recht auf autonomes Prozessverhalten hier gegenstandslos, insbesondere aber eine garantierte Schweigebefugnis gar schlichtweg unnütz erschiene, bedarf keiner weiteren Erläuterung.[317] Beschnitte man das Strafverfahren dagegen spiegelbildlich allein um das obig anerkannte Refugium schutzwürdiger Selbstbestimmung auch zur Unterlassung einer Prozesshandlung, flösse hieraus letztlich die hoheitlich prozedurale Option, ebendieser Negation der Verfahrensförderung schuldindiziellen Erklärungs- respektive Beweiswert zuzuschreiben.[318] Die jedenfalls auch unschuldsvermutungsdeterminierte strafprozessuale Beweislastverteilung zu Lasten der Anklage läge damit zwar formal immer noch beim Staat, würde jedoch realiter ins Gegenteil verkehrt, sähe sich der Betroffene angesichts der drohenden Verurteilung bei Untätigkeit doch auch hier dazu genötigt, entlastend tätig zu werden.[319] Schützen und effektuieren sich die benannten Leitgedanken daher gegenseitig, schließt das somit vorgefundene gleichrangige

---

Siehe überdies *Jarass*, in: Jarass/Pieroth, GG, Art. 20, Rn. 150; *Schulze-Fielitz*, in: Dreier, GG, Art. 20 (Rechtsstaat), Rn. 219; *Wolff*, Selbstbelastung und Verfahrenstrennung, S. 35 f. m. w. N.

[316] Dieser Auffassung zufolge treten die Unschuldsvermutung und der Grundsatz der Selbstbelastungsfreiheit so unabhängig nebeneinander, dass das Selbstbelastungsprivileg auch in einem die Schuld des Unterworfenen präsumierenden Verfahren Platz fände. Schon daher könne das eine Institut nicht der normative Bezugspunkt des anderen sein, siehe etwa *Eisenhardt*, nemo tenetur-Prinzip, S. 156; *Rogall*, Der Beschuldigte, S. 109 ff., 111; *Rogall*, in: SK-StPO, vor §§ 133 ff., Rn. 131 m. w. N.; differenzierend *Kölbel*, Selbstbelastungsfreiheiten, S. 303, Fn. 397.

[317] Der Sache nach gleichsinnig schon *Arndt*, NJW 1966, 870; deutlicher dann *Böse*, GA 2002, 124 f.; *Doege*, nemo-tenetur-Grundsatz, S. 95; *Kölbel*, Selbstbelastungsfreiheiten, S. 303, Fn. 397; *Nothhelfer*, Selbstbezichtigungszwang, S. 40; *Stürner*, NJW 1981, 1758; *Wolff*, Selbstbelastung und Verfahrenstrennung, S. 36. Vgl. auch *Eser*, in: Beiheft zu ZStW 1974, S. 136 f.

[318] Vgl. *Doege*, nemo-tenetur-Grundsatz, S. 95. Zum Beweiswert des Schweigens unter der Geltung des nemo tenetur-Grundsatzes näher Teil 4 C. I.

[319] In diese Richtung schon *Arndt*, NJW 1966, 870; wie hier *Doege*, nemo-tenetur-Grundsatz, S. 95. Vgl. ferner *Dannecker*, ZStW 2015, 390 f. Kritisch *Salger*, Das Schweigerecht, S. 7 f.

Nebeneinander ein Anerkenntnis der Unschuldsvermutung als Stammrecht des nemo tenetur-Grundsatzes aus.[320]

Ein ganz ähnliches Schicksal ereilt sodann auch das Konzept, den nemo tenetur-Satz an den jedenfalls auch im Rechtsstaatsprinzip wurzelnden[321] Schuldgrundsatz binden zu wollen. Zuvörderst ausgearbeitet von *Wolff*[322] sowie in jüngerer Vergangenheit aufgegriffen etwa von *Anders*[323] oder *von Freier*[324], sieht sich dieser Ansatz schon vor dem Hintergrund der Aufgabe und Struktur des favorisierten Verfassungsprinzips nachhaltigen Bedenken ausgesetzt: Seinen Ausgangspunkt nimmt ebenjene Kritik dabei am Institut der Strafe selbst, deren hoheitliche Auferlegung den Einzelnen selbstredend in seinen Freiheitspositionen nachhaltig beschränkt und so als staatlicher Eingriff in grundrechtsrelevante Positionen hinreichender Rechtfertigung bedarf. Berücksichtigt man nun, dass der Verhängung von Kriminalstrafe immer auch ein sozial-ethischer Vorwurf respektive eine besondere sittliche Missbilligung anheimfällt[325], erschöpfen sich deren Beschränkungswirkungen freilich nicht in einer bloßen Vermögens- oder Freiheitsverkürzung; vielmehr wird der Einzelne darüber hinaus, eben qua gesellschaftlichem Unwerturteil, in seinem sozialen Achtungsanspruch torpediert.[326] Insbesondere dieser letztgenannte öffentliche Tadel ist dabei aber nicht schon durch ein rein tatbestandsmäßig-rechtswidriges Verhalten gerechtfertigt, sondern erst durch das Hinzutreten einer persönlichen

---

[320] *Böse*, GA 2002, 124 f.; *Doege*, nemo-tenetur-Grundsatz, S. 96; *Nothhelfer*, Selbstbezichtigungszwang, S. 40; *Wolff*, Selbstbelastung und Verfahrenstrennung, S. 36; ähnlich *Schlauri*, Verbot des Selbstbelastungszwangs, S. 100.

[321] Siehe insoweit und zur Verbindung mit Art. 2 Abs. 1 sowie Art. 1 Abs. 1 GG nur BVerfG v. 15.12.2015 – 2 BvR 2735/14, BVerfGE 140, 343 m.w.N.; BVerfG v. 16.3.1994 – 2 BvL 3/90, BVerfGE 91, 27; BVerfG v. 25.10.1966 – 2 BvR 506/63, BVerfGE 20, 331; *Appel*, Verfassung und Strafe, S. 109; *Degenhart*, in: Sachs, GG, Art. 103, Rn. 55; *Eisele*, in: Schönke/Schröder, vor §§ 13 ff., Rn. 103/104; *Queck*, Die Geltung des nemo-tenetur-Grundsatzes, S. 126; *Schulze-Fielitz*, in: Dreier, GG, Art. 20 (Rechtsstaat), Rn. 194; *Vogel/Bülte*, in: LK-StGB, vor §§ 15 ff., Rn. 45; *Walter*, in: LK-StGB, vor §§ 13 ff., Rn. 159. Umfassende Nachweise ferner bei *Wolff*, Selbstbelastung und Verfahrenstrennung, S. 59, Fn. 290. Anders, insoweit auf Art. 104 Abs. 1 S. 1 GG abstellend, *Mehde*, in: Dürig/Herzog/Scholz, GG, Art. 104, Rn. 162. Eine etwaig divergierende verfassungsrechtliche Verortung des Grundsatzes hat auf den inhaltlichen Geltungsanspruch der nachstehenden Ausführungen indes keinen Einfluss.

[322] *Wolff*, Selbstbelastung und Verfahrenstrennung, S. 49 ff.; zustimmend *Brüning*, DER STAAT 2000, 474.

[323] *Anders*, wistra 2014, 332.

[324] *von Freier*, ZStW 2010, 136 ff.

[325] BVerfG v. 15.12.2015 – 2 BvR 2735/14, BVerfGE 140, 343 f., 345 f. m.w.N.; BVerfG v. 30.6.2009 – 2 BvE 2/08, BVerfGE 123, 408; BVerfG v. 26.2.2008 – 2 BvR 392/07, BVerfGE 120, 240.

[326] BVerfG v. 15.12.2015 – 2 BvR 2735/14, BVerfGE 140, 343 f. m.w.N.; *Eisele*, in: Schönke/Schröder, vor §§ 13 ff., Rn. 103/104; *Torka*, Nachtatverhalten, S. 87; *Wolff*, Selbstbelastung und Verfahrenstrennung, S. 54.

Verantwortlichkeit des Täters für die rechtswidrige Tat.³²⁷ Steht damit bereits fest, dass dem Schuldgrundsatz konstitutiv straflegitimierende Funktion zukommt, stellt *Queck*³²⁸ in diesem Kontext zutreffend heraus, dass es im Rahmen jenes persönlichen Vorwerfbarkeitselements gerade dem Schuldprinzip „obliegt, sicherzustellen, dass die Strafe im weiteren Sinne nur demjenigen auferlegt wird, der sich trotz der Fähigkeit, sich strafrechtskonform zu verhalten, für den Rechtsbruch entschieden hat." Als somit erkannte obligatorische Strafvoraussetzung gesellt sich zu der bereits bezeichneten Legitimationswirkung der individuellen Schuld also auch eine strafbegründende wie in gleichem Maße -begrenzende solche betreffend das prinzipielle Ob und Wie der Bestrafung.³²⁹ Hiervon abzuschichten ist dagegen die gänzlich anders gelagerte, mit dem Schuldprinzip mithin nicht zu beantwortende Frage danach, welchen inhaltlichen Ausgestaltungsanforderungen jenes Verfahren zu genügen hat, in dessen Rahmen der Schuldvorwurf des Beschuldigten festgestellt werden muss.³³⁰ Setzen aber gerade hier die Ideen des nemo tenetur-Grundsatzes an, der als Justizgrundrecht verstanden in seiner objektivrechtlichen Ausprägung ebensolche prozedurale Ansprüche an das Verfahren stellt, und verfängt der hiergegen vorgetragene Einwand, eine solche Interpretation verkenne das „Strafrechtsspezifische"³³¹ des Privilegs, nicht³³², schließt das damit abermals gefundene gleichrangige Nebeneinander der Prinzipe³³³ auch hier den Schuldgrundsatz als Stammrecht des nemo tenetur-Grundsatzes aus.

Bleibt damit zuletzt noch die Beschäftigung mit der rechtsstaatsfundierten³³⁴ Garantie auf ein faires Verfahren, erscheint mit Blick auf das Bundesverfassungs-

---

³²⁷ BVerfG v. 15.12.2015 – 2 BvR 2735/14, BVerfGE 140, 344 m.w.N.; *Eisele*, in: Schönke/Schröder, vor §§ 13 ff., Rn. 103/104, der insoweit von einem „Dafür-Können" spricht; *Freund*, in: MüKo-StGB, vor § 13, Rn. 238; *Torka*, Nachtatverhalten, S. 87; *Wolff*, Selbstbelastung und Verfahrenstrennung, S. 54.

³²⁸ *Queck*, Die Geltung des nemo-tenetur-Grundsatzes, S. 127.

³²⁹ So ausdrücklich *Freund*, in: MüKo-StGB, vor § 13, Rn. 239; vgl. auch *Torka*, Nachtatverhalten, S. 87; *Queck*, Die Geltung des nemo-tenetur-Grundsatzes, S. 127.

³³⁰ Näher zur von *Wolff* insoweit dennoch erkannten Verfahrensdimension des Schuldgrundsatzes durch den Topos der Selbstständigkeit insbesondere *Queck*, Die Geltung des nemo-tenetur-Grundsatzes, S. 127 f., die ebenda in Fn. 135 nachweist, dass *Wolff* hiermit bei Lichte betrachtet, die nach hiesigem Konzept anderweitig lozierte Subjektstellung des Beschuldigten im Strafverfahren meint.

³³¹ *von Freier*, ZStW 2010, 133; siehe auch *Anders*, wistra 2014, 332.

³³² Ganz im Gegenteil bringt die Einordnung als Justizgrundrecht gerade die Beschränkung auf das Strafverfahren zum Ausdruck, näher und m.w.N. *Doege*, nemo-tenetur-Grundsatz, S. 98.

³³³ So im Ergebnis auch *Doege*, nemo-tenetur-Grundsatz, S. 98; *Torka*, Nachtatverhalten, S. 87 f.; *Queck*, Die Geltung des nemo-tenetur-Grundsatzes, S. 128.

³³⁴ Siehe insoweit zur Verbindung mit Art. 2 Abs. 1, Art. 2 Abs. 2 S. 2 sowie Art. 1 Abs. 1 GG BVerfG v. 4.2.2020 – 2 BvR 900/19, NJW 2020, 2462; BVerfG v. 7.12.2011 – 2 BvR 2500/09, BVerfGE 130, 25; BVerfG v. 15.1.2009 – 2 BvR 2044/07, BVerfGE 122, 271; BVerfG v. 14.6.2007 – 2 BvR 1447/05, BVerfGE 118, 231; BVerfG v. 5.11.2003 – 2 BvR 1506/03, BVerfGE 109, 60; vgl. zuvor schon BVerfG v. 8.10.1974 – 2 BvR 747/73, BVerfGE

gericht als prominentem, – wenngleich lediglich partiellen – Verfechter dieses Verortungsansatzes[335] ein der inhaltlichen Auseinandersetzung vorgelagerter klarstellender Hinweis angezeigt: Obgleich semantischer Kongruenz unterscheidet sich das grundgesetzlich-rechtsstaatsprinzipielle Fairnesspostulat merklich von seinem menschenrechtskonventionellen Pendant. Wurde die Bedeutung des Art. 6 Abs. 1 S. 1 EMRK für die Judikatur des EGMR dabei schon umrissartig skizziert[336], anerkennt das Bundesverfassungsgericht eine Verletzung des aus dem Rechtsstaatsprinzip abgeleiteten Rechts auf ein faires Verfahren dagegen „erst dann […], wenn eine Gesamtschau auf das Verfahrensrecht – auch in seiner Auslegung und Anwendung durch die Gerichte – ergibt, dass rechtsstaatlich zwingende Folgerungen nicht gezogen worden sind oder rechtsstaatlich Unverzichtbares preisgegeben wurde."[337] Seien an diesem „allgemeinen Prozessgrundrecht [sodann] alle diejenigen Beschränkungen zu messen, die von den spezielleren grundrechtlichen Verfahrensgarantien nicht erfasst werden"[338], konzipiert das Gericht so ein prozessuales Auffanggrundrecht[339], welches als normative Stellschraube systematisch überall dort Anwendung finden soll, wo sich im Ergebnis als unfair empfundene Konstellationen nicht mehr mit einfachrechtlichen Vorschriften, herkömmlichen Rechtsinstituten und konventioneller Dogmatik bewältigen lassen.[340] Gerade dieser subsidiäre Korrektivcharakter ist es sodann aber auch, der die gegen die Tauglichkeit des fair trial-Grundsatzes als konstitutionellen Sitz zu hegenden Bedenken entflammt. Wird in diesem Zusammenhang bereits vorgetragen, die Fairnessmaxime sei schon aufgrund der mit ihrem Auffangcharakter einhergehenden enormen Reichweite und konturlos indifferenten Stoßrichtung zu unbestimmt für eine solche Verankerung[341], konsta-

---

38, 111. *Di Fabio*, in: Dürig/Herzog/Scholz, GG, Art. 2 Abs. 1, Rn. 72, 74; *Jarass*, in: Jarass/Pieroth, GG, Art. 20, Rn. 137; *Sommermann*, in: von Mangoldt/Klein/Starck, GG, Art. 20, Rn. 324.

[335] Etwa BVerfG v. 19.3.2013 – 2 BvR 2628/10, BVerfGE 133, 201, 236 f. m. w. N.; BVerfG v. 3.3.2004 – 1 BvR 2378/98, BVerfGE 109, 324. Näher *Radtke*, GA 2020, 475 f.; siehe auch Teil 4 B. I. 2. f) cc), Fn. 311. Gleichsinnig aus der Literatur etwa *Günther*, GA 1978, 199; *Kasiske*, JuS 2014, 17; *Queck*, Die Geltung des nemo-tenetur-Grundsatzes, S. 197 ff.

[336] Teil 4 B. I. 1.

[337] BVerfG v. 4.2.2020 – 2 BvR 900/19, NJW 2020, 2462 m. w. N.; BVerfG v. 17.5.1983 – 2 BvR 731/80, BVerfGE 64, 145 f.; vgl. auch BVerfG v. 26.5.1981 – 2 BvR 215/81, BVerfGE 57, 276. Zustimmend BGH v. 29.4.2009 – 1 StR 701/08, BGHSt 53, 304.

[338] So BVerfG v. 5.11.2003 – 2 BvR 1506/03, BVerfGE 109, 60 unter Rekurs auf BVerfG v. 26.5.1981 – 2 BvR 215/81, BVerfGE 57, 274 f. m. w. N. Bestätigend BVerfG v. 4.2.2020 – 2 BvR 900/19, NJW 2020, 2462.

[339] *Doege*, nemo-tenetur-Grundsatz, S. 78; *Rogall*, in: SK-StPO, vor §§ 133 ff., Rn. 101; *Schneider*, JURA 1997, 137; *Sommermann*, in: von Mangoldt/Klein/Starck, GG, Art. 20, Rn. 324.

[340] *Doege*, nemo-tenetur-Grundsatz, S. 78 f.; *Weichbrodt*, Der verbotene Beweis, S. 303 f.; vgl. auch *Schneider*, JURA 1997, 137.

[341] Ausdrücklich *Wolff*, Selbstbelastung und Verfahrenstrennung, S. 34; ferner *Kühne*, in: Löwe/Rosenberg, Einl. Abschn. I, Rn. 107. Schon im Grundsatz kritisch daher *Heubel*, „fair

tieren manche³⁴² sogar weitergehend, der nemo tenetur-Satz könne als das stärker profilierte, mithin besser fassbare Recht eher zur Ausgestaltung des fairen Verfahrens beitragen als andersherum. Zugegeben: Sonderlich greifbarer als das Rechtsstaatsprinzip per se erscheint der fair trial-Grundsatz nicht. Darf daher ein normativ materieller Mehrwert der Zuordnung zum „konkretisierten" Ausfluss gegenüber einer solchen zum Stammrecht schon eingedenk der final intendierten Weite des Fairnessstatuts bereits ex ante gar nicht erst erwartet werden, zeigen die bezeichneten Einwände schon in die richtige Richtung; den kritischen Kern treffen sie gleichwohl noch nicht. Dieser, und damit das Verhältnis vom konstitutionellen fair trial zum nemo tenetur-Grundsatz, eröffnet sich vielmehr erst vor dem Hintergrund einer abermals telosorientierten Konkurrenzbetrachtung: Versteht man die Fairnessgarantie, ganz im Geiste Karlsruher Diktion, als subsidiäres, da allgemeines, sich um das gesamte Verfahren spannendes Prozessgrundrecht, können die weitreichend zu erkennenden Verbindungslinien zu anderen – vornehmlich beschuldigtenschützenden – Rechtsinstituten nicht verwundern. Kann und soll daher auch gar nicht geleugnet werden, dass ein in Summe faires Verfahren es gleichsam erfordert, dem Beschuldigten eine prozessautonome Stellung einzuräumen, begründet diese bloße Konnexitätserkenntnis allein noch mitnichten eine entsprechende verfassungsrechtliche Lozierung. Verloren gehen darf insoweit nämlich nicht der Blick für das bereits Erarbeitete: Im Rahmen der hier anzustellenden teleologischen Betrachtung ist sich vielmehr das obig gefundene Ergebnis objektivrechtlicher Prozessmaximenwie Prozessrollensicherung als der unmittelbar rechtsstaatsprinzipiellen Erwägungen entspringenden Ratio des nemo tenetur-Satzes in Erinnerung zu rufen, welche die strukturell subsidiäre Fairnesserwägung überlagert und insoweit konkurrenzrelevant verdrängt.³⁴³ Dass der Grundsatz der Selbstbelastungsfreiheit also obligatorischer Bestandteil eines fairen Verfahrens sein muss, mag daher zwar inhaltlich zutreffen, ein entsprechend konstitutioneller Verortungszwang fließt hieraus jedoch nicht.

g) Zwischenergebnis

Festzuhalten bleibt damit: Nach hiesiger Konzeption erweist sich der nemo tenetur-Grundsatz als spezielles Justizgrundrecht, welches seine vorzugswürdige konstitutionelle Rechtsgrundlage in einer – angesichts der aufgezeigten Untauglichkeit materiellrechtlicher Fundierungsversuche – prozedural verstandenen Aus-

---

trial", passim, insbesondere aber S. 73, 122 ff. sowie *Nothhelfer*, Selbstbezichtigungszwang, S. 43 ff.; dagegen wiederum *Schneider*, Selbstbegünstigungsprinzip, S. 42, Fn. 54.

³⁴² Grundlegend *Wolff*, Selbstbelastung und Verfahrenstrennung, S. 34; gleichsinnig etwa *Doege*, nemo-tenetur-Grundsatz, S. 96.

³⁴³ Ebendieses teleologische Konkurrenzverhältnis müssen daher bei Tageslicht auch all jene meinen, die dem Grundsatz der Selbstbelastungsfreiheit als speziellem Verfahrensrecht konzeptionellen Vorrang vor dem Auffanggrundrecht der Fairnessgarantie einräumen, so etwa *Doege*, nemo-tenetur-Grundsatz, S. 96 m.w.N. sowie *Zuck*, JR 2010, 19. Vgl. auch *Gaede*, JR 2009, 495.

formung des Art. 1 Abs. 1 i. V. m. 20 Abs. 3 GG findet. Jener Verortungsdualismus folgt dabei der ambivalenten Stoßrichtung des nemo tenetur-Satzes selbst, wobei die angestellte Menschenwürdekonnotation dessen individualakzentuierende Dimension herausstellt, die unmittelbare Verankerung im Rechtsstaatsprinzip dagegen dessen prozessorientierte solche betont. Konnte hierbei in concreto neben der objektivrechtlich intendierten Prozessmaximensicherung samt Wahrung der Rollenverteilung im Strafverfahren die der Beschuldigtenstellung des Verfahrensunterworfenen entspringende, individualschützende Gewährleistung prozessualer Autonomie als teleologisch relevantes Schutzanliegen ausgemacht werden, sichert das Selbstbezichtigungsprivileg als Abwehrinstitut gegen die drohende Instrumentalisierung des eigenen Willens die Abhandenheit einer Kollusion von noch zu präzisierender Willensbeugung und jedenfalls mittelbarer Verwertung der so erlangten Informationen im und in den Grenzen des eigenen Strafverfahrens. Binnensystematisch komplettiert wird diese Rechtsposition dabei einerseits durch die Verbürgungen des Grundrechts auf rechtliches Gehör gemäß Art. 103 Abs. 1 und 104 Abs. 3 S. 1 GG, die als Komplementärpart den positiven Mitwirkungsteil der Prozessautonomieposition abstützen, sowie andererseits durch die Unschuldsvermutung, die zum einen die effektive Ausübung der Gewährleistungen der Selbstbelastungsfreiheit ermöglicht und zum anderen durch die in Kombination mit dem Schuldgrundsatz geschaffene Beweislastverteilung gerade jene Prozessrollenverteilung etabliert, die der nemo tenetur-Grundsatz in seiner überindividuellen Ausformung schützen möchte. Erscheint das Fundament für den Fortgang der Untersuchung somit gegossen, bedarf die konkrete Schutzbereichsreichweite freilich nun noch näherer Kontur. Ausgehend von den nunmehr erarbeiteten Erkenntnissen sei sich daher im Folgenden der Auslotung des konkreten Gewährleistungsgehalts gewidmet.

II. Die objektive Schutzdimension

Die ersten Leitlinien scheinen hierbei noch recht schnell gefunden, wird doch – soweit ersichtlich – nirgends ernsthaft bezweifelt, dass es dem Strafverfahren verwehrt bleiben soll, dem Beschuldigten eine Rechtspflicht zur selbstbelastenden Einlassung aufzugeben respektive einen solchen Auftrag zwangsweise durchzusetzen.[344] Fügt sich das damit kehrseitig verbundene prozessuale Schweigerecht dabei nahtlos in das bereits erarbeitete Instrumentalisierungsdogma, besteht hierfür auch vor dem Hintergrund hiesiger Konzeption der Selbstbelastungsfreiheit kein Anlass. Ganz im Gegenteil verjüngte eine hypothetisch selbstinkriminierende Aussageverpflichtung zu Lasten des Beschuldigten dessen Fundus prozessualer Verhaltensmöglichkeiten gerade in solch weitgehendem Maße, dass von diesem ausschließlich ein die eigene Verteidigungsposition torpedierender Willensentschluss gefordert würde, und desavouierte so bei anschließend verfahrensrelevanter

---

[344] Siehe nur pars pro toto *Gleß*, in: Löwe/Rosenberg, § 136, Rn. 27; *Ransiek/Winsel*, GA 2015, 635; *Rogall*, in: SK-StPO, vor §§ 133 ff., Rn. 66 mit umfassenden Nachweisen.

Informationsverwertung dessen prozessuale Autonomieposition. Ferner getragen insbesondere von den Belehrungsvorschriften der Strafprozessordnung[345], kann die strafprozessuale Aussagefreiheit des Beschuldigten im Sinne eines umfassenden Schweigerechts damit als konsentierter – auch hier nicht anzugreifender – Mindestgehalt der Verbürgungen des nemo tenetur-Satzes ausgemacht werden.

Gleichwohl dürfen diese so souveränen ersten Schritte nicht zu verfrühter Hoffnung auf Trittsicherheit verleiten. So klar die Veste des Schweigerechts auch erscheint, so nebulös zeigt sich das Land dahinter. Verborgen liegen hier allen voran zwei Problemkreise, die im Folgenden näherer Erforschung bedürfen. Beleuchtet sei daher nachstehend zunächst die Problematik um die Definition des bereits angerissenen Topos der Aussagefreiheit, bevor ergründet werden muss, ob sich die Garantien des nemo tenetur-Grundsatzes tatsächlich in ebenjener, sodann konturierten Einlassungsfreiheit erschöpfen oder eben nicht doch eine weitergehende allgemeine Mitwirkungsfreiheit umfassen.

1. Von der Legitimation einer allgemeinen Mitwirkungsfreiheit: die Verbalitätsthese im Fokus der Betrachtung

Aufschluss verspricht in diesem Kontext die Auseinandersetzung mit der national sowie international im Vordringen befindlichen[346] Verbalitätsthese, welcher zufolge die Verbürgungen des nemo tenetur-Grundsatzes im bloßen Schutz der Freiheit der Aussage aufgehen.[347] Die gewährleistungsrelevante Grenze zieht hier also eine Unterscheidung zwischen verbalem und nonverbalem Verhalten, wobei ersterem stets absoluter Schutz anheimfallen soll, letzterem dagegen teils nur relativer solcher[348], teils sogar gänzliche Schutzbereichsausklammerung[349] attestiert wird. „Verbalität" – und damit „Aussage" im Sinne dieses Ansatzes – ist dabei jedes Verhalten, das hinreichend eigenständigen selbstinkriminierenden Erklärungswert aufweist[350], respektive jedes Gehaben, bei dessen Vornahme der Einzelne Einfluss

---

[345] Vgl. etwa §§ 55 Abs. 1 Alt. 1; 55 Abs. 2; 115 Abs. 3 S. 1; 136 Abs. 1 S. 2; 243 Abs. 5 S. 1 StPO.

[346] So ausdrücklich *Buchholz*, Der nemo tenetur-Grundsatz, S. 302.

[347] *Böse*, GA 2002, 128; *Böse*, Wirtschaftsaufsicht, S. 438 f.; *Buchholz*, Der nemo tenetur-Grundsatz, S. 291 ff. m. w. N., 304 ff.; *Lesch*, ZStW 1999, 638; *Lorenz*, JZ 1992, 1006; *Ransiek/Winsel*, GA 2015, 635 ff.; *Queck*, Die Geltung des nemo-tenetur-Grundsatzes, S. 205 ff. Im Kern folgt auch der von *Verrel*, Selbstbelastungsfreiheit, S. 238 ff., 253 ff. geprägte „Leib-Seele-Dualismus" diesem Ansatz. Ähnlich *Schaefer*, Steuerstrafverfahren, S. 179 ff. sowie *Schlauri*, Verbot des Selbstbelastungszwangs, S. 178 ff., siehe hierzu sogleich Teil 4 B. II. 2. b) mit Fn. 414 f.

[348] Vgl. *Buchholz*, Der nemo tenetur-Grundsatz, S. 291; *Ransiek/Winsel*, GA 2015, 638.

[349] Etwa *Böse*, GA 2002, 128.

[350] *Bosch*, Aspekte des nemo-tenetur-Prinzips, S. 303; *Buchholz*, Der nemo tenetur-Grundsatz, S. 293; *Hefendehl*, wistra 2003, 8; *Queck*, Die Geltung des nemo-tenetur-Grundsatzes, S. 207. Vgl. auch *Böse*, GA 2002, 128; *Böse*, Wirtschaftsaufsicht, S. 438 f. sowie *Schaefer*, Steuerstrafverfahren, S. 179 ff.

auf den Beweiswert seines dargebotenen Beweises nehmen kann[351], was in concreto neben freilich sämtlichen ausdrücklichen Äußerungen des Beschuldigten auch alle konkludenten Verhaltensweisen meint, soweit ebendiesen jener besondere inhaltliche Erklärungswert zukommt.[352] Negativ abgegrenzt greift der insoweit etablierte Gewährleistungsdreiklang, bestehend aus dem Zugeständnis einer prinzipiellen Nichteinlassungsbefugnis, der Unzulässigkeit von Maßnahmen, die auf Erzwingung einer solchen „Aussage", mithin auf die Durchsetzung jener nicht existierenden Pflicht gerichtet sind, sowie dem Verbot nachteiliger Folgen durch die Ausübung des Rechts[353], damit überall dort nicht, wo der Einzelne derlei Bekundungen nicht abgibt, folglich keinen Einfluss auf den Beweiswert nimmt, letztlich also kein neues Beweismittel gegen sich selbst produziert. Zuweilen angereichert um ein restringierendes, die Erforschungsmaßnahme adressierendes Erfordernis finaler Aussagegewinnung zur Gewährleistung weiterhin effektiver hoheitlicher Aufklärungsarbeit[354], beruft sich dieser Ansatz zur Legitimation seiner These neben der vermeintlich zwingenden Vorgabe dieser Lesart unter anderem durch die Vorschriften der Strafprozessordung, des Art. 14 Abs. 3 lit. g) IPBPR und des Art. 7 der Richtlinie über die Stärkung bestimmter Aspekte der Unschuldsvermutung und des Rechts auf Anwesenheit in der Verhandlung in Strafverfahren[355] insbesondere auch auf rechtsvergleichende Erwägungen[356] sowie die hierbei erkannt größere Harmonisierungszugänglichkeit mit Blick zuvörderst auf die europäische Judikatur und Dogmatik.[357]

---

[351] Siehe nur *Buchholz*, Der nemo tenetur-Grundsatz, S. 301. Von einem solchen Verständnis müssen im Kern auch *Ransiek/Winsel*, GA 2015, 636 f. ausgehen, vgl. Teil 4 B. II. 1., Fn. 365. In diese Richtung auch *Doege*, nemo-tenetur-Grundsatz, S. 105 ff., der allen voran auf die Produktion neuer Beweismittel abstellt und damit gleich dem EGMR (etwa EGMR v. 11.7.2006 – 54810/00, ECHR 2006-IX, 316 – Jalloh/Deutschland oder EGMR v. 17.12.1996 – 19187/91, ECHR 1996-VI, 2064 f. – Saunders/Vereinigtes Königreich) ebensolche Beweise vom Schutzbereich ausnimmt, die unabhängig vom Willen des Betroffenen existieren, hierzu näher auch Teil 4 B. II. 2. b).

[352] *Böse*, Wirtschaftsaufsicht, S. 438 f.; *Buchholz*, Der nemo tenetur-Grundsatz, S. 293 f. m.w.N.; *Hefendehl*, wistra 2003, 8; *Queck*, Die Geltung des nemo-tenetur-Grundsatzes, S. 206 f. Vgl. auch *Ransiek/Winsel*, GA 2015, 636, Fn. 122 und *Schaefer*, Steuerstrafverfahren, S. 182.

[353] Vgl. *Buchholz*, Der nemo tenetur-Grundsatz, S. 293 sowie *Doege*, nemo-tenetur-Grundsatz, S. 113 m.w.N.

[354] Siehe nur *Buchholz*, Der nemo tenetur-Grundsatz, S. 293 mit Nachweisen betreffend Fürspreche und Kritik.

[355] Richtlinie (EU) 2016/343 des Europäischen Parlaments und des Rates v. 9.3.2016 über die Stärkung bestimmter Aspekte der Unschuldsvermutung und des Rechts auf Anwesenheit in der Verhandlung in Strafverfahren, ABl. 2016 L 65, S. 1 ff.

[356] Siehe nur *Buchholz*, Der nemo tenetur-Grundsatz, S. 294 ff. unter Rezeption insbesondere des spanischen wie amerikanischen Verfassungsrechts und *Dannecker*, ZStW 2015, 1006. Vgl. ferner *Schlauri*, Verbot des Selbstbelastungszwangs, S. 178 ff.

[357] *Buchholz*, Der nemo tenetur-Grundsatz, S. 294; *Dannecker*, ZStW 2015, 1015 f.

Ebenletztere supranationale Argumentation verfängt dabei aber schon im Grundsatz nicht. So kann das konzeptionell nahtlose Einpflegen in eine bereits ihrerseits nicht überzeugende Rechtsprechungspraxis sowie Systematik, die darüber hinaus auch vom deutschen Rechtsdenken über weite Strecken divergiert[358], schon vor dem Hintergrund obig kundgetaner Bedenken[359] kein sonderlich starkes Argument sein. Auch Art. 7 der bezeichneten Richtlinie hilft hier nicht recht weiter, lässt ebenjener Sekundärrechtsakt doch ausweislich eigener Erwägungsgründe ausdrücklich Platz für eine überschießende nationale Umsetzung[360], versteht sich so lediglich als Vorgabe gemeinsamer Mindeststandards[361] und enthält sich daher gerade jener Frage, ob eine weitergehende Mitwirkungsfreiheit innerstaatlich gewährt werden soll.

Hängt somit alles an einer Entscheidung nach nationaldogmatischen Grundsätzen, können auch die vorgebracht systematischen Argumente an dieser Stelle zwar noch nicht endgültig widerlegt, gleichwohl relativiert werden. So sind die angeführten einfachgesetzlichen Belehrungsvorschriften der Strafprozessordnung bereits aus methodischer Warte normhierarchisch nicht in der Lage, den nach hiesiger Auffassung mit Verfassungsrang ausgestatteten nemo tenetur-Satz inhaltlich zu begrenzen. Können diese niederrangigen Normen eine spezielle Gewährleistungsbeschränkung daher allenfalls induktiv nahelegen, bleibt die Verifikation der These gewährleistungsorientierter Identität von konstitutioneller Selbstbelastungsfreiheit und einfachrechtlichen Schweigerechten der höheren nemo tenetur-Ebene vorbehalten, wo allen voran eine teleologische Betrachtung ausschlaggebend erscheint:

Jüngst *Doege* spricht sich in diesem Kontext für eine Verquickung von einschränkender Verbürgungskonzeption nach Verbalitätsgrundsätzen und autonomieorientierter Telosbestimmung aus. Bei der Diskussion um die Verwertbarkeit nonverbaler Verhaltensweisen stellt er insoweit auf die Produktion neuer Beweise durch den Beschuldigten als relevantes Instrumentalisierungsmoment ab. Nur hier liefere der Einzelne ein bis dato nicht vorhandenes Beweismittel gegen sich selbst und entbinde so die Anklage ein Stück weit von der ihr obliegenden Führung des Schuldbeweises. Allein hierdurch werde er daran gehindert, sein eigenes Prozessziel zu verfolgen, und stattdessen für Zwecke der Anklage eingespannt, wovor ihn der nemo tenetur-Satz schützen wolle. Gänzlich anders liege der Sachverhalt dagegen bei unabhängig vom Willen des Beschuldigten existierenden Beweisen; hier rühre die Belastungswirkung weniger aus der Mitwirkungshandlung als solcher, denn aus der erst nachgelagerten Verwertung durch die Strafverfolgungsbehörde. Dass ebendiese ihrer bestimmungsgemäßen Aufgabe nachkomme, mithin zur Sachver-

---

[358] Siehe nur etwa die aufgezeigte Disparität im Kontext des fair trial Prinzips Teil 4 B. I. 2. f) dd).

[359] Teil 4 B. I. 1.

[360] So ausdrücklich Erwägungsgrund 48 der Richtlinie (EU) 2016/343.

[361] Expressis verbis etwa Art. 1 sowie die Erwägungsgründe 9, 10, 48, 49 der Richtlinie (EU) 2016/343.

haltserforschung Beweise erhebe, könne der Einzelne aber nicht verhindern, sodass sich der Beschuldigte dem Strafverfahren im Ergebnis allein physisch zu unterwerfen habe, nicht aber intellektuell.[362]

Bemerkenswert an dieser argumentatio ist dabei, dass, obgleich auch *Doege* eine prinzipiell individualorientierte Wirkung des nemo tenetur-Satzes anerkennt[363], er an dieser Stelle die verfahrensorientierte Komplementärkomponente weit in den Vordergrund drängt und so dem Restriktionseinwand eine recht prozessorientierte Brille aufsetzt. Dass sich dieser prozedurale Einschlag indes nicht nur als bloß argumentative Zufälligkeit erweist, erhellt insbesondere vor dem Hintergrund der bereits zum Teil rezipierenden Erkenntnisse *Buchholz'*, welchen zufolge einen solch verbalen Konturierungsansatz allein schlüssig verstehen könne, wer die Ratio des nemo tenetur-Satzes in der Absicherung der strafprozessualen Wahrheitsfindung sehe, respektive den institutionellen Schutz des Strafverfahrens vor Desavouierung betone.[364] Bedarf die so aufgestellte Ausschließlichkeitsthese dabei für die Zwecke der vorliegenden Arbeit keiner näheren Verifikation, gibt sie doch Aufschluss über eine strukturelle Erkenntnis: Bei Tageslicht steht hinter dem Verbalitätsansatz ein deutlich verfahrensorientierteres Verständnis der Selbstbelastungsfreiheit. Gerade wer telosrelevant die objektivrechtliche Verfahrenskomponente in stärkerem Maße pointiert, wird auf Gewährleistungsebene eher auf die Verbalität bzw. den individuellen Beweiswerteinfluss abstellen; kurzum: Je objektivrechtlicher das anerkannte Telosgepräge, desto eher verbalitätsorientiert die Gewährleistungskonzeption.[365] Wurde einem solch streng monistisch verfahrensakzentuierendem Konzept aber bereits obig Absage erteilt[366], zeigt sich die bezeichnete Schutzbereichsrestriktion aus hiesiger Autonomieperspektive, so konsequent sie aus der konsequentialisch utilitaristischen Warte von *Buchholz* auch erscheinen mag, als in jedem Fall disharmonisch, wenngleich bis dato noch nicht endgültig ausgeschlossen.

Aufschlussreich sind sodann zuletzt die Ausführungen *Danneckers*, der auf dem Boden der ebendort favorisierten Ratio prozessual kommunikativer Autonomie[367] gleichsam ausdrücklich konstatiert, dass aus der Perspektive eines prozessualen Verständnisses der Selbstbelastungsfreiheit eine Beschränkung auf verbales Verhalten bereits nicht zwingend erscheint[368], so man eine solche aber befürworte, der Gewährleistungsgehalt des Grundsatzes um ergänzende Garantien aus „Nachsicht

---

[362] *Doege*, nemo-tenetur-Grundsatz, S. 105 ff.

[363] *Doege*, nemo-tenetur-Grundsatz, S. 91 ff., 99 f.

[364] Umfassend *Buchholz*, Der nemo tenetur-Grundsatz, S. 298 ff.

[365] Anders, gerade ins Gegenteil verkehrend, *Dannecker*, ZStW 2015, 1005 f. Siehe aber etwa *Ransiek/Winsel*, GA 2015, 636 ff., die ausgehend von deren ebendort als vorzugswürdig erkanntem, den Schutz der Wahrheitsfindung im Strafverfahren betonenden Ratiokonzept eine Schutzbereichsbeschränkung nach Verbalitätsgrundsätzen befürworten, da bei nonverbalen Verhaltensweisen die Gefahr inhaltlich unrichtiger Selbstbezichtigung nicht bestehe.

[366] Ausführlich Teil 4 B. I. 2. f).

[367] *Dannecker*, ZStW 2015, 391.

[368] *Dannecker*, ZStW 2015, 1005 f.

gegenüber menschlicher Schwäche" zu einer allgemeinen Mitwirkungsfreiheit aufgefüllt werden müsste.[369] Kann diesem Ansatz dabei schon aufgrund der hinter jener Ergänzung stehenden materiellen Unzumutbarkeitserwägungen[370] nicht in toto gefolgt werden, zeigt er jedoch bereits in die richtige Richtung:

Soweit man mit hiesiger Doktrin dem rechtsstaatlichen Prozesssicherungsauftrag eine individualakzentuierende Ausformung des nemo tenetur-Satzes beigibt, erscheint auf der Basis dieses so gewählten dualistischen Prozessautonomieansatzes das Verbalitätskriterium nicht mehr als tauglicher Differenzierungsgrund zur Schutzbereichsbegrenzung. So streitet zum einen die fundiert überindividuelle Stoßrichtung objektivrechtlicher Prozessrollensicherung qua zu sichernder Beweislastverteilung eher für die Annahme einer umfassenden Selbstbelastungsfreiheit.[371] Zum anderen bildet im Kontext der Individualschutzdimension, in konsequenter Fortführung obiger Erkenntnisse, die Qualität der hoheitlichen Behandlung den relevanten Anknüpfungspunkt der Untersuchung. Aus dieser Perspektive erscheinen dann eben nicht nur – wie auch immer umgrenzte – verbale Verhaltensweisen tauglich, den Willen des Einzelnen zu instrumentalisieren, sondern eben auch nonverbale dazu imstande, autonomienegierende Wirkung zu entfalten und somit die Rolle des Beschuldigten zu pervertieren. Man denke etwa an die durchgeführte Atemalkoholkontrolle bei einem Kraftfahrzeugführer, der sich über seine Trunkenheit durchaus im Klaren ist, oder an die schlichte Herausgabe besonderer Buchführungsunterlagen durch einen zur Aufzeichnung Verpflichteten, der positiv weiß, dass er rechtswidrig erlangte Vermögenswerte verbucht hat. Obgleich weitgehend unstreitiger Absenz eines hinreichend inkriminierenden Aussagegehalts verbalitätstheoretischer Diktion[372] befindet sich der Beschuldigte auch hier in dem prozeduralen Rollenkonflikt, sich dem Zwang zur faktischen Einräumung eines Vorwurfs ausgesetzt zu sehen, den er als selbstbestimmtes Prozesssubjekt aber umfassend bestreiten können dürfen müsste. Die ihm dabei verbliebene, nur noch auf dem Papier effektive Möglichkeit, jenen Tadel im Anschluss hieran formal zurückzuweisen, vermag eine selbstbestimmt freie Verteidigungsposition freilich nicht mehr überzeugend zu begründen[373], mithin den Schaden, den die Prozessrolle des Einzelnen bis dato genommen hat, nicht mehr zu kaschieren. Hieraus erhellt: Die Garantien des nemo tenetur-Satzes erschöpfen sich nach hiesiger Auffassung nicht allein in der Gewährleistung bloßer Aussagefreiheit; vielmehr erweist sich diese

---

[369] *Dannecker*, ZStW 2015, 400 f.
[370] Ausdrücklich *Dannecker*, ZStW 2015, 1005 f.; siehe dazu Teil 4 B. I. 2. d) bb).
[371] Insoweit noch zustimmend *Dannecker*, ZStW 2015, 1005 m.w.N.; vgl. auch EGMR v. 3.5.2001 – 31827/96, ECHR 2001-III, 450 – J.B./Schweiz.
[372] *Böse*, GA 2002, 128; *Doege*, nemo-tenetur-Grundsatz, S. 107, 167 f.; *Queck*, Die Geltung des nemo-tenetur-Grundsatzes, S. 207, 290. Dagegen *Schaefer*, Steuerstrafverfahren, S. 182 f.
[373] So aber *Dannecker*, ZStW 2015, 1006.

lediglich als Teilmenge[374] einer weitergehenden, dem Schutzschirm des Grundsatzes prinzipiell unterstellten[375], allgemeinen strafprozessualen Mitwirkungsfreiheit.

2. Auf der Suche nach dem relevanten Abgrenzungskriterium

Dieses erste Zwischenfazit vermag den Gewährleistungsumfang des nemo tenetur-Satzes jedoch freilich noch nicht final zu markieren, gibt die bloße Erkenntnis jener so merklichen Schutzbereichsausweitung doch noch mitnichten Aufschluss über die zwingend im Anschluss hieran zu untersuchende Legitimation etwaig anderweitiger Begrenzungen, mithin über gerade jene Abgrenzungsfrage, welche seit jeher im Zentrum des einschlägigen Diskurses[376] steht. Folglich kommt auch die vorliegende Arbeit nicht umhin, die prinzipielle Gebotenheit sowie den genauen Verlauf einer ebensolchen Trennlinie nachstehend näher zu ergründen.

a) Das Aktiv-Passiv-Dogma als nur unzureichend grobes Raster

Wohl am weitesten verbreitet findet sich die althergebrachte Auffassung, der nemo tenetur-Satz schütze allein vor der Verpflichtung zur aktiven Verfahrensteilhabe, stehe einer Forderung nach rein passivem Verhalten jedoch nicht entgegen.[377] Als geradezu klassische Schutzbereichskonzeption gründet sich die so etablierte Differenzierung zwischen aktiv prozessfördernder Mitwirkung und passiv selbst belastender Duldung insbesondere auf dem Fundament dreier[378] Argumente: So

---

[374] Zustimmend jüngst *Wiechmann*, Nonverbale Verhaltensweisen, S. 183.

[375] BGH v. 21.1.2004 – 1 StR 364/03, BGHSt 49, 58; BGH v. 19.1.2000 – 3 StR 531/99, BGHSt 45, 368; BGH v. 13.5.1996 – GSSt 1/96, BGHSt 42, 152; BGH v. 24.2.1994 – 4 StR 317/93, BGHSt 40, 71 f.; *Bosch*, Aspekte des nemo-tenetur-Prinzips, S. 277; *Eschelbach*, in: Satzger/Schluckebier/Widmaier-StPO, § 136, Rn. 45; *Rogall*, Der Beschuldigte, S. 54 ff., 59 f.; *Rogall*, in: SK-StPO, vor §§ 133 ff., Rn. 73, 130; *Schuhr*, in: MüKo-StPO, vor §§ 133 ff., Rn. 91; *Wiechmann*, Nonverbale Verhaltensweisen, S. 183.

[376] Siehe nur die systematische Aufbereitung bei *Torka*, Nachtatverhalten, S. 43 ff.

[377] BVerfG v. 3.3.2004 – 1 BvR 2378/98, BVerfGE 109, 324; BVerfG v. 13.1.1981 – 1 BvR 116/77, BVerfGE 56, 42; BGH v. 13.5.1996 – GSSt 1/96, BGHSt 42, 152; BGH v. 24.2.1994 – 4 StR 317/93, BGHSt 40, 71; BGH v. 9.4.1986 – 3 StR 551/85, BGHSt 34, 45 f.; *Dallmeyer*, KritV 2000, 265 f.; *Doege*, nemo-tenetur-Grundsatz, S. 104 f.; *Eidam*, Selbstbelastungsfreiheit, S. 128 ff., 135 ff., 143 ff., 370; *Eschelbach*, in: Satzger/Schluckebier/Widmaier-StPO, § 136, Rn. 45; *Gleß*, in: Löwe/Rosenberg, § 136, Rn. 27; *Kraft*, Das nemo tenetur-Prinzip, S. 177 f., 181 f.; *Kühl*, JuS 1986, 117 f.; *Kühne*, in: Löwe/Rosenberg, Einl. Abschn. J, Rn. 90; *Möller*, JR 2005, 317; *Rogall*, Der Beschuldigte, S. 42, 158; *Rogall*, in: SK-StPO, vor §§ 133 ff., Rn. 73, 142 m. w. N.; *Rüping*, JR 1974, 139; *Schneider*, NStZ 2017, 131; *Schneider*, Selbstbegünstigungsprinzip, S. 29 f., 36; *Schuhr*, in: MüKo-StPO, vor §§ 133 ff., Rn. 91 f. Nachweise ferner bei *Buchholz*, Der nemo tenetur-Grundsatz, S. 270, Fn. 1439. Zur Relativität der Begriffe „Aktiv" und „Passiv" eingehend *Schlauri*, Verbot des Selbstbelastungszwangs, 112 ff.

[378] Weiter noch *Buchholz*, Der nemo tenetur-Grundsatz, S. 272, 274, der sich daneben mit dem Wortsinn des lateinischen Satzes „nemo tenetur se ipsum accusare/prodere" sowie der

stützen sich Vertreter jenes Konturierungsansatzes neben einer im Vergleich zur aktiven Mitwirkung vermeintlich als schwächer identifizierten Eingriffsintensität passiver Duldungspflichten[379], welche letztere als „verfassungsrechtlich unbedenklich"[380] erscheinen lasse, ironischerweise den Verfechtern der Verbalitätsthese gleich, nicht zuletzt auf die lex lata der Strafprozessordnung. Die ebendort vorgefundene systematische Absenz aktiver Mitwirkungspflichten des Beschuldigten belege dabei die generelle Unzulässigkeit einer aktiven Mitwirkung[381] gleichsam der „Gesetzesfassung" selbst, die keine andere Auslegung zulasse, als dass „der Beschuldigte die Befugnis [habe], sich gegenüber der Beschuldigung passiv zu verhalten und zu schweigen".[382]

Jene zwei Argumente strafprozessrechtlicher Systematik sowie Gesetzesfassung gehen indes schon empirisch fehl. So kennt das Gesetz, eingedenk positivierter Anwesenheits- und Erscheinungspflichten[383], eben gerade doch aktive Verhaltensaufträge an den Verfahrensunterworfenen[384]; und auch die mit der ins Feld geführten „Gesetzesfassung" wohl bezeichneten Belehrungsvorschriften stützen angesichts der wiederholten Unterrichtung des Einzelnen über die Freiheit, „nicht zur Sache auszusagen"[385], wohl eher einen Restriktionsansatz verbalitätstheoretischer Natur.[386] Jedenfalls aber, und das ist an dieser Stelle entscheidend, begegnen beide Begründungsansätze rasch dem bereits dargelegten Methodikbedenken, bleiben doch auch hier die angeführten einfachgesetzlichen Vorschriften der Strafprozessordung normhierarchisch nicht in der Lage, den mit Verfassungsrang ausgestatteten nemo tenetur-Satz inhaltlich zu begrenzen.[387]

---

sich bei *Eidam*, Selbstbelastungsfreiheit, S. 143 findenden ideologischen Begründung auseinandersetzt, beiden Ansätzen aber zutreffend widerspricht.

[379] BVerfG v. 13.1.1981 – 1 BvR 116/77, BVerfGE 56, 42 f.; *Doege*, nemo-tenetur-Grundsatz, S. 104 f.; *Eser*, in: Beiheft zu ZStW 1974, S. 146; *Kasiske*, JuS 2014, 16; *Nothhelfer*, Selbstbezichtigungszwang, S. 91 f.; *Rogall*, in: SK-StPO, vor §§ 133 ff., Rn. 142. Vgl. auch *Kölbel*, Selbstbelastungsfreiheiten, S. 44 ff.; *von Freier*, ZStW 2010, 130. Siehe letztlich *Buchholz*, Der nemo tenetur-Grundsatz, S. 271 f. m. w. N.

[380] So jedenfalls *Buchholz*, Der nemo tenetur-Grundsatz, S. 272 unter zweifelhaftem Rekurs auf BVerfG v. 29.5.1963 – 2 BvR 161/63, BVerfGE 16, 191.

[381] BGH v. 9.4.1986 – 3 StR 551/85, BGHSt 34, 45 f.; *Dahs/Wimmer*, NJW 1960, 2219; *Dingeldey*, JA 1984, 412 f.; *Reiß*, Besteuerungsverfahren, S. 176. Ferner *Bosch*, Aspekte des nemo-tenetur-Prinzips, S. 278 m. w. N.

[382] *Rogall*, Der Beschuldigte, S. 42; vgl. auch *Reiß*, Besteuerungsverfahren, S. 176 ff. sowie *Schneider*, Selbstbegünstigungsprinzip, S. 29 f.

[383] Siehe etwa §§ 163a Abs. 3 S. 1; 230 Abs. 1; 231 Abs. 1 S. 1 StPO. Zur Behandlung solcher Unterstützungspflichten vgl. auch schon Teil 4 B. I. 2. f) bb) sowie nachstehend Teil 4 B. II. 2. b).

[384] Vgl. auch *Buchholz*, Der nemo tenetur-Grundsatz, S. 273.

[385] So etwa §§ 115 Abs. 3 S. 1; 136 Abs. 1 S. 2; 243 Abs. 5 S. 1 StPO.

[386] Eingehend *Buchholz*, Der nemo tenetur-Grundsatz, S. 273, 277, 302 f.; *Verrel*, Selbstbelastungsfreiheit, S. 233.

[387] Ähnlich *Buchholz*, Der nemo tenetur-Grundsatz, S. 273 sowie *Verrel*, Selbstbelastungsfreiheit, S. 233.

Verbleibt damit also allein der Einwand divergierender Eingriffsintensität, sieht sich indes auch dieser bereits verschiedentlicher Kritik[388] ausgesetzt. So bestreiten etwa *Verrel* und *Weßlau* ebenjenes Ungleichheitsverhältnis mit der rechtstatsächlichen Erwägung, die Gleichrangigkeit von Aktivität und Passivität werde gerade dadurch ersichtlich, dass der Beschuldigte erfahrungsgemäß versuche, bevorstehenden Duldungszwang mittels aktiver Mitwirkung präventiv abzuwenden.[389] Angesichts des qua absehbarer Zwangsanwendung bestehenden faktischen Kooperationsdrucks handle es sich aus dessen Perspektive „dann aber durchaus nicht um eine ‚freiwillige', sondern um eine ‚abgenötigte' Mitwirkung", weshalb sich „Duldungspflichten nicht grundsätzlich von Mitwirkungspflichten [unterscheiden]".[390] Sei die Frage der Tauglichkeit rein faktischer Druckausübung als hinreichende tenetur-Komponente der Selbstbelastungsfreiheit an dieser Stelle noch zeitweilig hintangestellt[391], können weite Teile solcher Vergleichbarkeitsgedanken bereits hier relativiert werden: So verwundert es schon vor dem Hintergrund der diskursbelasteten Ratio des Selbstbezichtigungsprivilegs wenig, dass sich die bezeichnet divergierende Eingriffsdimension nicht von jedem Standpunkt aus in gleichem Maße zweifelsfrei erschließt. Dass es also etwa für die subjektive Zumutbarkeit der konkreten Verfahrensförderung respektive für den Selbsterhalt des Beschuldigten eine allenfalls untergeordnete Rolle spielt, ob sich dieser nun aktiv oder passiv verhalten muss[392], erscheint daher genauso nachvollziehbar wie unerheblich für den Fortgang der hiesigen Untersuchung. Wurde dieser nämlich bereits ein abweichendes teleologisches Grundmodell beigegeben, verändert und verjüngt sich damit auch der Blickwinkel auf die hier zu stellende Frage: Entscheidend ist allein, ob auf der Grundlage einer prozessautonomieorientierten Telosbestimmung die phänomenologische Passivität zu einer an ebendiesem Kriterium orientierten Schutzbereichsrestriktion zwingt.

Explizit hierauf scheint sodann *Doege* prima facie die Antwort zu liefern, wenn er zur Legitimation einer solchen Differenzierung konstatiert, dass die Verpflichtung des Beschuldigten zur aktiven Mitwirkung am Verfahren dessen Willen nicht breche, sondern lediglich beuge, diesen also zur Aufgabe seiner Verteidigungsposition und zur Förderung des gegen ihn gerichteten Verfahrensziels zwinge und damit qua Pervertierung dessen verfahrensrechtlicher Autonomie, mithin seiner Subjektstellung per se, gerade jenes Instrumentalisierungsmoment begründe, welches zu un-

---

[388] *Bosch*, Aspekte des nemo-tenetur-Prinzips, S. 277 ff.; *Buchholz*, Der nemo tenetur-Grundsatz, S. 280 ff.; *Mahlstedt*, Die verdeckte Befragung, S. 71 ff.; *Neumann*, in: FS-Wolff, S. 378 f.; *Radtke*, in: FS-Meyer-Goßner, S. 331; *Torka*, Nachtatverhalten, S. 55 f., 58; *Verrel*, NStZ 1997, 417 f.; *Verrel*, Selbstbelastungsfreiheit, S. 232, 283; *Weßlau*, ZStW 1998, 30 f.

[389] *Verrel*, Selbstbelastungsfreiheit, S. 232, 283; ähnlich auch *Bosch*, Aspekte des nemo-tenetur-Prinzips, S. 281 f.

[390] *Weßlau*, ZStW 1998, 31.

[391] Näher dazu sogleich in Teil 4 C. I.

[392] So etwa *Buchholz*, Der nemo tenetur-Grundsatz, S. 282; *Mahlstedt*, Die verdeckte Befragung, S. 72 sowie *Torka*, Nachtatverhalten, S. 55 f., 58.

terbinden der nemo tenetur-Grundsatz bestimmt sei. Falle aktiver Selbstbelastungspflichten daher, eingedenk dieser „Instrumentalisierung zur Kompromittierung der eigenen Verteidigungsposition", eine „spezifische Eingriffsqualität" anheim, unterscheide sie dies kategorisch von passiven Duldungspflichten, welche mangels gleichwertiger Autonomienegation willensbrechender Zwangsmittel jener spezifischen Desavouierungsgefahr strukturell entbehren würden. Obgleich also auch Duldungspflichten ein gewisses Moment der Unterordnung anhafte, fehle ihnen gerade jenes entscheidende Moment der Instrumentalisierung, was deren systematische Ausklammerung aus dem Schutzbereich des nemo tenetur-Satzes bewirke und so im Ergebnis auch vor dem Hintergrund einer prozessautonomieorientierten Telosbestimmung in eine Unterscheidung zwischen aktiver und passiver Verfahrensförderung münde.[393]

Dem ist auf den ersten Blick auch augenscheinlich zuzustimmen, scheint eine Einspannung des eigenen Willens gegen den Verfahrensunterworfenen selbst doch tatsächlich überall dort ausgeschlossen, wo dieser zur passiven Duldung angehalten wird, dessen Willensposition also gerade zwangsweisen Ausschluss erfährt. Unterbindet dieses Einspannungsdefizit als insoweit fehlende conditio sine qua non[394] sodann wiederum strukturell die Instrumentalisierung der Autonomieposition sowie der Prozessrolle des Einzelnen, liegt damit die typologische Passivität auch aus hiesig gewählter Autonomiewarte als taugliches Abgrenzungskriterium denkbar nahe. Bei näherer Betrachtung erhellt jedoch ein differenzierteres Bild: So litte eine endgültige Verknüpfung von prozessualer Autonomiedoktrin und aktiv-passiv-dogmatischem Konturansatz an der Unschärfe, die noch aufzuzeigende Inkongruenz der Topoi „Passivität" und „Duldung" nicht hinreichend zu würdigen. Sei dieses Divergenzverhältnis dabei sogleich in thematisch passenderem Kontext aufgezeigt[395], muss an dieser Stelle noch mit der Behauptung vertröstet werden, dass aus dem hiesigen Autonomiekonzept eine merklich präzisere Gewährleistungsbeschränkung gewonnen werden kann als jene auf eine lediglich überzeichnende Fassung von Passivität.

Darüber hinaus wäre eine solche Unterscheidung auch vor dem Hintergrund kernstrafrechtlicher Grundlagen zweifelhaft: Unter der Ägide des § 13 StGB entscheidet sich das deutsche Strafrecht für eine im Hinblick auf den sozialethischen Unwert der Tat prinzipielle Gleichwertigkeit von aktivem Tun und passivem Unterlassen.[396] Erscheint die von der Aktiv-Passiv-These formulierte strenge Unterscheidung nach dem äußeren Verhalten des Einzelnen daher der nationalen Strafrechtsdogmatik zum einen systematisch fremd[397], zeichnete ein solches Dogma zum

---

[393] Ausführlich *Doege*, nemo-tenetur-Grundsatz, S. 104 f. m. w. N.

[394] Näher Teil 4 B. I. 2. f) bb) und cc).

[395] Teil 4 B. II. 2. b).

[396] *Buchholz*, Der nemo tenetur-Grundsatz, S. 278; *Torka*, Nachtatverhalten, S. 58, 301. Vgl. ferner *Kühl*, Strafrecht AT, § 18, Rn. 2 f.

[397] Vgl. auch *Torka*, Nachtatverhalten, S. 58.

anderen nicht unproblematische Fernwirkungen auf die strafrechtliche Unterlassungsdogmatik in Gänze. So bewirkte die Beschränkung des nemo tenetur-Satzes auf rein passives Verhalten eine weitreichende Überschneidung der Anwendungsbereiche von Selbstbelastungsfreiheit und Unterlassungsdelikten, worauf sich ein problemträchtiges Spannungsfeld gründete, welches insbesondere *Rogall* zu jener normativen Korrektur zwingt, die er unter Rekurs auf die mittelbare Drittwirkung der Grundrechte anstellen muss. Über die Generalklausel der Zumutbarkeit normgemäßen Verhaltens fließe demnach der Gedanke des Selbstbezichtigungsprivilegs in die strafrechtliche Beurteilung von Unterlassungstaten und verhindere so Strafbarkeiten, die dem Grundsatz der Selbstbelastungsfreiheit widersprächen[398]; ein Konzept, das sowohl den Rechtsschutz des seinerseits betroffenen rechtstreuen Dritten strukturell mindert[399] als auch durch die zwingende Betrachtung ex post Einfallstor für erhebliche Rechtsunsicherheitsbedenken[400] bleibt; kurzum ein Kunstgriff, der im Ergebnis lediglich der Behandlung des Symptoms dient, nicht aber der Krankheit selbst.

Aber auch in praxi scheint eine solch verhaltensorientierte Abgrenzung nicht imstande, handhabbare Ergebnisse zu liefern. Bleibt der relevante Anknüpfungspunkt der Differenzierungsentscheidung oft nur nebulös, stößt die Aktiv-Passiv-These an verschiedenen Stellen strafprozessualer Sachverhaltserforschung schnell an ihre Grenzen. So offenbart sich etwa im Bereich verdeckter Ermittlungsmaßnahmen die propagierte unzulässige selbstbezichtigende Aktivität im Fall heimlichtäuschungsbedingter Aussagegewinnung unmittelbar vom Beschuldigten zwar noch recht deutlich, unklar dagegen bleibt, ob auch Konstellationen verdeckter Überwachungsmaßnahmen, beispielsweise mittels (Tele-)Kommunikationsüberwachung, an dem gleichen Parameter zu messen sind, mithin, ob auch hier gleichsam auf das insoweit unverändert aktiv gesprochene selbstbelastende Wort abgestellt werden muss – oder nicht doch auf das bloß passive Ertragen[401] des Lauschangriffs. Noch unschärfer werden die Grenzen sodann beim Einsatz von Brechmitteln. Wird dem Verfahrensunterworfenen ein Vomitiv verabreicht und erbricht er sich daraufhin seines selbstinkriminierenden Mageninhalts, bleibt ungeklärt, ob der relevante Bezugspunkt der Differenzierungsentscheidung etwa im aktiven Erbrechen[402] oder im nur passiven Dulden der freilich unwillkürlichen Köperreaktion[403] gesehen werden

---

[398] *Rogall*, Der Beschuldigte, S. 153 f.; 162.

[399] So zutreffend *Torka*, Nachtatverhalten, S. 54 f., der unter Rekurs auf *Schneider*, Selbstbegünstigungsprinzip, S. 376 insoweit von einem erbrachten „Sonderopfer" des Dritten redet.

[400] Siehe nur *Torka*, Nachtatverhalten, S. 55 sowie *Nothhelfer*, Selbstbezichtigungszwang, S. 86 m.w.N. Ähnlich auch *Schneider*, Selbstbegünstigungsprinzip, S. 33, 375 f.

[401] *Weßlau*, ZStW 1998, 29. Siehe auch *Buchholz*, Der nemo tenetur-Grundsatz, S. 282.

[402] So etwa OLG Frankfurt a.M. v. 11.10.1996 – 1 Ss 28/96, NJW 1997, 1648.

[403] Von diesem Verständnis gehen offenbar BVerfG v. 15.9.1999 – 2 BvR 2360/95, NStZ 2000, 96; *Eisenhardt*, nemo tenetur-Prinzip, S. 178 f. sowie *Krause*, in: Löwe/Rosenberg,

muss; eine Ratlosigkeit, die ferner um die Frage potenziert wird, ob und, wenn ja, welchen Einfluss es auf die Beurteilung haben soll, sollte sich der Beschuldigte schon ex ante gegen die Einnahme des Mittels gesträubt haben.[404] Eindrucksvoll die Unzulänglichkeiten einer solchen phänomenologischen Abgrenzung unterstreicht letztlich die Debatte um die Reichweite zulässiger Zwangsmaßnahmen zu Lasten des Beschuldigten im Rahmen einer Gegenüberstellung. In der einschlägigen causa[405] wurden die Beschuldigten hier unter anderem dazu angehalten, eine bestimmte Körperhaltung sowie einen neutralen Gesichtsausdruck einzunehmen und beizubehalten. Als sie sich den Anweisungen aber etwa durch bewusstes Abwenden, Absenken des Kopfes, Schließen der Augen oder abweichende Mimik primär widersetzten und daraufhin die Kooperationsanordnung zwangsweise durchgesetzt wurde, stellte sich im Kontext der Beweisverwertung abermals die Frage nach dem Vorliegen nemo tenetur-widrigen Zwangs zur Aktivität. Das zur Entscheidung berufene Kammergericht negierte dies mit der Begründung, die Beschuldigten seien lediglich forciert worden, den ihnen zukommenden Passivitätsauftrag nicht mittels Aktivität zu torpedieren, und führte dazu aus:

„Die Angekl[agten] sind nicht gezwungen worden, einen bestimmten Gesichtsausdruck anzunehmen. Vielmehr mußten sie gewaltsam daran gehindert werden, durch Abwenden und Senken des Kopfes, Schließen der Augen und Grimassenschneiden den Zweck der Gegenüberstellung dadurch zu vereiteln, daß sie den Zeugen die Betrachtung ihrer Gesichtszüge im normalen, unverstellten Zustand unmöglich machten. Sie wurden also nicht zu einem aktiven, willentlichen Tun, sondern zur Aufgabe ihres rechtswidrigen Widerstands gegen die Erfüllung der ihnen obliegenden passiven Duldungspflicht gezwungen."[406]

Gerade der erste Satz des angeführten Diktums, der im Übrigen bereits stillschweigend die erste Weiche zur finalen Passivitätsentscheidung stellt, scheint dabei aber so zwingend nicht, ließe sich der damit getroffenen Prämisse doch argumentativ gleichwertig vice versa entgegnen, dass der Auftrag, Gesichtsmuskeln passiv nicht in einer die Gegenüberstellung torpedierenden Weise anzuspannen, bei Tageslicht vielmehr eine Pflicht sei, die mimische Muskulatur aktiv in einer neutralen, mithin selbstüberführenden Weise zu halten.[407] Letztere argumentatio läge zumindest eine

---

§ 81a, Rn. 22 aus; siehe auch *Ransiek/Winsel*, GA 2015, 628. Kritisch *Buchholz*, Der nemo tenetur-Grundsatz, S. 288 f.; *Eidam*, Selbstbelastungsfreiheit, S. 137 f.; 150 ff.

[404] Bewusst ad absurdum führen *Ransiek/Winsel*, GA 2015, 628 f. diese Debatte, wenn sie ferner konstatieren: „Oder will man [...] ernsthaft danach differenzieren, ob dem Beschuldigten die Freiheit verbleibt, das Erbrochene – aktiv – wieder herzunter zu schlucken? Handelt es sich dann andererseits wieder um erlaubten Zwang zur Passivität, wenn man ihm diese Möglichkeit durch zwangsweises Öffnen der Zähne nimmt? Soll der Zwang zu erbrechen rechtlich anders zu behandeln sein als der Einsatz einer Magenpumpe, durch die der Magen des Beschuldigten ohne sein Zutun entleert wird? Was ist dann, wenn durch das Einführen der Pumpe Erbrechen ausgelöst wird?"

[405] KG v. 4.5.1979 – (1) 1 StE 2/77, NJW 1979, 1668 f., sog. „Grimassen-Fall".

[406] KG v. 4.5.1979 – (1) 1 StE 2/77, NJW 1979, 1669.

[407] So etwa *Buchholz*, Der nemo tenetur-Grundsatz, S. 289; ähnlich *Neumann*, in: FS-Wolff, S. 377. Kritisch der Passivitätseinordnung gegenüber auch *Grünwald*, JZ 1981, 428;

den Ideen des Kernstrafrechts entliehene Beurteilung anhand einschlägiger Energie- und Schwerpunktkriterien nahe.[408]

Schließlich muss dieses Spannungsverhältnis an dieser Stelle aber gar nicht endgültig geklärt werden, wurden die mit einer typologischen Unterscheidung zwischen Aktivität und Passivität einhergehenden nachhaltigen Defizite doch bereits hinreichend deutlich. So begründet die aufgezeigt inkonstante und damit final undurchsichtige Auswahl des relevanten Anknüpfungspunkts einen weitschweifigen Graubereich, welcher nachhaltiges Missbrauchspotential zu Lasten des Beschuldigten birgt, und dessen Rechtsposition so qua Indifferenz entwertet. Im Ergebnis zeigt sich das Aktiv-Passiv-Dogma damit als ein allenfalls oberflächlich taugliches, jedenfalls aber rechtsunsicherheitsbehaftetes Raster zur Schutzbereichskonturierung, welches in der so überzeichnenden Fassung ferner einer normativen Grundlage im hiesigen Autonomiekonzept entbehrt.[409]

b) Die weiteren Konkretisierungsversuche

Wo aber dann die Grenze ziehen? Schon im Grundsatz verfehlt wäre es, angesichts dieser Negation die prinzipielle Notwendigkeit einer Restriktion anzuzweifeln, führte eine solche Missinterpretation des fundierten Postulats umfassender Mitwirkungsfreiheit als omnipotenten Freistellungsanspruch in der Konsequenz doch nur zur Unmöglichkeit des Strafverfahrens selbst.[410] Selbstredend darf es dem Einzelnen etwa gerade nicht freistehen, darüber zu entscheiden, ob er dem Prozess der Sache nach unterworfen oder er an dessen Ende bestraft oder eine etwaige Strafe im Anschluss hieran vollstreckt werden soll. Abermals sei daher betont: Strafprozessuale Mitwirkungsfreiheit als Ausfluss prozeduraler Selbstbestimmtheit kann im hiesigen Konzept allein und allenfalls Freiheit *im* hoheitlich institutionalisierten Strafverfahren meinen. Gleichwohl kommt auch in diesen Grenzen das Verfahren ohne ein gewisses Mindestmaß an individueller Kooperationsleistung nicht aus, wäre ein Strafprozess doch mangels zulässiger Sachverhaltserforschung nicht minder faktisch unterbunden, hätte der Einzelne die behördliche Ermittlungstätigkeit nicht wenigstens in irgendwie gearteter Weise zu akzeptieren. Erscheint das Ergebnis umfassender Pflichtenfreiheit daher mit Blick auf die Effektivität der Strafverfolgung als nachhaltig bedenklich, gebieten andererseits aber auch weder der erkannte Schutzzweck der Wahrung prozessualer Rollenverteilung noch jener der Gewähr-

---

Rogall, in: SK-StPO, vor §§ 133 ff., Rn. 73. Eingehend ferner *Bosch*, Aspekte des nemo-tenetur-Prinzips, S. 289 ff.

[408] So auch *Buchholz*, Der nemo tenetur-Grundsatz, S. 279; siehe aber sogleich Teil 4 B. II. 2. a), Fn. 409.

[409] Keiner Entscheidung bedarf daher auch die Frage, ob die kernstrafrechtliche Unterlassungsdogmatik zumindest die aufgezeigten praktischen Schwierigkeiten überwinden könnte; wohl zu Recht dagegen etwa *Bosch*, Aspekte des nemo-tenetur-Prinzips, S. 279.

[410] Zustimmend *Doege*, nemo-tenetur-Grundsatz, S. 93, 103; weitergehend, aber gleichsinnig auch *Buchholz*, Der nemo-tenetur-Grundsatz, S. 288.

leistung prozeduraler Autonomie des Beschuldigten eine solch ausnahmslose Freistellung[411], stellt sich an diesem Punkt nicht mehr die Frage nach dem Ob der einschlägigen Trennlinie, sondern allein jene nach dem Wo. Antwort hierauf liefert wiederholt eine teleologische Betrachtung; eine Perspektive, die weite Teile vertretener Schutzbereichskonzeptionen bereits strukturell exkludiert:

So stellen unter anderem der Europäische Gerichtshof für Menschenrechte[412] sowie Art. 7 Abs. 3 RL (EU) 2016/343 zur Gewährleistungsbeschränkung auf die Abhängigkeit der Existenz infrage stehender Beweismittel vom Willen des Beschuldigten ab. Können demnach dort, wo Beweismittel unabhängig hiervon vorliegen, diese notfalls auch unter Anwendung von Zwang zur aktiven Herausgabe erhoben werden, liegt die damit etablierte Grenzziehung ersichtlich nah an jenem hinreichenden Einfluss auf den Beweiswert, der schon zur Abgrenzung von verbalem und nonverbalem Verhalten unter dem Leitgedanken der Verbalitätsthese angeführt wurde. Steht bei Tageslicht also auch hinter diesem willensorientierten Ansatz Gedankengut verbalitätstheoretischer Natur[413], mithin jene Idee, die bereits andernorts verworfen werden musste, verfängt auch diese Lesart des nemo tenetur-Satzes nicht. Demselben Bedenken setzt sich sodann die Auffassung aus, die Schutzbereichskontur des Grundsatzes verlaufe dort, wo vom Adressaten ein Verhalten gefordert werde, das näher umschriebenen kommunikativen Inhalt[414] aufweise; auch hier wird sich stillschweigend eines verbalitätstheoretischen Kniffs bedient, der dem hiesigen Autonomiekonzept strukturell widerstrebt. Ein ganz ähnliches Schicksal ereilt zuletzt die Ansicht, dem Schutzschirm des Selbstbezichtigungsprivilegs unterstellt sei allein die Freiheit vor hoheitlichen Erforschungsmaßnahmen, die auf das Wissen des Einzelnen zugreifen.[415] Stützt sich diese maßgeblich von *Reiß*[416] geprägte Theorie vom Wissenszugriff nämlich auf ein Strukturverständnis des nemo tenetur-Satzes als Informationsbeherrschungsrecht[417], wird der Beschuldigte in hiesiger Diktion aber aufgezeigtermaßen weniger als Wissensträger denn als selbstbestimmtes Verfahrenssubjekt geschützt, krankt letztlich auch dieser Ansatz am Makel konzeptioneller Inkompatibilität.

---

[411] Siehe nur Teil 4 B. I. 2. f) bb).

[412] Siehe nur EGMR v. 11.7.2006 – 54810/00, ECHR 2006-IX, 316 – Jalloh/Deutschland oder EGMR v. 17.12.1996 – 19187/91, ECHR 1996-VI, 2064 f. – Saunders/Vereinigtes Königreich. Näher *Dannecker*, ZStW 2015, 1002 f.

[413] Vgl. *Buchholz*, Der nemo tenetur-Grundsatz, S. 303.

[414] So etwa *Schaefer*, Steuerstrafverfahren, S. 179 ff., der insoweit auf den kommunikativen Erklärungswert der Mitwirkungshandlung abstellt, sich aber kehrseitig durch ein extensives Verständnis der relevanten Informationen von den Grundsätzen der bisher aufgezeigten Verbalitätsthese im Ergebnis wieder entfernt.

[415] Ähnlich auch *Schlauri*, Verbot des Selbstbelastungszwangs, S. 178 ff., die in Anlehnung an den amerikanischen Rechtskreis ein testimonial/nontestimonial-Dogma errichtet.

[416] *Reiß*, Besteuerungsverfahren, S. 177 ff.

[417] Ausdrücklich *Bosch*, Aspekte des nemo-tenetur-Prinzips, S. 50, 284. Siehe ferner die Nachweise in Teil 4 B. I. 2. e), Fn. 266.

Zurückzubesinnen ist sich daher auf das bereits Gefundene. Den Ausgangspunkt der hiesigen Systemfindung bildet die bereits thematisierte Unterscheidung zwischen den Kategorien „Willensbruch" und „Willensbeugung". Stehen diese, wie dargelegt[418], im Kontext der Selbstbelastungsfreiheit gerade nicht in einem quantitativen Steigerungs-, sondern in einem qualitativen Kontrastverhältnis, fließt aus diesem normativen Dualismus das relevante Konturierungskonzept:

Dort, wo die Willensbildung des Einzelnen ex ante unterbunden respektive ein bereits bestehender Wille zwangsweise übergangen wird, kann ebendieser schon mangels Existenz nicht (mehr) gegen den Beschuldigten eingespannt, dessen Autonomieposition also insoweit nicht instrumentalisiert und die prozessuale Subjektstellung so nicht oktroyiert werden.[419] In konsequenter Fortführung der obig favorisierten Autonomiethese müssen damit Konstellationen willensausschließender wie willensbrechender Gewalt kategorisch aus dem Schutzbereich des nemo tenetur-Satzes scheiden, wobei es für diesen Ausschlussbefund auch ohne Relevanz ist, ob die autonomieunterbindende Behandlung bereits die Ebene individueller Willensbildung tangiert oder erst nachgelagert jene entsprechender Willensausübung. Hier wie dort liegt die hoheitliche Beweiserhebung nicht mehr im selbstbestimmten Machtbereich des Einzelnen; ganz im Gegenteil verläuft das Strafverfahren insoweit gerade abseits davon. Kommt die Verfolgungsbehörde bei willensausschließender Beweiserhebung ferner auch aus überindividueller Perspektive ihrer originären Aufgabe eigenverantwortlicher Sachverhaltserforschung nach, steht demgegenüber im Fall hoheitlicher Anwendung selbstbelastungsrelevanter vis compulsiva ein gänzlich anderes Bild: Allein die Entscheidungspositionen verjüngende Willensbeugung ist dazu imstande, den Einzelnen in die prekäre Lage zu drängen, nur noch eine einzige (steuerbare) Handlungsalternative innezuhaben, die in Kombination mit einem hypothetisch erteilten selbstbelastenden Verhaltensauftrag vom Adressaten gerade jenen eigenbezichtigenden Willensentschluss forderte, der bei anschließend strafprozessualer Verwertung der so erlangten Informationen autonomieinstrumentalisierende, rollendesavouierende und im Ergebnis subjektanspruchsnegierende Wirkung im obig dargestellten Sinne entfaltete. Fußt das der hiesigen Autonomiethese entspringende Abgrenzungskriterium damit zuvörderst auf dem qualitativen Belastungsunterschied zwischen vis absoluta und vis compulsiva[420], kondensiert das so etablierte Restriktionsdogma in die erste gewährleistungskonturierende Kontrollfrage: Wird durch die konkret infrage stehende hoheitliche Behandlung der

---

[418] Teil 4 B. I. 2. f) cc).

[419] So auch noch *Doege*, nemo-tenetur-Grundsatz, S. 105, der hieraus aber einen zweifelhaften Schluss zu Gunsten des Aktiv-Passiv-Dogmas zieht.

[420] So im Ergebnis auch *Grünwald*, JZ 1981, 428, der zur Begründung aber auf die Erlösung des Beschuldigten von der „Qual, zwischen der Mitwirkung an der eigenen Überführung und dem Hinnehmen anderer Übel [...] wählen zu müssen", mithin auf unzumutbarkeitstheoretische Grundsätze rekurriert. Kritisch zu dieser These etwa *Bosch*, Aspekte des nemo-tenetur-Prinzips, S. 280 f.; *Buchholz*, Der nemo tenetur-Grundsatz, S. 284 f.; *Torka*, Nachtatverhalten, S. 89; *Verrel*, Selbstbelastungsfreiheit, S. 212 ff.

B. Der Gewährleistungsgehalt des nemo tenetur-Grundsatzes

Wille des Beschuldigten ausgeschlossen oder lediglich gebeugt? Bleibt der Topos tatbestandsrelevanter Willensbeugung dabei freilich noch näher zu konkretisieren[421], markiert dieses erste Aussonderungsfazit noch mitnichten den finalen Gewährleistungsumfang des nemo tenetur-Satzes; bis dato aus dem Schutzbereich ausgeklammert wurden hiermit lediglich all jene hoheitlichen Maßnahmen, die das Schutzgut prozessualer Autonomie des Verfahrensunterworfenen strukturell nicht affizieren können.

Hieraus erhellt sodann das Verhältnis dieser so konzipierten willensfokussierenden Auffassung zur Aktiv-Passiv-These: Indem letztere schlicht phänomenologisch passivem Verhalten jene Privilegierung des Grundsatzes versagt, differenziert diese nicht näher nach der Art der Informationserhebung, sodass Passivität in diesem Sinne sowohl durch vis absoluta als auch durch vis compulsiva herbeigeführte Untätigkeit umfassen muss.[422] Wird dieser Topos dabei freilich zuvörderst mit der Duldung zwangsweiser Maßnahmendurchsetzung – letztlich also mit mittels vis absoluta durchgesetzter Passivität – konnotiert, erscheint die erstgenannte Kategorie noch recht friktionsarm. Ganz im Gegenteil deckt sich der damit bezeichnete Teilbereich gerade mit den hiesig gefundenen Ergebnissen; und so kann es auch nicht verwundern, dass sich das Aktivitätsdogma über weite Strecken nahtlos in das hiesige Autonomiekonzept einpflegt.[423] Abseits hiervon zeigen sich jedoch Inkongruenzen. So kreiert die prinzipielle Öffnung des Passivitätsbegriffs zu Gunsten der Erfassung auch willensgebeugter Passivität eine problemträchtige Divergenzzone, in welcher nicht zuletzt die Debatte um den angesichts der ebenda postulierten „rein passiven"[424] Anwesenheitsverpflichtung am Unfallort[425] mindestens insoweit bedenklichen[426] § 142 Abs. 1 StGB ruht. Will man Passivität daher nicht nur überzeichnend als Duldung von willensbrechenden Zwangsmaßnahmen verstehen[427], um damit die eigene normative Korrektur unter dem Deckmantel semantischer Un-

---

[421] Ebenjene Konkretisierungsleistung erfolgt dabei maßgeblich durch die Definition des Zwangsbegriffs, siehe hierzu Teil 4 C.

[422] Siehe aber sogleich Teil 4 B. II. 2. b), Fn. 427.

[423] Siehe nur eingehend *Doege*, nemo-tenetur-Grundsatz, S. 92 f., 103 ff.

[424] So ausdrücklich *Kudlich*, in: BeckOK-StGB, § 142, Rn. 20; zustimmend *Sternberg-Lieben*, in: Schönke/Schröder, § 142, Rn. 29. In Anlehnung an *Buchholz*, Der nemo tenetur-Grundsatz, S. 278 ist das Verbleiben am Unfallort bei Tageslicht „jedoch mehr als Duldung, nämlich Unterlassung."

[425] *Herb*, in: LK-StGB, § 142, Rn. 62, 90; *Kudlich*, in: BeckOK-StGB, § 142, Rn. 19 f.; *Sternberg-Lieben*, in: Schönke/Schröder, § 142, Rn. 29.

[426] Weiters zum hier im Übrigen nicht interessierenden Konflikt des § 142 StGB mit dem nemo tenetur-Grundsatz siehe nur *Herb*, in: LK-StGB, § 142, Rn. 57 m.w.N.

[427] Dieser Unschärfe unterliegen jedoch insbesondere all jene, die als Konterpart der gewährleistungskonturierenden Aktivität die „passive Duldungspflicht" ausmachen, siehe etwa *Doege*, nemo-tenetur-Grundsatz, S. 92 f., 103 ff. oder *Schuhr*, in: MüKo-StPO, vor §§ 133 ff., Rn. 91. Präziser dagegen etwa *Gleß*, in: Löwe/Rosenberg, § 136, Rn. 27 sowie *Rogall*, in: SK-StPO, vor §§ 133 ff., Rn. 73, die in diesem Kontext konsequenterweise „passive Duldungs- und Verhaltenspflichten" anführen.

schärfe zu tarnen, ist die schutzbereichskonturierende Unterscheidung zwischen Willensbruch und Willensbeugung als Konkretisierung der Aktiv-Passiv-These zu betrachten und letztlich als die schärfere Abgrenzungsmethode anzuerkennen.

Hiergegen kann auch nicht, etwa mit *Bosch*[428] oder *Verrel*[429], eingewandt werden, für den Betroffenen sei weniger die Art der Zwangseinwirkung, denn der Inhalt der abgenötigten Handlungspflichten maßgeblich, werde er doch in beiden Fällen zum unfreiwilligen Werkzeug seiner Überführung. So verkennt diese argumentatio, dass der Betroffene im Fall von vis compulsiva dazu gezwungen wird, sich selbst in die Position des Beweismittels zu begeben, wohingegen er bei Ausübung von vis absoluta in ebendiese hineinversetzt *wird*.[430] Will der nemo tenetur-Satz hiesiger Diktion den Beschuldigten aber gerade nicht umfassend von der tatsachenorientierten Beweiserhebung ausschließen und schützt er auch gerade nicht die selbstinkriminierende Information als solche, ist es, wie ferner bereits der Autonomiethese entnommen[431], eben doch die besondere Qualität der hoheitlichen Behandlung, die die nemo tenetur-konforme von der selbstbelastungsfreiheitswidrigen Kooperation des Beschuldigten abgrenzen muss.

Auch spricht dagegen nicht ein – etwa von *Buchholz*[432] ins Feld geführter – Vergleich zum materiellen Strafrecht. Anlässlich eines hypothetischen Falls nötigungsbedingter Fingerabdrucksabgabe konstatiert dieser, ausgehend von der inhaltlich zutreffenden Bestandsaufnahme, dass weder § 240 Abs. 1 StGB noch § 253 Abs. 1 StGB im Strafbarkeitsergebnis danach differenzieren, ob der Täter dem Opfer dessen Fingerabdrücke zwangsweise durch Willensbruch oder Willensbeugung abnimmt, Zweifel an der Legitimation einer solchen Abgrenzung im strafprozessualen Kontext. So sollen die angeführten Normen des Strafgesetzbuchs gerade das Gegenteil belegen, protegieren diese ihr Schutzgut der Willensbetätigungs- und -ausübungsfreiheit doch sowohl vor willensbeeinträchtigender vis absoluta als auch vor vis compulsiva. Hierbei unterliegt der Ansatz jedoch dem Makel unzulässiger Übertragbarkeit der angestellten Gedanken in private Verhältnisse. Im Regime privater Gleichordnung krankt eine solche Parallele nämlich schon daran, dass der jeweilige private Täter idealiter nicht dazu berufen ist, Fingerabdrücke des Opfers zu nehmen. Muss die Willensfreiheit des Einzelnen daher im materiellstrafrechtlichen Kontext auf Tatbestandsebene noch umfassend geschützt werden, ist etwaigen hoheitlichen Handlungsaufträgen sowie den damit verbundenen Machtpositionen indes spätestens auf Ebene der Rechtswidrigkeit der infrage stehenden Handlung Rechnung zu tragen. Können aus der tatbestandlichen Gleichordnung daher noch keine belastbaren Rückschlüsse auf die Reichweite hoheitlicher Befugnisse gezogen

---

[428] *Bosch*, Aspekte des nemo-tenetur-Prinzips, S. 281.
[429] *Verrel*, Selbstbelastungsfreiheit, S. 213.
[430] Klarsichtig *Wiechmann*, Nonverbale Verhaltensweisen, S. 187.
[431] Siehe Teil 4 B. I. 2. f) bb) sowie cc).
[432] *Buchholz*, Der nemo tenetur-Grundsatz, S. 279 f.

werden, hinkt der angeführte Vergleich bereits wegen der Absenz einer vergleichbaren Interessenlage.

Die freie Verteidigungsposition des Einzelnen wird ferner auch nicht dadurch aufrechterhalten, dass dieser immer die Option zur Wahl eines gegen die geltende Rechtsordnung verstoßenden – in hiesigem Kontext also pflichtwidrigen – Verhaltens innehat.[433] So führte sich der Rechtsstaat selbst ad absurdum, wenn er den Entschluss gegen die eigens statuierte Norm- sowie Werteordnung als valide, dem Betroffenen gleichwertig offenstehende Handlungsalternative anerkennen würde. Folglich ist etwa die Bebußung oder Bestrafung eines rechtswidrigen Verhaltens gerade nicht die Folge der prinzipiellen Anerkennung der seitens des Einzelnen getroffenen Wahl gegen die Rechtsordnung[434], sondern angesichts des damit verbundenen Unwerturteils vielmehr Resultat des gesellschaftlichen Vorwurfs, dass ein solches Verhalten im Rechtsstaat nicht toleriert werden kann.

Im Übrigen beschränken sich die gegen den hiesigen Ansatz erhobenen Bedenken sodann auf rein intensive Einwände. Wenn es also exemplarisch *Verrel*[435] für „nicht einsehbar" hält, „warum der sich gegen eine Blutentnahme heftigst sträubende, von mehreren Polizeibeamten zur Ermöglichung des Einstichs fest- und niedergehaltene Beschuldigte noch Subjekt, dagegen der beispielsweise durch eine Bußgeldandrohung zur aktiven Mitwirkung an einem Atemalkoholtest veranlaßte Beschuldigte nur bloßes Objekt der Strafverfolgung sein soll", stellt dieser hiermit einen quantitativen Vergleich zweier nach hier vertretener Auffassung qualitativ unterschiedlicher Institute an.[436] Hierbei ist es zwar freilich nachvollziehbar, dass aus anderer Perspektive, etwa aus jener der körperlichen Unversehrtheit oder der individuellen Freizügigkeit, die Anwendung von vis absoluta meist als die schwerwiegendere Maßnahme erscheint; die nemo tenetur-autonome Auslegung der Begriffe lässt dies aber unberührt. Ist aus ebendieser Warte der Willensbruch der -beugung gegenüber aber wiederholtermaßen Aliud und kein Maius, erschließt sich das für so wenig nachvollziehbar gehaltene Ergebnis. Nachdrücklich zu betonen ist an dieser Stelle daher, dass allein, weil ein identifizierter Zwang als subjektiv hinreichend schwer empfunden wird, jener nicht automatisch dem Schutzbereich des nemo tenetur-Satzes unterfällt. Widerspräche dies nämlich zum einen dessen teleologischer Grundkonzeption und mündete eine solche Lesart zum anderen in eine bedenklich ausufernde Reichweite des Grundsatzes, sind solche Konstellationen vermeintlich unverhältnismäßiger Eingriffsschwere vielmehr an den geschriebenen wie unge-

---

[433] So aber *Buchholz*, Der nemo tenetur-Grundsatz, S. 285; wie hier *Schaefer*, Steuerstrafverfahren, S. 144.

[434] So aber dann auch konsequent *Buchholz*, Der nemo tenetur-Grundsatz, S. 285.

[435] *Verrel*, Selbstbelastungsfreiheit, S. 227 f.; ähnlich auch zuvor schon *Beling*, Beweisverbote, S. 11 f.

[436] Dies erkennt zutreffend auch *Buchholz*, Der nemo tenetur-Grundsatz, S. 286, was aber nur umso weniger verständlich erscheinen lässt, dass dieser zwei Seiten zuvor nach Darlegung des qualitativen Unterschieds von einem „schwerwiegenderen Angriff auf die Autonomie des Beschuldigten" redet.

schriebenen Beschuldigtenschutzrechten des Strafprozessrechts, jedenfalls aber an den spezifischen Grundrechten des Betroffenen zu messen. Der Grundsatz der Selbstbelastungsfreiheit erscheint damit strukturell als eng konturierter, freilich bedeutsamer, bloßer Baustein im beschuldigtenschützenden Gesamtgefüge des Strafprozessrechts.

3. Die absolute Grenzziehung durch die Begehung neuerlichen Unrechts

Die damit kehrseitig verbundene Freiheitsposition des Betroffenen scheint daher weitreichend: So kann dieser als Ausfluss der gewährleisteten Mitwirkungsfreiheit prinzipiell selbst darüber befinden, ob und in welchem Umfang er das Strafverfahren in eigener Sache vorantreiben möchte. Unausweichlich zu akzeptieren hat er allein die hoheitliche Beweiserhebung qua vis absoluta, jene mittels eigenbezichtigender, noch konkretisierungsbedürftiger vis compulsiva ist staatlicherseits hingegen tabu. Gleichwohl bleibt dieser Kooperationsfreiraum nicht schrankenlos: Seine äußere Grenze findet er jedenfalls im wiederholt unrechtmäßigen Eingriff in fremde Rechtspositionen[437]; niemals kann der nemo tenetur-Satz daher den abermaligen Rechtsbruch zum Zwecke des Selbstschutzes kompensieren.

Diese These legt schon eine faktische Analyse der rechtswidrigen Sekundärtat nahe: Wer etwa den Belastungszeugen verstummen lässt oder Urkunden fälscht, um widerrechtlich erlange Vermögenswerte zu vertuschen, sucht schon semantisch nicht mehr bloßen Schutz vor Selbstbelastung, sondern vielmehr einen darüberhinausgehenden Ausschluss selbstbetreffender Fremdbelastung, mithin drittwirkende Selbstbegünstigung.[438]

Mag diese begriffliche Antinomie zuweilen als noch nicht zur Aussonderung jenes unrechtmäßigen Verhaltens hinreichend zwingend erachtet werden, spricht

---

[437] So auch schon BGH v. 22.5.1962 – 1 StR 103/62, BGHSt 17, 238 f.; BGH v. 10.11.1953 – 5 StR 445/53, BGHSt 5, 81; RG v. 26.1.1940 – 1 D 1019/39, RGSt 74, 47; RG v. 30.11.1937 – 1 D 322/37, RGSt 72, 23; *Buchholz*, Der nemo tenetur-Grundsatz, S. 307; *Dehne-Niemann*, NStZ 2015, 677 sowie 678 f.; *Doege*, nemo-tenetur-Grundsatz, S. 115; *Magold*, Kostentragungspflicht, S. 129, 135 f.; *Rogall*, Der Beschuldigte, S. 41, 158 ff.; *Rogall*, NStZ 2006, 42. Siehe auch *Schneider*, Selbstbegünstigungsprinzip, S. 30 f.

[438] Diese Unterscheidung erachtet auch *Rogall*, in: SK-StPO, vor §§ 133 ff., Rn. 130 für zwingend. Freilich kann es die vorliegende Arbeit dabei nicht leisten, die Frage zu beantworten, ob und inwieweit sich neben dem nemo tenetur-Gedanken auch ein allgemeines Selbstbegünstigungsprinzip um das deutsche Straf(prozess)recht spannt. Gleichwohl würde ein solches – selbst bei Anerkennung – einen strafrechtlich relevanten Eingriff in die Rechtspositionen Dritter nicht verfassungsrechtlich garantieren, so auch *Rogall*, NStZ 2006, 42 m.w.N. Monografisch hierzu umfassend *Schneider*, Selbstbegünstigungsprinzip, passim, der jedoch insbesondere auf S. 383 Ausnahmen für die Bereiche „Flucht" und „Lüge" anerkennen möchte, zu der Staat hier „hinreichend effektive Kompensationsmittel" innehabe und sich so die Straflosigkeit jener Selbstbegünstigungshandlungen getrost leisten könne; hierzu wiederum kritisch *Torka*, Nachtatverhalten, S. 62 ff., insbesondere aber S. 69 ff. Eine Auseinandersetzung mit einem solchen Selbstbegünstigungsprinzip ist daher für die Zwecke der hiesigen Untersuchung auch aus inhaltlicher Perspektive obsolet.

darüber hinaus schlagend die hiesig erarbeitete Schutzbereichsdogmatik dafür: So hat der dem Ursprungsvorwurf folgende wiederholte Eingriff in die strafrechtlich geschützte Rechtsordnung zunächst ersichtlich wenig mit der Wahrung der Möglichkeit selbstbestimmter Gestaltung des Prozessziels im eigenen Strafverfahren respektive des Weges dorthin zu tun. Stellt sich der Betroffene infolge seines Primärvorwurfs erneut gegen das Recht, wird hierdurch seine prozessuale Verteidigungsstrategie nicht autonom gewählt, sondern der Fundus präsenter Optionen in von der Rechtsgemeinschaft prinzipiell missbilligter Weise erweitert. Fordert daher das Individualschutzgut prozessualer Autonomie eine Privilegierung neuerlichen Unrechts nicht, zeichnet sich auch aus überindividueller Perspektive kein anderes Bild: So zielt die wiederholte Unrechtsbegehung zu Selbstbegünstigungszwecken mitnichten darauf, der Verfolgungsbehörde ihre Aufgabe der Sachverhaltsermittlung zu überlassen; ganz im Gegenteil versucht der Einzelne hier, die hoheitliche Aufklärungstätigkeit zielgerichtet zu obstruieren. Wird dem Verfahrensunterworfenen insoweit aber lediglich eine bloße Rückzugs- bzw. Nichtkooperations-, nicht aber eine weitergehende Obstruktionsposition zu Lasten der Behörde zugestanden[439], wird dieser bewusste Angriff auf die hoheitliche Sachverhaltsaufklärung und den staatlichen Strafanspruch vom supraindividuellen Leitgedanken des nemo tenetur-Satzes nicht mehr getragen. Hilft dem neuerlichen Täter somit auch die Stoßrichtung zu wahrender Prozessrollenverteilung an dieser Stelle nicht, steht fest, dass der abermalige Rechtsbruch den teleologisch umgrenzten Schutzbereich der Selbstbelastungsfreiheit hiesiger Diktion verlässt. Entfällt damit auch deren materielle Privilegierungswirkung, bleibt nichts, was den durch den Rechtseingriff geschaffenen Unwert noch aufwiegen könnte.

III. Die subjektive Schutzdimension

Dass auf persönlicher Schutzbereichsebene allen voran der Beschuldigte dem Schutzschirm der Selbstbelastungsfreiheit untersteht[440], bedarf nach dem Vorgesagten keiner näheren Erläuterung mehr. Schon die skizzierte Genese sowie die aufgezeigt schutzkonstitutive Relevanz der Subjektstellung respektive der Prozessrolle des Beschuldigten im Strafprozess lassen den nemo tenetur-Satz als ein zuvörderst ebenjenen protegierendes Institut erscheinen.

---

[439] Siehe Teil 4 B. I. 2. f) aa) sowie cc).
[440] BVerfG v. 13.1.1981 – 1 BvR 116/77, BVerfGE 56, 42 ff.; *Rogall*, in: SK-StPO, vor §§ 133 ff., Rn. 155; *Schuhr*, in: MüKo-StPO, vor §§ 133 ff., Rn. 127. Zum Zeitpunkt der Begründung der Beschuldigtenstellung durch Anfangsverdacht und objektivierten Inkulpationsakt instruktiv *Eschelbach*, in: Satzger/Schluckebier/Widmaier-StPO, § 136, Rn. 12 ff. sowie *Gleß*, in: Löwe/Rosenberg, § 136, Rn. 4 ff. Zu den zeitlichen Grenzen der Beschuldigteneigenschaft ferner umfassend und eingehend *Rogall*, in: SK-StPO, vor §§ 133 ff., Rn. 21 ff. sowie *Schuhr*, in: MüKo-StPO, vor §§ 133 ff., Rn. 23 ff., jeweils m. w. N.

Gleichwohl macht die subjektive Reichweite des Privilegs an dieser Stelle nicht Halt. Ingleichen zu berücksichtigen ist vielmehr, dass über den unmittelbar Verfahrensunterworfenen hinaus auch Dritte vor durch den Grundsatz geschützten Friktionslagen mitnichten gefeit sind. So kann sich auch der Zeuge in Erfüllung seiner gemäß § 48 Abs. 1 S. 2 StPO i. V. m. §§ 153 ff. StGB bestehenden Aussage- und Wahrheitsverpflichtung[441] faktisch selbst bezichtigen. Entfaltete die Verwertung solch pflichtgemäß abgegebener, gleichwohl eigenbelastender Informationen im damit angestoßenen Verfahren gegen diesen selbst sodann aber in gleichem Maße autonomieinstrumentalisierende, mithin subjektanspruchsnegierende Wirkung, muss auch dem nicht unmittelbar am Verfahren beteiligten Dritten insoweit eine Schutzposition zugestanden werden, die sich je nach Bezichtigungslage bis hin zu einem umfassenden Verweigerungsrecht[442] verdichten kann. Wird damit auch der Zeuge der Sache nach vor zwangsweiser Selbstbelastung geschützt[443], scheint es nur konsequent, wenn etwa § 55 Abs. 1 Alt. 1 StPO diesem in ebenjenen Konstellationen die Auskunftspflicht erlässt oder § 95 Abs. 2 S. 2 i. V. m. § 55 Abs. 1 Alt. 1 StPO eine Befreiung von der Editionspflicht vorsieht. Mag eine solch fragmentarische Ausgrenzung einzelner Verhaltensaufträge aus dem Pflichtenprogramm dabei zwar prima facie noch der obig fundierten Garantie weitschweifiger Mitwirkungsfreiheit widerstreiten, begegnet dieses System im Ergebnis indes keinen durchgreifenden Bedenken. Nicht aus den Augen verloren werden darf nämlich, dass der Zeuge gerade nicht der dem Strafverfahren Unterworfene ist; gegen ihn wird gerade kein Verfahren zielgerichtet geführt. Lässt ihn dies, eingedenk der Absenz jenes spezifischen Sonderverhältnisses zum Staat, dabei einerseits als gegenüber dem Beschuldigten schutzwürdiger erscheinen, sodass von ihm „erst recht"[444] keine selbstbelastende Informationspreisgabe gefordert werden darf, limitiert dieser Umstand vice versa auch den Schutzumfang des Privilegs. Ist die Rolle des Dritten als strafprozedurales Verfahrenssubjekt hier nämlich nicht strukturell gefährdet, erscheint es gleichsam geboten wie ausreichend, diesen nur insoweit zu privilegieren, als die bezeichnete Kollisionslage, durch Pflichterfüllung den Anstoß zur eigenen

---

[441] Näher *Maier*, in: MüKo-StPO, vor §§ 48 ff., Rn. 35; *Neubeck*, in: KMR-StPO, vor §§ 48 ff., Rn. 9; *Rogall*, in: SK-StPO, vor §§ 48 ff., Rn. 134.

[442] So *Rogall*, in: SK-StPO, vor §§ 133 ff., Rn. 156 m. w. N. Vgl. zur Reichweite insbesondere des § 55 Abs. 1 StPO BGH v. 15.01.1957 – 5 StR 390/56, BGHSt 10, 104 f.; deutlich auch RG v. 5.7.1910 – II 420/10, RGSt 44, 45: „Alles danach Anzugebende kann mit seinem vielleicht strafrechtlich verfolgbaren Verhalten in so engem Zusammenhange stehen, daß nichts übrig bleibt, was er ohne die Gefahr strafgerichtlicher Verfolgung bezeugen könnte. Alsdann wird sein Recht zur Auskunftsverweigerung […] zum Rechte der Verweigerung des Zeugnisses in vollem Umfange."; eingehend ferner *Rogall*, in: SK-StPO, vor §§ 48 ff., Rn. 51 mit umfassenden Nachweisen.

[443] So im Ergebnis auch BVerfG v. 13.1.1981 – 1 BvR 116/77, BVerfGE 56, 44 f.; BGH v. 13.4.1962 – 3 StR 6/62, BGHSt 17, 247; *Besson*, Steuergeheimnis, S. 85 f.; *Bosch*, Aspekte des nemo-tenetur-Prinzips, S. 251 f.; *Kölbel*, Selbstbelastungsfreiheiten, S. 57 f.; *Rogall*, Der Beschuldigte, S. 155 ff.; *Rogall*, in: SK-StPO, vor §§ 133 ff., Rn. 156; *Verrel*, Selbstbelastungsfreiheit, S. 269 ff.

[444] So *Rogall*, in: SK-StPO, vor §§ 133 ff., Rn. 156.

Strafverfolgung liefern und so die eigene (spätere) Prozessrolle torpedieren zu müssen, tatsächlich besteht.[445] Muss der Zeuge also nur insoweit geschützt werden, als seine eigene potentielle Prozesssubjektivität in Gefahr gerät, besteht kein Grund, diesem eine umfassende Kooperationsfreiheit äquivalent zum erarbeiteten Standard des Beschuldigtenschutzes zuzugestehen.

Ferner erhellt hieraus auch das Verhältnis des nemo tenetur-Satzes zum Zeugnisverweigerungsrecht des Angehörigen gemäß § 52 StPO[446]. Verschiedentlich[447] ebenso als Ausfluss der konstitutionellen Selbstbelastungsfreiheit anerkannt, muss ebendieser These auf der Basis hiesiger Teloskonzeption entgegengetreten werden. So hat § 52 StPO idealiter gerade keine Konstellationen autonomienegierender Eigenbezichtigung vor Augen, sondern zielt allein darauf, Fremdbezichtigungen im Kontext persönlicher Näheverhältnisse zu unterbinden.[448] Lassen letztere die eigene (auch hypothetische) Prozessrolle jedoch ersichtlicherweise unangetastet, steht die familiäre Fremdbelastung der zwangsweisen Selbstinkriminierung unter der Ägide des prozeduralen Autonomieschutzes nicht gleich[449], sodass das Verweigerungsrecht des § 52 StPO dem so konturierten Schutzbereich des Grundsatzes nicht unterfällt.

Ein der Problematik um den Schutz des verfahrensfremden Dritten ganz ähnliches Spannungsfeld bietet sodann das zeitliche Stadium vor der Versetzung des Einzelnen in die Rolle des Beschuldigten. Die Friktionslage hier ist klar: Scheint der Adressat sachverhaltsaufklärender Maßnahmen der Begehung eines Rechtsbruchs lediglich verdächtig, wurde dieser aber noch nicht in den Stand des formal Beschuldigten eines gegen ihn gerichteten Strafverfahrens erhoben, sind dessen endgültige Verfahrensrolle und damit das Ausmaß seiner strafprozessualen Subjektstellung noch nicht final geklärt, letztere ist jedoch schon nachhaltig gefährdet. Dass ein Bedürfnis nach institutioneller Vorverlagerung des Selbstbezichtigungsprivilegs auch auf den (noch) Nichtbeschuldigten besteht, leuchtet daher ein; ein gar unverständliches Ergebnis wäre es sogar, müsste der Verdächtige gerade jenen Anfangsverdacht gegen sich erhärten, infolgedessen er sodann inkulpiert würde und so in den Genuss umfassender Mitwirkungsfreiheit käme. Gleichwohl entbindet auch an dieser Stelle der

---

[445] In diese Richtung auch *Rogall*, in: SK-StPO, vor §§ 133 ff., Rn. 156 unter Rekurs auf KG v. 30.10.2008 – 1 AR 519/08 – 4 Ws 104/08, StraFo 2009, 382 sowie *Rogall*, Der Beschuldigte, S. 155 ff.

[446] Nachfolgende Erwägungen gelten dabei gleichermaßen für § 55 Abs. 1 Alt. 2 StPO, siehe nur *Verrel*, Selbstbelastungsfreiheit, S. 273 ff.

[447] *Besson*, Steuergeheimnis, S. 86; *Rogall*, in: SK-StPO, vor §§ 133 ff., Rn. 157; *Rogall*, Der Beschuldigte, S. 150 ff.; *Schmidt*, JZ 1958, 600. Zu Recht kritisch *Bosch*, Aspekte des nemo-tenetur-Prinzips, S. 120; *Verrel*, Selbstbelastungsfreiheit, S. 273 ff., jeweils m.w.N. Zum Ganzen *Kölbel*, Selbstbelastungsfreiheiten, S. 81 f.

[448] BVerfG v. 25.9.2003 – 2 BvR 1337/03, NStZ-RR 2004, 19; BGH v. 5.1.1968 – 4 StR 425/67, BGHSt 22, 36 f.; BGH v. 28.4.1961 – 4 StR 77/61, NJW 1961, 1485; *Kreicker*, in: MüKo-StPO, § 52, Rn. 1; *Neubeck*, in: KMR-StPO, § 52, Rn. 1.

[449] So aber aus der Perspektive einer unzumutbarkeitsorientierten Ratio konsequent etwa *Besson*, Steuergeheimnis, S. 86; *Rogall*, in: SK-StPO, vor §§ 133 ff., Rn. 157 oder *Schmidt*, JZ 1958, 600.

bloße Wunsch nach Anwendung der nemo tenetur-Gedanken nicht von der dogmatischen Begründung ihrer Anwendbarkeit. Wird hierfür zuweilen eine normative „Vorwirkung"[450] des Grundsatzes angeführt, scheint eine solche Neukonstruktion eigener Privilegsdimensionen indes nicht vonnöten. Hätte nämlich auch hier die Verwertung vorprozessual zwangsweise erlangter selbstinkriminierender Informationen im gegen den sodann Beschuldigten geführten Verfahren letztlich autonomieinstrumentalisierende, mithin subjektanspruchsnegierende Wirkung hiesiger Lesart, ist die Gefährdung der (noch nicht verfestigten) Prozessrolle real. Bei Tageslicht ist es also abermals die jedenfalls auch konstitutive Anknüpfung an die spätere verfahrensrelevante Verwertung der Information, die die prozessuale Rolle des Beschuldigten in das vorprozessuale Stadium transferiert[451] und so die Grundsätze der Selbstbelastungsfreiheit dem Grunde nach mitreißt. Die im Anschluss hieran zwingend zu stellende Folgefrage nach dem einschlägigen Schutzumfang beantwortet sich sodann recht schnell vor dem Hintergrund der dogmatischen Stellung des Verdächtigen. Qualifiziert man diesen mit der zutreffenden Ansicht als (verdächtigen) Zeugen[452], bleibt es bei den im Rahmen des § 55 Abs. 1 Alt. 1 StPO bezeichneten Grundsätzen.[453] Auch hier ist kein Grund dafür ersichtlich, den Gewährleistungsgehalt des Privilegs nicht auf die bloß tatsächliche Friktionslage zu beschränken und schon strukturell um eine weitergehende Schutzposition à la Mitwirkungsfreiheit zu erweitern[454], zumal sich die Reichweite des § 55 Abs. 1 StPO wiederholtermaßen zu einem umfassenden Verweigerungsrecht verdichten kann.

Letztlich klärt sich aus dieser Perspektive auch die Problematik um den seit jeher währenden Zankapfel der Erstreckung der subjektiven Reichweite des nemo tenetur-Satzes auf juristische Personen und Verbände. Vielfach diskutiert[455], höchstrichter-

---

[450] Siehe nur die Überschrift bei *Esser*, in: Löwe/Rosenberg[26], Art. 6 EMRK, Rn. 903 oder die von *Bringewat*, JZ 1981, 289 ff., 294 thematisierte „Vorauswirkung strafprozessualer Grundsätze".

[451] Vgl. auch *Dannecker*, ZStW 2015, 397 f. sowie *Dannecker*, ZStW 2015, 997 f.

[452] So auch BGH v. 23.7.1986 – 3 StR 164/86, BGHSt 34, 140 ff.; *Eckstein*, Ermittlungen zu Lasten Dritter, S. 26 ff.; *Geppert*, in: FS-Schroeder, S. 679; *Kühne*, Strafprozessrecht, Rn. 102.2; *Schmitt*, in: Meyer-Goßner/Schmitt, Einl., Rn. 79; *Rogall*, MDR 1977, 979; *Rogall*, NJW 1978, 2535 f.; *Rogall*, in: SK-StPO, vor §§ 133 ff., Rn. 13, 46, 158 m.w.N.

[453] Auf die Reichweite dieses Verweigerungsrechts hätte es indes auch keinen Einfluss, wollte man etwa mit *Bringewat*, JZ 1981, 289 ff.; *Bruns*, in: FS-Schmidt-Leichner, S. 1 ff.; *Helgerth*, Der „Verdächtige", S. 37 ff., 61 ff., 86 f. dem Verdächtigen eine selbständige Verfahrensrolle als Auskunftsperson sui generis zuerkennen, siehe nur zutreffend *Rogall*, in: SK-StPO, vor §§ 133 ff., Rn. 158 f.

[454] So auch *Rogall*, in: SK-StPO, vor §§ 133 ff., Rn. 158; dagegen insbesondere *Bringewat*, JZ 1981, 294.

[455] *Arzt*, JZ 2003, 456 ff.; *Arzt*, in: FS-Burgstaller, S. 229 ff.; *Böse*, Wirtschaftsaufsicht, S. 195 ff.; *Dannecker*, in: FS-Welsch, S. 179 ff.; *Dannecker*, ZStW 2015, 370 ff. m.w.N.; *Drope*, Verbandsstrafe, S. 150 ff.; *Eidam*, Selbstbelastungsfreiheit, S. 5 ff.; *Fink*, wistra 2014, 457 ff.; *von Freier*, ZStW 2010, 117 ff.; *Kleinheisterkamp*, Kreditwesengesetz, S. 416 ff.; *Köck*, in: FS-Burgstaller, S. 267 ff.; *Mäder*, Betriebliche Offenbarungspflichten, S. 295 ff.; *Minoggio*, wistra 2003, 121 ff.; *Queck*, Die Geltung des nemo-tenetur-Grundsatzes, passim;

lich[456] sowie von einem Teil der Literatur[457] im Ergebnis verneint, erfreut sich der Grundsatz der Selbstbelastungsfreiheit nach teilweise vertretener[458], insbesondere wohl seitens des EGMR anerkannter[459] Auffassung zuweilen auch der prinzipiellen Schutzbereichsöffnung zu Gunsten nichtnatürlicher Personen. Merklich interessanter als die bloße Erkenntnis divergierender Anwendungsverdikte per se scheint hierbei jedoch eine Analyse der Wege dorthin, legt ebendiese bei näherer Betrachtung doch eine strukturelle Erkenntnis offen: Eingedenk des zuvörderst aus der Perspektive des Art. 19 Abs. 3 GG geführten Diskurses[460], wird die Debatte um die Anwendbarkeit des nemo tenetur-Satzes auf nicht natürliche Personen allen voran mit der jeweils favorisierten normativen Verankerung – letztlich also dem korrelierend gefundenen Regelungsbedürfnis – verbunden und so ein Konnexitätsverhältnis hergestellt, das sich in der Folge in immer wiederkehrenden Argumentationsmustern niederschlägt. So werden personalistisch-materiellrechtliche Ansichten konsequenterweise eher dazu neigen, die Übertragbarkeit der Grundsätze zu verneinen, denn je stärker teleologisch die subjektiv intrinsische Spannungslage im Geiste des Einzelnen akzentuiert wird, desto eher wird man rein formalen Konstrukten, wie juristischen Personen, ein solch personales Substrat respektive eine vergleichbare Gefährdungslage[461] aberkennen müssen. Im Gegensatz dazu werden Verfechter eines prozedural-objektivrechtlichlichen Ansatzes eher dazu tendieren, eine solche Schutzbereichserweiterung zu bejahen[462], scheint es aus prozeduraler Warte doch nur einleuchtend, auch juristischen Personen, soweit sie repressiven

---

Rogall, in: FS-Beulke, S. 983 ff.; *Rogall*, in: SK-StPO, vor §§ 133 ff., Rn. 155; *Schlüter*, Die Strafbarkeit, S. 100 ff., 119 ff., 135 ff., 157 f.; *Schuhr*, in: MüKo-StPO, vor §§ 133 ff., Rn. 132 ff.; *Schuler*, JR 2003, 267 ff.; *Weiß*, JZ 1998, 289 ff.; *Weiß*, NJW 1999, 2237.

[456] Siehe nur BVerfG v. 26.2.1997 – 1 BvR 2172/96, BVerfGE 95, 242.

[457] *Fink*, wistra 2014, 457 ff.; *Rogall*, in: FS-Beulke, S. 983 ff.; differenzierend *von Freier*, ZStW 2010, 139 ff.; kritisch *Weiß*, JZ 1998, 289 ff.

[458] *Bung*, ZStW 2013, 549; *Dannecker*, ZStW 2015, 402 ff.; *Eidam*, Selbstbelastungsfreiheit, S. 5 ff., 58; *Haeusermann*, Der Verband, S. 343 ff., insbesondere 348 f.; *Hart-Hönig*, in: FS-Schiller, S. 297; *Queck*, Die Geltung des nemo-tenetur-Grundsatzes, S. 214 ff.; *Weiß*, JZ 1998, 289 ff. Siehe auch *Kasiske*, JuS 2014, 19, welcher juristischen Personen „zumindest das Recht" zubilligen möchte, „keine Auskünfte zur Sache erteilen zu müssen".

[459] Wenn der EGMR den nemo tenetur-Satz maßgeblich auf den Grundsatz der Verfahrensfairness des Art. 6 Abs. 1 EMRK stützt (dazu näher Teil 4 B. I. 1.) und die dort verorteten Verteidigungsrechte auch juristischen Personen zubilligt (siehe nur EGMR v. 27.9.2011 – 43509/08, BeckRS 2012, 80668, Rn. 44 – Menarini Diagnostics S.R.L./Italien), müsste er konsequenterweise auch den nemo tenetur-Grundsatz juristischen Personen zubilligen, so auch klarsichtig *Dannecker*, ZStW 2015, 371 f. sowie *Meyer*, NZWiSt 2022, 103 f.

[460] Kritisch insoweit *Rogall*, in: SK-StPO, vor §§ 133 ff., Rn. 155, der in diesem Kontext die Ausblendung gleichheitsgrundsätzlicher (sub titulo Systemgerechtigkeit) sowie rechtsstaatsprinzipieller Erwägungen rügt.

[461] Zu diesen Voraussetzungen der wesensmäßigen Anwendbarkeit eines Grundrechts umfassend *Huber*, in: von Mangoldt/Klein/Starck, GG, Art. 19, Rn. 205 ff. und *Remmert*, in: Dürig/Herzog/Scholz, GG, Art. 19 Abs. 3, Rn. 26 ff., jeweils m.w.N.; instruktiv auch *Kingreen/Poscher*, Grundrechte, Rn. 237 ff., insbesondere Rn. 215.

[462] Siehe nur *von Freier*, ZStW 2010, 141 ff., insbesondere aber Fn. 129.

Verfahren unterworfen werden können, eine insoweit faire Behandlung zu garantieren. Konnotiert man sodann – freilich überzeichnend – individualakzentuierende Ansichten eher mit freiheitsgrundrechtlichen Menschenwürdeerwägungen des Art. 1 Abs. 1 GG (gegebenenfalls i. V. m. Art. 2 Abs. 1 GG) und prozessakzentuierende solche eher mit rechtsstaatsprinzipiellen Gedanken des Art. 20 Abs. 3 GG, kondensieren diese Überlegungen gerade in dem von *Dannecker*[463] so pointiert formulierten wie im Anschluss hieran kritisierten Argumentationsdreisatz:

„Wenn die Begründung des nemo tenetur-Grundsatzes auf die Menschenwürde rekurriert, gelte dieser Grundsatz nicht für juristische Personen, weil diese nicht Träger der Menschenwürde sind. Wird der nemo tenetur-Grundsatz hingegen aus dem Rechtsstaatsprinzip [...] hergeleitet, so soll der nemo tenetur-Grundsatz auch für juristische Personen gelten."

Stehen sich damit zwei Ansichten diametral gegenüber, die sich im selben Maße in determinierter Konsequenz wähnen, bleibt der Diskurs aber auch an dieser Stelle nicht stehen. So werden insbesondere personalistische Auffassungen mitunter um Erwägungen angereichert, die, dem „reinen" Ansatz zuwider, auch juristischen Personen den subjektiven Schutzbereich des Privilegs, gleichsam „durch die Hintertür", eröffnen.[464] Ob hierbei etwa ein qua ausnahmsweiser Abwägungszugänglichkeit insoweit verminderter Schutzstandard[465] oder etwa die konzeptionelle Abschichtung gesonderter Schutzdimensionen des nemo tenetur-Satzes, von denen manche auch für juristische Personen gelten, manche jedoch nicht[466], als die überzeugendere Korrektur erscheint, bleibt für die hiesige Betrachtung gleichwohl letztlich ohne Belang. Fernab dieses so lebhaft geführten Diskurses ist sich nämlich auch hier vielmehr auf bereits Gefundenes zurückzubesinnen:

Erbaut sich der nemo tenetur-Satz hiesiger Diktion mit der Wahl des erarbeiten Strukturmodells und dem hierbei erkannten Status des teleologischen Prozessautonomieschutzes bereits im Grundsatz auf einem den obigen Meinungen nicht umfassend entsprechenden Leitgedanken, kann es schon mangels d'accord gehender Prämissenbildung nicht verwundern, dass sich keine der aufgezeigten Ansätze umfassend und widerspruchsfrei in das hiesige System einpflegen möchte. Folglich verdichtet sich die an dieser Stelle zu lösende Erstreckungsproblematik weniger auf die Frage der Anschlussfähigkeit eine der Meinungen des bezeichneten Spektrums als auf jene danach, in welche konkrete Behandlung das bereits festgesetzte Strukturkonzept mündet. Fundiert man den nemo tenetur-Grundsatz sodann mit der hiesigen Auffassung prozessual und qualifiziert diesen als Justizgrundrecht, zeitigt Wirkung, dass sowohl das Bundesverfassungsgericht[467] als auch weite Teile der

---

[463] *Dannecker*, ZStW 2015, 377 f.

[464] Vgl. auch *von Freier*, ZStW 2010, 142 ff.

[465] So etwa *Schlüter*, Die Strafbarkeit, S. 100 ff., 106 ff.

[466] Siehe *Vocke*, Ermittlungsbefugnisse, S. 136 ff. Vgl. ferner auch *Neumann*, in: FS-Wolff, S. 383, hierzu aber sogleich Teil 4 D., Fn. 552.

[467] BVerfG v. 19.7.2011 – 1 BvR 1916/09, BVerfGE 129, 94 ff., 99 f.; BVerfG v. 8.7.1982 – 2 BvR 1187/80, BVerfGE 61, 104; BVerfG v. 2.5.1967 – 1 BvR 578/63, BVerfGE 21, 373;

Literatur⁴⁶⁸ allen voran die Gewährleistungen des rechtlichen Gehörs sowie jene des Rechts auf den gesetzlichen Richter – beides Prototypen justizieller Gewährleistungen – auf sämtliche juristische Personen, insbesondere auch ausländische solche und solche des öffentlichen Rechts erstrecken, mithin abstrakter: justiziellen Gewährleistungen in Summe umfassenden subjektiven Geltungsanspruch einräumen.⁴⁶⁹ Will man den Grundsatz der Selbstbelastungsfreiheit sodann nicht grundlos aus diesem System ausklammern⁴⁷⁰, ist die Entscheidung über die gestellte Anwendbarkeitsfrage bereits mit der dogmatischen Einordnung des Privilegs gefallen. Schon aus dessen Charakter als justizielle Gewährleistung fließt die prinzipielle Übertragbarkeit auch auf juristische Personen und Verbände, ohne dass es hierfür eines gesonderten Rekurses auf Art. 19 Abs. 3 GG bedarf.

IV. Die temporale Schutzdimension

Die zeitliche Restriktion einer verfassungsrechtlich verbürgten Rechtsposition mag zunächst überraschend wirken. Gemeint ist damit auch nicht, dass der Schutz vor Selbstbelastung dem Berechtigten nur für eine beschränkte Zeit gewährt werden soll. Vielmehr soll durch den Terminus der zeitlichen Schutzdimension lediglich zum Ausdruck gebracht werden, dass der nemo tenetur-Grundsatz gerade – aber eben auch nur – dort greifen kann, wo tatsächlich die Gefahr der strafrechtlichen Selbstbelastung droht. Aus dem Schutzbereich auszusondern sind damit Konstel-

---

BVerfG v. 7.4.1965 – 2 BvR 227/64, BVerfGE 18, 447; BVerfG v. 3.10.1961 – 2 BvR 4/60, BVerfGE 13, 140; BVerfG v. 8.11.1960 – 2 BvR 177/60, BVerfGE 12, 8; BVerfG v. 16.1.1957 – 1 BvR 134/56, BVerfGE 6, 49 f.; BVerfG v. 26.2.1954 – 1 BvR 537/53, BVerfGE 3, 363.

⁴⁶⁸ Siehe nur *Dreier*, in: Dreier, GG, Art. 19 Abs. 3, Rn. 40 m.w.N.; *Dannecker*, ZStW 2015, 402 spricht insoweit sogar von der „herrschende[n] Meinung".

⁴⁶⁹ So ausdrücklich *Dannecker*, ZStW 2015, 402. Die Gründe für diese Erstreckung sind noch nicht abschließend geklärt, interessieren für die Zwecke hiesiger Untersuchung aber auch nicht. Zuweilen wird hierfür etwa angeführt, die Prozessgrundrechte seien nicht nur Grundrechte, sondern zugleich rechtsstaatliche Grundsätze, siehe BVerfG v. 8.7.1982 – 2 BvR 1187/80, BVerfGE 61, 104; BVerfG v. 2.5.1967 – 1 BvR 578/63, BVerfGE 21, 373; BVerfG v. 8.11.1960 – 2 BvR 177/60, BVerfGE 12, 8; näher und kritisch hierzu mit eigenen Begründungsansätzen *Dannecker*, ZStW 2015, 402 f. m.w.N.

⁴⁷⁰ Insbesondere spricht gegen einen solchen Einbezug nicht die individualorientierte Genese des nemo tenetur-Satzes im Kampf um ein menschenwürdiges Strafverfahren im 19. Jahrhundert. So erscheint die historische Entwicklung konstitutionell strafrechtlicher Gewährleistungen im Ringen um ein humanes Straf- wie -verfahrensrecht gerade an den Rechtspositionen des Einzelnen als individuelle Schutz- und Abwehrrechte gegen den Staat nicht untypisch. Wurde jedoch die Relativität solch historischer Erkenntnisse bereits andernorts (Teil 4 A. IV.) aufzeigt, bedarf es auch an dieser Stelle einer zeitlichen Kontextualisierung. Entkoppelt hierbei das Grundgesetz selbst, vermöge Art. 19 Abs. 3 GG, ebenjene Rechtspositionen von deren individualakzentuierender Genese, verfängt die Aussonderung juristischer Personen aus dem Schutzbereich unter bloßem Rekurs auf solch historische Erwägungen nicht, näher *Dannecker*, ZStW 2015, 387 ff. m.w.N.

lationen, in welchen schon konzeptionell eine Gefahr der Strafverfolgung nicht (mehr) besteht; kurzum muss die Tat, wegen welcher sich der Einzelne selbst belasten würde, noch verfolgbar sein.[471] Besitzen die hierfür relevanten Faktoren, insbesondere der damit zwingend in der Vergangenheit liegenden (vermeintlichen) Tatbegehung[472], der Strafverfolgungsverjährung, der Einstellung des Verfahrens oder auch der Rechtskraft eines vorgehenden Urteils, gleichwohl eine zeitliche Dimension, verleiht gerade die Verknüpfung von nemo tenetur-Privileg und einschlägiger Bezugstat ersterem eine zeitliche Komponente. Gemeinsam mit dem obig gefundenen Negativbescheid zum Schutz neuerlichen Unrechts ergibt sich damit ein temporaler Schutzkorridor. Der nemo tenetur-Grundsatz entfaltet seine Schutzwirkung also nur in dem Fenster einer potentiellen Selbstbezichtigung bezüglich einer schon begangenen, aber noch verfolgbaren Tat.

V. Zwischenresümee

Zu den auf S. 225 f. gefundenen Erkenntnissen treten damit folgende gewährleistungsorientierte Grundsätze:

Stützt man den nemo tenetur-Satz mit der hiesigen Auffassung auf ein normativ dualistisches Verortungssystem, fließt hieraus zunächst in objektiver Hinsicht eine über die bloße Gewährleistung der Freiheit der Aussage hinausgehende allgemeine strafprozessuale Mitwirkungsfreiheit des Betroffenen. Kann dies jedoch schon vor dem Hintergrund der eigenen Schutzfunktion des Privilegs freilich keine omnipotente Freistellung von staatlicher Behelligung im Strafverfahren meinen, bedarf diese soeben errungene Freiheitsposition postwendend restringierender Kontur. Die gewährleistungsrelevante Grenze verläuft hier jedoch nicht etwa entlang der zwar verbreiteten, bei näherer Betrachtung allerdings gleichermaßen überzeichnenden wie rechtsunsicheren, da inkonsistent praktizierten Unterscheidung zwischen phänomenologischer Aktivität und Passivität; auf Basis der hiesigen nemo tenetur-Konzeption konnte vielmehr aufgezeigt werden, dass sich die bereits im Kontext der verfassungsrechtlichen Lozierung des Grundsatzes gefundene qualitative Divergenz zwischen Willensbruch und Willensbeugung auch auf dessen Gewährleistungsebene durchschlägt. So scheint die hoheitliche Anwendung willensbrechender Gewalt strukturell außerstande, die als neuralgisch erkannten Schutzgüter individueller Autonomiesicherung wie überindividueller Prozessrollenwahrung in hier interessierender Weise zu tangieren, wohingegen sich eine nur willensbeugende Behandlung sehr wohl in der Lage sieht, den Einzelnen in die prekäre Lage zu drängen, nur

---

[471] Stillschweigend vorausgesetzt von BVerfG v. 6.2.2002 – 2 BvR 1249/01, NJW 2002, 1412, wenn dort ein Schweigerecht nur bei drohender Verfolgung wegen nicht vom Strafklageverbrauch umfasster Taten vorgesehen wird; so auch *Dannecker*, ZStW 2015, 402. In der Sache gleichsinnig wohl auch *Schaefer*, Steuerstrafverfahren, S. 194 f.

[472] *Schaefer*, Steuerstrafverfahren, S. 194 und *Neubeck*, in: KMR-StPO, § 55, Rn. 5 sprechen insoweit vom Prinzip respektive Grundsatz „der früheren Tat".

B. Der Gewährleistungsgehalt des nemo tenetur-Grundsatzes 253

noch eine einzige (steuerbare) Handlungsalternative innezuhaben, die in Kombination mit einem hypothetisch erteilten selbstbelastenden Verhaltensauftrag vom Adressaten gerade jenen eigenbezichtigenden Willensentschluss forderte, der bei anschließend strafprozessualer Verwertung der so erlangten Informationen autonomieinstrumentalisierende, rollendesavouierende und im Ergebnis subjektanspruchsnegierende Wirkung im obig dargestellten Sinne entfaltete. Muss der Topos willensbrechender vis absoluta daher bereits konzeptionell aus dem Schutzbereich des Selbstbezichtigungsprivilegs scheiden, verbleibt dem Gewährleistungsgehalt mit dem Kreis insoweit tatbestandsrelevanter vis compulsiva ein bis dato noch weitgehend diffuser Begriff, der im Folgenden näherer Definition bedarf.

In personeller Hinsicht schützt der nemo tenetur-Satz in erster Linie den strafprozessual Beschuldigten. Daneben genießen aber auch der strafverfahrensrelevante Zeuge sowie der einer Tat lediglich Verdächtige den Schutz der Selbstbelastungsfreiheit, sehen sich ebenjene Prozessbeteiligte, im Gegensatz zum bloß familiär mit dem Beschuldigten Verwobenen, doch einer in Bezug auf die Preisgabe selbstinkriminierender Informationen jener des Beschuldigten vergleichbaren Selbstbezichtigungssituation ausgesetzt. Greifen die Überlegungen des Instrumentalisierungsschutzes und der prozessualen Rollensicherung daher der Sache nach auch hier, darf dieses prinzipielle Anwendungspostulat indes nicht den Blick darauf verstellen, dass der (verdächtige) Zeuge den Status des formell Beschuldigten freilich (noch) nicht bekleidet, es aber gerade diese Absenz jenes spezifischen Sonderverhältnisses zum Staat respektive die damit einhergehend fehlende strukturelle Gefahr der Rolleninstrumentalisierung ist, die den Schutzumfang des Privilegs an dieser Stelle limitiert. Dem Zeugen kann daher gerade kein umfassender, sondern lediglich ein punktueller, eben auf die spezifische Selbstbelastung bezogener nemo tenetur-Schutz zugestanden werden, der sich je nach Bezichtigungslage jedoch zur umfassenden Gewährleistung verdichten kann. Folglich erfahren die Verweigerungsrechte des § 55 Abs. 1 Alt. 1 StPO (gegebenenfalls i. V. m. § 95 StPO), im Gegensatz zum Angehörigenprivileg, konstitutionell selbstbelastungsrelevante Absicherung. Die seit jeher währende Problematik um die Anwendbarkeit der Selbstbelastungsfreiheit auch auf juristische Personen und Verbände erschließt sich sodann bereits aus der vorstehend erarbeiteten dogmatischen Einordnung als Justizgrundrecht. Möchte man mit den Anwendungsgrundsätzen strukturell gleichartiger Verbürgungen nicht systemwidrig brechen, müssen auch ebenjene der subjektiven Schutzdimension des Privilegs unterfallen.

Schließlich entfaltet der nemo tenetur-Grundsatz hiesiger Diktion seine Schutzwirkung in zeitlicher Hinsicht nur in dem Fenster einer potentiellen Selbstbezichtigung bezüglich einer schon begangenen und noch verfolgbaren Tat. Niemals aber kann er einen neuerlichen Rechtsbruch kompensieren.

C. Die Eingriffskomponente: vom „Zwang" zur Selbstbelastung

Ist die hiesige Schutzbereichskontur des nemo tenetur-Satzes damit gezogen und wurde hierbei mithilfe der erarbeiteten Bruch-Beuge-Doktrin willensbrechende Gewalt bereits aus dessen sachlicher Schutzdimension gesondert, verbleibt der Untersuchung mit dem Komplementärtopos der willensbeugenden Gewalt ein weitschweifiger, mithin konkretisierungsbedürftiger Begriff. Steht in diesem Kontext indes bereits fest, dass nach hier vertretener Auffassung selbstbezichtigende vis compulsiva dem Schutzgegenstand der Selbstbelastungsfreiheit prinzipiell unterfällt[473], kann sich also das bezeichnete Konturierungsbedürfnis allein auf die qualitativen Anforderungen an jene obrigkeitliche Willensbeugung beziehen, muss ebenjener Spezifikationsauftrag der Definition des Zwangsbegriffs anheimfallen, verschiebt diese doch die Untersuchungsperspektive auf die im vorliegenden Kontext einzig relevante Fragestellung: War nämlich die Gewährleistungsebene des „se ipsum accusare" noch zuvörderst geprägt von der Suche nach der nemo tenetur-relevanten Form von Selbstbelastung, richtet die „tenetur"-Ebene den Fokus vielmehr auf die Frage, wann der Einzelne zu einer solch schutzbereichsrelevanten Selbstbezichtigung gezwungen wird und thematisiert so gerade den Problemkreis um die Anforderungen an die hoheitliche Behandlung. Neben dieser Erkenntnis umfassender Dependenz der Definition teneturrelevanter Willensbeugung von der sogleich zu erarbeitenden Zwangssystematik erhellt aus diesem Konnotationsverhältnis letztlich auch die dogmatische Einordnung des Zwangsbegriffs selbst: In der hiesig grundrechtlich geprägten Lesart[474] entspricht jener dem Institut des Grundrechtseingriffs.[475]

Nachstehend gewidmet sei sich daher der Frage, ob der Schutzmechanismus des nemo tenetur-Satzes bereits durch jegliche Art willensbeugender Einflussnahme auf den Einzelnen ausgelöst wird – oder eben nur durch einen bestimmten Teilbereich hiervon.

I. Der Zwangsbegriff des Grundsatzes

Abermals angezeigt scheint hierfür eine teleologische Betrachtung. Will der nemo tenetur-Grundsatz zumindest auch die prozessuale Autonomie des Einzelnen schützen, erhellt aus dieser individualakzentuierenden Ausformung des Privilegs die

---

[473] Ausführlich Teil 4 B. II. 2. b).

[474] Siehe nur Teil 4 mit Fn. 2.

[475] Ein solches Verständnis legt auch *Schaefer*, Steuerstrafverfahren, S. 148 ff. seinen Ausführungen zugrunde. Deutlich enger mit Schutzbereichserwägungen verwebend etwa *Ransiek/Winsel*, GA 2015, 623 ff., die im Verlauf ihrer Ausführungen jedoch ebenfalls eine zumindest ähnliche Differenzierung anklingen lassen, siehe *Ransiek/Winsel*, GA 2015, 636 f. sowie ebenda Fn. 130.

relevante Problematik: Zu klären ist, wann aus der Zwangsperspektive die prozessuale Autonomie des Einzelnen negiert wird. Die Antwort hierauf scheint prima facie noch recht schnell gefunden, ist die verfahrensorientierte *Selbst*bestimmung des Einzelnen doch freilich überall dort aufgehoben, wo dieser in seinem Verteidigungsverhalten *fremd*bestimmt wird. Zeigt sich jedoch auch der Fremdbestimmungstopos als nicht minder nebulös, erweist sich jene semantische Spielerei angesichts der inhaltlichen Indifferenz auch des Konterparts rasch als definitorische Impasse; und so bleibt im Folgenden anderweitig zu ermitteln, wo die autonome Selbstbestimmtheit des Verfahrensunterworfenen in heteronome Fremdbestimmtheit umschlägt. In Erinnerung zu rufen, ist sich hierbei ein bereits obig[476] anklingender Gedankengang: Die Selbstbestimmtheit einer Entscheidung setzt stets eine individuelle Wahlmöglichkeit zwischen mindestens zwei eigenständigen, rechtlich gleichwertigen Handlungsalternativen voraus. Wird der Einzelne im Umkehrschluss also gerade dort fremdbestimmt, wo ihm nur eine einzige Handlungsoption verbleibt, muss der nemo tenetur-Satz, um seiner selbst propagierten Autonomiegarantie gerecht zu werden, jedenfalls ein Mindestmaß an Entscheidungsfreiheit vermitteln. Anders gewendet, geht es beim Postulat der Gewährleistung prozessualer Autonomie zunächst um die Vermittlung jener Mindestanforderungen an die verfahrensrelevante Wahlfreiheit, die ebenjene Autonomie begründen, welche das selbstbestimmte Subjekt vom fremdbestimmten Objekt unterscheidet.[477]

Konkreter bezogen auf die hiesige Selbstbezichtigungsproblematik sollen also Konstellationen unterbunden werden, in welchen der Einzelne qua hoheitlicher Fremdbestimmung keine andere Verteidigungsmöglichkeit mehr vorfindet, als dem obrigkeitlichen Offenbarungsauftrag nachzukommen, die geforderten Informationen preiszugeben und sich damit weisungsgemäß potentiell selbst zu belasten. Verbleibt dem Einzelnen nämlich nur eine einzige willenssteuerbare prozessuale Verhaltensweise, kann er sein Verteidigungsverhalten nicht mehr autonom bestimmen und sein Prozessziel nicht mehr selbstbestimmt verfolgen. Ganz im Gegenteil wird sein Wille zur Informationspreisgabe in einer solchen Determinierungskonstellation gegen ihn selbst eingespannt, ja bei prozessualer Verwertung so erlangter Daten gar instrumentalisiert; seines mit der Prozessrolle verbundenen Subjektachtungsanspruchs geht er hier verlustig. Generalisiert mündet das damit vorgefundene Dogma sodann in eine zunächst recht formaljuristische Unterscheidung zwischen eingriffsbegründendem Zwang und irrelevantem Nichtzwang, gipfelnd in der entscheidenden Kontrollfrage: Hat der Privilegsberechtigte in Ansehung seines Verteidigungsverhaltens eine taugliche Handlungsalternative?

Indes ist in diesen letztgenannten Fundus gangbarer Entscheidungsoptionen freilich nicht jedes denkbare Alternativverhalten einzustellen; mitnichten ist die dem Einzelnen zu gewährende Dispensoption vom hoheitlichen Informationsbeschaf-

---

[476] Teil 4 B. I. 2. f) aa).
[477] Zutreffend *Doege*, nemo-tenetur-Grundsatz, S. 112 unter Rekurs auf *Schaefer*, Steuerstrafverfahren, S. 140 ff., 143.

fungswusch frei von materiellen Anforderungen[478]: So scheiden aus dem Kreis tauglicher Handlungsalternativen zunächst all jene, die in gleichem Maße selbstbezichtigenden Charakter aufweisen. Den Berechtigten in eine Situation zu drängen, in welcher er sich in beiden Varianten potentiell selbst bezichtigen müsste, hier wie dort also seinen Autonomieanspruch verlöre, verfehlte den Zweck des Selbstbezichtigungsprivilegs, weshalb dem Einzelnen eine die Selbstbelastung ausschließende Rechtsposition zuzugestehen ist; eine Forderung, die angesichts der im Strafverfahren strukturell zu befürchtenden Selbstbelastungsgefahr des Beschuldigten weitgehend in eine von Untätigkeit dominierte Rechtsposition mündet. Darüber hinaus kann mit dem Ruf nach einer gangbaren Handlungsalternative aber auch die Option der Zuwiderhandlung gegen den hoheitlichen Offenbarungsauftrag respektive – abstrakter – die Möglichkeit zum Rechtsbruch nicht gemeint sein. So zeigt schon ein Blick in die Genese des Grundsatzes, dass das Spannungsfeld zwischen drohender Selbstbelastung qua kooperativer Verfahrensförderung und der Begehung neuerlichen Rechtsbruchs qua weisungswidriger Nichtmitwirkung gerade den Urfall des nemo tenetur-Gedankens umschreibt. Die anzubietende Handlungsalternative muss daher von der Rechtsordnung ferner gebilligt, mithin legaler Natur sein[479], zumal der nemo tenetur-Grundsatz hiesiger Diktion überdies gar nicht imstande wäre, die Verwirklichung neuerlichen Unrechts zu kompensieren.[480]

Im Kontext des Strafverfahrens wird der Einzelne dieser bis dato rein rechtlich umschriebenen Entscheidungsfreiheit damit insbesondere dort beraubt, wo er einer mit Zwangsmitteln durchsetzbaren „echten" Pflicht zur Informationspreisgabe, beispielsweise in Form einer Aussage- oder anderweitigen Mitwirkungsverpflichtung, unterworfen wird. Gerade die mit dem positiven Handlungsauftrag getroffene legislative Entscheidung, allein das kooperative Mitwirkungsverhalten für zulässig zu erklären, versagt dem Normadressaten die etwaig eigenverantwortlich zu wählende Dispensoption und auferlegt ihm so, eingedenk der bezeichneten strukturellen Selbstbezichtigungsgefahr des Verfahrensunterworfenen, eine in Zusammenschau mit dessen strafprozessualer Stellung echte Pflicht zur potentiellen Selbstbelastung.[481] Steht die so fundierte Unzulässigkeit echter Aussageverpflichtungen zu

---

[478] Siehe nur *Ransiek*, Polizeivernehmung, S. 54 m.w.N.: „Wollte man allein auf eine Wahlmöglichkeit abstellen, wäre auch der gefolterte Beschuldigte in diesem Sinn frei in der Entscheidung, ob er weiter die Tortur auf sich nehmen oder gestehen will, so makaber das klingt."

[479] Vgl. *Doege*, nemo-tenetur-Grundsatz, S. 115, deutlicher dann S. 151; ausdrücklich *Schaefer*, Steuerstrafverfahren, S. 144.

[480] Näher Teil 4 B. II. 3.

[481] Auf die tatsächlich zwangsweise Durchsetzung der Pflicht kann es daher nicht ankommen, so aber nicht überzeugend *Rüster*, wistra 1988, 54; vgl. auch BVerfG v. 27.4.2010 – 2 BvL 13/07, wistra 2010, 344; wie hier *Doege*, nemo-tenetur-Grundsatz, S. 115 m.w.N. sowie *Schuhr*, in: MüKo-StPO, vor §§ 133 ff., Rn. 81. Ferner nicht überzeugen kann vor diesem Hintergrund auch jüngst *Wiechmann*, Nonverbale Verhaltensweisen, S. 187 f., der mittels vis compulsiva veranlassten Selbstbelastungen den Schutz des nemo tenetur-Satzes bereits im Fall bloßer Durchsetz*barkeit* ebenjener Kooperationsleistungen mit Zwangsmitteln versagen

C. Die Eingriffskomponente: vom „Zwang" zur Selbstbelastung

Lasten des Beschuldigten dabei noch auf allgemein konsentiertem Boden[482], kann sich die hiesige Zwangsdefinition indes nicht in ebendiesem Verbot erschöpfen. Mit dem Ausschluss ebenjener Pflichtenstellung auf Primärebene muss dem Zwangsbegriff vielmehr auch die hiermit korrelierende Sekundärebene unterfallen, was letztlich all jene Maßnahmen ausschließt, die eine solche Pflichtenstellung voraussetzten.[483] Insbesondere scheidet damit etwa aus vollstreckungstechnischer Perspektive die, im Übrigen auch aus dem menschenwürdefundierten Torturverbot fließende[484], körperliche Aussagerzwingung gleichermaßen aus wie generell jede willensbeugende Zwangsmaßnahme, die auf die finale Durchsetzung einer nichtexistierenden Selbstbelastungspflicht gerichtet ist[485]; und aus rechtstechnischer Warte müssen etwa sowohl die Sanktionsbewehrung etwaiger Pflichtwidrigkeiten[486] als auch die inkriminierende Verwertung der Inanspruchnahme der Dispensposition unterbleiben.

Abstrahiert kondensieren die so gefunden Grundsätze in einen bis dato provisorisch formal bestimmten, juristisch geprägten, in Eingriffsterminologie gleichsam klassischen[487] Zwangsbegriff, der die unmittelbare hoheitliche Verjüngung des steuerbaren Entscheidungsportfolios des Adressaten auf nur eine zulässige Alternative final zur (in Gesamtschau mit dem sachlichen Schutzbereich potentiell eigenbezichtigenden) strafprozessualen Informationsgewinnung umfasst.

Im Anschluss hieran fraglich erscheint dagegen, ob neben diese formal-finale Dimension des Zwangsbegriffs eine mittelbar-faktische Verkürzungen des Entscheidungsfundus erfassende, eingriffsterminologisch gewissermaßen moderne Stoßrichtung tritt. Der Ursprung der Frage ist klar: Schnürt das bis dato gefundene Zwangsdogma das Korsett des nemo tenetur-Satzes noch erkennbar eng, verzichtet

---

möchte, da das Mitwirkungsverhalten hier – nach Art eines hypothetischen Ersatzeingriffs – nicht conditio sine qua non für die selbstinkriminierende Informationspreisgabe werde.

[482] Siehe nur pars pro toto BVerfG v. 15.10.2004 – 2 BvR 1316/04, wistra 2005, 176; BVerfG v. 13.1.1981 – 1 BvR 116/77, BVerfGE 56, 41 f.; *Doege*, nemo-tenetur-Grundsatz, S. 113; *Kopf/Szalai*, NJ 2010, 364; *Lucke*, Schutzrechte, S. 282 ff., 284; *Schaefer*, Steuerstrafverfahren, S. 150; *Schuhr*, in: MüKo-StPO, vor §§ 133 ff., Rn. 80 f.

[483] *Doege*, nemo-tenetur-Grundsatz, S. 113; *Schaefer*, Steuerstrafverfahren, S. 153 ff.

[484] Siehe nur *Hufen*, Staatsrecht II, § 10, Rn. 63 sowie *Kunig/Kotzur*, in: von Münch/Kunig, GG, Art. 1, Rn. 53, Stichwort: „Folterverbot" m.w.N. Lesenswert zur Schmerzzufügung als zulässiges Zwangsmittel auch *Plicht*, NVwZ 2017, 862 ff.

[485] *Doege*, nemo-tenetur-Grundsatz, S. 113.

[486] EGMR v. 25.2.1993 – 10828/84, Série A n° 256-A, Rn. 41 ff. – Funke/Frankreich; *Doege*, nemo-tenetur-Grundsatz, S. 113, 115; *Lucke*, Schutzrechte, S. 284 f. Anders *Hellmann*, in: FS-Beulke, S. 416 f., der meint, dass der Grundsatz hier zwar ausdrücklich nicht eingreife, „sich der Betroffene [aber] in einer vergleichbaren Zwangslage [befinde], aus der er befreit werden [müsse]".

[487] Zur Unterscheidung zwischen „klassischem" und „modernem" Eingriff instruktiv *Kingreen/Poscher*, Grundrechte, Rn. 328 ff. Näher zum grundrechtlichen Eingriffsbegriff *Hillgruber*, in: HStR IX, § 200, Rn. 76 ff. sowie *Hufen*, Staatsrecht II, § 8, Rn. 1 ff., jeweils m.w.N.

das Strafverfahren nun aber angesichts des selbst proklamierten Bekenntnisses zum Grundsatz der Selbstbelastungsfreiheit[488] ohnehin weiträumig auf echte Aussage- wie Mitwirkungspflichten zu Selbstüberführungszwecken, sieht sich ein solch restriktives Begriffsverständnis schnell faktischen Bedenken ausgesetzt. So ist nicht von der Hand zu weisen, dass der Verfahrensunterworfene im Strafprozess trotz der Absenz echter Selbstbelastungspflichten bis zu einem bestimmten Grade willensbeugenden Offenbarungsdruck erfährt. Ganz im Gegenteil ist eine prozessuale Abhandenheit sämtlicher Beeinträchtigungen der Willensfreiheit vom Strafverfahren nicht leistbar; schlicht utopisch wäre es, eine solche Freistellung auch nur zu fordern[489], modifizieren sich die Entscheidungsmöglichkeiten des Einzelnen doch etwa bereits durch die Offenbarung der Strafverfolgung, mithin die Inkulpation per se[490] – in den Worten *Rogalls* ausgedrückt: „Strafprozess ist Stress"[491]; und, so wird man hier ergänzen müssen, Stress lenkt Willen.

Müssen straf(verfahrens)rechtliche Institute daher zuweilen gar nicht final auf die Beschaffung von Informationen oder gar die Durchsetzung hypothetischer Selbstbelastungspflichten gerichtet sein, um selbstbelastungsfördernde Wirkungen zu entfalten[492], geriert sich der durch ebensolche Maßnahmen vermittelte Selbstbezichtigungsdruck lediglich als Behandlungsreflex stets tatsächlicher, nie aber rechtlicher Natur. Aufgeworfen ist damit die im Kontext des nemo tenetur eingriffsspezifische Frage, ob sich ebenjener Grundsatz im bereits bezeichneten Mindestmaß rechtlicher Entscheidungsfreiheit erschöpft oder darüber hinaus auch eine von willensorientierter Faktizität geprägte Dimension aufweist – respektive plakativer: Muss das soeben ausgearbeitete formale Zwangsdogma zu Gunsten einer normativ materiellen Betrachtung aufgegeben werden und, falls ja, wie viel wil-

---

[488] Siehe nur Teil 4 A. III.

[489] Vgl. etwa *Ransiek*, Polizeivernehmung, S. 49 ff. oder *Rzepka*, Fairness, S. 387 ff., die nach *Doege*, nemo-tenetur-Grundsatz, S. 112, Fn. 679 dem Selbstbelastungsprivileg wohl die positive Gewährleistung einer allgemeinen Willens- respektive Entschließungsfreiheit entnehmen wollen.

[490] *Bosch*, Aspekte des nemo-tenetur-Prinzips, S. 124, 281 f.; *Doege*, nemo-tenetur-Grundsatz, S. 112, 148; *Ransiek*, Polizeivernehmung, S. 55 f.; *Schaefer*, Steuerstrafverfahren, S. 140 f.; *Verrel*, Selbstbelastungsfreiheit, S. 132, 148; *Weigend*, in: Selbstbestimmung, S. 153. Ferner *Lammer*, Verdeckte Ermittlungen, S. 158. Vgl. auch *Wiechmann*, Nonverbale Verhaltensweisen, S. 187 f.

[491] *Rogall*, Der Beschuldigte, S. 145.

[492] Konkret gilt dies allen voran für die strafprozessuale Untersuchungshaft, in deren Kontext es etwa *Paeffgen*, NStZ 1997, 119 für „eine Binsenweisheit [hält], daß U-Haft Geständnisse bewirken kann"; gleichsinnig *Doege*, nemo-tenetur-Grundsatz, S. 114 sowie *Eidam*, HRRS 2008, 243; weiterführend *Eidam*, Selbstbelastungsfreiheit, S. 306 ff. m. w. N. In eine ähnliche Kerbe schlägt ferner der bereits bezeichnete, insbesondere von *Bosch*, Aspekte des nemo-tenetur-Prinzips, S. 281 f.; *Verrel*, Selbstbelastungsfreiheit, S. 232, 283 und *Weßlau*, ZStW 1998, 31 herausgestellte faktische Kooperationsdruck im Fall der Androhung von Zwangsmitteln, siehe nur Teil 4 B. II. 2. a). Jüngst im Kontext nonverbaler Verhaltensweisen dazu *Wiechmann*, Nonverbale Verhaltensweisen, S. 187 f.

lenslenkender Einfluss auf den Einzelnen ist unter dem Leitgedanken der Selbstbelastungsfreiheit noch vertretbar?

Die erste Schwierigkeit einer solch normativen Betrachtung drängt sich förmlich auf: Wie soll eine faktische Zwangslage bemessen werden? Will man sich nicht auf Ebene des Zwangsbegriffs gerade jenen Einwänden aussetzen, die bereits im Kontext der Konturierung des Schutzbereichs so prominent gegen die Quantifizierung der Zumutbarkeitslage anhand rein subjektiver Indikation ins Feld geführt wurden[493], so bereits gefundene Ergebnisse postwendend torpedieren und sich jeglicher generalisierungsfähiger Kontur des Grundsatzes berauben, kann die tatsächlich subjektive Zwangsempfindung des Betroffenen das Ergebnis abermals nicht sein.[494] Zu denken wäre allenfalls an eine Lösung qua typisierender Betrachtung, mithin an eine Methode, die das bestehende Friktionspotential angesichts der damit notwendigerweise einhergehenden Überzeichnung indes lediglich verschöbe, nicht aber behöbe.

Letztlich bedarf der konkrete Quantifikationsmodus jedoch keiner weiteren Beleuchtung, so ebenjene normative Erweiterung des Zwangsbegriffs schon dem Grunde nach nicht überzeugt. Aufschlussreich scheint hierbei erneut ein Blick auf die Ratio[495] individueller Prozessautonomie- und überindividueller Prozessrollensicherung: Soll der Verfahrensunterworfene sein Prozessziel wie -verhalten selbst eigenverantwortlich bestimmen können und als letzten Ausweg stets das Refugium einer nicht inkriminierenden Handlungsalternative innehaben, um so der Verfolgungsbehörde deren originären Auftrag verfahrensrelevanter Sachverhaltserforschung zu überlassen, schützt das Privileg allein das konzeptionelle Vorhandensein einer Entscheidungsposition per se, trifft aber über das Verbot der inkriminierenden Fernwirkungen der Rechtsausübung[496] hinaus gerade keine Aussage über den Ausschluss anderweitiger Folgen ebenjener Entscheidung.[497] Nicht bewahrt wird der Einzelne damit etwa vor allgemeinen Unannehmlichkeiten des Strafverfahrens, die er gerade dadurch heraufbeschwört, dass er den Strafverfolgungsbehörden die Tat-

---

[493] Teil 4 B. I. 2. d) bb).

[494] So auch *Doege*, nemo-tenetur-Grundsatz, S. 150.

[495] Deutlich wird hieraus auch die Anbindung des gefundenen Zwangsbegriffs an das eigene teleologische Konzept. Dass die sogleich zu findende Erkenntnis kategorischer Aussonderung faktischer Zwangslagen aus dem Teneturbegriff nicht überall bedingungslosen Zuspruch erhalten wird, kann daher auch nicht verwundern. So werden insbesondere sich auf Zumutbarkeitserwägungen gründende Konzeptionen Not haben, die nachstehend aufzuzeigende Grenzlinie nachzuzeichnen, offenbart sich doch aus dieser Perspektive gerade kein qualitativer Unterschied zwischen unmittelbar-rechtlicher und mittelbar-faktischer Zwangseinwirkung, so auch klarsichtig *Doege*, nemo-tenetur-Grundsatz, S. 153.

[496] Vgl. auch die Ausführungen in Teil 4 B. I. 2. f) aa), bb) und cc).

[497] Gleichsinnig *Doege*, nemo-tenetur-Grundsatz, S. 149. Vgl. auch BVerfG v. 15.10.2004 – 2 BvR 1316/04, wistra 2005, 176, wenn das Gericht darauf erkennt, dass der nemo tenetur-Grundsatz „lediglich vor einem rechtlichen Zwang zur Selbstbelastung und einer darauf beruhenden strafrechtlichen Verurteilung" schütze. „Nur in diesem Fall [werde] die Würde des Menschen verletzt, wenn dessen erzwungene Aussage als Mittel gegen ihn selbst verwendet wird."

sachenermittlung überlässt. Insbesondere fordert der nemo tenetur-Satz nicht die Schaffung eines prozessualen Freiraums, in dessen Grenzen der Berechtigte frei von jeglichen Konsequenzen seinen Prozess planen, gestalten, fördern oder obstruieren kann; geschützt und garantiert wird allein das autonomiebegründende Vorhandensein einer Entscheidungsposition. Statuiert der Grundsatz damit ausdrücklich kein „allgemeines Wohlfühlgebot im Strafverfahren", ist auch eine faktische Leitung dieser Entscheidung, etwa qua behördlicher „Anregung" oder hoheitlichem „Anreiz", aus der Perspektive der Selbstbelastungsfreiheit prinzipiell nicht zu beanstanden. Offenstehen muss es dem Wählenden nur, sich auch hier für das Unsinnige, das Irrationale zu entscheiden.[498] Dass eine Verhaltensoption in Anbetracht der faktischen Umstände hierbei näher liegt als eine andere, beseitigt die *Freiheit* der Entscheidung noch nicht; ganz im Gegenteil ist das getroffene Votum – für oder gegen das rational Vorzugswürdige – eingedenk der rechtlichen Gleichwertigkeit sowie Akzeptanz auch der Antithese gerade Ausfluss derselben. Lassen die Fernwirkungen der Entscheidung die Freiheit der Entscheidungsposition und damit den Selbstbestimmungsanspruch des Verfahrensunterworfenen daher abseits inkriminierender Folgen aus der Warte des nemo tenetur-Gedankens unberührt, fehlt es der faktischen Zwangsausübung insoweit strukturell am Element der Willensinstrumentalisierung, in letzter Konsequenz also am solchen der Autonomienegation.[499] Dem tenetur-relevanten Zwangsbegriff unterfällt sie folglich nicht.

Ausdrücklich nicht in Abrede gestellt sei damit jedoch, dass solch faktische Zwangslagen mitunter subjektiv höchst zerreißende Wirkung entfalten können. Wo fernab der gebotenen formaljuristischen Betrachtung also untechnisch nicht mehr von einer „freien" Entscheidungsfindung gesprochen werden kann, ist der zu implementierende Protektionsmechanismus indes ein anderer. So darf die breit geführte Debatte um den Beschuldigtenschutz unter der Ägide des nemo tenetur-Grundsatzes nicht den Blick darauf verstellen, dass sich auch die Rechtsposition, welcher sich der Einzelne bei der Wahl einer prozessualen Handlungsalternative potentiell kehrseitig begibt, in jedem Fall grundrechtlicher Absicherung erfreut. Verliert der Berechtigte diesen Schutz freilich auch nicht mit dem Eintritt in die strafprozessuale Beschuldigtenstellung, sind etwaig (zu) einschneidende Wirkungen zu Lasten des Grundrechtsträgers gerade in diesem Gewande zu untersuchen. Widerstreitet im Kontext der hiesigen Rechtfertigungsprüfung dem individuellen Freiheitsstreben nunmehr das öffentliche Interesse an strafrechtlicher Informationserhebung respektive effektiver Strafverfolgung in toto[500], bleibt nicht ausgeschlossen, dass die nachteilsauslösende Maßnahme angesichts der Kopplung erdrückender Nachteile an die Wahrnehmung einer ihrerseits verfassungsrechtlich fundierten Rechtsposition aus konstitutioneller Perspektive zu bemängeln ist, das Individualinteresse damit über-

---

[498] *Doege*, nemo-tenetur-Grundsatz, S. 149 f.
[499] *Doege*, nemo-tenetur-Grundsatz, S. 152.
[500] Kritisch *Bosch*, Aspekte des nemo-tenetur-Prinzips, S. 67 ff.

wiegt und so die hoheitliche Behandlung aufgrund eines Verstoßes gegen das einschlägige Grundrecht entfallen muss.

Resümierend bleibt damit das Ergebnis, dass der Grundsatz des nemo tenetur se ipsum accusare insbesondere und ausschließlich eine besondere Zwangs*qualität*, namentlich den instrumentalisierenden Autonomieausschluss, unterbindet, während eine besondere Zwangs*quantität* fernab der bezeichneten Negationsfälle am Schutzgehalt des jeweils betroffenen Grundrechts zu messen ist – zumal die hiesige Schranken-Schranke des Verhältnismäßigkeitsprinzips[501] imstande ist, dem hier graduellen Schutzbedürfnis des Einzelnen merklich besser Rechnung zu tragen als die binäre Entscheidung um die Existenz prozeduraler Selbstbestimmtheit. Die faktische Zwangslage, etwa bei der (drohenden) Anordnung der Untersuchungshaft oder der Androhung zulässiger Zwangsmittel, genügt damit nicht, um den Schutz des Selbstbezichtigungsprivilegs auszulösen. Nur soweit das an sich zulässige Druckmittel bewusst zur Durchsetzung einer nicht bestehenden Aussageverpflichtung zweckentfremdet wird, die zwangsrelevante Faktizität also einem bewusst hergestellten Finalzusammenhang weicht, unterfällt dieser Missbrauchssachverhalt eingedenk der damit verbundenen Sanktionswirkung dem Zwangsbegriff.[502] Im Übrigen steht jedoch die Erkenntnis, dass, soweit der Einzelne eine echte Wahlmöglichkeit zwischen mindestens zwei von der Rechtsordnung akzeptierten prozeduralen Handlungsoptionen innehat, wovon mindestens eine nichtinkriminierenden Charakter aufweist, seine prozessuale Autonomiestellung ungeachtet der tatsächlichen Fernwirkungen der Entscheidung nicht in Gefahr gerät und der Grundsatz der Selbstbelastungsfreiheit so schlicht keinen Eingriff erfährt.

II. Exkurs: Die Hinweis-, Aufklärungs- und Belehrungspflichten als Teil der nemo tenetur-Garantie?

Nicht auf den ersten Blick ersichtlich, erschließt sich aus den vorstehenden Grundsätzen aber auch die Antwort auf eine gänzlich andere Grundsatzfrage. Zur effektiven Wahrnehmbarkeit der Rechtsposition der Selbstbelastungsfreiheit durch den Rechtsträger bedarf es vorheriger Aufklärung. Einfachgesetzlich normiert etwa in §§ 55 Abs. 2, 115 Abs. 3 S. 1, 136 Abs. 1 S. 2 (gegebenenfalls i.V.m. § 163a Abs. 3 S. 2 oder § 163a Abs. 4 S. 2) oder § 243 Abs. 5 S. 1 StPO stützen diese Normen den nemo tenetur-Grundsatz ohne Zweifel jedenfalls faktisch. Fraglich dagegen bleibt, ob solch hoheitliche Aufklärungspflichten betreffend die individu-

---

[501] Zur Frage der Absolutheit des Schutzes des nemo tenetur-Grundsatzes sogleich Teil 4 D.

[502] So jedenfalls im Ergebnis auch BGH v. 19.7.1995 – 2 StR 758/94, NJW 1995, 2936; BGH v. 17.11.1989 – 2 StR 418/89, NJW 1990, 1188 f. Wie hier *Bosch*, Aspekte des nemotenetur-Prinzips, S. 227 ff. m.w.N.; *Doege*, nemo-tenetur-Grundsatz, S. 114 sowie *Verrel*, Selbstbelastungsfreiheit, S. 76. Kritisch mit Blick auf entstehende Beweisschwierigkeiten *Eidam*, StV 2005, 202 f.

elle Kooperationsfreiheit über ihre tatsächliche Absicherungswirkung hinaus selbst als Teil der verfassungsrechtlichen nemo tenetur-Garantie konstitutioneller Schutzcharakter erheischt. Den Blick auf das Wesentliche gibt hier eine funktionsorientierte Betrachtung ebenjener Belehrungsvorschriften frei, in deren Rahmen das Strafprozessrecht selbst den Ausgangspunkt der Lösung bildet, wenn dieses strukturell von einer weitreichenden Unkenntnis des Einzelnen im Hinblick auf seine eigene Schutzposition ausgeht.[503] So wird mit dem prinzipiellen Postulat einer Aufklärungspflicht zunächst legislativ unterstellt, dass ein ebensolcher Hinweis der Sache nach notwendig ist, um dem Verfahrensunterworfenen überhaupt oder doch wenigstens in der konkreten Situation die Kenntnis seiner Rechte zu vermitteln.[504] Unterstrichen und akzentuiert wird diese herausgehobene Stellung des Belehrungsbedürfnisses sodann durch einen immerwährenden Aktualisierungsauftrag der vorzunehmenden Information: Mitnichten genügt der Strafprozessordnung eine einmalige Unterrichtung des Beschuldigten in einem bestimmten Verfahrensstadium. Ganz im Gegenteil ist nach Auffassung des Gesetzes in Anbetracht der jeweils veränderten Prozesssituation, geleitet von jeweils divergierenden Belehrungspflichtigen, stets ein erneuter Hinweis geboten[505]; eine Aufklärungsflut, die erst jüngst durch die Erstreckung der Pflicht des § 136 Abs. 1 S. 2 StPO auf jede Vernehmung[506] neuerliche Ausweitung erfahren hat.

Muss mit der strafprozessualen Normstruktur bei fehlender Belehrung daher (freilich widerlegbar[507]) von individueller Unkenntnis des Einzelnen um seine Freiheitsposition ausgegangen werden, ist in einem zweiten Schritt nunmehr zu erkennen, dass dieser allein bei hinreichender Aufklärung über seine prozessualen Verhaltensmöglichkeiten frei über sein eigenes Verteidigungsvorhaben entscheiden kann; nur bei Aufklärung über die Freiheit zur Aussage und Mitwirkung ist er imstande, autonom darüber zu befinden, ob er diese Rechtsposition wahrnehmen oder sich jener begeben möchte. Wird er dagegen über sein Refugium der Dispensoption

---

[503] *Dencker*, MDR 1975, 363; *Rogall*, Der Beschuldigte, S. 219 f.; *Rogall*, in: SK-StPO, vor §§ 133 ff., Rn. 170; *Schmidt*, NJW 1968, 1216; *Talaska*, Mitwirkungspflichten, S. 105; vgl. auch *Bauer*, Die Aussage, S. 175 sowie *Verrel*, NStZ 1997, 416.

[504] BGH v. 13.5.1996 – GSSt 1/96, BGHSt 42, 147; BGH v. 27.2.1992 – 5 StR 190/91, BGHSt 38, 221; *Gleß*, in: Löwe/Rosenberg, § 136, Rn. 28; *Rieß*, JA 1980, 300; *Rogall*, in: SK-StPO, vor §§ 133 ff., Rn. 170; *Talaska*, Mitwirkungspflichten, S. 105; vgl. auch *Verrel*, NStZ 1997, 416.

[505] *Rogall*, Der Beschuldigte, S. 219; *Rogall*, in: SK-StPO, vor §§ 133 ff., Rn. 170.

[506] Eingeführt mit Wirkung zum 1.7.2021 durch Art. 1 Nr. 25 lit. a) und b) des Gesetzes zur Fortentwicklung der Strafprozessordnung und zur Änderung weiterer Vorschriften v. 25.6. 2021, BGBl. I 2021, 2103.

[507] Inwieweit diese Vermutungswirkung auch durch anderweitige Faktoren als die ordnungsgemäße Belehrung, etwa durch eine Einwilligung des Beschuldigten in die Verwertung, etwaige Beteuerungen der Informationspreisgabe nach qualifizierter Belehrung oder einem bereits hinreichenden Kenntnisstand des Preisgebenden qua beruflicher Nähe, widerlegt werden kann, interessiert für die Zwecke der vorliegenden Untersuchung nicht und bleibt daher außer Betracht, weiterführend hierzu *Rogall*, Der Beschuldigte, S. 219 sowie *Schuhr*, in: MüKo-StPO, § 136, Rn. 26, 29, 68 ff., jeweils m. w. N.

im Dunkeln gelassen, muss er dem Hoheitsträger gegenüber von einer prinzipiellen Subordinations-, mithin von einer zumindest rudimentären Kooperationsverpflichtung ausgehen[508] und unterliegt so angesichts der vorgestellten Alternativlosigkeit der Mitwirkungssituation selbstbelastungsrelevantem Zwang hiesiger Diktion.

Geht mit der vom Gesetz etablierten Unkenntnisvermutung daher mittelbar eine die Subjektstellung des Einzelnen torpedierende Zwangsvermutung einher[509], kann die Prozessrolle des Verfahrensunterworfenen nur qua Information gewahrt werden. Soweit für die Funktion der Aufklärungspflichten also etwa auf den prinzipiellen Informationsauftrag der Unterrichtung[510] oder gar die bloße Erleichterung der Rechtsausübung mittels Stärkung individueller Handlungskompetenz[511] abgestellt wird, gehen diese Ausführungen gewiss nicht fehl, den neuralgischen Punkt treffen sie jedoch nicht. Entscheidend ist vielmehr folgende Erwägung:

Wenn das Nichtwissen um die eigenen Verteidigungsrechte den Einzelnen in eine nemo tenetur-relevante Zwangssituation drängt, das Gesetz aber selbst davon ausgeht, dass der Beschuldigte um seine eigenen Rechte nicht akut weiß, muss der Hauptzweck der Belehrungsvorschriften in der Ausräumung ebenjener präsumierten Zwangslage liegen, letztlich also in der Gewährleistung der Selbstbelastungsfreiheit per se.[512] Soweit also die Prozessrolle des Verfahrensunterworfenen in Gefahr gerät, sind jene Aufklärungspflichten, die teleologisch auf den Schutz der Selbstbelastungsfreiheit zielen, daher selbst vom nemo tenetur-Satz umfasst und konstitutionell geschützt.[513]

---

[508] Siehe nur BGH v. 13.5.1996 – GSSt 1/96, BGHSt 42, 147; *Rogall*, Der Beschuldigte, S. 186 m.w.N. sowie prägnant *Rogall*, in: SK-StPO, vor §§ 133 ff., Rn. 171: „Nichtkenntnis der Aussagefreiheit bedeutet indessen Glaube an die Aussagepflicht."

[509] So ausdrücklich auch *Rogall*, in: SK-StPO, vor §§ 133 ff., Rn. 171 unter Rekurs auf *Rogall*, Der Beschuldigte, S. 187, 219.

[510] Siehe etwa BGH v. 12.10.1993 – 1 StR 475/93, BGHSt 39, 351; vgl. auch BGH v. 14.5.1974 – 1 StR 366/73, BGHSt 25, 329 f.; BGH v. 8.12.1958 – GSSt 3/58, BGHSt 12, 238: „[...] denn ein Recht, das man nicht kennt, kann man nicht ausüben.", sowie *Kratzsch*, JA 1984, 179 und *Rogall*, in: SK-StPO, vor §§ 133 ff., Rn. 168.

[511] Siehe *Rogall*, in: SK-StPO, vor §§ 133 ff., Rn. 168 mit Verweis unter anderem auf *Schlüchter*, Das Strafverfahren, Rn. 398; vgl. auch *Rogall*, Der Beschuldigte, S. 187.

[512] Gleichsinnig BGH v. 9.6.2009 – 4 StR 170/09, NStZ 2009, 702 f.; BGH v. 13.5.1996 – GSSt 1/96, BGHSt 42, 147; BGH v. 27.2.1992 – 5 StR 190/91, BGHSt 38, 220 f.; BGH v. 14.5.1974 – 1 StR 366/73, BGHSt 25, 330 f.; *Diemer*, in: KK-StPO, § 136, Rn. 11; *Grünwald*, JZ 1966, 495; *Kunert*, MDR 1967, 539 f.; *Rogall*, in: SK-StPO, vor §§ 133 ff., Rn. 168, der diese Auffassung m.w.N. als „inzwischen – im Großen und Ganzen – allgemein anerkannt" bezeichnet.

[513] So auch *Kunert*, MDR 1967, 539 f.; *Rogall*, Der Beschuldigte, S. 187, 214 f.; *Rogall*, in: SK-StPO, vor §§ 133 ff., Rn. 169; wohl auch *Talaska*, Mitwirkungspflichten, S. 105 f. Dagegen insbesondere etwa *Stürner*, NJW 1981, 1758 sowie *Verrel*, NStZ 1997, 416.

D. Nemo tenetur und die Absolutheit

Ist damit auch die hiesige Eingriffsdogmatik konturiert, bleibt aus der Perspektive des strafrechtlichen Selbstbelastungsprivilegs nunmehr lediglich zu klären, inwieweit ein solcher Eingriff verfassungsrechtlicher Rechtfertigung zugänglich ist. Hartnäckig hält sich hier die althergebrachte These, eine eingriffsrelevante Verkürzung des Schutzbereichs führe zwingend zu einer Verletzung der nemo tenetur-Garantie, die Verbürgungen der Selbstbelastungsfreiheit seien also absolute.[514] Indes stößt die so postulierte Abwägungsfestigkeit des Satzes nicht nur auf Zuspruch.[515] Im Folgenden gewidmet sei sich daher der Frage, ob der Grundsatz des nemo tenetur se ipsum accusare wirklich solch hochrangigen Schutz genießt, wie weithin propagiert.

Bereits a limine abzuweisen sind dabei Begründungsansätze, die eine solche Absolutheit auf überpositive, insbesondere naturrechtliche Erwägungen stützen.[516] Ebenjene Gedanken konnten bereits im Kontext der Suche nach der vorzugswürdigen Rechtsgrundlage nicht überzeugen[517] und können auch hier die ebenda geäußerten Bedenken gegen das Institut des überpositiven Rechts per se nicht ausräumen.[518]

Merklich diskutabler erscheinen dagegen Ansätze, die den Ursprung der Absolutheit in der Konnotation des nemo tenetur-Satzes mit der Würde des Menschen sehen.[519] Obgleich uneinheitlich im Detail, kondensieren diese Begründungen immer wieder in der gleichen – hier freilich überzeichneten – Überlegung: Wenn der Grundsatz der Selbstbelastungsfreiheit entweder schon unmittelbar auf Art. 1 Abs. 1 GG fuße oder aber jedenfalls eng mit dieser Gewährleistung verknüpft sei, das

---

[514] *Bockemühl*, Private Ermittlungen, S. 76; *Böse*, GA 2002, 127; *Böse*, Wirtschaftsaufsicht, S. 532; *Dannecker*, ZStW 2015, 384 ff.; *Doege*, nemo-tenetur-Grundsatz, S. 101 ff.; *Eidam*, Selbstbelastungsfreiheit, S. 192 ff.; *Hassemer*, in: FS-Maihofer, S. 203; *Haeusermann*, Der Verband, S. 355; *Kraft*, Das nemo tenetur-Prinzip, S. 145 f.; *Lammer*, Verdeckte Ermittlungen, S. 156 f.; *Meyer*, GA 2007, 31; *Nothhelfer*, Selbstbezichtigungszwang, S. 90; *Ransiek/Winsel*, GA 2015, 637; *Reiß*, Besteuerungsverfahren, S. 157; *Reiter*, Steuererklärungspflicht, S. 104 f., 107; *Rogall*, in: SK-StPO, vor §§ 133 ff., Rn. 131; *Rogall*, ZRP 1975, 279; *Weßlau*, Vorfeldermittlungen, S. 211; *Wolter*, Aspekte, S. 26.

[515] Siehe nur jüngst *Buchholz*, Der nemo tenetur-Grundsatz, S. 263 ff. Zuvor schon *Kölbel*, NStZ 2003, 236; *Lagodny*, StV 1996, 171; *Mahlstedt*, Die verdeckte Befragung, S. 112 ff.

[516] So etwa *Hassemer*, in: FS-Maihofer, S. 192 ff.; dem in Teilen auch *Doege*, nemo-tenetur-Grundsatz, S. 103 zustimmt.

[517] Teil 4 B. I.

[518] Weiterführend zur auch inhaltlichen Kritik gegen die von *Hassemer*, in: FS-Maihofer, S. 183 f. gewonnene, pointiert formulierte Erkenntnis: „Wer sich auf eine Abwägung zwischen den drohenden Schäden und den bedrohten Prinzipien einläßt, hat die Prinzipien schon an diesem Punkt der Überlegung aufgegeben.", ein Gedanke, dem sich auch *Doege*, nemo-tenetur-Grundsatz, S. 102 in Teilen anschließt, zutreffend *Buchholz*, Der nemo tenetur-Grundsatz, S. 264 f. m. w. N.

[519] *Kleinheisterkamp*, Kreditwesengesetz, S. 271; *Lammer*, Verdeckte Ermittlungen, S. 156; *Möstl*, in: HStR VIII, § 179, Rn. 69; *Reiter*, Steuererklärungspflicht, S. 104 f., 107. Vgl. auch *Böse*, GA 2002, 127 sowie *Nothhelfer*, Selbstbezichtigungszwang, S. 90.

Menschenwürdepostulat nun aber unantastbaren, mithin absoluten Schutz erfahre, müsse auch der nemo tenetur-Satz selbst an ebendiesem Schutzniveau teilhaben[520], was der Rechtfertigung eines Eingriffs schon von vornherein den Boden entziehe.

Zugegeben, prima facie läge eine solche argumentatio auch aus hiesiger Perspektive nicht gerade fern, stützt sich doch auch das vorstehend erarbeitete nemo tenetur-Konzept normativ zumindest auch auf Art. 1 Abs. 1 GG. Bei näherer Betrachtung offenbaren sich jedoch Bedenken: So rügt etwa *Buchholz*, dass die inflationäre Verwendung der Menschenwürde seit den 1970er Jahren gerade kehrseitig zur steten Entwertung des Würdepostulats führe.[521] Nicht jeder „Würdesplitter" dürfe daher verfassungsdogmatisch zum „unmittelbaren Derivat des Art. 1 Abs. 1 GG", mithin zur Rechtfertigung einer absoluten Geltung überhöht werden, was besonders im Kontext sogenannter Grundrechtsinnovationen[522] gelte, da der Würdebezug in der deutschen Verfassungsordnung ubiquitär sei.[523] Sei auf den Gehalt solcher Kritikmuster sogleich noch näher eingegangen, entscheidet den vorliegenden Disput indes bereits etwas Anderes: Nicht präteriert werden darf nämlich, dass neben seiner würdekonnotierten Dimension der nemo tenetur-Satz hiesiger Diktion seine normative Grundlage zugleich im, einer Einschränkung im Wege des „schonenden Ausgleichs"[524] prinzipiell zugänglichen[525], grundgesetzlichen Rechtsstaatsprinzip und damit gerade in jener konstitutionellen Gewährleistung findet, eingedenk welcher sich etwa *Herb* und *Geppert*[526] explizit für eine Abwägbarkeit der Selbstbelastungsfreiheit aussprechen. Stehen sich die beiden normativen Ankerpunkte des Privilegs also mit Blick auf dessen Abwägungsfähigkeit gerade kontradiktorisch gegenüber, kann mangels eines materiellen Vorrangverhältnisses[527] die bloße Nähe zur Menschenwürde genauso wenig zu einem Übergehen einschlägiger rechtsstaatsprinzipieller Erwägungen zwingen wie umgekehrt. Vor diesem Hintergrund erscheint aus der Warte der vorliegenden Untersuchung das Ergebnis der Absolutheit, selbst bei Rückanbindung des nemo tenetur-Satzes an das Menschenwürde-

---

[520] Deutlich, wenngleich aus der Perspektive des, seinerseits wiederum auf Art. 1 Abs. 1 GG fußenden, Art. 103 Abs. 2 GG *Böse*, GA 2002, 127.

[521] *Buchholz*, Der nemo tenetur-Grundsatz, S. 266 unter Rekurs auf *Baldus*, Menschenwürde, S. 104 ff.

[522] Siehe hierzu umfassend *Hornung*, Grundrechtsinnovationen, passim, insbesondere aber S. 219 ff., obgleich sich eine Berücksichtigung des nemo tenetur-Satzes ebenda nicht findet.

[523] *Buchholz*, Der nemo tenetur-Grundsatz, S. 265 f. im Anschluss an *Gärditz*, JZ 2016, 1117.

[524] Grundlegend hierzu *Lerche*, Übermaß und Verfassungsrecht, S. 152 f., der 1961 zunächst noch vom „schonendsten" Ausgleich sprach, jene Formel später jedoch mäßigte, siehe *Lerche*, Übermaß und Verfassungsrecht², Bemerkungen zur Wiederauflage S. VII ff.

[525] Näher hierzu sowie zum dahinterstehenden „Prinzip der Einheit der Verfassung" *Kotzur*, in: von Münch/Kunig, GG, Art. 20, Rn. 24; *Sachs*, in: Sachs, GG, Einführung Rn. 50 sowie *Sachs*, in: Sachs, GG, Art. 20, Rn. 6, jeweils m.w.N.

[526] *Herb*, in: LK-StGB, § 142, Rn. 58, Fn. 371 im Anschluss an die Vorkommentierung von *Geppert*, in: LK-StGB¹², § 142, Rn. 64, Fn. 421 m.w.N.

[527] Siehe nur Teil 4 B. I. 2. f) cc).

postulat, also bereits nicht so zwingend wie behauptet, jedenfalls aber der bloße Verweis auf Art. 1 Abs. 1 GG als hierfür unzureichend.

Andere[528] sträuben sich daher gegen diese bereits ex ante festgestellte, geradezu apodiktische Feststellung der Unabwägbarkeit. Im, zuweilen stillschweigenden, Anschluss an *Alexys* Theorie der Grundrechte[529] setzen sie die Prämisse, dass absolute, einer Diskussion per se entzogene Gewährleistungen im Kontext der Grundrechte nur in engen Grenzen anerkannt werden können, Grundrechte selbst jedenfalls aber Prinzipiencharakter aufweisen.[530] Wohlverstanden als Optimierungsgebote seien solche Prinzipien dabei, im Gegensatz zu Regeln, die nur entweder erfüllt sein können oder eben nicht[531], einer graduellen – eben größt*möglichen* – Erfüllung auch unter Berücksichtigung gegenläufiger Regeln wie Prinzipien zugänglich, letztlich also einer normativen Abwägung gegeneinander.[532] Ausgehend hiervon wird im Kontext der damit anzustellen Bewertungsentscheidung dem nemo tenetur-Gedanken sodann unterschiedliches Gewicht beigemessen:

So strebt etwa *Buchholz* eine umfassende Abwägung anhand der Besonderheiten im jeweiligen Einzelfall auch unter Berücksichtigung strafprozessorientierter Erwägungen an, wobei „der Legitimationsbegründung des nemo tenetur-Grundsatzes prima facie ein sehr hohes Gewicht zukomm[e]", sodass Umstände, die einen Vorrang anderer Interessen legitimierten „nur schwerlich zu finden" sein dürften, woraus allein die Stärke des nemo tenetur-Satzes rühre.[533] Gegen die Einbeziehung solch strafrechtskonnotierter Umstände wendet sich indes etwa *Bosch*. Angesichts des bei näherer Analyse inhaltlichen Gleichlaufs der Forderungen nach einem rechtsstaatlichen gerechten Strafverfahren einerseits und dem Schutz der prozessualen Individualinteressen des Beschuldigten andererseits sei das Strafverfolgungsinteresse für sich genommen nicht in der Lage, ein selbstbelastendes Auskunftsbegehren zu rechtfertigen. Könne daher kein strafverfahrensrelevantes Interesse den nemo tenetur-Satz überwiegen, erheische diesen im Kontext des Strafverfahrens eine Art faktische Absolutheit.[534] Zu diesem Ergebnis gelangt letztlich auch *Queck*, gleichwohl auf anderem Wege: So stellt diese zunächst klar, dass ihrer Auffassung zufolge der Grundsatz der Selbstbelastungsfreiheit ausdrücklich einer Abwägung zugänglich sei, der überragend hohe Stellenwert der hinter dem Privileg stehenden Verteidigungsfreiheit jedoch ein strukturelles Überwiegen zu dessen Gunsten bewirke und sich daher kein staatliches Strafverfolgungsinteresse imstande

---

[528] Siehe statt vieler nur *Kölbel*, NStZ 2003, 236 sowie die nachstehend näher beleuchteten *Bosch*, Aspekte des nemo-tenetur-Prinzips, S. 60 ff.; *Buchholz*, Der nemo tenetur-Grundsatz, S. 263 ff. und *Queck*, Die Geltung des nemo-tenetur-Grundsatzes, S. 203 f.

[529] Grundlegend *Alexy*, Theorie der Grundrechte, passim, vorliegend relevant insbesondere aber S. 71 ff.

[530] Näher *Alexy*, Theorie der Grundrechte, S. 71 ff., 117 ff.

[531] *Alexy*, Theorie der Grundrechte, S. 76.

[532] *Alexy*, Theorie der Grundrechte, S. 75 f.

[533] *Buchholz*, Der nemo tenetur-Grundsatz, S. 267 ff., insbesondere S. 269 f.

[534] *Bosch*, Aspekte des nemo-tenetur-Prinzips, S. 60 ff., insbesondere S. 66 ff.

sehe, einen Eingriff zu kompensieren. Die nemo tenetur-Garantie gelte so im Strafverfahren de facto abwägungsfest.[535]

Betrachtet man diese Auffassungen nun aus einiger Distanz, zeichnet sich ein Bild, das die Grundthese solch prinzipienorientierter Ansätze, als Antithesen zur Menschenwürdekonzeption, respektive den abwägungsfesten „Kern" der Selbstbelastungsfreiheit als bloß typisierendes Überwiegen der nemo tenetur-Leitidee beschreibt, wobei jedoch Grund und Grenze, mithin die genaue Ausgestaltung ebenjener Typisierung in gleichem Maße ungeklärt wie umstritten verbleibt.

Gleichwohl darf dieses Dickicht aus – hier freilich nicht abschließend aufzuzählenden – Begründungsansätzen den Blick auf das im vorliegenden Kontext Wesentliche nicht verstellen. So kann es bereits angesichts der mannigfaltigen Verortungs- wie Schutzbereichskonzeptionen nicht verwundern, dass unterschiedliche Konzepte in divergierende Absolutheitsverdikte münden. Dies fußt schon auf der Erkenntnis, dass sich die Problematik um die Absolutheit der nemo tenetur-Garantie tatsächlich in einem nachhaltigen Spannungsverhältnis zwischen dem individuellen Interesse an effektivem Beschuldigtenschutz und dem hoheitlichen solchen an effektiver Strafverfolgung befindet. Je weiter hierbei die gezogene Schutzbereichsdogmatik, desto weniger wird man davon ausgehen können, dass die Rechtsposition des Einzelnen absolut geschützt wird, ohne das hoheitliche Strafverfahren und damit die mit ebendiesem verbundenen Zwecke empfindlich zu gefährden. Eine weite Schutzbereichskonzeption wird daher eine absolute Verbürgung nur schwerlich leisten können, wohingegen ein eher enges Verständnis der vom Grundsatz umfassten Verhaltensweisen sehr wohl dazu in der Lage sein wird, eine etwaig postulierte Absolutheit durchzuhalten. In bestimmtem Maße hat *Buchholz* also Recht, wenn er konstatiert, dass eine Überbetonung der Absolutheit den Grundsatz respektive die dahinterstehenden Erwägungen auf Dauer eher entwertet.[536] Je nach definierter Schutzbereichsreichweite kann die Strafrechtsordnung eine solch absolute Verbürgung realiter schlicht nicht leisten[537], sodass, eingedenk der perspektivisch zwingend anzuerkennenden Ausnahmefälle, ein einst unverbrüchlicher Grundsatz peu à peu erodierte. Nachstehend zu bemühen ist sich angesichts dieses Dependenzverhältnisses daher weniger um die Veri- oder Falsifikation der angeführten Auffassungen, als um inhaltliche Stringenz im eigenen System:

---

[535] *Queck*, Die Geltung des nemo-tenetur-Grundsatzes, S. 203 f.
[536] Vgl. *Buchholz*, Der nemo tenetur-Grundsatz, S. 266.
[537] Siehe in diesem Kontext auch *Bosch*, Aspekte des nemo-tenetur-Prinzips, S. 29, welcher unter näherer Begründung und m.w.N. zutreffend ausführt, dass „absoluter Schutz und zugleich extensive Interpretation […] wegen ihrer schwerwiegenden Beeinträchtigung des staatlichen Strafverfolgungsanspruchs nur selten auf Zustimmung stoßen" werden und so „eine Deutung des nemo tenetur-Grundsatzes als ein mit einem hohen Menschenwürdegehalt ausgestattetes, spezielles Freiheitsgrundrecht de facto eine einengende Auslegung des Grundsatzes zur Folge" habe sowie *Lammer*, Verdeckte Ermittlungen, S. 157; *Lorenz*, JZ 1992, 1006 und *Mahlstedt*, Die verdeckte Befragung, S. 115 ff.; letzterem gegenüber wiederum kritisch *Wolter*, ZIS 2012, 239.

Hierbei gilt es zunächst zu erkennen, dass mit der Einordnung des nemo tenetur-Satzes als prozessuale Gewährleistung mit Justizgrundrechtcharakter[538] die relevanten Weichen bereits gestellt wurden. So pflegt sich die Selbstbelastungsfreiheit hiesiger Lesart in eine Reihe prominenter Schutzrechte des Beschuldigten ein, wobei etwa das Doppelbestrafungsverbot, der Schuldgrundsatz sowie das Rückwirkungsverbot jeweils absolut gewährleistet werden.[539] Zurückzuführen ist dieser strenge Schutzstandard dabei indes mitnichten auf auszumachende Menschenwürdegehalte, sondern auf eine bereits seitens der Verfassung vorgenommene Abwägung der hoheitlichen Strafverfolgungsinteressen mit den Belangen des Beschuldigten.[540] Schon mit der Konstitution ebensolcher Verbürgungen entscheidet sich die Verfassung einseitig zu Gunsten entweder der materiellen Richtigkeit des Strafausspruchs oder aber des Beschuldigtenschutzes. Das Postulat ebenjener Gewährleistungen ist damit nicht Voraussetzung einer Abwägung im Sinne praktischer Konkordanz, sondern bereits das Ergebnis hiervon; sie sind Grenzen, an die sich der Hoheitsträger nicht nur bei wertungsmäßiger Subsidiarität, sondern gerade trotz des öffentlichen Interesses an funktionstüchtiger Strafverfolgung zu halten hat, und bilden daher einen notwendigen, begrenzenden und absoluten Gegenpol zum staatlichen Strafanspruch.[541] Übertragen auf den nemo tenetur-Grundsatz bedeutet dies, dass die damit begründete Absolutheit des Schutzes nicht notwendig auf wie auch immer gearteten Menschenwürdekernen beruht, sondern auf einer antizipierten Abwägungsentscheidung der Verfassung selbst, die den Interessen des Einzelnen einseitigen Vorrang gewährt.[542]

Hiergegen wendet sich sodann abermals *Buchholz* zunächst mit dem Argument, dass sich für die These einer solch antizipierten Abwägung keine legislativ greifbaren Anhaltspunkte fänden. Angesichts der Abhandenheit einer positiven Kodifikation sei für die Annahme einer historisch zielgerichteten Verfassungsentscheidung schlicht kein Raum.[543] Dieser Einwand des Kodifikationsmangels verfängt jedoch

---

[538] Ausführlich Teil 4 B. I. 2. f).

[539] *Dannecker*, ZStW 2015, 385 f.; *Doege*, nemo-tenetur-Grundsatz, S. 101 f.; *Rau*, Schweigen, S. 44.

[540] Für das Doppelbestrafungsverbot siehe nur *Schulze-Fielitz*, in: Dreier, GG, Art. 103 Abs. 2, Rn. 58; für das Rückwirkungsverbot nur *Dreier*, JZ 1997, 432. Ausdrücklich auch *Dannecker*, ZStW 2015, 385 f. sowie zustimmend *Doege*, nemo-tenetur-Grundsatz, S. 101 f. Nachweise ferner in der nachstehenden Fn. 541.

[541] *Dannecker*, ZStW 2015, 385 f. unter Rekurs auf *Schulze-Fielitz*, in: Dreier, GG, Art. 103 Abs. 2, Rn. 58: „strikt anzuwendende, unabdingbare und unverzichtbare Kollisionsregel des Verfassungsgesetzgebers"; zustimmend *Doege*, nemo-tenetur-Grundsatz, S. 102. Vgl. auch *Appel*, JURA 2000, 577; *Appel*, Verfassung und Strafe, S. 24 ff., insbesondere aber S. 29 sowie 488 f.; *Dreier*, JZ 1997, 432; *Möstl*, in: HStR VIII, § 179, Rn. 8; *Nolte/Aust*, in: von Mangoldt/Klein/Starck, GG, Art. 103 Abs. 2, Rn. 169; *Remmert*, in: Dürig/Herzog/Scholz, GG, Art. 103 Abs. 2, Rn. 122.

[542] Gleichsinnig *Dannecker*, ZStW 2015, 386; *Doege*, nemo-tenetur-Grundsatz, S. 101 f.; *Schaefer*, Steuerstrafverfahren, S. 119. Siehe auch *von Freier*, ZStW 2010, 143, Fn. 132 sowie *Weßlau*, ZStW 1998, 9, Fn. 24.

[543] *Buchholz*, Der nemo tenetur-Grundsatz, S. 266.

nicht. Wie bereits aus der gesetzgeberischen Genese des Grundsatzes ersichtlich, unterblieb dessen ausdrückliche Normierung allein aufgrund der Selbstverständlichkeit und damit stillschweigenden Übereinkunft über das materielle Vorhandensein eines solchen Privilegs im parlamentarischen Rat.[544] Bei näherer Analyse stützt eine historische Betrachtung des Selbstbelastungsprivilegs die hiesige These sogar, entwickelte sich ebenjenes doch – wenn auch im einfachen Recht – gerade als Gegenpol zum staatlichen Strafanspruch im beschriebenen Spannungsfeld zwischen einem Bedürfnis nach effizienter Strafverfolgung und einer Begrenzung der Strafrechtspflege.[545] Dass hieraus sodann eine recht enge Schutzbereichskonzeption fließt, ist dabei auch nicht zu beanstanden.[546] So wurde zum einen bereits im Kontext des Zwangsbegriffs aufgezeigt, dass die Selbstbelastungsfreiheit nicht das einzige Schutzrecht des Beschuldigten im Strafverfahren darstellt[547], zum anderen trägt eine solch enge Konturierung des Privilegs in gleichem Maße zur Handhabbarkeit des Instituts bei wie sie der vorbezeichneten Erosion vorbeugt. Zuletzt überzeugt auch das Argument, eine allgemeine Abwägungsdogmatik füge sich besser in die Rechtsprechungslinie des EGMR[548], schon angesichts der bereits bezeichneten mitgliedstaatlichen Kompetenz, national überschießende Verbürgung zu gewährleisten, nicht. Darüber hinaus zwingt auch an dieser Stelle das systematische Einpflegen in eine ihrerseits bereits nicht überzeugende Dogmatik nicht zum Bruch mit dem eigenen System.

Resümierend fließt damit aus der hiesigen nemo tenetur-Konzeption das Anerkenntnis eines absoluten Schutzstandards, der angesichts mangelnder Menschenwürdekonsultation seiner Begründung auch juristische Personen und Verbände umfasst. So lassen gerade die Einordnung als Justizgrundrecht und der Vergleich mit anderen prozessualen menschenwürdekonnotierten Rechtsstaatsderivaten den nemo tenetur-Satz als notwendigen Antagonismus zum staatlichen Strafanspruch erscheinen, der ebenjenem auch dort unumstößliche Grenzen setzen muss, wo das Interesse an der hoheitlichen Strafverfolgung besonders hoch erscheint. Aus der hiesigen Warte gar unverständlich wäre es, an dieser Stelle in eine Abwägungsentscheidung mit genuin strafprozessualen Belangen einzutreten, berge ein solches Vorgehen doch latent die Gefahr, den individuellen Schutz der Selbstbelastungsfreiheit gerade dort aufzugeben, wo er besonders benötigt würde.[549] Entschieden ist damit letztlich auch, dass für einen rechtfertigbaren Peripheriebereich neben ebenjener abwägungsfesten Garantie kein Platz bleibt. Soweit hiermit etwa eine systematische Differenzierung zwischen absolut geschützter Aussage- und nur re-

---

[544] Siehe Teil 4 A. III. Wie hier auch *Dannecker*, ZStW 2015, 386 f., insbesondere Fn. 72.

[545] Zutreffend *Dannecker*, ZStW 2015, 386.

[546] So aber *Buchholz*, Der nemo tenetur-Grundsatz, S. 266 f.; *Lagodny*, StV 1996, 171; *Mahlstedt*, Die verdeckte Befragung, S. 115 ff.

[547] Siehe Teil 4 C. I.

[548] *Buchholz*, Der nemo tenetur-Grundsatz, S. 268 f.; zur Position des EGMR siehe nur Teil 4 B. I. 1.

[549] *Doege*, nemo-tenetur-Grundsatz, S. 102.

lativ geschützter Mitwirkungsfreiheit getroffen werden soll[550], konnte dieser Unterscheidung bereits auf Schutzbereichsebene entgegengetreten[551] werden; sofern insoweit bloßer Rekurs auf die im Übrigen einschlägigen – freilich einer Rechtfertigung zugänglichen – Grundrechte des Verfahrensunterworfenen genommen wird[552], haben diese Abwehrrechte nichts mit dem Gewährleistungsgehalt des nemo tenetur-Satzes im hier thematisierten Sinn zu tun. Im Ergebnis genießt der Grundsatz des nemo tenetur se ipsum accusare hiesiger Diktion damit, soweit er seinen Schirm dem Einzelnen zum Schutze aufspannt, rechtfertigungsorientierte Abwägungsfestigkeit, mithin absoluten Schutz.

E. Der nemo tenetur-Satz im Besteuerungsverfahren?

So klar die damit erarbeiteten Grundsätze dem nemo tenetur-Satz auch Kontur geben, als trittfestes Fundament für den Fortgang der Untersuchung taugen sie noch nicht: Wurde sich für die Austarierung ebenjener Grenzen nämlich bis dato ausschließlich mit kernstrafrechtlichen Sachverhalten befasst, blieb mit der ausdrücklichen Ausklammerung der Schutzwirkungen des Grundsatzes außerhalb des Kernstrafverfahrens stets gerade jener Teilaspekt der eingangs aufgeworfenen Forschungsfrage außen vor, der mit Blick auf das hier zu beleuchtende Spannungsverhältnis von Besteuerungsverfahren und Selbstbelastungsprivileg doch gerade so dringlicher Beachtung bedarf. Ebenjenem Problemkreis sei sich daher im Folgenden gewidmet und dabei geklärt, inwieweit der nemo tenetur-Satz auch abseits kernstrafprozessualer Fallgestaltungen schützt:

I. Von der Anwendbarkeit auch im Ordnungsrecht

Die erste Erweiterungsdimension legt dabei schon die lex lata der Strafprozessordnung nahe. Bereits die geltende Ausgestaltung des § 55 Abs. 1 Alt. 1 StPO er-

---

[550] Vgl. *Buchholz*, Der nemo tenetur-Grundsatz, S. 291; *Ransiek/Winsel*, GA 2015, 638. Siehe auch etwa *Kleinheisterkamp*, Kreditwesengesetz, S. 277 f., die zwischen einem uneinschränkbaren Kern und einem antastbaren Bereich der Selbstbelastungsfreiheit differenziert. Im Grundsatz gleichsinnig *Lammer*, Verdeckte Ermittlungen, S. 156 f., der von einer Relativierbarkeit zum Schutz von Drittinteressen ausgeht, die hieraus gewonnen Informationen einer späteren Verwertung im Strafverfahren jedoch entzieht. Siehe zuletzt aus der Perspektive einer persönlichkeitsrechtlich-sphärentheoretischen Verortung pars pro toto *Schlüter*, Die Strafbarkeit, S. 100 ff., 106.

[551] Siehe Teil 4 B. II. 1.

[552] In diese Richtung etwa *Neumann*, in: FS-Wolff, S. 383, welcher den nemo tenetur-Grundsatz nur als konsolidierende Formulierung für eine Vielzahl rechtlicher Normen (Regeln und Prinzipien) unterschiedlicher normhierarchischer Couleur begreifen möchte; zustimmend insoweit *Rösinger*, Die Freiheit des Beschuldigten, S. 43; zutreffend kritisch hierzu jedoch *Wiechmann*, Nonverbale Verhaltensweisen, S. 161 f.

streckt das Auskunftsverweigerungsrecht des Zeugen expressis verbis auch auf Fragen, deren Beantwortung ihm selbst die Gefahr zuziehen würde, wegen einer Ordnungswidrigkeit verfolgt zu werden, und reißt so das Tor zur Geltungsfrage auch im Ordnungsrecht regelrecht auf. Herrscht hierbei noch weitgehender Konsens über die prinzipielle Übertragbarkeit der nemo tenetur-Gedanken auch in das Bußgeldverfahren[553], divergieren die Begründungen:

Nicht überzeugend scheint es dabei zunächst, hierfür auf eine erkannt vergleichbare Schwere[554] ordnungsrechtlicher Konsequenzen im Verhältnis zur „echten" Kriminalstrafe abzustellen. So scheint es zwar freilich nicht ausgeschlossen, dass auch die Rechtsfolgen begangener Ordnungswidrigkeiten den Einzelnen ebenso oder unter Umständen sogar in stärkerem Maße belasten können als deren kernstrafrechtliches Pendant, gleichwohl konnte schon auf der Suche nach der normativen Verankerung des Privilegs aufgezeigt werden, dass sich der nemo tenetur-Satz hiesiger Lesart nicht an eine hinreichend quantitative Sanktionsschärfe knüpft, sondern vielmehr an eine bestimmte Behandlungsqualität.[555]

Auch der Verweis auf ein der Ordnungswidrigkeit anhaftendes sozialethisches Unwerturteil[556] trifft den Kern des Problems wohl noch nicht. So macht etwa *Dannecker* geltend, dass auch seitens des Bundesverfassungsgerichts ebenjener Unwertvorwurf allein im Kontext des strafrechtlichen Richtervorbehalts Relevanz erheische[557], und die Ausführungen *Wolffs* zeigen schon in die richtige Richtung, wenn dieser zwar ebenjenen Faktor des gemeinschaftlichen Persönlichkeitszugriffs qua sozialethischem Unwerturteil als Ausgangspunkt seiner Argumentation wählt, sodann aber zutreffend konstatiert: „Maßgebend für die Schutzgarantie bei den Ordnungswidrigkeiten ist daher weniger die Qualität des Delikts, als vielmehr die Tatsache, daß der Staat auch bei den Ordnungswidrigkeiten sanktioniert."[558]

---

[553] BVerfG v. 13.1.1981 – 1 BvR 116/77, BVerfGE 56, 43, 49; BVerfG v. 22.10.1980 – 2 BvR 1172/79, BVerfGE 55, 150; *Dannecker*, ZStW 2015, 404 f.; *Eidam*, Selbstbelastungsfreiheit, S. 374; *Kraft*, Das nemo tenetur-Prinzip, S. 169 f.; *Mäder*, Betriebliche Offenbarungspflichten, S. 118; *Nothhelfer*, Selbstbezichtigungszwang, S. 92, Fn. 45; *Reiß*, Besteuerungsverfahren, S. 222; *Rogall*, Der Beschuldigte, S. 164 f.; *Rogall*, in: SK-StPO, vor §§ 133 ff., Rn. 133, 152; *Schäfer*, in: FS-Dünnebier, S. 48 f.; *Schramm*, Die Verpflichtung, S. 53; *Schuhr*, in: MüKo-StPO, vor §§ 133 ff., Rn. 103, Fn. 201; *Schneider*, NStZ 1993, 23; *Schneider*, Selbstbegünstigungsprinzip, S. 42 f.; *Wolff*, Selbstbelastung und Verfahrenstrennung, S. 63 ff., 65 f. Ausdrücklich auch *Schaefer*, Steuerstrafverfahren, S. 185, Fn. 861, der insoweit von „herrschender Meinung" spricht. Anders noch *Günther*, GA 1978, 205; *Stümpfler*, DAR 1973, 9 f. sowie *Stürner*, NJW 1981, 1759.

[554] *Rogall*, Der Beschuldigte, S. 164 f.; *Rogall*, in: SK-StPO, vor §§ 133 ff., Rn. 152; *Schäfer*, in: FS-Dünnebier, S. 48 f.

[555] Siehe Teil 4 B. I. 2. f) cc) sowie Teil 4 C. I.

[556] Vgl. *Schaefer*, Steuerstrafverfahren, S. 185, Fn. 862 unter Rekurs auf *Mäder*, Betriebliche Offenbarungspflichten, S. 123 sowie zweifelhaftem Verweis auf *Wolff*, Selbstbelastung und Verfahrenstrennung, S. 98.

[557] *Dannecker*, ZStW 2015, 388, 405 m. w. N.

[558] *Wolff*, Selbstbelastung und Verfahrenstrennung, S. 65 f.

Dies rückt die Problematik in das rechte Licht: So ist es letztlich eine systematische Betrachtung der Selbstbelastungsfreiheit selbst, die den hiesigen Disput entscheidet. Pflegt sich diese nämlich wiederholtermaßen in eine Reihe strafgewaltbegrenzender rechtsstaatsorientierter Verfassungsgewährleistungen ein, zeitigt Wirkung, dass ebenjene konstitutionellen Strafrechtsgarantien ihren Geltungsanspruch sämtlich zuvörderst aus der zumindest auch repressiven Legitimation der infrage stehenden Maßnahme ziehen.[559] Liegt es daher auch für den nemo tenetur-Grundsatz denkbar nahe, dessen unmittelbare Anwendbarkeit an der Kontrollfrage zu messen, ob das staatliche Verfahren, in dessen Rahmen die Geltung infrage steht, zumindest auch zielgerichtete Repression sucht respektive die Natur der staatlichen Reaktion auch repressiven Charakter aufweist[560], verifiziert sich diese These sodann endgültig vor dem Hintergrund bereits gefundener Teleologie. Nur dort, wo der Hoheitsträger Repression sucht, steht der Einzelne dem Staat in einer Weise gegenüber, die die Absicherung seiner Autonomieposition sowie der prozessualen Rollenwahrung, in letzter Konsequenz also den Schutz des nemo tenetur-Grundsatzes erfordert; nur soweit es um die Sanktionierung eines individuellen Malus geht, greifen die obigen Gedanken des Instrumentalisierungs- und Rollendesavouierungsschutzes, gänzlich ungeachtet der Schärfe der konkreten Repressalie. Kann die somit geforderte repressive Zwecksetzung für das Verfahren um die Ordnungswidrigkeit des Individualverhaltens sodann nicht ernsthaft infrage gestellt werden, muss der nemo tenetur-Satz hiesiger Diktion aus diesem Grunde ebenda gleichermaßen für natürliche wie juristische[561] Personen gelten und sich das Verweigerungsrecht des § 55 Abs. 1 Alt. 1 StPO insoweit konstitutioneller Protektion[562] erfreuen.

Konsequent fortgedacht müssen diese Überlegungen dann aber auch de lege ferenda für die potentielle Unternehmensverantwortlichkeit des Verbandssanktionengesetzes greifen. Die formale Einordnung der Sanktionen als Rechtsfolgen sui

---

[559] Deutlich im Kontext des Schuldgrundsatzes BVerfG v. 25.10.1966 – 2 BvR 506/63, BVerfGE 20, 331 f.: „Dem Grundsatz, daß jede Strafe – nicht nur die Strafe für kriminelles Unrecht, sondern auch die strafähnliche Sanktion für sonstiges Unrecht – Schuld voraussetze, kommt verfassungsrechtlicher Rang zu. Er ist im Rechtsstaatsprinzip begründet. [...] Die Strafe, auch die bloße Ordnungsstrafe, ist im Gegensatz zur reinen Präventionsmaßnahme dadurch gekennzeichnet, daß sie – wenn nicht ausschließlich, so doch auch – auf Repression und Vergeltung für ein rechtlich verbotenes Verhalten abzielt. [...] Besteht aber das Wesen der Bestrafung nach § 890 Abs. 1 ZPO darin, daß begangenes Unrecht geahndet wird, so gelten hierfür ungeachtet des zwangsvollstreckungsrechtlichen Einschlags strafrechtliche Grundsätze."; vgl. auch BVerfG v. 19.12.2012 – 1 BvL 18/11, BVerfGE 133, 33 f. sowie BVerfG v. 14.1.2004 – 2 BvR 564/95, BVerfGE 110, 14 ff. Näher *Dannecker*, ZStW 2015, 388 f., insbesondere Fn. 76.

[560] So zutreffend auch etwa *Dannecker*, ZStW 2015, 388, 404 f. und *Schuhr*, in: MüKo-StPO, vor §§ 133 ff., Rn. 103.

[561] Gleichsinnig, obgleich aus kartellordnungsrechtlicher Perspektive *Dannecker*, ZStW 2015, 404 ff.

[562] Zustimmend *Rogall*, Der Beschuldigte, S. 164: keine „,überobligationsmäßige' Leistung des Gesetzgebers."

E. Der nemo tenetur-Satz im Besteuerungsverfahren? 273

generis[563] darf hier nicht darüber hinwegtäuschen, dass der Verfahrenszweck des Sanktionsverfahrens zumindest auch repressiven Charakter aufweist.

II. Von der Ausstrahlungswirkung auf „Nichtstrafverfahren"

Was aber, wenn das infrage stehende staatliche Verfahren eine solch repressive Zwecksetzung gerade nicht aufweist? Ob und inwieweit auch hier der nemo tenetur-Grundsatz gilt, bleibt fraglich.

1. Die Begründung der Ausstrahlungswirkung: vom Bedürfnis nach Umgehungsschutz

Zuweilen wird dieser Disput recht pragmatisch gelöst und gar nicht erst differenziert zwischen einer potentiellen Anwendungsdivergenz des Privilegs im Straf- respektive in ähnlich gelagerten Verfahren und in anderen staatlichen solchen. So gelte, einer teilweise vertretenen Auffassung[564] zufolge, der nemo tenetur-Satz auch etwa in Zivil- und Verwaltungsverfahren unmittelbar, weshalb es dem Einzelnen bei hinreichendem Selbstbezichtigungszwang auch hier offenstehen müsse, die geforderte Mitwirkung zu verweigern.[565]

So einfach behoben, wie damit propagiert, ist die aufgeworfene Geltungsproblematik jedoch nicht. Bei näherer Betrachtung übergangen bliebe so nämlich der Umstand, dass in dieser Situation eine Behörde zur Achtung einer strafprozessualen Garantie verpflichtet würde, deren Aufgabenbereich jedoch die Aufklärung und Ahndung von Rechtsbrüchen ausdrücklich nicht umfasst. Weshalb aber auch andere Hoheitsträger als jene der einschlägigen Verfolgungsorganisationen an eine genuin strafprozessuale Gewährleistung gebunden sein sollen, bedarf besonderer Begründung.

Fern liegt eine solche Ausweitung des Adressatenkreises dabei prima facie schon angesichts der genetischen Grundlagen: Aufgezeigtermaßen[566] entwickelte sich der nemo tenetur-Satz am und im Strafverfahren, insbesondere des 18. Jahrhunderts. Zu Zeiten des Kampfes gegen den Inquisitionsprozess, gegen die Tortur und für die Autonomiestellung des Einzelnen beschränkte sich der Widerstand der Reformer

---

[563] Siehe Teil 3 B. III. 3. c).
[564] *von Bary*, GewArch 1962, 5; *Brenner*, BB 1978, 910; *Knauer/Buhlmann*, AnwBl 2010, 389; *Momsen*, ZIS 2011, 513; *Rogall*, Der Beschuldigte, S. 167, 169; *Rogall*, in: SK-StPO, vor §§ 133 ff., Rn. 144; *Sautter*, AcP 1962, 245; *Schramm*, Die Verpflichtung, S. 74 f.; *Wastl/ Litzka/Putsch*, NStZ 2009, 71 mit Fn. 37a; *Zapfe*, Strafverfahren, S. 152 f. Auf Fälle schwerer Wirtschaftskriminalität beschränkend *Gallandi*, wistra 1987, 129. Näher *Wolff*, Selbstbelastung und Verfahrenstrennung, S. 125 ff. m. w. N., insbesondere S. 126 mit Fn. 95.
[565] *von Bary*, GewArch 1962, 5; *Brenner*, BB 1978, 910; *Sautter*, AcP 1962, 245.
[566] Näher Teil 4 A. II. und III.

indes lediglich auf die unwürdige Behandlung im Strafverfahren; und so wurde einst schlicht nicht bedacht, dass sich das geforderte Privileg auch auf andere Bereiche erstrecken könnte als auf jenen der Strafverfolgung. Um in den klarsichtigen Worten *Wolffs* zu bleiben, war in der historischen Entwicklung des nemo tenetur-Grundsatzes „niemals die Idee aufgekommen, ein Bürger, der in einem zivilprozessualen Verfahren die Aussage wegen der Gefahr der Selbstbelastung verweigerte, könnte ein obsiegendes Urteil erhalten, falls er nur glaubhaft versicherte, der umstrittene zivilrechtliche Anspruch stände ihm zu."[567] Freilich ließe sich dieser Einwand noch angesichts der heute veränderten Gefährdungssituation des Einzelnen im Umgang mit Hoheitsträgern entkräften, sieht sich der Betroffene im Fall der Informationspreisgabe eingedenk der engeren Vernetzung der und dem teils ungehinderten Informationsfluss zwischen den Behörden doch bereits ganz anderen staatlichen Missbrauchsgefahren ausgesetzt als noch *John Lilburne*; neben jenes genetische Bedenken tritt jedoch auch ein konzeptionelles:

Auf dem Boden der hiesigen nemo tenetur-Doktrin passt eine unmittelbare Anwendbarkeit des Grundsatzes abseits der repressiven Verfahren nicht ins System. Gerade die aufgezeigte unmittelbare Anbindung des Privilegs an die vom Verfahren geforderte Repression grenzt kehrseitig alle nichtrepressiven Verfahrenstypen aus dessen unmittelbarem Anwendungsbereich aus: Verfechter einer solch weitreichenden Geltung müssen daher stillschweigend von einem schon im Grundsatz ausschweifenderen nemo tenetur-Konzept ausgehen, auf dessen Basis sodann auch nicht geleugnet werden kann, dass es etwa aus Unzumutbarkeits- oder Ehrschutzgesichtspunkten keinen Unterschied macht, bei welcher Art der hoheitlichen Behandlung der Betroffene seinen Rechtsbruch offenbaren muss.[568] Wurde solchen Erwägungen indes bereits auf Systemfindungsebene entgegengetreten[569], bleibt für eine unmittelbare Anwendbarkeit der Selbstbelastungsfreiheit in nicht final auf Repression gerichteten staatlichen Verfahren schlicht kein Raum.

Ausdrücklich nicht ausgeschlossen ist damit jedoch, dass der Grundsatz des nemo tenetur se ipsum accusare in diesen Verfahren, obschon er nicht unmittelbar *gilt*, so doch anderweitig *wirkt*. Das sollte er auch, ist doch auch die sich andernfalls für den Einzelnen auftuende Friktionslage klar: Hätte es mit jenem anwendungsorientierten Negativbescheid sein Bewenden, wäre das strafprozessuale Schutzinstrument der Selbstbelastungsfreiheit für den Berechtigten de facto weitgehend wertlos. Überall dort, wo der Einzelne in anderen staatlichen Verfahren zur informationsoffenba-

---

[567] *Wolff*, Selbstbelastung und Verfahrenstrennung, S. 100.

[568] Siehe etwa *Rogall*, Der Beschuldigte, S. 167, 169, welcher die Anwendbarkeit des Grundsatzes insbesondere auch im Polizeirecht unter anderem damit rechtfertigt, „daß es nach unser aller Überzeugung eines jeden Menschen Recht ist, eigene Verfehlungen geheimzuhalten und daß es ihm nicht zugemutet werden darf, durch deren Offenbarung seine Rechtssphäre zu beeinträchtigen.", sowie *Wolff*, Selbstbelastung und Verfahrenstrennung, S. 106 f., welcher im Kontext des Gemeinschuldnerbeschlusses den Hintergrund solcher Auffassungen im Ausschluss der „Peinlichkeit" sieht, sich als Straftäter darstellen zu müssen.

[569] Siehe nur die Ausführungen in Teil 4 B. I. 2. d) bzw. e).

renden Mitwirkung gezwungen werden kann, würde der nemo tenetur-Satz unterlaufen, wenn diese zwangsweise erhobenen Daten an die Strafverfolgungsbehörden weitergegeben und daher gleichsam „durch die Hintertür" in das Strafverfahren eingeführt werden dürften. Vice versa wäre aber auch dem obrigkeitlichen Missbrauch Tür und Tor geöffnet, könnten die Strafverfolgungsbehörden doch überall dort, wo sie die Kooperation des Einzelnen aus Selbstbelastungsgesichtspunkten eigenhändig nicht erzwingen dürften, eine etwaige verwaltungsbehördliche Zwangsanwendung abwarten und sich diese Informationen sodann zur repressiven Sachverhaltsaufklärung zu eigen machen; eine Missbrauchsgefahr, die sich insbesondere beim institutionellen Zusammenfallen von Strafverfolgungs- und Verwaltungsbehörde abermals verschärft. In der Diktion Karlsruhes wäre die strafrechtliche Selbstbelastungsfreiheit des Einzelnen daher „illusorisch, wenn eine außerhalb des Strafverfahrens erzwungene Selbstbezichtigung gegen seinen Willen strafrechtlich gegen ihn verwertet werden dürfte."[570]

Bei Tageslicht ist also das, was mit der Forderung nach Geltung bzw. Anwendung[571] des nemo tenetur-Grundsatzes auch in anderen staatlichen Verfahren gemeint sein muss, mitnichten zwingend eine Frage der konzeptionellen Ausweitung des Privilegs; es ist vielmehr ein Verlangen nach rechtstechnischer Absicherung einer andernfalls gefährdeten Strafverfahrensgarantie, mithin ein Bedürfnis nach Umgehungsschutz.[572]

2. Die konsequente Verortung der Ausstrahlungswirkung

Gleichwohl kann jenes anthropologische Sicherungsbedürfnis allein noch nicht über dessen dogmatische Anerkennung entscheiden. Zwar scheint man sich im Ergebnis einig über die prinzipielle Ausstrahlung des nemo tenetur-Satzes in andere Verfahren[573], gute Begründungen hierfür sind jedoch rar. Der entscheidende Grund wird letztlich folgender sein:

---

[570] So BVerfG v. 13.1.1981 – 1 BvR 116/77, BVerfGE 56, 51. Siehe auch *Reiß*, NJW 1977, 1437; *Rogall*, Der Beschuldigte, S. 167; *Schaefer*, Steuerstrafverfahren, S. 192; *Schramm*, Die Verpflichtung, S. 107; *Wolff*, Selbstbelastung und Verfahrenstrennung, S. 111 f.

[571] *Knauer/Buhlmann*, AnwBl 2010, 389; *Kopf/Szalai*, NJ 2010, 365; *Momsen*, ZIS 2011, 513; *Rogall*, in: SK-StPO, vor §§ 133 ff., Rn. 144; *Wastl/Litzka/Putsch*, NStZ 2009, 71, Fn. 37a; *Zapfe*, Strafverfahren, S. 152 f. Siehe auch *Doege*, nemo-tenetur-Grundsatz, S. 137.

[572] So auch *Doege*, nemo-tenetur-Grundsatz, S. 138 f., 147; *Reiß*, NJW 1977, 1437; *Schaefer*, Steuerstrafverfahren, S. 192. Treffend und m.w.N. letztlich auch *Wolff*, Selbstbelastung und Verfahrenstrennung, S. 104: „Eine andere Begründung, als die des Schutzes vor Aushöhlung des nemo tenetur-Prinzips im Strafverfahren, wird man auch nicht finden können.", sowie S. 129. Vgl. auch *Rau*, Schweigen, S. 39.

[573] Siehe nur BVerfG v. 13.1.1981 – 1 BvR 116/77, BVerfGE 56, 44; *Besson*, Steuergeheimnis, S. 82; *Dingeldey*, NStZ 1984, 531 ff.; *Doege*, nemo-tenetur-Grundsatz, S. 139; *Keller*, Rechtliche Grenzen, S. 139; *Knauer/Buhlmann*, AnwBl 2010, 389; *Michalke*, NJW 1990, 418; *Momsen*, ZIS 2011, 513; *Rau*, Schweigen, S. 39; *Reiß*, Besteuerungsverfahren, S. 183 ff., 196; *Reiß*, NJW 1977, 1437; *Rüster*, Der Steuerpflichtige, S. 36 ff.; *Schaefer*, Steuerstrafver-

Wenn der Kreis repressiver Verfahren schon von Verfassungs wegen sachlich umgrenzt und besonderen Voraussetzungen unterworfen ist, angesichts seines speziellen Verfahrenszwecks also eine gewährleistungsorientierte Sonderrolle einnimmt, zeichnet sich hieraus ein ambivalentes Bild. So beschränkt ebenjene Eigenheit den Anwendungsbereich dieser speziellen Schutzmechanismen einerseits auf das Gebiet der Repression, was es dem Hoheitsträger e contrario unbenommen lässt, jene Gewährleistungen gerade dort außer Acht zu lassen, wo es an deren sachlicher Legitimation, ergo der repressiven Verfahrenszwecksetzung selbst, fehlt. Andererseits beinhaltet diese Umgrenzung aber auch einen Appell: Wenn die Repression respektive der damit verbundene Prozess besonderen Voraussetzungen unterworfen wird, geht damit der staatsadressierende Auftrag einher, die postulierten Gewährleistungen jedenfalls in den Grenzen ebenjener Verfahren zu wahren und zumindest ebenda nur auf solche Informationen zurückzugreifen, die gerade diesen besonderen Anforderungen entsprechen.[574] Insoweit muss sich der Staat mit Blick auf die besondere Verfahrenssituation als Einheit behandeln lassen[575] und die Rechtsordnung dafür Vorsorge tragen, dass speziell repressionskonnotierte Prozessanforderungen, insbesondere aber strafverfassungsrechtliche Garantien, in concreto also die Verbürgungen des nemo tenetur-Grundsatzes, nicht unterwandert werden. Die Ausstrahlung dieser Gewährleistungen in andere Bereiche geriert sich daher als Korrelat der Selbstständigkeit und Sonderrolle repressiver Verfahren[576], sodass dem aufgezeigt subjektiven Bedürfnis nach Umgehungsschutz auch ein objektiviertes solches der Rechtsordnung entspricht und daher zumindest das Ergebnis eines irgendwie gearteten Umgehungsschutzes tatsächlich außer Frage gestellt werden kann.

Worauf dieser Schutz sodann normativ fußt, bleibt damit aber noch offen. Auch hier scheinen die Ansätze mannigfaltig: Zu den bereits abgewiesenen Ansichten, welche nemo tenetur auch abseits repressiver Verfahren unmittelbar gelten sehen wollen[577], gesellen sich Auffassungen, die eine eigenständige dogmatische Verortung etwa in vom Stammrecht divergierenden verfassungsrechtlichen Grundsätzen[578] oder Freiheitsrechten[579] bemühen; ein Ansatz, der sowohl altbekannte Lozierungs-

---

fahren, S. 185; *Schneider*, Selbstbegünstigungsprinzip, S. 42 f.; *Schramm*, Die Verpflichtung, S. 56 ff., 69. Anders noch RG v. 24.6.1926 – II 440/26, RGSt 60, 291 ff. Weiterführend siehe die Nachweiszusammenstellung bei *Wolff*, Selbstbelastung und Verfahrenstrennung, S. 103 f., Fn. 13.

[574] So auch *Wolff*, Selbstbelastung und Verfahrenstrennung, S. 103.

[575] *Wolff*, Selbstbelastung und Verfahrenstrennung, S. 104.

[576] Zutreffend *Wolff*, Selbstbelastung und Verfahrenstrennung, S. 103.

[577] Siehe Teil 4 E. II. 1., Fn. 564.

[578] Etwa *Hamann*, BB 1954, 293, welcher diese Dimension des nemo tenetur-Satzes selbst auf das Menschenwürdepostulat stützt. Näher zu solchen Ansätzen *Wolff*, Selbstbelastung und Verfahrenstrennung, S. 127.

[579] So etwa *Bosch*, Aspekte des nemo-tenetur-Prinzips, S. 58 f., der im Interesse der Erhaltung einer effektivitätswahrenden klaren Kontur des nemo tenetur-Grundsatzes solche

E. Der nemo tenetur-Satz im Besteuerungsverfahren?

probleme heraufbeschwört als auch, wie sogleich noch näher aufzuzeigen sein wird, in der Sache nicht überzeugt. Abermals ist es daher *Wolff*, der mit seiner Konzeption des Umgehungsschutzes als Ausprägung eines rechtsstaatsprinzipiellen Aushöhlungsverbots, das letztlich zu einem allgemeingültigen rechtsstaatlichen Gebot der Verfahrenstrennung abstrahiert wird[580], die ersten Schritte in die richtige Richtung geht.

Den Ausgangspunkt der damit angestoßenen Lösung bildet dabei die aufgezeigte Kernüberlegung des Umgehungsschutzes: Legt man dieses Verständnis der Aushöhlungsprävention dem Ausstrahlungstopos zugrunde, kann ein darum erbautes, fundamental anders konzipiertes nemo tenetur-System nicht überzeugen. So schützt der nemo tenetur-Satz „im Steuerverfahren" den Betroffenen ja freilich nicht vor der steuerrechtlichen Verwendung seiner in diesem Verfahren preisgegebenen Information; bewahrt werden muss er lediglich vor der strafprozessualen Auswirkung seines in einem anderen Verfahren offenbarten Sachverhalts.[581] Die damit umschriebene Ausstrahlungs*wirkung* der Selbstbelastungsfreiheit ist daher kein gesondert zu betrachtendes, neu zu konzipierendes Aliud, sondern „nur" ein materieller Absicherungsmechanismus des kernstrafrechtlichen Grundsatzes selbst. Mag man solche Umgehungsgedanken sodann wohl auch mit *Wolff* auf rechtsstaatliche Willkür- sowie Missbrauchsverbotserwägungen, mithin im Ergebnis unmittelbar auf das Rechtsstaatsprinzip per se[582] stützen können, darf dies selbst bei Anerkennung eines solchen rechtsstaatsprinzipiellen Einschlags nicht den Blick darauf verstellen, dass es bei Tageslicht trotzdem der nemo tenetur-Satz selbst ist, der ein solches Schutzbedürfnis überhaupt erst begründet und so, soweit es um die zwangsweise strafrechtliche Selbstbelastung geht, in die anderen Verfahren, eben mittelbar, hineinwirkt.

Folglich ist zwar gedanklich zu trennen[583] zwischen einem unmittelbaren Geltungsbereich der Selbstbelastungsfreiheit und ihrer bloß mittelbaren Wirkung auf andere Verfahren, dieser kognitive Dualismus darf aber nicht darüber hinwegtäuschen, dass die Ausstrahlungswirkung nur eine besondere Wirkungsdimension des nemo tenetur-Satzes ist – und kein eigenständiges, selbst zu lozierendes Verfassungsinstitut. Ebenjenes mittelbare Derivat des Selbstbelastungsprivilegs, das allein

---

Ausstrahlungsfragen dem Recht auf informationelle Selbstbestimmung als insoweit sachnäheres Recht überantworten möchte.

[580] *Wolff*, Selbstbelastung und Verfahrenstrennung, S. 101 ff., 233 ff., deutlich aber insbesondere S. 103 sowie 128 f.

[581] Gleichsinnig *Doege*, nemo-tenetur-Grundsatz, S. 138; *Wolff*, Selbstbelastung und Verfahrenstrennung, S. 129.

[582] *Wolff*, Selbstbelastung und Verfahrenstrennung, S. 101 ff., 233 ff., deutlich insbesondere S. 103, 128 f.

[583] Diese Differenzierung wird auch in der Judikatur des Bundesverfassungsgerichts zuweilen nicht in wünschenswerter Klarheit deutlich, hierzu ausführlich wie kritisch *Wolff*, Selbstbelastung und Verfahrenstrennung, S. 105 ff.

aus Klarstellungs- bzw. Unterscheidbarkeitsgründen auch „Ausstrahlungs-"[584] oder „Fernwirkung"[585] genannt werden sollte, nimmt daher nicht qua eigenständiger Verortung, sondern qua unmittelbarer Verknüpfung an der dogmatischen Verortung des Grundsatzes selbst teil.

3. Die Voraussetzungen der Ausstrahlungswirkung

Bei Zugrundelegung eines solchen Verständnisses der Ausstrahlungswirkung als Aushöhlungsschutz sind sodann auch die inhaltlichen Anforderungen an den Protektionsmechanismus klar vorgezeichnet.

a) Der Anwendungsbereich: die faktische Gefahr der Aushöhlung des nemo tenetur-Satzes

So kann ein Umgehungsschutz schon denklogisch nur so weit reichen, wie das zu protegierende Institut tatsächlich in Gefahr gerät. Wenn die Ausstrahlungswirkung den nemo tenetur-Satz also vor Unterwanderung bewahren möchte, muss jenes die Fernwirkung begründende Stammprivileg deren Reichweite kehrseitig auch begrenzen.[586] Die Sicherungswirkung kann damit nur einem eng umgrenzten, durch die Selbstbelastungsfreiheit selbst determinierten Raum gelten, was konkreter bedeutet, dass in Bezug auf den unmittelbaren Geltungsbereich des nemo tenetur-Satzes im Strafverfahren der Einzelne ebenda Gefahr laufen muss, instrumentalisierend respektive rollendesavouierend behandelt zu werden. Neben der normativen Grundlage nimmt die Ausstrahlungswirkung so mittelbar auch an den inhaltlichen Grundsätzen des Stammrechts teil, sodass es für die Eröffnung des Anwendungsbereichs des Umgehungsschutzes zunächst auch im anderen staatlichen Verfahren eines willenssteuerbaren hoheitlichen Mitwirkungsauftrags bedarf, der von einem subjektiv nemo tenetur-Berechtigten mittels sogleich näher zu bestimmenden Zwangs die potentielle Offenbarung strafrechtsrelevanter Informationen für eine schon begangene und noch verfolgbare rechtswidrige Tat fordert, die sodann im repressiven Verfahren gegen ihn verwertet werden.

b) Der neuralgische Punkt: die Finalität des Zwangsbegriffs

Unannehmlichkeiten bereitet dabei der Zwangsbegriff. Scheint der erste Schritt noch denkbar trittfest, wenn in dependenzgeschuldeter Fortführung der obig ge-

---

[584] So etwa *Anders*, wistra 2014, 330 ff.; *Buchholz*, Der Betroffene, S. 81; *Queck*, Die Geltung des nemo-tenetur-Grundsatzes, S. 212; *Wolff*, Selbstbelastung und Verfahrenstrennung, S. 99 ff., 128 f.

[585] So etwa *Eidam*, Selbstbelastungsfreiheit, S. 163 ff. und *Schäfer*, in: FS-Dünnebier, S. 13, 17.

[586] *Doege*, nemo-tenetur-Grundsatz, S. 149; *Queck*, Die Geltung des nemo-tenetur-Grundsatzes, S. 286; *Wolff*, Selbstbelastung und Verfahrenstrennung, S. 130.

E. Der nemo tenetur-Satz im Besteuerungsverfahren?

fundenen Grundsätze für die Definition der Zwangskomponente auch hier auf den Ausschluss der rechtlichen Entscheidungsfreiheit des Einzelnen abgestellt werden muss, wird diese so gefundene Klarsicht indes schnell durch das Kriterium der Finalität vernebelt.

Wurde nämlich im unmittelbaren Geltungsbereich des nemo tenetur-Satzes noch zwangsorientierte Finalität der Informationsgewinnung zu Repressionszwecken gefordert[587], scheint dieses Kriterium im Metier des Umgehungsschutzes grob untauglich. Eine solch stammrechtsnahe Interpretation der Ausstrahlung stieße rasch an ihre Grenzen, erstrebt das andere staatliche Verfahren doch gerade nie die Sachverhaltsermittlung aus Sanktionsgründen[588]; ganz im Gegenteil: Andere staatliche nichtrepressive Verfahren verfolgen notwendigerweise gerade andere hoheitliche Zwecke als jenen der Repression. Steht damit sowohl fest, dass es eine instrumentalisierende rollendesavouierende Behandlung des Betroffenen im unmittelbaren nemo tenetur-Sinne abseits final repressiver Verfahren nicht geben kann, fließt hieraus auch die Erkenntnis, dass, so man einen solch statisch verstandenen Finalzusammenhang auch für den Bereich der Ausstrahlungswirkung forderte, diese schon mangels echter Anwendungsfälle leerliefe und der bezweckte Umgehungsschutz gegenstandslos würde.

Tatsächlich träfe eine solch enge Interpretation aber auch nicht den Kern der Ausstrahlungswirkung. Die Antwort auf die hier aufgeworfene Finalitätsfrage liegt bei näherer Betrachtung vielmehr bereits in den vorstehenden Erkenntnissen verborgen. So sei sich abermals in Erinnerung gerufen, dass den obigen Grundsätzen zufolge der nemo tenetur-Satz „in anderen Verfahren" gerade nicht die dortige Verwertung von Informationen unterbinden soll, sondern lediglich die damit potentiell einhergehende zwangsweise Selbstbezichtigung im Strafprozess. Bei Tageslicht ist es also gar nicht bereits die im Nichtstrafverfahren repressionskonnotierte Informationserhebung, die den Gedanken der Ausstrahlungswirkung auf den Plan ruft, sondern erst die im Anschluss hieran repressive Verwertung ebenjener Daten. Gerade diese Umwidmung der anderweitig zwangsweise erlangten Informationen für strafprozessuale Zwecke ist es, die das Selbstbezichtigungsprivileg gegenstandslos werden ließe; erst das Zusammenwirken von außerstrafprozessualem Mitwirkungszwang und strafprozessualer Nutzbarmachung begründet eine Situation, die die durch den nemo tenetur-Grundsatz im Strafverfahren geschützten Rechtsgüter torpediert.

Hieraus erhellt sodann das Binnenverhältnis parallellaufender Repressions- wie Nichtrepressionsverfahren: Bei streng gesonderter Betrachtung gibt es keine Friktion. So bleibt es dem Hoheitsträger im isolierten Strafverfahren verwehrt, nemo tenetur-relevant zu zwingen, und im isolierten nichtrepressiven Komplementärverfahren ist ein Verstoß unmittelbar gegen den Grundsatz der Selbstbelastungsfreiheit

---
[587] Siehe Teil 4 C. I.
[588] *Doege*, nemo-tenetur-Grundsatz, S. 138, 147; *Wolff*, Selbstbelastung und Verfahrenstrennung, S. 99.

weder möglich noch ein Eingreifen der Ausstrahlungswirkung nötig. Die bloß zwangsweise Datenerhebung in anderen Verfahren für deren genuine Zwecke verletzt für sich genommen noch nicht den Grundsatz des nemo tenetur se ipsum accusare.[589] Erst das Verweben der beiden Verfahren in dem Sinne, dass eine anderswo zwangsweise erhobene Information für strafprozessuale Anliegen nutzbar gemacht und damit zweckentfremdet wird, stellt den vom nemo tenetur-Grundsatz geforderten repressiven Finalzusammenhang nachträglich her und ruft so Fragen des Umgehungsschutzes, mithin die Gewährleistungen der Ausstrahlungswirkung auf den Plan.[590]

Deren Kontrollsystem zeigt sich daher als ein systematischer Zweischritt – sich gliedernd in eine erste Stufe, auf welcher zu beantworten ist, ob eine entsprechende hoheitliche Behandlung in den Grenzen des Strafverfahrens mit Blick auf den nemo tenetur-Grundsatz erlaubt wäre (Anwendungsbereichseröffnung), und eine, im Negationsfall eröffnete, zweite Stufe, auf welcher geklärt werden muss, ob ebenjene erzwungene Information in ein Strafverfahren gegen den Betroffenen eingeführt und so zu Repressionszwecken missbraucht wird (Umwidmungsgedanke). Soweit Letzteres wiederum bejaht werden kann, darf die bloße Auslagerung der Zwangsanwendung in ein anderes Verfahren ohne entsprechende Individualschutzrechte den Makel der nemo tenetur-Widrigkeit nicht beseitigen. In Ansehung der Gewährleistungen des Selbstbezichtigungsprivilegs muss sich der Staat hier als Einheit betrachten lassen.

c) Zur hiesigen Beachtlichkeit faktischer Zwänge

An diese Strukturerkenntnis schließen sich sodann altbekannte Probleme der Zwangsdefinition.

So stellt sich auch im Kontext des Umgehungsschutzes die bereits im unmittelbaren Anwendungsrahmen behandelte Frage der Beachtlichkeit faktischer Zwangslagen. Tatsächlich wird ebenjene Problematik an dieser Stelle sogar in besonderem Maße virulent, geht es doch in den hier betrachteten anderen staatlichen Verfahren gerade zumeist um die Durchsetzung oder den Schutz individueller Rechtspositionen. Will der Einzelne hier also in Anbetracht einer erkannten Selbstbelastungsgefahr die kooperative Verfahrensförderung verweigern, sieht er die Verwirklichung seines Individualinteresses regelmäßig gefährdet und sich damit in der zumindest subjektiven Pattsituation, entweder selbstbelastend tätig werden zu müssen oder auf seine vermeintliche Rechtsposition zu verzichten.

---

[589] Vgl. auch *Böse*, Wirtschaftsaufsicht, S. 457, der konstatiert, ein Selbstbelastungszwang im Verwaltungsverfahren sei „für sich genommen nicht verfassungswidrig" sowie *Schaefer*, Steuerstrafverfahren, S. 192.

[590] Gleichsinnig *Doege*, nemo-tenetur-Grundsatz, S. 139; *Joecks*, in: Joecks/Jäger/Randt, § 393, Rn. 101; *Schaefer*, Steuerstrafverfahren, S. 192; *Wolff*, Selbstbelastung und Verfahrenstrennung, S. 101. Vgl. auch BGH v. 27.2.1992 – 5 StR 190/91, BGHSt 38, 221 sowie BGH v. 19.3.1991 – 5 StR 516/90, BGHSt 37, 342 f.

Gleichwohl können auch solche nichtinkriminierenden Fernwirkungen der Entscheidung, ganz gleich, ob nun prozessualer, wirtschaftlich-ökonomischer oder gar höchstpersönlicher Natur, eine ausstrahlungswirkungsrelevante tenetur-Lage nicht begründen.[591] So sei wiederholt und mit Nachdruck betont, dass der Umgehungsschutz der Selbstbelastungsfreiheit nicht weiter reichen kann als sein Stammrecht. Wenn also der nemo tenetur-Satz bereits in seinem unmittelbaren Anwendungsbereich keinen Schutz vor faktischen Zwangslagen vermittelt, kann eine solch bloße Willenslenkung die Freiheit der getroffenen Entscheidung und damit die Selbstbestimmungsposition des Einzelnen auch im Bereich des Aushöhlungsschutzes nicht eliminieren. Der Zwangsbegriff der Ausstrahlungswirkung divergiert gerade nicht von seinem unmittelbar strafprozessualen Konterpart und erschöpft sich so auch hier in der Gewährleistung rechtlicher Entscheidungsautonomie.[592] Soweit es dem Betroffenen also möglich ist, sich auch den Anforderungen der anderen Verfahrensordnung zu fügen, ohne sich dabei strafrechtlich selbst belasten müssen, scheidet ein Konflikt mit dem Grundsatz der Selbstbelastungsfreiheit aus; soweit dem Einzelnen eine rechtlich akzeptierte nichtinkriminierende Dispensoption vom hoheitlichen Mitwirkungsauftrag bleibt, ist er mit Blick auf die mit der Kooperation einhergehende Selbstbelastung frei im Rechtssinne, auch wenn ihm dies unter Umständen einschneidende nichtstrafrechtliche Nachteile beschert.[593]

---

[591] BVerfG v. 7.7.1995 – 2 BvR 1778/94, NStZ 1995, 600; BGH v. 15.12.1989 – 2 StR 167/89, BGHSt 36, 334; *Böse*, wistra 1999, 455; *Doege*, nemo-tenetur-Grundsatz, S. 150, 153; *Rogall*, in: SK-StPO, vor §§ 133 ff., Rn. 139; *Schaefer*, Steuerstrafverfahren, S. 187 f.; *Stürner*, NJW 1981, 1762.

[592] Zutreffend *Doege*, nemo-tenetur-Grundsatz, S. 150, 153.

[593] En passant geklärt ist damit auch der Ursprung der etwa von *Doege*, nemo-tenetur-Grundsatz, S. 147 ff.; *Schaefer*, Steuerstrafverfahren, S. 186 ff. oder stillschweigend auch von *Wolff*, Selbstbelastung und Verfahrenstrennung, S. 130 ff. angestrengten Differenzierung zwischen Leistungs- und Eingriffsverfahren.
So sind mit *Schaefer*, Steuerstrafverfahren, S. 186 f. unter dem Begriff des „Leistungsverfahrens" solche Sachverhaltskonstellationen zu verstehen, in denen der zur Mitwirkung Verpflichtete ein Verfahren anstrengt, um einen (vermeintlichen) Anspruch gegen den Staat oder gegen private Dritte durchzusetzen, wohingegen der Topos der „Eingriffsverfahren" Situationen umschreibt, in welchen sich der zur Mitwirkung Verpflichtete einem Anspruch des Staates oder privater Dritter ausgesetzt sieht, er also kein Verfahren selbst anstrengt, sondern einem solchen unterworfen wird.
Legt man nun die vorstehend gefundenen Parameter an die so definierten Leistungsverfahren an, scheint die Behandlung von ebenda postulierten Mitwirkungsaufträgen klar: Wo die Selbstbelastung lediglich zur Durchsetzung eines Anspruchs erforderlich wäre, scheidet ein Konflikt mit dem nemo tenetur-Satz systematisch aus. Soweit keine Rechtspflicht zur Geltendmachung der Rechtsposition besteht, hat der Einzelne das Verfahren, in welchem er zur Mitwirkung angehalten wird, selbst angestrengt und es somit selbst in der Hand, ebenjenes selbstständig wieder zu beenden. Soweit er seinen Anspruch nicht aus Rechtsgründen durchsetzen muss, bleibt es dem Betroffenen stets unbenommen, auf die Anspruchsdurchsetzung zu verzichten, er muss sich hierzu nur entscheiden. Angesichts dieser weiter bestehenden rechtlichen Entscheidungsfreiheit erscheinen die im Rahmen von Leistungsverfahren ausgesprochenen Mitwirkungsaufträge als bloße Obliegenheiten, deren Nachteil bloßer Nichterweiterung des Status quo ante im Missachtungsfall nicht instande ist, nemo tenetur-relevanten

Dieses systemkonsequente Ergebnis wird auch nicht dort infrage gestellt, wo die außerstrafrechtlichen Folgen ein de facto existenzvernichtendes Ausmaß[594] annehmen. Auch im Bereich der Ausstrahlungswirkung ist die auf deren Anwendungsbereichebene zu eruierende autonomiebegründende Entscheidungsfreiheit kein gradueller Zustand; auch hier schützt das Selbstbezichtigungsprivileg nicht vor besonderer Zwangsquantität, sondern vor einer qualitativ besonderen Behandlung. Muss die faktische Fernwirkung der Entscheidung damit schon dem Grunde nach außer Betracht bleiben, kann auch ein besonders weitreichendes Ausmaß ihrer Drastik hieran nichts ändern.

In eine ähnliche Kerbe schlägt zuletzt die Frage nach dem Bedürfnis einer Ausweitung des Zwangsbegriffs bei verfassungsrechtlicher Absicherung der begebenen Rechtsposition. So konstatiert etwa *Wolff*[595], dass zwar nicht jede Versagung einer staatlichen Leistung mit der Ausübung aktiven Zwangs verglichen werden könne, eine Leistung, auf die der Straftäter in gleicher Weise einen Anspruch habe wie der Nichtstraftäter, aber nicht davon abhängig gemacht werden dürfe, dass sich der Betroffene selbst belaste. Folglich sei eine besondere Qualifikation ebenjener unterschiedslos zu gewährenden Leistungsansprüche vonnöten, die sodann in der grundrechtlichen Absicherung der fraglichen Rechtsposition gefunden wird. „Zwang im Sinne des nemo tenetur-Prinzips und damit der Ausstrahlungswirkung" liege daher überall dort vor, wo ein „grundrechtlicher Freiheitsbereich [...] verkürzt" werde.

Zwang zu begründen; so auch *Doege*, nemo-tenetur-Grundsatz, S. 150; *Mäder*, Betriebliche Offenbarungspflichten, S. 131 sowie näher *Schaefer*, Steuerstrafverfahren, S. 187 ff., 190, jeweils m.w.N.; vgl. ferner BVerfG v. 7.7.1995 – 2 BvR 1778/94, NStZ 1995, 600; *Besson*, Steuergeheimnis, S. 89; *Stürner*, NJW 1981, 1762.

Anders zeigt sich die Situation dagegen im Kontext der Eingriffsverfahren. Hier hat der in der Folge zur Kooperation Verpflichtete keine Wahl über die Verfahrensunterwerfung, er wird unterworfen. Auch ist er nicht imstande, das Verfahren gegen ihn aus eigenen Stücken heraus wieder zu beenden. Hoheitliche Mitwirkungsaufträge können daher nicht schon strukturell als Obliegenheiten abgetan werden und bedürfen näherer Untersuchung am Maßstab der soeben erarbeiteten Grundsätze. Bereits an dieser Stelle bleibt aber jedenfalls die strukturelle Erkenntnis, dass sich der Bereich echter Konflikte mit dem nemo tenetur-Grundsatz respektive dessen Ausstrahlungswirkung allein auf den Kreis so umschriebener Eingriffsverfahren beschränkt.

Erscheint indes mit Blick auf das im Folgenden zu beleuchtende Besteuerungsverfahren die Gruppe der Eingriffsverfahren ohnehin als von weit überwiegender Relevanz und hält sich der erkenntnistechnische Mehrwert der vorliegenden Unterscheidung für die Zwecke der hiesigen Bearbeitung daher in Grenzen, sei ebenjener Systematisierung – so inhaltlich zutreffend sie auch sein mag – nachstehend nicht weiter gefolgt.

[594] Ausdrücklich offen gelassen von BGH v. 15.12.1989 – 2 StR 167/89, BGHSt 36, 334 sowie KG v. 7.7.1994 – (3) 1 Ss 175/93 (60/93), NStZ 1995, 146. Vgl. dazu etwa *Doege*, nemo-tenetur-Grundsatz, S. 151, 153 m.w.N.; *Geppert*, DAR 1981, 307; *Stürner*, NJW 1981, 1762; *Ulsenheimer*, in: FS-Meyer-Goßner, S. 362.

[595] *Wolff*, Selbstbelastung und Verfahrenstrennung, S. 132 f., insbesondere mit Blick auf das Asylverfahren S. 213.

Auch dieses Kriterium der grundrechtlichen Protektion zwingt jedoch im Ergebnis nicht zum Bruch mit dem eigenen System. So wendet sich jüngst *Doege* gegen diesen Ansatz mit der Kritik, dass es ebenjene Ansicht verpasse nachzuweisen, warum die verfassungsrechtliche Fundierung etwas daran ändern soll, dass die Entscheidungsfreiheit des Betroffenen nicht aufgehoben ist[596], und schlägt mit diesem Einwand zutreffend die Brücke zum hiesigen Fernwirkungskonzept. Bleibt man nämlich mit dem hier vertretenen Ansatz auch im Bereich der Ausstrahlungswirkung streng bei den Grundsätzen der kernstrafrechtlichen Zwangsdefinition, muss konsequent berücksichtigt werden, dass der Umstand der konstitutionellen Absicherung der potentiell aufzugebenden Rechtsposition bereits im unmittelbar strafprozessualen Metier als für die Frage der Entscheidungsfreiheit irrelevant abgetan werden musste.[597] Für die Beurteilung des Vorliegens entscheidungsorientierter Selbstbestimmtheit war und ist der rechtliche Stellenwert des Anspruchs, den der Einzelne durchzusetzen versucht, damit schlicht gleichgültig[598]; maßgeblich bleibt allein, dass er sich dem Grunde nach entscheiden *kann*. Vermag die Argumentation *Wolffs* daher die Notwendigkeit einer Systemkorrektur nicht überzeugend zu begründen, so lenkt sie doch den Fokus abermals auf den relevanten Schutzmechanismus: Auch im Fernwirkungskontext erfreut sich die preiszugebende Rechtsposition in jedem Fall zumindest rudimentärer verfassungsrechtlicher Absicherung. Die infolge des konsequenten Ausschlusses faktischer Zwangslagen aus dem Gewährleistungsgehalt des nemo tenetur-Satzes, mithin dessen Ausstrahlungswirkung verbleibenden Härten sind damit nach den bereits aufgezeigten Grundsätzen[599] unter dem Protektorat der beeinträchtigen Grundrechte einer sachangemessenen Lösung zuzuführen.

d) Zur Bereichsausnahme bei präventionskonnotierten Mitwirkungspflichten zur Selbstüberwachung

Besondere Beachtung verdient zuletzt eine Gruppe hoheitlicher Mitwirkungsaufträge, die angesichts ihrer bereits konzeptionellen Divergenz von strafrechtlichen Pflichtenprogrammen[600] nach Auffassung mancher[601] eine nemo tenetur-orientierte Sonderstellung einnehmen soll.

---

[596] *Doege*, nemo-tenetur-Grundsatz, S. 152.

[597] Teil 4 C. I.

[598] Gleichsinnig *Doege*, nemo-tenetur-Grundsatz, S. 152.

[599] Teil 4 C. I.

[600] Siehe nur *Wolff*, Selbstbelastung und Verfahrenstrennung, S. 217.

[601] BVerfG v. 14.11.1989 – 1 BvL 14/85, BVerfGE 81, 96 f.; BVerfG v. 7.9.1984 – 2 BvR 159/84, VkBl 1985, 303; BVerfG v. 7.12.1981 – 2 BvR 1172/81, NJW 1982, 568; BVerfG v. 22.10.1980 – 2 BvR 1172/79, BVerfGE 55, 150 f.; BVerwG v. 9.8.1983 – 1 C 7/82, NVwZ 1984, 377 f.; *Bärlein/Pananis/Rehmsmeier*, NJW 2002, 1828; *Franzheim*, NJW 1990, 2049; *Geppert*, in: FS-Spendel, S. 675; *Pfohl*, wistra 1994, 9 f.; *Schuhr*, in: MüKo-StPO, vor §§ 133 ff., Rn. 110; *Wolff*, Selbstbelastung und Verfahrenstrennung, S. 217 ff. Siehe auch *Kölbel*, Selbstbelastungsfreiheiten, S. 74 ff. m. w. N.

Im Wesentlichen handelt es sich hierbei um zuvörderst im Kontext besonderer gewerblicher Tätigkeiten postulierte verwaltungsrechtliche Aufzeichnungspflichten, deren Zweck in der Sicherung der hoheitlichen Kontrolle ebenda aufkommender gesetzlicher Verwaltungsvorgaben liegt.[602] Die mit Blick auf den nemo tenetur-Satz augenfällige Besonderheit dieser Pflichtenstellungen findet sich sodann darin, dass neben dem Überwachungsauftrag selbst auch das zu überwachende Verhalten im Fall der Zuwiderhandlung sanktionsbewehrt ist.[603] Zielt die Ratio ebenjener Repressionsandrohungen nun nämlich darauf, den jeweiligen Normadressaten mit entsprechendem Nachdruck zur Einhaltung der ihn treffenden besonderen Vorgaben anzuhalten, letztlich also darauf, normgemäßes Verhalten sicherzustellen[604], veranlassen die damit umschriebenen Aufzeichnungspflichten den Pflichtenträger auch dann zur Dokumentation seines Verhaltens, wenn er gegen die hoheitlich vorgegebene Verhaltenspflicht in rechtsbrüchiger Weise verstößt. In aller Regel verbunden mit einer vollstreckbaren Auskunfts- oder Vorlagepflicht zu Gunsten der zuständigen Verwaltungsbehörde, die für den Ungehorsamsfall ferner gleichermaßen ordnungsrechtliche Sanktionen vorsieht[605], scheint die Behandlung der damit bezeichneten Kooperationsaufträge gemessen an den hiesigen Standards eigentlich klar:

Soweit der Einzelne qua Pflichtenstellung gezwungen wird, sein Fehlverhalten zunächst zu dokumentieren und in der Folge mit den Verwaltungsbehörden informationsoffenbarend zu kooperieren, scheint dies bei zunächst isolierter Betrachtung des Verwaltungsverfahrens noch nicht weiter problematisch. Wenn nun aber die Verwertbarkeit so erlangter Informationen auch in damit konnotierten repressiven Verfahren zugelassen würde, eröffnete diese Umwidmungsbefugnis dem staatlichen Sanktionierungsapparat einen Handlungsbereich, der Verfolgungsbehörden im genuin repressiven Verfahren angesichts der hiesigen Geltung des nemo tenetur-Grundsatzes gerade vorenthalten bliebe. Den Einzelnen träfe so im Verwaltungsverfahren eine Pflicht, die zwar im Repressionsverfahren unzulässig wäre, pflichtgemäß preisgegebene Informationen könnten aber dennoch Einzug in das Verfahren um die mit der Tätigkeit verbundene Sanktion halten. Strukturell befände sich ebenjener Sachverhalt folglich im Anwendungsbereich der Ausstrahlungswirkung hiesiger Diktion und wäre so noch zu beleuchtenden Ausschlussmechanismen[606] zu unterwerfen; eine systemstringente Conclusio, die indes bei weitem nicht überall so konsequent gezogen wird.

---

[602] Näher und mit Beispielen *Bärlein/Pananis/Rehmsmeier*, NJW 2002, 1826 f.; *Mäder*, Betriebliche Offenbarungspflichten, S. 15 ff.; *Michalke*, NJW 1990, 417 f.; *Schaefer*, Steuerstrafverfahren, S. 197; *Schramm*, Die Verpflichtung, S. 78 ff. Eine dezidiertere Auflistung ebensolcher Pflichten scheint mit Blick auf die nachfolgenden Erwägungen indes nicht geboten.

[603] Zustimmend *Schaefer*, Steuerstrafverfahren, S. 197.

[604] Siehe nur *Schaefer*, Steuerstrafverfahren, S. 197.

[605] *Mäder*, Betriebliche Offenbarungspflichten, S. 149; *Michalke*, NJW 1990, 418; *Schaefer*, Steuerstrafverfahren, S. 197 f. m. w. N.; *Schramm*, Die Verpflichtung, S. 78.

[606] Siehe umfassend Teil 5 B. und C. sowie Teil 6 A. und B.

So solle ein solches verwaltungsrechtliches Pflichtenprogramm den Grundsätzen der Selbstbelastungsfreiheit nicht unterstehen, soweit die relevante Aufzeichnungs- respektive Kooperationspflicht schon im Moment der einschlägigen Tätigkeitsaufnahme, jedenfalls aber im Augenblick der infrage stehenden Verfehlung bestehe und die Möglichkeit der zumindest auch repressiven Informationsverwertung hieraus hervorgehe.[607] Der Einzelne, der die Tätigkeit sodann ausführe und die einschlägige Pflichtenstellung so bekleide, könne hier nämlich bereits im Zeitpunkt des Rechtsbruchs sein Mitwirkungsprogramm absehen und sei sich so über die Folgen seiner Handlung – mithin über die mit der Kooperationspflicht einhergehende Selbstbezichtigung – im Klaren. Nehme er also trotz dieser unterstellen Aufgeklärtheit die Tätigkeit sehenden Auges auf, könne von ihm neben der freilich übergeordneten Erwartung, dass er Rechtsbrüche in erster Linie unterlasse[608], auch gefordert werden, dass er sich dem damit verbundenen Mitwirkungsregime so, wie es eben besteht, unterwerfe, auch wenn es in umgrenztem Maße die kooperative Informationserhebung für repressive Zwecke vorsehe. Eingedenk des damit subjektiv übernommenen Pflichtenprogramms legitimiere bei zuvor auferlegter Pflichtenanordnung so bereits das Faktum tatsächlicher Tätigkeitsausübung die repressive Datenverwertung.[609]

Ebenletztere sei ferner aber auch aus einem objektivierten Gesichtspunkt erforderlich. Werden die angeführten Nachweis- wie Überwachungspflichten dem Einzelnen nämlich idealiter lediglich bei besonders gefahrgeneigter Tätigkeit im Interesse des Gemeinwohls auferlegt[610] und könne der Nachweis einschlägiger Verfehlungen hier anderweitig nicht geführt werden[611], würde der verfolgte Gefahrpräventionszweck ohne die vorherige Anordnung einer Mitwirkungsverpflichtung

---

[607] BVerfG v. 14.11.1989 – 1 BvL 14/85, BVerfGE 81, 97; *Schaefer*, Steuerstrafverfahren, S. 201; *Wolff*, Selbstbelastung und Verfahrenstrennung, S. 218.

[608] *Bärlein/Pananis/Rehmsmeier*, NJW 2002, 1828; *Geppert*, in: FS-Spendel, S. 675; *Rogall*, in: SK-StPO, vor §§ 133 ff., Rn. 150. Siehe auch *Schaefer*, Steuerstrafverfahren, S. 201 f.

[609] Deutlich BVerfG v. 7.12.1981 – 2 BvR 1172/81, NJW 1982, 568, wenn das Gericht im Kontext der Verhängung einer potentiell zur Selbstbelastung führenden Fahrtenbuchauflage konstatiert: „Wer selbst die Freiheit des Straßenverkehrs in Anspruch nimmt und seine Sicherheit gewährleistet wissen will, dem können in den Grenzen der Grundrechte und des Grundsatzes der Verhältnismäßigkeit auch Mitwirkungspflichten auferlegt werden, die gerade der Gewährleistung dieser Freiheit und Sicherheit für alle zu dienen bestimmt und geeignet sind." Ebendieser Gedanke zieht sich nach *Wolff*, Selbstbelastung und Verfahrenstrennung, S. 219 sodann auch durch die sich anschließende Verfassungsrechtsprechung, siehe nur im Kontext der Nichtbeanstandung der Herausgabepflicht von Fahrtenschreibern BVerfG v. 7.9.1984 – 2 BvR 159/84, VkBl 1985, 303 sowie zur Unbedenklichkeit der Aufzeichnungspflichten des Mietwagenunternehmers BVerfG v. 14.11.1989 – 1 BvL 14/85, BVerfGE 81, 96 f.

[610] BVerfG v. 7.12.1981 – 2 BvR 1172/81, NJW 1982, 568; *Mäder*, Betriebliche Offenbarungspflichten, S. 170 f. m.w.N.; *Wolff*, Selbstbelastung und Verfahrenstrennung, S. 218.

[611] Deutlich *Schaefer*, Steuerstrafverfahren, S. 202 f. m.w.N. Vgl. aber auch BVerfG v. 7.9.1984 – 2 BvR 159/84, VkBl 1985, 303; *Bärlein/Pananis/Rehmsmeier*, NJW 2002, 1828 sowie *Wolff*, Selbstbelastung und Verfahrenstrennung, S. 221.

nachhaltig vereitelt. Angesichts der besonderen Gefahrtracht seiner Tätigkeit sei es dem Betroffenen daher zuzumuten, sich in besonderem Maße der hoheitlichen Überwachung zu unterstellen, was im Kontext jenes besonderen Pflichtenkreises auch die repressive Verwendung der erlangten Informationen umfasse.[612] Die postulierte Aufzeichnungs- bzw. Herausgabeverpflichtung sei so keine unzulässige Kopplung einer verfassungsrechtlich erlaubten Betätigungsfreiheit mit einer mittelbaren Selbstbelastung, sondern bereits die verfassungskonforme Konkretisierung ebendieser Betätigungsfreiheit selbst.[613]

Auf dem Fundament dieser Argumentation gründe sich sodann die beschränkte Möglichkeit der repressiven Verwertung auch durch Rechtspflicht offenbarter Informationen – beschränkt deshalb, da selbst Fürsprecher ebenjener Umwidmungsoption ihre Auffassung insoweit entschärfen müssen, als freilich nicht jede präventive Kooperationspflicht zur Erforschung jedwedes Rechtsbruchs missbraucht werden dürfe[614], fände man sich doch so schnell wieder in jener Situation, die das Schweigerecht des Beschuldigten in Gemeinschuldnerdiktion „illusorisch" werden ließe. Begrenzt werde die, in jedem Fall zwingend um eine klare gesetzliche Grundlage zu erbauende[615], hoheitliche Verwertungsbefugnis daher a priori aus der subjektiven Perspektive der Pflichtenübernahme, welche die Verwertbarkeit pflichtbedingt erlangter Informationen zunächst insoweit ausschließe, als sie Taten beträfen, die der Anordnung der Mitwirkungsverpflichtung zeitlich vorgehen würden[616]; schon denklogisch könne sich der Einzelne diesem Kooperationsauftrag im Zeitpunkt des Rechtsbruchs noch nicht unterworfen haben. In materieller Hinsicht müsse sich der Umfang der Verwertungsmöglichkeit sodann wesentlich an jenen Sachgründen orientieren, die die verstärkte Mitwirkung des Betroffenen für einen überschaubaren Sachbereich rechtfertigen, weshalb deren Zulässigkeit nur so lange Bestand haben könne, wie diese Pflichtenstellung als eine auf den Besonderheiten eines Fachrechts beruhende Ausnahmeerscheinung konzipiert bleibe.[617] Inhaltlich sei die repressive Informationsverwertung daher auf sachlich mit der Verletzung der Vorschriften im überwachten Sachbereich zusammenhängende Informationen beschränkt.[618]

Der so umschriebenen Bereichsausnahme kann jedoch im Ergebnis nicht gefolgt werden. Neben dem zugegeben formalen Konturierungseinwand auf Rechtsfolgenseite, dass der nur unbestimmte Topos des sachlichen Zusammenhangs mit dem

---

[612] Vgl. BVerfG v. 14.11.1989 – 1 BvL 14/85, BVerfGE 81, 97; *Franzheim*, NJW 1990, 2049; deutlicher *Wolff*, Selbstbelastung und Verfahrenstrennung, S. 218 f.

[613] So *Wolff*, Selbstbelastung und Verfahrenstrennung, S. 219.

[614] *Wolff*, Selbstbelastung und Verfahrenstrennung, S. 219.

[615] *Rogall*, in: SK-StPO, vor §§ 133 ff., Rn. 150; *Schuhr*, in: MüKo-StPO, vor §§ 133 ff., Rn. 110; *Wolff*, Selbstbelastung und Verfahrenstrennung, S. 219 m. w. N.

[616] *Wolff*, Selbstbelastung und Verfahrenstrennung, S. 220.

[617] So ausdrücklich *Wolff*, Selbstbelastung und Verfahrenstrennung, S. 219.

[618] *Schaefer*, Steuerstrafverfahren, S. 206 f., 209; *Wolff*, Selbstbelastung und Verfahrenstrennung, S. 220.

E. Der nemo tenetur-Satz im Besteuerungsverfahren?

zugrundeliegenden Verhaltensauftrag lediglich vage Grenzziehungen ermöglicht und so jedenfalls zur Verwässerung der Konturen des nemo tenetur-Satzes führt, verfängt bei näherer Analyse auch die auf Begründungsebene dargebotene Argumentation nicht:

So reichen die in objektivierter Hinsicht postulierten Nachweisschwierigkeiten in Bezug auf das individuelle Fehlverhalten nicht so weit, wie proklamiert. Das Verfahren um die Ahndung von Ordnungswidrigkeiten gleicht in seiner Struktur jenem der Strafprozessordnung; auch hier kann bei hinreichendem Verdacht einer Ordnungswidrigkeit ermittelt, durchsucht, beschlagnahmt, in abstracto also in willensbrechender Manier sachverhaltsaufdeckende Kooperation hergestellt werden.[619] Dass insoweit also keine andere Möglichkeit bestehe, entsprechende Verfehlungen nachzuweisen, wenn der Betroffene nicht mitwirke, scheint daher verfehlt, würde doch auch niemand ernstlich behaupten, die Erforschung von Straftaten respektive der vom Strafverfahren jedenfalls mitintendierte Rechtsgüterschutz sei deshalb gefährdet, weil der Straftäter seine Verfehlung nicht aufzeichnen und in der Folge herausgeben müsse. Ganz im Gegenteil scheinen die dem Strafverfahren via Generalverweis des § 76 Abs. 1 OWiG entliehenen Eingriffsbefugnisse mit Blick auf die repressive Sachverhaltsermittlung insoweit sogar sachnäher als jene des Verwaltungsrechts; die Verfolgungsbehörde müsste eben nur entsprechend ermitteln. Der beklagte Aufklärungsnotstand ist daher weniger als Bedürfnis nach auch repressiver Verwertung der im Verwaltungsverfahren zu Präventionszwecken erhobenen Informationen zu verstehen, als als Grund des Verweises auf die einschlägigen Machtmittel des Ordnungswidrigkeitengesetzes in Kombination mit der Strafprozessordnung.

Und auch die subjektivierte argumentatio der Pflichtenübernahme hält einer eingehenderen Betrachtung nicht stand. So ist freilich nicht abzustreiten, dass sich der Einzelne bei Aufnahme und Ausübung einer zumeist gewerblichen Tätigkeit in gewisser Weise einer Sonderrolle und damit einem besonderen Pflichtenkreis unterwirft. Wenn nun aber *Wolff* konstatiert, dass dem Betroffenen die repressive Datenverwertung in Anbetracht seiner gefahrträchtigen Tätigkeit und des damit übernommenen Pflichtenprogrammes „zuzumuten"[620] sei, fragt sich sowohl der genaue Inhalt als auch die Tragfähigkeit dieser Argumentation im vorliegenden System. Als kompensatorische Rechtfertigung eines der Sache nach gegebenen Eingriffs in den Grundsatz der Selbstbelastungsfreiheit kann jene Zumutbarkeitserwägung jedenfalls nicht verstanden werden, widerstrebe eine solche Lesart doch bereits dem Absolutheitsdogma der hiesigen nemo tenetur-Konzeption und damit auch deren Ausstrahlungsdoktrin. Bleibt daher nur eine bereits schutzbereichsbegrenzende Interpretation der angeführten Passage insoweit, als sich der Einzelne

---

[619] Siehe nur den Generalverweis des § 76 Abs. 1 OWiG auf die Vorschriften der Strafprozessordnung, der wiederum über die, insoweit freilich deklaratorische, Verweisungsnorm des § 410 Abs. 1 AO in das Verfahren um Steuerordnungswidrigkeiten transferiert wird.

[620] *Wolff*, Selbstbelastung und Verfahrenstrennung, S. 218.

infolge seiner Tätigkeitsausübung bewusst eines Teils der Gewährleistungen seiner Selbstbelastungsfreiheit begebe, scheint jedoch auch ein solcher Wille wohl mehr als ergebnisorientiert-dogmatischen Erwägungen folgendes, mithin dem Einzelnen so gleichsam in den Mund gelegtes Konstrukt denn als anthropologischer Befund. Vice versa ließe sich nämlich auch behaupten, dass sich der Einzelne trotz seiner tätigkeitsbedingten Pflichtenübernahme in Bezug auf die hoheitliche Behandlung im Fall der Missetat wohl eher in der Situation wähnen wird, gleich jedem anderen Beschuldigten, Verdächtigen oder eben Betroffenen behandelt zu werden, um so zwar sämtliche mit dieser Stellung einhergehende Nachteile zu erleiden, aber eben auch alle korrelierenden Vorteile zu genießen. Jedenfalls festgehalten werden kann an dieser Stelle daher, dass ohne nähere Anhaltspunkte im Einzelfall nicht schon vom Umstand bloßer Tätigkeitsausübung darauf geschlossen werden kann, dass sich der Berechtigte einer so bedeutenden Justizgewährleistung wie der verfassungsrechtlichen Selbstbezichtigungsfreiheit begeben möchte, was aber wiederum gerade die Grundvoraussetzung einer negativen Grundrechtsausübung wäre.

Greift damit der Einwand verfehlungsorientierter Nichtaufklärbarkeit im Falle der Pflichtenfreiheit des Einzelnen schlicht zu kurz und erweist sich das subjektive Begebensargument qua Pflichtenübernahme als rein ergebnisorientierte Präsumtion, vermag die angeführte Argumentation zwar die Hintergründe sowie das rechtspolitische Bedürfnis nach einer solchen Ausstrahlungsdurchbrechung zu erklären, eine echte Schutzbereichskorrektur dogmatisch wie systematisch aber nicht zu begründen.[621] Mit *Gallandi* handelt es sich bei der Konstruktion jenes besonderen Pflichtenverhältnisses, mithin bei der postulierten Bereichsausnahme in Summe, daher um nicht mehr als einen „Kunstgriff", der eine „nicht näher begründbare Wertentscheidung voraussetzt"[622], welche für den Fortgang dieser Untersuchung nicht getroffen werden kann.

F. Fazit

Auf dem Boden der vorstehenden Erkenntnisse sei dem Fortgang der Untersuchung somit folgendes Verständnis des Grundsatzes des nemo tenetur se ipsum accusare zugrunde gelegt:

Nach hiesiger Konzeption erweist sich das Postulat der Selbstbelastungsfreiheit zunächst als spezielles Justizgrundrecht, welches seine vorzugswürdige konstitutionelle Rechtsgrundlage in einer prozedural verstandenen Ausformung des Art. 1 Abs. 1 i. V.m. 20 Abs. 3 GG findet. Jener Verortungsdualismus folgt dabei der

---

[621] *Michalke*, NJW 1990, 418 ff., 421; *Reiß*, NJW 1977, 1437; *Schneider*, NStZ 1993, 23. Siehe auch *Schaefer*, Steuerstrafverfahren, S. 208 f., welcher dieses Fazit zwar gleichermaßen zieht, sich jedoch trotzdem jener Korrektur für den Fortgang seiner Arbeit verschreibt.

[622] Siehe *Gallandi*, wistra 1987, 128, obgleich ebenjener diese Kritik schon gegen die Gemeinschuldnerentscheidung per se erhebt.

F. Fazit

ambivalenten Stoßrichtung des nemo tenetur-Satzes selbst, wobei die angestellte Menschenwürdekonnotation dessen individualakzentuierende Dimension herausstellt, die unmittelbare Verankerung im Rechtsstaatsprinzip dagegen dessen prozessorientierte solche betont. Konnte hierbei in concreto neben der objektivrechtlich intendierten Prozessmaximensicherung samt Wahrung der Rollenverteilung im Strafverfahren die der Beschuldigtenstellung des Verfahrensunterworfenen entspringende individualschützende Gewährleistung prozessualer Autonomie als teleologisch relevantes Schutzanliegen ausgemacht werden, sichert das Selbstbezichtigungsprivileg als Abwehrinstitut gegen die drohende Instrumentalisierung des eigenen Willens die Abhandenheit einer Kollusion von selbstbelastendem Zwang zur Verfahrensmitwirkung und jedenfalls mittelbarer Verwertung so erlangter Informationen im und in den Grenzen des eigenen Strafverfahrens.

Im Rahmen final auf Repression angelegter Verfahren, zuvörderst also im Straf- sowie im Ordnungswidrigkeitenrecht, fließt aus ebenjenem Instrumentalisierungsgedanken sodann a priori die konzeptionelle Exklusion willensausschließender vis absoluta aus dem Schutzbereich. Scheint die hoheitliche Anwendung willensbrechender Gewalt nämlich strukturell außerstande, die als neuralgisch erkannten Schutzgüter in hier interessierender Weise zu tangieren, schlägt die schon im Kontext der verfassungsrechtlichen Lozierung gefundene qualitative Divergenz zwischen Willensbruch und Willensbeugung auch auf die Ebene des Gewährleistungsgehalts durch. Bereits an dieser Stelle verbleibt dem nemo tenetur-Grundsatz hiesiger Diktion mit dem konkretisierungsbedürftigen Begriff willensbeugender vis compulsiva so ein Topos, der seine finale Kontur erst in Zusammenschau mit der näheren Definition des einschlägigen Zwangsbegriffs erlangt. Konnte in diesem Zusammenhang alsdann herausgestellt werden, dass der Grundsatz der Selbstbelastungsfreiheit lediglich eine besondere Qualität hoheitlicher Zwangsanwendung zu unterbinden ersucht, darf auf Basis dieser Erkenntnis der Wille des Einzelnen nicht in einer solchen Weise verjüngt werden, dass der Betroffene qua hoheitlicher Fremdbestimmung keine andere Verteidigungsmöglichkeit mehr vorfindet, als dem obrigkeitlichen Offenbarungsauftrag nachzukommen, die geforderten Informationen preiszugeben und sich damit weisungsgemäß potentiell selbst zu belasten. Dem Einzelnen ist daher stets mindestens eine Dispensoption vom hoheitlichen Kooperationsauftrag einzuräumen, wobei der Fundus zuzugestehender Entscheidungspositionen indes mitnichten jedes denkbare Alternativverhalten umfasst: Die anzubietende Handlungsalternative muss vielmehr sowohl nichtselbstbezichtigender als auch legaler Natur sein.

Kehrseitig ausgeschlossen ist damit in erster Linie eine durch die Rechtsordnung postulierte Mitwirkungsverpflichtung, schlösse eine solche ein vom normativen Wunsch abweichendes Verhalten doch bereits aus juristischer Perspektive aus. Ferner unterbleiben müssen aber auch all jene hoheitlichen Behandlungen, die eine solche Pflicht der Sache nach voraussetzen, in concreto also etwa die Anwendung von Zwangsmaßnahmen, Sanktionsbewehrungen von Zuwiderhandlungen oder die inkriminierende Verwertung der Inanspruchnahme der Dispensposition. Ausdrücklich nicht in Konflikt mit dem Grundsatz der Selbstbelastungsfreiheit geraten dagegen lediglich tatsächliche Willensbeeinträchtigungen. Sehen sich solche rein faktisch wirkenden Zwangssituationen nämlich gar nicht erst in der Lage, die rechtliche Entscheidungsfreiheit des Einzelnen auszuschließen und knüpft sich der nemo tenetur-Satz ausdrücklich nicht an ein bestimmtes Maß an quantitativer Individualbeeinträchtigung, erschöpft sich dessen Gewährleistungsgehalt in der bloßen Sicherung der rechtlichen Entscheidungsfreiheit des Trägers. Zur Abwendung verbleibender Härten bleibt der Betroffene insoweit auf das Protektorat einschlägiger Grundrechte verwiesen. Abstrahiert kondensieren die so gefunden Grundsätze in einem formal bestimmten, juristisch geprägten Zwangsbegriff, der die unmittelbare hoheitliche Verjüngung des steuerbaren Entscheidungsportfolios des Adressaten auf nur eine zulässige Alternative final zur strafprozessualen Informationsgewinnung umfasst.

Diesem eng konturierten, absolut gewährleisteten Schutz vor zwangsweiser Selbstbelastung erfreuen sich in subjektiver Hinsicht sodann neben dem Beschuldigten auch der eines Rechtsbruchs Verdächtige sowie der Zeuge, ungeachtet, ob als natürliche oder juristische Person. Eingedenk der jedenfalls zeitweisen Absenz des mit der Beschuldigtenstellung einhergehenden Sonderverhältnisses zum Staat genießt ebenletzterer Kreis der (noch) Nichtbeschuldigten indes lediglich einen nur eingeschränkten, auf die konkret-individuelle Selbstbezichtigungslage konzentrierten Schutzstandard, welcher sich je nach Reichweite der potentiellen Selbstinkriminierung im Einzelfall jedoch zu einem umfassenden Verweigerungsrecht verdichten kann. In zeitlicher Dimension entfaltet der Grundsatz seine Schutzwirkung schließlich allein in dem Fenster einer potentiellen Selbstbezichtigung bezüglich einer schon begangenen und noch verfolgbaren Tat; neuerliche Rechtsbrüche kann er niemals kompensieren.

Abseits solcher repressiven Verfahrensgestaltungen kann der nemo tenetur-Satz nach hiesigem Verständnis nicht unmittelbar gelten. So zeigt bereits das ausgearbeitete zwangskonnotierte Finalitätserfordernis, dass im Metier nichtrepressiver staatlicher Verfahren die geforderte Willensinstrumentalisierung zu Lasten des Berechtigten nicht stattfinden kann. Soweit also die Geltung bzw. Anwendung des Privilegs auch in anderen staatlichen Verfahren infrage steht, ist damit lediglich jenes Bedürfnis nach gewährleistungsorientiertem Umgehungsschutz umschrieben, welches durch die Begründung einer Fern- bzw. Ausstrahlungswirkung des Grundsatzes gestillt werden muss. Als bloße Wirkungsdimension des nemo tenetur-Satzes selbst ist der damit charakterisierte Aushöhlungsschutz unmittelbar mit dem Stammprivileg verbunden und nimmt so qua unvermittelter Konnotation neben der normativen Verortung auch an den inhaltlichen Direktiven der kernrepressiven Selbstbelastungsfreiheit teil. Der Grundsatz begründet und begrenzt damit seine eigene Ausstrahlung auf andere Verfahren.

Jene Sicherungswirkung kann folglich nur einem eng umgrenzten, durch den nemo tenetur-Satz selbst determinierten Raum gelten, was konkreter bedeutet, dass in Bezug auf dessen unmittelbaren Geltungsbereich im Strafverfahren der Einzelne ebenda Gefahr laufen muss, instrumentalisierend respektive rollendesavouierend behandelt zu werden. Für die Eröffnung des Anwendungsbereichs des Umgehungsschutzes bedarf es daher zunächst auch im anderen staatlichen Verfahren eines willenssteuerbaren hoheitlichen Mitwirkungsauftrags, der von einem subjektiv Berechtigten mittels Zwangs die Offenbarung potentiell strafrechtsrelevanter Informationen für eine schon begangene und noch verfolgbare rechtswidrige Tat fordert, die sodann im repressiven Verfahren gegen ihn verwertet werden. Die insoweit fehlende Finalität der Informationsgewinnung zu Repressionszwecken wird hier durch die nachträgliche Umwidmung der Daten für strafprozessuale Zwecke ersetzt, sodass sich das Kontrollsystem der Ausstrahlungswirkung als ein systematischer Zweischritt erweist – sich gliedernd in eine erste Stufe, auf welcher im Wege einer Vergleichsbetrachtung gefragt werden muss, ob eine entsprechende hoheitliche Behandlung in den Grenzen des Strafverfahrens unter der Ägide des nemo tenetur-Grundsatzes erlaubt wäre (Anwendungsbereichseröffnung), und eine, im Negationsfall eröffnete, zweite Stufe, auf welcher zu klären ist, ob ebenjene erzwungene Information in ein Strafverfahren gegen den Betroffenen eingeführt und so zu Repressionszwecken missbraucht wird (Umwidmungsgedanke). Soweit Letzteres wiederum bejaht werden kann, darf die bloße Auslagerung der Zwangsanwendung in ein anderes Verfahren ohne entsprechende Individualschutzrechte den Makel der Grundrechtswidrigkeit nicht beseitigen. In Ansehung der Gewährleistungen des Selbstbezichtigungsprivilegs muss sich der Staat hier als Einheit betrachten lassen.

Fernab dieser – jetzt konkret greifbaren – Erkenntnisse um den Gewährleistungsgehalt des Grundsatzes prägt aber auch eine merklich abstraktere Erwägung die vorstehenden Ausführungen. Versteht sich die vorliegende Ausgestaltung der Selbstbelastungsfreiheit nämlich in erster Linie als systemkonsequente Fortführung bereits auf Ebene des zu erforschenden Schutzgegenstands gefundener Prämissen und war das hier erarbeitete nemo tenetur-Konzept immer wieder mit Blick auf abweichende, zuvörderst in teleologischer Hinsicht divergierende Konzeptionen zu kontextualisieren, kann als wohl zentrale Strukturerkenntnis des vorliegenden Teils auch die strenge Dependenz des eigenen Privilegsverständnisses von den selbst erkannten rationalen wie normativen Grundlagen ausgemacht werden, gipfelnd im – zuweilen freilich ernüchternden – stillen Leitsatz dieses Kapitels: cuius ratio, eius protectio.

Teil 5

Nemo tenetur und die steuerstrafrechtliche Vortat

Mit der dem nemo tenetur-Grundsatz so verliehenen Kontur sind nun auch die Würfel für das Ergebnis wie den Fortgang der hiesigen Untersuchung weitgehend gefallen, scheint der Weg zur Verschränkung jener verfassungsrechtlichen Erkenntnisse mit den bereits gefundenen abgabenrechtlichen solchen doch nunmehr systematisch vorgezeichnet. So werden zur Auslotung von Grund und Grenzen des potentiellen Konfliktverhältnisses zwischen steuerrechtlichen Kooperationsverpflichtungen und dem Grundsatz der Selbstbelastungsfreiheit die erarbeiteten steuerlichen Grundlagenerwägungen zunächst am Maßstab des eigenen Privilegsverständnisses zu messen sein, bevor sich im Anschluss hieran darum bemüht werden kann, erkannte Friktionen wirksam zu beheben. Die nachfolgenden Ausführungen erheischt somit ein doppelrelevanter Forschungsauftrag aus vorgelagerter Konsolidierung und nachfolgender Konfliktbewältigung.

A. Von der Reichweite des Kollisionsverhältnisses

I. Der Gang der Untersuchung

Geleitet seien diese Erwägungen dabei von jener systematischen Differenzierung, die bereits die designierte Kollisionsvorschrift[1] an der Grenze des Besteuerungs- zum Strafverfahren etabliert. Statuiert § 393 AO insoweit je nach Charakter der selbstbelastungsrelevanten Bezugstat zwei voneinander divergierende Mechanismen zum Schutz vor zwangsweiser Selbstbezichtigung[2], sei just dieser normative Dualismus zum Anlass genommen, auch die hiesige Untersuchung gedanklich in die Behandlung von Konstellationen steuerstrafrechtlicher Vortaten einerseits (dazu Teil 5) und allgemeindeliktischer solcher (dazu Teil 6) andererseits zu teilen.

Abschnittsintern folgen die Gedanken dabei jeweils einem binnensystematischen Dreiklang, beginnend mit der erststufigen Austarierung bzw. Aktualisierung des bereits bezeichneten Kollisionsverhältnisses. Hierbei sei der Fokus der Betrachtung zum einen auf abstrakte Leiterwägungen zu Grund und Grenzen der Wirkung des Selbstbelastungsprivilegs explizit im genuin steuerrechtlichen Metier gerichtet, zum

---

[1] Zur Genese und Ratio der Vorschrift siehe sogleich Teil 5 B. IV. mit Fn. 197.
[2] Umfassend zum Regelungsgehalt des § 393 AO nachstehend Teil 5 B. IV. sowie Teil 6 A. III.

anderen aber auch die konkrete Spezifizierung der Friktionslage unter differenzierter Betrachtung einzelner Mitwirkungspflichtgruppen wie hoheitlicher Reaktionsmechanismen nicht übergangen. Sodann kann auf dem Fundament dieser Erkenntnisse zweitstufig das tatsächliche Ausmaß der durch die Abgabenordnung begründeten Selbstbelastungsproblematik näher konturiert werden, indem potentiell konfliktbegrenzende Schutzmechanismen de lege lata mit besonderem Blick darauf evaluiert werden, ob ebenjene Institute konzeptionell dazu imstande sind, erkannten Inkriminierungsgefahren effektiv zu begegnen, und inwieweit ein Konflikt mit dem nemo tenetur-Grundsatz hierdurch tatsächlich unterbunden wird. Verbleibende Friktionsbereiche seien im Rahmen eines letzten Arbeitsschritts schließlich einer geeigneten Behandlung zugeführt, wobei auch an dieser Stelle der abstrakten Darlegung relevanter Parameter der Lösungsfindung kein geringerer Stellenwert zugemessen werden darf als der dezidierten Ausgestaltung eines Schutzkonzepts.

II. Die Friktionsbestimmung

Den Anfang bildet jedoch eine merklich grundlegendere Erkenntnis:

1. Die Wertneutralität des Steuerrechts als letzter Baustein der Kollision

Soweit das Steuerrecht seine Belastungsentscheidung an die individuelle wirtschaftliche Leistungsfähigkeit des Pflichtigen knüpft[3], stellt es, ungeachtet der Wahl der spezifischen Indikation, jedenfalls auf das Vorliegen oder die Abhandenheit wirtschaftlicher Vorgänge und Zustände ab.[4] Finden sich ebensolche Sachverhalte nun freilich zuvörderst im Kontext des privaten (Wirtschafts-)Verkehrs, mithin im Bereich bürgerlicher Gleichordnung, verwundert es zunächst wenig, dass sich auch der Steuergesetzgeber zuweilen steuerrechtsfremder, insbesondere aber zivilrechtlich konnotierter Terminologie zur eigenen Tatbestandsausfüllung bedient.[5] Obgleich semantisch kongruent, darf eine solch normative Anleihe indes schon aus Gründen steuerlicher Belastungsgleichheit nicht dazu führen, dass zwei mit Blick auf das besteuerungsrelevante Leistungsfähigkeitspostulat gleich gelagerte Sachverhalte allein deshalb steuerliche Ungleichbehandlung erfahren, da sie sich nach außersteuerrechtlichen Maßstäben voneinander unterscheiden. Vielmehr dürfen steuerrechtsfremde Erwägungen, selbst bei prima facie steuerlegislativer Orientierung

---

[3] Zum Leistungsfähigkeitsprinzip als tradiertes Fundamentalprinzip steuerlicher Lastengleichheit siehe Teil 3 A. I. 2., Fn. 29.

[4] *Englisch*, in: Tipke/Lang, Rn. 5.70; *Seer*, in: Tipke/Lang, Rn. 1.32; ausführlicher *Tipke*, Steuerrechtsordnung I, S. 44 f.

[5] Siehe nur *Englisch*, in: Tipke/Lang, Rn. 5.71; *Seer*, in: Tipke/Lang, Rn. 1.31 ff., insbesondere aber Rn. 1.33. Eingehend zum Ganzen *Meyer*, Steuerliches Leistungsfähigkeitsprinzip, S. 15 ff.

hieran, nicht den Blick darauf verstellen, dass für das hoheitliche Ziel der Besteuerung allem voran der mit dem wirtschaftlichen Ergebnis verbundene Zuwachs oder Verlust an individueller Leistungsfähigkeit interessiert.[6]

Als Reflex des Leistungsfähigkeitsprinzips[7] und zum Schutze der Gleichmäßigkeit der Besteuerung erfordern die Normen des Steuerrechts daher eine besondere, am ökonomischen Gehalt des der Besteuerung zugrundeliegenden wirtschaftlichen Sachverhalts orientierte Lesart, letztlich also eine wirtschaftliche Betrachtungsweise.[8] Hierdurch wird im Wege systematisch-teleologischer Auslegung[9] sichergestellt, dass sich das Steuerrecht frei von außersteuerlichen, die Leistungsfähigkeit nicht affektierenden, Wertentscheidungen anderer Rechtsordnungen hält und so die besteuerungsrelevanten Informationen, notfalls auch unter steuerrechtsautonomer Interpretation einzelner Tatbestandsmerkmale, kehrseitig akzentuiert werden.

Konsequente Auswüchse ebenjener wirtschaftlichen Betrachtungsweise finden sich sodann in verschiedenen Vorschriften der Abgabenordnung. So entbindet etwa § 40 AO[10] die Besteuerungserheblichkeit von den Grenzen der Legalität und Sozialverträglichkeit des individuellen Verhaltens[11] und § 41 AO zeichnet die abgabenrechtliche Beurteilung eines Rechtsgeschäfts frei von dessen zivilrechtlicher Wirksamkeit. Zeigt sich die Steuerrechtsordnung insoweit blind für die Ideale ins-

---

[6] BFH v. 3.2.2016 – X R 25/12, BStBl. II 2016, 394; *Birk/Desens/Tappe*, Steuerrecht, Rn. 35 ff., 323; *Drüen*, in: Tipke/Kruse, § 40, Rn. 1; *Kruse*, Lehrbuch des Steuerrechts, S. 135.

[7] Vgl. *Englisch*, in: Tipke/Lang, Rn. 5.95 sowie ferner *Drüen*, DB 2013, 1136.

[8] Hierzu näher *Eibelshäuser*, DStR 2002, 1426 ff.; *Groh*, StuW 1989, 227 ff.; *Lehner*, in: FS-Tipke, S. 237 ff.; *Tipke*, Steuerrechtsordnung III, S. 1629 ff. Wie hier *Englisch*, in: Tipke/Lang, Rn. 5.70 m.w.N.

[9] *Englisch*, in: Tipke/Lang, Rn. 5.70; *Lehner*, in: FS-Tipke, S. 237 ff.; *Tipke*, Steuerrechtsordnung III, S. 1630.

[10] Zu § 40 AO als Ausdruck der wirtschaftlichen Betrachtungsweise siehe nur BFH v. 28.11.1977 – GrS 2-3/77, BStBl. II 1978, 109 sowie ferner BFH v. 15.5.1973 – VIII R 153/70, BStBl. II 1973, 815. Deutlich dann *Drüen*, DB 2013, 1135 f.; *Schlücke*, in: Gosch, § 40, Rn. 1 sowie *Drüen*, in: Tipke/Kruse, § 40, Rn. 1, welcher diese These expressis verbis als „unstreitig" anerkennt. Graduell dagegen wendet sich indes *Fischer*, in: Hübschmann/Hepp/Spitaler, § 40, Rn. 15 mit dem Einwand, ebenjene „gängige Aussage [habe] keinen Erklärungswert", weshalb die Vorschrift unmittelbar dem Leistungsfähigkeitsprinzip entspringe; vgl. insoweit auch *Schlücke*, in: Gosch, § 40, Rn. 1 f. Fußt jedoch nach hier vertretener Auffassung auch die wirtschaftliche Betrachtungsmethode mittelbar auf dem Leistungsfähigkeitspostulat, hat die damit angesprochene Nuancierungsdivergenz für die Zwecke der vorliegenden Untersuchung keine weitere Relevanz.

[11] Zur Verfassungsmäßigkeit der Vorschrift BVerfG v. 12.4.1996 – 2 BvL 18/93, NJW 1996, 2086 f.; BFH v. 8.4.2008 – VIII R 73/05, BStBl. II 2008, 684 f.; *Drüen*, in: Tipke/Kruse, § 40, Rn. 7; *Fischer*, in: Hübschmann/Hepp/Spitaler, § 40, Rn. 13; *Horn*, in: Schwarz/Pahlke, § 40, Rn. 2, jeweils m.w.N. Näher *Fellmeth*, Abgrenzungsmerkmal, S. 87 m.w.N.

besondere ordentlicher Rechtsbereiche, firmiert jene normative Indifferenz weithin gleichsam unter dem Topos steuerrechtlicher Wertneutralität.[12]

Gerade jene erstgenannte Abkopplung der ökonomischen Bewertung eines Sachverhalts von der Legalität der zugrundeliegenden Handlung bringt den Einzelnen jedoch in eine missliche Lage: Wurde obig nämlich bereits festgestellt, dass aufgrund der Doppelrelevanz der Besteuerungsgrundlage zwischen den Untersuchungsgegenständen korrelierender Straf- und Besteuerungsverfahren jedenfalls Teilidentität besteht[13], und konnte sodann nachgewiesen werden, dass eingedenk der Höchstpersönlichkeit der im Besteuerungsverfahren zu erhebenden Informationen ebenjenes strukturell auf Kooperation angelegt sein muss[14], sah sich der Einzelne schon bis dato der unangenehmen Situation ausgesetzt, durch individuelle Mitwirkung im Steuerverfahren Informationen offenbaren zu müssen, die dem Grunde nach auch eine Strafsache interessieren könnten. Gestaltet sich nun das Steuerrecht in Ansehung der Besteuerungsgrundlagen aber auch noch als wertneutral, unterscheiden also weder die prinzipielle Steuerpflicht noch die damit prozedural verbundenen Mitwirkungsaufträge zwischen der Rechtmäßig- und Rechtswidrigkeit der begründeten Leistungsfähigkeit, schlägt die bisher lediglich latente Selbstbezichtigungsgefahr in einen echten Selbstbelastungsauftrag um. Qua explizitem Normbefehl wird dem Einzelnen aufgetragen, auch unter Verletzung der Rechtsordnung erlangte Vermögenswerte zu versteuern und hierbei informationsoffenbarend tätig zu werden. Geschaffen wird so eine Rechtslage, welcher die Frage nach dem Schutz vor zwangsweiser Selbstbezichtigung geradezu auf die Stirn geschrieben steht.

Im Ergebnis fußt das weitreichende Friktionspotential des Steuerrechts mit dem Grundsatz strafrechtlicher Selbstbelastungsfreiheit damit im Wesentlichen auf einer bereits in Teilen angerissenen kollusiv zusammenwirkenden Gemengelage, bestehend aus den Elementen der Teilidentität der Untersuchungsgegenstände des Besteuerungs- und Strafverfahrens respektive der Doppelrelevanz der Besteuerungsgrundlage, der Kooperationsmaximierung des Steuerrechts sowie der abgabenrechtlichen Wertneutralität.

---

[12] Siehe, wenngleich mitunter rein semantisch divergierend, BFH v. 3.2.2016 – X R 25/12, BStBl. II 2016, 394; BFH v. 7.11.1989 – VII R 115/87, BStBl. II 1990, 252; BFH v. 28.11.1977 – GrS 2-3/77, BStBl. II 1978, 109; *Drüen*, in: Tipke/Kruse, § 40, Rn. 1; *Fellmeth*, FR 2012, 1070; *Hermenns/Sendke*, FR 2014, 553; *Ratschow*, in: Klein, § 40, Rn. 2; *Schlücke*, in: Gosch, § 40, Rn. 1. Begrenzend und gegen eine umfassende „Wertefreiheit" etwa *Englisch*, in: Tipke/Lang, Rn. 5.107.

[13] Teil 2 B. I. 3. b).

[14] Siehe nur die grundlegenden Ausführungen zur Kooperationsmaxime in Teil 3 A. II. 2.

2. Der nemo tenetur-Satz im Besteuerungsverfahren – das Steuerrecht als Bereich der Ausstrahlungswirkung

Und noch ein – an diesem Punkt der Abhandlung freilich nur noch begrenzt sensationsträchtiger – Befund muss als Fundament des hiesigen Abschnitts an dieser Stelle abermals betont werden:

Bereits in Teil 4 wurden Geltungs- und Wirkbereich des nemo tenetur-Satzes mit dem Ergebnis voneinander abgeschichtet, den unmittelbaren Anwendungsrahmen des Privilegs allein dort finden zu können, wo staatliche Verfahren zumindest auch zielgerichtete Repression suchen respektive die Natur staatlicher Reaktionen jedenfalls auch repressiven Charakter aufweist.[15] Geriert sich das Steuerrecht nun aber gerade nicht als idealiter final auf Repression, sondern eben auf zutreffende Besteuerung des Pflichtigen angelegtes Gebilde, erweist sich das Besteuerungsverfahren und damit die in diesem Rahmen vorgenommene hoheitliche Behandlung des Einzelnen allenfalls als Teil der Ausstrahlungswirkung des nemo tenetur-Satzes; die soeben bezeichnete Gemengelage letztlich also als ebenda anzusiedelnde Problematik.

Dies zeitigt wiederum Wirkung für den Aufbau wie die Parameter der nachfolgenden Überlegungen: Wandeln sich die kernstrafrechtlichen nemo tenetur-Elemente des Zwangs und der Verwertung[16] im Kontext der Ausstrahlungswirkung bekanntermaßen[17] in ein zweistufiges System aus Anwendungs- und Umwidmungsebene, muss sich in konsequenter Fortführung obiger Forschungsergebnisse der nachstehenden Friktionsbestimmung zunächst aus der Perspektive der Anwendungsfrage genähert werden. Stellt jene dabei auf eine vergleichende Betrachtung von Besteuerungs- und Strafverfahren ab[18], münden die Grundsätze der Ausstrahlungswirkung in die im Folgenden zuvörderst relevante Fragestellung: Wird der Betroffene im Besteuerungsverfahren mit Blick auf die strafrechtliche Selbstbelastung in einer Weise behandelt, die übertragen auf ein hypothetisches Strafverfahren unzulässig wäre?

Auf der Suche nach der Antwort hierauf indes nicht verloren gehen, darf dabei der Blick für jenes Korsett, welches sich das Ausstrahlungsdogma selbst qua eigener Zwecksetzung schnürt. Wenn dieses nämlich in erster Linie der Aushöhlungsprävention des Selbstbelastungsprivilegs dienen soll, kann jener Umgehungsschutz nicht weiter reichen als das zugrunde liegende Stammrecht.[19] Folglich können schon im Kontext des genuin strafrechtlichen nemo tenetur-Satzes als unbeachtlich erkannte Belastungen des Einzelnen das Protektorat des Umgehungsschutzes nicht

---

[15] Näher Teil 4 E. I. und II.
[16] Näher Teil 4 B. I. 2. f) cc), deutlich dann auch Teil 4 B. I. 2. g); zum Zwangsbegriff insbesondere Teil 4 C. I.
[17] Näher insbesondere Teil 4 E. II. 3. a) und b).
[18] Näher Teil 4 E. II. 3. a).
[19] Siehe allem voran Teil 4 E. II. 3. a), aber auch Teil 4 E. II. 2. sowie Teil 4 E. II. 3. c).

genießen; die bereits erarbeiteten Grenzen des kernstrafrechtlichen nemo tenetur finden so auch im Bereich der Ausstrahlungswirkung mittelbare Beachtung. Konkreter bezogen auf die Überwirkung des Steuerrechts mit den Gedanken strafrechtlicher Selbstbelastungsfreiheit bedeutet dies, dass etwa eine Beweisgewinnung mittels vis absoluta als strukturell kollisionsungeeignet erscheint, die Selbstbelastungsgefahr in temporaler Hinsicht auf Bezichtigungen bezüglich schon begangener und noch verfolgbarer Taten restringiert werden muss und auch hier der nemo tenetur-Grundsatz die Begehung neuerlichen Unrechts nicht legitimieren kann. Bedeutend greifbarere Erkenntnisse als die so festgehaltenen Selbstverständlichkeiten liefert jedoch die Applikation des auf Ebene der Zwangsdefinition gefundenen Instrumentalisierungsdogmas[20]:

3. Die Primärebene: vom Pflichtbegriff als strukturellem Konfliktgrund

Definiert man nemo tenetur-relevanten Zwang mit der hier vertretenen Ansicht aus der schutzgutorientierten Perspektive prozeduraler Individualautonomie als hoheitlichen Ausschluss valider Handlungsalternativen zur selbstbelastenden Verfahrenskooperation, mithin als Absenz einer rechtlich gebilligten Dispensoption zur staatlich geforderten Selbstbelastung[21], wird klar: So verstandener Zwang umschreibt in erster Linie den Pflichtenbegriff selbst. Gerade die mit dem normativ positiven Handlungsauftrag getroffene legislative Entscheidung, allein das kooperative Mitwirkungsverhalten für zulässig zu erklären, versagt dem Normadressaten den etwaig eigenverantwortlich zu wählenden Dispens und auferlegt ihm so eine, eingedenk der mit der Wertneutralität des Steuerrechts einhergehenden strukturellen Selbstbezichtigungsgefahr des Verfahrensunterworfenen, echte Pflicht zur potentiellen Selbstbelastung.

Unter der Prämisse des hiesigen nemo tenetur-Konzepts ist also bereits das mit dem Pflichtenbegriff verbundene hoheitliche Diktat des § 40 AO in Verbindung mit dem jeweils spezifischen Kooperationsauftrag die strukturell zwangs- und damit friktionsbegründende Komponente, die angesichts der Inkompatibilität einer solchen Anordnung mit genuin strafprozessualen Leitgedanken den Anwendungsbereich der Ausstrahlungswirkung eröffnet und bei Zulässigkeit eines interprozessualen Informationsflusses vom Besteuerungs- in das Strafverfahren[22] qua Umwidmung im Sinne ex post verliehener Finalität der Informationserhebung zur Umgehung respektive Verletzung des nemo tenetur-Satzes führen kann.

---

[20] Näher Teil 4 C. I.

[21] Dazu umfassend Teil 4 C. I.

[22] Siehe dazu etwa nur die Befugnis der Staatsanwaltschaft, zur strafprozessualen Sachverhaltsermittlung gemäß § 160 Abs. 1 bis 3 i. V. m. § 161 Abs. 1 StPO von allen Behörden Auskunft zu verlangen.

a) Zum spezifischen Konfliktpotential der Erklärungspflichten, ...

Denkt man diese Erwägungen sodann konsequent fort, fließt hieraus zunächst die Erkenntnis, dass bereits die hoheitliche Begründung der Pflicht zur Abgabe von – die eigenen steuerlichen Verhältnisse betreffenden – Erklärungen im Besteuerungsverfahren konzeptionell Kollisionen mit dem Grundsatz der Selbstbelastungsfreiheit heraufbeschwört. Soweit nämlich eine nemo tenetur-taugliche Anlasstat schon begangen und noch verfolgbar ist, soweit also materiell individuelles Selbstbezichtigungspotential besteht, wird der Einzelne hierdurch gerade dazu verpflichtet, sich willenssteuerbar wahrheitsgemäß der Besteuerungsbehörde gegenüber zu offenbaren. Erheischt ebenjene Handlungsanweisung sodann in Zusammenschau mit dem steuerrechtlichen Neutralitätspostulat zweifelsohne selbstbezichtigender Charakter, zeichnet sich das Bild einer hoheitlichen Behandlung, die angesichts der kategorischen Unzulässigkeit solch positiver Selbstinkriminierungspflichten in einem Repressionsverfahren[23] die Frage der Anwendungsbereichseröffnung der Ausstrahlungswirkung strukturell bejaht.

Freilich beschränkt sich dieser Befund dabei nicht nur auf die eng konturierte Steuererklärungspflicht der §§ 149 f. AO in Kombination mit den Einzelsteuergesetzen. Vielmehr muss er jeden Mitwirkungsauftrag umfassen, der eine Forderung nach unmittelbar besteuerungserheblich-kommunikatorischem Verhalten direkt gegenüber der Finanzverwaltung statuiert, mit anderen Worten also die steuerrechtlichen Erklärungspflichten im obig umsäumten Sinne.[24] Hierbei dürfen auch weder die normative Herkunft noch die Grundlage des Handlungsauftrags interessieren; ob dieser in concreto also insbesondere auf einer in der Abgabenordnung oder andernorts befindlichen legislativen Entscheidung durch Gesetz oder einer finanzexekutiven solchen qua Verwaltungsakt[25] beruht, bleibt mit Blick auf die dahinterstehende Selbstbelastungsproblematik schlichtweg gleich.

Ungeklärt bleibt damit aber noch ein empfindliches Definitionsproblem. Wenn bis dato immerzu überzeichnend der nicht näher konkretisierte Topos inhaltlich indifferenter Selbstbezichtigung verwendet wurde, waren damit bisher in erster Linie Konstellationen umschrieben, in denen der Einzelne dem Hoheitsträger seinen rechtswidrigen Fehltritt pflichtgemäß ausdrücklich offenbart. Dass dieser Sachverhalt realiter aber wohl eher die Ausnahme bleiben wird, bedarf keiner weiteren Erläuterung; ganz im Gegenteil wird der zur Mitwirkung Angehaltene wohl eher ein – idealiter schamgetriebenes – gesteigertes Interesse daran haben, seinen Malus nicht offen kundtun zu müssen. Gleichwohl muss sich der Unterworfene des Besteuerungsverfahrens aber auch gar nicht expressis verbis zu etwaigen Vortaten äußern, um sich de facto selbst ebenjener zu bezichtigen. Vielmehr wird gerade im Bereich monetär konnotierter Vortaten bei turnusmäßig wiederkehrenden Erklärungsver-

---

[23] Ausdrücklich Teil 4 C. I.
[24] Siehe Teil 3 B. I. 10.
[25] Auch zu diesem Abgrenzungsmodus näher Teil 3 B. I. 10.

pflichtungen der findige Finanzbeamte auch bei Analyse unmittelbar selbst kein Inkriminierungsspotential aufweisender – da etwa divergierende Besteuerungszeiträume oder -gegenstände betreffender – Erklärungen in der Lage sein, von prima facie unverfänglichen Informationspreisgaben auf ein anderswo etwaig straf- oder ordnungsrelevantes Verhalten des Erklärenden zu schließen. Eröffnet ist damit ein Bereich mittelbarer Selbstbelastungen abseits des unvermittelten Eingeständnisses der Vortat, eng verwoben mit der zu klärenden Frage, ob auch solchen Erklärungspflichten nemo tenetur-konfligierender Charakter innewohnt, die im konkreten Fall nur mittelbar zur Selbstbezichtigung führen.

Letztlich dürfen solche Unmittelbarkeitsdifferenzen hinsichtlich der spezifischen Selbstbelastungsumstände jedoch nicht interessieren. Mit Blick auf die individualorientierte Willensinstrumentalisierung durch Autonomieausschluss kann es keinen Unterschied machen, ob der Verfahrensunterworfene dazu verpflichtet wird, der Finanzbehörde gegenüber seinen Fehltritt ausdrücklich positiv zu bezeichnen, oder ihn die Rechtsordnung lediglich in mehr oder weniger verdeckter Form dazu anhält, seine Missetat so konkret zu umschreiben, dass der Hoheitsträger die relevanten Schlüsse selbst ziehen kann. Für die Zwecke der Ausstrahlungswirkung des nemo tenetur-Schutzes unerheblich ist es daher, welchen genauen Informationskreis der kommunikatorische Offenbarungsauftrag umfasst, so an dessen Ende nur das mit der Pflichtentreue verbundene Resultat strafrechtlicher Selbstbelastung steht.

Definitorisch muss Selbstbezichtigung im so verstandenen Sinne damit immer die im Ergebnis materiell selbstbelastende *Wirkung* des obrigkeitlich geforderten Kooperationsverhaltens meinen, was verknüpft mit den soeben beleuchteten steuerrechtlichen Erklärungspflichten schließlich in die strukturorientierte Klarsicht mündet, dass, soweit der Einzelne nur letzten Endes dazu verpflichtet wird, sich durch besteuerungserheblich-kommunikatorisches Verhalten wegen einer schon begangenen und noch verfolgbaren Tat selbst zu bezichtigen, die nähere formale wie materielle Ausgestaltung der spezifischen Pflichtanordnung nicht kümmert.

b) ... der Aufzeichnungspflichten ...

Ein ganz ähnliches Schicksal ereilt sodann die obig[26] als Aufzeichnungspflichten zusammengefassten Kooperationsaufträge.

Zwar zeigt sich die faktische Selbstbezichtigungslage hier graduell anders, fehlt es dem so umrissenen Pflichtenkreis doch mangels unmittelbarer Informationspreisgabe gegenüber der Finanzbehörde am akuten Selbstbelastungspotential im Außenverhältnis. Ihrer normativen Konfliktigung mit dem Grundsatz des nemo tenetur se ipsum accusare gehen die Dokumentationspflichten hierdurch gleichwohl nicht verlustig: Insbesondere in Kombination mit nachgelagerten Vorlage- oder Herausgabeverpflichtungen respektive der Pflicht zur Duldung der Beschlagnahme

---

[26] Siehe Teil 3 B. I. 10.

so erstellter Dokumente ereilt ebenjenen Pflichtenkatalog nämlich eine de facto verfahrensfördernde Wirkung, erhält der begünstigte Hoheitsträger doch allein auf diesem Wege kooperativ oder zwangsweise gewährten, jedenfalls aber umfassenden Einblick in einen pflichtentreu geschaffenen Aktenfundus, der unter dem Leitgedanken steuerlicher Wertneutralität auftragsgemäß auch inkriminierende Informationen protokollieren muss. Wird dem Einzelnen hierbei schon durch den hoheitlichen Perpetuierungsauftrag die Option auf ein valides Alternativverhalten versagt, kann auch in diesem Kontext als zwangsbegründender Umstand bereits die Kooperationsanordnung im Pflichtenwege ausgemacht werden; ein Ergebnis, das vorstehenden Erwägungen[27] zufolge im Übrigen auch dort Geltung beansprucht, wo sich solch legislative Dokumentationsforderungen bereits im Zeitpunkt der Missetat zum Schutz übergeordneter Gemeinwohlinteressen finden.

Vor diesem Hintergrund überzeugt es dann auch nicht, das beschriebene Kombinationserfordernis zum Anlass zu nehmen, um den selbstbezichtigenden Charakter der Aufzeichnungspflichten isoliert zu bezweifeln.[28] Die materielle Selbstbelastungsrelevanz an dieser Stelle davon abhängig zu machen, ob der Einzelne ein infrage stehendes Datum unmittelbar der Finanzbehörde kommunikativ zu offenbaren hat oder er ebenjenes Gedankengut lediglich in Aufzeichnungen perpetuieren muss, die dem Hoheitsträger sodann im Herausgabe- oder Beschlagnahmewege zufallen, erscheint im hiesigen Privilegsdenken als bestenfalls schwerlich nachvollziehbarer Differenzierungsansatz. Ganz im Gegenteil wird der Betroffene bei gebotener wirkungsakzentuierender Betrachtung auch im Falle der Dokumentationspflichten zu einer willenssteuerbaren Verfahrenskooperation gezwungen, die im Ergebnis, eben zeitlich verschoben auf den Punkt der hoheitlichen Einsichtnahme, selbstbelastende Offenbarungswirkung entfaltet. Der thematisierte Kombinationsvorbehalt justiert damit zwar den Zeitpunkt der Selbstbezichtigungswirkung neu, beseitigen kann er sie jedoch nicht.

Aus dieser Perspektive beantwortet sich schließlich auch die aufgeworfene Anwendungsfrage. Eine hoheitliche Behandlung, die dem Einzelnen zunächst die Pflicht zur eigenständigen Dokumentation seines Fehltritts auferlegt und im Anschluss hieran ebenjene Aufzeichnungen zur repressiven Informationsverwertung herausverlangt, bliebe auch im hypothetischen Strafverfahren unzulässig. Auch hier darf die gesetzestechnische Aufspaltung des Mitwirkungsverhaltens in eine nicht

---

[27] Einer korrelierenden Bereichsausnahme vom Schutz des nemo tenetur-Grundsatzes bei präventionskonnotierten Selbstüberwachungspflichten wurde bereits vorstehend (Teil 4 E. II. 3. d)) Absage erteilt.

[28] So aber im Ergebnis etwa *Bruder*, Beweisverwertungsverbote, S. 114; *Franzheim*, NJW 1990, 2049; *Richter*, wistra 2000, 4. Dagegen wie hier etwa *Reiß*, Besteuerungsverfahren, S. 235 ff.; *Rüping/Kopp*, NStZ 1997, 531; *Wieland*, Beschlagnahme, S. 140 f. m. w. N.; vgl. auch *Fischer*, Divergierende Selbstbelastungspflichten, S. 70 f. Letztlich zu gleichen Ergebnissen kommt auch die differenzierende Auffassung bei *Schaefer*, Steuerstrafverfahren, S. 243 f., die unter Verweis auf ebenda S. 195 ff. den isolierten nemo tenetur-Konflikt im Aufzeichnungspflichtenfall zwar negiert, bei Synthese mit einer Herausgabeverpflichtung jedoch anerkennt.

unvermittelt der Behörde gegenüber vorzunehmende Offenbarungshandlung und eine sich erst im Verfahrensverlauf aktivierende Entfaltung der unmittelbaren Außenwirkung nicht in eine Modifikation der Reichweite des nemo tenetur-Schutzes umschlagen. Auch hier muss es auf die im Ergebnis selbstbezichtigende Wirkung des Kooperationsverhaltens ankommen. Auch hier muss der nemo tenetur-Grundsatz vor insoweit mittelbarer Selbstbelastung schützen. Für den Kreis steuerrechtlicher Aufzeichnungs- und Dokumentationspflichten ist der Anwendungsbereich der Ausstrahlungswirkung damit eröffnet.

c) ... sowie der Nichterklärungspflichten

Auf Primärebene offen bleibt somit zuletzt allein die Analyse der Problemtracht der – Supportiv- wie Duldungspflichten gleichermaßen umfassenden – Nichterklärungspflichten.[29]

Hierbei scheint die Lage, insbesondere hinsichtlich der Subgruppierung der Supportivverpflichtungen, prekär. Entbehren diese nämlich im strengen Gegensatz zu den bisher beleuchteten Erklärungs- wie Dokumentationspflichten bereits per definitionem eines für steuerliche Belange unmittelbar relevanten kommunikatorischen Inhalts[30], entspringt ebendiesem Gehaltsdefizit ein ganzes Bündel voneinander abzuschichtender Problemstellungen.

So ist es zunächst schon nicht ganz klar, inwieweit den steuerrechtlichen Supportivpflichten tatsächlich strafrechtsrelevante Selbstbezichtigungsgefahr innewohnt; jedenfalls erschließt sich nicht von selbst, wie solch lediglich unterstützenden Pflichtanordnungen überhaupt faktisch selbstbelastender Charakter anheimfallen soll, wenn der damit verbundene kommunikative Erklärungswert allenfalls mittelbare Besteuerungsrelevanz besitzt oder aber sogar gänzlich fehlt. Unmittelbar hieran knüpft sich, freilich nur soweit faktischer Selbstbelastungscharakter ausgemacht werden kann, sodann die kontextualisierende Folgefrage nach der normativen Beachtlichkeit des aufgedeckten Bezichtigungspotentials im eigenen System. Steht zuletzt mit der definitorischen Prämisse der Absenz unmittelbarer Verfahrensrelevanz des Kooperationsverhaltens bereits an diesem Punkt ferner fest, dass die bezeichneten Mitwirkungsaufträge strukturell allenfalls mittelbare Selbstbelastungswirkung qua faktischer Verfahrensförderung aufweisen können, mündet diese Erkenntnis wiederum abermals in die – der Problematik der Anwendungsbereichseröffnung vorstehenden – Frage danach, inwieweit eine so erkannte Mittelbarkeit dem zugrundeliegenden Pflichtenkreis die normative Konflikteignung mit dem nemo tenetur-Grundsatz raubt.

Hält sich die tatsächliche Dimension der supportivpflichtgeschuldeten Gefahr strafrechtlicher Selbstbezichtigung somit bis dato noch bedeckt, bringt eine struk-

---

[29] Siehe Teil 3 B. I. 10.
[30] Näher Teil 3 B. I. 10.

turelle Betrachtung der einschlägigen Pflichtengruppe Licht in dieses faktische Dunkel: Wenn dem Kreis steuerlicher Unterstützungspflichten vormals ein eingeschränkter oder gar absoluter Mangel an besteuerungsrelevant-kommunikatorischem Erklärungsinhalt attestiert wurde, soll dies gewiss keine Zweifel an dessen struktureller Kompetenz zur Verfahrensförderung schüren. Ganz im Gegenteil ist es aufgezeigtermaßen[31] gerade der dieser Pflichtenschar zugedachte Zweck, dem Hoheitsträger die steuerliche Sachverhaltsermittlung durch assistierende wie instruierende Kooperation zu erleichtern und so das Besteuerungsverfahren voranzutreiben. Dass ebenjenes Mitwirkungsverhalten hierbei zufällig andersartigen Beistand als durch unmittelbar besteuerungsrelevante Kommunikation leistet, mag zwar die Nichterklärungs- von den Erklärungs- und Aufzeichnungspflichten konzeptionell unterscheiden, eine in Bezug auf die faktische Selbstbelastungsgefahr divergierende Beurteilung fließt hieraus jedoch nicht. Wird etwa der steuerlich Verfahrensunterworfene dazu verpflichtet, dem gegen ihn ermittelnden Beamten verbale wie tätliche Instruktionen in Bezug auf die Recherche in einem obligatorisch geführten EDV-System zu geben, auf dessen Speicher sich selbstbezichtigende Daten befinden, oder muss er der Nachforschungen anstellenden Behörde einen inkriminierenden Aufzeichnungskatalog aushändigen, zu dessen Führung er de lege lata verpflichtet ist[32], erwächst ersichtlicherweise auch diesen Kooperationsaufträgen de facto gleichsam verfahrenserleichternde Bedeutung wie im Ergebnis selbstbelastende Wirkung.

Dass dieses Selbstbezichtigungspotential mit Blick auf das hier vertretene nemo tenetur-Konzept dabei kein normatives Nullum sein darf, erhellt sodann eine Rückbesinnung auf schon geschaffene Grundlagen. Wurde bereits im Rahmen der Auseinandersetzung mit der insoweit schutzbereichsbegrenzenden Verbalitätsthese[33] festgestellt, dass nach der überzeugenderen Auffassung jede – auch die nonverbale – Verfahrensförderung grundsätzlich dem Protektorat der Selbstbelastungsfreiheit untersteht, ist es für die Frage der Schutzbereichseröffnung des nemo tenetur-Grundsatzes nach hiesigem Verständnis schlichtweg irrelevant, ob dem individuellen Kooperationsverhalten kommunikativer Inhalt abgewonnen werden kann oder nicht. Kommt es an dieser Stelle daher allein auf die selbstbezichtigende Wirkung des zwangsweise abverlangten willenssteuerbaren Verhaltens an, kann ein potentiell selbstbelastendes und damit nemo tenetur-relevantes Moment auch im Kontext der abgabenrechtlichen Supportivpflichten nicht mehr geleugnet werden. Wollte man in

---

[31] Teil 3 B. I. 10.

[32] Zur potentiellen Abhandenheit eines insoweit eigenständigen Erklärungsinhalts vgl. etwa *Böse*, GA 2002, 128 mit Fn. 239; *Buchholz*, Der nemo tenetur-Grundsatz, S. 293 f.; *Hefendehl*, wistra 2003, 8 f. sowie *Queck*, Die Geltung des nemo-tenetur-Grundsatzes, S. 206 f., 290, jeweils m. w. N. Deutlicher dann *Doege*, nemo-tenetur-Grundsatz, S. 167 f., der im Fall legislativ angeordneter Aufzeichnungspflichten dem „dem Herausgabeakt stets zukommende[n] Erklärungsgehalt, dass der Gegenstand existiert und im Gewahrsam des Betroffenen ist" die Eigenständigkeit und inkriminierende Wirkung schon deswegen versagt, „da er sich darin erschöpft, dass das gesetzliche Pflichtenprogramm eingehalten wurde."

[33] Siehe Teil 4 B. II. 1.

dem obig umschriebenen Instruktionsbeispiel also etwa vertreten, dass ein Konflikt mit dem nemo tenetur-Satz deswegen ausgeschlossen sei, weil die preisgegebenen Informationen keine unmittelbare Besteuerungsrelevanz besäßen und der Einzelne der Behörde so nicht in hinreichend kommunikatorischem Maße gegenübertrete, oder dem Mitwirkenden im daneben skizzierten Herausgabefall den Schutz der Selbstbelastungsfreiheit versagen, weil der bloßen Herausgabehandlung kein eigenständiger Erklärungswert entnommen werden könne[34], stünde hinter diesen Differenzierungen abermals Gedankengut verbalitätstheoretischer Natur, mithin eines Ansatzes, der andernorts bereits verworfen werden musste.

Und auch die Antwort auf die Frage der Schädlichkeit selbstbelastungskonnotierter Mittelbarkeit liegt bei näherer Betrachtung bereits im Vorstehenden verborgen. So kann der Umstand, dass die hier beschriebenen Verpflichtungen zur Hilfestellung erst in Kombination mit anderweitigen Pflichtanordnungen zur materiellen Selbstbezichtigung führen, den strukturell selbstbelastenden Charakter auch des erstgenannten Pflichtenkreises nicht beseitigen. Erinnert sei an dieser Stelle an das soeben entwickelte[35] Aufspaltungsargument: Auch hier darf eine legislative Teilung des Mitwirkungsverhaltens in Subgliederungen mit divergierender Außenwirkung nicht zur Verkürzung des Selbstbelastungsschutzes führen.

Letztlich gefunden scheint so auch die Antwort auf die Frage der hiesigen Anwendbarkeit der Ausstrahlungswirkung. Denkt man die hier erarbeitete Dogmatik, auch die zwangsweise nonverbale Verfahrensförderung, soweit vom Willen steuerbar, dem Schutz des nemo tenetur-Satzes zu unterstellen, konsequent fort, bleibt bei komparativer Betrachtung mit den Leitgedanken eines hypothetischen Strafverfahrens ebenda für die hoheitliche Konstituierung kooperativer Unterstützungspflichten kein Raum. Wird der Einzelne nun aber qua Anordnung steuerlicher Supportivpflichten gerade zu einer ebensolchen nonverbal selbstbelastenden Verfahrensförderung gezwungen, eröffnet ebendieses Friktionsverhältnis den Anwendungsbereich der Ausstrahlungswirkung im hier interessierenden Metier. Diesem anwendungsorientierten Positivbefund schadet es sodann auch nicht, dass eine unmittelbare strafverfahrensrelevante Offenbarungssituation bei nur hinreichend isolierter Betrachtung des Mitwirkungsverhaltens gar nicht besteht. Wenn für die Schutzbereichseröffnung des genuin strafverfahrenskonnotierten Selbstbelastungsprivilegs insoweit eine bloß mittelbare Selbstbezichtigungswirkung genügt[36], müssen ebendiese Grundsätze auch im Kontext des Umgehungsschutzes greifen.

Demgegenüber merklich übersichtlicher gestaltet sich die Beurteilung der Behandlung der Duldungspflichten. Vom wohl vorherrschenden Aktiv-Passiv-Dogma[37] kategorisch aus dem Schutzbereich des nemo tenetur-Satzes geklammert, bedarf es nach der vorliegenden Privilegskonzeption einer differenzierteren Betrachtung:

---

[34] Vgl. insoweit die Nachweise in Teil 5 A. II. 3. c), Fn. 32.
[35] Siehe Teil 5 A. II. 3. b).
[36] Siehe Teil 5 A. II. 3. a).
[37] Siehe dazu ausführlich Teil 4 B. II. 2. a).

Wurde nämlich bereits auf Systemfindungsebene die schutzgegenstandskonturierende Trennlinie zwischen nemo tenetur-relevanter und -irrelevanter Kooperation streng entlang des spezifischen Charakters der hoheitlichen Behandlung gezogen, konkreter dabei entlang der Kategorisierung nach angewendeter vis absoluta oder compulsiva[38], mündete diese Differenzierung, verwoben mit dem zugleich erarbeiteten Autonomiekonzept[39] und eingedenk des ebenda fehlenden Instrumentalisierungsmoments, in den konzeptionellen Ausschluss hoheitlicher Informationsbeschaffung im Wege willensausschließender Gewalt aus dem Gewährleistungsgehalt des Privilegs.[40] Vermengt man diesen Gedanken nun mit dem strukturprägenden Leitsatz der Ausstrahlungswirkung, ebenjener Aushöhlungsprävention keinen höheren Schutzstandard beimessen zu können als dem dieser zugrundeliegenden Stammrecht[41], müssen die Grenzen des genuin strafrechtlichen nemo tenetur-Satzes auch bei der vergleichenden Betrachtungsweise der Anwendungsfrage Berücksichtigung finden. Abstrakter betrachtet limitieren die – je nach Gusto des jeweiligen Systems wie auch immer ausgestalteten – Grundsätze des kernstrafprozessualen Selbstbezichtigungsprivilegs gleichsam die Reichweite des korrelierenden Umgehungsschutzes.

Konkret bezogen auf die hier interessierenden steuerrechtlichen Duldungspflichten gipfeln diese Überlegungen schließlich in der Erkenntnis, dass, soweit sich die mit der Duldungsanordnung verbundene steuerrechtliche Behandlung in der bloßen Erduldung ausgeübter vis absoluta erschöpft, ein Konflikt mit dem nemo tenetur-Grundsatz strukturell ausgeschlossen erscheint, abseits hiervon jedoch die vorstehenden Grundsätze analoge Geltung beanspruchen, mit dem Ergebnis der Anwendungsbereichseröffnung qua Pflichtenanordnung und der Beachtlichkeit mittelbarer Selbstbezichtigungen.

4. Die Sekundärebene: hoheitliche Reaktionsmechanismen versus nemo tenetur-Grundsatz

Dieser erststufige Konflikt markiert jedoch noch nicht das Ende der Spannungsfrage.

Kommt der Einzelne seinem Mitwirkungsauftrag im Besteuerungsverfahren nicht oder nicht ordnungsgemäß nach, hält die Abgabenordnung hierfür ein ganzes Konglomerat an mannigfaltigen staatlichen Reaktionen bereit. Fallen diese dabei beleuchtetermaßen[42] in Intention, System und Wirkung zum Teil diametral auseinander, folgt dem individuellen Kooperationsdefizit ein bunter Strauß heterogener

---

[38] Teil 4 B. II. 2. b).
[39] Siehe insbesondere Teil 4 B. I. 2. f) bb).
[40] Teil 4 B. II. 2. b).
[41] Siehe zuvörderst Teil 4 E. II. 3. a), aber auch Teil 4 E. II. 2.; Teil 4 E. II. 3. c) sowie Teil 5 A. II. 2.
[42] Dazu umfassend Teil 3 B. III.

Rechtsfolgen, mündend in die Frage, ob und, wenn ja, welche der so umschriebenen Sekundärmaßnahmen gleicherweise Konfliktpotential mit dem nemo tenetur-Grundsatz bergen, respektive, inwieweit das auf Primärebene lokalisierte Friktionsverhältnis auch auf die Sekundärebene durchschlägt.

a) Die physische Kooperationserzwingung

Recht trittfest scheint hierbei noch der Einstieg. Ruft man sich die obig erarbeiteten Grundsätze abermals ins Gedächtnis, wurde bereits im Kontext der genuin strafprozessualen Schutzbereichskonturierung festgestellt, dass neben der unzulässigen Konstituierung unmittelbarer Selbstinkriminierungspflichten auch jede Behandlung unterbleiben muss, die eine solche Pflichtenstellung der Sache nach voraussetzt.[43] Für die Zwecke des kernstrafrechtlichen Selbstbelastungsprivilegs positiv eruiert werden konnte daher, dass aus vollstreckungstechnischer Perspektive insbesondere die körperliche Aussagerzwingung gleichermaßen auszuscheiden hat wie generell jede willensbeugende Zwangsmaßnahme, die auf die finale Durchsetzung einer nichtexistierenden Selbstbelastungspflicht gerichtet ist.[44]

Wenn nun also bei Beantwortung der Ausstrahlungsfrage im Vergleichswege der Einsatz steuerrechtlicher Beugemittel, insbesondere dabei jener des § 328 AO, der zuweilen physischen Durchsetzung explizit jener Mitwirkungsaufträge dient, denen eingedenk des steuerrechtlichen Neutralitätspostulats potentielle Selbstbelastungsrelevanz anhaftet, knüpft sich das abgabenrechtliche Vollstreckungssystem so konzeptionell an eine hypothetische Selbstinkriminierungspflicht. Bereits hieraus rührt ein, die Anwendung wie Androhung[45] willensbeugender Zwangsmittel ingleichen umspannender, struktureller Konflikt mit dem Selbstbelastungsprivileg, welcher die Grundsätze der Ausstrahlungswirkung insoweit auf den Plan ruft und dabei keine Rücksicht darauf nimmt, ob es sich in concreto um die Verhängung eines Zwangsgeldes gemäß § 329 AO, eine Ersatzvornahme im Sinne des § 330 AO oder, soweit willensbeugend überhaupt möglich[46], die Anwendung unmittelbaren Zwangs nach § 331 AO handelt.

---

[43] Teil 4 C. I.

[44] Teil 4 C. I.

[45] Vgl. *Hilgers-Klautzsch*, in: Kohlmann, § 393, Rn. 61; *Joecks*, in: Joecks/Jäger/Randt, § 393, Rn. 35; *Seipl*, in: Gosch, § 393, Rn. 72; *Sprenger*, in: Leitner/Rosenau, § 393 AO, Rn. 13; *Tormöhlen*, in: Hübschmann/Hepp/Spitaler, § 393, Rn. 72.

[46] Zumindest in der Theorie ist das Verhältnis von unmittelbarem Zwangseinsatz zum hiesigen Privilegskonzept aber eindeutig. Soweit via § 331 AO hoheitliche vis absoluta zur Sachverhaltserforschung angewendet wird, greift nach hiesigem Verständnis das Protektorat des nemo tenetur-Satzes nicht. Die Absicherung der individuellen Rechtspositionen des Gezwungenen erfolgt hier vielmehr über rechtsstaatliche Verhältnismäßigkeitserwägungen, insbesondere den ultima ratio-Gedanken des § 331 AO selbst, dazu näher Teil 3 B. III. 1. Soweit aber die unmittelbare Zwangsanwendung dem Einzelnen einen – wie auch immer gearteten – Willensbestimmungsrest belässt, tritt auch dieses Zwangsmittel systematisch in einen nemo tenetur-Konflikt.

b) Die inkriminierende Wirkung neuerlicher Steuerverfehlungen bei Pflichtverletzung

Ähnlich sicher scheint sodann auch der Schritt zur Bewertung von Sanktionsandrohungen durch neuerliche Steuerverfehlungen[47] im eigenen System. Auch hier erhellt ein Blick in die vorstehenden Ausführungen, floss doch bereits obig aus dem gefundenen zwangsbegriffskonkretisierenden Voraussetzungsdogma ausdrücklich die kategorische Unzulässigkeit der Sanktionsbewehrung etwaiger Pflichtwidrigkeiten.[48] Das hat Methode: Wird die Nichtbefolgung der potentiell selbstbelastenden Kooperationsanordnung staatlicherseits inkriminiert, reduziert dies das Handlungsportfolio des Verpflichteten auf die Optionen Mitwirkung oder Missetat. Einer echten Handlungsalternative zum hoheitlichen Mitwirkungsverlangen geht der Einzelne so verlustig, ja, ganz im Gegenteil blieb der subjektive Zielkonflikt, den eigenen Fehltritt entweder pflichtentreu offenbaren zu müssen oder einen neuerlichen solchen durch Kooperationsverweigerung zu begehen, neben der torturbedingten Informationsgewinnung als eine der historischen Grundformen des nemo tenetur-Konflikts in Erinnerung.[49]

Übertragen auf den steuerlichen Fernwirkungsbereich zeigt sich ebendieses Dilemma damit überall dort, wo die Vorschriften des Steuerrechts die Nicht- oder Schlechtbefolgung von Erklärungs- bzw. Mitwirkungspflichten unter Sanktion stellen. Auch hier nimmt die legislative Repressionsandrohung Rekurs auf eine dahinterstehende Selbstinkriminierungspflicht, deren Einhaltung insoweit gesichert wird; auch hier treten die Sekundärmaßnahmen in ein Konfliktverhältnis mit dem nemo tenetur-Satz. Allen voran die durch die Strafandrohung des § 370 AO begründete Zwangswirkung[50] zur steuerrechtlichen Kooperation widerstrebt damit dem Grundsatz der Selbstbelastungsfreiheit und baut so die Brücke zur hiesigen Anwendungsbereichseröffnung der Ausstrahlungswirkung.

c) Die Schätzung von Besteuerungsgrundlagen im Kreuzfeuer der Selbstbelastungsfreiheit – eine Grenzziehung

Die so gewonnene, freilich nur mäßig novitätsträchtige – da der Sache nach bereits im vorstehenden Teil 4 erlangte – Klarsicht wird jedoch schnell durch eine sensible Frage wieder vernebelt: Was ist mit den sonstigen steuerlichen Fernwirkungen?

---

[47] Zum Topos der Steuerverfehlungen näher Teil 3 B. III. 3. b).
[48] Teil 4 C. I.
[49] Dazu ausführlich Teil 4 A. II. und III.
[50] Gleichsinnig etwa *Aselmann*, NStZ 2003, 71; *Kopf/Szalai*, NJ 2010, 366 sowie *Wulf*, wistra 2006, 93; weiterführend dann *Schaefer*, Steuerstrafverfahren, S. 38 ff., wobei auf die ebenda vorgenommenen Differenzierungen noch zurückzukommen sein wird.

A. Von der Reichweite des Kollisionsverhältnisses

Bereits in Teil 3 wurde ausführlich dargelegt, dass sich das Reaktionssystem der Abgabenordnung auf individuelle Kooperationsdefizite nicht in der Vollstreckung des gewünschten und der Inkriminierung des missbilligten Verhaltens erschöpft, sondern das Gesetz mit der Schätzung von Besteuerungsgrundlagen, verschiedenen Sonderzahlungsinstituten und prozessualen Beweislastnachteilen darüber hinaus auch einen überwiegend monetär geprägten Bereich der Pflichtwidrigkeitsbeantwortung kennt.[51] Hierdurch beschreitet das Steuerrecht einen Pfad in für die vorliegende Arbeit unwegsames Gelände. Wurde nämlich im Kontext der Konturierung des genuin strafrechtlichen nemo tenetur-Grundsatzes noch großspurig herausgestellt, dass rein wirtschaftliche oder prozessuale Fernwirkungen als bloß faktische Zwänge den Gewährleistungsgehalt der Selbstbelastungsfreiheit nach hiesigem Verständnis nicht auf den Plan rufen könnten[52], darf sich gleichwohl an dieser Stelle der Idee nicht verschlossen werden, dass die Abgabenordnung, wenn sie sich eines solchen Reaktionssystems weitschweifig bedient, ebendieses auch dazu nutzt, eigenen Kooperationsbegehren besonderen Nachdruck zu verleihen.

Gründet sich hierauf endlich der Verdacht, dass sich auf dem Terrain des Steuerrechts unter dem Schleier formal faktischer Fernwirkungen zuweilen auch materiell nemo tenetur-widriger Zwang verbirgt, bleibt aus dieser steuerspezifischen Perspektive abermals der genaue Verlauf der Trennlinie zwischen insoweit irrelevant faktischen Zwängen qua hoheitlicher Anreizsetzung, mithin bloßer Willenslenkung unter Wahrung prozeduraler Individualautonomie, und tatsächlich „echtem" Selbstbelastungszwang durch den Einsatz vollstreckungssurrogierender Ersatzzwangsmittel zu erschließen, stets eng verbunden mit der selbstkritisch reflektierenden Frage danach, ob und inwieweit das generalisierende Verdikt systematischer Unbeachtlichkeit wirtschaftlicher Fernfolgen auch hier aufrechterhalten werden kann.

Pars pro toto festgezurrt sei diese Grenzziehungsfrage dabei an der Schätzungsbefugnis des § 162 AO. Die faktische Spannungslage ist hier klar: Wirkt der Einzelne im Besteuerungsverfahren nicht hinreichend mit und ist die Finanzbehörde ferner außerstande, den zugrundeliegenden Sachverhalt anderweitig zu ermitteln[53], statuiert insbesondere § 162 Abs. 2 i.V.m. Abs. 1 AO den rechtsfolgenseitig gebundenen Auftrag an die Finanzbehörde, einschlägige Besteuerungsgrundlagen zu schätzen.[54] Bleibt die insoweit verfahrensgegenständliche Wahrscheinlichkeitsbetrachtung qua punktueller Beweismaßreduktion[55] dabei denknotwendigerweise unsicherheitsbehaftet, kann der Ansatz von Besteuerungsgrundlagen im Schätzungswege bisweilen im Ergebnis auch zu Lasten des Mitwirkungsverpflichteten aus-

---

[51] Dazu Teil 3 B. III. 2.; Teil 3 B. III. 3. a) sowie Teil 3 B. III. 4.
[52] Siehe insbesondere Teil 4 C. I. bzw. für den Bereich der Ausstrahlungswirkung Teil 4 E. II. 3. c).
[53] Zur insoweit strittigen Subsidiarität (auch) des § 162 Abs. 2 AO Teil 3 B. III. 2. a).
[54] Näher zum Schätzungsverfahren in toto Teil 3 B. III. 2.
[55] Teil 3 B. III. 2. b).

schlagen, was diesen wiederum angesichts der zu befürchtenden Mehrsteuerlast faktisch dazu motivieren wird, im eigenen Besteuerungsverfahren zu kooperieren und so letztlich gegebenenfalls selbstbelastende Informationen zu offenbaren.

Dies legt den Finger dann auch direkt in die Wunde. Aufgeworfen ist so nämlich eine pikante Frage: Genügt im hiesigen Kontext ein solch monetär provozierter Kooperationsdruck zur Begründung einer nemo tenetur-relevanten Zwangslage?

Jenes Instrumentalisierungsdogma, das auf erststufiger Ebene respektive im Kontext der Vollstreckungs- und Sanktionsbewertung noch zu so deutlichen Ergebnissen geführt hat, hilft hier prima facie nicht recht weiter. Selbstredend knüpft sich auch das Schätzungsverfahren einerseits an die Pflicht des Einzelnen zur Mitwirkung und damit, eingedenk der Wertneutralität des Steuerrechts, gelegentlich auch zur Selbstinkriminierung, andererseits ist es aber eben auch gerade der der Sekundärebene zufallende Charakter, auf ein bestimmtes Verhalten auf Primärebene zu reagieren, ja, abstrakter sogar gerade die Besonderheit des kooperativen[56] Steuerrechts, den Einzelnen zunächst zur Mitwirkung zu verpflichten und erst im Falle des Defizits hierauf hoheitlich zu reagieren. Will man sich also nicht auf die normative Binsenweisheit zurückziehen, dass die steuerrechtliche Sekundärebene eine Primärpflicht aufgreift, die in bestimmten Konstellationen Selbstbelastungsaufträge umfasst und damit das steuerrechtliche Reaktionssystem en bloc als strukturell verfassungsbedenklich brandmarken, greift der bloße Verweis auf den tatbestandlichen Rekurs hier zu kurz. Ausgeblendet würde so nämlich die besondere Zwecksetzung diverser Reaktionsmechanismen, insbesondere aber des Schätzungsinstitutes. So setzt dieses die Zuwiderhandlung gegen die steuerliche Pflicht (zur Selbstinkriminierung) zwar tatbestandlich voraus[57], gleichwohl ist es, im Gegensatz zum behördlichen Zwangsmitteleinsatz im Vollstreckungswege und der legislativen Sanktionsandrohung im Missachtungsfall, weder zur Durchsetzung des pflichtgemäßen noch zur Repression des pflichtwidrigen Verhaltens berufen. Vielmehr folgt die Schätzung insoweit neutral-indifferenten fiskalischen Erwägungen der Belastungsgleichheit[58] und legt so den Blick auf eine steuerstrukturelle Erkenntnis frei: Steuerrechtliche Reaktionen auf individuelle Mitwirkungsdefizite bezwecken nicht immer die Protektion zugrundeliegender Pflichtanordnungen; manche von ihnen gehen einen fiskalischen Sonderweg.

Dieses vorerst ernüchternde Ergebnis darf jedoch nicht dazu verleiten, das erarbeitete Instrumentalisierungs- und Ausstrahlungsdogma vorschnell zu verwerfen. Es reicht bereits, den Blickwinkel graduell zu ändern:

Setzt sich die Tatbestandsseite des nemo tenetur-Satzes nach vorliegend erarbeiteter Konzeption bekanntlich[59] aus den Elementen des Zwangs und der Ver-

---

[56] Zur Kooperationsmaxime eingehend Teil 3 A. II. 2.
[57] Näher Teil 3 B. III. 2. a).
[58] Siehe nur Teil 3 B. III. 2.; deutlich dann aber auch Teil 3 B. III. 2. d).
[59] Teil 4 B. I. 2. f) cc); Teil 4 B. I. 2. g); zum einschlägigen Zwangsbegriff näher Teil 4 C. I.

A. Von der Reichweite des Kollisionsverhältnisses 309

wendung zusammen und soll die Ausstrahlungswirkung des Grundsatzes auf nichtrepressive Verfahren auf Anwendungsbereichsebene lediglich verhindern, dass der Staat ebendort in einer Manier zwingt, wie es ihm im Repressionsverfahren nicht erlaubt wäre[60], findet sich die Antwort auf die aufgeworfene Abgrenzungsfrage letztlich in einem Strukturvergleich mit kernstrafprozessualen Selbstbelastungserwägungen. Hierbei zeitigt Wirkung, dass auch in den Grenzen des genuinen Strafverfahrens eine restlose Absenz faktischer Druckwirkungen bereits als Utopie abgetan werden musste, welche der Strafprozess zum einen nicht zu realisieren vermag, die zum anderen der Grundsatz der Selbstbelastungsfreiheit aber auch gar nicht fordert. So brachte schon die obige Debatte um die Selbstbelastungsrelevanz der Untersuchungshaft die Erkenntnis, dass der Einzelne angesichts insoweit nicht greifender Teleologie auch aus nemo tenetur-Perspektive diejenigen Nachteile über sich ergehen lassen muss, die er deswegen erleidet, weil er dem Staat die Sachverhaltsaufklärung zu Strafverfolgungszwecken überantwortet.[61] Hier kommt der Staat gerade seinem ihm idealiter zugesprochenen prozeduralen Ermittlungsauftrag nach; hier bedarf es eines Schutzes vor Verwirrung der Prozessrollen durch das Selbstbelastungsprivileg gerade nicht.

Übertragen auf das Besteuerungsverfahren, muss der Einzelne also auch hier solch nachteilige Fernwirkungen ertragen müssen, die daraus resultieren, dass er dem Staat seine ebenda obliegende Aufgabe, eben besteuerungsorientierter Tatsachenerforschung, überlässt. Vermengt man diesen Leitgedanken sodann zuletzt mit dem teleologischen Streben des Besteuerungsverfahrens nach möglichst gleich- und gesetzesmäßiger Besteuerung, folgt die zwangskonnotierte Differenzierung zwischen nemo tenetur-relevanter und -irrelevanter Behandlung im Ergebnis einer Unterscheidung anhand der legislativ-rationalen Intention des hoheitlichen Reaktionsverhaltens, orientiert an den widerstreitenden Kategorien der Sicherung der zutreffenden Besteuerung einerseits und der repressiven Druckausübung andererseits.

Soll meinen: Soweit staatliche Reaktionen auf defizitäre Mitwirkung allein gewährleisten sollen, dass die Besteuerung der Sache nach gesetzes-, gleichmäßig und zutreffend nach dem individuellen Grad wirtschaftlicher Leistungsfähigkeit erfolgt, sind diese Sachverhalte nicht imstande, eine zwangsrelevante Druckwirkung im Sinne des nemo tenetur-Grundsatzes zu begründen. Selbst wenn hieran einschneidende Nachteile und/oder Fernwirkungen geknüpft sind, sind, soweit im Besteuerungsinteresse erfolgend, ebendiese die Konsequenzen, die der Betroffene trägt, weil er die verfahrensgegenständliche Sachaufklärung dem staatlichen Hoheitsträger überlassen hat – kurzum Unannehmlichkeiten, vor denen er auch in einem hypothetischen Strafverfahren nicht gefeit wäre. Wo sich die konkret infragestehende unliebsame Folge also als bloßer Reflex einer rein fiskalisch motivierten Behandlung im genuin besteuerungsrechtlichen Interesse geriert, wo also das dahinterstehende

---
[60] Näher zur Anwendungsebene der Ausstrahlungswirkung Teil 4 E. II. 3. a).
[61] Teil 4 C. I.

Rechtsinstitut steuerliche Belastungsgleichheit, Ausgleichswirkung oder Vorteilsabschöpfung zur Wahrung einer zutreffenden Besteuerung sucht, erweist sich das damit verbundene Übel, mithin die hierdurch begründete Motivationslage, als für hiesige Zwecke unbeachtliche faktische Druckwirkung.

Demgegenüber stehen sodann Sekundärmaßnahmen mit zumindest auch repressiver bzw. sanktionierender Intention. Wo der Einzelne durch bewusste Schlechterstellung im Besteuerungsverfahren zumindest auch zur steuerlichen Kooperation angehalten werden soll, der fraglichen Reaktion also zumindest auch Repressions-, Sanktions- oder – abstrakter – zielgerichtete Mitwirkungsmotivationswirkung zukommen soll, verkommt die formal steuerrechtliche Behandlung zum willensbeugenden Ersatzzwangsmittel. Wäre der Einsatz solcher Zwangssurrogate sodann auch im hypothetischen Strafverfahren unzulässig, begründen solche zumindest auch repressiv ausgestalteten Institute einen strukturellen Konflikt mit dem nemo tenetur-Grundsatz hiesiger Diktion.[62] Hieraus kondensiert dann auch die konkrete Handlungsanweisung für den Fortgang der Untersuchung: Im Folgenden werden die obig als sonstige steuerliche Fernwirkungen umschriebenen Sekundärmaßnahmen an der Kontrollfrage zu messen sein, ob diese zumindest auch repressiven Charakter aufweisen.

Die Bewertung des Schätzungsinstitutes liegt damit auf der Hand. Angesichts der intendierten Zwecksetzung, dem Desiderat der Realisierung umfassend gesetz- und gleichmäßiger Besteuerung durch den Ansatz möglichst wahrheitsnaher Besteuerungsgrundlagen auch dort Folge leisten zu können, wo sich die besteuerungsrelevante Tatsachenerforschung als unmöglich bzw. unzumutbar erweist[63], ist die mit dem Schätzungsverfahren per se verbundene Druckwirkung nach dem vorstehend

---

[62] Vgl. auch *Krumm*, in: Tipke/Kruse, § 369, Rn. 9 f., der sich jener Problematik gleichwohl aus der Perspektive des Strafbegriffs nähert und hierbei gleichsam aufzeigt, dass die hiesige Dogmatik auch auf einer Linie mit den Ergebnissen der vom EGMR gefundenen „Engel"-Kriterien liegen dürfte. Wenn diese nämlich den strafrechtlichen Charakter eines Instituts neben der formalen Zuordnung im innerstaatlichen Recht auch anhand der alternativen Kriterien der Natur des Vergehens respektive der Art und Schwere der angedrohten Sanktion und deren Zweck beurteilen (vgl. grundlegend EGMR v. 8.6.1976 – 5100/71, Série A n° 22 – Engel u. a./Niederlande; sodann EGMR v. 19.2.2013 – 47195/06, NJW 2014, 1792 – Müller-Hartburg/Österreich; EGMR v. 3.5.2001 – 31827/96, ECHR 2001-III, 446 – J.B./Schweiz; EGMR v. 24.2.1994 – 12547/86, Série A n° 284 – Bendenoun/Frankreich; EGMR v. 21.2.1984 – 8544/79, Série A n° 73 – Öztürk/Deutschland; *Krumm*, in: Tipke/Kruse, § 369, Rn. 10 m. w. N.) und hierbei in jüngerer Vergangenheit im Kontext steuerlicher Verspätungszuschläge, wie sie § 152 AO auch für das deutsche Steuerrecht vorsieht (dazu näher sogleich Teil 5 A. II. 4. d)), darauf erkannt wird, dass für den Strafcharakter dieser Reaktion deren auch repressiver Charakter ausreiche (siehe EGMR v. 20.5.2014 – 11828/11, Rn. 40 – Nykänen/Finnland; EGMR v. 20.5.2014 – 37394/11, Rn. 50 f. – Glantz/Finnland; EGMR v. 23.11.2006 – 73053/01, ECHR 2006-XIV, 15 f. – Jussila/Finnland; vgl. auch EuGH v. 20.3.2018 – C-524/15, WM 2018, 1087 – Menci; ausdrücklich *Krumm*, in: Tipke/Kruse, § 369, Rn. 10), deckt sich dieses Dogma mit dem hier vertretenen jedenfalls in Abgrenzungsmodus und -resultat.

[63] Teil 3 B. III. 2.

A. Von der Reichweite des Kollisionsverhältnisses

erarbeiteten Dogma selbst dann nicht imstande, eine nemo tenetur-relevante Zwangslage zu begründen[64], wenn sich die Finanzbehörde hierbei an der oberen Grenze des aus Besteuerungsperspektive zulässigen Schätzungsrahmens[65] orientiert. Zwangsausschließend und damit konfliktbegrenzend wirkt insoweit, dass sich das Verfahren, selbst bei einem im Ergebnis ungünstigen Ausgang für den Einzelnen, stets als realitätsannähernde Wahrscheinlichkeitsbetrachtung zur Festsetzung einer materiell möglichst zutreffenden Steuerlast versteht[66] und so der Finanzbehörde die gleichsam verfahrensdominierende wie ermessensleitende Erwägung aufoktroyiert, immerzu allein diejenigen Besteuerungsgrundlagen anzusetzen, die die größtmögliche Wahrscheinlichkeit der Richtigkeit für sich haben.[67] Ist also auch im Fall einer solch letztlich überhöhten Schätzung das zugrundeliegende Institut final auf ein idealiter zutreffendes Besteuerungsergebnis gerichtet, fließt also auch der durch die Mehrbelastung erlittene monetäre Nachteil aus einer hoheitlichen Behandlung im Besteuerungsinteresse, scheidet ein Konflikt mit dem Selbstbezichtigungsprivileg aus; eine Erkenntnis, die sodann ebenso auf die Bewertung der schätzungsorientierten Unsicherheitszuschläge[68] durchschlägt: Soweit auch diese typisierenden Aufschläge rationell lediglich der Wahrheitsannäherung des Schätzungsprozesses dienen[69], im Ergebnis also auch hier nichts anderes als normative Belastungsgleichheit durch materiell möglichst zutreffende Besteuerung gesucht wird, scheint ein Konflikt mit dem Grundsatz der Selbstbelastungsfreiheit in gleichem Maße ausgeschlossen.[70]

---

[64] So zutreffend und eingehend allen voran *Tormöhlen*, in: Hübschmann/Hepp/Spitaler, § 393, Rn. 75 m.w.N.; im Ergebnis auch BFH v. 28.12.2006 – VIII B 48/06, BFH/NV 2007, 646; BFH v. 13.1.2006 – VIII B 7/04, BFH/NV 2006, 915; BFH v. 19.10.2005 – X B 88/05, BFH/NV 2006, 15 f.; BFH v. 19.9.2001 – XI B 6/01, BStBl. II 2002, 5 f.; *Besson*, Steuergeheimnis, S. 117 ff.; *Böse*, Wirtschaftsaufsicht, S. 484 f.; *Doege*, nemo-tenetur-Grundsatz, S. 177; *Drüen*, in: Tipke/Kruse, § 393, Rn. 44; *Jäger*, in: Klein, § 393, Rn. 20; *Klaproth*, in: Schwarz/Pahlke, § 393, Rn. 16c; *Peters*, wistra 2019, 218; *Streck*, BB 1980, 1539; *Tormöhlen*, in: FS-Korn, S. 783; vgl. auch *Gehm*, NZWiSt 2012, 415 f. Kritisch dagegen etwa *Henneberg*, BB 1988, 2186 f.; *Kopf/Szalai*, NJ 2010, 366; *List*, DB 2006, 471; *Mössner*, StuW 1991, 227 f.; *Rengier*, BB 1985, 721 f.; *Streck/Spatscheck*, wistra 1998, 339 f.; *Teske*, wistra 1988, 213 f.; uneindeutig insoweit *Beckemper*, ZIS 2012, 223.

[65] Dazu Teil 3 B. III. 2. b). Wie hier etwa *Besson*, Steuergeheimnis, S. 118 m.w.N.; *Böse*, Wirtschaftsaufsicht, S. 484 f.; *Drüen*, in: Tipke/Kruse, § 393, Rn. 44 m.w.N.; *Randt*, DStJG 31, S. 267; *Seipl*, in: Gosch, § 393, Rn. 67; gleichsinnig *Streck*, BB 1980, 1539, welcher nachteilige Schätzungen lediglich insoweit ausschließt, als hierdurch „Selbstbezichtigung [...] mittelbar durch Fiskaldruck angestrebt" wird; umfassend dann *Tormöhlen*, in: Hübschmann/Hepp/Spitaler, § 393, Rn. 74 f. m.w.N. Anders im Kontext dieser sog. „nachteiligen Schätzung" insbesondere *Seer*, StB 1987, 130 ff.; *Streck/Spatscheck*, wistra 1998, 339 f. sowie *Rengier*, BB 1985, 721 ff.

[66] Teil 3 B. III. 2.

[67] Teil 3 B. III. 2.

[68] Siehe Teil 3 B. III. 2. b) mit Fn. 387.

[69] Näher Teil 3 B. III. 2. b).

[70] Gleichsinnig wohl auch *Drüen*, in: Tipke/Kruse, § 393, Rn. 44, wenn dieser unter Rekurs auf *Beckemper*, ZIS 2012, 223 nur „sachlich nicht fundierte (überhöhte) Schätzungen mit

Anders zeigt sich die Situation allein bei bewusster Zweckentfremdung des Instituts. Wenn dem Schätzungsverfahren in casu durch bewusst überhöhten Ansatz von Besteuerungsgrundlagen zielgerichtete Sanktions- respektive Repressionswirkung beigemessen wird, um den Einzelnen zu steuerprozeduraler Kooperation zu motivieren, geht hiervon eine zwangsrelevante Druckwirkung aus, die in einem hypothetischen Strafverfahren unzulässig wäre und so die Grundsätze der Ausstrahlungswirkung auf den Plan ruft.[71] Dieses generalisierende Verdikt darf jedoch nicht den Blick darauf verstellen, dass sich das so erkannte Friktionspotential realiter – eingedenk der teleologischen Inkompatibilität einer solchen Behandlung mit den Leitgedanken des Schätzungsinstitutes, der damit einhergehenden bereits aufgezeigten[72] Unzulässigkeit solch bewusst missbräuchlicher „Straf-" oder „Mondschätzungen", letztlich also der Untauglichkeit der Ermächtigungsgrundlage des § 162 AO für ein solches Vorgehen in Summe – lediglich auf einen Bereich fernab des genuinen Regelungsgegenstandes des Schätzungsverfahrens de lege lata beschränkt.

d) Die steuerlichen Nebenleistungen

De facto vorgezeichnet ist somit aber auch die Bewertung der obig als für hiesige Zwecke bedeutsam[73] erkannten steuerlichen Nebenleistungen.

Unsicherheitszuschlägen" in einen Konflikt mit der Selbstbelastungsfreiheit treten lässt; vgl. ferner *von Wedelstädt*, in: Kühn/von Wedelstädt, § 162, Rn. 4. Dagegen ausdrücklich *Kopf/ Szalai*, NJ 2010, 366.

[71] Zustimmend *Beckemper*, ZIS 2012, 223; *Besson*, Steuergeheimnis, S. 113, 119; *Böse*, Wirtschaftsaufsicht, S. 484; *Doege*, nemo-tenetur-Grundsatz, S. 177; *Drüen*, in: Tipke/Kruse, § 393, Rn. 44 m.w.N.; *Hilgers-Klautzsch*, in: Kohlmann, § 393, Rn. 68 m.w.N.; *Jäger*, in: Klein, § 393, Rn. 21; *Kohlmann*, in: FS-Tipke, S. 504; *Kopf/Szalai*, NJ 2010, 366; *Reiß*, Besteuerungsverfahren, S. 267; *Randt*, DStJG 31, S. 267f.; *Röckl*, Das Steuerstrafrecht, S. 93; *Seipl*, in: Gosch, § 393, Rn. 68; *Sprenger*, in: Leitner/Rosenau, § 393 AO, Rn. 21; *Streck*, BB 1980, 1539; *Streck/Spatscheck*, wistra 1998, 339; *Tormöhlen*, in: Hübschmann/Hepp/Spitaler, § 393, Rn. 76 m.w.N.; *Tormöhlen*, in: FS-Korn, S. 783; vgl. ferner auch *Gehm*, NZWiSt 2012, 415f.

[72] Teil 3 B. III. 2. b) mit Fn. 384.

[73] Teil 3 B. III. 3. a). Gleiches gilt überdies aber auch für die bereits ebenda in Fn. 414 als irrelevant abgetanen Nebenfolgen. Wenn sich etwa der Säumniszuschlag gemäß § 240 AO in erster Linie als Druckmittel zur Durchsetzung fälliger Steuern zeigt, dessen gleichsam innewohnender Zinseffekt nur Nebeneffekt ist (so zutreffend *Loose*, in: Tipke/Kruse, § 240, Rn. 1 sowie ausführlicher *Heuermann*, in: Hübschmann/Hepp/Spitaler, § 240, Rn. 11 ff.), muss auch dieser Aufschlag angesichts seiner intendierten Repressionswirkung zu einer Kollision mit dem Grundsatz der Selbstbelastungsfreiheit, mithin zu einer Eröffnung des Anwendungsbereichs der Ausstrahlungswirkung führen (in diese Richtung auch *Meyer-Mews*, DStR 2013, 165, der den Säumniszuschlag als strafähnliche Sanktion einordnet). Anders zu beurteilen sind dagegen etwa die Zinsvorschriften der §§ 233 ff. AO. Als laufzeitabhängige Gegenleistung für die mögliche Nutzung eines auf Zeit überlassenen oder vorenthaltenen Geldkapitals (vgl. *Heuermann*, in: Hübschmann/Hepp/Spitaler, § 233, Rn. 2; *Loose*, in: Tipke/Kruse, § 233, Rn. 1 m.w.N.) dienen diese Regelungen lediglich der Abschöpfung unrechtmäßig erlangter Zinsvorteile, letztlich also ausschließlich steuerlichen Erwägungen der Belastungsgleichheit.

Appliziert man die soeben entwickelte Dogmatik auf das Verzögerungsgeld gemäß § 146 Abs. 2c AO bzw. den Verspätungszuschlag nach § 152 AO, zeitigt Wirkung, dass ebendiesen Instituten vorstehend bereits teleologische Janusköpfigkeit als Druckmittel sui generis attestiert werden musste.[74] Vereinen diese monetären Fernfolgen daher in sich sowohl präventive Leitgedanken der Pflichtwidrigkeitsverhinderung als auch repressive der Fehlverhaltenssanktionierung, entscheidet bei Tageslicht bereits der so umschriebene repressive Part die hier interessierende Anwendungsfrage. Muss nämlich aus originär repressionsprozeduraler Perspektive jedenfalls eine solch final intendierte Druckausübung zur Erwirkung kooperativer Verfahrensförderung kategorisch unterbleiben, lässt ebenjene repressive Dimension den zugrundeliegenden Institutskreis strukturell in ein Konfliktverhältnis mit dem Grundsatz der Selbstbelastungsfreiheit treten. Bereits die *auch* repressive Ausgestaltung ebenjener Reaktionsmechanismen begründet so einen fernwirkungsrelevanten nemo tenetur-Konflikt, welchen weder die zugleich präventive Zwecksetzung der bezeichneten Nebenleistungen aufzuwiegen noch deren konzeptionsvernebelnde Etikettierung als Rechtsfolge eigener Art zu vertuschen vermag.

e) Die Beweislastentscheidung im Falle des non liquet

Und dann ist da noch die Beweislast.

Noch relativ leicht geht der Umgang mit den Grundsätzen der subjektiven Beweislast von der Hand. Konnte nämlich bereits festgestellt werden, dass vor dem Hintergrund der omnipräsenten Geltung des Untersuchungsgrundsatzes den Unterworfenen des Besteuerungsverfahrens eine Beweisführungslast schlicht nicht trifft[75], das untersuchungsmaximierte Steuerverfahrensrecht de lege lata also eine formelle Beweislast selbst dort nicht kennt, wo der Einzelne im Rahmen der Sachverhaltsermittlung nicht forderungsgemäß kooperiert[76], kann die subjektive Beweislast schon mangels Existenz nicht in eine potentiell selbstbelastungsrelevante Zwangslage umschlagen. Platz für eine vermeintlich nemo tenetur-konfligierende normative Druckwirkung bleibt damit nicht und ein ausstrahlungswirkungsrelevantes Spannungsverhältnis zwischen subjektiver Beweislast und dem Grundsatz der Selbstbelastungsfreiheit scheidet a priori aus.

Merklich verzwickter scheint dagegen die Lage im Kontext der Feststellungslast. Das tatsächliche Spannungsverhältnis gründet sich hier auf der Verschränkung zweier Faktoren, die mit den Ausführungen zur faktischen Konnexität von Nichtmitwirkung und Nichtaufklärbarkeit besteuerungserheblicher Informationen[77] sowie den Gedanken zu den Grundsätzen der Verteilung der objektiven Beweislast nach

---

[74] Teil 3 B. III. 3. a).

[75] Siehe nur Teil 3 B. III. 4. a).

[76] Insbesondere zum Verhältnis der Kooperationsmaxime zum Untersuchungsgrundsatz Teil 3 A. II. 3.

[77] Näher Teil 3 A. II. 2. bzw. Teil 3 A. II. 3. b).

normbegünstigungstheoretischer Methode im Falle eines non liquet[78] zumindest gesondert voneinander dem Grunde nach bereits beleuchtet wurden. Aus der Verknüpfung dieser beiden Elemente fließt jedoch ein problemträchtiger Reflex: Sucht der Einzelne im Besteuerungsverfahren einen Vorteil, dessen tatbestandliche Voraussetzungen aus einer Sphäre rühren, auf die der steuerliche Hoheitsträger keinen oder nur beschwerlichen informatorischen Zugriff nehmen kann, kann der Vorteilsuchende sein Vorhaben, eingedenk der andernfalls faktischen Unaufklärbarkeit, zumeist nur ernsthaft und erfolgversprechend verfolgen, wenn er hinsichtlich des zugrundeliegenden Tatsachenvortrags hinreichend kooperiert. Dies verschiebt das Zuständigkeitsgefüge für die Sachverhaltsermittlung in immerhin faktischer Hinsicht merklich. Zwar bleibt die Finanzbehörde auch hier dogmatisch zur Untersuchung verpflichtet[79], wo sie diesem Auftrag aber tatsächlich nicht (zumutbar) nachkommen kann, ist sie nach der Vorstellung des Steuerrechts eben auf die individuelle Kooperation des Verfahrensunterworfenen angewiesen.[80] Trifft diesen im Falle solch für ihn positiver Normen nach normbegünstigungstheoretischen Grundsätzen nun aber auch noch die objektive Beweislast für den Fall der Beweislosigkeit, gehen tatsachenorientierte Unsicherheiten im Ergebnis zu seinen Lasten – und so obliegt es dem Einzelnen, der sich für diese so erkannt faktisch obligatorische Mitwirkung erst einmal entschieden hat, ferner, seinen Tatsachenvortrag so qualitativ hochwertig zu gestalten, dass dieser dem Regelbeweismaß genügt, jedenfalls aber der entscheidenden Behörde zur Überzeugung gereicht. Diese Gemengelage schickt den Vorteilsuchenden daher in die subjektive Dilemmasituation, entweder im Fall der Nichtmitwirkung den erstrebten Vorteil schlichtweg nicht zu erhalten oder, so er sich aber zur informationsoffenbarenden Kooperation entscheidet, dies auch inhaltlich umfassend tun zu müssen, da sich andernfalls am Ergebnis der steuerlichen Vorteilsversagung nichts ändert; kurzum wird der Einzelne in Situationen hinreichend vehement begehrter Steuervorteile also eher einen von der Steuerrechtsordnung idealiter nicht geforderten, indes realiter ingleichen erforderlichen wie unter Umständen selbstbezichtigenden Nachweis führen, als sich auf die für ihn ungünstige Beweislastentscheidung nach normbegünstigungstheoretischen Grundsätzen zu verlassen.[81] Auch ohne die positive Anordnung einer subjektiven Beweislast ist die Verteilung der objektiven solchen im Steuerrecht daher imstande, mitunter eine faktische Kooperationsdruckwirkung zu begründen, welche die Frage nach deren Selbstbelastungsrelevanz im hiesigen System aufwirft.

Gleichwohl vermag es jedoch auch diese rein emotionale – da wirtschaftlich faktische – Druck- bzw. Fernwirkung der Mitwirkungsverweigerung eine nemo tenetur-relevante Zwangslange nicht zu begründen. Betrachtet man die Verteilung der materiellen Beweislast nach normbegünstigungstheoretischen Grundsätzen

---

[78] Teil 3 B. III. 4. b) bb).

[79] Siehe nur Teil 3 A. II. 1. und 3.

[80] Zum Verhältnis der Kooperationsmaxime zum Untersuchungsgrundsatz siehe abermals Teil 3 A. II. 3.

[81] So auch bereits Teil 3 B. III. 4. a).

näher, scheint der skizzierte beweislastorientierte Nachteil auf Ebene der Feststellungslast – mithin die damit einhergehende Druckwirkung als reflexartige Vorwirkung hiervon – in praxi nur dort denkbar, wo der Einzelne einen individuellen steuerlichen Vorteil sucht respektive die Normen des Steuerrechts ihm durch steuerliche Entlastung zum Vorteil gereichen sollen. Hier bleibt es dem Einzelnen aber gerade unbenommen, auf die Durchsetzung ebenjenes Steuervorteils zu verzichten, indem er gar nicht und damit auch nicht selbstbelastend kooperiert. Dass die insoweit erlittenen monetär defizitären Fernwirkungen eines solchen Verzichts die prozessuale Autonomie des Einzelnen nicht torpedieren, wurde bereits im Kontext der Ausführungen zum Stellenwert des Selbstbezichtigungsprivilegs in Leistungsverfahren der Sache nach erörtert.[82] Sucht der Einzelne im Besteuerungsverfahren also einen kooperationsgebundenen Steuervorteil, kann hier nichts anderes gelten, ist doch der nemo tenetur-Satz auch nach hier erarbeiteter Lesart gerade nicht dazu berufen, dem Einzelnen eine reue- und nachteilslose Geltendmachung seiner steuerlichen Ansprüche zu ermöglichen. Von diesem Standpunkt aus verbleibt dem Einzelnen mit der Option zum nichtmitwirkenden Vorteilsverzicht letztlich also eine aus Perspektive des Selbstbelastungsprivilegs valide Verhaltensalternative zur inkriminierenden Verfahrensförderung, mithin seine prozessuale Autonomiestellung in Summe. Im Ergebnis tritt die objektive Beweislastsituation im Steuerrecht unter der Ägide des Normbegünstigungsansatzes[83] trotz der damit einhergehenden individuellen Nachteile nicht in Konflikt mit dem nemo tenetur-Grundsatz.

5. Zwischenergebnis zur Friktionsreichweite bei steuerstrafrechtlicher Vortat

Resümierend zeigt sich damit eine recht ausdifferenzierte Kollisionslage. Wurde zunächst neben der Kooperationsmaximierung des Steuerrechts sowie der Teilidentität der Untersuchungsgegenstände von Besteuerungs- und Steuerstrafverfahren insbesondere die Wertneutralität der steuerlichen Rechtsordnung als letztes Element des weitreichend problematischen Verfahrensnebeneinanders von Steuer- und korrelierenden Strafsachen ausgemacht und zeigte sich das Steuerrecht hierbei allenfalls als potentieller Bereich der Ausstrahlungswirkung des nemo tenetur-Satzes vorliegender Diktion, mündet die Applikation des hiesigen Ausstrahlungsdogmas auf der Primärebene steuerlicher Pflichtbegründung in das Ergebnis eines strukturellen

---

[82] Teil 4 E. II. 3. c), Fn. 593.

[83] Ebendieses Verdikt muss sodann auch dort stehen, wo die Normbegünstigungstheorie nach obig entwickelter Auffassung Variationen erfährt (Teil 3 B. III. 4. b) bb)). Müssen die hierbei anwendbaren Modifikationsmodi nach dem vorstehend Gefundenen nämlich selbst den Leitgedanken des Steuerrechts entspringen, sind diese so den Prinzipien wie der Systematik des Steuerrechts streng unterworfen. Berücksichtigt man nun das strukturelle Streben der steuerlichen Rechtsordnung nach Belastungsgleichheit und Steuergerechtigkeit, sind auch ebenjene Spielarten der materiellen Beweislastverteilung strukturell auf jene Besteuerungsinteressen gerichtet, die dem konkreten Modifizierungskriterium die Problemtracht mit dem Grundsatz der Selbstbelastungsfreiheit im hiesigen System wiederum konzeptionell rauben.

Spannungsverhältnisses. Ist es hier bereits der Pflichtentopos selbst, der die zwangsbegründende und damit anwendungsbereichseröffnende Komponente im Kontext der Ausstrahlungswirkung begründet, macht es hierbei auch keinen Unterschied, welchen spezifischen Inhalt die konkrete Verfahrensförderungsverpflichtung aufweist. Ob es sich in concreto also etwa um ein hoheitliches Verlangen nach individueller Mitwirkung kommunikatorischer oder nonverbaler Natur mit unmittelbarer oder ohne unmittelbare Besteuerungsrelevanz handelt, interessiert nicht; mit anderen Worten und im Kategoriedenken der vorliegenden Arbeit: Mit Ausnahme der Duldung von hoheitlich eingesetzter vis absoluta eröffnen sowohl die Erklärungs- als auch die Aufzeichnungs- sowie die Nichterklärungspflichten, eingedenk ihrer potentiell selbstbelastenden Wirkung bei gleichzeitig dogmatischer Ausgestaltung als echte Rechtspflicht, systematisch den Anwendungsbereich der Ausstrahlungswirkung des nemo tenetur-Satzes.

Dieses Ergebnis schlug sich sodann anfangs auch auf die Sekundärebene der staatlichen Reaktion auf individuelle Pflichtwidrigkeiten durch. Angesichts der positiven Anknüpfung an die echte Verpflichtung zur Selbstinkriminierung konnte das zuvor entwickelte Zwangsdogma zunächst noch recht klarsichtig aufzeigen, dass die Institute der zwangsweisen Pflichtdurchsetzung im Vollstreckungswege mit den Beugemitteln insbesondere des § 328 AO und die Sanktionierung der Zuwiderhandlung etwa durch Straf- oder Bußgeldandrohungen systematisch fernwirkungseröffnende Selbstbelastungsrelevanz aufweisen, bevor im Kontext der Schätzung von Besteuerungsgrundlagen eine neue Abgrenzungsmethode gesucht werden musste. Betreten wurde hier für diese Arbeit dogmatisches Neuland; und gefunden wurde ein normativer Unterschied zwischen hoheitlichen Reaktionen, die im Geiste steuerlicher Belastungsgleichheit wie -gerechtigkeit nach der Sicherung eines möglichst zutreffenden Besteuerungsergebnisses streben, und solchen, die zumindest auch sanktionierend-repressiven Charakter aufweisen, indem sie den Einzelnen durch bewusste Schlechterstellung zur kooperativen Verfahrensförderung veranlassen sollen. Erschiene der Einsatz solcher letztgenannten Ersatzzwangsmittel in einem hypothetischen Strafverfahren sodann aus der Warte des hiesigen nemo tenetur-Verständnisses als schlichtweg unzulässig, eröffnen ebendiese Institute, eingedenk ihrer konzeptionellen Privilegswidrigkeit, strukturell den Anwendungsbereich dessen Fernwirkungsdimension, erstere dagegen nicht. Übertragen auf die Schätzung von Besteuerungsgrundlagen gemäß § 162 AO steht so das Ergebnis der nemo tenetur-orientierten Unbedenklichkeit selbst dort, wo das Verfahren durch den überhöhten Ansatz von Besteuerungsgrundlagen letztlich in eine Mehrsteuerlast beim Unterworfenen umschlägt; die Grenze bildet hier lediglich der zielgerichtete Missbrauch des Institutes zur Mitwirkungsmotivation durch bewusst sanktionierende Straf- oder Mondschätzungen.

Aufgrund deren auch repressiver Ausgestaltung als Rechtsfolgen sui generis konfligierend mit dem Grundsatz der Selbstbelastungsfreiheit zeigen sich dagegen die vorstehend beleuchteten steuerlichen Nebenleistungen des Verzögerungsgeldes gemäß § 146 Abs. 2c AO und des Verspätungszuschlags nach § 152 AO, die so die Anwendungsfrage der Ausstrahlungswirkung bejahen.

Ein differenziertes Bild schafft schließlich die Frage nach der Problemtracht der Beweislastverteilung im Steuerrecht. Kennt das Steuerrecht de lege lata eine subjektive Beweislast in Gänze nicht, bleibt ein Konflikt mit dem Selbstbezichtigungsprivileg hier bereits denknotwendig ausgeschlossen; und auch die Verteilung der objektiven Beweislast vermag eine nemo tenetur-relevante Zwangslage nicht zu konstituieren. In der Idealform der Verteilung nach normbegünstigungstheoretischer Methode gleicht der hierdurch begründete reflexartige Kooperationsdruck auf den Einzelnen jener Konstellation, die auch den obigen Ausführungen zur Geltung der Selbstbelastungsfreiheit in Leistungsverfahren zugrunde lag; letztlich bleibt es also auch hier beim Verdikt eines nemo tenetur-irrelevanten faktischen – da rein ökonomischen – Zwangs. Soweit sodann dieser Normbegünstigungsansatz steuerliche Modifikation erfährt, wurde bereits herausgestellt, dass auch diese Variationsmodi den Gedanken des Steuerrechts entliehen sein müssen. Ist ebendieses dabei strukturell auf die Leitgedanken der Belastungsgleichheit und Steuergerechtigkeit gerichtet, scheidet auch hier eine relevante Zwangslage – mithin die Anwendungsbereichseröffnung der Ausstrahlungswirkung – aus.

B. Die positivrechtlichen Schutzmechanismen der Abgabenordnung

Das so umrissene Kollisionsverhältnis markiert jedoch nicht die finale Kontur jenes Friktionsbereichs, dem unter Rekurs auf unvermittelt konstitutionelle Erwägungen beigekommen werden muss. Gar vorschnell wäre es, schon an dieser Stelle über eine unmittelbar verfassungsorientierte Lösungsstrategie zur Abwendung aufgezeigter Selbstbelastungsproblematiken zu sinnieren, würden doch so insbesondere jene Schutzmechanismen übergangen, die die Abgabenordnung zur Limitierung der Mitwirkungsaufträge des Einzelnen de lege lata bereithält. Wurde bereits vorstehend in Teilen ausgeführt[84], dass die Steuerrechtsordnung sowohl durch die spezifisch selbstbelastungskonnotierte Kollisionsnorm des § 393 AO als auch abseits hiervon die Mitwirkungsaufträge des Einzelnen zuweilen begrenzt, gibt dies Raum für die noch zu sichernde Hypothese, dass eine solche Modifikation des individuellen Pflichtenkreises auch die erkannte Spannungslage mit dem Grundsatz des nemo tenetur se ipsum accusare entschärft. Erscheint es somit nicht ausgeschlossen, dass das Gesetz selbst der soeben umrissenen Selbstbelastungsproblematik partiell entgegensteuert, wird im Folgenden vorrangig zu analysieren sein, ob und inwieweit ebenjene Institute neben § 393 AO einen Konflikt mit dem Selbstbezichtigungsprivileg unterbinden. Nur so kann der tatsächlich problemträchtige Bereich, in welchem der Unterworfene des Besteuerungsverfahrens einem Zwang zu straf-

---
[84] Siehe etwa Teil 2 C. I. 1. sowie Teil 3 B. II.

rechtsrelevanter Selbstbelastung positivrechtlich unterworfen und diesem im Ergebnis schutzlos ausgeliefert ist, freigelegt werden, der den Anlass und das Ausmaß der sich anschließenden Lösungsfindung gleichermaßen determiniert und so das Fundament für den Fortgang der hiesigen Untersuchung gießt.

I. Der Schutz der Mitwirkungsverweigerungsrechte der §§ 101 ff. AO

Als nur begrenzt hilfreich zeigen hier die Verweigerungsrechte der §§ 101 ff. AO. Erwies sich das Angehörigenprivileg, selbst im Falle infrage stehender strafrechtsrelevanter Fremdbezichtigungen, in Summe nicht als Teil des Gewährleistungsgehalts der hier erarbeiteten nemo tenetur-Doktrin[85], schlägt sich dieser Negativbescheid zunächst auch auf jene durch § 101 AO vermittelte Rechtsposition durch. Dies restringiert das Interesse der vorliegenden Analyse allein auf das Auskunftsverweigerungsrecht des § 103 AO[86] und überlässt der Betrachtung so eine Vorschrift, die indes ein für hiesige Zwecke eklatantes Systemdefizit aufweist. Genießt ebenjene Weigerungsposition nämlich nur, wer nicht selbst Beteiligter des einschlägigen Steuerverfahrens oder für einen solchen auskunftspflichtig ist, scheidet eine Privilegierung des Verfahrensbeteiligten e contrario aus, ja, ganz im Gegenteil musste als Ausfluss des abschließenden Charakters der §§ 101 ff. AO bereits herausgestellt werden, dass dem am Besteuerungsverfahren Beteiligten ein genuin eigenes Mitwirkungsverweigerungsrecht schlicht nicht zukommt.[87] Obgleich der qua eingeräumter Dispensoption strukturellen Behebung der Selbstbelastungsproblematik im Kontext der Mitwirkungsverpflichtungen verfahrensfremder Dritter[88] verbleibt der Beteiligte des Besteuerungsprozesses, mithin der Steuerpflichtige per se, letztlich also der in seinem eigenen Verfahren gemäß § 90 AO am umfassendsten zur Mitwirkung Angehaltene, insoweit kategorisch ohne Schutz. Die positivrechtlichen Verweigerungsrechte der §§ 101 ff. AO sind daher lediglich imstande, die obig umrissene Kollision in Bezug auf verfahrensferne Dritte zu mildern, nicht aber mit Blick auf die übrigen Beteiligten.

---

[85] Siehe Teil 4 B. III.

[86] Freilich können auch hiermit nur die Fälle potentieller Eigenbezichtigungen gemeint sein. Soweit der Dritte durch seine Auskunft einen Angehörigen der Gefahr aussetzen würde, wegen einer Straftat oder einer Ordnungswidrigkeit verfolgt zu werden, gelten die Ausführungen zu § 101 AO analog.

[87] Teil 3 B. II. 1.

[88] Zu dieser Pflichtengruppierung ausführlich Teil 3 B. I. 9. bzw. 10.

II. Ausreichender Schutz durch das Steuergeheimnis gemäß § 30 AO?

Bedeutend vielversprechender scheinen da schon die Vorschriften betreffend das Steuergeheimnis. Hat das hier konzipierte doppelfunktionale Institut hoheitlicher Amtsverschwiegenheit nämlich sowohl in seiner individuellen als auch in seiner überindividuellen Ausprägung jedenfalls mittelbar auch den am Besteuerungsverfahren Beteiligten im Blick[89], findet sich auch jener unter dem schützenden Schirm steuerrechtlicher Geheimniswahrung[90] weilend; endlich mündend in die Frage, ob die Konzeption und inhaltliche Reichweite dieser abgabenrechtlichen Geheimhaltungsvorschriften wirksamen Schutz vor hoheitlichem Zwang zur strafrechtlichen Selbstbezichtigung bieten.

1. Die schützende Idee

Die schutzsystematische Grundidee ist hierbei denkbar einfach: Status quo wird der Einzelne von der Steuerrechtsordnung dazu angehalten, sich der Finanzbehörde auch dort besteuerungsrelevant zu offenbaren, wo er sich hierdurch der Gefahr repressionsrelevanter Selbstbezichtigung aussetzt. Müssen die gewährten Informationen nun aber beim spezifisch ermittelnden Hoheitsträger verbleiben, kann der erlangte Informationsstamm das individuell einschlägige Besteuerungsverfahren nicht verlassen. Eine Umwidmung zu strafprozessual repressiven Zwecken wäre ausgeschlossen, ein Konflikt mit dem Grundsatz der Selbstbelastungsfreiheit gebannt. Bliebe es also bei dem durch § 30 Abs. 1 AO statuierten Grundsatz umfassender Verschwiegenheit der Finanzbeamten, wäre ein nemo tenetur-konformes Schutzniveau über weite Strecken des Besteuerungsverfahrens gewahrt.

Dass dieser universalschützende Ausgangspunkt aber weder der Realität steuerprozeduraler Erfordernisse gerecht wird noch der Regelungslage de lege lata entspricht, ist bereits hinlänglich bekannt.[91] Genauer sowie im Einzelnen sogleich näher spezifiziert, fordert es unter anderem das rechtsstaatliche Desiderat einer gesetzes- und gleichmäßigen Besteuerung, in letzter Konsequenz also die überindividuelle Schutzdimension des Steuergeheimnisses selbst, die eigens propagierte Verschwiegenheitsgarantie bisweilen zu durchbrechen.[92] Normsystematisch geschützt wird der Einzelne daher immer nur vor der *unbefugten* Offenbarung geschützter Daten, wobei ebenjenes Befugnismerkmal die dogmatische Brücke zum Bereich zulässiger Informationskundgaben bildet und so den Schutz des Steuergeheimnisses einer differenzierten Regel-Ausnahme-Systematik[93] unterwirft. Die

---
[89] Näher Teil 3 B. II. 3.
[90] Näher Teil 3 B. II. 3.
[91] Siehe insoweit auch Teil 3 B. II. 3.
[92] Vgl. insoweit schon Teil 3 B. II. 3.
[93] Vgl. auch Teil 3 B. II. 3.

Reichweite des Instituts und damit auch das finale Verdikt des Protektionsumfangs vor einer Kollision mit dem nemo tenetur-Satz hängt somit letztlich insbesondere von der konkreten Ausgestaltung des Topos der befugten Verwendung ab, wiederum streng dominiert vom Ausmaß der legislativen Offenbarungsbefugnisse des § 30 Abs. 4, 5 und 6 AO; oder kürzer: Will man wissen, wo das Steuergeheimnis dem erkannten Selbstbelastungskonflikt abhilft, muss man wissen, wo es durchbrochen wird.

2. Die Offenbarungsbefugnisse des § 30 AO

Von besonderem Interesse scheinen in diesem Kontext die Ausnahmen des § 30 Abs. 4 Nr. 1 AO[94]. Mutet dieser Durchbrechungstatbestand in seiner nahezu voraussetzungslosen Weite auf den ersten Blick noch besorgniserregend ausufernd an, werden dessen teleologische Stoßrichtungen sowie der rechtstatsächliche Drang nach einer solch weitschweifigen Offenbarungsnorm beim zweiten Hinsehen klarer:

So steht etwa hinter dem Verweis des § 30 Abs. 4 Nr. 1 auf Abs. 2 Nr. 1 lit. a) AO[95] ein steuerprozedurales Kooperationsbedürfnis. Ordentlicher Vollzug der Steuergesetze als Grundvoraussetzung einer materiell zutreffenden Besteuerung ist freilich kein nur bipolares Subordinationsverhältnis zwischen dem Unterworfenen und seinem individuellen Finanzbeamten. Selbstredend sind an einem einzigen Besteuerungsverfahren auf Staatsseite stets mehrere Verwaltungsbeamte, ja, für gewöhnlich sogar mehrere Finanzbehörden mit jeweils divergierenden Aufgaben beteiligt. Generiert jeder dieser Akteure hierbei im Verlauf dieses Besteuerungsprozesses seinen eigenen subjektiven Fundus an besteuerungsrelevanten Informationen, kann es freilich nicht die Idee des Steuergeheimnisses sein, den jeweiligen Hoheitsträger bei der ihm obliegenden Entscheidungsfindung auf den informatorischen Kreis seines eigenen Wirkbereichs zu begrenzen. Andernfalls müsste, unter der Ägide einer solch überzogen strengen Interpretation, der zur Entscheidung Berufene entweder sämtliche für die Sachverhaltsbeurteilung erforderlichen Tatsachen eigenhändig erforschen, ein aus massenverfahrensökonomischer Perspektive unhalt-

---

[94] Für die Zwecke der hiesigen Arbeit keine materiellen Veränderungen bietet § 30 Abs. 6 S. 1 Hs. 1 AO. Ausgestaltet als offenbarungsorientierter Konterpart der Erweiterung der hoheitlichen Zugriffsmöglichkeit um den automatischen Datenabruf nach § 30 Abs. 2 Nr. 3 AO, bleibt die so thematisierte Abrufbefugnis eingedenk ihrer ausdrücklichen Rückanbindung an §§ 30 Abs. 2 Nr. 1 lit. a) und b) AO normativ ohne von § 30 Abs. 4 Nr. 1 AO abweichenden Regelungsgehalt, mithin für die vorliegende Untersuchung ohne eigenständigen Mehrwert. Eine gesonderte Betrachtung erübrigt sich daher, die nachstehenden Ausführungen zum Durchbrechungstatbestand gelten jedoch für den Bereich des automatischen Datenabrufs analog. Weiterführend zur Norm etwa *Drüen*, in: Tipke/Kruse, § 30, Rn. 143 ff.; *Pätz*, in: Koenig, § 30, Rn. 280 ff.; *Rüsken*, in: Klein, § 30, Rn. 214 ff.; *Tormöhlen*, in: Gosch, § 30, Rn. 154 ff.

[95] Ausführlich dazu *Alber*, in: Hübschmann/Hepp/Spitaler, § 30, Rn. 149 ff.; *Besson*, Steuergeheimnis, S. 31 ff.; *Drüen*, in: Tipke/Kruse, § 30, Rn. 62 ff.; *Pätz*, in: Koenig, § 30, Rn. 130 ff.; *Tormöhlen*, in: Gosch, § 30, Rn. 84 ff.

B. Die positivrechtlichen Schutzmechanismen der Abgabenordnung

bares Ergebnis, oder aber aus der aus der Arbeitsteilung fließenden wechselseitigen Unkenntnis besteuerungserheblicher Informationen rührten massive Vollzugsdefizite. In jedem Fall aber verlöre die Besteuerung an Effizienz, Präzision und Legalität. Abstrahiert kann es sich ein der Rechtsstaatlichkeit verschriebenes Besteuerungsverfahren daher schlichtweg nicht leisten, dass die Finanzbehörden sowie die mit Steuersachen befassten Gerichte bei der Erfüllung ihrer Aufgaben durch das Steuergeheimnis behindert werden.[96] Vielmehr muss es den hieran beteiligten Akteuren jederzeit möglich sein, miteinander zu kommunizieren, sich untereinander auszutauschen sowie sich im Bedarfsfall miteinander abzustimmen. Nur so kann dem intendierten Ideal einer formell gesetzestreuen wie materiell zutreffenden Besteuerung nach dem Grad individueller wirtschaftlicher Leistungsfähigkeit bestmöglich beigekommen werden.[97] Wenn also das Steuergeheimnis selbst in überindividueller Hinsicht die Gesetzmäßigkeit der Besteuerung bestrebt, muss der abgabenrechtliche Geheimnisschutz der zutreffenden Ermittlung einschlägiger Besteuerungsgrundlagen hintanstehen[98], wäre doch andernfalls, ohne die Möglichkeit eines Informationsflusses innerhalb der Strukturen der Finanzverwaltung, eine normativ zutreffende Besteuerung aufgezeigtermaßen undenkbar. § 30 Abs. 4 Nr. 1 i. V. m. Abs. 2 Nr. 1 lit. a) AO ist damit nur notwendiger Ausdruck der Erkenntnis, dass ohne den so begründeten Offenbarungstatbestand selbst proklamierte Maximen ernsthaft in Gefahr gerieten.

Eine ganz ähnliche prozessorientierte Intention liegt sodann auch § 30 Abs. 4 Nr. 1 i. V. m. Abs. 2 Nr. 1 lit. b)[99] AO zugrunde. Auch die Belange steuerstraforientierter Strafverfolgung erfordern in zweierlei Hinsicht behördliche Kommunikation:

Dies betrifft zunächst die selbstständige Ermittlungsbefugnis der Finanzbehörden gemäß § 386 Abs. 2 AO. Sind im Bereich ausschließlich steuerstrafkonnotierter Strafverfolgung die Finanzämter beleuchtetermaßen originär eigenverantwortlich zur repressionsorientierten Sachverhaltserforschung berufen[100], muss die Rechtsordnung auch hier dafür Sorge tragen, dass der damit konkret betraute Hoheitsträger dem ihm zedierten Ermittlungsauftrag ordnungsgemäß nachkommen kann. Ermittlungsrelevante Kommunikation, etwa mit Polizeidienststellen, Zeugen, Sachverständigen oder gar Dritten, die in das Verfahren notwendigerweise einbezogen werden müssen, ist hier für den Erfolg des Nachforschungsvorhabens obligat, er-

---

[96] Vgl. auch *Tormöhlen*, in: Gosch, § 30, Rn. 84 unter Rekurs auf BVerwG v. 2.2.1982 – 1 C 146.80, DVBl. 1982, 696 f. sowie BFH v. 10.2.1987 – VII R 77/84, BStBl. II 1987, 547; ferner *Sahan*, Steuererklärungspflicht, S. 25.
[97] So auch *Besson*, Steuergeheimnis, S. 31 f.
[98] Gleichsinnig etwa *Alber*, in: Hübschmann/Hepp/Spitaler, § 30, Rn. 149; *Besson*, Steuergeheimnis, S. 31 f.; *Drüen*, in: Tipke/Kruse, § 30, Rn. 62; *Tormöhlen*, in: Gosch, § 30, Rn. 84.
[99] Hierzu umfassend etwa *Besson*, Steuergeheimnis, S. 33 ff.; *Drüen*, in: Tipke/Kruse, § 30, Rn. 70 sowie insbesondere *Tormöhlen*, in: Gosch, § 30, Rn. 104 ff.
[100] Siehe näher Teil 2 B. I. 2.

fordert aber regelmäßig auch die Offenbarung geheimnisrelevanter Daten.[101] Schöbe das Steuergeheimnis ebendieser Dialogebene den Riegel kategorischer Amtsverschwiegenheit vor, entwertete dies die Handlungsbefugnisse der Finanzbehörden merklich. Deren Stellung im Ermittlungsverfahren, ja, in letzter Konsequenz sogar die eigenständige Ermittlungsaufgabe des § 386 Abs. 2 AO in Gänze wäre empfindlich getroffen, die ordentliche Sachverhaltsermittlung zu Strafverfolgungszwecken so nicht mehr gewährleistet und die Entscheidungsgrundlage des Repressionsverfahrens häufig nur unzureichend ausgeleuchtet. Im Ergebnis schlüge damit auch hier eine über Gebühr strenge Handhabung der Vorschriften des Steuergeheimnisses zu Lasten der materiell richtigen Verfahrensentscheidung aus. Sollen die Vorschriften des Steuergeheimnisses den Einzelnen aber weder rational noch systematisch von seiner steuerstrafrechtlichen Verantwortung freizeichnen[102], tut der Durchbrechungstatbestand des § 30 Abs. 4 Nr. 1 i. V.m. Abs. 2 Nr. 1 lit. b) AO das aus der Perspektive des Verschwiegenheitsinstituts einzig Konsequente, wenn er das aufgezeigte Spannungsverhältnis zu Gunsten einer Offenbarungslegitimation auflöst.

Aber nicht nur in den Grenzen der eigenverantwortlichen Ermittlungsaufgabe muss die Finanzbehörde offenbaren können, auch im Verhältnis zur Staatsanwaltschaft bedarf sie zuweilen der Erlaubnis zur Kommunikation.[103] Bleibt es dem selbstständig ausforschenden Finanzamt nämlich gemäß § 386 Abs. 4 S. 1 AO gleichermaßen jederzeit unbenommen, einschlägige Steuerstrafsachen an die Staatsanwaltschaft abzugeben, wie es der Staatsanwaltschaft stets offensteht, die Sache gemäß § 386 Abs. 4 S. 2 AO zu evozieren, muss es auch hier dem bis dato ermittelnden Amtsträger möglich sein, der neuerlich sachbefassten Behörde in zulässiger Weise den bereits ermittelnden Sach- und Informationsstand zu übertragen.[104] Gar sinnwidrig wäre es, diesen bloßen Zuständigkeitswechsel im selben Verfahren an den Gedanken des Steuergeheimnisses zu messen und so durch überstrenge Verschwiegenheit der Finanzbehörde strukturell zu unterbinden. Die Offenbarungsbefugnis gemäß § 30 Abs. 4 Nr. 1 i. V.m. Abs. 2 Nr. 1 lit. b) AO ist auch in diesem Verhältnis nur die logische Konsequenz erkannter Prozessbedürfnisse.

Gerade hierdurch birgt die Offenbarungsnorm aber auch ein für hiesige Zwecke einschneidendes Problem. Wenn § 30 Abs. 2 Nr. 1 lit. a) AO dem Steuergeheimnis all jene Daten unterstellt, die in einem besteuerungsrelevanten Verwaltungsverfahren bekannt geworden sind, diesen Schutz sodann aber gemäß § 30 Abs. 4 Nr. 1 i. V.m. Abs. 2 Nr. 1 lit. b) AO postwendend wieder revoziert, soweit die einschlägige Of-

---

[101] *Tormöhlen*, in: Gosch, § 30, Rn. 105.

[102] Deutlich *Besson*, Steuergeheimnis, S. 33; ferner *Alber*, in: Hübschmann/Hepp/Spitaler, § 30, Rn. 156.

[103] *Tormöhlen*, in: Gosch, § 30, Rn. 106.

[104] *Alber*, in: Hübschmann/Hepp/Spitaler, § 30, Rn. 156; *Besson*, Steuergeheimnis, S. 36; *Drüen*, in: Tipke/Kruse, § 30, Rn. 70; *Rolletschke*, StV 2005, 358; *Tormöhlen*, in: Gosch, § 30, Rn. 106.

B. Die positivrechtlichen Schutzmechanismen der Abgabenordnung 323

fenbarung nur einem Strafverfahren wegen einer Steuerstraftat oder einem Bußgeldverfahren wegen einer Steuerordnungswidrigkeit dient, eröffnet die Norm damit zugleich einen Bereich des Informationsflusses vom besteuernden Finanzamt zu den Strafverfolgungsbehörden. Scheint so gerade ein Abgang von im Besteuerungsprozess kooperativ abgegebenen Informationen in ein korrelierend repressives Verfahren von Gesetzes wegen möglich, wird gerade hier die Gefahr strafrechtlicher Selbstbelastung durch besteuerungsorientierte Mitwirkung akut; gerade hier schützt das Steuergeheimnis den Einzelnen systematisch nicht.[105]

Rechtsfolgenseitig knüpft sich an all diese Tatbestände dabei eine recht simple Befugnis: Die informationsbeherrschende Finanzbehörde wird in den Stand erhoben, dem spezifisch umschriebenen Normadressaten zweckgebunden[106] bestimmte Informationen preisgeben zu dürfen, wobei das Steuergeheimnis selbst den äußeren Rahmen dieser Offenbarungserlaubnis entlang normativer Verhältnismäßigkeitserwägungen zieht.[107] Wenn § 30 Abs. 4 Nr. 1 AO eine Offenbarung nur für zulässig erklärt, „soweit"[108] diese einem bestimmten Verfahren dient, lässt die Vorschrift den Geheimnisbruch konkludent nur dort zu, wo sie für die Durchführung des betreffenden anderen Verfahrens tatsächlich verhältnismäßig notwendig ist. Für den Kontext des hier zuvörderst interessierenden § 30 Abs. 4 Nr. 1 i. V. m. Abs. 2 Nr. 1 lit. b) AO bleibt damit das vorerst ernüchternde Ergebnis, dass auch unter der Schirmherrschaft des Steuergeheimnisses die für die Besteuerung zuständige Finanzbehörde ebenda erlangte steuerstrafrechtlich relevante Daten den einschlägigen Strafverfolgungsorganen bis zur Grenze der Unverhältnismäßigkeit preisgeben darf.

Noch ungeklärt bleibt damit aber ein empfindliches Gemengeproblem: Was passiert, wenn steuerstrafrechtliche und allgemeindeliktische Taten zusammenfallen? Nach welchen Voraussetzungen beurteilt sich hier die Befugnis zur Offenbarung? Sinnvollerweise wird die Antwort hierauf in einer systematischen Erwägung zu suchen sein, eng verbunden mit der Frage nach der konkreten Ausgestaltung des § 386 Abs. 2 AO. Knüpft sich die Offenbarungsbefugnis des § 30 Abs. 4 Nr. 1 i. V. m. Abs. 2 Nr. 1 lit. b) AO nämlich – wie gezeigt – zumindest gedanklich auch die eigenständige Strafverfolgungszuständigkeit der Finanzbehörde gemäß § 386 Abs. 2 AO, zeitigt Wirkung, dass die Reichweite ebenjener Ermittlungsaufgabe obig bereits auf die Beine des prozessualen Tatbegriffs gestellt wurde.[109] Hat die Finanzbehörde nach dem so erarbeiteten Verständnis also auch die Ermittlungskompetenz für

---

[105] Zustimmend *Sahan*, Steuererklärungspflicht, S. 25.

[106] Siehe nur *Alber*, in: Hübschmann/Hepp/Spitaler, § 30, Rn. 151 sowie ausführlich *Drüen*, in: Tipke/Kruse, § 30, Rn. 63 f.

[107] Näher *Alber*, in: Hübschmann/Hepp/Spitaler, § 30, Rn. 152 f.; *Drüen*, in: Tipke/Kruse, § 30, Rn. 62; *Höppner*, StuW 1969, 210 f.; *Jörißen*, AO-StB 2008, 47; *Tormöhlen*, in: Gosch, § 30, Rn. 84, jeweils m. w. N.

[108] Siehe insoweit aber auch *Tormöhlen*, in: Gosch, § 30, Rn. 84, welcher ebendiese Verhältnismäßigkeitserwägungen unter dem Topos des „Dienens" anstellt; ähnlich auch *Alber*, in: Hübschmann/Hepp/Spitaler, § 30, Rn. 152 f.

[109] Teil 2 B. I. 2., Fn. 39.

prozessual mit dem Steuerdelikt idealkonkurrierende Missetaten inne, muss diese weite Lesart des aufgabenkonturierenden Ausschließlichkeitsbegriffs auch auf das Ausmaß der korrelierenden Offenbarungsbefugnis durchschlagen.[110] So erschiene auch im Kontext der Beurteilung der Kundgabelegalität eine, etwa am materiellen Konkurrenzverhältnis orientierte[111], gespaltene Offenbarungsdogmatik mit divergierendem Voraussetzungskatalog angesichts der auch hier nur unnatürlichen Auftrennbarkeit prozessual einheitlicher Taten als allenfalls theoretisch praktikabel, wohingegen die Anbindung auch des Offenbarungstatbestandes an den Topos der prozessualen Tateinheit einen systematischen Gleichlauf zwischen der Reichweite der Ermittlungsbefugnis des § 386 Abs. 2 AO und jener der Offenbarung der in diesem Aufgabenbereich erlangten Informationen schafft, der sowohl außensystematisch kohärent erscheint als auch von den obig ausgeführten Teleologieerwägungen prozessstatsächlicher wie verfahrensökonomischer Natur getragen wird. Soweit die Steuer- und die allgemeindeliktische Tat also als prozedural normative Einheit betrachtet werden müssen, dient die Offenbarung der Nichtsteuerstraftat (auch) der Ermittlung der Steuerstraftat und partizipiert so an deren Offenbarungsparametern.[112] Bleiben somit für die Wahl der einschlägigen Preisgabevorschrift die Grundsätze des prozessualen Tatbegriffs ausschlaggebend[113], mündet die Anwendung dieses Kriteriums schließlich in die technische Unterscheidung einer Offenbarung auch nichtsteuerlicher Missetaten gemäß § 30 Abs. 4 Nr. 1 i. V. m. Abs. 2 Nr. 1 lit. b) AO, soweit prozessual mit Steuerverfehlungen idealkonkurrierend, und einer solchen nach § 30 Abs. 4 Nr. 4 respektive Nr. 5 AO bei prozessualer Tatmehrheit.

---

[110] In diese Richtung auch *Tormöhlen*, in: Gosch, § 30, Rn. 108.

[111] So etwa *Alber*, in: Hübschmann/Hepp/Spitaler, § 30, Rn. 156; *Drüen*, in: Tipke/Kruse, § 30, Rn. 70 m. w. N.; *Jarke*, wistra 1997, 326 f.; *Müller*, DStR 1986, 700; dagegen *Ruegenberg*, Steuergeheimnis, S. 55 f.; *Spriegel*, wistra 1997, 323 f.; *Spriegel*, Steuergeheimnis und Strafverfahren, S. 93 ff., 97; vgl. auch BayObLG v. 6.8.1996 – 4 St RR 104/96, NJW 1997, 600 f.; *Becker*, StBp. 2008, 106.
Andere (etwa *Hardtke/Westphal*, wistra 1996, 95; *Randt*, in: Joecks/Jäger/Randt, § 386, Rn. 63 f.) wollen dagegen danach unterscheiden, in welchem Verfahren die Finanzbehörde die Kenntnisse betreffend die andere Straftat erlangt hat. Hiergegen unter näherer Diskussion und im Ergebnis überzeugend *Kemper*, in: Rolletschke/Kemper/Roth, § 386, Rn. 120, 122 m. w. N. sowie *Tormöhlen*, in: Gosch, § 30, Rn. 109, jeweils mit dem Hinweis, dass ein solch streng verfahrensgebundener Ansatz zuweilen den Straftäter allein deshalb privilegiere, weil lediglich die Finanzbehörde ermittele.

[112] Ausdrücklich *Besson*, Steuergeheimnis, S. 34; ferner *Tormöhlen*, in: Gosch, § 30, Rn. 108.

[113] Wie hier etwa *Becker*, StBp. 2008, 106; *Besson*, Steuergeheimnis, S. 34 f.; *Kemper*, in: Rolletschke/Kemper/Roth, § 386, Rn. 124; *Küster*, PStR 2000, 110; *Peters/Bertrand*, in: Kohlmann, § 386, Rn. 167 m. w. N.; *Ruegenberg*, Steuergeheimnis, S. 55 f.; *Tormöhlen*, in: Gosch, § 30, Rn. 108.

B. Die positivrechtlichen Schutzmechanismen der Abgabenordnung

Darüber hinaus näherer Diskussion bedarf sodann auch der Offenbarungstatbestand des § 30 Abs. 4 Nr. 1 lit. b) AO. Eingeführt mit Wirkung vom 25.5.2018[114], erscheint die Vorschrift prima facie als Fremdkörper im vorliegenden Teil. Der ausdrückliche Rekurs auf Verstöße gegen Art. 83 DSGVO lässt die Befugnis augenscheinlich als im Bereich außersteuerlicher Ordnungswidrigkeiten ansässig und damit eher als im Kontext allgemeindeliktischer Vortaten in Teil 6 zu thematisierendes Institut wirken, Klarheit schaffen hier jedoch Blicke in die Ratio sowie die Genese der Norm.

So fallen in den Anwendungsbereich der Vorschrift insbesondere Kundgaben im Kontext von Verstößen gegen die Datenschutzbestimmungen der Abgabenordnung sowie der Einzelsteuergesetze. Wurden ebendiese Fehltritte bislang von der Finanzverwaltung selbst verfolgt und geahndet, profitierten die hier für das Bußgeldverfahren zuständigen Stellen bei der insoweit erforderlichen Informationsakquise bisher stets vom Austausch mit den Finanzbehörden qua § 30 Abs. 4 Nr. 1 AO.[115] Obliegt es seit Mai 2018 nun aber der zuständigen Aufsichtsbehörde[116], ebenjene Verstöße, jetzt gemäß Art. 83 DSGVO, zu verfolgen, änderten sich hiermit zwar der sachbetraute Hoheitsträger sowie der normative Standort der Ordnungswidrigkeit, nicht aber die konzeptionelle Angewiesenheit auf entsprechende Informationen aus dem Fundus der Finanzverwaltung.[117] § 30 Abs. 4 Nr. 1 lit. b) AO trägt diesem fortbestehenden Kommunikationsbedürfnis Rechnung. In Anbetracht der nunmehr eingetretenen Untauglichkeit des § 30 Abs. 4 Nr. 1 AO bei gleichbleibender Interessenlage ermöglicht der neu geschaffene Offenbarungstatbestand weiterhin den Informationsfluss von der Finanz- an die zuständige Verfolgungsbehörde. Eine Änderung der Rechtslage tritt hiermit im Ergebnis nicht ein[118], war aber legislativ ausdrücklich auch gar nicht intendiert.[119] In Fortführung des Altbekannten bindet § 30 Abs. 4 Nr. 1 lit. b) AO seine Legalisierungswirkung daher an die Besteuerungsrelevanz des bußgeldbewehrten Datenschutzfehltritts und fordert so eine anlasstatbezogene Steuerkonnexität, die den Anwendungsbereich der Offenbarungsnorm nicht nur eröffnet, sondern bei historisch-teleologischer Auslegung kehrseitig auch begrenzt. Muss also das offenbarungslegitimierende Bußgeldverfahren zwingend die Verarbeitung personenbezogener Daten im Anwendungsbereich der Abgabenordnung oder der Steuergesetze betreffen[120], erscheint Art. 83 DSGVO in diesem Licht als Steuerordnungswidrigkeit im weiteren Sinne und § 30

---

[114] Art. 17 Nr. 8 lit. b) bb) des Gesetzes zur Änderung des Bundesversorgungsgesetzes und anderer Vorschriften v. 17.7.2017, BGBl. I 2017, 2549.
[115] BT-Drs. 18/12611, 82; *Drüen*, in: Tipke/Kruse, § 30, Rn. 70e.
[116] Dazu näher *Baum*, NWB 2017, 3149; *Drüen*, in: Tipke/Kruse, § 30, Rn. 70e; *Tormöhlen*, in: Gosch, § 30, Rn. 110.5.
[117] Dieses Bedürfnis stellt auch BT-Drs. 18/12611, 82 besonders heraus; siehe auch *Drüen*, in: Tipke/Kruse, § 30, Rn. 70e.
[118] Siehe nur BT-Drs. 18/12611, 82 sowie *Drüen*, in: Tipke/Kruse, § 30, Rn. 70e.
[119] Ausdrücklich BT-Drs. 18/12611, 82.
[120] AEAO zu § 30 AO, Nr. 6; *Drüen*, in: Tipke/Kruse, § 30, Rn. 70e.

Abs. 4 Nr. 1 lit. b) AO als normativ wie § 30 Abs. 4 Nr. 1 AO zu behandelnde Vorschrift. Konsequent fortgedacht, gelten daher die mit Blick auf § 30 Abs. 4 Nr. 1 AO erarbeiteten Grundsätze, insbesondere aber jene zum Stellenwert des Verhältnismäßigkeitsgrundsatzes, sinngemäß auch für § 30 Abs. 4 Nr. 1 lit. b) AO.

Damit hat es mit dem Steuergeheimnis für den vorliegend relevanten Kontext aber auch schon sein Bewenden. Bleiben nämlich im Bereich steuerstrafrechtlicher Vortaten[121] die Offenbarungsbefugnisse der § 30 Abs. 4 Nr. 2 AO (in Kombination mit einschlägigem Bundesrecht) sowie § 30 Abs. 4 Nr. 5 AO aufgrund deren im Verhältnis zu § 30 Abs. 4 Nr. 1 AO strengeren Voraussetzungen[122] in ihrer Offenbarungsweite deutlich hinter jener der letztgenannten Norm zurück und enthält auch § 30 Abs. 5 AO, wie *Drüen*[123] zutreffend herausstellt, neben § 30 Abs. 4 Nr. 1 i. V. m. Abs. 2 Nr. 1 lit. b) AO eigenständigen Regelungsgehalt lediglich in Bezug auf hier nicht weiter interessierende Informanten wie Denunzianten[124], schaffen ebenjene Tatbestände für den Einzelnen zwar kein über § 30 Abs. 4 Nr. 1 AO hinausgehendes Selbstbelastungspotential, die hierdurch bereits begründete Spannungslage vermögen sie jedoch ingleichen auch nicht zu kompensieren. Erübrigt sich eine nähere Diskussion daher an dieser Stelle schon mangels inhaltlichen Mehrwerts, steht ein recht ernüchterndes Ergebnis nunmehr endgültig fest:

Im Milieu steuerstrafrechtlicher Anlasstaten bietet das von § 30 AO errichtete Institut des Steuergeheimnisses keinen ernsthaften Schutz vor Verstößen gegen den nemo tenetur-Grundsatz. Solange insbesondere der Durchbrechungstatbestand des § 30 Abs. 4 Nr. 1 i. V. m. Abs. 2 Nr. 1 lit. b) AO einen nahezu voraussetzungslosen Informationsfluss zwischen der kooperativ informationssammelnden Besteuerungs- und der korrelierend repressionssuchenden Strafverfolgungsbehörde ermöglicht, kann auch der steuerrechtliche Geheimnisschutz eine nachträgliche Umwidmung von ursprünglich im Besteuerungsverfahren pflichtgemäß abgegebenen Daten zu Repressionszwecken nicht verhindern. Ein wirksames Mittel gegen die so fortbestehende Gefahr zwangsweiser Selbstbezichtigung bleibt somit andernorts zu suchen.

---

[121] Näher zu §§ 30 Abs. 4 Nr. 2 wie Nr. 5 AO aber sogleich im Kontext allgemeindeliktischer Vortaten, siehe Teil 6 A. I. 1. sowie Teil 6 A. I. 3.

[122] Zu § 30 Abs. 4 Nr. 2 AO grundlegend *Drüen*, in: Tipke/Kruse, § 30, Rn. 71 ff.; *Kordt*, in: Schwarz/Pahlke, § 30, Rn. 90 ff. sowie *Tormöhlen*, in: Gosch, § 30, Rn. 111 ff. Zu § 30 Abs. 4 Nr. 5 AO siehe *Alber*, in: Hübschmann/Hepp/Spitaler, § 30, Rn. 190 ff.; *Drüen*, in: Tipke/Kruse, § 30, Rn. 119 ff.; *Kordt*, in: Schwarz/Pahlke, § 30, Rn. 113 ff. sowie *Tormöhlen*, in: Gosch, § 30, Rn. 133 ff.

[123] *Drüen*, in: Tipke/Kruse, § 30, Rn. 142 mit Verweis auf *Perron/Hecker*, in: Schönke/Schröder, § 355, Rn. 33.

[124] Ebenjene insoweit besteuerungsverfahrensfremden Dritten erlangen im hiesigen System hinreichenden Schutz vor zwangsweiser Selbstbezichtigung bereits via § 103 AO, siehe nur Teil 5 B. I.

III. Ausreichender Schutz durch die Möglichkeit des Strafausschlusses?

Dieser andere Ort könnte sodann in den Weiten fehlender Strafbarkeit des Einzelnen zu finden sein.

1. Die strafbefreiende Selbstanzeige des § 371 AO

Hier schweift der Blick zunächst über den prominenten Konterpart des § 370 AO. Ungeachtet dessen in der Vergangenheit noch streitigen dogmatischen Einordnung[125] sowie der immerwährend schwelenden rechtspolitischen Debatte[126] um die Daseinsberechtigung wie den Nutzen des persönlichen Strafaufhebungsgrundes[127] der Selbstanzeige muss der Fokus der Betrachtung an dieser Stelle zuvörderst auf der aktuellen Reichweite jenes Instituts liegen, das insbesondere in jüngerer Vergangenheit eine doch so bewegte Historie hinter sich hat. So ließen allen voran die wiederholten Novellierungen der Rechtslage durch das Schwarzgeldbekämpfungsgesetz im Jahre 2011[128] sowie das Abgabenordnungsänderungsgesetz im Jahre 2015[129] zwar die binnensystematische Normordnung wie auch die konzeptionelle Schutzstruktur des § 371 AO weitgehend unberührt, beide Novellen gossen aber die zunehmend restriktivere Rechtsprechung des Bundesgerichtshofs[130] zu den Voraussetzungen einer wirksamen Selbstanzeige in positivrechtliche Formen. Peu à peu wurden so die Tatbestandsvoraussetzungen der Vorschrift verschärft, die Hürden für

---

[125] Siehe dazu etwa die Ausführungen und Nachweise bei *Joecks*, in: Joecks/Jäger/Randt, § 371, Rn. 39; *Kohler*, in: MüKo-StGB, § 371 AO, Rn. 11 sowie *Schauf*, in: Kohlmann, § 371, Rn. 52.

[126] Dazu auszugsweise *Gehm*, ZRP 2010, 169 ff.; *Schuster*, JZ 2015, 27 ff.; *Wenzler*, AO-StB 2014, 127 ff. Zur Legitimation der Selbstanzeige ferner *Schauf*, in: Kohlmann, § 371, Rn. 43 ff. m.w.N. sowie monografisch *Ceffinato*, Vollendungsumkehr, S. 153 ff. und *Rüping*, DStJG 38, S. 143 ff.

[127] So auch die mittlerweile herrschende Auffassung, siehe etwa BGH v. 20.5.2010 – 1 StR 577/09, BGHSt 55, 181; KG v. 24.11.2016 – (4) 121 Ss 169/16 (195/16), NStZ-RR 2017, 216; *Beckemper*, in: Hübschmann/Hepp/Spitaler, § 371, Rn. 26; *Hadamitzky/Senge*, in: Erbs/Kohlhaas, § 371 AO, Rn. 44; *Hoyer*, in: Gosch, § 371, Rn. 1; *Jäger*, in: Klein, § 371, Rn. 1; *Joecks*, in: Joecks/Jäger/Randt, § 371, Rn. 39; *Kohler*, in: MüKo-StGB, § 371 AO, Rn. 11; *Schauf*, in: Kohlmann, § 371, Rn. 52; *Seer*, in: Tipke/Kruse, § 371, Rn. 1; *Winkler/Winkler*, AO-StB 2021, 61.

[128] Siehe Art. 2 Nr. 2 des Gesetzes zur Verbesserung der Bekämpfung der Geldwäsche und Steuerhinterziehung (Schwarzgeldbekämpfungsgesetz) v. 28.4.2011, BGBl. I 2011, 676. Zu den damit verbundenen Änderungen *Eich*, ErbStB 2013, 221 ff.; *Hunsmann*, NJW 2011, 1482 ff.

[129] Siehe Art. 1 Nr. 3 des Gesetzes zur Änderung der Abgabenordnung und des Einführungsgesetzes zur Abgabenordnung v. 22.12.2014, BGBl. I 2014, 2415 f. Zu den damit verbundenen Änderungen *Buse*, DB 2015, 89 ff.; *Hunsmann*, NJW 2015, 113 ff.

[130] Grundlegend hier die Entscheidung des BGH v. 20.5.2010 – 1 StR 577/09, BGHSt 55, 180 ff., die später als Blaupause für die Neuregelungen durch das Schwarzgeldbekämpfungsgesetz diente.

eine Straffreiheit erhöht und so die faktische Reichweite des Instituts nach und nach beschnitten. Liegt daher der Gedanke nicht fern, dass, so überhaupt zur Konfliktlösung tauglich, mit der Reichweite der Selbstanzeige auch deren Fähigkeit zur Abhilfe der Selbstbelastungsproblematik allmählich erodiert, bleibt nachstehend zu untersuchen, ob und inwieweit die von § 371 AO gewährte Möglichkeit der Strafbefreiung noch ein probates Mittel zur Korrektur bestehender nemo tenetur-Friktionen darstellt.

Den Ausgangspunkt dieser Analyse bildet dabei der seither umstrittene[131] – nach hiesiger Auffassung doppelfunktionale[132] – Telos des Instituts.

So steht es zunächst außer Frage, dass im Kontext der strafbefreienden Selbstanzeige der Fiskus in erster Linie die Realisierung der ihm qua Hinterziehung vorenthaltenen Steuer sucht. Wenn die Rechtsordnung dem Einzelnen Straffreiheit gegen bedingungslose Nacherklärung und Vorteilsrückgabe gewähren möchte, geht es hier hauptsächlich um nichts anderes, als die Motivation des Hinterziehenden zur nachträglichen Erfüllung seines steuerlichen Pflichtenprogramms mit der Intention, bisher verheimlichte Steuerquellen doch noch erschließen zu können.[133] Soll hierdurch gerade eine zutreffende Besteuerung ermöglicht und das staatliche Steueraufkommen gemehrt werden[134], erlangt die Selbstanzeige von diesem Standpunkt aus eine Art fiskalpolitische Anreizfunktion[135] zur steuerrechtlichen Pflichtentreue ex post mit dem ökonomischen Fernziel steuerlicher Mehreinnahmen sowie materiell zutreffender Besteuerung.

---

[131] Zum Streitstand siehe *Hoyer*, in: Gosch, § 371, Rn. 6 ff.; *Joecks*, in: Joecks/Jäger/Randt, § 371, Rn. 20 ff.; *Schauf*, in: Kohlmann, § 371, Rn. 29 ff.

[132] So auch BGH v. 20.5.2010 – 1 StR 577/09, BGHSt 55, 181 f.; *Doege*, nemo-tenetur-Grundsatz, S. 232; *Jäger*, in: Klein, § 371, Rn. 2; *Kohler*, in: MüKo-StGB, § 371 AO, Rn. 23 f.; *Schauf*, in: Kohlmann, § 371, Rn. 29 ff.; *Seer*, in: Tipke/Kruse, § 371, Rn. 4; *Seer*, in: Tipke/Lang, Rn. 23.55; kritisch *Beckemper*, in: Hübschmann/Hepp/Spitaler, § 371, Rn. 16 ff.

[133] BGH v. 20.5.2010 – 1 StR 577/09, BGHSt 55, 181 f.; BGH v. 12.8.1987 – 3 StR 10/87, BGHSt 35, 37; BGH v. 4.7.1979 – 3 StR 130/79, BGHSt 29, 40; KG v. 24.11.2016 – (4) 121 Ss 169/16 (195/16), NStZ-RR 2017, 217; *Beckemper*, in: Hübschmann/Hepp/Spitaler, § 371, Rn. 15; *Bilsdorfer*, wistra 1984, 93; *Doege*, nemo-tenetur-Grundsatz, S. 232; *Eidam*, wistra 2006, 13; *Kohler*, in: MüKo-StGB, § 371 AO, Rn. 23; *Schauf*, in: Kohlmann, § 371, Rn. 30; *Seer*, in: Tipke/Kruse, § 371, Rn. 4; *Seer*, in: Tipke/Lang, Rn. 23.55.

[134] So ausdrücklich *Kohler*, in: MüKo-StGB, § 371 AO, Rn. 23; *Seer*, in: Tipke/Lang, Rn. 23.55 sowie *Schauf*, in: Kohlmann, § 371, Rn. 30.

[135] So auch BGH v. 20.5.2010 – 1 StR 577/09, BGHSt 55, 181 f.; BGH v. 5.9.1974 – 4 StR 369/74, NJW 1974, 2293; *Bilsdorfer*, wistra 1984, 93; *Doege*, nemo-tenetur-Grundsatz, S. 232; *Eidam*, wistra 2006, 13; *Hoyer*, in: Gosch, § 371, Rn. 6; *Kohler*, in: MüKo-StGB, § 371 AO, Rn. 23; *Schauf*, in: Kohlmann, § 371, Rn. 31. *Hadamitzky/Senge*, in: Erbs/Kohlhaas, § 371 AO, Rn. 1 und *Seer*, in: Tipke/Kruse, § 371, Rn. 4 respektive *Seer*, in: Tipke/Lang, Rn. 23.55 ordnen diese Anreizfunktion der kriminalpolitischen Telosdimension zu.

Mit diesem steuerpolitischen Interesse an Individualmotivation korrespondiert jedoch auch zumindest[136] ein kriminalpolitisches solches. Neben der Anreizsetzung zur Pflichtentreue aus haushaltsmonetären Gründen soll dem Einzelnen durch die Option der Selbstanzeige auch die Möglichkeit gegeben werden, sein primäres Fehlverhalten im Nachgang wieder zu kompensieren und nach anfänglichem Rechtsbruch wieder in den sozialverträglichen Bereich der Steuerlegalität zurückzukehren.[137] Akut wird dieses rationale Anliegen dabei insbesondere dort, wo es um Hinterziehungstatbestände im Kontext periodisch wiederkehrender Besteuerung geht.[138] Gerade hier ist eine Rückkehr zur Steuerehrlichkeit ohne (stillschweigendes) Eingeständnis vorgehender Falsch- bzw. Minusdeklarationen nicht ohne Weiteres möglich, weshalb der einmal Hinterziehende im Fall fortbestehender Strafbarkeitsandrohungen bestenfalls mäßig dazu motiviert sein wird, seine bisherige Praxis aufzugeben und in Zukunft zutreffende Angaben zu machen. Um den Einzelnen hier nicht weiter in die Ecke fortzusetzender Kohärenzlügen zu drängen, sondern ihm einen gangbaren Ausweg aus der einmal begonnenen Unwahrheitsspirale aufzuzeigen, soll es ihm durch § 371 AO ermöglicht werden, sich zumindest ex nunc wieder steuerrechtstreu verhalten zu können.[139] Wenn ihm die Steuerrechtsordnung hier also Straffreiheit gegen Pflichtennachholung anbietet, baut sie ihm aus dieser kriminalpolitischen Perspektive eine – in der Plastizität des gängigen Duktus – „goldene Brücke"[140] zurück in die Legalität.

a) Der Tatbestand der Selbstanzeige

Diese teleologische Janusköpfigkeit aus Fiskal- und Kriminalpolitik manifestiert sich sodann in einem differenzierten Katalog aus positiven und negativen Anzeigevoraussetzungen.

---

[136] Daneben wollen *Kohler*, in: MüKo-StGB, § 371 AO, Rn. 24 und *Schauf*, in: Kohlmann, § 371, Rn. 39 den aus dem Spannungsverhältnis von faktisch gesteigertem Nachforschungsaufwand bei der Aufklärung von Steuerverkürzungen bei gleichzeitig limitierten Personalkapazitäten der Finanzbehörden fließenden strukturellen Ermittlungsnotstand, respektive das dahinterstehende kriminalpolitische Interesse an der Aufklärung unbekannter Steuerstraftaten, in den Kreis der teleologischen Grundlagen des § 371 AO erheben.

[137] BGH v. 20.5.2010 – 1 StR 577/09, BGHSt 55, 181 f.; *Doege*, nemo-tenetur-Grundsatz, S. 232; *Jäger*, in: Klein, § 371, Rn. 2; *Kohler*, in: MüKo-StGB, § 371 AO, Rn. 24; *Schauf*, in: Kohlmann, § 371, Rn. 40; *Seer*, in: Tipke/Kruse, § 371, Rn. 4; *Seer*, in: Tipke/Lang, Rn. 23.55. Vgl. auch schon BGH v. 13.11.1952 – 3 StR 398/52, BGHSt 3, 374. Dagegen *Beckemper*, in: Hübschmann/Hepp/Spitaler, § 371, Rn. 16 ff.

[138] Gleichsinnig *Hoyer*, in: Gosch, § 371, Rn. 7; *Joecks*, in: Joecks/Jäger/Randt, § 371, Rn. 31; *Schauf*, in: Kohlmann, § 371, Rn. 40.

[139] So auch *Joecks*, in: Joecks/Jäger/Randt, § 371, Rn. 31; ähnlich *Schuster*, JZ 2015, 31 f. Der Sache nach zustimmend ferner *Beckemper/Schmitz/Wegner/Wulf*, wistra 2011, 281 f. sowie *Hoyer*, in: Gosch, § 371, Rn. 7, die dieser Erwägung jedoch lediglich einen rein fiskalpolitischen Hintergrund abgewinnen können.

[140] So ausdrücklich *Schauf*, in: Kohlmann, § 371, Rn. 40; *Seer*, in: Tipke/Kruse, § 371, Rn. 4; *Seer*, in: Tipke/Lang, Rn. 23.55.

In positiver Hinsicht fordern die beiden Sätze des § 371 Abs. 1 AO vom Hinterziehenden zunächst, Stellung zu allen unverjährten Steuerstraftaten einer Steuerart, mindestens aber zu allen Steuerstraftaten einer Steuerart innerhalb der letzten zehn Kalenderjahre zu beziehen und jeweils unrichtige Angaben zu berichtigen, unvollständige zu ergänzen sowie unterlassene nachzuholen. Hier, an diesem so statuierten Erfordernis steuerlicher Nacherklärung, beginnt die Odyssee um die anhaltende Restriktion des Selbstanzeigeinstituts: War dieses bis einschließlich 2011 noch ein für den Anzeigenden vergleichsweise niedrigschwelliges Mittel zur Abwendung von Strafe[141], wurden die inhaltlichen Anforderungen an die verlangte Berichtigungserklärung insbesondere durch die Gesetzesnovellen in den Jahren 2011 und 2015[142] merklich verschärft: So fordert die Vorschrift seit der Änderung durch das Schwarzgeldbekämpfungsgesetz, im Anschluss an die damals neuerlich restriktive Rechtsprechung des Bundesgerichtshofs[143], eine in den sachlich wie zeitlich umrissenen Grenzen des Tatbestandes steuerlich zutreffende Nacherklärung „in vollem Umfang"[144]. Gefunden und positiviert wurde hiermit ein materielles Vollständigkeitsgebot, welches, nicht zuletzt durch die strenge Interpretation ebenjenes Vollständigkeitstopos[145] in einem, zuletzt 2015 erweiterten, temporal ausschweifenden Zehnjahresrahmen, imstande ist, den Einzelnen rechtstatsächlich vor einschneidende Erklärungsprobleme zu stellen[146], und so in Kombination mit dem gleichzeitig kehrseitigen Ausschluss jeglicher Form der Teilselbstanzeige[147] dazu

---

[141] Zum Vergleich: § 371 Abs. 1 AO a.F.: „Wer in den Fällen des § 370 unrichtige oder unvollständige Angaben bei der Finanzbehörde berichtigt oder ergänzt oder unterlassene Angaben nachholt, wird insoweit straffrei."

[142] Siehe Teil 5 B. III. 1. mit Fn. 128 f.

[143] Die Grundsatzentscheidung des BGH v. 20.5.2010 – 1 StR 577/09 forderte vom Selbstanzeigenden zur Rückkehr in die Steuerehrlichkeit einen „reinen Tisch", siehe BGHSt 55, 182.

[144] *Seer*, in: Tipke/Kruse, § 371, Rn. 26; *Seer*, in: Tipke/Lang, Rn. 23.57 spricht im Anschluss an *Rolletschke/Roth*, Stbg 2011, 202 von einer „Sparten-Lebensbeichte".

[145] BGH v. 25.7.2011 – 1 StR 631/10, BGHSt 56, 317 f. akzeptiert insoweit lediglich geringfügige Bagatellabweichungen und beziffert die so geschaffene Geringfügigkeitsschwelle auf maximal 5 % des Verkürzungsbetrags im Sinne des § 370 Abs. 4 AO, ohne darüber hinaus aber auf eine Gesamtwürdigung der Umstände des Einzelfalls zu verzichten; näher dazu *Beckemper*, in: Hübschmann/Hepp/Spitaler, § 371, Rn. 65; *Jäger*, in: Klein, § 371, Rn. 70 ff.; *Jope*, NZWiSt 2012, 59 ff.; *Rübenstahl/Loy*, wistra 2018, 145 ff.; *Schwartz*, PStR 2011, 122 ff.; *Schauf*, in: Kohlmann, § 371, Rn. 220 ff.; *Seer*, in: Tipke/Kruse, § 371, Rn. 31; *Seer*, in: Tipke/Lang, Rn. 23.58; *Wittig*, JURA 2014, 572 f.

[146] So auch *Bruschke*, StB 2012, 43; *Doege*, nemo-tenetur-Grundsatz, S. 236; *Kemper*, DStZ 2013, 540; *Seer*, in: Tipke/Kruse, § 371, Rn. 26; *Wittig*, JURA 2014, 570, 572.

[147] Teilselbstanzeigen sind Nacherklärungen im Sinne des § 371 Abs. 1 AO, die der Finanzverwaltung die steuerlich erheblichen Tatsachen nicht in vollem Ausmaße zutreffend offenbaren (vgl. *Schauf*, in: Kohlmann, § 371, Rn. 200). Die bis zur Änderung durch das Schwarzgeldbekämpfungsgesetz geltende Rechtslage ermöglichte es dem Selbstanzeigenden hier, selbst im Fall einer defizitären Nacherklärung im jeweiligen Umfang der offenbarten Berichtigung teilweise Straffreiheit zu erlangen (siehe nur die „insoweit" Formulierung des § 371 Abs. 1 AO a.F.; *Doege*, nemo-tenetur-Grundsatz, S. 234; *Wittig*, JURA 2014, 572;

B. Die positivrechtlichen Schutzmechanismen der Abgabenordnung

beiträgt, das Institut des § 371 AO in Summe, insbesondere in komplexeren Hinterziehungskonstellationen, risikobehaftet[148], jedenfalls aber in praxi zunehmend unattraktiver erscheinen zu lassen.

Darüber hinaus hat der Hinterziehende, soweit Steuerverkürzungen bereits eingetreten oder Steuervorteile erlangt worden sind, den einschlägigen Hinterziehungsbetrag nebst Hinterziehungszinsen gemäß § 235 AO innerhalb einer seitens des Finanzamts ermessensgemäß bestimmten, angemessenen Frist zurückzuzahlen, § 371 Abs. 3 S. 1 AO.

Dies allein genügt jedoch noch nicht. Eine ordnungsgemäße Berichtigungserklärung samt umfassender Rückzahlung des Hinterziehungsbetrags führt nicht zwingenderweise zur persönlichen Strafaufhebung. Im Stile negativer Wirksamkeitsvoraussetzungen[149] umschreibt § 371 Abs. 2 S. 1 AO acht Konstellationen[150], in

---

ausführlich und m.w.N. *Schauf*, in: Kohlmann, § 371, Rn. 210 ff.). Diese Option zumindest gradueller Strafbefreiung hat das mit der Novelle eingeführte Vollständigkeitsgebot nunmehr jedenfalls im Fall vorsätzlicher Teilanzeigen unterbunden. Seit 2011 entscheidet sich das Gesetz insoweit vielmehr zu Gunsten einer absoluten Alles-oder-Nichts-Lösung (dazu umfassend *Schauf*, in: Kohlmann, § 371, Rn. 200 ff.; für eine Erstreckung der Straffreiheitsnegation auch auf undolose Teilselbstanzeigen etwa *Doege*, nemo-tenetur-Grundsatz, S. 234; *Kohler*, in: MüKo-StGB, § 371 AO, Rn. 90; *Rolletschke*, NZWiSt 2015, 98; *Seer*, in: Tipke/Kruse, § 371, Rn. 30; dagegen, und für eine teleologische Reduktion etwa *Beckemper*, in: Hübschmann/Hepp/Spitaler, § 371, Rn. 76; *Eich*, ErbStB 2013, 225 f.; *Hunsmann*, NJW 2011, 1484 sowie *Schauf*, in: Kohlmann, § 371, Rn. 235). Eine Ausnahme von diesen Grundsätzen gilt indes im, für gewöhnlich fehleranfälligen, Bereich zu berichtigender Umsatzsteuervor- oder Lohnsteueranmeldungen; gemäß § 371 Abs. 2a S. 1 AO bleibt hier eine Teilselbstanzeige weiterhin möglich.

[148] Der legislative Ausschluss von Teilselbstanzeigen bei gleichzeitig immer strengeren Voraussetzungen an eine wirksame Berichtigungserklärung drängt den Selbstanzeigewilligen in eine überaus prekäre Situation: Entschließt sich der Hinterziehende dazu, seine steuerlichen Pflichtwidrigkeiten ex post wieder zu beseitigen, gibt ihm die Rechtsordnung hierfür de lege lata nur einen Versuch. Schlägt dieses erste Berichtigungsunterfangen gemessen an aktuellen Erklärungsstandards fehl, tritt der Straffreiheitsmechanismus des § 371 AO in Gänze nicht ein und es bleibt bei der materiellrechtlichen Strafbarkeit gemäß § 370 AO. Diesem gleichermaßen empfindlichen wie proportional zu den Erklärungsvoraussetzungen anwachsenden Fehlschlagsrisiko hilft sodann auch die faktische Option einer nachgeschobenen zweiten Berichtigungserklärung ergänzenden Inhalts nicht ab. Ist im Umfang der erst einmal preisgegebenen Steuerverfehlung nämlich bereits Kenntnis seitens der Strafverfolgungsbehörden, mithin Tatentdeckung im Sinne des § 371 Abs. 3 Nr. 2 AO, eingetreten, sperrt ebenjene Vorschrift die Möglichkeit der Selbstanzeige hier in toto. Auch der ergänzend Nacherklärende findet sich daher nicht etwa unter dem Schutzschirm einer nunmehr in Summe vollständigen und damit strafbefreienden Selbstanzeige wieder, sondern vielmehr in der ungünstigen Position umfassend realisierter Selbstbelastung infolge zweier unwirksamer Selbstanzeigen bei dennoch fortbestehender Strafbarkeitsandrohung, siehe *Doege*, nemo-tenetur-Grundsatz, S. 234; *Rolletschke/Roth*, NZWiSt 2013, 295 f.; *Schwartz*, wistra 2011, 81 ff.; *Seer*, in: Tipke/Lang, Rn. 23.58; *Wittig*, JURA 2014, 572; näher zur Rettung solch „verunglückter" Selbstanzeigen *Heuel/Beyer*, AO-StB 2013, 140 ff.; zur Behandlung dieser Spannungslage im hiesigen System weiterführend Teil 5 B. III. 1. b), Fn. 160.

[149] So auch *Joecks*, in: Joecks/Jäger/Randt, § 371, Rn. 200 ff.; *Kohler*, in: MüKo-StGB, § 371 AO, Rn. 181 ff.; *Schauf*, in: Kohlmann, § 371, Rn. 414 ff.

welchen die Selbstanzeige für den Einzelnen bereits konzeptionell ausgeschlossen ist, eine Straffreiheit also selbst bei Vornahme der positiven Voraussetzungen gar nicht erst eintreten kann.[151] In concreto sperrt § 371 Abs. 2 S. 1 AO die Möglichkeit der Selbstanzeige enumerativ dort, wo bestimmten Beteiligten der Steuerverfehlung eine außenprüfungsrelevante Prüfungsanordnung nach § 196 AO bekannt gegeben worden ist (Nr. 1 lit. a)) bzw. Amtsträger der Außenprüfung bereits erschienen sind (Nr. 1 lit. c)), bestimmten Beteiligten der Steuerverfehlung die Einleitung des Straf- oder Bußgeldverfahrens bekannt gegeben worden ist (Nr. 1 lit. b)) bzw. einschlägige Beamte zur Ermittlung einer Steuerstraftat oder Steuerordnungswidrigkeit bereits erschienen sind (Nr. 1 lit. d)), eine der Steuerstraftaten im Zeitpunkt der Berichtigungserklärung ganz oder zum Teil bereits entdeckt war und der Täter dies wusste oder bei verständiger Würdigung der Sachlage damit rechnen musste (Nr. 2), ein Amtsträger zur besonderen steuerlichen Nachschau erschienen ist und sich ausgewiesen hat (Nr. 1 lit. e)), ein besonders schwerer Fall der Steuerhinterziehung gemäß § 370 Abs. 3 S. 2 Nr. 2 bis 6 AO vorliegt (Nr. 4) oder die nach § 370 Abs. 1 AO verkürzte Steuer oder der für sich oder einen anderen erlangte nicht gerechtfertigte Steuervorteil einen Betrag von 25.000 € je Tat übersteigt (Nr. 3)[152].

b) Zum Ausmaß der Konfliktbewältigung – eine Bewertung

Der dem Täter damit aufgezeigte Weg aus der Strafbarkeit scheint zur Bewältigung der nemo tenetur-Problematik zumindest der Idee nach gelungen. Selbstredend befreien Strafbefreiungsinstitute in den Grenzen der eigenen Reichweite von Strafe. Endet mit der materiellen Strafbarkeitsandrohung aber auch die damit verbundene Strafverfolgungsgefahr zu Lasten des Einzelnen, findet im normativen Ausschlussgrund eben nicht nur der hoheitliche Strafanspruch seine Grenze, sondern auch die Gefahr mitwirkungskonnotierter Selbstbelastung. Abstrakter gewendet wird dort, wo es bereits keine materiellrechtliche Repressionsandrohung mehr gibt, auch ein nemo tenetur-problematischer Zwang zu *repressionsrelevanter* Selbstbezichtigung nur schwerlich zu finden sein.

Nimmt man diesen Gedankengang struktureller Absenz materieller Selbstinkriminierungsgefahr sodann zum Anlass und vermengt ihn mit der hiesigen Konzeption

---

[150] Zum, inhaltlich indifferenten sowie abermals umstrittenen, Sachgrund dieser Ausschlussstatbestände siehe etwa *Joecks*, in: Joecks/Jäger/Randt, § 371, Rn. 200 ff.; *Kohler*, in: MüKo-StGB, § 371 AO, Rn. 183 ff.; *Schauf*, in: Kohlmann, § 371, Rn. 417 ff.

[151] Zu den Tatbestandsvoraussetzungen umfassend *Beckemper*, in: Hübschmann/Hepp/Spitaler, § 371, Rn. 124 ff.; *Hoyer*, in: Gosch, § 371, Rn. 43 ff.; *Schauf*, in: Kohlmann, § 371, Rn. 414 ff.; instruktiv *Seer*, in: Tipke/Lang, Rn. 23.60 ff. Eine nähere Analyse der spezifischen Ausgestaltung einzelner Sperrgründe erübrigt sich vorliegend bereits angesichts der für hiesige Zwecke interessierenden Schutzstruktur der Selbstanzeige. Soweit einzelne Spezifika ausgewählter Ausschlussstatbestände im Verlauf der Untersuchung indes doch noch Relevanz erheischt, seien diese Erwägungen an geeigneter Stelle dargelegt.

[152] Zu diesem Ausschlusstatbestand sogleich näher im Kontext von § 398a AO, siehe Teil 5 B. III. 2.

des nemo tenetur-Grundsatzes, erhellt hieraus eine zunächst vielversprechende Erkenntnis: Wo der Einzelne zwar zur selbstbelastenden Verfahrenskooperation gezwungen wird, er es aber gleichzeitig in der Hand hat, die damit einhergehende Repressionsgefahr zu beseitigen, bleibt ihm mehr als nur die Option selbstbezichtigender Pflichtentreue. Aufgezeigt wird ihm hier vielmehr ein Verhaltensweg abseits des selbstinkriminierenden Pflichtgehorsams, in der Terminologie des vorstehend entwickelten Privilegsansatzes also eine nichtinkriminierende Dispensoption zum selbstbelastenden Mitwirkungsauftrag.[153] Ist es dem Einzelnen unter der Ägide potentieller Strafbefreiung also möglich, sich auch im Fall hoheitlich angeordneter Mitwirkung nichtselbstbelastend rechtskonform zu verhalten, wird angesichts der hierdurch eröffneten, eigenverantwortlich wahrzunehmenden Entscheidungsposition für oder gegen die Erfüllung der hierfür erforderlichen Strafbefreiungsvoraussetzungen seine prozessuale Autonomieposition nicht instrumentalisierend untergraben, er in seiner Rolle als Verfahrenssubjekt nicht angegriffen und er so letztlich nicht nemo tenetur-widrig behandelt. Wird dem Betroffenen also zugestanden, durch ein bestimmtes Verhalten seine Straffreiheit herbeizuführen, eröffnet grundsätzlich bereits dieses hoheitliche Zugeständnis einen Bereich echter Wahlfreiheit, der die Zwangskomponente des Pflichtentopos und so im Ergebnis den Konflikt mit dem nemo tenetur-Grundsatz in toto beseitigt.[154]

Konkret übertragen auf den hier interessierenden Ausschnitt des Steuerrechts, bedeutet dies sodann zunächst, dass, solange am Ende der Selbstanzeige nur die Rechtsfolge materieller Straffreiheit steht, dem Betroffenen hierdurch eine im Kontext des Selbstbelastungsprivilegs beachtliche Handlungsalternative zum hoheitlichen Kooperationsgesuch eröffnet wird, gänzlich unabhängig davon, ob der potentiell Privilegierte im Ergebnis realiter hiervon Gebrauch macht oder nicht. Ob der zur Mitwirkung Verpflichtete die dem Grunde nach gewährte Strafbefreiungsoption also gar nicht erst wahrnimmt, er beim Versuch an den geforderten Voraussetzungen scheitert oder im Einzelfall tatsächliche Straffreiheit erlangt, bleibt schlicht unerheblich[155]; bereits die positivrechtlich eingeräumte Option willenssteuerbarer Strafbefreiung begründet die vom Selbstbelastungsprivileg geforderte Dispens- bzw. Entscheidungsposition, achtet damit den individuell-prozeduralen Autonomieanspruch und eliminiert so den aufgezeigten nemo tenetur-Konflikt.[156] Bereits die Existenz des Strafaufhebungsinstituts der Selbstanzeige gemäß § 371 AO entschärft damit konzeptionell das Spannungsverhältnis zwischen den steuerrecht-

---

[153] Siehe insbesondere Teil 4 C. I.; ferner aber auch Teil 4 B. I. 2. f) aa) und bb).

[154] *Böse*, Wirtschaftsaufsicht, S. 456; *Doege*, nemo-tenetur-Grundsatz, S. 230 f., 236; *Rogall*, in: FS-Kohlmann, S. 471; *Wolff*, Selbstbelastung und Verfahrenstrennung, S. 137; kritisch *Kopf/Szalai*, NJ 2010, 365; *Meyer-Mews*, DStR 2013, 166.

[155] *Doege*, nemo-tenetur-Grundsatz, S. 231.

[156] Deutlich *Doege*, nemo-tenetur-Grundsatz, S. 236.

lichen Mitwirkungspflichten und der Ausstrahlungswirkung des Grundsatzes der Selbstbelastungsfreiheit.[157]

Besticht dieser Ansatz bis dato noch durch seine schiere Simplizität, kommt jedoch auch dieses Lösungssystem bei näherer Betrachtung nicht ohne konkretisierende Anforderungen aus. So kann die soeben erkannte Kollisionsabwendungswirkung freilich nur dort eingreifen, wo das infrage stehende Strafbefreiungsinstitut auch eine für den Einzelnen de facto veritable Handlungsalternative bietet. Wird ihm die Perspektive auf Straffreiheit also gar nicht erst eröffnet oder im Nachgang wieder genommen, bleibt ihm der zwangsausschließende Mittelweg zwischen pflichtgemäßer Selbstbelastung und, im hiesigen Denken nemo tenetur-irrelevanter[158], Zuwiderhandlung gegen den Handlungsauftrag[159] im Ergebnis verschlossen. Wo der Einzelne also schon gar keine Möglichkeit bekommt, sich selbst anzuzeigen, hierdurch in die Rechtstreue zurückzufinden und sich so eigenverantwortlich Straffreiheit zu verschaffen, wird dem aufgezeigten nemo tenetur-Konflikt auch durch § 371 AO nicht abgeholfen. Umschrieben wie ergründet ist damit eine konstitutive Voraussetzung an den designiert zwangsbekämpfenden Strafausschlussmechanismus: Soll ein Strafbefreiungsinstrument, wie es die strafbefreiende Selbstanzeige der Abgabenordnung eines ist, die Problematik um den repressionsrelevanten Selbstbelastungszwang im Steuerrecht wirksam beseitigen, müssen dessen Voraussetzungen für den perspektivisch Privilegierten auch tatsächlich möglich, jedenfalls aber dem Grunde nach erfüllbar sein.[160]

---

[157] Vgl. BVerfG v. 21.4.1988 – 2 BvR 330/88, wistra 1988, 302; BGH v. 10.2.2015 – 1 StR 405/14, BGHSt 60, 192 f.; BGH v. 17.3.2009 – 1 StR 479/08, BGHSt 53, 218; *Aselmann*, NStZ 2003, 74; *Berthold*, Zwang, S. 65 f.; *Doege*, nemo-tenetur-Grundsatz, S. 231, 236, 242; *Joecks*, in: Joecks/Jäger/Randt, § 393, Rn. 53; *Stahl*, in: FS-Korn, S. 762 ff.; *Tormöhlen*, in: Hübschmann/Hepp/Spitaler, § 393, Rn. 27. Strukturelle Zweifel an der Eignung des § 371 AO als Mechanismus zur Vermeidung von nemo tenetur-Verstößen melden dagegen etwa *Böse*, wistra 2003, 48; *Kopf/Szalai*, NJ 2010, 365 mit Fn. 34; *Meyer-Mews*, DStR 2013, 166; *Röckl*, Das Steuerstrafrecht, S. 99 ff.; *Rüping/Kopp*, NStZ 1997, 533; *Sahan*, Steuererklärungspflicht, S. 40 f.; *Salditt*, DStJG 38, S. 292 f.; *Samson*, wistra 1988, 135 f.; *Schaefer*, Steuerstrafverfahren, S. 55 f.; *Spilker*, DB 2016, 1844 sowie *Streck/Spatscheck*, wistra 1998, 336 an, wobei sich die ebenda vorgetragene Kritik indes zumeist an der nur begrenzten Reichweite des Selbstanzeigeinstituts entzündet, nicht aber die dogmatisch prinzipielle Eignung zur Konfliktbewältigung hinterfragt; insoweit zutreffend differenzierend etwa *Joecks*, in: Joecks/Jäger/Randt, § 393, Rn. 53 sowie *Tormöhlen*, in: Hübschmann/Hepp/Spitaler, § 393, Rn. 27 f.; ferner siehe Teil 5 B. III. 1. b), Fn. 164.

[158] Siehe nur Teil 4 B. II. 2. b) sowie Teil 4 C. I.

[159] Vgl. *Doege*, nemo-tenetur-Grundsatz, S. 231.

[160] *Böse*, Wirtschaftsaufsicht, S. 456; *Doege*, nemo-tenetur-Grundsatz, S. 231; *Wolff*, Selbstbelastung und Verfahrenstrennung, S. 137. Stillschweigend kontextualisiert ist damit aber auch das in Teil 5 B. III. 1. a), Fn. 148 umschriebene Problem faktischer Risikotracht der Selbstanzeige. So sei gar nicht in Abrede gestellt, dass die strafbefreiende Selbstanzeige in ihrer gegenwärtigen Ausgestaltung den Einzelnen vor hohe, schwer zu nehmende Hürden stellt (zustimmend *Bruschke*, StB 2012, 43; *Doege*, nemo-tenetur-Grundsatz, S. 236; *Kemper*, DStZ 2013, 540; *Wittig*, JURA 2014, 570, 572). Fordert der Grundsatz der Selbstbelastungsfreiheit den vorstehenden Ausführungen zufolge zur Ausräumung eines bestehenden nemo

B. Die positivrechtlichen Schutzmechanismen der Abgabenordnung

Damit steht aber auch schon fest, dass ein nemo tenetur-relevantes Zwangsproblem zunächst überall dort fortbesteht, wo sich der Anwendungsbereich der Sperrgründe des § 371 Abs. 2 AO eröffnet. Dass dem Einzelnen hier aus verschiedenen teleologischen wie rechtspolitischen Erwägungen die Aussicht auf Straffreiheit verwehrt wird, mag zwar aus Perspektive des Selbstanzeigeinstituts überwiegend[161] einleuchten und bedarf vorliegend auch keiner näheren Diskussion[162], darf aber in jedem Falle nicht den Blick darauf verstellen, dass diese binnensystematische Konsequenz mitnichten Einfluss auf den Gewährleistungsgehalt des nemo tenetur-Satzes hat. Das konstitutionelle Bedürfnis nach Schutz vor zwangsweiser Selbstbelastung endet freilich nicht mit der Einleitung eines Strafverfahrens[163], der Anordnung einer Außenprüfung oder gar am Werkstor, das von den Beamten der Außenprüfung oder Strafverfolgungsorganen zu Ermittlungszwecken passiert wird. Wenn § 371 Abs. 2 AO in diesen Situationen nun aber trotzdem die Möglichkeit der Selbstanzeige sperrt, verhindert dieser Ausschluss das obig aufgezeigte Dispenssystem. Dem Einzelnen bleibt hier keine andere rechtshörige Möglichkeit als die Vornahme der hoheitlich geforderten Selbstbelastungshandlung; der obig umrissene Bereich individueller Entscheidungsfreiheit samt prozeduraler Autonomieposition wird nicht geschaffen. Hier wird der Verfahrensunterworfene in privilegswidriger Manier instrumentalisiert. Soweit also zumindest eine der negativen Wirksamkeitsvoraussetzungen des § 371 Abs. 2 AO vorliegt, die Selbstanzeige also normkonzeptionell nicht mehr möglich ist, bleibt der aufgezeigte Konflikt mit dem Grundsatz der Selbstbelastungsfreiheit zunächst bestehen.[164]

Ungeklärt bleibt damit jedoch, ob sich dieses harsche Verdikt der Unzulänglichkeit auch auf die Verpflichtung des Einzelnen zur Nach- bzw. Rückzahlung des

---

tenetur-Konflikts aber lediglich die Schaffung einer legalen wie tatsächlich vornehmbaren Handlungsalternative zum hoheitlichen Selbstbelastungsgesuch, dürfen die inhaltlichen Anforderungen an den gewährten Dispens das Selbstbezichtigungsprivileg bis zur Grenze der Unmöglichkeit grundsätzlich nicht interessieren. Möchte man sich also nicht auf den Standpunkt stellen, dass die derzeitigen Voraussetzungen an eine wirksame Selbstanzeige den Einzelnen über das Maß tatsächlicher Erfüllbarkeit hinaus strukturell überfordern, müssen die gehobenen Erklärungsstandards des Instituts, mithin das damit einhergehend gesteigerte Fehlschlagsrisiko aus der Perspektive des hiesigen nemo tenetur-Ansatzes ohne Relevanz bleiben; in diese Richtung auch *Doege*, nemo-tenetur-Grundsatz, S. 236 f.

[161] Zum Ausschlusstatbestand des § 371 Abs. 2 S. 1 Nr. 3 AO sogleich näher, siehe Teil 5 B. III. 2.

[162] Weiterführend die Nachweise in Teil 5 B. III. 1. a), Fn. 151.

[163] Zutreffend *Röckl*, Das Steuerstrafrecht, S. 100.

[164] Insoweit dann zutreffend etwa *Joecks*, in: Joecks/Jäger/Randt, § 393, Rn. 53; *Kopf/Szalai*, NJ 2010, 365 mit Fn. 34; *Meyer-Mews*, DStR 2013, 166; *Röckl*, Das Steuerstrafrecht, S. 99 f.; *Sahan*, Steuererklärungspflicht, S. 40 f.; *Salditt*, DStJG 38, S. 292; *Samson*, wistra 1988, 135 f.; *Schaefer*, Steuerstrafverfahren, S. 55 f.; *Spilker*, DB 2016, 1844; *Streck/Spatscheck*, wistra 1998, 336; *Tormöhlen*, in: Hübschmann/Hepp/Spitaler, § 393, Rn. 28. Zumindest in diesem Maße ist die in Teil 5 B. III. 1. b), Fn. 157 dargelegte Kritik also berechtigt.

Hinterziehungsbetrages gemäß § 371 Abs. 3 S. 1 AO erstreckt.[165] Verbreitet wird dies jedenfalls stillschweigend bejaht. Nahezu begründungslos wird die faktische Rückzahlungsinkompetenz mit den normativen Sperrgründen des § 371 Abs. 2 AO gleichgesetzt – und so die Kollisionslösungstauglichkeit der Selbstanzeige bei Rückzahlungsunfähigkeit seitens des Hinterziehenden bestritten.[166] Der dahinterstehende Gedanke respektive die zugrundeliegende Argumentationskette leuchtet dabei auf den ersten Blick auch ein: Wenn der Hinterziehende erlangte Tatvorteile nicht zurückzahlen kann, scheidet eine Selbstanzeige und mit ihr die Möglichkeit auf Straffreiheit rechtsfolgenseitig aus. Mangels eröffneter Handlungsalternative im Falle neuerlicher Mitwirkungsanordnung bestehe daher die autonomieorientierte Instrumentalisierungswirkung hier vermeintlich fort und mit ihr auch die nemo tenetur-konfligierende Zwangslage.

Bei näherer Betrachtung ist dieser Schluss aber so zwingend nicht. Von der bloßen Bestandsaufnahme im Ergebnis nicht eintretender Straffreiheit darauf zu schließen, dass auch dort, wo der sich unrechtmäßig Leistungsfähigkeit Verschaffende diesen Vorteil nicht mehr zurückgeben kann, ebendieser normativ zur Selbstbelastung gezwungen wird, erscheint im hiesigen Konzept fraglich. Zweifelsohne darf die bloße Ausschlusswirkung auf Rechtsfolgenseite nicht zum Bruch mit dem eigenen Dogma führen. Führt man sich nun aber vor Augen, dass sich der Rückzahlungsauftrag des § 371 Abs. 3 AO lediglich in einer – der Belastungsgleichheit dienenden – Rückgewähr des Hinterziehungsbetrags sowie einem – ebenfalls Belastungsgleichheitserwägungen folgenden – Zinsausgleich[167] erschöpft, mit diesem also gerade keine eigenständige Sanktions- bzw. Repressionswirkung einhergeht, ist die Ausgleichsverpflichtung des Selbstanzeigeinstituts im vorliegend erarbeiteten nemo tenetur-System nur die wirtschaftliche Fernfolge der nichtkriminierenden Dispensoption, mithin eine nach obigen Grundsätzen[168] lediglich unbeachtliche faktische Fernwirkung. Darf dieser monetäre Belastungsaspekt also bei der Beurteilung der Konfliktlösungstauglichkeit des Instituts nicht berücksichtigt werden, hat auch der mittellose Einzelne aus der Warte nemo tenetur-*beachtlicher* Umstände weiterhin die Möglichkeit, sich rechtskonform zu verhalten. Die damit im Einzelfall verbundene Schwere der wirtschaftlichen Belastung – mithin das individuelle Rückzahlungsproblem per se – ist hier keine Frage der Selbstbelastungsfreiheit,

---

[165] Zur Fragestellung *Schaefer*, Steuerstrafverfahren, S. 55 unter Rekurs auf *Berthold*, Zwang, S. 57 sowie *Röckl*, Das Steuerstrafrecht, S. 100.

[166] So etwa *Hilgers-Klautzsch*, in: Kohlmann, § 393, Rn. 73; *Joecks*, in: Joecks/Jäger/Randt, § 393, Rn. 53; *Kopf/Szalai*, NJ 2010, 365; *Meyer-Mews*, DStR 2013, 166; *Röckl*, Das Steuerstrafrecht, S. 100; *Sahan*, Steuererklärungspflicht, S. 41; *Salditt*, DStJG 38, S. 292 f.; *Spilker*, DB 2016, 1844. Insbesondere trotz ähnlichem Verständnis des nemo tenetur-Grundsatzes aber auch *Doege*, nemo-tenetur-Grundsatz, S. 237 f., 240 f.

[167] Siehe Teil 5 B. III. 1. a).

[168] Siehe Teil 4 C. I. bzw. spezifisch für den Kontext der Ausstrahlungswirkung Teil 4 E. II. 3. c).

B. Die positivrechtlichen Schutzmechanismen der Abgabenordnung   337

sondern eine solche des Übermaßverbots.[169] Abermals sei daran erinnert: Der nemo tenetur-Satz hiesiger Diktion schützt den Berechtigten nicht vor einer bestimmten Quantität an hoheitlicher Zwangsanwendung, sondern vor dem Ausschluss rechtlicher Entscheidungsautonomie als besondere Form von Zwangsqualität[170]; selbst ein existenzvernichtendes Ausmaß an quantitativer Belastung vermochte es obig nicht, den Schutzschirm der Selbstbelastungsfreiheit aufzuspannen.[171] Eine rein monetär begründete Zwangslage ist damit auch im vorliegenden Kontext der Selbstanzeige nicht dazu imstande, die Tauglichkeit des Instituts zur Lösung eines erkannten nemo tenetur-Konflikts zu beseitigen.

Freilich darf dabei nicht verschwiegen werden, dass als Ausfluss dieser Dogmatik, soweit nicht anderweitig ausgeschlossen, enormer Druck auf den Einzelnen zur Vornahme einer Selbstanzeige ausgeübt wird.[172] Dies scheint jedoch aus der Warte des hiesigen Privilegsverständnisses systemkonform. So zeigt sich die damit skizzierte Druckwirkung bei Tageslicht bereits nicht als Spezifikum der bezeichneten Selbstanzeigekonstellation. Wenn der nemo tenetur-Satz vorliegender Lesart nämlich im Mindestmaß eine Dispensoption zur selbstbelastenden Verfahrenskooperation gewährleistet, liegt es bereits in der Natur dieser so geforderten Entscheidungsposition, dass eine der beiden anzubietenden Verhaltensalternativen für den Einzelnen attraktiver sein wird und er so subjektiv eine gewisse Motivation zur Vornahme ebendieser Handlungsoption verspürt. Dass solche subjektiven Drucksituationen die rechtliche Entscheidungsfreiheit des Einzelnen jedoch unberührt lassen, mithin auch der Vornahmeanreiz im Kontext der strafbefreienden Selbstanzeige nicht als nemo tenetur-relevantes Zwangselement qualifiziert werden darf, wurde bereits aufgezeigt; bleibt ebenjener Grundsatz nach hiesiger Konzeption doch nicht dazu berufen, dem Einzelnen eine umfassende Freistellung von allen mit der Wahlfreiheit einhergehenden Nachteilen bei gleichzeitig maximaler Realisierung seiner steuerrechtlichen Interessen zu ermöglichen.[173] In Erinnerung gerufen seien an dieser Stelle wiederholt die obig gefundenen Grundsätze: Offenstehen muss es dem Wählenden allein, sich zu entscheiden, auch für das Unsinnige, das Irrationale; garantiert wird nur die Existenz der Entscheidungsposition per se.[174]

Aber auch abseits hiervon bleibt dem Einzelnen ein rechtstatsächliches Problem. So erstreckt sich die Strafbefreiungswirkung des § 371 AO lediglich auf angezeigte wie kompensierte Steuerdelikte, nicht aber auf hiermit (tat-)einheitlich verwirklichte

---

[169] Näher Teil 4 C. I. respektive Teil 4 E. II. 3. c).
[170] Siehe nur Teil 4 C. I.
[171] Siehe Teil 4 C. I. sowie Teil 4 E. II. 3. c).
[172] Diesen „Zwang" zur Selbstanzeige monieren auch etwa *Doege*, nemo-tenetur-Grundsatz, S. 237; *Hilgers-Klautzsch*, in: Kohlmann, § 393, Rn. 73; *Jesse*, DB 2013, 1811; *Lübbersmann*, PStR 2012, 135 f.
[173] Teil 4 B. I. 2. f) bb); Teil 4 C. I.
[174] Teil 4 C. I.; Teil 4 E. II. 3. c).

allgemeine solche.[175] Wird der Selbstanzeigende im Kontext der umfassend zutreffend abzugebenden Berichtigungserklärung nun aber zuweilen dazu angehalten, mittelbar auch allgemeindeliktisches Fehlverhalten preiszugeben, sieht er sich in der misslichen Lage, die Option der strafbefreienden Selbstanzeige nur unter der Kondition der Offenbarung allgemeindeliktischer Informationen bei insoweit fortbestehender Strafbarkeitsandrohung wahrnehmen zu können.[176] Eröffnet ist damit ein Friktionsbereich, auf den in Teil 6[177] noch näher einzugehen sein wird, der dieserorts jedoch schon erkennen lässt, dass § 371 AO dem Selbstbelastungskonflikt in Bezug auf allgemeindeliktische Vortaten schlicht nicht abhelfen kann.

Letztlich steht somit auch an dieser Stelle ein nur bedingt zufriedenstellendes Ergebnis: Einen umfassenden Schutz vor zwangsweiser Selbstbelastung bietet auch das Institut der Selbstanzeige nicht. Insbesondere dort, wo dieses durch die Sperrgründe des § 371 Abs. 2 AO ausgeschlossen ist, und dort, wo die darzureichende Nacherklärung eine Offenbarung von korrelierenden Allgemeindelikten fordert, bleibt die erkannte Friktionslage weiterhin bestehen.[178]

2. Das Absehen von der Strafverfolgung gemäß § 398a AO

Ähnliche Skepsis weckt daher auch schon a priori das Institut des § 398a AO. Eingeführt durch das Schwarzgeldbekämpfungsgesetz und verschärfend modifiziert im Zuge der Abgabenordnungsänderung im Jahre 2015[179], etabliert die Vorschrift ein

---

[175] Grundlegend BGH v. 11.11.1958 – 1 StR 370/58, BGHSt 12, 100 ff.; siehe auch BGH v. 5.5.2004 – 5 StR 548/03, BGHSt 49, 143 f.; *Beckemper*, in: Hübschmann/Hepp/Spitaler, § 371, Rn. 28 f.; *Kohler*, in: MüKo-StGB, § 371 AO, Rn. 44; *Röckl*, Das Steuerstrafrecht, S. 99; *Schauf*, in: Kohlmann, § 371, Rn. 70.

[176] *Doege*, nemo-tenetur-Grundsatz, S. 239; *Meyer-Mews*, DStR 2013, 166; *Röckl*, Das Steuerstrafrecht, S. 99; *Schaefer*, Steuerstrafverfahren, S. 55; *Streck/Spatscheck*, wistra 1998, 336.

[177] Siehe Teil 6 B. II.

[178] Ebendieses Ergebnis muss dabei auch am Ende der Bewertung des Instituts der Selbstanzeige im Bereich steuerordnungswidrigen Fehlverhaltens gemäß § 378 Abs. 3 AO stehen. Zwar bleibt es dem Selbstanzeigenden hier unbenommen, die geforderte Nacherklärung auf nur einen Teil des inkriminierten Sachverhalts zu erstrecken (zur fortbestehenden Möglichkeit der Teilselbstanzeige siehe nur die fortwährende „soweit"-Formulierung des § 378 Abs. 3 S. 1 AO sowie *Doege*, nemo-tenetur-Grundsatz, S. 234, Fn. 1536; *Kranenberg*, AO-StB 2011, 346; *Krumm*, in: Tipke/Kruse, § 378, Rn. 27), und auch die negativen Wirksamkeitsvoraussetzungen erschöpfen sich hier lediglich in einem Äquivalent zu § 371 Abs. 2 S. 1 Nr. 1 lit. b) AO, jedoch kann auch diese – im Vergleich zum steuerstrafrechtlichen Pendant deutlich extensivere – Reichweite des Instituts dessen strukturelle Untauglichkeit zur Lösung des aufgezeigten nemo tenetur-Konflikts jedenfalls im Anwendungsbereich des Ausschlussgrundes sowie im Kontext daneben verwirklichter und zu offenbarender allgemeindeliktischer Vortaten nicht beseitigen.

[179] Eingehend zur Genese der Vorschrift *Beckemper*, in: Hübschmann/Hepp/Spitaler, § 398a, Rn. 1 ff.; *Schauf*, in: Kohlmann, § 398a, Rn. 1 ff.; *Seer*, in: Tipke/Kruse, § 398a, Rn. 7 ff. sowie *Thoma*, Legitimität des § 398a AO, S. 26 ff.

B. Die positivrechtlichen Schutzmechanismen der Abgabenordnung 339

zu den Sperrgründen der §§ 371 Abs. 2 S. 1 Nr. 3 und Nr. 4 AO komplementäres System des Strafausschlusses. Wo § 371 AO aus den Gründen des Abs. 2 S. 1 Nr. 3 und Nr. 4 ausgeschlossen ist, wo die materiellrechtliche Tat[180] einen Hinterziehungsbetrag von 25.000 €[181] übersteigt respektive ein besonders schwerer Fall der Steuerhinterziehung vorliegt, der Einzelne also selbst durch eine selbstanzeigende Nacherklärung samt Rückzahlung des geforderten Betrages nicht mehr frei von Strafe wird, eröffnet sich der Anwendungsbereich eines Instituts, das dem Betroffenen neben den positiven Voraussetzungen des § 371 AO ferner aufgibt, einen in Abhängigkeit von der Höhe der hinterzogenen Steuer prozentual gestaffelten Zuschlag zu leisten[182], um so im Ergebnis zwar mitnichten materielle Straffreiheit zu erreichen, wohl aber die eigene Strafverfolgung prozessual zu unterbinden. Nimmt das Gesetz seither also zielgerichtet bestimmte Hinterziehungskonstellationen aus dem Kreis prinzipiell selbstanzeigefähiger Situationen, um sie statt dem Konstrukt potentiell materieller Strafbefreiung einem prozessualen Lösungsansatz zu unterwerfen, wirft dieses so konzipierte Strafverfolgungshindernis[183] des § 398a AO aus der Perspektive des hiesigen Forschungsvorhabens gleich zweierlei Fragen auf divergierenden Abstraktionsebenen auf.

So fragt es sich zum einen schon ganz abstrakt, ob ein solches System der Konfliktbewältigung auf prozeduraler Ebene überhaupt dazu in der Lage ist, einen bestehenden Selbstbelastungsdisput wirksam zu bekämpfen. Zumindest nach Auffassung des Bundesverfassungsgerichts wird man dies zu bejahen haben. So stellten die Karlsruher Richter bereits im Jahre 1988 mit Blick auf § 47 OWiG ausdrücklich fest, dass die Möglichkeit der ebenda positivierten Verfahrenseinstellung aus Opportunitätsgründen dazu imstande sei, dem im Steuerrecht angelegten Konflikt zwischen Auskunftspflicht und Selbstbelastungsfreiheit Rechnung zu tragen.[184] Scheint damit die Lösung einer erkannten Selbstbelastungsfriktion auch auf prozessualer Ebene zumindest in diesem Denken gangbar, hat ein solcher Ansatz aber auch im hiesigen System Methode: Wenn der nemo tenetur-Satz vorliegend erar-

---

[180] Übereinstimmend BT-Drs. 18/3018, 14; *Beckemper*, in: Hübschmann/Hepp/Spitaler, § 398a, Rn. 34 m. w. N.; *Beckemper/Schmitz/Wegner/Wulf*, wistra 2011, 286; *Erb/Erdel*, NZWiSt 2014, 331; *Grötsch*, wistra 2016, 341 f.; *Kohler*, in: MüKo-StGB, § 398a AO, Rn. 15; *Seer*, in: Tipke/Kruse, § 398a, Rn. 18; *Seer*, in: Tipke/Lang, Rn. 24.44; *Thoma*, Legitimität des § 398a AO, S. 85 f.

[181] Zur – zuweilen streitigen – Berechnung dieser Freigrenze *Beckemper*, in: Hübschmann/Hepp/Spitaler, § 398a, Rn. 34 ff.; *Grötsch*, wistra 2016, 341 ff.; *Schauf*, in: Kohlmann, § 398a, Rn. 23 ff.; *Seer*, in: Tipke/Kruse, § 398a, Rn. 17 ff.

[182] Eine übersichtliche Auflistung der positiven wie negativen Voraussetzungen des § 398a AO bietet *Seer*, in: Tipke/Kruse, § 398a, Rn. 2.

[183] *Beckemper*, in: Hübschmann/Hepp/Spitaler, § 398a, Rn. 8; *Blesinger/Viertelhausen*, in: Kühn/von Wedelstädt, § 398a, Rn. 1; *Jäger*, in: Klein, § 398a, Rn. 50; *Kohler*, in: MüKo-StGB, § 398a AO, Rn. 3; *Rolletschke*, in: Rolletschke/Kemper/Roth, § 398a, Rn. 10; *Seer*, in: Tipke/Kruse, § 398a, Rn. 2; *Seer*, in: Tipke/Lang, Rn. 24.43; ausführlich *Thoma*, Legitimität des § 398a AO, S. 29 ff.

[184] BVerfG v. 21.4.1988 – 2 BvR 330/88, wistra 1988, 302.

beiteter Lesart lediglich eine nichtinkriminierende Handlungsalternative fordert, darf ihn der vom Gesetz eingeschlagene Weg zur Nichtinkriminierung der Dispensoption prinzipiell nicht interessieren. Ob die zu gewährende Wahlfreiheit also qua Aussicht auf einen materiellen Strafausschluss wie in §§ 371, 378 AO oder via prozessualem Verfolgungshindernis geschaffen wird, bleibt für die Zwecke des Selbstbelastungsprivilegs so lange schlichtweg unbeachtlich, wie die erforderliche Legalitätswirkung des Alternativverhaltens nur zuverlässig eintritt. Wäre damit im Kontext der Konfliktlösung durch § 47 OWiG noch etwa ergänzend zu fordern, dass die Verfahrenseinstellung zwingend erfolgt, mithin das Ermessen der einstellenden Behörde insoweit auf null reduziert ist[185], bedarf das Verfolgungshindernis des § 398a AO nicht einmal einer solch komplettierenden Interpretation. Bereits der zwingende Ausschluss der Strafverfolgung de lege lata[186] räumt hier gleichermaßen die strafprozessuale Verfolgungsgefahr wie die Zwangskomponente der Ausstrahlungswirkung aus, sodass gegen das System eines errichteten Strafverfolgungshindernisses, letztlich also gegen die Grundidee des § 398a AO, konzeptionelle Bedenken gegen die Kompetenz zur Beseitigung eines Selbstbelastungszwangs im Steuerrecht nicht angemeldet werden können.[187]

Damit noch unbeantwortet bleibt aber, ob § 398a AO es auch in concreto vermag, den lokalisierten Disput zu beheben. Hier wird zu unterscheiden sein:

Soweit es auch in den Grenzen des § 398a AO um die Erfordernisse einer hinreichenden Selbstanzeige, insbesondere dabei die Forderung nach einer hinreichenden Berichtigungserklärung samt ordentlicher Rückzahlung wie Verzinsung des erlangten Hinterziehungsbetrages geht, gleicht § 398a AO auch in Sachen Problemlösungskompetenz § 371 AO. Auch hier bleiben die rechtstatsächlichen Probleme, die mit den praktischen Unsicherheiten bei der Handhabung der Vorschrift auftreten, unbeachtlich; auch hier wirkt der postulierte Rückzahlungsauftrag lediglich faktisch zwangsbegründend; auch hier werden tateinheitlich verwirklichte Allgemeindelikte durch die rechtsfolgenseitige Beschränkung der Befreiungswirkung auf Steuerdelikte[188] nicht privilegiert. Insoweit sei auf die Ausführungen zur Selbstanzeige verwiesen.[189]

Im Unterschied zu § 371 AO findet sich der neuralgische Punkt des § 398a AO aber nicht allein im Erfordernis tatsächlicher Erfüllbarkeit. Insbesondere der nunmehr gestaffelte Ablass- bzw. Strafzuschlag des § 398a Abs. 2 Nr. 2 AO schürt ein

---

[185] So auch *Biesgen/Noel*, sam 2012, 186; zustimmend *Doege*, nemo-tenetur-Grundsatz, S. 231 f.

[186] *Jäger*, in: Klein, § 398a, Rn. 51; *Kohler*, in: MüKo-StGB, § 398a AO, Rn. 21; *Schauf*, in: Kohlmann, § 398a, Rn. 32; *Seer*, in: Tipke/Lang, Rn. 24.43.

[187] Gleichsinnig *Doege*, nemo-tenetur-Grundsatz, S. 235 f.

[188] *Beckemper*, in: Hübschmann/Hepp/Spitaler, § 398a, Rn. 8; *Kohler*, in: MüKo-StGB, § 398a AO, Rn. 22 m.w.N.; *Schauf*, in: Kohlmann, § 398a, Rn. 32; vgl. auch *Heuel/Beyer*, StBW 2011, 320.

[189] Teil 5 B. III. 1. b).

B. Die positivrechtlichen Schutzmechanismen der Abgabenordnung 341

konzeptionelles Problem. Scheint unter dem fortwirkenden Eindruck der soeben erarbeiteten Rückzahlungsdogmatik ein solcher Zahlungsauftrag als vermeintlich rein wirtschaftliche Fernfolge des Alternativverhaltens noch prima facie das Schicksal des § 371 Abs. 3 AO zu teilen, kann jenes Verdikt einer nur unbeachtlichen, da ausschließlich ökonomisch-faktischen, Zwangswirkung gleichwohl nur dort gefällt werden, wo der statuierte Geldzahlungsauftrag nicht selbst jedenfalls auch repressive Wirkung entfaltet. Andernfalls ist die monetäre Fernfolge freilich nicht mehr imstande, eine gangbare *nichtrepressive* Handlungsalternative im Sinne des hiesigen nemo tenetur-Dogmas zu begründen und so die durch den Pflichtentopos konstituierte Zwangswirkung zu unterbinden; in diesem Fall wird, konkreter appliziert auf das Besteuerungsverhältnis, nicht mehr die Rückzahlung des erlangten Vorteils aus Gründen der Belastungsgleichheit gesucht, sondern der Einzelne aufgrund seiner vorgehenden Pflichtwidrigkeit zielgerichtet schlechter behandelt. Hängt damit alles an den normativen Hintergründen des Zuschlagsmechanismus, bleibt zu erkennen, dass dessen dogmatische Kategorisierung in gleichem Maße streitbehaftet[190] wie für die Zwecke der vorliegenden Arbeit irrelevant erscheint; jedenfalls die teleologische Zwecksetzung des gestaffelten Aufschlags ist nämlich klar:

So ging der Einführung des § 398a AO eine politische Debatte um Sinn und Unsinn eines pauschalen Verwaltungszuschlags voraus, der explizit darauf abzielen sollte, Hinterziehungsstrategien, welche die Möglichkeit einer Selbstanzeige einbeziehen, wirtschaftlich unattraktiv zu machen.[191] Mehrten sich jedoch im Verlauf des Normgebungsprozesses zunehmend die verfassungsrechtlichen Bedenken gegen die Zulässigkeit einer solch pauschalen Mehrbelastung im Administrationswege[192], musste die Idee des Verwaltungszuschlags zeitnah gehen, die dahinterstehende Intention der wirtschaftlichen Sonderbelastung des Hinterziehenden aber blieb. Nur wenig verwunderlich ist es daher, dass auch die Gesetzesbegründung des – dem Verwaltungszuschlagsvorhaben letzten Endes entwachsenen – § 398a AO vorsieht, den Steuerhinterzieher auch wirtschaftlich stärker belasten zu wollen als denjenigen,

---

[190] Zum vertretenen Meinungsspektrum, das von der Einordnung als bloß „freiwillige Zahlung" oder als „Zusatzleistung" (so jedenfalls BT-Drs. 17/5067 (neu), 20) über die Wertung als steuerliche Nebenleistung (siehe *Hechtner*, DStZ 2011, 272) bis hin zu der Qualifikation als besondere nicht strafrechtliche Sanktion respektive nichtstrafrechtliche Sanktion sui generis reicht, siehe nur *Beckemper*, in: Hübschmann/Hepp/Spitaler, § 398a, Rn. 40 ff.; *Joecks*, in: Joecks/Jäger/Randt, § 398a, Rn. 7; *Schauf*, in: Kohlmann, § 398a, Rn. 4, jeweils m.w.N.

[191] Siehe nur BR-Drs. 318/10 (Beschluss), 78; *Beckemper*, in: Hübschmann/Hepp/Spitaler, § 398a, Rn. 1; *Jäger*, in: Klein, § 398a, Rn. 1.

[192] Deutlich *Beckemper*, in: Hübschmann/Hepp/Spitaler, § 398a, Rn. 1 unter Rekurs auf Protokoll Nr. 17/42 der öffentlichen Anhörung des Finanzausschusses des Bundestages vom 21.2.2011; vgl. auch *Hunsmann*, BB 2011, 2519. Zu aktuellen verfassungsrechtlichen Bedenken gegen die Vorschrift siehe nur *Beckemper*, in: Hübschmann/Hepp/Spitaler, § 398a, Rn. 12 ff. sowie monografisch *Thoma*, Legitimität des § 398a AO, S. 116 ff.

der seine Steuern lediglich zu spät bezahlt[193]; eine bereits in den Erwägungsgründen der Vorschrift angelegte repressive Terminologie, die im Zuge der Verschärfung des Aufschlags qua Staffelung abermals besondere Brisanz erheischen sollte, wenn der Gesetzgeber hier das Ausmaß der Steuerhinterziehung ausdrücklich als relevanten „Umstand für die Bemessung der Schuld des Straftäters"[194] – letztlich also als wesentlichen Strafzumessungsfaktor – benennt. Kann damit, insbesondere aber nach der legislativen Anhebung der Aufschlagssätze im Jahr 2015, die Sanktions- bzw. Repressionswirkung der Ablasszahlung nicht mehr geleugnet werden[195], formuliert es *Beckemper*[196] treffend, wenn diese klarsichtig konstatiert, der Gesetzgeber habe hiermit „eine Abgabe erfunden, um ein sittlich-ethisches Werturteil zu fällen und die gesetzliche Abgaben- und Strafsystematik wesentlich verändert." Unter Berücksichtigung dieser mehrbelastungskonnotierten Repressionswirkung bleibt § 398a AO somit im Ergebnis strukturell nicht imstande, dem Einzelnen eine gangbare Handlungsalternative zur Ausräumung der privilegswidrigen Zwangslage zu gewähren und das Institut letztlich in Summe untauglich, den Konflikt zwischen steuerrechtlichen Mitwirkungszwängen und der Ausstrahlungswirkung des nemo tenetur-Satzes zu beseitigen.

3. Zwischenfazit

Resümierend erscheint der Schutz der Selbstbelastungsfreiheit durch die positivrechtlichen Mechanismen der Abgabenordnung damit bis dato noch defizitär. So vermögen es die positivierten Mitwirkungsverweigerungsrechte der §§ 101 ff. AO allein, den nichtbeteiligten echten Dritten via § 103 AO aus der Spannungslage des Selbstbezichtigungszwangs zu befreien, das Steuergeheimnis gemäß § 30 Abs. 1 AO schützt den Betroffenen im Kontext steuerstrafrechtlicher Vortaten angesichts des weitschweifigen Durchbrechungstatbestandes des § 30 Abs. 4 Nr. 1 AO schlichtweg nicht und auch die Selbstanzeigeinstitute der §§ 371, 378 Abs. 3 AO helfen dem Einzelnen dort nicht mehr weiter, wo ebenjene Systeme entweder bereits durch die ureigenen Sperrtatbestände der §§ 371 Abs. 2, 378 Abs. 3 AO ausgeschlossen sind oder die damit einhergehende Berichtigungserklärung zur Offenbarung anderweitiger Allgemeindelikte nötigt, deren Straffreistellung die infragestehenden Ausschlussmechanismen sodann nicht mehr leisten können. Bleibt nunmehr auch § 398a AO nicht imstande, dem Selbstbezichtigungsprivileg im Steuerrecht ausreichendes

---

[193] BT-Drs. 17/5067 (neu), 19.

[194] BT-Drs. 18/3018, 14.

[195] Auch *Beckemper*, in: Hübschmann/Hepp/Spitaler, § 398a, Rn. 40; *Erb/Erdel*, NZWiSt 2014, 332; *Füllsack/Bürger*, BB 2011, 1241; *Joecks*, in: Joecks/Jäger/Randt, § 398a, Rn. 7; *Schauf*, in: Kohlmann, § 398a, Rn. 4 ordnen den Aufschlag als nichtstrafrechtliche *Sanktion* ein. *Doege*, nemo-tenetur-Grundsatz, S. 235 sowie *Seer*, in: Tipke/Kruse, § 398a, Rn. 4; *Seer*, in: Tipke/Lang, Rn. 24.43 sprechen von einer *Straf*zahlung bzw. einem *Straf*zuschlag; *Salditt*, DStJG 38, S. 295 gar von einem „wesensgleiche[n] Minus der Strafe".

[196] *Beckemper*, in: Hübschmann/Hepp/Spitaler, § 398a, Rn. 2.

B. Die positivrechtlichen Schutzmechanismen der Abgabenordnung   343

Gehör zu verschaffen, verfestigt sich eine vorerst ernüchternde Erkenntnis: Legt man die erkannten Protektionswirkungen der beleuchteten Institute übereinander, verbleibt ein wahlfreiheitsausschließender Friktionsbereich insbesondere dort, wo dem Einzelnen ein Recht zur Verweigerung des hoheitlichen Mitwirkungsgesuchs nicht zusteht und ihm die Aussicht auf Strafausschluss durch die Befreiungsvorschriften der Abgabenordnung bereits dem Grunde nach verwehrt wird.

IV. § 393 AO als designierte Lösung des Konflikts

Alle Hoffnung auf nachhaltige Konfliktbewältigung durch das Gesetz selbst muss sich damit letztlich in jener Vorschrift verdichten, die schon qua eigens zugedachter Zwecksetzung dazu berufen ist, das Spannungsverhältnis zwischen den Mitwirkungspflichten des Einzelnen im Besteuerungsverfahren und dem strafprozessualen Grundsatz der Selbstbelastungsfreiheit zu entschärfen.[197]

1. Vom Inhalt und der Systematik der Norm

§ 393 AO[198] etabliert hierfür ein differenziertes Lösungskonzept, streng dominiert von einer binnensystematischen Unterteilung in einen Regelungsbereich betreffend steuerstrafrechtliche Vortaten einerseits und einen allgemeindeliktisch konnotierten solchen andererseits.

Absatz 1 der Norm übernimmt hierbei die Aufgabe der Behandlung der steuerstrafrechtlichen Anlasstatseite in vier Sätzen. Wurde das durch § 393 Abs. 1 S. 1 AO zunächst postulierte prinzipielle Nebeneinander von Besteuerungs- und korrelierendem Steuerstrafverfahren einschließlich der hieraus fließenden Kollisionsdirektiven dabei bereits an früherer Stelle hinreichend beleuchtet[199], sei der Fokus der Betrachtung im Folgenden insbesondere auf die, auch der hiesigen Arbeit Neues bringenden, anschließenden Sätze 2 bis 4 gerichtet. Allen voran von Interesse erscheint hier § 393 Abs. 1 S. 2 AO, konstituiert die Abgabenordnung an dieser Stelle für Konstellationen, in welchen der zur Mitwirkung Verpflichtete gezwungen würde, sich selbst wegen einer von ihm begangenen Steuerstraftat oder Steuerordnungswidrigkeit zu belasten, doch ein zu seinen Gunsten wirkendes Zwangsmittelverbot, das als gesetzliche Modifikation der hoheitlichen Vollstreckungsmöglichkeit zwar dessen Pflichtenstellung dogmatisch unberührt lässt, die zwangsweise Durchsetzung

---

[197] Siehe BT-Drs. VI/1982, 198 f. zu § 377 E-AO 1974, auf dessen Entwurfsfassung § 393 Abs. 1 und 2 AO im Wesentlichen basieren sowie BT-Drs. 7/4292, 46. Zur Genese der Norm ferner *Hilgers-Klautzsch*, in: Kohlmann, § 393, Rn. 1 ff.; *Tormöhlen*, in: Hübschmann/Hepp/Spitaler, § 393, Rn. 1 ff.

[198] Für den Bereich des ordnungsrechtlichen Friktionsverhältnisses gilt die Norm via Verweisungsvorschrift des § 410 Abs. 1 Nr. 4 AO. Die nachstehenden Grundsätze gelten daher insoweit analog.

[199] Siehe nur umfassend Teil 2 C.

des damit verbundenen Handlungsauftrags mit den Mitteln des § 328 AO jedoch unterbindet. Hat der Einzelne daher trotz rechtstechnisch fortbestehender Kooperationsverpflichtung zumindest die Unannehmlichkeiten des § 328 AO selbst im Fall der Pflichtwidrigkeit tatsächlich nicht zu befürchten, wird hierdurch eine Art faktisches Mitwirkungsverweigerungsrecht[200] geschaffen, dessen abstrakte Kompetenz zur Konfliktbewältigung im Kontext der Selbstbelastungsfrage sogleich gleichermaßen zu hinterfragen sein wird wie das Ausmaß der hierdurch vermittelten Protektion in concreto.

Zur Aktivierung dieser Schutzposition hat sich der Einzelne dabei grundsätzlich auf diese zu berufen.[201] Fordert die Vorschrift hierfür, in Anlehnung an die Dogmatik des § 56 StPO im Bereich der Verweigerungsrechte der §§ 52, 53, 55 StPO[202], grundsätzlich noch die Glaubhaftmachung zumindest des Zusammenhangs zwischen der konkreten Kooperationshandlung und der bestehenden Selbstbelastungsgefahr[203], wird diese Voraussetzung des Zwangsmittelverbots nach Einleitung des Strafverfahrens von § 393 Abs. 1 S. 3 AO modifiziert. Mittels unwiderlegbarer Vermutung[204] geht das Gesetz ab diesem Zeitpunkt davon aus, dass der Einsatz der bezeichneten Beugemittel gegen den Betroffenen diesen in die Gefahr der Selbstbelastung bringen würde, sodass der Privilegierte fortan auch ohne expliziten Hinweis auf das Verbot uneingeschränkt davon profitiert. Freilich kann ein solch prinzipiell gefordertes positives Berufen auf das Privileg dabei nur dort erwartet werden, wo der Berechtigte um seine Rechtsposition weiß. Der absatzabschließende § 393 Abs. 1 S. 4 AO trägt daher dem konstitutionellen Bedürfnis[205] nach individueller Aufklärung Rechnung. Durch das Postulat eines hoheitlichen Belehrungs-

---

[200] Vgl. BFH v. 19.9.2001 – XI B 6/01, BStBl. II 2002, 6; *Doege*, nemo-tenetur-Grundsatz, S. 172; *Drüen*, in: Tipke/Kruse, § 393, Rn. 42; *Hilgers-Klautzsch*, in: Kohlmann, § 393, Rn. 39; *Jäger*, in: Klein, § 393, Rn. 1; *Joecks*, in: Joecks/Jäger/Randt, § 393, Rn. 6; *Kölbel*, Selbstbelastungsfreiheiten, S. 76, Fn. 246; *Reiß*, Besteuerungsverfahren, S. 263; *Rengier*, BB 1985, 721; *Roth*, in: Rolletschke/Kemper/Roth, § 393, Rn. 33; *Rüster*, Der Steuerpflichtige, S. 48 f.; *Rüster*, wistra 1988, 50 f., die allerweise auch von einem faktischen Auskunftsverweigerungsrecht oder einer faktischen Suspendierung der infrage stehenden Mitwirkungsverpflichtung reden, der Sache nach jeweils aber das Gleiche meinen. Kritisch etwa *Rüping/Kopp*, NStZ 1997, 532 f.

[201] Vgl. *Drüen*, in: Tipke/Kruse, § 393, Rn. 47 und *Joecks*, in: Joecks/Jäger/Randt, § 393, Rn. 26, 28; deutlicher dann *Tormöhlen*, in: Hübschmann/Hepp/Spitaler, § 393, Rn. 99.

[202] So ausdrücklich *Tormöhlen*, in: Hübschmann/Hepp/Spitaler, § 393, Rn. 100 sowie im Anschluss hieran *Jäger*, in: Klein, § 393, Rn. 14.

[203] *Doege*, nemo-tenetur-Grundsatz, S. 175; *Drüen*, in: Tipke/Kruse, § 393, Rn. 47; *Hilgers-Klautzsch*, in: Kohlmann, § 393, Rn. 93; *Jäger*, in: Klein, § 393, Rn. 14; *Joecks*, in: Joecks/Jäger/Randt, § 393, Rn. 28; *Roth*, in: Rolletschke/Kemper/Roth, § 393, Rn. 65; *Tormöhlen*, in: Hübschmann/Hepp/Spitaler, § 393, Rn. 100 m.w.N.

[204] Siehe nur *Doege*, nemo-tenetur-Grundsatz, S. 175 sowie *Hilgers-Klautzsch*, in: Kohlmann, § 393, Rn. 94.

[205] Näher dazu Teil 4 C. II.

auftrags muss der Einzelne, soweit Anlass dazu besteht[206], vom einschlägigen Hoheitsträger in die Position versetzt werden, im relevanten Zeitpunkt der Selbstbelastungshandlung Kenntnis über sein zur Verfügung stehendes Handlungsportfolio zu erlangen. Nur wenn der zur Mitwirkung Verpflichtete Wissen über seine faktisch mögliche Verweigerungsoption hat, kann er seine neuerlich erworbene Freiheit auch effektiv auskosten.

§ 393 Abs. 2 AO, der sich demgegenüber ausschließlich mit den Konstellationen allgemeindeliktischer Anlasstaten beschäftigt, geht dagegen einen anderen Weg. Soweit der Betroffene hier Gefahr läuft, durch die Steuerrechtsordnung dazu gezwungen zu werden, sich mit Blick auf eine allgemeindeliktische Vortat zu belasten, bleibt zwar auch hier dessen steuerprozedurale Pflichtenstellung unberührt, der im Anschluss hieran gewählte Protektionsmechanismus ist jedoch ein anderer: Mitnichten wird hier die Möglichkeit der hoheitlichen Zwangsvollstreckung ausgeschlossen, sondern allein die Verwertung der so gegebenenfalls auch zwangsweise erlangten inkriminierenden Informationen im korrelierenden Strafverfahren unterbunden, § 393 Abs. 2 S. 1 AO. Konstruiert wird damit ein selbstständiges Verwertungsverbot[207], auf welches en détail zwar erst in Teil 6 näher einzugehen sein wird[208], das jedoch schon dieserorts erkennbar nicht schrankenlos gilt. Soweit nämlich der Anwendungsbereich der Ausnahmevorschrift des § 393 Abs. 2 S. 2 AO eröffnet ist, soweit es also um die Verfolgung von Straftaten geht, an deren Verfolgung ein zwingendes öffentliches Interesse (§ 30 Abs. 4 Nr. 5 AO) besteht, bleibt eine Verwertung auch zu Repressionszwecken – zumindest nach Vorstellung des Gesetzes[209] – weiterhin möglich.

§ 393 Abs. 3 AO bleibt schließlich für die Zwecke der vorliegenden Untersuchung in toto ohne Bedeutung. Dass seitens der Strafverfolgungsbehörde im Rahmen der ihr aufgetragenen strafrechtlichen Ermittlungstätigkeit rechtmäßig (und damit unter Wahrung der Anforderungen des kernstrafprozeduralen nemo tenetur-Grundsatzes) gewonnene Erkenntnisse auch im Besteuerungsverfahren nicht gegen die Grundsätze der Ausstrahlungswirkung des Privilegs verstoßen können, ist mit Blick auf die hier interessierende potentielle Verletzung der Selbstbelastungsfreiheit, selbst im Kontext des von § 393 Abs. 3 S. 2 AO thematisierten besonderen Grundrechtsbereichs, selbstverständlich. Überdies regelt die Vorschrift mit der Weitergabe von im repressionsrelevanten Ermittlungsverfahren erlangten Informationen in den Besteuerungsprozess schlicht keine Frage des Selbstbelastungszwangs *im Steuerrecht*, letztlich also aus der Perspektive der vorliegenden Forschungsfrage den Informationsfluss in die verkehrte Richtung.

---

[206] Weiterführend zur Auslegung dieses Passus *Drüen*, in: Tipke/Kruse, § 393, Rn. 50 ff.; *Hilgers-Klautzsch*, in: Kohlmann, § 393, Rn. 131 ff.; *Tormöhlen*, in: Hübschmann/Hepp/Spitaler, § 393, Rn. 107 ff.

[207] So auch *Tormöhlen*, in: Hübschmann/Hepp/Spitaler, § 393, Rn. 159.

[208] Teil 6 A. III.

[209] Zur kritischen Auseinandersetzung mit diesem Durchbrechungstatbestand insbesondere Teil 6 A. III. 5. sowie Teil 6 B. I.

2. Die objektiven Defizite des § 393 Abs. 1 AO

Die bloße Analyse der Normstruktur konturiert jedoch noch nicht Art und Ausmaß des durch sie vermittelten Schutzes. Zumindest in objektiver[210] Hinsicht erfordern hier dreierlei Problemkreise besondere Beachtung:

a) Die Ausgangsfrage: Kompetenz zur Konfliktbewältigung?

So bedarf es zunächst näherer Begründung, weshalb der von § 393 Abs. 1 S. 2 AO errichtete Zwangsmittelausschluss überhaupt dazu in der Lage sein sollte, erkannte Kollisionslagen effektiv zu beheben. Entspringt das Zwangselement des nemo tenetur-Satzes hiesiger Diktion nämlich bereits der legislativen Anordnung der Pflichtenstellung selbst[211], weckt eine erste Lektüre der Vorschrift strukturelle Zweifel an der Problemlösungskompetenz des Systems, wenn § 393 Abs. 1 AO ebenjene Verpflichtungsposition dem vorstehend Gefundenen zufolge gerade unangetastet lässt; ja, gar verwunderlich scheint es, dass der Zwangsmittelverzicht so verbreitet[212] als valides Mittel zur Friktionsbekämpfung akzeptiert wird. Die ausschlaggebende Erwägung wird hier letztlich folgende sein:

Um den von § 393 Abs. 1 AO gewählten Ansatz zu verstehen, wird man sich zunächst auf die Prämisse einlassen müssen, dass auch der Topos der Rechtspflicht einer differenzierenden Betrachtung zugänglich ist. Ist insoweit die rechtstechnisch-formaljuristische Dimension des Pflichtbegriffs von dessen materieller Stoßrichtung gedanklich zu unterscheiden, findet sich in diesem kognitiven Dualismus auch die Antwort auf die aufgeworfene Tauglichkeitsfrage: Wenn § 393 Abs. 1 S. 2 AO die Kooperationsverpflichtung des Einzelnen trotz strukturell unzulässiger Vollstreckbarkeit formaljuristisch aufrechterhält, geht die Steuerrechtsordnung diesen dog-

---

[210] In subjektiver Hinsicht zeigt sich die Norm dagegen weit weniger problematisch. Zwar scheint die ausdrückliche Beschränkung des Schutzbereichs nur auf den Steuerpflichtigen aus der Warte des hiesigen nemo tenetur-Verständnisses verkürzt, die nahezu einhellig befürwortete Erstreckung auf alle mitwirkungspflichtigen Personen, die sich durch ihre Mitwirkung einer Selbstbelastungsgefahr aussetzen würden mittels Analogie behebt dieses Problem jedoch in zufriedenstellender Weise (näher dazu *Joecks*, in: Joecks/Jäger/Randt, § 393, Rn. 38; *Reiß*, Besteuerungsverfahren, S. 262; *Teske*, wistra 1988, 215; *Tormöhlen*, in: Hübschmann/Hepp/Spitaler, § 393, Rn. 24, 77 m.w.N.). Die daneben etwa von *Tormöhlen*, in: Hübschmann/Hepp/Spitaler, § 393, Rn. 25 gerügte Nichterfassung der Bezichtigung Angehöriger bleibt nach dem vorstehend entwickelten System aus der Warte der Selbstbelastungsfreiheit unschädlich (siehe nur Teil 4 B. III.).

[211] Siehe Teil 4 C. I. sowie Teil 5 A. II. 3.

[212] Siehe nur BVerfG v. 13.1.1981 – 1 BvR 116/77, BVerfGE 56, 47; BFH v. 16.7.2001 – VII B 203/00, BFH/NV 2002, 306; *Böse*, Wirtschaftsaufsicht, S. 455; *Doege*, nemo-tenetur-Grundsatz, S. 172 f.; *Hüttinger*, Schutz des Steuerpflichtigen, S. 103; *Jesse*, DB 2013, 1808; *Nothhelfer*, Selbstbezichtigungszwang, S. 106; *Reiter*, Steuererklärungspflicht, S. 171; *Rogall*, in: FS-Kohlmann, S. 471; *Talaska*, Mitwirkungspflichten, S. 52 f.; differenzierend *Wolff*, Selbstbelastung und Verfahrenstrennung, S. 136 f.; dagegen *Schaefer*, Steuerstrafverfahren, S. 215 unter vergleichendem Rekurs auf *Mössner*, StuW 1991, 227.

matischen Sonderweg insbesondere getrieben von dem Interesse, individuell mangelhafte Kooperationsleistungen nach wie vor als Pflichtverletzung im Sinne des § 162 Abs. 2 AO qualifizieren und so nicht ausreichend ermittelbare Besteuerungsgrundlagen weiterhin im Schätzungswege beziffern zu können.[213] Abseits dieser rein formalen Beibehaltung zu Rechtszwecken hat der postulierte Zwangsmittelverzicht jedoch eine ganz andere Wirkung. Wurde bereits an früherer Stelle herausgestellt, dass der Pflichtenbegriff auch des Steuerrechts von der potentiell zwangsweisen Durchsetzbarkeit des zugrundeliegenden Handlungsauftrags geprägt wird[214], wird dem Mitwirkungsauftrag diese latente Zwangsbewehrung durch § 393 Abs. 1 S. 2 AO postwendend wieder genommen. Im Verhältnis zum Adressaten führt das Verbot damit in letzter Konsequenz lediglich dazu, dass jede Pflicht, die nicht zu dessen Lasten vollstreckt werden kann, diesem gegenüber ihren Charakter als solche materiell verliert.[215] Mangels des konstitutiven Elements zwangsweiser Durchsetzbarkeit verkommt die formell aufrechterhaltene Mitwirkungsverpflichtung hier zu einer Art normativen Obliegenheit, die dem zur Kooperation Angehaltenen die valide Option zur Zuwiderhandlung gerade eröffnet, hierdurch ein zumindest faktisches Recht zur Mitwirkungsverweigerung[216] schafft und dem Betroffenen so qua eingeräumter Entscheidungsfreiheit seine prozessuale Autonomieposition belässt. Kommuniziert der Staat mit dem offenen Verzicht auf Sekundärmaßnahmen im Fall des Pflichtverstoßes dem „Verpflichteten" gegenüber also, sanktionslos zur Zuwiderhandlung befugt zu sein, nimmt er hiermit aktiv Abstand von seinem hoheitlichen Mitwirkungsgesuch; und der obig monierte zwangsbegründende Malus des hoheitlichen Kooperationsdiktats weicht einer autonom zu gestaltenden Handlungsfreiheit, die den nemo tenetur-Konflikt bereits auf Zwangsebene beseitigt.

Mit Nachdruck deutlich macht dieser Gedanke aber auch den Stellenwert des hoheitlichen Aufklärungsauftrags. Insbesondere die Belehrungsvorschrift des § 393 Abs. 1 S. 4 AO übernimmt hier eine besondere Kommunikationsfunktion. Nur soweit dem Einzelnen gegenüber aktiv kundgetan wird, dass der Staat von seinem Mitwirkungsgesuch Abstand nehme, eröffnet sich ihm der Bereich des eigenverantwortlich zu gestaltenden Kooperationsverhaltens; nur der staatlicherseits beredte Ausschluss der Vollstreckbarkeit führt zum Ausschluss auch der nemo tenetur-Friktion.

---

[213] Vgl. BT-Drs. 7/4292, 46; deutlicher *Doege*, nemo-tenetur-Grundsatz, S. 176; *Drüen*, in: Tipke/Kruse, § 393, Rn. 44; *Joecks*, in: FS-Kohlmann, S. 452; *Rengier*, BB 1985, 721 f.; *Tormöhlen*, in: Hübschmann/Hepp/Spitaler, § 393, Rn. 40. Kritisch zur Erforderlichkeit einer solchen Bewahrung der formellen Pflichtendimension zu Schätzungszwecken *Doege*, nemo-tenetur-Grundsatz, S. 176 sowie *Tormöhlen*, in: Hübschmann/Hepp/Spitaler, § 393, Rn. 41 ff. m. w. N.

[214] Teil 3 B. mit Fn. 97.

[215] *Doege*, nemo-tenetur-Grundsatz, S. 173, 176; *Joecks*, in: FS-Kohlmann, S. 452; *Kohlmann*, in: FS-Tipke, S. 503; *Rüster*, wistra 1988, 50; *Sahan*, Steuererklärungspflicht, S. 64.

[216] Siehe Teil 5 B. IV. 1. mit Fn. 200.

b) Das erste Problem: der nicht hinreichende Zwangsmittelausschluss

Dieses der Idee nach charmante Konzept bleibt in seiner inhaltlichen Ausgestaltung indes deutlich hinter jener Schutzreichweite zurück, die von einer selbst ernannten Kollisionsnorm zu erwarten gewesen wäre. Infolge der ausdrücklichen Inbezugnahme nur der Zwangsmittel des § 328 AO schützt § 393 Abs. 1 S. 2 AO den Selbstbelastungsgefährdeten expressis verbis allein vor den Beugemitteln des Zwangsgelds, der Ersatzvornahme und des unmittelbaren Zwangs. E contrario nicht suspendiert werden damit aber alle hoheitlichen Maßnahmen, die weiter oben bereits als Zwangssurrogate respektive steuerliche Ersatzzwangsmittel kategorisiert wurden[217], insbesondere dabei aber jene staatliche Drohgebärde, die den Einzelnen weitaus stärker zur selbstbelastenden Verfahrensförderung motivieren wird als es die Mittel des § 328 AO je könnten: die Strafbarkeitsandrohung des § 370 AO.[218] Solange diese latente Inkriminierungsgefahr nicht beseitigt wird, solange das Damoklesschwert der neuerlichen Steuerhinterziehung fortwährend über dem Kopfe des Kooperationsverpflichteten kreist, findet sich dieser in der misslichen Lage, im Fall der Mitwirkungsverweigerung aus Selbstbelastungsgründen zwar vor der Anwendung von Verwaltungszwang gefeit zu sein, hierfür aber den Preis der neuerlichen Strafbarkeit zahlen zu müssen. Kann jedoch auf dem Boden des hiesigen Verständnisses der Selbstbelastungsfreiheit die Inkriminierung des angebotenen Dispensverhaltens die Lösung nie sein[219], scheint das nemo tenetur-Problem des Steuerrechts auch durch § 393 Abs. 1 S. 2 AO nicht behoben, das hierdurch vermittelte Protektorat bei streng wortsinnorientierter Lesart zumindest defizitär.

c) Das zweite Problem: die mittelbare Selbstbezichtigung

Hierzu gesellt sich sodann ein zweites, in der Systematik des Zwangsmittelverbotes deutlich verborgeneres Bedenken, eng verwoben mit der individuellen Ausgestaltung der sachlichen Schutzdimension des § 393 Abs. 1 S. 2 AO.

Bereits im Jahre 2001 propagierte der Bundesgerichtshof in geradezu apodiktischer Weisheit, dass „das Zwangsmittelverbot dort seine Grenze [finde], wo es nicht mehr um ein bereits begangenes steuerliches Fehlverhalten des Betroffenen geh[e], hinsichtlich dessen ein Steuerstrafverfahren bereits eingeleitet [sei]"[220], um sodann, geleitet von konstitutionellen Gleichheits- wie Selbstbelastungserwägungen, konkretisierend auszuführen:

„Selbst wenn die Abgabe der Steuererklärungen für nachfolgende Besteuerungszeiträume mittelbare Auswirkungen auf das laufende Steuerstrafverfahren haben sollte, könnte das

---

[217] Teil 5 A. II. 4. c).

[218] Dies erkennen auch etwa *Sahan*, Steuererklärungspflicht, S. 64 und *Samson*, wistra 1988, 136.

[219] Siehe nur Teil 4 B. II. 2. b) sowie Teil 4 C. I.

[220] BGH v. 26.4.2001 – 5 StR 587/00, BGHSt 47, 15.

B. Die positivrechtlichen Schutzmechanismen der Abgabenordnung   349

nicht ihre Unterlassung rechtfertigen, weil andernfalls neues Unrecht geschaffen würde, zu dem das Recht auf Selbstschutz nicht berechtigt, und gleichzeitig ein Verstoß gegen den steuerlichen Gleichbehandlungsgrundsatz ermöglicht würde."[221]

Differenziert die Auffassung des judikativen Karlsruhes[222] für den Schutzbereich des § 393 Abs. 1 S. 2 AO damit ersichtlicherweise zwischen steuerstrafbefangenen Besteuerungssachverhalten und solchen, die eben nicht, fließt hieraus seither eine Spaltung des unmittelbaren Anwendungsbereichs der Norm, sich scheidend an der relevanten Kontrollfrage vorliegender Untersuchungsgegenstandsidentität. Positiv gewendet soll das Protektorat des § 393 Abs. 1 S. 2 AO damit vollumfänglich nur insoweit greifen, als das kooperationsrelevante Besteuerungs- und das korrelierende Steuerstrafverfahren denselben Untersuchungsgegenstand, mithin kongruente Veranlagungszeiträume und Steuerarten, betreffen; sobald die jeweiligen Verfahrensgegenstände jedoch divergieren, etwa weil sie sich in Veranlagungsperiode und/oder betroffener Steuerart wesentlich[223] voneinander unterscheiden, sei ebenjener Besteuerungssachverhalt nicht mehr vom Zwangsmittelverbot des § 393 Abs. 1 S. 2 AO umfasst.

Bleibt auf die Stichhaltigkeit dieser beiden vorgetragenen, in erster Linie teleologischen Argumente in späterem Kontext noch näher einzugehen[224], fließt die im Ergebnis bewirkte normative Beschränkung des Gewährleistungsgehalts bei Tageslicht aber bereits aus merklich greifbareren Erwägungen. Nähert man sich der Frage der sachlichen Reichweite des Zwangsmittelverbots nämlich aus der Warte exegetischer Norminterpretation, mündet schon eine erste Analyse der Vorschrift in die Erkenntnis strenger Abhängigkeit des durch § 393 Abs. 1 S. 2 AO vermittelten Schutzes von den ebenda verwendeten Termini der Steuerstraftat bzw. Steuerordnungswidrigkeit. Bedürfen diese Merkmale des Tatbestandes zur Lösungsfindung also näherer Kontur, bildet den Ausgangspunkt der damit angestoßenen Definitionssuche die prima facie § 369 respektive § 377 AO entliehene Terminologie, die aus semantischer Perspektive insoweit eine vermeintlich streng steuerkonnotierte Lesart à la „Bezichtigungstat im Sinne der Steuergesetze" nahelegt. Scheint damit aus grammatischen Gesichtspunkten ein der dargelegten Rechtsprechung gegenüber sogar noch restriktiveres Verständnis des Zwangsmittelverbotes, ausschließlich beschränkt auf Kooperationsverpflichtungen explizit in Bezug auf eng umrissene

---

[221] BGH v. 26.4.2001 – 5 StR 587/00, BGHSt 47, 15.

[222] BGH v. 21.8.2012 – 1 StR 26/12, NStZ-RR 2012, 373; BGH v. 12.1.2005 – 5 StR 191/04, NJW 2005, 764; BGH 10.1.2002 – 5 StR 452/01, NJW 2002, 1135; BGH v. 26.4.2001 – 5 StR 587/00, BGHSt 47, 15.

[223] Die insoweit zeitweise den Begriff teilidentischer Besteuerungssachverhalte prägenden Konstellationen um das problematische Verhältnis von Umsatzsteuervoranmeldungen zur korrelierenden -jahreserklärung werden nunmehr seitens der Rechtsprechung durch eine erweiterte Interpretation des Tatbegriffs zu Gunsten des Eingreifens des Zwangsmittelverbots gelöst, siehe BGH v. 24.11.2004 – 5 StR 206/04, BGHSt 49, 361 ff.; näher *Doege*, nemo-tenetur-Grundsatz, S. 176; *Hilgers-Klautzsch*, in: Kohlmann, § 393, Rn. 115; *Rolletschke*, StV 2005, 357 f.

[224] Siehe Teil 5 C. IV. 2. a).

steuerliche Verfehlungen, zu fordern[225], zeichnet die systematische Analyse der Norm jedoch ein anderes, extensiveres Bild.

So scheint zunächst diese enge Interpretation des Wortsinns nur mäßig zwingend, kennt die Rechtsordnung abseits des formaljuristischen Tatbegriffs doch auch verschiedene andere solche unterschiedlicher Breite und Couleur.[226] Dass der von § 393 Abs. 1 S. 2 AO verwendete Topos also nicht notwendigerweise eng im Sinne eines positivrechtlichen „Tatbestandes" interpretiert werden muss, zeigt dabei schon eine nähere Beleuchtung der Anschlussvorschrift des § 393 Abs. 1 S. 3 AO. Wenn diese die zwangsweise Durchsetzung von Mitwirkungsaufträgen zu Lasten des Verpflichteten kategorisch verbietet, „soweit gegen ihn wegen einer solchen Tat das Strafverfahren eingeleitet worden ist", kann, eingedenk der positiven Anknüpfung an den Umfang des gemäß § 397 AO eingeleiteten Strafverfahrens, hiermit lediglich der Tatbegriff im prozessualen Sinne gemeint sein.[227] Berücksichtigt man nun, dass die Abgabenordnung, zumindest nach dem hier erarbeiteten Systemverständnis, um Satz 3 kein gänzlich neu konzipiertes Verbot des Zwangsmitteleinsatzes erbauen möchte, sondern im Vergleich zum vorstehenden Satz 2 vielmehr lediglich im Anlass, nicht aber in der Reichweite der vermittelten Schutzposition unterscheidet[228], rückt diese innere Systematik auch den Tatbegriff des § 393 Abs. 1 S. 2 AO in das rechte Licht. Sollen sich die beiden Vorschriften nach der Vorstellung des Gesetzes also in ihrem materiellen Schutzumfang gleichen, muss die damit geforderte Ausgestaltungsidentität auch auf die Interpretation des beiderseits verwendeten Topos der Straftat durchschlagen[229] und § 393 Abs. 1 S. 2 AO so die Termini der Steuerstraftat und Steuerordnungswidrigkeit in prozessualer Weise verstehen.[230] Wird ebendiese prozedurale Dimension des Tatbegriffs im Bereich reiner[231] Steuerver-

---

[225] So etwa *Ehlers*, StBp. 1977, 51; *Frotscher*, BB 1978, 708; *Reiter*, Steuererklärungspflicht, S. 173 f. oder *Scheurmann-Kettner*, in: Koch/Scholtz, § 393, Rn. 8. Vgl. aber auch die restriktive, an den Grundsätzen des materiellrechtlichen Tatbegriffs orientierte, Auffassung bei *Jesse*, DB 2013, 1810.

[226] Vgl. dazu auch die nachstehenden Ausführungen in Teil 5 B. IV. 2. d).

[227] So auch *Bülte*, in: Graf/Jäger/Wittig, § 393 AO, Rn. 25; *Doege*, nemo-tenetur-Grundsatz, S. 175; *Hilgers-Klautzsch*, in: Kohlmann, § 393, Rn. 96; *Joecks*, in: Joecks/Jäger/Randt, § 393, Rn. 42; *Roth*, in: Rolletschke/Kemper/Roth, § 393, Rn. 71; *Streck/Spatscheck*, wistra 1998, 340 f.; *Tormöhlen*, in: Hübschmann/Hepp/Spitaler, § 393, Rn. 89; siehe ferner *Besson*, Steuergeheimnis, S. 126 ff.

[228] So ausdrücklich auch *Tormöhlen*, in: Hübschmann/Hepp/Spitaler, § 393, Rn. 90.

[229] *Bülte*, in: Graf/Jäger/Wittig, § 393 AO, Rn. 25; *Hilgers-Klautzsch*, in: Kohlmann, § 393, Rn. 97; *Roth*, in: Rolletschke/Kemper/Roth, § 393, Rn. 71, 73; *Tormöhlen*, in: Hübschmann/Hepp/Spitaler, § 393, Rn. 90.

[230] Wie hier *Bülte*, in: Graf/Jäger/Wittig, § 393 AO, Rn. 26; *Doege*, nemo-tenetur-Grundsatz, S. 175; *Hilgers-Klautzsch*, in: Kohlmann, § 393, Rn. 87, 97; *Kasiske*, HRRS 2013, 227; *Roth*, in: Rolletschke/Kemper/Roth, § 393, Rn. 71, 73; *Seipl*, in: Gosch, § 393, Rn. 66; *Talaska*, Mitwirkungspflichten, S. 55 f.; *Tormöhlen*, in: Hübschmann/Hepp/Spitaler, § 393, Rn. 90.

[231] Zur Erstreckung des Zwangsmittelverbots auch auf allgemeindeliktische Vortaten siehe sogleich Teil 5 B. IV. 2. d).

fehlungen, insbesondere aber im Kontext des Tatbestands der Steuerhinterziehung, dabei durch die Elemente der konkret betroffenen Steuerart im unmittelbar relevanten Veranlagungszeitraum determiniert[232], kann auch das Zwangsmittelverbot des § 393 Abs. 1 S. 2 AO unmittelbar nur in diesen Grenzen gelten[233], was wiederum eine besorgniserregende These nunmehr endgültig verifiziert: Abseits jedenfalls teilidentischer Untersuchungsgegenstände bleibt für eine Erstreckung des unmittelbaren Anwendungsbereichs des Zwangsmittelverbots auf andere, nicht strafbefangene Veranlagungszeiträume oder Steuerarten, mithin divergierende Untersuchungsgegenstände, kein Raum.

Besorgniserregend ist dieser Befund allem voran deshalb, da die problematischen Ausflüsse der Entscheidung für eine solche Lesart förmlich auf der Hand liegen: Die konzeptionelle Beschränkung des Verbots verjüngt dessen tatsächlichen Anwendungsbereich empfindlich. Nur soweit der Untersuchungsgegenstand korrelierender Besteuerungs- und Steuerstrafverfahren identisch ist, wird der Betroffene im Besteuerungsverfahren durch § 393 Abs. 1 AO geschützt und der nemo tenetur-Satz so auch nur in irgendeiner Weise gewürdigt; sofern dagegen auf eine relevante Gegenstandsdivergenz erkannt wird, steht er insoweit indes ohne Schutz. Übersetzt für die strafrechtliche Selbstbezichtigungsgefahr durch steuerprozedurale Kooperation hat das dramatische Folgen: Knüpft man das Protektorat des § 393 Abs. 1 AO nämlich, ganz gleich, ob aus materiellen Unrechts- bzw. Gleichheitserwägungen oder aus systematischen Auslegungsgründen, im Ergebnis an den inkriminierten Steuerrechtssachverhalt, bewirkt dies im Umkehrschluss, dass der Betroffene in Bezug auf alle nicht im Kreuzfeuer der strafprozessualen Sachverhaltsermittlung stehenden Veranlagungszeiträume und Steuerarten vollumfassend mitwirkungspflichtig bleibt und ebendiese Handlungsaufträge auch mit Befehl und Zwang durchgesetzt werden können. Nun aber zu glauben, dass allein die Mitwirkung in diesem eng konturierten Untersuchungsgegenstandsfenster selbstbelastenden Charakter aufweisen könne, alle anderen Kooperationshandlungen aber strukturell nicht, scheint geradezu blauäugig. Selbstredend kann auch die Mitwirkung für andere Veranlagungszeiträume, etwa davor oder danach, insbesondere durch die insoweit nicht faktisch suspendierte Steuererklärungspflicht, ein kritisches Anfangsvermögen oder eine neuerliche Einkunftsquelle offenlegen; freilich können Angaben zu an-

---

[232] So deutlich *Tormöhlen*, in: Hübschmann/Hepp/Spitaler, § 393, Rn. 89; siehe aber auch *Besson*, Steuergeheimnis, S. 128 sowie *Roth*, in: Rolletschke/Kemper/Roth, § 393, Rn. 71. Näher zum prozessualen Tatbegriff siehe nur umfassend *Stuckenberg*, in: KMR-StPO, § 264, Rn. 14 ff. sowie instruktiv *Roxin/Schünemann*, Strafverfahrensrecht, § 20, Rn. 5 ff., jeweils mit umfangreichen Nachweisen aus Rechtsprechung und Literatur; explizit aus der Warte des § 370 AO sodann etwa *Jäger*, in: Klein, § 370, Rn. 260 ff. sowie *Pelz*, in: Leitner/Rosenau, § 370 AO, Rn. 253 f.

[233] Gleichsinnig etwa *Bülte*, in: Graf/Jäger/Wittig, § 393 AO, Rn. 26; *Doege*, nemo-tenetur-Grundsatz, S. 175; *Hilgers-Klautzsch*, in: Kohlmann, § 393, Rn. 87, 97; *Kasiske*, HRRS 2013, 227; *Roth*, in: Rolletschke/Kemper/Roth, § 393, Rn. 71, 73; *Seipl*, in: Gosch, § 393, Rn. 66; *Talaska*, Mitwirkungspflichten, S. 55 f.; *Tormöhlen*, in: Hübschmann/Hepp/Spitaler, § 393, Rn. 90.

deren Steuerarten im selben Veranlagungszeitraum mittelbar Aufschluss über den inkriminierten Sachverhalt selbst geben. Bleibt in diesen Szenarien also die Mitwirkungspflicht des Adressaten gemäß § 393 Abs. 1 S. 1 AO bestehen und werden auch die Zwangsmittel durch §§ 393 Abs. 1 S. 2, 3 AO gerade nicht ausgeschlossen, wird der Einzelne hier sowohl durch die primäre Pflichtenanordnung als auch durch die gegebenenfalls zwangsweise Durchsetzung des Handlungsauftrags auf Vollstreckungsebene zu einer mittelbaren Selbstbelastung im Sinne des nemo tenetur-Satzes gezwungen.[234] Zumindest insoweit wird der umschriebene nemo tenetur-Konflikt auch durch § 393 Abs. 1 AO nicht gelöst; auch aus dieser Perspektive scheint der durch das Zwangsmittelverbot vermittelte Schutzstandard unzureichend.

d) Zur Erstreckung des Zwangsmittelverbots auch auf allgemeindeliktische Vortaten

Eng verwoben mit diesem Disput um die Reichweite der Vorschrift ist sodann auch die Debatte um deren Erstreckung in den allgemeindeliktischen Bereich.

Die Spannungslage ist hier klar: So strikt § 393 AO in seinen ersten beiden Absätzen noch zwischen allgemeindeliktischen und steuerkonnotierten Vortaten unterscheidet, so verquickt zeigen sich diese beiden Deliktskreise zuweilen in praxi. Man denke hier etwa an die Begehung einer Steuerhinterziehung durch die Darreichung explizit hierfür hergestellter falscher Urkunden, die rechtswidrige Abwandlung geführter Unterlagen zur Verschleierung inkriminierter Einkunftsquellen ex post oder gar die schlichte Erpressung Dritter, deren nötigungsbedingt verschobene Vermögenswerte vom Bereicherten sodann nicht ordnungsgemäß versteuert werden. Kann in solchen Konstellationen mit Blick auf die infragestehende Mitwirkungshandlung bereits faktisch oft gar nicht ernsthaft dazwischen unterschieden werden, ob sich der Einzelne durch das konkret geforderte Kooperationsverhalten nun bezüglich der steuerdeliktischen Vortat bezichtigt und so dem Schutz des Zwangsmittelverbots untersteht oder eben die allgemeindeliktische Tatseite preisgibt und insoweit prinzipiell auf ein strafprozessuales Verwertungsverbot hoffen darf, machen diese doppelrelevanten Sachverhalte die Frage virulent, welchem der beiden Schutzsysteme des § 393 AO jene Fallgestaltungen unterworfen werden sollen, wie streng die Vorschrift mithin wirklich zwischen den beiden Anlasstatbereichen unterscheidet, aus der Warte des hier interessierenden § 393 Abs. 1 AO letztlich also, inwieweit der hierdurch vermittelte Schutzstandard auch Selbstbezichtigungslagen betreffend allgemeindeliktische Vortaten überwirkt. Auch zur

---

[234] Eine solche Gefahr der mittelbaren Selbstbelastung erkennen daher auch etwa BGH v. 12.1.2005 – 5 StR 191/04, NJW 2005, 764 f.; *Doege*, nemo-tenetur-Grundsatz, S. 176; *Drüen*, in: Tipke/Kruse, § 393, Rn. 40b f.; *Rolletschke*, in: Graf/Jäger/Wittig, § 370 AO, Rn. 74 und *Schaefer*, Steuerstrafverfahren, S. 48 f.; vgl. auch *Streck/Spatscheck*, wistra 1998, 340 f., die dabei jedoch von einem deutlich weiteren Verständnis des prozessualen Tatbegriffs ausgehen. Umfassend und m.w.N. zu diesem Problemkreis sodann *Tormöhlen*, in: Hübschmann/Hepp/Spitaler, § 393, Rn. 26 ff.

B. Die positivrechtlichen Schutzmechanismen der Abgabenordnung   353

Beantwortung dieser Fragestellung bedarf es der abermaligen Interpretation des Begriffs der Steuerstraftat; auch hier bestehen Uneinigkeiten:

So stellen sich manche[235] auf den, bei unbefangener Normlektüre freilich naheliegenden, Standpunkt eines recht rechtspositivistischen Tatbegriffs, streng im Geiste der durch die §§ 369, 377 AO vorgezeichneten Lesart. Wenn § 393 Abs. 1 AO insoweit ausdrücklich von *Steuer*straftaten und *Steuer*ordnungswidrigkeiten spreche, könne die Norm hiermit allein einen Begriff im rechtstechnisch verstandenen Sinne meinen, der bei geboten abgabenordnungsorientierter Auslegung zwingend in eine kategorische Negation der Erstreckung der §§ 393 Abs. 1 S. 2, 3 AO auf allgemeine Straftaten münde. Andere[236] dagegen rekurrieren auf ein deutlich materielleres Verständnis des Tatbegriffs, letztlich orientiert an der materiell-strafrechtlichen Konkurrenzlehre. Eingedenk der aufgezeigt faktischen Differenzierungsschwierigkeiten bzw. der damit einhergehenden andernfalls nur schwerlichen praktischen Handhabbarkeit der Schutznorm, seien dieser Auffassung zufolge auch alle Allgemeindelikte, die mit den relevanten Steuerstraftaten in materieller Tateinheit stehen, vom Zwangsmittelverbot erfasst, solche in materiellrechtlicher Tatmehrheit dagegen nicht.

Bei Tageslicht verbirgt sich die im vorliegend erarbeiteten System konsequente Lösung der aufgeworfenen Erstreckungsproblematik indes bereits im vorstehend Gefundenen. So dürfen die soeben kursorisch umrissenen Auffassungen nicht den Blick darauf verstellen, dass sich anlässlich der Rüge der fortbestehenden mittelbaren Selbstbelastungsgefahr im Kontext der §§ 393 Abs. 1 S. 2, 3 AO bereits ausdrücklich dafür ausgesprochen wurde, den Tatbegriff des Zwangsmittelverbots als Korrelat des § 397 Abs. 1 AO zu interpretieren. Umfasst jener der Strafverfahrenseinleitung zugrundeliegende prozessuale Begriff der Tat nun aber stets das gesamte Verhalten des Einzelnen als tatsächlich-geschichtlichen Vorgang, wie er nach Auffassung des Lebens ein zusammengehöriges historisches Ereignis bildet, dessen Aburteilung in getrennten Verfahren eine unnatürliche Aufspaltung darstellen würde[237], muss ebendieser prozedural gefärbte Tatentopos neben genuin steuerstrafrechtlichen Taten eben auch alle mit dem steuerlichen Fehlverhalten verbundenen allgemeindeliktischen solchen in sich vereinen, soweit die verschiedenen Verhaltensweisen nur in hinreichend lebenseinheitlicher Manier miteinander verbunden sind. Diese, mit dem konkreten Steuerdelikt in prozessualer Tateinheit stehenden, Allgemeindelikte müssen damit gleichermaßen dem Tatbegriff der §§ 393 Abs. 1 S. 2, 3 AO hiesiger Lesart unterfallen; für die Zwecke des Zwangsmittel-

---

[235] So insbesondere *Besson*, Steuergeheimnis, S. 106; vgl. aber auch *Hilgers-Klautzsch*, in: Kohlmann, § 393, Rn. 48, 87; *Reiter*, Steuererklärungspflicht, S. 173 f.; *Sprenger*, in: Leitner/Rosenau, § 393 AO, Rn. 9, 16; *Tormöhlen*, in: Hübschmann/Hepp/Spitaler, § 393, Rn. 84.

[236] Vgl. im Kontext der Reichweite des § 393 Abs. 2 S. 1 AO *Blesinger*, wistra 1991, 245; *Bülte*, in: Graf/Jäger/Wittig, § 393 AO, Rn. 89; *Jarke*, wistra 1997, 326 f.; *Meine*, wistra 1985, 186; hierzu sowie zum gegenseitig indirekten Proportionalitätsverhältnis von §§ 393 Abs. 1 S. 2, 3 AO und § 393 Abs. 2 S. 1 AO sogleich näher in Teil 6 A. III. 4.

[237] Weiterführend siehe Teil 5 B. IV. 2. c), Fn. 232.

verbots werden sie insoweit zu normativen „auch" Steuerstraftaten. Als konsequenter Ausfluss der Anbindung des § 393 Abs. 1 S. 2 AO an den prozessualen Tatbegriff beanspruchen damit auch diese allgemeindeliktischen Vortaten im Fall kooperationsbedingter Selbstbelastungsgefahr das Schutzsystem des § 393 Abs. 1 AO, mithin das ebenda statuierte Zwangsmittelverbot, gleichermaßen für sich.[238]

V. Die Folge: positivrechtliche Schutzlücken!

Im Ergebnis wird der auf S. 342 beschriebenen Friktionslage damit auch durch § 393 Abs. 1 AO nur in Teilen abgeholfen. Soweit nicht schon die Mitwirkungsverweigerungsrechte der Abgabenordnung bzw. die Strafbefreiungsvorschriften des Gesetzes den zur Mitwirkung Verpflichteten aus der Malaise des selbstbezichtigenden Kooperationszwangs befreien, kommt im Bereich steuerstrafkonnotierter Anlasstaten mit dem Zwangsmittelverbot der §§ 393 Abs. 1 S. 2, 3 AO ein System zum Tragen, das den vorstehenden Ausführungen zufolge zwar prinzipiell dazu imstande erscheint, verbliebene Friktionsbereiche auch im hiesig vertretenen nemo tenetur-Konzept effektiv zu beheben, das ebendiese Rolle als Konfliktlösungsinstanz jedoch freilich lediglich insoweit übernehmen kann, als der eigene Tatbestand reicht. Wird ebendieser sodann zunächst von der ausdrücklichen Inbezugnahme des § 328 AO geprägt, muss bereits ausweislich des Wortsinns eine schützende Wirkung der Kollisionsregelung e contrario insoweit ausscheiden, als die nemo tenetur-konfligierende Zwangslage gerade nicht durch die Androhung oder den Einsatz der von § 328 AO genannten Beugemittel begründet wird, sondern durch hoheitliche Ersatzzwangsmittel im obig umsäumten Sinne. Überdies offenbarte die geboten systematische Analyse insbesondere der normgegenständlichen Topoi der Steuerstraftat sowie -ordnungswidrigkeit eine definitorische Anbindung ebenjener Tatbestandsmerkmale an die Grundsätze des strafprozessualen Tatbegriffs, die eine Schutzwirkung des Zwangsmittelverbotes kehrseitig überall dort systematisch ausschließt, wo es um die individuell selbstbezichtigende Verfahrensförderung mit Blick auf einen Untersuchungsgegenstand geht, der nicht unmittelbar auch dem korrelierenden Repressionsverfahren unterliegt.

Soweit §§ 393 Abs. 1 S. 2, 3 AO nach diesen Grundsätzen also bereits auf Tatbestandsebene nicht greifen, soweit die Abgabenordnung den Schutzschirm des Zwangsmittelverbotes zu Gunsten des Einzelnen hier gar nicht erst aufspannt, bleibt die erkannte Problematik um den besteuerungsprozedural begründeten Zwang zu strafrechtlicher Selbstbelastung bestehen und der Gezwungene aus positivrechtlicher Perspektive nunmehr endgültig ohne Schutz.

---

[238] Wie hier sowohl *Roth*, in: Rolletschke/Kemper/Roth, § 393, Rn. 71, 73 unter Rekurs auf BVerfG v. 15.10.2004 – 2 BvR 1316/04, wistra 2005, 175 ff. sowie BGH v. 5.5.2004 – 5 StR 548/03, BGHSt 49, 136 ff. als auch *Seipl*, in: Gosch, § 393, Rn. 67.

C. Zur Herstellung von Verfassungskonformität

Ebenjene – unter dem Eindruck des konstitutionellen nemo tenetur-Satzes verfassungsrelevanten – Schutzdefizite gilt es daher nachfolgend zu beheben. Freigelegt und beschritten sei damit ein Weg hin zum verfassungskonformen[239] Ausgleich der Spannungslage zwischen steuerrechtlicher Kooperationsverpflichtung und strafprozessualer Selbstbelastungsfreiheit; mithin ein zuweilen rechtsgestalterisches Vorhaben, das sich freilich nicht in den Weiten dogmatischer Restriktionslosigkeit befindet. Als Fahrplan der anschließenden Untersuchung scheint es daher sinnvoll wie geboten, zunächst die abstrakten Rahmenbedingungen einer solch verfassungskonformen Konfliktbewältigung erörtert zu wissen, bevor auf der Grundlage dieser Parameter unter gleichzeitig kritischer Würdigung auch anderweitig vorgeschlagener Lösungskonzepte nach einem sachangemessenen System zur Behandlung der verbleibenden Friktionsbereiche gesucht werden kann.

I. Von der Pluralität des vertretenen Meinungsspektrums: die denkbaren Lösungen

Den gedanklichen Ausgangspunkt bildet hier eine noch recht simple Überlegung:

Wenn ein Verstoß gegen den Grundsatz der Selbstbelastungsfreiheit nach hiesiger Systematik stets durch das kollusive Zusammenwirken der Elemente des Selbst-

---

[239] In terminologischer Hinsicht bedarf es an dieser Stelle einiger Klarstellung: Soweit im Folgenden explizit von einer verfassungs*konformen* Auslegung gesprochen wird, sei hiermit die von Verfassungs wegen gebotene Lösung von Situationen umschrieben, in welchen das einfache Recht auch nach geboten verfassungsorientierter Normexegese tatsächlich im Widerspruch zur konstitutionellen Rechtsordnung steht. Einem solch „echten Verfassungsverstoß" kann sodann, freilich allein in den Grenzen des methodisch Zulässigen, im Wege verfassungskonformer Auslegung abgeholfen werden.
Dagegen sei mit dem Topos der verfassungs*orientierten* Auslegung die Bewältigung von Spannungslagen unterhalb dieser Schwelle gemeint. Soweit sich die erkannte Friktion also in der bloßen Unvereinbarkeit eines bestimmten Auslegungsergebnisses mit grundgesetzlichen Forderungen erschöpft, sich die konkret zu analysierende Vorschrift im Übrigen aber als hinreichend interpretationsoffen gestaltet, um den einschlägigen Verfassungsvorgaben bereits im Normdeutungswege Rechnung zu tragen, überwirken diese verfassungsgeleiteten Wertungen und Prinzipien schon die Auslegung des einfachen Rechts als tendenziell hoch zu bewertender Abwägungsfaktor. Ein Widerspruch zwischen Verfassung und niederrangigem Recht wird damit bereits auf Norminterpretationsebene qua verfassungsorientierter Auslegung unterbunden, zu einem echten Verfassungsverstoß kommt es hier nicht. Siehe dazu ausführlich *Meyer*, Steuerliches Leistungsfähigkeitsprinzip, S. 68 ff., insbesondere aber S. 71, Fn. 412 sowie S. 77 mit Fn. 443. Näher zu dieser verfassungsorientierten Auslegung und deren Verhältnis zur verfassungskonformen solchen *Dreier*, in: Dreier, GG, Art. 1 Abs. 3, Rn. 85 f.; *Höpfner*, Systemkonforme Auslegung, S. 178 ff.; *Schlaich/Korioth*, Das Bundesverfassungsgericht, Rn. 448.

bezichtigungszwangs und der Informationsverwertung begründet wird[240], respektive sich diese im Kontext der Ausstrahlungswirkung des Privilegs in die Komponenten der Anwendungs- und Umwidmungsebene wandeln[241], erhellt jener voraussetzungsorientierte Dualismus die zwei potentiellen Anknüpfungspunkte einer effektiven Konfliktbewältigung: Muss nämlich zur Beseitigung der Verfassungsproblematik so lediglich die Ausräumung der Kollusionslage, letztlich also der Ausschluss *nur eines* der beiden Konstitutionsmerkmale genügen[242], scheint damit eine Bewältigungsstrategie qua isolierter Suspendierung des nemo tenetur-widrigen Zwangs im gleichen Maße möglich wie eine solche qua reinem Ausschluss der repressiven Verwertung so erlangter Informationen[243]; und das trotz der sogleich näher zu präzisierenden Erwägung, dass innerhalb dieser groben Leitlinien verschiedene, in ihrem Gewährleistungsgehalt divergierende Schutzstandards denkbar sind. *Wolff*[244] etwa entwickelt hierfür in seiner Dissertationsschrift ein differenziertes Kategoriensystem, das je nach gewählter Schutzstufe und binnenkategorisch gewähltem Mechanismus die Gefahr einer verfassungswidrigen Selbstbezichtigung in absteigend unterschiedlich sichererem Maße ausschließt:

Als am stärksten schützend und damit erstkategorisch werden hierbei die Verweigerungsrechte genannt. Soweit der Einzelne in den Stand erhoben werde, sich durch ein umfassendes Aussageverweigerungs- oder ein umgrenztes Auskunftsverweigerungsrecht mit oder ohne Hinweispflicht im Hinblick auf die Selbstbezichtigungslage dem hoheitlichen Kooperationsgesuch zu entziehen, beseitige dies den nemo tenetur-problematischen Mitwirkungszwang umfassend. Dagegen knüpft sich die zweiterörterte Kategorie, die Abschottung der Verfahren, an den Baustein der Informationsverwertung. Den verschiedenen Spielarten der ebenda aufgezeigten Verwertungs-, Offenbarungs- bzw. Weitergabeverbote, wahlweise ausgestattet mit oder ohne Fernwirkung oder gar in Kombination miteinander, werde hierbei der Schutzauftrag zuteil, den problematischen Informationsfluss zwischen dem fortwährend kooperationspflichtbelasteten Nichtrepressionsverfahren und dem korrelierenden Repressionsverfahren zu unterbinden und so die Verwertungskomponente des nemo tenetur-Satzes zu bekämpfen.[245] Drittstufig nennt *Wolff* sodann die

---

[240] Siehe Teil 4 B. I. 2. f) cc), deutlich dann auch Teil 4 B. I. 2. g); zum Zwangsbegriff näher Teil 4 C. I.

[241] Siehe nur Teil 4 E. II. 3. a) und b).

[242] So auch *Doege*, nemo-tenetur-Grundsatz, S. 140, 155; *Schaefer*, Steuerstrafverfahren, S. 221.

[243] *Böse*, Wirtschaftsaufsicht, S. 455, 459; *Reeb*, Internal Investigations, S. 98 f.; *Schaefer*, Steuerstrafverfahren, S. 221; *Wolff*, Selbstbelastung und Verfahrenstrennung, S. 135 ff.; *Doege*, nemo-tenetur-Grundsatz, S. 140, 155 bezeichnet dieses Verfahren im Anschluss an *Rogall*, NStZ 2006, 41, 43 als „Gemeinschuldner-Mechanismus"; näher hierzu in Teil 5 C. IV. 2. c) aa).

[244] *Wolff*, Selbstbelastung und Verfahrenstrennung, S. 135 ff.

[245] Nicht erwähnt wird seitens von *Wolff* hierbei jedoch die – zumindest theoretisch denkbare – Option der zeitlich-organisatorischen Verfahrensentzerrung durch prozedurale Aus-

C. Zur Herstellung von Verfassungskonformität 357

Möglichkeit der folgenlosen Mitwirkungsverweigerung, die als Ausschluss negativer Konsequenzen der individuellen Nichtkooperation gleichsam den Zwang zur Mitwirkung ausschließe, bevor er letztkategorisch weiters die Strafbefreiungsvorschriften als gangbaren, wenngleich voraussetzungs- wie unsicherheitsbehafteten, Ausweg aus dem Selbstbelastungsdilemma erwägt.

Dieses so strukturierte Kategorienmodell muss dabei jedoch gar nicht in allen Einzelheiten evaluiert werden, um das hiesige Forschungsvorhaben im Ergebnis zu bereichern. Vermengt mit dem soeben aufgezeigten dualistischen Ansatzsystem entweder an der Zwangs- oder der Verwertungskomponente des Verletzungstatbestandes und konkret bezogen auf das hier interessierende Spannungsverhältnis im steuerrechtlichen Kooperationsbereich, weist die substantiierte Darstellung *Wolffs* bereits den Weg in die richtige Richtung, wenn sie die grundsätzliche Unterscheidung zwischen Zwangssuspendierung und Verwendungsausschluss mit greifbareren Mechanismen unterfüttert.

Appliziert auf den Bereich der erstgenannten Bewältigungsmethode bedeutet dies, dass auch an dieser Stelle abermals unterschieden werden muss: Scheint mit dem besteuerungsrechtlichen Pflichtenprogramm der relevante Ansatzpunkt des Zwangsausschlusses zwar noch zügig lokalisiert, bleibt indes diskussionsbedürftig, ob die geforderte Intervention in das Steuerrecht nun etwa durch die Konstruktion eines spezifischen Mitwirkungsverweigerungsrechts zu Gunsten des Einzelnen oder aber durch eine entsprechende Ausweitung des Straffreiheitsbereichs erfolgen soll. Damit aber noch nicht genug: Auch ebenjene Subkategorisierung wird sodann wiederum von insoweit systemdifferenzierenden Fragen nach Art, Umfang und rechtstechnischer Ausgestaltung der Modifikation des Steuerrechts dominiert, kann eine konfliktlösende Verweigerungsposition zu Gunsten des Einzelnen doch etwa als „echtes" umfassendes Mitwirkungsverweigerungsrecht als stärkste Form des nemo tenetur-Schutzes oder aber als lediglich faktisches solches, etwa durch Expansion des Zwangsmittelverbots der §§ 393 Abs. 1 S. 2, 3 AO, konzipiert werden; die ergebnisorientierte Strafbefreiung des Einzelnen doch etwa durch eine Reduktion des § 370 AO oder aber eine komplementäre Erweiterung der Selbstanzeigemöglichkeit des § 371 AO.

Möchte man sich dagegen auf den Standpunkt vorzugswürdiger Verhinderung des Informationsflusses vom Besteuerungs- in das Repressionsverfahren stellen, führen auch hier mehrere Wege zum Ziel. Gedacht sei hier etwa an die Möglichkeit einer vollumfänglich informatorischen Verfahrensabschottung durch repressionsprozessuale Verwertungs-, Verwendungs- oder Offenbarungsverbote betreffend die im Besteuerungsverfahren kooperativ erlangten Daten, die letztlich prinzipiell genauso dazu imstande sein wird, den problematischen interprozeduralen Informationstransfer zu unterbinden, wie beispielsweise eine umfassend organisatorisch-insti-

---

setzung des einen oder eben des anderen Verfahrens. Auf diese Möglichkeit wird an jeweils gebotener Stelle zurückzukommen sein.

tutionelle Trennung der Verfahren oder eine nur temporale Entzerrung durch zeitlich begrenzte Verfahrensaussetzung am anderen Ende des Spektrums.

Im Ergebnis bleibt damit der Eindruck eines unübersichtlichen Konglomerats denkbarer Lösungsmöglichkeiten, dessen einzelne Bausteine prima facie sämtlich in gleichem Maße nachvollziehbar wie kollisionslösungsgeeignet erscheinen. Aufgabe der nachfolgenden Untersuchung kann es daher freilich nicht sein, die jeweiligen Vor- und Nachteile jedwedes Ansatzes der vertretenen Meinungsbreite erschöpfend kritisch zu evaluieren; begnügt werden muss sich an dieser Stelle vielmehr mit einer grundlegenden Strukturanalyse der Chancen und Risiken einzelner Bewältigungsmodelle, um auf Basis dieser Erkenntnisse ein im hiesigen Dogma ingleichen systemkonformes wie in sich stimmiges Lösungskonzept entwickeln zu können.

II. Die Direktiven der Lösungsfindung

Dabei darf dieses soeben aufgezeigte, a priori breite Handlungsportfolio nicht zum vorschnellen Eindruck falscher Vogelfreiheit verleiten. Auch der Ausfüllung von Gesetzeslücken sind Grenzen gesetzt. Die folgenden Gedanken bedürfen also bereits ex ante normativer Restriktion.

1. Der Ausgangspunkt: die Einschätzungsprärogative des Gesetzgebers

Schon die erste Beschränkung relativiert den Forschungsgegenstand dabei ganz erheblich:

Tritt man einen Schritt zurück und betrachtet die vorstehenden Grundsätze aus gebotener Distanz, wird erkennbar, dass die Grundideen der vorgestellten Lösungssysteme letztlich sämtlich derselben Intention folgen, namentlich dem Ausgleich einer interessensorientierten Spannungslage im Bereich der Ausstrahlungswirkung.[246] Soweit hierunter nämlich die normative Einflussnahme der Selbstbelastungsfreiheit auch auf nichtrepressive Anlassverfahren verstanden wird, ist ein bestimmter Zielkonflikt zweier diametral entgegenstehender Interessen geradezu unvermeidbar:

So ist da einerseits das staatliche Interesse, dem das jeweilige Erhebungsverfahren eben dient, das aber gerade im Kontext der Überwirkung des nemo tenetur-Grundsatzes in Massenverwaltungsverfahren die bedingungslose Kooperation des Einzelnen schon aus Gründen der eigenen Verfahrensstruktur regelmäßig erfordern wird, siehe etwa die Kooperationsmaximierung des Steuerrechts als Manifestation einer andernfalls nicht realisierbaren Rechtsstaatskonformität des Besteuerungsverfahrens in toto.[247] Steht diesem Anliegen jedoch regelmäßig das individuelle

---
[246] Siehe dazu auch *Wolff*, Selbstbelastung und Verfahrenstrennung, S. 137 f.
[247] Siehe nur Teil 3 A. II. 2.

Bedürfnis des potentiell Verpflichteten, die eigene Straftat als wirksamsten Schutz gegen eine drohende Selbstbezichtigung möglichst umfassend verschweigen zu dürfen, kontradiktorisch gegenüber, spannt sich um diese beiden Extrempositionen ein interessengeleitetes Kollisionsfeld, in dessen Grenzen nunmehr systematisch um Ausgleich gerungen werden kann, in dem die aufgezeigt breite Palette an Schutzmechanismen unterschiedlicher Schutzintensität bei Tageslicht aber auch nichts anderes ist als der schlichte Ausfluss einer divergierenden Akzentuierung dieser widerstreitenden Belange. Hierbei wird eine Betonung der erkannten Strafverfahrensrelevanz der offenbarten Informationen die Bewertungsentscheidung tendenziell eher in Richtung einer besonders starken Schutzposition zu Gunsten des Einzelnen verschieben und so mit dem Recht zur Mitwirkungsverweigerung einen Mechanismus nahelegen, den die Fokussierung des hoheitlichen Interesses am Erfolg des Anlassverfahrens angesichts der mit der Nichtkooperation einhergehenden Verfahrensbehinderung gerade ausschließen wird – und vice versa.

Wer nun aber auf ergebnisorientierte Singularität hofft, wird schnell enttäuscht. So dürfen weder die aufgezeigt strenge Absolutheit des Schutzes[248] noch die dargelegt konstitutive Relevanz des nemo tenetur-Satzes für ein rechtsstaatskonformes Strafverfahren[249] den Irrglauben nähren, im Kontext der Ausstrahlungswirkung des Privilegs gäbe es einen einzig richtigen, nur hinreichend zu eruierenden Schutzmechanismus, der sodann in jeder Ausstrahlungskonstellation problemlos operabel sei. Ganz im Gegenteil behandeln diese erarbeiteten Strukturmerkmale lediglich das „Ob" respektive den Rang der vor Selbstbelastung schützenden Verfassungsgarantie, die nachgelagerte Frage nach der konkreten Organisation des „Wie" des Ausstrahlungsschutzes beantworten sie jedoch nicht.

Miteinander verwoben geben diese beiden Gedankenstränge sodann den Blick auf einen Bereich inhaltlicher Indifferenz frei, der als regelungsbedürftiges Normvakuum bei gleichzeitiger Grundrechtsrelevanz des Streitgegenstandes in erster Linie der gestalterischen Freiheit des Gesetzgebers obliegen muss[250], inhaltlich jedoch durch die Leitgedanken der soeben skizzierten Abwägungsfrage zumindest vorstrukturiert wird. Es ist daher gerade die Aufgabe der legislativen Systemfindung, die Interessen der betroffenen Verfahrensordnung zu berücksichtigen, zu bewerten und sie anschließend in einen abwägenden Konflikt mit dem legitimen Geheimhaltungsinteresse des Einzelnen zu stellen, auch unter gegebenenfalls typisierender Betrachtung der konkreten formalen wie materiellen Ausgestaltung des einschlägigen Offenbarungsvorhabens, insbesondere aber der Spezifität und des Ausmaßes

---

[248] Teil 4 D.
[249] Teil 4 B. I. 2. f) cc).
[250] *Aselmann*, NStZ 2003, 75; *Böse*, Wirtschaftsaufsicht, S. 456; *Doege*, nemo-tenetur-Grundsatz, S. 141; *Joecks*, in: Joecks/Jäger/Randt, § 393, Rn. 9; *Mäder*, Betriebliche Offenbarungspflichten, S. 140 f.; *Reeb*, Internal Investigations, S. 99; *Schaefer*, Steuerstrafverfahren, S. 222; *Schlothauer*, in: FS-Fezer, S. 269; *Teske*, wistra 1988, 212; *Wenzel*, Das Verhältnis, S. 39; *Wolff*, Selbstbelastung und Verfahrenstrennung, S. 138; vgl. ferner *Röckl*, Das Steuerstrafrecht, S. 119 f.

der konkret geforderten Offenlegung sowie der faktischen Nähe von mitwirkungsberechtigter Stelle und potentiell informationsbegünstigter Repressionsbehörde.[251] Im Kontext der hiesigen Forschungsfrage konkurrieren daher die steuerorientierten Belange der Gesetzes- und Gleichmäßigkeit der Besteuerung, letztlich also Erwägungen der steuerlichen Belastungsgleichheit, mit dem individuellen Bedürfnis nach kategorischer Diskretion wobei mit *Wolff*[252] die genuinen Verfahrensinteressen des Steuerrechts prinzipiell dazu in der Lage sind, das Schutzniveau der Ausstrahlungswirkung vom stärksten Mechanismus des umfassenden Verweigerungsrechts auf niedere Ebenen zu drücken, freilich stets unter der Prämisse, dass das vermittelte Protektorat nicht zur bloßen Makulatur verkommt. Der Gesetzgeber ist damit „verhältnismäßig"[253] frei in seiner Entscheidung um den im Ergebnis favorisierten Schutzstandard. Auch im Bereich der Ausstrahlungswirkung bleibt der Grundsatz des nemo tenetur se ipsum accusare insoweit schlichte Institutsgarantie, nicht aber Optimierungsgebot.[254]

Für den Fortgang der Untersuchung haben diese Erkenntnisse zwei ganz entscheidende Auswirkungen: So steht zum einen bereits an dieser Stelle fest, dass ein gesonderter Weg der Behandlung von Selbstbezichtigungssituationen betreffend steuerstrafkonnotierte und nichtsteuerliche Vortaten, wie ihn das Gesetz mit der Regelungsdivergenz in § 393 Abs. 1 und Abs. 2 AO beschreitet, solange unbedenklich ist, wie er den Einzelnen im Ergebnis effektiv vor privilegswidrigem Zwang zur Selbstbelastung schützt. Ob der Gesetzgeber ein solches System wählen möchte, bleibt jedoch allein ihm überlassen. Zum anderen wird hieraus aber auch deutlich, dass im Rahmen der nachstehend erstrebten Ausfüllung der obig erkannten Schutzlücken ein einzig zulässiger Königsweg seriöserweise nicht auffindbar sein wird. Das selbst gesetzte Ziel dieser Arbeit kann daher allenfalls die Ausarbeitung eines Vorschlags sein, der sich bestmöglich in die widerstrebenden Belange, namentlich die Interessen des Besteuerungsverfahrens, jene des Strafverfahrens, die Geheimhaltungsbedürfnisse wie die Autonomieposition des Verfahrensunterworfenen, die Einschätzungsprärogative des Gesetzgebers sowie die vorliegend erarbeitete Konzeption der Selbstbelastungsfreiheit, einpflegt.

---

[251] Deutlich *Wolff*, Selbstbelastung und Verfahrenstrennung, S. 140 f.

[252] *Wolff*, Selbstbelastung und Verfahrenstrennung, S. 140.

[253] Damit sei weder behauptet, der nemo tenetur-Grundsatz wirke außerhalb seines kernstrafprozessualen Anwendungsbereichs nicht absolut noch eine neuerliche, relative Dimension des Satzes begründet. Vielmehr umschreibt diese Abwägungsebene allein die Erkenntnis, dass die konkrete Ausgestaltung der an sich unabwägbaren absoluten Verbürgung – soll meinen: allein der Weg dorthin – einer abwägenden Entscheidung durch den Gesetzgeber nicht verschlossen ist, siehe ferner *Wolff*, Selbstbelastung und Verfahrenstrennung, S. 137 ff.

[254] *Wolff*, Selbstbelastung und Verfahrenstrennung, S. 140. Zum Institutsgarantiecharakter des kernstrafprozessualen nemo tenetur-Satzes siehe auch Teil 4 C. I.

2. Planwidrige Regelungslücken und wo sie zu finden sind

Recht schnell beendet wäre diese Lösungsfindung indes, wenn hierfür bereits methodisch gar kein Raum bestünde.

So entschieden sich die historischen Väter der Abgabenordnung zum Ausschluss zu befürchtender steuerstrafkonnotierter Selbstbezichtigung mit dem Statut der §§ 393 Abs. 1 S. 2, 3 AO nicht nur expressis verbis für ein faktisches Mitwirkungsverweigerungsrecht qua Zwangsmittelausschluss, sondern positiv eben gerade auch, wenngleich stillschweigend, für einen Mechanismus, der in seiner derzeitigen Ausgestaltung aufgezeigtermaßen[255] in gleich doppelter Hinsicht nur defizitären Schutz gewährleistet. Liegt damit die Frage nach der konkreten Art und Weise der schutzbereichskomplettierenden Normergänzung nunmehr förmlich auf der Hand, fände dieses Vorhaben jedoch ein jähes Ende, so mit der Regelung eine mit den Vorgaben der Verfassung übereinstimmende Lösung vonseiten des Gesetzgebers nie wirklich intendiert war oder eine solche gar explizit ausgeschlossen wurde. Vor die Suche nach den exakten Spezifika einer verfassungskonformen Auflösung der Friktion drängt sich damit die merklich grundlegendere Problematik um die prinzipielle Eröffnung der Befugnis, im Folgenden überhaupt rechtsgestalterisch tätig werden zu dürfen; abstrakter gewendet also die Frage nach der methodischen Zulässigkeit einer nachstehend etwaig vorzunehmenden verfassungskonformen Rechtsfortbildung.[256]

Ihren Anfang nimmt die Antwort hierauf, zumindest für den hier allein interessierenden Bereich nachkonstitutioneller Parlamentsgesetze[257], im Grundsatz der Gewaltenteilung[258]: Wenn der Gesetzgeber danach dazu berufen sein soll, die Rechtsordnung in Eigenregie zu gestalten, muss es ihm im Rahmen dieser Aufgabe zustehen, bestimmte Situationen zu analysieren, eigenverantwortlich zu beurteilen und nach Bedarf auch prospektiv einzuschätzen. In den Grenzen dieser Einschätzungsprärogative müssen sodann Fehlanalysen, Missinterpretationen oder andere

---

[255] Teil 5 B. IV. 2. b) und c).

[256] Zur Legitimation sowie den Voraussetzungen einer solchen umfassend *Larenz/Canaris*, Methodenlehre, S. 187 ff.; *Möllers*, Methodenlehre, § 6, Rn. 91 ff., insbesondere aber § 11, Rn. 64 ff.; *Zippelius*, Methodenlehre, S. 53 ff., 64 ff.

[257] Im Metier vorkonstitutioneller Gesetze ist ein solcher Disput mit dem Gewaltenteilungsgrundsatz sowie dem Verwerfungsmonopol des Bundesverfassungsgerichts angesichts der nicht von der nachkonstitutionellen Legislative getroffenen Regelung nicht erkennbar. Hier sind auch andere Akteure imstande wie dazu berufen, zur Verfassungskonformität der Rechtsordnung beizutragen. Dazu näher BVerfG v. 21.12.1997 – 2 BvL 6/95, BVerfGE 97, 122 f.; BVerfG v. 14.2.1973 – 1 BvR 112/65, BVerfGE 34, 292; BVerfG v. 24.2.1953 – 1 BvL 21/51, BVerfGE 2, 128; *Dederer*, in: Dürig/Herzog/Scholz, GG, Art. 100, Rn. 96 ff.; *Doege*, nemo-tenetur-Grundsatz, S. 185; *Hillgruber*, JZ 1996, 119; *Kleinheisterkamp*, Kreditwesengesetz, S. 341; *Morgenthaler*, in: BeckOK-GG, Art. 100, Rn. 12.

[258] Dazu umfassend *Grzeszick*, in: Dürig/Herzog/Scholz, GG, Art. 20 V, Rn. 1 ff. oder *Maurer*, Staatsrecht I, § 12, Rn. 1 ff. sowie instruktiv jüngst *Schröder*, JuS 2022, 23 ff. und *Schröder*, JuS 2022, 122 ff.

Arten von Fehleinschätzungen formaljuristischer, politischer oder auch materielldogmatischer Natur akzeptiert werden, selbst, soweit es sich um unmittelbar verfassungsrelevante Fragen handelt[259], ist ebendiese Gefahr des gesetzgeberischen Malheurs doch lediglich der Preis, den es um der Integrität der Legislative Willen zu zahlen gilt. Kurzum muss es dem Gesetzgeber in seiner gestalterischen Freiheit gerade unbenommen bleiben, auch im Ergebnis verfassungswidrige Gesetze zu produzieren, wäre doch andernfalls der ihm zedierte Gestaltungsauftrag oftmals nur schwerlich realisierbar.

Dass ebenjenes Verdikt eines bestehenden Widerspruchs zwischen einfacher und konstitutioneller Rechtsordnung sodann aber nicht von Bestand sein darf, leuchtet schon vor dem Hintergrund normhierarchischer Erwägungen unmittelbar ein. Die von Verfassungs wegen vorgesehene, zur Ausräumung des Verstoßes berufene Kontrollinstanz ist dabei jedoch gerade nicht die Legislative selbst nach Art einer vertrauensbasierten Selbstüberwachung, sondern die rechtsprechende Gewalt. Insbesondere erbaut um das konkrete Normenkontrollverfahren des Art. 100 Abs. 1 GG, mitsamt dem hierauf fußenden Normverwerfungsmonopol des Bundesverfassungsgerichts[260] für Parlamentsgesetze, wird somit die Judikative in den Stand erhoben, legislatorische Entscheidungen auf deren Vereinbarkeit mit den grundgesetzlichen Vorgaben zu prüfen und bei erkannter Inkompatibilität zu verwerfen. Nur so kann gewährleistet werden, dass auch nach erkannter Verfassungswidrigkeit der infragestehenden Regelungen der Grundsatz der Gewaltenteilung bestmöglich effektuiert wird, wenn der Legislative die ihr zustehende Möglichkeit einer neuerlichen Regelung, nunmehr unter Berücksichtigung gerügter Fehlerquellen, gegeben wird, um perspektivisch anhaltende Verfassungskonformität zu erreichen.

Gerade dieses arbeitsteilige Gefüge der Gewaltenteilung sowie die originäre Verwerfungskompetenz Karlsruhes wären nun aber empfindlich untergraben, wenn es jedem Akteur der Rechtsordnung stets offenstünde, ihm unterkommende (vermeintliche) Verfassungswidrigkeiten mittels verfassungskonformer Rechtsfortbildung zu beheben[261], könnte sich doch so zuweilen über einen expliziten Regelungswillen des Gesetzgebers hinweggesetzt und damit eine kompetenzwidrige sowie demokratisch illegitime Normordnung abseits des vom Gesetzgeber angedachten Regelungsplans geschaffen werden.[262] Damit ist der normative Anknüp-

---

[259] Gleichsinnig *Doege*, nemo-tenetur-Grundsatz, S. 186 unter vergleichendem Rekurs auf *Neuner*, Die Rechtsfindung contra legem, S. 132, Fn. 233; *Paeffgen*, Vorüberlegungen, S. 122 f.; *Paeffgen*, in: SK-StPO, § 112, Rn. 43a.

[260] BVerfG v. 29.11.1967 – 1 BvL 16/63, BVerfGE 22, 378: „Verwerfungsmonopol"; BVerfG v. 24.2.1953 – 1 BvL 21/51, BVerfGE 2, 128, 130: „negatives Entscheidungsmonopol"; *Dederer*, in: Dürig/Herzog/Scholz, GG, Art. 100, Rn. 9 ff., 20; *Hillgruber*, JZ 1996, 119; *Morgenthaler*, in: BeckOK-GG, Art. 100, Rn. 2; *Zippelius/Württenberger*, Deutsches Staatsrecht, § 49, Rn. 38.

[261] Ähnlich *Doege*, nemo-tenetur-Grundsatz, S. 185; *Hillgruber*, JZ 1996, 119.

[262] Vgl. BVerfG v. 6.6.2018 – 1 BvL 7/14, BVerfGE 149, 154; BVerfG v. 25.1.2011 – 1 BvR 918/10, BVerfGE 128, 209 f.; BVerfG v. 5.4.2006 – 1 BvR 2780/04, NJW 2006, 3341;

fungspunkt der gesuchten Rechtsfortbildungsbefugnis aber auch schon gefunden. So kann das soeben aufgezeigte System freilich nur insoweit Platz greifen, als der Gesetzgeber sich seiner gestalterischen Freiheit realiter bedient und einen bestimmten Sachverhalt tatsächlich regelt. Nur hier macht er von seiner Kompetenz als Rechtssetzungsorgan Gebrauch und eine durch den Rechtsanwender abweichend konzipierte Normordnung schiene aus verfassungsrechtlicher Gewaltenteilungsperspektive übergriffig. Abseits hiervon, insbesondere aber dort, wo eine bestimmte Situation irrtümlicherweise gerade ungeregelt verbleibt, wo der Gesetzgeber in Ausführung seines Normsetzungsauftrags einen bestimmten Widerspruch also gar nicht erst bedacht hat, besteht der dargelegte Gewaltenteilungskonflikt nicht. Soweit der Normgeber hier gerade keinen expliziten Willen äußert, wird auch durch eine extralegislative Rechtsfindung die Rechtssetzungskompetenz des Gesetzgebers nicht torpediert und das Normverwerfungsmonopol des Bundesverfassungsgerichts nicht beeinträchtigt. Die Ausfüllung so erkannter „planwidriger Regelungslücken"[263] bleibt daher stets auch dem richterlichen Rechtsanwender möglich.[264] Letztlich verläuft die Grenze zwischen zulässiger Rechtsfindung praeter und unzulässiger solcher contra legem damit entlang des Lückenbegriffs[265], mithin entlang des Regelungswillens des historischen Gesetzgebers.[266]

Ausschlaggebend für den Gang der weiteren Untersuchung ist daher, welche Sachverhalte der Gesetzgeber mit den im Folgenden konkret zu hinterfragenden Normen gerade geregelt wissen wollte, welcher legislative Plan der Frage nach der -widrigkeit erkannter Lücken also zugrunde gelegt werden muss. Hierbei kann die bloße Bestandsaufnahme einer im Fall der Nichtausfüllung eintretenden Verfassungswidrigkeit per se noch nicht für ein endgültiges Verdikt der Planwidrigkeit genügen.[267] Einer solchen Interpretation des legislatorischen Regelungswillens im Sinne eines ubiquitären Verfassungskonformitätsplans steht schon die obige Erwägung der zielgerichtet gewollten Kompetenz des Gesetzgebers zur Verfassungswidrigkeit entgegen. Macht man hiermit Ernst, ist die so erkannte Verfassungsfriktion der Nichtregelung weniger ein die Planwidrigkeit der Lücke begründender

---

BVerfG v. 3.4.1990 – 1 BvR 1186/89, BVerfGE 82, 12; *Dederer*, in: Dürig/Herzog/Scholz, GG, Art. 100, Rn. 20.

[263] Terminologisch wie hier etwa *Möllers*, Methodenlehre, § 6, Rn. 110. *Canaris*, Lücken im Gesetz, S. 16 sowie *Larenz/Canaris*, Methodenlehre, S. 189 ff., 192 sprechen dagegen nur vom Begriff der „Lücke", welcher die Planwidrigkeit der Unvollständigkeit bereits impliziere; siehe auch schon *Elze*, Lücken, S. 16 ff.

[264] Zur Legitimation richterlicher Rechtsfortbildung siehe ferner die in Teil 5 C. II. 2., Fn. 256 aufgeführten Nachweise.

[265] *Canaris*, Lücken im Gesetz, S. 17 f., 21, 35 ff.; *Larenz/Canaris*, Methodenlehre, S. 189.

[266] Vgl. *Doege*, nemo-tenetur-Grundsatz, S. 185; *Zippelius*, Methodenlehre, S. 55.

[267] So aber *Michael*, DER STAAT 2015, 354 f.

Umstand als lediglich der Quell des explizit hierfür vorgesehenen Verfahrens nach Art. 100 Abs. 1 GG.[268]

Demnach bedarf es zur Beantwortung der aufgeworfenen Planfrage vielmehr der Auslegung sowie Bewertung des Gesetzes[269], wiederum inhaltlich geleitet von zwei grundlegenden Devisen. So schwelt hier zum einen der methodische Grundlagenstreit zwischen subjektiver und objektiver Theorie.[270] Versteht der subjektive Ansatz die Gesetzesexegese zum Zwecke der Findung der historischen Regelungsintention dabei zuvörderst als Ermittlung des psychologischen Willens des historischen Gesetzgebers, versucht sich die objektive Doktrin dagegen eher an der Ermittlung des objektiv gültigen Sinns des Gesetzes, auch unter Kontextualisierung im aktuellen Gesetzessystem. Diese so beschriebene breite Disparität im methodischen Vorgehen darf indes nicht den Blick darauf verstellen, dass ebenjener Disput für die Zwecke der vorliegenden Arbeit im Ergebnis gar nicht geklärt werden muss. Auch auf dem Boden des fortwährenden Widerstreits der Dogmen kann sich zumindest auf die gesicherte These zurückgezogen werden, dass jedenfalls dort, wo eine positiv feststellbare Regelungsabsicht des Gesetzgebers eindeutig feststeht und sich diese in der gesetzlichen Systematik hinreichend niedergeschlagen hat, die Planwidrigkeit einer vermeintlichen Regelungslücke ausscheiden muss.[271]

Ebenjene Erwägung schlägt sodann auch die Brücke zur zweiten Direktive der Ermittlung des Regelungsplans. So wird die subjektive Absicht des historischen Gesetzgebers zwar in erster Linie aus den – der Gesetzesgenese zugrundeliegenden – Materialien ersichtlich, ein absolut überragender Stellenwert dieser Unterlagen im Auslegungssystem fließt hieraus jedoch nicht. Auch die hinter der Norm stehenden Gesetzgebungsmaterialien können daher allenfalls ein Hilfsmittel zur Interpretation des legislativen Regelungsplans sein, ein im Gesetz nicht zum Ausdruck kommender Wille bleibt indes stets unbeachtlich.[272]

Resümierend ist damit festzuhalten: Lässt sich dem Gesetz, unter Zuhilfenahme der Materialien sowie der übrigen Auslegungsmethoden, der Wille des Gesetzgebers zweifelsfrei entnehmen, scheidet eine Befugnis zur verfassungskonformen Rechtsfortbildung mangels Planwidrigkeit aus und die einschlägige Regelung verbleibt schlicht dem Bereich einer dem Bundesverfassungsgericht vorbehaltenen

---

[268] Zutreffend *Doege*, nemo-tenetur-Grundsatz, S. 186 f.; in diesem Sinne auch *Jachmann-Michel*, in: Dürig/Herzog/Scholz, GG, Art. 95, Rn. 16 sowie *Zippelius*, Methodenlehre, S. 55.

[269] Deutlich BVerfG v. 6.6.2018 – 1 BvL 7/14, BVerfGE 149, 154 f.; BVerfG v. 15.1.2009 – 2 BvR 2044/07, BVerfGE 122, 283; *Larenz/Canaris*, Methodenlehre, S. 194; siehe aber auch *Canaris*, Lücken im Gesetz, S. 17; *Larenz*, Methodenlehre, S. 382; *Möllers*, Methodenlehre, § 6, Rn. 110 sowie *Rüthers/Fischer/Birk*, Rechtstheorie, Rn. 834.

[270] *Doege*, nemo-tenetur-Grundsatz, S. 186; umfassend hierzu *Hassold*, ZZP 1981, 192 ff.; *Möllers*, Methodenlehre, § 6, Rn. 60 ff. sowie *Rüthers/Fischer/Birk*, Rechtstheorie, Rn. 796 ff., jeweils m. w. N.

[271] Ausdrücklich *Doege*, nemo-tenetur-Grundsatz, S. 186; gleichsinnig *Zippelius*, Methodenlehre, S. 55.

[272] Grundlegend BVerfG v. 17.5.1960 – 2 BvL 11/59, BVerfGE 11, 129 ff.

festzustellenden Verfassungswidrigkeit; fehlen hingegen entsprechende Hinweise auf eine legislatorische Intention, muss die erkannte Regelungslücke als vom Gesetzgeber unbedacht gewertet werden und das Tor zur Zulässigkeit der Rechtsfindung im Fortbildungswege stößt sich auf.

Appliziert auf die hier streitgegenständliche Regelung des § 393 Abs. 1 AO stellt sich damit unweigerlich die Frage, ob von der fehlenden positiven Normierung der aufgezeigten Schutzlücken darauf geschlossen werden muss, dass ebendiese Defizite legislativerseits bewusst regelungslos verblieben, um dem Einzelnen so nicht nur die positiven Verbürgungen des § 393 Abs. 1 AO, sondern auch anderweitige Schutzsysteme abseits hiervon e contrario zu verwehren. Einen solch stillschweigenden Ausschluss durch gleichsam „beredtes Schweigen"[273] wird man jedoch im Ergebnis nicht annehmen können. Der Anbindung des Schutzes aus §§ 393 Abs. 1 S. 2, 3 AO an den prozessualen Tatbegriff kann nicht entnommen werden, dass das formale Prinzip der Abschnittsbesteuerung nach der Idee des Gesetzgebers auch materielle Einschränkungen zu Lasten des Schutzumfangs vor repressionsrelevanter Selbstbezichtigung haben soll[274], wurden doch jedenfalls die ersten beiden Absätze des § 393 AO in Gänze – damit zwingend aber auch der Mechanismus der §§ 393 Abs. 1 S. 2, 3 AO im Kleinen – aus historisch teleologischer Perspektive bekanntlich[275] final zum umfassenden Schutz des nemo tenetur-Satzes im Besteuerungsverfahren konzipiert. Es muss daher davon ausgegangen werden, dass sowohl die Nichterstreckung auf andere repressiv wirkende Maßnahmen im gleichen Untersuchungsgegenstand als auch die generelle Nichterstreckung auf divergierende Untersuchungsgegenstände intentional ungewollt vom Gesetzgeber nicht geregelt wurde[276], was wiederum der vorliegenden Arbeit die Option einer im Folgenden näher zu erforschenden Lösung praeter legem dem Grunde nach eröffnet.

3. Die konkretisierenden Leitlinien

Aber auch sodann regiert nicht grenzenlose Freiheit des Rechtsanwenders.[277] Um auch an diesem Punkt der Rechtsfindung die genuine Rechtssetzungsautorität der Legislative bestmöglich zu wahren, darf die rechtsschöpferische Ergänzung des Normprogramms nur unter maximaler Achtung der Einschätzungsprärogative wie der bereits getroffenen Wertentscheidungen des eigentlich zum Normerlass beru-

---

[273] *Binder*, Philosophie des Rechts, S. 977; *Canaris*, Lücken im Gesetz, S. 39f.; *Larenz*, Methodenlehre, S. 370; *Rüthers/Fischer/Birk*, Rechtstheorie, Rn. 838.
[274] Kritisch aus dieser Warte auch etwa *Salditt*, NStZ 2001, 544.
[275] Siehe nur Teil 5 B. IV. mit Fn. 197.
[276] Wie hier *Doege*, nemo-tenetur-Grundsatz, S. 188; *Eidam*, Selbstbelastungsfreiheit, S. 227; *Tormöhlen*, in: Hübschmann/Hepp/Spitaler, § 393, Rn. 30.
[277] Siehe nur BVerfG v. 25.1.2011 – 1 BvR 918/10, BVerfGE 128, 209f.; BVerfG v. 15.1.2009 – 2 BvR 2044/07, BVerfGE 122, 282ff.; BVerfG v. 14.1.1987 – 1 BvR 1052/79, BVerfGE 74, 152; BVerfG v. 11.10.1978 – 1 BvR 84/74, BVerfGE 49, 318; BVerfG v. 14.2.1973 – 1 BvR 112/65, BVerfGE 34, 288.

fenen Gesetzgebers erfolgen.[278] Die Leitlinien der Herstellung von Verfassungskonformität sind damit also bereits durch die bestehende, wenn auch defizitäre, Ausgestaltung der Normstruktur de lege lata vorgezeichnet.[279] Relevanz erheischen somit im Kontext der abgabenrechtlichen Schutzmechanismen vor zwangsweiser Selbstbelastung insbesondere die bereits obig wiederholt anklingenden Strukturmerkmale des § 393 Abs. 1 AO, namentlich dabei der ebenda von Satz 1 postulierte Gleichlauf und Gleichrang der Verfahren[280] unter umfassender Aufrechterhaltung steuerrechtlicher Kooperationspflichten im rechtsstaatlichen Besteuerungsinteresse[281] einerseits sowie der von den Sätzen 2 und 3 gewählte Schutzmechanismus des Zwangsmittelausschlusses[282] via faktischem Verweigerungsrecht andererseits. Dieser ambivalenten Stoßrichtung des § 393 Abs. 1 AO aus weiträumig intendierter Verfahrenskonkordanz bei gleichzeitiger Realisierung des nemo tenetur-Schutzes durch Eliminierung des Zwangselements muss damit auch ein Schutzsystem abseits des positivierten Rechts Rechnung tragen.

III. Zur Würdigung ausgewählter Lösungsansätze

An ebendiesen Grundsätzen werden sich die eingangs grob umrissenen Bewältigungsstrategien nunmehr messen lassen müssen. Vordem wiederholt betont sei an dieser Stelle jedoch, dass es die vorliegende Arbeit weder leisten kann noch will, jeden Ansatz jedweder nemo tenetur-Konzeption kritisch zu hinterfragen; beleuchtet wie evaluiert seien nachstehend lediglich die Ideen der jeweiligen Konzepte samt deren Stärken und Schwächen im hiesigen System, bevor ein Lösungsvorschlag unterbreitet werden soll, der freilich ebenfalls maßgeblich vom hiesigen Vorverständnis des Selbstbelastungsprivilegs geprägt sein wird.

In Erinnerung gerufen sei daher abermals der erarbeitete Ausgangspunkt der nachstehenden Untersuchung: Wenn sich der Verstoß gegen die Ausstrahlungswirkung des nemo tenetur-Satzes stets auf dem kollusiven Zusammenwirken der Elemente des Mitwirkungszwangs und der repressiven Verwertung so erlangter Informationen gründet, erhellen hieraus die beiden potentiellen Stränge einer nachhal-

---

[278] So auch *Rüthers/Fischer/Birk*, Rechtstheorie, Rn. 883; *Wolff*, Selbstbelastung und Verfahrenstrennung, S. 143; vgl. ferner *Larenz/Canaris*, Methodenlehre, S. 197. *Kramer*, Juristische Methodenlehre, S. 205 spricht insoweit von „gebundenem" Richterrecht.

[279] BVerfG v. 25.1.2011 – 1 BvR 918/10, BVerfGE 128, 210; BVerfG v. 15.1.2009 – 2 BvR 2044/07, BVerfGE 122, 283; BVerfG v. 14.6.2007 – 2 BvR 1447/05, BVerfGE 118, 243; vgl. aber auch BVerfG v. 12.11.1997 – 1 BvR 479/92, BVerfGE 96, 395; BVerfG v. 3.4.1990 – 1 BvR 1186/89, BVerfGE 82, 12 f.; *Jachmann-Michel*, in: Dürig/Herzog/Scholz, GG, Art. 95, Rn. 16.

[280] Ausführlich Teil 2 C. I. 1., siehe aber auch Teil 2 B. I. 3. a).

[281] Zur Rechtsstaatsrelevanz der abgabenrechtlichen Kooperationsmaximierung Teil 3 A. II. 2.

[282] Dazu näher Teil 5 B. IV. 1.

tigen Konfliktbewältigung, namentlich die Suspendierung der Zwangs- oder aber der Verwertungskomponente der infrage stehenden hoheitlichen Behandlung.[283]

1. Zum Ausschluss der Pflichtenstellung (des Zwangs) durch Modifikation des Steuerrechts

Fällt somit der Blick zunächst auf die Option der Kollisionsbehebung qua Zwangsbeseitigung, teilt sich auch dieser Pfad seinerseits in zwei dem Grunde nach gangbare Wege.

a) Gruppe 1: die Mitwirkungsverweigerungsrechte

So scheint zum einen denkbar, dem selbstbelastungsgefährdeten Einzelnen ein verfassungsunmittelbares „echtes" Recht zur Mitwirkungsverweigerung als stärkste Form des nemo tenetur-Schutzes zuzugestehen[284], konnte doch bereits vormals[285] die eingängige These verifiziert werden: Wo ein Verweigerungsrecht, da kein Zwang.

Indes bereitet dieser Ansatz aus gleich zweierlei Gesichtspunkten Probleme. So entbehrt er, eingedenk der expliziten Ausgrenzung des Beteiligten aus dem Kreis verweigerungsberechtigter Personen im Sinne der §§ 101 ff. AO[286], bereits einer dogmatischen Grundlage im Normgefüge der Abgabenordnung. Bedürfte diese also der verfassungskonformen Ergänzung um ein solches Verweigerungsrecht, schürte ein solches Vorgehen sodann aus der Perspektive der obig aufgezeigten Grenzen verfassungskonformer Rechtsfortbildung Bedenken, widerspräche eine so umfassende Freistellung des Beteiligten vom steuerlichen Kooperationsprogramm doch gerade der ausdrücklichen Wertung des § 393 Abs. 1 S. 1 AO. Sollte sich nach dem historischen Willen des Gesetzgebers die verfahrensmäßige Stellung des Unterworfenen im Besteuerungsverfahren nämlich auch bei paralleler Einleitung eines korrespondierenden Strafverfahrens grundsätzlich nicht ändern[287], hält die Abgabenordnung die individuell steuerliche Kooperationsverpflichtung aus fiskalpolitisch wie gleichbehandlungsmotivierten Gründen auch in diesen Situationen sehenden Auges aufrecht. Der Negativbefund der Analyse der §§ 101 ff. AO dahingehend, dass der Beteiligte sich seiner Mitwirkungspflicht realiter gerade nicht erwehren kann, begründet daher keine Lücke, die Raum für ein andernorts zu erbauendes Verweigerungssystem ließe, sondern ist vielmehr Ausdruck der final intendierten Stoßrichtung des Gesetzes, den Beteiligten zum Schutz der originären Zwecke des Besteuerungsverfahrens auch bei bestehender Gefahr strafrechtlicher

---

[283] Teil 5 C. I.
[284] Siehe etwa den Vorschlag bei *Röckl*, Das Steuerstrafrecht, S. 131 sowie *Streck*, BB 1980, 1539; *Streck*, Der Eingriff der Steuerfahndung, Rn. 467.
[285] Teil 5 B. I.
[286] Näher Teil 3 B. II. 1.
[287] BT-Drs. 7/4292, 46.

Selbstbezichtigung weiter zur verfahrensfördernden Kooperation anzuhalten. Die Konstituierung eines verfassungsunmittelbaren Verweigerungsrechts stünde somit dem aufgezeigten Primat der legislativen Einschätzungs- wie Gestaltungsprärogative entgegen und ist folglich nach hiesiger Auffassung zu verwerfen.[288]

Stillschweigend negiert ist damit aber auch schon das Konzept der Konstruktion eines faktischen Verweigerungsrechts via Ausweitung des abgabenrechtlichen Zwangsmittelverbots.[289] Auch hier ist die dahinterstehende These schnell erläutert: Dürfte man das System der §§ 393 Abs. 1 S. 2, 3 AO auch auf alle nicht bereits vom unmittelbaren Anwendungsbereich der Norm erfassten Veranlagungszeiträume und Zwangsmittel, etwa im Wege des Analogieschlusses[290], erstrecken, beseitigte diese extensive Normanwendung im Milieu nicht anderweitig abgewendeter Selbstbelastungsgefahren selbstredend nicht nur die Mitwirkungsverpflichtung des Einzelnen faktisch, sondern damit konsequenterweise auch das Problem verbleibender nemo tenetur-Zwangslagen.[291] Schlägt dieser Ansatz jedoch konzeptionell in eine ähnliche Kerbe wie das Zugeständnis einer verfassungsunmittelbaren „echten" Verweigerungsposition, wiederholt sich auch hier die ebenda geäußerte Strukturkritik. Ungeachtet des diesmal zwar erkennbaren normativen Ankers um §§ 393 Abs. 1 S. 2, 3 AO widerspräche eine solche Methode ebenfalls der Wertung des § 393 Abs. 1 S. 1 AO und torpedierte ingleichen die legislatorische Entscheidung zu Gunsten der systematischen Anbindung des Zwangsmittelverbots an den prozessualen Tatbegriff[292] Abseits der so umgrenzten besonderen Situation der §§ 393 Abs. 1 S. 2, 3 AO will das Steuerrecht den Betroffenen aus den aufgezeigten Gründen gerade weiter kooperieren sehen. § 393 Abs. 1 S. 1 AO ist und bleibt demnach letztlich das positivrechtliche Kondensat einer ausdrücklichen Entscheidung des Gesetzgebers zu Gunsten einer möglichst weitgehenden Mitwirkungsverpflichtung des Einzelnen. Auch eine umfassende Extension der §§ 393 Abs. 1 S. 2, 3 AO würde somit dem im Gesetz zum Ausdruck kommenden, legislativen Willen widerstreben und kann daher nicht überzeugen.[293]

---

[288] Wie hier *Schaefer*, Steuerstrafverfahren, S. 223 sowie *Seer*, StB 1987, 130; kritisch ferner *Henneberg*, BB 1988, 2187; *Rengier*, BB 1985, 722; *Rüping/Kopp*, NStZ 1997, 532 f.; *Spilker*, DB 2016, 1843 f., 1846.

[289] Vgl. etwa *Streck/Spatscheck*, wistra 1998, 340 f., die diese Erstreckung aber teils auf ein deutlich extensiveres Verständnis des von §§ 393 Abs. 1 S. 2, 3 AO verwendeten prozessualen Tatbegriffs stützen.

[290] Oder aber im Wege erweiternder Auslegung, siehe etwa die vorstehende Fn. 289.

[291] Zur Zwangsbeseitigungskompetenz faktischer Verweigerungspositionen Teil 5 B. IV. 2. a).

[292] Ausführlich Teil 5 B. IV. 2. c) und d).

[293] So auch *Schaefer*, Steuerstrafverfahren, S. 223.

C. Zur Herstellung von Verfassungskonformität

b) Gruppe 2: die Strafbefreiungslösungen

Zum anderen wird die Zwangskomponente daher vom Standpunkt des § 370 AO aus bekämpft. Die diesem Vorhaben zugrundeliegende Idee scheint dabei im ersten Moment auch im hiesigen Denken stimmig, konnte doch schon an voriger Stelle herausgearbeitet werden, dass es bereits die durch die Straf- bzw. Ordnungswidrigkeitsvorschriften postulierte Repressionsbewehrung selbst ist, die dem Einzelnen die Aussicht auf ein rechtstreues Alternativverhalten verwehrt und so den Zwangscharakter hoheitlicher Verhaltensaufträge begründet.[294] Nimmt man der Zuwiderhandlung also ihren inkriminierenden Malus, nimmt man dem dahinterstehenden Mitwirkungsgesuch auch das selbstbelastungsproblematische Element des Zwangs.[295]

Vornehmlich, wenngleich nicht ausschließlich, im Kontext wiederholter Strafbarkeitsandrohungen für dem originären Steuerfehltritt nachfolgende Veranlagungszeiträume findet sich daher ein bunter Strauß vertretener Korrekturen, die zwar allesamt final darauf gerichtet sind, den Einzelnen vor den inkriminierenden Nachteilen des § 370 AO zu bewahren, hierfür dogmatisch jedoch divergierende Routen einschlagen. So werden etwa bereits auf Tatbestandsebene die verfassungskonforme Reduktion des § 370 Abs. 1 Nr. 2 AO, anknüpfend am ebenda verwendeten Topos der Pflichtwidrigkeit[296], gleichermaßen vorgeschlagen wie die zeitlich begrenzte Suspendierung der steuerlichen Kooperationspflichten für die Zwecke des § 370 AO[297]. Andere dagegen wollen die Strafbarkeit der Steuerhinterziehung erst auf Ebene der Schuld durch die Applikation der Grundsätze der Unzumutbarkeit normgemäßen Verhaltens[298], eine direkte oder analoge Anwendung des § 35 StGB[299] oder gar die Konzeption eines eigenen Entschuldigungsgrundes sui generis[300] entschärfen, während wieder andere sich für die noch weiter nachgelagerte Konstruktion eines gänzlich neuen, eigens hierfür entwickelten Strafausschließungsgrundes[301] aussprechen.

Bestechen all diese Vorschläge dabei auf den ersten Blick noch durch ein prima facie nahtloses Einfügen in die hiesige nemo tenetur-Doktrin, muss sich für den Fortgang der vorliegenden Abhandlung indes weder für ein vorzugswürdiges Strafbefreiungssystem entschieden noch mit den spezifischen Argumentationen für

---

[294] Siehe nur Teil 4 C. I.
[295] Zur Kollisionslösungskompetenz solcher Strafbefreiungsansätze näher Teil 5 B. III. 1. b).
[296] So etwa *Reiter*, Steuererklärungspflicht, S. 208 ff., insbesondere aber S. 257 ff.
[297] *Sahan*, Steuererklärungspflicht, S. 93 ff.; *Grezesch*, DStR 1997, 1275.
[298] Siehe etwa *Rengier*, BB 1985, 722 m.w.N.; *Rogall*, Der Beschuldigte, S. 159; *Tormöhlen*, in: FS-Korn, S. 790 ff.; ausführlich zum Ansatz *Reiter*, Steuererklärungspflicht, S. 327 ff.
[299] So *Joecks*, in: Joecks/Jäger/Randt, § 393, Rn. 53; vgl. ferner *Meyer*, DStR 2001, 465.
[300] Siehe *Lücke*, JR 1975, 56 f.; vgl. aber auch *Wittig*, JZ 1969, 546 ff.
[301] *Berthold*, Zwang, S. 106 ff.

und wider die konkreten Mechanismen auseinandergesetzt werden; bei hinreichend abstrahierender Betrachtung kranken sie alle an den gleichen drei strukturellen Leiden:

So bedingt erstens der besondere Zuschnitt der vorgetragenen Lösungen explizit auf § 370 AO zugleich deren kehrseitige Begrenzung des kollisionsabwendenden Operationsbereichs. Argumentativ ausgespart wird damit eine nachvollziehbare Erklärung, warum andere, im hier vertretenen System nicht minder friktionsbegründende[302], (Ersatz-)Zwangsmittel auch oder eben gerade nicht vom besonderen Schutzgehalt des favorisierten Mechanismus umfasst sein sollen, ja, gar unmöglich scheint eine solche, jedenfalls zu diskutierende, Erstreckung insbesondere jenen Konzepten, die die Strafbarkeitsnegation bereits auf Tatbestandsebene des § 370 AO zu begründen versuchen. Darüber hinaus bereitet die selbst gesetzte Zielsetzung der skizzierten Modifikationen ein zweites, wertungsorientiertes Problem. Wollte man den Betroffenen final von den zwangsbegründenden Folgen der benannten Strafvorschrift freizeichnen und ihm so auch ebendiese Folgen einer steuerlichen Pflichtwidrigkeit ersparen, genösse er im Ergebnis schlicht das Privileg, sich seiner besteuerungsprozeduralen Kooperationsverpflichtung sanktionslos widersetzen zu können.[303] Der geforderte Strafausschluss hätte damit aber de facto keinen anderen Effekt als die Konstruktion einer faktischen Verweigerungsposition, mithin als ein Ansatz, der in soeben aufgezeigter Manier im Widerspruch zur gesetzgeberischen Wertung des § 393 Abs. 1 S. 1 AO steht. Eng hiermit verbunden ist sodann zuletzt ein drittes Bedenken tatsächlicher Natur. Soweit der Einzelne in den Stand erhoben wird, sich seines unliebsamen steuerlichen Pflichtenkreises repressionslos entziehen zu können, wird sich seine Motivation zu planmäßiger Steuerrechtstreue erwartbar in Grenzen halten. Bleibt jedoch auch in diesen Konstellationen das Besteuerungsverfahren zur Sicherstellung einer sachlich möglichst zutreffenden Besteuerung weiterhin auf dessen kooperativ preiszugebenden Informationsfundus angewiesen, flössen aus einer solchen Freizeichnung des Unterworfenen im Ergebnis zwingend falsche Besteuerungsergebnisse, letztlich also nichts anderes als eine zu befürchtende Gefährdung des staatlichen Steueraufkommens.

Ebenletzterem Einwand versucht dabei insbesondere *Böse* Herr zu werden. Mittels Implementierung der Rechtsfigur der omissio libera in causa[304] versucht dieser, ein differenziertes System zu erschaffen, das nicht nur dazu imstande sein soll, das staatliche Steueraufkommen zu protegieren, sondern auch den Anforderungen

---

[302] Teil 5 A. II. 4. c).

[303] Gleichsinnig insoweit *Tormöhlen*, in: Hübschmann/Hepp/Spitaler, § 393, Rn. 30, wenn dieser im Zuge der gegen den Ansatz der Pflichtensuspendierung gerichteten Kritik konstatiert, dass „auch dann [...] der [Steuerpflichtige] seine steuerrechtliche Erklärungspflicht letztlich folgenlos versäumen" könnte, was wiederum auch gegen eine Konfliktbewältigung via § 35 StGB spreche.

[304] Dazu *Bosch*, in: Schönke/Schröder, vor §§ 13 ff., Rn. 144 f.; *Kühl*, Strafrecht AT, § 18, Rn. 22; *Stein*, in: SK-StGB, vor § 13, Rn. 48 f.; *Satzger*, JURA 2006, 516 ff.; *Struensee*, in: FS-Stree/Wessels, S. 146 ff., jeweils m. w. N.

des nemo tenetur-Grundsatzes genügt.³⁰⁵ Im Kontext unterlassener Steuererklärungen aufgrund andernfalls bestehender Gefahr der mittelbaren Selbstbezichtigung wegen zeitlich vorgelagerten Steuerstraftaten sei insofern zu erkennen, dass die Strafbarkeit aller Nichterklärungen für dem primären Fehltritt nachfolgende Veranlagungszeiträume zwar angesichts der Unzumutbarkeit selbstbelastender Kooperationshandlungen für sich genommen entfallen müsse.³⁰⁶ Da der einmal Hinterziehende ebenjene Situation jedoch durch seinen steuerlichen Urfehler vorsätzlich selbst herbeigeführt habe, könne „das Verhalten, mit dem die ursprüngliche Steuerstraftat begangen" wurde, als eigenverantwortlich gewählter Ursprung der anschließenden Unzumutbarkeit „der Ausgangspunkt für die Tatbestandsmäßigkeit der Hinterziehung der Steuern aus den nachfolgenden Zeiträumen"³⁰⁷ sein.

In der Diktion *Böses* könne so zwar „die Nichtabgabe einer Steuererklärung nicht nach § 370 Abs. 1 Nr. 2 AO bestraft [werden], sofern die Gefahr besteht, dass [sich der Einzelne] mit dieser Erklärung selbst wegen einer begangenen Steuerstraftat belastet. Davon unberührt bleib[e jedoch] die Strafbarkeit nach den Grundsätzen der omissio libera in causa."³⁰⁸ Diese Konstruktion ermögliche es dabei, sowohl den fiskalischen Besteuerungs- als auch den konstitutionellen Freiheitsinteressen hinreichend Rechnung zu tragen, werde der Steuerpflichtige durch die mit der Repressionsandrohung einhergehende Druckwirkung einerseits zur verfahrenssichernden Kooperation motiviert, andererseits aber doch gerade „nicht durch eine Strafandrohung gezwungen [...], eine Steuererklärung abzugeben und sich damit selbst einer Steuerstraftat zu bezichtigen. Die [nach den Grundsätzen der omissio libera in causa bereits durch die Handlung des steuerlichen Erstdelikts] begründete Strafbarkeit stell[e] – auch hinsichtlich der Folgejahre – keinen verbotenen Zwang dar, da insoweit auf das frühere Verhalten des Steuerpflichtigen abgestellt"³⁰⁹ werde. Der für den Betroffenen hiermit verbundene „,Zwang' beruh[e] auf von ihm selbst gesetzten Faktoren."³¹⁰

Zu Recht sieht sich diese Auffassung jedoch heftiger Kritik³¹¹ ausgesetzt. Soll dabei der Frage der prinzipiellen Zulässigkeit der Rechtsfigur der omissio libera in causa an dieser Stelle gar nicht erst nachgegangen werden, schürt der Ansatz schon aus genuin steuerrechtlicher Perspektive Bedenken: So sieht es *Böse* zunächst bereits selbst ein, dass die von ihm erarbeitete Konzeption aufgrund der hieraus fließenden materiellrechtlichen Tateinheit der verschiedenen Hinterziehungstatbestände zu-

---

³⁰⁵ *Böse*, wistra 2003, 49 f.
³⁰⁶ *Böse*, wistra 2003, 50.
³⁰⁷ *Böse*, wistra 2003, 49.
³⁰⁸ *Böse*, wistra 2003, 50.
³⁰⁹ *Böse*, wistra 2003, 50.
³¹⁰ *Böse*, wistra 2003, 50; siehe aber auch Seite 49: „Die Nichtabgabe der Erklärung und damit auch die dadurch verursachte Steuerverkürzung beruht auf der Gefahr der Selbstbelastung, die der Steuerpflichtige mit der ersten Unterlassung geschaffen hat."
³¹¹ Ausführlich dagegen exemplarisch *Hellmann*, in: FS-Seebode, S. 149; *Joecks*, in: Joecks/Jäger/Randt, § 393, Rn. 48 f. sowie *Reiter*, Steuererklärungspflicht, S. 296 ff.

einander zu einer faktischen Unverjährbarkeit der einschlägigen Straftaten führt[312] und darüber hinaus auch dem höchstrichterlich ausdrücklich verworfenen[313] Institut des Fortsetzungszusammenhangs strukturell ähnelt.[314] Das schlagende Argument gegen die vorgeschlagene Methode liefert jedoch *Reiter*, wenn jener zutreffend darauf hinweist, dass *Böse* seinen Vorverlagerungsansatz auf die Prämisse stützt, dass „der Täter bereits im Zeitpunkt des Vorverhaltens verpflichtet war, die Gebotsbefolgung sicherzustellen"[315], diese Voraussetzung im Kontext der zum Anlass genommenen turnusmäßigen Veranlagungs- wie Fälligkeitssteuern jedoch regelmäßig fehlen wird.[316] Obgleich jährlich veranlagt und erhoben, haben die mit den streitgegenständlichen Steuerarten verbundenen Kooperationspflichten stets einen divergierenden, jeweils auf den besonderen Abschnitt bezogenen, neuen Inhalt, sodass zwar die Quelle der Bemessungsgrundlage über die Jahre hinweg gleichbleibt, der damit verbundene Pflichtenkreis jedoch nicht.[317] Muss somit auch das den Pflichtwidrigkeitsbegriff des § 370 Abs. 1 Nr. 2 AO ausfüllende Kooperationsprogramm stetigem Wandel unterliegen, kann es eine turnusübergreifende Pflicht, die erst im Laufe der Zeit unzumutbar wird, nicht geben; und die Argumentation einer eigenverantwortlichen Entledigung ebendieser spezifischen Verpflichtung für die nachfolgenden Veranlagungszeiträume verfängt nicht. Der dargebotenen Vorverlagerung der Strafbarkeit kann daher nicht gefolgt werden.

Einen letzten interessanten Ansatz zur Zwangsabwendung tragen sodann *Kopf/ Szalai*[318] vor: Mittels Erweiterung der Selbstanzeigemöglichkeit des § 371 AO sei demnach der Bereich potentieller Straffreiheit auszudehnen und so die nemo tenetur-Problematik reflexartig zu beseitigen.[319] Rechtstechnisch könne dies nur durch eine Neujustierung der Selbstanzeige de lege ferenda erfolgen, de lege lata seien deren Ausschlusstatbestände jedoch bereits verfassungskonform restriktiv auszulegen. Ungeachtet der bereits durch die Autoren eingeräumten Relativierung dahingehend, dass bei geboten verfassungskonformer Interpretation der Vorschrift von manchen Sperrgründen, etwa von § 371 Abs. 2 Nr. 1 lit. a) AO, nicht mehr viel übrig bliebe[320], scheint die entwickelte Auffassung indes ferner mittlerweile historisch überkom-

---

[312] *Böse*, wistra 2003, 50.

[313] Siehe nur grundlegend BGH v. 3.5.1994 – GSSt 2/93, BGHSt 40, 145 ff. sowie im Anschluss hieran spezifisch in Bezug auf § 370 AO BGH v. 20.6.1994 – 5 StR 595/93, BGHSt 40, 197.

[314] *Böse*, wistra 2003, 50.

[315] Siehe den Rekurs von *Böse*, wistra 2003, 49, Fn. 39 auf *Baumann/Weber/Mitsch*, Strafrecht AT[10], § 15, Rn. 28 (jetzt *Baumann/Weber/Mitsch/Eisele*, Strafrecht AT, § 21, Rn. 29); näher *Reiter*, Steuererklärungspflicht, S. 304, Fn. 1120, der insoweit jedoch *Böses* Verweis in Fn. 32 anführt.

[316] *Reiter*, Steuererklärungspflicht, S. 304 f.

[317] *Reiter*, Steuererklärungspflicht, S. 304 f.

[318] *Kopf/Szalai*, NJ 2010, 370 f.

[319] Zur Lösungskompetenz der Selbstanzeige Teil 5 B. III. 1. b).

[320] *Kopf/Szalai*, NJ 2010, 370 f.

men. So bezieht sich das in 2010 erarbeitete Konzept ersichtlich auf die normative Ausgestaltung der Selbstanzeige vor 2015. Deren wiederholte Restriktion durch die voraussetzungs- wie sperrgrundbezogenen Verschärfungen aus den Jahren 2011 und 2015[321] lässt jedoch nunmehr weder Raum für eine verfassungskonforme Auslegung der Vorschrift in ihrer aktuellen Fassung noch für Hoffnung auf gesetzgeberische Nachbesserung in Zukunft.

2. Zum Ausschluss des Informationsflusses zwischen den Verfahren

Konnte somit eine Konfliktbewältigung ausschließlich qua Eliminierung des Zwangselements in keiner der aufgezeigten Spielarten endgültig überzeugen, bedürfte es nachstehend prinzipiell der Analyse, inwieweit die zweite Säule des obigen Lösungsdualismus[322], anknüpfend am Informationsfluss vom einschlägigen Besteuerungs- in das korrelierende Strafverfahren, dazu taugte, erkannte Selbstbelastungsspannungen effektiv zu beheben. Bliebe insoweit auch bei intendierter Bekämpfung des binnenprozeduralen Datenaustauschs ein breites Spektrum möglicher Ausschlusssysteme denkbar, sprechen gegen eine statische Anwendung allein dieser Grundsätze gleichwohl auch hier gewichtige Argumente:

So scheint eine umfassende organisatorisch-institutionelle Trennung der Verfahren als wohl wirksamste Form der informatorischen Abschottung[323] im selben Maße de lege lata unmöglich wie de lege ferenda utopisch, folgt die (bewusste) Zusammenlegung von Strafverfolgungs- und Finanzbehörden doch gerade aufgezeigten[324] legislativen Erwägungen der Verfahrensökonomie.

Eine zeitliche Entzerrung der Problematik durch die temporäre Aussetzung eines der beiden Verfahren[325] begegnete sodann verfahrensprinzipiellen Bedenken. Eine solch temporale Abschichtung streckte den Gang der beiden Prozesse nur unnötig in die Länge, was wiederum bei hintangestellter Strafsache beschleunigungsgrundsätzliche Probleme heraufbeschwörte, bei suspendiertem Besteuerungsverfahren dagegen die Beeinträchtigung staatlicher Fiskalinteressen nach sich zöge.[326]

---

[321] Näher dazu Teil 5 B. III. 1. a).
[322] Teil 5 C. I.
[323] Vgl. *Rüster*, wistra 1988, 54 f. sowie *Schick*, JZ 1982, 127 ff.
[324] Teil 2 B. I. 2.
[325] So etwa *Rengier*, BB 1985, 722 f. und *Seer*, StB 1987, 132, welche sich insoweit für einen Vorrang des Strafverfahrens aussprechen; siehe auch *Böse*, Wirtschaftsaufsicht, S. 455 f.; *Rüping/Kopp*, NStZ 1997, 532.
[326] Kritisch daher auch etwa *Aselmann*, NStZ 2003, 75; *Besson*, Steuergeheimnis, S. 114; *Böse*, Wirtschaftsaufsicht, S. 534; *Rüping/Kopp*, NStZ 1997, 532; *Schaefer*, Steuerstrafverfahren, S. 37 f., 221 f.; *Teske*, wistra 1988, 207 f.; *Tormöhlen*, in: Hübschmann/Hepp/Spitaler, § 393, Rn. 12 f. Ausführlich zur Möglichkeit der Kollisionsabwendung durch Verfahrensaussetzung *Doege*, nemo-tenetur-Grundsatz, S. 190 ff. m. w. N.

Und auch eine erweiternde Auslegung der Vorschriften des Steuergeheimnisses gemäß § 30 AO[327] scheitert bereits eingedenk des von *Doege*[328] zutreffend dargelegten Einwands, dass im Falle einer solchen Extension die Verwaltung kompetenzwidrig über die Legitimität des Informationsflusses und damit mittelbar über die Zulässigkeit der strafprozessualen Verwertung entscheiden dürfte – wobei diese argumentatio noch gar nicht berücksichtigt, dass sich eine solch ausufernde Lesart der Geheimnisvorschriften darüber hinaus über den, den einzelnen Offenbarungsbefugnissen zugrundeliegenden, gesetzgeberischen Informationsflusswillen hinwegsetzen würde, stehen ebenjene Preisgabetatbestände doch teleologisch gerade im Dienste zu erreichender Besteuerungsgerechtigkeit.[329]

Näher diskutabel scheint daher auf den ersten Blick allenfalls eine Friktionsverwaltung unter Rekurs auf strafprozessuale Verwendungsverbote betreffend im Besteuerungsverfahren zwangsweise erlangte Informationen. Soweit im Kontext hoheitlicher Sachverhaltserforschung im Besteuerungsinteresse das positivrechtliche Schutzsystem der Abgabenordnung nicht dazu genügt, die Verbürgungen des Grundsatzes der Selbstbelastungsfreiheit hinreichend zu realisieren, scheint es der Sache nach kommod, privilegswidrig erlangte Informationen einem strafprozessualen Verwendungsverbot zu unterwerfen, um dem einschlägigen Repressionsverfahren auf diesem Wege den Zugriff auf den bemakelten Datenstamm zu verwehren und so das konstitutive Verwertungselement der Ausstrahlungswirkung zu unterbinden. Ungeachtet der genaueren Kontur eines solch nemo tenetur-basierten Verwendungsverbots[330], erhellt jedoch bei systematischer Betrachtung schon das Konzept der §§ 393 Abs. 1 S. 2, 3 AO, durch dessen Bindung an den Tatbegriff prozessualer Couleur, dass eine so weitschweifig undifferenzierte Verbotsdogmatik die Lösung nicht sein kann. Schlägt die Steuerrechtsordnung im Rahmen identischer Untersuchungsgegenstände nämlich explizit den Weg der Kollisionsbewältigung mittels des Zwangsmittelausschlusses ein, vermag es ein absoluter Verwendungsverbotsansatz schlicht nicht zu erklären, warum allein die spezifischen Beugemittel des § 328 AO nicht eingesetzt werden dürfen, Offenbarungen unter dem Eindruck gleich wirkender repressiver Maßnahmen jedoch demgegenüber erst auf Ebene der Informationsverwendung selbstbelastungsprivilegierenden Schutz erfahren sollen. Kann dieser Skepsis freilich bis dato noch zugerufen werden, die inhaltliche Ausgestaltung der nemo tenetur-Protektion obliege der gestalterischen Freiheit des Gesetzgebers, relativiert sich diese Replik schnell vor dem Hintergrund der legislativen Intention, Selbstbelastungsfriktionen in identischen Untersuchungsgegenständen durch das Zugeständnis einer faktischen Verweigerungsposition, mithin über die Stellschraube des Zwangselements, zu lösen, dieses Vorgehen aber lediglich auf

---

[327] Vgl. *Aselmann*, NStZ 2003, 75.

[328] *Doege*, nemo-tenetur-Grundsatz, S. 229, 245 mit Verweis unter anderem auf *Benz*, Selbstbelastungen, S. 41 sowie *Hefendehl*, wistra 2003, 5.

[329] Näher zur Ratio einzelner Offenbarungstatbestände siehe Teil 5 B. II. 2. sowie Teil 6 A. I.

[330] Siehe dazu sogleich Teil 5 C. IV. 2. c), insbesondere hierbei aber bb) und cc).

den umgrenzten Bereich prozessualer Tateinheit beschränken zu wollen.³³¹ Obgleich der Idee nach charmant, bleibt eine Lückenausfüllung ausschließlich durch strafprozessuale Verwendungsverbote daher im Ergebnis zu überzeichnend, mündete sie doch im Metier identischer Untersuchungsgegenstände nur in eine gespaltene Schutzdogmatik, die letztlich dem ebenda intendiert kohärenten Behandlungsprogramm der Legislative widerspräche.

3. Zwischenfazit

Resümierend festzuhalten ist daher, dass sich nach Auffassung des Gesetzgebers die Konstellationen identischer und divergierender Untersuchungsgegenstände mit Blick auf die Zwecke des Besteuerungsverfahrens kategorisch voneinander unterscheiden. Hierbei aktualisieren sich die beiden von § 393 Abs. 1 AO getroffenen gegenläufigen Wertungen in jeweils unterschiedlichem Maße. Während Satz 1 der Vorschrift eine möglichst weitgehende Aufrechterhaltung der steuerlichen Mitwirkungsverpflichtung des Einzelnen zum Schutze staatlicher Besteuerungsinteressen fordert, beschneiden die Sätze 2 und 3 diese legislatorische Grundsatzentscheidung zu Gunsten einer Zwangsbekämpfung im ebenda umrissenen Umfang; dort, wo der Anwendungsbereich dieses Zwangsmittelverbots respektive der daraus fließenden faktischen Verweigerungsposition aber endet, lebt die Individualkooperation fordernde Idee des § 393 Abs. 1 S. 1 AO wieder auf. Dass ein singuläres Ergänzungskonzept dieser facettenreichenreichen Spannungslage nicht beizukommen vermag, kann daher nicht verwundern. Sie ist am Ende schlichtweg zu verschieden, als dass eine allgemeingültige Lösung mittels Konsultation nur eines Schutzmechanismus den kontrastierenden Wertungen des § 393 Abs. 1 S. 1 und der Sätze 2, 3 AO hinreichend Rechnung tragen könnte. Gerade die systematische Anbindung der §§ 393 Abs. 1 S. 2, 3 AO an den Begriff der prozessualen Tat konturiert damit nicht nur den Anwendungsbereich des Zwangsmittelverbots, sondern zeichnet zugleich die Leitlinie der rechtsschöpferischen Lösungsfindung praeter legem vor.

IV. Der Bundesgerichtshof auf dem richtigen Weg: zur Kombination von Zwangsausschluss und Verfahrensabschottung

Unter dem Eindruck der so erarbeiteten Grundsätze sei nunmehr abermals der Fokus auf das schon im Kontext der Reichweite des Zwangsmittelausschlusses angerissene Systemverständnis des Bundesgerichtshofs gelenkt.

Konnte bereits an voriger Stelle aufgezeigt werden, dass sich auch dieser, obschon gestützt auf sogleich näher zu diskutierende konstitutionelle Erwägungen, im Ergebnis ebenfalls für eine restriktive Auslegung der §§ 393 Abs. 1 S. 2, 3 AO, ori-

---

³³¹ Siehe nur Teil 5 B. IV. 2. c) und d).

entiert an der Nagelprobe hinreichender[332] Untersuchungsgegenstandsidentität, ausspricht[333], eröffnet die so gefundene jedenfalls strukturelle Parallele zum hiesigen System auch den Mehrwert einer Rezeption jener Judikatur. Sieht sich der Bundesgerichtshof mit der Wahl einer solch einschränkenden Interpretation nämlich zwingenderweise auch den obigen Einwänden positivrechtlicher Schutzdefizite[334] ausgesetzt, muss sich auch diese Auffassung in der Folge darum bemühen, die identifizierten Spannungslagen gleichermaßen effektiv wie verfassungskonform zu beheben; nicht unbegründet scheint daher die Hoffnung, dass das so zu entwickelnde System höchstrichterlicher Kollisionsabwendung immenses Synergiepotential für den vorliegenden Ansatz birgt. Nachstehend beleuchtet seien demnach zunächst die Grundsätze der Problembewältigung judikativer Fasson, bevor auf Basis dieser Bestandsaufnahme nach einem Konzept gesucht werden kann, das sich sowohl in die hier favorisierte nemo tenetur-Dogmatik als auch in die methodischen Parameter gestalterischer Lückenfüllung bestmöglich einpflegt.

1. Das System des Bundesgerichtshofs

Den sich auftuenden Friktionen begegnet die Rechtsprechung dabei mit einem differenzierenden Zweischritt, dessen erste Stufe sich zunächst dem Vorwurf des nur unzureichenden Zwangsmittelausschlusses mittels einer teleologischen Extension der §§ 393 Abs. 1 S. 2, 3 AO auch auf die Repressionsandrohung des § 370 Abs. 1 Nr. 2 AO erwehrt.

„Da die Androhung von Kriminalstrafe [...] häufig in ihren Auswirkungen die in § 393 Abs. 1 S. 2 AO in Verbindung mit § 328 AO bezeichneten Zwangsmittel übertreffen [werde], forder[e] eine an dem Sinn und Zweck dieser Bestimmung orientierte Auslegung, den Steuerpflichtigen auch im Falle einer notwendigen Selbstbelastung von einer strafbewehrten Pflicht zur Selbstbezichtigung freizustellen."[335]

Ähnlich dem Verfahren um den Ausschluss steuerlicher Beugemittel sowie beschränkt auf die Unterlassungsvariante der Steuerhinterziehung soll damit die Kooperationsverpflichtung des Einzelnen zwar grundsätzlich bestehen bleiben, die Strafbewehrung der Zuwiderhandlung jedoch insoweit suspendiert sein, als sich der Täter durch pflichtgemäßes Mitwirkungsverhalten andernfalls selbst belasten müsse.[336] Dass ein solches System dabei zumindest dem Grunde nach dazu imstande ist, Probleme der Ausstrahlungswirkung der Selbstbelastungsfreiheit auch im hie-

---

[332] Zum problematischen Bereich der Teilidentität siehe Teil 5 B. IV. 2. c), Fn. 223.
[333] Teil 5 B. IV. 2. c).
[334] Näher Teil 5 B. IV. 2. c) sowie konsolidierend Teil 5 B. V.
[335] BGH v. 26.4.2001 – 5 StR 587/00, BGHSt 47, 15.
[336] BGH v. 1.8.2018 – 1 StR 643/17, NStZ-RR 2018, 380; BGH v. 10.8.2017 – 1 StR 573/16, wistra 2018, 43; BGH v. 22.8.2012 – 1 StR 317/12, wistra 2013, 66; BGH v. 27.5.2009 – 1 StR 665/08, wistra 2009, 465 f.; BGH v. 23.1.2002 – 5 StR 540/01, wistra 2002, 150 f.; BGH v. 10.1.2002 – 5 StR 452/01, NJW 2002, 1134 f.; BGH v. 26.4.2001 – 5 StR 587/00, BGHSt 47, 15.

sigen Denken effektiv zu beseitigen, wurde bereits aufgezeigt: Ohne die mit dem Tatbestand verbundene Repressionsandrohung geht von der einschlägigen Strafvorschrift zumindest in diesem Maße keine Zwangswirkung mehr aus.[337]

Ebenjene Erweiterung sei jedoch sodann zweitstufig sogleich wieder zu begrenzen. Unter Rekurs auf die skizzierten Erwägungen steuerlicher Gleichbehandlung sowie Gedanken der normativen Grenzen des nemo tenetur-Satzes könne das soeben aufgezeigte System um §§ 393 Abs. 1 S. 2, 3 AO nur gelten, soweit zwischen dem mitwirkungsbemakelten Besteuerungs- und dem korrelierenden Steuerstrafverfahren ein identischer Untersuchungsgegenstand vorliege, nicht aber, sofern sich die beiden voneinander unterscheiden.[338] Wenn also §§ 393 Abs. 1 S. 2, 3 AO aus ebendiesen Gründen auf nichtinkriminierte Besteuerungszeiträume respektive nicht strafbefangene Steuerarten schon teleologisch keine Anwendung finden, greife damit auch deren Schutzfunktion samt Strafbarkeitssuspendierung nicht. Dürfe der Einzelne eingedenk der nunmehr schwelenden Gefahr zwangsweiser Selbstbezichtigung hier indes freilich nicht in letzter Instanz schutzlos verbleiben, trete an die Stelle des dieserorts unanwendbaren § 393 Abs. 1 AO ein von Verfassungs wegen gebotenes Beweisverwendungsverbot, welches den Pflichtencharakter wie die Zwangskomponente der hoheitlichen Behandlung zwar konzeptionell unberührt lasse, den Informationsfluss vom Besteuerungs- in das einschlägige Strafverfahren jedoch nachgelagert unterbinde.[339] In den Worten bundesrichterlicher Rechtsfindung führe

„[d]as Verbot des Selbstbelastungszwanges [...] daher dazu, daß die Erklärungen eines Beschuldigten, die er in Erfüllung seiner weiterbestehenden steuerrechtlichen Pflichten für nicht strafbefangene Besteuerungszeiträume und Steuerarten gegenüber den Finanzbehörden macht, allein im Besteuerungsverfahren verwendet werden dürfen. Für das laufende Strafverfahren dürfen diese Informationen, soweit sie unmittelbar oder auch mittelbar zum Nachweis einer Steuerhinterziehung für die zurückliegenden Steuerjahre führen können, nicht herangezogen werden."[340]

In der Gesamtschau schickt die Rechtsprechung des Bundesgerichtshofs den steuerlich zur Mitwirkung Verpflichteten, der sich durch die besteuerprozedurale Kooperationsanordnungen der Gefahr nemo tenetur-widriger Selbstbezichtigung ausgesetzt sieht, in ein differenziertes Gefüge aus insgesamt dreierlei Schutzmechanismen, bestehend aus dem Ausschluss des Zwangselements durch Kombination des unmittelbaren Verbots von Beugemitteln nach §§ 393 Abs. 1 S. 2, 3 AO mit einer, ingleichen auf ebendiese Normen gestützte, Strafbarkeitssuspendierung bei identischem Untersuchungsgegenstand einerseits und einem verfassungsunmittelbaren

---

[337] Vgl. die Ausführungen in Teil 5 B. III. 1. b).

[338] BGH v. 12.1.2005 – 5 StR 191/04, NJW 2005, 764 f.; BGH 10.1.2002 – 5 StR 452/01, NJW 2002, 1135; BGH v. 26.4.2001 – 5 StR 587/00, BGHSt 47, 15.

[339] BGH v. 21.8.2012 – 1 StR 26/12, NStZ-RR 2012, 373; BGH v. 12.1.2005 – 5 StR 191/04, NJW 2005, 765 unter Verweis auf BVerfG v. 15.10.2004 – 2 BvR 1316/04, wistra 2005, 175 ff.

[340] BGH v. 12.1.2005 – 5 StR 191/04, NJW 2005, 765.

strafprozessualen Beweisverwendungsverbot zur Gewährleistung informatorischer Verfahrensabschottung bei divergierendem solchen andererseits.[341]

2. Zur Konkretisierung und Erweiterung der Dogmatik im eigenen System

Inspiriert von diesem gespaltenen Vorgehen bleibt somit zu klären, inwieweit die aufgezeigten Erwägungen des Bundesgerichtshofs auch im hiesigen System Platz greifen.

a) Von der Berechtigung der (höchstrichterlichen) Differenzierung

Hierbei muss der Blick zunächst auf die kategorische Unterscheidung in zwei unterschiedliche Bereiche rechtsschöpferischer Lückenausfüllung fallen. Sehen sich die hierfür vonseiten des Gerichtshofs dargebotenen Differenzierungsgründe jedoch zuweilen inmitten eines mitunter scharf geführten Diskurses, sei die Validität jener Argumente nachstehend knapp auf die Probe gestellt.

In seiner Generalität a priori schon kein gutes ist dabei das Argument steuerlicher Gleichbehandlung. Soweit der fünfte Strafsenat mit den Bedenken gegen die Privilegierung des Steuerunehrlichen Erwägungen steuerlicher Belastungsgleichheit sowie materielle Gleichbehandlungsgedanken bemüht wissen will, mag diese argumentatio zwar auf Ebene schutzbereichsrelevanter Andersbehandlung noch schlüssig wirken, sie darf indes nicht den Blick darauf verstellen, dass gerade aus der Warte des konstitutionellen Gleichheitssatzes die dem Betroffenen durch den Grundsatz des nemo tenetur se ipsum accusare vermittelte Schutzposition als verfassungsunmittelbares Differenzierungskriterium dem Grunde nach dazu geeignet erscheint, so erkannte Ungleichbehandlungen in der Folge zu rechtfertigen.[342]

Weitaus näher diskussionsbedürftig ist da schon der Einwand *Reiters*[343]. Im Anschluss an *Gotzens/Wegner*[344] kritisiert dieser den skizzierten Vortrag der Schaffung neuerlichen Unrechts durch Pflichtwidrigkeiten im vom unmittelbar strafbefangenen Verfahrensgegenstand abweichenden Terrain mit dem Vorwurf, eine solche Abgrenzungslinie binde die Systematik des § 393 Abs. 1 AO an das rein formale Prinzip der Abschnittsbesteuerung und stelle die Kernthese des Gerichts so auf die tönernen Füße eines nur willkürlich gewählten[345] wie konzeptionell aus-

---

[341] Zur Entwicklung dieser Rechtsprechungslinie zusammenfassend *Hilgers-Klautzsch*, in: Kohlmann, § 393, Rn. 112 ff.

[342] Ob eine solche Legalisierungswirkung bei eingehender Betrachtung sodann tatsächlich überzeugt, bedarf für die Zwecke der hiesigen Arbeit, wie sogleich aufzuzeigen sein wird, indes keiner Entscheidung.

[343] *Reiter*, Steuererklärungspflicht, S. 290 ff.

[344] *Gotzens/Wegner*, PStR 2003, 209.

[345] Siehe auch *Salditt*, NStZ 2001, 544.

C. Zur Herstellung von Verfassungskonformität				379

schließlich der Arbeitserleichterung dienenden Instituts, das es seinerseits überdies nicht vermag, den Gewährleistungsgehalt des nemo tenetur-Satzes normativ zu beschränken.[346] Dem widersetzt sich wiederum *Doege*[347]. Inhaltlich beschränkt auf die Unterlassungsstrafbarkeit des § 370 Abs. 1 Nr. 2 AO für nachfolgende Veranlagungszeiträume, nimmt dieser den obig entwickelten Gedanken ständiger Aktualisierung des steuerlichen Pflichtenprogramms im Abschnittssystem[348] zum Anlass und konstatiert, die Einordnung als neuerliches Unrecht fließe hier bereits aus dem Umstand divergierender Pflichtenanordnungen; eine Verletzung derselben Erklärungspflicht in nachfolgenden Veranlagungszeiträumen sei daher unmöglich. Dass für die Pflichtenbestimmung insoweit auf irgendein System der Einteilung von Besteuerungszyklen zurückgegriffen werden müsse, sei unvermeidbar, ergebe sich der Unrechtsgehalt eines Unterlassens doch stets aus der Verletzung einer entsprechenden Pflicht, die insoweit gerade der gesetzlichen Normierung bedürfe.

Obschon für den eng konturierten Bereich des Unterlassungsdelikts zumindest verständlich, trifft die Erwiderung *Doeges* den Kern der gegen *Reiters* Tadel zu hegenden Bedenken indes noch nicht. Der neuralgische Punkt ist hier ein anderer: So stellt die vorgebrachte Kritik zwar zutreffend heraus, dass ein positivrechtliches Prinzip wie jenes der Abschnittsbesteuerung schon normhierarchisch nicht dazu imstande ist, die konstitutionellen Gewährleistungen des nemo tenetur-Satzes inhaltlich zu suspendieren, sie übersieht jedoch, dass auch eine systematische Verknüpfung des (je nach Gusto auf § 370 AO ausgeweiteten) Zwangsmittelverbots mit diesen Grundsätzen eine solche inhaltliche Modifikation gar nicht bewirkt: Begreift man den Grundsatz der Selbstbelastungsfreiheit wohlverstanden als konstitutionelle Institutsgarantie[349], kann auch die konzeptionelle Anbindung eines Schutzsystems an einfachrechtliche Prinzipe allenfalls die Trennlinie zu einem andersartig ausgestalteten Protektionskonzept markieren; eine endgültige Schutzlosstellung des Einzelnen folgt hieraus gleichwohl nicht. Erinnert sei hier abermals an die herausgestellte Prärogative des Gesetzgebers: Solange der Schutz der prozeduralen Autonomieposition des Betroffenen im Ergebnis effektiv gewährleistet wird, obliegt der rechtstechnische Weg dorthin der legislativen Gestaltungsfreiheit.[350] Wenn sich diese im Kontext des abgabenrechtlichen Zwangsmittelausschlusses also mittels der Orientierung am prozessualen Tatbegriff dem – freilich nicht frei von gewisser Willkür gewählten – System der Besteuerung nach Zyklen reflexartig bedient, bleibt dies solange unbedenklich, als die daraus folgenden Defizite durch ein anderweitig effektives Schutzinstrument ordnungsgemäß kompensiert werden. Aus dieser Perspektive ist die stillschweigende Anbindung des Gewährleistungsgehalts der §§ 393 Abs. 1 S. 2, 3 AO an das Prinzip der Abschnittsbesteuerung damit weniger die mittels

---

[346] *Reiter*, Steuererklärungspflicht, S. 292.

[347] *Doege*, nemo-tenetur-Grundsatz, S. 189.

[348] Teil 5 C. III. 1. b).

[349] Teil 4 C. I.; Teil 4 E. II. 3. c); deutlicher nunmehr Teil 5 C. II. 1.

[350] Teil 5 C. II. 1.

Ausfüllung zu schließende problematische Lücke im System des Zwangsmittelverbots als vielmehr jene gesetzgeberische Wertentscheidung, der nach den vorgestellten Grundsätzen im Wege verfassungskonformer Rechtsfortbildung gerade zur Geltung verholfen werden muss.

Mögen die beiden vonseiten des Gerichtshofs vorgetragenen Argumentationslinien daher nicht jeden vollends überzeugen, tut dieser so fortbestehende Makel der richterlichen Begründung der hier favorisierten Differenzierung indes keinen Abbruch. So fließt die Einsicht, dass die beiden Konstellationen identischer und divergierender Untersuchungsgegenstände im Folgenden gesondert voneinander beleuchtet und somit einer unter Umständen heterogenen Gesetzeskorrektur zugeführt werden müssen, im hiesigen Denken bereits aus der legislativen Bindung der §§ 393 Abs. 1 S. 2, 3 AO an den prozessualen Tatbegriff, mittelbar also aus der ambivalenten Stoßrichtung des § 393 Abs. 1 AO selbst. Wenn dieser seinen Gewährleistungsgehalt des Zwangsmittelverbots lediglich um den so konturierten Tatbegriff spannt, insoweit also indirekt an die Kriterien des streitbefangenen Veranlagungszeitraums und der inkriminierten Steuerart knüpft, zieht damit bereits das Gesetz nicht nur die Grenze des positivrechtlichen Schutzbereichs, sondern auch die legislatorische Leitlinie, die bei der Lückenausfüllung im Rechtsfortbildungswege beachtet werden muss. Noch bevor sich zu Gunsten eines spezifischen Schutzmechanismus ausgesprochen werden kann, ist damit bereits an dieser Stelle festzuhalten, dass die nachfolgende Untersuchung einer strengen Zweiteilung folgen muss. Zumindest in diesem Maße trifft die Rechtsprechung des Bundesgerichtshofs zu.

b) Die Behandlung der Friktionslage
bei identischem Untersuchungsgegenstand
im Sinne prozessualer Tateinheit

Geleitet von diesen methodischen Grundlagen liegt der Weg zu einem sachangemessenen Kollisionssystem nunmehr endlich bar.

Ihren Aufklang findet die damit angestoßene finale Lösungsfindung zunächst in der strukturellen Erkenntnis, dass sich jeder der umschriebenen Kollisionsbereiche lediglich der Spannungen im eigenen Wirkungskreis anzunehmen hat, die jeweils isolierte Betrachtung der beiden Konstellationen den jeweiligen Bewältigungsauftrag also merklich beschränkt. Der nachstehenden Beleuchtung der Friktionslage bei identischem Verfahrensgegenstand kann daher allein die Aufgabe obliegen, der aufgezeigten Problematik um die nur defizitäre Schutzwirkung der §§ 393 Abs. 1 S. 2, 3 AO in Bezug auf Ersatzzwangsmittel und Repressionsandrohungen[351] abzuhelfen, wobei auf dem Boden des vorstehend entwickelten Systemverständnisses jedenfalls das ebendiesem Vorhaben zugrunde zu legende technische Vorgehen bereits determiniert ist.

---

[351] Teil 5 B. IV. 2. b).

C. Zur Herstellung von Verfassungskonformität

Soweit es also rein um die Frage der fehlenden Reichweite der §§ 393 Abs. 1 S. 2, 3 AO geht, gilt es zunächst zu erkennen, dass die Abgabenordnung das Verbot des Zwangsmitteleinsatzes expressis verbis auf die Instrumente des § 328 AO begrenzt[352], der vorrangig zu beschreitende Weg der Abhilfe mittels verfassungsorientierter Auslegung[353] dem vorliegenden Ansatz eingedenk des insoweit ausdrücklichen Wortsinns der Vorschrift folglich versperrt bleibt. Bedarf es zur Herstellung von Verfassungskonformität damit gerade einer sich über diese grammatischen Grenzen hinwegsetzenden verfassungskonformen Rechtsfortbildung, wird auf Ebene der Suche nach der hierfür erforderlichen Regelungslücke der Umstand akut, dass § 393 AO historisch intentional dazu geschaffen wurde, den nemo tenetur-Satz im Besteuerungsverfahren umfassend zu verwirklichen[354], diesem selbst gesetzten Auftrag jedoch im bezeichneten Maße realiter nicht gerecht wird. Konnte ebenjenes Gewährleistungsdefizit daraufhin ferner als legislativ planwidrig identifiziert werden[355], sind die methodischen Hürden für die Zulässigkeit richterlicher Rechtsfortbildung auch schon genommen und die vorliegende Untersuchung ist in den Stand erhoben, erkannte Schutzlücken rechtsschöpferisch zu beseitigen.

Muss sich die somit dem Grunde nach zulässige Ausfüllung der Rechtslücke sodann so nah wie nur möglich am gesetzgeberisch vorgegebenen Regelungsprogramm halten[356], zeitigt Wirkung, dass sich die Steuerrechtsordnung mit dem System der §§ 393 Abs. 1 S. 2, 3 AO für den Bereich einheitlicher Untersuchungsgegenstände ausdrücklich zu Gunsten einer Bewältigung der Spannungslage via Eliminierung der ausstrahlungsrelevanten Zwangskomponente entscheidet und insoweit dem von Verfassungs wegen gebotenen Schutz vor Selbstbelastung Vorrang vor den auf die Individualmitwirkung angewiesenen Zwecken des Besteuerungsverfahrens einräumt. Wurde nun aber bereits herausgestellt, dass sowohl den Ersatzzwangsmitteln im vorbenannten Sinne als auch den Repressionsandrohungen im Fall der Zuwiderhandlung jene eigentümlich repressive Belastungswirkung anheimfällt, die aus nemo tenetur-spezifischer Perspektive dem Einzelnen die ihm zu gewährende Möglichkeit der legalen Handlungsalternative verwehrt und so dessen prozessuale Autonomieposition negiert[357], mündet die damit vorgefundene vergleichbare Zwangslage zunächst in die Klarsicht der Erforderlichkeit einer Ausweitung des Zwangsmittelverbots auf die bezeichneten repressiven Maßnahmen und anschließend in die Forderung nach analoger Anwendung auch auf ebendiese Institute. Nur eine solche Analogie ist dabei imstande, den widerstreiten Belangen der Selbstbelastungsfreiheit einerseits und der legislatorischen Gestaltungsautonomie andererseits zu jeweils bestmöglicher Geltung zu verhelfen; nur ein Analogieschluss dieser

---

[352] Weiterführend zu § 328 AO Teil 3 B. III. 1. sowie Teil 5 A. II. 4. a).
[353] Siehe nur Teil 5 C., Fn. 239.
[354] Siehe Teil 5 B. IV. mit Fn. 197.
[355] Teil 5 C. II. 2.
[356] Teil 5 C. II. 3.
[357] Siehe Teil 4 C. I. sowie Teil 5 A. II. 4. c), insbesondere aber Teil 5 B. IV. 2. b).

Manier ermöglicht die effektive Beseitigung der nemo tenetur-Problematik durch Ausschluss des Zwangselements, ganz im Geiste des hierdurch maximal geachteten gesetzgeberischen Regelungswillens.

Entsprechend diesen Grundsätzen muss im Anwendungsbereich der Ausstrahlungswirkung der Selbstbelastungsfreiheit der Einsatz von Ersatzzwangsmitteln im obig definierten Sinne im selben Maße unterbleiben, wie die Repressionsandrohungen der einschlägigen (auch) Steuerstraftatbestände bei gleichzeitiger Aufrechterhaltung der zugrundeliegenden Pflichtenanordnung suspendiert sein müssen.

Bei konsequenter Orientierung an der legislativen Vorstellung von der Konfliktbewältigung bei hinreichender Untersuchungsgegenstandsidentität müssen damit neben den unmittelbaren Regelungsbereich der §§ 393 Abs. 1 S. 2, 3 AO in Bezug auf die Zwangsmittel des § 328 AO im Ergebnis zwei analoge Anwendungsbereiche der Norm treten, betreffend die gleichermaßen repressiven Zwangssurrogate des Steuerrechts zum einen sowie die (auch) steuerlichen Repressionsandrohungen[358] zum anderen, allen voran hierbei aber etwa jene der §§ 370 bzw. 378 AO.

c) Die Behandlung der Friktionslage
bei divergierendem Untersuchungsgegenstand
im Sinne prozessualer Tatmehrheit

Anders ist dies jedoch im Falle divergierender Untersuchungsgegenstände. Soweit die streitgegenständliche Mitwirkungsverpflichtung des Steuerrechts unmittelbar einen Veranlagungszeitraum oder eine Steuerart betrifft, der oder die nicht selbst Gegenstand des einschlägigen Strafverfahrens ist oder sein wird, bleibt der einzuschlagende Lösungsweg ein anderer. Ebendiesen Konstellationen ist dabei mit

---

[358] Gleichwohl kann ebendiese Suspendierungswirkung inhaltlich nur so weit reichen, wie das eigene nemo tenetur-Verständnis gilt. War der wiederholte Eingriff in die Rechtsordnung aus Strafabwendungsgründen nie Teil der hiesigen Selbstbezichtigungsdoktrin, darf auch die hierauf wurzelnde Strafbarkeitssuspendierung eine solch vertuschende Eigenbegünstigung nicht erfassen. Erkanntermaßen sucht der Einzelne hier nicht mehr bloßen Schutz vor zwangsweiser Selbstbelastung, sondern darüberhinausgehenden Ausschluss selbstbetreffender Fremdbelastung, mithin drittwirkende Selbstbegünstigung. Soweit im Rahmen identischer Untersuchungsgegenstände das eingeleitete Strafverfahren einen Besteuerungssachverhalt unmittelbar betrifft, der Einzelne sich also unmittelbar strafprozessualen Erforschungsmaßnahmen ausgesetzt sieht, muss in diesen sachlich-zeitlichen Grenzen zwar die Strafbarkeit der Steuerhinterziehung durch Unterlassen entsprechend der Wertung der §§ 393 Abs. 1 S. 2, 3 AO suspendiert werden, jene der aktiven Sabotage des Ermittlungsverfahrens durch positive Falscherklärungen jedoch nicht. Ob ein – in der Terminologie der vorstehenden Ausführungen – solch „neuerliches Unrecht" zu eigenen Strafvereitelungszwecken dabei nicht, allenfalls abseits der hier diskutierten Verbürgungen des nemo tenetur-Grundsatzes zu ergründenden, Selbstbegünstigungsprivileg untersteht, kann und muss an dieser Stelle nicht entschieden werden; siehe dazu aber auch schon die Erwägungen in Teil 4 B. II. 3. mit Fn. 438.

einem Mechanismus zu begegnen, der zumindest gedanklich auf der namhaften Gemeinschuldnerentscheidung des Bundesverfassungsgerichts[359] wurzelt.

aa) Das Verwertungsverbot nach Gemeinschuldner-Grundsätzen

Bereits im Jahre 1982 hatten sich die Karlsruher Richter mit einem der hiesigen Problematik nicht unähnlichen Sachverhalt auseinanderzusetzen. Der Beschwerdeführer, ein dem Konkursverfahren unterworfener Gemeinschuldner, war auf der Grundlage des § 100 der damaligen Kostenordnung[360] auf Antrag des zuständigen Konkursverwalters zur Auskunft über bestimmte, die Übereignung von Vermögensgegenständen betreffende Fragen angehalten worden, woraufhin er zum anberaumten Vernehmungstermin zwar physisch erschien, die geforderte Aussage jedoch verweigerte. Zur Begründung führte er aus, dass in Bezug auf das einschlägige Beweisthema bereits ein Ermittlungsverfahren wegen Verdachts des Konkursvergehens anhängig sei und er sich durch die Beantwortung der gestellten Fragen möglicherweise selbst einer strafbaren Handlung bezichtigen müsse. Als er sich dem hoheitlichen Mitwirkungsgesuch so unter Berufung auf die strafrechtliche Relevanz des geforderten Datenstamms fortwährend widersetzte und daraufhin entsprechend §§ 75, 101 Abs. 2 KO in Beugehaft genommen wurde, sah er sich hierdurch in seinem konstitutionellen Recht auf Freiheit von Zwang zur strafrechtlichen Selbstbelastung verletzt und legte nach erfolgloser Rechtswegerschöpfung Verfassungsbeschwerde beim Bundesverfassungsgericht ein.

In der so herbeigesehnten Entscheidung erklärten die Richter die Mitwirkungspflicht des § 100 KO indes selbst dann für verfassungsrechtlich unbedenklich, wenn hieraus unmittelbar eine Pflicht zur Herausgabe selbstbelastender Informationen folge. Der Grundsatz der Selbstbelastungsfreiheit, den das Gericht beiläufig auf eine persönlichkeitsrechtskonnotierte Kombination der allgemeinen Handlungsfreiheit aus Art. 2 Abs. 1 GG mit der Menschenwürdegarantie des Art. 1 Abs. 1 GG stützte[361], gebiete „keinen lückenlosen Schutz gegen Selbstbezichtigungen ohne Rücksicht darauf, ob dadurch schutzwürdige Belange Dritter beeinträchtigt werden."[362] Da „die durch Art. 2 Abs. 1 GG gewährleistete Rechtsposition [...] ihre Grenze an den Rechten anderer" finde[363] und „[d]as Grundgesetz [...] die Spannung Individuum-Gemeinschaft im Sinne der Gemeinschaftsbezogenheit und Gemeinschafts-

---

[359] BVerfG v. 13.1.1981 – 1 BvR 116/77, BVerfGE 56, 37 ff.

[360] § 100 KO a. F. lautete: „Der Gemeinschuldner ist verpflichtet, dem Verwalter, dem Gläubigerausschusse und auf Anordnung des Gerichts der Gläubigerversammlung über alle das Verfahren betreffenden Verhältnisse Auskunft zu geben.", aufgehoben mit Wirkung zum 1.1.1999 durch Art. 2 Nr. 4 des Einführungsgesetzes zur Insolvenzordnung (EGInsO) v. 5.10.1994, BGBl. I 1994, 2913. Seither gilt anstelle der Konkurs- die Insolvenzordnung.

[361] BVerfG v. 13.1.1981 – 1 BvR 116/77, BVerfGE 56, 41 f., 49.

[362] BVerfG v. 13.1.1981 – 1 BvR 116/77, BVerfGE 56, 49.

[363] BVerfG v. 13.1.1981 – 1 BvR 116/77, BVerfGE 56, 49.

gebundenheit der Person entschieden" habe³⁶⁴, sei „ein Zwang, durch eigene Aussagen die Voraussetzungen für eine strafgerichtliche Verurteilung oder die Verhängung entsprechender Sanktionen liefern zu müssen" zwar „[u]nzumutbar und mit der Würde des Menschen unvereinbar"³⁶⁵. „Handel[e] es sich hingegen um Auskünfte zur Erfüllung eines berechtigten Informationsbedürfnisses, [sei] der Gesetzgeber befugt, die Belange der verschiedenen Beteiligten gegeneinander abzuwägen."³⁶⁶ Seien die Zwecke der einfachen Verfahrensordnung sowie die Stellung und der Stellenwert des Einzelnen innerhalb dieses Systems daher dazu geeignet, das Fortbestehen der individuellen Mitwirkungsverpflichtung zu legitimieren respektive die Notwendigkeit einer echten Verweigerungsposition zu relativieren, dürfe diese prinzipielle Kompetenz jedoch nicht darüber hinwegtäuschen, dass „ein Zwang zur Selbstbezichtigung [gleichwohl] in das durch Art. 2 Abs. 1 GG geschützte Persönlichkeitsrecht ein[greife]."³⁶⁷ Ebendieses „Persönlichkeitsrecht des Gemeinschuldners würde aber unverhältnismäßig beeinträchtigt, wenn seine unter Zwang herbeigeführten Selbstbezichtigungen gegen seinen Willen zweckentfremdet und der Verwertung für eine Strafverfolgung zugeführt würden"³⁶⁸, ja, das dem Einzelnen vermittelte strafprozessuale Schweigerecht gar „illusorisch, wenn eine außerhalb des Strafverfahrens erzwungene Selbstbezichtigung gegen seinen Willen strafrechtlich gegen ihn verwertet werden dürfte."³⁶⁹ „[D]ie Auskunftpflicht des Gemeinschuldners [bedürfe daher] einer Ergänzung durch ein strafrechtliches Verwertungsverbot"³⁷⁰, dessen konkrete Ausgestaltung zwar in erster Linie dem Gesetzgeber obliege, bis zu einer legislativen Entscheidung jedoch, zumindest im Bereich der vorkonstitutionellen Konkursordnung, ad interim auch richterrechtlich geformt werden könne.³⁷¹

bb) Das Verwertungsverbot hiesiger Diktion

Den dogmatischen Mehrwert der damit skizzierten Entscheidung im hiesigen System zu entdecken, ist auf den ersten Blick gar nicht so einfach. Die strukturorientierten Gedanken zum Umgang mit Situationen zwangsweiser Selbstbelastung, begründet durch außerstrafprozessuale Kooperationspflichten, sind es jedenfalls nicht. Obgleich zum Verkündungszeitpunkt bahnbrechend, liefern die Ausführungen des Judikats an diesem Punkt der Untersuchung schlicht nichts Neues, wenn sie mit den Möglichkeiten des Verweigerungsrechts bzw. der informatorischen Verfahrensabschottung mittels des Beweisverwertungsverbots lediglich zwei der taugli-

---

[364] BVerfG v. 13.1.1981 – 1 BvR 116/77, BVerfGE 56, 49.
[365] BVerfG v. 13.1.1981 – 1 BvR 116/77, BVerfGE 56, 49.
[366] BVerfG v. 13.1.1981 – 1 BvR 116/77, BVerfGE 56, 49.
[367] BVerfG v. 13.1.1981 – 1 BvR 116/77, BVerfGE 56, 50.
[368] BVerfG v. 13.1.1981 – 1 BvR 116/77, BVerfGE 56, 50.
[369] BVerfG v. 13.1.1981 – 1 BvR 116/77, BVerfGE 56, 51.
[370] BVerfG v. 13.1.1981 – 1 BvR 116/77, BVerfGE 56, 50.
[371] BVerfG v. 13.1.1981 – 1 BvR 116/77, BVerfGE 56, 51.

C. Zur Herstellung von Verfassungskonformität 385

chen Mechanismen aufzeigen, die eine Verletzung des nemo tenetur-Satzes effektiv unterbinden. Die damit aufgestellten Grundsätze mögen sich zwar nahtlos in das dualistische Bewältigungskonzept des vorliegenden Ausstrahlungsmodells[372] einfügen, mehr als die Bestätigung eines bereits ermittelten Befundes fließt daraus jedoch nicht.

Der besondere Stellenwert des Beschlusses für die hiesige Forschungsfrage liegt bei näherer Betrachtung ungleich verborgener. Es ist die doch recht konkrete judikative Forderung nach der Ergänzung des konkursrechtlichen Normprogramms explizit um ein ungeschriebenes Beweisverwertungsverbot, die unweigerlich in die Frage nach der Berechtigung und Übertragbarkeit dieses Instituts auch auf den das Steuerrecht überwirkenden Ausstrahlungsbereich mündet. Die systemkonsequente Antwort hierauf wird dabei jedoch nur finden, wer sich abermals der soeben ausgearbeiteten Methode bedient:

Soweit § 393 Abs. 1 AO auch in dieser Dimension den Einzelnen nicht hinreichend vor zwangsweiser Selbstbelastung schützt[373], eine verfassungsorientierte Auslegung eingedenk der beschriebenen Normsystematik[374] aber auch hier ausscheiden muss, bleibt zur Schaffung normerhaltender Verfassungskonformität auch hier lediglich die Ausfüllung der als planwidrig erkannten[375] Regelungslücke qua verfassungskonformer Rechtsfortbildung. Zeigt sich die Ausgangslage der Rechtsfindung damit noch nah an jener der Konstellation identischer Untersuchungsgegenstände, scheint die anschließende Wahl des konkret vorzugswürdigen Ergänzungssystems dieserorts merklich verzwickter.

Ursprung ebendieser Komplikation ist dabei die stillschweigende Anbindung des Zwangsmittelverbots an den Begriff der prozessualen Tat. Wenn das Gesetz dem Bereich divergierender Untersuchungsgegenstände hierdurch die – der vorstehenden Systemfindung noch so viel Halt und Linie gebende – legislative Wertentscheidung der §§ 393 Abs. 1 S. 2, 3 AO entzieht, hinterlässt es an dieser Stelle eine vermeintliche Wertungsindifferenz, die bei genauerer Betrachtung der Ausfüllung durch die obig angestellten Gedanken zum Binnenverhältnis der ambivalenten Stoßrichtungen des § 393 Abs. 1 AO zueinander[376] bedarf. Konnte ebenda bereits herausgestellt werden, dass dort, wo das Zwangsmittelverbot endet, wo §§ 393 Abs. 1 S. 2, 3 AO die Wertung des § 393 Abs. 1 S. 1 AO also nicht mehr überlagern, die besteuerungsakzentuierenden Ideen der Verfahrenskonkordanz wieder aufleben, muss auch die nachfolgend rechtsschöpferische Lückenausfüllung von der grundsätzlichen Entscheidung des Gesetzes dominiert werden, im Interesse einer zutreffenden Besteuerung einen möglichst weitreichenden Gleichklang der Verfahren samt um-

---

[372] Dazu ausführlich Teil 4 E. II. sowie Teil 5 C. I.
[373] Näher Teil 5 B. IV. 2. c).
[374] Teil 5 B. IV. 2. c).
[375] Teil 5 C. II. 2.
[376] Siehe dazu Teil 5 C. II. 3., aber auch die Ausführungen in Teil 5 C. III.; deutlich sodann Teil 5 C. III. 3.

fassender Kooperationsverpflichtung des Einzelnen zu realisieren. Entspricht eine Gesetzeskorrektur via Modifikation des steuerrechtlichen Pflichtenprogramms, fortgedacht also via Eliminierung des Zwangselements, damit aber ersichtlich nicht der gesetzgeberischen Vorstellung von Konfliktbewältigung, muss die Option der Kollisionsabwendung mittels normativer Erweiterung des Zwangs(mittel)ausschlusses unterbleiben – kehrseitig mündend in die erste Zwischenerkenntnis dieser Suche, dass sich eine systemstringente Behandlung der Friktionslage bei divergierendem Untersuchungsgegenstand zwingend des Ansatzes informatorischer Verfahrensabschottung bedienen muss.

Aber auch an dieser Stelle wird die Systemfindung nicht einfacher. Da der Gesetzgeber eine solch vorzugswürdige Verfahrenstrennung im Kontext des § 393 Abs. 1 AO gerade nicht ausdrücklich geregelt hat, macht sich auch hier schnell die ernüchternde Einsicht breit, eine legislative Leitlinie, an der sich rechtsschöpferisch orientiert werden könnte, nicht finden zu können; es ist schlicht nicht ersichtlich, wie die Abgabenordnung das umschriebene Spannungsfeld behandelt wissen möchte. Verschärft wird diese Ratlosigkeit sodann letztlich durch den Umstand, dass dem so erkannten Vorgabenvakuum ein aufgezeigtermaßen[377] breites Portfolio an denkbaren Schutzmechanismen gegenübersteht. Ob das Gesetz nun also um eine organisatorisch-institutionelle Trennung der Verfahren, eine nur zeitliche Entzerrung derselben, eine systematische Erweiterung der Geheimnisvorschriften oder die Konstruktion strafprozessualer Verwertungsverbote ergänzt werden soll, erschließt sich zumindest unmittelbar aus der Gesetzeslektüre nicht.

Selbst bei all dieser normativen Neutralität der Abgabenordnung darf indes nicht aus den Augen verloren werden, dass sich das erforderliche Handwerkszeug zur sachangemessenen Konfliktbewältigung bereits im vorstehend entwickelten System verbirgt: Wenn auf dem Boden der zuvor dargelegten Methodik die Korrektur erkannter Regelungslücken ausschließlich unter maximaler Wahrung des gesetzgeberischen Regelungsprimats erfolgen darf[378], muss die Wahl des vorzugwürdigen Ausfüllungsmechanismus stets zu Gunsten desjenigen ausfallen, der bei hinreichender Schutzvermittlung die legislative Gestaltungskompetenz am wenigsten beeinträchtigt. Lässt man sich auf diese methodische Prämisse ein, ist es abermals *Wolff*, der in seiner Dissertationsschrift den letzten Baustein zur finalen Lösung des Problems liefert, wenn er aufzeigt, dass unter den vorbezeichneten Abschottungsmechanismen die Annahme eines Beweisverwertungsverbots diesen Anforderungen am besten gerecht wird.[379] Wenn dieser also zutreffend konstatiert, dass durch die verfassungsunmittelbare Herleitung von Verwertungsverboten nicht die Mitwirkungspflicht selbst, sondern die Verwertung der Ergebnisse derselben für einen künftigen Strafprozess verändert wird, so ein Vorgang Gestaltung erfährt, den der

---

[377] Teil 5 C. I.
[378] Teil 5 C. II. 3.
[379] *Wolff*, Selbstbelastung und Verfahrenstrennung, S. 143 mit Verweis auf *Streck*, StV 1981, 364 für das Steuerrecht.

Gesetzgeber im eigentlichen Sinne gar nicht geregelt habe und dessen Gestaltungsbefugnis und Autorität daher nicht wesentlich beeinträchtigt werde[380], trägt diese Lösung gerade jenen Anforderungen Rechnung, die der Steuergesetzgeber durch sein qua § 393 Abs. 1 S. 1 AO strenges Festhalten an der Parallelität der Verfahren stellt.

Will man an der im Bereich divergierender Untersuchungsgegenstände akut werdenden legislativen Wertung des § 393 Abs. 1 S. 1 AO also festhalten und den Betroffenen so in Bezug auf nichtinkriminierte Veranlagungszeiträume sowie nicht strafbefangene Steuerarten umfassend weiter zur zutreffenden informationsoffenbarenden Verfahrenskooperation verpflichten, ist § 393 Abs. 1 AO um ein, in Anlehnung an § 136 StPO und § 393 Abs. 1 AO[381] entwickeltes, normativ jedoch unmittelbar auf der verfassungsrechtlichen Gewährleistung des nemo tenetur-Grundsatzes fußendes Beweisverwertungsverbot zu ergänzen. Der Betroffene bleibt insoweit also weiterhin zur verfahrensfördernden Mitwirkung verpflichtet, die aus diesem Grunde offenbarten Informationen erreichen im Falle der Selbstbelastungsgefahr das einschlägige Steuerstrafverfahren jedoch nicht.

cc) Die Reichweite des Verbots

Mit der bloß prinzipiellen Anerkennung eines solch selbstständigen Beweisverwertungsverbotes[382] ist jedoch noch nichts über dessen inhaltliche Ausgestaltung gesagt. Ohne an dieser Stelle allzu tief in die teils terminologisch unschärfebehafteten Verästelungen der beileibe nicht unkomplizierten Dogmatik der Beweisverwertung im Strafprozess eintauchen zu wollen[383], bedarf das so der Sache nach

---

[380] *Wolff*, Selbstbelastung und Verfahrenstrennung, S. 143.
[381] So auch BVerfG v. 13.1.1981 – 1 BvR 116/77, BVerfGE 56, 52.
[382] Die geläufige Einteilung der strafprozessualen Verwertungsverbote in selbstständige und unselbstständige solche knüpft sich dabei an das Vorliegen eines zeitlich vorgehenden Verstoßes gegen ein Beweiserhebungsverbot. Während unselbstständige Beweisverwertungsverbote die Folge einer bereits auf Erhebungsebene illegalen Beweisgewinnung seien, bestehen selbstständige Verwertungsverbote unabhängig von früheren Rechtsverletzungen zumeist aus Gründen des individuellen Grundrechtsschutzes, so etwa die Unterteilungen bei *Beulke/Swoboda*, Strafprozessrecht, Rn. 704; *Kindhäuser/Schumann*, Strafprozessrecht, § 23, Rn. 3 ff. oder *Volk/Engländer*, Grundkurs StPO, § 28, Rn. 4 f. Konzeptionell gegen einen solchen Differenzierungsansatz wenden sich indes *Roxin/Schünemann*, Strafverfahrensrecht, § 24, Rn. 21, Fn. 3 mit dem Argument, eine solche „Unterscheidung führ[e] nicht weiter, weil eine Verletzung des Verfahrensrechts nach h.M. nicht notwendig zu einem Beweisverwertungsverbot führ[e]". Letztgenanntem Einwand ist dabei in der Tat zuzugeben, dass der materielle Mehrwert der Differenzierung jedenfalls den Zwecken der vorliegenden Arbeit wahrlich verschlossen bleibt.
[383] Umfassend dazu *Gössel*, in: Löwe/Rosenberg, Einl. Abschn. L, Rn. 1 ff. sowie *Kudlich*, in: MüKo-StPO, Einl., Rn. 403 ff.; instruktiv *Kindhäuser/Schumann*, Strafprozessrecht, § 23, Rn. 1 ff. und *Roxin/Schünemann*, Strafverfahrensrecht, § 24, Rn. 1 ff.; monografisch *Jäger*, Beweisverwertung, passim; spezifisch aus der Perspektive des Stellenwerts des nemo tenetur-

konzipierte Beweisverbot näherer Kontur. Abseits der bereits an dieser Stelle außerfragestehenden Unzulässigkeit der unvermittelten Verwertung pflichtgemäß kooperativ erlangter Informationen zur Führung des individuellen Schuldnachweises im einschlägigen Steuerstrafverfahren rücken hier insbesondere Fragen fernab jener „unmittelbaren" Beweisverwertung in den in den Fokus der Betrachtung. Nachstehend umrissen seien daher zuvörderst die der direkten Verwertung zwangsbemakelter Beweismittel vor- wie nachgelagerten Dimensionen des Verwertungsverbots.

(1) Die Fernwirkungsfrage

Den Anfang macht hier die Frage nach der Anerkennung einer materiellen Fernwirkung. Soweit sich die Strafrechtswissenschaft um die Legitimation einer Fernwirkung von Beweisverwertungsverboten zankt[384], geht es dem Grunde nach stets um dieselbe Frage danach, ob sich das Verdikt prozessualer Unverwertbarkeit eines bestimmten Beweismittels ausschließlich auf das unmittelbar auf bemakeltem Wege gewonnene Mittel beschränkt oder nicht auch die erst hierdurch bloß mittelbar erlangten Beweise der prozessualen Verwertung entzogen werden müssen.[385] Die hinter der letztbezeichneten Auffassung stehende Idee kommt dabei nicht von ungefähr: Allen voran der US-amerikanische Strafprozess kennt mit der ebenda entwickelten wie praktizierten „fruit of the poisonous tree doctrine" einen ausgesprochen strengen Ansatz zu Lasten der Strafverfolgungsbehörden, die bei rechtswidriger Gewinnung eines Beweismittels den Durchschlag der prozeduralen Unverwertbarkeit auch auf die durch ebendiese Information erst angestoßene Beweiskette fürchten müssen.[386] Beseelt von den Gedanken jener Doktrin stellen sich daher manche[387] auch im Geltungsbereich des deutschen Strafprozessrechts auf den Standpunkt, ein Beweisverwertungsverbot schütze den Einzelnen nicht nur vor der unmittelbaren Einführung bemakelter Informationen in das eigene Verfahren, sondern darüber hinaus auch vor der Verwendung ebenjener Daten als bloßem „Spurenansatz". Dieser extensiven Interpretation der Verwertungsverbotslehre widerspricht jedoch die höchstrichterliche Judikatur: Mit dem Argument, dass nicht ein einzelner Verfahrensfehler zur Lahmlegung des gesamten Verfahrens führen dürfe, versagt etwa der

---

Grundsatzes in der strafprozessualen Beweisverwertungsdogmatik *Doege*, nemo-tenetur-Grundsatz, S. 117 ff.

[384] Siehe nur auszugsweise die Nachweise der nachstehenden Fn. 387 bis einschließlich 390.

[385] *Doege*, nemo-tenetur-Grundsatz, S. 121; *Schmitt*, in: Meyer-Goßner/Schmitt, Einl., Rn. 57; *Roxin/Schünemann*, Strafverfahrensrecht, § 24, Rn. 59.

[386] Vgl. *Besson*, Steuergeheimnis, S. 144 f.; *Kindhäuser/Schumann*, Strafprozessrecht, § 23, Rn. 40; *Roxin/Schünemann*, Strafverfahrensrecht, § 24, Rn. 59 m.w.N.

[387] Etwa *Fezer*, JZ 1987, 938 f.; *Grünwald*, JZ 1966, 499 f.; *Haffke*, GA 1973, 80 ff.; *Kohlhaas*, JR 1960, 248; *Nüse*, JR 1966, 284 f.; *Otto*, GA 1970, 293 ff.; *Ransiek*, in: FS-Beulke, S. 958; *Reinecke*, Fernwirkung, S. 73 ff.; *Schroth*, JuS 1998, 970; *Spendel*, NJW 1966, 1105.

C. Zur Herstellung von Verfassungskonformität 389

Bundesgerichtshof den Verwertungsverboten prinzipiell[388] die thematisierte Ferndimension[389]; und auch das Bundesverfassungsgericht knausert mit dem Anerkenntnis einer solchen abseits der engen Grenzen der unmittelbaren Beeinträchtigung des Kernbereichs privater Lebensführung.[390]

Stehen sich damit abermals zwei kategorische Extrempositionen diametral gegenüber, liegt die Lösung bei näherer Betrachtung, wie so oft, dazwischen: Den Ausgangspunkt bildet dabei die vom Bundesgerichtshof geäußerte Kritik. Die Ablehnung einer Fernwirkung von Beweisverwertungsverboten im deutschen Strafprozessrecht ist prinzipiell richtig. Die blinde Übernahme der amerikanischen doctrine kann nicht überzeugen. Mag eine solche Sanktionierung im Parteiverfahren des amerikanischen criminal trials noch systemkonform wirken, findet eine solche Züchtigungsfunktion im deutschen – dem Leitgedanken materieller Wahrheitssuche durch Ermittlungen der Verfolgungsbehörden unterworfenen – Strafverfahren keinen Halt.[391] Soweit die rechtsstaatliche Disziplinierung der Verfolgungsorgane bei rechtswidriger Tatsachenerforschung überhaupt gefordert werden muss, sollte diese weniger durch ein auf Kosten des allgemeinen Strafverfahrens gehendes, mithin strafrechtlichen Rechtsgüterschutz preisgebendes Abschneiden von hoheitlichen Beweismöglichkeiten sichergestellt werden, als durch eine eigenständige, konkret missetatbezogene Strafverfolgung der einschlägigen Verfahrensrechtsverletzung.[392]

Etwas anderes muss jedoch dort gelten, wo die Forderung nach Fernwirkung bereits unmittelbar der dem Verwertungsverbot zugrundeliegenden Schutzposition entspringt.[393] Selbstredend bleibt es dem Gesetzgeber im Rahmen seiner Gestaltungsautonomie unbenommen, die Schranken seiner Verwertungsverbote selbst zu definieren und so je nach den Bedürfnissen der konkret als regelungsbedürftig erkannten Situation die ergriffenen Schutzvorkehrungen in den Grenzen der verfassungsmäßigen Ordnung extensiv oder restriktiv zu halten.[394] Damit ist aber der li-

---

[388] Zur Ausnahme der strengen Negation mit Blick auf Verstöße gegen § 7 Abs. 3 G 10 siehe BGH v. 18.4.1980 – 2 StR 731/79, BGHSt 29, 244 ff.

[389] BGH v. 7.3.2006 – 1 StR 316/05, BGHSt 51, 8 f.; BGH v. 5.5.1995 – 2 StR 183/95, NStZ 1996, 48; BGH v. 6.8.1987 – 4 StR 333/87, BGHSt 35, 34; BGH v. 28.4.1987 – 5 StR 666/86, BGHSt 34, 364; BGH v. 24.8.1983 – 3 StR 136/83, BGHSt 32, 71; BGH v. 22.2.1978 – 2 StR 334/77, BGHSt 27, 358; gleichsinnige Literaturstimmen finden sich etwa bei *Ranft*, in: FS-Spendel, S. 734 ff. oder *Roxin/Schünemann*, Strafverfahrensrecht, § 24, Rn. 60, 64.

[390] BVerfG v. 9.11.2010 – 2 BvR 2101/09, wistra 2011, 64; BVerfG v. 3.3.2004 – 1 BvR 2378/98, BVerfGE 109, 331 ff.; BVerfG v. 14.9.1989 – 2 BvR 1062/87, BVerfGE 80, 374 f.; BVerfG v. 31.1.1973 – 2 BvR 454/71, BVerfGE 34, 245 ff.

[391] Wie hier *Roxin/Schünemann*, Strafverfahrensrecht, § 24, Rn. 60; siehe aber auch *Conen*, in: FS-Eisenberg, S. 459 ff.

[392] So auch *Roxin/Schünemann*, Strafverfahrensrecht, § 24, Rn. 60.

[393] Vgl. *Beulke*, in: Satzger/Schluckebier/Widmaier-StPO, Einl., Rn. 280; *Jäger*, Beweisverwertung, S. 226; *Ranft*, Strafprozeßrecht, Rn. 1619.

[394] *Roxin/Schünemann*, Strafverfahrensrecht, § 24, Rn. 63; vgl. ferner *Dencker*, in: FS-Meyer-Goßner, S. 237 ff.; *Schmitt*, in: Meyer-Goßner/Schmitt, Einl., Rn. 57d.

mitierende Faktor auch bereits gefunden. Ebendiese breite Einschätzungsprärogative verjüngt sich merklich, soweit das konkret zu schützende Individualinteresse eine bestimmte, vom Normgeber zu achtende Ausgestaltung des Verwertungsverbotes explizit fordert. Insbesondere dort, wo bereits die Verfassung inhaltliche Vorgaben an einen bestimmten Schutzstandard trifft, sind auch der Legislative insoweit die gestalterischen Hände gebunden; oder einfacher: Fordert der Schutz einer spezifischen Grundrechtsposition die Ausstattung des einschlägigen Verwertungsverbots mit Fernwirkung, kann sich auch der Gesetzgeber bei der Ausgestaltung der einfachrechtlichen Rechtsordnung diesem konstitutionellen Diktat nicht verfassungstreu entziehen.

Gespiegelt auf das vorliegende Verwertungsverbot aus Selbstbelastungsgründen bedeutet dies, dass der Gesetzgeber den vorstehenden Grundsätzen zufolge zwar freilich weiterhin die Wahlfreiheit genießt, dem bezeichneten Selbstbelastungskonflikt durch anderweitige Schutzinstitute abzuhelfen. Entscheidet er sich aber erst einmal für den Weg der Protektion mittels Verwertungsverbot und fordert ein auf dem nemo tenetur-Satz gründendes solches eine normative Fernwirkung, gibt es für diese inhaltliche (Mindest-)Reichweite im Rechtssetzungs- wie -fortbildungswege kein verfassungskonformes Zurück mehr.

Die Lösung der Fernwirkungsfrage liegt daher in einer funktionalen Betrachtung des soeben begründeten Verwertungsverbots sowie dessen normativer Grundlage: Hierbei greift zunächst die teleologische Erkenntnis um sich, dass es dem vorstehend konzipierten Beweisverwertungsverbot im hiesigen System ausschließlich obliegt, die Gewährleistungen des nemo tenetur-Satzes im Besteuerungsverfahren durch die Bekämpfung der damit verbundenen Ausstrahlungsdimension zu realisieren. Kann die Aufgabe des Verbotsinstituts damit allein darin liegen, den selbstbelastenden Informationsfluss zwischen Besteuerungs- und Strafverfahren nach steuerlich eigenbezichtigender Pflichtentreue zu unterbinden, hat die normative Ausgestaltung des Verbots ebendiesem Isolationsauftrag inhaltlich zu folgen. Nur, wenn es das Verwertungsverbot auch leisten kann, die ausstrahlungskonnotierte Verwertungskomponente effektiv zu beseitigen, kommt es für die konstruktive Bewältigung des Selbstbelastungskonfliktes überhaupt in Betracht; nur, wenn es als hinreichend potent konzipiert wird, kann es der ihm zugedachten Zwecksetzung tatsächlich gerecht werden. Der dem Verbot zufallende Abschottungsauftrag markiert folglich zugleich auch die untere Grenze des erforderlichen Gewährleistungsgehalts.

Bedenkt man nun, dass es der Finanzverwaltung, gerade im hier diskutierten Terrain divergierender Untersuchungsgegenstände, eingedenk der ebenda aufrechterhaltenen steuerlichen Mitwirkungsverpflichtungen ein Leichtes sein wird, auch die strafbefangenen Zeiträume wie Steuerarten durch die Analyse der kooperativ erlangten Informationen aus den nichtinkriminierten Sachverhaltsbereichen rechnerisch zu durchleuchten und so selbst bei totalem Schweigen des Betroffenen die inkriminierten Steuerdaten inhaltlich zu erforschen[395], rückt diese mittelbare

---

[395] Vgl. auch die Ausführungen in Teil 5 B. IV. 2. c).

C. Zur Herstellung von Verfassungskonformität

Strafrechtsrelevanz der besteuerungsprozessualen Pflichtentreue die Fernwirkungsdebatte in das rechte Licht. Entfaltete die steuerliche Rechtshörigkeit bei unterstellter Zulässigkeit der Nutzung des preisgegebenen Informationsstammes als strafprozessualer Spurenansatz nämlich im Ergebnis doch mittelbar selbstbezichtigenden Charakter, fänden auch hier die ausstrahlungsrelevanten Faktoren der Zwangs- und Verwertungsebene in kollusiver Weise zueinander und der Einzelne ginge seines Autonomieachtungsanspruchs im Strafprozess verlustig; sein ebenda bestehendes Schweigerecht verkäme in der Terminologie des Gemeinschuldnerbeschlusses abermals zur reinen Illusion.

Soll also die mit der angeordneten Verfahrenskonkordanz heraufbeschworene Friktion inkompatibler Pflichtenkreise durch die informationelle Isolation des Besteuerungs- vom Strafverfahren ausgeräumt werden und der Grundsatz der Selbstbelastungsfreiheit so auch im Steuerrecht effektiven Schutz erfahren, haftet bereits dieser subjektiven Zielsetzung der stillschweigende Ruf nach *umfassendster* Impermeabilität der Verfahrensgrenze auf Besteuerungsseite an, die jedoch postwendend torpediert würde, so nur das unmittelbar kooperativ abgegebene steuerrechtliche Datum keinen Einzug in das korrelierende Strafverfahren halten dürfte. Macht man also mit dem eigens proklamierten Streben nach informatorischer Verfahrensabschottung zum Schutz der individuellen Prozessautonomie im Strafverfahren Ernst, kann die Notwendigkeit einer umfassenden Fernwirkung nicht mehr geleugnet werden.[396] Bei Tageslicht stellt bereits der Grundsatz des nemo tenetur se ipsum accusare selbst die – auch im Rechtsfortbildungswege zu achtende – Forderung nach der Ausstattung des Beweisverwertungsverbots[397] mit Fernwirkung.[398]

---

[396] Ein solches Korrelationsverhältnis zwischen Abschottungsfunktion und Fernwirkungserfordernis erkennt auch *Doege*, nemo-tenetur-Grundsatz, S. 224; vgl. ferner aber auch *Eidam*, Selbstbelastungsfreiheit, S. 187; *Kasiske*, NZWiSt 2014, 267; *Kohlmann*, in: FS-Tipke, S. 507; *Rödiger*, Internal Investigations, S. 311.

[397] Ab diesem Punkt der Untersuchung wird die Terminologie uneinheitlich. Immer wieder findet sich im Kontext der Lehre von den Beweisverwertungsverboten der nur schwerlich greifbare Topos des Beweisverwendungsverbots, wobei man sich bereits an diesem frühen Punkt des Diskurses uneins ist, was damit überhaupt gemeint sein soll. Während sich etwa *Doege* streng am datenschutzrechtlichen Vorbild der §§ 3 Abs. 4, 5 BDSG orientiert und den Terminus daher als Oberbegriff für besonders weit ausgestaltete, insbesondere mit einem Spurenansatzverbot versehene, Verwertungsverbote interpretiert (*Doege*, nemo-tenetur-Grundsatz, S. 206; ähnlich und m.w.N. *Schmitt*, in: Meyer-Goßner/Schmitt, Einl., Rn. 57d), sieht etwa *Rogall* den besonderen Sinn der Verwendungsverbote in ihrer spezifischen Funktion zur Verfahrensabschottung respektive dem damit verbundenen Schutzauftrag vor Zweckentfremdung abseits des Strafverfahrens erhobener Informationen (*Rogall*, in: FS-Kohlmann, S. 484 f.).
Mit tatsächlicher Klarheit kann somit an dieser Stelle allein der ernüchternden Bestandsaufnahme *Rogalls* beigepflichtet werden, wenn dieser konstatiert, dass man „[i]n der steuerrechtlichen Literatur […] gelegentlich auf den Begriff des Verwendungsverbotes [stoße], ohne dass damit freilich etwas anderes als ein Verwertungsverbot gemeint wäre" (*Rogall*, in: FS-Kohlmann, S. 478 f.). Soll ebenjene semantische Indifferenz durch die Ergebnisse der vorliegenden Arbeit nicht noch weiter befeuert werden, sei sich vor- wie nachstehend auf den insoweit bedeutungsklaren Topos des Beweisverwertungsverbotes beschränkt, gänzlich un-

(2) Die Frühwirkungsfrage

Eng mit dieser Problematik um den Spurenansatz verbunden ist sodann die Frage danach, ob die verbotsbehafteten Informationen, obgleich der unmittelbaren Einführung in das Strafverfahren entzogen, wenigstens zur strafprozessualen Verdachtsbeurteilung herangezogen werden dürfen oder dem gefundenen Beweisverwertungsverbot neben seiner Fern- auch eine – ein ebensolches Vorgehen ausschließende – Frühwirkung[399] zufällt.

Aufschlussreich sind insoweit die Ausführungen *Doeges*[400], der in diesem Kontext zunächst die beiden verschiedenen Verdachtsmomente der Strafprozessordnung voneinander sondiert und so die Verdachtsbeurteilung im Rahmen der Zulässigkeit von Zwangsmaßnahmen von jener im Kontext der erstmaligen Prüfung des Anfangsverdachts im Sinne des § 152 Abs. 2 StPO unterscheidet. Erstere habe dabei inhaltlich streng parallel zum selbst gewählten Standpunkt in Bezug auf die Fernwirkungslegitimation zu laufen, letztere dagegen bedürfe stets gesonderter Betrachtung.[401] Zur Begründung der so behaupteten Parallelität führt er sodann überzeugend aus, dass mit dem Anerkenntnis einer Fernwirkung die Würfel für die Frage der Frühwirkung bereits gefallen seien.[402] Mit der Annahme einer Ferndimension des Verwertungsverbots behaupte man konkludent rückblickend, dass die Unverwertbarkeit eines Beweismittels auch auf solche durchschlagen müsse, die erst aufgrund der primären Erkenntnisquelle erlangt werden konnten. Hiermit sei aber bereits zugleich gesagt, dass das Vorgehen der Ermittlungsbehörden, ihre weiteren Ermittlungen auf das bemakelte Beweismittel zu stützen, unzulässig war. Jedenfalls soweit es um die Zulässigkeit von Zwangsmaßnahmen gehe, seien Fern- und

---

geachtet der besonderen Funktion wie der konkreten Reichweite des damit umschriebenen Instituts.

[398] Zustimmend *Alvermann/Talaska*, HRRS 2010, 169; *Besson*, Steuergeheimnis, S. 150 f.; *Doege*, nemo-tenetur-Grundsatz, S. 224; *Kleinheisterkamp*, Kreditwesengesetz, S. 317; *Reinecke*, Fernwirkung, S. 127; *Reiß*, Besteuerungsverfahren, S. 226 f., 229; *Streck*, StV 1981, 364; in Teilen wie hier etwa *Rogall*, in: SK-StPO, vor §§ 133 ff., Rn. 164; differenzierend *Röckl*, Das Steuerstrafrecht, S. 124; vgl. ferner auch *Wulf*, PStR 2009, 195. Dagegen indes *Böse*, Wirtschaftsaufsicht, S. 524; *Mäder*, Betriebliche Offenbarungspflichten, S. 262; *Reiter*, Steuererklärungspflicht, S. 321 ff.; *Ruppert*, HRRS 2015, 453; *Wolff*, Selbstbelastung und Verfahrenstrennung, S. 207.

[399] *Doege*, nemo-tenetur-Grundsatz, S. 207; *Rogall*, JZ 2008, 827; *Ruppert*, HRRS 2015, 454; umfassend zum Themenkreis der Frühwirkung *Hengstenberg*, Frühwirkung, passim. BVerfG v. 9.11.2010 – 2 BvR 2101/09, wistra 2011, 64 spricht im Anschluss an jetzt *Mavany*, in: Löwe/Rosenberg, § 152, Rn. 33 insoweit von einer „Vorauswirkung von Verwertungsverboten".

[400] *Doege*, nemo-tenetur-Grundsatz, S. 209, 215.

[401] *Doege*, nemo-tenetur-Grundsatz, S. 209.

[402] *Doege*, nemo-tenetur-Grundsatz, S. 209; siehe aber auch *Hengstenberg*, Frühwirkung, S. 23. Auf einen solchen Gleichlauf erkennen ferner BVerfG v. 9.11.2010 – 2 BvR 2101/09, wistra 2011, 64; *Mavany*, in: Löwe/Rosenberg, § 152, Rn. 34 sowie *Kelnhofer*, Hypothetische Ermittlungsverläufe, S. 264 f.

Frühwirkung daher „zwei Seiten derselben Medaille"[403], gehe es doch in beiden Fällen stets um die Frage der Zulässigkeit, das unverwertbare Beweismittel als Ansatzpunkt für Ermittlungen zu nutzen, einmal eben rückblickend betrachtet aus der Perspektive der Hauptverhandlung, einmal prospektiv aus der des Ermittlungsverfahrens.[404]

Aber auch sofern man diesen Schritt der strukturellen Konkordanz von Fern- und Frühwirkung im Zwangsmittelbereich nicht gehen möchte, muss die Antwort auf die hier gestellte Frühwirkungsfrage zumindest im vorliegenden Metier selbstbelastungskonnotierter Verwertungsverbote mit den bereits zur Fernwirkung gehegten Gedanken d'accord gehen. So müssen sich alle, die der systematischen argumentatio *Doeges* nicht trauen, eben wiederholt an den funkionalen Bedürfnissen des nemo tenetur-Satzes festhalten lassen, um sodann zu erkennen, dass auch im frühwirkungsrelevanten Kontext aus der intendierten Abschottungsfunktion des Verwertungsverbots die verfassungsunmittelbare Forderung nach umfassendster Geltung des Beweisverwertungsverbots respektive lückenloser Grenzziehung zwischen den beiden Verfahren folgt.[405] Dürfte man die pflichtgemäß preisgegebenen Steuerinformationen nämlich zur Einleitung eines strafrechtlichen Ermittlungsverfahrens oder gar zur Festsetzung strafprozessualer Zwangsmittel nutzen, erwüchsen dem Betroffenen aus der steuerrechtlichen Pflichtentreue abermals repressive Fernfolgen; und die zum bereits pflichtbedingt begründeten Zwangselement tretende Verwertungskomponente komplettierte den Eindruck der Verletzung der Ausstrahlungswirkung. Das Ziel der Wahrung der Selbstbelastungsfreiheit qua Verwertungsverbot würde so letztlich verfehlt.

So wie so müssen damit sowohl bei der Verdachtsbegründung in Bezug auf Zwangsmaßnahmen als auch bei der Schöpfung des strafprozessualen Anfangsverdachts dem Beweisverwertungsverbot hiesiger Systematik unterliegende Informationen außen vor bleiben. Dem Verbot kommt insoweit Frühwirkung zu.[406]

---

[403] *Doege*, nemo-tenetur-Grundsatz, S. 209; vgl. auch *Mavany*, in: Löwe/Rosenberg, § 152, Rn. 34.
[404] *Doege*, nemo-tenetur-Grundsatz, S. 209.
[405] Vgl. *Doege*, nemo-tenetur-Grundsatz, S. 215.
[406] Stillschweigend kontextualisiert ist damit aber auch die Auffassung *Heußners*, der in seinem Sondervotum zur Gemeinschuldnerentscheidung sogar ein darüberhinausgehendes Offenbarungsverbot zum Schutz der Selbstbelastungsfreiheit fordert, da nur so „in einer dem Persönlichkeitsrecht angemessenen Weise verhindert werden [könne], daß durch eine dysfunktionale Weitergabe, auf die der Gemeinschuldner keinen Einfluß ha[be], sein verfassungsrechtlich abgesichertes Aussageverweigerungsrecht umgangen" werde (BVerfG v. 13.1.1981 – 1 BvR 116/77, BVerfGE 56, 52 ff.; gleichsinnig aber etwa auch *Hahn*, Offenbarungspflichten, S. 164 ff. und *Nobbe/Vögele*, NuR 1988, 317). Dieses Bedenken geht aufgezeigtermaßen fehl. Ein mit Fern- und Frühwirkung ausgestattetes Beweisverwertungsverbot ist nach dem vorliegend erarbeiteten Konzept sehr wohl in der Lage, das Besteuerungs- vom Strafverfahren in für die Zwecke des nemo tenetur-Satzes hinreichendem Maße abzuschotten. Darüber hinaus findet sich für die Konstruktion eines Offenbarungsverbots im Sinne einer verfassungsunmittelbaren Geheimhaltungsvorschrift weder ein legislativer Anker im Gesetz

(3) Die Grenzen des Verbots: von hypothetischen Ermittlungsverläufen und der Widerspruchslösung

Die damit begründete Ferndimension gilt indes nicht schrankenlos. Führt man sich vor Augen, dass im Fall der Unverwertbarkeit mittelbar gefundener Beweismittel aus Fernwirkungsgründen jenes Verbot allen voran auf der Erwägung beruht, dass sich der Rechtswidrigkeitsmakel des Primärbeweises auf die gesamte hierdurch angestoßene Beweiskette durchschlägt[407], muss dieser Gedanke anhaltender Unrechtmäßigkeit gleichwohl dort seine Grenze finden, wo der verwertungsverhindernde Urfehler normativ keinen Einfluss auf das Auffinden des Sekundärbeweises hat. Wo also die Verfolgungsorgane die nachgelagerten Glieder der Kette auch ohne den rechtswidrig gewonnenen Erstbeweis hätten erlangen können, realisiert sich bei wertender Betrachtung der Ursprungsmangel in der anschließenden Beweisfindung nicht; ganz im Gegenteil wäre hier das spätere Beweismittel bei fiktiver Betrachtung gleichermaßen, eben auf hypothetisch legalem Wege, der Ermittlungsbehörde zugefallen. Die so skizzierten Gedanken des Instituts des hypothetischen Ersatzeingriffs[408] sind daher prinzipiell in der Lage, die fortwährende Bemäkelung der Beweisreihe zu durchschlagen[409], was konkret übertragen auf den hier relevanten Kontext der Selbstbelastungsfreiheit im Steuer(straf)verfahren in die Erkenntnis mündet, dass dort, wo die Strafverfolgungs- bzw. Finanzbehörde das inkriminierende Steuerdatum auch ohne primären Ausschluss der prozessualen Autonomieposition des Einzelnen hätte erforschen können, wo also insbesondere in Bezug auf die nur mittelbar hierdurch gefundene Information die Möglichkeit besteuerungs- oder strafprozessualer Zwangsmaßnahmen bestanden hätte, auch mittelbar durch privilegswidrigen Zwang zur Selbstbezichtigung gewonnene Beweismittel dem einschlägigen Strafverfahren zugeführt werden dürfen, ohne dass hierdurch die Ausstrahlungswirkung des nemo tenetur-Grundsatzes verletzt würde. Diese Berücksichtigungsfähigkeit hypothetischer Ermittlungsverläufe darf jedoch letztlich nicht

---

noch ein im Rahmen der Rechtsfortbildung zu beachtendes Schutzbedürfnis bei funktionaler Betrachtung des Grundsatzes der Selbstbelastungsfreiheit, sodass auf dem Boden des hiesigen Methodenverständnisses die Schaffung eines Offenbarungsverbots im Fortbildungswege sogar außerhalb der richterlichen Rechtsschöpfungskompetenz läge; gegen einen solchen Offenbarungsmechanismus im Ergebnis auch *Kopf/Szalai*, NJ 2010, 368 ff. sowie *Nothhelfer*, Selbstbezichtigungszwang, S. 101 m.w.N.

[407] Gleichsinnig *Doege*, nemo-tenetur-Grundsatz, S. 225.

[408] Dazu instruktiv *Beulke/Swoboda*, Strafprozessrecht, Rn. 360 ff.; *Kindhäuser/Schumann*, Strafprozessrecht, § 23, Rn. 31 ff. und *Roxin/Schünemann*, Strafverfahrensrecht, § 24, Rn. 18. Näher *Beulke*, ZStW 1991, 657 ff. sowie monografisch *Kelnhofer*, Hypothetische Ermittlungsverläufe, passim. Zu Anwendungsfragen aus der Rechtspraxis etwa *Doege*, nemo-tenetur-Grundsatz, S. 226; *Eisenberg*, Beweisrecht der StPO, Rn. 409 f.; *Ransiek*, in: FS-Beulke, S. 960; *Rödiger*, Internal Investigations, S. 312 ff.; *Schmitt*, in: Meyer-Goßner/Schmitt, Einl., Rn. 57c.

[409] *Besson*, Steuergeheimnis, S. 145, 150 f., 153; *Doege*, nemo-tenetur-Grundsatz, S. 225; *Ransiek*, in: FS-Beulke, S. 958 ff.; besonders aus der Perspektive der Selbstbelastungsfreiheit *Beulke*, ZStW 1991, 670 und *Kleinheisterkamp*, Kreditwesengesetz, S. 317; insoweit noch zustimmend auch *Hefendehl*, wistra 2003, 7 f.

zu dem Irrglauben verleiten, die Strafverfolgungsbehörden genössen hierdurch eine Art rechtspraktischen Freifahrtschein, unter Inkaufnahme der Unverwertbarkeit der primären Informationsquelle bewusst rechtswidrige Beweismittel zu produzieren, um sodann durch papierene Konstruktionen hypothetisch legaler Alternativwege die prozessuale Verwertbarkeit der so angestoßenen Beweiskette zu erreichen.[410] Vorsätzliche oder gar willkürliche Verletzungen der Rechtsordnung kompensieren auch die Grundsätze des hypothetischen Ersatzeingriffs nämlich nicht.[411]

Kein Platz dagegen bleibt für die prozessuale Restriktion des Verbots via Anwendung der – insbesondere seitens Bundesgerichtshofs praktizierten[412] – Widerspruchslösung. Soweit dieser Auffassung zufolge die aus den Beschuldigtenschutzrechten fließenden Beweisverwertungsverbote ausschließlich Berücksichtigung finden sollen, sofern sie in der Hauptverhandlung bis zum in § 257 StPO genannten Zeitpunkt vom kundigen respektive anwaltlich verteidigten Angeklagten mit ausreichend detaillierter Begründung gerügt werden[413], verkehrt dies die intendierte Schutzfunktion der bezeichneten Rechtspositionen in ihr Gegenteil, widerspricht der gerichtlichen Fürsorgepflicht und beschneidet so die strafprozessuale Schutzposition des Beschuldigten in rechtsstaatlich unvertretbarer Weise.[414] Dem Ansatz ist daher in toto zu widersprechen.

3. Zur Unzulänglichkeit hiergegen gerichteter Kritik

Die somit befürwortete Implementierung eines Beweisverwertungsverbots in das Kollisionskonzept der Abgabenordung stößt jedoch längst nicht überall auf bedingungslosen Zuspruch. Sieht sich der vorliegende Ansatz dabei im Wesentlichen

---

[410] So aber *Bömelburg*, Selbstbelastungszwang, S. 133.

[411] BGH v. 21.4.2016 – 2 StR 394/15, StV 2016, 540; BGH v. 30.8.2011 – 3 StR 210/11, NStZ 2012, 105; BGH v. 18.4.2007 – 5 StR 546/06, BGHSt 51, 295 f.; *Ambos*, Beweisverwertungsverbote, S. 51; *Doege*, nemo-tenetur-Grundsatz, S. 226; *Mosbacher*, NJW 2007, 3687.

[412] BGH v. 25.9.2007 – 5 StR 116/01, BGHSt 52, 53 f.; BGH v. 11.9.2007 – 1 StR 273/07, BGHSt 52, 41 ff.; BGH v. 9.11.2005 – 1 StR 447/05, BGHSt 50, 274; BGH v. 13.1.2005 – 1 StR 531/04, NJW 2005, 1061; BGH v. 3.12.2003 – 5 StR 307/03, NStZ 2004, 389 f.; BGH v. 15.8.2000 – 5 StR 223/00, StV 2001, 545; BGH v. 17.6.1997 – 4 StR 243/97, NStZ 1997, 502 f.; BGH v. 9.4.1997 – 3 StR 2/97, NJW 1997, 2893 f.; BGH v. 12.1.1996 – 5 StR 756/94, BGHSt 42, 22 ff.; BGH v. 12.10.1993 – 1 StR 475/93, BGHSt 39, 352; BGH v. 27.2.1992 – 5 StR 190/91, BGHSt 38, 225 f. Fürsprechend aus dem Kreis der Literatur etwa *Hamm*, NJW 1996, 2186 ff.; *Hamm*, NJW 1993, 295; *Ignor*, in: FS-Rieß, S. 185 ff.; *Mosbacher*, in: FS-Rissing van Saan, S. 357 ff.

[413] Näher zu Evolution, Grund und Grenzen der Lösung m.w.N. *Doege*, nemo-tenetur-Grundsatz, S. 122 ff.

[414] Gegen den Widerspruchsansatz daher auch *Doege*, nemo-tenetur-Grundsatz, S. 122 ff.; *Dornach*, Der Strafverteidiger, S. 190 f.; *Dornach*, NStZ 1995, 57 ff.; *Fezer*, JZ 2007, 725; *Heinrich*, ZStW 2000, 398 f.; *Roxin*, in: FS-Hanack, S. 20 ff.; *Roxin/Schünemann*, Strafverfahrensrecht, § 24, Rn. 34 sowie jüngst *Ruppert*, ZStW 2021, 522 ff.

zweierlei ernstzunehmender Kritikpunkte ausgesetzt, seien ebenjene beiden Bedenken nachstehend knapp evaluiert.

Zum einen findet sich hier der unmittelbar den Ausführungen des Gemeinschuldnerbeschlusses entnommene Einwand methodischer Unzulässigkeit der entwickelten Rechtsfortbildungsdogmatik. Die ausdrückliche richterliche Anknüpfung explizit an den vorkonstitutionellen Charakter der Konkursordnung zur Legitimation der Erweiterung des Normprogramms um ein ungeschriebenes Beweisverwertungsverbot[415] wird hierbei zum Anlass genommen, die Zulässigkeit eines ebensolchen Vorgehens auf dem Terrain nachkonstitutioneller Rechtssysteme, wie auch die Abgabenordnung eines ist, e contrario zu bezweifeln. Für das Postulat der hier favorisierten Verwertungslösung bestehe daher schon aus methodologischen Gründen kein Raum, weshalb der Ansatz zu verwerfen sei.[416]

Obgleich bei erster Entscheidungslektüre noch schlüssig, verlieren die so vorgebrachten Argumente auf den zweiten Blick indes merklich an Substanz: So spricht bereits gegen die Wahl der argumentativen Grundlage die insoweit fehlende Bindungswirkung des angeführten Beschlusses. Das Bundesverfassungsgericht hatte im Januar 1981 die Frage der Ergänzungsfähigkeit nachkonstitutioneller Rechtsordnungen schlicht nicht zu entscheiden. Können die angestellten Gedanken zum judikativen Standpunkt insofern allenfalls logikbasierte Mutmaßungen bleiben, erwachsen die nicht ausgesprochenen Äußerungen des Gerichts jedenfalls nicht in Rechtskraft.[417]

Darüber hinaus wird durch die Annahme des Verwertungsverbots nach Gemeinschuldnerdiktion das Regelungsprogramm *der Konkursordnung* normativ betrachtet gar nicht ergänzt. Allen voran *Wolff* macht in diesem Kontext zutreffend darauf aufmerksam, dass die Frage der strafprozessualen Verwertbarkeit eines Beweismittels stets eine genuin strafrechtliche Materie darstellt, die Konstruktion eines Beweisverbotes realiter also eine Modifikation des Strafverfahrensrechts ist.[418] Freilich im formalen Gewand der Konkursordnung, ergänzt daher auch der vom Gericht propagierte Schutzmechanismus allein die (auch zum Entscheidungszeitpunkt schon nachkonstitutionellen) materiellen Anforderungen an ein rechtsförmiges Verfahren nach den Vorgaben Strafprozessrechts, bei Tageslicht also die Vorschriften der Strafprozessordnung selbst. Dem Umstand, dass sich der verbotsrelevante Deckmantel hier zufällig in ein vorkonstitutionelles Normkonglomerat bettet,

---

[415] BVerfG v. 13.1.1981 – 1 BvR 116/77, BVerfGE 56, 51.

[416] *Böse*, wistra 2003, 48 f.; *Dingeldey*, NStZ 1984, 530; *Nothhelfer*, Selbstbezichtigungszwang, S. 105; *Reiß*, Besteuerungsverfahren, S. 233; *Samson*, wistra 1988, 132; vgl. auch *Böse*, Wirtschaftsaufsicht, S. 458; *Breuer*, AöR 1990, 484 f.; *Röckl*, Das Steuerstrafrecht, S. 128 f.; *Rödiger*, Internal Investigations, S. 275 f.; *Schaefer*, NJW-Spezial 2010, 121.

[417] Klarsichtig *Wolff*, Selbstbelastung und Verfahrenstrennung, S. 144 sowie im Anschluss hieran *Queck*, Die Geltung des nemo-tenetur-Grundsatzes, S. 284.

[418] *Wolff*, Selbstbelastung und Verfahrenstrennung, S. 144 f.; zustimmend *Doege*, nemo-tenetur-Grundsatz, S. 187 sowie *Queck*, Die Geltung des nemo-tenetur-Grundsatzes, S. 284. Explizit dagegen *Böse*, Wirtschaftsaufsicht, S. 458, Fn. 121.

kann bei Beurteilung der Zulässigkeitsfrage sodann keine entscheidende Rolle mehr zukommen.

Unvermittelt hieraus erhellt schließlich auch das stärkste Argument gegen die vorgetragene Kritik. Zwar trifft es zu, dass die Legitimität der Rechtsfortbildung für die Bereiche vor- und nachkonstitutioneller Rechtsordnungen divergierenden Anforderungsprofilen untersteht, schlagend für die Zulässigkeit des dieserorts erarbeiteten Verwertungskonzeptes streitet jedoch, dass der so gewählte Ansatz ebenjene methodischen Grundsätze gerade beachtet. So wurde bereits an früherer Stelle herausgestellt, dass die judikative Rechtsschöpfungskompetenz im nachkonstitutionellen Regelungsmetier dort beginnt, wo die Umsetzung des gesetzgeberischen Rechtssetzungsauftrags ungewollt endet.[419] Musste in der Folge der nicht ausreichende Erlass nemo tenetur-basierter Schutzvorkehrungen vor zwangsweiser Selbstbezichtigung im Steuerrecht ferner als legislatorisch nicht intendiertes Regelungsdefizit identifiziert werden[420], ist der richterliche Rechtsanwender nunmehr gerade dazu berufen, den somit als planwidrig erkannten Malus verfassungskonform zu beheben. Eingedenk der damit gefundenen Rechtslücke verbleibt die proklamierte Schöpfung eines Beweisverwertungsverbots daher dem Bereich des methodisch Zulässigen und die kundgetane Kritik wird endgültig widerlegt.

Ähnlich verhält es sich sodann mit dem anderen gegen das hiesige Konzept vorgebrachten Tadel: der systematischen Inkompatibilität des geschaffenen Verwertungsverbots mit jenem des § 393 Abs. 2 S. 1 AO. Soweit vorgetragen wird, dass im Umkehrschluss zum ausdrücklich positivierten Verbot des § 393 Abs. 2 S. 1 AO der Gesetzgeber im Rahmen steuerstrafkonnotierter Vortaten gerade von der repressionsprozessualen Verwertbarkeit auf diesem Wege erlangter Informationen ausgegangen sein müsse und so die Annahme eines ungeschriebenen Verbots der Beweisverwertung gesetzgeberischen Intentionen widerstrebe[421], verkennt dieser Einwand gänzlich die bereits nachgewiesene Planwidrigkeit der Nichtregelung. Im Bereich steuerstrafrelevanter Vortaten hat der Gesetzgeber die als schutzlos herausgestellten Konstellationen[422] schlichtweg weder bedacht noch geregelt.[423] Einen positiven Verwertungswillen wird man dem Verbot des § 393 Abs. 2 S. 1 AO daher nicht entnehmen können.[424] Ganz im Gegenteil ist die sachlich begrenzte Annahme eines ungeschriebenen Verwertungsverbots nach dem hiesigen Verständnis selbst Ausfluss strengster Achtung des legislativen Willens. Wird hierdurch die Ein-

---

[419] Ausführlich Teil 5 C. II.

[420] Teil 5 C. II. 2.

[421] OLG Hamburg v. 7.5.1996 – 2 StO 1/96, wistra 1996, 241; *Aselmann*, NStZ 2003, 74; *Böse*, wistra 2003, 48; *Kopf/Szalai*, NJ 2010, 369; *Reiß*, Besteuerungsverfahren, S. 233; *Rengier*, BB 1985, 722; *Röckl*, Das Steuerstrafrecht, S. 128 f.; *Sahan*, Steuererklärungspflicht, S. 107; *Samson*, wistra 1988, 132; *Seer*, StB 1987, 132; ausführlich *Reiter*, Steuererklärungspflicht, S. 314 ff. m.w.N.

[422] Siehe Teil 5 B. IV. 2. b) und c).

[423] Siehe nur Teil 5 C. II. 2.

[424] So ausdrücklich auch *Doege*, nemo-tenetur-Grundsatz, S. 187.

schätzungsprärogative wie die originäre Normsetzungskompetenz des Gesetzgebers nämlich bezeichnetermaßen am geringsten beeinträchtigt[425], kann nur eine Rechtsfortbildung dieser Manier der ambivalenten Zwecksetzung des § 393 Abs. 1 AO unter gleichzeitig maximaler Wahrung des legislativen Regelungsprimats hinreichend Rechnung tragen. Im Ergebnis verfängt daher auch dieser Einwand nicht.

V. Fazit: das System zum Schutz bei steuerstrafrechtlicher Vortat

Und so steht da, am Ende dieser Untersuchung, für den Bereich steuerstrafkonnotierter Vortaten ein die positivrechtlichen Lücken der Abgabenordnung schließendes dualistisches Rechtsfortbildungskonzept, sich scheidend am Differenzierungskriterium hinreichender Untersuchungsgegenstandsidentität.

War dafür zunächst noch zu erkennen, dass das insoweit vorrangig zur Kollisionsabwendung berufene Institut der verfassungsorientierten Auslegung im Kontext des § 393 Abs. 1 AO in beiden Konstellationen prozessualer Tatein- sowie Tatmehrheit aus grammatischen respektive systematischen Gründen fehlgehen muss, schnüren die damit nachrangig auf den Plan gerufenen Grundsätze verfassungskonformer Rechtsfortbildung die Suche nach einem sachangemessenen Schutzsystem eng in das methodische Korsett maximaler Achtung des gesetzgeberischen Regelungsprimats. Kondensiert dieses Postulat dabei zuvörderst in das insoweit kompetenzeröffnende Erfordernis der Planwidrigkeit der vermeintlichen Rechtslücke, erheischt der Umstand Relevanz, dass aus historischer Perspektive die Regelung des § 393 AO intentional dazu geschaffen wurde, den Grundsatz der Selbstbelastungsfreiheit umfassend im Besteuerungsverfahren zu realisieren, hinter diesem selbst gesetzten Verwirklichungsauftrag realiter jedoch zurückbleibt. Entpuppt sich die kategorische Nichtregelung der mit Blick auf das Privileg erforderlichen Gewährleistungen also als legislativ nicht intendiertes Normsetzungsdefizit, ist damit der richterliche Rechtsanwender in den Stand erhoben, die erkannte Rechtslücke im Fortbildungswege zu füllen, freilich normativ limitiert durch das methodische Gebot steter Bindung an den Regelungswillen des hierfür originär zuständigen Gesetzgebers. Ist sich im Rahmen jener gestalterischen Rechtsschöpfung daher tunlichst an den im Gesetz zum Ausdruck kommenden legislativen Wertvorgaben zu orientieren, greifen hier die bereits auf S. 375 f. gesammelten – auch auf Rechtsfortbildungsebene zu einer gesonderten Behandlung der Konstellationen identischer und divergierender Untersuchungsgegenstände zwingenden – Erkenntnisse Platz.

Mit diesem Erfordernis konsequenter Fortführung der gesetzgeberischen Regelungsvorstellung stillschweigend entschieden ist damit aber auch, dass unter dem Eindruck der §§ 393 Abs. 1 S. 2, 3 AO die verfassungskonforme Gesetzeskorrektur für den Bereich identischer Untersuchungsgegenstände im Sinne prozessualer Tateinheit ausschließlich via Suspendierung des ausstrahlungsrelevanten Zwangsele-

---

[425] Näher Teil 5 C. IV. 2. c) bb).

ments erfolgen kann. Im Anschluss an die ebenda positivierte Grundentscheidung zu Gunsten einer Realisierung des nemo tenetur-Satzes mittels des Ausschlusses der Zwangskomponente treten neben den unmittelbaren Regelungsbereich des Zwangsmittelverbots daher zwei zur Lückenfüllung berufene analoge Anwendungsbereiche der Norm, betreffend die gleichermaßen repressiven Zwangssurrogate des Steuerrechts einerseits sowie die (auch) steuerlichen Repressionsandrohungen andererseits.

Ebendieser Weg bleibt dem Problemkreis divergierender Untersuchungsgegenstände im Sinne prozessualer Tatmehrheit indes versperrt. Soweit hier mangels normativer Überlagerung durch die Ideen des Zwangsmittelausschlusses der Leitgedanke rigoroser Verfahrenskonkordanz samt umfassender Wahrung der individuellen Mitwirkungsverpflichtungen im Besteuerungsinteresse reaktiviert wird, hat auch die Kollisionsbewältigung im Schöpfungswege nunmehr diesen Gedanken des § 393 Abs. 1 S. 1 AO Folge zu leisten. Das finale Streben nach folgerichtiger Fortentwicklung der legislatorischen Grundsatzentscheidung mündet hier schließlich in die Erkenntnis der Notwendigkeit einer Ergänzung der Abgabenordnung um ein – die gesetzgeberische Gestaltungsprärogative größtmöglich wahrendes – unmittelbar dem nemo tenetur-Grundsatz entspringendes Beweisverwertungsverbot, das seinerseits wiederum, um dem ihm zuerkannten Zweck absoluter Verfahrensabschottung gerecht werden zu können, sowohl mit Fern- als auch mit Frühwirkung ausgestattet sein muss und hierbei allenfalls durch die Gedanken des hypothetischen Ersatzeingriffs begrenzt werden kann.

Kurzum schickt das vorliegend erarbeitete Konzept den in potentiell strafrechtsrelevant informationsoffenbarender Manier zur steuerlichen Mitwirkung Verpflichteten in ein überzeichnend zweigeteiltes Schutzsystem, ähnlich der vonseiten des Bundesgerichtshofs propagierten Methode: Soweit die zwangsbegründende Mitwirkungspflicht unmittelbar strafbefangene Veranlagungszeiträume wie Steuerarten oder aber hiermit in prozessualer Tateinheit stehende (Steuer-)Delikte zum Gegenstand hat, räumt eine Kombination aus direkter Anwendung der §§ 393 Abs. 1 S. 2, 3 AO auf die Institute des § 328 AO und zwei analogen Anwendungsbereichen der Vorschriften auf Zwangssurrogate und (auch) steuerliche Repressionsandrohungen dem Betroffenen eine echte Handlungsalternative zum hoheitlichen Mitwirkungsauftrag ein und schützt diesen so vor zwangsweiser Selbstbelastung durch Bekämpfung des Zwangselements der Ausstrahlungswirkung. Soweit dagegen der konkrete Mitwirkungsauftrag gerade Sachverhalte abseits dieses prozessual inkriminierten Untersuchungsgegenstands betrifft, garantiert dort, wo die Gewährleistungen der §§ 393 Abs. 1 S. 2, 3 AO weder direkte noch analoge Anwendung finden, ein verfassungsunmittelbares Beweisverwertungsverbot die absolute informatorische Abschottung des Besteuerungs- vom Steuerstrafverfahren, mithin den Ausschluss der ausstrahlungsrelevanten Verwertungskomponente.

Teil 6

Nemo tenetur und die allgemeindeliktische Vortat

Ist damit das vorzugswürdige System zum Ausschluss steuerstrafrelevanter Selbstbezichtigungsgefahren durch besteuerungsprozessuale Kooperationsanordnungen gefunden, verbleibt der Untersuchung schließlich der allgemeindeliktische Konterpart ebenjener Problematik. In strenger Orientierung an die bereits durch §§ 393 Abs. 1 und Abs. 2 AO gewählte Unterscheidung zwischen steuer- und allgemeindeliktischen Vortaten verschieben die Ausführungen des nachstehenden Abschnitts den Fokus daher weg von Situationen steuerstrafkonnotierter Selbstbelastung hin zu solchen, in denen die steuerliche Behandlung den individuell Betroffenen zur Selbstinkriminierung in Bezug auf allgemeindeliktische Anlasstaten drängt. Strukturell geleitet seien diese Gedanken dabei von jenem Dreischritt, der schon dem vorstehenden Kapitel Halt und Linie gab: Auch zur Beantwortung der allgemeindeliktischen Selbstbelastungsfrage sei daher dem Grunde nach zunächst der spezifische Friktionsbereich zwischen Steuer- und Verfassungsrecht bestimmt, bevor die einschlägigen Abwendungsmechanismen des Gesetzes evaluiert werden, um ebendiese im Bedarfsfall anschließend aus verfassungsrechtlichen Gesichtspunkten zu korrigieren.

Aber auch abseits dieser formalen Untersuchungsstruktur zeigen sich schon zu diesem frühen Zeitpunkt der Lösungsfindung erhebliche Synergieeffekte mit den vorstehenden Erwägungen. So zeigt sich das Steuerrecht, auch, soweit es den Einzelnen zu allgemeindeliktischer Selbstbelastung anhält, lediglich als potentieller Ausstrahlungsbereich des nemo tenetur-Satzes[1]; auch hier begründet auf steuerrechtlicher Primärebene der den Erklärungs- wie Aufzeichnungs- wie Nichterklärungspflichten gleichermaßen anheimfallende Charakter als echte Rechtspflicht strukturell ein Kollisionsverhältnis mit dem Selbstbezichtigungsprivileg[2]; auch hier greift, auf insoweit nachgelagerter Sekundärebene, der gefundene Differenzierungsansatz unter Rekurs auf die intendierten Ziele des steuerlichen Reaktionsinstituts[3]. Gelten also mit Blick auf die Bestimmung des Friktionsbereichs die obigen Ausführungen analog, scheint damit die erste Stufe des Systemfindungsdreiklangs bereits erklommen. Das dogmatische Problemgefüge der allgemeindeliktischen Selbstbelastungsmisere gleicht der Sache nach jenem im Bereich steuerstrafrechtlicher Vortaten.

---

[1] Näher Teil 5 A. II. 2.
[2] Näher Teil 5 A. II. 3.
[3] Näher Teil 5 A. II. 4., insbesondere aber Teil 5 A. II. 4. c).

A. Die positivrechtlichen Schutzmechanismen der Abgabenordnung

Zweitstufig wird die Luft für die Übertragbarkeit zuvor fundierter Ergebnisse jedoch rasch dünner. Es ist die bei ingleichen zu bannender Selbstbelastungsgefahr divergierende Schutzsystematik der Abgabenordnung, die den bisherigen Fortschritt der vorliegenden Konzeptfindung sofort wieder relativiert. Zwar kann mit Blick auf den nur defizitären Schutzstandard der Mitwirkungsverweigerungsrechte der §§ 101 ff. AO noch auf die Ausführungen des vorgehenden Teils[4] verwiesen werden, die Analyse des Gewährleistungsumfangs der übrigen Schutzinstitute des Gesetzes zeichnet jedoch ein gänzlich anderes Bild.

I. Ausreichender Schutz durch das Steuergeheimnis des § 30 AO?

Den Anfang macht hier das zur kollisionsverhindernden Verfahrensabschottung prinzipiell geeignete[5] Institut des Steuergeheimnisses, das, zumindest aus tatsächlicher Perspektive, im Metier allgemeindeliktischer Anlasstaten anderen Grundsätzen folgt als im Bereich steuerstrafrechtlicher solcher. Ebenjene faktische Dissonanz fließt dabei mittelbar aus der normativen Ausgestaltung der Verschwiegenheitsgarantie selbst, die den Einzelnen zwar nach dem Grundsatz des § 30 Abs. 1 AO umfassend vor der unbefugten Offenbarung oder Verwertung personenbezogener Daten bewahrt, hieran mit den Kundgabevorschriften der §§ 30 Abs. 4[6], 5[7] und 6[8] AO

---

[4] Teil 5 B. I.

[5] Näher dazu Teil 5 B. II. 1.

[6] Soweit man, im Gegensatz zum hier vertretenen Ansatz, auch Art. 83 DSGVO als allgemeindeliktische Anlasstat einordnen möchte, ist auch die Offenbarungsbefugnis des § 30 Abs. 4 Nr. 1 lit. b) AO in den Kreis der in diesem Zusammenhang relevanten Kundgabevorschriften aufzunehmen. Zu § 30 Abs. 4 Nr. 1 lit. b) AO hiesiger Diktion siehe jedoch Teil 5 B. II. 2.

[7] Der Erlaubnistatbestand des § 30 Abs. 5 AO trägt bei Tageslicht nur wenig zur Problemstellung der vorliegenden Arbeit bei. Zwar erachtet das Steuerrecht vorsätzlich falsche Angaben der betroffenen Person vor dem Hintergrund des Steuergeheimnisses als nicht schutzwürdig (siehe nur *Drüen*, in: Tipke/Kruse, § 30, Rn. 142; *Pätz*, in: Koenig, § 30, Rn. 271 und *Rüsken*, in: Klein, § 30, Rn. 205), sodass ebenjene Informationen aus der Warte des § 30 AO den zuständigen Strafverfolgungsbehörden auch ohne Bedenken offenbart werden dürfen, gleichwohl erfährt Absatz 5 der Vorschrift eine systematische Ausgestaltung, die deren Relevanz für die hiesige Untersuchung erheblich relativiert:
So passt der ebenda behandelte Sachverhalt bewusster Falschbekundung schlicht nicht das hier vertretene System. Wenn der nemo tenetur-Grundsatz vorstehend erarbeiteter Konzeption den neuerlichen Eingriff in die Rechtsordnung, mithin die Schaffung neuen Unrechts strukturell nicht zu kompensieren vermag (näher Teil 4 B. II. 3.), die Befugnis zur Preisgabelegitimation aber gerade fordert, dass nach Auffassung der offenbarenden Verwaltungsbehörde durch die falschen Angaben ein Straftatbestand verwirklicht worden ist (AEAO zu § 30, Nr. 12; *Tormöhlen*, in: Gosch, § 30, Rn. 151), kann die von § 30 Abs. 5 AO bezeichnete

jedoch einen bunten Strauß mehr oder weniger weitreichender Ausnahmen knüpft, der die Absolutheit der versprochenen Geheimhaltungsregel postwendend konterkariert.[9] Konnte sodann im Kontext dieser Erlaubnistatbestände bereits herausgestellt werden, dass im Besteuerungsverfahren erhobene Informationen gemäß § 30 Abs. 4 Nr. 1 i. V. m. Abs. 2 Nr. 1 lit. b) AO zur Durchführung eines Strafverfahrens wegen einer Steuerstraftat oder einem Bußgeldverfahren wegen einer Steuerordnungswidrigkeit nahezu voraussetzungslos, lediglich filtriert durch den Grundsatz der Verhältnismäßigkeit, offenbart werden dürfen[10], genießen die mit der Verfolgung von Allgemeindelikten betrauten Hoheitsträger ein solch weitschweifiges Kommunikationsprivileg nicht. Sucht man, und soviel sei an dieser Stelle schon vor-

---

Fehlangabe strukturell nicht dem Kreis der vom nemo tenetur-Satz geschützten Bezichtigungshandlungen beiwohnen. Scheidet damit ein der Selbstbelastungsfreiheit entspringender Schutz des Mitwirkungsverhaltens schon auf Schutzbereichsebene aus, muss auch der anschließende Transfer von unter dem Eindruck einer grundsätzlich privilegsrelevanten Zwangssituation – so eine solche in diesem Kontext denn überhaupt bestehen kann – abgegebenen vorsätzlich falschen Informationen die Ausstrahlungswirkung des Grundsatzes kategorisch unberührt lassen.

[8] Parallel zu den Ausführungen im Bereich steuerstrafrechtlicher Vortaten entbehrt § 30 Abs. 6 S. 1 AO auch aus der Warte allgemeindeliktischer Informationsoffenbarungen ein für die hiesige Arbeit beachtlichen Mehrwert. So erlaubt § 30 Abs. 6 S. 1 Hs. 2 AO zwar den Abruf geschützter Daten, soweit dieser „der zulässigen Übermittlung durch eine Finanzbehörde an die betroffene Person oder Dritte dient", wobei auch außersteuerstrafrechtliche Repressionsbehörden dem Kreis potentiell übermittlungsbegünstigter Dritter angehören, in Bezug auf die Konkretisierung der insoweit zulässigkeitsbegründenden Umstände hält sich Vorschrift jedoch bedeckt. Verwies der Gesetzesentwurf der Bundesregierung hierfür noch explizit auf die Offenbarungsbefugnisse des § 30 Abs. 4 AO (BT-Drs. 10/1636, 38) und forderte der Finanzausschuss später, dass der automatisierte Abruf von Daten speziell „der Durchführung eines Verfahrens im Sinne des § 30 Abs. 2 Nr. 1 Buchstaben a und b dient" (BT-Drs. 10/4513, 13), kann der so aufgeworfene Definitionsstreit für die Zwecke vorliegenden Abhandlung gleichwohl dahinstehen. Jedenfalls einig ist man sich nämlich, dass die Beschränkung der Weitergabebefugnis um ein materielles Zulässigkeitskriterium im Ergebnis dazu führen soll, dass „auf die Daten, die dem Steuergeheimnis unterliegen, in erster Linie die Finanzbehörden und außerdem nur solche Behörden, die im Besteuerungsverfahren tätig werden, Zugriff haben [und e]in Datenabruf durch Stellen außerhalb der Finanzverwaltung für außersteuerliche Zwecke […] nicht möglich sein" soll (BT-Drs. 10/4513, 13). Selbst, soweit die Finanzbehörden durch § 30 Abs. 6 AO also in die Lage versetzt werden, Daten für die Zwecke anderer Behörden abzurufen und diese sodann weiterzuleiten, bleibt die Finanzverwaltung stets dem strengen Voraussetzungskatalog der §§ 30 Abs. 4 und 5 AO unterworfen (zustimmend BT-Drs. 10/4513, 13; *Alber*, in: Hübschmann/Hepp/Spitaler, § 30, Rn. 571; *Drüen*, in: Tipke/Kruse, § 30, Rn. 144 f.; *Kordt*, in: Schwarz/Pahlke, § 30, Rn. 133; *Tormöhlen*, in: Gosch, § 30, Rn. 155, der diese Auslegung des Zulässigkeitstopos expressis verbis als „wohl h. M." bezeichnet). Eine tatsächliche Erweiterung der Informationsflussmöglichkeiten zwischen Besteuerungs- und Repressionsbehörden bewirkt die Norm daher nicht.

Letztlich bleibt es damit bei den bereits gefundenen Grundsätzen der Untersuchung: Eine gesonderte Betrachtung der Offenbarungsvorschrift erübrigt sich, die nachstehenden Ausführungen zum Durchbrechungstatbestand gelten für den Bereich des automatischen Datenabrufs jedoch analog. Weiterführend siehe Teil 5 B. II. 2., Fn. 94.

[9] Siehe Teil 5 B. II. 2.
[10] Näher Teil 5 B. II. 2.

A. Die positivrechtlichen Schutzmechanismen der Abgabenordnung 403

weggenommen, eine solch generelle Offenbarungsbefugnis zu Gunsten allgemeindeliktisch konnotierter Informationen, die nicht in hinreichend prozessstateinheitlicher Weise mit einer Steuerverfehlung verbunden sind[11], im Gefüge der abgabenrechtlichen Legitimationsvorschriften nämlich vergebens, bestehen für die Abgabe solcher Daten in ein allgemeines Strafverfahren bzw. an die hierfür zuständigen Verfolgungsstellen ungleich höhere Hürden. Realiter trifft das idealtypische Regel-Ausnahme-Verhältnis des § 30 AO allgemeindeliktisch bedeutsame Informationsstämme damit weitaus härter als deren steuerstrafrelevantes Pendant und es aktualisiert sich ein bereits in Teil 5 aufgestellter programmatischer Leitsatz dieserorts in besonderem Maße: Will man wissen, wo das Steuergeheimnis dem erkannten Selbstbelastungskonflikt abhilft, muss man wissen, wo es durchbrochen wird.

1. Die Offenbarungsnorm des § 30 Abs. 4 Nr. 2 AO

§ 30 Abs. 4 Nr. 2 AO übernimmt hierbei die Funktion einer preisgabeorientierten Öffnungsklausel. Soweit ausdrücklich[12] durch Bundesgesetz[13] zugelassen, wird die Finanzbehörde in den Stand erhoben, grundsätzlich dem Geheimhaltungsprivileg unterstehende Daten im durch das einschlägige Gesetz determinierten Umfang den ebenda begünstigten Akteuren mitzuteilen. Zur genuinen Besteuerungsaufgabe nach § 85 AO tritt so ein ressortfremder Informationsauftrag[14], der die Finanzverwaltung zwar in mitunter nachhaltige Zielkonflikte treibt[15], an dieser Stelle der Bearbeitung jedoch nicht weiter interessiert. Können ebenjene institutionellen Spannungslagen nämlich genauso wenig Gegenstand der vorliegenden Untersuchung sein wie spe-

---

[11] Zur Abgrenzung steuerstrafrechtlicher und allgemeindeliktischer Anlasstaten für die Zwecke der Wahl der einschlägigen Offenbarungsvorschrift siehe Teil 5 B. II. 2.

[12] Jenes Ausdrücklichkeitsgebot trägt dabei dem mit dem Recht auf informationelle Selbstbestimmung eng verwobenen Desiderat der Normklarheit Rechnung, siehe dazu nur BVerfG v. 15.12.1983 – 1 BvR 209/83, BVerfGE 65, 44 m. w. N. Eine dem Gesetz nur durch Auslegung zu entnehmende Kundgabebefugnis genügt daher nicht, so auch BT-Drs. 18/9633, 58 f.; *Drüen*, in: Tipke/Kruse, § 30, Rn. 71; *Kordt*, in: Schwarz/Pahlke, § 30, Rn. 90; *Tormöhlen*, in: Gosch, § 30, Rn. 113; anders etwa *Perron/Hecker*, in: Schönke/Schröder, § 355, Rn. 21; *Rüsken*, in: Klein, § 30, Rn. 102.

[13] Zum Diskurs um die Tauglichkeit von im Rang unter einem förmlichen Gesetz stehenden Vorschriften als offenbarungslegitimierendes Bezugsrecht siehe etwa *Alber*, in: Hübschmann/Hepp/Spitaler, § 30, Rn. 137; *Rüsken*, in: Klein, § 30, Rn. 102. Überzeugend und m. w. N. sodann *Drüen*, in: Tipke/Kruse, § 30, Rn. 71, der zutreffend herausstellt, dass eine solche Beschränkung auf förmliches Bundesrecht schon mit Blick auf BR-Drs. 23/71, 101 aus der Gesetzesgenese folgen muss.

[14] Nach *Drüen*, in: Tipke/Kruse, vor §§ 31–31b, Rn. 1 machen diese Vorschriften die Finanzbehörden „zu Informanten der jeweils dafür zuständigen Behörden, Körperschaften des öff[entlichen] Rechts und der Staatsanwaltschaften".

[15] Zustimmend *Drüen*, in: Tipke/Kruse, vor §§ 31–31b, Rn. 1 und *Kordt*, in: Schwarz/Pahlke, § 31, Rn. 2.

zialgesetzliche Einzelfragen der spezifischen Befugnisnormen[16], sei sich insoweit mit dem Verweis auf die einschlägige Kommentarliteratur begnügt und der Fokus auf das für die vorliegende Abhandlung Wesentliche beschränkt: die Struktur des Offenbarungssystems.

Hier ist das Ergebnis aus Selbstbelastungswarte ernüchternd. Sofern und soweit die Kombination von § 30 Abs. 4 Nr. 2 AO mit dem zugehörigen Bundesrecht den Fluss von im Besteuerungsverfahren pflichtgemäß kooperativ abgegebenen Informationen an die zuständigen Repressionsbehörden, etwa zur Bekämpfung von Schwarzarbeit gemäß § 31a AO oder von Terrorismusfinanzierung gemäß § 31b AO, erlaubt[17], wird weder die Zwangs- noch die Verwertungskomponente der Ausstrahlungswirkung unterbunden. Vor einer Verletzung seiner konstitutionell verbürgten nemo tenetur-Position geschützt, wird der Betroffene so freilich nicht.[18]

2. Die Offenbarungsnorm des § 30 Abs. 4 Nr. 4 AO

Deutlich nähere Beachtung erfordert da schon der Tatbestand des § 30 Abs. 4 Nr. 4 AO. Erweckt ebenjene Vorschrift bei erster Lektüre nämlich noch den Eindruck, den vorstehend als problematisch herausgearbeiteten Datentransfer zwischen der Finanzverwaltung und den mit der Erforschung von Allgemeindelikten betrauten Verfolgungsbehörden in beträchtlichem Maße zu legitimieren, zeigt bereits eine knappe Kontextualisierung im eigenen System, dass sich das tatsächliche Friktionspotential der Regelung realiter in Grenzen hält:

Wenn § 30 Abs. 4 Nr. 4 lit. a) AO Steuergeheimnisse zur interbehördlichen Kommunikation freigibt, soweit sie der Durchführung eines Strafverfahrens wegen einer Tat, die keine Steuerstraftat[19] ist, dienen und die Kenntnisse in einem Verfahren wegen einer Steuerstraftat oder Steuerordnungswidrigkeit erlangt worden sind, regelt die Norm zwar zweifelsohne der Sache nach einen Vorgang der Weitergabe besteuerungsrelevanter Daten aus der informationellen Sphäre der Steuerbehörden an die zur Verfolgung von Allgemeinstraftaten zuständigen Stellen. Der alles entscheidende – und dabei beiläufig kollisionsausschließende – Umstand liegt hier jedoch darin, dass die offenbarungsbefugte Finanzbehörde ebendiesen Informati-

---

[16] Siehe nur die ausführliche Auflistung ebenjener Befugnisvorschriften bei *Drüen*, in: Tipke/Kruse, vor §§ 31–31b, Rn. 74.

[17] Kategorisch dagegen *Groeber/Webel*, wistra 2022, 18 unter Verweis auf AEAO zu § 31a AO, Nr. 4.3.

[18] Pars pro toto stehen hier etwa die im Kontext des § 31b AO geäußerten Bedenken mit Blick auf den Grundsatz der Selbstbelastungsfreiheit, siehe dazu etwa *Bülte*, Geldwäschegesetzgebung, S. 111 ff., 115; *Gotzens/Kindshofer/Wegner*, PStR 2002, 82; *Saldit*, PStR 2006, 36. Weiterführend mit jeweils weiteren Nachweisen *Alber*, in: Hübschmann/Hepp/Spitaler, § 31b, Rn. 37 f. sowie *Drüen*, in: Tipke/Kruse, vor §§ 31–31b, Rn. 1b.

[19] Angesichts dieser deutlichen gesetzgeberischen Fassung gilt die Offenbarungsbefugnis nicht, auch nicht analog, zu Gunsten der Durchführung allgemeindeliktischer Ordnungswidrigkeiten, siehe *Drüen*, in: Tipke/Kruse, § 30, Rn. 113; *Tormöhlen*, in: Gosch, § 30, Rn. 121.

onskreis gerade anlässlich der Durchführung eines selbst geleiteten Steuerstraf- oder Steuerbußgeldverfahrens erhebt. Genau aus dieser Perspektive erschließt sich die strukturelle Unbedenklichkeit der Norm. Soweit einem solchen Repressionsverfahren unterworfen, greift die nemo tenetur-relevante Schutzposition des Betroffenen[20] vollumfänglich und er genießt ein vom Hoheitsträger strikt zu respektierendes kategorisches Kooperationsverweigerungsrecht. Anlass, den durch die Finanzverwaltung unter Beachtung ebendieser strafprozessualen Freiheitsgarantie erlangten Informationen aus Selbstbelastungsgründen weitergehenden Schutz angedeihen zu lassen, besteht daher nicht.[21] Ganz im Gegenteil müssen die unter der Wahrung der genuin steuerstrafprozessualen Selbstbelastungsfreiheit erhobenen Daten auch den Anforderungen der Ausstrahlungswirkung des Grundsatzes entsprechen. Ein Konflikt mit dem nemo tenetur-Satz ist so mangels zwangsweiser Erhebung der Daten auch beim anschließenden Transfer an die Strafverfolgungsbehörden strukturell ausgeschlossen.

Systemkonsequent zieht die Vorschrift im Anschluss hieran auch die kehrseitige Begrenzung der Offenbarungslegitimation: Soweit das steuerrelevante Straf- bzw. Bußgeldverfahren noch nicht eingeleitet oder der Steuerpflichtige über die Einleitung zumindest in Unkenntnis gelassen wurde, er im Ergebnis also vom Fortbestand seiner steuerlichen Mitwirkungsverpflichtung ausgehen muss oder diese gar de lege lata noch besteht, ist die Weitergabe auf diese Weise erlangter Informationen für die Zwecke eines außersteuerlichen Strafverfahrens unzulässig. Hier wird die Zwangskomponente nicht schon durch die Achtung der kernstrafprozessualen Selbstbelastungsfreiheit ausgeräumt; hier bleibt der Einzelne auch im hiesigen Denken schutzbedürftig.

Ähnlich problemarm fällt sodann auch die Analyse des § 30 Abs. 4 Nr. 4 lit. b) AO aus. Wer sich ohne steuerliche Verpflichtung selbstbelastend offenbart oder auf ein prinzipiell bestehendes Auskunftsverweigerungsrecht explizit verzichtet[22], wird

---

[20] Die gesetzliche Beschränkung nur auf den Steuerpflichtigen scheint hierbei zu eng. Da die Steuerrechtsordnung auch Personen, die keine Steuerpflichtigen im technischen Sinne des § 33 AO sind, straf- bzw. bußgeldbewehrte Mitwirkungspflichten auferlegt (dazu ausführlich Teil 3 B. I. 9.), sich diese also ohne sachlichen Differenzierungsgrund einer vergleichbaren Offenbarungssituation ausgesetzt sehen, ist der Anwendungsbereich der Vorschrift im Anschluss an *Drüen*, in: Tipke/Kruse, § 30, Rn. 114; *Rüsken*, in: Klein, § 30, Rn. 174; *Kordt*, in: Schwarz/Pahlke, § 30, Rn. 110 und stillschweigend auch AEAO zu § 30, Nr. 10.1 auf alle Betroffenen des Strafverfahrens zu erstrecken, deren personenbezogene Daten offenbart werden könnten.

[21] Gleichsinnig *Tormöhlen*, in: Gosch, § 30, Rn. 122.

[22] Streit besteht indes darüber, wie ein solcher „Verzicht auf ein Auskunftsverweigerungsrecht" inhaltlich ausgestaltet sein soll. *Drüen*, in: Tipke/Kruse, § 30, Rn. 115 befürwortet hier eine teleologische Reduktion des Tatbestands: Da der Betroffene auf das Verhalten anderer Personen keinen Einfluss habe, diesem der Verzicht Dritter auf ein Auskunftsverweigerungsrecht im Sinne der §§ 101 ff. AO also auch nicht zugerechnet werden könne, müsse es für die Beurteilung der Kundgabelegalität ausschließlich darauf ankommen, ob der Betroffene selbst auf eine explizit ihm zustehende Verweigerungsposition verzichte – oder eben nicht. Soweit belastende Erkenntnisse also lediglich auf der Information durch unter Verzicht auf

nach der vorliegend entwickelten Dogmatik bereits nicht in privilegswidriger Weise zur Selbstbezichtigung gezwungen[23] oder aber begibt sich seiner grundsätzlich bestehenden Schutzposition aktiv[24]; in jedem Fall ist er aus der Perspektive des nemo tenetur-Privilegs nicht (mehr) schutzwürdig. Beginnt die behördliche Offenbarungsbefugnis des littera b) damit dort, wo die Mitwirkungspflicht des Einzelnen und

---

deren Verweigerungsrecht kooperierende Dritte beruhen, scheide eine Offenbarung dieser Daten zum Zwecke allgemeindeliktischer Strafverfolgung des Betroffenen aus.

Fortgedacht riefe eine solch beschränkende Interpretation des Verzichtsmerkmals indes problematische Fernwirkungen auf den Plan: Da der Steuerpflichte ein, für die Legitimation des Informationsflusses insoweit konstitutives, Verweigerungsrecht für gewöhnlich nicht genießen wird (siehe nur Teil 3 B. II. 1.), verbliebe die zweite Hälfte des § 30 Abs. 4 Nr. 4 lit. b) AO – wie *Tormöhlen*, in: Gosch, § 30, Rn. 128 zutreffend bemerkt – ohne realen Anwendungsbereich. Der Regelungsgegenstand der Vorschrift erschöpfte sich so in der ersten Alternative der Norm, mithin in der Absenz einer steuerlichen Mitwirkungsverpflichtung. Scheint es daher bereits aus Normerhaltungsgründen sinnvoll, mit *Kordt*, in: Schwarz/Pahlke, § 30, Rn. 112; *Pätz*, in: Koenig, § 30, Rn. 222; *Rüsken*, in: Klein, § 30, Rn. 181 und *Tormöhlen*, in: Gosch, § 30, Rn. 128 eine Offenbarungsbefugnis nicht nur für den Fall anzuerkennen, dass unmittelbar der Betroffene selbst auf ein gerade ihm zugunsten bestehendes Verweigerungsrecht verzichtet, sondern auch, sofern jede andere Person eine ebensolche Rechtsposition negiert, sprechen für eine solch wortgetreue Lesart der Vorschrift auch inhaltlich diese besseren Argumente: So haben die Auskunftsverweigerungsrechte der Abgabenordnung zuvörderst die Aufgabe, den jeweils Berechtigten vor der Kollision subjektiver Interessen zu bewahren, nicht aber den durch die Auskunft Bezichtigten vor der einschlägigen Strafverfolgung. Begibt sich der Verweigerungsberechtigte nun aber ebenjener Privilegierung durch autonome Entscheidung, entledigt er sich hiermit gleichsam der abzuhelfenden Spannungslage zu Gunsten der verfahrensfördernden Informationspreisgabe. Der strafrechtsrelevant Belastete erscheint hier weder aus der Warte des spezifischen Verweigerungsrechts noch unter Berücksichtigung des Steuergeheimnisses schutzwürdig (so auch *Pätz*, in: Koenig, § 30, Rn. 222). Das von *Drüen*, in: Tipke/Kruse, § 30, Rn. 115 in diesem Zusammenhang geäußerte Bedenken, die Aussage eines feindseligen Angehörigen könne so im Ergebnis an die Staatsanwaltschaft gelangen, mag den Betroffenen daher zwar zum bedachteren Umgang mit seinem persönlichen Nahbereich mahnen, den Kern der Problematik um das Steuergeheimnis trifft es jedoch nicht.

Bei Tageslicht bleibt dieser Disput im Kontext der hiesigen Forschungsfrage indes weitgehend ohne Relevanz. So fallen die bei Ablehnung der teleologischen Reduktion beschriebenen Sachverhalte strafrechtsrelevanter Fremdbezichtigung nach dem hier vertretenen System schon ex ante gar nicht in den Gewährleistungsbereich des nemo tenetur-Satzes (siehe Teil 4 B. III.); abseits des § 103 AO schützen die abgabenrechtlichen Auskunftsverweigerungsrechte noch nicht einmal das Selbstbezichtigungsprivileg per se (siehe nur Teil 5 B. I.). Greift die Offenbarungsbefugnis des § 30 Abs. 4 Nr. 4 lit. b) AO auf privilegsrelevantem Terrain damit überhaupt nur in Konstellationen, in denen sich verfahrensfremde Dritte ihrer Verweigerungsoption des § 103 AO freiwillig begeben und so auch die Gewährleistungen der Selbstbelastungsfreiheit selbstbestimmt verlieren, bedarf es keiner weiteren Erläuterung, dass dort, wo nemo tenetur-begründeter Drittschutz qua eigenverantwortlicher Disposition schon gar nicht mehr besteht, auch ein beachtliches Kollisionsverhältnis mit dem zugrundeliegenden Stammrecht ausgeschlossen sein muss.

[23] Zum Zwangscharakter des Pflichtentopos ausführlich Teil 4 C. I. sowie ferner Teil 5 A. II. 3.

[24] Auf dieser Erwägung fußt auch die Erkenntnis der strukturellen Irrelevanz des § 30 Abs. 4 Nr. 3 AO für die Belange des hiesigen Forschungsvorhabens.

damit seine steuerliche Zwangsbehandlung endet, scheidet auch hier ein Konflikt dem Grundsatz der Selbstbelastungsfreiheit und dessen Ausstrahlungswirkung – selbst bei anschließender Kundgabe an die Strafverfolgungsstellen – systematisch aus.

3. Die Offenbarungsnorm des § 30 Abs. 4 Nr. 5 AO

Im Vergleich hierzu bedeutend relevanter zeigt sich sodann die Befugnis des § 30 Abs. 4 Nr. 5 AO. Zuweilen unter dem Begriff der „Achillesferse des Steuergeheimnisses" firmierend[25], erlaubt die Vorschrift die Offenbarung das Geheimhaltungsprivileg prinzipiell genießender Informationen, soweit hierfür ein zwingendes öffentliches Interesse besteht. Die gesetzgeberische Intention ist klar: Ersichtlicherweise geht die Steuerrechtsordnung davon aus, dass im Falle des Vorliegens sogleich näher zu konturierender öffentlicher Gründe die individuellen wie überindividuellen Interessen an der Wahrung der hoheitlichen Amtsverschwiegenheit den öffentlichen Belangen der Informationspreisgabe wie -verwertung, im vorliegend untersuchungsrelevanten Kontext der § 30 Abs. 4 Nr. 5 lit. a) und b) AO also der effektiven Strafverfolgung, hintanzustehen haben, die Gewährleistungen des Steuergeheimnisses so durchbrochen werden dürfen und die Offenbarung auch an allgemeindeliktisch tätige Verfolgungsakteure zulässig wird. Plakativ gewendet muss damit das Geheimhaltungsinteresse des Einzelnen stets hinter das Verwertungsinteresse der Allgemeinheit zurücktreten, sofern nur Umstände vorliegen, die den öffentlichen Bedarf nach behördlichem Informationsfluss als hinreichend notwendig erscheinen lassen; eine teleologische Ausrichtung der Norm, die in Zusammenschau mit der Offenbarungssystematik des § 30 AO in Summe bereits zweierlei erhellt:

Erstens darf schon in Anbetracht des einschränkenden Erfordernisses eines „zwingenden" Interesses nicht jedes öffentliche Offenbarungsbedürfnis das Steuergeheimnis durchbrechen können. Andernfalls würden die übrigen Befugnisse der §§ 30 Abs. 4, 5 AO gegenstandslos, die Integrität des Steuergeheimnisses würde per se empfindlich entwertet, ja, mit Blick auf die hier interessierende Verwertung im allgemeinen Strafverfahren insbesondere die Wertentscheidung des § 30 Abs. 4 Nr. 4 AO schlicht umfassend unterlaufen.

Zweitens ist aber auch selbst bei Ernstnahme dieser Restriktion noch nicht beantwortet, wie sich der nur schwer umreißbare Topos des zwingenden öffentlichen Interesses definitorisch greifbar machen lassen soll. Legislativ scheint die Lage hier misslich: Eingedenk der Vielseitigkeit der denkbaren Fallgestaltungen, in denen öffentliche Interessen eine mehr oder weniger zwingende Rolle spielen können, und der fortwährenden Dynamik ebensolcher Konstellationen bleibt eine abschließend

---

[25] Etwa bei *Drüen*, in: Tipke/Kruse, § 30, Rn. 119; *Groeber/Webel*, wistra 2022, 17; *Haupt*, DStR 2014, 1027, Fn. 11; *Kruse*, Lehrbuch des Steuerrechts, S. 350; *Pätz*, in: Koenig, § 30, Rn. 226; *Tormöhlen*, AO-StB 2011, 309; *Tormöhlen*, in: Gosch, § 30, Rn. 133.

enumerative Aufzählung rechtstechnisch unmöglich.[26] Getrieben vom Bedürfnis nach rechtsfaktisch geforderter Flexibilität, geht die gesetzgeberische Lösung daher einen anderen Weg: Zur Ausfüllung des unbestimmten Rechtsbegriffs wird sich einer exemplarischen, nicht aber abschließenden („namentlich") Aufzählung von Idealsituationen des zwingenden öffentlichen Interesses bedient und die Übertragung[27] der Offenbarungsbefugnis auf insoweit ungeschriebene Einzelfälle[28] unter die Voraussetzung gestellt, dass diese den gelisteten in Drastik und Schwere gleichen.[29]

Das erste Exempel statuiert § 30 Abs. 4 Nr. 5 AO dabei mit Blick auf Kapitalkriminalität. Soweit die Offenbarung allgemeindeliktischer Informationen zur Abwehr erheblicher Nachteile für das Gemeinwohl oder einer Gefahr für die öffentliche Sicherheit, die Verteidigung oder die nationale Sicherheit[30] oder zur Verhütung[31] oder Verfolgung von Verbrechen und vorsätzlichen schweren Vergehen gegen Leib und Leben oder gegen den Staat und seine Einrichtungen erforderlich ist, geht littera a) der Vorschrift vom Vorliegen eines zwingenden öffentlichen Kundgabeinteresses aus und wirft damit bereits im, für die nichtpositivierten Einzelfälle unmittelbar anwendungsrelevanten, Bereich der Referenzdrastik nachhaltige Auslegungsprobleme auf. Versucht das Gesetz nämlich, den einen unbestimmten Rechtsbegriff des zwingenden öffentlichen Interesses mit dem anderen der „schweren" Missetat zu definieren, bleibt der Rechtsanwender trotz legislativer Konkretisierung darüber im Unklaren, wie die Passage der Verhütung oder Verfolgung von „Verbrechen und vorsätzlichen schweren Vergehen gegen Leib und Leben oder gegen den Staat und

---

[26] Zustimmend *Pätz*, in: Koenig, § 30, Rn. 226.

[27] Ob ebenjene Übertragung im Wege des Analogieschlusses (so etwa *Drüen*, ZBR 2002, 121; *Brauns*, in: FS-Kohlmann, S. 403 oder *Groeber/Webel*, wistra 2022, 17) geschieht oder insoweit einer Regelbeispielsystematik folgt (dafür etwa BT-Drs. 18/12611, 82 sowie *Alber*, in: Hübschmann/Hepp/Spitaler, § 30, Rn. 192), interessiert hier nicht, näher dazu *Drüen*, in: Tipke/Kruse, § 30, Rn. 120 sowie ferner *Leimkuhl-Schulz/Modrzejewski*, wistra 2015, 380.

[28] Weiterführend etwa die Ausführungen bei *Drüen*, in: Tipke/Kruse, § 30, Rn. 135 ff.

[29] *Drüen*, in: Tipke/Kruse, § 30, Rn. 120; *Groeber/Webel*, wistra 2022, 17; *Pätz*, in: Koenig, § 30, Rn. 227; *Tormöhlen*, in: Gosch, § 30, Rn. 134. Die Leitlinie der Rechtsprechung fordert für die Annahme eines zwingenden öffentlichen Interesses insoweit, dass „im Falle des Unterbleibens der Mitteilung die Gefahr besteht, daß schwere Nachteile für das allgemeine Wohl des Bundes, eines Landes oder einer anderen öffentlich-rechtlichen Körperschaft eintreten" (so insbesondere BFH v. 10.2.1987 – VII R 77/84, BStBl. II 1987, 548 nach BFH v. 30.3.1965 – VII 33/64, HFR 1965, 382; siehe aber auch BVerwG v. 2.2.1982 – 1 C 146.80, BVerwGE 65, 6 sowie BGH v. 12.2.1981 – III ZR 123/79, NJW 1982, 1649).

[30] Eingeführt mit Wirkung vom 25.5.2018 durch Art. 17 Nr. 8 lit. b) ee) des Gesetzes zur Änderung des Bundesversorgungsgesetzes und anderer Vorschriften v. 17.7.2017, BGBl. I 2017, 2549. *Baum*, NWB 2017, 3209 sieht hierin eine deutliche Erweiterung der Durchbrechung des Geheimnisschutzes, wohingegen *Tormöhlen*, in: Gosch, § 30, Rn. 137.7 darauf hinweist, dass eine Offenbarung von Steuerdaten in diesen Situationen schon bislang der herrschenden Rechtsprechung entsprach. Stoisch dazwischen tritt *Drüen*, in: Tipke/Kruse, § 30, Rn. 122a, der den „Mehrwert der generalklauselhaften Normierung" abwarten möchte.

[31] Eingeführt mit Wirkung vom 25.5.2018 durch Art. 17 Nr. 8 lit. b) ee) des Gesetzes zur Änderung des Bundesversorgungsgesetzes und anderer Vorschriften v. 17.7.2017, BGBl. I 2017, 2549.

A. Die positivrechtlichen Schutzmechanismen der Abgabenordnung   409

seine Einrichtungen" nun letztlich interpretiert werden soll. Im Ausgangspunkt noch einig[32] ist man sich zwar, dass insoweit die Delikte des § 138 StGB, so sie sich denn gegen die bezeichneten Rechtsgüter richten[33], dem Tatbestand unterfallen, könne doch der Staat, wenn er eine solche Anzeigepflicht zur Verhinderung des schwerkriminellen Erfolges schon statuiere, seine eigenen Amtsträger von dieser Verpflichtung nicht ausnehmen[34]; jenseits dieser klaren Trennlinie herrscht jedoch Streit. Dreht sich dieser Disput dabei dem Grunde nach darum, ob und inwiefern sich die Ausgestaltung der Tatbestandsalternative in jener inhaltlichen Bezugnahme auf das materielle Strafrecht erschöpft, ist zur sachangemessenen Schlichtung des Gehaders zu erkennen, dass ebenjenes zuvörderst dem Umstand entspringt, dass sich § 30 Abs. 4 Nr. 5 lit. a) AO hier in den Fallstricken seiner eigenen teleologischen Ausrichtung verfängt. Selbstredend bedarf die Vorschrift sowohl aus Normklarheitsaspekten als auch aus Gründen der praktischen Umsetzbarkeit einerseits einer möglichst klaren Kontur, die inhaltliche Orientierung an den Vorgaben des § 138 StGB scheint also, nicht zuletzt aufgrund der mit § 30 Abs. 4 Nr. 5 lit. a) AO zumindest teilweise gleichlaufenden Teleologie, im Ausgang sinnig. Andererseits sieht die Abgabenordnung eine solch strikte Dependenz vom Strafrecht aus gutem Grunde nicht explizit vor. Es ist der herausgestellte Bedarf an rechtspraktischer Flexibilität, der nach größtmöglicher Dynamik der Unbestimmtheit ruft und so die Beibehaltung der Möglichkeit einer behutsamen Befugniserweiterung fordert. Obgleich mit äußerster, normklarheitsgeschuldeter Zurückhaltung, muss es daher gestattet sein, auch dort, wo sich die rationellen Hintergründe von § 138 StGB und § 30 Abs. 4 Nr. 5 lit. a) AO nicht vollumfänglich decken[35], die Offenbarung weiterer, äußerst gravierender Verbrechen und vorsätzlicher Vergehen gegen Leib und Leben oder den Staat und seine Einrichtungen ausnahmsweise zuzulassen[36], wobei die konkrete Bewertung der informationsflusslegitimierenden Brisanz der abwägenden Beurteilung des Einzelfalls obliegt.

Littera b) des § 30 Abs. 4 Nr. 5 AO widmet sich sodann der Offenbarungslegitimation im Kontext besonders schwerwiegender Wirtschaftskriminalität. Auch soweit dieserorts näher bezeichnete Wirtschaftsstraftaten verfolgt werden oder

---

[32] Siehe nur *Drüen*, in: Tipke/Kruse, § 30, Rn. 123; *Kordt*, in: Schwarz/Pahlke, § 30, Rn. 118; *Pätz*, in: Koenig, § 30, Rn. 233; *Rüsken*, in: Klein, § 30, Rn. 183; *Tormöhlen*, in: Gosch, § 30, Rn. 139.

[33] In Teilen dagegen *Tormöhlen*, in: Gosch, § 30, Rn. 138, der sich hier auf den semantisch wie syntaktisch weder zwingenden noch überzeugenden Standpunkt stellt, dass vom Tatbestand alle Verbrechen umfasst sein sollen und die Einschränkung des „gegen Leib und Leben" rein für die Vergehensalternative gelte.

[34] So *Drüen*, in: Tipke/Kruse, § 30, Rn. 123.

[35] Vgl. dazu *Loose*, FR 1995, 398 f.; *Vormbaum*, in: LK-StGB[12], § 355, Rn. 57 f.

[36] Der Sache nach gleichsinnig *Drüen*, in: Tipke/Kruse, § 30, Rn. 123; *Kordt*, in: Schwarz/Pahlke, § 30, Rn. 118; *Loose*, FR 1995, 398 f.; *Perron/Hecker*, in: Schönke/Schröder, § 355, Rn. 28; *Rüsken*, in: Klein, § 30, Rn. 183; *Tormöhlen*, AO-StB 2011, 310; *Tormöhlen*, in: Gosch, § 30, Rn. 140; *Vormbaum*, in: LK-StGB[12], § 355, Rn. 57 ff. Einer solchen Orientierung an § 138 StGB gegenüber kritisch dagegen *Bülte*, Geldwäschegesetzgebung, S. 104 f.

verfolgt werden sollen, erklärt die Vorschrift den Datentransfer vom Besteuerungs- in das einschlägige Wirtschaftsstrafverfahren für zulässig, obschon auch mit dieser Befugnisvariante tatbestandsseitig weitreichende Konkretisierungsschwierigkeiten einhergehen. So birgt bereits der den Unterabsatz prägende Topos der Wirtschaftsstraftat einschneidende Deutungsunwägbarkeiten, die etwa *Joecks* mit dem Ansatz auszumerzen versucht, definitorisch nur solche Delikte miteinbezogen zu sehen, „die unter Ausnutzung der Verhältnisse des Wirtschaftsverkehrs begangen wurden und sich gegen das Vermögen oder aber die gesamtwirtschaftliche Ordnung richten"[37], daraufhin im Anschluss an die klarsichtigen Ausführungen *Drüens* aber selbst postwendend konstatieren muss, dass auch mit dieser Umschreibung letzten Endes nur wenig an Präzision und Trennschärfe gewonnen ist.[38] In praxi orientiert man sich daher am Gesetzeskatalog des § 74c GVG: Soweit die spezifische Anlasstat hiernach in den prozessualen Zuständigkeitsbereich der Wirtschaftsstrafkammern fiele, liegt, so zumindest der an dieser Stelle hinzunehmende Einklang in Literatur[39] und Rechtsprechung[40], auch zwingend eine Wirtschaftsstraftat im Sinne des § 30 Abs. 4 Nr. 5 lit. b) AO vor.

Damit aber noch nicht genug – dass die Voraussetzungen einer tauglichen Wirtschaftsstraftat, ganz gleich welcher inhaltlichen Diktion, vorliegen, ist für das endliche Verdikt der Offenbarungszulässigkeit notwendig, für sich genommen aber noch nicht ausreichend. Über die Anforderungen der konkret favorisierten Ausgestaltung des Merkmals hinaus muss die infragestehende Untat ferner den einschränkenden Parametern des § 30 Abs. 4 Nr. 5 lit. b) AO kumulativ[41] standhalten. Muss die individuelle Wirtschaftsverfehlung daher nach ihrer Begehungsweise oder wegen des Umfangs des durch sie verursachten Schadens geeignet sein, die wirtschaftliche Ordnung erheblich zu stören oder das Vertrauen der Allgemeinheit auf die Redlichkeit des geschäftlichen Verkehrs oder auf die ordnungsgemäße Arbeit der Behörden und der öffentlichen Einrichtungen erheblich zu erschüttern, zeichnet die Norm auch hier ein problemträchtiges Bild definitorischer Unschärfen, die zwar allesamt das Thema der vorliegenden, strukturorientierten Arbeit nicht sein kön-

---

[37] *Joecks*, in: Joecks/Jäger/Randt, § 393, Rn. 109.

[38] *Joecks*, in: Joecks/Jäger/Randt, § 393, Rn. 109 unter Rekurs auf *Drüen*, in: Tipke/Kruse, § 30, Rn. 124.

[39] *Drüen*, in: Tipke/Kruse, § 30, Rn. 124; *Groeber/Webel*, wistra 2022, 13; *Hilgers-Klautzsch*, in: Kohlmann, § 393, Rn. 250; *Joecks*, in: Joecks/Jäger/Randt, § 393, Rn. 109; *Kordt*, in: Schwarz/Pahlke, § 30, Rn. 120; *Pätz*, in: Koenig, § 30, Rn. 237; *Roth*, in: Rolletschke/Kemper/Roth, § 393, Rn. 155; *Rüsken*, in: Klein, § 30, Rn. 185; *Seipl*, in: Gosch, § 393, Rn. 146, Fn. 377; *Tormöhlen*, AO-StB 2011, 310; *Tormöhlen*, in: Gosch, § 30, Rn. 142; *Tormöhlen*, in: Hübschmann/Hepp/Spitaler, § 393, Rn. 187 m.w.N.

[40] Siehe LG Göttingen v. 11.12.2007 – 8 KLs 1/07, wistra 2008, 232, das der vorstehenden Auffassung ausdrücklich Folge leistet sowie OLG Stuttgart v. 16.4.1986 – 2 Ss 772/86, wistra 1986, 192. Im Übrigen sind den Topos konturierende Entscheidungen rar; BFH v. 10.2.1987 – VII R 77/84, BStBl. II 1987, 548 f. trifft hierzu lediglich allgemeine Ausführungen.

[41] AEAO zu § 30, Nr. 11.2.2.

nen[42], zur rechtssicheren wie berechenbaren Handhabbarkeit der Offenbarungsvorschrift jedoch gewiss nicht beitragen.

Und so bleibt der Eindruck zweier festgeschriebener Konstellationen idealtypischer Präsenz eines zwingenden öffentlichen Offenbarungsinteresses, die selbst nicht so ganz zweifelsfrei Aufschluss darüber geben wollen, wann ein solches denn nun tatsächlich vorliegen soll. Allenfalls in Zusammenschau mit den Ausfüllungsgrundsätzen richterlicher Rechtspraxis erschließen sich hier die inhaltlichen Direktiven der Beispiele, mithin die Grundsätze jenes Übertragungssystems, das die Abgabenordnung zur Realisierung des erstrebten Flexibilitätsziels so universell eingesetzt sehen möchte. Die hierauf fußende Indifferenz bewirkt dabei einen definitorischen Graubereich, der nicht nur dem Metier positivierter Fallgestaltungen aus Rechtssicherheitsgründen schmerzt, sondern auch das System zur Übertragung auf ungeschriebene Sachverhalte nachhaltig beeinträchtigt. Wird auf Ebene der ebenda geforderten Einzelfallabwägungen so nämlich der Gefahr interessensgetriebener Offenbarungsentscheidungen unter dem Deckmantel vorgeschobener Vergleichbarkeit Tür und Tor geöffnet, nährt sich die Befürchtung, dass die Befugnis in den falschen Händen zum allseitig einsetzbaren Vehikel verkommt, um tiefgreifende Beschränkungen der Ausstrahlungswirkung des nemo tenetur-Grundsatzes zu ermöglichen und so letztlich die prozessuale Autonomieposition des Einzelnen empfindlich zu untergraben.

Bereits aus diesen knappen Gedanken kristallisiert sich damit die für die vorliegende Untersuchung relevante Strukturerkenntnis heraus: Ganz gleich, wie man den Anwendungsbereich der Vorschrift umschreibt; ganz gleich, wie man ihn erweitert oder beschränkt: Dort, wo § 30 Abs. 4 Nr. 5 AO greift, schützt das Steuergeheimnis vor repressiver Informationsverwertung nicht. Hierbei macht es keinen Unterschied, ob man etwa private Informationsinteressen Einzelner[43] sowie bloße Sensationsinteressen der Allgemeinheit[44] kategorisch ausschließen, Gemeininteressen programmatisch nur in Ausnahmefällen genügen lassen[45] oder dem Offenbarungstatbestand gar in toto einen wahlweise der Binnensystematik des § 30 Abs. 4 AO[46] oder unmittelbar der Verfassungsrechtsrechtsordnung entspringenden[47] re-

---

[42] Dazu umfassend etwa *Drüen*, in: Tipke/Kruse, § 30, Rn. 127 ff. und *Tormöhlen*, in: Gosch, § 30, Rn. 142 ff. sowie jüngst *Groeber/Webel*, wistra 2022, 15 f.
[43] BFH v. 26.4.1985 – VI S 13/84, BFH/NV 1986, 196; *Drüen*, in: Tipke/Kruse, § 30, Rn. 121a; *Tormöhlen*, in: Gosch, § 30, Rn. 133; anders *Erdsiek*, NJW 1963, 2313 f.
[44] *Drüen*, in: Tipke/Kruse, § 30, Rn. 119; *Stahl/Demuth*, DStR 2008, 602.
[45] Vgl. *Rüsken*, in: Klein, § 30, Rn. 182.
[46] Siehe nur die vorstehenden Ausführungen zur latenten Gefahr der Gegenstandslosigkeit der übrigen Offenbarungsbefugnisse bei extensiver Auslegung des § 30 Abs. 4 Nr. 5 AO in Teil 6 A. I. 3. sowie *Loose*, FR 1995, 398; ablehnend BFH v. 29.7.2003 – VII R 39, 43/02, BStBl. II 2003, 831 und *Drüen*, in: Tipke/Kruse, § 30, Rn. 121.
[47] OLG Hamm v. 14.7.1980 – 1 VAs 7/80, NJW 1981, 358; *Arndt*, GewArch 1988, 285; *Drüen*, in: Tipke/Kruse, § 30, Rn. 121 m.w.N.; *Drüen*, ZBR 2002, 121; *Tormöhlen*, AO-StB 2011, 309; *Tormöhlen*, in: Gosch, § 30, Rn. 134; dagegen BFH v. 29.7.2003 – VII R 39, 43/02,

striktiven Auslegungsbedarf attestieren möchte, der die Befugnis im Ergebnis auf die Preisgabe außerordentlich gravierender Taten mit besonderem Gemeinschaftsbezug und hinreichender Außenwirkung beschränkt; die bereits durch die Legitimation des Informationsflusses heraufbeschworene Spannung wird durch die Verwendung unbestimmter Rechtsbegriffe und eine nur unübersichtliche Vergleichssystematik abermals potenziert.

Gleichwohl darf dieses nur schwerlich greifbare Kollisionsverhältnis den Blick auf die bereits gefundene Grundstruktur des vorliegenden nemo tenetur-Problems nicht verstellen: Wo der Einzelne seine allgemeindeliktisch relevanten Informationen aus steuerrechtlicher Pflichtenstellung kooperativ zu offenbaren hat und der Transfer ebenjener Daten in das korrelierende Repressionsverfahren vom Steuergeheimnis aufgrund von § 30 Abs. 4 Nr. 5 AO nicht unterbunden wird, ist er, vorbehaltlich anderweitiger Schutzmechanismen, in seiner nemo tenetur-Position prinzipiell betroffen; die verfassungsrechtlichen Verbürgungen des Grundsatzes sind hier strukturell gefährdet. Die hierzu qua Indifferenz des § 30 Abs. 4 Nr. 5 AO tretende Unbeständigkeit der Friktion modifiziert den Forschungsauftrag an die vorliegende Untersuchung daher allenfalls graduell. Soweit die Abgabenordnung dem bezeichneten Konflikt nicht bereits selbst andernorts abhilft, wird es das nachstehend auszuarbeitende Lösungskonzept schlicht ferner leisten müssen, auch dieser Vielseitigkeit der Spannungslage Herr zu werden.

4. Zwischenergebnis

Im Ergebnis fest steht damit, dass auch im Bereich allgemeindeliktischer Vortaten die Verbürgungen des Steuergeheimnisses hinreichenden Schutz vor zwangsweiser Selbstbezichtigung durch steuerprozedurale Pflichtentreue nicht bieten. Insbesondere, soweit § 30 Abs. 4 Nr. 2 AO in Kombination mit einschlägigem Bundesrecht sowie § 30 Abs. 4 Nr. 5 AO den Informationsfluss von der Finanz- an die Verfolgungsbehörde gestatten, wird die repressive Verwertung von im Besteuerungsverfahren kooperativ zwangsweise erhobenen Daten ermöglicht und so der Eingriff in die Ausstrahlungswirkung des nemo tenetur-Grundsatzes komplettiert.

II. Ausreichender Schutz durch die Möglichkeit des Strafausschlusses?

Nur wenig an diesem ernüchternden Fazit ändert dann auch die Aussicht auf allgemeindeliktische Straffreiheit. Zwar ist den obigen Ausführungen zufolge bereits das hoheitliche Postulat zu erreichender Strafbefreiung dazu imstande, einer konkreten steuerlichen Kooperationsverpflichtung die ihr anhaftende Selbstbelas-

---

BStBl. II 2003, 831; *Rüsken*, in: Klein, § 30, Rn. 182; offen gelassen von *Groeber/Webel*, wistra 2022, 13.

A. Die positivrechtlichen Schutzmechanismen der Abgabenordnung   413

tungsrelevanz zu nehmen und hierdurch die damit verbundene nemo tenetur-Friktion effektiv zu unterbinden[48], auch unter der Geltung ebendieser Leitgedanken bleibt die Lage für den Betroffenen jedoch misslich.

Diese Misere beginnt dabei mit der Erkenntnis, dass auf dem Gebiet außersteuerstrafrechtlicher Vortaten eine dem § 371 AO vergleichbare[49] Regelung nicht existiert. Sieht sich der allgemeindeliktisch in Erscheinung Getretene daher ausschließlich auf die allgemeinen strafrechtlichen Befreiungsmechanismen des Rücktritts[50] und der tätigen Reue[51] verwiesen, steht unter dem Eindruck der vorstehenden Ergebnisse die prinzipielle Kompetenz ebenjener Institute zur selbstbelastungskonnotierten Konfliktbewältigung *dogmatisch* außer Frage, *de facto* helfen werden sie ihm indes wohl nur selten. So wird ein strafbefreiender Rücktritt vom Versuch in praxi häufig schon deshalb ausscheiden, weil sich die deliktsoffenbarende Mitwirkungspflicht des Steuerrechts im Regelfall nicht vor Vollendung der aufzudeckenden Tat aktualisiert, und auch die ab diesen Zeitpunkt Platz greifenden Vorschriften der tätigen Reue vermögen es angesichts ihrer legislatorisch nur äußerst selektiv ausgewählten Anwendungsbereiche[52] nicht, dem Verpflichteten eine flächendeckend veritable Dispensoption zum hoheitlichen Mitwirkungsgesuch zu bieten. Bleibt das konkrete Befreiungspotential des Einzelnen – mithin die faktische Konsequenz dieses normativen Gewährleistungsdefizits – hierbei indes freilich immerzu Tatfrage, erhellt bereits aus diesen kurzen Erwägungen die hier untersuchungsrelevante Struktureinsicht: Soweit dem Einzelnen die Möglichkeit des Strafausschlusses durch die Regelungen des Rücktritts oder der tätigen Reue eröffnet wird, soweit die Voraussetzungen dieser Institute für ihn also tatsächlich möglich bzw. dem Grunde nach erfüllbar sind[53], scheidet auch im Kontext allgemeindeliktischer Vortaten ein Konflikt der steuerlichen Kooperationsanordnung mit dem Grundsatz der Selbstbelastungsfreiheit aus. Muss sich jene Tauglichkeit zur Problemlösung damit aber kehrseitig unmittelbar an die Reichweite des spezifischen Befreiungsinstituts binden, verbleibt der drohende Verfassungsverstoß dort letztlich unbehandelt, wo die Rechtsordnung den Strafausschluss nicht mehr garantiert; wo jene Mechanismen der Strafbefreiung ihre gewährleistungsorientierten Grenzen

---

[48] Siehe Teil 5 B. III. 1. b).

[49] Dass § 371 AO auf allgemeindeliktische Vortaten unmittelbar keine Anwendung findet, wurde bereits aufgezeigt, siehe Teil 5 B. III. 1. b) mit Fn. 175.

[50] Weiterführend *Eser/Bosch*, in: Schönke/Schröder, § 24, Rn. 1 ff.; *Hoffmann-Holland*, in: MüKo-StGB, § 24, Rn. 1 ff. sowie instruktiv *Rengier*, Strafrecht AT, § 37, Rn. 1 ff. und § 38, Rn. 1 ff.

[51] Dazu kursorisch etwa *Rengier*, Strafrecht AT, § 39, Rn. 1 ff.; weiterführend sodann *Radtke*, in: MüKo-StGB, § 11, Rn. 140 sowie ferner monografisch *Ceffinato*, Vollendungsumkehr, S. 127 ff.

[52] Eindrücklich *Rengier*, Strafrecht AT, § 39, Rn. 4: „Hinter den vorhandenen Regelungen zur tätigen Reue steckt allerdings kein widerspruchsfreies System."

[53] Zum Erfordernis Teil 5 B. III. 1. b).

finden, sieht sich der Betroffene weiterhin einem steuerrechtsbegründeten Zwang zur selbstbelastenden Verfahrensförderung ausgesetzt.

In den somit angeschnittenen Bereich fortwährender nemo tenetur-Konflikte fällt schließlich auch ein bereits in Teil 5[54] angerissenes Gemengeproblem. So treiben die ausladenden Voraussetzungen des § 371 Abs. 1 AO an die ebenda geforderte Berichtigungserklärung[55] den Selbstanzeigenden, dessen steuer- und allgemeindeliktische Missetaten nur hinreichend eng miteinander verwoben sind, in die prekäre Situation, steuerliche Straffreiheit zuweilen nur unter der Prämisse erhalten zu können, den nichtsteuerstrafrechtlichen Part seines Fehlverhaltens ebenfalls zu offenbaren. Nimmt jene allgemeindeliktische Komponente des Tatgeschehens nun aber an der materiellen Befreiungswirkung des steuerrechtlichen Befreiungsinstituts nicht teil[56], muss der Anzeigewillige auch hier auf die allgemeinen Gewährleistungen des Rücktritts wie der tätigen Reue vertrauen, wird derweil jedoch bitter enttäuscht, soweit diese Mechanismen aus den vorstehend skizzierten Gründen nicht greifen. Das Zusammenspiel der inhaltlichen Disparität der Regelungsbereiche des § 371 AO und der allgemeindeliktischen Straffreiheitssysteme mit der gleichzeitig rechtsfolgenseitigen Beschränkung der jeweiligen Befreiungswirkung begründet unter diesen Umständen das individuelle Dilemma, die Option der strafbefreienden Selbstanzeige bisweilen nur unter Offenbarung allgemeindeliktischer Informationen bei insoweit fortbestehender Strafbarkeitsandrohung wahrnehmen zu können, und ruft so mancherorts eine zumindest faktisch echte Selbstbelastungsproblematik auf den Plan, deren Beachtlichkeit im hiesigen System sowie gegebenenfalls sachangemessene Behandlung an späterer Stelle noch näher zu ergründen sein werden.

III. § 393 AO als designierte Lösung des Konflikts

Alle Hoffnung auf nachhaltige Konfliktlösung durch die Abgabenordnung selbst kondensiert damit abermals in der Bestimmung des § 393 AO. Deren im vorliegenden Kontext allgemeindeliktsicher Selbstbezichtigung einschlägiger Absatz 2 geht dabei einen systematisch anderen Weg als die bereits beleuchtete Parallelvorschrift des Absatzes 1, bereitet hierbei jedoch mitnichten weniger Probleme als sein steuerstrafrechtliches Pendant.

---

[54] Teil 5 B. III. 1. b).
[55] Dazu näher Teil 5 B. III. 1. a).
[56] Siehe nur Teil 5 B. III. 1. b) mit Fn. 175.

A. Die positivrechtlichen Schutzmechanismen der Abgabenordnung

1. Vom Inhalt und der Systematik der Norm

Noch verhältnismäßig zügig erschließt sich der intendierte Bewältigungsansatz. Soweit der Staatsanwaltschaft oder dem Gericht[57] in einem Strafverfahren aus den Steuerakten Tatsachen oder Beweismittel[58] bekannt werden, die der Steuerpflichtige[59] der Finanzbehörde vor Einleitung des Strafverfahrens oder in Unkenntnis der Einleitung des Strafverfahrens[60] in Erfüllung steuerrechtlicher Pflichten[61] offenbart[62]

---

[57] Die Ausgestaltung der Norm scheint an dieser Stelle zu eng. Offenbar blieb es dem Gesetzgeber verborgen, dass strafprozessuale Ermittlungsaufgaben realiter zuvörderst von der Kriminalpolizei wahrgenommen werden. Über den Wortsinn hinaus ist § 393 Abs. 2 S. 1 AO daher auch auf polizeiliche Hoheitsträger anzuwenden, wäre es den positivierten Verfolgungsbehörden doch andernfalls ein Leichtes, sich der Gefahr eines drohenden Verwertungsverbots dadurch zu entledigen, allgemeindeliktische Ermittlungstätigkeiten schlicht der Polizei zu überantworten, wie hier *Bülte*, in: Graf/Jäger/Wittig, § 393 AO, Rn. 77; *Drüen*, in: Tipke/Kruse, § 393, Rn. 76; *Hilgers-Klautzsch*, in: Kohlmann, § 393, Rn. 210; *Jesse*, DB 2013, 1812; *Tormöhlen*, in: Hübschmann/Hepp/Spitaler, § 393, Rn. 130.

[58] Tatsachen sind dabei innere oder äußere Ereignisse oder Zustände, die dem Beweis zugänglich sind. Beweismittel ist dagegen jedes Erkenntnismittel, das nach den Grundsätzen der Logik, nach allgemeiner Erfahrung oder wissenschaftlichen Erkenntnissen geeignet ist oder sein kann, das Vorliegen oder Nichtvorliegen von Tatsachen zu beweisen, siehe *Besson*, Steuergeheimnis, S. 157 f.; *Joecks*, in: Joecks/Jäger/Randt, § 393, Rn. 86; *Rütters*, wistra 2014, 381 f.; *Tormöhlen*, in: Hübschmann/Hepp/Spitaler, § 393, Rn. 131 f.

[59] Analog zu den subjektiven Defiziten des § 393 Abs. 1 S. 2 AO (dazu Teil 5 B. IV. 2., Fn. 210) ist auch § 393 Abs. 2 S. 1 AO auf alle Beschuldigte eines Steuerstrafverfahrens entsprechend anzuwenden, siehe nur *Tormöhlen*, in: Hübschmann/Hepp/Spitaler, § 393, Rn. 134 f. Ähnlich auch *Joecks*, in: Joecks/Jäger/Randt, § 393, Rn. 72, der zu diesen Ergebnissen über eine erweiterte Auslegung des Begriffs des Steuerpflichtigen im Sinne des § 33 AO kommt.

[60] Insoweit ist man sich noch einig, dass der Begriff des Strafverfahrens hier das gegen den Steuerpflichtigen gerichtete Steuerstrafverfahren meint, das jenen Sachverhalt zum Gegenstand hat, auf welches sich das Besteuerungsverfahren bezieht, siehe nur *Tormöhlen*, in: Hübschmann/Hepp/Spitaler, § 393, Rn. 142 sowie *Hilgers-Klautzsch*, in: Kohlmann, § 393, Rn. 194; vgl. auch *Joecks*, in: Joecks/Jäger/Randt, § 393, Rn. 80 und *Seipl*, in: Gosch, § 393, Rn. 123 ff.

[61] Dass ebenjene Pflichtenanordnung im Anschluss an etwa BVerfG v. 27.4.2010 – 2 BvL 13/07, wistra 2010, 343; BGH v. 5.5.2004 – 5 StR 548/03, BGHSt 49, 147; *Besson*, Steuergeheimnis, S. 158; *Jäger*, in: Klein, § 393, Rn. 45; *Tormöhlen*, in: Hübschmann/Hepp/Spitaler, § 393, Rn. 137 m. w. N. unter dem Erfordernis zumindest potentieller Zwangsandrohung stehen muss, fließt im hiesigen System schon aus der obigen Erkenntnis, dass eine Rechtspflicht ohne Zwangsbewehrung normativ zur Obliegenheit verkommt und insoweit nicht mehr imstande ist, aus sich selbst heraus nemo tenetur-beachtlichen Zwang zu generieren (siehe dazu nur Teil 5 B. IV. 2. a)).
Überdies kann unter dem Eindruck des § 90 Abs. 1 S. 2 AO die bloß inhaltlich indifferente Mitwirkung des Einzelnen zur tatbestandsmäßigen Pflichtentreue nicht ausreichen (so aber noch BayObLG v. 18.11.1997 – 3 St RR 227/97, wistra 1998, 118; BayObLG v. 6.8.1996 – 4 St RR 104/96, BayObLGSt 1996, 127; *Spriegel*, wistra 1997, 324 f.). In Erfüllung steuerrechtlicher Pflichten handelt der Steuerpflichtige daher nur, wenn er eine wahrheitsgemäße Erklärung abgibt (zustimmend *Jäger*, in: Klein, § 393, Rn. 49; *Jarke*, wistra 1997, 327; *Joecks*, wistra 1998, 88 ff.; *Maier*, wistra 1997, 53 f.; *Rogall*, in: FS-Kohlmann, S. 490 ff.;

hat, erklärt § 393 Abs. 2 S. 1 AO den Verfolgungsbehörden auf ebendiese Weise zugefallene Informationen für prinzipiell strafprozessual[63] unverwertbar – und trägt so dem auch unter den Leitsätzen des hiesigen Systemverständnisses validen Gedanken Rechnung, dass die effektive Behandlung steuerlicher Selbstbelastungskonflikte nicht zwingend den Eingriff in die hoheitliche Zwangsanwendung aufseiten des Steuerrechts erfordert, sondern ingleichen an der Komponente repressionsorientierter Verwertung ansetzen kann.[64] Wenn also schon das Institut des § 30 AO allgemeindeliktisch konnotierten Informationen einen ungleich stärkeren Geheimnisschutz verleiht als steuerstrafrelevanten solchen[65], führt § 393 Abs. 2 AO diesen einmal eingeschlagenen Kurs informatorischer Verfahrensabschottung konsequent fort und versieht ebenjenes Wissen, vorbehaltlich des § 393 Abs. 2 S. 2 AO, mit dem Makel repressionsprozessualer Unverwertbarkeit, soweit es den Verbürgungen der Amtsverschwiegenheit zum Trotz in die Hände der Verfolgungsbehörden fällt.

So klar damit noch das verfolgte Regelungskonzept als systematische Ergänzung des Steuergeheimnisses[66], so unklar die tatbestandliche Umsetzung in Teilen. Nicht immer bietet die Norm in wünschenswerter Klarheit die Antwort auf sich auftuende Auslegungsfragen. Allen voran der Passus des Bekanntwerdens „in einem Strafverfahren aus den Steuerakten" birgt hier definitorische Unwägbarkeiten auf einem Terrain, dessen nähere Erschließung unmittelbaren Einfluss auf die Reichweite des Verwertungsverbots, mithin das Ausmaß der hierdurch garantierten Konfliktbewältigung besitzt. Im Folgenden nachgegangen sei daher der Frage, wie sich der bezeichneten Passage begriffsbestimmungstechnisch genähert werden soll, um so mittelbar beantworten zu können, wo das Verbot des § 393 Abs. 2 S. 1 AO den Einzelnen vor dem Fluss selbstinkriminierender Daten in ein allgemeines Strafverfahren konkret bewahrt.

Tormöhlen, in: Hübschmann/Hepp/Spitaler, § 393, Rn. 138, den es gar „überrascht, dass über diese Frage ein Dissens besteht.").

[62] Dieses Offenbarungsmerkmal ist nach gängiger Auffassung weit auszulegen und umfasst neben jedem aktiven Tun auch das Erdulden der Kenntnisnahme durch die Finanzbehörde, siehe *Besson*, Steuergeheimnis, S. 159; *Hilgers-Klautzsch*, in: Kohlmann, § 393, Rn. 191; *Jäger*, in: Klein, § 393, Rn. 48; *Tormöhlen*, in: Hübschmann/Hepp/Spitaler, § 393, Rn. 133 m.w.N. Dies verwundert. Selbst auf dem Boden des zur Konturierung nemo teneturprivilegierter Verhaltensweisen in praxi wohl vorherrschenden Aktiv-Passiv Dogmas (dazu näher Teil 4 B. II. 2. a)) ist der insoweit verbürgte Schutzstandard überobligatorisch.

[63] Im Bußgeldverfahren gilt die Norm qua Verweisung des § 410 Abs. 1 Nr. 4 AO.

[64] Dazu ausführlich Teil 5 C. I.

[65] Siehe nur Teil 6 A. I.

[66] So auch etwa BGH v. 5.5.2004 – 5 StR 548/03, BGHSt 49, 145; *Drüen*, in: Tipke/Kruse, § 393, Rn. 74; *Hilgers-Klautzsch*, in: Kohlmann, § 393, Rn. 185; *Jäger*, in: Klein, § 393, Rn. 45; *Jesse*, DB 2013, 1812; *Tormöhlen*, in: Hübschmann/Hepp/Spitaler, § 393, Rn. 20f., 128.

2. Die Unschärfen des Bekanntwerdens in einem Strafverfahren

a) Die Tücken des Strafverfahrensbegriffs

Der erste Disput entflammt hier bereits am Merkmal des Strafverfahrens. Abseits der beschriebenen Einigkeit[67] betreffend die – das Verwertungsverbot in temporaler Hinsicht konturierende – Einleitung des Strafprozesses respektive die individuelle (Un-)Kenntnis hierüber herrscht mit Blick auf den Passus des Bekanntwerdens von Tatsachen „in einem Strafverfahren" Streit über die genaue Definition des Topos. Konkreter dreht sich hierbei alles um die Frage, ob sich der Begriff auch an dieser Stelle in der Erfassung allein der Verfolgung steuerlicher Missetaten dienenden Verfahren erschöpft oder eben nicht doch mehr in sich vereint.

So interpretieren manche[68] den Ausdruck in gleichem Maße eng sowie steuerspezifisch. Da die Steuerakten des -pflichtigen im Hinblick auf § 30 Abs. 4 Nr. 1 i.V.m. Abs. 2 Nr. 1 lit. b) AO nur in einem Steuerstraf- bzw. steuerlichen Bußgeldverfahren überhaupt beigezogen werden dürfen, könne der Begriff des Strafverfahrens hier ausschließlich solche in steuerkonnotierten Straf- bzw. Bußgeldsachen meinen; bereits der unmittelbare Rekurs auf die Steuerakte bewirke so die Restriktion des Verfahrensbegriffs.[69] Darüber hinaus finde eine solch einschränkende Lesart ihre Stütze aber auch in einem systematischen Vergleich des § 393 Abs. 2 S. 1 AO mit der Offenbarungsbefugnis des § 30 Abs. 4 Nr. 4 lit. a) AO. Wenn letztere ausdrücklich nur von Steuerstraftaten spreche, das Verbot des § 393 Abs. 2 AO nun aber schon kraft teleologischer Zwecksetzung eng mit dem Steuergeheimnis verwoben sei, führe diese Liaison der Institute nicht nur zu der erkennbar strukturell ähnlichen Ausgestaltung der Vorschriften, sondern auch dazu, dass sich die Interpretationslinie der Offenbarungsnorm auf das Verwertungsverbot durchschlage.[70] Endgültige Verifikation erfahre dieser Auslegungsgleichlauf sodann schließlich vor dem Hintergrund der Binnensystematik des § 393 AO selbst, verwende doch auch § 393 Abs. 1 S. 3 AO den Begriff des Strafverfahrens im ausschließlich steuerspezifischen Sinne.[71] Wolle man also mit der inneren Systematik der Norm nicht brechen, könne auch für die Verbotsfragen des Absatzes 2 nichts anderes gelten.[72] Im Ergebnis seien daher Informationen, die den Verfolgungsbehörden aufgrund einer anderweitigen Kenntnisnahme „außerhalb des Steuerstrafverfahrens" zufallen, vom

---

[67] Siehe nur Teil 6 A. III. 1., Fn. 60.

[68] Etwa *Bülte*, in: Graf/Jäger/Wittig, § 393 AO, Rn. 78 f.; *Roth*, in: Rolletschke/Kemper/ Roth, § 393, Rn. 141; *Seipl*, in: Gosch, § 393, Rn. 126; *Tormöhlen*, in: Hübschmann/Hepp/ Spitaler, § 393, Rn. 142 f., 149.

[69] *Klaproth*, in: Schwarz/Pahlke, § 393, Rn. 52; *Roth*, in: Rolletschke/Kemper/Roth, § 393, Rn. 141; *Seipl*, in: Gosch, § 393, Rn. 126; *Tormöhlen*, in: Hübschmann/Hepp/Spitaler, § 393, Rn. 149.

[70] *Roth*, in: Rolletschke/Kemper/Roth, § 393, Rn. 141; *Tormöhlen*, in: Hübschmann/Hepp/ Spitaler, § 393, Rn. 142.

[71] Siehe dazu auch die Ausführungen in Teil 5 B. IV. 2. c).

[72] *Roth*, in: Rolletschke/Kemper/Roth, § 393, Rn. 141.

Verwertungsverbot des § 393 Abs. 2 S. 1 AO ausgenommen und eine Verwertung ebenjener Daten im allgemeinen Strafverfahren sei, zumindest aus der Warte des § 393 AO[73], weiterhin möglich.

Hiergegen wenden sich insbesondere das Oberlandesgericht Stuttgart[74] und dessen Anhänger[75]. Anlässlich der Revision der erstinstanzlichen Verwertung einer finanzamtlichen Mitteilung an das Registergericht des Amtsgerichts für die Zwecke eines Strafverfahrens wegen falscher Angaben gemäß § 82 Abs. 1 Nr. 1 GmbHG stellten die Stuttgarter Richter fest: „Entscheidend für die Anwendung der Vorschrift [des § 393 Abs. 2 S. 1 AO] ist dabei, ob Quelle der Tatsachen oder Beweismittel die Steuerakten sind; nicht dagegen, auf welchem Wege die Tatsachen oder Beweismittel der Staatsanwaltschaft oder dem Gericht bekannt geworden sind."[76] Strukturell verschiebt das Gericht damit den Fokus der Problemlösung weg von der strengen Verfahrensgebundenheit der Informationsoffenbarung hin zum Schutz bzw. der Schutzwürdigkeit des Datums selbst, so jenes denn nur der Steuerakte entstammt. Inhaltlich schürt die Argumentation jedoch Zweifel. Liest man die Entscheidungsgründe nur einen Satz weiter, führt das Gericht ferner aus: „Eine Auslegung des Gesetzes dahin, nur durch unmittelbare Einsichtnahme in die Steuerakte selbst bekanntgewordene Tatsachen oder Beweismittel dürften von Gericht oder Staatsanwaltschaft nicht verwertet werden, würde die Vorschrift ihres Schutzcharakters weitgehend entkleiden und entspricht nicht Sinn und Zweck des Gesetzes."[77], und die so vielversprechend begonnene Argumentation entpuppt sich schnell als eigentliche Behandlung des Erfordernisses unmittelbarer Kenntnisnahme direkt aus den Steuerakten, mithin einer der Problematik der Definition des Strafverfahrens nachgelagerten Fragestellung. Uneingeschränkten Zuspruch in Ergebnis und Begründung verdient dieser Gedankengang also nicht.

Gleichwohl liefert er einen ersten brauchbaren Ankerpunkt für die Kritik an der von *Roth* so bezeichneten „herrschenden Lehre"[78]:

Diese findet ihren Ausgang zunächst in der von der restriktiven Auffassung bereits nicht hinreichend zwingend vorgetragenen grammatisch-binnensystematischen Fundierung: Der Wortsinn des § 393 Abs. 2 S. 1 AO unterscheidet sich von jenem des § 393 Abs. 1 S. 3 AO. Wenn die Abgabenordnung nun für den Bereich der Verwertungsbeschränkung im Gegensatz zur Regelung des Zwangsmittelverbots gerade keine Verfahrenseinleitung wegen einer „solchen" Tat fordert, entbehrt sie damit nicht etwa nur der Anordnung eines rein deklaratorischen Pronomens, sondern

---

[73] Zu etwaigen Korrekturversuchen im Anschluss an diese Restriktion sogleich.

[74] OLG Stuttgart v. 16.4.1986 – 2 Ss 772/86, wistra 1986, 191 f.

[75] *Drüen*, in: Tipke/Kruse, § 393, Rn. 74; *Hilgers-Klautzsch*, in: Kohlmann, § 393, Rn. 215; *Rütters*, wistra 2014, 382; vgl. auch *Joecks*, in: Joecks/Jäger/Randt, § 393, Rn. 84.

[76] OLG Stuttgart v. 16.4.1986 – 2 Ss 772/86, wistra 1986, 192.

[77] OLG Stuttgart v. 16.4.1986 – 2 Ss 772/86, wistra 1986, 192.

[78] *Roth*, in: Rolletschke/Kemper/Roth, § 393, Rn. 141; so auch *Bülte*, in: Graf/Jäger/Wittig, § 393 AO, Rn. 78 f.

A. Die positivrechtlichen Schutzmechanismen der Abgabenordnung 419

vielmehr der konstitutiv-ausdrücklichen Inbezugnahme des Steuerstrafrechts. Kann der Topos des Strafverfahrens in § 393 Abs. 2 S. 1 AO somit nicht ohne Weiteres kraft Koppelung an § 393 Abs. 1 S. 2 AO steuerstrafrechtlich aufgeladen werden, bleibt der Terminus für sich betrachtet dieserorts indifferent und für die Belange der infragestehenden Definitionsfindung insoweit wenig hilfreich.

Aber auch die aus der normativen Relevanz der Steuerakte gezogenen systematischen Schlüsse halten einer näheren Analyse nicht stand. So mag die Begründung, dass die Steuerakte des Verfahrensunterworfenen in umfassender Weise allein für die Zwecke steuerrelevanter Straf- bzw. Bußgeldverfahren beigezogen werden darf, zwar aus der Warte des § 30 Abs. 4 Nr. 1 i. V. m. Abs. 2 Nr. 1 lit. b) AO zutreffen, dies bedeutet jedoch nicht, dass dem Steuergeheimnis unterliegende deliktische Informationen den zuständigen Verfolgungsbehörden nur in diesem Umfang zuflössen. Insbesondere seit dem Jahre 2002 wird der im Vergleich zu steuerstrafkonnotierten Daten gehobene Geheimnisschutz allgemeindeliktischer solcher[79] kontinuierlich relativiert, agiert die Finanzverwaltung infolge der sukzessiven Ausweitung der Offenbarungsbefugnisse wie jener des § 30 Abs. 4 Nr. 2 i. V.m. § 31b AO doch aufgezeigtermaßen[80] mehr und mehr als Ersatzinformant der Repressionsbehörden. Dürfen bzw. müssen ebenjene Finanzbeamte die allgemeindeliktisch inkriminierenden Daten de lege lata somit immer öfter an die einschlägigen Verfolgungsstellen abgeben, mag eine Offenbarung zur Förderung steuerlicher Repressionsverfahren mit Sicherheit das numerische Gros der Kundgabevorgänge ausmachen. Dass geschützte Informationen aus den Steuerakten – oder anders: Teile der Steuerakte selbst – den Machtbereich der Finanzverwaltung nur in diesem Szenario in Richtung der sachbetrauten Repressionsstellen verlassen, ist vor dem Hintergrund dieser Erwägungen indes nur schwerlich haltbar.

Unmittelbar hieran schließt sich sodann eine teleologische Überlegung. § 393 AO soll als designierte Kollisionsvorschrift schon qua rationellem Selbstverständnis das Binnenverhältnis von Besteuerungs- und Strafverfahren gestalten.[81] Hierbei kommt der Norm in Summe – in concreto also auch den Regelungen des § 393 Abs. 2 AO[82] – ein zielgerichteter Lösungsauftrag für auftretende nemo tenetur-Konflikte zu, der die vorliegende Bestimmungsproblematik in das richtige Licht rückt: Selbstredend erscheint das Friktionspotential bei Kundgabe pflichtgemäß selbstbelastend abgegebener Informationen in das korrelierende Steuerstrafverfahren, eingedenk der weitreichenden Offenbarungserlaubnis des § 30 Abs. 4 Nr. 1 i. V.m. Abs. 2 Nr. 1 lit. b) AO, immens. Dieses quantitativ ausufernde Spannungsfeld darf jedoch nicht den Blick darauf verstellen, dass sich der Einzelne unter dem Eindruck der §§ 30

---

[79] Siehe nur Teil 6 A. I.
[80] Teil 6 A. I. 1. mit Fn. 14.
[81] Siehe Teil 5 B. IV. mit Fn. 197 sowie die Ausführungen in Teil 5 C. II. 2.
[82] Nicht überzeugend dagegen *Bülte*, in: Graf/Jäger/Wittig, § 393 AO, Rn. 79, der den Zweck der Vorschrift lediglich in der Kollisionslösung mit dem Steuerstrafverfahren sehen möchte.

Abs. 4 Nr. 2 und 5 AO auch beim hoheitlichen Datentransfer in ein allgemeines Strafverfahren einer gewissen Gefahr zwangsweiser Selbstbezichtigung ausgesetzt sieht, die der vorbezeichneten in qualitativer Hinsicht freilich nicht nachsteht. Mit Blick auf das teleologische Schutzgut des § 393 Abs. 2 S. 1 AO, namentlich die Gefahr zwangsweiser Selbstbezichtigung mit Allgemeindelikten durch steuerprozessuale Pflichtentreue, macht es keinen materiellen Unterschied, ob sich das bestehende Risiko infolge einer Offenbarungssituation nach § 30 Abs. 4 Nr. 1 AO oder einer solchen nach Nummer 2 oder 5 realisiert – respektive deutlicher noch: Aus der Perspektive abzuschirmender Selbstbelastungsgefahren ist es schlichtweg irrelevant, ob die steuerlich zwangsweise erhobenen Informationen in ein Steuerstraf- oder ein allgemeindeliktisches Strafverfahren abgegeben werden, so sie am Ende nur zu Repressionszwecken Beachtung finden. Die bloß faktisch größere Anzahl an nemo tenetur-konfligierenden Offenbarungen im steuerstrafprozessualen Kontext macht den Verstoß im Einzelfall des allgemeindeliktischen Strafverfahrens qualitativ nicht minder schwer.

Letztlich darf auch hier der Blick für das eigene System nicht verloren gehen: Ausschlaggebend für den Schutzbereich der Selbstbelastungsfreiheit bzw. der Ausstrahlungsdimension ebenjenes Grundsatzes ist nach hiesiger Diktion die Kollusion der Elemente „Zwang" und „Verwertung".[83] Wenn die Steuerrechtsordnung den Einzelnen nun also zur selbstbelastenden Mitwirkung im Pflichtenwege anhält, ist die hörig gelieferte Information bereits das zwangsweise – da pflichtgemäß – abgegebene Datum. Kann also die Zwangskomponente der Ausstrahlungswirkung an diesem Punkt nunmehr weder geleugnet noch ausgeschlossen werden, muss der sich auftuende Konflikt eben zwingend via Eliminierung des Komplementärelements gelöst und die Verwertung im einschlägigen Strafverfahren konsequent unterbunden werden, ganz egal, ob die Friktion auf dem Informationsfluss in ein steuerliches oder ein allgemeines Strafverfahren beruht. Sieht man also mit der hier vertretenen Auffassung bereits in der Kooperationsanordnung das tenetur-relevante Zwangselement[84] und wird die Steuerakte durch kooperativ offenbarte Tatsachen und Beweismittel genährt, ist an dieser Stelle insoweit, und nur insoweit, der Argumentation des Oberlandesgerichts zuzustimmen: „Entscheidend für die Anwendung der Vorschrift ist [...], ob Quelle der Tatsachen oder Beweismittel die Steuerakten sind."[85]

Und dann ist da noch die problemträchtige Fernwirkung, die die restriktive Auffassung zeitigt. Auch den Vertretern der engen Definitionslinie bleibt der soeben herausgestellte Selbstbelastungsdisput im Metier allgemeindeliktischer Vortaten

---

[83] Dazu ausführlich Teil 4 B. I. 2. f) cc) sowie Teil 4 C. I. respektive zur Modifikation der Elemente im Ausstrahlungsbereich insbesondere Teil 4 E. II. 3. a) und b).

[84] Teil 4 C. I.; Teil 5 A. II. 3.

[85] OLG Stuttgart v. 16.4.1986 – 2 Ss 772/86, wistra 1986, 192.

A. Die positivrechtlichen Schutzmechanismen der Abgabenordnung

nicht verborgen.[86] Wenn diesem Ansatz zufolge also solche Fälle der Kenntniserlangung außerhalb des Steuerstrafverfahrens kategorisch aus dem Anwendungsbereich des Verwertungsverbots scheiden, bedarf es zur effektiven Wahrung des nemo tenetur-Satzes im Steuerrecht eines anderweitigen Sicherungsinstituts; endgültig schutzlos verbleiben kann der Einzelne ja schon aus Konstitutionsgründen nicht. In Anbetracht dieses drohenden Verfassungsverstoßes sei die Selbstbelastungsgefahr in diesen Situationen daher mithilfe eines unmittelbar dem Grundgesetz entnommenen Verwertungsverbots abzuwenden, das seinerseits ohne die Einschränkung des § 393 Abs. 2 S. 2 AO konzipiert werden soll[87], hierdurch aber gerade den Blick auf ein empfindliches Methodenproblem freigibt. Sieht sich, und soviel sei an dieser Stelle bereits verraten, die Ausnahme § 393 Abs. 2 S. 2 AO nämlich erheblichen verfassungsrechtlichen Bedenken ausgesetzt[88], befindet sich die Rechtsfortbildungsthese in einem überaus misslichen Dilemma. So hat man entweder die Option, methodische Grundsätze richterlicher Rechtsschöpfung umfassend zu achten, den gesetzgeberischen Regelungswillen konsequent zu respektieren und daher auch die, wie noch aufzuzeigen sein wird, verfassungsrechtlich höchst problematische Ausnahme des § 393 Abs. 2 S. 2 AO in den rechtsfortgebildeten Teil des verfassungsunmittelbaren Verwertungsverbotes mitaufzunehmen, gipfelnd in dem fast schon paradoxen Ergebnis, dass durch die intendierte verfassungs*konforme* Rechtsfortbildung ein verfassungs*widriger* Zustand sehenden Auges herbeigeführt wird; oder man stellt sich auf den aus Gewaltenteilungsperspektive höchst fragwürdigen Standpunkt, die Ausnahme des Verwertungsverbots bei zwingendem öffentlichem Interesse könne auf Rechtsfortbildungsstufe schlicht ausgespart werden.[89] So wie so bleibt das Ergebnis aus methodischer Warte unbefriedigend. Wer den Anwendungsbereich des § 393 Abs. 2 S. 1 AO entgegen seiner Teleologie also übermäßig eng konturiert, wird ebendiesen Malus im Nachgang kaum noch methodenehrlich korrigieren können.

Im Ergebnis können damit die Argumente für eine Beschränkung des Strafverfahrensbegriffs rein auf steuerrelevante solche nicht überzeugen. Insbesondere aus systematischen wie teleologischen Gründen ist der Topos auch auf allgemeindeliktische Strafsachen zu erstrecken.

---

[86] Siehe nur *Roth*, in: Rolletschke/Kemper/Roth, § 393, Rn. 143 oder *Tormöhlen*, in: Hübschmann/Hepp/Spitaler, § 393, Rn. 156.

[87] So etwa *Nossen*, in: Wannemacher & Partner, Rn. 4018; *Roth*, in: Rolletschke/Kemper/Roth, § 393, Rn. 143; *Tormöhlen*, in: Hübschmann/Hepp/Spitaler, § 393, Rn. 156; vgl. ferner *Rogall*, in: FS-Kohlmann, S. 489, der insoweit allgemeine Beweisverbotsgedanken angestellt sehen möchte.

[88] Dazu näher sogleich Teil 6 A. III. 5. respektive Teil 6 B. I.

[89] Siehe etwa BVerfG v. 27.4.2010 – 2 BvL 13/07, wistra 2010, 343: „Das Verwertungsverbot, das die erstgenannte Ansicht in den von § 393 Abs. 2 AO nicht erfassten Fällen [der Kenntnisnahme außerhalb des Steuerstrafverfahrens] unmittelbar aus dem Grundgesetz herleiten will, hätte möglicherweise ohne eine dem § 393 Abs. 2 Satz 2 AO entsprechende Ausnahme begründet werden können.", und *Rütters*, wistra 2014, 382.

b) Vom Bekanntwerden „in" einem Strafverfahren

Damit noch nicht entschieden ist aber, wann die Tatsache oder das Beweismittel „in" einem solchen Strafverfahren bekannt wird. Klar ist hier allenfalls noch das Ausgangsszenario: Zieht das Gericht oder die Staatsanwaltschaft im laufenden Strafverfahren Tatsachen oder Beweismittel aus den offenbarten Akten der Steuerbehörde hinzu und werden hierdurch Erkenntnisse zutage gefördert, die die Repressionsbehörden zuvor noch nicht hatten, liegt nachvollziehbar und – soweit ersichtlich – unstreitig das geforderte Bekanntwerden „in" einem Strafverfahren vor. Abseits dieses Idealsachverhalts wird die Beurteilung jedoch ungleich schwerer. Soweit die hoheitlich repressive Kenntniserlangung nicht auf einem unmittelbaren Informationsfluss zwischen dem Finanzamt und der Verfolgungsstelle qua mit Blick auf die Regelung des § 30 AO zulässiger Offenbarung beruht, erheischt abermals ein empfindliches Definitionsproblem Relevanz, das an folgenden zwei Beispielen verdeutlicht werden soll:

So sei zum einen an die bereits beschriebene Fallkonstellation der Entscheidung des Oberlandesgerichts Stuttgart[90] erinnert, entsprang das Wissen um die allgemeindeliktischen Tatumstände aufseiten des erstinstanzlichen Strafgerichts hier doch freilich nicht der unmittelbaren Kommunikation mit der Besteuerungsbehörde, wenn sich dieses gerade der ursprünglich an das Registergericht des Amtsgerichts adressierten Mitteilung des Finanzamts bediente. Zum anderen scheint aber auch der der Entscheidung des Bundesverfassungsgerichts vom 27.4.2010[91] zugrundeliegende Sachverhalt geradezu prädestiniert zur Illustration der vorliegenden Problematik: Im Mai und im Juni 2004 überprüften die Zolldienststellen das Unternehmen des später Beschuldigten zunächst ohne jede Beanstandung. Rund ein halbes Jahr später erfuhren sie jedoch gelegentlich einer – auf Betreiben der zwischenzeitlich angeordneten steuerlichen Betriebsprüfung anberaumten und dem Zweck der steuerlichen Informationsbeschaffung bei den Zollbehörden dienenden – gemeinsamen Dienstbesprechung zwischen Finanzamt, Zoll und Steuerfahndung von Ungereimtheiten im Unternehmensablauf, die den Zollbeamten bis dato in Gänze unbekannt waren, nach deren Auffassung jedoch nunmehr einen strafprozessualen Anfangsverdacht begründeten. Aufgrund dieser neuen Erkenntnisse leitete der Zoll daher ein allgemeindeliktisches Ermittlungsverfahren wegen des Verdachts des Vorenthaltens und Veruntreuens von Arbeitsentgelt sowie des Betruges ein, schließlich endend in der öffentlichen Anklage des Beschuldigten.

In beiden Konstellationen fragt sich damit, wo bzw. in welchem Verfahren den einschlägigen Verfolgungsbehörden die inkriminierenden Informationen bekannt wurden. Denkbar (und zumindest semantisch naheliegend) wäre es dabei einerseits, auf jenes Verfahren abzustellen, das den kausalen Anlass für die infragestehende Informationsoffenbarung lieferte, konkret bezogen auf die obigen Beispiele also

---

[90] OLG Stuttgart v. 16.4.1986 – 2 Ss 772/86, wistra 1986, 191 f.
[91] BVerfG v. 27.4.2010 – 2 BvL 13/07, wistra 2010, 341 ff.

A. Die positivrechtlichen Schutzmechanismen der Abgabenordnung   423

jenes Verfahren, welches die Finanzbehörde jeweils führte, noch fallspezifischer mithin das der Außenprüfung respektive der Mitteilung an das Registergericht. Andererseits scheint aber auch ein Rekurs auf das von der Strafverfolgungsbehörde selbst geführte Verfahren nicht ausgeschlossen: In dieser Manier erkennt etwa *Hilgers-Klautzsch*[92] im Kontext der Analyse der Entscheidung des Oberlandesgerichts Stuttgart auf ein Bekanntwerden im (allgemeinen) Strafverfahren, was wiederum keinen anderen Schluss zulässt als den, dass es nach deren Auffassung für das Bekanntwerden eben gerade nicht auf das die Tatsachen de facto ans Licht bringende Referenzverfahren ankommt, sondern auf das von den Verfolgungsbehörden eigenhändig betriebene. Eine solche repressionsorientierte Interpretation scheint dabei aber auch sinnvoll, würde doch andernfalls das Protektorat des § 393 Abs. 2 S. 1 AO und damit der individuelle nemo tenetur-Schutz des Betroffenen abermals von tatsächlichen Unsicherheiten abhängen, hier eben von jener, ob die einschlägige Strafverfolgungsbehörde die konkrete Information zufällig auf ordentlichem Wege via Aktenbeiziehung erlangt oder aber durch Abfangen anderweitig übermittelter Daten im Drittverfahren. Insbesondere mit *Besson* ist daher davon auszugehen, dass, soweit die Verfolgungsbehörden die ihnen in einem anderen Verfahren faktisch zur Kenntnis gelangten Tatsachen und Beweismittel in das von ihnen geführte Repressionsverfahren gegen den Steuerpflichtigen einführen, ebenjene Einführung bewirkt, dass die dem Repressionsverfahren bis zu diesem Verwertungszeitpunkt unbekannten Sachaufklärungsmittel diesem nunmehr bekannt werden.[93] Erst sobald und nur soweit die Daten die Schwelle der Verwertung im Strafprozess überschreiten, gelten sie damit, gänzlich ungeachtet ihres informationsoffenbarenden Quellverfahrens sowie des Zeitpunkts der tatsächlichen Kenntnisnahme, für die Zwecke des § 393 Abs. 2 S. 1 AO als „in einem Strafverfahren" bekannt geworden.[94]

Fortgedacht erschließt sich sodann auch, warum die vorbezeichneten Grundsätze unabhängig davon Geltung beanspruchen müssen, ob die hoheitlich repressive Informationsbeschaffung im Einklang mit dem oder unter Verstoß gegen das Steuer-

---

[92] *Hilgers-Klautzsch*, in: Kohlmann, § 393, Rn. 215.

[93] Klarsichtig *Besson*, Steuergeheimnis, S. 160.

[94] Freilich schließt sich hieran aber eine kritische Folgefrage: Welche Filterfunktion bleibt dem Passus? Wird insoweit weithin die Aussonderung des Bekanntwerdens in anderen nichtstrafrechtlichen Verfahren, insbesondere also zivil- oder verwaltungsprozessualer Erkenntnisse propagiert (siehe nur *Besson*, Steuergeheimnis, S. 160; *Hilgers-Klautzsch*, in: Kohlmann, § 393, Rn. 211; *Klaproth*, in: Schwarz/Pahlke, § 393, Rn. 52; *Roth*, in: Rolletschke/Kemper/Roth, § 393, Rn. 141; *Teske*, Die Abgrenzung, S. 318; *Tormöhlen*, in: Hübschmann/Hepp/Spitaler, § 393, Rn. 149), ist die tatsächliche Aussonderungswirkung im hiesigen Denken fraglich. Offen bleibt damit nämlich, was mit der Ausgrenzung dieser nichtstrafrechtlichen Erkenntnisse gemeint sein soll. Soweit man das für das Bekanntwerden erhebliche Referenzverfahren im eigens geführten Strafverfahren der Verfolgungsbehörde erblickt und den Ursprung der Informationsoffenbarung in der Steuerakte als den Schutz des § 393 Abs. 2 S. 1 AO auslösenden Umstand ansieht, scheidet eine solche Kenntniserlangung bereits denklogisch aus, wird doch das Strafgericht nie einen Zivilprozess führen, die Staatsanwaltschaft nie ein Verwaltungsverfahren etc.

geheimnis erfolgt.[95] Grund für die Anwendung des Verwertungsverbotes ist an dieser Stelle nicht (nur) der Bruch des Steuergeheimnisses, so er denn überhaupt vorliegt, sondern vielmehr der mit der Informationsverwertung einhergehende Zwang zur allgemeindeliktischen Selbstbezichtigung.

3. Die Unschärfen des Bekanntwerdens aus den Steuerakten

Aber auch damit noch nicht genug – ist der Begriff des Strafverfahrens erst einmal geklärt, schließen sich hieran unmittelbar die nächsten, eng mit dieser Indifferenz verbundenen, wenngleich tatbestandlich davon zu unterscheidenden Definitionsprobleme, hält sich die Vorschrift des § 393 Abs. 2 S. 1 AO doch gleich in doppelter Hinsicht bedeckt, wenn sie die hoheitliche Kenntnisnahme „aus den Steuerakten" fordert.

So bedarf zum einen der Begriff der Steuerakten näherer Kontur. Sind diese per definitionem in erster Linie noch jene Akten, die von der Finanzbehörde in Durchführung des Besteuerungsverfahrens geführt werden, umfasst der Begriff darüber hinaus auch die Verfahrensakten der Finanzgerichte sowie die Akten über eine Außenprüfung nach §§ 193 ff. AO, kurzum also alles, was die mit der Besteuerung betrauten Stellen in ebendieser Eigenschaft dokumentarisch produzieren.[96] E contrario nicht zu diesem Kreis zählen damit jene Dokumente, die von den Finanzbehörden in Erfüllung anderweitiger Aufgaben, insbesondere also in ihrer Eigenschaft als Repressionsbehörden in Form der Bußgeld- und Strafsachenstellen, geführt werden, spezifischer also sogenannte Steuerstrafakten bzw. die Akten der Finanzbehörde im Steuerbußgeldverfahren.[97] Im Grenzbereich dieser differenzierenden Definitionsfindung findet sich sodann die Steuerfahndung, die als doppelrelevante Behörde[98] notwendig auch doppelrelevante Akten produziert. Ob die Unterlagen der Fahndungsstellen dabei gerade in deren Eigenschaft als steuerprozessualer Würdenträger erstellt wurden und damit Steuerakten darstellen oder aber in Ausführung ihrer repressiven Funktion erzeugte Steuerstrafakten sind, bedarf indes als Tatfrage der Beurteilung im Einzelfall.

---

[95] Gleichsinnig *Hilgers-Klautzsch*, in: Kohlmann, § 393, Rn. 217; *Joecks*, in: Joecks/Jäger/Randt, § 393, Rn. 84; *Lohmeyer*, DStZ 1972, 323; dagegen etwa *Tormöhlen*, in: Hübschmann/Hepp/Spitaler, § 393, Rn. 155 f.; anders auch *Rogall*, in: FS-Kohlmann, S. 489.

[96] *Besson*, Steuergeheimnis, S. 160; *Brenner*, StBp. 1975, 278; *Hilgers-Klautzsch*, in: Kohlmann, § 393, Rn. 213; *Jäger*, in: Klein, § 393, Rn. 53; *Joecks*, in: Joecks/Jäger/Randt, § 393, Rn. 83; *Roth*, in: Rolletschke/Kemper/Roth, § 393, Rn. 144; *Seipl*, in: Gosch, § 393, Rn. 127; *Tormöhlen*, in: Hübschmann/Hepp/Spitaler, § 393, Rn. 150.

[97] *Besson*, Steuergeheimnis, S. 160; *Brenner*, StBp. 1975, 278; *Hilgers-Klautzsch*, in: Kohlmann, § 393, Rn. 214; *Jäger*, in: Klein, § 393, Rn. 53; *Joecks*, in: Joecks/Jäger/Randt, § 393, Rn. 83; *Roth*, in: Rolletschke/Kemper/Roth, § 393, Rn. 144; *Tormöhlen*, in: Hübschmann/Hepp/Spitaler, § 393, Rn. 153.

[98] Siehe nur Teil 2 B. II. 2. c).

Zum anderen bleibt aber auch unklar, wann die inkriminierenden Tatsachen und Beweismittel den einschlägigen Verfolgungsbehörden *aus* den Steuerakten bekannt werden. Auch hier stellt sich die Frage der Weite der subjektiven Definitionslinie, im Spezifischen also, ob der individuelle Hoheitsträger die inkriminierenden Daten unmittelbar den Steuerakten entnehmen muss oder insoweit auch eine anderweitige Kenntnisnahme der nur in den Steuerakten befindlichen Informationen genügt. Die konfligierende Gemengelage ist klar: Einerseits darf die Besteuerungsgrundlage nicht schon aufgrund ihrer bloßen Eigenschaft als besteuerungserheblicher Umstand per se dem Strafprozess kategorisch entzogen werden, wäre doch so die Durchführung des Strafverfahrens in rechtsstaatlich unvertretbarer Weise undenkbar[99]; andererseits soll der – den konstitutionellen Grundsatz der Selbstbelastungsfreiheit protegierende – Schutz des § 393 Abs. 2 S. 1 AO aber auch nicht an die tatsächliche Unwägbarkeit geknüpft werden, ob der strafverfolgende Hoheitsträger nun gerade zufällig einen Blick in die Steuerakte wirft – oder eben nicht. Bei Tageslicht ist dem so beschriebenen Spannungsfeld dabei mittels Rückbesinnung auf die bereits gefundenen Grundsätze beizukommen. Unter der Ägide des § 393 Abs. 2 S. 1 AO soll es der Strafverfolgung verwehrt bleiben, an der pflichtgemäß kooperativ ausgearbeiteten Steuerakte partizipieren zu dürfen.[100] Zeigt sich die Steuerakte nun aber als strukturelles Konglomerat steuerprozeduraler Pflichttreue, darf ebenjene Akte die tatsächliche Quelle Strafverfolgungsinformation nicht sein, gänzlich unabhängig davon, wie sie sich ihren Weg hin zu den Strafverfolgungsstellen realiter bahnt. Lässt man sich also auf die teleologische Prämisse intendierter Selbstbelastungsfreiheit ein, kann weder die strenge Restriktion des Verwertungsverbots ausschließlich auf direkt den Steuerakten entnommene Informationen noch der überaus weitgehende Schutz aller aktenrelevanten Besteuerungsumstände überzeugen.[101] Maßgeblich muss es vielmehr sein, ob und inwieweit die bekannt gewordenen Daten aufgrund ihrer kooperationskonnotierten Perpetuierung in der Steuerakte die Kenntnis der Verfolgungsorgane verursacht haben.[102]

Von diesem Standpunkt aus erhellt sodann auch, warum Steuerstrafakten zwar dem Grunde nach keine Steuerakten im Sinne der Vorschrift sind, soweit sie aber

---

[99] Zur Doppelrelevanz der Besteuerungsgrundlage siehe nur Teil 2 B. I. 3. b).

[100] Vgl. die Ausführungen in Teil 6 A. III. 2. a).

[101] Klarsichtig insoweit auch OLG Stuttgart v. 16.4.1986 – 2 Ss 772/86, wistra 1986, 192: „Eine Auslegung des Gesetzes dahin, nur durch unmittelbare Einsichtnahme in die Steuerakte selbst bekanntgewordene Tatsachen oder Beweismittel dürften von Gericht oder Staatsanwaltschaft nicht verwertet werden, würde die Vorschrift ihres Schutzcharakters weitgehend entkleiden und entspricht nicht Sinn und Zweck des Gesetzes."

[102] Wie hier *Besson*, Steuergeheimnis, S. 160; *Hilgers-Klautzsch*, in: Kohlmann, § 393, Rn. 214; *Joecks*, in: Joecks/Jäger/Randt, § 393, Rn. 83; *Klaproth*, in: Schwarz/Pahlke, § 393, Rn. 55; *Seipl*, in: Gosch, § 393, Rn. 128. *Roth*, in: Rolletschke/Kemper/Roth, § 393, Rn. 145 spricht insoweit von einem „funktionalen" Aktenbegriff.

(unzulässigerweise) Auszüge oder Ablichtungen der Steuerakte beinhalten, das Verwertungsverbot trotzdem greift.[103]

4. Die Rechtsfolge: Ein Verwertungsverbot

Liegen die so konkretisierten Voraussetzungen vor, statuiert § 393 Abs. 2 S. 1 AO ein Verbot der strafprozessualen Nutzung auf diese Weise erhobener Informationen zu Ungunsten[104] des Steuerpflichtigen. Nach der Vorstellung des Gesetzes erfolgt der Schutz des Einzelnen vor zwangsweiser Selbstbezichtigung in Bezug auf allgemeindeliktische Vortaten daher mittels einer informatorischen Abschottung des Besteuerungs- vom allgemeindeliktischen Strafverfahren, endlich mündend in den Ausschluss des Verwertungselements der Ausstrahlungswirkung. Im Gegensatz zur Regelungstechnik des § 393 Abs. 1 AO[105] wird der Betroffene hier also gerade nicht von seinem steuerlichen Mitwirkungsauftrag faktisch entbunden, zum Schutz der Ziele des Besteuerungsverfahrens soll er vielmehr weiterhin umfassend kooperieren; nemo tenetur-Schutz gibt es erst im Anschluss.

Wer jetzt aber glaubt, diese Rechtsfolgenseite berge weit weniger Konfliktpotential als der Tatbestand, der irrt. Auch hier herrscht Streit über die Auslegung der Vorschrift, auch hier bleibt unklar, was die Abgabenordnung denn nun genau meint, wenn sie den Informationsfluss in Verfahren, die „keine Steuerstraftaten" zum Gegenstand haben, unterbinden möchte. Ungeklärt bleibt somit eine Bestimmungsfrage mit herausragender Bedeutung. Je weiter der Begriff der Steuerstraftat interpretiert, desto ausufernder der Anwendungsbereich der Verwertungsbeschränkung – und umkehrt; stets mit unmittelbarem Reflex auf das Ausmaß des verbürgten Schutzstandards. Variiert mit der Reichweite der konkret gefundenen Definition damit auch jene des Verwertungsverbots selbst, entscheidet das vorliegende Interpretationsproblem nicht nur über den exakten Operationsbereich des Verbotsinstituts, sondern ebenso über das hiesige System des nemo tenetur-Schutzes in toto.

Trittfester Ausgangspunkt ist dabei abermals die Idealtypik: Soll sich der Einzelne durch steuerprozedurale Pflichtentreue ausschließlich steuerlicher Missetaten bezichtigen, folgt das Schutzsystem der Abgabenordnung unstreitig und allein den vorbezeichneten Grundsätzen der §§ 393 Abs. 1 S. 2, 3 AO. Der Verpflichtete genießt hier den Schutz des steuerlichen Zwangsmittelverbotes, unter Wahrung dieser

---

[103] *Besson*, Steuergeheimnis, S. 160; *Hilgers-Klautzsch*, in: Kohlmann, § 393, Rn. 214; *Jäger*, in: Klein, § 393, Rn. 53; *Joecks*, in: Joecks/Jäger/Randt, § 393, Rn. 83; *Klaproth*, in: Schwarz/Pahlke, § 393, Rn. 55; *Roth*, in: Rolletschke/Kemper/Roth, § 393, Rn. 145; *Seipl*, in: Gosch, § 393, Rn. 128; *Tormöhlen*, in: Hübschmann/Hepp/Spitaler, § 393, Rn. 153.

[104] Eingedenk des insoweit deutlichen Wortsinns, der lediglich eine Verwertung „gegen" den Steuerpflichtigen ausschließt, bleibt eine Verwertung zu dessen Gunsten möglich, so auch *Hilgers-Klautzsch*, in: Kohlmann, § 393, Rn. 221.4; *Klaproth*, in: Schwarz/Pahlke, § 393, Rn. 61; *Roth*, in: Rolletschke/Kemper/Roth, § 393, Rn. 151; *Seipl*, in: Gosch, § 393, Rn. 134, 156; *Tormöhlen*, in: Hübschmann/Hepp/Spitaler, § 393, Rn. 147b.

[105] Dazu näher Teil 5 B. IV. 1.

A. Die positivrechtlichen Schutzmechanismen der Abgabenordnung

Verbürgung erhobene Daten bleiben zum Nachweis rein besteuerungskonnotierter Anlasstaten jedoch prozessual verwertbar. Sieht sich der Betroffene dagegen der Gefahr ausschließlich allgemeindeliktischer Selbstbelastung ausgesetzt, wird dieser Disput nach der Idee der Abgabenordnung exklusiv durch das Verwertungsverbot des § 393 Abs. 2 AO gelöst. Hier soll der Unterworfene gerade umfangreich an der Besteuerung mitwirken; auf das Protektorat des Zwangsmittelverbots bauen können, soll er nicht.

Inmitten dieser so klaren Schwarz-Weiß-Gedanken findet sich jedoch wiederholt problematisches Grau. So bleibt bis dato gänzlich offen, wie mit Situationen umzugehen sein soll, in denen zu dem prinzipiell verbotsauslösenden Allgemeindelikt eine oder gleich mehrere steuerliche Verfehlungen treten. Nicht ohne Weiteres ersichtlich ist es, ob und inwieweit das Verwertungsverbot des § 393 Abs. 2 S. 1 AO auch für mit oder neben der Steuerstraftat verwirklichte Allgemeindelikte gilt; ein tatbestandsorientiertes Gemengeproblem, das nicht nur des strukturellen Problemgefüges wegen bekannt vorkommt.

Auch im Bereich der vorgetragenen Lösungsansätze ähnelt der vorliegende Konturstreit dem bereits im Kontext der §§ 393 Abs. 1 S. 2, 3 AO vorgetragenen[106] Diskurs. Auch hier wollen manche[107] streng an der Legaldefinition des § 369 AO festhalten und den Terminus der Steuerstraftat geradezu rechtspositivistisch interpretieren, andere[108] favorisieren einen materiellen Tatbegriff, sodass, gemessen an der Nagelprobe der materiellrechtlichen Konkurrenzlehre, mit der Steuerstraftat tateinheitlich begangene Allgemeindelikte normativ als Steuerstraftaten zu werten seien und somit nicht dem Anwendungsbereich des Verwertungsverbots unterfallen, materiell tatmehrheitlich begangene solche dagegen schon, und wieder andere[109] rekurrieren auf ein prozessuales Verständnis der Tat, das unter dem Leitgedanken des § 264 StPO nur solche allgemeindeliktischen Taten dem Verwertungsverbot unterwirft, die so hinreichend von begangenen Steuerstraftaten entfernt sind, dass eine getrennte Aburteilung der beiden Verhaltensweisen nicht als unnatürliche Aufspaltung eines einheitlichen Lebenssachverhalts erschiene[110].

Einen interessanten Sonderweg beschreitet indes *Roth*.[111] Ausgehend von der Bestandsaufnahme, dass soweit das Zwangsmittelverbot der §§ 393 Abs. 1 S. 2, 3 AO den Einzelnen ausreichend vor steuerrechtlichem Zwang zur Selbstbezichtigung

---

[106] Teil 5 B. IV. 2. d).

[107] BayObLG v. 18.11.1997 – 3 St RR 227/97, wistra 1998, 118; BayObLG v. 6.8.1996 – 4 St RR 104/96, BayObLGSt 1996, 127; *Besson*, Steuergeheimnis, S. 162; *Spriegel*, wistra 1997, 324.

[108] *Blesinger*, wistra 1991, 245; *Jarke*, wistra 1997, 326 f.; *Meine*, wistra 1985, 186; vgl. auch *Klaproth*, in: Schwarz/Pahlke, § 393, Rn. 60a.

[109] *Tormöhlen*, in: Hübschmann/Hepp/Spitaler, § 393, Rn. 164 ff.; wohl aber auch *Maier*, wistra 1997, 53.

[110] Zu den Grundsätzen des prozessualen Tatbegriffs näher Teil 5 B. IV. 2. c).

[111] *Roth*, in: Rolletschke/Kemper/Roth, § 393, Rn. 149.

schützt, es zur effektiven Wahrung des nemo tenetur-Satzes eines repressionskonnotierten Verwertungsverbots nicht mehr bedürfe, nimmt dieser die so erkannte Wechselwirkung der beiden Absätze des § 393 AO zum Anlass, um für die Zwecke der Definition der Steuerstraftat jeglicher Form der normativen Tatbegriffsbestimmung zu entsagen. Ungeachtet der konkurrenzrechtlichen Situation materieller oder gar prozessualer Couleur scheiden dieser Auffassung zufolge Allgemeindelikte bereits immer dann aus dem Schutzbereich des Verwertungsverbots, wenn sie mit einer Steuerverfehlung in einer das Zwangsmittelverbot aktivierenden Weise zusammenfallen und die allgemeindeliktische Vortat allein durch Tatsachen und Beweismittel aufgedeckt werden könnte, deren Preisgabe vom Betroffenen nunmehr nicht mehr mit Befehl und Zwang durchgesetzt werden könne. Hier sei die Gefahr allgemeindeliktischer Selbstbezichtigung bereits durch die Suspendierung der Mitwirkungsverpflichtung in Bezug auf die Steuerstraftat gebannt. In solchen Fällen der „beweismittelbezogenen Deckungsgleichheit"[112] bestehe für die Anwendung eines darüberhinausgehenden strafprozessualen Verwertungsverbots schlichtweg kein Bedarf, sodass § 393 Abs. 1 S. 2 AO in diesem Umfang teleologisch zu reduzieren sei.

Zugegeben, der Ansatz hat Charme. Wenn *Roth* auf das Kriterium der beweismittelbezogenen Deckungsgleichheit abstellt, wählt er damit zwar einen gleichermaßen nebulösen wie in praxi nur schwerlich handhabbaren Abgrenzungsmaßstab, scheint die anderweitige, außerhalb der individuellen Kooperationssphäre des Steuerpflichtigen liegende Tatsachenaufklärung insbesondere im Kontext von neben das Steuerdelikt tretenden Allgemeindelikten eingedenk regelmäßig aufzufindender Tatmittel, -opfer oder gar Belastungszeugen immerzu doch jedenfalls denkbar. Die bloß faktisch enge Verzahnung der Tatsachengrundlagen von Steuerstraftat und korrelierendem Allgemeindelikt wird ein tauglicher Differenzierungsgrund daher wohl nicht sein. Was aber verfängt, ist das gefundene Korrelationsverhältnis der beiden Schutzmechanismen des § 393 AO zueinander.

Zur Einordnung: Der Grundsatz der Selbstbelastungsfreiheit hiesiger Diktion fordert von Verfassungs wegen „lediglich" den Ausschluss von Zwang zu repressionsrelevanter Selbstbezichtigung und geriert sich dabei herausgestelltermaßen[113] als bloße Institutsgarantie, nicht aber als Maximierungsgebot. Zur Wahrung der konstitutionellen Anforderungen an das Privileg bedarf es daher zwar eines im Ergebnis effektiven Schutzes, nicht aber eines doppelten. Wenn §§ 393 Abs. 1 S. 2, 3 AO nun also qua vorzugswürdiger[114] Anbindung an die Grundsätze des prozessualen Tatbegriffs auch in Bezug auf die Selbstbelastungsgefahr betreffend bestimmte allgemeindeliktische Vortaten gilt, wird das beschriebene Bezichtigungsrisiko ebenda bereits durch die faktische Suspendierung des steuerlichen Mitwirkungsauftrags gebannt. Der Einzelne erfährt hinreichenden nemo tenetur-Schutz insoweit

---

[112] *Roth*, in: Rolletschke/Kemper/Roth, § 393, Rn. 149.
[113] Teil 4 C. I.; Teil 4 E. II. 3. c); deutlich dann auch Teil 5 C. II. 1.
[114] Teil 5 B. IV. 2. c) und d).

schon durch den steuerrechtlichen Zwangsmittelausschluss; eine weitreichendere Privilegierungsposition fordert der Grundsatz nicht. Dort, wo das Protektorat der §§ 393 Abs. 1 S. 2, 3 AO also auch die allgemeindeliktische Selbstbelastungsfrage unmittelbar selbst beantwortet, besteht aus konstitutioneller Perspektive schlicht kein Anlass zur Erweiterung des Individualschutzstandards um ein repressionsprozessuales Verwertungsverbot und eine bereits obig gefundene Klarsicht hat auch im hiesigen Kontext Bestand: Die in prozessualer Tateinheit mit der Steuerstraftat stehenden Allgemeindelikte sind aus der Warte des § 393 AO normativ „auch" Steuerstraftaten im Sinne der Norm.

Strukturell wird § 393 Abs. 2 S. 1 AO damit gewissermaßen zur Komplementärgröße der Reichweite der §§ 393 Abs. 1 S. 2, 3 AO. Je weiter der Schutz des Zwangsmittelausschlusses durch die individuell favorisierte Lesart gezogen, desto enger der Regelungsbereich des Verwertungsverbots – und umgekehrt; eine indirekt proportionale Normstruktur, die überdies von der Binnensystematik wie der Ratio der Vorschrift getragen wird, führte doch eine gespaltene, diskongruente Auslegung des Begriffs der Steuerstraftat in Absatz 1 und Absatz 2 je nach konkreter Ausgestaltung und Divergenz zwingend entweder zur Verdopplung oder zum Verlust der Schutzstellung des Betroffenen, mithin unweigerlich zu einem Ergebnis, das vor dem teleologischen Hintergrund des § 393 AO als intentionale Schutzinstanz bei Selbstbelastungsfragen nicht überzeugen kann.

Im Ergebnis müssen somit in abstracto alle Allgemeindelikte, die nach jeweils eigener Diktion nicht bereits vom Zwangsmittelverbot der §§ 393 Abs. 1 S. 2, 3 AO erfasst werden, konzeptionell der Verbotsdogmatik des § 393 Abs. 2 S. 1 AO unterfallen, was appliziert auf das hiesige Systemverständnis wiederum in die Erkenntnis mündet, dass in concreto alle allgemeindeliktischen Taten, die zur infragestehenden Steuerstraftat in prozessualer Tatmehrheit stehen „keine Steuerstraftaten" im Sinne der Vorschrift sind.

Vor dem Hintergrund der bereits im Rahmen des § 393 Abs. 1 AO gewonnenen Erkenntnisse[115] haben schließlich die sich anschließenden Fragen rund um die nähere Kontur des Verwertungsverbots allenfalls klarstellenden Charakter. So geht auch im Kontext des § 393 Abs. 2 S. 1 AO mit der zur Realisierung der Selbstbelastungsfreiheit erstrebten informationellen Isolation des Besteuerungs- vom allgemeinen Strafverfahren die Forderung nach umfassendster Impermeabilität der steuerlichen Verfahrensgrenze einher; auch hier fordert bereits der nemo tenetur-Satz selbst die Ausstattung der garantierten Verwertungsbeschränkung sowohl mit einer Fern- als auch einer Frühdimension.[116] Hat sich die Abgabenordnung also erst einmal zu Gunsten einer Konfliktbewältigung via Ausschluss der ausstrahlungsrelevanten

---

[115] Ausführlich Teil 5 C. IV. 2. c) cc).

[116] Der Sache nach gleichsinnig *Bülte*, in: Graf/Jäger/Wittig, § 393 AO, Rn. 83; *Hilgers-Klautzsch*, in: Kohlmann, § 393, Rn. 233 f.; *Jäger*, in: Klein, § 393, Rn. 51; *Joecks*, in: Joecks/Jäger/Randt, § 393, Rn. 90 ff.; *Röckl*, Das Steuerstrafrecht, S. 124 und *Sprenger*, in: Leitner/Rosenau, § 393 AO, Rn. 39.

Umwidmungskomponente entschieden, kann sie sich, abseits der Grundsätze des hypothetischen Ersatzeingriffs[117], jenen normativen Vor- bzw. Nachwirkungen des Verbots in der Folge nicht mehr entziehen.[118] Darüber hinaus in vollem Umfang Geltung beanspruchen zuletzt auch die obigen Gedanken zur Widerspruchslösung[119]. Eingedenk der aus Rechtsstaatswarte bedenklichen Beschneidung strafprozessualer Beschuldigtenschutzrechte ist jenem Dogma auch an dieser Stelle abermals und mit Nachdruck entgegenzutreten.[120]

5. Die Ausnahme des § 393 Abs. 2 S. 2 AO

Die damit gefundenen Grundsätze gelten indes nicht schrankenlos. Soweit es um die mitwirkungsbedingte Offenbarung von Straftaten geht, an deren Verfolgung ein zwingendes öffentliches Interesse im Sinne des § 30 Abs. 4 Nr. 5 AO[121] besteht, erklärt § 393 Abs. 2 S. 2 AO die strafprozessuale Verwertung der Steuerakte entnommener Informationen analog zur Reichweite der Offenbarungsbefugnis für zulässig und nimmt so die Verbürgungen des Verwertungsverbots partiell wieder zurück. Markiert die Reichweite des § 393 Abs. 2 S. 2 AO damit gleichzeitig die äußere Grenze des durch das Verbotsinstitut verbürgten Gewährleistungsgehalts, scheint im Anwendungsbereich des Durchbrechungstatbestands die Situation für den

---

[117] Näher Teil 5 C. IV. 2. c) cc) (3).

[118] Jedenfalls im Ergebnis wie hier etwa *Hilgers-Klautzsch*, in: Kohlmann, § 393, Rn. 230 ff., 234; *Jäger*, in: Klein, § 393, Rn. 51; *Joecks*, in: Joecks/Jäger/Randt, § 393, Rn. 90 ff.; *Klaproth*, in: Schwarz/Pahlke, § 393, Rn. 59a; *Müller*, DStR 1986, 701; *Ranft*, DStR 1969, 366; *Rogall*, in: FS-Kohlmann, S. 493; *Roth*, in: Rolletschke/Kemper/Roth, § 393, Rn. 167; *Schaefer*, in: BeckOK-AO, § 393, Rn. 173.1; *Seipl*, in: Gosch, § 393, Rn. 141; wohl auch *Blesinger*, wistra 1991, 244 f. und *Röckl*, Das Steuerstrafrecht, S. 124; graduell anders *Besson*, Steuergeheimnis, S. 173 f. Dagegen indes *Böse*, Wirtschaftsaufsicht, S. 524 ff.; *Drüen*, in: Tipke/Kruse, § 393, Rn. 77; *Hadamitzky/Senge*, in: Erbs/Kohlhaas, § 393 AO, Rn. 9; *Hildebrandt*, DStR 1982, 24; *Tormöhlen*, in: Hübschmann/Hepp/Spitaler, § 393, Rn. 178 sowie „im Regelfall" *Meine*, wistra 1985, 187.

[119] Teil 5 C. IV. 2. c) cc) (3).

[120] Zustimmend *Hadamitzky/Senge*, in: Erbs/Kohlhaas, § 393 AO, Rn. 11; *Hilgers-Klautzsch*, in: Kohlmann, § 393, Rn. 227; *Tormöhlen*, in: Hübschmann/Hepp/Spitaler, § 393, Rn. 172; aus rechtspraktischer Perspektive siehe auch *Schaefer*, in: BeckOK-AO, § 393, Rn. 172.

[121] Zu Inhalt und Grenzen des Topos näher Teil 6 A. I. 3. Auch an dieser Stelle interessieren für die Belange der vorliegenden Untersuchung lediglich die Tatbestandsvarianten der §§ 30 Abs. 4 Nr. 5 AO lit. a) und b), vgl. nur *Tormöhlen*, in: Hübschmann/Hepp/Spitaler, § 393, Rn. 179. Zur Frage, ob Offenbarungspflichten, etwa nach §§ 31a, 31b AO oder § 4 Abs. 5 S. 1 Nr. 10 S. 3 EStG, stets Fälle des zwingenden öffentlichen Interesses darstellen überzeugend *Rütters*, wistra 2014, 382 ff. mit der Erkenntnis, dass solche Offenbarungssachverhalte zwar imstande sind, ein besonderes öffentliches Verwertungsinteresse im Einzelfall zu begründen, realiter mithin Schnittmengen bestehen, ein systematischer Gleichlauf jedoch – eingedenk der seitens von § 393 Abs. 2 S. 2 AO ausdrücklichen Inbezugnahme des § 30 Abs. 4 Nr. 5 AO, nicht aber des im Kontext der Kundgabepflichten einschlägigen § 30 Abs. 4 Nr. 2 AO – abzulehnen ist; dagegen *Wulf*, wistra 2006, 90 f.

zur Offenbarung Verpflichteten aus Selbstbelastungswarte geradezu ausweglos. So kann er dem steuerlichen Kooperationsauftrag den Abwehrmechanismus des Zwangsmittelverbots schon deswegen nicht entgegenhalten, da §§ 393 Abs. 1 S. 2, 3 AO in Anbetracht der drohenden Selbstbezichtigung in Bezug auf eine allgemeindeliktische Vortat bereits auf Anwendungsbereichsebene ausscheiden; das hoheitliche Mitwirkungsgesuch bleibt daher in vollem Umfang erzwingbar. Und auch die nachgelagerten Schutzmechanismen zur informatorischen Verfahrensabschottung greifen letztlich nicht durch, bricht die Offenbarungsbefugnis des § 30 Abs. 4 Nr. 5 AO den grundsätzlichen Schutz des Steuergeheimnisses doch zunächst zu Gunsten der Weitergabe an die zuständigen Verfolgungsbehörden, bevor § 393 Abs. 2 S. 2 AO das prinzipielle Verwertungsverbot des § 393 Abs. 2 S. 1 AO postwendend revidiert.

Wenn die Steuerrechtsordnung den Einzelnen also auch in diesen Konstellationen besonderer Kriminalitätsschwere aus Gründen der Besteuerungslegalität zur umfassenden wie wahrheitsgetreuen Verfahrensförderung anhält, verpflichtet sie ihn damit nicht nur zur Preisgabe allgemeindeliktischer Informationen der bezeichneten Drastik, sondern schafft auch einen Bereich drohender Verfassungsverstöße, dem sie alsdann indes nicht abhilft. Im Ergebnis sieht sich der Betroffene daher sowohl dem Zwang zur selbstbelastenden Verfahrensförderung ausgesetzt als auch der anschließenden Gefahr der Umwidmung auf diese Weise preisgegebener Informationen zu Repressionszwecken, letztlich also einem echten Zwang zu nemo teneturwidriger Selbstbezichtigung.

IV. Das Ergebnis: positivrechtliche Schutzlücken

Ebendieses ernüchternde Fazit komplettiert sodann auch den abschließenden Eindruck einer abermals nur unzureichenden steuerpositivrechtlichen Umsetzung der konstitutionellen Garantien der Selbstbelastungsfreiheit. Auch im Kontext allgemeindeliktischer Vortaten vermag es das Schutzsystem der Abgabenordnung zum wiederholten Male nicht, den Einzelnen ausreichend vor zwangsweiser Selbstbezichtigung zu bewahren. Offen, schutzlos und damit im Folgenden behandlungsbedürftig bleiben insoweit sowohl die soeben aufgezeigte – durch die Kollusion der Ausnahmeregelungen der § 30 Abs. 4 Nr. 5 AO sowie § 393 Abs. 2 S. 2 AO heraufbeschworene – Friktion auf dem Gebiet zwingender öffentlicher Offenbarungs- bzw. Verwertungsinteressen als auch die beschriebene Problematik um die Verwertbarkeit von im Zuge steuerrechtlicher Selbstanzeigen offenbarten allgemeindeliktischen Informationen, deren repressionsorientiere Freistellung die allgemeinen Befreiungsinstitute des Strafrechts nicht (mehr) leisten können. Steht der Betroffene hier bezeichnetermaßen vor der Misere der einfachrechtlichen Zulässigkeit einer hoheitlichen Behandlung, die ihn erst zur eigenbezichtigenden Verfahrensförderung zwingt, um ebenjene Informationen im Anschluss hieran in das gegen ihn gerichtete Repressionsverfahren einziehen zu lassen, muss es die letzte Aufgabe des vorliegenden Forschungsvorhabens sein, auszuloten, ob und inwieweit ebenjenen verfassungskonfligierenden Problembereichen verfassungskonforme Abhilfe geschaffen werden kann.

B. Zur Herstellung von Verfassungskonformität

Juristischer Operator zur Glättung jener Wogen ist dabei abermals die Methodik. Knapp ins Gedächtnis gerufen seien sich daher die bereits erarbeiteten Grundsätze der Ausfüllung positivrechtlicher Schutzlücken im eigenen System, mithin ein schon im vorstehenden Teil 5 gefundener[122] Zweischritt, dessen erste Stufe eine strukturelle Klarsicht bildet:

Erbaut sich auch die Friktion um die allgemeindeliktische Selbstbezichtigung durch steuerprozessuale Pflichtentreue selbstredend um das kollusive Zusammenwirken des Anwendungs- und Umwidmungselements der Ausstrahlungswirkung, genügt zur hinreichenden Wahrung des Privilegs auch in diesem Kontext die schlichte Beseitigung *nur einer* der beiden Komponenten. Kann die Herstellung von Verfassungskonformität daher sowohl via Ausschluss der Zwangs- als auch der Verwertungsdimension erfolgen, eröffnet dieser lösungsorientierte Dualismus, zumindest konzeptionell betrachtet, auch an diesem Orte jenes obig beschriebene breite Spektrum denkbarer Bewältigungsmechanismen[123], das zwar einerseits maximale Anpassungsfähigkeit an das jeweils eigene nemo tenetur-System wie Problemgefüge verspricht, andererseits konkrete Vorgaben für die Wahl des einschlägigen Schutzinstituts indes selbst nicht gibt.

Ebendiese inhaltlichen Leitlinien zieht vielmehr erst die zweitschrittige Anbindung an den historischen Gestaltungswillen der Legislative. Sowohl auf der – die Rechtsfortbildungskompetenz des Rechtsanwenders eröffnenden – Ebene der Feststellung der Planwidrigkeit der Regelungslücke als auch im Rahmen der insoweit nachrangigen Ausfüllung des konkret zu behebenden Defizits fließt aus der rechtsstaatsfundierten Bindung an den Grundsatz der Gewaltenteilung die strenge Forderung nach kategorischer Achtung des legislativ intendierten Regelungsprogramms[124], ergo ein normativer Achtungsauftrag, der appliziert auf die vorliegende Gestaltungsfrage ein gar zweischneidiges Bild zeichnet:

Stellt man sich mit der hier vertretenen Auffassung auf die teleologische Prämisse der inhaltlichen Ausrichtung des § 393 AO als designierte Kollisionsvorschrift zur Bewältigung von Selbstbelastungsfragen an der Verfahrensgrenze von Besteuerungs- und Strafprozess[125], fällt die Einordnung der erkannten Schutzmängel als

---

[122] Ausführlich Teil 5 C. I. und II.
[123] Teil 5 C. I.
[124] Näher Teil 5 C. II., insbesondere aber Teil 5 C. II. 3.
[125] Siehe allem voran Teil 5 B. IV. mit Fn. 197.

planwidrige Regelungslücken noch verhältnismäßig leicht, die nachgelagerte Frage um die spezifische Ausfüllung ebenjener erweist sich jedoch als ungleich schwerer.

I. Die Tücken des zwingenden öffentlichen Interesses; von der Verfassungswidrigkeit des § 393 Abs. 2 S. 2 AO

So legt die soeben erkannte strikte Bindung an den gesetzgeberischen Regelungswillen der notwendigen Korrektur der durch § 393 Abs. 2 S. 2 AO begründeten Spannung postwendend Steine in den Weg.

Zur Erinnerung: Wenn § 393 Abs. 2 S. 1 AO ein Verbot pflichtgemäß kooperativ erhobener, allgemeindeliktisch relevanter Besteuerungsinformationen statuiert, ist ebenjene Verwertungsbeschränkung gerade der Schutzmechanismus, den die Verfassung vom einfachen Recht zur Kompensation der zwangsbehafteten Sachverhaltserforschung fordert. Schränkt § 393 Abs. 2 S. 2 AO diese Verbürgung nun aber teilweise wieder ein, schafft die Vorschrift damit nicht nur die Gefahr der Kollusion von „Zwang" und „Verwertung", mithin das Risiko eines echten Verstoßes gegen den Grundsatz der Selbstbelastungsfreiheit, sondern auch einen schlicht unauflösbaren Wertungswiderspruch, so man versucht, ebenjenes drohende Unheil methodenehrlich abzuwenden.

So scheidet ein Ausschluss der steuerlichen Zwangsbehandlung durch die Konstruktion eines umfassenden Mitwirkungsverweigerungsrechts bereits angesichts des klar entgegenstehenden gesetzgeberischen Willens aus, wollte dieser den Pflichtenkreis des Einzelnen im Interesse einer zutreffenden Besteuerung durch das Postulat eines „bloßen" Verwertungsverbots in § 393 Abs. 2 S. 1 AO doch gerade möglichst weitreichend aufrechterhalten. Auch unter dem Eindruck der drohenden Selbstbezichtigung in Bezug auf allgemeindeliktische Vortaten soll der Verfahrensunterworfene nach der Vorstellung der Abgabenordnung weiterhin umfassend sowie zutreffend mitwirken. Eine – wenn auch nur faktische[126] – Suspendierung der informationsoffenbarenden Mitwirkungspflicht kommt daher nicht in Betracht. Aber auch eine Zwangsbekämpfung mittels Modifikation der einschlägigen Strafbarkeitsvorschriften, etwa via Konzeption eines verfassungsunmittelbaren Rechts auf Falscherklärung oder aber Negation der Pflichtwidrigkeit[127] respektive Zumutbarkeit[128] der selbstbelastenden Nichterklärung, scheint aus methodischer Perspektive nicht zielführend. Vermag es der nemo tenetur-Grundsatz hiesiger Diktion nämlich

---

[126] Gegen eine analoge Anwendung des Zwangsmittelverbots (in diese Richtung aber *Stürner*, NJW 1981, 1761) zutreffend *Joecks*, in: Joecks/Jäger/Randt, § 393, Rn. 102; *Sahan*, Steuererklärungspflicht, S. 153 f. sowie *Tormöhlen*, in: Hübschmann/Hepp/Spitaler, § 393, Rn. 182.

[127] Siehe *Leimkuhl-Schulz/Modrzejewski*, wistra 2015, 383, Fn. 61; so wohl auch *Wulf*, wistra 2006, 95 f., der jedoch von der „Unzumutbarkeit der Pflichterfüllung" spricht.

[128] Siehe dazu etwa *Leimkuhl-Schulz/Modrzejewski*, wistra 2015, 383, Fn. 61 m. w. N.

schon konzeptionell nicht, erneute Eingriffe in die Rechtsordnung, mithin die Schaffung neuerlichen Unrechts zu legitimieren[129], spricht überdies schlagend gegen einen solchen Ansatz abermals die legislatorische Regelungsvorstellung, die im Kontext des zu bezichtigenden Allgemeindelikts fortbestehenden Mitwirkungspflichten zwangsweise und damit auch qua fortwährender Strafandrohung durchsetzbar zu halten. Bleibt damit letztlich nur noch die Möglichkeit der Eliminierung des Umwidmungselements via Anerkenntnis eines unmittelbar dem Grundgesetz entnommenen Beweisverwertungsverbots, steht auch diesem Lösungsweg der erkennbare Wille des Normgebers diametral entgegen, ist Satz 2 des § 393 Abs. 2 AO doch gerade die ausdrücklich wie final gewählte Ausnahme vom Verwertungsverbot des Satzes 1.[130]

Prima facie leitet die konsequente Berücksichtigung der methodischen Grundsätze richterlicher Rechtsfortbildung damit unweigerlich zu dem für die Steuerrechtsordnung höchst unangenehmen Verdikt der Verfassungswidrigkeit der Norm.

Dieses unversöhnliche Fazit – jedenfalls aber das dahinterstehende Spannungsverhältnis – vor Augen unternahm der fünfte Strafsenat des Bundesgerichtshofs[131] im Mai 2004 einen letzten zweifelhaften Rettungsversuch: Anlässlich einer über Jahre andauernden Bestechung eines mit der Vergabe von Sanierungsaufträgen betrauten städtischen Angestellten entschieden die Richter, dass das Konfliktpotential zwischen steuerlicher Kooperationsmaximierung und strafprozessualer Selbstbelastungsfreiheit auch unter Aufrechterhaltung sowohl der zwangsbewehrten Mitwirkungsverpflichtung als auch der strafprozeduralen Verwertung ebenso erhobener Informationen dadurch entschärft werden könne, dass sich der zur Verfahrensförderung Verpflichtete zwar hinsichtlich der Höhe seiner inkriminierten Zuflüsse erkläre, „an die Konkretisierung der gebotenen steuerlichen Erklärungen [jedoch] möglicherweise niedrigere Anforderungen zu stellen [seien] als sonst nach § 90 AO geboten."[132] Der so herabgesetzte Konkretisierungsmaßstab mit Blick auf die zugrundeliegende Einkunftsquelle sei dabei imstande, die fiskalischen Besteuerungsinteressen des Staates, eingedenk der auf diese Weise ermöglichten zutreffenden Besteuerung, in gleichem Maße zu wahren wie die konstitutionellen Belange

---

[129] Siehe nur Teil 4 B. II. 3.

[130] Zustimmend *Seipl*, in: Gosch, § 393, Rn. 158.

[131] Der vonseiten des Bundesverfassungsgerichts in Anlehnung an die Rechtsprechung des EGMR zuweilen gezogenen Trennlinie zwischen mit Blick auf das Selbstbelastungsprivileg im Fall überwiegender Gemeinwohlbelange unbedenklichen Aufzeichnungs- und Vorlagepflichten und auch in diesem Fall potentiell problemträchtigen Erklärungspflichten (etwa BVerfG v. 27.4.2010 – 2 BvL 13/07, wistra 2010, 344; BVerfG v. 14.11.1989 – 1 BvL 14/85, BVerfGE 81, 96 f.; BVerfG v. 7.12.1981 – 2 BvR 1172/81, NJW 1982, 568 aber auch BGH v. 16.4.2014 – 1 StR 638/13, wistra 2014, 408; näher dazu etwa *Hilgers-Klautzsch*, in: Kohlmann, § 393, Rn. 243 f. sowie *Tormöhlen*, in: Hübschmann/Hepp/Spitaler, § 393, Rn. 180) kann bereits vor dem Hintergrund der in Teil 5 A. II. 3. aufgezeigten normativen Gleichwertigkeit der jeweiligen Pflichtanordnungen nicht gefolgt werden. Ausführlich zu dieser Beschränkung der Gewährleistungen des nemo tenetur-Grundsatzes Teil 4 E. II. 3. d).

[132] BGH v. 5.5.2004 – 5 StR 139/03, wistra 2004, 393.

B. Zur Herstellung von Verfassungskonformität 435

des Einzelnen, der angesichts der Stille um den Quell der wirtschaftlichen Leistungsfähigkeit eine repressionsrelevante Selbstbezichtigung nun nicht mehr zu befürchten habe."[133]

So kreativ der Ansatz auch erscheint, zur effektiven Konfliktbewältigung taugt er nicht. Entbehrt er nämlich bereits aus der Warte genuin methodischer Legitimität der Rechtsfortbildung eines hinreichenden normativen Ankers im legislativen Regelungsplan, weist insbesondere *Wulf* darüber hinaus auf ein ganz praktisches Defizit der so beschriebenen Konkretisierungslösung hin, wenn dieser zutreffend herausstellt, dass die Beantwortung der Selbstbelastungsfrage via Abstraktion des individuellen Mitwirkungsinhalts allenfalls in einfachen – nur überschaubare Erklärungszeiträume sowie -summen umfassenden – Kooperationskonstellationen gangbar sein wird, wird die im Dunkeln gelassene Finanzbehörde bei nur hinreichendem Aufklärungsanlass doch alsbald ein klarstellendes Auskunftsersuchen nach § 93 AO an den Einzelnen richten.[134] Aber auch aus der Komplementärperspektive des allgemeinen Strafverfahrens kann das Modell nicht überzeugen. Scheint es hier nämlich mitnichten unmöglich, dass sich das Finanzamt bei nur ausreichend andauernder Erklärung nicht näher konkretisierter Einkünfte in nicht unerheblichem Umfang früher oder später die Frage stellen muss, ob und inwieweit ebenjenes individuelle Gebaren nach den Umständen des Einzelfalls den Verdacht einer dauerhaft illegalen Erwirtschaftung von finanziellen Mitteln nahelegt und so die – mit Blick auf § 30 Abs. 4 AO mitunter zulässige – Offenbarung an die mit der Sachaufklärung befassten Verfolgungsstellen legitimiert, ist es auch bei nur abstrahiert geforderter Mitwirkung des Einzelnen beileibe nicht ausgeschlossen, dass dieser ein gegen ihn gerichtetes Repressionsverfahren de facto selbst anstößt.[135] Kann der vom Gerichtshof entwickelte Ansatz den versprochenen kategorischen Ausschluss repressiver Fernfolgen steuerlicher Pflichtentreue daher zuweilen selbst nicht leisten[136],

---

[133] Grundlegend BGH v. 5.5.2004 – 5 StR 139/03, wistra 2004, 393; siehe aber auch BGH v. 23.5.2019 – 1 StR 127/19, wistra 2019, 509; BGH v. 2.12.2005 – 5 StR 119/05, BGHSt 50, 316 ff.; BGH v. 11.11.2004 – 5 StR 299/03, BGHSt 49, 336 f. sowie FG Münster v. 10.4.2013 – 13 K 3654/10 E, EFG 2013, 1348.

[134] So insbesondere *Salditt*, StuW 2005, 371 und *Wulf*, wistra 2006, 94; kritisch aber auch *Pelz*, in: Leitner/Rosenau, § 370 AO, Rn. 123 sowie *Sprenger*, in: Leitner/Rosenau, § 393 AO, Rn. 11.

[135] Gleichsinnig *Hilgers-Klautzsch*, in: Kohlmann, § 393, Rn. 128, 249; *Salditt*, DStJG 38, S. 290; *Salditt*, StuW 2005, 371; *Schmitz/Wulf*, in: MüKo-StGB, § 370 AO, Rn. 367; *Tormöhlen*, in: Hübschmann/Hepp/Spitaler, § 393, Rn. 26b; *Wulf*, wistra 2006, 94.

[136] Die von BGH v. 5.5.2004 – 5 StR 139/03, wistra 2004, 393 im Anschluss hieran präsentierte Lösung, selbstinkriminierende Informationsverwertungen aus zwingendem öffentlichem Interesse „verfassungsrechtlich und konventionsrechtlich (Art. 6 Abs. 1 [E]MRK) nur dann [als] hinnehmbar [zu erachten], wenn bei der Rechtsfolgenentscheidung […] eine straffe Zusammenziehung der zu verhängenden Einzelstrafen" erfolge, verfängt freilich nicht. Die nur rechtsfolgenseitig im Strafzumessungsermessen des Gerichts stehende, partiell kompensatorische Berücksichtigung des nemo tenetur-Satzes trägt weder dem überragenden Stellenwert des Privilegs noch der Reichweite seiner konstitutionellen Verbürgungen ausreichend

verfehlt er das eigens gesetzte Ziel der Wahrung der Selbstbelastungsfreiheit in toto und ist daher zu verwerfen.

Bleibt damit im Ergebnis weder die verfassungskonforme Interpretation der Ausnahme möglich[137] noch die anderweitige Behebung des schwelenden nemo tenetur-Disputs methodentreu gangbar, verifiziert sich eine bereits eingangs vermutete Erkenntnis nunmehr endgültig: Die Vorschrift des § 393 Abs. 2 S. 2 AO verstößt gegen den Grundsatz des nemo tenetur se ipsum accusare und steht daher im Widerspruch zur geltenden Verfassungsordnung.[138]

II. Zur Realisierung der Selbstbelastungsfreiheit im Kontext der allgemeindeliktsoffenbarenden Selbstanzeige

Und so verbleibt der vorliegenden Untersuchung schließlich allein die Frage nach der Behandlung jener – bereits vorstehend skizzierter[139] – Konstellationen allgemeindeliktisch relevanter Selbstanzeigen, in denen das umfassende Nacherklärungserfordernis des § 371 Abs. 1 AO die rechtsfolgenseitige Straffreistellung faktisch der Bedingung unterwirft, dass der Anzeigende neben der Steuerstraftat zugleich die mit dieser nur hinreichend verwobenen Allgemeindelikte offenbart. Steht ebendiesem Problemfeld der Stempel latenter Verfassungswidrigkeit prima facie noch förmlich auf die Stirn geschrieben, sei sich nachstehend mit der zur Abwendung jener Friktion bisweilen vorgetragenen[140] These auseinandergesetzt, dass unter der Regentschaft des grundgesetzlichen Selbstbelastungsschutzes auch zu Gunsten dieser allgemeindeliktisch relevanten Besteuerungstatsachen ein strafprozessuales Verwertungsverbot greifen müsse.

Rechnung. Auch eine nur gemindete Repression bleibt Repression; klarsichtig so auch *Heerspink*, AO-StB 2006, 54.

[137] Wie hier *Besson*, Steuergeheimnis, S. 166 ff.; *Tormöhlen*, in: Hübschmann/Hepp/Spitaler, § 393, Rn. 182; dagegen *Rüster*, wistra 1988, 51 ff.

[138] So auch *Besson*, Steuergeheimnis, S. 164 ff.; *Böse*, Wirtschaftsaufsicht, S. 535 f.; *Bruder*, Beweisverwertungsverbote, S. 87; *Bülte*, in: Graf/Jäger/Wittig, § 393 AO, Rn. 100; *Heerspink*, AO-StB 2006, 53 f.; *Hilgers-Klautzsch*, in: Kohlmann, § 393, Rn. 242; *Joecks*, in: Joecks/Jäger/Randt, § 393, Rn. 97 ff.; *Leimkuhl-Schulz/Modrzejewski*, wistra 2015, 382 f.; *Reichling*, HRRS 2014, 478 ff.; *Reiß*, NJW 1977, 1437; *Rogall*, Der Beschuldigte, S. 172 f.; *Rogall*, in: FS-Kohlmann, S. 495 ff.; *Rogall*, in: SK-StPO, vor §§ 133 ff., Rn. 163; *Rogall*, ZRP 1975, 280; *Sahan*, Steuererklärungspflicht, S. 152 ff.; *Seipl*, in: Gosch, § 393, Rn. 157 f.; *Sprenger*, in: Leitner/Rosenau, § 393 AO, Rn. 40; *Tormöhlen*, in: Hübschmann/Hepp/Spitaler, § 393, Rn. 181; *Wulf/Ruske*, Stbg 2010, 446 f. Für eine Verfassungskonformität indes *Drüen*, in: Tipke/Kruse, § 393, Rn. 79; *Rüster*, Der Steuerpflichtige, S. 90 ff.; *Rüster*, wistra 1988, 51 ff., 56 und wohl auch *Meine*, wistra 1985, 186.

[139] Siehe nur Teil 5 B. III. 1. b).

[140] So im Ergebnis etwa *Doege*, nemo-tenetur-Grundsatz, S. 239 f.; *Eidam*, wistra 2006, 13; *Joecks*, in: Joecks/Jäger/Randt, § 393, Rn. 76; *Rogall*, in: FS-Kohlmann, S. 492; *Tormöhlen*, in: Hübschmann/Hepp/Spitaler, § 393, Rn. 140; vgl. auch *Hilgers-Klautzsch*, in: Kohlmann, § 393, Rn. 200 ff., 203 sowie *Sprenger*, in: Leitner/Rosenau, § 393 AO, Rn. 34.

Naturgemäß gehen die Meinungen auch hier auseinander. So tritt etwa der Bundesgerichtshof[141] einer solchen Verwertungsbeschränkung entschieden entgegen, wenn er mit der Kernthese der tatbestandlichen Unanwendbarkeit[142] des § 393 Abs. 2 S. 1 AO ein Verwertungsverbot kategorisch negiert. Werde der Betroffene zur Einreichung einer strafbefreienden Selbstanzeige nämlich vom Normgefüge des Steuerrechts gerade nicht verpflichtet, erfolge die Offenbarung der allgemeindeliktischen Informationen bereits nicht „in Erfüllung steuerlicher Pflichten" und eine Verwertungssperre scheide mangels anderweitig greifender Verbotsvorschriften aus.[143]

Diesem Ansatz widersetzt sich indes etwa *Doege:* Da bei einer solch restriktiven Interpretation des § 393 Abs. 2 S. 1 AO die allgemeindeliktischen Informationen im Ergebnis weiterhin strafprozessual verwertbar blieben, sich der Betroffene also fortwährend der Gefahr allgemeindeliktischer Selbstbezichtigung aussetzt sähe, vermöge es der steuerrechtliche Strafausschluss in diesen Situationen nicht, einen

---

[141] BGH v. 5.5.2004 – 5 StR 548/03, BGHSt 49, 145 ff.; zweifelnd aber auch *Jäger,* in: Klein, § 393, Rn. 50 sowie *Roth,* in: Rolletschke/Kemper/Roth, § 393, Rn. 133. Siehe ferner insbesondere die Entscheidung des BVerfG v. 15.10.2004 – 2 BvR 1316/04, wistra 2005, 175 f., welche die skizzierte Beschränkung explizit nicht als Verstoß gegen den Grundsatz der Selbstbelastungsfreiheit wertet.

[142] Darüber hinaus stützt der Bundesgerichtshof seinen Negativbescheid ferner auf eine äußerst fragliche teleologische Erwägung: Nach der Auffassung der Richter sei die Norm des § 393 Abs. 2 AO darauf gerichtet, es dem Steuerpflichtigen zu ermöglichen, auch bemakelte Einkünfte anzugeben, ohne deswegen eine Strafverfolgung befürchten zu müssen, wolle der Staat doch umfassende „Kenntnis von allen – legalen wie illegalen – Einkünften erlangen, um sie einer Besteuerung unterwerfen zu können." Werde eine solche Steuerquelle durch den Steuerstraftäter, der lediglich Allgemeindelikte offenbare, aber nicht freigelegt, müsse die Anwendung des Verwertungsverbots unterbleiben und eine prozessuale Beschränkung der Informationsverwertung scheide bereits aus teleologischen Gründen aus (siehe BGH v. 5.5.2004 – 5 StR 548/03, BGHSt 49, 146).
Diesem Gedanken hält *Eidam,* wistra 2004, 413 f. sodann zutreffend entgegen, dass sich das Gericht insoweit auf einen deutlich zu formalen Blickwinkel auf die Fallfrage beschränkt. Selbstredend werden durch das isolierte Eingeständnis des Allgemeindelikts neue Steuerquellen nicht zum Sprudeln gebracht, eine solch singuläre Betrachtung übergibt jedoch den Umstand, dass sich die Offenbarungssituation um das Allgemeindelikt gerade auf dem Boden der notwendigen Berichtigung, Ergänzung oder Nachholung steuerlicher Erklärungen gründet. Es ist daher die normative Struktur der steuerlichen (!) Selbstanzeige, die die Offenbarung des Allgemeindelikts bedingt und so jene normative Gesamtbetrachtung des Tatgeschehens nahelegt, die dem Einwand des Bundesgerichtshofs den argumentativen Boden schließlich entzieht.
Aber auch wenn man diesen Weg der normativen Betrachtungsweise nicht beschreiten möchte, krankt der Vortrag des Bundesgerichtshofs am Makel rationeller Inkompatibilität mit dem hiesigen System. Bereits vorstehend erläutert wurde, dass die Bewältigungsmechanismen des § 393 AO intentional sämtlich auf die Behebung des steuerlichen Selbstbelastungszwangs gerichtet sind (siehe nur etwa Teil 5 B. IV. mit Fn. 197 sowie Teil 5 C. II. 2.). Die vonseiten der Judikatur nur einschränkend interpretierte Ratio mit Blick auf die reinen Fiskalinteressen des Staates kann daher schon im Ansatz nicht überzeugen.

[143] BGH v. 5.5.2004 – 5 StR 548/03, BGHSt 49, 146 f.; näher zur Argumentationslinie *Tormöhlen,* in: Hübschmann/Hepp/Spitaler, § 393, Rn. 140.

gangbaren „Weg aus dem Konflikt zwischen Selbstbelastung und Pflichterfüllung" aufzuzeigen.[144] „[W]enn sie ihrerseits mit einer strafrechtlich nutzbaren Selbstbelastung verbunden" sei, fehle es der Selbstanzeige in der von *Doege* wie hier[145] gewählten Terminologie vielmehr an der rechtstatsächlichen Erfüllbarkeit ihrer Voraussetzungen, mithin an der notwendigen Grundbedingung für die Tauglichkeit zur Lösung der spezifischen Selbstbelastungsfriktion.[146] Die in diesem Zuge offenbarten allgemeindeliktischen Informationen seien daher ihrerseits auf einen anderweitigen Schutz durch den nemo tenetur-Satz angewiesen, weshalb „ein Beweisverwertungsverbot für Angaben zu fordern [sei], die der Steuerpflichtige im Rahmen einer Selbstanzeige gemacht hat, um dem Erfordernis der Vollständigkeit gerecht zu werden."[147]

Auf dem Boden des hiesigen Systemverständnisses macht es sich *Doege* damit jedoch zu einfach: Im Ausgangspunkt wird man sich nämlich eingestehen müssen, dass die Argumentation des Bundesgerichtshofs um die Anwendbarkeit des § 393 Abs. 2 S. 1 AO zumindest dem Ergebnis nach verfängt. Zur Einreichung der strafbefreienden Selbstanzeige kennt das deutsche Steuerrecht gerade keine positive Rechtspflicht; in Erfüllung steuerlicher Pflichten abgegeben wird sie daher nicht.[148] Direkte Geltung kann § 393 Abs. 2 S. 1 AO im vorliegenden Kontext also nur schwerlich beanspruchen.

Diese Erkenntnis allein bedeutet jedoch freilich noch nicht, dass die Argumentation *Doeges* kehrseitig automatisch fehlgehen muss. Völlig zutreffend analysiert er vielmehr, dass in den Konstellationen allgemeindeliktisch relevanter Selbstanzeigen, so man ebenjene Daten im Geiste der Auffassung des Bundesgerichtshofs für verwertbar halten möchte, das Protektorat der Abgabenordnung einen effektiven Schutz vor strafprozessualer Selbstbezichtigung im Ergebnis nicht leistet. Wählen die Ausführungen damit zweifelsohne noch den richtigen Einstieg, sind es erst die daraus gezogenen Schlussfolgerungen, die alsdann nicht mehr überzeugen.

Ebenjene Unschärfe nimmt ihren Anfang dabei schon in dem auf der Basis der vorliegenden nemo tenetur-Konzeption äußerst zweifelhaften Standpunkt, dass der bereits fundierte Vorrang der Selbstanzeige vor dem Zwangsmittelverbot[149] dem Einzelnen seine „Freiheit von Aussagezwang"[150] raube bzw. „einen Zwang zur

---

[144] *Doege*, nemo-tenetur-Grundsatz, S. 239.
[145] Siehe Teil 5 B. III. 1. b), vgl. aber auch Teil 4 C. I.
[146] *Doege*, nemo-tenetur-Grundsatz, S. 239.
[147] *Doege*, nemo-tenetur-Grundsatz, S. 239.
[148] So auch *Besson*, Steuergeheimnis, S. 158 f.; *Hadamitzky/Senge*, in: Erbs/Kohlhaas, § 393 AO, Rn. 8; *Roth*, in: Rolletschke/Kemper/Roth, § 393, Rn. 133; *Tormöhlen*, in: Hübschmann/Hepp/Spitaler, § 393, Rn. 140; dagegen indes etwa *Eidam*, wistra 2004, 414; *Hilgers-Klautzsch*, in: Kohlmann, § 393, Rn. 200; *Joecks*, in: Joecks/Jäger/Randt, § 393, Rn. 76; *Klaproth*, in: Schwarz/Pahlke, § 393, Rn. 50.
[149] Siehe nur die Ausführungen in Teil 5 B. III. 1. sowie Teil 5 B. IV. 1.; deutlich dann auch Teil 5 B. V.
[150] *Doege*, nemo-tenetur-Grundsatz, S. 239.

B. Zur Herstellung von Verfassungskonformität

Abgabe [der Selbstanzeigeerklärung] und hiermit zur Selbstbelastung bezüglich der mitanzugebenden Allgemeindelikte" begründe.[151] Zwar wird damit zutreffend herausgestellt, dass das Verhältnis von Selbstanzeige und Zwangsmittelverbot in Kombination mit dem materiellen Vollständigkeitsgebot des § 371 Abs. 1 AO den Einzelnen zuweilen in die höchst unangenehme Situation drängen wird, als letzte nicht weiter inkriminierende Verhaltensoption lediglich den Ausweg der Selbstanzeige vorzufinden.[152] Diese faktische – und damit im vorliegenden System unbeachtliche[153] – individuelle Drucksituation darf jedoch nicht darüber hinwegtäuschen, dass der rechtlich vermittelte, mithin einzig beachtliche Zwang jener ist, der durch die mitwirkungsveranlassende Pflichtenanordnung konstruiert wird, bzw. jener, den das Institut des § 371 AO gerade versucht, kompensatorisch wieder einzudämmen.

Aus dieser Perspektive erschließt sich sodann auch, dass die Auffassung *Doeges* das Fazit der Notwendigkeit eines strafprozeduralen Beweisverwertungsverbotes deutlich zu vorschnell zieht. Fordert der nemo tenetur-Satz hiesiger Diktion nämlich zum wiederholten Male nur einen im Ergebnis effektiven Ausschluss des Selbstbelastungszwangs, überlässt er die konkrete Ausgestaltung des Weges dorthin der verhältnismäßig freien Hand des Gesetzgebers.[154] Gangbar und vor dem Hintergrund des Selbstbelastungsprivilegs gleichwertig wäre es daher, die allgemeindeliktisch relevanten Informationen mit der Auffassung des Gerichtshofs für strafprozessual verwertbar zu erklären, hierbei aber die zwingende Konsequenz zu ertragen, dass der Selbstanzeigemechanismus in diesen Fällen, angesichts der sich hieran knüpfenden repressiven Fernfolgen, seinen Charakter als valide Dispensoption zum hoheitlichen Mitwirkungsauftrag und damit seine Eignung als tauglicher Bekämpfungsmechanismus verlöre. Schiede die Option des § 371 AO somit aus dem Kreis tauglicher Handlungsalternativen zur Abwendung der nemo tenetur-widrigen Zwangslage, flösse hieraus indes freilich nicht die finale Schutzlosstellung des Einzelnen. In nüchterner Klarheit resultierte aus dieser Lösung schlicht, dass der Problematik um die Selbstbelastungsrelevanz steuerlicher Mitwirkungsverpflichtungen durch das Institut der Selbstanzeige hier keine Abhilfe geschaffen werden könnte, wiederum endend in der – angesichts des insoweit nunmehr ausgeschlossenen Vorrangverhältnisses – mittelbaren Erweiterung des Anwendungsbereichs der entwickelten Dogmatik um das steuerliche Zwangsmittelverbot.

Ein auf der Erkenntnis der bloßen Schutzwürdigkeit wie -bedürftigkeit der allgemeindeliktischen Informationen fußender Zwang zur Konstruktion explizit eines repressionsprozessualen Beweisverwertungsverbots folgt aus dem Grundsatz des nemo tenetur se ipsum accusare damit nicht.

Gleichwohl lohnt an dieser Stelle abermals ein Blick ins Gesetz. Wenn § 393 Abs. 2 AO zur Schlichtung des schwelenden Selbstbelastungsstreits auf dem Gebiet

---

[151] *Doege*, nemo-tenetur-Grundsatz, S. 240.
[152] So auch schon Teil 5 B. III. 1. b) mit Fn. 172.
[153] Siehe nur Teil 4 C. I. bzw. im Ausstrahlungsbereich Teil 4 E. II. 3. c).
[154] Näher Teil 5 C. II. 1.

allgemeindeliktischer Anlasstaten den Weg einer fortwährend vollumfänglichen Mitwirkungsverpflichtung des Einzelnen bei gleichzeitiger Anordnung eines strafprozessualen Verwertungsverbots einschlägt, räumt die Abgabenordnung dem fiskalischen Interesse am Erfolg des Besteuerungsverfahrens dieserorts Vorrang vor den individuellen Geheimhaltungsbelangen des Betroffenen ein. Lässt das Gesetz die steuerliche Zwangsbehandlung im Interesse eines zutreffenden Verfahrensergebnisses damit gerade zielgerichtet unberührt, muss es, will § 393 Abs. 2 AO mit der ihm zugedachten Zwecksetzung als designiertes Kollisionsinstitut am Schmelztiegel der Verfahren nicht auf der Stelle brechen, der insoweit nachgelagert konzipierte Schutz der informatorischen Verfahrensabschottung aber auch leisten können, dem Einzelnen die ihm weiterhin aufgetragene, umfassende wie zutreffende Mitwirkung am Besteuerungsverfahren zu ermöglichen. Bei teleologischer Auslegung der Norm folgt damit bereits aus dem intendierten Schutzauftrag des § 393 Abs. 2 AO der Ruf nach umfassender Freistellung des Einzelnen von den repressiven Fernfolgen seiner steuerlichen Kooperationsleistung. Insoweit, und nur insoweit, verdient die aufgezeigte Rechtsprechung des Bundesgerichtshofs[155] Zuspruch.

Vermengt man diese rationellen Gedanken nun mit dem fiskalischen Anliegen des § 371 AO, bisher verheimlichte Steuerquellen doch noch erschließen zu können[156], fließt aus der Zusammenschau dieser beiden Gesichtspunkte auch schon die Antwort auf die aufgeworfene Verwertbarkeitsfrage. Wird der Einzelne nämlich dort, wo er bei der zur Erlangung von Straffreiheit erforderlichen Berichtigungserklärung allgemeindeliktische Strafverfolgung fürchten muss, bestenfalls mäßig dazu motiviert sein, seinen steuerlichen Malus überhaupt zuzugeben und die verkürzten Hinterziehungsbeträge nachzuentrichten, würde das von der Steuerrechtsordnung verfolgte Ziel der Realisierung einer objektiv zutreffenden Besteuerung in diesem Szenario geradewegs verfehlt.[157] Eine Interpretation des Steuerrechts, die die Verwertbarkeit der Informationen im Bereich der allgemeindeliktischen Selbstbezichtigung zuließe, widerstrebte damit der auf steuerliche Ergebnislegalität gerichteten Ausrichtung der Abgabenordnung und torpedierte so den erkennbaren Willen des historischen Gesetzgebers.

Hält man sich bei der Ausfüllung der erkannten Regelungslücke also – in konsequenter Fortführung der obig beschriebenen Leitsätze der Methodik – streng an die legislative Vorstellung der Normgestaltung, ist das erkannte Schutzdefizit des § 393 Abs. 2 S. 1 AO in Bezug auf allgemeindeliktisch relevante Selbstanzeigen mithilfe einer analogen Anwendung der Vorschrift auf insoweit preisgegebene Informationen zu lösen und die unter dem Eindruck des Vollständigkeitsgebots offenbarten, all-

---

[155] Teil 6 B. II., Fn. 142.

[156] Siehe Teil 5 B. III. 1.

[157] Gleichsinnig *Doege*, nemo-tenetur-Grundsatz, S. 240; *Eidam*, wistra 2006, 12 f.; *Jäger*, in: Klein, § 393, Rn. 50; *Tormöhlen*, in: Hübschmann/Hepp/Spitaler, § 393, Rn. 140; vgl. aber auch *Heerspink*, AO-StB 2006, 55; *Hilgers-Klautzsch*, in: Kohlmann, § 393, Rn. 203 sowie *Reichling*, HRRS 2014, 477.

gemeindeliktisch inkriminierenden Daten sind der Verwertung im einschlägigen Repressionsverfahren entzogen.

C. Fazit: das System zum Schutz bei allgemeindeliktischer Vortat

Resümierend festzuhalten ist daher, dass, soweit sich außersteuerstrafrelevante Anlasstaten schon nicht als „auch" steuerstrafkonnotierte solche im Sinne des Teil 5 erweisen, die beschriebene Selbstbezichtigungsgefahr also nicht bereits im Wege der ebenda aufgezeigten Bewältigungssystematik gebannt wird, die Abgabenordnung auch in Bezug auf rein allgemeindeliktische Selbstbelastungssituationen nachhaltige Schutzdefizite aufweist.

So kennt das Gesetz mit den Instituten des Steuergeheimnisses und des Verwertungsverbots gemäß § 393 Abs. 2 S. 1 AO zwar durchaus Mechanismen, denen – letzterenfalls wohlverstanden sogar mit Früh- und Fernwirkung ausgestattet – die Funktion anheimfällt, den Gewährleistungsgehalt des nemo tenetur-Satzes bestmöglich zu realisieren; die sich an der Grenze von Besteuerungs- und allgemeinem Repressionsverfahren auftuenden Friktionen vollumfänglich beheben kann die so intendierte informationelle Prozessisolation jedoch nicht. Allen voran das systematische Zusammenspiel der Offenbarungsbefugnis des § 30 Abs. 4 Nr. 5 AO mit der Durchbrechung der Verwertungsbeschränkung in § 393 Abs. 2 S. 2 AO stellte sich hierbei, jeweils bei Vorliegen eines zwingenden öffentlichen Offenbarungs- bzw. Verwertungsinteresses, als Quell struktureller Selbstbelastungsgefahren heraus, die auf dem Boden des hier erarbeiteten Ausstrahlungsmodells konzeptionell im Widerspruch zur grundgesetzlichen Normordnung stehen, denen unter Achtung der methodischen Grundsätze richterlicher Rechtskorrektur aber auch keine Abhilfe geschaffen werden konnte. Mangels insoweit rechtsstaatskonformer Möglichkeit einer verfassungsorientierten oder gar -konformen Interpretation wie Fortbildung der Norm lautet das Fazit in Bezug auf die Vorschrift damit im gleichen Maße simpel wie ernüchternd: § 393 Abs. 2 S. 2 AO ist schlicht verfassungswidrig.

Im Gegensatz hierzu methodenehrlich lösbar zeigte sich indes der beschriebene Konflikt um die allgemeindeliktisch relevante Selbstanzeige. Sieht sich der Einzelne von der Steuerrechtsordnung in die Lage versetzt, im Rahmen der steuerlichen Nacherklärung allgemeindeliktische Informationen preisgeben zu müssen, gebietet es schon eine am Sinn und Zweck der §§ 371, 393 Abs. 2 AO orientierte Auslegung des Verwertungsverbots, dessen Anwendungsbereich um eine verfassungskonform-analoge Dimension zu erweitern. Die vom Selbstanzeigenden in Erfüllung des von § 371 Abs. 1 AO statuierten Vollständigkeitsgebots gemachten, allgemeindeliktisch inkriminierenden Angaben genießen daher den Schutz eines strafprozessualen Verwertungsverbots analog § 393 Abs. 2 S. 1 AO, der es letztlich leistet, die Verwertungskomponente der Ausstrahlungswirkung effektiv zu unterbinden.

Teil 7

Schlussbetrachtungen

Und so bleibt der vorliegenden Untersuchung nichts mehr, als die vorstehend gefundenen Thesen zusammenzutragen und so die Resultate der jeweiligen Teile zu einem ganzheitlichen Erkenntnisgebilde zusammenzufügen. Bevor die Arbeit ihr Forschungsvorhaben aber auf diese Weise beschließt, sei indes ein – nunmehr retrospektiv reflektierender – Blick auf die eingangs angestellten Gedanken zur Systematisierung der steuerrechtlichen Kooperationspflichten geworfen, zeichnen die ebenda erarbeiteten Unterscheidungsmodi doch ein im Ergebnis zugegebenermaßen zweischneidiges Bild:

A. Vom Sinn und Unsinn der eigenen Methode: kritische Evaluation der Kategorisierung des steuerlichen Mitwirkungssystems

Den negativen Part bekleidet hier der um das Datum der Strafverfahrenseinleitung erbaute, zeitliche Konturierungsansatz. Zwar konnte die differenzierungsbegründende vermutete Wirkungsdivergenz des nemo tenetur-Satzes vor und nach dem Eintritt in die formelle Beschuldigtenstellung des Strafverfahrens verifiziert werden, aus dem damit verbundenen graduellen Gewährleistungsabschlag rein auf den tatsächlichen Umfang einzelner Selbstbelastungsfriktionen fließen jedoch aus speziell steuerprozeduraler Kooperationsperspektive keine belastbaren Unterscheidungsmomente. Soweit auch im Vorfeld der Einleitung des Strafprozesses repressionsrelevanter Selbstbezichtigungsgefahr durch steuerliche Mitwirkungspflichten ausgesetzt, wird der Einzelne nach dem hier erarbeiteten Verständnis gerade durch die Ausstrahlungswirkung des nemo tenetur-Satzes umfassend geschützt und das zur Kollisionsabwendung berufene System der Abgabenordnung greift in vollem Umfang ein. Genießt der Betroffene so bereits in diesem frühen Vorverfahrensstadium einen gleichermaßen effektiven wie holotischen Schutz vor besteuerungsgeschuldeter Autonomienegation, ändert – abseits des insoweit lediglich entfallenden Erfordernisses formaler Glaubhaftmachung der Mitwirkungskonnotation spezifischer Selbstbelastungsgefahren – auch der spätere Eintritt in die repressionsprozessuale Beschuldigtenstellung an diesem grundrechtsorientierten Positivbescheid nichts. Pars pro toto für dieses Denken steht hier das Kollisionssystem der Abgabenordnung selbst, wenn diese in § 393 Abs. 1 S. 3 AO das latente Bezichtigungsrisiko nach

Einleitung des Steuerstrafverfahrens lediglich unwiderlegbar fingiert, um den Schirm des Zwangsmittelverbots dem Gefährdeten zum Schutze so im Übrigen voraussetzungslos aufzuspannen, das dahinterstehende Schutzkonzept des § 393 Abs. 1 S. 2 AO aber dem Grunde nach unberührt sehen möchte. Erschöpfen sich die Gewährleistungsdivergenzen der beiden Betrachtungszeiträume daher lediglich in solchen ausschließlich formaler Natur, insbesondere aber nicht in einem materiell abweichenden Schutzniveau, hält sich der normative Mehrwert einer solch periodenorientierten Unterscheidung letztlich in Grenzen.

Einen gänzlich anderen Eindruck hinterlässt dagegen die Aussonderungswirkung des personellen Differenzierungsansatzes. Zwar muss die vorliegende Arbeit, wenn sie nach dem Adressaten der steuerlichen Mitwirkungspflicht unterscheidet, auch hier im Ausgang konzedieren, dass der nemo tenetur-Satz, der nach hiesiger Diktion immer nur in eigener (Bezichtigungs-)Sache wirken kann, die insoweit allenfalls mittelbar denkbare Selbstbelastung bei Kooperation im Drittverfahren ingleichen schützend umfasst, der Modus in dieser persönlichen Dimension zur Abgrenzung also gerade nicht taugt. Bei näherer Betrachtung findet sich dessen tatsächliche Filterfunktion jedoch im Abwendungssystem der Abgabenordnung: Soweit das Gesetz dem verfahrensfremden Dritten qua § 103 AO ein echtes Recht zur Mitwirkungsverweigerung einräumt, eröffnet sie *allein* dem selbstbelastungsgeplagten Nichtbeteiligten eine veritable Alternative zum inkriminierenden Kooperationsgesuch und schafft so dem Zwangs- bzw. Anwendungselement des nemo tenetur-Grundsatzes nur in *diesem* personalen Rahmen kategorisch Abhilfe.

Die Untergliederung nach dem Pflichteninhalt aktualisiert sodann eine strukturelle Klarsicht: Konnte bereits obig herausgestellt werden, dass das breite Spektrum der verschiedenen Kategorisierungsansätze zu weiten Teilen dem jeweils zugedachten Zweck subjektiver Arbeitserleichterung entspringt, sich konkret vertretene Abgrenzungskonzepte also überwiegend stillschweigend an das in der Folge zu entwickelnde Selbstbelastungsdogma binden, kann es nicht verwundern, dass im vorstehend erarbeiteten – rein nach der selbstinkriminierenden *Wirkung* der kooperativen Verfahrensförderung und explizit nicht nach der phänomenologischen Ausgestaltung des zugrundeliegenden Auftrags unterscheidenden – nemo tenetur-System ein solcher Differenzierungsansatz nur beschränkten Aussonderungscharakter besitzt. Wenn im vorliegenden Denken also sowohl die verbale als auch die nonverbale sowie die unmittelbare wie die mittelbare Selbstbezichtigung dem Protektorat des Privilegs unterstehen, nützt eine ebensolche Umstände akzentuierende Unterscheidung auf den ersten Blick freilich wenig.

Der tatsächliche Mehrwert dieser Kategorienbildung liegt indes vielmehr in einer arbeitsbegleitenden Kontextualisierung: Wurden schon auf Systemfindungsebene die verschiedenen Ansätze zur Konturierung des spezifischen Gewährleistungsgehalts der Selbstbelastungsfreiheit diskutiert, helfen die so getroffenen Unterscheidungen dabei, die abstrakten Umgrenzungsversuche mit konkret vom Steuerrecht geforderten Verhaltensweisen zu unterfüttern. So werden sich etwa Ansätze, die der

Verbalitätsthese oder einer ihrer abgewandelten Spielarten folgen, den kommunikatorischen Erklärungswert der hier umgrenzten Erklärungs- bzw. Aufzeichnungspflichten zunutze machen und so die als hinreichend verbal empfundenen Mitwirkungsaufträge als für sich gewährleistungsrelevant anerkennen, während sich Auffassungen, die der Herausgabe gesetzlich vorgeschriebener Aufzeichnungsunterlagen den selbstbelastenden Erklärungswert absprechen, mittelbar der Kategorien der unmittelbaren wie mittelbaren Außenwirkung bedienen; Meinungen, die das nemo tenetur-Privileg etwa als Schutz vor besteuerungsrelevantem Wissenszugriff, mithin als subjektives Informationsbeherrschungsrecht interpretieren, werden die – einen solch kognitiven Mehrwert entbehrenden – Nichterklärungspflichten dem Schutzbereich des Prozessgrundrechts konsequent entnehmen und wieder andere, die sich auf Schutzgegenstandsebene dem Aktiv-Passiv-Dogma verschreiben, müssen den als Duldungspflichten umsäumten Pflichtenkreis hier folgerecht aussparen. Letzteres Ergebnis schlägt dann auch die Brücke zu den Thesen des hier vertretenen Ansatzes: Stellt man den nemo tenetur-Grundsatz mit der vorstehend entwickelten Dogmatik wohlverstanden auf die Beine einer willensautonomiekonnotierten Bruch-Beuge-Doktrin, scheidet damit lediglich die Kooperationsherstellung via willensausschließender vis absoluta aus dem Raster des Gewährleistungsgehalts, in den Worten der obigen Einteilung nach dem Pflichtenkreis also lediglich die bloße „Duldung" einer ebensolchen Behandlung.

Eine ganz eigene Beachtlichkeits- respektive Wirkungsdimension des nemo tenetur-Satzes eröffnet schließlich die Unterscheidung nach dem Rechtsgrund der konkreten Kooperationsverpflichtung: Überwirken die verfassungsrechtlichen Gewährleistungen der Selbstbelastungsfreiheit den finanzbehördlichen Ermessensspielraum aus § 5 AO nämlich ähnlich dem konstitutionellen Gleichheitssatz oder dem rechtsstaatlichen Desiderat der Verhältnismäßigkeit, ist die behördliche Entscheidung zu Gunsten einer nemo tenetur-widrigen Behandlung des Einzelnen verfassungswidrig und damit justiziabel ermessensfehlerhaft. Im Gegensatz zur Konstellation gebundener Verwaltungsentscheidungen oder gar der Mitwirkungsverpflichtung unmittelbar ex lege, in welcher der abgabenrechtliche Selbstbelastungsschutz erst im Anschluss an die hoheitliche Behandlung gleichsam ex post erfolgt, wird der Finanzbeamte hier qua Ermessensgebrauch dazu angehalten, die Gewährleistungen des Privilegs bereits im Vorfeld der konkret beabsichtigten Maßnahme zu berücksichtigen und insoweit privilegswidrige Anordnungen von Anfang an zu unterlassen.

Gerade dieser finanzbehördliche Achtungsauftrag erhellt aber auch den besonderen Stellenwert der bereits in Teil 2 gefundenen Grundsätze der Stetigkeit und Klarheit der Verfahren. Nur, wo sowohl der Finanzbeamte als auch der Betroffene positiv weiß, in welchem Verfahren er gerade agiert und welchen Maximen er aktuell untersteht, ist eine rechtstatsächliche Umsetzung der zuweilen divergierenden Direktiven des Selbstbelastungsprivilegs überhaupt denkbar; nur, wenn die Prinzipien der Stetigkeit und Klarheit der Verfahren konsequent gewahrt werden, kann der Grundsatz des nemo tenetur se ipsum accusare wirksam realisiert werden.

Ebendies gibt wiederum abschließend den Blick auf ein letztes Gemengeproblem frei: Selbstredend wird der einzelne Finanzbeamte, der lediglich mit der Wahrnehmung von Besteuerungsaufgaben betraut ist, genauso gut dazu imstande sein, sich allein der Machtmittel des Steuerrechts zu bedienen und, soweit hinreichend über die Spezifika der Ausstrahlungswirkung des nemo tenetur-Satzes unterrichtet, diese auch im ihm zukommenden Verfahrensermessen zu berücksichtigen wie sein repressiv tätiges Pendant im ihm zedierten Verfahren vice versa. Gleichwohl stellt sich insbesondere bei jenen Gruppierungen der Finanzverwaltung, die die Abgabenordnung zielgerichtet an der Grenze von Besteuerungs- und Strafverfahren siedeln lässt, eine rechtstatsächliche Umsetzungsfrage. Allen voran die Steuerfahndung wird hier zuweilen in eine prozedurale Doppelrolle gezwungen, in der sie gleich mehrere Facetten des nemo tenetur-Privilegs tatbestands- wie rechtsfolgenseitig simultan zu achten hat. Scheint es daher nicht ausgeschlossen, dass gerade in Anbetracht der dogmatisch inkohärenten sowie ausdifferenzierten Konfliktbewältigung, die sich überdies teils um gar ungeschriebene verfassungsunmittelbare Beweisverwertungsverbote spannt, der einzelne Fahndungsbeamte steuerlich verwertbare – da ihm in seiner besteuerungsprozessualen Stellung bekannt gewordene – Informationen für die ihm gleichermaßen auferlegten repressiven Zwecke außer Acht lassen muss, drängt sich hier die Frage nach der rechtsfaktischen Erfüllbarkeit dieser janusköpfigen Aufgabenzuweisung förmlich auf. Diese wird man im Ergebnis indes wohl zu bejahen haben. Will man den – zur Realisierung des Grundsatzes freilich vorzugswürdigen – Weg institutioneller Behördentrennung aus vornehmlich verfahrensökonomischem Kalkül nicht gehen, muss die Finanzverwaltung eben auf personaler Ebene sicherstellen, dass sie sich nur jener Arbeitskräfte bedient, die die mit der Verschränkung verbundenen Unwägbarkeiten subjektiv auch leisten können. Von den Bediensteten des Staates kann und muss insoweit erwartet werden, dass sie sich auch im Falle der Doppelrelevanz den Grundsätzen des jeweils einschlägigen Verfahrens unterwerfen und die hieraus fließenden Beschränkungen der Informationsakquise konsequent beachten, ist eine solche Forderung nach informatorischer Abschichtung in die Kategorien „verwertbar" und „unverwertbar", selbst im Falle der Aufgabenkonzentration in der Person eines einzelnen Hoheitsträgers, der Rechtsordnung doch auch andernorts nicht fremd.

B. Die wesentlichen Thesen

Resümierend bleibt daher folgendes Gesamtbild.

Im Anfang konnte *Teil 2* aufzeigen, dass die prima facie banale These, dass hoheitliche Befugnisvorschriften stets der relevanten Aufgabennorm zu folgen haben, im Kontext des finanzamtlichen Tätigkeitskreises zu empfindlichen Gemengelagen führen kann. Ist das Finanzamt nämlich nach der Vorstellung der Abgabenordnung zur Sachverhaltserforschung sowohl in Besteuerungs- als auch in Steuerstrafsachen berufen, sind jene beiden Verfahren aus der behördlichen Warte sodann schlicht zu identisch, als dass das von § 393 Abs. 1 S. 1 AO noch so großspurig propagierte Gebot strengster Verfahrenstrennung allzu leicht konsequent durchgehalten werden könnte. Ebendiese Identität fußt dabei auf der weitreichenden Konkordanz der Verfahren in objektiver wie subjektiver Hinsicht. Die objektive Gemeinsamkeitsdimension wird dabei vom ingleichen steuerstraf- wie besteuerungsrelevanten Topos der Besteuerungsgrundlage geprägt, die subjektive solche vom Umstand, dass insbesondere in einfacher wie personalarm strukturierten Finanzämtern eine (erstrebenswerte) personelle Isolation der Besteuerungsaufgaben von jenen der Bußgeld- und Strafsachenstellen nur schwerlich realisierbar sein kann. Macht man von diesem Standpunkt aus nun mit der von § 393 Abs. 1 S. 1 AO geforderten Verfahrenstrennung samt Unterwerfung unter die jeweils eigenen Prozessmaximen Ernst, steht man vor der misslichen Situation, dass nach dem Ideal der Kollisionsvorschrift eine einzelne Ermittlungsperson, jedenfalls aber eine einzelne Finanzbehörde dieselbe Information der Besteuerungsgrundlage für zwei nach der Vorstellung des Gesetzgebers strikt zu trennende Verfahren auf Grundlage verschiedener Verfahrensordnungen mit unterschiedlichen Befugnissen und teils diametral auseinanderfallenden Verfahrensprinzipien ermitteln soll; konkreter noch soll sich die Finanzbehörde besteuerungsseitig auf die umfassende Kooperation des Pflichtigen verlassen können, während sie strafverfolgungsseitig die kategorische Schweigeposition des Verfahrensunterworfenen zu achten hat. Zugegeben: Das Spannungsfeld um diese Aufgabenkumulation in einzelnen Finanzbeamten mag an dieser Stelle den problemträchtigen Ausnahmefall darstellen. Diese empirische Fallarmut macht die Situation aus dogmatischer Warte aber freilich nicht weniger brisant und andernorts ist eine solche Doppelfunktion von den Vorschriften der Steuergesetze sogar normativ gewollt. Gerade an die so prekäre Grenze der beiden Verfahren setzt die Abgabenordnung das doppelrelevant agierende Institut der Steuerfahndung, das, im Gegensatz zur nach der hier vertretenen Auffassung rein steuerlich tätigen Außenprüfung, von Gesetzes wegen gleichermaßen Aufgaben im Steuerstraf- wie im Besteuerungsverfahren übernimmt, jeweils verbunden mit dem einschlägigen Befugniskatalog. Der Einzelne sieht sich hier Hoheitsträgern gegenüber, denen es aus seiner Warte gestattet ist, nahezu beliebig zwischen den Verfahren, den Aufgaben und ihren Befugnissen zu wechseln, und die so für ihn in besonderem Maße Gefährdungspotential bergen. Soll § 393 Abs. 1 S. 1 AO den aus dem Nebeneinander der Prozesse fließenden Spannungen also effektiv Herr werden, wird man der Vorschrift mehr entlocken müssen als die bloße Anordnung prozeduraler Konkordanz. Bei systematisch-teleologischer Auslegung treten daher neben die bereits dem Wortsinn zu entnehmenden Prinzipien der Selbstständigkeit und Gleichrangigkeit der Verfahren die – den jeweils Verfahrensunterworfenen individualschützenden – Prinzipien der Klarheit und Stetigkeit ebenjener sowie die – das jeweilige Verfahren effektuierenden – Prinzipien der optimalen Zweckverwirklichung und des Regel-Ausnahme-Verhältnisses. Bereits hierdurch werden insbesondere die Gefahren dysfunktionaler Befugnisausübung durch doppelrelevante Hoheitsträger sowie der individuellen Unkenntnis des Betroffenen, in welchem

B. Die wesentlichen Thesen

Verfahren er sich gerade befindet und in welchem Umfang er nun konkret mitzuwirken hat, angemessen gebannt.

Teil 3 widmete sich sodann dem steuerlichen Vorverständnis der Bearbeitung. Aus den ebenda angestellten abstrakten Überlegungen zu den Grundsätzen eines rechtsstaatlichen Steuerrechts kristallisierte sich hier rasch die Erkenntnis, dass formale Rechtsstaatserwägungen, eingedenk der Notwendigkeit eines steuerlichen Legalitätsprinzips, endlich in die formell rechtsstaatliche Forderung nach einer steuerprozessualen Untersuchungsmaxime münden, wohingegen materielle Rechtsstaatsgedanken über das Spannungsverhältnis zwischen erstrebter Belastungsgleichheit und gleichzeitiger Limitierung der hoheitlich personellen Prüfungskapazitäten zur unausweichlichen Kooperationsmaximierung des Steuerrechts führen. Zeigen sich beide Maximen daher als verfassungsfundierte Desiderate des Rechtsstaats – einmal eben formaler, einmal materieller Couleur –, wurzeln damit aber auch die – ihrerseits der Kooperationsmaxime entspringenden – einzelnen steuerrechtlichen Mitwirkungspflichten mittelbar auf dem Boden materieller Rechtsstaatlichkeit. Das Binnenverhältnis der so umschriebenen Grundsätze erscheint dabei überraschend. Kontraintuitiv bilden die beiden Topoi keine inhaltlichen Gegensätze; vielmehr bleibt der Amtsermittlungsgrundsatz das dominierende Strukturprinzip des Besteuerungsverfahrens. Nur soweit die Kooperationsbereitschaft des Einzelnen reicht, überlagert und modifiziert diese individuelle Verfahrensförderung den hoheitlichen Ermittlungsauftrag und wandelt diesen zu einer strukturellen Verifikationspflicht als Mindeststandard. Im Übrigen bleibt der Untersuchungsrundsatz unangetastet oder lebt nach Mitwirkungsverweigerung bis zur Grenze der Zumutbarkeit wieder auf. Bei Tageslicht erweist sich der steuerrechtliche Kooperationsgrundsatz damit als integraler Bestandteil der Untersuchungsmaxime.

Die sich hieran schließende Kategorisierung der einzelnen Mitwirkungsaufträge der Abgabenordnung erhellte sodann zunächst eine strukturelle Klarsicht. So musste eingangs festgestellt werden, dass sich konkret erarbeitete Mitwirkungssysteme für gewöhnlich als Korrelat des jeweils eigenen Forschungsvorhabens gerieren, weite Teile des bereits vertretenen Meinungsstands der vorliegenden Arbeit mithin schon qua abweichendem Abhandlungsanspruch konzeptionell nicht helfen. Die so angestoßene, für die vorliegende Forschungsfrage individuell zu entwickelnde Systematik stand sodann unter dem Zeichen der mannigfaltigen Blickwinkel, aus denen sich der Problematik des nemo tenetur-Satzes im Besteuerungsverfahren genähert werden kann. Möchte man jeder dieser Facetten in gleichem Maße steuerrechtliche Substanz verleihen, kann die insoweit erforderliche Systemfindung keine statische sein; sie muss dynamisch erfolgen. Gesucht und gefunden wurde so eine mehrdimensionale Kategorisierung, sich ihrerseits gründend auf dem Fundament vierer ordnender Abgrenzungsleitlinien: namentlich der Einteilung nach dem Zeitpunkt der Mitwirkung, dem Rechtsgrund, dem Adressaten und dem geforderten Verhalten. Die erstgenannte Differenzierung unterscheidet dabei zwischen der Vornahme des relevanten Verhaltens vor oder nach Einleitung eines Strafverfahrens gegen den Mitwirkenden, die Kategorienbildung nach dem Rechtsgrund danach, ob der potentiell selbstbelastende Verhaltensauftrag unmittelbar aus dem Gesetz oder erst aus einem Verlangen der Verwaltung fließt, und die Unterteilung nach dem Pflichtadressaten trennt zwischen der Mitwirkungsverpflichtung Beteiligter respektive Dritter. Die Systematisierung nach dem geforderten Verhalten folgt sodann wiederum einer subgliedernden Dreiteilung: Gestaltet sich das individuelle Mitwirkungsgebaren als direkt der Finanzverwaltung gegenüber wissensvermittelnd kommunikatorisch und erweist sich die dargereichte Information als potentiell unmittelbar verfahrensrelevant, handelt es sich um eine Erklärungspflicht. Wird dagegen die vermeintlich unmittelbar verfahrensrelevante Information nicht direkt dem Hoheitsträger gegenüber kundgetan, sondern verbleibt sie perpetuiert (vorerst) im Machtbereich des Mitwirkenden, ist auf eine Aufzeichnungspflicht zu erkennen. Lassen sich Mitwirkungsaufträge schließlich mangels kommunikatorischen Verhaltens oder hinreichender Verfahrensrelevanz der Information keinem der beiden vorstehenden Ansätze zuordnen, unterfallen sie der Gruppe der Nichterklärungspflichten.

Teil 4 fiel alsdann die Aufgabe der Beleuchtung verfassungsrechtlicher Grundlagen anheim. Nach kurzer Reflexion der genetischen Grundlagen des nemo tenetur-Satzes konnte hierbei ausführlich fundiert werden, dass sich das Postulat der Selbstbelastungsfreiheit nach dem hiesigen Verständnis als spezielles Justizgrundrecht erweist, welches seine vorzugswürdige konstitutionelle Rechtsgrundlage in einer prozedural verstandenen Ausformung des Art. 1 Abs. 1 i V m 20 Abs. 3 GG findet. Jener Verortungsdualismus folgt dabei der ambivalenten Stoßrichtung des nemo tenetur-Satzes selbst, wobei die angestellte Menschenwürdekonnotation dessen individualakzentuierende Dimension herausstellt, die unmittelbare Verankerung im Rechtsstaatsprinzip dagegen dessen prozessorientierte solche betont. Konnte hierbei in concreto neben der objektivrechtlich intendierten Prozessmaximensicherung samt Wahrung der Rollenverteilung im Strafverfahren die der Beschuldigtenstellung des Verfahrensunterworfenen entspringende individualschützende Gewährleistung prozessualer Autonomie als teleologisch relevantes Schutzanliegen ausgemacht werden, sichert das Selbstbezichtigungsprivileg als Abwehrinstitut gegen die drohende Instrumentalisierung des eigenen Willens die Abhandenheit einer Kollusion von selbstbelastendem Zwang zur Verfahrensmitwirkung und jedenfalls mittelbarer Verwertung so erlangter Informationen im und in den Grenzen des eigenen Strafverfahrens.

Im Rahmen final auf Repression angelegter Verfahren, zuvörderst also im Straf- sowie Ordnungwidrigkeitenrecht, fließt aus ebenjenem Instrumentalisierungsgedanken sodann a priori die konzeptionelle Exklusion willensausschließender vis absoluta aus dem Schutzbereich. Scheint die hoheitliche Anwendung willensbrechender Gewalt nämlich strukturell außerstande, die als neuralgisch erkannten Schutzgüter in hier interessierender Weise zu tangieren, schlägt sich die schon im Kontext der verfassungsrechtlichen Lozierung gefundene qualitative Divergenz zwischen Willensbruch und Willensbeugung auch auf die Ebene des Gewährleistungsgehalts durch. Bereits an dieser Stelle verbleibt dem nemo tenetur-Grundsatz hiesiger Diktion mit dem konkretisierungsbedürftigen Begriff willensbeugender vis compulsiva so ein Topos, der seine finale Kontur erst in Zusammenschau mit der näheren Definition des einschlägigen Zwangsbegriffs erlangt. Konnte in diesem Zusammenhang alsdann herausgestellt werden, dass der Grundsatz der Selbstbelastungsfreiheit lediglich eine besondere Qualität hoheitlicher Zwangsanwendung zu unterbinden ersucht, darf auf Basis dieser Erkenntnis der Wille des Einzelnen nicht in einer solchen Weise verjüngt werden, dass der Betroffene qua hoheitlicher Fremdbestimmung keine andere Verteidigungsmöglichkeit mehr vorfindet, als dem obrigkeitlichen Offenbarungsauftrag nachzukommen, die geforderten Informationen preiszugeben und sich damit weisungsgemäß potentiell selbst zu belasten. Dem Einzelnen ist daher stets mindestens eine Dispensoption vom hoheitlichen Kooperationsauftrag einzuräumen, wobei der Fundus zuzugestehender Entscheidungspositionen indes mitnichten jedes denkbare Alternativverhalten umfasst: Die anzubietende Handlungsalternative muss vielmehr sowohl nichtselbstbezichtigender als auch legaler Natur sein.

Kehrseitig ausgeschlossen ist damit in erster Linie eine durch die Rechtsordnung postulierte Mitwirkungsverpflichtung, schlösse eine solche ein vom normativen Wunsch abweichendes Verhalten doch bereits aus juristischer Perspektive aus. Ferner unterbleiben müssen aber auch all jene hoheitlichen Behandlungen, die eine solche Pflicht der Sache nach voraussetzten, in concreto also etwa die Anwendung von Zwangsmaßnahmen, Sanktionsbewehrungen von Zuwiderhandlungen oder die inkriminierende Verwertung der Inanspruchnahme der Dispensposition. Ausdrücklich nicht in Konflikt mit dem Grundsatz der Selbstbelastungsfreiheit geraten dagegen lediglich tatsächliche Willensbeeinträchtigungen. Sehen sich solche rein faktisch wirkenden Zwangssituationen nämlich gar nicht erst in der Lage, die rechtliche Entscheidungsfreiheit des Einzelnen auszuschließen, und knüpft sich der nemo tenetur-Satz ausdrücklich nicht an ein bestimmtes Maß an quantitativer Individualbeeinträchtigung, erschöpft sich dessen Gewährleistungsgehalt in der bloßen Sicherung der rechtlichen Entscheidungsfreiheit des Trägers. Zur Abwendung verbleibender Härten bleibt der Betroffene insoweit auf das Protektorat einschlägiger Grundrechte verwiesen. Abstrahiert kondensieren die so gefunden Grundsätze in einen formal bestimmten, juristisch geprägten Zwangsbegriff, der die unmittelbare hoheitliche Verjüngung des steuerbaren Entscheidungsportfolios des Adressaten auf nur eine zulässige Alternative final zur strafprozessualen Informationsgewinnung umfasst.

Diesem eng konturierten, absolut gewährleisteten Schutz vor zwangsweiser Selbstbelastung erfreuen sich in subjektiver Hinsicht sodann neben dem Beschuldigten auch der eines Rechtsbruchs Verdächtige sowie der Zeuge, ungeachtet, ob als natürliche oder juristische Person. Eingedenk der jedenfalls zeitweisen Absenz des mit der Beschuldigtenstellung einhergehenden Sonderverhältnisses zum Staat genießt ebenletzterer Kreis der (noch) Nichtbeschuldigten indes lediglich einen nur eingeschränkten, auf die konkret-individuelle Selbstbezichtigungslage konzentrierten Schutzstandard, welcher sich je nach Reichweite der potentiellen Selbstinkriminierung im Einzelfall jedoch zu einem umfassenden Verweigerungsrecht verdichten kann. In zeitlicher Dimension entfaltet der Grundsatz seine Schutzwirkung schließlich allein in dem Fenster einer potentiellen Selbstbezichtigung bezüglich einer schon begangenen und noch verfolgbaren Tat; neuerliche Rechtsbrüche kompensieren kann er nie.

Abseits solcher repressiven Verfahrensgestaltungen kann der nemo tenetur-Satz nach hiesigem Verständnis nicht unmittelbar gelten. So zeigt bereits das ausgearbeitete zwangskonnotierte Finalitätserfordernis, dass im Metier nichtrepressiver staatlicher Verfahren die geforderte Willensinstrumentalisierung zu Lasten des Berechtigten nicht stattfinden kann. Soweit also die Geltung bzw. Anwendung des Privilegs auch in anderen staatlichen Verfahren infrage steht, ist damit lediglich jenes Bedürfnis nach gewährleistungsorientiertem Umgehungsschutz umschrieben, welches durch die Begründung einer Fern- bzw. Ausstrahlungswirkung des Grundsatzes gestillt werden muss. Als bloße Wirkungsdimension des nemo tenetur-Satzes selbst ist der damit charakterisierte Aushöhlungsschutz unmittelbar mit dem Stammprivileg verbunden und nimmt so qua unvermittelter Konnotation neben der normativen Verortung auch an den inhaltlichen Direktiven der kernrepressiven Selbstbelastungsfreiheit teil. Der Grundsatz begründet und begrenzt damit seine eigene Ausstrahlung auf andere Verfahren.

Jene Sicherungswirkung kann folglich nur einem eng umgrenzten, durch den nemo tenetur-Satz selbst determinierten Raum gelten, was konkreter bedeutet, dass in Bezug auf dessen unmittelbaren Geltungsbereich im Strafverfahren der Einzelne ebenda Gefahr laufen muss, instrumentalisierend respektive rollendesavouierend behandelt zu werden. Für die Eröffnung des Anwendungsbereichs des Umgehungsschutzes bedarf es daher zunächst auch im anderen staatlichen Verfahren eines willenssteuerbaren hoheitlichen Mitwirkungsauftrags, der von einem subjektiv Berechtigten mittels Zwangs die Offenbarung potentiell strafrechtsrelevanter Informationen für eine schon begangene und noch verfolgbare rechtswidrige Tat fordert, die sodann im repressiven Verfahren gegen ihn verwertet werden. Die insoweit fehlende Finalität der Informationsgewinnung zu Repressionszwecken wird hier durch die nachträgliche Umwidmung der Daten für strafprozessuale Zwecke ersetzt, sodass sich das Kontrollsystem der Ausstrahlungswirkung als ein systematischer Zweischritt erweist, sich gliedernd in eine erste Stufe, auf welcher im Wege einer Vergleichsbetrachtung gefragt werden muss, ob eine entsprechende hoheitliche Behandlung in den Grenzen des Strafverfahrens unter der Ägide des nemo tenetur-Grundsatzes erlaubt wäre (Anwendungsbereichseröffnung), und eine – im Negationsfall eröffnete – zweite Stufe, auf welcher zu klären ist, ob ebenjene erzwungene Information in ein Strafverfahren gegen den Betroffenen eingeführt und so zu Repressionszwecken missbraucht wird (Umwidmungsgedanke). Soweit Letzteres wiederum bejaht werden kann, darf die bloße Auslagerung der Zwangsanwendung in ein anderes Verfahren ohne entsprechende Individualschutzrechte den Makel der Grundrechtswidrigkeit nicht beseitigen. In Ansehung der Gewährleistungen des Selbstbezichtigungsprivilegs muss sich der Staat hier als Einheit betrachten lassen.

B. Die wesentlichen Thesen

Fernab dieser – jetzt konkret greifbaren – Erkenntnisse um den Gewährleistungsgehalt des Grundsatzes prägt aber auch eine merklich abstraktere Erwägung die vorstehenden Ausführungen. Versteht sich die vorliegende Ausgestaltung der Selbstbelastungsfreiheit nämlich in erster Linie als systemkonsequente Fortführung bereits auf Ebene des zu erforschenden Schutzgegenstands gefundener Prämissen und war das hier erarbeitete nemo tenetur-Konzept immer wieder mit Blick auf abweichende, zuvörderst in teleologischer Hinsicht divergierende Konzeptionen zu kontextualisieren, kann als wohl zentrale Strukturerkenntnis des vierten Teils auch die strenge Dependenz des eigenen Privilegsverständnisses von den selbst erkannten rationalen wie normativen Grundlagen ausgemacht werden, gipfelnd im – zuweilen freilich ernüchternden – stillen Leitsatz dieses Kapitels: cuius ratio, eius protectio.

Ebendiese konstitutionellen Erwägungen übertrug *Teil 5* in der Folge auf die Situation mitwirkungsgeschuldeter steuerstrafkonnotierter Selbstbezichtigung. Konnte hierbei zunächst neben der Kooperationsmaximierung des Steuerrechts sowie der Teilidentität der Untersuchungsgegenstände von Besteuerungs- und Steuerstrafverfahren insbesondere die Wertneutralität der steuerlichen Rechtsordnung als letztes Element des weitreichend problematischen Verfahrensnebeneinanders von Steuer- und korrelierenden Strafsachen ausgemacht werden und erwies sich das Steuerrecht hierbei allenfalls als potentieller Bereich der Ausstrahlungswirkung des nemo tenetur-Satzes vorliegender Diktion, mündete die Applikation des hiesigen Ausstrahlungsdogmas auf der Primärebene steuerlicher Pflichtbegründung in das Ergebnis eines strukturellen Spannungsverhältnisses. Hier ist es bereits der Pflichtentopos selbst, der die zwangsbegründende und damit anwendungsbereichseröffnende Komponente im Kontext der Ausstrahlungswirkung begründet, gänzlich ungeachtet des spezifischen Inhalts der konkreten Verfahrensförderungsverpflichtung. Mit Ausnahme der Duldung hoheitlich eingesetzter vis absoluta eröffnen daher sowohl die Erklärungs- als auch die Aufzeichnungs- wie Nichterklärungspflichten, eingedenk ihrer potentiell selbstbelastenden Wirkung bei gleichzeitig dogmatischer Ausgestaltung als echte Rechtspflicht, systematisch den Anwendungsbereich der Ausstrahlungswirkung des nemo tenetur-Satzes.

Dieses Ergebnis schlug sodann anfangs auch auf die Sekundärebene der staatlichen Reaktion auf individuelle Pflichtwidrigkeiten durch. Angesichts der positiven Anknüpfung an die echte Verpflichtung zur Selbstinkriminierung konnte das zuvor entwickelte Zwangsdogma zunächst noch recht klarsichtig aufzeigen, dass die Institute der zwangsweisen Pflichtdurchsetzung im Vollstreckungswege mit den Beugemitteln insbesondere des § 328 AO und die Sanktionierung der Zuwiderhandlung etwa durch Straf- oder Bußgeldandrohungen systematisch fernwirkungseröffnende Selbstbelastungsrelevanz aufweisen, bevor im Kontext der Schätzung von Besteuerungsgrundlagen eine neue Abgrenzungsmethode gesucht werden musste. Betreten wurde hier für die vorliegende Arbeit dogmatisches Neuland und gefunden wurde ein normativer Unterschied zwischen hoheitlichen Reaktionen, die im Geiste steuerlicher Belastungsgleichheit wie -gerechtigkeit nach der Sicherung eines möglichst zutreffenden Besteuerungsergebnisses streben, und solchen, die zumindest auch sanktionierend-repressiven Charakter aufweisen, indem sie den Einzelnen durch bewusste Schlechterstellung zur kooperativen Verfahrensförderung veranlassen sollen. Erschiene der Einsatz solch letztgenannter Ersatzzwangsmittel in einem hypothetischen Strafverfahren sodann aus der Warte des hiesigen nemo tenetur-Verständnisses als schlichtweg unzulässig, eröffnen ebendiese Institute, eingedenk ihrer konzeptionellen Privilegswidrigkeit, strukturell den Anwendungsbereich dessen Fernwirkungsdimension, erstere dagegen nicht. Übertragen auf die Schätzung von Besteuerungsgrundlagen gemäß § 162 AO steht so das Ergebnis der nemo tenetur-orientierten Unbedenklichkeit selbst dort, wo das Verfahren durch den überhöhten Ansatz von Besteuerungsgrundlagen letztlich in eine Mehrsteuerlast beim Unterworfenen umschlägt; die Grenze bildet hier lediglich der zielgerichtete Missbrauch des Institutes zur Mitwirkungsmotivation durch bewusst sanktionierende Straf- oder Mondschätzungen.

Aufgrund deren auch repressiver Ausgestaltung als Rechtsfolgen sui generis konfligierend mit dem Grundsatz der Selbstbelastungsfreiheit zeigen sich dagegen die beleuchteten steuerlichen Nebenleistungen des Verzögerungsgeldes gemäß § 146 Abs. 2c AO und des Verspätungszuschlags nach § 152 AO, die so die Anwendungsfrage der Ausstrahlungswirkung bejahen.

Ein differenziertes Bild schafft schließlich die Frage nach der Problemtracht der Beweislastverteilung im Steuerrecht. Kennt das Steuerrecht de lege lata eine subjektive Beweislast in Gänze nicht, bleibt ein Konflikt mit dem Selbstbezichtigungsprivileg hier bereits denknotwendig ausgeschlossen; und auch die Verteilung der objektiven Beweislast vermag eine nemo tenetur-relevante Zwangslage nicht zu konstituieren. In der Idealform der Verteilung nach normbegünstigungstheoretischer Methode gleicht der hierdurch begründete reflexartige Kooperationsdruck auf den Einzelnen jener Konstellation, die auch der Negation der Relevanz der Selbstbelastungsfreiheit in Leistungsverfahren zugrunde lag; letztlich bleibt es also auch hier beim Verdikt eines nemo tenetur-irrelevanten faktischen, da rein ökonomischen Zwangs. Soweit sodann dieser Normbegünstigungsansatz steuerliche Modifikation erfährt, wurde herausgestellt, dass auch diese Variationsmodi den Gedanken des Steuerrechts entliehen sein müssen. Ist ebendieses dabei strukturell auf die Leitgedanken der Belastungsgleichheit und Steuergerechtigkeit gerichtet, scheidet auch hier eine relevante Zwangslage – mithin die Anwendungsbereichseröffnung der Ausstrahlungswirkung – aus.

Soweit der Betroffene demnach von der Steuerrechtsordnung zur selbstinkriminierenden Verfahrensförderung gezwungen wird, hilft das Regelungssystem der Abgabenordnung diesem Verfassungskonflikt nur in äußerst begrenztem Maße ab. So vermögen es die positivierten Mitwirkungsverweigerungsrechte der §§ 101 ff. AO allein, den nichtbeteiligten echten Dritten via § 103 AO aus der Spannungslage des Selbstbezichtigungszwangs zu befreien, das Steuergeheimnis gemäß § 30 Abs. 1 AO schützt den Betroffenen im Kontext steuerstrafrechtlicher Vortaten angesichts des weitschweifigen Durchbrechungstatbestandes des § 30 Abs. 4 Nr. 1 AO schlichtweg nicht und auch die Selbstanzeigeinstitute der §§ 371, 378 Abs. 3 AO helfen dem Einzelnen dort nicht mehr weiter, wo ebenjene Systeme entweder bereits durch die ureigenen Sperrtatbestände der §§ 371 Abs. 2, 378 Abs. 3 AO ausgeschlossen sind oder die damit einhergehende Berichtigungserklärung zur Offenbarung anderweitiger Allgemeindelikte nötigt, deren Straffreistellung die infragestehenden Ausschlussmechanismen sodann nicht mehr leisten können. Bleibt nunmehr auch § 398a AO nicht imstande, dem Selbstbezichtigungsprivileg im Steuerrecht ausreichendes Gehör zu verschaffen, verdichtet sich alle Hoffnung auf nachhaltige Konfliktbewältigung durch das Gesetz selbst in dem eigens dafür eingerichteten Mechanismus des § 393 Abs. 1 AO; letztlich damit aber in einem Institut, das zur Lösung der aufgeworfenen Problematik in gleich doppelter Hinsicht ungeeignet erscheint. So kann auch das Zwangsmittelverbot der §§ 393 Abs. 1 S. 2, 3 AO die ihm zugedachte Rolle als Konfliktlösungsinstanz freilich lediglich insoweit übernehmen, als der eigene Tatbestand reicht. Wird ebendieser jedoch zunächst von der ausdrücklichen Inbezugnahme des § 328 AO geprägt, muss bereits ausweislich des Wortsinns eine schützende Wirkung der Kollisionsregelung e contrario insoweit ausscheiden, als die nemo tenetur-konfligierende Zwangslage gerade nicht durch die Androhung oder den Einsatz der von § 328 AO genannten Beugemittel begründet wird, sondern durch hoheitliche Ersatzzwangsmittel im obig umsäumten Sinne. Überdies offenbarte die geboten systematische Analyse, insbesondere der normgegenständlichen Topoi der Steuerstraftat sowie -ordnungswidrigkeit, eine definitorische Anbindung ebenjener Tatbestandsmerkmale an die Grundsätze des strafprozessualen Tatbegriffs, die eine Schutzwirkung des Zwangsmittelverbotes kehrseitig überall dort systematisch ausschließt, wo es um die individuell selbstbezichtigende Verfahrensförderung mit Blick auf einen Untersuchungsgegenstand geht, der nicht unmittelbar auch dem korrelierenden Repressionsverfahren unterliegt. Soweit §§ 393 Abs. 1 S. 2, 3 AO nach diesen Grundsätzen also bereits auf Tatbestandsebene nicht greifen, soweit die Abgabenordnung den Schutzschirm des Zwangsmittelverbotes zu Gunsten des Einzelnen hier gar nicht erst aufspannt, bleibt die erkannte Problematik um den besteuerungsprozedural begründeten Zwang zu strafrechtlicher Selbstbelastung bestehen und der Gezwungene aus positivrechtlicher Perspektive nunmehr endgültig ohne Schutz.

Dass ebendieses Ergebnis indes schon aus Normhierarchiegründen nicht von Bestand sein kann, bedarf keiner weiteren Erläuterung. Zu entwickeln ist also ein angemessenes Kollisionssystem, das sowohl die verfassungsrechtlichen Anforderungen des nemo tenetur-Grundsatzes als auch die methodischen Leitlinien extralegislativer Normgestaltung umfassend respektiert. War dafür zunächst noch zu erkennen, dass das vorliegend dualistische Ausstrahlungskonzept aus Anwendungs- und Umwidmungskomponente im Ergebnis dazu führt, dass der Ausschluss *nur eines* dieser beiden Konstitutionsmerkmale zur zufriedenstellenden Friktionsabwendung genügt, eine Bewältigungsstrategie qua isolierter Suspendierung des nemo tenetur-widrigen Zwangs also im gleichen Maße möglich erscheint wie eine solche qua reinem Ausschluss der repressiven Verwertung so erlangter Informationen, griff im

Anschluss hieran die Erkenntnis um sich, dass sich nach Auffassung des Gesetzgebers die Konstellationen identischer und divergierender Untersuchungsgegenstände mit Blick auf die Zwecke des Besteuerungsverfahrens kategorisch voneinander unterscheiden. Bei Tageslicht konturiert die systematische Anbindung der §§ 393 Abs. 1 S. 2, 3 AO an den Begriff der prozessualen Tat somit nicht nur den Anwendungsbereich des Zwangsmittelverbots, sondern zeichnet zugleich die Leitlinie der rechtsschöpferischen Lösungsfindung praeter legem vor. Musste sodann konstatiert werden, dass das insoweit vorrangig zur Kollisionsabwendung berufene Institut der verfassungsorientierten Auslegung im Kontext des § 393 Abs. 1 AO in beiden Situationen prozessualer Tatein- sowie Tatmehrheit aus grammatischen respektive systematischen Gründen fehlgehen muss, schnüren die damit nachrangig auf den Plan gerufenen Grundsätze verfassungskonformer Rechtsfortbildung die Suche nach einem sachangemessenen Schutzsystem eng in das methodische Korsett maximaler Achtung des gesetzgeberischen Regelungsprimats. Kondensiert dieses Postulat dabei zuvörderst in das insoweit kompetenzeröffnende Erfordernis der Planwidrigkeit der vermeintlichen Rechtslücke, erheischt der Umstand Relevanz, dass aus historischer Perspektive die Regelung des § 393 AO intentional dazu geschaffen wurde, den Grundsatz der Selbstbelastungsfreiheit zur Gänze im Besteuerungsverfahren zu realisieren, hinter diesem selbst gesetzten Verwirklichungsauftrag realiter jedoch zurückbleibt. Entpuppt sich die kategorische Nichtregelung der mit Blick auf das Privileg erforderlichen Gewährleistungen also als legislativ nicht intendiertes Normsetzungsdefizit, ist damit der richterliche Rechtsanwender in den Stand erhoben, die erkannte Rechtslücke im Fortbildungswege zu füllen, freilich normativ limitiert durch das methodische Gebot steter Bindung an den Regelungswillen des hierfür originär zuständigen Gesetzgebers. Ist sich im Rahmen jener gestalterischen Rechtsschöpfung daher tunlichst an den im Gesetz zum Ausdruck kommenden legislativen Wertvorgaben zu orientieren, greifen hier die bereits vorstehend gesammelten – auch auf Rechtsfortbildungsebene zu einer gesonderten Behandlung der Konstellationen identischer und divergierender Untersuchungsgegenstände zwingenden – Erkenntnisse Platz.

Mit diesem Erfordernis konsequenter Fortführung der gesetzgeberischen Regelungsvorstellung stillschweigend entschieden ist dann aber auch, dass unter dem Eindruck der §§ 393 Abs. 1 S. 2, 3 AO die verfassungskonforme Gesetzeskorrektur für den Bereich identischer Untersuchungsgegenstände im Sinne prozessualer Tateinheit ausschließlich via Suspendierung des ausstrahlungsrelevanten Zwangselements erfolgen kann. Im Anschluss an die ebenda positivierte Grundentscheidung zu Gunsten einer Realisierung des nemo tenetur-Satzes mittels des Ausschlusses der Zwangskomponente treten neben den unmittelbaren Regelungsbereich des Zwangsmittelverbots daher zwei zur Lückenfüllung berufene analoge Anwendungsbereiche der Norm, betreffend die gleichermaßen repressiven Zwangssurrogate des Steuerrechts einerseits sowie die (auch) steuerlichen Repressionsandrohungen andererseits.

Ebendieser Weg bleibt dem Problemkreis divergierender Untersuchungsgegenstände im Sinne prozessualer Tatmehrheit indes versperrt. Soweit hier mangels normativer Überlagerung durch die Ideen des Zwangsmittelausschlusses der Leitgedanke rigoroser Verfahrenskonkordanz samt umfassender Wahrung der individuellen Mitwirkungsverpflichtungen im Besteuerungsinteresse reaktiviert wird, hat auch die Kollisionsbewältigung im Schöpfungswege nunmehr diesen Gedanken des § 393 Abs. 1 S. 1 AO Folge zu leisten. Das finale Streben nach folgerichtiger Fortentwicklung der legislatorischen Grundsatzentscheidung mündet hier schließlich in die Erkenntnis der Notwendigkeit einer Ergänzung der Abgabenordnung um ein – die gesetzgeberische Gestaltungsprärogative größtmöglich wahrendes – unmittelbar dem nemo tenetur-Grundsatz entspringendes Beweisverwertungsverbot, das seinerseits wiederum, um dem ihm zuerkannten Zweck absoluter Verfahrensabschottung gerecht werden zu können, sowohl mit Fern- als auch mit Frühwirkung ausgestattet sein muss und hierbei allenfalls durch die Gedanken des hypothetischen Ersatzeingriffs begrenzt werden kann.

Ebendiese Methodik spiegelte *Teil 6* abschließend auf den Friktionsbereich der kooperationskonnotierten Selbstbezichtigung mit außersteuerdeliktischen Bezugstaten. Obgleich einer graduell anderen Schutzreichweite unterstellt, machte sich auch hier schnell der Eindruck abermals nur unzureichender steuerpositivrechtlicher Umsetzung der konstitutionellen Garantien der Selbstbelastungsfreiheit breit. Soweit sich außersteuerstrafrelevante Anlasstaten schon nicht als „auch" steuerstrafkonnotierte solche im Sinne des Teil 5 erweisen, die beschriebene Selbstbezichtigungsgefahr also nicht bereits im Wege der ebenda aufgezeigten Bewältigungssystematik gebannt wird, weist die Abgabenordnung auch in Bezug auf rein allgemeindeliktische Selbstbelastungssituationen nachhaltige Schutzdefizite auf.

So kennt das Gesetz mit den Instituten des Steuergeheimnisses und des Verwertungsverbots gemäß § 393 Abs. 2 S. 1 AO zwar durchaus Mechanismen, denen – letzterenfalls wohlverstanden sogar mit Früh- und Fernwirkung ausgestattet – die Funktion anheimfällt, den Gewährleistungsgehalt des nemo tenetur-Satzes bestmöglich zu realisieren; die sich an der Grenze von Besteuerungs- und allgemeinem Repressionsverfahren auftuenden Friktionen vollumfänglich beheben kann die so intendierte informationelle Prozessisolation jedoch nicht. Allen voran das systematische Zusammenspiel der Offenbarungsbefugnis des § 30 Abs. 4 Nr. 5 AO mit der Durchbrechung der Verwertungsbeschränkung in § 393 Abs. 2 S. 2 AO stellte sich hierbei, jeweils bei Vorliegen eines zwingenden öffentlichen Offenbarungs- bzw. Verwertungsinteresses, als Quell struktureller Selbstbelastungsgefahren heraus, die auf dem Boden des hier erarbeiteten Ausstrahlungsmodells konzeptionell im Widerspruch zur grundgesetzlichen Normordnung stehen, denen unter Achtung der methodischen Grundsätze richterlicher Rechtskorrektur aber auch keine Abhilfe geschaffen werden konnte. Mangels insoweit rechtsstaatskonformer Möglichkeit einer verfassungsorientierten oder gar -konformen Interpretation wie Fortbildung der Norm lautet das Fazit in Bezug auf die Vorschrift damit im gleichen Maße simpel wie ernüchternd: § 393 Abs. 2 S. 2 AO ist schlicht verfassungswidrig.

Im Gegensatz hierzu methodenehrlich lösbar zeigte sich indes der beschriebene Konflikt um die allgemeindeliktisch relevante Selbstanzeige. Sieht sich der Einzelne von der Steuerrechtsordnung in die Lage versetzt, im Rahmen der steuerlichen Nacherklärung allgemeindeliktische Informationen preisgeben zu müssen, gebietet es schon eine am Sinn und Zweck der §§ 371, 393 Abs. 2 AO orientierte Auslegung des Verwertungsverbots, dessen Anwendungsbereich um eine verfassungskonform-analoge Dimension zu erweitern. Die vom Selbstanzeigenden in Erfüllung des von § 371 Abs. 1 AO statuierten Vollständigkeitsgebots gemachten, allgemeindeliktisch inkriminierenden Angaben genießen daher den Schutz eines strafprozessualen Verwertungsverbots analog § 393 Abs. 2 S. 1 AO, der es letztlich leistet, die Verwertungskomponente der Ausstrahlungswirkung effektiv zu unterbinden.

Literaturverzeichnis

Adick, Markus: Vorsatz zur Steuerhinterziehung und Fehlvorstellungen über den Steueranspruch, ZWH 2012, S. 155–156.

Alexy, Robert: Theorie der Grundrechte, 9. Auflage, Berlin 2020.

Alvermann, Jörg/*Talaska*, Peter: Anzeige- und Berichtigungspflicht bei zuvor bedingt vorsätzlich abgegebener unrichtiger Steuererklärung – Anmerkung zum Beschluss des BGH 1 StR 479/08 vom 17.3.2009, HRRS 2010, S. 166–169.

Ambos, Kai: Beweisverwertungsverbote – Grundlagen und Kasuistik – internationale Bezüge – ausgewählte Probleme, Berlin 2010 (zit.: *Ambos*, Beweisverwertungsverbote, S.).

Amelung, Knut: Informationsbeherrschungsrechte im Strafprozeß – Dogmatische Grundlagen individualrechtlicher Beweisverbote, Berlin 1990 (zit.: *Amelung*, Informationsbeherrschungsrechte, S.).

Anders, Hans: Kontrollbesuche durch den „Flankenschutzfahnder", DStR 2012, S. 1779–1785.

Anders, Ralf Peter: Internal Investigations – Arbeitsvertragliche Auskunftspflicht und der nemo-tenetur-Grundsatz, wistra 2014, S. 329–334.

App, Michael: Verwaltungsvollstreckung wegen Geldforderungen, JuS 1987, S. 203–208.

Appel, Ivo: Grundrechtsgleiche Rechte, Prozeßgrundrechte oder Schranken-Schranken? – Zur grundrechtsdogmatischen Einordnung von Art. 103 Abs. 2 und 3 GG, JURA 2000, S. 571–578.

Appel, Ivo: Verfassung und Strafe – Zu den verfassungsrechtlichen Grenzen staatlichen Strafens, Berlin 1998 (zit.: *Appel*, Verfassung und Strafe, S.).

Arnauld, Andreas von: Völkerrecht, 4. Auflage, Heidelberg 2019 (zit.: *von Arnauld*, Völkerrecht, Rn.).

Arndt, Adolf: Umwelt und Recht, NJW 1966, S. 869–872.

Arndt, Hans-Wolfgang: Steuergeheimnis, steuerliche Unzuverlässigkeit und gewerberechtliches Untersagungsverfahren, GewArch 1988, S. 281–291.

Arzt, Gunther: Schutz juristischer Personen gegen Selbstbelastung, JZ 2003, S. 456–460.

Arzt, Gunther: Strafverfahren ohne Menschenrechte gegen juristische Personen, in: Grafl, Christian/Medigovic, Ursula, Festschrift für Manfred Burgstaller zum 65. Geburtstag, Wien 2004, S. 221–237 (zit.: *Arzt*, in: FS-Burgstaller, S.).

Aselmann, Maike: Die Selbstbelastungsfreiheit im Steuerrecht im Lichte der aktuellen Rechtsprechung des Bundesgerichtshofs, NStZ 2003, S. 71–75.

Bachmann, Jochen: Vorsatz und Rechtsirrtum im Allgemeinen Strafrecht und im Steuerstrafrecht, Berlin 1993 (zit.: *Bachmann*, Vorsatz und Rechtsirrtum, S.).

Bährle, Volker: Die Aussagefreiheit des Angeklagten und die Verwertung von Vorverfahrensaussagen in der Hauptverhandlung, Heidelberg 1993 (zit.: *Bährle*, Aussagefreiheit, S.).

Bärlein, Michael/*Pananis*, Panos/*Rehmsmeier*, Jörg: Spannungsverhältnis zwischen der Aussagefreiheit im Strafverfahren und den Mitwirkungspflichten im Verwaltungsverfahren, NJW 2002, S. 1825–1830.

Baldus, Manfred: Kämpfe um die Menschenwürde – Die Debatten seit 1949, Berlin 2016 (zit.: *Baldus*, Menschenwürde, S.).

Balmes, Frank: Mitwirkungspflichten Dritter bei Außenprüfungen – Umfang, Zulässigkeit und Rechtsschutz, AO-StB 2003, S. 349–351.

Bary, Otto Gottfried von: Das Auskunftsverlangen im Kartellrecht, GewArch 1962, S. 3–5.

Bauer, Gerhard: Die Aussage des über das Schweigerecht nicht belehrten Beschuldigten, Göttingen 1972 (zit.: *Bauer*, Die Aussage, S.).

Baum, Michael: Datenschutz im Steuerverwaltungsverfahren ab dem 25.5.2018 – Teil I: Unmittelbare Geltung der DSGVO und bereichsspezifische Regelungen in der AO, NWB 2017, S. 3143–3149.

Baum, Michael: Datenschutz im Steuerverwaltungsverfahren ab dem 25.5.2018 – Teil II: Zulässigkeit der Verarbeitung personenbezogener Daten durch Finanzbehörden, NWB 2017, S. 3203–3210.

Baumann, Jürgen (Begr.)/*Weber*, Ulrich/*Mitsch*, Wolfgang: Strafrecht Allgemeiner Teil, 10. Auflage, Bielefeld 1995 (zit.: *Baumann/Weber/Mitsch*, Strafrecht AT^{10}, §, Rn.).

Baumann, Jürgen (Begr.)/*Weber*, Ulrich/*Mitsch*, Wolfgang/*Eisele*, Jörg: Strafrecht Allgemeiner Teil, 13. Auflage, Bielefeld 2021 (zit.: *Baumann/Weber/Mitsch/Eisele*, Strafrecht AT, §, Rn.).

Becherer, Herbert: Zum Seminar B: Der Schutz des Berufsgeheimnisses bei Steuerberatern in Deutschland, IStR 2010, S. 555–558.

Beckemper, Katharina: Nemo tenetur-Grundsatz im Steuerstrafrecht – Verwertbarkeit einer gescheiterten Selbstanzeige?, ZIS 2012, S. 221–227.

Beckemper, Katharina/*Schmitz*, Roland/*Wegner*, Carsten/*Wulf*, Martin: Zehn Anmerkungen zur Neuregelung der strafbefreienden Selbstanzeige durch das „Schwarzgeldbekämpfungsgesetz", wistra 2011, S. 281–289.

Becker, Arno: Beweismaßreduzierung bei Steuerhinterziehung und Reaktionsmöglichkeiten der Finanzverwaltung bei Mitwirkungsverweigerung des Hinterziehers oder seiner Erben beim Bestehen von Strafverfolgungshindernissen, StBp. 2002, S. 168–177.

Becker, Arno: Beweismittelunterdrückung gemäß § 274 Abs. 1 Nummern 1 und 2 StGB – Ein kaum beachteter Straftatbestand in der Außen- und Fahndungsprüfung – Teil III –, StBp. 2008, S. 104–109.

Becker, Jörg-Peter/*Erb*, Volker/*Esser*, Robert et al.: Die Strafprozessordnung und das Gerichtsverfassungsgesetz, Band 1, Einleitung; §§ 1–47, 27. Auflage, Berlin 2016 (zit.: *Bearb.*, in: Löwe/Rosenberg, §, Rn.).

Becker, Jörg-Peter/*Erb*, Volker/*Esser*, Robert et al.: Die Strafprozessordnung und das Gerichtsverfahrensgesetz, Band 2, §§ 48–93, 27. Auflage, Berlin 2017 (zit.: *Bearb.*, in: Löwe/Rosenberg, §, Rn.).

Becker, Jörg-Peter/*Erb*, Volker/*Esser*, Robert et al.: Die Strafprozessordnung und das Gerichtsverfahrensgesetz, Band 4/1, §§ 112–136a, 27. Auflage, Berlin 2019 (zit.: *Bearb.*, in: Löwe/Rosenberg, §, Rn.).

Becker, Jörg-Peter/*Erb*, Volker/*Esser*, Robert et al.: Die Strafprozessordnung und das Gerichtsverfahrensgesetz, Band 5/1, §§ 151–157, 27. Auflage, Berlin 2020 (zit.: *Bearb.*, in: Löwe/Rosenberg, §, Rn.).

Becker, Jörg-Peter/*Erb*, Volker/*Esser*, Robert et al.: Die Strafprozessordnung und das Gerichtsverfahrensgesetz, Band 5/2, §§ 158–211, 27. Auflage, Berlin 2018 (zit.: *Bearb.*, in: Löwe/Rosenberg, §, Rn.).

Beermann, Albert (Begr.)/*Gosch*, Dietmar (Hrsg.)/*Hoyer*, Andreas (Hrsg.): Abgabenordnung Finanzgerichtsordnung, Band 1, §§ 1–93d AO, Bonn, Loseblatt (Stand: 171. Aktualisierung, November 2022) (zit.: *Bearb.*, in: Gosch, §, Rn.).

Beermann, Albert (Begr.)/*Gosch*, Dietmar (Hrsg.)/*Hoyer*, Andreas (Hrsg.): Abgabenordnung Finanzgerichtsordnung, Band 2, §§ 94–192 AO, Bonn, Loseblatt (Stand: 171. Aktualisierung, November 2022) (zit.: *Bearb.*, in: Gosch, §, Rn.).

Beermann, Albert (Begr.)/*Gosch*, Dietmar (Hrsg.)/*Hoyer*, Andreas (Hrsg.): Abgabenordnung Finanzgerichtsordnung, Band 3, §§ 193–384 AO, Bonn, Loseblatt (Stand: 171. Aktualisierung, November 2022) (zit.: *Bearb.*, in: Gosch, §, Rn.).

Beermann, Albert (Begr.)/*Gosch*, Dietmar (Hrsg.)/*Hoyer*, Andreas (Hrsg.): Abgabenordnung Finanzgerichtsordnung, Band 4, §§ 385–415 AO, §§ 1–79b FGO, Bonn, Loseblatt (Stand: 171. Aktualisierung, November 2022) (zit.: *Bearb.*, in: Gosch, §, Rn.).

Beling, Ernst: Die Beweisverbote als Grenzen der Wahrheitserforschung im Strafprozess, Breslau 1903 (zit.: *Beling*, Beweisverbote, S.).

Benda, Ernst/*Maihofer*, Werner/*Vogel*, Hans-Jochen: Handbuch des Verfassungsrechts der Bundesrepublik Deutschland, 2. Auflage, Berlin 1994 (zit.: *Bearb.*, in: HdbVerfR, §, Rn.).

Benkendorff, o. w. A.: Die Aufgaben und Befugnisse der Zollfahndung nach der neuen AO, ZfZ 1977, S. 106–107.

Benz, Markus: Selbstbelastungen in außerstrafrechtlichen Zwangslagen, Aachen 2005 (zit.: *Benz*, Selbstbelastungen, S.).

Berthold, Volker: Der Zwang zur Selbstbezichtigung aus § 370 Abs. 1 AO und der Grundsatz des nemo tenetur, Frankfurt a. M. 1993 (zit.: *Berthold*, Zwang, S.).

Besson, Philipp A.: Das Steuergeheimnis und das Nemo-tenetur-Prinzip im (steuer-)strafrechtlichen Ermittlungsverfahren, Frankfurt a. M. 1997 (zit.: *Besson*, Steuergeheimnis, S.).

Bettermann, Karl August/*Nipperdey*, Hans Carl/*Scheuner*, Ulrich: Die Grundrechte – Handbuch der Theorie und Praxis der Grundrechte, Band 4, Halbband 1, Berlin 1960 (zit.: *Bearb.*, in: Die Grundrechte IV/1, S.).

Beulke, Werner: Hypothetische Kausalverläufe im Strafverfahren bei rechtswidrigem Vorgehen von Ermittlungsorganen, ZStW 1991, S. 657–680.

Beulke, Werner/*Swoboda*, Sabine: Strafprozessrecht, 16. Auflage, Heidelberg 2022 (zit.: *Beulke/Swoboda*, Strafprozessrecht, Rn.).

Beyer Dirk: Eventualvorsatz bei Steuerhinterziehung, AO-StB 2011, S. 323–325.

Biener, Friedrich August: Das englische Geschwornengericht, Band 2, Leipzig 1852 (zit.: *Biener*, Das englische Geschwornengericht II, S.).

Biesgen, Rainer/*Noel*, Paul: Die Berichtigungspflicht nach § 153 AO und der Nemo-tenetur-Grundsatz, sam 2012, S. 182–187.

Bilsdorfer, Peter: Aktuelle Fragen aus der Praxis der Außenprüfung, StBp. 2002, S. 25–27.

Bilsdorfer, Peter: Aktuelle Probleme der Selbstanzeige, wistra 1984, S. 93–96.

Bilsdorfer, Peter: Die Entwicklung des Steuerstraf- und Steuerordnungswidrigkeitenrechts, NJW 1999, S. 1675–1686.

Binder, Julius: Philosophie des Rechts, Berlin 1925.

Binnewies, Burkhard/*Bertrand*, Christian: Zur Verwertbarkeit der Ergebnisse eines Testkaufs der Finanzbehörde, AO-StB 2016, S. 165–167.

Birk, Dieter: Das Gebot des gleichmäßigen Steuervollzugs und dessen Sanktionierung – Zum Urteil des Bundesverfassungsgerichts vom 9. März 2004 – 2 BvL 17/02, FR 2004, 470, StuW 2004, S. 277–282.

Birk, Dieter: Das Leistungsfähigkeitsprinzip als Maßstab der Steuernormen – Ein Beitrag zu den Grundfragen des Verhältnisses Steuerrecht und Verfassungsrecht, Köln 1983 (zit.: *Birk*, Leistungsfähigkeitsprinzip, S.).

Birk, Dieter: Das Ungerechte an der Steuergerechtigkeit, StuW 2011, S. 354–364.

Birk, Dieter: Gleichheit und Gleichmäßigkeit der Besteuerung – Zum Stellenwert zweier Grundprinzipien in der Steuerreform 1990, StuW 1989, S. 212–218.

Birk, Dieter (Begr.)/*Desens*, Marc/*Tappe*, Henning: Steuerrecht, 25. Auflage, Heidelberg 2022 (zit.: *Birk/Desens/Tappe*, Steuerrecht, Rn.).

Birkenfeld, Wolfram: Beweis und Beweiswürdigung im Steuerrecht, Köln 1973.

Birkenfeld, Wolfram: Sachverhaltsermittlung und Rechtsanwendung bei der Lohnsteuer in- und ausländischer Arbeitnehmer, in: Stolterfoht, Joachim N. (Hrsg.), Veröffentlichungen der Deutschen Steuerjuristischen Gesellschaft e. V., Band 9, Grundfragen des Lohnsteuerrechts, Köln 1986, S. 245–376 (zit.: *Birkenfeld*, DStJG 9, S.).

Blesinger, Karl: Das Steuergeheimnis im Strafverfahren (Teil I), wistra 1991, S. 239–245.

Blesinger, Karl: Die Einleitung des Steuerstrafverfahrens, wistra 1994, S. 48–54.

Blesinger, Karl: Grundlagenbescheide als Gegenstand einer Steuerhinterziehung – Anmerkung zum BGH-Urteil vom 10.12.2008, 1 StR 322/08 –, wistra 2009, S. 294–298.

Bockemühl, Jan: Private Ermittlungen im Strafprozeß – Ein Beitrag zu der Lehre von den Beweisverboten, Baden-Baden 1996 (zit.: *Bockemühl*, Private Ermittlungen, S.).

Böckenförde, Ernst-Wolfgang: Das Grundrecht der Gewissensfreiheit, in: Veröffentlichungen der Vereinigung der Deutschen Staatsrechtslehrer, Heft 28, Das Grundrecht der Gewissensfreiheit. Die Rechtsformen der sozialen Sicherung und das Allgemeine Verwaltungsrecht, Berlin 1970, S. 33–81 (zit.: *Böckenförde*, VVDStRL 28, S.).

Böckenförde, Ernst-Wolfgang: Entstehung und Wandel des Rechtstaatsbegriffs, in: Ehmke, Horst/Schmid, Carlo/Scharoun, Hans, Festschrift für Adolf Arndt zum 65. Geburtstag, Frankfurt a. M. 1969, S. 53–76 (zit.: *Böckenförde*, in: FS-Arndt, S.).

Böckenförde, Ernst-Wolfgang: Menschenwürde als normatives Prinzip – Die Grundrechte in der bioethischen Debatte, JZ 2003, S. 809–815.

Bömelburg, Regina: Der Selbstbelastungszwang im Insolvenzverfahren – Eine Untersuchung zur Reichweite des Verwendungsverbotes gemäß § 97 Absatz 1 Satz 3 Insolvenzordnung, Köln 2003 (zit.: *Bömelburg*, Selbstbelastungszwang, S.).

Böse, Martin: Der Nemo-tenetur-Grundsatz als Gebot zur Aussetzung des Zivilprozesses nach § 149 ZPO?, wistra 1999, S. 451–456.

Böse, Martin: Die Strafbarkeit wegen Steuerhinterziehung und der Nemo-tenetur-Grundsatz, wistra 2003, S. 47–51.

Böse, Martin: Die verfassungsrechtlichen Grundlagen des Satzes „Nemo tenetur se ipsum accusare", GA 2002, S. 98–128.

Böse, Martin: Wirtschaftsaufsicht und Strafverfolgung – Die verfahrensübergreifende Verwendung von Informationen und die Grund- und Verfahrensrechte des Einzelnen, Tübingen 2005 (zit.: *Böse*, Wirtschaftsaufsicht, S.).

Bohnert, Joachim (Begr.)/*Krenberger*, Benjamin/*Krumm*, Carsten: Ordnungswidrigkeitengesetz, 7. Auflage, München 2022 (zit.: *Bearb.*, in: Krenberger/Krumm-OWiG, §, Rn.).

Bosch, Nikolaus: Aspekte des nemo-tenetur-Prinzips aus verfassungsrechtlicher und strafprozessualer Sicht – Ein Beitrag zur funktionsorientierten Auslegung des Grundsatzes „nemo tenetur seipsum accusare", Berlin 1998 (zit.: *Bosch*, Aspekte des nemo-tenetur-Prinzips, S.).

Bosch, Nikolaus: Die verdeckte Befragung des Beschuldigten – Strafrechtspflege ohne Grenzen? – BGH – Beschluß v. 13. 5. 1996 – GSSt 1/96 (LG Hamburg) = NJW 1996, 2940 ff. –, JURA 1998, S. 236–243.

Braithwaite, Valerie: Taxing Democracy – Understanding Tax Avoidance and Evasion, Aldershot/Burlington 2003.

Braun, Michael: Betriebsprüfung und Steuerstrafverfahren – Verschärft § 10 BpO 2000 die Situation? –, DStZ 2001, S. 320–322.

Brauns, Uwe: Disziplinarische Verfolgung von Beamten nach strafbefreiender Selbstanzeige, in: Hirsch, Hans Joachim/Wolter, Jürgen/Brauns, Uwe, Festschrift für Günter Kohlmann zum 70. Geburtstag, Köln 2003, S. 387–411 (zit.: *Brauns*, in: FS-Kohlmann, S.).

Brenner, Karl: Geringere Schutzwirkung des Steuergeheimnisses auch bei Betriebsprüfungen, StBp. 1975, S. 277–279.

Brenner, Karl: Zum Auskunftsverweigerungsrecht des Steuerpflichtigen bei der Betriebsprüfung, BB 1978, S. 910–911.

Breuer, Rüdiger: Probleme der Zusammenarbeit zwischen Verwaltung und Strafverfolgung auf dem Gebiet des Umweltschutzes, AöR 1990, S. 448–488.

Bringewat, Peter: Der „Verdächtige" als schweigeberechtigte Auskunftsperson? – Zur Vorauswirkung strafprozessualer Grundsätze –, JZ 1981, S. 289–295.

Brinkmann, Michael: Der sogenannte Sicherheitszuschlag – Teil 1 –, StBp. 2014, S. 29–33.

Brinkmann, Michael: Der sogenannte Sicherheitszuschlag – Teil 2 –, StBp. 2014, S. 69–73.

Brockmann, Karl-Wilhelm: Lebenserfahrungssätze, Sachverhaltsvermutungen und Sachverhaltsfiktionen im Steuerrecht (Eine Studie zum Steuerermittlungsverfahren), Köln 1964 (zit.: *Brockmann*, Lebenserfahrungssätze, S.).

Bruder, Michael: Beweisverwertungsverbote im Steuerrecht und Steuerstrafrecht, Frankfurt a. M. 2000 (zit.: *Bruder*, Beweisverwertungsverbote, S.).

Brüning, Christoph: Buchbesprechungen und Buchanzeigen – *Wolff*, Heinrich Amadeus, Selbstbelastung und Verfahrenstrennung (Schriften zum Prozeßrecht, Bd. 129). Berlin 1997, Duncker & Humblot. 335 S., DER STAAT 2000, S. 472–474.

Bruns, Hans-Jürgen: Der „Verdächtige" als schweigeberechtigte Auskunftsperson und als selbstständiger Prozessbeteiligter neben dem Beschuldigten und Zeugen?, in: Hamm, Rainer/Matzke, Walter, Festschrift für Erich Schmidt-Leichner zum 65. Geburtstag, München 1977, S. 1–15 (zit.: *Bruns*, in: FS-Schmidt-Leichner, S.).

Bruschke, Gerhard: Reform der Selbstanzeige durch das Schwarzgeldbekämpfungsgesetz, StB 2012, S. 39–43.

Buchholz, Bernd Klaus: Der Betroffene im parlamentarischen Untersuchungsausschuß – Eine verfahrensrechtliche und grundrechtsdogmatische Untersuchung, insbesondere zur strafrechtlichen Behandlung von Falschaussagen, Berlin 1990 (zit.: *Buchholz*, Der Betroffene, S.).

Buchholz, Momme: Der nemo tenetur-Grundsatz – Eine rechtsethische Untersuchung, Wiesbaden 2018 (zit.: *Buchholz*, Der nemo tenetur-Grundsatz, S.).

Bühler, Ottmar: Lehrbuch des Steuerrechts in zwei selbstständigen Bänden, Band I, Allgemeines Steuerrecht, Berlin 1927 (zit.: *Bühler*, Lehrbuch des Steuerrechts I, S.).

Bühler, Ottmar/*Strickrodt*, Georg: Steuerrecht – Grundriß in zwei Bänden, Band I, Allgemeines Steuerrecht, 3. Auflage, Wiesbaden 1960 (zit.: an *Bühler/Strickrodt*, Steuerrecht I, S.).

Bülte, Jens Michael: Die Geldwäschegesetzgebung als Ermächtigungsgrundlage für den Informationsaustausch zwischen den Steuerbehörden und den Strafverfolgungsorganen – Zugleich eine verfassungsrechtliche Betrachtung der §§ 30 Abs. 4, 370a AO, 261 StGB und 10, 11 GwG, Frankfurt a. M. 2007 (zit.: *Bülte*, Geldwäschegesetzgebung, S.).

Bülte, Jens: Die neuere Rechtsprechung des BGH zur Strafbewehrung von § 153 AO: Prüfstein für Strafrechtsdogmatik und Verfassungsrecht im Steuerstrafrecht, BB 2010, S. 607–614.

Bundesministerium der Finanzen: Die Erzbergersche Finanzreform 1919/1920, Monatsbericht des BMF September 2019, S. 31–34 (zit.: *BMF*, Die Erzbergersche Finanzreform, S.).

Bundesministerium der Finanzen: Die Steuerverwaltung in Deutschland, Berlin 2018 (zit.: *BMF*, Die Steuerverwaltung, S.).

Bung, Jochen: Grundlagenprobleme der Privatisierung von Sanktions- und Präventionsaufgaben, ZStW 2013, S. 536–550.

Burchert, Bernd: Einführung eines Zugriffsrechts der Finanzverwaltung auf DV-gestützte Buchführungssysteme – Teil I, INF 2001, S. 230–236.

Buse, Johannes W.: Der Prüfungsbericht (§ 202 AO), AO-StB 2008, S. 50–55.

Buse, Johannes W.: Der steuerstrafrechtliche Verdacht des Außenprüfers, DB 2011, S. 1942–1946.

Buse, Johannes W.: Die Anordnung einer Außenprüfung (§ 196 AO), AO-StB 2008, S. 138–144.

Buse, Johannes W.: Die Selbstanzeige ab dem 01.01.2015, DB 2015, S. 89–94.

Buse, Johannes W.: Einzelermittlungen des Außenprüfers, AO-StB 2012, S. 50–55.

Buse, Johannes W.: Umsatzsteuerhinterziehung auf Zeit, UR 2010, S. 325–332.

Canaris, Claus-Wilhelm: Die Feststellung von Lücken im Gesetz – Eine methodologische Studie über Voraussetzungen und Grenzen der richterlichen Rechtsfortbildung praeter legem, 2. Auflage, Berlin 1983 (zit.: *Canaris*, Lücken im Gesetz, S.).

Cappel, Alexander/*Duttiné*, Tino: Die Auswirkungen des geplanten Unternehmensstrafrechts auf steuerlich relevante Sachverhalte, DStR 2020, S. 1685–1691.

Carl, Dieter/*Klos*, Joachim: Die Steuererklärung, JuS 1996, S. 402–407.

Castringius, Arnold: Schweigen und Leugnen des Beschuldigten im Strafprozess, Hamburg 1965 (zit.: *Castringius*, Schweigen und Leugnen, S.).

Cassone, Stefan: Die Zulässigkeit einer gesonderten Steuerstrafverfolgung – mit einem besonderen Blick auf die STRAFA-FA in NRW, Hamburg 2009 (zit.: *Cassone*, Steuerstrafverfolgung, S.).

Ceffinato, Tobias: Vollendungsumkehr und Wiedergutmachung, Tübingen 2017, (zit.: *Ceffinato*, Vollendungsumkehr, S.).

Cirener, Gabriele/*Radtke*, Henning/*Rissing-van Saan*, Ruth et al.: Leipziger Kommentar – Strafgesetzbuch, Band 1, Einleitung; §§ 1–18, 13. Auflage, Berlin 2020 (zit.: *Bearb.*, in: LK-StGB, §, Rn.).

Cirener, Gabriele/*Radtke*, Henning/*Rissing-van Saan*, Ruth et al.: Leipziger Kommentar – Strafgesetzbuch, Band 8, §§ 123–145d, 13. Auflage, Berlin 2021 (zit.: *Bearb.*, in: LK-StGB, §, Rn.).

Conen, Stefan: Zur Disziplinierung der Strafverfolgungsorgane durch Beweisverwertungsverbote, in: Müller, Henning Ernst/Sander, Günther M./Válková, Helena, Festschrift für Ulrich Eisenberg zum 70. Geburtstag, München 2009, S. 459–471 (zit.: *Conen*, in: FS-Eisenberg, S.).

Crezelius, Georg: Steuerrechtliche Verfahrensfragen bei grenzüberschreitenden Sachverhalten, IStR 2002, S. 433–441.

Dagtoglou, Prodromos: Befangenheit und Funktionenhäufung in der Verwaltung, in: Doehring, Karl (Hrsg.), Festgabe für Ernst Forsthoff zum 65. Geburtstag, München 1967, S. 65–103 (zit.: *Dagtoglou*, in: FG-Forsthoff, S.).

Dahs Hans/*Wimmer* Raimund: Unzulässige Untersuchungsmethoden bei Alkoholverdacht, NJW 1960, S. 2217–2223.

Dallmeyer, Jens: Die Integrität des Beschuldigten im reformierten Strafprozess – Zur zwangsweisen Verabreichung von Brechmitteln bei mutmaßlichen Drogendealern, KritV 2000, S. 252–266.

Dannecker, Christoph: Der nemo tenetur-Grundsatz – prozessuale Fundierung und Geltung für juristische Personen, ZStW 2015, S. 370–409.

Dannecker, Christoph: Konturierung prozessualer Gewährleistungsgehalte des nemo tenetur-Grundsatzes anhand der Rechtsprechung des EGMR, ZStW 2015, S. 991–1017.

Dannecker, Gerhard: Selbstbelastungsfreiheit: eine verfahrensrechtliche Garantie auch für Lebensmittelunternehmen?, in: Hagenmeyer, Moritz/Loosen, Peter, Festschrift für Michael Welsch, Hamburg 2010, S. 179–203 (zit.: *Dannecker*, in: FS-Welsch, S.).

Dehne-Niemann, Jan: Die Strafbarkeit der aktiv selbstbegünstigenden Falschverdächtigung (§ 164 StGB) durch einen Beschuldigten, NStZ 2015, S. 677–683.

Dencker, Friedrich: Belehrung des Angeklagten über sein Schweigerecht und Vernehmung zur Person – Anmerkung zu BGH MDR 1974, S. 765 ff. –, MDR 1975, S. 359–365.

Dencker, Friedrich: Verwertungsverbote und Verwendungsverbote im Strafprozeß, in: Eser, Albin/Goydke, Jürgen/Maatz, Kurt Rüdiger et al., Strafverfahrensrecht in Theorie und Praxis – Festschrift für Lutz Meyer-Goßner zum 65. Geburtstag, München 2001, S. 237–255 (zit.: *Dencker*, in: FS-Meyer-Goßner, S.).

Detterbeck, Steffen: Vorrang und Vorbehalt des Gesetzes, JURA 2002, S. 235–241.

Deutsche Steuer-Gewerkschaft (Hrsg.): Grüne Reihe – Steuerrecht für Studium und Praxis, Band 12, Außenprüfung Betriebsprüfung, 10. Auflage, Achim 2014 (zit.: *Wenzig*, Außenprüfung Betriebsprüfung, S.).

Deutschländer, André: Der Verspätungszuschlag nach § 152 AO (Teil 1) (§ 152 AO) – Eine Ermessensnorm in der Analyse, AO-StB 2014, S. 27–32.

Dietrich, Bernhard: Die Bindung des Bußgeldverfahrens an das Strafverfahrensrecht – Eine Studie zu Notwendigkeit und Grenzen des § 46 Abs. 1 OWiG – zugleich ein Beitrag zum Schweigerecht des Betroffenen, Baden-Baden 2003 (zit.: *Dietrich*, Die Bindung, S.).

Dingeldey, Thomas: Das Prinzip der Aussagefreiheit im Strafprozeßrecht, JA 1984, S. 407–414.

Dingeldey, Thomas: Der Schutz der strafprozessualen Aussagefreiheit durch Verwertungsverbote bei außerstrafrechtlichen Aussage- und Mitwirkungspflichten, NStZ 1984, S. 529–534.

Dißars, Ulf-Christian: Erste Rechtsprechung und offene Fragen – Neue Entwicklungen beim Verzögerungsgeld nach § 146 Abs. 2b AO, NWB 2012, S. 796–801.

Dißars, Ulf-Christian: Verzögerungsgeld nach § 146 Abs. 2b AO – ein neues Sanktionsinstrument der Finanzverwaltung, Stbg 2010, S. 247–251.

Doege, Felix: Die Bedeutung des nemo-tenetur-Grundsatzes in nicht von Strafverfolgungsorganen geführten Befragungen, Frankfurt a. M. 2016 (zit.: *Doege*, nemo-tenetur-Grundsatz, S.).

Döring, Steffen/*Garz*, Felix: Das Folgerichtigkeitsgebot im Lichte des Vorlagebeschlusses des BFH v. 17.11.2020 – VIII R 11/18, FR 2021, 840, FR 2021, S. 834–839.

Dornach, Markus: Der Strafverteidiger als Mitgarant eines justizförmigen Strafverfahrens – Ein Plädoyer für die öffentlichen Funktionen des Strafverteidigers, Berlin 1994 (zit.: *Dornach*, Der Strafverteidiger, S.).

Dornach, Markus: Ist der Strafverteidiger aufgrund seiner Stellung als „Organ der Rechtspflege" Mitgarant eines justizförmigen Strafverfahrens?, NStZ 1995, S. 57–63.

Dreier, Horst (Hrsg.): Grundgesetz-Kommentar, Band 1, Artikel 1–19 GG, 3. Auflage, Tübingen 2013 (zit.: *Bearb.*, in: Dreier, GG, Art., Rn.).

Dreier, Horst (Hrsg.): Grundgesetz-Kommentar, Band 2, Artikel 20–82 GG, 3. Auflage, Tübingen 2015 (zit.: *Bearb.*, in: Dreier, GG, Art., Rn.).

Dreier, Horst (Hrsg.): Grundgesetz-Kommentar, Band 3, Artikel 83–146 GG, 3. Auflage, Tübingen 2018 (zit.: *Bearb.*, in: Dreier, GG, Art., Rn.).

Dreier, Horst: Gustav Radbruch und die Mauerschützen, JZ 1997, S. 421–434.

Drope, Katharina: Strafprozessuale Probleme bei der Einführung einer Verbandsstrafe, Berlin 2002 (zit.: *Drope*, Verbandsstrafe, S.).

Drüen, Klaus-Dieter: Aktuelle Fragen und Antworten zu Verzögerungsgeldern beim Steuervollzug, Ubg 2011, S. 83–93.

Drüen, Klaus-Dieter: Außenprüfung und Steuerstrafverfahren, in: Mellinghoff, Rudolf (Hrsg.), Veröffentlichungen der Deutschen Steuerjuristischen Gesellschaft e. V., Band 38, Steuerstrafrecht an der Schnittstelle zum Steuerrecht, Köln 2015, S. 219–247 (zit.: *Drüen*, DStJG 38, S.).

Drüen, Klaus-Dieter: Das Verzögerungsgeld als neue und fragwürdige Sanktion im Steuerverfahren, Ubg 2009, S. 549–555.

Drüen, Klaus-Dieter: Die Zukunft des Steuerverfahrens, in: Schön, Wolfgang/Beck, Karin E. M., Zukunftsfragen des deutschen Steuerrechts, Berlin 2009, S. 1–38 (zit.: *Drüen*, Die Zukunft des Steuerverfahrens, S.).

Drüen, Klaus-Dieter: Disziplinarverfahren und Steuergeheimnis, ZBR 2002, S. 115–127.

Drüen, Klaus-Dieter: Ermessensfragen der digitalen Außenprüfung, StuW 2003, S. 365–376.

Drüen, Klaus-Dieter: Inspruchnahme Dritter für den Steuervollzug, in: Widmann, Werner (Hrsg.), Veröffentlichungen der Deutschen Steuerjuristischen Gesellschaft e. V., Band 31, Steuervollzug im Rechtsstaat, Köln 2008, S. 167–201 (zit.: *Drüen*, DStJG 31, S.).

Drüen, Klaus-Dieter: Konzernprüfung im föderalen Steuerstaat, StuW 2007, S. 112–121.

Drüen, Klaus-Dieter: Kooperation im Besteuerungsverfahren, FR 2011, S. 101–113.

Drüen, Klaus-Dieter: Neue Pflichten zur Vorlage von Unterlagen bei der Betriebsprüfung von Kapitalgesellschaften und Konzernen?, in: Piltz, Detlev J./Günkel, Manfred/Niemann, Ursula, Steuerberater-Jahrbuch 2006/2007 – zugleich Bericht über den 58. Fachkongress der Steuerberater Köln, 26. und 27. September 2006, Köln 2007, S. 273–311 (zit.: *Drüen*, StbJb. 2006/2007, S.).

Drüen, Klaus-Dieter: Verfassungsfragen der digitalen Außenprüfung, StuW 2003, S. 205–221.

Drüen, Klaus-Dieter: Vermögensverluste als Privatvergnügen? – Zum verfassungsrechtlichen Rahmen der Verlustberücksichtigung bei den Einkünften aus Kapitalvermögen, Ubg 2020, S. 241–255.

Drüen, Klaus-Dieter: Zum Betriebsausgabenabzug von Geldbußen, DB 2013, S. 1133–1141.

Duttge, Gunnar: Strafprozessualer Einsatz von V-Personen und Vorbehalt des Gesetzes, JZ 1996, S. 556–565.

Ehlers, Dirk: Die Europäische Menschenrechtskonvention, JURA 2000, S. 372–383.

Ehlers, Hans: Außenprüfung und Selbstanzeige nach der AO 1977, StBp. 1977, S. 49–53.

Eckhoff, Rolf: Rechtsanwendungsgleichheit im Steuerrecht – Die Verantwortung des Gesetzgebers für einen gleichmäßigen Vollzug des Einkommensteuerrechts, Köln 1999 (zit.: *Eckhoff*, Rechtsanwendungsgleichheit im Steuerrecht, S.).

Eckstein, Ken: Ermittlungen zu Lasten Dritter, Tübingen 2013.

Eibelshäuser, Manfred: Wirtschaftliche Betrachtungsweise im Steuerrecht – Herkunft und Bedeutung, DStR 2002, S. 1426–1432.

Eich, Hans Dieter: Strafbarkeitsrisiken bei Selbstanzeigen – Verborgene Fallstricke durch neue Rechtslage, ErbStB 2013, S. 221–226.

Eidam, Lutz: Die strafprozessuale Selbstbelastungsfreiheit am Beginn des 21. Jahrhunderts, Frankfurt a. M. 2007 (zit.: *Eidam*, Selbstbelastungsfreiheit, S.).

Eidam, Lutz: Einschränkende Auslegung des Verwertungsverbotes aus § 393 II 1 AO im Fall einer Selbstanzeige gemäß § 371 AO? – Eine Anmerkung zu BGH wistra 2004, 309 –, wistra 2004, S. 412–414.

Eidam, Lutz: Neuere Entwicklungen um den Grundsatz der Selbstbelastungsfreiheit und das Rechtsinstitut der Selbstanzeige im Steuerstrafverfahren – Eine Anmerkung zu BGH wistra 2005, 381 –, wistra 2006, S. 11–13.

Eidam, Lutz: Rechtsstaatswidrige Herbeiführung eines Geständnisses und eines Rechtsmittelverzichts, StV 2005, S. 201–203.

Eidam, Lutz: Zur Selbstverständlichkeit von Rechtsbrüchen beim Vollzug von Untersuchungshaft, HRRS 2008, S. 241–246.

Eisenberg, Ulrich: Beweisrecht der StPO – Spezialkommentar, 10. Auflage, München 2017 (zit.: *Eisenberg*, Beweisrecht der StPO, Rn.).

Eisenberg, Ulrich: Zur Unterrichtungspflicht der Finanzbehörden gegenüber der Staatsanwaltschaft zwecks Ermöglichung der Ausübung des Evokationsrechts, in: Geisler, Claudius/Kraatz, Erik/Kretschmer, Joachim et al., Festschrift für Klaus Geppert zum 70. Geburtstag am 10. März 2011, Berlin 2011, S. 81–96 (zit.: *Eisenberg*, in: FS-Geppert, S.).

Eisenhardt, Urte: Das nemo tenetur-Prinzip: Grenze körperlicher Untersuchungen beim Beschuldigten – Am Beispiel des § 81a StPO, Frankfurt a. M. 2007 (zit.: *Eisenhardt*, nemo tenetur-Prinzip, S.).

Elze, Hans: Lücken im Gesetz. Begriff und Ausfüllung. Ein Beitrag zur Methodologie des Rechts., Halle a. d. Saale 1913 (zit.: *Elze*, Lücken, S.).

Engländer, Armin: Das nemo-tenetur-Prinzip als Schranke verdeckter Ermittlungen – Eine Besprechung von BGH 3 StR 104/07, ZIS 2008, S. 163–167.

Englisch, Joachim: Folgerichtiges Steuerrecht als Verfassungsgebot, in: Tipke, Klaus/Seer, Roman/Hey, Johanna et al., Gestaltung der Rechtsordnung – Festschrift für Joachim Lang zum 70. Geburtstag, Köln 2010, S. 167–220 (zit.: *Englisch*, in: FS-Lang, S.).

Epping, Volker/*Hillgruber*, Christian: Beck'scher Online-Kommentar zum Grundgesetz, 52. Edition, München 2022 (zit.: *Bearb.*, in: BeckOK-GG, Art., Rn.).

Erb, Hilmar/*Erdel*, Nanette: Der Referentenentwurf zur Neuregelung der Selbstanzeige – Anmerkungen aus Beratersicht, NZWiSt 2014, S. 327–333.

Erb, Volker/*Esser*, Robert/*Franke*, Ulrich et al.: Die Strafprozessordnung und das Gerichtsverfahrensgesetz, Band 11, EMRK; IPBPR, 26. Auflage, Berlin 2012 (zit.: *Bearb.*, in: Löwe/Rosenberg[26], §, Rn.).

Erb, Volker/*Schäfer*, Jürgen: Münchener Kommentar zum Strafgesetzbuch, Band 1, §§ 1–37 StGB, 4. Auflage, München 2020 (zit.: *Bearb.*, in: MüKo-StGB, §, Rn.).

Erb, Volker/*Schäfer*, Jürgen: Münchener Kommentar zum Strafgesetzbuch, Band 2, §§ 38–79b StGB, 4. Auflage, München 2020 (zit.: *Bearb.*, in: MüKo-StGB, §, Rn.).

Erb, Volker/*Schäfer*, Jürgen: Münchener Kommentar zum Strafgesetzbuch, Band 4, §§ 185–262 StGB, 4. Auflage, München 2021 (zit.: *Bearb.*, in: MüKo-StGB, §, Rn.).

Erbs, Georg (Begr.)/*Häberle*, Peter (Hrsg.): Strafrechtliche Nebengesetze, München, Loseblatt (Stand: 242. Aktualisierung, Juni 2022) (zit.: *Bearb.*, in: Erbs/Kohlhaas, §, Rn.).

Erdsiek, Gerhard: Umwelt und Recht – Grenzen des Steuergeheimnisses? Grundsatz und Einzelfälle, NJW 1963, S. 2311–2314.

Eser, Albin: Aussagefreiheit und Beistand des Verteidigers im Ermittlungsverfahren – Rechtsvergleichende Beobachtungen zur Rechtsstellung des Beschuldigten, ZStW 1967, S. 565–623.

Eser, Albin: Der Schutz vor Selbstbezichtigung im deutschen Strafprozeßrecht, in: Jescheck, Hans-Heinrich (Hrsg.), Deutsche strafrechtliche Landesreferate zum IX. internationalen Kongreß für Rechtsvergleichung Teheran 1974 – Beiheft zur Zeitschrift für die gesamte Strafrechtswissenschaft, Berlin 1974, S. 136–171 (zit.: *Eser*, in: Beiheft zu ZStW 1974, S.).

Esser, Robert: Vom endgültigen Ende der Strafzumessungslösung bei der Tatprovokation – und der Notwendigkeit einer gesetzlichen Regelung ihres Verbots – Zugleich Anmerkung zu EGMR, Urt. v. 15.10.2020 Akbay u. a. ./. Deutschland, StV-S 2021, 1 (Ls) –, StV 2021, S. 383–392.

Fellmeth, Janina: Das lohnsteuerrechtliche Abgrenzungsmerkmal des ganz überwiegend eigenbetrieblichen Arbeitgeberinteresses – Bestandsaufnahme und Neuorientierung, München 2016 (zit.: *Fellmeth*, Abgrenzungsmerkmal, S.).

Fellmeth, Janina: Die Übernahme von Geldbußen und Geldstrafen durch den Arbeitgeber auf dem lohnsteuerrechtlichen Prüfstand – Erheblichkeit der Tat als taugliches Abgrenzungskriterium?, FR 2012, S. 1064–1071.

Fezer, Gerhard: BGH, 28.4.1987 – 5 StR 666/86. Zur Verwertung der Aussage eines Mitgefangenen, der einen Beschuldigten auf polizeiliche Veranlassung „aushorchen" sollte, JZ 1987, S. 936–939.

Fezer, Gerhard: Die Rechtsprechung des Bundesgerichtshofs zum Strafverfahrensrecht seit 1995 – Teil 2, JZ 2007, S. 723–729.

Fezer, Gerhard: Verwertung eines von der Polizei veranlaßten Telefongesprächs, NStZ 1996, S. 289–290.

Fink, Gudrun: Gilt „nemo tenetur se ipsum accusare" auch für juristische Personen? – Zum Problem der Selbstbelastungsfreiheit anlässlich des Entwurfs eines „Verbandsstrafgesetzbuchs" –, wistra 2014, S. 457–463.

Fischer, Bianca: Divergierende Selbstbelastungspflichten nach geltendem Recht – Versuch einer Harmonisierung, Berlin 1979 (zit.: *Fischer*, Divergierende Selbstbelastungspflichten, S.).

Foljanty, Lena: Recht oder Gesetz – Juristische Identität und Autorität in den Naturrechtsdebatten der Nachkriegszeit, Tübingen 2013 (zit.: *Foljanty*, Recht oder Gesetz, S.).

Franzheim, Horst: Beweisverbote bei Erkenntnissen der Eigenüberwachung, NJW 1990, S. 2049.

Frau, Robert: Der Gesetzgeber zwischen Verfassungsrecht und völkerrechtlichem Vertrag, Tübingen 2015 (zit.: *Frau*, Der Gesetzgeber, S.).

Freier, Friedrich von: Selbstbelastungsfreiheit für Verbandspersonen?, ZStW 2010, S. 117–156.

Frister, Helmut: Der Lügendetektor – Zulässiger Sachbeweis oder unzulässige Vernehmungsmethode?, ZStW 1994, S. 303–331.

Frizen, Friederike: Das Deklarationsprinzip im Einkommensteuerrecht – Steuerehrlichkeit, Sachverhaltsverantwortung und Kontrolle, Frankfurt a.M. 2009 (zit.: *Frizen*, Deklarationsprinzip, S.).

Frotscher, Gerrit: Die Betriebsprüfungsordnung (Steuer), BB 1978, S. 705–708

Füllsack, Markus/*Bürger*, Sebastian: Die Neuregelung der Selbstanzeige, BB 2011, S. 1239–1244.

Gaede, Karsten: Beweisverbote zur Wahrung des fairen Strafverfahrens in der Rechtsprechung des EGMR insbesondere bei verdeckten Ermittlungen – Meinungsstand und Perspektiven nach dem neuen *leading case Bykov vs. Russland* unter Berücksichtigung des § 136 a StPO, JR 2009, S. 493–502.

Gaede, Karsten: Der Steuerbetrug – Eine Untersuchung zur Systematisierung der europäisierten Deliktsfamilie des Betruges und zur legitimen Reichweite des notwendig normgeprägten Betrugsunrechts der Steuerhinterziehung, Baden-Baden 2016 (zit.: *Gaede*, Der Steuerbetrug, S.).

Gärditz, Klaus Ferdinand: Anmerkung zu BVerfG, 6.9.2016–2 BvR 890/16. Auslieferung an das Vereinigte Königreich und Schweigerecht des Angeklagten, JZ 2016, S. 1113–1119.

Gallandi, Volker: Das Auskunftsverweigerungsrecht nach § 44 Abs. 4 KWG – Strafprozessuale Rechte und Pflichten nach dem Kreditwesengesetz, wistra 1987, S. 127–129.

Gehling, Christian: Selbstbefreiung und Selbstbelastungsfreiheit, ZIP 2018, S. 2008–2015.

Gehm, Matthias: Die strafbefreiende Selbstanzeige gemäß § 371 AO in der Diskussion, ZRP 2010, S. 169–172.

Gehm, Matthias H.: Problemfeld Schätzung im Steuer- und Steuerstrafverfahren, NZWiSt 2012, S. 408–416.

Geißler, Oliver: Außenprüfung – Verzögerungsgeld bei Verletzung von Mitwirkungspflichten, NWB 2009, S. 4076–4082.

Geppert, Klaus: Beschlagnahme von Schadenakten privater (Kraftfahrzeug-)Haftpflichtversicherer im (Verkehrs-)Strafprozeß, DAR 1981, S. 301–307.

Geppert, Klaus: Die Peinliche Halsgerichtsordnung Karls V. (die „Carolina") – Wissens- und Nachdenkenswertes zu einer Rechtsquelle aus dem Jahre 1532, JURA 2015, S. 143–153.

Geppert, Klaus: Nochmals, doch immer wieder: Zum Beginn der „Beschuldigten"-Eigenschaft, in: Hoyer, Andreas/Müller, Henning Ernst/Pawlik, Michael et al., Festschrift für Friedrich-Christian Schroeder zum 70. Geburtstag, Heidelberg 2006, S. 675–690 (zit.: *Geppert*, in: FS-Schroeder, S.).

Geppert, Klaus: Zur Einführung verdachtsfreier Atemalkoholkontrollen aus rechtlicher Sicht, in: Seebode, Manfred, Festschrift für Günter Spendel zum 70. Geburtstag am 11. Juli 1992, Berlin 1992, S. 655–677 (zit.: *Geppert*, in: FS-Spendel, S.).

Gerlach, Jürgen von: Der Angeklagte als Zeuge für sich selbst im englischen Strafverfahren, Marburg 1964 (zit.: *von Gerlach*, Der Angeklagte, S.).

Giels, Dennis: Anwendungsfragen zur Neuregelung des Verspätungszuschlags in § 152 AO – Ein Zusammenspiel von Fristverlängerung, Abgabefrist und Ermessensreduzierung, NWB 2021, S. 210–218.

Glade, Anton: Praktische Erfahrungen mit der Betriebsprüfung, in: Hörstmann, Franz/Niemann, Ursula/Rose, Gerd, Steuerberater-Jahrbuch 1978/1979 – zugleich Bericht über den 30. Fachkongress der Steuerberater des Bundesgebiets Köln, 6. bis 8. November 1978, Köln 1979, S. 529–586 (zit.: *Glade*, StBJb. 1978/1979, S.).

Glaser, Julius: Handbuch des Strafprozesses, Band 1, in: Binding, Karl (Hrsg.), Systematisches Handbuch der Deutschen Rechtswissenschaft, Abteilung 9, Teil 4, Band 1, Leipzig 1883 (zit.: *Glaser*, Handbuch des Strafprozesses I, S.).

Göggerle, Werner: Zur Frage des geschützten Rechtsguts im Tatbestand der Steuerhinterziehung, BB 1982, S. 1851–1856.

Gössel, Karl Heinz: Über Anomalien des steuerstrafrechtlichen Ermittlungsverfahrens und die daraus resultierenden Gefahren, in: Geisler, Claudius/Kraatz, Erik/Kretschmer, Joachim et al., Festschrift für Klaus Geppert zum 70. Geburtstag am 10. März 2011, Berlin 2011, S. 137–151 (zit.: *Gössel*, in: FS-Geppert, S.).

Gombert, Irene: Die Schätzung der Besteuerungsgrundlagen nach § 162 der Abgabenordnung, Berlin 2001 (zit.: *Gombert*, Die Schätzung, S.).

Goldschmidt, Lazarus: Der Babylonische Talmud, Band 8, Frankfurt a.M. 2002 (zit.: *Fundstelle im Talmud*, abgedruckt bei: *Goldschmidt*, Der Babylonische Talmud VIII, S.).

Gosch, Dietmar: Rechtsprechung im besonderen Blickpunkt der Außenprüfung, StBp. 1999, S. 162–166.

Gotzens, Markus/*Kindshofer*, Alexandra/*Wegner*, Carsten: Bekämpfung von Geldwäsche und illegaler Beschäftigung, PStR 2002, S. 78–82.

Gotzens, Markus/*Wegner*, Carsten: Zur Steuererklärungspflicht nach den Nemo-Tenetur-Entscheidungen des BGH, PStR 2003, S. 207–211.

Graf, Jürgen (Hrsg.): Beck'scher Online-Kommentar zum Ordnungswidrigkeitengesetz, 36. Edition, München 2022 (zit.: *Bearb.*, in: BeckOK-OWiG, §, Rn.).

Graf, Jürgen Peter/*Jäger*, Markus/*Wittig*, Petra: Wirtschafts- und Steuerstrafrecht, 2. Auflage, München 2017 (zit.: *Bearb.*, in: Graf/Jäger/Wittig, §, Rn.).

Grezesch, Wolf: Steuererklärungspflichten im Strafverfahren – zugleich ein Beitrag über die Zusammenarbeit zwischen Steuerberater und Strafverteidiger vor dem Hintergrund der Entscheidung des OLG Hamburg vom 7.5.1996 –, DStR 1997, S. 1273–1276.

Groeber, Stephan/*Webel*, Karsten: Corona-Soforthilfen und Steuergeheimnis – Unterschiedliche Sichtweisen in Theorie und Praxis, wistra 2022, S. 10–18.

Grötsch, Andreas: Die verunglückte Regelung des § 398a AO, wistra 2016, S. 341–346.

Groh, Manfred: Die wirtschaftliche Betätigung im rechtlichen Sinne, StuW 1989, S. 227–231.

Grünwald, Gerald: Beweisverbote und Verwertungsverbote im Strafverfahren, JZ 1966, S. 489–501.

Grünwald, Gerald: Probleme der Gegenüberstellung zum Zwecke der Wiedererkennung, JZ 1981, S. 423–429.

Günther, Hans-Ludwig: Die Schweigebefugnis des Tatverdächtigen im Straf- und Bußgeldverfahren aus verfassungsrechtlicher Sicht, GA 1978, S. 193–206.

Guradze, Heinz: Schweigerecht und Unschuldsvermutung im Englisch-Amerikanischen und Bundesdeutschen Strafprozess, in: Commager, Henry Steele/Doeker, Günther/Fraenkel, Ernst et al., Festschrift für Karl Loewenstein – Aus Anlass seines achtzigsten Geburtstages, Tübingen 1971, S. 151–165 (zit.: *Guradze*, in: FS-Loewenstein, S.).

Gusy, Christoph: Der Vorrang des Gesetzes, JuS 1983, S. 189–194.

Gusy, Christoph: Rechtliches Gehör durch abwesende Richter? – BVerwG, NJW 1986, 3154, JuS 1990, S. 712–719.

Haas, Günter: Der Beschuldigte als Augenscheinsobjekt, GA 1997, S. 368–370.

Haeusermann, Axel: Der Verband als Straftäter und Strafprozeßsubjekt, Freiburg 2003 (zit.: *Haeusermann*, Der Verband, S.).

Haffke, Bernhard: Schweigepflicht, Verfahrensrevision und Beweisverbot, GA 1973, S. 65–84.

Hahn, Carl/*Stegemann*, Eduard: Die gesamten Materialien zu den Reichs-Justizgesetzen, Band 3, Materialien zur Strafprozeßordnung, 1. Abteilung, 2. Auflage, Berlin 1885 (zit.: *Fundstelle in den Motiven*, bei: *Hahn*, Materialien zu den Reichs-Justizgesetzen III, Abt. 1, S.).

Hahn, Hartmut: Die Grundsätze der Gesetzmäßigkeit der Besteuerung und der Tatbestandsmäßigkeit der Besteuerung in rechtsvergleichender Sicht, Berlin 1984 (zit.: *Hahn*, Gesetzmäßigkeit, S.).

Hahn, Werner: Offenbarungspflichten im Umweltschutzrecht, Köln 1984 (zit.: *Hahn*, Offenbarungspflichten, S.).

Hamann, Andreas: Die Auskunftspflichtverordnung, BB 1954, S. 293–294.

Hamann, Andreas (Begr.)/*Hamann*, Andreas jr./*Lenz*, Helmut: Das Grundgesetz für die Bundesrepublik Deutschland vom 23. Mai 1949 – Ein Kommentar für Wissenschaft und Praxis, 3. Auflage, Neuwied 1970 (zit.: *Hamann/Lenz*, GG, Art., Anm.).

Hambacher, Rolfjosef: Aufgaben und Befugnisse der Steuerfahndung bei Ermittlungen nach § 208 Abs. 1 Satz 1 Nr. 1 und Nr. 2 AO – Zulässigkeit einer zwangsweisen Inpflichtnahme Dritter –, DStZ 1983, S. 493–498.

Hambacher, Rolfjosef: Neue Rechtsprechung zu den Voraussetzungen von Ermittlungsmaßnahmen der Finanzbehörden, DStZ 1987, S. 224–228.

Hamm, Rainer: Der Standort des Verteidigers im heutigen Strafprozeß, NJW 1993, S. 289–297.

Hamm, Rainer: Staatliche Hilfe bei der Suche nach Verteidigern – Verteidigerhilfe zur Begründung von Verwertungsverboten, NJW 1996, S. 2185–2190.

Hannich, Rolf (Hrsg.): Karlsruher Kommentar zur Strafprozessordnung, 8. Auflage, München 2019 (zit.: *Bearb.*, in: KK-StPO, §, Rn.).

Hanraths, Stefan: Freiheitsbeschränkungen nach dem Grundgesetz: Arten und Abgrenzungen nach der Rechtsprechung, VR 1992, S. 243–250.

Hardtke, Frank/*Westphal*, Karin: Die Bedeutung der strafrechtlichen Ermittlungskompetenz der Finanzbehörde für das Steuergeheimnis, wistra 1996, S. 91–96.

Hart-Hönig, Kai: Verteidigung von Unternehmen und Organmitgliedern unter dem Compliance-Regime – Zur Möglichkeit autonomer Verteidigung bei Internal Investigations, in: Lüderssen, Klaus/Volk, Klaus/Wahle, Eberhard (Hrsg.), Festschrift für Wolf Schiller zum 65. Geburtstag am 12. Januar 2014, Baden-Baden 2014, S. 281–315 (zit.: *Hart-Hönig*, in: FS-Schiller, S.).

Hartmann, Bernhard/*Cortrie*, Hildegard: Beweiswürdigung und Beweislast im Besteuerungsverfahren, WPg 1981, S. 165–175.

Hartmann, Frank: Strafprozessuale Verwertungsverbote im Besteuerungsverfahren, Aachen 2001 (zit.: *Hartmann*, Verwertungsverbote, S.).

Hartz, Wilhelm: Sittlichkeit, Rechtssicherheit und Gewaltenteilung als Elemente des Rechtsstaats – Unter besonderer Berücksichtigung der Rechtsprechung des Bundesfinanzhofs, in: Spitaler, Armin (Hrsg.), Steuerberater-Jahrbuch 1958/1959 – zugleich Bericht über den X. Fachkongreß der Steuerberater der Bundesrepublik Deutschland Köln, 20. bis 22. Oktober 1958, Köln 1959, S. 31–103 (zit.: *Hartz*, StbJb. 1958/1959, S.).

Hassemer, Winfried: Unverfügbares im Strafprozeß, in: Kaufmann, Arthur/Mestmäcker, Ernst-Joachim/Zacher, Hans F., Rechtsstaat und Menschenwürde – Festschrift für Werner Maihofer zum 70. Geburtstag, Frankfurt a. M. 1988, S. 183–204 (zit.: *Hassemer*, in: FS-Maihofer, S.).

Hassold, Gerhard: Wille des Gesetzgebers oder objektiver Sinn des Gesetzes – subjektive oder objektive Theorie der Gesetzesauslegung, ZZP 1981, S. 192–210.

Haupt, Heiko: (Kein) Steuergeheimnis nach dem Finanzgerichtsprozess?, DStR 2014, S. 1025–1031.

Hechtner, Frank: Die strafbefreiende Selbstanzeige nach den Änderungen durch das Schwarzgeldbekämpfungsgesetz – Strafbefreiende Selbstanzeige erster und zweiter Klasse mit Zuschlag, DStZ 2011, S. 265–274.

Heckel, Peter: Das Informationsrecht der Verwaltung im Spannungsfeld mit der Informationsbeschaffung im straf- und bußgeldrechtlichen Ermittlungsverfahren, Erlangen-Nürnberg 1981 (zit.: *Heckel*, Das Informationsrecht, S.).

Heerspink, Frank: Strafe aufgrund zutreffender Steuererklärung? – Steuerliche Mitwirkungspflichten und das nemo-tenetur-Prinzip, AO-StB 2006, S. 51–55.

Hefendehl, Roland: Beweisermittlungs- und Beweisverwertungsverbote bei Auskunfts- und Mitwirkungspflichten – das sog. Verwendungsverbot nach § 97 Abs. 1 S. 3 InsO –, wistra 2003, S. 1–9.

Heinrich, Bernd: Rügepflichten in der Hauptverhandlung und Disponibilität strafverfahrensrechtlicher Vorschriften, ZStW 2000, S. 398–428.

Heintschel-Heinegg, Bernd von (Hrsg.): Beck'scher Online-Kommentar zum Strafgesetzbuch, 55. Edition, München 2022 (zit.: *Bearb.*, in: BeckOK-StGB, §, Rn.).

Heintschel-Heinegg, Bernd von/*Bockemühl*, Jan: KMR – Kommentar zur Strafprozessordnung, Band 1, §§ 1–93 StPO Köln, Loseblatt (Stand: 118. Aktualisierung, Dezember 2022) (zit.: *Bearb.*, in: KMR-StPO, §, Rn.).

Heintschel-Heinegg, Bernd von/*Bockemühl*, Jan: KMR – Kommentar zur Strafprozessordnung, Band 5, §§ 263–358 StPO Köln, Loseblatt (Stand: 118. Aktualisierung, Dezember 2022) (zit.: *Bearb.*, in: KMR-StPO, §, Rn.).

Helgerth, Roland: Der „Verdächtige" als schweigeberechtigte Auskunftsperson und selbständiger Prozeßbeteiligter neben dem Beschuldigten und dem Zeugen, Erlangen 1976 (zit.: *Helgerth*, Der „Verdächtige", S.).

Hellmann, Uwe: Das Neben-Strafverfahrensrecht der Abgabenordnung, Köln 1995 (zit.: *Hellmann*, Neben-Strafverfahrensrecht, S.).

Hellmann, Uwe: Das Steuerstrafrecht als Testfall des Nemo-tenetur-Prinzips, in: Schneider, Hendrik/Kahlo, Michael/Klesczewski, Diethelm et al., Festschrift für Manfred Seebode zum 70. Geburtstag am 15. September 2008, Berlin 2008, S. 143–157 (zit.: *Hellmann*, in: FS-Seebode, S.).

Hellmann, Uwe: Die steuerstrafrechtliche Selbstanzeige im Geflecht der strafbefreienden und -modifizierenden „Nachtatverhalten", in: Fahl, Christian/Müller, Eckhart/Satzger, Helmut et al., Ein menschengerechtes Strafrecht als Lebensaufgabe – Festschrift für Werner Beulke zum 70. Geburtstag, Heidelberg 2015, S. 405–418 (zit.: *Hellmann*, in: FS-Beulke, S.).

Hellmann, Uwe: Stellung, Abgrenzung und Sanktionierung der Steuerhinterziehung im Strafrechtssystem – aus der Sicht der Wissenschaft, in: Mellinghoff, Rudolf (Hrsg.), Veröffentlichungen der Deutschen Steuerjuristischen Gesellschaft e. V., Band 38, Steuerstrafrecht an der Schnittstelle zum Steuerrecht, Köln 2015, S. 53–77 (zit.: *Hellmann*, DStJG 38, S.).

Hengstenberg, Achim: Die Frühwirkung der Verwertungsverbote – Eine Untersuchung der Bedeutung der Beweisverwertungsverbote für die strafprozessualen Verdachtsbeurteilungen, Hamburg 2007 (zit.: *Hengstenberg*, Frühwirkung, S.).

Henneberg, Ernst: Der Steuerpflichtige im Spannungsfeld zwischen Besteuerungsverfahren und Steuerstrafverfahren, BB 1988, S. 2181–2188.

Henneberg, Ernst: Steuerstraf- und Bußgeldrecht nach der Abgabenordnung 1977 – Der Achte Teil der AO 1977, BB 1976, S. 1554–1558.

Henschel, Carsten: Staatsanwalt und Polizist in Personalunion? – Zur Abschaffung fundamentaler Prinzipien des Strafverfahrensrechts bei der Verfolgung von Steuerstrafsachen, NJW 2006, S. 2300–2301.

Hensel, Albert: Verfassungsrechtliche Bindungen des Steuergesetzgebers. Besteuerung nach der Leistungsfähigkeit – Gleichheit vor dem Gesetz, VJSchrStFr 1930, S. 441–493.

Henssler, Martin/*Hoven*, Elisa/*Kubiciel*, Michael/*Weigend*, Thomas: Kölner Entwurf eines Verbandssanktionengesetzes, NZWiSt 2018, S. 1–10.

Hepp, Carl Ferdinand Theodor: Anklageschaft, Öffentlichkeit und Mündlichkeit des Strafverfahrens gegründet auf eine historisch-kritische Beleuchtung des bestehenden Inquisitionsprocesses, Tübingen 1842 (zit.: *Hepp*, Anklageschaft, S.).

Herdegen, Matthias: Völkerrecht, 21. Auflage, München 2022 (zit.: *Herdegen*, Völkerrecht, §, Rn.).

Herdemerten, Klaus: Ermittlungsbefugnisse im Rahmen verlängerter Festsetzungsfristen i. S. des § 169 Abs. 2 Nr. 2 Satz 2 AO, DStR 2008, S. 139–141.

Herrmann, Joachim: Die Reform der deutschen Hauptverhandlung nach dem Vorbild des anglo-amerikanischen Strafverfahrens, Bonn 1971 (zit.: sowie *Herrmann*, Die Reform, S.).

Herrmann, Klaus: Doppelfunktion der Steuerfahndung als Steuerkriminalpolizei und Finanzbehörde, in: Mellinghoff, Rudolf (Hrsg.), Veröffentlichungen der Deutschen Steuerjuristischen Gesellschaft e. V., Band 38, Steuerstrafrecht an der Schnittstelle zum Steuerrecht, Köln 2015, S. 249–276 (zit.: *Herrmann*, DStJG 38, S.).

Hermenns, Hanna/*Sendke*, Thomas: Steuerliche Behandlung des Verfalls von Wertersatz, FR 2014, S. 550–557.

Herter, Wilfried: Beweislast und Beweiswürdigung im Besteuerungsverfahren, DB 1985, S. 1311–1316.

Heubel, Horst: Der „fair trial" – ein Grundsatz des Strafverfahrens? – Zugleich ein Beitrag zum Problem der „verfassungskonformen" Rechtsfortbildung im Strafprozeß, Berlin 1981 (zit.: *Heubel*, „fair trial", S.).

Heuel, Ingo/*Beyer*, Dirk: Problemfelder der „neuen Selbstanzeige" – 13 neue Fragen mit Antworten, StBW 2011, S. 315–324.

Heuel, Ingo/*Beyer*, Dirk: Rettung „verunglückter" Selbstanzeigen, AO-StB 2013, S. 140–153.

Heuel, Ingo/*Harink*, Sarah: Steuererklärungsfristen und Neukonzeption des Verspätungszuschlages – Konsequenzen (auch steuerstrafrechtliche) der Fristüberschreitung, AO-StB 2017, S. 110–121.

Heuer, o. w. A.: Grenzen der Nachweisungspflicht, DStZ 1950, S. 273–276.

Hey, Friedrich E. F.: Beweislast und Vermutungen im deutschen internationalen Steuerrecht, Baden-Baden 1992 (zit.: *Hey*, Beweislast und Vermutungen, S.).

Hey, Johanna: Der Gleichheitssatz im Steuerrecht – BVerfG vom 19.11.2019 zu den Aufwendungen der Erstausbildung: Für die Zuordnung gemischter Aufwendungen gilt das bloße Willkürverbot, FR 2020, S. 578–586.

Hidien, Jürgen W.: Der bundesstaatliche Finanzausgleich in Deutschland: Geschichte und staatsrechtliche Grundlagen, Baden-Baden, 1999 (zit.: *Hidien*, Finanzausgleich, S.).

Hildebrandt, Bernd: Verwertungsverbote für Tatsachen oder Beweismittel im Steuerstrafverfahren und im Besteuerungsverfahren, DStR 1982, S. 20–25.

Hill, Hermann: Verfahrensermessen der Verwaltung, NVwZ 1985, S. 449–456.

Hillgruber, Christian: Richterliche Rechtsfortbildung als Verfassungsproblem, JZ 1996, S. 118–125.

Hippel, Robert von: Der deutsche Strafprozess, Marburg 1941.

Hippel, Robert von: Deutsches Strafrecht, Erster Band, Allgemeine Grundlagen, Berlin 1925 (zit.: *von Hippel*, Deutsches Strafrecht I, S.).

Höpfner, Clemens: Die systemkonforme Auslegung – Zur Auflösung einfachgesetzlicher, verfassungsrechtlicher und europarechtlicher Widersprüche im Recht, Tübingen 2008 (zit.: *Höpfner*, Systemkonforme Auslegung, S.).

Höppner, Horst-Dieter: Steuergeheimnis, Gesetzmäßigkeit der Besteuerung und Legalitätsprinzip – Zur Frage der Zulässigkeit von Offenbarungen im Sinne von § 22 AO für steuerliche Zwecke, StuW 1969, S. 193–216.

Hoffmann-Riem, Wolfgang: Steuerermittlung und Bankgeheimnis, StuW 1972, S. 127–139.

Hornung, Gerrit: Grundrechtsinnovationen, Tübingen 2015.

Hoven, Elisa/*Wimmer*, Renate/*Schwarz*, Thomas/*Schumann*, Stefan: Der nordrhein-westfälische Entwurf eines Verbandsstrafgesetzes – Kritische Anmerkungen aus Wissenschaft und Praxis, Teil 2, NZWiSt 2014, S. 201–212.

Huber, Ernst Rudolf: Rechtsstaat und Verfassungsstaat in der modernen Industriegesellschaft, in: Forsthoff, Ernst, Rechtsstaatlichkeit und Sozialstaatlichkeit – Aufsätze und Essays, Darmstadt 1968, S. 589–618 (zit.: *Huber*, in: Rechtsstaatlichkeit und Sozialstaatlichkeit, S.).

Hübschmann, Walter (Begr.)/*Hepp*, Ernst (Begr.)/*Spitaler*, Armin (Begr.) et al.: Abgabenordnung, Finanzgerichtsordnung, Band II, §§ 4–32 AO, Köln, Loseblatt (Stand: 270. Aktualisierung, September 2022) (zit.: *Bearb.*, in: Hübschmann/Hepp/Spitaler, §, Rn.).

Hübschmann, Walter (Begr.)/*Hepp*, Ernst (Begr.)/*Spitaler*, Armin (Begr.) et al.: Abgabenordnung, Finanzgerichtsordnung, Band III, §§ 33–68 AO, Köln, Loseblatt (Stand: 270. Aktualisierung, September 2022) (zit.: *Bearb.*, in: Hübschmann/Hepp/Spitaler, §, Rn.).

Hübschmann, Walter (Begr.)/*Hepp*, Ernst (Begr.)/*Spitaler*, Armin (Begr.) et al.: Abgabenordnung, Finanzgerichtsordnung, Band IV, §§ 69–110 AO, Köln, Loseblatt (Stand: 270. Aktualisierung, September 2022) (zit.: *Bearb.*, in: Hübschmann/Hepp/Spitaler, §, Rn.).

Hübschmann, Walter (Begr.)/*Hepp*, Ernst (Begr.)/*Spitaler*, Armin (Begr.) et al.: Abgabenordnung, Finanzgerichtsordnung, Band V, §§ 111–154 AO, Köln, Loseblatt (Stand: 270. Aktualisierung, September 2022) (zit.: *Bearb.*, in: Hübschmann/Hepp/Spitaler, §, Rn.).

Hübschmann, Walter (Begr.)/*Hepp*, Ernst (Begr.)/*Spitaler*, Armin (Begr.) et al.: Abgabenordnung, Finanzgerichtsordnung, Band VI, §§ 155–192 AO, Köln, Loseblatt (Stand: 270. Aktualisierung, September 2022) (zit.: *Bearb.*, in: Hübschmann/Hepp/Spitaler, §, Rn.).

Hübschmann, Walter (Begr.)/*Hepp*, Ernst (Begr.)/*Spitaler*, Armin (Begr.) et al.: Abgabenordnung, Finanzgerichtsordnung, Band VII, §§ 193–248 AO, Köln, Loseblatt (Stand: 270. Aktualisierung, September 2022) (zit.: *Bearb.*, in: Hübschmann/Hepp/Spitaler, §, Rn.).

Hübschmann, Walter (Begr.)/*Hepp*, Ernst (Begr.)/*Spitaler*, Armin (Begr.) et al.: Abgabenordnung, Finanzgerichtsordnung, Band IX, §§ 322–370a AO, Köln, Loseblatt (Stand: 270. Aktualisierung, September 2022) (zit.: *Bearb.*, in: Hübschmann/Hepp/Spitaler, §, Rn.).

Hübschmann, Walter (Begr.)/*Hepp*, Ernst (Begr.)/*Spitaler*, Armin (Begr.) et al.: Abgabenordnung, Finanzgerichtsordnung, Band X, §§ 371–415 AO, Köln, Loseblatt (Stand: 270. Aktualisierung, September 2022) (zit.: *Bearb.*, in: Hübschmann/Hepp/Spitaler, §, Rn.).

Hübschmann, Walter (Begr.)/*Hepp*, Ernst (Begr.)/*Spitaler*, Armin (Begr.) et al.: Abgabenordnung, Finanzgerichtsordnung, Band XVII, FVG, VwZG, Sachregister, Köln, Loseblatt (Stand: 270. Aktualisierung, September 2022) (zit.: *Bearb.*, in: Hübschmann/Hepp/Spitaler, §, Rn.).

Hütt, Holger: Der Rotbericht – Anmerkungen zu einem unliebsamen Annex der Betriebsprüfung, AO-StB 2004, S. 321–324.

Hüttinger, Stefan: Schutz des Steuerpflichtigen durch Beweisverbote im Steuer- und Steuerstrafverfahren, Tübingen 1997 (zit.: *Hüttinger*, Schutz des Steuerpflichtigen, S.).

Hufen, Friedhelm: Staatsrecht II – Grundrechte, 8. Auflage, München 2020 (zit.: *Hufen*, Staatsrecht II^8, §, Rn.).

Hufen, Friedhelm: Staatsrecht II – Grundrechte, 9. Auflage, München 2021 (zit.: *Hufen*, Staatsrecht II, §, Rn.).

Hunsmann, Daniel: Das Absehen von Strafverfolgung nach § 398a AO in der Verfahrenspraxis, BB 2011, S. 2519–2527.

Hunsmann, Daniel: Die Novellierung der Selbstanzeige durch das Schwarzgeldbekämpfungsgesetz, NJW 2011, S. 1482–1488.

Hunsmann, Daniel: Neuregelung der Selbstanzeige im Steuerstrafrecht – Neue Herausforderungen für Beratung und Verteidigung, NJW 2015, S. 113–118.

Ignor, Alexander: Geschichte des Strafprozesses in Deutschland 1532–1846 – Von der Carolina Karls V. bis zu den Reformen des Vormärz, Paderborn 2002 (zit.: *Ignor*, Geschichte des Strafprozesses, S.).

Ignor, Alexander: Plädoyer für die Widerspruchslösung, in: Hanack, Ernst-Walter/Hilger, Hans/Mehle, Volkmar et al., Festschrift für Peter Rieß zum 70. Geburtstag am 4. Juni 2002, Berlin 2002, S. 185–196 (zit.: *Ignor*, in: FS-Rieß, S.).

Isensee, Josef: Das Billigkeitskorrektiv des Steuergesetzes – Rechtfertigung und Reichweite des Steuererlasses im Rechtssystem des Grundgesetzes, in: Jakobs, Horst Heinrich/Knobbe-Keuk, Brigitte/Picker, Eduard et al., Festschrift für Werner Flume zum 70. Geburtstag, Band II, Köln 1978, S. 129–147 (zit.: *Isensee*, in: FS-Flume II, S.).

Isensee, Josef: Die typisierende Verwaltung – Gesetzesvollzug im Massenverfahren am Beispiel der typisierenden Betrachtungsweise des Steuerrechts, Berlin 1976 (zit.: *Isensee*, Die typisierende Verwaltung, S.).

Isensee, Josef: Vom Beruf unserer Zeit für Steuervereinfachung, StuW 1994, S. 3–14.

Isensee, Josef/*Kirchhof*, Paul: Handbuch des Staatsrechts, Band II, Verfassungsstaat, 3. Auflage, Heidelberg 2004 (zit.: *Bearb.*, in: HStR II, §, Rn.).

Isensee, Josef/*Kirchhof*, Paul: Handbuch des Staatsrechts, Band V, Rechtsquellen, Organisation, Finanzen, 3. Auflage, Heidelberg 2007 (zit.: *Bearb.*, in: HStR V, §, Rn.).

Isensee, Josef/*Kirchhof*, Paul: Handbuch des Staatsrechts, Band VII, Freiheitsrechte, 3. Auflage, Heidelberg 2009 (zit.: *Bearb.*, in: HStR VII, §, Rn.).

Isensee, Josef/*Kirchhof*, Paul: Handbuch des Staatsrechts, Band VIII, Grundrechte: Wirtschaft, Verfahren, Gleichheit, 3. Auflage, Heidelberg 2010 (zit.: *Bearb.*, in: HStR VIII, §, Rn.).

Isensee, Josef/*Kirchhof*, Paul: Handbuch des Staatsrechts, Band IX, Allgemeine Grundrechtslehren, 3. Auflage, Heidelberg 2011 (zit.: *Bearb.*, in: HStR IX, §, Rn.).

Jäger, Christian: Beweisverwertung und Beweisverwertungsverbote im Strafprozess, München 2003 (zit.: *Jäger*, Beweisverwertung, S.).

Jakob, Wolfgang: Abgabenordnung, 5. Auflage, München 2010.

Jakob, Wolfgang: Rechtsfragen der Organisation und Funktion des Steuerfahndungsdienstes, StuW 1971, S. 297–307.

Jansen, Lothar: Das Steuerverfahren im Spannungsfeld von Europa- und Verfassungsrecht – Eine Untersuchung unter besonderer Berücksichtigung des Spendenrechts, Baden-Baden 2012 (zit.: *Jansen*, Das Steuerverfahren, S.).

Jarass, Hans D./*Kment*, Martin: Grundgesetz der Bundesrepublik Deutschland, 17. Auflage, München 2022 (zit.: *Bearb.*, in: Jarass/Pieroth, GG, Art., Rn.).

Jarke, Annette: Das Verwertungsverbot des § 393 Abs. 2 S. 1 AO – Eine kritische Anmerkung zum Beschluß des BayObLG vom 6.8.1996, wistra 1997, S. 325–327.

Jesse, Lenhard: Das Nebeneinander von Besteuerungs- und Steuerstrafverfahren – Eine kritische Bestandsaufnahme zwischen Wahrheitspflicht und Schweigerecht –, DB 2013, S. 1803–1814.

Jochum, Alexander: Die Mitwirkungspflichten des Steuerpflichtigen in der Außenprüfung – Grundlagen, Datenzugriff, internationale Sachverhalte, Sanktionen, Berlin 2011 (zit.: *Jochum*, Mitwirkungspflichten, S.).

Joecks, Wolfgang: Der nemo-tenetur-Grundsatz und das Steuerstrafrecht, in: Hirsch, Hans Joachim/Wolter, Jürgen/Brauns, Uwe, Festschrift für Günter Kohlmann zum 70. Geburtstag, Köln 2003, S. 451–464 (zit.: *Joecks*, in: FS-Kohlmann, S.).

Joecks, Wolfgang: Urkundenfälschung „in Erfüllung steuerrechtlicher Pflichten" (§ 393 Abs. 2 Satz 1 AO)?, wistra 1998, S. 86–91.

Joecks, Wolfgang/*Jäger*, Markus/*Randt*, Karsten et al.: Steuerstrafrecht, 8. Auflage, München 2015 (zit.: *Bearb.*, in: Joecks/Jäger/Randt, §, Rn.).

Joecks, Wolfgang/*Miebach*, Klaus: Münchener Kommentar zum Strafgesetzbuch, Band 7, Nebenstrafrecht II, 3. Auflage, München 2019 (zit.: *Bearb.*, in: MüKo-StGB, §, Rn.).

Jörißen, Ann-Erika: Umfang und Grenzen des Steuergeheimnisses im Insolvenzverfahren – Ausmaß der im Rahmen des § 30 AO zulässigen Auskunftserteilung in Insolvenzfällen, AO-StB 2008, S. 46–50.

Jope, Daniela: Der Anknüpfungspunkt „geringfügiger Abweichungen" bei der Selbstanzeige: materieller Tatbegriff contra Berichtigungsverbund, NZWiSt 2012, S. 59–62.

Juchem, Mathias: § 370 AO – ein normativer Tatbestand!, wistra 2014, S. 300–306.

Kahl, Wolfgang/*Waldhoff*, Christian/*Walter*, Christian: Bonner Kommentar zum Grundgesetz, Band 19, Artikel 103–104c GG, Heidelberg, Loseblatt (Stand: 217. Aktualisierung, November 2022) (zit.: *Bearb.*, in: Bonner Kommentar, Art., Rn.).

Kahl, Wolfgang/*Waldhoff*, Christian/*Walter*, Christian: Bonner Kommentar zum Grundgesetz, Band 21, Artikel 108–110 GG, Heidelberg, Loseblatt (Stand: 217. Aktualisierung, November 2022) (zit.: *Bearb.*, in: Bonner Kommentar, Art., Rn.).

Kaligin, Thomas: Rechtswidrige Strukturen im finanzbehördlichen Steuerstrafverfahren, Stbg 2010, S. 126–129.

Kasiske, Peter: Die Selbstbelastungsfreiheit bei verdeckten Befragungen des Beschuldigten, StV 2014, S. 423–430.

Kasiske, Peter: Die Selbstbelastungsfreiheit im Strafprozess, JuS 2014, S. 15–20.

Kasiske, Peter: Mitarbeiterbefragungen im Rahmen interner Ermittlungen – Auskunftspflichten und Verwertbarkeit im Strafverfahren, NZWiSt 2014, S. 262–268.

Kasiske, Peter: Tatbegriff und Zwangsmittelverbot bei wiederholter Steuerhinterziehung – Anmerkung zu BGH 1 StR 26/12 = HRRS 2012 Nr. 1011, HRRS 2013, S. 225–228.

Keller, Rainer: Rechtliche Grenzen der Provokation von Straftaten, Berlin 1989 (zit.: *Keller*, Rechtliche Grenzen, S.).

Kelnhofer, Evelyn: Hypothetische Ermittlungsverläufe im System der Beweisverbote, Berlin 1994 (zit.: *Kelnhofer*, Hypothetische Ermittlungsverläufe, S.).

Kemper, Martin: Wohin mit der Selbstanzeige nach § 371 AO? – Die Rechtfertigung eines umstrittenen Strafaufhebungsgrundes, DStZ 2013, S. 538–544.

Kindhäuser, Urs/*Schumann*, Kay H.: Strafprozessrecht, 6. Auflage, Baden-Baden 2022 (zit.: *Kindhäuser/Schumann*, Strafprozessrecht, §, Rn.).

Kingreen, Thorsten/*Poscher*, Ralf: Grundrechte – Staatsrecht II, 38. Auflage, Heidelberg 2022 (zit.: *Kingreen/Poscher*, Grundrechte, Rn.).

Klein, Franz (Begr.)/*Orlopp*, Gerd (Begr.): Abgabenordnung – einschließlich Steuerstrafrecht, 16. Auflage, München 2022 (zit.: *Bearb.*, in: Klein, §, Rn.).

Klein, Guido: Die Auswirkungen der unterschiedlichen Beweislast im Steuerrecht und im Strafrecht, Köln 1989 (zit.: *Klein*, Beweislast, S.).

Kleinheisterkamp, Daniela: Kreditwesengesetz und Strafverfahren – Zur Bedeutung des „nemo-tenetur"-Prinzips für das bankaufsichtliche Verfahren, Tübingen 2010 (zit.: *Kleinheisterkamp*, Kreditwesengesetz, S.).

Kleinschrod, o. w. A.: Ueber das Geständniß, als Beweismittel in peinlichen Fällen., ArchCrim 1802-4, S. 83–125.

Klos, Joachim/*Weyand*, Raimund: Praktische Probleme des Einsatzes von Außenprüfern zu steuerstrafrechtlichen Ermittlungen, StBp. 1989, S. 157–162.

Klug, Oliver K.-F.: Zur Rechtmäßigkeit steuerstrafrechtlicher Ermittlungen der Betriebsprüfer, Lohmar 1998.

Knauer, Christoph: Der Regierungsentwurf zur Einführung eines Gesetzes zur Sanktionierung von verbandsbezogenen Straftaten – großer Wurf oder bittere Pille?, NStZ 2020, S. 441–452.

Knauer, Christoph/*Buhlmann*, Erik: Unternehmensinterne (Vor-)Ermittlungen – was bleibt von nemo-tenetur und fair-trail? – Grenzen der strafprozessualen Verwertbarkeit unternehmensinterner Ermittlungen, AnwBl 2010, S. 387–393.

Knauer, Christoph/*Kudlich*, Hans/*Schneider*, Hartmut: Münchener Kommentar zur Strafprozessordnung, Band 1, §§ 1–150 StPO, 2. Auflage, München 2023 (zit.: *Bearb.*, in: MüKo-StPO, §, Rn.).

Kobor, Hagen: Kooperative Amtsermittlung im Verwaltungsrecht – Mitwirkungspflichten und Informationshilfe im Lichte des verfassungsdirigierten Leitbildes des Untersuchungsgrundsatzes, Baden-Baden 2009 (zit.: *Kobor*, Kooperative Amtsermittlung, S.).

Koch, Karl/*Scholtz*, Rolf-Detlev: Abgabenordnung, 5. Auflage, Köln 1996 (zit.: *Bearb.*, in: Koch/Scholtz, §, Rn.).

Köck, Elisabeth: Nemo-tenetur-Grundsatz für Verbände?, in: Grafl, Christian/Medigovic, Ursula, Festschrift für Manfred Burgstaller zum 65. Geburtstag, Wien 2004, S. 267–279 (zit.: *Köck*, in: FS-Burgstaller, S.).

Kölbel, Ralf: Geständnisverwertung bei missglückter Absprache, NStZ 2003, S. 232–237.

Kölbel, Ralf: Selbstbelastungsfreiheiten – Der nemo-tenetur-Satz im materiellen Strafrecht, Berlin 2006 (zit.: *Kölbel*, Selbstbelastungsfreiheiten, S.).

Köstlin, Christian Reinhold: Der Wendepunkt des deutschen Strafverfahrens im neunzehnten Jahrhundert, kritisch und geschichtlich beleuchtet, nebst ausführlicher Darstellung der Entstehung des Geschwornengerichts, Tübingen 1849 (zit.: *Köstlin*, Der Wendepunkt, S.).

Koenig, Ulrich (Hrsg.): Abgabenordnung – §§ 1 bis 368, 4. Auflage, München 2021 (zit.: *Bearb.*, in: Koenig, §, Rn.).

Kohlhaas, Max: Die neuen wissenschaftlichen Methoden der Verbrechensaufklärung und der Schutz der Rechte des Beschuldigten, JR 1960, S. 246–249.

Kohlmann, Günter (Begr.): Steuerstrafrecht mit Ordnungswidrigkeitenrecht und Verfahrensrecht – Kommentar zu den §§ 369–412 AO, Band I, §§ 369–371 AO, Köln, Loseblatt (Stand: 77. Aktualisierung, November 2022) (zit.: *Bearb.*, in: Kohlmann, §, Rn.).

Kohlmann, Günter (Begr.): Steuerstrafrecht mit Ordnungswidrigkeitenrecht und Verfahrensrecht – Kommentar zu den §§ 369–412 AO, Band II, §§ 372–388 AO, Köln, Loseblatt (Stand: 77. Aktualisierung, November 2022) (zit.: *Bearb.*, in: Kohlmann, §, Rn.).

Kohlmann, Günter (Begr.): Steuerstrafrecht mit Ordnungswidrigkeitenrecht und Verfahrensrecht – Kommentar zu den §§ 369–412 AO, Band III, §§ 389–412 AO, Texte, Sachregister, Köln, Loseblatt (Stand: 77. Aktualisierung, November 2022) (zit.: *Bearb.*, in: Kohlmann, §, Rn.).

Kohlmann, Günter: Strafprozessuale Verwertungsverbote als Schranken für steuerliche und steuerstrafrechtliche Ermittlungen der Fahndungsbehörden, in: Lang, Joachim (Hrsg.), Die Steuerrechtsordnung in der Diskussion – Festschrift für Klaus Tipke zum 70. Geburtstag, Köln 1995, S. 487–508 (zit.: *Kohlmann*, in: FS-Tipke, S.).

Kopf, Robert/*Szalai*, Stephan: Der „Nemo-tenetur-Grundsatz" im Steuerrecht, NJ 2010, S. 363–371.

Kotteder, Franz: Durchsuchungen bei Alfons Schuhbeck, Süddeutsche Zeitung v. 27.6.2019, abrufbar unter: https://www.sueddeutsche.de/muenchen/muenchen-schuhbeck-durchsuchungen-steuerhinterziehung-1.4500437 (Stand: 6.12.2022) (zit.: *Kotteder*, SZ v. 27.6.2019).

Kraft, Oliver Kai-Eric: Das nemo tenetur-Prinzip und die sich daraus ergebenden Rechte des Beschuldigten in der polizeilichen Vernehmung – Eine rechtsvergleichende Untersuchung des amerikanischen und deutschen Strafprozeßrechts, Hamburg 2002 (zit.: *Kraft*, Das nemo tenetur-Prinzip, S.).

Kramer, Ernst A.: Juristische Methodenlehre, 6. Auflage, Bern 2019.

Kranenberg, Sonja: Die Abgrenzung der berichtigenden Erklärung gem. § 153 AO von der Selbstanzeige gem. § 371 AO nach dem Schwarzgeldbekämpfungsgesetz – in dubio pro reo?, AO-StB 2011, S. 344–347.

Kratzsch, D.: Strafverfahrensrecht: Verwertung der Aussage des Beschuldigten trotz unterlassener Belehrung, JA 1984, S. 179–180.

Krüger, Elmar: Beweiswürdigung, Beweislast und Beweismaß im Rahmen von Amtsermittlung und Mitwirkungspflicht, DStZ 2017, S. 761–768.

Krüger, Wolfgang/*Rauscher*, Thomas: Münchener Kommentar zur Zivilprozessordnung mit Gerichtsverfassungsgesetz und Nebengesetzen, Band 1, §§ 1–354 ZPO, 6. Auflage, München 2020 (zit.: *Bearb.*, in: MüKo-ZPO, §, Rn.).

Krug, Björn/*Skoupil*, Christoph: Die steuerliche Korrekturpflicht nach § 153 AO bei im Rahmen von Internal Investigations erlangten Erkenntnissen zu korruptiven Handlungen in Unternehmen, NZWiSt 2015, S. 453–459.

Kruse, Heinrich Wilhelm: Lehrbuch des Steuerrechts, Band I, Allgemeiner Teil, München 1991 (zit.: und *Kruse*, Lehrbuch des Steuerrechts, S.).

Kruse, Heinrich Wilhelm: Um das Steuergeheimnis, StuW 1968, S. 265–280.

Kube, Hanno: Finanzgewalt in der Rechtsordnung, Tübingen 2004 (zit.: *Kube*, Finanzgewalt, S.).

Kubiciel, Michael: Die deutschen Unternehmensgeldbußen: Ein nicht wettbewerbsfähiges Modell und seine Alternativen, NZWiSt 2016, S. 178–181.

Kühl, Kristian: Freie Beweiswürdigung des Schweigens des Angeklagten und der Untersuchungsverweigerung eines angehörigen Zeugen – BGHSt 32, 140, JuS 1986, S. 115–122.

Kühl, Kristian: Strafrecht Allgemeiner Teil, 8. Auflage, München 2017 (zit.: *Kühl*, Strafrecht AT, §, Rn.).

Kühn, Rolf (Begr.)/*Wedelstädt*, Alexander von (Hrsg.): Abgabenordnung und Finanzgerichtsordnung, 22. Auflage, Stuttgart 2018 (zit.: *Bearb.*, in: Kühn/von Wedelstädt, §, Rn.).

Kühne, Hans-Heiner: Strafprozessrecht – Eine systematische Darstellung des deutschen und europäischen Strafverfahrensrechts, 9. Auflage, Heidelberg 2015 (zit.: *Kühne*, Strafprozessrecht, Rn.).

Kühne, Hans-Heiner: Strafprozessuale Beweisverbote und Art. 1 I Grundgesetz – Zugleich ein Beitrag zur Auslegung des Rechtsbegriffs Menschenwürde, Köln 1970 (zit.: *Kühne*, Strafprozessuale Beweisverbote, S.).

Küster, Erwin: Das Steuerstrafrecht aus der Sicht der Steuerfahndung, in: Kohlmann, Günter (Hrsg.), Veröffentlichungen der Deutschen Steuerjuristischen Gesellschaft e. V., Band 6, Strafverfolgung und Strafverteidigung im Steuerstrafrecht – Grundfragen des Steuerstrafrechts heute, Köln 1983, S. 253–266 (zit.: *Küster*, DStJG 6, S.).

Küster, Erwin: Die Befugnisse der Steuerfahndung im Steuerstrafverfahren, DB 1980, S. 1371–1373.

Küster, Erwin: Steuergeheimnis und Allgemeindelikt, PStR 2000, S. 108–111.

Kuhlen, Lothar: Vorsatz und Irrtum im Steuerstrafrecht, in: Mellinghoff, Rudolf (Hrsg.), Veröffentlichungen der Deutschen Steuerjuristischen Gesellschaft e. V., Band 38, Steuerstrafrecht an der Schnittstelle zum Steuerrecht, Köln 2015, S. 117–141 (zit.: *Kuhlen*, DStJG 38, S.).

Kunert, Karl Heinz: Wie weit schützt die Strafprozeßordnung die Grundrechte des Beschuldigten? – Zu den Belehrungspflichten nach § 115 Abs. 3, § 136 Abs. 1, § 163a Abs. 3, 4 StPO i. d. F. des StPÄG, MDR 1967, S. 539–542.

Kunig, Philip: Das Rechtsstaatsprinzip – Überlegungen zu seiner Bedeutung für das Verfassungsrecht der Bundesrepublik Deutschland, Tübingen 1986.

Kupfer, Gerhard: Beweislast und Beweisführung im Steuerrecht, KÖSDI 1994, S. 10024–10032.

Lagodny, Otto: Strafrecht vor den Schranken der Grundrechte – Die Ermächtigung zum strafrechtlichen Vorwurf im Lichte der Grundrechtsdogmatik dargestellt am Beispiel der Vorfeldkriminalisierung, Tübingen 1996 (zit.: *Lagodny*, Strafrecht vor den Schranken der Grundrechte, S.).

Lagodny, Otto: Verdeckte Ermittler und V-Leute im Spiegel von § 136 a StPO als „angewandtem Verfassungsrecht" – zugleich eine Analyse neuerer BGH-Entscheidungen StV 1996, S. 167–172.

Lammer, Dirk: Verdeckte Ermittlungen im Strafprozeß – Zugleich eine Studie zum Menschenwürdegehalt der Grundrechte, Berlin 1992 (zit.: *Lammer*, Verdeckte Ermittlungen, S.).

Larenz, Karl: Methodenlehre der Rechtswissenschaft, 6. Auflage, Berlin 1991 (zit.: *Larenz*, Methodenlehre, S.).

Larenz, Karl/*Canaris*, Claus-Wilhelm: Methodenlehre der Rechtswissenschaft, 3. Auflage, Berlin 1995 (zit.: *Larenz/Canaris*, Methodenlehre, S.).

Laufhütte, Heinrich Wilhelm/*Rissing-van Saan*, Ruth/*Tiedemann*, Klaus: Leipziger Kommentar – Strafgesetzbuch, Band 5, §§ 110–145d, 12. Auflage, Berlin 2009 (zit.: *Bearb.*, in: LK-StGB[12], §, Rn.).

Laufhütte, Heinrich Wilhelm/*Rissing-van Saan*, Ruth/*Tiedemann*, Klaus: Leipziger Kommentar – Strafgesetzbuch, Band 13, §§ 331–358, 12. Auflage, Berlin 2009 (zit.: *Bearb.*, in: LK-StGB[12], §, Rn.).

Lehner, Moris: Wirtschaftliche Betrachtungsweise und Besteuerung nach der wirtschaftlichen Leistungsfähigkeit – Zur Möglichkeit einer teleologischen Auslegung der Fiskalzwecknorm, in: Lang, Joachim (Hrsg.), Die Steuerrechtsordnung in der Diskussion – Festschrift für Klaus Tipke zum 70. Geburtstag, Köln 1995, S. 237–249 (zit.: *Lehner*, in: FS-Tipke, S.).

Leimkuhl-Schulz, Henrique/*Modrzejewski*, Matthias: Verwirklichung des Nemo-tenetur-Grundsatzes trotz steuerlicher Erklärungs- und Mitwirkungspflichten, wistra 2015, S. 378–383.

Leineweber, Gerd: Die Zulässigkeit einer Außenprüfung nach § 193 AO, DStR 1985, S. 308–309.

Leipold, Dieter: Beweislastregeln und gesetzliche Vermutungen – insbesondere bei Verweisungen zwischen verschiedenen Rechtsgebieten, Berlin 1966 (zit.: *Leipold*, Beweislastregeln, S.).

Leise, Horst (Begr.)/*Rolletschke*, Stefan/*Kemper*, Martin et al.: Steuerstrafrecht – AO – UstG – ZollVG, Köln, Loseblatt (Stand: 120. Aktualisierung, Mai 2022) (zit.: *Bearb.*, in: Rolletschke/Kemper/Roth, §, Rn.).

Leisner-Egensperger, Anna: Die Folgerichtigkeit – Systemsuche als Problem für Verfassungsbegriff und Demokratiegebot –, DÖV 2013, S. 533–539.

Leitmeier, Lorenz: „Nemo tenetur" – ein nachteiliges Verfassungsrecht?, JR 2014, S. 372–377.

Leitner, Werner/*Rosenau*, Henning (Hrsg.): Wirtschafts- und Steuerstrafrecht, 2. Auflage, Baden-Baden 2002 (zit.: *Bearb.*, in: Leitner/Rosenau, §, Rn.).

Lerche, Peter: Übermaß und Verfassungsrecht – Zur Bindung des Gesetzgebers an die Grundsätze der Verhältnismäßigkeit und der Erforderlichkeit, Köln 1961 (zit.: *Lerche*, Übermaß und Verfassungsrecht, S.).

Lerche, Peter: Übermaß und Verfassungsrecht – Zur Bindung des Gesetzgebers an die Grundsätze der Verhältnismäßigkeit und der Erforderlichkeit, 2. Auflage, Goldbach 1999 (zit.: *Lerche*, Übermaß und Verfassungsrecht^2, S.).

Lesch, Heiko Hartmut: „Hörfalle" und kein Ende – Zur Verwertbarkeit von selbstbelastenden Angaben des Beschuldigten in der Untersuchungshaft, GA 2000, S. 355–371.

Lesch, Heiko Hartmut: Inquisition und rechtliches Gehör in der Beschuldigtenvernehmung, ZStW 1999, S. 624–646.

Levy, Leonard Williams: Origins of the Fifth Amendment – The Right against Self-Incrimination, New York 1968 (zit.: *Levy*, Origins of the Fifth Amendment, S.).

Liepmann, o.w.A.: Die Psychologie der Vernehmung des Angeklagten im deutschen Strafprozeß, ZStW 1924, S. 647–683.

Lindenthal, Steffen Alexander: Mitwirkungspflichten des Steuerpflichtigen und Folgen ihrer Verletzung – Unter besonderer Berücksichtigung der Dokumentationspflichten bei Verrechnungspreisen, Frankfurt a.M. 2006 (zit.: *Lindenthal*, Mitwirkungspflichten, S.).

List, Heinrich: Das Verhältnis von Strafverfahren und Besteuerungsverfahren (§ 393 AO) in verfassungsrechtlicher Sicht, DB 2006, S. 469–473.

Lohmeyer, Heinz: Das Verhältnis des Strafverfahrens zum Besteuerungsverfahren, DStZ 1972, S. 321–325.

Loose, Matthias: Steuerliche Berücksichtigung von Umweltlasten und Weitergabe von Erkenntnissen über Verstöße gegen Umweltschutzbestimmungen, FR 1995, S. 393–399.

Lorenz, Frank Lucien: „Operative Informationserhebung" im Strafverfahren, „Unverfügbares" und Grundrechtsschutz durch „institutionelle Kontrolle", JZ 1992, S. 1000–1011.

Loschelder, Friedrich: Die Beweislast im finanzgerichtlichen Verfahren – Ein Leitfaden zur Risikoverteilung bei der Sachverhaltsaufklärung, AO-StB 2003, S. 25–28.

Lucke, Diana: Strafprozessuale Schutzrechte und parlamentarische Aufklärung in Untersuchungsausschüssen mit strafrechtlich relevantem Verfahrensgegenstand, Berlin 2009 (zit.: *Lucke*, Schutzrechte, S.).

Lübbersmann, Sascha: BFH statuiert Zwang zur Selbstanzeige, PStR 2012, S. 135–136.

Lücke, Jörg: Der allgemeine Schuldausschliessungsgrund der Unzumutbarkeit als methodisches und verfassungsrechtliches Problem, JR 1975, S. 55–58.

Lücke, Jörg: Die (Un-)Zumutbarkeit als allgemeine Grenze öffentlich-rechtlicher Pflichten des Bürgers, Berlin 1973 (zit.: *Lücke*, Die (Un-)Zumutbarkeit als allgemeine Grenze, S.).

Luhmann, Niklas: Grundrechte als Institution – Ein Beitrag zur politischen Soziologie, 6. Auflage, Berlin 2019 (zit.: *Luhmann*, Grundrechte als Institution, S.).

Mäder, Detlef: Betriebliche Offenbarungspflichten und Schutz vor Selbstbelastung – Zum Spannungsfeld von Umweltrecht und nemo tenetur-Grundsatz, Freiburg 1997 (zit.: *Mäder*, Betriebliche Offenbarungspflichten, S.).

Magold, Malte: Die Kostentragungspflicht des Verurteilten – Im Hinblick auf Schuldprinzip, Resozialisierungsprinzip und Selbstbelastungsfreiheit, Berlin 2009 (zit.: *Magold*, Kostentragungspflicht, S.).

Mahlstedt, Tobias: Die verdeckte Befragung des Beschuldigten im Auftrag der Polizei – Informelle Informationserhebung und Selbstbelastungsfreiheit, Berlin 2011 (zit.: *Mahlstedt*, Die verdeckte Befragung, S.).

Maier, Winfried: Reichweite des Verwertungsverbotes nach § 393 Abs. 2 Satz 1 AO – Zum Beschluß des Bayerischen Obersten Landesgerichts vom 06. August 1996, wistra 1996, 353, wistra 1997, S. 53–54.

Makrutzki, Patric: Verdeckte Ermittlungen im Strafprozeß – Rechtswissenschaftliche Analyse – Rechtsvergleichende Studie mit dem U.S.-amerikanischen Prozeßrecht, Berlin 2000 (zit.: *Makrutzki*, Verdeckte Ermittlungen, S.).

Mandelbaum, Simcha: The Privilege against Self-Incrimination in Anglo-American and Jewish Law, AJCL 1956, S. 115–119.

Mangoldt, Hermann von (Begr.)/*Huber*, Peter M. (Hrsg.)/*Voßkuhle*, Andreas (Hrsg.): Grundgesetz, Band 1, Präambel, Artikel 1–19, 7. Auflage, München 2018 (zit.: *Bearb.*, in: von Mangoldt/Klein/Starck, GG, Art., Rn.).

Mangoldt, Hermann von (Begr.)/*Huber*, Peter M. (Hrsg.)/*Voßkuhle*, Andreas (Hrsg.): Grundgesetz, Band 2, Artikel 20–82, 7. Auflage, München 2018 (zit.: *Bearb.*, in: von Mangoldt/Klein/Starck, GG, Art., Rn.).

Mangoldt, Hermann von (Begr.)/*Huber*, Peter M. (Hrsg.)/*Voßkuhle*, Andreas (Hrsg.): Grundgesetz, Band 3, Artikel 83–146, 7. Auflage, München 2018 (zit.: *Bearb.*, in: von Mangoldt/Klein/Starck, GG, Art., Rn.).

Martens, Joachim: Die eigenartige Beweislast im Steuerrecht, StuW 1981, S. 322–332.

Martens, Joachim: Die Funktion von Besteuerungsgrundlagen, StuW 1993, S. 335–341.

Martens, Joachim: Die Steueranmeldung, StuW 1971, S. 317–325.

Martens, Joachim: Einführung in die Praxis des Verwaltungsverfahrens, JuS 1978, S. 99–104.

Martens, Joachim: Verwaltungsvorschriften zur Beschränkung der Sachverhaltsermittlung, in: Felix, Günther (Hrsg.), Kölner Steuerthemen – Zeitkritische Schriftenreihe der Arbeitskreis für Steuerrecht GmbH, Köln 1980 (zit.: *Martens*, Verwaltungsvorschriften, S.).

Martin, Suse: Wechselwirkungen zwischen Mitwirkungspflichten und Untersuchungspflicht im finanzgerichtlichen Verfahren, BB 1986, S. 1021–1030.

Mattern, G.: Die Feststellung des Tatbestandes im Besteuerungs- und im Steuerstrafverfahren, DStZ 1958, S. 265–267.

Matthes, Marko: Zwischen Durchsuchung und Rasterfahndung – Verdachtsbegründung und Ermittlungsmöglichkeiten der Steuerfahndung – Zugleich Anmerkung zum Beschluß des Landgerichts (wistra 2007, 399) –, wistra 2008, S. 10–18.

Maunz, Theodor (Begr.)/*Dürig*, Günter (Begr.)/*Herzog*, Roman (Hrsg.) et al.: Grundgesetz, Band I, Texte, Artikel 1–5, München, Loseblatt (Stand: 97. Aktualisierung, Januar 2022) (zit.: *Bearb.*, in: Dürig/Herzog/Scholz, GG, Art., Rn.).

Maunz, Theodor (Begr.)/*Dürig*, Günter (Begr.)/*Herzog*, Roman (Hrsg.) et al.: Grundgesetz, Band III, Artikel 17–28, München, Loseblatt (Stand: 97. Aktualisierung, Januar 2022) (zit.: *Bearb.*, in: Dürig/Herzog/Scholz, GG, Art., Rn.).

Maunz, Theodor (Begr.)/*Dürig*, Günter (Begr.)/*Herzog*, Roman (Hrsg.) et al.: Grundgesetz, Band IV, Artikel 29–67, München, Loseblatt (Stand: 97. Aktualisierung, Januar 2022) (zit.: *Bearb.*, in: Dürig/Herzog/Scholz, GG, Art., Rn.).

Maunz, Theodor (Begr.)/*Dürig*, Günter (Begr.)/*Herzog*, Roman (Hrsg.) et al.: Grundgesetz, Band VI, Artikel 87a-106b, München, Loseblatt (Stand: 97. Aktualisierung, Januar 2022) (zit.: *Bearb.*, in: Dürig/Herzog/Scholz, GG, Art., Rn.).

Maunz, Theodor (Begr.)/*Dürig*, Günter (Begr.)/*Herzog*, Roman (Hrsg.) et al.: Grundgesetz, Band VII, Artikel 107–146, Sachverzeichnis, München, Loseblatt (Stand: 97. Aktualisierung, Januar 2022) (zit.: *Bearb.*, in: Dürig/Herzog/Scholz, GG, Art., Rn.).

Maurer, Hartmut: Staatsrecht I – Grundlagen Verfassungsorgane Staatsfunktionen, 6. Auflage, München 2010 (zit.: *Maurer*, Staatsrecht I, §, Rn.).

Meine, Hans-Gerd: Die Reichweite des Verwertungsverbotes nach § 393 Abs. 2 AO, wistra 1985, S. 186–187.

Mellinghoff, Rudolf: Der Beitrag der Rechtsprechung zur Systematisierung des Steuerrechts am Beispiel des Gebots der Folgerichtigkeit, Ubg 2012, S. 369–375.

Metzler, Eberhard: Zur Problematik der Sätze „in dubio pro fisco" und „in dubio contra fiscum" – Untersuchungen zu Beweis- und Auslegungsfragen im Steuerrecht, Tübingen 1959 (zit.: *Metzler*, in dubio pro fisco, S.).

Meyer, André: Steuerliches Leistungsfähigkeitsprinzip und zivilrechtliches Ausgleichssystem – Zum zivilrechtlichen Ausgleich von Steuerfolgen, Köln 2013 (zit.: *Meyer*, Steuerliches Leistungsfähigkeitsprinzip, S.).

Meyer, Frank: Die Aussagefreiheit und das Prinzip der gegenseitigen Anerkennung, GA 2007, S. 15–35.

Meyer, Frank: Unternehmenssanktionsverfahren und nemo tenetur-Schutz nach der EU-Grundrechtecharta, NZWiSt 2022, S. 99–106.

Meyer, Harald: Beweislastprobleme im Steuerrecht, Augsburg 1988 (zit.: *Meyer*, Beweislastprobleme, S.).

Meyer, Ingeborg M.: Steuerstrafrechtliche Probleme bei Betriebsprüfungen, DStR 2001, S. 461–467.

Meyer-Goßner, Lutz (Begr.)/*Schmitt*, Bertram: Strafprozessordnung – Gerichtsverfassungsgesetz, Nebengesetze und ergänzende Bestimmungen, 65. Auflage, München 2022 (zit.: *Bearb.*, in: Meyer-Goßner/Schmitt, §, Rn.).

Meyer-Mews, Hans: Reden ist Silber – Schweigen strafbar?, DStR 2013, S. 161–167.

Michael, Lothar: Verfassungsrechtliche Grenzen richtlinienkonformer Rechtsfortbildung, DER STAAT 2015, S. 349–373.

Michalke, Regina: Die Verwertbarkeit von Erkenntnissen der Eigenüberwachung zu Beweiszwecken im Straf- und Ordnungswidrigkeitenverfahren, NJW 1990, S. 417–421.

Minoggio, Ingo: Das Schweigerecht der juristischen Person als Nebenbeteiligte im Strafverfahren, wistra 2003, S. 121–129.

Mitsch, Wolfgang (Hrsg.): Karlsruher Kommentar zum Gesetz über Ordnungswidrigkeiten, 5. Auflage, München 2018 (zit.: *Bearb.*, in: KK-OWiG, §, Rn.).

Mittermaier, Carl Joseph Anton: Die Gesetzgebung und Rechtsübung über Strafverfahren nach ihrer neuesten Fortbildung, Erlangen 1856 (zit.: *Mittermaier*, Gesetzgebung, S.).

Möller, Hauke: Verfassungsrechtliche Überlegungen zum „nemo-tenetur"-Grundsatz und zur strafmildernden Berücksichtigung von Geständnissen, JR 2005, S. 314–320.

Möllers, Thomas M. J.: Juristische Methodenlehre, 4. Auflage, München 2021 (zit.: *Möllers*, Methodenlehre, §, Rn.).

Mösbauer, Heinz: Steuerfahndung – ein besonderer Prüfdienst der Finanzverwaltung zur Bekämpfung der Steuerkriminalität, StB 2003, S. 214–219.

Mösbauer, Heinz: Steuerfahndung im Rechtsstaat, DStZ 1986, S. 339–345.

Mösbauer, Heinz: Steuerliche Außenprüfung, 2. Auflage, München 2005.

Mössner, Jörg Manfred: Internationale Menschenrechte und Steuern, StuW 1991, S. 224–231.

Momsen, Carsten: Internal Investigations zwischen arbeitsrechtlicher Mitwirkungspflicht und strafprozessualer Selbstbelastungsfreiheit, ZIS 2011, S. 508–516.

Mosbacher, Andreas: Verwertungsverbot bei Durchsuchungsanordnung des Staatsanwalts, NJW 2007, S. 3686–3688.

Mosbacher, Andreas: Zur Zukunft der Widerspruchslösung – Der Widerspruch als Zwischenrechtsbehelf, in: Bernsmann, Klaus/Fischer, Thomas, Festschrift für Ruth Rissing-van Saan zum 65. Geburtstag am 25. Januar 2011, Berlin 2011, S. 357–378 (zit.: *Mosbacher*, in: FS-Rissing van Saan, S.).

Motive zu dem Entwurf einer Deutschen Strafprozeß-Ordnung, Berlin 1872.

Müller, Arnold: In dubio pro reo im Steuerrecht und Steuerstrafrecht – Anwendung eines strafprozessualen Prinzips als Beweislastregel, AO-StB 2004, S. 156–160.

Müller, Jürgen R.: Ausgewählte Fragen zur Berichtigungspflicht nach § 153 AO, DStZ 2005, S. 25–31.

Müller, Lutz: Steuergeheimnis und Verwertungsverbot bei nichtsteuerlichen Straftaten, DStR 1986, S. 699–702.

Müller-Franken, Sebastian: Maßvolles Verwalten – Effiziente Verwaltung im System exekutiver Handlungsmaßstäbe am Beispiel des maßvollen Gesetzesvollzugs im Steuerrecht, Tübingen 2004 (zit.: *Müller-Franken*, Maßvolles Verwalten, S.).

Müller-Gugenberger, Christian (Hrsg.): Wirtschaftsstrafrecht – Handbuch des Wirtschaftsstraf- und -ordnungswidrigkeitenrechts, 7. Auflage, Köln 2021 (zit.: *Bearb.*, in: Müller-Gugenberger, Rn.).

Münch, Ingo von (Begr.)/*Kunig*, Philip (Begr.)/*Kämmerer*, Jörn Axel (Hrsg.) et al.: Grundgesetz, Band 1, Präambel, Artikel 1–69, 7. Auflage, München 2021 (zit.: *Bearb.*, in: von Münch/Kunig, GG, Art., Rn.).

Münch, Ingo von (Begr.)/*Kunig*, Philip (Begr.)/*Kämmerer*, Jörn Axel (Hrsg.) et al.: Grundgesetz, Band 2, Artikel 70–146, 7. Auflage, München 2021 (zit.: *Bearb.*, in: von Münch/Kunig, GG, Art., Rn.).

Müssig, Bernd: Beweisverbote im Legitimationszusammenhang von Strafrechtstheorie und Strafverfahren, GA 1999, S. 119–142.

Müssig, Bernd: Grenzen der Beweisverwertung beim Einsatz „Verdeckter Ermittler" gegen den Verdächtigen, GA 2004, S. 87–103.

Musielak, Hans-Joachim: Die Grundlagen der Beweislast im Zivilprozeß, Berlin 1975 (zit.: *Musielak*, Grundlagen der Beweislast, S.).

Myßen, Michael/*Kraus*, Fabian: Steuerrechtliches Datenschutzrecht: Verfahrensrechtsanpassung an die Datenschutz-Grundverordnung, DB 2017, S. 1860–1871.

Neumann, Ulfrid: Mitwirkungs- und Duldungspflichten des Beschuldigten bei körperlichen Eingriffen im Strafverfahren – Zugleich ein Beitrag zu den verfassungsrechtlichen Grenzen körperlicher Eingriffe (§ 81 a StPO), in: Zaczyk, Rainer/Köhler, Michael/Kahlo, Michael (Hrsg.), Festschrift für E. A. Wolff zum 70. Geburtstag am 1.10.1998, Berlin 1998, S. 373–393 (zit.: *Neumann*, in: FS-Wolff, S.).

Neuner, Jörg: Die Rechtsfindung contra legem, 2. Auflage, München 2005.

Nickl, Rolf: Das Schweigen des Beschuldigten und seine Bedeutung für die Beweiswürdigung, München 1978 (zit.: *Nickl*, Schweigen, S.).

Nieland, Michael: Unterrichtung der Bußgeld- und Strafsachenstelle bei Betriebsprüfung, AO-StB 2009, S. 330–331.

Nierhaus, Michael: Beweismaß und Beweislast – Untersuchungsgrundsatz und Beteiligtenmitwirkung im Verwaltungsprozeß, München 1989 (zit.: *Nierhaus*, Beweismaß und Beweislast, S.).

Niese, Werner: Narkoanalyse als doppelfunktionelle Prozeßhandlung, ZStW 1951, S. 199–228.

Noack, Matthias: Aufgaben und Befugnisse der Steuerfahndung in Fällen eingetretener Strafverfolgungsverjährung – Anmerkung zum Beschluß des HessFG vom 8.11.1996 – 4 V 3735/96, wistra 1997, S. 175–176.

Nobbe, U./*Vögele*, P.: Offenbarungspflichten und Auskunftsverweigerungsrechte – Dargestellt an zwei Beispielen aus dem Wasser- und Arzneimittelrecht, NuR 1988, S. 313–318.

Nöcker, Gregor: Buchführungspflichten des Einzelgewerbetreibenden – Das Zusammenspiel von §§ 140, 141 AO und §§ 238, 241a HGB für Einzelgewerbetreibende, AO-StB 2016, S. 324–329.

Nothhelfer, Martin: Die Freiheit von Selbstbezichtigungszwang – Verfassungsrechtliche Grundlagen und einfachgesetzliche Ausformungen, Heidelberg 1989 (zit.: *Nothhelfer*, Selbstbezichtigungszwang, S.).

Nüse, Karl-Heinz: Zu den Beweisverboten im Strafprozeß, JR 1966, S. 281–288.

Ochs, Carola/*Wargowske*, Lars: Zum „Ort" des Datenzugriffs gemäß § 147 Abs. 6 S. 2 2. Mod. AO – Eine erste Anmerkung zum Urteil des BFH v. 16.12.2014 – VIII R 52/12, DStR 2015, S. 2689–2697.

Offerhaus, Klaus: Rechtsprechung im besonderen Blickpunkt der Außenprüfung, StBp. 1988, S. 45–47.

Ossenbühl, Fritz: Staatliche Finanzgewalt und Strafgewalt, in: Osterloh, Lerke/Schmidt, Karsten/Weber, Hermann, Staat, Wirtschaft, Finanzverfassung – Festschrift für Peter Selmer zum 70. Geburtstag, Berlin 2004, S. 859–873 (zit.: *Ossenbühl*, in: FS-Selmer, S.).

Ossenbühl, Fritz/*Cornils*, Matthias: Staatshaftungsrecht, 6. Auflage, München 2013.

Osterloh, Lerke: Gesetzesbindung und Typisierungsspielräume bei der Anwendung der Steuergesetze, Baden-Baden 1992 (zit.: *Osterloh*, Gesetzesbindung, S.).

Otto, Harro: Grenzen und Tragweite der Beweisverbote im Strafverfahren, GA 1970, S. 289–305.

Paeffgen, Hans-Ullrich: Rechtsprechungsübersicht in U-Haft-Sachen – 1995/96 – 2. Teil, NStZ 1997, S. 115–119.

Paeffgen, Hans-Ullrich: Vorüberlegungen zu einer Dogmatik des Untersuchungshaft-Rechts, Köln 1986 (zit.: *Paeffgen*, Vorüberlegungen, S.).

Pawlik, Michael: Verdeckte Ermittlungen und das Schweigerecht des Beschuldigten – Zu den Anwendungsgrenzen der §§ 136 Abs. 1 Satz 2 und 136a StPO, GA 1998, S. 378–389.

Peres, Holger: Strafprozessuale Beweisverbote und Beweisverwertungsverbote und ihre Grundlagen in Gesetz, Verfassung und Rechtsfortbildung, München 1991 (zit.: *Peres*, Beweisverbote, S.).

Pestalozza, Christian: Der Untersuchungsgrundsatz, in: Schmitt Glaeser, Walter (Hrsg.), Verwaltungsverfahren – Festschrift zum 50-jährigen Bestehen des Richard Boorberg Verlags, Stuttgart 1977, S. 185–204 (zit.: *Pestalozza*, in: FS-Boorberg, S.).

Peters, Franziska: Voraussetzungen und Grenzen von Schätzungsbefugnissen im steuerlichen bzw. finanzgerichtlichen Verfahren, wistra 2019, S. 217–222.

Peters, Karl: Literaturbericht Gerichtswesen und Kriminalistik Teil II, ZStW 1979, S. 96–159.

Pezzer, Heinz-Jürgen: Gleichmäßiger Gesetzesvollzug in der Steuerrechtsordnung, StuW 2007, S. 101–111.

Pfirrmann, Volker/*Rosenke*, Torsten/*Wagner*, Klaus J.: Beck'scher Online-Kommentar zur Abgabenordnung, 15. Edition, München 2021 (zit.: *Bearb.*, in: BeckOK-AO[15], §, Rn.).

Pfirrmann, Volker/*Rosenke*, Torsten/*Wagner*, Klaus J.: Beck'scher Online-Kommentar zur Abgabenordnung, 22. Edition, München 2022 (zit.: *Bearb.*, in: BeckOK-AO, §, Rn.).

Pfohl, Michael: Strafbarkeit von unerlaubten Einleitungen in öffentliche Abwasseranlagen, wistra 1994, S. 6–10.

Pieroth, Bodo: Rückwirkung und Übergangsrecht – Verfassungsrechtliche Maßstäbe für intertemporale Gesetzgebung, Berlin 1981.

Pieth, Mark: Strafverfahren gegen das Unternehmen, in: Arnold, Jörg/Burkhardt, Björn/Gropp, Walter et al., Menschengerechtes Strafrecht – Festschrift für Albin Eser zum 70. Geburtstag, München 2005, S. 599–616.

Plicht, Sandra: Schmerzzufügung als zulässiges Zwangsmittel?, NVwZ 2017, S. 862–864.

Prütting, Hanns: Gegenwartsprobleme der Beweislast – Eine Untersuchung moderner Beweislasttheorien und ihrer Anwendung insbesondere im Arbeitsrecht, München 1983 (zit.: *Prütting*, Gegenwartsprobleme, S.)

Puhl, Thomas: Besteuerungsverfahren und Verfassung (Teil I), DStR 1991, S. 1141–1145.

Puppe, Ingeborg: List im Verhör des Beschuldigten, GA 1978, S. 289–306.

Queck, Nadine: Die Geltung des nemo-tenetur-Grundsatzes zugunsten von Unternehmen, Berlin 2005 (zit.: *Queck*, Die Geltung des nemo-tenetur-Grundsatzes, S.).

Radbruch, Gustav: Gesetzliches Unrecht und übergesetzliches Recht, SJZ 1946, S. 105–108.

Radtke, Henning: Aktive Mitwirkungspflichten und die „freiwillige" aktive Mitwirkung des Betroffenen bei dem Zugriff auf elektronisch gespeicherte Daten im Strafprozess – Überlegungen am Beispiel der sog. Bankendurchsuchungen –, in: Eser, Albin/Goydke, Jürgen/Maatz, Kurt Rüdiger et al., Strafverfahrensrecht in Theorie und Praxis – Festschrift für Lutz Meyer-Goßner zum 65. Geburtstag, München 2001, S. 321–346 (zit.: *Radtke*, in: FS-Meyer-Goßner, S.).

Radtke, Henning: Selbstbelastungsfreiheit und Beweisbeschränkungen im Strafverfahren – Gedanken am Beispiel von § 393 Abs. 2 AO –, GA 2020, S. 470–479.

Radtke, Henning: Tatbestands- und Verbotsirrtum bei der Steuerhinterziehung, in: Dünkel, Frieder/Fahl, Christian/Hardtke, Frank et al., Strafrecht Wirtschaftsstrafrecht Steuerrecht – Gedächtnisschrift für Wolfgang Joecks, München 2018, S. 543–558 (zit.: *Radtke*, in: GS-Joecks, S.).

Randt, Karsten: Reichweite und Grenzen der steuerlichen Erklärungspflicht im Steuerstrafrecht, in: Spindler, Wolfgang/Tipke, Klaus/Rödder, Thomas, Steuerzentrierte Rechtsberatung – Festschrift für Harald Schaumburg zum 65. Geburtstag, Köln 2009, S. 1255–1267 (zit.: *Randt*, in: FS-Schaumburg, S.).

Randt, Karsten: Verhältnis zwischen Besteuerungs- und Steuerstrafverfahren, in: Widmann, Werner (Hrsg.), Veröffentlichungen der Deutschen Steuerjuristischen Gesellschaft e.V., Band 31, Steuervollzug im Rechtsstaat, Köln 2008, S. 263–282 (zit.: *Randt*, DStJG 31, S.).

Ranft, Eckart: Das strafrechtliche Verwertungsverbot des § 428 Abs. 2 AO, DStR 1969, S. 364–367.

Ranft, Otfried: Bemerkungen zu den Beweisverboten im Strafprozeß, in: Seebode, Manfred, Festschrift für Günter Spendel zum 70. Geburtstag am 11. Juli 1992, Berlin 1992, S. 719–736 (zit.: *Ranft*, in: FS-Spendel, S.).

Ranft, Otfried: Strafprozeßrecht – Systematische Lehrdarstellung für Studium und Praxis, 3. Auflage, Stuttgart 2005 (zit.: *Ranft*, Strafprozeßrecht, Rn.).

Ransiek, Andreas: Die Rechte des Beschuldigten in der Polizeivernehmung, Heidelberg 1990 (zit.: *Ransiek*, Polizeivernehmung, S.).

Ransiek, Andreas: Rechtswidrige Ermittlungen und die Fernwirkung von Beweisverwertungsverboten, in: Fahl, Christian/Müller, Eckhart/Satzger, Helmut et al., Ein menschengerechtes Strafrecht als Lebensaufgabe – Festschrift für Werner Beulke zum 70. Geburtstag, Heidelberg 2015, S. 949–961 (zit.: *Ransiek*, in: FS-Beulke, S.).

Ransiek, Andreas: Zur strafrechtlichen Verantwortung von Unternehmen, NZWiSt 2012, S. 45–51.

Ransiek, Andreas/*Winsel*, André: Die Selbstbelastung im Sinne des „nemo tenetur se ipsum accusare"-Grundsatzes, GA 2015, S. 620–638.

Rau, Philipp: Schweigen als Indiz der Schuld – Ein Vergleich des deutschen und englischen Rechts zur Würdigung des Schweigens des Beschuldigten, Frankfurt a. M. 2004 (zit.: *Rau*, Schweigen, S.).

Ravenstein, Christian: Elektronische Auslandsbuchführung nach dem Entwurf des Jahressteuergesetzes 2009, BB 2008, S. 2226–2229.

Reeb, Philipp: Internal Investigations – Neue Tendenzen privater Ermittlungen, Berlin 2011 (zit.: *Reeb*, Internal Investigations, S.).

Reichling, Tilman: Das Verwendungsverbot aus § 393 Abs. 2 S. 1 AO – Zugleich Anmerkung zu BGH HRRS 2014 Nr. 622, HRRS 2014, S. 473–481.

Reinecke, Jan: Die Fernwirkung von Beweisverwertungsverboten, München 1990 (zit.: *Reinecke*, Fernwirkung, S.).

Reinel, Stefan: Der „nemo tenetur"-Grundsatz als Grenze steuerlicher Informationshilfe in der Europäischen Union – Zugleich ein Beitrag zu Geltung und Umfang von „nemo tenetur" innerhalb der Europäischen Union, Tübingen 2015 (zit.: *Reinel*, „nemo tenetur"-Grundsatz, S.).

Reinisch, Günther: Beweislast und Vermutung im Steuerrecht, BB 1963, S. 1107–1112.

Reiß, Wolfram: Besteuerungsverfahren und Strafverfahren – Zugleich ein Beitrag zur Bedeutung des Grundsatzes von nemo tenetur se ipsum prodere im Besteuerungsverfahren, Köln 1987 (zit.: *Reiß*, Besteuerungsverfahren, S.).

Reiß, Wolfram: Zwang zur Selbstbelastung nach der neuen Abgabenordnung, NJW 1977, S. 1436–1437.

Reiter, Christian Harald Maximilian: „Nemo tenetur se ipsum prodere" und Steuererklärungspflicht – Zur Strafbarkeit der wiederholenden Hinterziehung periodischer Veranlagungs- und Fälligkeitssteuern im anhängigen Steuerstrafverfahren, München 2007 (zit.: *Reiter*, Steuererklärungspflicht, S.).

Rengier, Rudolf: Aushöhlung der Schweigebefugnis des auch steuerlich belangten Beschuldigten durch „nachteilige" Schätzung der Besteuerungsgrundlagen?, BB 1985, S. 720–723.

Rengier, Rudolf: Strafrecht Allgemeiner Teil, 14. Auflage, München 2022 (zit.: *Rengier*, Strafrecht AT, §, Rn.).

Renzikowski, Joachim: Die förmliche Vernehmung des Beschuldigten und ihre Umgehung, JZ 1997, S. 710–717.

Richter, Hans: Auskunfts- und Mitteilungspflichten nach §§ 20, 97 Abs. 1ff. InsO, wistra 2000, S. 1–5.

Rieß, Peter: Die Vernehmung des Beschuldigten im Strafprozeß, JA 1980, S. 293–301.

Rieß, Peter: Rezension der Monografie von *Fischer*, Bianca: Divergierende Selbstbelastungspflichten nach geltendem Recht, Berlin 1979, GA 1981, S. 47–48.

Ritter, Wolfgang: Beweisrecht bei internationalen Verrechnungspreisen, FR 1985, S. 34–44.

Röckl, Edgar: Das Steuerstrafrecht im Spannungsfeld des Verfassungs- und Europarechts – Eine kritische Untersuchung unter besonderer Berücksichtigung der Wertungsdivergenzen zwischen Steuer- und Steuerstrafrecht als Verfassungsproblem, der Hinterziehung verfassungswidriger Steuern sowie der verfassungs- und europarechtlichen Grenzen der Steuerfahndung bei Banken, Berlin 2002 (*Röckl*, Das Steuerstrafrecht, S.).

Rödiger, Katja: Strafverfolgung von Unternehmen, Internal Investigations und strafrechtliche Verwertbarkeit von „Mitarbeitergeständnissen" – Untersuchung am Beispiel der Siemens-Korruptionsaffäre, Frankfurt a. M. 2012 (zit.: *Rödiger*, Internal Investigations, S.).

Rösinger, Luna: Die Freiheit des Beschuldigten vom Zwang zur Selbstbelastung – Über den Begründungszusammenhang von Mitwirkungsfreiheit und Strafverfahrenseingriff, Tübingen 2019 (zit.: *Rösinger*, Die Freiheit des Beschuldigten, S.).

Rößler, Gerhard: Zur Schätzung wegen Nichtabgabe der Steuererklärungen, DStZ 1988, S. 199–200.

Rogall, Klaus: Beweiserhebungs- und Beweisverwertungsverbote im Spannungsfeld zwischen den Garantien des Rechtsstaates und der effektiven Bekämpfung von Kriminalität und Terrorismus, JZ 2008, S. 818–830.

Rogall, Klaus: Das Verwendungsverbot des § 393 II AO, in: Hirsch, Hans Joachim/Wolter, Jürgen/Brauns, Uwe, Festschrift für Günter Kohlmann zum 70. Geburtstag, Köln 2003, S. 465–498 (zit.: *Rogall*, in: FS-Kohlmann, S.).

Rogall, Klaus: Der Beschuldigte als Beweismittel gegen sich selbst – Ein Beitrag zur Geltung des Satzes „Nemo tenetur seipsum prodere" im Strafprozeß, Berlin 1977 (zit.: *Rogall*, Der Beschuldigte, S.).

Rogall, Klaus: Der „Verdächtige" als selbständige Auskunftsperson im Strafprozeß, NJW 1978, S. 2535–2538.

Rogall, Klaus: Die Mißachtung des Verbots der Selbstbelastung im geltenden und kommenden Abgabenrecht, ZRP 1975, S. 278–281.

Rogall, Klaus: Die Selbstbelastungsfreiheit vor neuen Herausforderungen, in: Fahl, Christian/ Müller, Eckhart/Satzger, Helmut et al., Ein menschengerechtes Strafrecht als Lebensaufgabe – Festschrift für Werner Beulke zum 70. Geburtstag, Heidelberg 2015, S. 973–986 (zit.: *Rogall*, in: FS-Beulke, S.).

Rogall, Klaus: Dogmatische und kriminalpolitische Probleme der Aufsichtspflichtverletzung in Betrieben und Unternehmen (§ 130 OWiG), ZStW 1986, S. 573–623.

Rogall, Klaus: Verbot des Selbstbelastungszwangs im Steuerstrafverfahren, NStZ 2006, S. 41–44.

Rogall, Klaus: Zur Verwertbarkeit der Aussage einer noch nicht beschuldigten Person, MDR 1977, S. 978–980.

Roger, Benjamin: Weisheit und Praktikabilität der Steueranspruchstheorie im nationalen und internationalen Steuerstrafrecht, StraFo 2016, S. 497–503.

Rolletschke, Stefan: Die neuere Rechtsprechung zum Nebeneinander von Strafverfahren und Besteuerungsverfahren, StV 2005, S. 355–359.

Rolletschke, Stefan: (Dolose) Teilselbstanzeige, NZWiSt 2015, S. 97–99.

Rolletschke, Stefan/*Roth*, David: Selbstanzeige nach der Selbstanzeige: wirksam oder unwirksam?, NZWiSt 2013, S. 295–296.

Rolletschke, Stefan/*Roth*, David: Selbstanzeige: Verschärfte Anforderungen durch das Schwarzgeldbekämpfungsgesetz, Stbg 2011, S. 200–208.

Rosenberg, Leo: Die Beweislast – Auf der Grundlage des Bürgerlichen Gesetzbuchs und der Zivilprozessordnung, 5. Auflage, München 1965 (zit.: *Rosenberg*, Beweislast, S.).

Rosenberg, Leo (Begr.)/*Schwab*, Karl Heinz/*Gottwald*, Peter: Zivilprozessrecht, 18. Auflage, München 2018 (zit.: *Bearb.*, in: Rosenberg/Schwab/Gottwald, §, Rn.).

Roth, David: Steuerhinterziehung durch Unterlassen: bei Kenntnis der Finanzbehörden ausgeschlossen?, NZWiSt 2017, S. 308–310.

Roxin, Claus: Gegenwart und Zukunft der Verteidigung im rechtsstaatlichen Strafverfahren, in: Ebert, Udo/Roxin, Claus/Rieß, Peter et al., Festschrift für Ernst-Walter Hanack zum 70. Geburtstag am 30. August 1999, Berlin 1999, S. 1–25 (zit.: *Roxin*, in: FS-Hanack, S.).

Roxin, Claus/*Schünemann*, Bernd: Strafverfahrensrecht, 30. Auflage, München 2022 (zit.: *Roxin/Schünemann*, Strafverfahrensrecht, §, Rn.).

Rübenstahl, Markus/*Loy*, Daniel: Der Bezugspunkt „geringfügiger Abweichungen" bei der strafbefreienden Selbstanzeige (§ 371 AO), wistra 2018, S. 145–152.

Ruegenberg, Guido: Das nationale und internationale Steuergeheimnis im Schnittpunkt von Besteuerungs- und Strafverfahren, Köln 2001 (zit.: *Ruegenberg*, Steuergeheimnis, S.).

Rüping, Hinrich: Ermittlungen der Steuerfahndung und ihre Schranken, DStR 2002, S. 2020–2023.

Rüping, Hinrich: Steuerfahndung im Rechtsstaat, DStZ 1980, S. 179–183.

Rüping, Hinrich: Zur Legitimation der Selbstanzeige im Steuerstrafrecht, in: Mellinghoff, Rudolf (Hrsg.), Veröffentlichungen der Deutschen Steuerjuristischen Gesellschaft e. V., Band 38, Steuerstrafrecht an der Schnittstelle zum Steuerrecht, Köln 2015, S. 143–151 (zit.: *Rüping*, DStJG 38, S.).

Rüping, Hinrich: Zur Mitwirkungspflicht des Beschuldigten und Angeklagten, JR 1974, S. 135–140.

Rüping, Hinrich/*Jerouschek*, Günter: Grundriss der Strafrechtsgeschichte, 6. Auflage, München 2011 (zit.: *Rüping/Jerouschek*, Grundriss der Strafrechtsgeschichte, Rn.).

Rüping, Hinrich/*Kopp*, Thomas: Steuerrechtliche Mitwirkungspflichten und strafrechtlicher Schutz vor Selbstbelastung, NStZ 1997, S. 530–534.

Rüsken, Reinhard: Außenprüfung, Nachschau und Steuerfahndung im Rechtsstaat, in: Widmann, Werner (Hrsg.), Veröffentlichungen der Deutschen Steuerjuristischen Gesellschaft e. V., Band 31, Steuervollzug im Rechtsstaat, Köln 2008, S. 243–261 (zit.: *Rüsken*, DStJG 31, S.).

Rüster, Susanne: Der Steuerpflichtige im Grenzbereich zwischen Besteuerungsverfahren und Strafverfahren, Göttingen 1989 (zit.: *Rüster*, Der Steuerpflichtige, S.).

Rüster, Susanne: Rechtsstaatliche Probleme im Grenzbereich zwischen Besteuerungsverfahren und Strafverfahren, wistra 1988, S. 49–56.

Rüthers, Bernd/*Fischer*, Christian/*Birk*, Axel: Rechtstheorie und Juristische Methodenlehre, 12. Auflage, München 2022 (zit.: *Rüthers/Fischer/Birk*, Rechtstheorie, Rn.).

Rütters, Stefan: Behördliche Mitteilungen nach § 31a AO und Freiheit vom Zwang zur Selbstbelastung, wistra 2014, S. 378–384.

Ruppert, Felix: Das Beweisverwertungsverbot in § 630c Abs. 2 Satz 3 BGB – Anwendungsbereich und Reichweite, HRRS 2015, S. 448–454.

Ruppert, Felix: Das Ende der Widerspruchslösung nach der Rechtsprechung, ZStW 2021, S. 522–548.

Rzepka, Dorothea: Zur Fairneß im deutschen Strafverfahren, Frankfurt a. M. 2000 (zit.: *Rzepka*, Fairness, S.).

Sachs, Michael (Hrsg.): Grundgesetz, 9. Auflage, München 2021 (zit.: *Bearb.*, in: Sachs, GG, Art., Rn.).

Safferling, Christoph/*Hartwig*, Alena: Das Recht zu schweigen und seine Konsequenzen – Entwicklungen in nationalen und internationalen Strafverfahren, ZIS 2009, S. 784–794.

Sahan, Oliver: Keine Steuererklärungspflicht bei Gefahr strafrechtlicher Selbstbelastung – Renaissance des „nemo tenetur" vor dem Hintergrund des Steuerverkürzungsbekämpfungsgesetzes und der neuen BGH-Rechtsprechung, Köln 2006 (zit.: *Sahan*, Steuererklärungspflicht, S.).

Salditt, Franz: Bürger zwischen Steuerrecht und Strafverfolgung, in: Mellinghoff, Rudolf (Hrsg.), Veröffentlichungen der Deutschen Steuerjuristischen Gesellschaft e.V., Band 38, Steuerstrafrecht an der Schnittstelle zum Steuerrecht, Köln 2015, S. 277–299 (zit.: *Salditt*, DStJG 38, S.).

Salditt, Franz: Der BGH zum Kölner Müllskandal – ein kleines Repetitorium und ein Appell, PStR 2006, S. 33–37.

Salditt, Franz: Menschenwürde und Steuerpflicht – Was soll erklärt, muss befürchtet, darf geraten werden?, StuW 2005, S. 367–372.

Salditt, Franz: Untreue durch mangelhafte Dokumentation von Zahlungen, NStZ 2001, S. 544.

Salditt, Franz: 25 Jahre Miranda – Rückblick auf ein höchstrichterliches Experiment, GA 1992, S. 51–75.

Salger, Carsten A.: Das Schweigerecht des Beschuldigten – Vergleich zwischen deutschem und US-amerikanischem Strafverfahrensrecht, Köln 1998 (zit.: *Salger*, Das Schweigerecht, S.).

Samson, Erich: Steuerhinterziehung, nemo tenetur und Selbstanzeige – eine Dokumentation, wistra 1988, S. 130–136.

Satzger, Helmut: Dreimal „in causa" – actio libera in causa, omissio libera in causa und actio illicita in causa, JURA 2006, S. 513–520.

Satzger, Helmut/*Schluckebier*, Wilhelm: Strafprozessordnung – Mit GVG und EMRK, 5. Auflage, Hürth 2023 (zit.: *Bearb.*, in: Satzger/Schluckebier/Widmaier-StPO, §, Rn.).

Sauer, Otto: Außenprüfung und Steuerfahndung – institutiones iuris tributarii –, DStZ 1988, S. 339–344.

Sauer, Otto: Zulässigkeit der Außenprüfung zur Feststellung von Steuerhinterziehung oder leichtfertiger Steuerverkürzung, StBp. 1985, S. 7–11.

Sautter, Bruno: Die Pflicht zur Duldung von Köperuntersuchungen nach § 372a ZPO – Zugleich ein Beitrag zur Verfassungsmäßigkeit des § 81a StPO, AcP 1962, S. 215–269.

Schaaf, Joachim: Die Rolle der Finanzbehörde im gerichtlichen Steuerstrafverfahren – Die Rechte und Pflichten der STRABUST in den einzelnen Verfahrensabschnitten, AO-StB 2011, S. 317–319.

Schäfer, Karl: Einige Bemerkungen zu dem Satz „nemo tenetur se ipsum accusare", in: Hanack, Ernst-Walter/Rieß, Peter/Wendisch, Günter, Festschrift für Hanns Dünnebier zum 75. Geburtstag am 12. Juni 1982, Berlin 1982, S. 11–51 (zit.: *Schäfer*, in: FS-Dünnebier, S.).

Schaefer, Torsten: Der Nemo-Tenetur-Grundsatz im Steuerstrafverfahren, Marburg 2007 (zit.: *Schaefer*, Steuerstrafverfahren, S.).

Schaefer, Torsten: Selbstbelastungsschutz außerhalb des Strafverfahrens, NJW-Spezial 2010, S. 120–121.

Schick, Walter: Die Verfahren des Steuerrechts, StuW 1992, S. 197–232.

Schick, Walter: Steuerfahndung im Rechtsstaat, JZ 1982, S. 125–132.

Schlaich, Klaus/*Korioth*, Stefan: Das Bundesverfassungsgericht – Stellung, Verfahren, Entscheidungen, 12. Auflage, München 2021 (zit.: *Schlaich/Korioth*, Das Bundesverfassungsgericht, Rn.).

Schlauri, Regula: Das Verbot des Selbstbelastungszwangs im Strafverfahren – Konkretisierung eines Grundrechts durch Rechtsvergleichung, Zürich 2003 (zit.: *Schlauri*, Verbot des Selbstbelastungszwangs, S.).

Schleifer, Carl-Hermann: Zum Verhältnis von Besteuerungs- und Steuerstrafverfahren, wistra 1986, S. 250–253.

Schlothauer, Reinhold: Strafprozessuale Verwertung selbstbelastender Angaben im Verwaltungsverfahren, in: Weßlau, Edda/Wohlers, Wolfgang, Festschrift für Gerhard Fezer zum 70. Geburtstag am 29. Oktober 2008, Berlin 2008, S. 267–287 (zit.: *Schlothauer*, in: FS-Fezer, S.).

Schlüchter, Ellen: Das Strafverfahren, 2. Auflage, Köln 1983 (zit.: *Schlüchter*, Das Strafverfahren, Rn.).

Schlüter, Jan: Die Strafbarkeit von Unternehmen in einer prozessualen Betrachtung nach dem geltenden Strafprozeßrecht, Frankfurt a. M. 2000 (zit.: *Schlüter*, Die Strafbarkeit, S.).

Schmidt, Eberhard: Der Strafprozeß – Aktuelles und Zeitloses, NJW 1969, S. 1137–1146.

Schmidt, Eberhard: Die Verletzung der Belehrungspflicht gemäß § 55 II StPO als Revisionsgrund, JZ 1958, S. 596–601.

Schmidt, Eberhard: Einführung in die Geschichte der deutschen Strafrechtspflege, 3. Auflage, Göttingen 1965.

Schmidt, Eberhard: Sinn und Tragweite des Hinweises auf die Aussagefreiheit des Beschuldigten – StPO §§ 115 Abs. 3, 136 Abs. 1, 163a Abs. 3, 4, 243 Abs. 4, NJW 1968, S. 1209–1219.

Schmidt, Fabian/*Schalck*, Annik: Starkoch Alfons Schuhbeck muss ins Gefängnis, t-online v. 27. 10. 2022, abrufbar unter: https://www.t-online.de/region/muenchen/id_100071914/alfons-schuhbeck-starkoch-muss-drei-jahre-in-haft.html (Stand: 6. 12. 2022) (zit.: *Schmidt/Schalck*, t-online v. 27. 10. 2022).

Schmidt, Jürgen: Die Einbeziehung der Überschußeinkünfte in die Betriebsprüfung, DStR 1989, S. 669–673.

Schmidt, Michael: Die Problematik der objektiven Beweislast im Steuerrecht, Berlin 1998 (zit.: *Schmidt*, Die Problematik der objektiven Beweislast, S.).

Schmidt-Liebig, Axel: Die Schätzung im Steuerrecht, NWB 2004, S. 3207–3240.

Schmittmann, Jens M.: Steuerrechtliche Mitwirkungspflichten im Spannungsfeld zum Datenschutz – Plädoyer für eine transparente Ermächtigungsgrundlage, ZD 2012, S. 16–20.

Schmitz, Roland: Die Abgrenzung von strafbarem Versuch und Wahndelikt, JURA 2003, S. 593–602.

Schneider, Christian: Beweisverbote aus dem Fair-Trial-Prinzip des Art. 6 EMRK – Der Nemotenetur-Grundsatz im Lichte der EMRK, Hamburg 2013 (*Schneider*, Beweisverbote, S.).

Schneider, Hartmut: Grund und Grenzen des strafrechtlichen Selbstbegünstigungsprinzips auf der Basis eines generalpräventiv-funktionalen Schuldmodells, Berlin 1991 (zit.: *Schneider*, Selbstbegünstigungsprinzip, S.).

Schneider, Hartmut: Strafprozessuale Anforderungen an Polizeibeamte zu Ermöglichung der Verteidigerkonsultation durch den festgenommenen Beschuldigten – BGH, Urt. v. 12.1.1996 – 5 StR 756/95 –, JURA 1997, S. 131–139.

Schneider, Hartmut: Zur Strafbarkeit des Vernichtens von Schaublättern eines Fahrtenschreibers, NStZ 1993, S. 16–23.

Schneider, Hartmut: Zur strafprozessualen Verwertbarkeit des Schweigens von Beschuldigten – Besonderer Teil, NStZ 2017, S. 126–135.

Schön, Wolfgang: Leitideen des Steuerrechts – oder: Nichtwissen als staatswissenschaftliches Problem, StuW 2013, S. 289–297.

Schönke, Adolf (Begr.)/*Schröder*, Horst: Strafgesetzbuch, 30. Auflage, München 2019 (zit.: *Bearb.*, in: Schönke/Schröder, §, Rn.).

Scholler, Heinrich J.: Die Freiheit des Gewissens, Berlin 1958.

Schramm, Hans-Holger: Die Verpflichtung des Abwassereinleiters zur Weitergabe von Eigenmeßwerten und der nemo-tenetur-Satz, Frankfurt a. M. 1990 (zit.: *Schramm*, Die Verpflichtung, S.).

Schraut, Bernhard/*Stumpf*, Björn: Das Verzögerungsgeld nach § 146 Abs. 2b AO – bislang ungeklärte Rechtsprobleme im Rahmen der Außenprüfung, BB 2014, S. 2910–2913.

Schreieder, Horst: Die Stellung des Beschuldigten im Hinblick auf die Aussage nach formellem und materiellem Strafrecht – Ein Vergleich von schweizerischem und deutschem Recht, Zürich 1968 (zit.: *Schreieder*, Die Stellung des Beschuldigten, S.).

Schröder, Christoph: Die Gewaltenteilung – Teil 1: Grundlagen und Begründungsansätze, JuS 2022, S. 23–27.

Schröder, Christoph: Die Gewaltenteilung – Teil 2: Ausgestaltung nach dem Grundgesetz, aktuelle Fragen, JuS 2022, S. 122–125.

Schroth, Ulrich: Beweisverwertungsverbote im Strafverfahren – Überblick, Strukturen und Thesen zu einem umstrittenen Thema, JuS 1998, S. 969–980.

Schünemann, Bernd: Strafrechtsdogmatische und kriminalpolitische Grundfragen der Unternehmenskriminalität, wistra 1982, S. 41–50.

Schüßler, Björn: Der Datenzugriff der Finanzverwaltung im Rahmen der (digitalen) Außenprüfung, Frankfurt a. M. 2010 (zit.: *Schüßler*, Der Datenzugriff, S.).

Schuhmann, Helmut: Geheimhaltung der Namen von Informanten durch das Finanzamt, wistra 1996, S. 16–18.

Schuler, Patrick: Zur Diskussion um ein Aussageverweigerungsrecht juristischer Personen, JR 2003, S. 265–270.

Schuska, Frederek: Die Rechtsfolgen von Verstößen gegen Art. 6 EMRK und ihre revisionsrechtliche Geltendmachung, Frankfurt a. M. 2006 (zit.: *Schuska*, Die Rechtsfolgen von Verstößen gegen Art. 6 EMRK, S.).

Schuster, Frank Peter: Das Verhältnis von Strafnormen und Bezugsnormen aus anderen Rechtsgebieten – Eine Untersuchung zum Allgemeinen Teil im Wirtschafts- und Steuerstrafrecht, Berlin 2012 (zit.: *Schuster*, Bezugsnormen, S.).

Schuster, Frank Peter: Die strafbefreiende Selbstanzeige im Steuerstrafrecht – Auslaufmodell oder notwendige Brücke in die Steuerehrlichkeit?, JZ 2015, S. 27–33.

Schwartz, Tobias: Der praktische Fall: Zur Geringfügigkeitsgrenze bei § 371 AO n. F., PStR 2011, S. 122–124.

Schwartz, Tobias: Keine leichtfertige Steuerverkürzung nach Einholung eines Rechtsgutachtens, PStR 2014, S. 156–159.

Schwartz, Tobias: Praxisprobleme mit der zweiten Selbstanzeige: Tatentdeckung durch die Abgabe einer (unwirksamen) Teilselbstanzeige – Eine kritische Auseinandersetzung mit der aktuellen Rechtsprechung des BGH –, wistra 2011, S. 81–88.

Schwarz, Bernhard/*Pahlke*, Armin: Abgabenordnung/Finanzgerichtsordnung, Band 1, Stichwortverzeichnis AO, §§ 1 bis 77 AO, Freiburg, Loseblatt (Stand: 209. Aktualisierung, September 2022) (zit.: *Bearb.*, in: Schwarz/Pahlke, §, Rn.).

Schwarz, Bernhard/*Pahlke*, Armin: Abgabenordnung/Finanzgerichtsordnung, Band 2, §§ 78 bis 154 AO, Freiburg, Loseblatt (Stand: 209. Aktualisierung, September 2022) (zit.: *Bearb.*, in: Schwarz/Pahlke, §, Rn.).

Schwarz, Bernhard/*Pahlke*, Armin: Abgabenordnung/Finanzgerichtsordnung, Band 3, §§ 155 bis 203a AO, Freiburg, Loseblatt (Stand: 209. Aktualisierung, September 2022) (zit.: *Bearb.*, in: Schwarz/Pahlke, §, Rn.).

Schwarz, Bernhard/*Pahlke*, Armin: Abgabenordnung/Finanzgerichtsordnung, Band 4, §§ 204 bis 354 AO, Freiburg, Loseblatt (Stand: 209. Aktualisierung, September 2022) (zit.: *Bearb.*, in: Schwarz/Pahlke, §, Rn.).

Schwarz, Bernhard/*Pahlke*, Armin: Abgabenordnung/Finanzgerichtsordnung, Band 5, §§ 355 bis 415 AO, Nebengesetze, Freiburg, Loseblatt (Stand: 209. Aktualisierung, September 2022) (zit.: *Bearb.*, in: Schwarz/Pahlke, §, Rn.).

Schwarz, Kyrill-A.: „Folgerichtigkeit" im Steuerrecht – Zugleich eine Analyse der Rechtsprechung des Bundesverfassungsgerichts zu Art. 3 Abs. 1 GG, in: Depenheuer, Otto/Heintzen, Markus/Jestaedt, Matthias et al., Staat im Wort – Festschrift für Josef Isensee, Heidelberg 2007, S. 949–964 (zit.: *Schwarz*, in: FS-Isensee, S.).

Seeliger, Gerhard: Beweislast, Beweisverfahren, Beweisarten und Beweiswürdigung im Steuerprozeß, Berlin 1981 (zit.: *Seeliger*, Beweislast, S.).

Seer, Roman: Besteuerungsverfahren im 21. Jahrhundert, FR 2012, S. 1000–1008.

Seer, Roman: Darf sich eine Außenprüfung nach § 193 Abs. 1 AO auch auf die nichtbetrieblichen bzw. nichtfreiberuflichen Verhältnisse erstrecken?, DStR 1987, S. 178–180.

Seer, Roman: Das Delikt der Steuerhinterziehung im Kernbereich des Steuerstrafrechts – Wichtiges Detailwissen für die Prüfung und Praxis, SteuerStud 2016, S. 35–43.

Seer, Roman: Der Konflikt zwischen dem Schweigerecht des Beschuldigten im Steuerstrafverfahren und seiner Mitwirkungspflicht im Besteuerungsverfahren, StB 1987, S. 128–132.

Seer, Roman: Der Untersuchungsgrundsatz im heutigen Besteuerungsverfahren, SteuerStud 2010, S. 369–374.

Seer, Roman: Der Vollzug von Steuergesetzen unter den Bedingungen einer Massenverwaltung, in: Widmann, Werner (Hrsg.), Veröffentlichungen der Deutschen Steuerjuristischen Gesellschaft e. V., Band 31, Steuervollzug im Rechtsstaat, Köln 2008, S. 7–36 (zit.: *Seer*, DStJG 31, S.).

Seer, Roman: Impulsreferat, in: Deutsches wissenschaftliches Institut der Steuerberater e. V. (Hrsg.), DWS-Symposium 2014, Selbstveranlagung – Wegfall des Amtsermittlungsgrundsatzes?, Berlin 2015, S. 7–28 (zit.: *Seer*, Selbstveranlagung, S.).

Seer, Roman: Modernisierung des Besteuerungsverfahrens – Gedanken zum Referentenentwurf zur Modernisierung des Besteuerungsverfahrens, StuW 2015, S. 315–330.

Seer, Roman: Reform der Steuerveranlagung, in: Herzig, Norbert/Günkel, Manfred/Niemann, Ursula, Steuerberater-Jahrbuch 2004/2005 – zugleich Bericht über den 56. Fachkongress der Steuerberater Köln, 12. und 13. Oktober 2004, Köln 2005, S. 53–78 (zit.: *Seer*, StbJb. 2004/2005, S.).

Seer, Roman: Reform des Veranlagungsverfahrens, StuW 2003, S. 40–65.

Seer, Roman: Tax Compliance und Außenprüfung, in: Binnewies, Burkhard/Spatscheck, Rainer, Festschrift für Michael Streck zum 70. Geburtstag, Köln 2011, S. 403–415 (zit.: *Seer*, in: FS-Streck, S.).

Seer, Roman: Verständigungen im Steuerverfahren, Köln 1996.

Sediqi, Emran: Die Ermittlungskompetenz der Finanzbehörde bei Zusammentreffen von Steuerstraftat und Allgemeindelikt, wistra 2017, S. 259–262.

Senger, Eike Alexander: Die Reform der Finanzverwaltung in der Bundesrepublik Deutschland, Wiesbaden 2009 (zit.: *Senger*, Finanzverwaltung, S.).

Simöl, Michelle/*Spitzkowski*, Claudia: Star-Koch Alfons Schuhbeck: „Die Vorstellung vor dem Gefängnis macht mir Angst", RTL-News v. 14.10.2022, abrufbar unter: https://www.rtl.de/cms/star-koch-alfons-schuhbeck-die-vorstellung-vor-dem-gefaengnis-macht-mir-angst-5011243.html (Stand: 6.12.2022) (zit.: *Simöl/Spitzkowski*, RTL-News v. 14.10.2022).

Smith, Adam: An Inquiry into the Nature and Causes of the Wealth of Nations, 1776, in: Liberty Fund (Hrsg.), An Inquiry into the Nature and Causes of the Wealth of Nations (Reprint) Volume II, Indianapolis 2005, (zit.: *Smith*, Wealth of Nations, Book V, Chapter II, Section I, Part I, S.).

Sobota, Katharina: Das Prinzip Rechtsstaat – Verfassungs- und verwaltungsrechtliche Aspekte, Tübingen 1997 (zit.: *Sobota*, Das Prinzip Rechtsstaat S.).

Spendel, Günter: Beweisverbote im Strafprozeß, NJW 1966, S. 1102–1108.

Spilker, Bettina: Abgabenrechtliches Mitwirkungssystem im Spannungsverhältnis mit dem Nemo-tenetur-Grundsatz, DB 2016, S. 1842–1847.

Spilker, Bettina: Behördliche Amtsermittlung, Tübingen 2015.

Spriegel, Helmut: Steuergeheimnis und nichtsteuerliche Straftat, wistra 1997, S. 321–325.

Spriegel, Helmut: Steuergeheimnis und Strafverfahren, Aachen 1999.

Stahl, Rudolf: Zum Verfassungsrang der Selbstanzeige, in: Carlé, Dieter/Stahl, Rudolf/Strahl, Martin, Gestaltung und Abwehr im Steuerrecht – Festschrift für Klaus Korn zum 65. Geburtstag am 28. Januar 2005, Bonn 2005, S. 757–777 (zit.: *Stahl*, in: FS-Korn, S.).

Stahl, Rudolf/*Demuth*, Ralf: Strafrechtliches Verwertungsverbot bei Verletzung des Steuergeheimnisses – Ein Zwischenruf im Fall Zumwinkel, DStR 2008, S. 600–604.

Steinberg, Georg: Auskunftsersuchen nach § 93 AO und „Rasterfahndung" seitens der Steuerfahndung, DStR 2008, S. 1718–1724.

Steinberg, Georg: Vollendung des § 370 Abs. 1 Nr. 1 AO trotz Kenntnis des zuständigen Finanzbeamten von der Fehlerhaftigkeit der gemachten Angaben? (§ 370 Abs. 1 Nr. 1 AO) – Zugleich eine Besprechung von BGH wistra 2011, 186 –, wistra 2012, S. 45–49.

Streck Mack Schwedhelm Rechtsanwälte Steuerberater Partnerschaft mbB: Tax Compliance – Risikominimierung durch Pflichtenbefolgung und Rechteverfolgung –, 3. Auflage, Köln 2019 (zit.: *Bearb.*, in: Streck/Mack/Schwedhelm, Rn.).

Streck, Michael: Betriebsprüfung und Steuerstrafverfahren, BB 1980, S. 1537–1542.

Streck, Michael: Das Recht des Verhältnisses von Steuer- und Steuerstrafverfahren, in: Kohlmann, Günter (Hrsg.), Veröffentlichungen der Deutschen Steuerjuristischen Gesellschaft e.V., Band 6, Strafverfolgung und Strafverteidigung im Steuerstrafrecht – Grundfragen des Steuerstrafrechts heute, Köln 1983, S. 217–251 (zit.: *Streck*, DStJG 6, S.).

Streck, Michael: Der Beschluß des Bundesverfassungsgerichts zum strafrechtlichen Verwertungsverbot bei Aussagen des Gemeinschuldners und seine Auswirkungen im Steuerstrafrecht, StV 1981, S. 362–364.

Streck, Michael: Der Eingriff der Steuerfahndung – Beratungsbuch für Verteidiger und Steuerbürger, 3. Auflage, Köln 1981 (zit.: *Streck*, Der Eingriff der Steuerfahndung, Rn.).

Streck, Michael/*Kamps*, Heinz-Willi: Die Außenprüfung, 3. Auflage, Köln 2017.

Streck, Michael/*Spatscheck*, Rainer: Steuerliche Mitwirkungspflicht trotz Strafverfahrens?, wistra 1998, S. 334–342.

Streck, Michael/*Spatscheck*, Rainer/*Talaska*, Peter: Die Steuerfahndung, 5. Auflage, Köln 2017.

Stree, Walter: Schweigen des Beschuldigten im Strafverfahren, JZ 1966, S. 593–600.

Struensee, Eberhard: Handeln und Unterlassen, Begehungs- und Unterlassungsdelikt, in: Küper, Wilfried/Welp, Jürgen, Beiträge zur Rechtswissenschaft – Festschrift für Walter Stree und Johannes Wessels zum 70. Geburtstag, Heidelberg 1993, S. 133–157 (zit.: *Struensee*, in: FS-Stree/Wessels, S.).

Stümpfler, Hermann: Das Schweigen im Strafverfahren oder Bußgeldverfahren, DAR 1973, S. 1–10.

Stürner, Rolf: Strafrechtliche Selbstbelastung und verfahrensförmige Wahrheitsermittlung, NJW 1981, S. 1757–1763.

Sundelin, o.w.A.: Die Zurückführung der sog. Plaidoyer's im Schwurgerichtsverfahren auf ihren gebührenden Ort und Werth, GS 1858, S. 401–422.

Talaska, Peter: Mitwirkungspflichten des Steuerpflichtigen im Spannungsfeld von Besteuerungs- und Steuerstrafverfahren, Frankfurt a.M. 2006 (zit.: *Talaska*, Mitwirkungspflichten, S.).

Talaska, Peter/*Görlich*, Michael: Verbandssanktionengesetz (VerSanG): Der „neue" Referentenentwurf und seine Auswirkungen auf das Steuerstrafrecht, Stbg 2020, S. 406–416.

Teifke, Nils: Das Prinzip Menschenwürde – Zur Abwägungsfähigkeit des Höchstrangigen, Tübingen 2011 (zit.: *Teifke*, Das Prinzip Menschenwürde, S.).

Tenbrock, Frank: Die Verteilung der objektiven Beweislast im Steuerrecht – Rechtsprechung, Rechtsprechungskritik und Vorschlag einer neuen Beweislastgrundregel, Frankfurt a.M. 1997 (zit.: *Tenbrock*, Beweislast, S.).

Teske, Doris: Das Verhältnis von Besteuerungs- und Steuerstrafverfahren unter besonderer Berücksichtigung des Zwangsmittelverbotes (§ 393 Abs. 1 S. 2 und S. 3), wistra 1988, S. 207–216.

Teske, Doris: Die Abgrenzung der Zuständigkeiten und der Beweisverfahren im Besteuerungsverfahren und im Steuerstrafverfahren unter besonderer Berücksichtigung des § 393 AO de lege lata und de lege ferenda, Köln 1987 (zit.: *Teske*, Die Abgrenzung, S.).

Thoma, Philipp: Legitimität des § 398a AO im System des privilegierenden Nachtatverhaltens und verfassungsrechtliche Kompatibilität der Norm, Berlin 2019, (zit.: *Thoma*, Legitimität des § 398a AO, S.).

Thomas, Karl: Die Steueranspruchstheorie und der Tatbestandsirrtum im Steuerstrafrecht, NStZ 1987, S. 260–264.

Tipke, Klaus: Die Steuerrechtsordnung, Band I, Wissenschaftsorganisatorische, systematische und grundrechtlich-rechtsstaatliche Grundlagen, 2. Auflage, Köln 2000 (zit.: *Tipke*, Steuerrechtsordnung I, S.).

Tipke, Klaus: Die Steuerrechtsordnung, Band III, Steuerrechtswissenschaft, Steuergesetzgebung, Steuervollzug, Steuerrechtsschutz, Steuerstrafrecht, 2. Auflage, Köln 2012 (zit.: *Tipke*, Steuerrechtsordnung III, S.).

Tipke, Klaus: Steuergerechtigkeit unter besonderer Berücksichtigung des Folgerichtigkeitsgebots, StuW 2007, S. 201–220.

Tipke, Klaus (Begr.)/*Kruse*, Heinrich Wilhelm (Begr.): Abgabenordnung, Finanzgerichtsordnung, Band I, Gesetzestexte, §§ 1–68 AO, Köln, Loseblatt (Stand: 173. Aktualisierung, November 2022) (zit.: *Bearb.*, in: Tipke/Kruse, §, Rn.).

Tipke, Klaus (Begr.)/*Kruse*, Heinrich Wilhelm (Begr.): Abgabenordnung, Finanzgerichtsordnung, Band II, §§ 69–168 AO, Köln, Loseblatt (Stand: 173. Aktualisierung, November 2022) (zit.: *Bearb.*, in: Tipke/Kruse, §, Rn.).

Tipke, Klaus (Begr.)/*Kruse*, Heinrich Wilhelm (Begr.): Abgabenordnung, Finanzgerichtsordnung, Band III, Vor § 169 § 368 AO, Köln, Loseblatt (Stand: 173. Aktualisierung, November 2022) (zit.: *Bearb.*, in: Tipke/Kruse, §, Rn.).

Tipke, Klaus (Begr.)/*Kruse*, Heinrich Wilhelm (Begr.): Abgabenordnung, Finanzgerichtsordnung, Band IV, §§ 369–415 AO, §§ 1–94a FGO, Köln, Loseblatt (Stand: 173. Aktualisierung, November 2022) (zit.: *Bearb.*, in: Tipke/Kruse, §, Rn.).

Tipke, Klaus (Begr.)/*Kruse*, Heinrich Wilhelm (Begr.): Abgabenordnung, Finanzgerichtsordnung, Band V, §§ 95–184 FGO, FVG, VwZG, VerfRS, EuRS, Sachregister, Köln, Loseblatt (Stand: 173. Aktualisierung, November 2022) (zit.: *Bearb.*, in: Tipke/Kruse, §, Rn.).

Tipke, Klaus (Begr.)/*Lang*, Joachim: Steuerrecht, 24. Auflage, Köln 2021 (zit.: *Bearb.*, in: Tipke/Lang, Rn.).

Többens, Hans W.: Die Bekämpfung der Wirtschaftskriminalität durch die Troika der §§ 9, 130 und 30 des Gesetzes über Ordnungswidrigkeiten, NStZ 1999, S. 1–8.

Torka, Ronald: Nachtatverhalten und Nemo tenetur – Eine Untersuchung über die Grenzen „zulässiger Verteidigung" und die Relevanz des Nemo-tenetur-Prinzips bei der Strafzumessung selbstbegünstigenden Nachtatverhaltens gem. § 46 Abs. 2 StGB, Berlin 2000 (zit.: *Torka*, Nachtatverhalten, S.).

Tormöhlen, Helmut: Befugnisse der Steuerfahndung bei Sachverhalten, in denen Strafverfolgungsverjährung, aber noch keine Festsetzungsverjährung nach § 169 AO eingetreten ist, wistra 1993, S. 174–177.

Tormöhlen, Helmut: Der Datenzugriff in der Außenprüfung – Voraussetzungen und Umfang sowie Rechte der Steuerpflichtigen, AO-StB 2014, S. 243–246.

Tormöhlen, Helmut: Der nemo-tenetur-Grundsatz im Steuerstrafverfahren und die Mitwirkungspflichten für nicht strafbefangene Veranlagungszeiträume, in: Carlé, Dieter/Stahl, Rudolf/Strahl, Martin, Gestaltung und Abwehr im Steuerrecht – Festschrift für Klaus Korn zum 65. Geburtstag am 28. Januar 2005, Bonn 2005, S. 779–797 (zit.: *Tormöhlen*, in: FS-Korn, S.).

Tormöhlen, Helmut: Die Durchbrechung des Steuergeheimnisses im zwingenden öffentlichen Interesse – Eine Schwachstelle im Geheimnisschutz, AO-StB 2011, S. 309–312.

Tormöhlen, Helmut: Die Stellung der BuStra im Steuerstraf- und Ordnungswidrigkeitenverfahren: Antworten zu Fragen zu den weit reichenden Kompetenzen der BuStra, AO-StB 2013, S. 316–322.

Ulsamer, Gerhard/*Müller*, Karl-Dieter: Steuerstrafrechtliche Konsequenzen der Entscheidung des Bundesverfassungsgerichts vom 22. Juni 1995 zum Vermögensteuergesetz, wistra 1998, S. 1–7.

Ulsenheimer, Klaus: Zum Schutz vertraulicher Mitteilungen des Arztes an seine Berufshaftpflichtversicherung vor dem Zugriff der Strafverfolgungsbehörden, in: Eser, Albin/Goydke, Jürgen/Maatz, Kurt Rüdiger et al., Strafverfahrensrecht in Theorie und Praxis – Festschrift für Lutz Meyer-Goßner zum 65. Geburtstag, München 2001, S. 347–364 (zit.: *Ulsenheimer*, in: FS-Meyer-Goßner, S.).

Urban, Johannes: Die Beweislast im Steuerrecht – Grundsätze, Ausnahmen und Beweislastumkehr im Finanzgerichtsprozess, NWB 2017, S. 1657–1669.

Velten, Petra: Befugnisse der Ermittlungsbehörden zu Information und Geheimhaltung – Über Umfang und Kontrolle daraus resultierender Macht, Berlin 1995 (zit.: *Velten*, Ermittlungsbehörden, S.).

Verrel, Torsten: Die Selbstbelastungsfreiheit im Strafverfahren – Ein Beitrag zur Konturierung eines überdehnten Verfahrensgrundsatzes, München 2001 (zit.: *Verrel*, Selbstbelastungsfreiheit, S.).

Verrel, Torsten: Nemo tenetur – Rekonstruktion eines Verfahrensgrundsatzes – 1. Teil, NStZ 1997, S. 361–365.

Verrel, Torsten: Nemo tenetur – Rekonstruktion eines Verfahrensgrundsatzes – 2. Teil, NStZ 1997, S. 415–420.

Vocke, Christian: Die Ermittlungsbefugnisse der EG-Kommission im kartellrechtlichen Voruntersuchungsverfahren – Eine Untersuchung zur Auslegung der Ermittlungsrechte im Spannungsfeld zwischen öffentlichen und Individualinteressen, Berlin 2006 (zit.: *Vocke*, Ermittlungsbefugnisse, S.).

Vogel, Klaus: Rechtfertigung von Steuern: Eine vergessene Vorfrage, DER STAAT 1986, S. 481–519.

Vogel, Klaus: Steuergerechtigkeit und soziale Gestaltung, DStZ 1975, S. 409–415.

Voges, Dirk/*Perchermeier*, Tobias: Entwurf zum Verbandssanktionsgesetz: Überblick und Kritik, GWR 2021, S. 96–98.

Volk, Klaus/*Engländer*, Armin: Grundkurs StPO, 10. Auflage, München 2021 (zit.: *Volk/Engländer*, Grundkurs StPO, §, Rn.).

Wagner, Reinhard: Zulässigkeit der Außenprüfung zur Feststellung von Steuerhinterziehung oder leichtfertiger Steuerverkürzung, StBp. 1986, S. 91.

Wahlberg, Wilhelm Emil: Kritik des Entwurfes einer Strafproceßordnung für das deutsche Reich, Wien 1873 (zit.: *Wahlberg*, Kritik des Entwurfes einer Strafproceßordnung, S.).

Walder, Hans: Die Vernehmung des Beschuldigten – Dargestellt am Beispiel des zürcherischen und deutschen Strafprozeßrechtes, Hamburg 1965 (zit.: *Walder*, Die Vernehmung des Beschuldigten, S.).

Wannemacher & Partner: Steuerstrafrecht, 6. Auflage, München 2013 (zit.: *Bearb.*, in: Wannemacher & Partner, Rn.).

Wassermeyer, Franz: Dokumentationspflichten bei internationalen Verrechnungspreisen – Zum zweiten Entwurf einer Verordnung zu § 90 Abs. 3 AO –, DB 2003, S. 1535–1540.

Wastl, Ulrich/*Litzka*, Philippe/*Pusch*, Martin: SEC-Ermittlungen in Deutschland – eine Umgehung rechtsstaatlicher Mindeststandards!, NStZ 2009, S. 68–74.

Waßmer, Martin Paul: Die Konkurrenzen bei den Verbandssanktionen de lege lata und de lege ferenda, NZWiSt 2021, S. 41–45.

Weber, Sebastian: Die Mitwirkungspflichten nach der Abgabenordnung und die Verantwortung des Steuerpflichtigen für die Sachaufklärung, Münster 1992 (zit.: *Weber*, Mitwirkungspflichten, S.).

Weber-Grellet, Heinrich: In dubio pro quo? – Zur Beweislast im Steuerrecht, StuW 1981, S. 48–60.

Wedelstädt, Alexander von: Rechtsschutz bei Schätzungsveranlagungen – Strategien gegen Willkürakte der Finanzverwaltung, AO-StB 2002, S. 275–280.

Wedelstädt, Alexander von: Wann darf das Finanzamt schätzen?, AO-StB 2008, S. 244–249.

Weichbrodt, Johannes: Der verbotene Beweis im Straf- und Zivilprozess – Zur Rolle strafprozessualer Beweisverbote bei der Durchsetzung zivilrechtlicher Ansprüche, Tübingen 2012 (zit.: *Weichbrodt*, Der verbotene Beweis, S.).

Weidemann, Jürgen: Ist der Steuerhinterziehungstatbestand ein Blankettgesetz?, wistra 2006, S. 132–133.

Weigend, Thomas: Der Schutz der Selbstbestimmung des Beschuldigten bei seiner Vernehmung im Strafverfahren, in: Leipold, Dieter (Hrsg.), Selbstbestimmung in der modernen Gesellschaft aus deutscher und japanischer Sicht – Symposion der rechtswissenschaftlichen Fakultäten der Albert-Ludwigs-Universität Freiburg und der Städtischen Universität Osaka, Heidelberg 1997, S. 149–163 (zit.: *Weigend*, in: Selbstbestimmung, S.).

Weinkauff, Hermann: Militäropposition gegen Hitler und das Widerstandsrecht, in: Bundeszentrale für Heimatdienst (Hrsg.), Schriftenreihe der Bundeszentrale für Heimatdienst, Heft 5, Bonn 1954 (zit.: *Weinkauff*, Militäropposition, S. 13).

Weiß, Wolfgang: Der Schutz des Rechts auf Aussageverweigerung durch die EMRK, NJW 1999, S. 2236–2237.

Weiß, Wolfgang: Haben juristische Personen ein Aussageverweigerungsrecht?, JZ 1998, S. 289–297.

Welzel, Hans: Irrtumsfragen im Steuerstrafrecht, NJW 1953, S. 486–488.

Welzel, Hans: Naturrecht und materiale Gerechtigkeit, 4. Auflage, Göttingen 1962.

Wendeborn, Matthias Martin: Das Recht der Steuerfahndung gemäß §§ 208, 404 AO, Frankfurt a. M. 1989 (zit.: *Wendeborn*, Steuerfahndung, S.).

Wenzel, Judith: Das Verhältnis von Steuerstraf- und Besteuerungsverfahren – unter besonderer Berücksichtigung der Ursächlichkeit des Besteuerungsverfahrens für Beweisverwertungsverbote im Steuerstrafrecht, Herbolzheim 2003 (zit.: *Wenzel*, Das Verhältnis, S.).

Wenzig, Herbert: Die Mitwirkungspflicht des Steuerpflichtigen und ihre Grenzen, DStZ 1986, S. 375–382.

Wenzler, Thomas: Plädoyer für die Beibehaltung der strafbefreienden Selbstanzeige, AO-StB 2014, S. 127–129.

Werth, Franceska: Verfassungsrechtliche Schranken für das Handeln der Finanzbehörden, DStZ 2013, S. 416–422.

Wessels, Johannes: Schweigen und Leugnen im Strafverfahren, JuS 1966, S. 169–176.

Weßlau, Edda: Vorfeldermittlungen – Probleme der Legalisierung „vorbeugender Verbrechensbekämpfung" aus strafprozeßrechtlicher Sicht, Berlin 1989 (zit.: *Weßlau*, Vorfeldermittlungen, S.).

Weßlau, Edda: Zwang, Täuschung und Heimlichkeit im Strafverfahren – Über die Mitwirkungsfreiheit des Beschuldigten und deren Grenzen, ZStW 1998, S. 1–37.

Wiechmann, Helge A.: Nonverbale Verhaltensweisen im Strafprozess, Berlin 2022 (zit.: *Wiechmann*, Nonverbale Verhaltensweisen, S.).

Wieland, Rainer: Buchhaltungsunterlagen als Gegenstand der Beschlagnahme beim Steuerberater des Beschuldigten, Bochum 1997 (zit.: *Wieland*, Beschlagnahme, S.).

Wiethölter, Jürgen: Aktuelle Fragen aus der Praxis der Außenprüfung, StBp. 2001, S. 329–332.

Winkler, Claas/*Winkler*, Amelie: Renaissance der Selbstanzeige durch Corona? – Was bei Selbstanzeigen im Zusammenhang mit den „Corona-Hilfen" zu beachten ist, AO-StB 2021, S. 57–61.

Wintrich, Josef: Über Eigenart und Methode verfassungsgerichtlicher Rechtsprechung, in: Veröffentlichungen des Instituts für Staatslehre und Politik e. V. in Mainz, Band 3, Verfassung und Verwaltung in Theorie und Wirklichkeit – Festschrift für Herrn Geheimrat Professor Dr. Wilhelm Laforet anläßlich seines 75. Geburtstages, München 1952, S. 227–249 (zit.: *Wintrich*, in: FS- Laforet, S.).

Witte, Sabine: Gibt es eine Steuerhinterziehung nach einer vollendeten Steuerhinterziehung? – Zugleich ein Beitrag zur Begünstigung, Baden-Baden 2004 (zit.: *Witte*, Steuerhinterziehung, S.).

Wittig, Peter: Der übergesetzliche Schuldausschließungsgrund der Unzumutbarkeit in verfassungsrechtlicher Sicht, JZ 1969, S. 546–548.

Wittig, Petra: Die Selbstanzeige bei Steuerstraftaten, JURA 2014, S. 567–579.

Wittmann, Rolf: Mitwirkungspflicht und Aufklärungspflicht in der AO – Reduktion der Mitwirkungspflicht durch finanzbehördliches Verhalten –, StuW 1987, S. 35–50.

Wolff, Heinrich Amadeus: Selbstbelastung und Verfahrenstrennung – Das Verbot des Zwangs zur aktiven Mitwirkung am eigenen Strafverfahren und seine Ausstrahlungswirkung auf die gesetzlichen Mitwirkungspflichten des Verwaltungsrechts, Berlin 1997 (zit.: *Wolff*, Selbstbelastung und Verfahrenstrennung, S.).

Wolter, Jürgen: Aspekte einer Strafprozeßreform bis 2007, München 1991 (zit.: *Wolter*, Aspekte, S.).

Wolter, Jürgen: Staatlich gesteuerte Selbstbelastungsprovokation mit Umgehung des Schweigerechts – Zur objektiven Zurechnung im Strafprozessrecht, ZIS 2012, S. 238–245.

Wolter, Jürgen (Hrsg.): Systematischer Kommentar zum Strafgesetzbuch, Band I, §§ 1–37 StGB, 9. Auflage, Köln 2017 (zit.: *Bearb.*, in: SK-StGB, §, Rn.).

Wolter, Jürgen (Hrsg.): Systematischer Kommentar zur Strafprozessordnung – Mit GVG und EMRK, Band I, §§ 1–93 StPO, 5. Auflage, Köln 2018 (zit.: *Bearb.*, in: SK-StPO, §, Rn.).

Wolter, Jürgen (Hrsg.): Systematischer Kommentar zur Strafprozessordnung – Mit GVG und EMRK, Band II, §§ 94–136a StPO, 5. Auflage, Köln 2016 (zit.: *Bearb.*, in: SK-StPO, §, Rn.).

Wolter, Jürgen (Hrsg.): Systematischer Kommentar zur Strafprozessordnung – Mit GVG und EMRK, Band III, §§ 137–197 StPO, 5. Auflage, Köln 2016 (zit.: *Bearb.*, in: SK-StPO, §, Rn.).

Wulf, Martin: Steuererklärungspflichten und „nemo tenetur" – zur Strafbarkeit wegen Steuerhinterziehung bei Einkünften aus illegalem Verhalten –, wistra 2006, S. 89–96.

Wulf, Martin: Strafbarkeit der Vermögensteuerhinterziehung und § 370 AO als Blankettgesetz, wistra 2001, S. 41–50.

Wulf, Martin: § 153 AO: Die strafbewehrte Berichtigungspflicht – eine Kritik an der neuen BGH-Rechtsprechung, PStR 2009, S. 190–196.

Wulf, Martin/*Ruske*, Alexander: Steine statt Brot – die Feststellung der Verfassungswidrigkeit von § 393 Abs. 2 Satz 2 AO ist aufgeschoben, Stbg 2010, S. 443–447.

Zachariae, Heinrich Albert: Handbuch des deutschen Strafprocesses, Band 1, welcher die Einleitung, die rationellen und historischen Grundlagen des deutschen Strafprocesses und die Lehre von der Strafgerichtsverfassung enthält, Göttingen 1861 (zit.: *Zachariae*, Handbuch des deutschen Strafprocesses I, S.).

Zacharias, Erwin/*Rinnewitz*, Jürgen/*Wiesbaum*, Marina: Anordnung der Außenprüfung und Einschaltung der Steuerfahndung als gleichrangige Instrumente zur Ermittlung von Steuerstraftaten und Steuerordnungswidrigkeiten? – Anmerkungen zum BFH-Urteil vom 4. 11. 1987 II R 102/85, BStBl II 1988, 113 –, DStZ 1988, S. 609–615.

Zapfe, Henrik: Compliance und Strafverfahren – Das Spannungsverhältnis zwischen Unternehmensinteressen und Beschuldigtenrechten, Frankfurt a.M. 2013 (zit.: *Zapfe*, Strafverfahren, S.).

Zaumseil, Peter: Die Neuregelung des Verspätungszuschlags nach § 152 AO, BB 2019, S. 861–865.

Zippelius, Reinhold: Juristische Methodenlehre, 12. Auflage, München 2021 (zit.: *Zippelius*, Methodenlehre, S.).

Zippelius, Reinhold/*Würtenberger*, Thomas: Deutsches Staatsrecht, 33. Auflage, München 2018 (zit.: *Zippelius/Würtenberger*, Deutsches Staatsrecht, §, Rn.).

Zuck, Rüdiger: Faires Verfahren und der Nemo tenetur-Grundsatz bei der Besuchsüberwachung in der Untersuchungshaft – zugleich Anmerkung zu BGH, Urt. v. 29.4.2009 – 1 StR 701/08, JR 2010, S. 17–21.

Stichwortverzeichnis

Aktiv-Passiv-Dogma *232 ff.*, 303, 416, 444
Allgemeines Persönlichkeitsrecht *205 ff.*
Aufklärungspflichten *siehe* Belehrungspflichten
Aufzeichnungspflichten 94, 110, *123 ff.*, *299 ff.*
Außenprüfung
– Doppelrelevanz *50 ff.*, 107 ff., 116 f., *54 ff.*
Ausstrahlungswirkung *273 ff.*, 296 f.

Belehrungspflichten *261 ff.*
Beweislast *158 ff.*, 313 ff.
– objektive *160 ff.*
– subjektive *158 ff.*
Beweisverwertungsverbot 383, 384 ff., 426 ff.

Erklärungspflichten 122 f., 298 f., 444

Faires Verfahren 185 ff., *223 ff.*, 249 f.
Fernwirkung
– des nemo tenetur-Grundsatzes *siehe* Ausstrahlungswirkung
– von Beweisverwertungsverboten *388 ff.*, 441
Freiheit der Person *190 ff.*
Frühwirkung *392 ff.*, 399, 455

Gemeinschuldnerbeschluss 101, 286, *383 ff.*, 393
Gewissensfreiheit *193 ff.*
Gleichrangigkeit der Verfahren 62 ff.

Hypothetischer Ersatzeingriff *394 f.*

Klarheit des Verfahrens 62 ff.
Kooperationsmaxime/Kooperationsgrundsatz *79 ff.*, 82 ff.

Leichtfertige Steuerverkürzung 152 f.

Menschenwürde *198 ff.*, *215 ff.*, 250 f.
Menschenwürdekern *siehe* nemo tenetur se ipsum accusare, Absolutheit
Mitwirkungsverweigerungsrechte 125 f., 318 f., 367 ff.

Nemo tenetur se ipsum accusare
– Absolutheit *264 ff.*
– Genese *167 ff.*
– Schutzbereich 226 ff., 245 ff., 251 ff.
Nichterklärungspflichten *123 ff.*, 301 ff., 444

Planwidrige Regelungslücke *361 ff.*
Prozessautonomie/prozessuale Autonomie *214 f.*

Rechtliches Gehör 196 ff.

Schätzung von Besteuerungsgrundlagen *133 ff.*, 306 ff.
Selbstanzeige 327 ff., 372 f., 414, 436 ff.
Selbstständigkeit der Verfahren 62 ff.
Stetigkeit des Verfahrens 62 ff.
Steuerfahndung *41 ff.*, 55 f., 64 f., 113 f., 116 f., 424, 445
Steuergefährdung 152 f.
Steuergeheimnis 129 ff., *319 ff.*, *401 ff.*
Steuerhinterziehung 102, 147 ff., 348, 376 ff.
Subjektachtungsanspruch *siehe* Prozessautonomie

Untersuchungsmaxime/Untersuchungsgrundsatz 79, 82 ff.
Unzumutbarkeitsthese 198 ff., *201 ff.*, 231, 240, 247, 274

Verbalitätsthese *227 ff.*, 233, 239, 302 f., 443 f.
Verspätungszuschlag *144 ff.*, 165, 313, 316 f.
Verzögerungsgeld *144 ff.*, 165, 313, 316 f.

Wertneutralität des Steuerrechts *293 ff.*, 297, 300, 308, 315

Zwangsmittel 131 ff.
Zwangsmittelverbot *343 ff.*, 354, 368, 379 f., 381, 385, 399, 426 ff., 438 f., 443
Zwang zur Selbstbelastung *254 ff.*, 278 ff.
– faktischer *257 ff., 280 ff.*

Theresa Röttger

Der Irrtum im Außenwirtschaftsstrafrecht

Obwohl sich bereits zahlreiche Autoren mit dem Irrtum über verwaltungs- bzw. unionsrechtsakzessorische Blanketttatbestände im Wirtschaftsstrafrecht befasst haben, ist die damit verbundene strafrechtsdogmatische Problematik keineswegs erschöpfend ausgeleuchtet. Die Arbeit bereitet die in vielen Details umstrittene Frage bei der Behandlung des Irrtums im Anwendungsbereich der Blanketttatbestände auf. Die hierbei gewonnenen Erkenntnisse werden auf die rechtswissenschaftlich bislang nur wenig bearbeitete Spezialmaterie des Außenwirtschaftsstrafrechts übertragen. Die von weiten Teilen der Literatur vertretenen irrtumsdogmatischen Konstruktionen nähern sich bedenklich weit der überkommenen Vorsatztheorie an. Fehlvorstellungen über die Existenz der blankettausfüllenden Norm und der Irrtum über die Genehmigungsbedürftigkeit einer Handlung sind deshalb nicht als Tatumstandsirrtum, sondern nach den Regeln des Verbotsirrtums zu behandeln.

Beiträge zum Wirtschaftsstrafrecht, Band 7
346 Seiten, 2023
ISBN 978-3-428-18975-5, € 89,90
Titel auch als E-Book erhältlich.

www.duncker-humblot.de